U0492717

经时济世

继往开来

贺教育部

重大攻关项目

成果出版

季羡林

时年九十有八

教育部哲学社會科学研究重大課題攻関項目

"十三五"国家重点出版物出版规划项目

世界主要国家安全体制机制研究

THE RESEARCH ON THE NATIONAL SECURITY SYSTEM AND MECHANISMS OF MAIN COUNTRIES IN THE WORLD

刘胜湘

等著

中国财经出版传媒集团

经济科学出版社

Economic Science Press

图书在版编目（CIP）数据

世界主要国家安全体制机制研究/刘胜湘等著．—北京：经济科学出版社，2018.6

教育部哲学社会科学研究重大课题攻关项目

ISBN 978－7－5141－9248－3

Ⅰ．①世…　Ⅱ．①刘…　Ⅲ．①国家安全－体制－研究－世界　Ⅳ．①D815.5

中国版本图书馆 CIP 数据核字（2018）第 083895 号

责任编辑：刘战兵
责任校对：徐领柱
责任印制：李　鹏

世界主要国家安全体制机制研究
刘胜湘　等著
经济科学出版社出版、发行　新华书店经销
社址：北京市海淀区阜成路甲 28 号　邮编：100142
总编部电话：010－88191217　发行部电话：010－88191522
网址：www.esp.com.cn
电子邮件：esp@esp.com.cn
天猫网店：经济科学出版社旗舰店
网址：http://jjkxcbs.tmall.com
北京季蜂印刷有限公司印装
787×1092　16 开　53.25 印张　1050000 字
2018 年 6 月第 1 版　2018 年 6 月第 1 次印刷
ISBN 978－7－5141－9248－3　定价：158.00 元
（图书出现印装问题，本社负责调换。电话：010－88191510）

课题组主要成员

首席专家 刘胜湘

主要成员 刘建华 刘明周 刘再起 刘文祥
邓红英 陈 菲 岳 伟 张 鹏
陈 哲 李明月 桂 凌 樊 冰
汪 波 邢来顺 李学保

总　序

哲学社会科学是人们认识世界、改造世界的重要工具，是推动历史发展和社会进步的重要力量，其发展水平反映了一个民族的思维能力、精神品格、文明素质，体现了一个国家的综合国力和国际竞争力。一个国家的发展水平，既取决于自然科学发展水平，也取决于哲学社会科学发展水平。

党和国家高度重视哲学社会科学。党的十八大提出要建设哲学社会科学创新体系，推进马克思主义中国化、时代化、大众化，坚持不懈用中国特色社会主义理论体系武装全党、教育人民。2016 年 5 月 17 日，习近平总书记亲自主持召开哲学社会科学工作座谈会并发表重要讲话。讲话从坚持和发展中国特色社会主义事业全局的高度，深刻阐释了哲学社会科学的战略地位，全面分析了哲学社会科学面临的新形势，明确了加快构建中国特色哲学社会科学的新目标，对哲学社会科学工作者提出了新期待，体现了我们党对哲学社会科学发展规律的认识达到了一个新高度，是一篇新形势下繁荣发展我国哲学社会科学事业的纲领性文献，为哲学社会科学事业提供了强大精神动力，指明了前进方向。

高校是我国哲学社会科学事业的主力军。贯彻落实习近平总书记哲学社会科学座谈会重要讲话精神，加快构建中国特色哲学社会科学，高校应发挥重要作用：要坚持和巩固马克思主义的指导地位，用中国化的马克思主义指导哲学社会科学；要实施以育人育才为中心的哲学社会科学整体发展战略，构筑学生、学术、学科一体的综合发展体系；要以人为本，从人抓起，积极实施人才工程，构建种类齐全、梯队衔接的高校哲学社会科学人才体系；要深化科研管理体制改革，发挥高校人才、智力和学科优势，提升学术原创能力，激发创新创造活力，建设中国特色新型高校智库；要加强组织领导、做好统筹规划、营造良好学术生态，形成统筹推进高校哲学社会科学发展新格局。

哲学社会科学研究重大课题攻关项目计划是教育部贯彻落实党中央决策部署的一项重大举措，是实施“高校哲学社会科学繁荣计划”的重要内容。重大攻关项目采取招投标的组织方式，按照“公平竞争，择优立项，严格管理，铸造精品”的要求进行，每年评审立项约40个项目。项目研究实行首席专家负责制，鼓励跨学科、跨学校、跨地区的联合研究，协同创新。重大攻关项目以解决国家现代化建设过程中重大理论和实际问题为主攻方向，以提升为党和政府咨询决策服务能力和推动哲学社会科学发展为战略目标，集合优秀研究团队和顶尖人才联合攻关。自2003年以来，项目开展取得了丰硕成果，形成了特色品牌。一大批标志性成果纷纷涌现，一大批科研名家脱颖而出，高校哲学社会科学整体实力和社会影响力快速提升。国务院副总理刘延东同志做出重要批示，指出重大攻关项目有效调动各方面的积极性，产生了一批重要成果，影响广泛，成效显著；要总结经验，再接再厉，紧密服务国家需求，更好地优化资源，突出重点，多出精品，多出人才，为经济社会发展做出新的贡献。

作为教育部社科研究项目中的拳头产品，我们始终秉持以管理创新服务学术创新的理念，坚持科学管理、民主管理、依法管理，切实增强服务意识，不断创新管理模式，健全管理制度，加强对重大攻关项目的选题遴选、评审立项、组织开题、中期检查到最终成果鉴定的全过程管理，逐渐探索并形成一套成熟有效、符合学术研究规律的管理办法，努力将重大攻关项目打造成学术精品工程。我们将项目最终成果汇编成“教育部哲学社会科学研究重大课题攻关项目成果文库”统一组织出版。经济科学出版社倾全社之力，精心组织编辑力量，努力铸造出版精品。国学大师季羡林先生为本文库题词：“经时济世　继往开来——贺教育部重大攻关项目成果出版”；欧阳中石先生题写了“教育部哲学社会科学研究重大课题攻关项目”的书名，充分体现了他们对繁荣发展高校哲学社会科学的深切勉励和由衷期望。

伟大的时代呼唤伟大的理论，伟大的理论推动伟大的实践。高校哲学社会科学将不忘初心，继续前进。深入贯彻落实习近平总书记系列重要讲话精神，坚持道路自信、理论自信、制度自信、文化自信，立足中国、借鉴国外，挖掘历史、把握当代，关怀人类、面向未来，立时代之潮头、发思想之先声，为加快构建中国特色哲学社会科学，实现中华民族伟大复兴的中国梦作出新的更大贡献！

教育部社会科学司

前　言

本书是教育部2011年度哲学社会科学重大攻关项目“世界主要国家安全体制机制研究”（项目批准号：11JZD046）的最终成果，主要探讨了美国、俄罗斯、英国、法国、德国、日本和印度的国家安全体制机制，除前言和后记外，第一篇至第七篇分别对各个国家的安全体制机制进行了分析。这一课题有四个关键问题需要处理：一是世界主要国家指哪些国家；二是安全体制机制的概念与含义；三是选择哪些问题，问题间的结构逻辑如何；四是如何处理体制与思想（理论）以及战略的关系。每一个问题的处理都有很大的难度，很多时候难以取舍。前言在分析这些问题的基础上，再介绍课题研究的主要内容。

一、为何要选择这七个国家

为何要选择美国、俄罗斯、英国、法国、德国、日本和印度这七个国家（中国除外）？是否可以减少或者增加？笔者感觉再增加一个或减少一个都不合适。如果要增加，增加哪国呢？难以找到合适的国家。如果要减少，减少哪国呢？也难以找到合适的国家。美国是霸权国家，俄罗斯是转型大国和军事大国，英国和法国是欧洲传统大国，德国也是欧洲传统大国，日本是模仿欧美国家的代表，日本和德国还是战败后能够快速实现经济复兴的国家，印度是文明古国、人口大国和正在崛起的国家，正因为如此，才选择这些国家作为世界主要国家进行研究。

选定美国并不只是因为其是霸权国家。美国是世界上最早制定《国家安全法》的国家，也是安全体制最为完善、庞杂和效率最高的国家，其安全体制是许多国家模仿的对象。美国国家安全体制在二战结束以后也在不断改革和发展，是最值得研究的。

俄罗斯是比较特殊的国家，经历了冷战时期（苏联）的辉煌和冷战结束后的衰败，但俄罗斯在国际上的表现依然强悍。俄罗斯国家安全体制机制通过对车臣问题的处理而得到锻炼，在“格—阿冲突”、克里米亚冲突和在叙利亚打击“伊斯兰国”等问题上得到进一步的验证，其安全体制机制经过叶利钦时代的调整、过渡和普京—梅德韦杰夫时代的改革、规范已经日益稳定下来。俄罗斯与美国有相近的地方：冷战时期的霸权国家、当今的军事大国、国际上的强势国家，两国地缘上通过白令海峡相连。

英、法、德既是欧洲历史上彼此争霸的国家，也是欧洲大国，又是现在的二流大国。英国曾被称为“日不落帝国”，称霸世界300年。英国是核国家，是岛国，是海洋国家，自1588年击败西班牙“无敌舰队”后就确立了其海上霸主地位，直至二战后其海洋霸权地位才逐渐被美国取代，但至今其在世界海权上仍处于很高的地位，具有很强的海权能力。尽管在二战后沦为二流国家，但英国仍不失为世界的一个主要国家。英国是安理会常任理事国，是核国家，英镑是世界储备货币之一，在欧美关系中处于特殊地位，还在谋求中英关系的特殊作用，英联邦在世界上仍然发挥着重要影响。英国还是最早建立君主立宪制的国家，并影响了印度、澳大利亚、日本和加拿大等国家的政治体制，其政治体制和安全体制具有代表性。

法国是欧洲大陆传统大国，也是联合国安全理事会常任理事国之一，有着较强的军事能力和较先进的国防技术实力，还是几个核国家之一。法国第五共和国成立后逐渐形成了“半总统半议会制”的政治体制，又称“双首长制”，或“政治双头制”，实际上实行的是总统制的政治体制。在这种体制下，法国国家机构由总统、总理及其领导的政府和议会三方组成。“双头制”使得总统成为国家元首及国家权力的核心，在拥有强大的行政决策权的同时，也拥有众多立法上的权限。总统既担任国家元首，又实际领导和掌握国家行政权力，是整个国家的权力中心。法国也因此形成了以总统及其所主导的决策圈层为中心的国家安全体制机制，具有鲜明的法国特点。一些国家甚至根据法国《第五共和国宪法》来设计本国的政治体制。[①]

德国在欧洲是一个特殊的国家。地缘上，德国处于西欧的中部，西南部是法国，东北部是英国，南部是意大利，东部是波兰，战略位置非常重要。历史上，德国曾两次挑起过世界大战，并两次战败。二战结束以后德国被分割占领，1949 年分别成立联邦德国和民主德国，分别实行两种不同的政治制度。1990 年，两德重新统一。德国由于其战败国地位一直很受压抑。尽管在 1955 年联邦德国加入北约，然而其军事并没有完全解禁，德国是一个“非正常”国家，一直在为谋求成为“正常国家”而努力。2012 年 8 月，德国宪法法院最终裁决德国可以在反恐等紧急状况下进行军事作战，德国离“正常国家”越来越近。德国国家安全体制的变化与发展已成为世界关注的焦点。

日本的经济和政治地位像德国，而地缘政治和政治体制与英国相似。日本实行君主立宪的政治体制。日本天皇只具有象征意义，掌握实际权力的是首相及其领导的内阁。由于二战后美国占领日本，日本的政治体制设计受制于美国。战后日本的君主立宪制是美国与日本当局妥协的结果，日本天皇得以保留，其军事侵略行径并没有得到彻底清算。由于美日同盟关系，其安保体制既受制于政治体制，又受制于美日同盟。日本的防务决策不具有独立性，一直处在美国的阴影下，日本国家安全体制也因此具有不同于其他国家的特点。

印度是四大文明古国之一，具有 3 000 年历史的印度文明享誉全球。印度的人口总数居世界第二。人口多既是资源也是包袱。印度有 3 亿左右的文盲，人口素质总体不高，因此，人口多对印度并不是特别的利好。印度是一个等级森严的国家，至今仍存在严重的社会歧视和性别歧视，其根源是种姓制度。这种以职业为基础划分的内婚制群体制度已经深入印度的骨髓，是印度最主要的社会规范。这种等级造成印度极度奢侈和极度贫困相交织，印度的崛起将受制于此。印度是一个新兴大国，有“印度虎”之称。自 20 世纪 90 年代起，印度经济开始出现较快发展。印度软件和信息技术在世界上占据重要地位，已成为印度的品牌产业。印度曾经是不结盟运动的领袖，其外交基本恪

① 姚文虎：《法国半总统制理论探源》，载《政法论丛》2008 年第 5 期，第 93 页。

守中立，实行的是一种务实的平衡战略。印度的崛起已经开始改变印度洋和世界的地缘政治版图，其在世界上的地位不断上升。印度洋有可能成为未来的中心舞台之一。印度是联邦制国家，实行德国式的议会民主制。总统是名义上的国家元首和军队统帅，实权属总理领导下的内阁会议，总理由人民院多数党领袖担任。印度国家安全体制机制建立在这一政治体制的基础上，具有一定的代表性。

二、安全体制机制的概念

安全体制机制是一个复合概念，是安全、体制和机制三个词汇的复合体。安全指什么？狭义安全还是广义安全？如果是狭义安全，那就只能研究传统的军事安全和国家安全，这显然不能满足当前中国发展的战略需要，不能反映当今世界安全局势发展的现实，也不是本项研究的意愿。如果是广义安全，除了传统的军事安全和国家安全外，还应该包括哪些内容？经济安全、政治安全、社会安全、文化安全、粮食安全、能源安全、生态安全、网络安全、人的安全、群体安全、地区安全、世界安全，等等，安全涵盖的内容实在太多。一个课题不可能处理这么多问题。如果真这么做了，那就是一个大杂烩，好像什么都做了，结果可能是什么也没有做好。

安全是一个客观的事实，但需要人的主观去认识。从客观性来讲，安全就是安全，威胁就是威胁。安全状态不会因为主观判断为威胁就会变成威胁状态，威胁状态也不会因为主观判断为安全就会变成安全状态，实际上可能是“假想威胁”或“假想安全”。[①] 从主观上来看，安全又是一种主观感受，即安全感，客观的安全状态需要人的主观感知来判断。因此什么是安全，和人的主观感受有关。哪些问题纳入国家安全体制机制研究就需要通过主观判断来确定。最后讨论的结果是，安全问题的讨论要和体制机制结合起来思考，传统安全问题与非传统安全问题有时是结合在一起并相互交织的，有时又是分开独立的。安全决策体制是结合在一起的，因为在中央层面，安全决策体制其实只

① 刘胜湘等：《国际政治学导论》，北京大学出版社2010年版，第184~185页。

有一个，就是以总统（主席）或总理为核心的安全决策体制。而执行体制是分开的，不同的安全问题由不同的部门负责执行，至少是一个部门为主，其他部门配合。

体制亦可称体制结构。根据《现代汉语词典》的解释，体制一般指“国家机关、企业、事业单位等的组织制度”，[①] 是一个单位的机构设置和各个部门的组成，包括构成体制的横向结构和纵向结构。如国家政府机构，从横向来看，包括中央政府（国务院）及中央政府所属各个部门，如外交部、国防部、财政部、教育部等；从纵向来看，包括中央政府（国务院）、省（州、自治区）政府、县市政府、基层村镇政府等。体制在形成之后基本是静态的，在国家需求发生变化时也会进行改革和调整。

机制原指“机器的构造和工作原理”，以及“有机体的构造、功能和相互关系”。[②] 机制泛指一个工作组织系统的运行方式，包括整体与部分、部分与部分之间相互作用的循环重复过程，如市场机制、竞争机制、用人机制等。机制是运行流程，是过程，是动态的。与体制比较起来，机制要复杂得多。

与体制、机制相似的概念是制度。《现代汉语词典》将制度解释为两种含义：一是“要求大家共同遵守的办事规程或行动准则”；二是“在一定历史条件下形成的政治、经济、文化等方面的体系”。[③] 有学者将制度解释为“社会生活的一种行为规范，一种行为规则”。[④] 如果从办事程序、行为准则、行为规范来看，制度和机制（mechanism）的含义类似，如按制度办事就是按规则、程序办事，就是指运行机制；如果从政治、经济、文化等方面的体系来看，制度与体制的含义相近，它们英文单词都是“system”，如政治制度、经济制度和文化制度，也可称为政治体制、经济体制和文化体制。

体制机制是一个新概念，是体制与机制的结合，亦即组织结构和运行流程的结合，是静态和动态的结合，但其侧重点是机制。因此国

① 中国社会科学院语言研究所词典编辑室编：《现代汉语词典》，商务印书馆 1983 年版，第 1130 页。
② 中国社会科学院语言研究所词典编辑室编：《现代汉语词典》，商务印书馆 1983 年版，第 523 页。
③ 中国社会科学院语言研究所词典编辑室编：《现代汉语词典》，商务印书馆 1983 年版，第 1492 页。
④ 徐育苗主编：《中外政治制度比较》，中国社会科学出版社 2004 年版，第 4 页。

家安全体制机制是指国家在维护国家安全方面的法律、法规、组织结构，以及安全危机预警程序、安全决策程序、安全执行程序、评估反馈程序和监督程序。

三、选题的结构逻辑

从研究问题领域的角度看，世界主要国家安全体制机制包括六个问题，即世界主要国家安全情报体制机制、情报与安全预警机制、安全决策体制、军事安全体制机制、应急安全体制机制和安全体制机制的改革。为何要选这六个主题？安全情报是“履行警察职能所需要的一种情报。安全情报工作就是保卫国家及人民免受犯罪分子的伤害”。[①] 国家安全情报体制机制是国家安全体制机制的重要组成部分。现在无论是哪个国家，建立国家安全体制都会优先考虑安全情报体制的作用，以及安全情报体制在整个国家安全体制中扮演何种角色。通常情况下，安全情报机构是国家安全体系中最活跃的部门，它们“来无影去无踪”，但无论在前线还是后勤部门都会感觉到它们的存在，可以说是“暗流涌动”，安全情报活动贯穿了国家安全体制运行的所有流程。安全情报机构作用的发挥是国家安全体制能否良好运行的关键，其作用发挥越大，安全体制的运行越通畅。

安全情报机构的主要作用就是获取安全情报。有了安全情报就可以提前进行危机预警和做出有利决策。因此在安全情报体制机制后安排了情报与安全预警机制和安全决策体制两部分。安全情报与危机预警密不可分。获取安全情报的目的之一为了化解安全危机，减少损失，提前预警就有可能达到这一目的。有了安全情报，不仅有利于危机预警，而且有利于安全决策。有了准确的情报信息，做出最有利的安全决策的可能性就要大得多，安全情报是制定决策的有力保障。只有知己知彼，才能做到百战不殆。在做出安全决策之后，其逻辑就是执行决策、监督决策执行和对决策执行的结果进行评估与反馈。在安全决策体制之后是军事安全体制机制和应急安全体制机制。无论是军事安

① ［美］谢尔曼·肯特著，刘薇、肖皓元译：《战略情报：为美国世界政策服务》，金城出版社2012年版，第170页。

全体制机制还是应急安全体制机制，从一个国家安全体制机制的整体来看，都有搜集情报、安全危机预警、安全决策、决策执行、监督评估反馈等环节，但决策和执行才是军事安全体制机制和应急安全体制机制的核心。搜集情报、危机预警、做出决策和决策执行以及监督评估反馈构成国家安全体制机制运行的完整循环。最后是安全体制机制的改革。一个国家的安全体制机制的演变与发展实际上就是一个改革的历史进程。没有改革就没有发展，没有改革就没有进步。因此，分析当今世界主要国家的安全体制机制改革，了解其主要发展趋势，对中国国家安全体制的改革和安全决策具有重要的启示意义，这也是本书主要目的之一。

四、体制与理论、战略的关系

本书研究的是世界主要国家的国家安全体制机制，但也必然会涉及和国家安全体制机制相关的其他问题，即安全思想（理论）和安全战略。理论是系统化的思想。理论来源于实践，同样也来源于思想。理论是在对不同思想经过观念的思考、提炼后形成的，因此，理论根植于观念。[①] 安全思想（理论）是安全体制的基础，安全体制是通过安全思想（理论）设计出来的。根据不同的思想会设计出不同的安全体制。议会民主制是在议会制政体和君主立宪思想的指导下形成的，从而形成了以内阁总理或首相为核心的安全体制机制，如英国、日本、德国、印度等国家。而总统制是在总统制政体思想指导下形成的，从而形成了以总统为核心的安全体制机制，如美国和俄罗斯等国家。而“半总统半议会制”是在总统制政体思想的指导下，并灵活运用“公民投票制理论”而形成的，从而有了法国式的国家安全体制机制。

安全体制改革也只有在安全改革思想指导下才能完成。无论是美国、俄罗斯、英国、法国还是德国的安全体制机制，其改革都是在不同的安全改革思想的指导下进行的。如美国从杜鲁门到奥巴马，都是在安全改革思想（或称建议、设想）的指引下而进行安全体制机制改

① ［美］肯尼思·华尔兹著，信强译：《国际政治理论》，上海人民出版社2003年版，第21页。

革的。美国杜鲁门时期埃伯斯塔特（Ferdinand Eberstadt）起草的《埃伯斯塔特报告》提出组建由总统领导的国家安全委员会的思想，艾森豪威尔总统提升NSC（国家安全委员会）的作用带来了NSC组织规模的扩大和NSC制度化，从而形成了美国国家安全委员会的运行机制——“艾森豪威尔模式”。肯尼迪总统大幅削减NSC规模导致NSC的弱化，尼克松重建NSC又再次带来NSC的活跃，而里根进一步弱化NSC导致“托尔委员会”（John Tower Commission）关于改进NSC组织运作的主要设想直到里根任期末期才被采纳，并在老布什总统时期形成了卡卢奇（Frank Carlucci）创立的NSC高级评估小组和“政策评估小组”层级协调机制，从而形成了“斯考克罗夫特模式”。奥巴马总统根据“国家安全改革工程”委员会（PNSR）和IBM政府事务中心的建议，综合“艾森豪威尔模式”与“斯考克罗夫特模式”构建了新的NSC体系。这些改革无一不是在安全改革思想（安全体制改革建议报告）的指导下进行的。

安全体制是安全战略制定的制度基础，安全战略形成后又会进一步影响安全思想的变革。一个国家安全战略的制定是在其安全制度体系运作的情况下完成的。任何一个国家，其国家安全战略的形成都需要经过一个安全体制的运行流程。从起草战略报告建议，到国家安全决策体制体系内部反复讨论战略报告建议，最后经过总统（主席、总理或首相）认定形成安全战略报告定稿，都是国家安全体制运行的结果。在国家安全战略的实施过程中又会反馈一些问题，从而又进一步影响安全思想的变化。新问题需要新的思想来解决。如法国成立国防委员会到国内安全委员会，再到国防与国家安全委员会，都是在其安全战略实施过程中遇到新问题后，出现新的改革国家安全体制的思想，从而才有了法国持续的国家安全体制改革。

因此，安全思想（理论）是安全体制的根基，安全体制是安全战略的制度基础，安全战略的实施带来安全思想的变化，变革的思想又进一步影响安全体制的重新设计与改革，如此循环。尽管如此，世界主要国家安全体制机制研究要把握一个核心，就是安全体制机制是“主”，安全思想（理论）、安全战略是“次”。研究安全思想（理论）和安全战略要为安全体制机制的研究服务。

五、主要内容介绍

除前言和后记外，本书共分七篇，第一篇至第七篇分别对美国、俄罗斯、英国、法国、德国、日本和印度的安全体制机制进行了分析。

美国国家安全体制机制（NSS）指“经过第二次世界大战和战后初期美国政府机构的重组，特别是通过1947年《国家安全法》的颁布与实施，形成的与对外政策、国防政策相关的美国联邦政府官僚机构系统的总称”。[①] 由于美国安全体制机制涉及政府诸多部门机构的相互运作，从构成结构—功能层面讲，美国国家安全体制机制主要包括安全情报体制机制、情报信息与安全预警机制、国家安全委员会（NSC）决策体系、军事防务体系与应急安全体系的结构和运行流程，以及美国国家安全体制的改革。

俄罗斯国家安全体制机制在继承苏联安全体制机制的基础上，保留了苏联强大的军事和情报安全体制的主要结构，并在此基础上进行了改革和创新。从20世纪90年代初开始，俄罗斯历经叶利钦和普京时代，不断丰富国家安全理论和调整安全战略，完善国家安全体制，形成了以俄罗斯总统为核心，以联邦安全会议为主体的决策框架，以联邦安全观、联邦安全法、联邦军事学说和联邦安全战略为指导思想，以情报和军事力量为基础支撑的国家安全体制及运行机制。俄罗斯国家安全体制机制包括俄罗斯安全情报体制机制、俄罗斯情报与安全预警机制、俄罗斯联邦安全会议决策体制的演变、俄罗斯军事安全体制机制和俄罗斯应急安全体制机制，以及俄罗斯国家安全体制机制的改革。

英国最早建立了君主立宪制，英国女王具有象征意义，内阁首相及其领导的内阁享有实权地位，但首相必须获得英国下议院的支持，然后由首相组成内阁政府。英国的安全体制以君主立宪制为基础，其安全体制的最高决策者是首相和内阁，安全政策的执行者是内阁各部。英国国家安全体制机制具体包括英国安全情报体制机制、英国情报与

① 知远战略与防务研究所：“美国国家安全体制与政策决策流程”，http：//www. knowfar. org. cn/html/zhanlue/201309/05/353. htm.

安全预警机制、英国安全决策体制的演变、英国军事安全体制机制、英国应急安全体制机制和英国安全体制机制的改革。

法国国家安全体制机制主要围绕法国第五共和国成立以来，特别是冷战结束以来，从安全情报、安全预警、安全决策、军事决策执行、应急决策执行和安全体制的改革等方面梳理法国国家安全体制机制，具体包括法国安全情报体制机制、法国情报与安全预警机制、法国安全决策体制、法国军事安全体制机制、法国应急安全体制机制和法国国家安全体制机制的困境、难题与改革。

德国安全体制在二战后进行了很大的调整，完成了从联邦防务委员会到联邦安全委员会的转变，以协调、咨询、政策建议为中心任务的联邦安全委员会已成为其追求大国的标志。联邦安全委员会的改革将成为今后德国国家安全体制改革的重点。德国国家安全体制机制包括德国安全情报体制机制、情报与安全预警机制、德国联邦安全委员会的演变和运行机制、德国军事安全体制机制、德国应急安全体制机制和德国国家安全体制机制的改革。

君主立宪制和美日同盟体制是日本国家安保体制的基础。从形式上看，日本国家安全决策权力属内阁首相及其领导的内阁，但实质上受制于美国。因此，日本安保体制既受制于君主立宪制，又受制于美日同盟。日本国家安保体制机制包括日本安全情报体制机制、日本情报与安全预警机制、日本国家安保决策体制机制、日本军事安全体制机制、日本应急安全体制机制和日本国家安保体制机制的改革。

印度国家安全决策权力由总理领导下的内阁会议和不同的内阁委员会掌握，这是印度国家安全体制的核心。印度国家安全体制机制具体包括印度安全情报体制机制、印度情报与安全预警机制、印度国家安全决策体制、印度军事安全体制机制、印度应急安全体制机制和印度国家安全体制机制的改革。

六、课题研究的难度

这是一个看起来简单，实际上做起来很难的选题。

一是语言的难度。本课题的研究一共涉及七个国家：美国、俄罗斯、英国、法国、德国、日本和印度，涉及英语、俄语、法语、德语、日语等五种不同的语言，尽管课题组负责人、子课题负责人和课题参加人员能运用1~2门外语，但由于课题涉及多门语言，在研究前期难以同时对不同国家的安全体制机制进行比较研究。在研究的初期，课题组负责人也难以统筹考察多个国家的安全体制机制。直到研究的中后期，在借助写作初稿和一些翻译材料的情况下才启动了不同国家安全体制机制的比较研究，从而逐渐找到本课题研究的一些规律性和研究特点。

二是研究多少国家和研究多少主题取舍的难度。本课题研究包括七个国家。如果研究的国家太少，研究主题太少，一些有代表性的国家没有研究，一些有代表性的问题没有研究，则难以达到本选题研究的目标。如果研究的国家太多，研究的问题太多，就难以深入研究下去，一些问题会分析得不清晰。在研究多少国家和研究多少问题上需要一个取舍。在研究的七个国家一定的情况下，需要确定适度的研究主题，这样才有可能将问题研究得更清楚，从而达到研究的目标。最后，课题组确定了六个必须研究的问题：安全情报体制机制、情报与安全预警机制、安全决策体制、军事安全体制机制、应急安全体制机制和国家安全体制机制的改革。

刘胜湘

摘　要

本书研究了美国、俄罗斯、英国、法国、德国、日本和印度七个国家的安全体制机制，各篇章具体内容如下：

前言主要分析了以下几个问题：一是世界主要国家指哪些国家；二是安全体制机制的概念与含义；三是选择哪些问题进行分析，问题间的结构逻辑如何；四是如何处理体制与思想（理论）以及战略的关系。第一篇至第七篇重点分析了美国、俄罗斯、英国、法国、德国、日本、印度的安全体制机制。第一篇“美国国家安全体制机制”包括美国安全情报体制机制、美国情报与安全预警机制、美国国家安全委员会的演变、美国军事安全体制机制、美国安全应急体制机制和美国安全体制的改革。第二篇“俄罗斯国家安全体制机制”包括俄罗斯安全情报体制机制、俄罗斯情报与安全预警机制、俄罗斯联邦安全会议的演变、俄罗斯军事安全体制机制、俄罗斯应急安全体制机制和俄罗斯安全体制的改革与启示。第三篇“英国国家安全体制机制”包括英国安全情报体制机制、英国情报与安全预警机制、英国安全体制的演变、英国军事安全体制机制、英国应急安全体制机制、21世纪英国安全体制机制的改革与展望。第四篇“法国国家安全体制机制”包括法国安全情报体制机制、法国情报与安全预警机制、二战后法国安全决策体制的演变、法国军事安全体制机制、法国应急安全体制机制、21世纪法国国家安全体制的改革。第五篇“德国国家安全体制机制”包括德国安全情报体制机制、德国情报与安全预警机制、德国联邦安全委员会的演变、德国军事安全体制机制、德国应急安全体制机制和德国国家安全体制的改革。第六篇“日本国家安保体制机制”包括日本安全情报体制机制、日本情报与安全预警机制、日本安保体制机制的演变、日本防卫体制机制、日本应急安全体制机制和日本安全体制机制的改革与展望。第七篇“印度国家安全体制机制”包括印度安全情报体制机制、印度情报与安全预警机制、印度安全决策体制的演变、印度军事安全体制机制、印度灾害管理体制机制和印度安全体制机制的改革与展望。

Abstract

This book mainly explores the national security systems and mechanisms of seven main countries in the world, which include U. S., Russia, UK, France, Germany, Japan and India.

The preface mainly answers the following several questions: which countries do "main countries in the world" refer to? What are the concept and meaning of national security system and mechanism? Which are the research questions and what is the structural logic between them? How to deal with the relationship between systems, theories and strategies?

The text consists of seven parts. The first part explores the national security system and mechanism of the U. S., which includes its security intelligence system and mechanism, intelligence and security early warning mechanism, the evolution of its National Security Council, military security system and mechanism, crisis management system and mechanism and the reform of its national security systems. The second part explores the national security system and mechanism of Russia, which includes its security intelligence system and mechanism, intelligence and security early warning mechanism, the evolution of Russian Federal Security Council, military security system and mechanism, crisis management system and mechanism and the reform of its national security systems and its revelations. The third part explores the national security system and mechanism of the UK, which includes its security intelligence system and mechanism, intelligence and security early warning mechanism, the evolution of its national security system, military security system and mechanism, crisis management system and mechanism, and the reform and prospect of its national security systems and mechanisms in the new century. The fourth part explores the national security system and mechanism of France, which includes its security intelligence system and mechanism, intelligence and security early warning mechanism, the evolution of its security decision-making system after

World War Ⅱ, military security system and mechanism, crisis management system and mechanism and the reform of its national security systems in the new century. The fifth part explores the national security system and mechanism of Germany, which includes its security intelligence system and mechanism, intelligence and security early warning mechanism, the evolution of German Federal Security Council, military security system and mechanism, emergency management system and mechanism and the reform of its national security systems. The sixth part explores the national security system and mechanism of Japan, which includes its security intelligence system and mechanism, intelligence and security early warning mechanism, the evolution of its security system and mechanism, defense system and mechanism, emergency management system and mechanism, and the reform and prospect of its national security systems. The seventh part explores the national security system and mechanism of India, which includes its the security intelligence system and mechanism, intelligence and security early warning mechanism, the evolution of its security decision-making system, military security system and mechanism, disaster management system and mechanism, and the reform and prospect of its national security systems.

目录

Contents

第一篇

美国国家安全体制机制 1

第一章▶美国安全情报体制机制 3

第一节 美国安全情报体制的构成与分类 3
第二节 美国安全情报体制的形成与发展 6
第三节 美国情报体制的运行机制与改革 12

第二章▶美国情报与安全预警机制 22

第一节 美国安全情报的分类 22
第二节 美国安全情报的传递路径 26
第三节 美国的安全危机预警 31

第三章▶美国国家安全委员会的演变 39

第一节 冷战时期的美国国家安全委员会 39
第二节 冷战结束后的美国国家安全委员会 51
第三节 美国国家安全委员会演变特征与未来 57

第四章▶美国军事安全体制机制 64

第一节 美国军事安全的法律体系 64
第二节 美国军事体系的构成与决策体制 69

第三节　美国军事安全运行机制　77

第五章▶美国安全应急体制机制　84

第一节　美国安全应急的法律体系　84
第二节　美国安全应急体制机制的演变　88
第三节　美国安全应急体制机制改革与启示　98

第六章▶美国安全体制的改革　102

第一节　美国安全体制的缺陷　102
第二节　奥巴马政府对安全体制的改革　109
第三节　美国国家安全体制改革与展望　114

第二篇

俄罗斯国家安全体制机制　119

第七章▶俄罗斯安全情报体制机制　121

第一节　俄罗斯安全情报体制的结构　121
第二节　俄罗斯安全情报体制的起源与发展　131
第三节　俄罗斯情报体制的特点与运行流程　138

第八章▶俄罗斯情报与安全预警机制　145

第一节　俄罗斯的主要安全情报　145
第二节　俄罗斯安全情报的传递路径　148
第三节　俄罗斯的安全危机预警　152

第九章▶俄罗斯联邦安全会议的演变　158

第一节　叶利钦时期俄罗斯联邦安全会议　158
第二节　普京时期俄罗斯联邦安全会议　163

第十章▶俄罗斯军事安全体制机制　172

第一节　俄罗斯军事安全法律体系　172
第二节　俄罗斯军事安全体制的构成　178
第三节　俄罗斯军事安全体制的运行机制　183

第十一章 ▶ 俄罗斯应急安全体制机制 190

第一节 《俄罗斯联邦紧急状态法》 190
第二节 俄罗斯应急安全体制的构成与分类 194
第三节 俄罗斯应急安全体制的运行 198

第十二章 ▶ 俄罗斯安全体制的改革与启示 202

第一节 俄罗斯安全体制机制的主要问题 202
第二节 俄罗斯安全体制机制的改革 206
第三节 俄罗斯安全体制机制改革的启示 212

第三篇

英国国家安全体制机制 219

第十三章 ▶ 英国安全情报体制机制 221

第一节 英国安全情报体制的形成与发展 221
第二节 英国安全情报体制的现状与特点 227
第三节 英国安全情报体制的构成与运行 232

第十四章 ▶ 英国情报与安全预警机制 238

第一节 英国安全情报的分类 239
第二节 英国安全情报的传递路径 247
第三节 英国的安全危机预警 254

第十五章 ▶ 英国安全体制的演变 264

第一节 从帝国防务委员会到战时内阁 264
第二节 英国国防与海外政策委员会 272
第三节 内阁国家安全、国际关系和发展委员会 283
第四节 英国国家安全委员会 289

第十六章 ▶ 英国军事安全体制机制 301

第一节 英国军事安全的法律体系 301
第二节 英国军事安全体制的演变与结构 306

第三节　英国军事安全体制的运行　310

第十七章▶英国应急安全体制机制　316

第一节　英国应急安全体系的发展与法律建制　316
第二节　英国应急安全体制的构成与运行机制　321
第三节　英国应急安全体制机制的特征　325

第十八章▶21 世纪英国安全体制机制的改革与展望　329

第一节　21 世纪英国安全体制机制的争议与调整　329
第二节　英国安全体制机制的困境与改革　334
第三节　英国安全体制机制展望　339

第四篇

法国国家安全体制机制　345

第十九章▶法国安全情报体制机制　347

第一节　法国安全情报体制的构成　347
第二节　法国安全情报体制机制的演变　354
第三节　法国安全情报体制机制的特点　363

第二十章▶法国情报与安全预警机制　367

第一节　法国的安全情报　368
第二节　法国安全情报的传递路径　372
第三节　法国安全危机预警　378

第二十一章▶二战后法国安全决策体制的演变　384

第一节　二战结束初期法国改革的背景与措施　384
第二节　法国国防委员会与国防总秘书处　388
第三节　国内安全委员会与总秘书处　391
第四节　国防与国家安全委员会和总秘书处　398

第二十二章▶法国军事安全体制机制　403

第一节　法国军事安全法律体系　403

第二节　法国军事领导与指挥力量体制　408
第三节　法国军事体制的运行流程　412

第二十三章▶法国应急安全体制机制　417

第一节　法国应急安全法律体系的历史演进　418
第二节　法国应急安全体制的构成　422
第三节　法国应急安全体制的运行流程　425

第二十四章▶21 世纪法国国家安全体制的改革　431

第一节　法国国家安全体制的困境　431
第二节　法国国家安全体制改革的内容　437
第三节　成效评估与前景展望　451

第五篇

德国国家安全体制机制　463

第二十五章▶德国安全情报体制机制　465

第一节　德国安全情报体制机制的构成　465
第二节　德国情报体制机制的形成与发展　470
第三节　德国安全情报体制的现状与特点　473

第二十六章▶德国情报与安全预警机制　480

第一节　德国安全情报的分类　480
第二节　德国安全情报的传递路径　485
第三节　德国安全危机预警　493

第二十七章▶德国联邦安全委员会的演变　501

第一节　联邦国防委员会的成立、发展与运行　501
第二节　从联邦国防委员会到联邦安全委员会　506
第三节　冷战结束后德国联邦安全委员会的新变化　509
第四节　默克尔政府改革联邦安全委员会的尝试　515

第二十八章▶德国军事安全体制机制　519

第一节　德国军事安全法律体系　519

第二节　德国军事体制的构成与分类　524
第三节　德国军事安全体制的运行机制　531

第二十九章▶德国应急安全体制机制　537

第一节　德国应急安全法律体系　537
第二节　德国应急安全体制机制的构成　540
第三节　德国应急安全体制的运行流程　546

第三十章▶德国国家安全体制的改革　555

第一节　德国安全情报体制改革　555
第二节　德国应急安全体制改革　558
第三节　德国军事安全体制改革　561

第六篇

日本国家安保体制机制　567

第三十一章▶日本安全情报体制机制　569

第一节　日本安全情报体制的构成　569
第二节　日本情报体制机制的形成与发展　577
第三节　日本安全情报体制机制的特点　582

第三十二章▶日本情报与安全预警机制　587

第一节　日本的安全情报　587
第二节　日本安全情报的传递路径　591
第三节　日本的安全危机预警　595

第三十三章▶日本安保体制机制的演变　600

第一节　旧安全体制的瓦解与新安全体制的讨论　600
第二节　"日美安保"体制与日本安全体制的孕育　604
第三节　日美同盟与日本综合安保体制　610
第四节　冷战后日本安全体制的新变化　615

第三十四章▶日本防卫体制机制　625

第一节　日本的防卫法律体系　625

第二节　日本防卫体制的构成与能力　630
第三节　日本的防卫决策体制与运行机制　636

第三十五章▶日本应急安全体制机制　644

第一节　日本应急安全法律体系　644
第二节　日本应急安全体制的构成　648
第三节　日本应急安全体制的运行流程　653

第三十六章▶日本安全体制机制的改革与展望　659

第一节　日本安全体制机制的主要问题　659
第二节　日本安全体制机制的改革措施　664
第三节　日本安全体制机制展望　671

第七篇

印度国家安全体制机制　677

第三十七章▶印度安全情报体制机制　679

第一节　印度安全情报体制机制的构成　679
第二节　印度安全情报体制机制的演变　684
第三节　印度安全情报体制机制的特点、问题与改革　688

第三十八章▶印度情报与安全预警机制　696

第一节　印度安全情报的分类　696
第二节　印度安全情报的传递路径　699
第三节　印度安全危机预警　705

第三十九章▶印度安全决策体制的演变　709

第一节　从三级安全体制到内阁紧急情况委员会　709
第二节　从内阁政治事务委员会到国家安全委员会　711
第三节　印度国家安全委员会的重建　718

第四十章▶印度军事安全体制机制　724

第一节　印度军事安全法律体系　725

第二节　印度军事安全体制的历史演变　727
第三节　印度军事体制的结构　729
第四节　印度军事体制的运行流程　735

第四十一章▶印度灾害管理体制机制　738

第一节　印度灾害管理的法律体系　739
第二节　印度应急安全体制的构成　742
第三节　印度灾害管理体制的运行流程　749

第四十二章▶印度安全体制机制的改革与展望　753

第一节　印度安全体制机制的主要缺陷　753
第二节　印度安全体制机制的改革措施　759
第三节　印度安全体制机制展望　763

参考文献　769
后记　801

Contents

Part 1 National Security System and Mechanisms of U. S. 1

Chapter 1 Security Intelligence System and Mechanism of U. S. 3

1. 1 Composition and Classification of U. S. Security Intelligence System 3
1. 2 Formation and Development of U. S. Security Intelligence System 6
1. 3 Operating Mechanism and Reform of U. S. Intelligence System 12

Chapter 2 Intelligence and Security Early-warning Mechanism of U. S. 22

2. 1 Classification of U. S. Security Intelligence 22
2. 2 Transmission Pathways of U. S. Security Intelligence 26
2. 3 Early-warning of U. S. Security Crisis 31

Chapter 3 Evolution of U. S. National Security Council 39

3. 1 U. S. National Security Council during the Cold War 39
3. 2 U. S. National Security Council after the End of the Cold War 51
3. 3 Evolutionary Features and Future of U. S. National Security Council 57

Chapter 4 Military Security System and Mechanism of U. S. 64

4. 1 Legal System of the U. S. Military Security 64
4. 2 Constitution and Decision-making System of the U. S. Military System 69

4.3 Operating Mechanism of the U. S. Military Security 77

Chapter 5 Security Emergency System and Mechanism of U. S. 84

5.1 Legal System of the U. S. Security Emergency 84
5.2 Evolution of U. S. Security Emergency System and Mechanism 88
5.3 Reform and Enlightenment of U. S. Security Emergency System and Mechanism 98

Chapter 6 Reform of U. S. Security System 102

6.1 Defects of U. S. Security System 102
6.2 Reform of Security System in Obama Administration 109
6.3 Reform and Prospect of U. S. Security System 114

Part 2 National Security System and Mechanism of Russia 119

Chapter 7 Security Intelligence System and Mechanism of Russia 121

7.1 Structure of Security Intelligence System of Russia 121
7.2 Origin and Development of Security Intelligence System of Russia 131
7.3 Characteristics and Operational Process of Russia's Intelligence System 138

Chapter 8 Intelligence and Security Early-warning Mechanism of Russia 145

8.1 Main Security Intelligence of Russia 145
8.2 Transmission Pathways of Russia's Security Intelligence 148
8.3 Security Crisis Early-warning of Russia 152

Chapter 9 Evolution of Russian Federation Security Council 158

9.1 Russian Federation Security Council in Yeltsin Administration 158
9.2 Russian Federation Security Council in Putin Administration 163

Chapter 10 Military Security System and Mechanism of Russia 172

10. 1 Legal System of Russia's Military Security 172
10. 2 Composition of Russia's Military Security System 178
10. 3 Operating Mechanism of Russia's Military Security System 183

Chapter 11 Security Emergency System and Mechanism of Russia 190

11. 1 Russian Federal Emergency Act 190
11. 2 Composition and Classification of Russian Security Emergency System 194
11. 3 Operation of Russian Security Emergency System 198

Chapter 12 Reform and Enlightenment of Russian Security System 202

12. 1 Main Issues of Russian Security System and Mechanism 202
12. 2 Reform of Russian Security System and Mechanism 206
12. 3 Enlightenment of Russia's Security System Reform 212

Part 3 National Security System and Mechanism of U. K. 219

Chapter 13 Security Intelligence System and Mechanism of U. K. 221

13. 1 Formation and Development of U. K. Security Intelligence System 221
13. 2 Status and Characteristics of U. K. Security Intelligence System 227
13. 3 Composition and Operation of U. K. Security Intelligence System 232

Chapter 14 Intelligence and Security Early-warning Mechanism of U. K. 238

14. 1 Classification of U. K. Security Intelligence 239
14. 2 Transmission Pathways of U. K. Security Intelligence 247
14. 3 Security Crisis Early-warning of U. K. 254

Chapter 15 Evolution of U. K. Security System 264

15. 1 From Imperial Defense Council to the War Cabinet 264

15. 2 Defense and Overseas Policy Committee 272
15. 3 Cabinet National Security, International Relations and Development Committee 283
15. 4 U. K. National Security Council 289

Chapter 16 Military Security System and Mechanism of U. K. 301

16. 1 Legal System of U. K. Military Security 301
16. 2 Evolution and Composition of U. K Military Security System 306
16. 3 Operation of U. K. Military Security System 310

Chapter 17 Security Emergency System and Mechanism of U. K. 316

17. 1 Development and Legal System of U. K. Security Emergency System 316
17. 2 Composition and Operating Mechanism of U. K. Security Emergency System 321
17. 3 Characteristics of U. K. Security Emergency System and Mechanism 325

Chapter 18 The Reform and Prospect of U. K. Security System and Mechanism in the New Century 329

18. 1 Disputes and Adjustments of U. K. Security System and Mechanism in the New Century 329
18. 2 Predicament and Reform of U. K. Security System and Mechanism 334
18. 3 Prospects of U. K. Security System and Mechanism 339

Part 4 National Security System and Mechanism of France 345

Chapter 19 Security Intelligence System and Mechanism of France 347

19. 1 Composition of France's Security Intelligence System 347
19. 2 Evolution of France's Security Intelligence System and Mechanism 354

19.3 Characteristics of France's Security Intelligence System and Mechanism 363

Chapter 20 Intelligence and Security Early-warning Mechanism of France 367

20.1 Security Intelligence of France 368
20.2 Transmission Pathways of France's Security Intelligence 372
20.3 Security Crisis Early-warning of France 378

Chapter 21 Evolution of France's Security Decision-making System after World War II 384

21.1 Background and Measures of France's Reform at the Beginning of the End of World War II 384
21.2 Defense Commission and General Secretariat for Defense of France 388
21.3 Domestic Safety Committee and General Secretariat 391
21.4 National Defense and National Security Committee and General Secretariat 398

Chapter 22 Military Security System and Mechanism of France 403

22.1 Legal System of France's Military Security 403
22.2 Military Leadership and Command System of France 408
22.3 Operational Process of France's Military System 412

Chapter 23 Security Emergency System and Mechanism of France 417

23.1 Historical Evolution of the Legal System of France's Security Emergency 418
23.2 Composition of France's Security Emergency System 422
23.3 Operational Process of France's Security Emergency System 425

Chapter 24 Reform of France's National Security System in New Century 431

24.1 Predicament of France's National Security System 431
24.2 Contents of the Reform of France's National Security System 437
24.3 Effectiveness Evaluation and Prospects 451

Part 5 National Security System and Mechanism of Germany 463

Chapter 25 Security Intelligence System and Mechanism of Germany 465

25. 1 Composition of German Security Intelligence System and Mechanism 465
25. 2 Formation and Development of German Intelligence System and Mechanism 470
25. 3 Status and Characteristics of German Security Intelligence System 473

Chapter 26 Intelligence and Security Early-warning Mechanism of Germany 480

26. 1 Classification of German Security Intelligence 480
26. 2 Transmission Pathways of German Security Intelligence 485
26. 3 Security Crisis Early-warning of German 493

Chapter 27 Evolution of the German Federal Security Council 501

27. 1 Establishment, Development and Operation of the Federal Defense Commission 501
27. 2 From the Federal Defense Council to the Federal Security Council 506
27. 3 New Changes in the German Federal Security Council after the Cold War 509
27. 4 Merkel's Attempt to Reform the Federal Security Council 515

Chapter 28 Military Security System and Mechanism of Germany 519

28. 1 Legal System of German Military Security 519
28. 2 Constitution and Classification of German Military System 524
28. 3 Operating Mechanism of the German Military Security System 531

Chapter 29 Security Emergency System and Mechanism of German 537

29. 1 Legal System of German Security Emergency 537

29.2 Composition of German Security Emergency System and Mechanism 540
29.3 Operational Process of German Security Emergency System 546

Chapter 30 Reform of German National Security System 555

30.1 Reform of German Security Intelligence System 555
30.2 Reform of German Security Emergency System 558
30.3 Reform of German Military Security System 561

Part 6 National Security System and Mechanism of Japan 567

Chapter 31 Security Intelligence System and Mechanism of Japan 569

31.1 Composition of Japan's Security Intelligence System 569
31.2 Formation and Development of Japan's Intelligence System and Mechanism 577
31.3 Characteristics of Japan's Security Intelligence System and Mechanism 582

Chapter 32 Intelligence and Security Early-warning Mechanism of Japan 587

32.1 Security Intelligence of Japan 587
32.2 Transmission Pathways of Japan's Security Intelligence 591
32.3 Security Crisis Early-warning of Japan 595

Chapter 33 Evolution of Japan's Security System and Mechanism 600

33.1 End of Old Security System and the Discussion of New Security System 600
33.2 "Japan-U. S. Security" System and the Birth of Japan's Security System 604
33.3 Japan-U. S. Alliance and Japan's Comprehensive Security System 610
33.4 New Changes of Japan's Security System after Cold War 615

Chapter 34 Defense System and Mechanism of Japan 625

34.1 Legal System of Japan's Defense System 625

34.2 Composition and Ability of Japan's Defense System 630
34.3 Decision-making System and Operating Mechanism of Japan's Defense 636

Chapter 35 Security Emergency System and Mechanism of Japan 644

35.1 Legal System of Japan's Security Emergency 644
35.2 Composition of Japan's Security Emergency System 648
35.3 Operational Process of Japan's Security Emergency System 653

Chapter 36 Reform and Prospect of Japan's Security System and Mechanism 659

36.1 Main Issues of Japan's Security System and Mechanism 659
36.2 Reform Measures of Japan's Security System and Mechanism 664
36.3 Prospect of Japan's Security System and Mechanism 671

Part 7 National Security System and Mechanism of India 677

Chapter 37 Security Intelligence System and Mechanism of India 679

37.1 Composition of India's Security Intelligence System and Mechanism 679
37.2 Evolution of India's Intelligence System and Mechanism 684
37.3 Characteristics, Issues and Reforms of India's Intelligence System and Mechanism 688

Chapter 38 Intelligence and Security Early-warning Mechanism of India 696

38.1 Classification of India's Security Intelligence 696
38.2 Transmission Pathways of India's Security Intelligence 699
38.3 Security Crisis Early-warning of India 705

Chapter 39 Evolution of India's Security Decision-making System 709

39.1 From Three-level Security System to Emergency Committee of the Cabinet 709

39. 2 From Cabinet's Political Affairs Committee to National Security Council 711

39. 3 Reconstruction of National Security Council of India 718

Chapter 40 Military Security System and Mechanism of India 724

40. 1 Legal System of India's Military Security 725

40. 2 Historical Evolution of India's Military Security System 727

40. 3 Structure of India's Military System 729

40. 4 Operational Process of India's Military System 735

Chapter 41 Disaster Management System and Mechanism of India 738

41. 1 Legal System of India's Disaster Management 739

41. 2 Composition of India's Security Emergency System 742

41. 3 Operational Process of India's Disaster Management System 749

Chapter 42 The Reform and Prospect of India's Security System and Mechanism 753

42. 1 Main Flaws in India's Security System and Mechanism 753

42. 2 Reform Measures of India's Security System and Mechanism 759

42. 3 Prospect of India's Security System and Mechanism 763

Reference 769

Postscript 801

第一篇

美国国家安全体制机制

美国是一个号称“自由”的国度，汇聚了世界上最优秀的人才，是世界许多年轻人向往的地方。很多年轻人从小立志到美国，一些家庭用光所有积蓄，甚至不惜借款也要送子女到美国求学。美国的创造力得益于来自世界各国的优秀人才和尊重人才的环境。

美国只有 200 多年的历史，与具有数千年文明的国家相比，它还是一个非常年轻的国家。美国就像一头刚刚长大不怕惹事的牛犊，它的历史还只是刚刚开始。

美国是一个霸权国家，在二战结束以后就建立了在世界上的霸主地位，已经称霸世界 70 多年，现处于 100 年霸权周期的尾期。目前，美国已经在世界各地建立起了以同盟为基础的全球霸权网络。美国具有世界第一的经济实力、军事实力和全球政治影响力，并经常在世界各地运用这些力量。

美国是一个被恐怖主义紧盯的国家。美国的大使馆、美国国内遭受过多次恐怖主义袭击，特别是“9 · 11”恐怖袭击事件，使美国人恐慌不已，生活在恐怖主义的阴影下。

美国是一个枪支泛滥的国家。美国基本没有枪支管制，在美国持枪是合法的，导致每年有很多起“枪击事件”发生，这对美国的形象有不小的损害。

美国是西方民主体制中有代表性的国家，中央和地方的权力划分比较合理，地方有相对较大的自治权力，中央不能过多干预地方事务。美国总统是通过民主选举选出来的，总统不能专断，要受到各种力量的约束。美国的安全体制正是建立在“民主原则”和“权力制衡原则”基础上的。本篇将分析美国安全情报体制机制、美国情报与安全预警机制、美国国家决策体制的演变、美国军事安全体制机制、美国应急安全体制机制和美国国家安全体制机制的改革等。

第一章

美国安全情报体制机制

“知己知彼，百战不殆”。在国际交往中，情报活动作为一个国家的日常工作，越来越受到各国的重视。美国的情报活动可以追溯到其建国初期。美国凭借优越的地理条件和资本主义的发展，特别是借第一次世界大战（以下简称“一战”）和第二次世界大战（以下简称“二战”）的“东风”得以在战后快速成长为“超级大国”。伴随着全球战略地位的确立，美国无时无刻不面临着来自其认定的内部和外部“威胁”。面对复杂的国内外环境，美国建立了全球最大的情报搜集、评估与预警安全体系。

第一节　美国安全情报体制的构成与分类

在英语里，“情报”（intelligence）和“信息”（information）的用法最早是相同的。自19世纪以来，随着军事情报组织的兴起与发展，“情报”逐渐成为政治、军事的专用术语。在此之后，“情报”和“信息”之间的定义开始逐渐有所区别，如今，“情报”是指经过特定程序处理之后的“信息”。美国学者拉·法拉戈（Ladislas Farago）曾经说过，人类最早使用的武器就是石块、棒子和情报。情报是关于外部环境与敌人的重要信息，也是国家制定安全决策和执行决策时的重要依据。“情报是指与外国、敌对或潜在的敌对势力及军队、实际的或潜在的军事行动等有关的有效信息，在经过收集、处理、整合、评估、分析以及解释等步骤之后所形成的产品。情报一词同样也应用于由此产生的活动或从事这类活动的组织。"① 在美国，情报特指外国情报与反情报。从一个国家的功能需要来看，情报体制是整个国家安全系统的一个重要环节，情报工作与国家安全密不可分。情报工作的正常开展离不开一个完善的情报体制。

一、美国国家情报机构的构成

情报机构是一个国家设置的专门负责收集情报和反间谍的机构，包括收集来自国内和国外的情报信息，从而为本国提供所需的情报。美国拥有众多的情报机构，又自成体系，有世界上最庞大的情报体系网络。美国现代情报体制是根据1947年《国家安全法》建立起来的，经过半个多世纪的发展壮大，已形成一支强大的情报力量。目前，美国情报体系（IC）的构建采取了"16+1"的模式，即由美国政府下辖的16个情报机构和1个国家情报总监办公室组成，② 涉及美国国防部、国土安全部、国务院、中央情报局和国家情报总监办公室等部门。美国国家安全情报体系的构成如表1-1所示。

表1-1　美国安全情报体系的构成

美国国家情报安全体系	独立机构	国家情报总监办公室（ODNI）
		中央情报局（CIA）
	能源部	情报与反情报办公室（OICI）
	国土安全部	情报与分析办公室（I&A）
		海岸警卫队情报局（CGI）
	国务院	情报研究局（INR）
	财政部	恐怖主义及金融情报办公室（TFI）
	司法部	缉毒局及其国家安全情报办公室（DEA/ONSI）
		联邦调查局及其国家安全分部（FBI/NSB）
	国防部	空军情报、监视与侦察局（ISR）
		陆军参谋部二部（G-2）

① DOD, *Department of Defense Dictionary of Military and Associated Terms*, 8 November 2010, As Amended Through 15 February 2012, P. 162.

② 一般来说美国的情报体系只由16个情报机构构成，但是笔者认为国家情报总监办公室作为总协调单位也应该纳入该体系。

续表

美国国家情报安全体系	国防部	国防情报局（DIA）
		海军陆战队情报行动处（MCIA）
		国家地理空间情报局（NGA）
		国家侦察局（NRO）
		国家安全局/中央安全署（NSA/CSS）
		海军情报局（ONI）

资料来源：笔者根据相关资料整理。参见：http://www.dni.gov/index.php/intelligence-community/members-of-the-ic#dos，其中空军情报、监视与侦察局（ISR）于 2014 年 9 月 29 日改编为美国空军第 29 军。

美国还设有专门的情报监督机构，参议院和众议院分别设有自己的情报委员会，即参议院情报委员会和众议院情报委员会，通过这两个委员会的运作，对美国的情报活动起监督作用。虽然两院的情报委员会所属不同，但主要职责是相同的。随着几十年的发展，情报委员会的影响力不断扩大，特别是在涉及制定国家情报安全政策方面起着无可替代的作用。

二、美国国家安全情报体制的分类

与目前世界上其他国家一样，美国也设置了政府、军队两类情报体系，不同情报体系内各情报机构各司其职，以免产生不必要的重叠和麻烦。美国不同的情报机构有不同的职能，如表 1-2 所示。

表 1-2　　美国安全情报体制的分类与职能

类别	机　构	职　　能
总协调	国家情报总监办公室	总协调机构，由国家情报总监负责统领包括美国中央情报局在内的全美 16 个不同的情报机构。美国情报体系由国家情报总监领导，国家情报总监则直接向总统汇报，对总统负责
独立类	中央情报局	除了归国家情报总监办公室领导外，它独立于其他 15 个机构。中央情报局没有国内任务，主要从事对外情报，也没有逮捕权，是专门从事情报分析、秘密情报搜集和隐蔽行动的机构

续表

类别	机　构	职　　能
军事类	国家安全局，国防情报局，国家侦察局，国家地理空间情报局，海军情报局，海军陆战队情报行动处，陆军参谋部二部，空军情报、监视与侦察局，情报与反情报办公室，情报与分析办公室，海岸警卫队情报局	前8个机构隶属美国国防部，分别从事陆、海、空三军战术情报任务，进行外军情报活动，对国内外进行电子通信侦察和间谍卫星侦察，并绘制军用地图；情报及反情报办公室隶属美国能源部，主要负责核武器与能源情报活动；情报与分析办公室和美国海岸警卫情报局隶属美国国土安全部，情报与分析办公室主要从事情报收集、分析和情报融合等管理工作，从而促进整个部门的情报工作发展，而海岸警卫队情报局则担负海岸警卫队战术情报任务，两个机构都主要负责与国土安全相关的任务
社会安全类	联邦调查局、缉毒局	隶属美国司法部，它们分别从事反情报与反恐怖活动和缉毒情报活动
外交类	情报研究局	隶属美国国务院，其主要任务是为美国外交任务提供全源情报支持，它在确保情报活动与美国外交政策保持一致方面扮演着重要的角色
经济类	恐怖主义及金融情报办公室	隶属美国财政部，其主要从事的情报活动包括减少对恐怖主义的金融支持，打击金融犯罪，对美国所认为的流氓国家进行金融制裁，打击大规模杀伤性武器扩散的金融支持

资料来源：笔者根据相关资料整理。参见：http://www.dni.gov/index.php/intelligence-community/members-of-the-ic#dos。

如表1-2所述，根据美国国家情报安全体系下属的17个机构所属部门的不同，这17个机构分别由总统和不同的政府部门进行管理。这17个机构之间分工明确，相互协调，构成了如今美国一整套完整的国家安全情报体制。

第二节　美国安全情报体制的形成与发展

“人类社会实践就是情报活动的历史渊源，情报活动是军事实践的伴生物。”① 在历史进程中，从美国建国之初到如今的世界霸主，美国的情报活动不

① 张晓军：《军事情报学》，军事科学出版社2001年版，第26页。

断发展与壮大，情报在美国的历史进程中留下了浓墨重彩的痕迹。

美国现代情报安全体制的建立主要是为了应对二战及战后日益复杂的国家安全挑战。在1947年的《国家安全法》通过之前，美国的情报机构间就已经出现协调不畅的问题，在该法案通过之后，当初的许多问题并没有完全得到解决，甚至还出现了不少新的问题。长久以来，美国历任总统和主要的情报机构负责人都致力于使情报体系不断改革和完善，使之更好地运作。总体来看，美国情报安全体制机制的形成与发展历程大致可以分为三个阶段：第一阶段是殖民时期至二战，即冷战前时期；第二阶段是冷战到“9·11”事件的爆发；第三阶段是自“9·11”事件后至今。第一阶段为其形成阶段，后两个阶段为其发展与完善的阶段。

一、冷战前的美国安全情报体制

“战争是人类历史上对情报体制产生重要影响的因素，现代化战争也对情报体制产生着深远影响。一般来说，情报开始于战争。”[①] 美国的情报活动起源于其战争的需要，最初是为美国独立战争服务。

乔治·华盛顿（George Washington）不仅是美国之父，更是美国情报组织的创始人。1776年，大陆军在纽约遭遇惨痛失败。在率军撤离之后，华盛顿开始重新审视情报工作的重要性，随即向议会提出了“有偿情报”的建议，要求议会拨付一笔用于购买情报的专款。经过几轮讨论，议会同意拨付20 000美元购买情报。这笔占了当时大陆军军费10%的经费取得了巨大的成果。在秘密情报指导下，大陆军取得了两场关键胜利——“特兰顿大捷”和“普林斯顿大捷”。[②] 秘密情报工作在美国独立战争中发挥了巨大的作用。自此，情报工作就成为了美国历届总统重视的工作之一。

1908年，美国西部地区的土地非法销售猖獗，为了遏制这种现象，当时的总统西奥多·罗斯福（Theodore Roosevelt）授权司法部长查尔斯·约瑟夫·波拿巴（Charles J. Bonaparte）成立了一个特工调查部门，以此来调查这些罪行。经过一年的发展，该机构取名为调查局（BOI），1935年7月1日正式改为美国联

① 张福财：《美国情报机构体制历史沿革及其启示》，载《盐城师范学院学报》2010年第3期，第59页。

② 1776年12月26日，大陆军投入2 400人的兵力，在无人阵亡、4人受伤的情况下取得了对驻守在特兰顿的英军阵营的德国黑森雇佣兵的巨大胜利，而当时德国黑森雇佣兵有1 500人，在此战中有22人阵亡，80多人受伤，被俘900余人，余下500多人逃走。1777年1月2日，大陆军以伤亡不到百人的代价，击溃英军两个团，毙敌数百，取得了对普林斯顿大捷。

邦调查局（FBI）。联邦调查局也有其局限性，由于初始目的，联邦调查局在当时仅负责美国国内的反情报工作，而军事情报主要由军事情报机构主导。

“随着国际形势的剧烈变化，1911 年，有国会议员提议成立‘国防委员会’，以确定陆军和海军各自不同的需求，国防委员会的成员应包括国务卿、陆军部长、海军部长、相关国会委员会的主席、战争学院的校长等。”[①] 然而，由于此时美国没有紧迫的外部威胁，此项提议遭到了当时国务院的反对，这一建议被暂时搁置。

随着一战的爆发和战局的扩大，1916 年 8 月 29 日，“国防委员会”（Council of National Defense）才得以成立。在伍德罗·威尔逊（Woodrow Wilson）看来，“国会已经意识到当这个国家为和平彻底做准备时也就为战争做了最好的准备。”[②]“国防委员会成员由战争部长、美国海军部长、内政部长、农业部长、商务部长、劳工部长等组成。”[③] 其主要职责是为支持战争而协调国防资源、产业和交通。不过该委员会并不关注军事或外交事务。1917 年，美国正式参与一战。1917 年 7 月 28 日，为了鼓励企业用批量生产的方式来提高效率，威尔逊总统听从了金融家伯纳德·巴鲁克（Bernard Baruch）的建议，在国防委员会之下设立了“战争工业委员会”（War Industries Board）。1919 年 1 月 1 日，威尔逊总统下令撤销了该委员会。

在加入一战之后不久，美国《1917 年间谍法》（Espionage Act of 1917）在国会被正式通过，美国才有了第一个具有历史意义的情报机构——美国国家安全局军情八处（MI－8），也简称“美国黑室”，其主要职责是破译密码。在 1929 年经过一场关于是否需要情报部门的讨论之后，时任国务卿亨利·史汀生（Henry L. Stimson）以“绅士互不偷窥信件”为由，下令解散了“美国黑室”。

在二战前，由于美国政府和军队之间的相互反对，美国国内并没有建立起一套完整的情报安全体制，各部门的情报工作独立，虽然陆军和海军都成立了情报局，但是二者很少有相互的情报交流与合作。这也为美国在二战中出现的一些没有必要的付出埋下了伏笔。

二战前夕，美国开始重新审视“门罗主义”。1938 年，美国国务卿科德尔·赫尔（Cordell Hull）建议在陆军和海军之间设立一个“联络常务委员会”，成员包括副国务卿、陆军总参谋长和海军行动总长。该委员会是“美国第一个就外交

---

① Marcus G. Raskin and A. Carl LeVan, *In Democracy's Shadow*: *The Secret World of National Security*, New York: Nation Books, 2005, P. 8.

② Maurice Matloff, ed. *American Military History*, Vol. 2: 1902 – 1996, (Conshohocken, Pennsylvania: Combined Books, 1996), P. 25.

③ Laws: Cases and Codes: U. S. Code: Title 50. War and National Defense. 2008.

政策定期进行政治与军事磋商的机构”[①]。实际上，这个常设联络委员会为各部门之间信息的共享，尤其是关于拉美地区的情报共享提供了平台。但是由于当时的美国国务院不想承担过多的责任，该委员会的管理范围受到了很大限制。“当陆军部长史汀生于1940年向国务卿科德尔·赫尔问及这个委员会时，国务卿甚至忘了该委员会的存在”。[②]

直到“珍珠港事件”使美国卷入二战，美国才真正意识到情报的重要性，并开始重新认识和重视情报。1941年7月11日，富兰克林·罗斯福总统下令成立了情报协调局（Office of the Coordinator of Information，COI）。1942年6月，该局又被改组为战略情报局（Office of Strategic Services，OSS），并由威廉·约瑟夫·多诺万（William Joseph Donovan）担任局长，由于美国军事情报机构和联邦调查局不甘心自己的地位下降，加之新上任的杜鲁门（Harry S. Truman）总统不喜欢秘密组织，该局于1945年解散。虽然它只存在了短短的数年，但是为其服务的工作人员多达2.4万，这些工作人员还拥有其他身份。表面上他们是士兵、演员、律师、教授以及记者等，但背后他们是美国情报网络机器的一个个“零部件”。他们筹措军事计划，为舆论造势，渗透敌方部队并游说别国抵抗纳粹暴政，为二战的胜利做出了贡献。

随着二战的结束和冷战的到来，杜鲁门总统再次意识到一个优秀的情报机构对本国的重要性，随后他找来当时战略情报局的功臣杜勒斯（John Foster Dulles）筹建中央情报小组。1947年，根据杜鲁门总统签署的《国家安全法》，美国成立了中央情报局（CIA），这标志着美国情报安全体制的初步形成，并促使美国情报体制走向成熟与完善之路。

二、冷战至“9·11”事件之前的美国安全情报体制

美国中央情报局的建立标志着美国情报安全体制机制的初步形成。但是在此之前，美国的情报系统没有形成一整套的体制机制。

1946年3月5日，英国前首相丘吉尔（Winston Leonard Spencer Churchill）在美国富尔顿城威斯敏斯特学院发表了著名的“铁幕”演说，这标志着冷战的到来。从1944年11月“多诺万计划”的提出，到1947年9月美国《国家安全法》的生效，中央情报局宣告成立，这标志着美国情报工作开始走上规范化和体制化

① Ernest R. May, The Development of Political-Military Consultation in the United States, *Political Science Quarterly*, 70.2, 1955, P. 172.

② Douglas T. Stuart, *Creating the National Security State: A History of the Law that Transformed America*, Princeton: Princeton University Press, 2008, P. 35.

的道路。一方面，随着冷战的加剧，其职权范围也逐步扩大；另一方面，它也拥有了直接影响国家最高决策的权力。经过数年的酝酿，美国从20世纪40年代后半期开始逐步形成了由总统直接控制和指挥、以中央情报局为龙头的国家情报安全系统。

根据《国家安全法》，美国首先采取的措施是成立国家安全委员会（NSC），并在国家安全委员会下设中央情报局等机构。国家安全委员会的职责是就国家安全问题向总统提出整合性建议。在国家安全委员会中，中央情报局局长任情报顾问，后改由情报总监担任。值得注意的是，国家安全委员会并不是美国情报界的组成部分，但是它指导和监督美国情报体系的运转。该委员会是总统与情报界的主要联系机构，它以各情报机构提供的情报为依据制定决策，这也为情报介入决策提供了广阔的空间。国家安全委员会有权发布《国家安全委员会情报指令》，并规范指导各情报机构的活动。

1949年5月20日，美国国防部成立了“军队安全局”（AFSA），负责综合协调军事情报工作。1952年，为了加强情报通讯工作，杜鲁门总统下令成立了美国国家安全局，该局就从当时的军事部门中独立出来。

20世纪40年代末到60年代末，美国新的情报机构不断出现，情报体系迅速膨胀，为了遏制情报机构的不法活动和规范各情报机构的行为，美国成立了一系列的机构来制约、监督和管理情报界。

1956年1月，艾森豪威尔（Dwight David Eisenhower）总统成立了关注外国情报活动的总统顾问委员会（PBCFIA），1961年5月4日，肯尼迪（John F. Kennedy）总统又将其更名为总统外交情报咨询委员会（PFIAB），2008年2月，小布什（George Walker Bush）总统又将此机构再次更名为总统情报咨询委员会（President's Intelligence Advisory Board，PIAB）。该机构有权向总统提供有关情报收集、分析和评估建议，以及反间谍和其他情报活动的建议。同时为了监督情报机构的工作是否合法，该委员会还下设了情报监督委员会（Intelligence Oversight Board，IOB）。不仅如此，美国政府还通过其政府预算部门——美国行政管理和预算局（Office of Management and Budget，OMB）来对各情报机构进行预算管理。

此外，在1976年5月和1977年7月，美国参众两院分别成立了隶属于自己的情报特别委员会，通过国会对美国情报界进行一定的监督，并发现情报机构的问题，推动情报机构的改革，提高情报效能。

三、后“9·11”事件时期的美国安全情报体制

各情报机构的情报活动虽然为美国带来了种种好处，但是情报机构的快速发

展也是一把“双刃剑”，在带来好处的同时，也为美国带了一系列的麻烦。最著名的是1972年的“水门”事件和2001年的“9·11”事件，前者直接导致当时的美国总统尼克松辞职，尼克松也因此成为美国历史上首位辞职的总统。后者是因为苏联发动的阿富汗战争的结束，由中央情报局培养的“基地组织”开始走向极端，反过来对抗以美国为首的西方世界，并最终导致“9·11”事件的发生。“9·11”事件使中央情报局成为舆论的谈资。中央情报局在美国国内频受攻击，导致局长辞职。同时，“9·11”事件的发生，使美国政府及情报界开始意识到自身情报工作的不足，并最终促成了美国情报机构的大改革。

“9·11”事件让美国情报界颜面尽失，暴露出美国国家情报安全体制机制的重大缺陷。为了应对美国所面临的新威胁，“9·11”事件发生不到半个月，小布什总统就下令成立了国土安全办公室。2002年6月18日，前国土安全办公室主任向国会提交了成立国土安全部的提案，随后国会两院批准通过。同年11月25日，小布什总统在白宫签署法案，成立国土安全部，开启了美国历史上情报体制的大改革。2003年1月24日，在综合了海岸警卫队、移民和归化局及海关总署等22个政府机构之后，国土安全部宣告正式运行，其目的是保卫美国国土安全，使美国能够更加协调和有效地应对恐怖威胁。

根据“9·11”调查报告，美国情报体系存在着各种弊端，主要是各个情报机构行动不统一，相互间缺乏交流和协调。2004年7月，“9·11”事件调查报告中提出设立国家情报总监职位。国家情报总监负责指导情报界及时高效地搜集、分析和分发情报，协调各情报机关之间的工作，处理情报搜集力量与搜集任务之间的矛盾和冲突，决定分析情报和产生情报的重要程度。

在设立国家情报总监之前，由中央情报局局长统管美国情报体系。2002年6月19日，关于设立国家情报总监的S.2645号法案通过。国家情报总监（总长）职位的设立，也是“9·11”调查委员会（9/11 Commission）提出的报告（9/11 Commission Report）中的建议之一。报告建议：“中央情报局局长的职位由国家情报总监取代，其主要职责有二：(1) 对美国政府负责不同方面工作的各个国家情报中心（national intelligence centers）进行监督；(2) 管理国家情报计划，监督相关的情报机构。”[①] “9·11”调查委员会于2004年7月22日发表的报告指出，情报上的重大失误使得对美国情报体系的可靠性产生了疑问。在详细地思考与争论国家情报总监的权力与职权之后，美国众议院以336票支持75票反对、参议院以89票支持2票反对通过了2004年《情报改革和防恐法案》。该法案设

① 美国“9·11”独立调查委员会著，史禺等译：《9/11委员会报告》，世界知识出版社2005年版，第563页。

定国家情报总监是美国情报体系的龙头，并禁止国家情报总监同时担任中央情报局局长与其他情报体系的首长。这个法案要求中央情报局局长向国家情报总监报告下属机构的行动。2005 年 2 月，小布什总统提名内格罗蓬特（John D. Negroponte）为首任国家情报总监，同年 4 月，内格罗蓬特正式就任。[①] 此后，国家情报总监及其所属的国家情报总监办公室开始领导美国的所有情报机构。

从“美国黑室”到战略情报局，从中央情报局到国家情报总监，美国安全情报体制机制运行日趋成熟。

第三节　美国情报体制的运行机制与改革

“情报就是知识。如果它不能包含所有的知识，也至少包含着数量惊人的知识。”[②] 作为“情报霸主”的美国，将情报利用得“炉火纯青”。美国情报机构众多，彼此之间分工明确，情报活动范围广泛，无孔不入。美国情报机构的运行流程和情报活动一直都充满着传奇色彩，在困扰着世人的同时，也吸引着世人的好奇心。美国情报机构犹如一把“双刃剑”：一方面，它们默默无闻却战功卓越，为美国成为世界霸主立下了汗马功劳；另一方面，“人有失足，马有失蹄”，它们有时候又如一把利剑深深刺痛了美国政府和美国民众。面对情报界的失误，以及世界局势的千变万化，美国情报体系也在不断进行改革，以适应时局的需要。

一、美国安全情报体制的运行机制

2013 年 6 月 5 日，英国《卫报》披露了一条震惊世界的新闻：美国国家安全局有一项代号为“棱镜”的秘密项目，该局要求美国电信业巨头威瑞森公司（Verizon）必须每天上交该公司数百万用户的通话记录。[③] 随着爱德华·斯诺登（Edward Snowden）的陆续爆料，“棱镜事件”逐渐发酵，它如一颗重磅炸弹，给臭名昭著的美国情报界带来了巨大的压力。那么，美国情报机构是如何获取情报

① 高庆德、宗盟、任珊珊：《美国情报组织揭秘》，时事出版社 2011 年版，第 55 页。

② ［美］谢尔曼·肯特著，刘微、肖皓元译：《战略情报：为美国世界政策服务》，金城出版社 2012 年版，第 1 页。

③ “窃听通话记录　监控邮件视频：美国‘棱镜’灼伤全球公众隐私”，http://paper. people. com. cn/rmrbhwb/html/2013-06/15/content_1254892. htm。

及运行的呢？

（一）情报搜集

"情报是一种组织，它是由寻求特定知识的活生生的人组成的一个实体组织。这样一个组织必须严阵以待，严密监视其他国家，详细阐述其过去、现在和未来的情况。它必须确保所生产的关于这些国家的情报对决策者是有用的，与决策者关注的问题密切相关，具备完整性、准确性和及时性。"① 情报搜集作为情报活动的第一步，是包括美国在内的世界各国的情报体制运行的基本职能。各情报机构根据不同的情报需求编制情报搜集计划。其搜集情报的手段如下：

一是人力情报搜集。所谓人力情报搜集，就是利用人力资源来搜集情报。在美国，这主要由中央情报局和国防情报局负责。中央情报局主要负责国外的情报搜集，如中央情报局下设有情报处，负责秘密人员情报搜集。人力情报搜集主要依靠情报官和线人进行。情报官是海外搜集情报的主导性角色。"情报组织的一部分人员必须是相当专业的侦察人员，他们构成海外监视力量的主力。"② 他们维持着各个情报机构的正常运行。线人是情报官发展的"眼线"，可能是普通白领，也可能是国家机关的工作人员，他们跟各自的情报官联络，并根据情报官的需求来提供情报。"人力情报是了解对手计划和意图的最佳来源，在战场上还可以获取敌方战术、训练、士气和战斗效果等技术手段无法获取的信息。"③

二是图像情报搜集。负责此类情报搜集的主要是有着特殊硬件支持的国家侦察局、国家地理空间情报局和国家空军情报监视及侦察局。图像情报主要由高空侦察平台（如间谍卫星）、载人侦察机（如 U－2 高空间谍侦察机、EP－3E 电子侦察机）、无人驾驶飞行器（如"全球鹰"无人侦察机）、联合监视目标攻击雷达系统（如 E－8 战场联合监视机）等搜集。图像情报主要是提供有关重要地形特征、标志性军民用设施和主要基础设施的来源地。它主要是军事图像情报，为美国三军服务。④

三是信号情报搜集。"信号情报搜集，即对外国的信号通信、非通信电子辐射以及仪器信号进行截获和处理。"⑤ 根据美国国防部对信号情报的定义，前者主要是指用故意安排的信息接收器从外国通信中获得的技术信息和情报，其主要搜集手段为电信通信技术和网络技术，而通信领域如今已经成为美国国家安全局主要的情报活动领域。后者主要是指从外国的核爆炸或放射源发出的非通信电磁

①② ［美］谢尔曼·肯特著，刘微、肖皓元译：《战略情报：为美国世界政策服务》，金城出版社 2012 年版，第 57 页。

③④ 王谦、梁陶：《美国情报体制及存在的问题》，载《国际资料信息》2008 年第 3 期，第 22 页。

⑤ 张晓军等：《美国军事情报理论研究》，军事科学出版社 2007 年版，第 60 页。

辐射中获得的技术情报和地理位置情报，其主要搜集手段以雷达为主。信号情报搜集不仅可以通过通信系统监听并搜集外国政治和经济情报为己所用，以达到全天候监视国内外通信系统的目的，还可以提供及时、精准的战场信息，截获外军的通信从而支援己方作战。

2013 年 10 月 28 日，德国《明镜》周刊在其网站上曝光的一份美国 2010 年的“监听世界”网络显示，美国在全球约 90 个地点设有特殊情报搜集部，包括 74 个驻地监控点、14 个远程监控点，还有两个技术支持中心。其中东亚 8 个点，中东地区和北非至少 24 个，撒哈拉以南非洲 9 个。美国通过在大使馆和领事馆安置监控设备对东亚的重要城市进行监视，包括北京、上海、雅加达、吉隆坡、金边、曼谷、马尼拉、仰光等多个城市。而中国成为其在东亚的首要监控对象和监控地，香港、北京、上海、成都、台北等地都设有监控点。①

四是测量与特征情报搜集。这类情报主要由国防情报局和三军的情报机构负责。“测量与特征情报主要提供实时的姿态感知和目标设定以满足战术作战任务的需要。在冷战期间其主要被用于探测和辨别苏联的核爆炸。”②

随着国际形势的变化和高科技的发展，美国的情报机构也不断调整自己的人员结构和内部装置，以满足各种情报活动的需求。为了更好地搜集情报，美国政府还特别在国家情报总监之下设立了情报搜集主管（Deputy Director of National Intelligence for Analysis），以协调搜集情报事宜，并确保美国国家情报战略（National Intelligence Strategy，NIS）重点。随着信息技术的快速发展，以及信息的广泛传播和日益提高的公开性，美国的情报机构越来越重视公开来源的情报搜集活动。2005 年 11 月，国家情报总监办公室宣布成立“开源中心”（Open Source Center），负责搜集和分析公开来源情报，公开来源情报逐渐成为美国情报的“首要来源”。

（二）情报分析

各种情报搜集手段都有着不同的特点和局限，例如，面对采用传统通信手段传递的情报时，如果采取图像情报搜集手段就会做无用功，而用人力情报搜集手段则可能会付出巨大的代价却徒劳无功。因此，需要对各种搜集到的信息进行分析，甄别出有效的情报。美国安全情报体制的情报分析主要有两种：一是使用技术分析，利用各种技术手段对搜集到的各种情报进行加工，如最简单的破译加密

① 新华网：“美国全球监控地图曝光　中国 5 大城市成监控重点”，http://www.fj.xinhuanet.com/picture/2013-10/31/c_117940753.htm。

② 王谦、梁陶：《美国情报体制及存在的问题》，载《国际资料信息》2008 年第 3 期，第 22 页。

的信息；二是采用推测分析，主要指对数据库进行基础研究，用以推测出可能产生的有效情报，如朝鲜战争爆发时，美国智库之一的兰德公司就预测中国会参战，美军根据这一情报做了充分的准备，以应对中国军队的参战。

“技术分析的目的是将专业的数据转变成情报分析人员所要利用的数据，包括密码分析（将看起来随机的字符串或者数字串变成已知语言表达的信息文本）、遥测分析（将无线电信号转变成一组描述导弹或其他试验飞行器功能的时间数列）以及照片判读（在照片上辨别、测量物体）等。”① 除了中央情报局、国防情报局和国务院下属的情报及研究局这三个机构从事情报分析之外，美国安全情报体制下辖的其他情报机构都有自己的基本情报分析单位。各情报分析活动的基础单位则仰赖情报分析主管，他同时也是国家情报委员会（National Intelligence Council，NIC）的主席，此外还分设了六个情报分析助理主管，以辅助情报分析主管。以中央情报局为中心，美国情报机构的情报分析产品数不胜数，如《国家情报评估》（*National Intelligence Estimates*，NIEs）、《世界情报评论》（*World Intelligence Review*，WIR）、《总统每日简报》（*President's Daily Brief*，PDB）等，这些文件都会定期地向有关决策者提交，并作为制定相关政策时的参考。

（三）情报行动

除了搜集和分析之外，美国的情报机构还有让外界感觉神秘的各种行动。概括来说，主要有两种：一是反情报。“反情报是指信息的收集和旨在用识别、欺骗、利用、破坏等方式进行的活动，用以防止遭受间谍活动、其他情报活动、蓄谋破坏、暗杀活动，以及外国势力或组织（人）的代表及其代理人，或是国际恐怖组织的活动。”② 在美国，每个情报机构的分工不同，各情报机构的反情报行动也不同，如联邦调查局主要负责美国国内的反情报行动，而中央情报局则负责海外反情报行动。二是秘密行动。负责秘密行动的是中央情报局。有些秘密行动，其他的情报机关甚至是军队也会参与。

（四）情报监督

美国的情报机构进行各自的情报活动并不是不受约束的。“美国在情报系统内部与外部都有相应的监督机制，对情报系统的工作效率、保密权、隐蔽行动、

① Abram N. Shulsky and Gray J. Schmitt, *Silent Warfare: Understanding the World of Intelligence*, Washington, D. C.: Brasseys, Inc., 2002, P. 41.

② Joint DoD, *Department of Defense Dictionary of Military and Associated Terms*, 8 November 2010, As Amended Through 15 February 2012, P. 78.

侵犯公民自由与隐私及情报政治化问题进行监督。”① 美国的情报系统在发展过程中形成了一套独特的内外相互监督机制。美国《国家安全法》明确规定了美国情报监督体系。总检察长和法律顾问办公室负责美国情报体制的内部监督。行政系统、立法系统和司法系统主要负责外部监督。

二、美国安全情报体制的改革

“9·11”事件的发生使恐怖主义上升为美国的头号威胁。面对社会各界对美国反恐情报工作失误的指责，以及国内情报机构表现出来的不足，美国政府采取了一系列措施，发起了一场与恐怖分子势不两立的战争。美国情报工作的重心开始从传统安全领域转移到以反恐怖活动为主的非传统安全领域，同时促使美国对情报安全体制进行大刀阔斧的改革。

（一）完善情报法律体系

2001 年 10 月 26 日，美国总统布什签署颁布了国会通过的《美国爱国者法案》（*USA Patriot Act*），以扩大美国警察机关的反恐权限。“这个法案也延伸了恐怖主义的定义，包括国内恐怖主义，扩大了执法机关可管理的活动范围。”② 美国国内刑事侦查和情报侦察工作间和机构间的“壁垒”被打破，即在涉及情报方面的调查时，警察机构可以根据情报机构的建议进行下一步刑侦工作。“9·11”事件后至 2004 年 1 月，美国先后通过了《成立国土安全部法案》《加强边境安全和签证入境改革法案》和《情报改革和预防恐怖主义法案》，并因此成立了“国土安全部”和“国家情报局和国家反恐中心”。根据这些法案，美国实施了更加严格的出入境管制措施。

（二）改革情报体制机构

“9·11”事件使得美国开始重新审视国土安全的重要性。2001 年 10 月 8 日，小布什总统发布成立“国土安全办公室与国土安全委员会”的命令，2002 年 11 月 15 日，根据《国土安全法》（*The Homeland Security Act of* 2002）成立了国土安全部。它整合了美国联邦政府内 22 个机构以及与国防和情报有关的机构，包括移民和归化局、联邦经济情报局、海关等部分或全部部门，其主要任务是预

① 王谦、梁陶：《美国情报体制及存在的问题》，载《国际资料信息》2008 年第 3 期，第 24 页。

② “美国国内秘密监视政策的前世今生”，http://news.takungpao.com/world/watch/2013-06/1686445.html。

防在美国本土发生恐怖袭击。

为了强化情报机构的管理，加强反恐情报共享与情报分析工作，2004 年 12 月 7 日，美国根据《情报改革和防恐法案》设立了一个管辖 16 个情报机构的国家情报总监，并在中央情报局隶属的“反恐怖主义威胁协调中心”的基础上成立了国家反恐中心。随后，内格罗蓬特被任命为首任国家情报总监。国家反恐中心主任由国家情报总监办公室的反恐任务主管担任，受国家情报总监领导。[①] 在国家情报总监的领导下，各机构共同工作，分享各自的情报，对情报进行分析及综合，提高情报的及时性与准确性。

2002 年 5 月，前美国司法部部长约翰·阿什克罗夫特（John Ashcroft）与联邦调查局局长罗伯特·米勒（Robert Mueller）宣布对联邦调查局进行重大改组，改组后的联邦调查局以预防和打击恐怖主义为重点。联邦调查局此次改革的具体措施如下：“一是重组反恐部门；二是增强分析能力；三是加强情报共享；四是提高技术水平。”[②] 同年 8 月，为了扩大人力情报来源，司法部同联邦调查局联合推出了“恐怖主义情报和防御系统”计划，计划在美国国内招募数以万计的“告密者”，向情报机构报告“可疑行为”。2005 年 6 月，联邦调查局成立了国家安全分部，以加强反恐情报和执法。此后，为了发现潜在的恐怖分子以及危害美国国家安全的人员，以实现反恐情报共享，联邦调查局成立了恐怖分子甄别中心，建立了恐怖分子数据库。

为了增强中央情报局的情报搜集与分析能力，2004 年 11 月，小布什总统指示中情局局长拟定改革计划，增招了数千名特工和情报分析人员，使得中情局的规模扩大了近 1/2。“目前，中央情报局在全球至少拥有 1.7 万名雇员，其中秘密特工大约有 4 500 人。这些人包括具有国际政治知识、高科技情报分析能力及掌握中东和中非历史知识并能讲多国语言的人才。”[③] 2005 年 10 月 13 日，中央情报局还成立了国家秘密行动处（National Clandestine Service）以整合中央情报局、联邦调查局、五角大楼等机构的情报活动。2005 年 11 月 11 日，成立了开源中心（Open Source Center），以提高向情报官员和其他政府官员提供公开来源信息的可靠性。2005 年 12 月 21 日，成立了国家反扩散中心，以打击危险武器和技术的扩散。

2005 年，美国新设立的“国家情报总监办公室”及其所属“国家情报总监”统一领导和协调中央情报局、国家安全局、国防情报局等 16 个情报机构，全力开展针对恐怖主义的情报和信息工作，并形成了如今的美国情报机构体系。

---

① 何强强、沈彦：《美国国家反恐中心简介》，载《国际资料信息》2010 年第 2 期，第 22 页。

②③ 戴艳梅：《美国反恐情报工作改革及其启示》，载《武警学院学报》2006 年第 6 期，第 31 页。

为实现情报战略目标，奥巴马（Barack Hussein Obama）政府进行了一系列情报体制机制的变革，包括利用伙伴关系网络，在全球范围内谋求情报合作，实现信息共享的安全情报环境，以及整合情报机构朝一体化方向建设，为满足用户需求甚至开展全球监听计划等，具体包括：（1）强化情报伙伴关系。“为了有效处理跨国威胁，国家之间必须相互合作。”[①]（2）增强信息共享。为防止“9·11”事件重演，防止恐怖袭击在美国本土再度发生，奥巴马政府在2010年《国家安全战略》中表明，要大力加强情报信息共享。一方面，整合国家各层级的情报信息资源，建立州、市、乡镇多层级的情报信息共享资源网络，同时建立信息举报制度。[②] 另一方面，增强美国与其他国家之间的信息共享，尤其是联盟国家和在反恐问题上具有一致立场的伙伴国家，以及其他国家。（3）进一步推进情报一体化管理。2008年7月，美国出台《2015构想：全球网络化、一体化情报企业》这一情报界的重要文件，[③] 奥巴马政府在此基础上通过政策、个人和技术行动，整合国外的、军事的、国内的情报系统，为决策者、军人、国土安全办公室以及执法群体建立决策优势，试图将美国情报机构建设成一体化、网络化的情报企业。（4）全球监听计划。在信息技术日益发达的时代背景下，美国认为必须在全球范围内收集信号情报，保障海内外公民的安全，以及美国的友邦、盟友及其他与美国有合作关系的国家的安全。[④]

为了应对网络安全威胁，奥巴马总统根据“国家安全改革项目”（Project on National Security Reform，PNSR）委员会和IBM政府事务中心的建议[⑤]，重构了国家安全委员会体系。“奥巴马总统还在国家安全委员会内设立了一些新的理事会和职务，处理有关网络安全、大规模杀伤性武器扩散、恐怖主义、边界安全、情报分享等问题，如设立网络安全评估理事会来评估美国面临的网络安全威胁，并依此组建了美国网络司令部。”[⑥]“从2010年到2011年4月，国家安全委员会多次主持了跨部门联席会议，对40份情报报告进行了审议，并进一步对相关问题

① Derek S. Reveron, “Counterterrorism and Intelligence Cooperation”. *Journal of Global Change and Governance*, Vol. I, No. 3, Summer 2008, P. 3.

② National Security Strategy, May 2010, P. 20. https://www.whitehouse.gov/sites/default/files/rss_viewer/national_security_strategy.pdf.

③ Vision 2015: A Globally Network and Integrated Intelligence Enterprise, July 2008, P. 5. http://www.odni.gov/files/documents/Newsroom/Reports%20and%20Pubs/Vision_2015.pdf.

④ Liberty and Security in a Changing World: Report and Recommendations of the President's Review Group on Intelligence and Communications Technologies, December 2013, pp. 13 – 15.

⑤ IBM Center for the Business of Government, *The National Security Council: Recommendation for the New President*, http://www.businessofgovernment.org/.

⑥ 刘建华：《美国国家安全体制改革：历程、动力与特征》，载《美国研究》2015年第2期，第79页。

进行了研讨。”①

除了对政府部门的情报机构改革外，美国也对军事情报机构进行了相应的调整。2003 年 2 月 13 日，通过改组空军情报机构成立了国家航空航天情报中心（National Air and Space Intelligence Center）。在总结了轰炸南联盟和波斯湾地区军事行动的侦察情报活动和电子战经验教训的基础上，2009 年对美国陆军情报与安全司令部（Intelligence and Security Command，INSCOM）实行了改革，如今该司令部由 14 个主要机构构成：7 个作战旅、2 个军事侦察情报组、国家地面情报中心（National Ground Intelligence Center，NGIC）、陆上信息战指挥部、陆军作战行动组、秘密工作和秘密信息个人访问中心及军事侦察情报大队。2014 年 9 月 29 日，在美国空军总部内通过改编空军情报、监视与侦察局（外地业务机构）成立了一个新的空军部队——第 25 航空队（Twenty-Fifth Air Force，25 AF），并将第 9 侦察联队和第 55 联队划归到旗下，它的主要任务是提供与情报、监视和侦察相关的产品、应用程序、能力和资源，包括网络和地理空间力量的专门知识。此外，它还是负责给国家安全机构和中央安全提供服务的航空队服务密码组件（Service Cryptologic Component，SCC）。

（三）出台反情报战略与情报战略

2005 年 3 月，美国政府公布了其历史上第一份《美国国家反情报战略》，这是美国第一次对外公开其国家反情报战略，也是美国第一次将战略反情报作为保护与增强国家安全的手段之一，其核心内容是要求美国情报机构在以后的反情报工作中采取“先发制人”的手段，包括整合反间谍活动，以保护美国情报和信息系统免遭“基地组织”在内的恐怖分子的破坏。2007 年 3 月 27 日，美国国家反情报执行局对外公布了 2007 年版《美国国家反情报战略》，其中就指出美国所有的反情报单位作为协调统一的“反情报共同体”，共同实施与各自的能力、权限及国家反情报执行局局长确立的任务一致的反情报行动，共 8 项战略目标：“保卫国家免受外国间谍渗透与电子入侵；捍卫美国情报系统的完整性；支援国家政策与决策；保护美国经济优势、贸易安全；支援美国武装部队；确保反情报界的协作；改善反情报界的训练与教育；增强公共和个人的反情报危机意识。”②

2005 年 10 月 26 日，美国国家情报总监内格罗蓬特正式公布了《美国国家情报战略》，加强了国内情报、外部情报和反恐情报的整合力度。“此外，2006 年 9

---

① Graham Allison, *How It Went Down*, May, 2012, http://connection.ebscohost.com/c/articles/75234341/how-went-down.

② ONCIX, National Counterintelligence Strategy Of The United States Of America, 2007, http://www.ncsc.gov/publications/strategy/docs/CIStrategy.pdf.

月美国公布了最新版《反恐国家战略》，强调随着恐怖主义针对美国的活动战略的调整，美国的反恐怖战略也相应调整。在2008年3月美国发布的《国土安全国家战略》报告阐述的三种威胁中，恐怖主义被列于首位。"① 2009年9月15日，美国国家情报总监办公室公布了2009年《美国国家情报战略》报告，"这份报告更重视保密反间、网络安全以及保障当前军事行动，强调通过加强协调和整合提高情报搜集、分析和管理能力"。② 2014年9月18日，美国情报总监詹姆斯·克拉珀尔（James Clapper）公布了2014年版《美国国家情报战略》，该版本的《美国国家情报战略》分为前言、战略环境、任务目标、企业目标、实施战略、结论等六部分。"在评估了战略环境后，提出了包括战略情报、预期情报、当前操作、网络情报、反恐、防扩散、反情报在内的七大任务目标。"③ 其中将网络情报立为工作新重点。

2015年2月6日，美国政府发布了2015年版《国家安全战略》报告，在该版中就提到美国情报战略与体制的调整。该报告指出，美国的情报运行机制正在改革，以维护确保其"利益所需的能力，同时继续尊重隐私和遏制滥用的可能性"，要"增加情报活动的透明度"，让公众确信"监视活动与法治相一致，并受有效的监督制约"，承诺"不会搜集信号情报来压制批评或异议，或为美国公司提供竞争优势"。④

（四）加强反恐情报的交流与共享

"9·11"事件后，美国与英国、日本以及其他传统盟国之间迅速地开展了情报合作。美国还推动联合国安理会成立了反恐怖主义委员会（Counter-Terrorism Committee，CTC）。2001年9月28日，美国推动联合国安理会一致通过了第1373（2001）号决议，该决议呼吁会员国采取措施"加强打击恐怖主义活动的法律和机构能力"，具体包括："将资助恐怖主义行为定罪；立即冻结同涉嫌恐怖主义行为的人员有关的任何资金；拒绝为恐怖主义集团提供一切形式的资金支持；禁止为恐怖分子提供庇护、资助或支持；与其他国家政府分享关于实施或策划恐怖主义行为的任何集团的信息；同其他国家政府合作调查、侦察、逮捕、驱

① 张金平：《国际恐怖主义与反恐策略》，人民出版社2012年版，第169页。

② 中国工程技术信息网："奥巴马政府《2009年国家情报战略》报告全文"，http://www.cetin.net.cn/cetin2/servlet/cetin/action/HtmlDocumentAction; jsessionid = BE26C880BAB3FA6E275E46C2E20E3079? baseid = 1&docno = 399703.

③ ODNI, The National Intelligence Strategy of the United States of America, September 18, 2014, http://fas.org/irp/dni/nis-2014.pdf.

④ 瞭望智库："奥巴马政府《2015年国家安全战略》报告全文（四）"，http://www.lwinst.com/index.php? m = content&c = index&a = show&catid = 29&id = 5269.

逐并起诉参与此类行为的集团；以及在国内法中将主动或被动为恐怖主义提供援助的行为定为犯罪，并将违法者绳之以法。”① 2005 年 10 月 6 日，西方七国集团财政部部长和中央银行行长在华盛顿会议上表示，西方七国“将推动各国金融情报机构之间的合作，以最快的速度最有效地实现信息共享”。②

美国还在区域与功能性组织中进行反恐情报交流与共享，如通过功能性组织“国际民航组织”（ICAO）与“国际海事组织”（MO）、区域性组织“美洲国家组织”（OAS）和“亚太经合组织”（APEC）的反恐小组进行反恐情报交流。③此外，美国还注重国家间的双边合作，同中国、以色列、约旦、巴基斯坦、菲律宾、印度等国家签署了双边的反恐合作协议。2004 年 4 月，美国在中国成立了联邦调查局北京办事处。9 月 18 日，美国与欧盟举行了部长级会议协商反恐合作问题。2012 年 5 月 1 日，美国参谋长联席会议主席邓普西（Martin Edward Dempsey）到卡耐基基金会，以美国当前面临的挑战为主题发表演讲。邓普西表示，美国将军事战略重心转向亚太后，除了将加强和地区盟友的同盟关系外，和盟友间的情报分享也是主要的重点之一。

此外，美国政府还利用美国网络技术的优势搜集外国情报。根据谷歌公司和微软公司的陈述，谷歌、微软、亚马逊、苹果或任何其他云端服务供应商都与美国情报安全机构有着千丝万缕的关系。④

---

① “安理会反恐怖主义委员会”，http://www.un.org/zh/sc/ctc/.

② 左昊：《“9·11”事件后美国反恐情报信息体系的重建》，载《江苏警官学院学报》2006 年第 2 期，第 134 ~ 135 页。

③ 戴艳梅：《美国反恐情报工作改革及其启示》，载《武警学院学报》2006 年第 6 期，第 32 页。

④ “谷歌承认把欧洲资料交给美国情报机构”，http://news.xinhuanet.com/it/2011-08/17/c_121869645.htm。

第二章

美国情报与安全预警机制

美国安全预警机制是美国国家安全体制的一个重要组成部分。美国安全预警机制在“9·11”事件中的反应迟钝及在伊拉克战争前的过激反应，都充分暴露了美国情报安全体系的种种弊病与不足，美国国家安全预警能力也饱受批评与质疑。根据“9·11”调查委员会的建议，美国开始对情报与安全预警系统进行重组。国土安全部、国土安全委员会、国家情报总监、国家反恐中心等一系列机构的建立标志着美国新安全预警机制的形成。2008 年奥巴马政府上台后，着力调整美国的国家安全战略，重点关注网络安全情报体制的建设，促进国家安全预警机制的整合发展。迄今为止，美国已经建立起世界上规模最大、层级最多的安全预警机制。

第一节 美国安全情报的分类

情报是安全危机预警的前提和基础，其作为支撑安全预警过程的基本依据，在美国安全预警机制中发挥着至关重要的作用。2004 年颁布的《情报改革与防恐法案》将国土安全情报与对外情报、国内情报置于同等重要的地位，三者被统称为国家情报。[①] 美国安全涉及应急、反恐、军事和大国地位等很多方面，仅从

① Intelligence Reform and Terrorism Prevention Act, Dec. 17, 2004, https:/www. nctc. gov/docs/pl108_458. pdf. /

国家情报难以将其分析清楚，鉴于此，下文将从应急情报、反恐情报、军事情报与战略情报四个层面探讨美国安全预警情报。

一、应急情报

应急情报（Emergency Intelligence）是指由应急管理机构或情报人员收集并处理因社会公共安全、自然灾害、事故灾难等突发性事件的爆发所产生的特定的信息资源。应急情报一般分为两类：基础历史性情报与应急管理性情报。前者主要涉及受灾地区的地理地质、水文气象、基础设施的基础数据与历史信息。后者主要涉及突发事件爆发后产生的各种数据信息，包括危险源信息、安全隐患信息、应急预案信息、应急法律法规信息等。[①] 突发性事件的有效管理离不开及时、准确的应急情报。如果一个国家或社会组织掌握了充分精准的应急情报，它就有可能在事前进行安全预警，预防突发性事件的发生；也可在事后为科学决策提供可靠的情报数据，防止突发性事件进一步恶化与升级，提升应急反应与应急处置能力。

为了应对两次世界大战的战争危机与非战时期严重的经济社会危机，美国早在20世纪上半叶就初步建立起应急情报机制。二战结束后，苏联威胁的存在使这一机制得以保留并不断完善。美国根据1947年的《国家安全法》设立了国家安全资源委员会，其主要负责战时的防卫动员与资源储备。1950年通过的《灾害救助法》授予总统以全面性的应急情报管理权力。同年，杜鲁门总统签署行政命令，成立联邦民防局。1951年，联邦民防局脱离总统行政办公室，成为一个独立的安全应急部门，并被赋予在紧急时期的关键地位。1953年，防卫动员局取代了国家安全资源委员会，承担国防行政准备与应急情报管理的责任。1958年，艾森豪威尔总统将这两个机构合并至防卫及民防动员局。其后，该机构又被更名为"紧急应变整备局"。为了改变应急管理过程中"各自为政"的混乱局面，1979年卡特总统（Jimmy Carter）将多个分设的应急处置机构进行整合，成立了联邦应急管理局（FEMA），这标志着综合性应急情报体制的形成。2003年，联邦应急管理局被纳入新成立的国土安全部，其重心开始向反恐领域转移，逐渐偏离了原本的安全应急理念。[②] 然而这种人为的倾斜让美国付出了惨痛的代价。2005年8月29日，"卡特里娜"飓风席卷美国南部各州，造成了巨大的人员伤

---

① 宋丹、高峰：《美国自然灾害应急管理情报服务案例分析及其启示》，载《图书情报工作》2012年第20期，第80页。

② 汪波、樊冰：《美国安全应急体制的改革与启示》，载《国际安全研究》2013年第3期，第150页。

亡与财产损失。面对此次灾难，名不副实的联邦应急管理局无法有效地开展应急救援工作，诸多的安全应急预案沦为不起作用的摆设。美国的应急情报机制再一次迎来了转型升级的契机。

二、反恐情报

反恐情报（Counterterrorism Intelligence）从本质属性上来说也是应急情报的一个种类，但由于以“国土安全”与“全球反恐”为核心的情报观念日益受到重视，故此处将反恐情报作为预警情报中独立的一个门类加以论述。反恐情报是指通过人力、信号、公开来源等多种途径所搜集获取的用以预防与打击恐怖主义活动的情报成果。①

美国对追踪与预防恐怖主义已有相当丰富的情报工作经验，然而直至“9·11”恐怖袭击后，美国情报界才意识到恐怖主义已经对美国国家安全构成了实质威胁，美国的反恐情报系统与安全预警机制存在致命性漏洞。在国内强大的质疑声中，小布什政府对国家情报安全系统进行了前所未有的改革，而这次改革的优先目标是建立情报部门之间的联系并实现反恐情报共享。② 2001 年 10 月通过的《美国爱国者法案》旨在提升美国在世界范围内阻止与打击恐怖主义的能力，该法案极大地扩展了财政、司法、情报等部门的反恐权限：财政部门被赋予预防、侦察、起诉涉及国际洗钱与恐怖主义融资的权力；国内反恐情报成为涉外情报部门新的关注点；情报部门有权拦截窃听通过线路、口头和无线电通讯传播的涉恐信息；加强情报机构与当地执法部门在应对恐怖威胁上的合作。③ 为了创建一个覆盖整个联邦体系的网络化反恐机制，2002 年 11 月，美国《国土安全法》启动了一系列的结构性变革。新成立的国土安全部整合了包括海关与边境保护局、移民和归化局、情报与分析办公室在内的 22 个与国防和反恐情报相关的机构及项目，切实加强了各联邦机构之间对反恐情报的协调配置能力。作为对美国情报界在反恐情报工作中“四宗罪”④ 的回应，美国根据 2004 年 12 月通过的《情报改革与防恐法案》成立国家情报总监办公室和国家反恐中心，加强反恐情报的搜集与分析工作，实现各情报机构在反恐行动中的情报协调与共

① ［美］马克·洛文塔尔，杜效坤译：《情报：从秘密到政策》，金城出版社 2015 年版，第 369 页。

② Derek S. Reveron, “Counterterrorism and Intelligence Cooperation”, *Journal of Global Change and Governance*, Vol. 1, No. 3, Summer 2008. P. 2.

③ USA Patriot Act, 24 October 2002. https://epic.org/privacy/terrorism/hr3162.pdf.

④ 根据“9·11”调查委员会的公开报告，美国情报界在应对恐怖主义中的“四宗罪”主要是想象力、政策、能力与管理上的失败。参见 Richard J. Harknett, James A. Stever, “The Struggle to Reform Intelligence after 9/11”, *Public Administration Review*, September/October 2011. P. 701。

享。不仅如此，美国还通过海关、移民等部门加强对恐怖分子信息的甄别与排查工作。

三、军事情报

军事情报（Military Intelligence）是指“为赢得战争或军事斗争优势和胜利，于决策前对获取对手（或敌方）的一切有价值的公开或秘密信息进行过滤、筛选、研判和加工后形成的一种知识产品”。[①] 按照不同类型的军兵种（陆军、海军、空军和海军陆战队）对军事情报进行分类是最常见的一种方式。

美国负责军事情报工作的情报机构大多由国防部领导，国防部的军事情报系统主要由八个机构组成，具体包括陆军情报局、海军情报局、空军情报监视侦察局、海军陆战队情报行动处、国家安全局、国防情报局、国家地理空间情报局、国家侦察局。此外，各联合战区司令部下属的情报办公室也是美国军事情报体系的重要情报来源。由于美国是霸权国家，其军事力量辐射世界各地。从美国国家战略报告和情报战略报告来看，世界任何一个地方的军事力量与安全局势都是美国所关注的。无论是欧洲、中东、东亚，还是南亚，无论是俄罗斯、印度、伊朗、朝鲜、日本，还是中国，都与美国相关。因此，美国的军事情报搜集遍布全球。

四、战略情报

战略是一种立足于总体性全局的规划和指导，这就决定了基于国家战略的战略情报（Strategic Intelligence）是一个国家或国家集团的最高层级的情报，关乎这个国家或国家集团的生死存亡。战略情报有别于战术情报，战术情报往往关注的是“一城一池的得失”，而战略情报更关注长期性的、全局性的未来结局。[②] 具体来说，战略情报是指适用于国家战略规划设计的各主要领域的情报资源，而以美国国家战略为基石的战略情报工作主要是围绕维系美国的全球领导地位，遏制已经存在或潜在的战略对手，维护美国的绝对安全与持久繁荣。

2013 年 10 月 22 日，美国参谋长联席会议主席马丁·邓普西（Martin Dempsey）颁布的《联合情报》（Joint Intelligence）报告明确指出，战略情报具有评估

---

① 刘强：《战略预警视野下的战略情报工作》，时事出版社 2014 年版，第 38 页。

② 高金虎：《美国战略情报与决策体制研究》，陕西师范大学出版社 2004 年版，第 24 ~ 31 页。

现状、预测未来的功能，有助于掌握有可能威胁到美国国家安全和美国及其盟友利益的敌方意图。该份情报研究报告还提出了战略情报的五项主要职能：协助制定国家战略与政策、监测国际环境、协助制定军事计划、协助确定主要武器系统与军力结构性需求、支援战略行动。[①] 2014 年版的《美国国家情报战略》指出，战略情报从本质上来源于对一个国家或非国家实体的历史、语言与文化，及其核心领导者和对手、目标和关切、自然资源和技术的丰富而深刻的认知。[②] 可以看出，美国将战略情报视作一种稀缺的战略资源，为最高领导层的总体决策提供可靠的依据。同时，战略情报也是一种关键的战略武器，为美国国家安全提供重要支撑和保障。

可以说，在美国的安全预警体制中，战略情报是最高层级的、涉及美国战略地位的核心情报，军事情报是预防预警军事挑战的最关键情报，反恐情报是预防预警恐怖威胁的安全情报，而应急情报则是最基础性的安全情报。这些不同类型的安全情报为美国安全预警机制的高效运作提供了强有力的支持。

第二节　美国安全情报的传递路径

美国情报机构将情报流程展现为一个完整的周期，即“情报周期”（Intelligence Cycle）。“情报周期”实际上是情报活动的具体流程或步骤，从情报使用者的需求出发一直到情报的使用，再到情报活动的反馈，所有这些情报环节构成一个可循环的情报周期（见图 2 - 1）。借助情报周期的逻辑架构，可以归纳出情报的传递路径：情报搜集与处理、情报分发、情报决策（情报使用）与情报反馈。安全情报的传递一般都是遵循从“自下而上”（从搜集到决策）再到“自上而下”（反馈/共享）的路径规律。值得注意的是，不同级别的安全情报的传递终点是不同的。安全情报的级别越高，最终接收并使用情报的决策者级别可能也会越高，反之亦然。

---

① Joint Intelligence, Joint Publication 2 - 0, 22 October 2013, P. X, pp. I-24, http://fas. org/irp/doddir/dod/jp2_0. pdf.

② The National Intelligence Strategy of the United States of America, ODNI, 18 September 2014, P. 7, https://www. dni. gov/files/documents/2014_NIS_Publication. pdf.

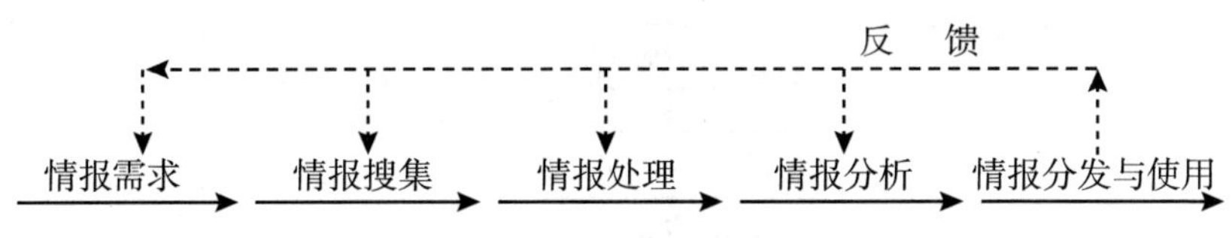

图 2-1 情报的周期

资料来源：FBI，Intelligence Cycle. https://www.fbi.gov/about-us/intelligence/intelligence-cycle/.

一、应急情报的传递路径

美国所采用的是各级政府为主导的三级应急响应机制，这决定了美国应急情报服务工作主要是由联邦应急管理局和各州及地方应急安全机构负责。应急情报的传递路径可概括为：(1) 情报搜集与处理。对于可能发生或已经发生的应急事件，联邦应急管理局应及时向受灾地区派驻技术性官员与联络官，他们的职责是协助配合当地的应急管理机构，通过各种渠道（包括各州及地方政府部门、宗教组织、社区团体、专家团体、非政府组织等）迅速搜集获取必要的关键信息，并及时向上级应急管理部门输送这些信息数据。[①] (2) 情报分析与决策。当联邦或州级应急管理机构接收到初步处理的应急情报后，经过技术手段分析，去伪存真，使应急情报成为制定应急预案和预防预警的决策依据。同时，对于那些超出州及地方政府处理能力的灾难性事件，联邦应急管理局应及时向总统汇报危机事态的发展情况。(3) 情报反馈与共享。美国联邦应急管理局与各州安全应急机构将必要可靠的应急情报进行整合处理，建立联合信息中心，并通过互联网、手机通信等方式就危机事态向下级应急管理机构和社会公众发布信息，实现应急情报的共享（见图 2-2）。需要指出的是，对于一般性紧急事件，其应急情报的传递终点大多是州、市级的应急管理机构，而对于特大灾难性的紧急事故，其应急情报的传递终点是总统、国土安全部及联邦应急管理局。[②]

---

① 张政：《美国重构应急体系后加强突发事件信息工作的主要做法及特点》，载《中国应急管理》2016 年第 1 期，第 79 页。

② William O. Jenkins, "Federal Emergency Management Agency: Factors for Future Success and Issues to Consider for Organizational Placement", The Government Accountability Office, May 9, 2006. P. 10.

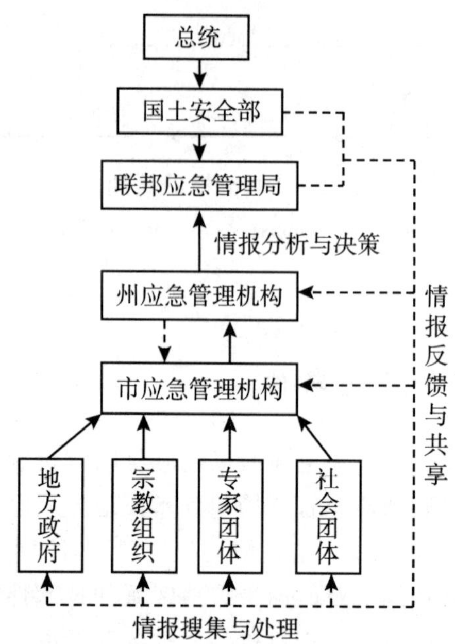

图 2－2　美国应急情报的传递路径

二、反恐情报的传递路径

"9·11"事件后，新成立的国家情报总监办公室与国家反恐中心作为反恐情报工作的核心中枢，负责统领协调包括国土安全部、中央情报局、联邦调查局、国防部等全美 16 个情报单位的反恐工作。反恐情报的传递路径主要由以下三个流程构成：(1) 情报搜集与分析。各情报机构通过人力、图像信号、公开来源在世界范围内搜集有关恐怖主义的情报信息，然后情报分析部门按照严密的政策、标准和技术对这些零散、庞杂的情报进行甄别、筛选、研究、判断，并将情报分析成果递交给各自的情报机构办公室（负责人）。(2) 情报共享与分发。破除不同情报机构之间的"壁垒"，实现反恐情报的交流与共享，是美国反恐情报传递过程的优先目标，而国家情报总监则在这个过程中扮演着关键性的中枢角色。情报分发的结果就是各种整编后的关键反恐情报汇总于国家情报总监办公室国家反恐中心，最终通过国家情报总监呈递给最后的决策者——美国总统。(3) 情报决策与反馈。总统利用所收到的敏锐情报制定反恐决策，并将反恐政策的具体效果反馈给国家情报总监及相关情报部门的负责人（见图 2－3）。[①] 不仅如此，美国

① The National Counterintelligence Strategy of the United States of America (2007), ONCIX. pp. 1－3, http://www.ncsc.gov/publications/strategy/docs/CIStrategy.pdf.

还加强了与传统盟友及其他相关国家的反恐情报交流与合作，这就决定了美国的反恐情报传递路径不仅限于美国国内的情报系统，还存在跨国传递的情况。

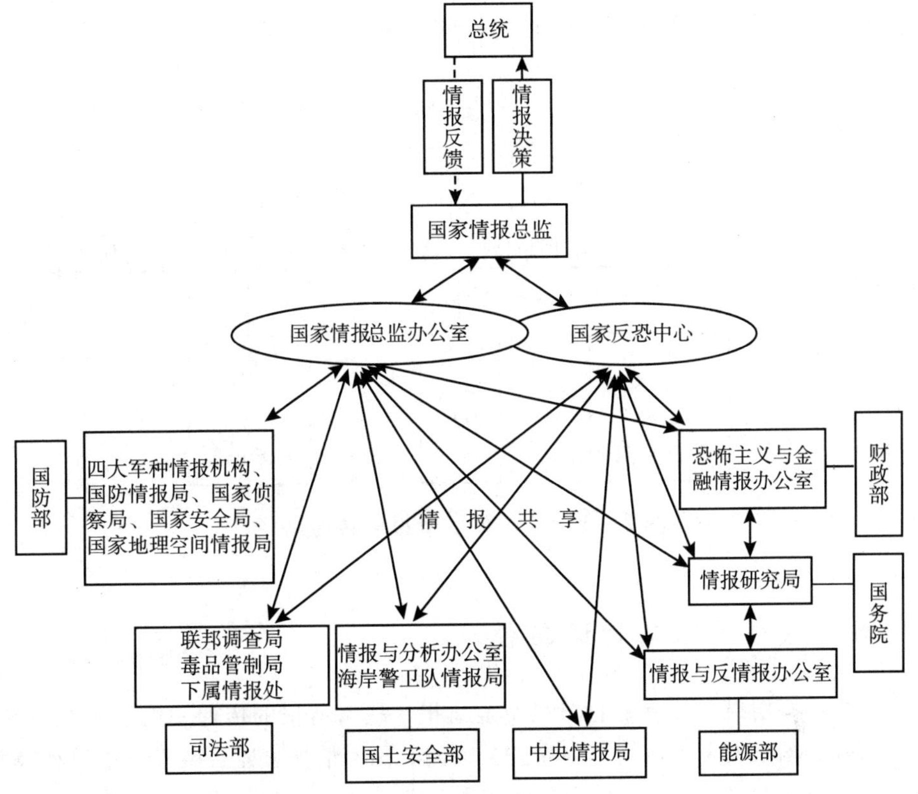

图 2-3　美国反恐情报的传递路径

三、军事情报的传递路径

美国遍布全球的军事情报侦察与传递系统能够为美军在战时提供强大可靠的情报支援，至今已经形成了以服务作战为核心、各系统互联互通的情报传递网络化体系。美国军事情报的传递路径主要包括：(1) 情报侦察与搜集。美军借助其部署在全球的电子传感、地理空间等技术系统，利用各种公开与隐蔽手段侦察、搜集有关国家与敏感地区的军事情报信息，并将这些情报信息传输给分析人员。(2) 情报处理与分析。国防情报局对所获取的军情信息进行加工处理（密码破译、情报翻译）与分析研判，整理出作战部队真正需要的情报。(3) 情报分发与传递。传统的军事情报传递是将处理完毕的情报数据通过美国及盟国的军事通信平台传送到联合参谋部、海外军事基地、战区指挥官、技术单兵、武器操作人员等。而美国联合部队司令部所建设的“多传感器空天地联合情报、监视、侦察协同操作系统”（MAJIIC）实现了被授权获取信息的作战单元与情报分析部门实时同步共享情报。[①]（4）情报决策与使用。各作战单元根据所接收到的实时情报做出军事决策，并进一步指导相应的军事行动。美国军事情报的传递路径见图 2－4。

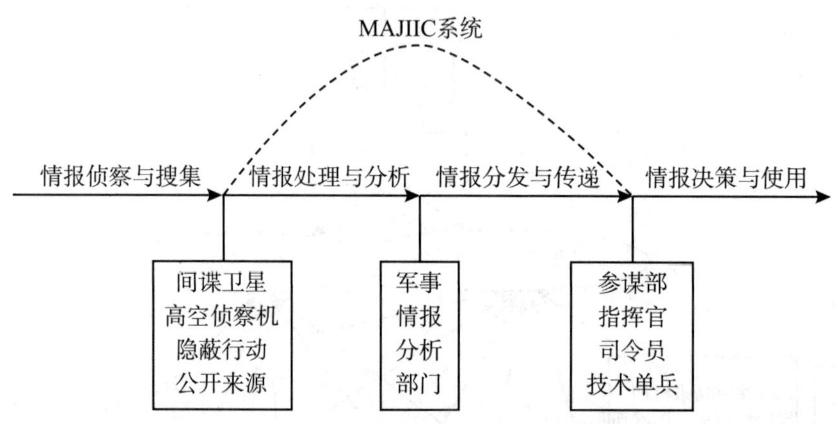

图 2－4　美国军事情报的传递路径

四、战略情报的传递路径

作为最高层级和最重要的国家安全情报，战略情报的传递一般在美国总统、国会两院、国家安全委员会、国家安全顾问、国家情报总监、国家情报机构及部分专业智库之间进行。战略情报的传递路径与被称为“政策山”的国家安全委员会运行程序极为类似，二者都是遵循“自下而上”和“自上而下”的规律与流程。其传递路径大致可以归纳如下：（1）情报获取与情报研判。战略情报的获取除了依靠传统的人力和技术手段外，专业智库、科研机构形成的有关战略情报的研究报告与学术论著也是其重要来源。战略情报的生成绝非是将零散的国家安全情报进行简单合成，而是情报分析人员对极少数关键性原始情报长期积累并经过仔细研究、分析与判断的结果。（2）情报传递。国家情报总监、国家情报委员会或其他情报部门负责人将重要的战略情报以备忘录、简报与评估的形式呈送给总统及其核心幕僚，例如国家情报总监递交给总统的《总统每日简报》《国家情报评估》。另外，诸如兰德公司、布鲁斯金学会等知名智库会定期向总统、国会和其他情报高官提交有关战略情报的研究报告和建议书。（3）情报决策。根据接收到的战略情报，总统在听取国家安全顾问、国家情报总监与国家情报委员会的政

① 高平：《美军开发新型情报分发系统》，载《外军信息战》2004 年第 5 期，第 44 页。

策建议的基础上做出战略决策。(4) 情报反馈。最后由国家情报总监办公室将战略情报的政策实施效果反馈给下级情报部门（见图 2－5）。

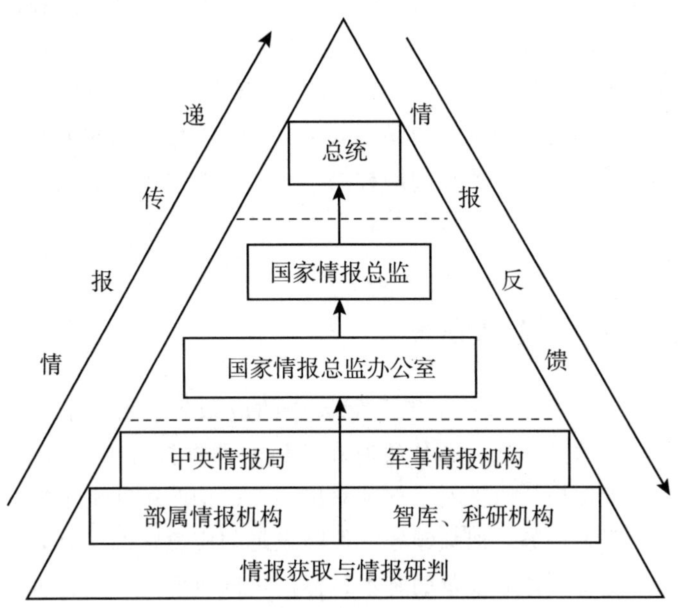

图 2－5　美国战略情报的传递路径

各种安全情报的最终目的是服务于美国的国家安全决策，特别是安全危机预防预警，而情报传递是实现安全情报转化为安全预防预警的关键环节。高效的情报传递确保了美国安全危机预警能够发挥实质性作用。

第三节　美国的安全危机预警

任何情报组织都无法做到全面而精准地掌握所有可能发生的安全危机，这就使得基于情报活动的安全预警实践不仅必要而且可行。“安全预警”的概念正式形成于冷战时期美苏之间的核威慑，[①] 核子武器不仅彻底改变了战争的传统形态，而且使美国逐渐意识到建设系统性安全预警机制的重要意义。欧洲冲突预防中心认为，构成“预警”的三要素分别是信息收集与信息分析、预警信号及可能的应

① 丁邦泉等：《国际危机管理》，国防大学出版社 2004 年版，第 319 页。

对。[1] 美国中情局将“安全预警”定义为对即将发生的损害美国国家安全利益的行为进行预先报警。[2] 美国前国防情报局局长詹姆斯·威廉姆斯（James Williams）则从情报工作具体实践的角度指出：“预警本身就是一项技能，它要求我们的情报人员能够充分地了解并掌握潜在敌对势力的态度、原则及其实力、历史、文化与偏见等相关内容。”[3] 狭义的安全预警仅仅是指向特定对象发出预警信号的过程，而广义的安全预警内涵则要丰富得多，包括情报监控、危机预警与应急预案三个阶段。与安全情报的四种类型相对应，美国的安全危机预警分为应急安全危机预警、反恐安全危机预警、军事安全危机预警和战略安全危机预警。

一、应急安全危机预警

2006年美国政府在“卡特里娜”飓风中的应急响应引发了对联邦应急管理机构的地位与职责的再评估。布什政府在事后的调查报告中做出了反思性总结，认为将联邦应急管理局从国土安全部独立出来的机构改革并不可能充分解决潜在的系统性问题。明确任务、加强领导、保障充足的应急资源、有效的应急预案与演练成为联邦应急管理体制改革的基本目标。美国政府还鼓励各级应急管理机构按照《斯塔福法案》中规定的应急处置程序尽可能地做足准备以缩短联邦政府的应急预警时间。[4] 改革后的联邦应急管理局不仅承担着自然或人为灾难性事故的应急准备，而且还全权负责有效的应急预警与响应，以及灾后重建工作。

美国应急安全危机的预警体制由危机监控、危机预警和危机预案三个部分构成。危机监控是应急危机预警的事前环节，包括预警情报的搜集、监测、传递与接收等流程。美国应急管理机构专门成立的联合信息中心不仅具备搜集应急情报、监控事态发展的能力，而且还有专业的情报分析人员对各种应急信息进行加工处理。不仅如此，联邦层次的情报机构、其他非政府的信息渠道也是危机监控的重要情报来源。危机预警是一种基于情报研判所做出的前瞻性预测与警报行为，美国应急危机预警的具体流程是：在紧急事故发生之前，联邦应急管理机构通过综合公共警报与预警系统（IPAWS）向公众发送不同级别的预警信号，提示

---

① Anna Matveeva, “Early Warning and Early Response: Conceptual and Empirical Dilemmas”, European Centre for Conflict Prevention, September 2006. P. 7.

② Leo D. Carl, “The CIA Insider's Dictionary Of Us And Foreign Intelligence, Counterintelligence & Tradecraft”, NIBC Press, 1996 (06). P. 691.

③ Cynthia M. Grabo, “Anticipating Surprise: Analysis for Strategic Warning”, The Joint Military Intelligence College, December 2002. p. iii. http://www.ni-u.edu/ni_press/pdf/Anticipating_Surprise_Analysis.pdf.

④ William O. Jenkins, “Federal Emergency Management Agency: Factors for Future Success and Issues to Consider for Organizational Placement”, The Government Accountability Office, May 9, 2006. pp. 6-9.

潜在的安全威胁与预防措施；当紧急事态发生后，在应急危机的初始时间内，由联邦、州及地方应急预警部门向公众提供全面准确的事态信息、求助信息等。[①]危机预案是根据预警情报与预警结果所形成的综合性危机应对方案。历届美国政府都会根据自身所面临的应急安全危机来制定应急预案。现阶段，在修改与完善原有应急预案的基础上，美国已经形成了反恐与救灾并重的《国家应急预案》，其中具体阐述了应对各种自然灾害、技术性灾难与公共紧急事态的适用政策、处理程序以及各级政府的角色与职责、联邦机构之间的协调机制，并提出了应急危机管理的一般流程：预防、准备、响应和恢复。[②]

二、反恐安全危机预警

“9·11”事件后，恐怖主义逐渐成为美国国家安全的主要威胁，美国越来越重视反恐安全预警机制的建设，其反恐工作的重心逐渐由突发性恐怖主义事件的应急处置向反恐预警转变，[③] 强调“先发制恐”的战略决心与能力。相应地，美国从预警层面对情报体系进行了一系列改革：颁布专门的反恐法案，加强对反恐预警的立法支持；组建新的情报安全部门，如国土安全部、国家反恐中心、公开来源中心，加大对反恐情报的搜集、研判力度；设立国家情报总监职位和国家情报总监办公室，促进反恐预警的机构协调。2002 年 3 月，布什总统正式授权建立“国土安全警报系统”（HSAS）。然而该系统自身存在种种弊端，2011 年 1 月，国土安全部以更为简便的“国家威胁警报系统”（NTAS）取而代之。

美国反恐安全危机预警机制主要包括反恐监控、反恐预警与反恐预案。反恐监控就是对潜在的恐怖主义活动进行有效监控，同时搜集、分析有价值的反恐情报并据此进行恐怖威胁评估，以此来确定潜在的恐怖主义威胁是否真实存在。反恐预警是通过发布预警信号向各方警告可能或已经发生的恐怖主义袭击，尽量避免生命与财产的损失。国土安全警报系统是美国国土安全部采用的应对本土恐怖主义威胁的分级预警机制。根据恐怖威胁的不同程度，该系统由高到低使用五种颜色进行分级预警：绿色代表低级预警（低恐怖袭击风险）、蓝色代表警戒预警（一般恐怖袭击风险）、黄色代表升级预警（显著恐怖袭击风险）、橙色代表高级预警（目标信息未知的高恐怖袭击风险）、红色代表严重预警（已经发生的严重恐怖袭击风险）。不同的颜色预警级别不仅会触发联邦政府及地方政府采取特定

① Integrated Public Alert & Warning System, FEMA. http://www.fema.gov/integrated-public-alert-warning-system.

② National Response Plan of 2004, DHS. http://fas.org/irp/agency/dhs/nrp.pdf.

③ 马振超：《美俄反恐预警的启示》，载《国际关系学院学报》2009 年第 6 期，第 28 页。

的应急反恐措施，而且还会影响到机场和其他公共设施的安全管制级别。预警级别的确定将由国土安全部长与国家安全顾问通过协商后共同做出决定。[①] 目前美国运行的国家威胁警报系统采用两级制预警模式，新安全预警系统以"小而实用"的方式向社会公众提供具体威胁预警信息。新系统由"升级威胁"警报和"迫切威胁"警报两个预警级别构成，前者一般适用于"可信的恐怖威胁"，后者主要适用于"可信的、具体的与即将到来的恐怖威胁"。[②] 此外，美国还不断改进、完善国家威胁警报系统。2015 年 12 月，美国国土安全部部长杰·约翰逊（Jeh Johnson）宣布，为应对新形势下的恐怖主义威胁，美国将在现有国家威胁警报系统的基础上，新增一个"中间级"的预警级别。[③] 新增的级别即国家威胁公告，允许国土安全部部长与其他情报部门就关键的恐怖主义信息进行沟通，并迅速将这些信息发送给各级政府部门和公众，以便各方采取必要的预防措施。反恐预案是联邦政府根据反恐监控与反恐预警的具体恐怖活动情况所制定的应急处置方案，目前美国联邦层次的反恐安全预案基本被纳入《国家应急预案》。

三、军事安全危机的预警

作为当今世界第一的军事强国，美国始终谋求以绝对的科技优势和情报优势构筑保障本土绝对安全的国家防御体系，经过数十年的发展，美国已经建立起了全方位、多层次的军事安全预警系统。美国国防体系下的军事预警系统主要包括远程预警、近程预警与空中预警。

（一）远程预警

远程预警由"北方预警系统"和超视距后向散射雷达系统构成，这类预警系统主要用于探测、监视来自美国北方的战略轰炸机、巡航导弹及其他远距离空中目标。前者是对原远程预警线的换代升级，由 56 个地面雷达站组成的远程预警网络能够实现对整个北美地区的全覆盖监测，可在远距离空中目标到达美国本土之前提供 3 小时左右的预警时间。后者部署在美国的东部和西部海岸、南部以及阿拉斯加地区，其对各种低空飞行目标与较高空巡航导弹的监测距离可达 900 ~ 3 700千米。"北方预警系统"与超视距雷达系统互为补充，共同构建起美国远程

---

① 董泽宇：《美国反恐预警体系建设的经验与教训》，载《情报杂志》2016 年第 3 期，第 13 页。

② National Terrorism Advisory System，DHS，http://www.homelandsecurity.com/info/national-terrorism-advisory-system/.

③ "美国将推出新的恐怖威胁警报系统"，http://news.xinhuanet.com/fortune/2015-12/08/c_128507540.htm.

军事预警系统。[①]

（二）近程预警

近程预警又称“松树线”预警系统，该系统沿北纬49度线设置在美国的邻国加拿大境内，24个地面雷达站共配置了100台监测雷达，其探测距离可达800千米，能够对途经加拿大领空袭击美国本土的空中目标提供20分钟的预警时间。[②]

（三）空中预警

空中预警由美国空军E－3序列预警机和海军E－2序列舰载预警机组成。E－3序列预警机对低空目标的侦察预警范围极广，可对1 200千米范围内的600个目标进行同时跟踪监视，并能够快速识别出其中最具威胁的空中目标，同时还能够指挥引导近百架战斗机实施空中拦截任务。现阶段，美国已在本土的东、西海岸分别设置了一道全天候的空中预警线，并在与美国存在特殊关系的盟国和相关敏感地区部署了一定数量的E－3预警机。E－2序列舰载预警机主要为美军的航空母舰战斗群提供战区级预警支持，其机载预警雷达通过探测和识别至多500千米距离的空中目标，可为航母战斗群提供15分钟以上的预警时间。与此同时，抢占预警先机的美军一直在不断加强空中预警指挥能力建设。2003年8月，美国海军正式启动为期10年、耗资19亿美元的“先进鹰眼”升级计划，旨在使升级后的E－2D型预警机能够拥有更为强大的舰队早期预警与指挥控制能力。空军E－3序列预警机通过升级机载数据链系统与相控阵雷达系统从而提高其整体预警能力。不仅如此，美军还研制开发了“联合监视目标攻击雷达系统”（JSTARS），即E－8战场联合预警机。该机装备的APY－3型相控阵雷达主要采用的广域活动目标监视指示模式可对地面移动目标进行监测、定位与识别，并可相对准确地判断出地面目标的移动方向和速度，从而了解其作战行动的真实意图。[③]

四、战略安全危机预警

早期，美国的战略安全预警主要是为了防范苏联的战略核武器，苏联所拥有的庞大核武库可能随时会使美国遭受灭顶之灾，构建战略安全预警机制也就成为美国维护国家安全的战略性任务。随着冷战的结束，作为美国国家安全最大威胁

---

① 韩俊：《美国战略预警系统现状与发展动向》，载《外国军事学术》2005年第12期，第61页。

② 秦毅：《美国战略预警体系解析》，载《外国军事学术》2005年第6期，第40页。

③ 韩骏：《美国战略预警系统现状与发展动向》，载《外国军事学术》2005年第12期，第64页。

的苏联不复存在，美国随之对其国家战略安全预警的重心进行了调整。2010 年版的《美国国家安全战略》报告对这种战略预警的调整趋势进行了论述，指出美国国家安全战略的核心是重塑美国对世界的领导地位，同时还认为“对美国威胁最大的武器还是大规模杀伤性武器，尤其是核武器”。[①] 不难看出，冷战后美国的战略安全预警主要是针对战略核武器和可能对美国的全球霸主地位构成威胁的其他大国。因此，美国战略安全危机的预警包括两个方面：弹道导弹与核爆炸预警、大国崛起预警。值得注意的是，战略安全预警与军事安全预警本身具有很大的同质性，二者存在部分交叉重叠的情况。另外，现隶属美国国家情报总监的美国国家情报委员会每 5 年发布的《全球趋势报告》，也是美国进行战略安全预警的重要机构，该机构从 1996 ~ 1997 年发布第一份报告开始，一直对全球战略安全形势进行分析和预测。2012 年发布的《全球趋势报告》提出，“中国影响力扩张，形成一个以中国为中心的秩序”，“美国可能要走上前台，冒着与中国对阵的风险更多地卷入地区事务，以作为地区的平衡力量”。[②]

（一）弹道导弹与核爆炸预警

弹道导弹与核爆炸预警主要由天基预警、北方弹道导弹预警、潜射弹道导弹预警和核爆炸预警四个系统组成。

1. 天基预警

天基预警也被称为“国防支援计划”（DSP）工程，目前已经发展至第三代导弹预警卫星，主要用于洲际和潜射弹道导弹的综合预警。DSP 系统可在弹道导弹发射 30 秒后迅速锁定目标，并在 5 分钟内向设在美国、欧洲、澳大利亚的地面控制站发出预警信号。但由于在海湾战争中暴露出的预警时间短、虚警漏警频发、对地面控制站依赖过高等诸多问题，美国决定研制规模更大、技术更先进的空间卫星网络监测系统来取代 DSP 系统。作为 DSP 的升级版，“天基红外预警系统”（SBIRS）除了导弹预警外，还能满足导弹防御、技术情报和战场态势感知等多方面要求。其采用双红外传感器方案，使 SBIRS 在性能上比 DSP 系统有了质的飞跃，可在弹道导弹发射后 10 ~ 20 秒内将预警信息传递给指挥控制系统。[③]

2. 北方弹道导弹预警

北方弹道导弹预警系统由分设在格陵兰（丹麦）、阿拉斯加和英国的 3 处雷

---

① National Security Strategy of 2010, the White House. pp. 7 – 8, https://www.whitehouse.gov/sites/default/files/rss_viewer/national_security_strategy.pdf.

② “Global Trends 2030: AlternAtive Worlds”, p. 77, https://www.odni.gov/files/documents/GlobalTrends_2030.pdf, P. 77.

③ 韩骏：《美国战略预警系统现状与发展动向》，载《外国军事学术》2005 年第 12 期，第 62 ~ 63 页。

达站组成，共配备12部超视距雷达，主要对袭击美国本土的战略导弹提供15分钟左右的早期预警，但该系统对低空目标和多目标的探测能力较差。为了改变这一不利状况，美国利用相控阵雷达对其进行改造升级，升级后系统的预警距离从原来的4 800千米增至5 200千米，并可在10秒内完成预警信号的传输过程。①

3. 潜射弹道导弹预警

潜射弹道导弹预警系统能对从大西洋、太平洋和墨西哥湾的敌方潜艇上发射的战略导弹提供6～15分钟的预警时间。其主要依靠代号为“铺路爪”（Pave Paws）的相控阵雷达进行探测，监控距离可达4 800～5 550千米。美国在本土的空军基地共部署了4部“铺路爪”雷达，用于探测从大西洋和太平洋来袭的潜射导弹。同时还在佛罗里达州的埃格森空军基地设置了一台同类型的雷达，与超视距雷达系统共同监测墨西哥湾海域的潜射威胁。②

4. 核爆炸预警

1947年，美国国防部建立了国家原子能探测系统对全球范围内任何时间、任何地点的核爆炸活动进行严密监测。在太空中，美国的核爆炸监测主要依靠“导航星”侦察卫星所携带的核爆炸监测系统快速探测、定位和反馈世界各地的核爆信息；在海洋中，5个水声监测站负责对全球海底的核爆活动进行实时探测；在大气层中，借助各种侦察飞机完成对核爆的空气采样；同时，美国还建立了40个声学地震台对地下核试验进行全方位监测。③

（二）大国崛起预警

美国对其他大国崛起的预警是一项前瞻性的、长期的战略性预警，也是维系美国全球霸权体系的关键所在。国际发展的不平衡规律必然会导致国家间实力的此消彼长，当某一国家的实力增长引起地区甚至国际体系的结构性变化时，即便是该国并无意挑战美国的霸主地位，也仍然会招致美国的警惕与不安。作为现有国际体系的主导者和最大受益者，美国不会轻易地放弃这种超群的权力地位，而动用一切手段维持霸权的强烈意愿会促使它采取一种“预防性”的战略布局。④通过实施战略预警措施，美国能够对世界范围内任何有能力挑战其霸主地位的对手做出迅速、有效的回应。正如美国认为，中国的全面崛起和在东亚地区影响力

① 韩骏：《美国战略预警系统现状与发展动向》，载《外国军事学术》2005年第12期，第62～63页。

② 徐炳杰：《世界当代战略预警体系建设发展述论》，载《军事历史研究》2010年第3期，第93～95页。

③ “美国已建立全球、全天候的核爆监测能力”，http://news.xinhuanet.com/mil/2011-07/22/c_121707662.htm.

④ 刘胜湘、邬超：《从霸权稳定论看美国的亚太再平衡战略》，载《东北亚论坛》2015年第5期，第73页。

的大幅提升，对其亚太主导地位构成了巨大的威胁，因而拉响“亚太再平衡”的战略预警，不断加强在亚太地区的战略预警部署以有效应对中国崛起所带来的挑战。美国《国家安全战略报告》和《中国军力报告》显示出美国对中国的战略担忧和战略预防。美国在战略上主要从三个方面进行战略布局：一是跨太平洋伙伴关系协定（TPP）。二是美国在军事上与日本、韩国、澳大利亚和菲律宾的关系。[①] 三是在战略上通过对中国周边国家进行打拉的方式，对中国既利用又防范。2015 年美国《国家安全战略报告》前言中声称，美国要对中国的军事现代化保持警惕，并抵制任何以恐吓的方式解决领土争端的做法。根据该报告，美国将中国排除在外的 TPP 作为全球经济增长的动力，“将强势管理竞争并坚持要求中国在海上安全、贸易和人权等问题上维护国际规则和规范”，“将密切关注中国的军事现代化和扩大在亚洲的存在，同时设法减少误解和误判的风险”。[②] 特朗普上台后，美国退出了 TPP 协定，但美国利用贸易排挤和防范中国的设想不会改变。

总之，经过近 70 年的改革与发展，美国已经建立起当今世界上最先进、最完善且高效灵活的安全预警体制。这些不同类型的安全预警机制使得美国能够在纷繁复杂的国际、国内安全环境中实现“防患于未然”，并最大限度地确保国家的“绝对安全”。该预警体制以安全预警情报为前提，通过情报传递使预警情报为预警决策和执行提供可靠的依据。美国的安全预警机制庞大却不臃肿、复杂却不凌乱，并在不断变化的内外环境中进行改革。较完善的领导体制、运行机制和先进的预警手段，使得美国能够机动灵活地根据安全环境与安全形势的变化进行动态化的安全危机预警，并不断提高应对各种安全危机的预警能力。

---

①② National Security Strategy 2015, P. 24, https://www.whitehouse.gov/sites/default/files/docs/2015_national_security_strategy_2.pdf.

第三章

美国国家安全委员会的演变

美国国家安全委员会（NSC）是美国国家安全体制的核心或中枢，为总统安全决策起着咨询、协调、监督执行等方面的作用。从1947年成立迄今，美国国家安全委员会经历了70年的演变，已发展成为功能齐全、结构完备、运作成熟的国家安全决策系统。

第一节　冷战时期的美国国家安全委员会

冷战时期，美国历经杜鲁门、艾森豪威尔、肯尼迪、约翰逊、尼克松、福特、卡特、里根和老布什等九位总统，美国国家安全委员会则经历了从开始运行到逐渐进入美国决策中心的进程。无论期间有多大起伏变化，美国国家安全委员会都是美国总统安全决策不可缺少的工具。

一、国家安全委员会的建立与运行

从杜鲁门（Harry S. Truman）到艾森豪威尔（Dwight David Eisenhower）是美国国家安全委员会的制度化时期。这一阶段美国国家安全委员会演变的特点表现为杜鲁门总统时期通过《国家安全法》及其《修正案》为美国国家安全委员会建章立制，以及艾森豪威尔政府竭力构建高度正式化的NSC体系。

（一）美国国家安全委员会的建立

尽管罗斯福总统（Franklin D. Roosevelt）管理安全议题的局限性被其成功指导战争的巨大成就所掩盖，但到二战结束时，高级军事领导人、他们的文职部门同行、国会有影响的议员都得出结论，认为罗斯福非正式的政策制定风格存在根本的缺陷，不能够作为和平时期他的继任者的先例。

1945 年 12 月，杜鲁门总统根据国家处理安全事务的需要向国会递交了一份关于设立一个统一的军事机构的咨文。1947 年 1 月，陆军部和海军部在杜鲁门的同意之下，联合致函国会建议设立“国家安全委员会”和“国家安全资源局”。1947 年 2 月，国会就此提议进行了审议，并于同年 7 月签署了 758 号和 2319 号议案，这标志着美国史上第一部《国家安全法》的诞生。根据《国家安全法》，美国成立了国家安全委员会（NSC）。依照《国家安全法》，美国国家安全委员会的职责是“就一切与国家安全有关的内政、外交和军事政策向总统提出整合性建议”。美国成立的国家安全委员会分为两个部分：一部分是由高级内阁部长组成的咨询委员会，法定成员包括总统、副总统、国务卿和国防部长。中央情报局局长和参谋长联席会议主席是法定顾问。由于总统可以指定任何他需要的人参与委员会，所以其他人员也经常参与，包括财政部部长、美国驻联合国大使、白宫主管、预算局主任、军备控制和裁军署的首脑、国际开发署的首脑，以及各种总统助理和顾问，这取决于待讨论的问题和总统的偏好。另一部分是配合咨询委员会工作的一个小型秘书班子，由一名文职行政秘书负责。美国国家安全委员会的组织结构见图 3－1。

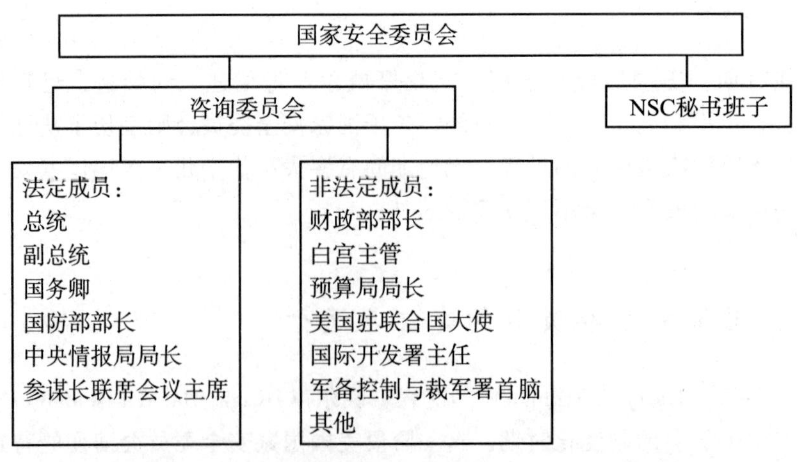

图 3－1　杜鲁门总统时期的国家安全委员会

（二）杜鲁门总统时期 NSC 的运行

美国国家安全委员会在建立之初运行并不顺利，这其中包含两个原因：一是杜鲁门总统认为国家安全委员会会削弱自己的权力，同时他也不喜欢国会过多地涉足国家安全事务，因此，杜鲁门在出席国家安全委员会创建仪式之后就很少出席该委员会的会议，他偏爱使用国务院作为国家安全政策计划和协调的领头机构；二是国家安全委员会作为总统的附属机构，杜鲁门总统并没有授予其太多的职能，而仅仅将其看成是只提供意见和建议的工具。针对国家安全委员会提供的建议，杜鲁门也“完全可以自由地接受、弃绝或修正，他还可以同总统办公室的其他人员进行磋商。”[①] 朝鲜战争爆发后，杜鲁门下令每周召开一次 NSC 会议，明确规定大多数国家安全建议必须通过 NSC 及其工作班子来协调。1950 年 6 月至 1953 年 1 月共召开了 71 次 NSC 会议，杜鲁门本人亲自主持了其中的 62 次。此时期美国安全决策的主要角色是杜鲁门总统与国务卿，NSC 只提供咨询和建议。尽管杜鲁门总统时期 NSC 为组建安全工作班子和协调部门间观点提供了一种“便利的机制”，但“它没有出现艾森豪威尔总统时期的组织僵硬”。[②] 由于总统更多是向个人而非 NSC 高级幕僚征求建议，所以，杜鲁门总统时期 NSC 在塑造美国国家安全政策中并不起主导作用。

杜鲁门政府时期 NSC 的决策程序表现为由总统与国务卿先定调，然后向 NSC 咨询和征求方案。

（三）艾森豪威尔总统将 NSC 制度化

艾森豪威尔总统时期 NSC 的特点是组织规模扩大，并实现了制度化。艾森豪威尔在 1952 年总统竞选中批评杜鲁门不重视对 NSC 的使用。他承诺若当选，将提升 NSC 至国会当初构想的角色，让 NSC 成为形成军事和安全决策的主要工具。作为总统领导的一个工具，NSC 机制在艾森豪威尔时期获得了很大发展。曾担任盟军总司令的艾森豪威尔非常强调机构间协调的重要性，他将从杜鲁门总统继承来的极不发达的 NSC 体系改造成一个高度正式化的体系，并任命罗伯特·卡特勒（Robert Cutler）担任其国家安全事务的特别助理，以别于主要负责行政和事务性功能的 NSC 执行秘书。尽管后来这一职位出现了“总统国家安全事务助理”“国家安全顾问”[③] 等名称的变化，但它的创立使“国家安全顾问”成为总

---

① 劲锷：《美苏安全机构纵览》，金城出版社 1991 年版，第 90 页。

② Walter Millis, with Harvey Mansfield and Harold Stein, *Arms and the State: Civil-Military Elements in National Policy*, New York: Twentieth Century Fund, 1958, P. 255.

③ “总统国家安全事务助理”（Assistant to the President for National Security Affairs）亦称“国家安全顾问”（National Security Advisor）、“国家安全特别助理”（Special Assistant for National Security Affairs）。

统在 NSC 的代理人和政策建议的来源。[①] 艾森豪威尔总统还在 NSC 会议下设立了"NSC 计划委员会"（PB）和"行动协调委员会"（OCB），二者均由来自相关外交政策机构的中层官员组成，并由国家安全特别助理担任主席职务。这两个委员会成为艾森豪威尔 NSC 体系的一部分，分别承担出台相关政策方案和审查政策执行情况的任务。艾森豪威尔参加了 366 次 NSC 会议中的 326 次，并将自己亲自参加这些会议作为他每周行程中最重要的事情。据统计，以一个四年期为例，艾森豪威尔总统在 179 次 NSC 会议中仅缺席 6 次。[②]

艾森豪威尔总统还将 NSC 的决策过程制度化，其 NSC 的工作流程是"政策山"程序。所谓"政策山"，就是将国家安全决策过程形象比喻为从底层到顶层选择政策、执行政策的"爬山"过程。在这一过程中，首先是在其底部，政府各有关部门（如国防部、国务院）就某些问题起草、提出政策、建议方案，并提交国家安全委员会中的计划委员会；在"政策山"的中部，由国家安全事务特别助理领导的计划委员会对这些方案进行修改、扩充或重写，并尽可能消除各部门之间的分歧，然后提交国家安全委员会全体会议讨论；在"政策山"之巅，总统通过国家安全委员会，审核各种行动的目的，考虑各项政策的深远意义，并从各个部门的政策方案中选择最佳方案[③]，如图 3－2 所示。

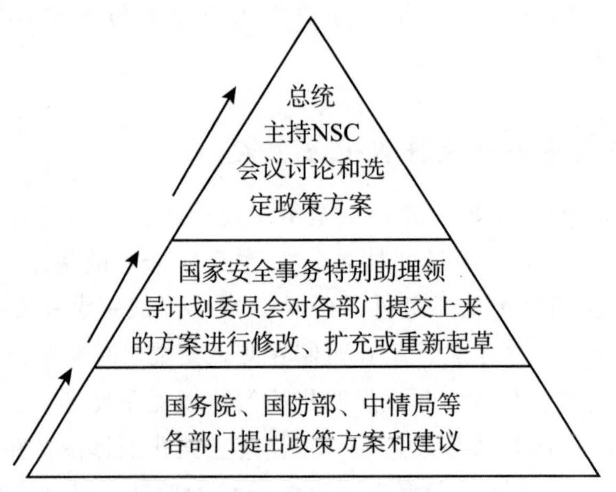

图 3－2　艾森豪威尔总统的 NSC"政策山"决策程序

① Richard A. Best Jr.，"The National Security Council：An Organizational Assessment"，*CRS Report*，December 28，2011，P. 8，http://www.crs.gov/RL30840.pdf.

② Andrew F. Krepinevich，Barry D. Watts，"Lost at the NSC，" *The National Interest*（January-February）2009：99，P. 63.

③ 徐思宁：《美俄（苏）国家安全体制比较》，中共党史出版社 2011 年版，第 98～99 页。

然而，艾森豪威尔高度制度化的NSC体系也受到了一些批评。由参议员亨利·杰克逊（Henry Jackson）主持的“参议院政府行为小组委员会”在听证会上听取了艾森豪威尔政府和外部专家的证词后，发表了一系列报告，报告对艾森豪威尔的NSC组织结构评价如下：“弊端在于其过密的议程、过于复杂和程式化的程序、对次级跨部门机制的过多依赖，以及为了全面协调和跟进其不适合承担的责任而使用NSC”。[①] 杰克逊的报告批评艾森豪威尔的NSC体系以牺牲质量为代价获取数量、机构庞大而行动笨拙、NSC程序在其执政后期变得明显官僚化。一些学者认为艾森豪威尔最终还是在椭圆形办公室依靠少数人决策，仅将NSC视为在行政部门内产生共识以便执行的机制。

二、国家安全委员会作用的边缘化：从肯尼迪到约翰逊

这一阶段美国国家安全委员会演变的特点是肯尼迪、约翰逊两位总统有意降低NSC的作用，依靠“执行委员会”“星期二午餐会”等非正式的机制来进行危机管理和政策协调，NSC工作班子被总统私人化。

（一）肯尼迪总统大幅削减NSC规模

肯尼迪（John Kennedy）上台后不久就撤销了前任总统精心打造的NSC体系，代之以一套松散的、更加灵活的也更适合于他自己个性的程序。肯尼迪不喜欢正规的NSC工作程序，认为NSC秘书班子的工作主要应由各部和机构完成。他任命邦迪（Mcgeorge Bundy）为其国家安全事务特别顾问，称邦迪的NSC工作班子的目标是帮助总统“从与国家安全有关的政府机构收集意见，并与这些机构协调行动”[②]。

为应对外界对艾森豪威尔的NSC是“文件造纸厂”的批评，他上任后大幅压缩NSC人员编制，将NSC成员的人数由71人减少至48人，还撤销了前任总统设立的“计划委员会”和“行动委员会”，成立临时委员会进行危机管理，如在古巴导弹危机期间设立“执行委员会”策划美国应对导弹危机的方案。肯尼迪让“应急计划署主任”取代“民防和国防署主任”参加NSC正式会议。

在肯尼迪总统时期，私下接触和临时任务小组成了政策讨论和形成的主要形

---

① Senator Henry M. Jackson, ed. The National Security Council: Jackson Subcommittee Papers on Policy-Making at the Presidential Level, New York: Praeger, 1965.

② Eugene R. Wittkopf, Charles W. Kegley, Jr., James M. Scott, *American Foreign Policy: Pattern and Process*, Peking University Press, 2004, P. 331.

式。邦迪成了总统的亲信，他不是一位中立的机制管理者（诚实的掮客），而是一位积极的政策倡议者。

肯尼迪总统时期的 NSC 体系发展在很大程度上是停滞不前的。由于偏好非正式和个人的控制，肯尼迪常常依赖跨部门特别小组，这些小组服务于总统的需求而不是它们所代表的官僚机构。肯尼迪依靠这些小型团体处理了柏林危机、老挝危机、在越南的准军事行动和针对古巴的秘密情报活动。邦迪领导了大多数这样的非正式团体，他手下人员表现积极，有点儿像“总统的私人国务院”。此外，白宫“情况室”（Situation Room）使邦迪和 NSC 工作人员处于外交政策制定的核心位置，两者在后来总统的政府中都得到了扩充。

一些评论人士认为“猪湾事件”是缺少 NSC 全体成员讨论的产物，批评肯尼迪总统的非正式决策体制，称其缺乏形式、方向、协调和控制。尤其是该体制以牺牲长期规划为代价强调对短期问题的管理。①

（二）约翰逊总统时期 NSC 功能的弱化

1963 年肯尼迪被刺身亡后，对外交事务不感兴趣且毫无经验的约翰逊（Lyndon Baines Johnson）入主白宫。约翰逊总统处理国家安全事务的方式比肯尼迪更不正式。他很少改革 NSC 组织结构。像其前任一样，他起初赋予国务院外交安全政策决策的权力，“国务院拥有法律授予的充分权力和责任去全面指导、协调和监督美国政府在海外的跨部门活动”。② 约翰逊总统基本继承了肯尼迪总统的非正式决策模式。他将“总统国家安全事务特别助理”简化为“特别助理”，在 NSC 体系内设立“高级部际工作组”（SIG）进行顶层决策，还设立“地区部际工作组”（IRG）协调处理地区部门间问题。约翰逊总统的 NSC 工作班子的作用受到人员和经费上的双重限制。关键决策在“周二午餐会”上由总统、国务卿、国防部部长和其他少数被邀请的高级顾问制定，该餐会主要聚焦于越南战争事务。

依靠非正式的小圈子决策虽然有利于保持总统的个人控制和机构的灵活性，但其代价是将执行总统及其亲密顾问高层决议的下属排斥在外。由于“周二午餐会”对成员的严格限制和非正式的方式，几位政府官员抱怨他们很少能获得餐会上的全部信息，抱怨他们的任务就是执行。③

由于国家安全局（NSA）和 NSC 班子仍是关键的对外政策制定者，约翰逊

① U. S. Department of State, Foreign Relations of the United States, 1961 – 1963. Vol. Ⅷ, National Security Policy, Washington: Government Printing Office, 1996.

② Lyndon B. Johnson, National Security Action Memorandum No. 341, 2 March 1966, P. 1.

③ Karl F. Inderfurth and Loch K. Johnson, *Fateful Decisions: Inside the National Security Council*, New York: Oxford University Press, 2004, P. 66.

将他们作为其私人参谋而不是政策制定协调者来使用。非正式和无组织损害了约翰逊以一种协调方式筹划、准备、评估和实施政策的能力。并且当沃尔特·罗斯托（Walt Whitman Rostow）接任国家安全顾问的职务时，他仍然将信息传递给总统，将总统的意愿传达给官僚机构，然后提供对政策的分析并给出建议。但是他在鼓励自由观念和准备备选方案上远不如他的前任。结果是各部门对罗斯托能否向约翰逊客观表达部门意见表示不信任，这进一步妨碍了有效政策的制定。

很明显，SIG/IRG 没有完成《国家安全行动备忘录》设定的目标。尽管约翰逊的新 NSC 结构由国务院主导，但国务院对于自己的牵头角色缺少热情。国务院既没有提供决定性领导，又没有设立一个达成共识的运作机制。而且 SIG/IRG 授权模糊，运作经费不足。到 1969 年 NSC 名存实亡。由于约翰逊总统经常与政府内外众多的顾问商议政事，在尊重部门责权的同时，他自己的决策是一种高度的私人进程。

肯尼迪、约翰逊总统的非正式体制显然不是艾森豪威尔高度结构化体制的成功替代。NSC 作为一个正式的商议机制失去了活力，批评者认为这实际上导致美国深陷越战泥潭。

三、回归决策的中心位置：从尼克松到老布什

这一阶段美国国家安全委员会演变的特点表现为：无论是尼克松（Richard Milhous Nixon）总统时期让 NSC 回到安全政策进程的中心位置，还是卡特和里根政府时期先是有意降低 NSC 的作用，强调将更多的责任赋予国务院等部门和机构，到后来倚重 NSC 在安全决策中扮演重要角色，都表明总统倾向于或宁愿相信和依赖身边的顾问而非内阁官员形成安全政策，NSC 的功能总体上被强化。

（一）尼克松重建制度化的 NSC 体系

在艾森豪威尔总统时期任职的经历塑造了尼克松总统对其 NSC 体系的态度。约翰逊非正式决策机制灵活但混乱，艾森豪威尔正式决策机制僵硬但有序。基辛格向尼克松总统进言：避免艾森豪威尔和肯尼迪、约翰逊总统的 NSC 体系的缺陷，吸取两种体系的优点，建立正规且有效率的 NSC 体系。[①] 为了将白宫的优先考虑从现状运作和危机管理向长远规划转变，尼克松重构了 NSC 体系。尼克松和基辛格所建立的体系是将白宫置于决策的显要位置。尼克松的 NSC 秘书班子结构与艾森豪威尔的相似，但更强调对政策选择和替代方案的审查。总统需要呈

① Henry Kissinger, *White House Years*, Boston: Little, Brown and Company, 1979, pp. 41 - 42.

上来的是可供自己选择的政策方案，而不是提交共识性的方案仅供总统接受或否定。尼克松成立了六个类似于约翰逊总统 IRG 的部际小组来构成 NSC 支持网，负责基础研究和制定政策选项。尼克松政府的 NSC 体系如图 3－3 所示。

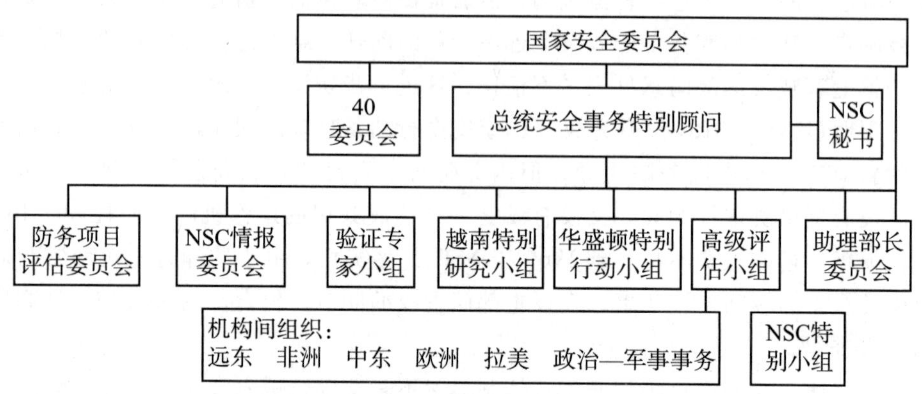

图 3－3 尼克松总统的 NSC 体系

在尼克松的决策体制中，国务院的作用下降，安全事务助理基辛格的影响突出。基辛格在更大程度上超过了邦迪或罗斯托，成为各部建议的协调者，还是政策选择的关键顾问，采取了许多重大的外交举措，国务院只是有限参与或根本没有参与其中。事实上，政策制定集中在基辛格手中。基辛格将国家安全委员会工作人员的人数增加了 3 倍，他本人同时兼任"华盛顿特别行动小组"（WSAG）、"NSC 情报委员会"（IC）、"防务项目评估委员会"（DPRC）和"高级政策评估小组"（SPRG）的负责人。跨部门委员会管辖范围涵盖了美国外交政策的所有领域：从和苏联的军控谈判到危机管理再到秘密行动。他们的任务是为总统和整个 NSC 提供可供选择的政策方案。由六个跨部门委员会支撑的 NSC 体系运作模式符合尼克松的偏好。该模式既不同于艾森豪威尔鼓励 NSC 体系聚焦于部门与机构之间的妥协，又不同于肯尼迪和约翰逊将 NSC 会议看成是委员们提建议的建议模式，由基辛格主持 NSC 使白宫控制了政策制定和执行。与越南谈判、与中华人民共和国接触、与苏联战略谈判这些高度保密的外交举措均由白宫完成，没有与国务院官僚机构协调。这种方式反映出尼克松总统的偏好和基辛格的谈判战略，也反映了一种长期趋势，即权力从一个与总统磋商的高级内阁成员组成的委员会向一个由总统安全事务助理牵头的白宫工作人员构成的组织转移。多年来，NSC 加强了国家安全事务助理和总统的权力，削弱了那些与椭圆形办公室里的人联系不紧密的内阁部长们的权力。①

① Destler，"The Power Brokers"，*Foreign Affairs*，（September/October 2005）30 September.

尼克松 NSC 体制的大多数批评者将攻击的矛头指向基辛格的权力过于集中。尼克松的安全委员会是以基辛格个人为中心或集权的体制。基辛格担任多个委员会的领导，以效率牺牲民主。因其独特的智慧能力，娴熟于官僚掌控及总统信任，基辛格在国际事务上不受官僚机构和国会的制约。1975 年 6 月“莫非委员会”出台改革 NSC 的报告，强调只有总统才具有直接负责白宫决策事务的权力，而 NSC 官员不能直接对官僚机构官员发号施令。总统国家安全顾问不得拥有指挥其他内阁成员的权力。财政部部长应是正式成员，NSC 的范围应拓展到重大的国际经济政策议题。

（二）福特“萧规曹随”

福特（Gerald Rudolph Ford）总统上台后，随着公众和国会不同意将权力集中在一人之手的呼声越来越高，基辛格在政治上的声望逐渐减弱。作为回应，基辛格辞去安全事务助理职务，保留国务卿一职，福特总统任命斯考克罗夫特（Brent Scowcroft）为国家安全事务助理。但这样的变化并没有使 NSC 从其在尼克松总统时期所获得的政策中心位置偏离。基辛格失去双重职位似乎并没有减少其对政策过程的影响力，这导致批评者指责这样的变化只是表面的。新的国家安全顾问斯考克罗夫特先前是基辛格的副手，因而不可能挑战基辛格的权威。福特的 NSC 反映了总统与国务卿之间的亲密关系。

（三）卡特平衡 NSC 与国务院

卡特（Jimmy Carter）上台后颁布“国家安全指导文件”（PD-2），重组 NSC 工作班子，强调将更多的责任赋予国务院等部门和机构，与此同时，NSC 在总统国家安全顾问的领导下继续整合或促进外交和防务政策的制定。[①] 卡特将 NSC 工作委员会从 7 个减少至 2 个：政策评估委员会（PRC）和特别协调委员会（SCC）。前者解决由单一部门主要负责但对其他机构有着重要影响的议题，后者负责就跨议题领域制定多项政策选项和推动总统决策的执行。此外，卡特政府还设立了 NSC 部际小组（IGs），负责地区或功能性问题的低级别跨部门协调。

卡特有意让国务院与 NSC 相互竞争的决策体制导致了国家安全事务助理布热津斯基与国务卿万斯（Cyrus Vance）之间的不和，结果导致两人在苏联、古巴活动和伊朗人质事件上的分歧公开化，致使政策软弱和摇摆。万斯后来辞职。布热津斯基的直言不讳和政策制定中的公开角色也招致了不少批评。批评者呼吁参议院对 NSC 顾问的任命进行批准，并要求国会对 NSC 班子进行监督。

① “The National Security Council: An Organizational Assessment”, *CRS Report*, P. 15.

（四）里根进一步弱化 NSC

里根（Ronald Wilson Reagan）在 1980 年竞选时发誓要降低国家安全顾问的作用以结束 NSC 和国务院之间的对抗。国务卿黑格（Alexander Meigs Haig）代表总统起草了“国家安全决策指导”（NSDD）文件，将所有外交政策指导与执行交由国务院。里根政府在 NSC 体系内设立了三个“高级跨部门协调组织”（SIG），分别是国务卿主持的外交政策 SIG、国防部长负责的防务政策 SIG，以及中情局局长担任主席的情报政策 SIG。SIG 下面又设立若干个机构间组织（IG），如外交政策 SIG 下分别按不同地域、政治—军事事务和国际经济事务设立 IG。

“伊朗门丑闻”是里根执政前六年总统国家安全顾问和 NSC 地位削弱、功能失调的产物。丑闻表明一个强有力和有效的国家安全顾问和 NSC 工作班子对于国家安全政策制定至关重要。NSC 工作人员卷入海外行动的“伊朗门丑闻”导致“总统特别评估委员会”即“托尔委员会”（John Tower Commission）的调查。“托尔委员会”在其调查报告中提出了一系列关于 NSC 组织最佳运作的建议。[①] 其中的大部分建议在里根执政末期被采纳，改革由新上任的国家安全事务助理卡卢奇（Frank Carlucci）实施。卡卢奇禁止 NSC 涉足海外战争或秘密行动，NSC 的角色只限于协调外交政策行动。在“托尔报告”和随后的“国家安全指导文件”基础上，卡卢奇设立了由他主持、NSC 法定成员组成的高级评估小组（SRG）和由其副手主持、国家安全机构副职官员组成的“政策评估小组”（PRG）。前者被设计来解决呈送总统之前的高层次决策问题，后者被设计为评估和协调供总统考虑的跨部门政策行动的问题，这样的结构成为后来“部长级委员会”（PC）和“常务副部长级委员会”（DC）的雏形。

里根 NSC 结构一直缺乏一个强有力的、会协调的国家安全事务助理（这是 1961 年以来的特色）。它也缺乏存在于艾森豪威尔、肯尼迪、福特和卡特总统时期的管理结构，这两者的缺乏被许多批评者认为促成了“伊朗门丑闻”。

（五）老布什重新确立 NSC 的核心地位

老布什（George Herbert Walker Bush）总统对美国国家安全体制的重大改革主要是将里根总统末期卡卢奇创立的 SRG 和 PRG 层级协调机制加以完善和定型，在 NSC 体系内构建了为后来总统承袭的 PC、DC、PCCs（政策协调委员会）三层一体的跨部门协调机制。

---

① U. S. President's Special Review Board, *Report of the President's Special Review Board*, Washington: Government Printing Office, 1987, pp. V-1-V-2.

美国中央情报局（CIA）主任和副总统的任职经历使老布什对如何完善国家安全体系运作有着自己的看法。他要让 NSC 工作人员在国家安全决策中发挥核心作用。上任首日老布什即颁布“国家安全指导 1 号文件”（NSD-1），设立了三个 NSC 次级组织：PC、DC 和 PCCs。PC 集中于决策，DC 同时负责将信息传递给 PC 并执行后者做出的任何决定，PCCs 由与议题最相关的部门高级官员主持，NSC 工作人员担任执行秘书。具体来讲，在老布什总统时期，除危机决策外，国家安全的日常决策程序先由 PCCs 确定问题、阐明政策目标、评估政策选项、明确实施途径和手段并起草一份整合的政策文件。然后由 DC 评估 PCCs 提交的议题文件、政策选项和实施建议，其中包括深入讨论 PCCs 没能达成共识的议题，并将评估、讨论结果提交给 PC。接着由 PC 审查 DC 送来的评估报告，并对 DC 层面未能解决的分歧做出决断，最后呈送给总统。若出现 PC 层次无法达成政策共识的局面，则由国家安全事务助理将歧见提交给由总统亲自主持的 NSC 正式会议来决断。① NSC 层级协调机制如图 3－4 所示。

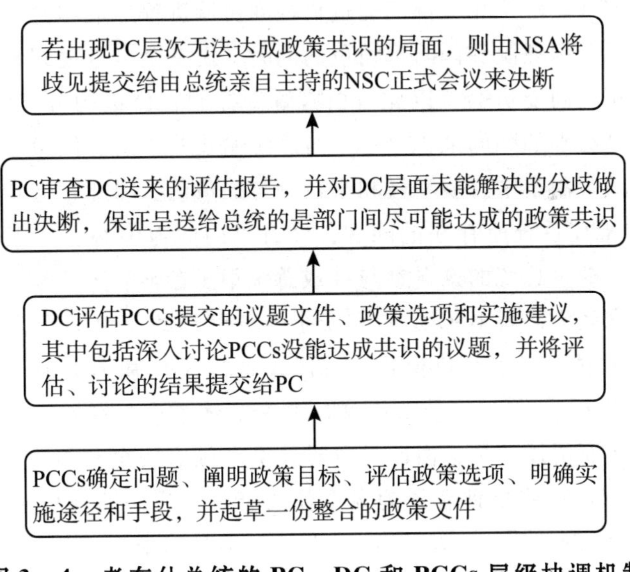

图 3－4　老布什总统的 PC、DC 和 PCCs 层级协调机制

上述三位一体的 NSC 结构在克林顿、小布什（George Walker Bush）和奥巴马（Barack Hussein Obama）执政时期基本未动。此外，在国家安全事务助理斯考克罗夫特的领导下，NSC 与总统有一种非正式但却密切的联系，也能与其他政

① Alan G. Whittaker, Frederick C. Smith and Elizabeth McKune, “*The National Security Policy Process: The National Security Council and Interagency System*”, November 24, 2008, P. 25. http://www.dtic.mil/get-tr-doc/pdf?AD=ada502949, pp. 21－33.

府部门保持良好的关系。NSC 与内阁成员之间良好的私人关系有利于决策和执行时信息流动和协调。此种“斯考克罗夫特模式”在后来备受称道和效仿。在 NSC 政策进程中，斯考特罗夫特成功地使自己与国务卿、国防部长合作共事，并与总统保持密切关系。国务卿贝克（James Addison Baker）和斯考克罗夫特一开始就同意“贝克领导外交政策，斯考克罗夫特和 NSC 没有执行权，并且斯考克罗夫特自己在政府部门中是一位低调的工作者”。按此潜规则，他们希望避免在公开演讲、电视采访、大使访问及诸如此类的事情中发生分歧。根据在布什政府中工作过的 NSC 工作人员所说，“斯考克罗夫特设法让自己成为一位既对总统影响大的顾问，又是一个能有效协调总统的顶层外交政策官员的国家安全事务助理。斯考克罗夫特之所以能将这两种功能结合起来，是因为他缺乏对权力永不满足的渴望和毁坏其前任的名声”。①

老布什总统显然吸取了里根政府的教训，他主导的安全体系有如下特点：其一，以白宫为中心，总统国家安全顾问和 NSC 的成员负责管理决策过程中的协调工作，同时与外交政策相关部门通过机构间协调进程形成不同的政策方案。其二，老布什在强调国务院和国防部角色的同时，由安全事务助理和副安全事务助理主持关键的机构间委员会，以此将白宫置于控制官僚机构分歧的位置。其三，老布什挑选最高级别的顾问来创立一个与总统愉快共事的志同道合的团队，总统本人将在外交政策制定中扮演积极和亲自参与的角色。因此，老布什寻求解决里根政府早期的 NSC 系统所存在的问题：没有以内阁为中心、缺乏白宫协调、个人和机构分离、缺少总统的亲自参与（或总统很少参与）。②

众多观察家认为，就 NSC 结构和安全事务助理的角色与行为而言，老布什政府建立的 NSC 体系成了经典模式。后任政府的 NSC 基本上采纳了老布什总统创立的结构和程序。③ 当然，老布什政府的 NSC 体系也存在着少许问题。例如它高度依赖里根政府留任人员，由此导致对外交和国家安全政策上的“战略评估”缺少新意或改革。一些批评者认为老布什政府对苏联的回应更多是依赖最高级别班子而不是 NSC 体系。1990 年 8 月出兵保卫沙特和对伊拉克开战的决策过程显得不正式，结束战争的决策同样没有经过 NSC 会议的正式审查，甚至连从索马里撤军也是依赖与他的智囊团商议的结果。尽管他的副部长级委员会为此准备了政策方案，NSC 也在 1992 年 11 月 25 日考虑采纳，但老布什总统追求

---

① Zelikow, Philip, and Condoleeza Rice, *Germany Unified and Europe Transformed: A Study in Statecraft*, Cambridge, MA: Harvard University Press, 1995.

② Eugene R. Wittkopf, Charles W. Kegley, Jr., James M. Scott, *American Foreign Policy: Pattern and Process*, Peking University Press, 2004, P. 338.

③ American Foreign Policy: Pattern and Process, P. 339.

最大限度干预的政策选项并没有反映 NSC 的分析和评估过程中主要利害相关者的偏好。①

第二节 冷战结束后的美国国家安全委员会

冷战结束后美国面临的安全威胁较冷战时期更分散、更不确定，也更难以应对。冷战后的美国历届总统依据各自所面临的安全环境特点和自己的个性改革国家安全委员会。

一、克林顿对老布什 NSC 体系的增量改革

20 世纪 90 年代，为适应冷战结束和全球化的到来，克林顿政府的 NSC 强调经济振兴和繁荣对于国家安全的重要性，并关注和讨论介入索马里内乱、波黑内战等复杂的应急行动问题。克林顿在 1993 年 1 月 20 日颁布了“总统决策指导”2 号文件，扩展了 NSC 成员。除了法定的成员和顾问（如财政部部长、美国驻联合国代表、总统经济政策助理、白宫总管）外，还将检察总长列为出席 NSC 会议的成员，由国家安全事务助理决定 NSC 会议的议程，确保为会议准备必要的文件。克林顿还延续了在 NSC 内设立正部长级委员会（PC）、副部长级委员会（DC）、较低级别的机构间协调小组（IWGs）三个梯次政策协调委员会的做法。PC 讨论和解决不需要总统参与的问题或议题；DC 考虑影响国家安全和评估、监督 NSC 机构间进程工作的议题；IWGs 则经常在各自的政策领域评估与协调总统决策的执行，IWGs 既可以是永久的，也可以是临时的。IWGs 在处理索马里、海地、巴尔干等多地发生的人道主义灾难和地区危机中发挥了重要作用。克林顿政府的 NSC 体系如图 3－5 所示。

在保留老布什政府基本结构的同时，克林顿政府也做出了几点尽管只是增量但却重要的变化。为了支持总统对经济和跨部门议题上的外交政策议程的关注，PC 成员扩充，增加了财政部长、美国驻联合国代表、总统的经济政策助理（国家经济委员会主任）以及管理与预算办公室主任参加 NSC 会议。其他官员，包括检察总长和国家毒品控制政策署主任在必要时与会。对外经济政策领域的关键顾问也参与其中。同样，DC 的构成和责任也有变化，其成员增加了经济政策的副

① American Foreign Policy: Pattern and Process, pp. 339－340.

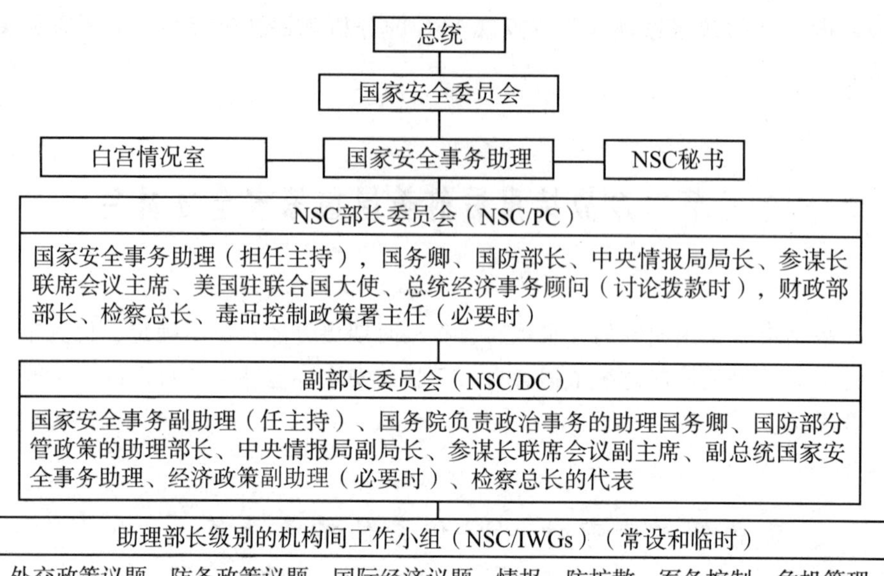

图 3－5　克林顿总统的 NSC 体系

助理和副总统的国家安全事务顾问。此外，该委员会指派和监督 IWGs 工作的职能也被强化，使它作为“影响国家安全的政策议题和评估、监督 NSC 机构间进程工作的高级次内阁级别的机构间论坛而发挥作用”。[①] 按照地区和功能组建的 IWGs 与国务院组织结构类似。NSC 重组在某种程度上是对冷战后世界现实的反映。起初其人员规模较之老布什政府有所减缩，但在克林顿总统的第二任期则扩大了。

克林顿 NSC 体系的顾问主要来源于自 20 世纪 70 年代外交经验丰富的前政府官员，主要是卡特政府的官员。如克林顿任命曾在卡特政府时期担任副国务卿的沃伦·克里斯托弗（Warren Christopher）为国务卿，选择曾在众议院军事委员会工作过的阿斯平（Les Aspin）担任国防部长，挑选擅长内务管理的莱克（Anthony Lake）为国家安全事务顾问。

然而，在克林顿总统的第一任期内，白宫缺乏有效的协调和领导，这导致“外交政策上的分工。国家安全事务顾问莱克对诸如非洲和北爱尔兰问题感兴趣。相反，国务院则处理波斯尼亚、朝鲜、中东事务，而五角大楼则制定和平伙伴关系倡议”。[②]

在克林顿第一任期内，总统没有参与外交事务和白宫没能有效协调的例子包

① American Foreign Policy: Pattern and Process, P. 341.

② Heilbrunn, Jacob, “Mr. Nice Guy,” *The New Republic*, 13 April pp. 19 – 25, 1998.

括 1993 年在索马里的失败和加强维和的拙劣工作、在波黑内战前两年的犹豫不决及决定北约东扩时的无组织和非系统的工作方式。1994 年年中，改进开始了。莱克声称自己就是一位外交政策的核心协调者。担任白宫新总管的帕内塔（Leon Panetta）在管理外交政策例会方面给政策过程及总统本人带来了更加严格的纪律性。副国家安全顾问桑迪·伯杰（Sandy Berger）强化了副部长级委员会影响外交政策方向的作用。副总统戈尔在外交政策中的作用也越来越重要。上述这些 NSC 体系改进的努力在克林顿的第一任期结束时得到了回报，克林顿在朝鲜、海地、贸易、代顿协议等一系列外交议题上取得了成就。

在克林顿的第二任期中，玛德琳·奥尔布赖特（Madeleine Albright）成为美国历史上第一位女国务卿。伯杰（Sandy Berger）从副国家安全顾问晋升为国家安全顾问。威廉·科恩（William Cohen）接管了国防部部长的职位。这个"ABC"俱乐部很快给 NSC 体系注入了更多的效能。[①]

在克林顿 NSC 体制内没有重现先前几任总统时期官僚机构首脑与国家安全顾问之间公开的争斗。克林顿总统的首任国家安全顾问莱克起初充当幕后促成共识的"诚实掮客"，后来转变为积极的、强势的政策倡议者。克林顿的 NSC 班子在塑造科索沃政策中扮演了有影响力的角色。莱克的继任者伯杰奉行一种中间路线，一方面他将自己置于政策制定中心的显要位置，另一方面他最小化国家安全顾问们与国务院、国防部的部长们之间的对抗。[②]

二、小布什构建以反恐为中心的国家安全委员会

"9·11"恐怖袭击发生后，反恐无可争辩地成了小布什政府时期 NSC 关注的头号安全议题。小布什颁布"国家安全总统指导 -1"文件，明确规定 NSC 系统是提出建议、协助总统及"在有效地制定和实施国家安全政策方面协调执行部门和机构"[③]。除了法定的和其他被邀请参加 NSC 会议的成员外，小布什还要求检察总长参加与其职责相关的会议，这体现了小布什政府对国内反恐的重视。国家安全事务助理负责制定议程、确保必要文件准备就绪、记录 NSC 的行动和总统的决定。小布什上台后也在 NSC 内部设立了 PC、DC、PCCs 三个跨部门的等级协调委员会，其国家安全事务助理的角色与其父的斯考克罗夫特模式一致。

---

① American Foreign Policy: Pattern and Process, P. 344.

② John F. Harris, "Berger's Caution Has Shaped Role of U. S. in War", *Washington Post*, May 16, 1999, P. 24.

③ "The National Security Council: An Organizational Assessment", *CRS Report*, December 28, 2011, P. 22.

"9·11"事件之前，小布什总统很少召开 NSC 正式会议，他更倾向于通过与内阁官员和重要顾问的直接会议及一系列有明确实际责任的委员会来管理国家安全事务。NSC 会议不经常召开的现象随着"9·11"恐怖袭击事件和美国在阿富汗与伊拉克采取军事行动而发生改变。正如朝鲜战争爆发后的杜鲁门总统一样，乔治·布什总统发现定期召集资深的政策专家去制定有关全球反恐战争、在阿富汗和伊拉克的军事行动、重组政府机构和活动以确保美国本土安全的政策是十分有必要的。在"9·11"事件造成的严重后果和美军在阿富汗及伊拉克的军事行动达到高潮之际，布什的 NSC 会议实现了经常化，表现为在白宫或通过视频会议（SVTS）（当布什总统出访或在得克萨斯州的农场度假时）至少每周召开一次。在总统出访十分频繁期间，NSC 会议会通过远程电信会议定期召开。在执政的最后两年，小布什总统还时常召开 NSC 与国土安全委员会（HSC）的联席会议，讨论国际安全和本土安全问题。①

"9·11"恐怖袭击之后，小布什总统在 NSC 内部设立了"反恐办公室"。在小布什第二任期之初，NSC 机构经历了更进一步的重组。取代赖斯成为小布什总统新的国家安全顾问的史蒂芬·哈德利（Stephen Hadley）设立了一位副国家安全事务助理负责伊拉克和阿富汗事务，同时设立副国家安全事务助理的副助理负责战略交流、全球拓展、全球民主战略、国际经济事务和打击恐怖主义。这些都反映了小布什政府在伊拉克和阿富汗战后重建，推进全球自由、世界民主和人权，向美国民众及他国民众宣传美国价值观和优越感等问题上越来越多的关注。在小布什总统的第一任期内，国家安全事务助理赖斯（Condoleezza Rice）与总统有着良好的工作关系，是政府的一位有效的政策公开发言人。她还有意让国防部主导伊拉克问题上的政策制定。小布什的第二任国家安全事务助理哈德利则很少在公共场合出现，但是他强调 NSC 班子监督 NSC 决定执行的重要性。他还组织了对伊拉克政策的评估，该评估导致美国对伊拉克政策的重大调整。

三、奥巴马重构 NSC

奥巴马总统时期，美国国家安全委员会演变的最大特点是对不同领域的跨部门协调机构进行整合，以应对更加复杂的安全环境。奥巴马根据"国家安全改革

① Whittaker, Alan G., Smith, Frederick C., & McKune, Elizabeth, *The National Security Policy Process: The National Security Council and Interagency System*, (Research Report, November 15, 2008 Annual Update), 2008, http://www.ndu.edu/icaf.

工程”委员会（PNSR）和IBM政府事务中心的建议,[①] 按照“艾森豪威尔模式”与“斯考克罗夫特模式”构建自己的NSC体系。在奥巴马上台前夕，小布什政府在应对伊拉克、阿富汗、“卡特里娜”风灾等方面的失败促使政府、国会、智库的专家大都相信“美国已跨越历史的门槛，增量的和临时的调整对于捍卫和促进美国国家安全利益都是不够的”。[②] 于是，奥巴马入主白宫后不久就宣布整合白宫NSC班子和国土安全委员会（HSC），将两者合并为一个单一的“国家安全参谋部”（NSS），其目标是结束“人为地将白宫工作人员分解成处理国家安全和国土安全问题的两套班子”。[③] 奥巴马还在NSC内部设立了一些新的理事会（Directorate）和职位来处理网络安全、涉及大规模杀伤性武器的恐怖主义、边界安全、情报分享和包括准备与应对的弹性政策。[④] 如设立“网络安全评估理事会”评估美国面临的网络安全威胁。奥巴马对NSC使用的特点是：强调国家安全事务助理扮演“诚实的掮客”、NSC会议定期召开、总统亲自主持、政策讨论过程中“多方辩论”（multiple advocacy）与总统不失时机的决断等，具体如下：

（一）充分发挥NSC在国家安全决策中的作用

奥巴马总统重视NSC机制，经常使用NSC机制进行外交政策和国家安全问题决策。例如在奥巴马执政的第一任期内，他在NSC体制内召开了上百次正部级和副部级机构间会议，很多次都是由他亲自主持。[⑤] 这表明奥巴马总统显然看重由NSC团队为其提供的信息和建议。在突袭本·拉登的过程中，奥巴马多次召开NSC会议，商讨行动方案。从2010年8月到2011年4月，国家安全委员会多次主持跨部门联席会议，对40份情报报告进行审议，并进一步对问题进行了研讨。[⑥] 正是这种NSC体系下的有条不紊的跨部门合作，使得不同部门间的信息得以共享，人员能够得到合理的配置，最终推动行动方案的顺利完成。

---

① IBM Center for the Business of Government, *The National Security Council: Recommendation for the New President*, http://www.businessofgovernment.org/.

②③ "The National Security Council: An Organizational Assessment", *CRS Report*, P. 20.

④ "The National Security Council: An Organizational Assessment", *CRS Report*, P. 24.

⑤ Michael Gordon Jackson, "A Dramatically Different NSC? President Obama's Use of the National Security Council", Paper prepared for presentation at the Annual Meeting of the Western Political Science Association, Portland, Oregon, March 22-24, 2012, P. 14, http://wpsa.research.pdx.edu/meet/2012/jacksonmichael.pdf.

⑥ Graham Allison, "How It Went Down", May 7, 2011, available at, http://www.time.com/time/magazine/article/0,9171,2113156,00.html.

（二）集中化和多重倡议

在奥巴马政府中，外交政策和国家安全问题是在一个集中化的结构里被考虑和权衡。所有其他成员，不管是法定的还是因议题需要被要求参与的非法定成员，都参与核心论坛（讨论）。奥巴马不喜欢私下交流和官僚政治模式，其管理风格是广泛地征求建议、权衡不同的观点，但让所有参与者都知道一切由他负责。例如在是否增兵阿富汗的决策中，奥巴马总统对其国家安全顾问呈上来的选项不满意，告诉他自己需要更多的政策选项。"给我提供其他一些人在这个问题上的意见……我还想知道这房间外的人的意见。"① 对于奥巴马来讲，首先要做的是"要让最有才干的人聚集在一起，并作为一个团队开展工作；在评估问题的实质时坚持严谨的分析；确保不同的声音能被听见和广泛的选项被探究"。同样，对于奥巴马来说，他必须"基于信息而不是情绪"做出决策。在 NSC 决策过程中，奥巴马努力在参与者中达成共识。他的决策风格不是源于"勇气"。曾做过宪法学律师的他想要的政策选项应具有逻辑性和理性，不是由一时的情绪驱动而形成的。他不会情绪激动，也不想其政府中的其他人在参与决策时情绪激动。在征求供考虑的备选方案时，他有着冷静的自信：谨慎、务实、不考虑意识形态。②

（三）讲究有序和常规决策

奥巴马非常重视有序的进程和常规决策。时间管理是重要的。总统很少打电话让少数几位亲信和小圈子内的正部级首长到椭圆形办公室，他更多的是期望国家安全顾问管理国家安全决策机制，帮助准备和形成相当大的选择范围让总统考虑，在总体上对呈递给总统的建议进行管理。奥巴马不想要一个像基辛格或布热津斯基那种"超级明星"似的国家安全顾问，他需要的是斯考克罗夫特似的国家安全顾问：为人低调、效忠于总统、有效和有序地管理 NSC。奥巴马的第二任国家安全顾问多尼伦基本上做到了这一点。正常的次序（常规）则可通过跨部门工作小组、副部长级委员会和正部长级委员会三个层次来体现。像斯考克罗夫特团队那样，NSC 可"作为内阁级部长们和总统有效的政策方案的生产者、机构间协调者和最终决策者来运作"。NSC 体制内的正常次序使奥巴马感到愉悦，因为它能

---

① Rudalevige Andrew, "Rivals or a Team? Competitive Advisory Institutions and the Obama Administration," Paper, American Political Science Association Annual Meeting, Toronto, Ontario, September 3 – 6, 2009.

② Michael Gordon Jackson, "A Dramatically Different NSC? President Obama's Use of the National Security Council?" Paper, the Annual Meeting of the Western Political Science Association, Portland, Oregon, March 22 – 24, 2012.

向总统提供广泛的、幕后操控和很少内讧的、很少向媒体泄露从而搅起公众情绪的广泛观点。[①]

（四）使国家安全顾问成为自己"诚实的掮客"

奥巴马重视但又不完全被 NSC 左右。总统国家安全顾问不仅需要接受来自不同领域的信息与建议，而且还必须很好地平衡与筛选这些信息与建议。作为一名"诚实的掮客"，国家安全顾问"不仅仅是一位政策建议者"，他也必须做好准备，能够向总统及其他顾问提供"公平和平衡"的信息。[②] 奥巴马的第一任国家安全顾问琼斯（James Jones）将军由于不能很好地扮演这种"诚实的掮客"的角色，无法有效地推动国家安全议题和很好地领导国家安全委员会工作班子，受到了《时代》杂志和《华盛顿邮报》等主流媒体的批评。奥巴马总统于是调整了国家安全顾问人选，由协调与整合能力更强的多尼伦（Tom Donilon）接任。

第三节　美国国家安全委员会演变特征与未来

美国国家安全委员会在 70 多年的演变中，表现出了一些独有的特征，也显示出其未来的一些发展趋势。

一、美国国家安全委员会演变的特征

通过以上梳理，不难看出美国国家安全委员会（NSC）演变的一些特征：

首先，总统的个性对 NSC 演变具有决定性影响。由于美国总统居于外交政策制定的核心位置，且无需国会批准有权直接组建自己的 NSC 工作班子，这使美国总统按照自己的意愿塑造 NSC 体系成为可能。NSC 实际上成了总统偏好的创造物。随着时间的变化，NSC 被历届总统按照自己的个性量身定制，以适合自己的个人风格和需要，反映了其作为总统凌驾于外交政策官僚部门之上的核

① Burke, John P, "The Obama National Security System and Process: At the Six Month Mark," White House Transition Project Report, 2009.

② James. P. Heffner, "Decision-making in the Obama White House", *Presidential Studies Quarterly* 41 (2), June 2011, P. 44.

心角色。正如科林·鲍威尔（Colin Powell）所解释的："归根结底，国家安全委员会工作班子及其国家安全顾问本身就是按照总统的个性被塑造的。NSC 不得不将自己按照总统的意志、愿望和情感来塑造……如果他满意，那才是最重要的。"①

其次，安全环境的变化导致 NSC 关注的议题和功能发生变化，进而导致 NSC 组织结构和运行机制发生变化。外部安全环境的变化使 NSC 关注的议题从高级政治延伸到低级政治，从传统意义上的战争扩展到恐怖主义、"失败国家"、人道主义灾难等引发的低烈度、准战争形式的冲突。例如在 20 世纪 50 年代，随着对社会主义阵营"和平演变"战略的开展，NSC 关注意识形态上的心理战。20 世纪 60 年代第三世界民族革命有利于苏联势力在"中间地带"的扩张，肯尼迪政府的 NSC 体系就将反"叛乱"视为与传统战争同等重要的安全威胁。在 20 世纪 80 年代，反恐和反"叛乱"成为 NSC 优先考虑的事项。在 20 世纪 90 年代，为适应冷战结束和全球化的到来，克林顿政府的 NSC 强调经济振兴和繁荣对于国家安全的重要性，并关注和讨论介入索马里内乱、波黑内战等复杂的应急行动问题。21 世纪初发生的"9·11"恐怖袭击，则使反恐成了小布什政府时期 NSC 关注的头号安全议题。到奥巴马上台时，气候、金融、网络安全等则成为 NSC 重点关注的新议题。

随着 NSC 关注的议题变化，NSC 的功能也随之发生变化。在长达半个多世纪的演变中，NSC 与国家安全顾问（NSA）的功能逐渐完善，职能定位趋于合理，NSC 与官僚机构的关系基本理顺。杜鲁门总统上任之初，NSC 只是扮演政策咨询的顾问角色。艾森豪威尔总统入主白宫后对 NSC 体系进行了全面的制度化改革，将 NSC 的功能扩展到协调、决策和监督执行。卡特总统强调 NSC 扮演协调者和"思想库"的角色，而不像尼克松和福特总统时期还扮演政策倡议者甚至制定者的角色。尽管到里根总统时期，NSC 滑入了政策执行的偏道，但到老布什总统时期，NSC 在美国国家安全体制中的功能定位最终确定在政策咨询、协调、监督执行三大职能上。

伴随 NSC 功能变化而来的则是 NSC 结构的调整和运作程序的变化。从艾森豪威尔总统开始，几乎每届美国总统都根据自己当时所处安全环境的变化而对前任的 NSC 结构进行调整，尽管调整幅度不大（如图 3－6 和图 3－7 所示）。

---

① Eugene R. Wittkopf, Charles W. Kegley, Jr., James M. Scott, *American Foreign Policy: Pattern and Process*, Sixth Edition, Peking: Peking University Press, P. 347.

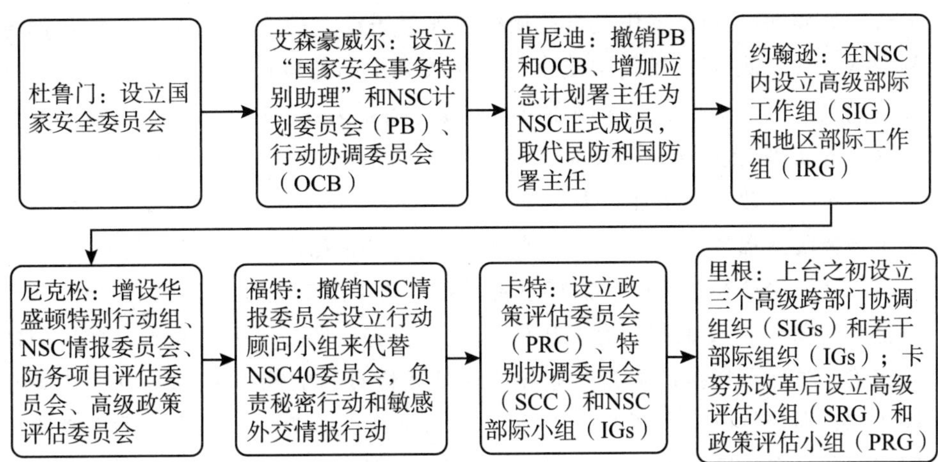

图 3－6　冷战时期美国 NSC 组织结构的演变

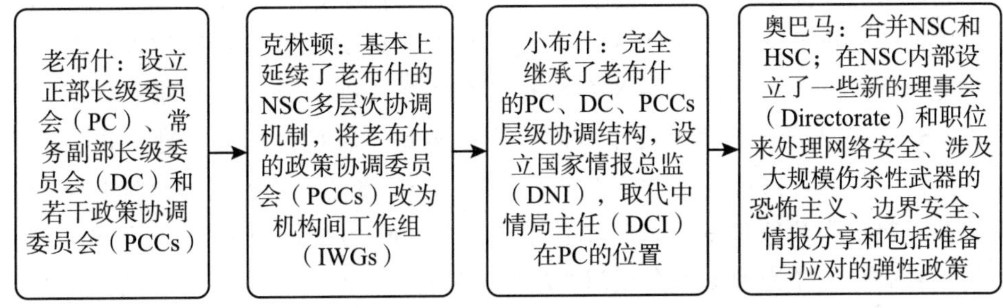

图 3－7　后冷战时期美国 NSC 组织结构的演变

NSC 关注议题和功能的变化还带来了运作机制的变化。艾森豪威尔总统的决策机制是“政策山”，到尼克松入主白宫时演变为每次召开国家安全会议时总是由基辛格概括议题，接着由中央情报局长理查德·赫尔姆斯（Richard McGarrah Helms）做情报摘要，最后以尼克松的讲话结束会议。会后，各部门依照下发的《国家安全问题研究备忘录》贯彻执行。老布什上台后则在 NSC 体系内最终确立了 PCCs、DC、PC、NSC 正式会议的层级协调和决策机制。

再次，NSC 的地位经历了周期性起伏。NSC 体系的改革历程显示了一种后任总统对其前任所使用体系的问题、力量和弱点的钟摆式反应，表现在自创立以来，差不多每隔一段时间国家安全顾问及其领导的工作班子在决策中的地位就会得到加强或削弱。在成立之初，NSC 只是一个人数少、很少开会的咨询机构。直到朝鲜战争爆发后杜鲁门才逐渐重视 NSC 在决策中的作用。艾森豪威尔上台后扩充 NSC 编制，增设内部机构，规范工作程序，并经常召开会议，从而使国家安全顾问及其工作班子在安全与外交政策中的地位第一次得以提升。然而，肯尼迪上台后大幅削减 NSC 工作人员，撤销前任总统设立的 NSC 次级机构，让国务院领导 NSC，自此 NSC 在美国安全与外交政策中的地位被大幅削弱，到约翰逊总统时期更是名存实亡，约翰逊在很大程度上依靠国务院负责安全政策计划和协调，这是 NSC 地位的第一次下降。尼克松上台后任命基辛格为国家安全顾问，NSC 工作班子人数大幅增加，大量增设次级机构。NSC 在决策过程中的地位明显超过了国务院。福特上台后可谓“萧规曹随”，对尼克松、基辛格打造的 NSC 体系基本未动。NSC 在尼克松、福特总统时期经历了第二波权力扩张和地位上升。卡特上台后缩小 NSC 编制，有意压低 NSC 的权势，恢复国务院在外交政策中的传统权威。虽然卡特执政后期，布热津斯基凭借自己的能力使 NSC 的风头盖过了国务院，但仍然改变不了新一波 NSC 权力下滑的趋势。里根上台后有意降低国家安全顾问在决策中的地位，在位 8 年换了 6 任国家安全顾问，其首任国家安全顾问甚至不能直接面见总统。至此，NSC 地位经历了第二次下降。老布什上台后任用斯考克罗夫特为国家安全顾问，在 NSC 体系内设立了 PC、DC 和 PCCs 三个层次的协调委员会，从而使 NSC 在美国安全与外交政策中的地位再次得到加强。克林顿入主白宫后，增加 NSC 部长级委员会（PC）成员，在第二任期大量扩充 NSC 工作人员，其国家安全顾问（先是莱克，后是伯格）的地位得到国务卿、国防部长等官僚机构首长的尊重。所以，NSC 在老布什和克林顿时期经历了第三波权势扩张和地位上升。小布什上台后，NSC 的整体规模减少了 30%，其结构也被简化。作为国家安全顾问的赖斯沦为总统的私人秘书，她不能调和国防部长拉姆斯菲尔德（受副总统切尼支持）与国务卿之间的矛盾。因此，从总体上讲，小布什总统时期的 NSC 在美国安全政策中的地位是下降的。这是 NSC 地位的第三次下降。奥巴马“不喜欢私下交流和官僚政治模式”，上台后重视 NSC 机制在美国安全政策中的作用，他经常使用 NSC 进行外交政策和国家安全问题决策，在 NSC 体制内召开了上百次正部级和副部级机构间会议，很多次都是由他亲自主持。[①] 因此，NSC 在奥巴马执政后迎来了第四次地位上升期。NSC 地位的钟摆“似乎集中在对以白宫为中心确保总统的外交政策领导的需求、对强有力但又亲近的国家安全顾问来管理政策进程和作为‘诚实的掮客’的需求、对总统关注并亲自参与 NSC 政策进程的需求上”。[②]

最后，NSC 演变呈现增减改革的路径。纵观美国国家安全体制的改革史，

---

① Michael Gordon Jackson, “A Dramatically Different NSC? President Obama’s Use of the National Security Council”, Paper prepared for presentation at the Annual Meeting of the Western Political Science Association, Portland, Oregon, March 22 – 24, 2012, P. 14, http://wpsa. research. pdx. edu/meet/2012/jacksonmichael. pdf.

② Eugene R. Wittkopf, Charles W. Kegley, Jr., James M. Scott, *American Foreign Policy: Pattern and Process*, Seventh Edition, Thomson/Wadsworth, 2008, P. 356.

不难发现改革基本上是随着不同时期安全环境的变化而呈现增量改革的轨迹。自1947年依据《国家安全法》确立基本的安全体制架构后，美国国家安全体制很少出现大的变动。自1947年以来，尽管迄今为止经历了美苏冷战、全球化兴起、恐怖主义蔓延、金融危机肆虐、新型大国崛起等一系列重大挑战，但这些挑战并没有导致美国NSC体系的根本性变革。战后历届总统和国会只是在1947年设立的NSC体系基础上进行增减改革，表现为在保留体制基本架构和工作流程的基础上对既有的NSC体系内的机构进行调整。如撤销，肯尼迪总统上台后将前任总统设立的“跨部门计划委员会”和“行动协调委员会”撤销，但仍保留了NSC体系处理日常安全议题，只是更多地利用临时委员会进行危机管理。再如减少，如卡特总统上台后，将NSC工作委员会的数量由原来的七个减少到两个，即政策评估委员会（PRC）和特别协调委员会（SCC）。还有合并，如奥巴马上台后将NSC与HSC合并。即使未来美国面临的安全环境越来越复杂和多样，NSC体系也不会被推倒重建，只会朝着更加整合、高效的方向演变。

二、美国国家安全委员会的未来趋势

经过60余年的演变，美国国家安全委员会已经成为世界上设立最早、体制最完备、经验最丰富的国家综合性安全机构。NSC体系为美国在不同时期应对不同安全环境的挑战发挥了重要作用。虽然如此，NSC也存在着一些根本性的制度缺陷。主要表现为：第一，强部门弱整合机制，即国防部、国务院等强力部门对整合使命不感兴趣。国防部、国务院等强力部门有自己的部门使命和部门亚文化，它们更关注部门利益或属于部门职责范围内的议题，对于参与综合性安全事务并不热心。第二，总统精力的有限性限制了其加强跨部门协调的能力。虽然总统亲自介入可使强力部门参与整合，但总统被众多相互竞争的优先议题占据，只好授权给临时或常设的委员会（如由各部一把手组成的部门首长委员会PC或副首长委员会DC）去协调。然而，缺少总统亲自主持的机构间委员会的协调会议变成了耗时的、无效的会议。众多的部门往往在委员会协调会议上争论不休，造成大量的时间浪费和“议而不决”。第三，总统安全事务顾问及其助手也存在着角色冲突。亦即在NSC决策过程中，作为“诚实的掮客”的总统安全事务顾问既要如实向总统反映各方观点和建议，又要作为总统最亲近的外交政策助手向总统提出最可行的方案，他们还是总统政策“整合”的首要来源。然而，平衡这样的角色冲突是困难的，且只有当总统安全事务顾问赢得了强力部门官员的信任时才能做到。曾任克林顿总统安全顾问的伯杰说道：“你必须被你的同事认为你诚实地代表了他们的观点，否则体制会崩溃。”[①] 第四，总统及国家安全顾问疲于议题管理导致 NSC 缺乏宏观战略视野。对国家安全的范围、大战略和国家安全体制远景共识的缺乏，限制了总统提供战略指导的能力。总统及其幕僚人数太少以至于难以在全方位的重要国家安全议题上提供整合建议，也因太专注于他们困难的工作而不能管理国家安全体制。由于不堪干预关键议题和危机的重负，白宫并没有指导或管理作为整体的国家安全体制。缺乏系统管理的症状表现在战略指导、沟通、资源导向、表现评估等领域。

在上述缺陷中，安全挑战的复杂性与总统精力的有限性之间的矛盾成了美国 NSC 体系的突出问题，也是最难以从制度上根本解决的难题。安全挑战的复杂性、多样性要求 NSC 加强跨部门协调，而若非总统亲自过问或参与，则靠授权机构或个人难以完成协调任务。因为没有总统的亲自参与，牵头机构（leading agency）和全权负责人（czar）缺乏实际的权威来指挥内阁官员或他们的机构采取整合行动。但面对纷繁复杂的安全议题，总统个人的精力有限。安全挑战的复杂性与总统精力的有限性矛盾，几乎真实地存在于从国家安全顾问到大使牵头的“驻受援国小组”海外使领馆的所有层次上。这样导致的后果是：决策权集中化的趋势增加了总统所在的白宫的负担，限制了决策能力，使 NSC 体系倾向于危机管理，并以牺牲积极参与更大范围的政策与规划为代价。

上述问题的存在改变不了美国 NSC 加强整合的趋势。到目前为止，美国单个部门内的整合显然比跨部门整合做得更好，也更有效。例如，国防部在所有安全部门中整合最早，也最卓有成效。国防部早已实现了诸军种协同作战或应对其他复杂安全挑战的联合作战的协调体制。1986 年实施的《戈德华特—尼克尔斯法》功不可没。继国防部整合成功后，情报部门也在跟进。“9·11”恐怖袭击促成了美国情报界的大整合，主要表现为设立“国家情报总监”（DNI）和“全国反恐中心”，将先前 16 个分散在不同部门的情报机构合而为一，从而大大加强了情报在不同部门之间的分享与执行，为美国避免类似“9·11”事件的发生做出了主要贡献。虽然跨部门协调的难度较大，但面对日益复杂的安全挑战，美国 NSC 体系不得不朝着更大的整合趋势演进。如克林顿总统让新成立的“国家经济顾问委员会”（NEC）主任参与 NSC 会议；小布什总统让国土安全部部长参与 NSC 会议；奥巴马则将 NSC 与 HSC 合二为一，体现了更大的跨部门协调努力。由此可见，进一步加强机构间整合或跨部门协调将是未来美国 NSC 演变的方向。

在长达半个多世纪的演变中，美国国家安全委员会形成了备受称道的“艾森

---

① Ivo H. Daalder and I. M. Destler, How National Security Advisers See Their Role, in *The Domestic Sources of American Foreign Policy*, James M. McCormick, editor, 5th edition, forthcoming <http://www.cissm.umd.edu/papers/display.php?id=261>.

豪威尔模式”和“斯考克罗夫特模式”。奥巴马执政后基本上吸取了这两种模式的长处，在其第一总统任期内取得了诸如突袭本·拉登、增兵阿富汗、营救索马里人质等外交成就，但伊拉克、阿富汗战后重建的失败暴露了美国 NSC 体系应对复杂安全挑战的困难。而 2014 年乌克兰危机引发的俄罗斯与西方交恶、“伊斯兰国”崛起、东亚海洋领土争端频繁，则使奥巴马在其第二任期内利用 NSC 体系受到很大限制。

第四章

美国军事安全体制机制

美国军事安全体制机制主要由军事安全决策体制、执行机制和评估机制构成，这些机制的建立和运作效率，主要取决于美国国家安全法律体系的完善程度。美国作为当今世界军事效能最高的国家，其军事安全的法律体系、机构设置、决策程序、执行方式、反馈与评估等各个方面有很多值得其他国家借鉴之处。

第一节　美国军事安全的法律体系

美国由于其特殊的地理位置，二战前曾盛行孤立主义，当时美国的主要军事力量都集中在美国本土和美洲地区。二战后，为了适应冷战需要，美国政府逐步建立了一个能够适应国际环境并与苏联对抗的军事安全法律体系。20 世纪 80 年代末 90 年代初苏东剧变后，美国一跃成为世界唯一超级大国，其战略性的安全威胁大为减少。为此，美国又对冷战时期的军事安全法律体系进行了适当调整，使其有利于确立自己的世界霸主地位。“9・11” 事件后，美国发现其本土安全再次受到了前所未有的挑战和威胁，因而重新加强自己的军事安全法律体系，使其能够应对来自恐怖主义的新威胁。

一、美国军事安全法律体系的基础

在历史上，军事安全的立法问题在美国首先引起重视，主要是由于二战时期的珍珠港事件。珍珠港事件的爆发，使美国政府意识到美国在安全方面存在的诸多问题，例如各军种之间的配合不协调以及情报失误等。在这种背景下，美国政府授权美国海军部长詹姆斯·福莱斯特尔（James Forrestal）的私人顾问费迪南德·埃伯斯塔特（Ferdinand Eberstadt）组建一个小组，研究和制定一项调整美国政府和军事力量之间关系的方案，并于 1945 年 9 月完成了《埃伯斯塔特报告》（*Eberstadt Report*）。

《埃伯斯塔特报告》的突出贡献是提出建立美国国家安全委员会的建议。[①] 埃伯斯塔特认为，国家安全委员会不仅直接关系到美国政府的决策，而且国家安全委员会超越了安全咨询机构的性质，其职能是负有某种集体责任的战争内阁。[②] 根据战时的需要，国家安全委员会的职责主要是将总统的意愿转变为不同军种和集团军的行动。《埃伯斯塔特报告》规定，国家安全委员会应向总统提交年度报告。这些报告只有在保密期限过后，才能公开发表。[③]《埃伯斯塔特报告》的出台，缓解了美国各军种之间为争夺领导权而产生的矛盾，初步解决了美国的军事组织问题，并为 1947 年出台的《国家安全法》奠定了基础。

1947 年 7 月，美国总统杜鲁门签署了以《埃伯斯塔特报告》为基础制定的《国家安全法》（*National Security Act of* 1947），并根据这一法规成立了国家军事部（National Military Establishment），其中包括陆军部、海军部和空军部。陆军部（Department of Army）由原来的战争部（Department of War）改组建立。[④] 海军部（Department of Navy）包括海军、海军航空兵（Naval Aviation）、海军陆战队（Marine Corps）及其预备人员。同时，调动海岸警卫队（Coast Guard）的职权也属于海军部。[⑤] 空军部（Department of Air Force）是新成立的部门，其部长由文职人员来担任，须经过总统任命和参议院的同意。[⑥] 法案还规定，当国家军事部部长觉得有必要，或有利于空军部指挥时，可以将原属于陆军部的陆军航空兵

---

① Paul Y. Hammond, "The National Security Council as a Device for Interdepartmental Coordination: An Interpretation and Appraisal", *The American Political Science Review*, Vol. 54, No. 4 (Dec., 1960), P. 901.

② Paul Y. Hammond, "The National Security Council as a Device for Interdepartmental Coordination: An Interpretation and Appraisal", *The American Political Science Review*, Vol. 54, No. 4 (Dec., 1960), P. 900.

③ Eberstadt Report, pp. 50, 55.

④ National Security Act of 1947 (original), SEC 205 (a), 61 Stat. 501.

⑤ National Security Act of 1947 (original), SEC 206 (a), 61 Stat. 501.

⑥ National Security Act of 1947 (original), SEC 207 (a), 61 Stat. 502.

(Army Air Force) 交由空军部管理。[①]

《国家安全法》还规定，国家军事部部长由文职人员担任，必须经过总统任命和参议院同意。其职责包括：(1) 制定全军统一的政策和计划；(2) 对全军进行总体指挥、管理和控制；(3) 采取适当步骤消除采购、供应、运输、储存、健康和研究领域内的不必要重叠；(4) 监管并协调各军种的预算。[②] 另外，《国家安全法》还要求，在国家军事部之下设立战争委员会 (War Council)[③]、参谋长联席会议 (Joint Chiefs of Staff)[④]、军需委员会 (Munitions Board)[⑤] 以及研究与发展委员会 (Research and Development Board) 等部门。[⑥]

1947 年以《埃伯斯塔特报告》为蓝本制定的《国家安全法》成为此后美国国家安全法律体系的基础。这一法案不仅设置了一个由文职防务首长来管理并由三大军种构成的国家军事部，而且还规定了美国其他国家安全机构的设置和相关职责，从而为美国的军事安全活动提供了重要的法律依据，成为美国军事安全的基本法。

二、美国军事安全法律体系的调整与完善

1947 年《国家安全法》虽然奠定了美国现代军事安全法律体系的基础，但在后来的实践中也暴露出组织不明和效率低下等诸多不足之处。例如，三个军种的部长与国防部长是平级关系，各项决定都需要经过多方协商，这就大大降低了国家军事部门的指挥和领导效率。为此，美国政府又对 1947 年的《国家安全法》进行调整，1949 年制定了《国家安全法修正案》(*National Security Act Amendments of* 1949)。该修正案所做的调整主要有四个方面：首先，将国家军事部改为国防部 (Department of Defense)，并将其纳入政府内阁。其次，规定三个军种都隶属于国防部，其部长受国防部长领导和指挥，但各军种部仍享有独立军事指挥和领导权。再次，设立参谋长联席会议主席一职，担任这一职务的人选由总统从军官中任命，并经参议院同意。参谋长联席会议主席是美国总统、国家安全委员会和国防部长的首席军事顾问，但无权对参谋长联席会议以及三个军种部实施管理。最后，将原属参谋部的军需委员会和研究与发展委员会纳入国防部，接受国

① National Security Act of 1947 (original), SEC 207 (f), 61 Stat. 503.
② National Security Act of 1947 (original), SEC 202 (a), 61 Stat. 500.
③ National Security Act of 1947 (original), SEC 210, 61 Stat. 504.
④ National Security Act of 1947 (original), SEC 211, 61 Stat. 505.
⑤ National Security Act of 1947 (original), SEC 213, 61 Stat. 505.
⑥ National Security Act of 1947 (original), SEC 214, 61 Stat. 506.

防部长的领导和指挥。很明显，1949 年的《国家安全法修正案》，明确了美国军事部门之间的领导权和指挥权，特别是确立了国防部在美国军事机构中的领导地位，使美国的军事部门从形式上的简单组合过渡到结构上的统一，提高了美军的管理效率。

1950 年朝鲜战争爆发后，美国政府感到迫切需要设置一个效率更高的军事统帅来指挥战争。为此，美国国会 1953 年通过了《第 6 号国防改组计划》（*Defense Reorganization Plan No.* 6 *of* 1953）。根据这项计划，参谋长联席会议将管理联合参谋部的权力转交给参谋长联席会议主席；撤销军需委员会和研究与发展委员会，其职能由国防部接管；增加 6 名文职助理协助国防部长工作。经过这一调整，参谋长联席会议主席、国防部以及国防部长的实权都大为加强。

1958 年，美国国会又通过了《国防部改组法》（*Department of Defense Reorganization Act of* 1958）。这项法案进一步加强了国防部长的权力，同时削弱了各军种部长的权力。1958 年《国防部改组法》修改的内容主要包括：第一，对军事指挥系统做了修改，撤销了各军种部长的作战指挥权，确立了以参谋长联席会议、总统和国防部长为首的作战指挥体制；第二，加强了国防部长的权力，国防部长可以全权领导国防部，并有权设立新的职位，给部门成员分配新的任务，对部门进行重组；第三，增强了参谋长联席会议的作用，参谋长联席会议成为“国防部长的直接军事参谋”，参谋长联席会议主席也获得了正式表决权；第四，加强了联合司令部和特种司令部的权力，在总统授权下，联合司令部和特种司令部的指挥官对其部队拥有全权指挥权；第五，进行了职能调整和角色划定，取消了空军维持其“势力”的陆基防空职能，规定海军陆战队应“不少于三个战斗师和三个空军联队”，陆军负责应对国内的突发事件和“经授权的民用工程项目”。[①] 1958 年的《国防部改组法》把作战指挥和国防行政管理区分开来，从而进一步提升了美国军事管理和作战指挥的效率。

进入 20 世纪七八十年代，美国政府一些行动上的失误，再次促使一些高级军事将领和国会成员建议对国防部进行整改，以解决当时面临的重大问题。这些问题包括：各军种之间不能有效配合、缺乏统一军事指挥、军事建议常常被交付给政治领导。[②] 经过各方协商和研究，美国国会 1986 年通过了《戈德华特—尼克尔斯国防改组法》（*The Goldwater-Nichols Defense Reorganization Act of* 1986）。这

① Lindsey Eilon and Jack Lyon, White Paper: Evolution of Department of Defense Directive 5100. 1 “Functions of the Department of Defense and Its Major Components”, Office of the Secretary of Defense Director, *Administration & Management Organizational Management & Planning*, April 2010, P. 14.

② Lindsey Eilon and Jack Lyon, White Paper: Evolution of Department of Defense Directive 5100. 1 “Functions of the Department of Defense and Its Major Components”, Office of the Secretary of Defense Director, *Administration & Management Organizational Management & Planning*, April 2010, P. 17.

项法案的目的主要是：第一，加强文官统治；第二，提高对总统、国防部长和国家安全委员会的军事建议水平；第三，明确联合司令部在军事任务中的职责；第四，确保联合指挥官的权威与其职责相称；第五，提高对战略制定和应急任务的重视；第六，提高国防资源的利用率；第七，改善联合指挥官的管理水平；第八，提高军事行动的效率；第九，改善国防部的行政与组织化管理。[①] 1986 年的《戈德华特—尼克尔斯国防改组法》是 1947 年《国家安全法》制定后第二个具有深远意义的国防修改法案。其变化主要包括三方面：第一，增强了参谋长联席会议主席的权力。参谋长联席会议主席担任总统和国防部长的首席军事顾问，参谋长联席会议和联合参谋部被置于参谋长联席会议主席的领导之下，同时还设立了参谋长联席会议副主席一职，从而大大削弱了各军种部参谋长的作用和影响。第二，增强作战司令部和指挥官的权力，将先前各军种掌握的职能转交给他们。第三，提高和改善各军种部之间的联合作战效率。[②] 通过对军事安全相关法案的不断修改与完善，美国逐步形成了目前国防行政领导和作战指挥分立的军事安全体制机制，为冷战后美国的军事发展和全球军事扩张提供了法律上的保证。

三、美国军事法律体系的再加强

此后，美国对军事法律体系的再加强主要是由于 2001 年发生的“9·11”事件。这一事件的爆发，一方面暴露了美国情报系统依然存在缺陷，另一方面也说明了恐怖主义等非传统安全因素已经对美国本土的安全带来了严重的威胁与挑战。

“9·11”事件爆发后，美国国会 2002 年迅速通过了《国土安全法》(*Homeland Security Act of* 2002)，并根据《国土安全法》成立了国土安全部（Department of Homeland Security）。国土安全部属于内阁级机构，专门负责美国本土的军事安全，部长由文职人员担任。在国土安全部中，还包含了边界与运输安全委员会、科学技术委员会、信息分析与基础设施防护委员会、管理委员会以及应急准备与反应委员会。根据《国土安全法》的规定，国防部在反恐行动中的任务主要是负责武装力量部署，国土安全部则主要负责监督和协调安全工作。经过近年来的实践，《国土安全法》虽然在一定程度上维护了美国本土的安全，但也在很

① Locher, James R. “Has It Worked? The Goldwater-Nichols Reorganization Act,” *Naval War College Review*, Autumn 2001, Vol. LIV, No. 4, pp. 105 – 106.

② Lindsey Eilon and Jack Lyon, White Paper: Evolution of Department of Defense Directive 5100. 1 “Functions of the Department of Defense and Its Major Components”, Office of the Secretary of Defense Director, *Administration & Management Organizational Management & Planning*, April 2010, P. 20.

大程度上影响和限制了美国公民的自由，侵犯了部分公民的隐私，因而加剧了美国公共安全与公民权利之间的矛盾。

四、美国军事法律体系的优势和缺陷

经过三个阶段的调整与完善，美国军事法律体系整体呈现出高效的特征。首先，美国的军事法律体系较为成功地维护了美国的国家统一、稳定和安全。美国的军事法律具有时效性的特征，比如“9·11”事件后美国制定了《国土安全法》；朝鲜战争爆发后美国制定了《第6号国防改组计划》等。其次，美国军事法律体系所维护的不仅仅是美国本土的国家利益，还涵盖了全球范围内的美国的利益，这在某种程度上为美国的全球霸权体系提供了“合法性”基础。美国在其他国家和地区的行动，可以被解释为“维护美国国家安全”的行为。最后，从实践来看，美国军事法律体系确实为美国带来了高效的军事行动和军事安全。

然而，美国的军事法律体系也存在一定的缺陷。首先，总统的权力较大，如果遇到好战的总统，很容易走向战争。小布什总统就是很好的例证。其次，美国军事法律体系过于强调对美国国家利益的维护，甚至把美国的安全利益扩展到了全球范围，这样一来，美国在维护本国安全利益的同时容易忽视他国主权，造成干涉他国内政的局面。例如，冷战期间和冷战后美国发动的多次战争都在一定程度上侵犯了他国主权。最后，美国军事法律体系对美国国家安全范围的无限扩大，导致美国在冲突中容易采取先发制人的战略，使冲突升级。

二战结束以来美国军事安全立法在实践中经过不断修改和完善，已经形成了当前的美国军事安全法律体系。这一体系虽然存在缺陷，但还是为美国军事安全体制建构、美国军事安全决策、美国军事安全执行以及美国军事安全评估奠定了良好的法律基础。

第二节　美国军事体系的构成与决策体制

1986年美国国会通过的《戈德华特—尼克尔斯国防改组法》标志着美国国防领导体制和军事指挥系统的成熟。经过后来的不断修改和完善，美国在作战指挥体制上，也就是军令系统方面，逐步形成了一个自上而下的指挥链，在国防行政领导体制方面，也就是军政系统方面，也形成了一个自上而下的行政管理链。

一、美国的军令系统

军令系统是一个国家自上而下对军队行动进行指挥的系统。美国的军令系统包括一个由总统、国防部、参谋长联席会议、联合作战司令部，以及军种司令部和地区司令部等不同层级构成的自上而下的命令系统。美国军令系统如图 4－1 所示。

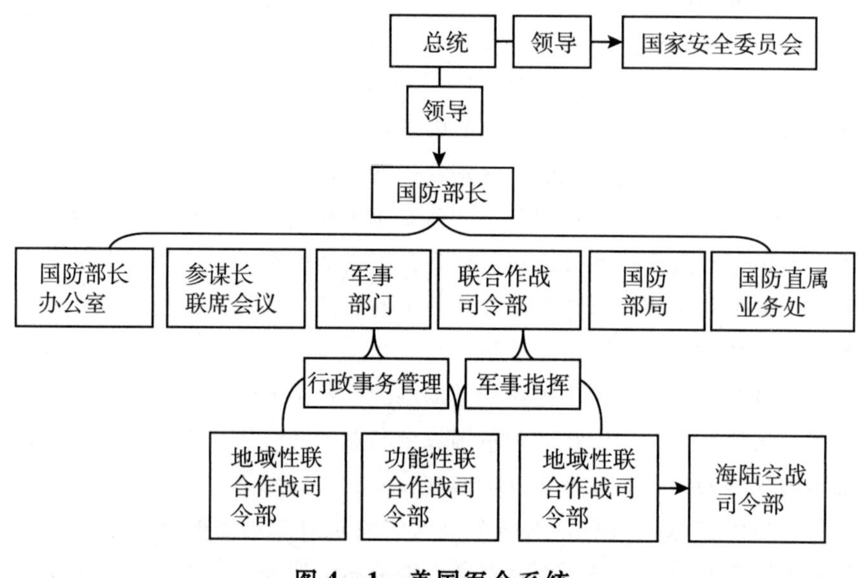

图 4－1　美国军令系统

（一）总统

《美利坚合众国宪法》规定，总统是美国的三军统帅，也是美军的总司令。美国宪法虽然规定只有美国国会才拥有宣战权，但美国总统完全可以以各种理由不宣而战。自建国以来，美国派遣军队到国外作战基本由总统决定，而国会宣战的次数很少。实际上，美国总统的战争权和美国国会的宣战权之间始终存在着斗争与妥协。1973 年的《战争授权法》（*War Powers Resolution*）规定，美国总统作为武装部队的总司令，只有在三种情况下才有权动用武装部队参与军事攻击行动或即将到来的军事攻击行为：其一是在国会宣战的情况下；其二是在经过专门或者特定立法授权的情况下；其三是美国领土、属地或者是军队遭到攻击致使国家进入紧急状态的情况下。①

① War Power Resolution, Pub. L. 93－148, Nov. 7, 1973, 87 Stat. 555 (50 U. S. C. 1541 et seq.), http://www. law. cornell. edu/uscode/text/50/1541.

很明显，1973 年的《战争授权法》在一定程度上限制了总统的战争权。但在“9·11”事件后，美国国会通过的《2002 年授权对伊拉克使用武力的决议案》(*Authorization for the Use of Military Force against Iraq Resolution of* 2002)，却给予了美国总统可以决定对伊拉克动用武力的目的和方式，甚至确定宣战时机的权力，这实际上又扩大了美国总统的战争权。

(二) 国防部

美国国防部总部位于华盛顿的五角大楼，是美国军队的最高指挥机关，而美军的总司令则是美国总统。国防部长的职责主要是协助美国总统对战争进行指挥，并将总统的军事命令下发给美国战区司令官。就其职能而言，美国国防部的使命就是提供遏制战争和保护国家安全所需要的武装力量。

美国国防部由六个部门组成，其中包括部长办公室、参谋长联席会议、军事部门（其中又包含了陆军部、海军部和空军部）、联合作战司令部（其中包含美国北方司令部、美国中央司令部、美国欧洲司令部、美国太平洋司令部、美国南方司令部、美国非洲司令部、美国特种作战司令部、美国联合部队司令部、美国战略司令部、美国运输司令部）、国防部局、国防直属业务处。在这些部门中，军事部门和联合作战司令部负责执行总统和国防部长的军事命令。

1. 参谋长联席会议

参谋长联席会议是美国总统和国防部长重要的军事参谋机构，其领导成员包括主席、副主席、陆军参谋长、海军作战部部长、空军参谋长、海军陆战队司令和国民警卫队队长。[①] 在 1986 年美国国会通过《戈德华特—尼克尔斯国防改组法》之前，美国总统和国防部的军令是由参谋长联席会议主席下达给美国军队的。《戈德华特—尼克尔斯国防改组法》出台后，取消了参谋长联席会议主席向美国军队下达命令的权力，总统和国防部可以绕开参谋长联席会议直接对各级指挥官下达命令。

参谋长联席会议主席是参谋长联席会议的首长，也是美国总统、国家安全委员会、国土安全委员会和国防部的首席军事顾问。参谋长联席会议主席一般从美军的常规军军官中产生，但必须经过美国总统的任命和参议院的批准。参谋长联席会议主席实际上并没有作战指挥权，主要是发挥参谋和咨询的作用。

2. 联合作战司令部

联合作战司令部也是美国国防部的下属机构，由六个地域性联合作战司令部

---

① “Chapter 5-Joint Chiefs of Staff ”, Organization and General Military Power, http://uscode.house.gov/view.xhtml?path=/prelim@title10/subtitleA/part1/chapter5&edition=prelim.

和三个功能性联合作战司令部构成。其中，六个地域性联合作战司令部分别是：

第一，北方司令部，这是“9·11”事件后美国总统小布什授权组建的，驻地在美国科罗拉多州的彼得森空军基地，主要负责应对那些针对阿拉斯加、加拿大、美国本土和墨西哥的攻击。

第二，中央司令部，其驻地在佛罗里达州的麦克迪尔空军基地，主要负责除以色列外的中东、北非和西亚地区，特别是阿富汗和伊拉克的安全。

第三，欧洲司令部，其驻地在德国斯图加特的帕奇军营，主要负责欧洲、以色列、俄罗斯、冰岛和格林兰地区，欧洲司令部的司令官还兼任欧洲盟军最高统帅部的司令。

第四，太平洋司令部，其驻地在美国夏威夷的史密斯兵营，主要负责亚太地区事务，是美国目前规模最大和责任辖区最广的联合作战司令部。

第五，南方司令部，其驻地在佛罗里达州的迈阿密，主要负责中美洲、南美洲、加勒比海和巴拿马运河地区。

第六，非洲司令部，其驻地在德国斯图加特的凯利军营，主要负责除埃及以外的非洲地区。

三个功能性联合作战司令部分别是：

第一，特种作战司令部，这是1980年美国在伊朗人质危机事件中营救人质失利后建立的，[①] 其驻地在佛罗里达的麦克迪尔空军基地，主要负责为美国军队提供特别作战支援。

第二，战略司令部，其驻地在内布拉斯加的奥弗特空军基地，主要负责战略威慑力量的运用，以及空间战和信息战等。

第三，运输司令部，其驻地在伊利诺伊州的斯科特空军基地，主要负责为六大区域性联合司令部提供全球运输支援。

美国联合作战司令部可以直接指挥其下属的各个军种部队，不需要再通过各个军种部的同意。1986年国会通过《戈德华特—尼克尔斯国防改组法》之后，各联合作战司令部的司令官不再通过参谋长联席会议接收总统和国防部的军令，而是由国防部长直接将作战命令下达给各司令部。

3. 军种司令部和地区司令部

军种司令部和地区司令部是联合作战司令部的下属机构，每个地区联合作战司令部都包括了陆军司令部、海军司令部（海军陆战队司令部）和空军司令部等军种司令部，同时还有分布于责任辖区内不同地区的地区司令部。例如，美国太

① Admiral James L. Holloway Ⅲ, US Navy (Ret.), “Biographies in Naval History”, Naval History & Heritage, http://www.history.navy.mil/bios/holloway_j.htm.

平洋司令部不仅有下属的军种司令部，诸如太平洋陆军司令部、太平洋舰队司令部、太平洋海军陆战队司令部、太平洋空军司令部等，而且还有下属的地区司令部，包括驻日美军司令部、驻韩美军司令部，以及阿拉斯加司令部等。

二、美国的军政系统

军政系统是一个国家军事力量自上而下构成的行政管理系统。美国的军政系统由总统、国防部和各军种部构成。

（一）总统

《美利坚合众国宪法》规定，总统是美国的国家元首和政府首脑，总统具有人事任免权，可以随时撤换自己任命的军事行政官员。在美国的军政系统中，国防部和其下属的陆军部、海军部和空军部的部长都要经过总统提名。另外，参谋长联席会议主席的人选也要经过总统提名。但这并不意味着美国总统可以随意任命这些部长和主席，因为在绝大多数情况下，总统提名的候选人还需要经过国会的同意和批准，这也在一定程度上限制了总统的行政权力。

（二）国防部

国防部是美国历史最悠久、规模最庞大的政府机构。国防部长是国防部的行政首长，也是美国总统主要的国防政策顾问，还是美国政府内阁成员。美国国防部长必须由美国总统提名，并经过参议院的同意批准。国防部的核心行政机构是国防部长办公室，由国防部部长、副部长，以及五名负责不同领域的次长官员组成。他们共同协助国防部长，处理包括采办、科技、后勤、监察、财务、情报、人事和政策等方面的事务。国防部长办公室次长官员的任命，也需要经过美国参议院的同意和批准。需要强调的是，美国国防部长和总统构成国家指挥当局，他们共同拥有使用战略性核武器的专有权限。这就是说，在动用核武器之前，必须同时获得国防部长和总统的批准。

（三）陆军部

陆军部是美国国防部下属的三个军种部之一，陆军部部长负责美国陆军的行政事务，由文职人员担任，是美国陆军的最高文职行政长官。陆军参谋长是陆军部的最高军事首长，负责美国陆军的军事事务，是参谋长联席会议的成员。美国陆军部的组织机构极为庞杂，主要由 3 个陆军司令部（陆军部队司令部、陆军装备司令部、陆军训练与条令司令部）、9 个陆军军种司令部和 11 个直属单位组成。[①] 根据地域性和功能性联合作战的要求，美国陆军部共设立了 9 个陆军军种司令部，即北方总部陆军司令部、中央总部陆军司令部、欧洲总部陆军司令部、太平洋总部陆军司令部、南方总部陆军司令部、非洲总部陆军司令部、陆军特种作战司令部、陆军航天与导弹防御司令部、陆军地面部署与分发司令部和第八集团军。另外，11 个直属单位分别是：陆军网络企业技术司令部、陆军医疗司令部、陆军情报与保安司令部、陆军刑事调查司令部、陆军工程兵司令部、华盛顿军区、陆军测试与评估司令部、西点军校、陆军预备役司令部、陆军采办支援司令部、陆军设施管理局。[②]

（四）海军部

海军部也是美国国防部下属的三个军种部之一，海军部部长负责美国海军的行政事务，由文职人员担任，是美国海军的最高文职行政长官。美国海军部下属有美国海军和美国海军陆战队两个军种，所以海军作战部长是海军部的最高军事首长，负责美国海军的军事事务，是参谋长联席会议的成员。美国海军的主要职能是为赢得战争、阻止侵略和维护公海航行自由，维持、训练和装备海军战略力量。[③] 与陆军部一样，美国海军部也有繁杂的组织系统。但海军部适时对其组织机构进行了调整，使美国海军能够更加适应当今信息化战争的要求。2006 年，“美国海军建立了海军远征作战司令部，职能主要是海上安全防护、江河作战、潜水与打捞、爆炸物处理、后勤支援以及工程建设等”。[④]

（五）空军部

空军部同样是美国国防部下属的三个军种部之一，空军部长负责美国空军的行政事务，由文职人员担任，是美国空军的最高文职行政长官。空军参谋长是空军部的最高军事首长，负责美国空军的军事事务，是参谋长联席会议的成员。在组织机构上，美国本土的空军主要按职能来划分，而海外的空军则是按照地域来划分。2007 年，美国建立了空军全球打击司令部。

美国国防部的体制结构如图 4－2 所示。

---

① 朱成虎、孟凡礼主编：《当代美国军事》，社会科学文献出版社 2012 年版，第 46～47 页。

②④ 朱成虎、孟凡礼主编：《当代美国军事》，社会科学文献出版社 2012 年版，第 47 页。

③ “Navy Organization”, Navy, http://www.navy.mil/navydata/organization/org-top.asp.

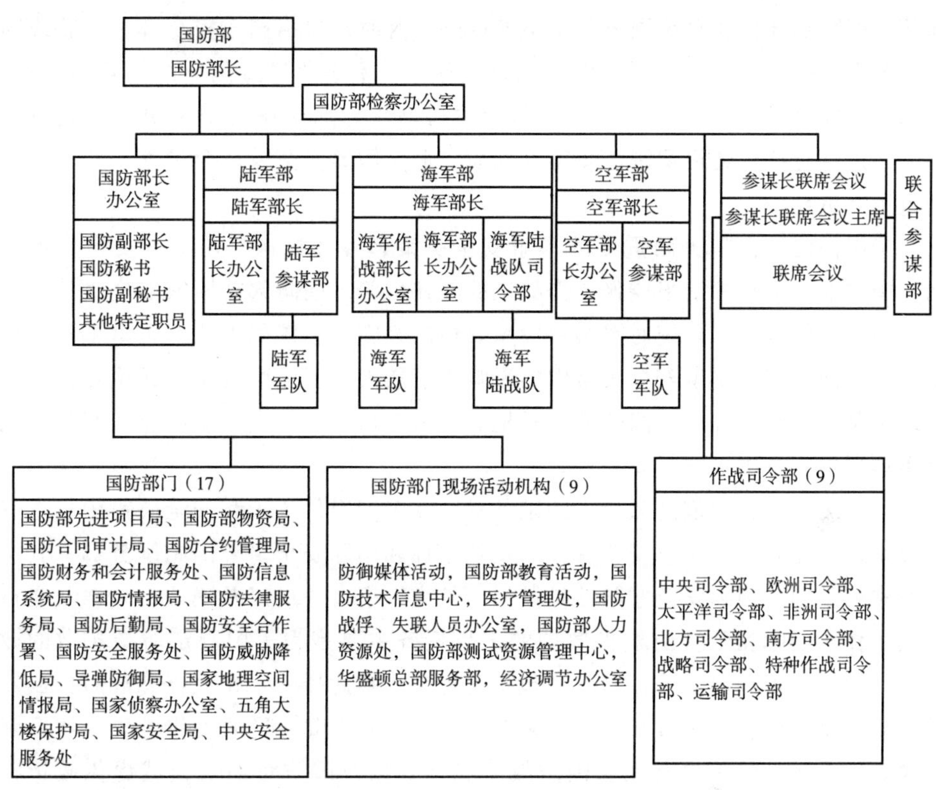

图 4-2　美国军事机构

资料来源：美国国防部网站：http://odam.defense.gov/Portals/43/Documents/Functions/Organizational% 20Portfolios/Organizations% 20and% 20Functions% 20Guidebook/DoD _ Organization _ March_2012.pdf.

三、美国军事决策机构

国家安全委员会是美国的主要军事安全决策机构，美国军事决策是在国家安全委员会框架内，由国防部、国务院、情报机构等共同制定的。与此同时，智库研究机构和社会舆论对美国军事安全决策的制定也发挥着一定的影响作用。

美国的国家安全委员会既是美国最重要的军事安全决策机构，也是美国重要的军事安全咨询机构，其职能是在国家安全和外交政策方面向总统提供建议与帮助。① 美国国家安全委员会由总统领导，核心成员包括副总统、国务卿、财政部

① "National Security Council", National Security Council, http://www.whitehouse.gov/administration/eop/nsc.

部长、国防部部长和总统国家安全事务助理，有时还包括国土安全部长。总统国家安全事务助理对总统负责，由总统直接任命，不需要经过国会的同意和批准。美国国家安全委员会下设一个由文职行政秘书领导的工作班子来协调和完成工作。另外，总统还会根据制定政策的性质，命令国家安全委员会设立一些专门性的政策委员会。①

美国国防部也是美国重要的军事安全决策和咨询机构。在军事安全决策方面，国防部主要负责情报监督、作战试验与评估等。国防部在国家安全决策中的影响力，主要取决于总统对军事手段重要性的判断。总统如果认为军事手段很重要，那么国防部在军事安全决策中的影响力就较大，反之则较小。无论是在军令系统还是在军政系统中，国防部都是把总统命令传达给美国军队的重要纽带，也是美国军事安全决策的重要一环。

作为美国国务院最高领导人的国务卿，在美国对外政策和安全决策中也占有重要地位。尤其是与军事安全有关、负责军控和国际安全事务的副国务卿，其主要职责就是领导国际安全暨防核扩散局、外交军事事务局以及确认、承诺及履行局的工作。国际安全暨防核扩散局的工作任务主要是为美国制定防核扩散的政策、计划、协议和倡议等，同时还包括管理阻止核武器、生化武器和放射性武器等大规模杀伤性武器扩散和输送的事务。② 外交军事事务局的工作主要是在国际安全、安全援助、军事行动、国防战略和计划以及国防贸易等领域提供政策指导。③ 确认、承诺及履行局的工作包括：为现有协议的实施和未来协议的谈判制定政策；推进导弹防卫和空间政策以支持美国国家安全政策和目标；推动和落实双边和多边军控，建立透明和信任机制措施。④

美国国会作为立法机构，在美国军事安全决策中也扮演着重要角色。美国国会决策的基本组织单元是常设委员会及其下设的小组委员会、特别委员会和联合委员会。国会通过的任何一份法案必须首先在委员会中获得通过，然后才能提交国会讨论和审议。⑤ 国会中涉及国家安全和国防政策的委员会主要是常设委员会和特别委员会，如拨款委员会、武装力量委员会、对外关系委员会和国际关系委员会等，其中拨款委员会负责拨款，其他委员会负责授权。⑥

美国国土安全部是“9·11”事件后美国针对国内反恐力量不足而成立的政

① 朱成虎、孟凡礼主编：《当代美国军事》，社会科学文献出版社 2012 年版，第 32 页。

②③ Bureau of International Security and Nonproliferation，US Department of State. http://www.state.gov/t/isn/index.htm.

④ “Bureau of Arms Control，Verification and Compliance”，US Department of State，http://www.state.gov/t/avc/index.htm.

⑤ 朱成虎、孟凡礼主编：《当代美国军事》，社会科学文献出版社 2012 年版，第 37 页。

⑥ 朱成虎、孟凡礼主编：《当代美国军事》，社会科学文献出版社 2012 年版，第 38 页。

府机构，是美国重要的军事决策和咨询机构。国土安全部的职责包括：阻止恐怖袭击；防止美国国内未经授权的获取、进口、搬运或者是使用生化材料、放射性材料和核材料；减小重要基础设施、关键资源、重要领导和主要部门在面对恐怖袭击和其他危险时的脆弱性；[①] 有效保卫美国在空中、陆地和海上的入境点；破坏和瓦解跨国犯罪与恐怖组织。[②] 近几年的实践证明，美国国土安全部的确能在一定程度上有效整合美国国家安全的领导力量，并提高安全决策的效率。

由于"9·11"事件前国家情报工作的失误，美国在"9·11"事件后还设立了情报总监办公室，以进一步加强美国的情报体系。其主要职能就是整合美国的全球情报资源，阻止可能发生的恐怖袭击。国家情报总监是情报总监办公室的最高领导，也是美国总统、国家安全会议和国土安全会议在国家安全情报上的顾问，并且领导美国由16个机构组成的情报体系。这些情报机构中属于军方的包括"国防情报局、国家安全局、国家地理空间情报局、国家侦察局、陆军情报与保密司令部、海军情报局、空军情报局以及海军陆战队情报处等"。[③] 国家情报总监在行政级别上相当于美国国防部长和国务卿，但不属于美国政府的内阁成员。

另外，美国众多的智库作为一种研究机构，也是美国军事安全决策的咨询机构，其成员主要是来自各领域的专家和学者。他们不仅为美国的军事安全，也为政治、经济、外交等多个领域提供理论、策略、方法和思想等方面的研究成果。美国的智库虽然是独立于政府决策机制的咨询机构，但因其在探索和提出新的政策主张以及提供和储备人才方面具有重要作用，现已成为影响美国政府决策的重要社会力量。目前，美国的智库主要有兰德公司，布鲁金斯学会，卡耐基国际和平基金会，伍德罗·威尔逊国际学者中心，胡佛战争、革命与和平研究所等。

第三节　美国军事安全运行机制

美国军事安全运行机制，也即军事安全运行流程，具体包括美国军事安全危机预警机制、美国军事安全决策机制、美国军事安全决策执行机制和美国军事安全反馈与评估机制。

---

① "Prevent Terrorism and Enhance Security", Homeland Security, http://www. dhs. gov/prevent-terrorism-and-enhance-security.

② "Secure and Manage Our Boarders", Homeland Security, http://www. dhs. gov/secure-and-manage-borders.

③ 朱成虎、孟凡礼主编：《当代美国军事》，社会科学文献出版社2012年版，第36页。

一、美国军事安全危机预警机制

美国的预警系统包括天基预警、空中预警、陆基预警和海上预警，形成了一个全方位和立体式的全球性战略预警系统。按职能划分，美国军事安全预警系统可分为对远程轰炸机、巡航导弹的预警系统和对远、中程弹道导弹的预警系统。其中远程轰炸机和巡航导弹的预警系统主要包含远程预警系统、近程预警系统、空中预警系统和联合监视系统，其主要职能是对来袭的战机、巡航导弹的早期发现、识别、跟踪、定位和报警。弹道导弹的预警系统主要包含天基卫星预警系统、北方弹道导弹预警系统、潜射导弹预警系统和空间探测与跟踪系统，其主要职能是早期发现攻击的弹道导弹、测定其弹道参数、判定其发射阵地和将要攻击的目标。①

除上述两大预警系统外，美国还在阿留申群岛的谢米亚部署了针对俄罗斯的“丹麦眼镜蛇”相控阵雷达系统，用来加强阿拉斯加的弹道导弹预警系统；在北达科他州的大福克斯部署了“外围搜索雷达定性系统”，用来探测、识别北部上空的单个重返大气层飞行器；在夏威夷部署了一部相控阵雷达，用来加强对太平洋潜射导弹威胁的预警；在土耳其的皮林奇利克部署了雷达系统，成为东半球唯一部署的全天时深空探测雷达。②

在实际运行中，两个预警系统和其他预警系统相互补充、配合，为美国本土提供了全方位、立体式的军事预警。

二、美国军事安全决策机制

美国军事安全决策机制主要分为和平时期军事安全决策机制和战争时期军事安全决策机制两种。

（一）和平时期军事安全决策机制

和平时期军事安全决策机制主要是指和平时期美国军事安全决策机构共同商讨制定确保美国军事安全的政策，具体包括日常事务决策和“有事决策”。无论日常事务决策，还是“有事决策”，国家安全委员会都扮演着重要角色，涉及常规军事预算计划和国防部长等人事任命还需要国会批准。

---

① 韩骏：《美国战略预警系统现状与发展动向》，载《外国军事学术》2005年第12期，第61页。
② 韩骏：《美国战略预警系统现状与发展动向》，载《外国军事学术》2005年第12期，第63页。

关于日常事务决策，对于美国总统来说，每任总统都要向国会提交《国家安全战略报告》，阐明其任期内新的国家安全方针政策。每届新政府上台后，国防部也要在国会的授权下组织各军种部和各司令部研究并制定《四年防务审查报告》，主要审查防务战略、军力结构、发展规划和预算计划等。该报告是“军方分析战略目标和研究潜在威胁的国防政策指导文件，也是每届政府关于军事战略的纲领性文件”。[①] 除此之外，国防部还向国会提交年度《国防战略报告》，对当年美国国防和军队建设中存在的重大问题进行汇总和论述。参谋长联席会议作为美国军事安全决策的重要咨询机构，也要向国会提交两年度《国家军事战略报告》。报告主要根据美国面临的军事威胁确定美国军队的基本任务，并对美军的战略部署进行指导。需要指出的是，该报告不是决议，而是参谋长联席会议作为咨询机构向总统和国防部等决策机构提出的建议。另外，参谋长联席会议还会不定期发布《联合构想》，来勾画未来可能发生的新型战争。

和平时期的“有事决策”是主要涉及美国全球战略的一些重大军事问题，如“乌克兰危机”“叙利亚危机”“朝鲜核危机”“南中国海问题”“台海危机”等，这些危机需要总统决定是否介入，如何介入，介入的程度等，副总统、国务卿、国防部长、财政部长、中央情报局局长、参谋长联席会议主席等参与决策讨论。

（二）战时军事安全决策机制

战时决策与和平时期的“有事决策”基本相同。战争时期，美国军事决策在国家安全委员会下讨论，副总统、国防部部长、国务卿、财政部部长、中央情报局局长、参谋长联席会议主席等参加决策讨论过程，总统最后决策，国会批准。战时指挥决策一般由战区司令负责。

这一决策机制的决策程序虽然相较于平时决策要简单一些，但在美国的战争决策程序中一直存在着总统和国会的权力之争。这种分歧主要体现为“总统先做决定再报告国会”或是“总统先请示国会再做决定”两种决策程序上。为了划清国会宣战权和总统作为武装部队总司令的作战指挥权之间的界限，美国国会1973年出台了《战争授权法》。这一法案规定总统在做出战争决定时应当尽可能地先征询国会意见。如果在未经国会允许的情况下已经开战，总统必须在48小时内向国会提交书面报告。国会接到总统的书面报告后，除非另有决议，否则总统决定的战争时间不得超过60天。从一定程度上来说，《战争授权法》平衡了国会和总统的战争权。但在“9·11”事件后，由于打击恐怖主义的需要，美国总

---

① 胡文秀、刘振霞：《中美军事安全体制比较及启示》，载《国际安全研究》2013年第2期，第114页。

统再次争取到了更多的战争权。

三、美国军事安全决策执行机制

军队是军事安全事务最直接的执行机构，也是国家军事安全的直接维护者。美国军队的领导指挥体制也是“政令分离”模式，“平时领导主要是负责军队建设、军事训练和军队日常管理，即‘军政’；战时领导主要是在战争期间对军队进行统一指挥，即‘军令’”。[①] 因此，美国的军事安全执行机制包括了军政系统的军事安全执行机制和军令系统的军事安全执行机制。

（一）和平时期军事管理

美国军政系统维护国家军事安全职能的体现，主要是“总统和国防部长通过陆、海、空三军种部统管军队建设。包括制定国防政策、国防预算、兵力规划，负责部队的行政管理、战备训练、武器装备采购等。其中，战略规划机制、人力资源管理机制、国防预算机制和装备采办机制是最重要也是最具特色的四种机制。”[②]

美国军政系统的战略规划机制，首先是参谋长联席会议主席定期进行的战略评估，主要是针对战略形势、作战能力和战略状况进行。其次，其他各部门根据定期战略评估的结果，制定相应的战略报告，诸如《国家安全战略报告》《四年防务审查报告》《国家军事战略报告》和《联合构想》等，都是在此基础上制定的。最后，这些报告被具体化为指导军队开展各项工作的指令。各军种部根据参谋长联席会议的《联合构想》，也可以为本军种制定相应的发展计划。战略规划机制的作用，就是要确保美军能够及时适应不断变化的国际安全形势并做出应对。

美军的人力资源管理机制又分为人力系统和人事系统。人力系统主要是通过对基本单位和部队结构进行设计，使其满足国家战略；人事系统则主要是挑选合适的人在人力系统的基本单位和组织结构中担任相应的职务。

美国国防预算机制的流程大致分为四个步骤。第一步是规划，主要是国防部副部长根据《国家安全战略报告》《国家军事战略报告》和《四年防务审查

① 胡文秀、刘振霞：《中美军事安全体制比较及启示》，载《国际安全研究》2013 年第 2 期，第 108 页。

② 胡文秀、刘振霞：《中美军事安全体制比较及启示》，载《国际安全研究》2013 年第 2 期，第 116 页。

报告》等一系列文件所提出的军事任务，确定预算分配原则，在此分配原则的基础上制定《防务规划指南》，各军种和其他国防部门制定预算计划需以此为预算依据。此外，《财务指南》也是国防部关于国防预算的重要文件，它规定了各军种和其他部门未来 6 年的经费限额。第二步是计划，主要是参谋长联席会议和各军种依据《防务规划指南》和《财务指南》确定各个部门机构军事计划项目，再进一步制定出《计划目标备忘录》，对军事计划项目做出具体说明。制定完成的《计划目标备忘录》在通过国防部审查后，国防部长会签发实施。第三步是预算，各军种根据《计划决策备忘录》来制定《预算估算提案》，然后总统办公厅和国防部会对该提案进行联合审查，再由国防部第一副部长签发《计划预算决定》，这一决定将成为总统向国会提交的政府预算提案的一部分。第四步是执行国防预算，在国会授权和拨款后，由总统办公厅和预算局将经费拨付给国防部，再由国防部下发给各个部门。[①] 国防部还要监督经费的使用情况，并适时做出必要的调整。这里需要指出的是，在国防预算机制的实际运行中，这四个步骤并不一定是依次进行的，有时候可能会同时开展。

美国的装备采办机制主要包括需求生成系统和采办管理系统。需求生成系统负责全面评估美军现有武器装备，然后根据《防务规划指南》确定采办项目的优先顺序。需求生成系统的运行分四个步骤：第一步是对任务需求进行设想，这主要是针对美国可能面对的“军事威胁”，找出美军现役武器存在的缺陷，并据此提出改善的建议，或者是发展出新的打击能力；第二步是制定任务需求书，在第一步的基础上说明美军这种缺陷如何通过采办装备进行改善；第三步是对任务需求书进行审查，主要是审查这种任务需求是否必要，并评估这些项目的潜力；第四步是对需求书的批准和立项。需求生成系统的运行过程，主要是为了确保项目建设的必要性和可操作性。同时，采办管理系统则主要负责采办经费的高效利用，它也分为四个步骤：第一步是提出完成任务所需要的各种设备方案；第二步是通过制造实验对这些方案进行演示和验证，确定其可行性；第三步是设计并制造出完整的系统，并对该系统进行评估，从而确定一个最后的可能方案，并将其转变成样品；第四步是根据该方案和样品进行生产和部署。

总的来说，美国军政系统中的军事管理，其实就是平常所说的“养兵”，是为了确保美军在战略、人力、预算和装备上与时俱进。

（二）战争时期军事安全执行机制

美国的军令系统主要负责战时领导，其实施就是由总统和国防部长通过参谋

① 赵小卓：《美军领导指挥体制及其运行机制》，载《国外军事学术》2009 年第 2 期，第 3 页。

长联席会议或者是直接对作战司令部（包括联合作战司令部和特种作战司令部）进行作战指挥，该体系包含“国家指挥当局”和“战区指挥系统”。国家指挥当局主要由总统和国防部长组成。实际上，国家指挥当局并不制定具体的作战计划，只是对战争的大方向做出规划，例如是否要宣战等问题。由国家安全委员会就国家安全问题向国家指挥当局提供决策咨询，参谋长联席会议向国家指挥当局提供军事事务咨询。①

在战争过程中，战区指挥系统是美军作战指挥体制的重心，② 而联合作战司令部则是美军战区指挥系统的中心。联合作战司令部根据总统和国防部的命令指挥美军作战部队。在具体作战行动中，需要制定联合作战计划，这是保证美军能够高效执行军事任务的关键所在。美军联合作战计划的制定包括三个层次：高层、中层和下层。高层是联合司令部，主要负责制定战区作战方案；中层是三个军种司令部各自的作战计划；下层是各军种司令部下属部队具体的作战实施方案。在战争的预备阶段，美军通常会根据联合作战计划进行实战演练，就是所谓的军事演习，从而达到联合训练的目的。

与美国军政系统中的军事执行机制相比，美国军令系统中的军事执行机制其实就是平常所说的“用兵”，主要是为了确保美军在执行军事任务时的快速反应能力和高效执行能力。

四、美国军事安全反馈与评估机制

美国的军事安全体制机制不仅与法律体系、机构设置和先进的军事设备有关，而且还涉及美国军事安全的评估、监督和反馈机制。

首先，美军安全评估机制体现在战略评估上。美军的战略评估由参谋长联席会议定期进行，主要包括对战略形势、作战能力和战略状况的评估。同时，其他各部门也要根据定期战略评估的结果制定相应的战略报告，例如总统向国会提交的《国家安全战略报告》和国防部发布的《四年防务审查报告》，还有参谋长联席会议的《国家军事战略报告》和《联合构想》等，这些都会用来协助制定相应的战略规划。

其次，美军的评估机制还包括经验分析和教训总结体制。在每次开展军事行动和重大军事演习后，美国国防部和各军种部下设的相关机构都要通过多种途径

---

① 赵小卓：《美军领导指挥体制及其运行机制》，载《国外军事学术》2009年第2期，第4页。

② 胡文秀、刘振霞：《中美军事安全体制比较及启示》，载《国际安全研究》2013年第2期，第117页。

搜集第一手材料，对刚刚完成的军事行动或演习进行分析和总结。在这些相关机构中，最具代表性的是国防部下属的国防部最佳实例数据库、隶属于联合司令部的联合经验教训研究中心、海军部的海军经验教训研究系统、陆军部的陆军经验教训研究中心、空军部的空中作战司令部经验教训研究中心、海军陆战队的陆战队经验教训研究中心等。

再次，美军的评估机制还包括严格的审查机制。美军相关部门会定期审查重要的法规性文件，并做出相应修改。美军相关部门对重要法规文件的审查周期通常为 2 年，由参谋长联席会议主持审查过程，会议会听取来自军方的意见。

最后，安全和军事法律法规体系以及来自多方的监督，也是美国军事安全评估体制所包含的重要内容。美国国会通过的《国家安全法》《海军组织法》《陆军组织法》和《空军组织法》等一系列法律法规，确立了美军法律体系的基本框架。在这个法律框架下，总统通过颁布行政命令对美军进行领导，国防部长会颁布相关指令实施对国防部、参谋长联席会议以及各军种的指挥，各军种部长颁布条例和命令来具体贯彻国会法律、总统命令和国防部长的指令。除法律框架外，对美军及其建设进行监督的主要有国会、媒体、国防部长办公厅、资源与评估部等。其中，最主要的监督部门是国会，它控制着军队的军费开支，并对军费的使用情况进行监督和审查。美军的评估通常与监督同时进行，这样既可以规避美军战略实施中可能出现的主观随意性，又能够确保美军战略的灵活性和先进性。

美国军事安全预警系统、决策机制、执行机制和监督反馈机制共同构成了美国军事安全运行机制，它们环环相扣，共同确保了美国军事安全机制的高效运行。它们之间的协作与配合如图 4－3 所示。

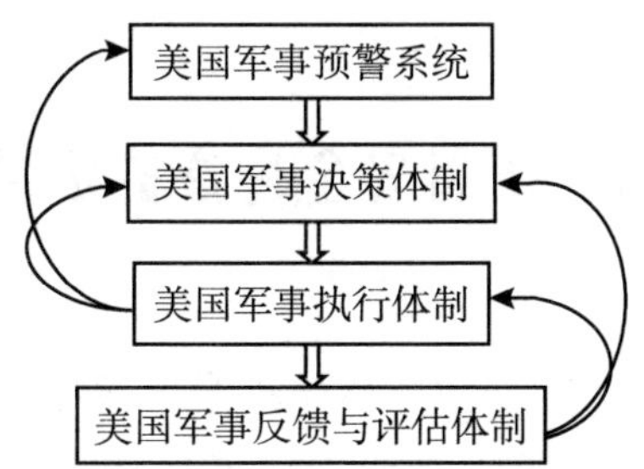

图 4－3　美国军事安全机制的运行

第五章

美国安全应急体制机制

美国安全应急体制是在应对核战争所代表的传统安全威胁中初步形成的，在应对自然灾害所代表的民生安全威胁中逐步完善，在应对以恐怖主义攻击所代表的非传统安全威胁中逐渐分化与整合。同时，美国安全应急体制也是构成这个体制所涉及的安全应急环境、安全应急理念和安全应急机制这三种变量之间相互作用和相互影响所产生的结果。其改革发展历程的经验表明，通过适应安全环境变化而及时调整安全应急理念，并制定相关法律法规和完善组织机构而取得的成效具有积极的借鉴作用，但过度依赖客观环境可能造成应急管理主观防范疏漏的教训也应加以关注。

第一节 美国安全应急的法律体系

法律体系的建立是构筑安全应急体制机制的前提。美国自 20 世纪 40 年代开始就陆续针对不同安全环境及其变化制定相应的法律法规。自《国家安全法》的颁布起，美国相继出台了针对安全应急的《联邦民防法》和《灾害救助法》。此后，又以这两部法律为基础，于 1988 年颁布了美国第一部全面应急救灾法案《斯塔福法》。2001 年的“9 · 11”事件后，美国又及时出台了《国土安全法》。这一系列法律的制定，体现了美国安全应急法律体系不断成熟的过程。

一、美国安全应急法律体系的雏形

冷战时期，美国为应对其国家安全面临的现实威胁，制定了若干重要的法律法规。其中，最具指导意义的法律是1947年的《国家安全法》(*National Security Act of* 1947)，其中不仅涉及杜鲁门总统对美国安全体制进行的改革，而且也奠定了美国安全体制的法律基础。在《国家安全法》中，与安全应急体制相关的内容主要是国防动员。该法律要求建立“国家安全资源委员会”(National Security Resources Board)来进行国防动员。《国家安全法》第107条还规定，“国家安全资源委员会”的职责是针对军事、工业及民众动员的协调事宜向总统提出建议。其中包括制定战时工业与民众动员的政策；制定战时有效利用国家自然资源与工业资源计划以供军需和民用；制定战时维持和稳定国民经济计划以及经济调整计划，以适应战时条件和战争需要；战争时期对从事有关军需和民用产品的生产、采购、分配和运输的联邦各部、局的工作进行统筹安排；处理战争时期劳动力、资源和生产设施的潜在供需关系；制定战略物资与稀有的重要物资的储备计划以及物资储备和保存计划；对工业、服务设施、政府及经济活动部门进行战略转移，使其持续运转以保证国家安全。[①] 总的来说，“国家安全资源委员会”的建立就是为了战时应急，即负责战争时期对民用人力、物力等资源的生产、调动和协调等事宜。

《国家安全法》出台不久，美国立法机构1950年又针对安全应急环境的变化，专门制定了一部具有奠基性意义的法律《联邦民防法》(*The Civil Defense Act of* 1950)。这主要是1949年苏联成功爆炸第一颗原子弹后，苏联的核威胁迫使美国立法机构迅速做出反应，很快就通过了这部法律。这部法律不仅是美国第一部应对战争威胁的联邦法律，也是美国目前最重要的安全应急法律之一。《联邦民防法》要求美国政府建立一个全国范围的民防体系，并将一系列具体民防措施制度化。例如，《联邦民防法》规定防空演习必须纳入学校、政府机构和其他社团组织的常规活动中。此后，《联邦民防法》经过修订，又进一步将各州政府纳入安全应急的职责范围之内。

二战结束之初，美国安全应急体制的建立虽然首先是应对军事安全威胁，但随着安全环境的变化，美国安全应急体制中的安全应急意识也开始出现变化。这主要是战争结束后，安全应急涉及的范围已从军事安全威胁扩大到自然灾害造成的民生安全危害。为此，美国国会1950年通过了《灾害救助法》(*The Disaster Relief Act of* 1950)，规定联邦政府在灾害救助过程中应承担法定职责，并要求联邦政府在各州和地方政府履行救灾职责时，为其提供持久有效的援助。这些援助包

① National Security Act of 1947 (Sec. 107), http://www.intelligence.senate.gov/nsact1947.pdf.

括减轻因重大灾害而造成的损失，修复在灾害中损毁的重要公共设施，促进州应急组织机构的发展，并帮助其制定应对重大灾害的必要计划。① 然而，这项法案虽然标志着美国开始通过立法来抵御自然灾害对民生安全造成的危害，但法案仅规定联邦政府在某些特定的灾害发生时给予各州有限的援助，② 而且联邦政府也没有建立相应的机构来应对自然灾害造成的民生安全威胁。

二、美国安全应急法律体系的重要基础

美国安全应急法律体系形成的重要基础是《罗伯特·斯塔福救灾与紧急援助法》(*Robert T. Stafford Disaster Relief and Emergency Assistance Act*)。自从20世纪50年代起，美国开始遭遇频繁的自然灾害侵袭，为了应对这一安全环境的严峻挑战，1979年联邦应急管理局（FEMA）应运而生。为了保证联邦应急管理局的良好运行，美国国会1988年通过了一部针对救灾和减灾工作具有奠基作用的法律，即《罗伯特·斯塔福救灾与紧急援助法》(简称《斯塔福法》)。从传承关系来看，《斯塔福法》的前身是1950年通过的《灾难救助法》。这项法律1950年正式颁布后，曾先后经历过1970年和1974年两次修订。1988年美国国会在此基础上通过的《斯塔福法》，是美国迄今为止最全面的救灾法律，为美国联邦政府在减灾、预防、灾后重建等方面的安全应急管理工作制定了指导细则。《斯塔福法》明确界定了联邦政府在救灾和减灾工作中救助的内容、对象、范围和条件等。同时还规定，联邦政府必须对州和地方政府以及民间灾害救助组织进行支持，并提供各种可用资源，以减轻自然灾害带来的破坏、损失和困难等情况。另外，《斯塔福法》还对联邦政府对重大灾害和突发事件的认定做出了明确界定。例如，《斯塔福法》把突发事件定义为："依照美国总统的决定，发生在美国范围内且需要联邦救助来补充和支持各州和地方政府的努力，以挽救生命、保护财产及公共健康安全或避免更大灾难威胁的事件。"③ 另外，《斯塔福法》还规定了紧急事态的宣布程序，明确了公共部门的救助责任，强调了减灾中准备工作的重要性，确定了各级政府之间的救援程序。④《斯塔福法》不仅完善了美国联邦政府的救灾政策，而且还对联邦应急管理局的工作做出了更为明确细致的界定，为该机构不断进行的深化改革提供了强有力的法律保障。

---

① Overview of Federal Disaster Assistance, http://training.fema.gov/emiweb/downloads/is7unit_3.pdf.

② Rutherford H. Platt, *Disaster and Democracy: The Politics of Extreme Natural Events*, Washington DC: Island Press, 1999, P.9.

③ 游志斌、魏晓欣：《美国应急管理体系的特点及启示》，载《中国应急管理》2011年第12期，第47页。

④ 邓仕仑：《美国应急管理体系及其启示》，载《国家行政学院学报》2008年第3期，第102页。

三、美国安全应急法律体系的成熟与完善

美国安全应急法律体系成熟与完善的标志是《国土安全法》。2001 年的“9·11”事件爆发后，美国很快就进入了全面的反恐浪潮之中。在这种背景下，小布什总统于 2002 年 11 月 25 日签署了国会为反恐需要而制定的《国土安全法》（*The Homeland Security Act of* 2002），并宣布成立内阁级行政机构国土安全部（Department of Homeland Security，DHS）。2002 年通过的《国土安全法》主要是对国土安全部的建立做了详细阐述。其中第 101 条规定，国土安全部的主要职责包括：预防美国境内的恐怖袭击；减少美国面对恐怖主义的脆弱性；一旦在美国境内发生恐怖袭击，将损害减小到最小，并帮助从袭击中恢复；履行划拨给国土安全部的相关部门的所有职责，包括承担处理自然与人为危机和紧急事态预案编制的所有责任；确保国土安全部所属部门与保护国土直接相关的功能不被削弱或忽略，除非通过国会特别明确的法令许可；保证美国全面的经济安全不因为旨在保护国土安全的工作、行动和计划而被削弱；监控非法毒品交易与恐怖主义的联系，协调各方面工作去切断这种联系，同时致力于阻断非法毒品交易。[①] 另外，《国土安全法》也对纳入国土安全部的联邦应急管理局做了说明。其中第 507 条规定，联邦应急管理局的职责任务包含《斯塔福法》中所规定的所有职责和权限，并用项目形式应急管理以减除灾害、制定规划、实施应对、实现恢复和增加效率。《国土安全法》明确规定，“为实现其使命，减少生命和财产损失，保护国家免遭各种危险，要领导和支持国家实施基于安全风险的紧急事态管理项目”。[②]

四、美国安全应急法律体系的不断改进

在“9·11”事件后，美国安全应急体系的重心曾一度转向反恐，但随后重大自然灾害的频繁来袭，又再次给美国安全应急体制机制提出了新的挑战。尤其是 2005 年“卡特里娜”飓风和 2012 年“桑迪”飓风引发的自然灾害，进一步推动了美国安全应急法律体系的不断改进。2005 年的“卡特里娜”飓风过后不久，小布什总统就签署了《后“卡特里娜”应急管理改革法》[③]（*The Post-Katrina Emergency*

---

① Homeland Security Act of 2002 （SEC. 101），http://www. gpo. gov/fdsys/pkg/PLAW-107publ296/pdf/PLAW-107publ296. pdf.

② Homeland Security Act of 2002 （SEC. 507），http://www. gpo. gov/fdsys/pkg/PLAW-107publ296/pdf/PLAW-107publ296. pdf.

③ The Post-Katrina Emergency Management Reform Act of 2006 （PKEMRA），http://www. gpo. gov/fdsys/pkg/PLAW-109publ295/pdf/PLAW-109publ295. pdf.

Management Reform Act of 2006，PKEMRA）。该法案重新确定了联邦应急管理局的地位，并要求“新联邦应急管理局”（New FEMA）承担起美国安全应急体制改革的两项基本目标。改革法同时还规定，联邦应急管理局在紧急状态下，应直接对总统负责，代表总统协调灾难救助事宜，包括协调州和地方政府、27 个联邦政府机构、美国红十字会和其他志愿者组织的应急响应和灾后恢复重建活动。同时还规定，联邦应急管理局下设 17 个处室，2 600 多名全职人员，兼职顾问和预备役军人 5 000 多人，每年 80.2 亿美元预算。同时，联邦应急管理局在全美设立 10 个区域运行中心，负责与州以及地方安全应急机构联系共同制定救援计划，协同地方组织实施救助，负责评估灾害损失等工作。① 2013 年飓风“桑迪”过后，联邦应急管理局积极推动了《“桑迪”重建改进法》②（*Sandy Recovery Improvement Act of* 2013，SRIA）并得到国会和总统的认可及通过。此法案是对《斯塔福法》的修正，旨在改革联邦应急安全机构的权力责任及管理模式，设置各类项目机制来鼓励地方政府、基层社区、私营机构和个人共同参与到应急管理过程中去，并为此提供相关法律基础。

第二节　美国安全应急体制机制的演变

美国安全应急体制机制在应对核战争所代表的传统安全威胁中初步形成，在应对自然灾害所代表的民生安全威胁中逐步完善，在应对以恐怖主义攻击所代表的非传统安全威胁中进一步分化、整合与推进，是在安全应急环境、安全应急理念和安全应急机制这三个变量相互作用和相互影响之下产生的。

一、美国安全应急体制机制的初步形成

美国的安全应急体制源于 20 世纪前半期的两次世界大战期间建立的民防制度。总体来说，美国最初建立的安全应急体制包括战时应急与非战时应急两个方面。安全应急的具体任务平时以救灾为主，战时则以应战为主。两次世界大战期间，美国政府除了高度重视国家的军事安全外，对经济安全也十分关注。尤其是 20 世纪 30 年代，美国经历的经济危机和大萧条，使美国和世界经济受到重创。

① FEMA：Prepared Responsive Committed.（FEMAB-653/July2008），http://www.fema.gov/pdf/about/brochure.pdf.

② “Sandy Recovery Improvement Act of 2013”，http://www.fema.gov/sandy-recovery-improvement-act-2013.

罗斯福政府在实行新政推动经济复苏的过程中，成立了专门的应急部门来处理经济危机的大量善后工作。美国在两次世界大战中建立的民防体制，“为其非战时应急管理积累了丰富的经验”。[①]

第二次世界大战结束后，随着欧洲大国整体衰落和美国势力的急剧膨胀，美国凭借其雄厚的经济和军事实力，进行扩张的政治野心也同步增长起来。不过，美国的扩张立刻遭到了苏联的抵制。美苏双方因各自不同国家利益和意识形态而爆发的对抗，迅速将国际体系推入冷战时期。美国在和苏联的对抗中，把国家安全特别是军事安全视为“高级政治”，而经济和其他方面则降低为“低级政治”。[②] 随着军事对抗的加剧，特别是1949年苏联成功爆炸了第一颗原子弹之后，美国的安全应急理念开始把苏联视为美国最大的安全威胁，并将本土安全防范的核心定位在应对苏联的核打击上。因此，美国二战后的安全应急体制，主要就是在原有基础上，为应对来自苏联的战争和核威胁而建立起来的民防体系。在这一时期，根据安全应急法律的要求，美国政府也开始建立处理安全应急事务的组织机构。不过，这些机构在建立过程中，都经历了多次变迁和重组。回顾历史，美国第一个专门负责安全应急事务的机构，是1933年成立的“国家应急管理委员会”（National Emergency Council）。美国政府当时建立这一机构的目的，主要是对20世纪30年代经济大萧条带来的严重危害进行善后处理，同时也承担救助自然灾害中受灾民众的职责。1939年，“国家应急管理委员会”更名为“应急管理办公室”（Office of Emergency Management）。1941年，美国政府又成立了“民防办公室”（Office of Civil Defense），与应急管理办公室联合办公。1947年，美国政府根据《国家安全法》的规定，建立了“国家安全资源委员会”（National Security Resources Board，NSRB），并由这一机构承担国防动员职责。1949年，杜鲁门政府根据《联邦民防法》建立了“联邦民防局”（Federal Civil Defense Administration），来取代应急管理办公室。1951年，“联邦民防局”成为联邦政府的独立机构，并进一步承担了“国家安全资源委员会”的职责。至此，美国安全应急管理体制中的组织机构已具雏形。

20世纪50年代初，由于核战争的潜在风险已经成为冷战时期美国最严重的安全威胁，美国的民防事务在全国的社区组织中也得到了迅速发展。当时，政府鼓励社区和个人建造核弹防护掩体，来保护自身和家庭免受来自苏联的核打击。联邦政府还授权“联邦民防局”为修建这些防护掩体提供支持。但由于联邦民防局的人员和经费有限，只能为社区和个人修建防护掩体提供技术援助。不过，各州和地方政府的民防负责人，都在这些具体的工作中成为美国安全应急管理体制的形象代表。

---

① 王宏伟：《美国应急管理的发展历程》，载《国际资料信息》2007年第1期，第10页。

② 北京太平洋国际战略研究所：《应对危机：美国国家安全决策机制》，时事出版社2001年版，第22～23页。

除美国联邦政府成立的联邦民防局外，与其并列的还有美国国防部建立的“国防动员办公室”（Office of Defense Mobilization）。这个机构的职责主要是在战争时期负责关键物资的生产和储备以及民众的快速动员，尤其重要的是负责“应急准备”。1958年，美国政府把“联邦民防局”与“国防动员办公室”这两个相关机构进行合并，组建为“民防与国防动员办公室”（Office of Civil and Defense Mobilization）。[①]

这一阶段的发展表明，美国出于和苏联争霸的需要，冷战初期的安全应急理念就是全面备战，民防设施的建设也主要是防御来自苏联的核打击。同时，随着相关安全应急法律的制定，美国的安全应急机构经过一系列变动和合并后，也建立了专门的组织机构，美国安全应急管理体制机制初步形成。不过，美国安全应急体制这个时期对自然灾害的关注较少，对自然灾害的防范也处于附属地位。

二、美国应急安全体制机制的逐步完善

尽管美国安全应急体制是在二战后为应对军事安全威胁尤其是核武器攻击的威胁而正式建立的，但美国安全应急管理的历史则可以追溯到19世纪初，而且最初阶段应对的主要还是诸如自然灾害和经济危机带来的危害。在历史上，美国政府最早的安全应急行动，是应对1803年新罕布什尔州发生的特大火灾。为了救助火灾造成的危害和进行灾后重建，当时的美国国会曾通过“临时立法”（ad hoc legislation），授权联邦政府对当地政府给予经济援助。[②] 此后，在各州政府和地方政府面临无法应对的灾害问题时，联邦政府都是以援引“临时立法”的方式予以支援。不过，在1950年之前，美国政府的灾难救助基本上被视为一种道义行为，并不受任何法律约束，也不被视为联邦政府应尽的责任和义务。

然而，美国在20世纪50年代中期开始频繁遭遇大规模自然灾害，促使美国安全应急观念进行调整和建立相应的安全应急机构，从而推动了美国安全应急体制的初次改革。20世纪50年代中期，美国遭遇了一系列自然灾害的频繁袭击，并带来了严重危害。1954年，“黑泽尔”飓风肆虐了弗吉尼亚州和北卡罗来纳州；1955年，“戴安娜”飓风席卷了美国大西洋中部和东北部的好几个州；1957年6月，破坏力更强的“奥德丽”飓风重创了路易斯安那州和得克萨斯州，造成390人死亡。与此同时，蒙大拿州1956年又经历了震级达到里氏7.3级的“赫布根湖地震”。当时，包括加利福尼亚在内的很多州，都遭遇了严重的地震危害。进入20世

① George D. Haddow, Jane A. Bullock and Damon P. Coppola, *Introduction to Emergency Management* (*Fourth Edition*), Oxford: Butterworth-Heinemann, 2011, P. 3.

② George D. Haddow, Jane A. Bullock and Damon P. Coppola, *Introduction to Emergency Management* (*Fourth Edition*), Oxford: Butterworth-Heinemann, 2011, P. 2.

纪 60 年代后，美国各地依旧继续遭到大规模自然灾害的蹂躏。1960 年，“唐娜”飓风袭击了佛罗里达西海岸。1961 年“卡拉”飓风又席卷了得克萨斯。面对自然灾害的频繁肆虐，肯尼迪政府调整了安全应急理念，将自然灾害作为美国安全应急体制的重要内容，而且决定对国家应对灾害体制进行改革。当时美国虽然已经有了专门应对自然灾害的灾害救助法案，但国会的处理方式依然还是遵循长期以来形成的被动反应模式，也就是援引“临时立法”为遭受自然灾害影响的地区提供经济援助。为了改变这种状况，美国政府 1961 年成立了“应急准备办公室”（Office of Emergency Preparedness），专门处理自然灾害造成的危害。尽管此时美国的军事安全应急责任仍由国防部下属的民防办公室承担，因而造成美国这一时期的安全应急体制将自然灾害威胁和军事安全威胁分开进行管理的分离模式，但“应急准备办公室”的建立标志着美国的安全应急意识已经开始将关注点转向自然灾害的应急处理，而且涉及自然灾害的安全应急处理的重要性也在不断上升。

不过，这种分离管理模式导致的美国 20 世纪 60 ~ 70 年代安全应急管理体系支离破碎的状况，也造成了安全应急体制的效率低下。20 世纪 70 年代，美国涉及安全应急管理事务的国家部门共有 5 个，其中包括负责天气、预警和火灾预防的商务部，负责进口调查的财政部，负责发电厂的美国核管理委员会，负责洪水保险和灾后救济的住房和城市发展部。[①] 与此同时，美国陆军工程兵部队也开始负责防洪控制。在军事安全方面，美国政府 1972 年又成立了“国防民事整备署”（Defense Civil Preparedness Agency，DCPA），来取代原来的“民防办公室”负责防御核打击的任务。很明显，美国这一时期的安全应急机构政出多门，完全是一种零星化与碎片化状态。不仅如此，美国联邦政府安全应急体制的这种零散模式还影响到各州以及地方政府的相应机构。由于涉及安全应急事务的部门过多，职能平行的组织机构庞杂，相互之间利益牵扯不明，从而严重影响到安全应急效率。在这种情况下，对美国安全应急体系进行整合的迫切性也越发明显。

针对美国安全应急体制的零散状况，1977 年全美州长联合会在其发表的《1978 年应急准备计划：最终报告》中提出，美国迫切需要制定一项全国性的综合安全应急政策，并要求政府建立一个联邦级的安全应急机构。[②] 为此，美国总统卡特 1978 年 6 月 19 日向国会提交了重组计划第 3 号文件，提出将应急准备、减缓和响应任务整合为一个联邦级的应急管理机构，其负责人直接向总统汇报。1979 年 3 月 31 日，卡特总统签署“12127 号总统令”，正式成立行政级别为内阁级的联邦应急管理局（Federal Emergency Management Agency，FEMA）。作为联

① George D. Haddow, Jane A. Bullock and Damon P. Coppola, *Introduction to Emergency Management* (*Fourth Edition*), Oxford: Butterworth-Heinemann, 2011, P. 5.

② 王宏伟：《美国应急管理的发展与演变》，载《国外社会科学》2007 年第 2 期，第 56 页。

邦政府的部级机构，联邦应急管理局整合了六个部门，其中包括原隶属商务部的国家消防管理局、原隶属于住房和城市发展部的联邦保险局、原隶属于总统办公厅的联邦广播系统、原隶属于国防部的防务民事准备局、原隶属于住房和城市发展部的联邦灾害援助局以及原隶属于总务管理局的联邦准备局。[①] 美国联邦应急管理局建立后，立刻着手对民防和自然灾害安全应急体制机制进行融合。其目标一方面是要建立一个有效的安全应急管理系统，对所有可以利用的资源进行高效利用；另一方面是要以联邦政府机构的身份承担起安全应急的全部责任，而且要把救灾工作与应急准备以及应急响应紧密联系起来。从观念上来说，联邦应急管理局成立后提出了全新的“一体化应急管理”（integrated emergency management system，IEMS）理念。这个理念包括两层含义：其一是“全风险”，即应急对象由单灾种向多灾种转变；其二是“全过程”，即应急过程包含预防、准备、响应与恢复四个阶段。[②] 从具体职能来看，联邦应急管理局在应急准备和救灾减灾方面承担的职能主要包括：监督地震救灾计划；维护水库大坝安全；协助社区建立应对有关恶劣天气的应急准备计划；协调自然灾害和核灾难预警体系；协调为减少重大恐怖事件导致的后果而进行的准备和规划。[③] 不过，联邦应急管理局成立后，也面临着严峻的现实问题。对于美国联邦政府来说，建立一个新的部门并不困难，但要把与其相关的各种纷繁复杂的项目、计划、政策以及人员整合为一个紧密相连的整体，则是一项规模巨大的工程。这不仅要求这个部门的领导人必须具有卓越的领导能力，而且还要有统揽全局的宏观视野。同时，联邦应急管理局在整合相关部门和相关法规时，还受到国会各委员会以及小组委员会的监督和限制。另外，和大多数联邦机构不同的是，联邦应急管理局并没有组织性立法来支持其运作。在争取国会拨款时，往往没有明确的支持者和维护者。结果，联邦应急管理局成立初期，虽然机构形式统一，但内部各部门依然各自为政，机构名存实亡。特别是在机构设立后美国经历的几次大规模自然灾害中，联邦应急管理局应对灾害的表现极差，从而使其存在的价值也饱受质疑。

在联邦应急管理局遭遇重重困难之际，美国国会 1988 年通过了《斯塔福法》。在获得了《斯塔福法》对联邦应急管理局提供的法律保障后，为改变联邦应急管理局应对重大自然灾害表现不力的局面，克林顿总统 1993 年任命詹姆斯·维特（James Lee Witt）担任新一任联邦应急管理局局长。维特上任后，为了解决联邦应急管理局存在的各种问题，建立美国民众对联邦应急管理局的信

① George D. Haddow, Jane A. Bullock and Damon P. Coppola, *Introduction to Emergency Management (Fourth Edition)*, Oxford: Butterworth-Heinemann, 2011, P. 6.

② 熊贵彬：《美国灾害救助体制探析》，载《湖北社会科学》2010 年第 1 期，第 59 页。

③ About FEMA (About Agency), http://www.fema.gov/about.

心，立刻对应急管理局进行了一系列改革。在理念上，维特改变了联邦应急管理局建立初期过度关注军事安全事务而轻视自然灾害危害的状况，把安全应急管理的重点转向自然灾害的救灾防灾工作。在机构内部，维特组织所有工作人员进行相关的安全应急业务训练。同时，打破机构之间各自为战的局面，对机构进行内部重组。另外，他还把各种新技术应用到灾害信息的传递工作中，建立安全应急管理的信息网络。在机构外部，维特加强联邦应急管理局和各州以及地方安全应急管理机构之间的联系，并与国会、政府以及媒体建立起新型的合作关系。特别是，维特强调联邦应急管理局要和联邦政府的其他各部门进行广泛合作。[①] 维特推动联邦应急管理局改革的成效，很快就在应对美国随后遭遇的一系列极为严重的自然灾害中得到了实践的验证。1993 年，美国中西部地区遭遇特大洪水，共有九个州成为重灾区，并宣布进入重大灾害状态。联邦应急管理局启动自愿收购和搬迁计划，将民众搬离洪水受灾区，同时重点关注灾后重建，从而成功地减轻了这次洪水带来的灾害。1994 年，应急管理局在应对加利福尼亚州的“北岭地震”中，又充分发挥了信息快速全网传递的新技术优势，实现了灾情信息共享，因而减轻了地震灾害的影响。在此后的几年中，联邦应急管理局还和各州以及地方安全应急机构一起，共同应对了多次自然灾害的袭击，包括飓风、洪水、野外火灾、干旱等。由于维特在联邦应急管理局的出色表现，克林顿总统将其提升为内阁成员，从而使联邦应急管理局的存在价值和重要性得到了广泛认可。维特升任内阁成员后，又说服各州和地区政府，让州和地区安全应急管理机构的领导人进入各州和地方政府内阁，提高安全应急管理部门在政府体系中的地位，以便更好地发挥其作用。

三、美国应急体制机制的分化与整合

进入 21 世纪后，随着恐怖主义威胁的增加，美国安全应急体制也开始面临新形势下非传统安全带来的挑战。其实，早在“9·11”事件前，恐怖主义就曾对美国安全构成过一定程度的威胁。20 世纪 80 年代，美国的驻外机构和海外军事设施就屡遭恐怖袭击。1983 年，美国驻贝鲁特大使馆发生爆炸；1988 年，泛美航空公司航班在苏格兰洛克比上空被引爆；1996 年，美国驻扎在沙特阿拉伯的军营发生爆炸；1997 年，美国驻肯尼亚、坦桑尼亚大使馆分别遭恐怖袭击；2000 年，美国“科尔”号驱逐舰在也门遭到攻击。[②] 同时，在美国国内，恐怖袭

① Thomas A. Birkland, “Disaster, Catastrophes, and Policy Failure in the Homeland Security Era”, *Review of Policy Research*, Vol. 26, No. 4, 2009, P. 125.

② 李庆余：《美国外交史——从独立战争至 2004 年》，山东画报出版社 2008 年版，第 399 页。

击也时有发生，如1993年世界贸易中心发生第一次爆炸；1995年，俄克拉荷马城发生爆炸案。[①] 针对这种现象，政府内部机构虽然已经不断有人递交备忘录来提醒行政当局应对恐怖袭击，安全应急管理部门也开始考虑要设立专门的机构来应对恐怖主义，但由于受到传统安全观的深刻影响，美国最高行政当局并没有对这一问题给予足够的重视，结果遭受了“9·11”恐怖袭击。

2001年的“9·11”事件震惊了整个美国，也彻底打破了美国的传统安全观。“9·11”事件发生后，美国政府进一步调整美国的安全应急理念。美国政府明确认识到，面对冷战后国际环境中恐怖主义兴起的现实，大国政治的现实不能不被反恐优先所替代。在安全应急管理方面，反恐自然就成为压倒一切与最紧迫的国家任务。针对防范恐怖主义威胁的安全应急管理，也成为美国安全应急体制的核心内容。在这种全面反恐观念的影响下，美国安全应急体制也发生了革命性的变化。[②] 这些变化涉及进行机制内部横向与纵向两个层面的整合，加强军队与民事部门的联合行动，优化事件管理的各个过程，发展更为集中、统一和综合性的安全应急管理体系，消除恐怖主义活动对美国国家安全的威胁。[③] 在“9·11”事件后的全面反恐浪潮中，美国总统布什2002年11月25日签署了国会通过的《国土安全法》，并宣布成立内阁级行政机构国土安全部。美国国土安全部成立后，整合了来自财政部、国防部、司法部、交通部、能源部等8个联邦部门的22个机构的职责，拥有近18万名编制人员，总预算额高达400亿美元。值得注意的是，联邦应急管理局被纳入国土安全部的“应急装备与响应部门”后，其影响力和重要性较之前都大大削弱。

就在美国安全应急机制全面转向反恐时，“卡特里娜”飓风的袭击再次提醒美国政府，自然灾害与人为灾害没有轻重之分，新时期下复杂的非传统安全问题将会不断挑战美国的国家安全应急体系。事实证明，美国政府将几乎全部精力投入反恐，却忽视了自然灾害的应对和防范，已经给美国社会造成了严重的潜在风险。2005年8月29日，“卡特里娜”飓风对美国的袭击，无疑给热衷于全面反恐的“国土安全部”留下了深刻的教训。糟糕的是，面对“卡特里娜”飓风这场美国历史上最严重的自然灾害，政府的救援人员和救援物资迟迟不能到位，一场天灾进而演变为一场“人祸”。“卡特里娜”飓风造成的危害表明，美国政府在“9·11”事件后，将太多的精力投入到应对外部恐怖主义的争斗中，已经给国内社会造成了一系列严重问题。反恐战争导致的军费激增，使得基础防御工程得不到应有资金而无

---

① George D. Haddow, Jane A. Bullock and Damon P. Coppola, *Introduction to Emergency Management* (Fourth Edition), P. 11.

② 邱美荣：《后“9·11”时期美国的危机管理研究》，载《外交评论》2007年第12期，第35页。

③ James L. Schoff, Crisis Management in Japan & the United States: Creating Opportunities for Cooperation amid Dramatic Change, Virginia: Brassey's Inc., 2004, pp. 99-100.

法及时修缮。同时，原来主要致力于防止自然灾害的联邦应急管理局，更是因为得不到应有的重视而被降级。另外，政府在救灾过程中也表现得管理不善和缺乏领导力。“卡特里娜”飓风的袭击将这些问题暴露无遗，它提示联邦政府的施政重心要有所回归，必须迅速采取各种有效政策措施来帮助灾后重建，并增强政府在危机应对方面的能力。通过深刻的反思和总结，美国政府 2006 年 2 月 17 日发表了关于“卡特里娜”飓风的调查报告——《联邦政府对卡特里娜飓风的响应：经验与教训》。报告中总结了 17 条教训，涉及全国应急准备工作，军事能力的综合使用，通信、后勤与撤离，搜寻与营救等问题领域。其中最重要的结论就是要再次改革全国安全应急体制，并设定了两个具体目标：其一是要建立一种充满活力的全新的安全应急理念；其二是规划建立一个综合性的全国安全应急体制。此后不久，布什总统签署了《后“卡特里娜”应急管理改革法》来保证相应改革落实的法律基础。

2009 年，奥巴马总统成为美国新一届政府领导人。正如他在其竞选之路上一直宣传的“改变”口号，这种变革同样涉及美国应急安全体系。奥巴马在其竞选活动中，曾经暗示要重建联邦应急管理局（FEMA），使其恢复成为一个独立部门，改革灾后重建过程中的官僚主义作风，以及重塑应急管理体系中联邦政府、州政府和地方政府之间的合作关系。[①] 上任初期，奥巴马政府内阁确实讨论过是否要将联邦应急管理局从国土安全部重新分离出来，然而这一议题遭到了激烈的争论，争论中形成两派：一方是以国际应急管理协会（International Association of Emergency Managers，IAEM）为代表，他们强烈支持联邦应急管理局重新独立出来履行职能；另一方是由参议院国土安全委员会主席参议员利伯曼（Lieberman）与参议员科林斯（Collins）为代表的反对独立派。特别是时任国土安全部部长的珍妮特·纳波利塔诺（Janet Napolitano）表示强烈反对，她坚定地认为联邦应急管理局是国土安全部的重要组成部分，不能被分离出来。最后，综合考虑到新政府所面临的严峻的经济和国际问题，没有过多的资源对应急安全管理部门进行大规模的调整，联邦应急管理局最终还是留在了国土安全部内。之后，纳波利塔诺部长为了表明她对联邦应急管理局在国土安全部内地位的重视，承诺为联邦应急管理局寻找一位最得力的领导者，这个人便是克莱格·福格特（W. Craig Fugate）。克莱格·福格特曾任佛罗里达州应急安全管理办公室的负责人，拥有卓越的履历以及丰富的实践经验，在他的任期内，佛罗里达州是美国州一级应急安全管理组织机构中的佼佼者。虽然福格特曾坚定地支持将联邦应急管理局从国土安全部独立出来，然而此次他还是接受了这份任命，而且非常顺利地得到了参议院的通过。

---

① George D. Haddow, Jane A. Bullock and Damon P. Coppola, *Introduction to Emergency Management (Fourth Edition)*, Oxford: Butterworth-Heinemann, 2011, P. 341.

在其任命听证会以及之后的一系列演讲中，福格特多次强调在其任期内要为联邦应急管理局印上一种“准备状态”（preparedness）——尤其是强调“个人准备”。于是，他修正了关于灾难的词义表述，将受到灾难影响的人们称为“幸存者”（survivors），而不再是“受害者”（victims）。[①] 福格特非常重视联邦应急管理局与州、地方应急管理机构的合作关系，因此他的团队里吸纳了几名“维特时期”的资深专家。同时，福格特上任以后将分别处理“灾难反应”（response）和“灾后恢复”（recovery）的两个职能部门整合在一起，并由比尔·卡维尔（Bill Carwile）统一领导，卡维尔不仅拥有丰富的灾难应急经验，并且善于协调联邦之外的各级应急管理机构之间的关系。然而，在福格特对联邦应急管理局的战略构想中仍然存在着一些问题尚未明确：第一，关于减灾部门的设计构想。在佛罗里达州任职时福格特就非常重视减灾工作，他曾表示过对“国家洪水保险计划”（National Flood Insurance Program，NFIP）的关切，并认为该计划所涉及的范围对于社区减灾（community mitigation）项目来说是一个很好的补充。第二，联邦应急管理局未来在房屋和长期灾后重建项目中的定位还不明确。为了配合《后“卡特里娜”应急管理改革法》的实施，美国联邦应急管理局颁布了新的“国家应急机制”（National Response Framework），此后奥巴马政府又在“国家应急机制”的基础上颁布了“国家灾后重建机制”（National Disaster Recovery Framework）对其进行补充。与此同时，白宫还建立了一个针对灾后恢复的“白宫工作组”，白宫工作组组长由国土安全部部长和美国住房与城市发展部（Department of Housing and Urban Development，HUD）部长共同担任。因此，灾后重建项目面临着有时会由住房与城市发展部主导的局面，但是实际上很多重建项目是住房与城市发展部无法执行下去的，尤其是涉及落实到州一级的层面。第三，福格特还面临着军队在灾难应急中的作用问题，特别是涉及“北方司令部”（Northern Command，NORTHCOM）。北方司令部长期以来与政府合作参与制定飓风方案，并投入了大量技术和人力，在未来的应急管理中，如何定位北方司令部的职能问题也需要得到进一步的明确。

福格特上任初期承诺要将联邦应急管理局建成为一个“强大的、运行良好的、负责任的”机构，并在此后美国面临的各种自然灾害应急中得到了考验。2009 年至今，美国经历了数次规模较大的自然灾害，最严重的当属 2012 年的超级飓风“桑迪”。2012 年 10 月 29 日晚，“桑迪”飓风横扫美国东海岸，进而使美国东部地区遭遇一系列次生灾害，其中纽约州和新泽西州受灾最为严重。据统计，本次飓风造成 113 人死亡，数千万民众受灾，经济损失高达 500 亿美元。在

---

① “Director W. Craig Fugate refocusing a chastened FEMA”, http://www.washingtonpost.com/wp-dyn/content/article/2010/08/25/AR2010082502494.html.

这次应对超级飓风的过程中，虽然美国的损失很大，但是在应急处理方面福格特团队表现良好，受到各方肯定。从飓风“桑迪”到达四天前，美国国家飓风中心就公布了有关飓风的路径判断和危机预测，飓风登陆后，美国气象预警系统严密监控并实时更新气象图和灾害预警区，使民众能够在第一时间掌握相关信息并迅速做出反应。[①] 此次灾难应急过程中，美国社会整体稳定，应对措施及时有效，灾后重建秩序井然。有学者从灾前应急准备、府际间合作协调机制和社会心理调控机制三个方面对比了“卡特里娜”飓风和“桑迪”飓风发生时美国政府部门的表现，并肯定了联邦应急管理部门改进后的效果。[②] 总而言之，福格特自2009年上任以来，在经历了美国本土数次重大自然灾害应急考验之后，依然稳坐在联邦应急管理局第一把交椅的位子上，足以证明他在处理应急安全问题时的能力和魄力。现行联邦应急管理局组织机构框架如图5－1所示。

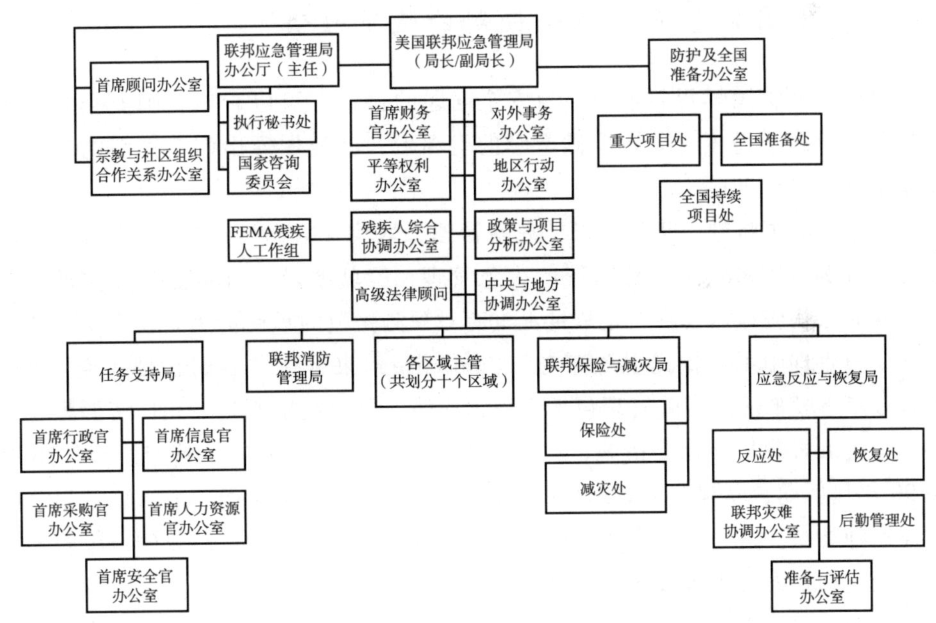

图5－1　美国国土安全部联邦应急管理局组织机构

资料来源：美国联邦应急管理局组织架构图（更新至2014年10月19日），http://www.fema.gov/media-library-data/1414096236783-9a412eb721c9805d4dd5fc716789cf3a/FEMA%20Org%20Chart%2010-19-2014.pdf.

① 刘铁民、王永明：《飓风“桑迪”应对的经验教训与启示》，载《中国应急管理》2010年第12期，第12页。

② 袁国栋：《政府公共危机管理比较研究——以卡特里娜和桑迪飓风为例》，载《北京航空航天大学学报》（社会科学版）2013年第2期，第19～23页。

第三节 美国安全应急体制机制改革与启示

经过多年的发展，美国安全应急体制机制虽然已经达到了相当成熟的程度，但面临环境的不断变化，依然在诸多方面需要进一步进行改革。目前看来，美国安全应急体制机制未来改革的趋势主要表现在以风险管理取代应急管理、加强新科技的运用、适应社会和人口情况的变化，以及加强应急管理新实体的建设等几个方面。

一、美国安全应急体制机制的改革趋势

综合考察美国学界目前对应急安全问题的讨论，可以看出美国安全应急体制机制在美国应急安全管理实践哲学的引领下，已经体现出四个方面的未来改革趋势。

第一，改革将进一步强调以“风险管理”取代“应急管理”。未来将“风险管理”作为行动哲学来取代传统的应急管理，这就要求进行更加积极主动的分析，同时也相应地需要在一定程度上具有对预测失败的承受能力。实际上，这就是在应急管理中用“预先主动应变”（proactive）来替代“临时被动应变”（reactive）。一般来说，风险管理包括识别、评估、风险级别判定、相应资源配置策略、使灾难影响最小化等措施，并涉及监督和管控其影响的一整套过程。20 世纪 90 年代后期，联邦应急管理局提出的“项目影响”（project impact）计划就是这样一种尝试。这一计划主要是鼓励基层社区来参与一套精简高效的风险管理程序，使它们在面对未来灾害时具有更大的防范能力。

第二，改革将进一步加强新兴科技的运用。为此，联邦应急管理局将更多地关注新兴科技在应急管理中的运用，特别是 GIS 和 GPS 技术对应急管理中传统核心技术的支持。同时，近年来不断风行的社交网络，比如“脸书”（Facebook）、“推特”（Twitter）、Youtube 视频网站、Flickr 网络相册等，都能够进行实时信息传递，让民众在第一时间了解受灾地区的情况。另外，以电脑、手机、移动终端等为载体的新媒体技术，已在大众中得到相当程度的普及，因而应急管理部门也可以利用这些网络工具发布和收集公共信息。在 2012 年“桑迪”飓风的救援工作中，新媒体已经发挥了巨大的作用。数百万民众通过“推特”传递实时信息和进行救援。华盛顿的红十字会总部也专门设立了数字中心办公室，监控来自各个

社交网络系统发出的实时信息。联邦应急管理局也在“推特”“脸书”等社交媒体上建立了官方账号，持续提供防灾、救灾的各种信息，并及时进行辟谣，极大地稳定了受灾民众的情绪。

第三，改革将致力于适应社会及人口情况的新变化。目前，美国社会正经历着一系列可能影响应急安全管理工作的显著变化，其中包括人口老龄化、残疾人及精神障碍人口聚集度提高、非英语人口比重增加等。在灾害应急中，这些类型的群体往往是最脆弱的部分。安全应急管理今后要把他们的需求纳入灾难风险管控的全面考量中去。在 2013 年的制定的《“桑迪”重建改进法》中，已经涉及对部族政府（tribal government）在应急管理中权力的关注。

第四，改革还将重建应急管理的“新实体”。从组成结构上来说，应急管理的新实体将同时涵盖公共职能部门和私营机构组织，包括联邦政府、州政府、地方政府、私营企业、慈善机构以及个人等。这就意味着，应急管理新实体在履行政府职能的同时，会更加注重发挥社会的力量。为此，政府部门必须让渡一部分应急管理的权力给私营机构和个人，这也可以更有效地防止官僚主义弊病。在职能分配上，新实体将会把“灾后重建和减灾”（recovery and mitigation）提高到与“准备和反应”（preparedness and response）同样重要的位置上。

目前，面对频繁发生的极端气候灾害，美国民众已经越来越清楚地认识到气候变化给他们的日常生活带来的威胁。飓风“桑迪”来袭之后，随着民众对救灾减灾认知度的提升，政府也更加重视公民危机意识的培养和危机教育等基础性工作。在应对全球日益恶劣的自然环境以及全球气候极端变化的过程中，全面提升国民的减灾意识，引导民众将减灾的实际行动落实到生活的各个方面，已经成为联邦应急管理局的新使命。

二、美国安全应急体制机制发展的启示

综观美国安全应急体制的改革与发展历程，所涉及的始终是安全环境、安全理念和组织机构三者之间相互联系和相互影响的关系。在这样一个相互联系的发展模式中，可以得出四个方面的启示。这些启示既提供了值得借鉴的成功经验，也包含了应该吸取的失败教训。

首先，在美国安全应急体制的改革和发展过程中，安全环境的变化是推动体制改革的逻辑动机。自从第二次世界大战结束后美国安全应急体系建立以来，美国所面临的安全环境经历了一系列的变化。冷战之初，美国在和苏联的争霸过程中，曾面临着来自和苏联之间潜在的战争甚至核战争所带来的传统安全威胁，因而这个时期的安全应急体制主要侧重于防范战争和核攻击的民防工程。进入 20

世纪50年代后，频繁的自然灾害给美国社会民生带来的自然灾害威胁，又迫使美国的安全应急体制把关注点转向自然灾害的防灾减灾以及灾后重建工作。冷战结束后，以“9·11”事件为标志的恐怖主义攻击，又给美国社会带来了前所未有的非传统安全威胁。对此，美国的安全应急体制又全面转入反恐和防恐方面。客观地说，美国的安全应急体制根据安全环境的变化而不断进行的调整，固然满足了维护安全环境的要求，但往往也会对一些突发的安全威胁缺乏预见，从而导致灾难。例如，冷战初期和冷战结束后，美国安全应急体制对战争和恐怖主义威胁的过度关注，都曾导致对自然灾害的忽视，从而造成了严重的生命财产损失。这也是其他国家在建立安全应急体制时应当吸取的教训。

其次，在美国安全应急体制的改革和发展中，安全环境的变化和现存安全应急机制的缺陷，推动了安全应急理念的调整。这主要是美国安全应急体制的发展与美国不同时期所面临的安全环境息息相关。随着安全环境的不断变化，其对安全环境的认识也在随之变化，从而导致了美国安全应急理念的不断更新。例如，当冷战时期美国因防范战争而建立的以民防为重点的应急安全体系在应对自然灾害无能为力时，维特领导的联邦应急管理局更新安全应急理念，将安全应急管理的重心从民防转向应对自然灾害，才使得美国的安全应急体制重获生机。此后，美国安全应急理念的调整，还推动了美国安全应急体制从最初的被动反应到后来的以预防和减灾为主的“全过程”式的主动防御，从最初的对单一灾种的独立应对到对“全风险”的综合应急，从当初确保国内安全应急的民防体系到民防与自然灾害应对的综合应急管理体系的初步形成，再到面对传统安全与非传统安全相交织的全风险应急管理体系的确立，美国安全应急体制的安全理念不仅实现了从点到面的转变，而且还形成了应急管理中的“全风险”和“全过程”的核心理念。

再次，在美国安全应急体制的改革和发展中，安全环境的变化和安全理念的调整，又促进了美国安全应急管理的立法。在美国安全应急体制调整的每个阶段，甚至是每个步骤中，都得到了相关法律的支持。事实表明，在美国的安全应急体制改革与发展中，法律先行是其最重要的保障之一。例如，在1947年《国家安全法》下建立的“国家安全资源委员会”，2002年《国土安全法》下成立的国土安全部，这些机构的建立都有其先行的立法支持。事实表明，在美国的安全应急体制发展中，没有法律依据的改革，往往都无法正常运行并发挥效率。例如，联邦应急管理局最初成立时，由于没有组织性法律支持，导致部分机构名存实亡。后来根据《斯塔福法》对其职责加以确定并进行改革，才使其重获生机。这些都表明，只有得到法律的支持，安全应急机构的建立和运行才有可靠的依据。法律法规的完善，是安全应急体制改革和发展的基本保障。另外，在应对突发事件时，必然会涉及人力、物力资源的征用、调拨和补偿，应急物资的紧急采购和供应，还有动用国家储备物资等。在美国的国家体制中，政府的这些行动都需要得到法律的批准。为此，历届美国政府都致力于构建一个完善和可靠的国家应急安全法律体制。这主要是在现有法律的框架内或是通过新的法律来发展和完善国家安全应急体制，使国家安全应急政策的制定和执行能够适应当下的安全环境。同时还要修正安全应急法律存在的缺陷和不足，从而更有效地发挥国家安全应急体制的职能和作用。因此，美国的安全应急法律本身也不断经历着修订和完善的过程。例如1950年的《灾难救助法》出台后，经历了1970年、1974年、1988年三次修订，最终成为1988年通过的《斯塔福法》。

最后，在美国安全应急体制的改革和发展过程中，安全环境、安全理念、法律制度的发展，还最终推动了安全应急组织机构的逐步完善。在机构改革和发展过程中，美国安全应急体制变革的总体趋势是对安全应急部门的机构和职能进行一次次整合。从总体上来说，美国安全应急体制从最初的民防体系，整合为综合民防与自然灾害应急反应职责的联邦应急管理局，然后又整合为全面涉及传统安全和非传统安全领域的国土安全部。其不断完善的整合过程，又体现为横向和纵向两个方面。在横向体系中，美国安全应急机构在组织上涉及诸多方面。例如，美国目前安全应急体制中规模庞大的机构国土安全部，其建立之初就整合了22个部门的下属机构，涉及军事、经济、能源、农业等不同领域。在纵向体系中，美国政府已经建立了联邦、州和地方三个层次的安全应急管理机构。在联邦层面上，国土安全部负责政策制定和指导。各州设立的安全应急管理机构则是安全应急中的主要行为者，负责处理安全应急事务的实际工作。同时，各地方政府还设有应急管理中心，在州政府的引领下开展行动。

总而言之，在美国安全应急体制的改革和发展中，值得借鉴的经验主要是这一体制能够在应对纷繁复杂的安全环境变化的过程中，通过安全理念的不断调整，并逐步完善其法律体系和组织机构，从而使安全应急体制日趋走向成熟，并在不断的动态发展中，提高应对各种安全应急挑战的能力。但美国的安全应急体制变革总是观念落后于环境的变化，结果是“头痛医头，脚痛医脚”，因而造成了对突发性人为和自然灾害的防范疏漏，这也是其他国家在建设和发展自身的安全应急体制时应该吸取的教训。

第六章

美国安全体制的改革

1947 年通过的《国家安全法》是在吸取二战教训和预见战后安全环境的基础上对美国政府的国家安全功能设计的全面改革。70 年来，依据该法案确立的国家安全体制虽然总体上运作比较成功，但随着安全环境持续的变化，这套体系逐渐显现出其不适应安全环境变化的局限性。

第一节　美国安全体制的缺陷

基于《国家安全法》建立的国家安全体制主要是针对以苏联扩张为代表的传统安全威胁，因而难以适应冷战后更加复杂多变的安全环境。这套体制虽然帮助美国打赢了冷战，但体制与生俱来的缺陷使美国在冷战后遭遇了诸如预防恐怖袭击、发动伊拉克战争、阿富汗战后重建等挫折。尽管冷战后历届美国政府对之进行了改革，但一些缺陷却是制度带来的根本性缺陷，主要表现在以下几个方面：

一、安全体制的不平衡问题

美国安全体制以牺牲机制整体为代价支持强力部门，因而总体上不平衡，导致强部门弱整体机制，主要表现为：第一，低效的机构间委员会，即国防部、国务院等强力部门对整合使命不感兴趣。虽然总统亲自介入可使强力部门参与整合，但总统被众多相互竞争的议题占据，只好授权给临时或常设的委员会去协调，结果导致协调会议上争论不休和“议而不决”。例如，在决定是否对伊拉克动武的问题上，NSC 就曾召开过多次会议，但是由于国防部和国务院的意见相左，会议常常是无效率的且浪费了许多宝贵的时间。[①] 第二，信息分享机制缺乏。部门间的利益分歧使部门间信息的沟通不畅，这阻碍了政府对安全环境的评估。由于各机构和部门控制着信息和不同的评估能力，导致部门之间分享信息的困难，有时甚至不可能。如“9·11”恐怖袭击暴露了美国 FBI、CIA 等情报机构间缺乏信息分享机制。第三，NSC 协调实际上是妥协。由于多元政治思想的影响，NSC 协调的最终结果往往是各部门相互妥协的结果，这样的结果有时就像没有协调一样。这也正是很多美国总统不愿意召开正式的 NSC 会议的主要原因。美国前国防部部长拉姆斯菲尔德（Donald Henry Rumsfeld）曾抱怨：“我们在世界上面临的问题不是只适合单一部门或机构去应对的问题，而是一些不可避免地需要多个部门涉足和参与的问题。我们处理这类问题的方式往往是在最后一天耗时四五个小时或六个小时来召开跨部门会议。”[②] 第四，正式协调机制的低效导致决策者寻求非正式的决策机制。一位曾在老布什总统时期参加 NSC 会议的高级顾问说：“对我印象深刻的是布什政府时期机构间进程的非正式，也就是说真正的工作、绝大部分工作、做得好的工作和人们认真做的工作，都是以非正式方式完成的。”[③]

导致强部门弱整体机制的主要原因是美国现行法律赋予了那些掌控国家安全的内阁级官员以巨大的权威，法律并不支持总统整合官僚部门的能力以实现国家使命。例如，“9·11”恐怖袭击后，布什总统签署了《国家安全总统指令第八号文件》，决定设立新的负责反恐的副国家安全顾问来协调跨部门反恐政策。拉姆斯菲尔德援引法律赋予国防部长和参谋长联席会议主席军事指挥权的法律规定对此表示反对。因为这些功能性的国家安全部门控制了能力和资源，总统必须通过这些部门和机构去开展工作来实施政策。[④] 此外，来自强权部门的内阁部长们基本上被置于相互冲突的角色位置，因为他们的机构都要求他们为各自的部门加强自己的能力，这与需要牺牲部门利益来改善跨部门协调相冲突。“部门成员必须在它们作为总统顾问的角色与其建立、管理和保护强力部门能力的法定义务之间求得平衡”。[⑤]

---

① George Packer, *The Assassins' Gate: America in Iraq*, New York: Farrar, Straus and Giroux, 2005; and Thomas E. Ricks, *Fiasco: The American Military Adventure in Iraq*, New York: Penguin Press, 2006.

② Donald Rumsfeld, Remarks at the Eisenhower National Security Conference, 25 September, 2003.

③ Arnold Kanter, quoted in Ivo Daalder and I. M. Destler, *The Bush Administration: Oral History Roundtables*, 19 April, 1999.

④ Project on National Security Reform, *Forging a New Shield*, Arlington: PNSR, 2008, P. 147.

⑤ Richard Neustadt, *Presidential Power and the Modern Presidents: the Politics of Leadership from Roosevelt to Reagan*. New York, NY: The Free Press, 1990.

而且一旦在位，内阁部长就被强大的离心力拉开其与总统的距离。他们的职责是执行法律和回应国会的质询，这样的职责又被内阁成员依赖官僚生涯和其机构服务的利益集团所加强。内阁官员调和其角色冲突的一个方式是使总统相信在任何情况下对他们部门有利的就是对国家有利。这解释了为何在安全决策时众多内阁官员绕开正式程序而直接面见总统。

还有，总统安全顾问及其助手也存在着角色冲突。前国务卿奥尔布赖特（Madeleine Korbel Albright）指出："这种角色的冲突只有在一种情景下才会被削弱：国家安全顾问的职权是使我们国家安全政策的所有要素（包括防务、外交和情报）在同一方向上运行。他或她应该是协调政策而不是制定政策或执行政策。然而实际上，这些界限是模糊的。华盛顿的标准观察是历史上只有在基辛格身兼二职时才使 NSC 与国务院合作顺畅。"① 体制上强部门与弱整合机制间不平衡的后果是体制难以产生整合政策和执行整合使命。

现行安全体制不仅存在着强部门弱整合机制的不平衡，而且执行安全任务的机构之间也存在着角色和责任等方面的不平衡。随着"9·11"后全球反恐战争的展开，美国安全机构之间的不平衡总体上表现为"民事机构的能力非常有限"与国防部的作用太大。诸如国务院、国际开发署等民事或文职机构均或多或少地存在着资源不足、人手不够，没有进行最优化组织和训练，缺乏充足或必要的能力来支撑其国家安全角色和责任，无法适应后"9·11"和全球化时代对软权力灵活运用的需要。例如，民事机构在伊拉克和阿富汗的主要军事行动结束后缺少立即快速部署大量人员执行重建工作的能力。在伊拉克、阿富汗战后重建中，最适合民事机构承担的使命却被转移给了其他不适合胜任的机构，如国防部或承包商。与民事机构孱弱无力形成鲜明反差的是国防部在诸如经济重建、外国警察训练、人道主义救助方面的多种外事活动中承担了过多的角色。国防部缺少从事诸多外援使命的专家或人事，做了一些本不该做也做不好的事情，"侵犯"民事机构的权限，对国防部自身也不利。"将国防部当成默认的解决方案使用增加了本已部署战线过长的军队的负担，减少了它们应对其他需求的训练和准备"②。

二、机构间协调与整合机制存在不足

美国为计划和执行国家安全活动而进行的机构间协调包括各种正式的机制和

① Madeleine Albright, *Madam Secretary*, New York: Miramax Books, 2003, P. 88.

② Catherine Dale, Nina M. Serafino, Pat Towell, Organizing the U. S. Government for National Security: Overview of the Interagency Reform Debates, *CRS Report*, P. 7.

非正式的机制。在一些情形下，由白宫 NSC 秘书班子负责机构间协调和对执行政策行使监督权。例子之一是小布什政府时期，在伊拉克和阿富汗问题上的总统国家安全顾问和副顾问的角色是负责协调在这两个重大、复杂行动中的行政部门的行动。小布什政府的另一个例子是“美国自由军团”，它的领导委员会类似 NSC，包括内阁成员。“自由军团”主任起着总统的副主管作用，它在白宫办公室负责协调所有参与机构的政策输入和对“自由军团”计划实施的监督。①

在其他一些情形下，总统将协调和监督的责任赋予一个“牵头机构”（leading agency），即在某一给定的安全问题领域，授予单个部门或机构去协调多个机构的责任。“牵头机构”或许是永久的，也或许是临时的，它可能获得或没获得指导其他机构行动的授权。例如，在“自由伊拉克行动”期间，国防部起着临时“牵头机构”的作用。在国务院，“重建与稳定协调办公室”（S/CRS）则承担了负责协调应对复杂紧急事态的计划和执行的永久性“牵头机构”的角色。

此外，白宫还创立了在机构间协调的“附加机构”（extra-agency），其人员来自所有相关的关键性机构。通过来自多个部门和机构的专家聚集在一起整合和分析与反恐有关的情报和集体策划行动，“国家反恐中心”就遵循这一组织模式。在海外，也成立了一些协调民事与军事机构活动的组织，如在伊拉克和阿富汗前线，设立了民事机构的代表参与咨询的、隶属于战区司令部的“联合机构间协调组织”（JIACGs）。

然而实际上，无论是在华盛顿还是在阿富汗、伊拉克战地，相关机构都不能在计划或执行国家安全活动上做到充分协调。造成这一问题的原因多种多样：可能是因为在计划时留下了未被发现的空白，也可能是担心导致浪费资源、重复努力，甚或在做相互不合、彼此抵消的工作，还可能被认为是在向伙伴国传递矛盾的信息或无意向外界显示缺乏国家团结。最为重要的是，过多的协调可能导致执行的失败。

三、国家安全资金预算体系的缺陷

国家安全体系只向功能部门提供资金，不以国家的安全使命为依据提供必要的配套资金，资源与战略不匹配。美国的预算先是按部门来制定和划拨，然后通过部门间机制来分配，结果没法实现国家使命。在制定总统预算需求时，缺乏定期召开会议严肃讨论适用何种资源或何种资源组合的全盘努力。“由于缺乏清晰

① President George W. Bush, Executive Order 13254, January 29, 2002, “Establishing the USA Freedom Corps,” *Federal Register*, Vol. 67, February 1, 2002, pp. 4869 – 4871.

表达国家轻重缓急或严肃的系统层面的辩论，总统的预算要求倾向于反映单个机构的公平分配和关注”。[①] 尤其是资金分配过程没有考虑到全方位安全需要的能力，不允许体制考虑优先需要，不提供资金分配的灵活性以回应变化的环境。总统向国会申请的一揽子年度预算需求是建立在诸如国务院和国防部之类的机构而非基于“国家安全”或“对外援助”项目基础上。每个机构根据美国政府管理预算总局（OMB）提供的工作大纲来准备自己的预算份额，而管理预算总局无法在复杂的国家安全体制中实现必要的权衡。此外，管理预算总局缺乏明确机构间使命所需要的分析能力。国会也是按部门功能而非国家安全使命拨款，拒绝将资金划拨给未指定的支出。相对于在外交事务上的支出，国会强力支持防务开支，因为这反映了公众民意。向功能而非使命提供资金加重了美国安全体制强部门弱整合机制的一面，使争夺资源成为跨部门协调的持续障碍。更为重要的是，经常是在不具备必要的成功能力的情况下应对复杂的突发事件。为此参议员理查德·卢格（Richard Lugar）总结道：“民事外交机构的资源不足破坏了反恐战争的有效开展。而且实际上可以说，在军事和民事手段方面投入的不平衡威胁着美国安全政策的成功”[②]。

四、总统权力的集中和白宫负担加重

总统的直接介入虽然可弥补体制在整合或向使命提供资源的能力上的不足，但却导致议题管理的集中化和白宫负担加重。前述体制的缺陷内在于现存国家安全体制的基本设计中。产生的后果反过来成了现存国家安全体制的核心问题。当跨部门的任务执行得不好时，总统可通过亲自干预来弥补体制在整合和资源配置能力方面的不足。由于时间有限，总统往往寻求授权整合的方式，但没有他的亲自参与，这些授权方式在很大程度上被证明为无效。所以，从根本上讲，现存体制要求总统直接参与安全议题管理。现行体制不能帮助总统整合多个部门的政策、战略和实施责任的两个主要表现为：一是长远计划的缺失；二是白宫议题管理的集中化程度增加。与长远规划相比，现行体制似乎更擅长危机管理。[③]

在过去的60年，大多数美国政府倾向于将决策权威集中于白宫。虽然总统

① Gordon Adams, *Buying National Security: How America Plans and Pays for Its Global Role and Safety at Home*, New York: Routledge Press, September 2008.

② United States, Embassies as Command Posts in the Anti-Terror Campaign: A Report to Members of the Committee on Foreign Relations, United States Senate, One Hundred Ninth Congress, Second Session, December 15, 2006, Staff report 109－52, (Washington: U. S. G. P. O., 2006).

③ PNSR, Forging a New Shield, P. 155.

们以试图下放决策权开始，但几乎所有总统都以更大的集中来结束自己的任期。杜鲁门总统通过在NSC会议外的协商来保持对政策控制的集中化。艾森豪威尔总统通过在NSC体制内创立NSC“计划委员会”来产生政策选项，尽管其大多数政策决定是在椭圆形办公室做出的。

总之，“最有效的决策手段是增加白宫对决策进程的集中度”①。在外交事务领域，这意味着总统越来越依赖国家安全顾问和逐渐扩大的NSC秘书班子。国家安全体制僵化的垂直结构及其机制从根本上使总统下放决策权的能力复杂化。总统用来规避刚性结构和授权整合的工具不好使用。原因在于：一是不存在持续有效的总统授权模式；二是没有总统的亲自参与，牵头机构和全权负责人缺乏指挥整合的权威。内阁官员经常让国家安全顾问知道他们将不会在其不赞同的方向上采取行动，除非直接来自总统的指导。没有总统的介入，牵头机构或全权负责人缺乏实际的权威来指挥内阁官员或他们的机构采取整合行动。这种现象几乎真实地存在于从国家安全顾问到大使领头的“驻受援国小组”的所有层次上。这样导致的后果是：决策权集中化的趋势增加了白宫的负担，限制了决策能力，使体制倾向于危机管理，从而付出牺牲积极参与和更大范围的政策与规划的代价。例如对华政策应是克林顿政府的一个关键议题，但在克林顿总统的第一个任期内，总统及其国家安全顾问莱克（Anthony Lake）因将注意力集中于处理国内经济问题和海外的波黑危机等其他关键议题，对华政策没能得到重视，直到1996年才开始重视对华政策。②

总统负荷沉重严重影响了其对国家安全体制的指导和管理。总统疲于议题管理导致另一国家安全体制的核心问题，即体制作为一个整体不能提供战略指导与管理。按照1986年《戈德华特—尼克尔斯法》的要求，白宫每年向国会提交美国国家安全战略的书面报告。白宫起草的国家安全战略报告也没能优先处理安全挑战，报告并没有阐明国家权力的各种工具是如何被运用和整合来完成战略中的每一个目标。对国家安全的范围、大战略和国家安全体制远景共识的缺乏，限制了总统提供战略指导的能力。总统及其幕僚人数太少以至于不能全方位地整合重要国家安全议题，也因太专注于其困难的工作而不能管理国家安全体制。由于不堪干预关键议题和危机的重负，白宫缺乏对整体的国家安全体制的指导或管理。这一症状表现在战略指导、沟通、资源导向、行为评估等领域。当前，由于缺乏对安全范围清晰的界定及对未来安全状况的愿景，国家安全专家在共同目标上协作的能力受到限制。事件发生的速度和系统内离心力量是如此巨大，以及战略指

① Stephen Hess，*Organizing the Presidency*. Washington：Brookings，1976，pp. 177 – 178.

② PNSR，Forging a New Shield，P. 162.

导功能的表现是如此糟糕，以至于体制倾向于对外部事件被动地做出反应，而不是将注意力集中于战略目标上。战略管理的功能之一是确保向最重要的优先议题提供资源。但国家安全委员会秘书班子人数少，且被大量事务性工作缠身，因而没时间向总统呈送资源配置的分析报告。专门负责预算的 OMB 或许可以向总统呈送这样的分析报告，但它关注的是各部门的具体预算支出情况，不会在安全战略优先议题的资源配置上投入足够的精力。结果是对战略优先议题配置资源的问题不得不在体系层面上解决，从而加重了本已负担沉重的总统的负荷。负荷沉重还导致对体制表现糟糕的评估。体制现存的评估工具虚弱无力，如《政府绩效与结果法案》，缺乏强烈的责任动机，它只面向个体的部门或机构。不堪重负的白宫及其在管理整体的国家安全体制上的无能所造成的后果是体制僵化、盟友失望和政府过渡期团结意愿的下降。[①]

五、立法部门加重了本已存在的体制缺陷

立法部门提供资源并进行监督的方式加重了问题的严重性，使改进体制的表现变得困难。一般来讲，国会的监督角色包括评估、监督和审查公共政策的执行。这样的角色包括产生预算、授权和拨款进程，确保行政机关按照立法意图执行，评估项目执行情况，将联邦机构的组织、功能和权限具体化等。作为立法机构的国会既反映也强化了行政机构“强部门弱整合机制”的问题和其他问题。国会委员会是按照与行政部门和机构相对应设立的。这导致防务委员会只负责防务事项的评估与立法，外交政策委员会只涉足其管辖范围的外事监督。虽然“政府改革委员会”能调研和重组行政部门，但还是缺少专门致力于负责跨部门机制或多机构运作的委员会。委员会保护自己的领地和权力发生在国会两院。多个委员会考虑跨部门事务的进程非常困难，且两院不一致。常设委员会不能为跨部门的挑战和可能的解决方案进行系统层面上的定期协调。联合听证会和一些委员会成员的重叠或许可提供有限的跨部门交流，但这显然是不够的。以上表明国会监督机制在设计上存在缺陷，不能通盘考虑诸如涉及多个机构的国家安全议题。国会目前并没有按照行政部门要求的方法来改变自身的结构，以此来推动跨部门安全任务的执行，反而加强了过去那种过时的、以单个部门为中心的任务执行方法。国会“烟囱式”的结构导致其只关注狭隘的议题，缺乏整体的战略视野。例如，自 1989 年以来，在国会对对华政策兴趣浓厚的同时，美国政策却被众多国会委员会监督，它们只考察其权限内的狭隘议题。虽然外交政策委员会拥有广阔的视

① PNSR, Forging a New Shield, P. 168.

野，但贸易委员会只负责大多数影响两国的有争议的立法。防务委员会则评估五角大楼对崛起的中国军事力量的应对措施，并要求就此主题定期向国会报告。众议院甚至于1999年设立了一个研究中国努力获取美国技术的特别委员会。近些年国会逼迫中国改革人民币汇率体制的立法牵涉到分管贸易、外交政策和金融服务的委员会。没有一个委员会监管对华政策合作，以确保贸易与人权政策、军事准备和外交接触处于适当的平衡状态。[①] 影响国会作为安全政策的参与者发挥重要作用的主要障碍包括：国会对跨部门的任务和行动缺少定期监督；对行政机构在对外事务上的管理缺少关注；对国防部、外交部和财政部等国家权力部门的总体资源分配变得越来越不具有灵活性；对总统在安全任务方面的官员提名的批准过程显得缓慢；不能及时通过必要的立法；党派争斗导致府会在安全议题上的糟糕合作等。

立法部门的拨款和监督方式强化了本已存在的体制缺陷，使改进体制更加困难，从而直接影响了国家安全使命的完成。

总之，1947年确立的国家安全体系不能够有效地调集和整合联邦机构内和机构之间的资源，从而实现关键性的国家安全目标。“不像我们的竞争对手，我们国家的安全体系不是灵活的和反应迅速的。‘9·11’恐怖袭击所揭示的失效、‘卡特里娜’飓风灾期令人困惑的国家和地方协作、对伊拉克叛乱的缓慢意识和反应，均突出了我们体制的不适应性”。[②]

第二节　奥巴马政府对安全体制的改革

奥巴马上台前夕，全球金融危机的爆发使美国面临的安全环境更加复杂。多样性的安全威胁使美国原有的国家安全体制在应对挑战方面捉襟见肘。小布什政府时期在安全政策上的失败经历促使美国智库、府会在改革旧的国家安全体制方面达成共识。奥巴马采纳“国家安全改革项目”委员会（PNSR）、IBM政府事务中心、美国战略研究所（SSI）等智库的改革建议，对美国国家安全体制进行了大刀阔斧的改革。

一、奥巴马政府改革美国安全体制的背景

随着安全环境的持续变化，美国现存国家安全体制的局限性变得更加引人注

① PNSR, Forging a New Shield, P. 174.

② PNSR, Forging a New Shield, Introduction.

目，尤其缺乏应对传染病的威胁、网络攻击、可能使用大规模杀伤性武器的恐怖袭击的能力。复杂的安全环境的挑战需要更广泛、更有技巧和更有意愿的机构间协作，这样的协作不仅体现在华盛顿，而且体现在地区、国家、州和地方层面上。自全球金融危机爆发以来，美国面临的安全威胁较先前更加复杂多样。美国面临着传统威胁和非传统安全相交织的挑战。不仅如此，“美国较以前面临着更大的不确定性和更广泛的安全挑战”①。次贷危机、全球金融危机暴露了美国在经济方面的脆弱性；黑客攻击也使得美国网络安全问题凸显；新兴大国的崛起给美国安全带来了前所未有的挑战。美国从未遇到过像中国这样在政治制度、价值观上与美国迥异，却在经济上与美国高度相互依存的竞争对手。

不仅如此，布什政府时期经历的“自由伊拉克行动”“持久自由行动”和对“卡特里娜”风灾的反应，加深了许多美国防务和外交学者对1947年体制能否充分应对21世纪挑战的怀疑。2001年开始的阿富汗战争虽然很快推翻了塔利班政权，但是塔利班并没有被彻底消灭。与此同时，美军的伤亡人数直线攀升，军费开支连年增加。2003年开始的伊拉克战争在发动时就备受争议，美国国际形象也因此受损。战争开始后，虽然推翻了萨达姆政权，但是在后萨达姆时期，美军却付出了惨重的代价。这都显示了在21世纪，美国超强的军事实力并不能转化为掌控地缘政治的能力。此外，美国政府在应对“卡特里娜风灾”方面也显得十分迟钝。这些行动的失败，凸显了旧体制在及时决策、制定优先战略和计划以及执行复杂使命等方面的问题。

总之，美国安全体制的基本缺陷在于：它不能通过充分地整合各种权力资源来完成保护国家所必需的全方位的国家安全使命。现存体制及国会管理和拨款的方式不允许及时、有效地整合不同部门的专业技能和能力，这不适合在一个日益复杂、快速变化的世界中保护美国利益及其公民。

二、美国战略界对改革安全体制的共识

奥巴马上台前夕，包括众多智库、国会议员、政府官员在内的美国战略界认为，美国依据1947年《国家安全法》建立的国家安全体制难以为继，迫切需要对其进行根本性改革，以适应日益复杂的安全挑战。

众多智库一直是改革的积极倡导者，它们纷纷提出了改革部分或整个现存国家安全体制的建议。例如“美国外交学院”和“史汀生研究中心”为期两年的

① Catherine Dale, Nina M. Serafino, Pat Towell, Organizing the U. S. Government for National Security: Overview of the Interagency Reform Debates, *CRS Report*, December 16, 2008.

合作研究产生的报告"为未来进行外交预算"；跨党派的、国会授权成立的、审查外援的"HELP"委员会等。其中，对美国国家安全体制进行深刻、系统反思与研究的当属"国家安全改革工程"（PNSR）、战略研究所（SSI）、国会研究局（CRS）、IBM政府事务中心、美国国防大学（NDU）等。它们很早便对国家安全体系进行了深入研究，并发布了相关研究成果。PNSR是由曾在20世纪80年代担任参议院军事委员会成员、《戈德华特—尼克尔斯法案》起草人之一的詹姆斯·洛克三世（James Locker Ⅲ）牵头组建的智库，集中了300多名来自政界、情报界、军方、智库、高校和商界等各领域的专家，其宗旨是"改善政府有效应对21世纪国家安全挑战的能力"[①]，更明确地讲，就是旨在帮助美国起草一份新的国家安全法。PNSR于2005年12月启动，2008年11月向总统、总统竞选获胜者、国会提交了国家安全体系研究报告——《铸造新盾》（*Forging a New Shield*）。该报告指出，美国现有的国家安全体系面临失败的危险，需要进行严肃认真的改革。以战略问题为研究重点的SSI多年来全方位跟踪美国国内和国际安全面临的新挑战。进入21世纪后，SSI十分关注美国国家安全体制改革。它经常与其他大学和研究机构举办关于国家安全议题的研讨会。2009年6月24日，布什公共事务和政府学院、德克萨斯A&M大学斯考克罗夫特国际事务研究所、美国陆军战争学院、战略研究所在华盛顿共同举办了一场主题为"领导和全政府改革"的研讨会。两个专家组讨论了领导、国家安全和"全政府"（the whole of government）改革。这次研讨会是布什学院与SSI举办的系列研讨会中的第四次会议。2010年6月24日的研讨会继续讨论了领导人的培养和全政府改革，亦即在1947年《国家安全法》和1986年的《戈德华特—尼克斯法案》的基础上进行更全面的改革，以适应安全形势的变化，并形成了题为《重新思考领导和"全政府"国家安全改革：问题、进步和前景》的研究报告。该报告思考了对美国安全的外部、内部和跨国威胁，以及对发展民众、组织和机构更有效、充分和合理地改进美国政府应对变化能力的需要。[②] 本质上，该报告的作者们分享了存在于国际和公共事务圈子（包括斯考克罗夫特和布热津斯基）内的信念，即世界正在发生根本的变化，传统的理解美国角色的模式越来越不起作用，需要进行改革以适应新时代安全形势的变化。专家们建议：改革美国国家安全体系以应对21世纪的威胁，同时制定范围广泛（broad-scale）和切实可行的改革议程。IBM政府事务中心成

---

① Alan G. Whittaker, Frederick C. Smith and Ambassador Elizabeth McKune, *The National Security Policy Process: The National Security Council and Interagency System*, November 15, 2008 Update, Washington, DC: Industrial College of the Armed Forces, National Defense University, 2008, http://www.ndu.edu/icaf/publication/nsc/docs/icaf-nsc-policy-process-report-11-2008.pdf.

② Joseph R. Cerami, Jeffrey A. Engel, Editors, Rethinking Leadership and "Whole of Government" National Security Reform: Problems, Progress, and Prospects, May 2010, http://www.StrategicStudiesInstitute.army.mil/.

立于 1998 年，致力于有关提高政府部门工作效率的学术研究。它是一个非营利性的独立研究机构，至今出台的研究报告已达 200 多份。其有关国家安全体制的研究主要集中在 NSC 的运作与改革方面。2008 年，该机构发布了研究报告——《国家安全委员会：给新总统的建议》。① 报告主要分析了 NSC 在政策制定、政策执行、政策监督等方面的作用。

在奥巴马上台前夕，美国“府会”逐渐认识到了旧的国家安全体制的弊端，开始日益强调改革，并做了大量的准备工作。

行政部门方面，时任国防部长盖茨（Robert Gates）首先倡导改革美国原有的国家安全体制，认为美国国防部不能单独应对国家安全挑战。2008 年 4 月 15 日，盖茨敦促思考“如何用长远观点重建国家安全结构”②。2009 年 9 月，他在国防大学演讲时说：“对于我来讲，似乎需要为应对 21 世纪挑战进行新的国家安全立法，升级帮助我们进行和打赢冷战的机制与框架。”③ 其观点反映了一些五角大楼官员对国家安全体制改革的长远看法。

国会方面，参议院外交委员会（SFRC）就整合国家权力中的军事和非军事要素举行了一系列听证会。在 2008 年 3 月 5 日举行的听证会上，SFRC 主席拜登（Joseph R. Biden）公开表示了对“2009 年《国家安全法》”的兴趣。4 月 24 日，SFRC 举行了题为“行使巧实力：为国家安全改革设定议程”的听证会。7 月 31 日，该委员会还举行了主题为“界定军事在外交政策中的角色”④ 的会议。

2008 年 3 月，众议院军事委员会（HASC）的“角色与使命专家组”发布了其关于保护美国安全的最终工作报告。该报告着重阐述了“机构间协调”存在的问题及对策建议，邀请国会山的同事和公民“和我们一起重新思考国家安全”。⑤

三、奥巴马上台后对美国国家安全体制的改革

奥巴马政府自 2008 年上台以来，广泛吸纳上述智库的意见与建议，PNSR 起初包括了奥巴马政府的几位关键成员。奥巴马政府对旧有的国家安全体制进行了

---

① IBM Center for the Business of Government, *The National Security Council: Recommendation for the New President*, available at: http://www.businessofgovernment.org/.

② House Armed Services Committee hearing transcript, "Building Partnership Capacity and Development of the Interagency Process," April 15, 2008.

③ Secretary of Defense Robert Gates, Question and Answer Session following remarks at National Defense University's Distinguished Lecturer Program, Ft. Leslie J. McNair, Washington, D. C., September 29, 2008.

④⑤ Catherine Dale, Nina M. Serafino, Pat Towell, Organizing the U. S. Government for National Security: Overview of the Interagency Reform Debates, CRS Report, P. 4.

大刀阔斧的改革与调整，主要包括以下几个方面：

第一，设立应对安全事务的新委员会，成立网络司令部。奥巴马接受了 IBM 政府事务中心关于“设置一系列政策评估议程和组建机构间团体，便于总统在未来的危机管理中使用和借助这样的议程和团体”的建议，设立了新的委员会来处理网络安全、大规模杀伤性武器扩散和恐怖主义、边界安全和情报分享事务，制定应对威胁的弹性政策。[①] 如设立了网络安全评估委员会，该组织于 2009 年 5 月发表《网络空间政策评估》报告；2010 年 3 月，美国通过了《网络安全法案》，以帮助美国政府机构和企业更好地应对日趋频繁的网络攻击；2010 年 5 月，美国“网络司令部”建立。

第二，国土安全委员会与国家安全委员会联署办公。2009 年 5 月 26 日，奥巴马发布总统令，对白宫安全体制进行了半个世纪以来最大的一次改革。国土安全委员会（HSC）与国家安全委员会（NSC）联署办公，以期减少重叠，提高效率，联署办公后的工作班子被称为“国家安全参谋部”（NSS）。国土安全/反恐事务助理将同时向总统和国家安全事务助理负责。

第三，重视国家安全委员会在安全决策中的作用。奥巴马上台以后，积极吸纳了 IBM 政府事务中心等智库的研究建议，从总体上对国家安全委员会进行了调整，留任了小布什政府时期的工作班子，进一步明确了 NSC 政策形成、政策执行监督和政策执行的三大功能。具体内容主要体现在以下两个方面：一是高度重视 NSC 机制，充分发挥 NSC 在外交安全决策中的作用；二是使国家安全顾问成为自己“诚实的掮客”。

第四，调整、改组国防部。针对国防部权力过大、功能错位的问题，奥巴马上台以后，对国家安全体制的核心部门——国防部进行了重大调整，具体主要体现在 2010 年发表的《四年防务评估报告》和《核态势评估报告》中。《四年防务评估报告》指出了国防部改革的两个基点：一是实现当今的作战能力与未来军事能力的平衡，实现短期目标与长期目标的有机结合，加强战略性与前瞻性。二是进一步改革国防机构与具体的工作程序，提高工作效率与灵活性。

具体的改革措施有：改革各军种，优化各军种的指挥系统；增强电子网络空间有效作战的能力；加强国务院和情报部门的分工与合作，将国防部的作用主要集中在军事领域。[②] 鉴于美军与中俄竞争对手之间的制空能力差距缩小，在奥

---

① Richard A. Best Jr.，“The National Security Council: An Organizational Assessment”，*CRS Report for Congress*，December 28，2011.

② 2010 Quadrennial Defense Review（QDR），Department of Defense，http://www.defense.gov/Portals/1/features/defenseReviews/QDR/QDR_as_of_29JAN10_1600.pdf；Nuclear Posture Review，Department of Defense，http://www.defense.gov/Portals/1/features/defenseReviews/NPR/2010_Nuclear_Posture_Review_Report.pdf.

巴马总统的第二任期内，美国空军组建了“事业能力合作小组”，负责评估战略对手的竞争威胁，研究协同一致的解决方案，通过整合空中能力、太空能力、网络能力、电子环境能力和地面能力来解决空军在复杂环境下的联合作战问题。①

第三节 美国国家安全体制改革与展望

当代安全挑战表现为传统和非传统威胁交织，危险和机遇在数量上比过去更多，在表现上也较过去更加多样。大多数重大挑战不再能够通过传统的冷战方式来成功应对。未来安全环境将加剧而非缓解美国安全体制运行的问题。②

一、未来数十年全球环境演变的两个基本特征

未来数十年全球环境演变的两个基本特征如下：

其一，安全环境将会比现在更加复杂。国际体系的复杂性源于以下几种因素：复杂性涉及全球舞台上行为体种类和数量的增加；还涉及影响美国及其盟友安全的方式增加；更涉及行为体之间在经济、政治和技术上相互依存的增加。过去几十年快速变化的、更加复杂的环境需要美国安全体制有效地应对国家内部冲突、国家间冲突、非国家行为体和公共外交。然而，1947 年体制被设计成主要是让国防部来处理国家间的冲突。其他形式的冲突被假定为不如国家间冲突（主要是与苏联的冷战）那么重要。③

其二，国际环境变化的速度将比以前更快。快速变化将在政治与军事、经济与金融、能源与环境、科学与技术、人口与社会、文化和智力等许多领域全面展开。日益增加的复杂性和快速的变化将使现存的美国安全体制的弱点随着时间的流逝进一步暴露出来。尤其是冷战后进入国际舞台的行为体越来越多，它们彼此之间的互动越来越频繁，从而导致环境变化的步伐越来越快，进而使安全挑战的来源、方式、规模较先前更加多样、交叉和不确定。

---

① 美空军欲抓牢“未来制空权”，合众国际社华盛顿 4 月 11 日电，《参考消息》2014 年 4 月 13 日。

② Matthew Schmidt, Future Security Trends: An Annotated Bibliography, Project on National Security Reform, 2 April 2008.

③ Project on National Security Reform, *Forging a New Shield*, P. 187.

二、未来美国的安全体制机制改革

鉴于前述美国国家安全体制所暴露出的缺陷，未来美国的安全体制机制改革将围绕以下几个方面展开：

第一，针对结构问题的改革。美国安全体制在结构上一方面存在着部门条块分割，另一方面又存在着总统负总责的僵硬的等级制。部门条块分割导致国防部、国务院、情报总监办公室等强力部门在实现国家安全使命上难以相互配合，除非总统亲自干预或过问。但总统关注的安全议题非常广泛，他没有充裕的时间或精力干预围绕某一安全议题所需要的部门间整合。同时，总统的注意力也会被新出现的、紧迫的安全议题所牵引。何况总统还要思考需要顶层设计的战略指导问题。在既无时间也无精力牵头进行跨部门整合的情况下，总统一般会授权牵头机构（部门）或个人处理某一安全议题。但被授权的机构或个人的权威一般不会被强力部门认可，即使他们有总统的尚方宝剑。美国安全体制上的这种困境是同美国的制度与生俱来的。除非发生重大的威胁美国国家安全的事件或危机，否则难以对安全结构进行重组或调整。例如若非发生“9·11”事件，美国是不会设立国土安全部、国家情报总监办公室等，对美安全机构和情报界等进行重大结构性调整的。未来美国可能设立一个单独的国家安全委员会（或取名为“总统安全委员会”）来取代现存的国家安全委员会、国土安全委员会和国家经济委员会，或者进一步将权力集中在美国国家安全委员会，以全面整合美国的政治和安全战略，将焦点从部门的力量和目标转移到国家的使命和结果上来。为了有效地整合美国的安全政策，未来有可能在“总统办公室”下设“国家安全主管”一职。该主管将主要负责高层次的国家安全事务，与现在的总统国家安全助理有很大的差异。还有可能改革国务院，加强其现有职能，收回那些本属国务院核心职能但却被分配到其他部门的职能，以此改善美国的对外关系。在国土安全问题上可能进一步加强联邦与地方各级政府的整合，设立法定的“国土安全合作委员会”，为各州和地方政府、私人团体、非政府组织等在联邦政府内展开合作提供平台。还可能设立“事务紧急情况管理援助共同体”，以促进紧急情况下私人团体和非政府援助。针对目前美国政治结构中出现的府会分权对立的僵局，未来很可能在建立一种更好的行政—立法部门之间的伙伴关系方面加大改革力度。

第二，针对美国安全体制缺少战略指导问题，未来美国会加强战略制定和计划指导，将总统办公室的注意力放在战略和战略管理上。未来美国总统将不会陷入具体的安全议题讨论，而是将更多的精力放在战略规划（顶层设计）和战略管理上。美国历史上在战略规划方面做得比较好的总统并不多，艾森豪威尔的“日晷计划”（Solarium Project）就是其中之一。为了改善战略规划和体系管理，未来美国将加强由国家安全委员会领导的“国家安全评估”（不同于国防部四年一度的《防务评估报告》）。评估的内容将包括确定目标的优先次序、确立危机管理标准、细化特定优先任务的角色和责任、评估要求的能力，以及确定能力的差距。其他改革措施可能包括制定《国家安全计划指导》，由总统每年向所有的国家安全部门发放，为各部门在“国家安全评估”的基础上提供指导。总统进一步指引各部门的计划去适应这种指导；同时为了提升对国家安全体制的监管，总统可能会授权新的国家安全委员会中的一名执行部长去管理整个体制，该执行部长向国家安全主管汇报跨部门运作情况，汇报内容包括体系整体表现的评估和体系内各部分的表现。

第三，针对资源分配和安全战略不相匹配的问题，未来将基于对国家安全任务的分析而合理分配资源，使国家安全使命与所需资源配套起来。可能的措施包括提升制定全面的国家安全预算的能力，要求国家安全部门和机构根据《国家安全计划和资源指导》制定一份六年期的预算计划，由“总统安全委员会”的成员领导“总统安全委员会”和“预算管理局”（OMB）开展联合工作，评估各部门和机构的安全行动资源与预算分配。根据评估，预算管理局应当在《国家安全资源》文件中对各部门预算形成一个指导意见，作为总统六年国家安全资源战略的一部分，提交国会审查。同时每个年度根据安全环境的变化进行相应的实时修改，以体现预算分配的灵活性和应急性；形成一份统一的国家安全预算，为总统和国会提供一个关于国家安全的活动、优先顺序、资源分配、确定冗余和赤字的全方位的解释。这份预算需要和各部门预算一起送交国会，并附上证明材料，以说明与《国家安全评估》和《国家安全计划指导》的目标相一致。

第四，针对跨部门协作方面存在的问题，未来美国将通过设立“跨部门团队”和“跨部门危机任务小组”来解决。为解决白宫负担过重、无精力直接介入跨部门安全事务处理的问题，美国总统将通过授权跨机构小组和危机特别小组使其承担国家安全任务和议题管理的职能来缓解。具体做法可能是由总统选择性地抽调“总统安全委员会”的人员到新的跨部门团队中。这些团队由全职人员组成，配备适当的资源，存在的时间也十分灵活，可以实施那些超出现存体制处理能力的全方位计划。在改善危机管理方面，未来可能会设立“跨部门危机任务小组”去处理那些各部门和“跨部门团队”都无法处理的危机。此外，未来的国家安全体制将鼓励私人团体和各层次政府在国内安全方面的合作，包括预防、保护、反应和恢复。

第五，针对国家安全体制中信息分享和交流不充分的问题，未来美国将通过极大地改善信息和情报的流动来解决。具体改革措施可能包括在总统安全委员会执行秘书处设立一名首席信息官员，来提升对总统及其顾问们的决策支持和确保作为一个整体的国家安全体制能够创造、储存、检索和分享信息；在每一个安全部门和机构设立一名首席信息官员，同时设立“联邦首席信息委员会”，以加强信息管理；要求所有安全机构和部门要定期提供自己部门的可公开的国家安全任务数据，并根据安全环境的变化进行相应的升级；通过创立和发展一种协作的信息体系结构，来促进跨部门信息共享。与此同时，“总统安全委员会”的执行秘书通过为部门间交流和数据联通制定总体的行事规则，将单一的安全等级、准入机制和通关程序整合在统一的安全体系内。

第六，针对美国安全体制缺少人力资源的问题，未来美国会将部门员工的创新能力、领导人的培训、员工的日常培训、各部门文化与国家安全战略目标联系在一起。这方面的具体措施可能包括设立由公共和私人专家组成的“国家安全专家团队”，为跨部门任务培养专门的国家安全专家；通过增加民事人员的授权和拨款并设立“国家安全教育协会”，以实现跨部门的人员流动；制定“国家安全战略人力资源计划”，以确定和确保实现国家安全所必需的人力资源等。

第七，针对国会委员会过多和监督虚弱等问题，未来美国可能会在结构和功能上改革国会，使国会为整合后的国家安全任务提供资源和监督。具体措施可能包括改革国会目前由多个委员会分管国家安全事务的“烟囱式”的结构，在参众两院设立负责管辖国家整体安全使命的专门委员会；改变国会以往按部门拨款的做法，要求国会对国家安全使命或任务单独拨款；将总统国家安全事务助理的人选纳入参议院批准范畴，以此加强对国家安全委员会工作班子的监督；加强国会对外援、国防部、国土安全部的定期监督等。

总之，未来美国安全体制机制的改革将越来越强调围绕安全使命的跨部门整合与协作，加强体制应对复杂安全挑战的灵活性。然而，无论未来安全环境怎样变化，安全体制怎样进行与时俱进的改革，美国安全体制的改革都只能是在不触动三权分立基本政治结构基础上的增量改革。自 1947 年依据《国家安全法》确立基本的安全体制架构后，美国国家安全体制很少出现大的改革。自 1947 年以来，尽管经历了美苏冷战、苏联解体、全球化兴起、恐怖主义蔓延、金融危机肆虐、新兴大国崛起等一系列重大挑战，但这些挑战并没有导致美国国家安全体制的根本性变革。战后的历届总统和国会只是在 1947 年设立的国家安全体制基础上进行增量改革，表现为在保留体制基本架构和工作流程的基础上对既有的国家安全机构撤销、合并和增设新的安全机构。机构撤销，如 1949 年的《国家安全法修正案》撤销了不合时宜的“国家安全资源局”（NSRB），将其职能并入“总统行政办公室”。增设新机构，如小布什在“9·11”事件后在 NSC 内设立“打击恐怖主义办公室”（the Office for Combating Terrorism）。机构合并，如小布什上台后将负责俄罗斯政策和东南欧（即巴尔干）政策的“NSC 理事会”（NSC Directorate）与“欧洲事务理事会”合并为一个单独的“欧洲和欧亚事务理事会”，反映了小布什政府希望在相互关联的欧洲事务大背景范围内处理俄罗斯、中南欧问题。[①] 尽管 2008 年前夕美国府会与智库已形成对 1947 年设立的国家安全体制进行大刀阔斧改革的基本共识，但因体制惯性、官僚机构部门文化等因素的掣肘，奥巴马政府对既有的国家安全体制仍然是继承多改革少。PNSR 所倡导的美国应重新制定一部适应 21 世纪新的安全挑战的《国家安全法》的改革宏愿恐难以实现，也不可能通过整合行政与立法权力来打破目前反映两党极化政治的府会对立僵局。

① Alan G. Whittaker, Frederick C. Smith and Elizabeth McKune, “*The National Security Policy Process: The National Security Council and Interagency System*”, November 24, 2008, P. 25. http://www. dtic. mil/get-tr-doc/pdf? AD = ada502949.

第二篇

俄罗斯国家安全体制机制

俄罗斯安全体制机制在继承苏联安全体制机制的基础上，保留了苏联强大的军事和情报安全体制的主要结构，并在此基础上进行了改革和创新。从 20 世纪 90 年代初开始，俄罗斯历经叶利钦和普京（梅德韦杰夫）时代，不断丰富国家安全理论，完善国家安全体制，形成了以俄罗斯总统为核心、以联邦安全会议为主的决策方式，以《2000 年俄罗斯联邦安全观》、《2010 年俄罗斯联邦安全法》、《2010 年俄罗斯联邦军事学说》、《2020 年前俄罗斯联邦安全联邦安全战略》、2015 年《俄罗斯国家安全战略》为指导思想，以军事力量为基础支撑的国家安全体制及运行机制。

俄罗斯安全情报体制机制包括俄联邦安全局、联邦对外情报局、总参谋部军事情报总局、国家反恐委员会、联邦警卫总局、紧急情况部、内务部和其他武装力量的情报机关。其中联邦国家安全局、对外情报局和总参谋部军事情报总局是俄罗斯主要的情报安全机构。

俄罗斯情报与安全预警机制包括俄罗斯安全情报的分类、安全情报的传递路径、安全危机预警。安全情报包括应急情报、反恐情报、军事情报和战略情报，这也是其安全情报传递路径的基础和安全威胁预警的前提。

俄罗斯联邦安全会议是俄罗斯国家安全决策机构和决策咨询机构，负责协调各安全部门的工作和起草国家安全议题文件。俄罗斯联邦安全会议由联邦总统任主席，成员分常务成员和普通成员两类，成员人选由联邦安全会议秘书提议，由联邦总统批准。联邦安全会议审议的问题以战略性安全问题为主。

俄罗斯军事安全执行体制包括俄罗斯联邦国防部、俄罗斯联邦武装力量总参谋部、联邦边防局和俄罗斯联邦紧急情况部。国防部是俄罗斯军事安全执行体制的核心。国防部、军兵种及总司令、司令、军区及军区以下各级指挥机关及指挥官发布军事指挥法令。

俄罗斯应急安全体制机制是俄罗斯出现突发性安全危机时的管理体系。俄罗斯应对危机管理组织体系和机构包括俄罗斯联邦紧急情况部、国防部、内政部、联邦国家安全总局和国家反恐委员会等。

俄罗斯国家安全体制机制是一个完整的有机整体。俄罗斯情报体制负责收集和分析各类安全情报信息，并由相关机构进行安全危机预警；联邦安全会议提供咨询建议和决策方案；军事安全体制负责执行军事决策；应急安全体制是快速反应机制，应对各种突发性安全威胁。本篇将分析俄罗斯安全情报体制机制、俄罗斯情报与安全预警机制、俄罗斯联邦安全会议决策机制、俄罗斯军事安全体制机制、俄罗斯应急安全体制机制和俄罗斯国家安全体制机制的改革。

第七章

俄罗斯安全情报体制机制

安全情报对于俄罗斯具有特殊意义。谈及俄罗斯国家安全，不免令人联想到“克格勃”这个世界上空前强大的间谍情报机构。无论是美国的中央情报局还是英国军情六局在其面前都黯然失色。在俄罗斯（苏联）历史上，情报机构在保卫其国家安全方面取得了很大的成功。“克格勃”最鼎盛时期，它的触手渗透到了苏联（俄罗斯）的所有命脉部门、各行各业甚至军队，它是那一时期安全的代名词。信息情报是安全预警的基础，情报体制机制是最重要的安全预警体制，有了情报才能进行预警和安全准备。因此，研究俄罗斯安全情报体制机制是深入了解和研究俄罗斯安全体制机制的基础。

第一节　俄罗斯安全情报体制的结构

安全情报通常和一国政治、经济、军事、外交等有着密切联系，情报机构在国家的各个领域部门和行政区划都有自己的机关。按照情报职能范围可以将俄罗斯情报体制机制分为国内情报体制机制和对外情报体制机制。按照情报的具体职能则可以分为经济情报体制机制、军事情报体制机制、边防情报体制机制、外交情报体制机制、内务情报体制机制、信息情报体制机制、科技研发情报体制机制、反间谍情报体制机制、反恐情报体制机制等。根据《俄罗斯联邦安全法》，普京总统是俄罗斯联邦情报机构的最高领导人，领导联邦安全总局、对外情报总局、总参谋部情报局和反恐委员会等情报机构。

一、俄罗斯联邦安全总局

俄罗斯联邦安全总局（简称 ФСБ）和美国中情局、英国军情六局、以色列摩萨德一起被称为世界四大情报安全机关，主要负责俄罗斯国内情报事务，联邦安全总局内部含有一个政府机构专门进行针对国外的电子监控。

（一）俄罗斯联邦安全总局的设立

1992 年 1 月，叶利钦下令在俄罗斯联邦安全署和苏联跨共和国安全总局的基础上成立俄罗斯联邦安全部。1992 年 6 月在苏联国家边境保卫委员会的基础上成立了俄罗斯边防军，随后并入俄罗斯安全部。1992 年 7 月，俄联邦议会颁布《俄联邦国家安全机关法》。1993 年 12 月，叶利钦对俄罗斯安全部进行改组，将其分解为俄罗斯联邦反间谍总局和俄罗斯联邦边防总局。1995 年 4 月，叶利钦总统签署《俄罗斯联邦安全总局机构法》，成立俄罗斯联邦安全总局，取代了俄罗斯联邦反间谍局，并扩大了联邦安全总局的权限和实力。1998 年，俄罗斯出台《俄罗斯联邦安全总局条例》，同时废止《俄罗斯联邦安全总局机构法》。2003 年 3 月，普京下令将边防总局重新划归联邦安全总局，并将联邦政府通讯和信息局的部分职能也转交联邦安全总局，同时在联邦安全总局下设通信安全中心，联邦安全总局的权限和规模进一步扩大。联邦安全总局工作人员达 30 万人，已经基本成为苏联时期“克格勃”的继承者。[①] 联邦安全总局具有国境、海防和专属经济区的守卫权、出入境检查权、侦查权和搜捕权。2003 年 6 月，普京总统批准《俄罗斯联邦安全总局条例》。2004 年 7 月，普京总统下令再次对联邦安全总局进行内部改组，至此，俄罗斯联邦安全总局的组织结构、任务和职责就确定下来。

（二）俄罗斯联邦安全总局的组织结构

俄罗斯联邦安全总局的组织结构包括十大机关，即中央机关、地区机关、军队机关、边防机关、航空机关、培训机关、特种部队、科研机关、鉴定机关和军医机关。其核心是四大机关，即中央机关、地区机关、军队机关、边防机关。中央机关下设九大局，即反间谍总局、保宪和反恐总局、边防总局、经济安全总局、行动信息与国际联系总局、活动保障总局、组织与干部总局、监察总局、科

① 艾红、王君、綦尧：《俄罗斯情报组织》，时事出版社 2013 年版，第 170 页。

学技术总局。地区安全机关是联邦安全总局设在联邦共和国、州、边疆区、莫斯科和彼得堡的分支机构。军队机关是联邦安全总局设在军队和准军队中的分支机构，包括在俄罗斯武装力量、边防军、联邦特种通信和信息机关、内务部队、铁道部队、民防部队、工程技术和道路建设部队。边防机关是负责联邦边界安全的地区机构，包括中央联邦区边防局、南部联邦区边防局、乌拉尔联邦区边防局、伏尔加沿岸联邦区边防局、西伯利亚联邦区边防局、西北联邦区边防局和远东联邦区边防局等七个边防局。俄罗斯联邦安全总局的组织结构如图 7 - 1 所示。

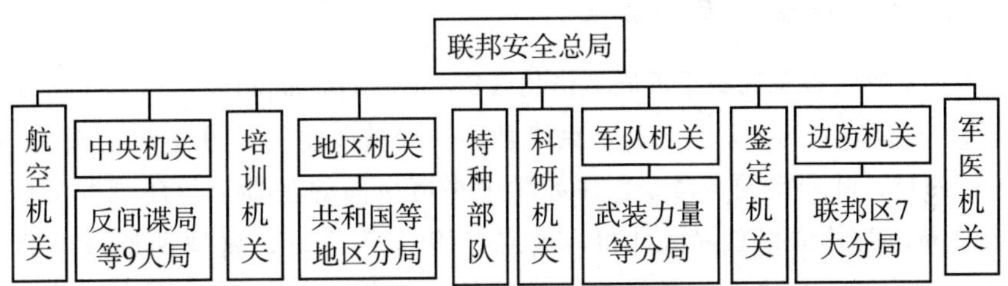

图 7 - 1　俄罗斯联邦安全总局的组织结构

（三）俄罗斯联邦安全总局的职责和任务

俄罗斯联邦安全总局是俄罗斯联邦执行权力机关，必须在遵守法律的前提下活动。俄罗斯联邦安全总局的职责如下：在其权力范围内保障俄罗斯联邦国家安全，边境安全，内海、领海、大陆架及其资源安全、信息安全；与恐怖主义做斗争；协调开展反间谍活动；指导联邦各级安全部门履行职责；指挥联邦边防部队等。[①]

根据《俄罗斯联邦安全总局条例》，俄罗斯联邦安全总局的任务如下：向俄联邦总统、总理及受他们委托的联邦国家权力机关和联邦主体的国家权力机关，通报有关威胁和情报；调查、预防和制止外国间谍活动和其他安全威胁活动；打击有组织犯罪、贪污、洗钱、非法移民、非法贩运武器等各种犯罪活动；打击极端政治活动和恐怖活动；在职权范围内开展侦察活动、反破坏活动、反侦察和反间谍活动；开展密码工作，并监督国家机构、企业和组织的密码保密制度，保护国家秘密；与俄对外情报机构合作；为联邦权力机构和俄联邦主体权力机构提供情报等协助；制定并落实保障信息安全领域的政策。[②]

① 艾红、王君、慕尧：《俄罗斯情报组织》，时事出版社 2013 年版，第 57 页。

② ФЕДЕРАЛЬНЫЙ ЗАКОН О ФЕДЕРАЛЬНОЙ СЛУЖБЕ БЕЗОПАСНОСТИ，https://ceur.ru/library/docs/federal_laws/item100611/.

二、对外情报总局

俄联邦对外情报局负责国外的情报搜集工作，只为国家安全和社会安全服务，不能为任何个人和党派所用，是一个非政治化和专业性很强的安全机构，受总统和总理领导。

（一）对外情报总局的成立

俄罗斯对外情报总局源于苏联克格勃（Комитет Государственной Безопасности，КГБ）第一局。1991 年 12 月 3 日，克格勃第一局被改组为苏联中央情报局。1991 年 12 月 18 日，叶利钦颁布命令，在苏联中央情报局的基础上组建俄罗斯联邦对外情报总局，对外情报总局因此得以成立。1992 年 7 月，俄罗斯通过《俄联邦对外情报机构法》，对对外情报总局的地位、组织结构、活动原则、使命和职能等进行了法律规定，并要求监督、检查对外情报局的活动，俄罗斯联邦对外情报总局有了运行的法律依据。1995 年 12 月，俄颁布《俄联邦对外情报法》，《俄联邦对外情报机构法》同时废止。新版《俄联邦对外情报法》，再次明确规定对外情报机构的建立、任务、职责等。《俄联邦对外情报法》第二章规定：俄罗斯对外情报机构的活动由俄罗斯独立的及属于其他联邦执行权力机关的对外情报机构进行；俄联邦对外情报机构的建立、改组和撤销应按调整联邦执行权力机关组成的联邦法律所规定的办法进行；俄联邦对外情报机构的建立、改组和撤销决定由俄罗斯总统做出；由俄罗斯总统批准俄罗斯对外情报机构。①

（二）对外情报总局的组织结构

俄罗斯联邦对外情报总局的组织结构包括四大部门：行动部门、情报分析部门、功能性部门和行政管理部门，具体包括分析与信息局、对外反侦察局、经济情报局、科技情报局、行动技术总局、信息技术局、对外情报总局学院、行动工作处、运营与保障总局、社会与媒体联系处、局长办事机关、法律工作处和特种部队等 13 个机构。隶属联邦对外情报总局的特种部队称为旗帜（Vympel），主要进行反恐行动。俄联邦对外情报总局的组织结构如图 7－2 所示。

① 情报与国家安全课题组：《情报与国家安全》，时事出版社 2002 年版，第 392 页。

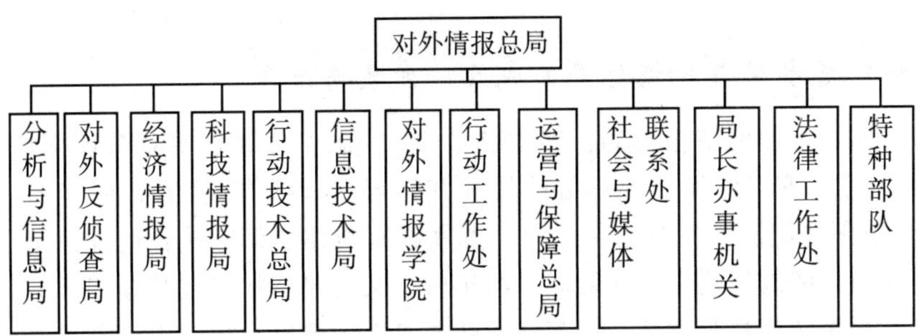

图 7-2　俄罗斯对外情报安全总局的组织结构

（三）对外情报总局的任务与职责

《俄联邦对外情报法》规定，联邦对外情报总局的任务如下：将情报提供给联邦总统、联邦议会和联邦政府，为俄罗斯总统决策提供情报服务；为俄罗斯安全政策实施创造条件；促进有利于提升俄联邦经济、科技和军事发展方面的能力，获取先进军事技术以保障联邦安全。[①]

对外情报总局可以在遵守法律和不损害公民权利的前提下，运用公开和非公开的方法和手段开展情报活动。"对外情报总局有权使用信息系统、录音录像设备、摄像和拍照，从通信技术线路上获取信息"。[②] 俄联邦对外情报总局需要多种手段、围绕《俄联邦对外情报法》规定的任务展开情报活动，具体包括在经济、政治、军事战略、科学技术和生态等领域搜集情报。在经济领域，提供有利于维护俄罗斯经济安全和经济利益的情报，如贸易伙伴、经济和金融组织的情报；在政治领域，获取世界主要国家对俄政策情报、跟俄罗斯安全相关的世界热点情报、新武器发展进展情报；在科技领域，搜集外国最先进的军事和民用科学技术；在无线电领域，负责无线电电子监控侦察卫星和搜集信号情报。[③]

三、总参谋部情报总局

俄罗斯总参谋部情报总局又称俄罗斯军事侦察兵，简称"格鲁乌"（GRU），是俄对外情报侦察尤其是军事情报侦察的重要力量，主要开展威慑与阻止突然袭击，对敌后进行侦察和打击。

① Густерин П. У истоков советской разведки на Востоке // Азия и Африка сегодня. —2012. —№3 (656).

②③ 艾红、王君、慕尧：《俄罗斯情报组织》，时事出版社 2013 年版，第 62 页。

（一）总参谋部情报总局的成立、发展与改革

俄罗斯总参谋部情报总局，即“格鲁乌”，源于苏联红军总参谋部情报部。1918 年 6 月，苏联红军组建东方战线和登记部。1918 年 10 月，列宁下令成立“野战参谋部登记部”。1918 年 11 月，苏联红军组建协调军队各侦察机构活动和从事间谍侦察的战地司令部注册局。两年后，又组建情报局代替登记部，后逐渐演变成苏联军队侦察兵部队，即苏联军队总参谋部情报总局。1953 年 6 月，贝利亚（Лаврентий Павлович Берия）被捕后，“格鲁乌”并入苏联国防部，国防部成立特种情报颠覆部队。1979 年，苏联在入侵阿富汗前，专门成立了针对阿富汗局势的土库曼斯坦军区特种部队。苏联解体后，俄罗斯完整地接管了苏联总参谋部情报总局的组织机构。由于普京（Владимир Владимирович Путин）的克格勃身份，他特别重视情报机构的作用。普京总统上任后要求改革情报机构为其所用。2001 年上任的国防部长——谢尔盖·伊万诺夫（Сергеей Борисович Иванов）开始对俄总参谋部情报总局进行改革：一是人事变动。伊万诺夫撤销了总参谋部情报总局 12 个机关局中的 6 个领导人，用对外情报局人员取而代之。二是裁员。总局机关裁员近 30%。2005 年 12 月，俄军进一步调整军事情报体系，撤销陆、海、空军情局，改建军种情报处，降低情报系统领导人职级，进一步缩减人员编制。大幅精简空降兵、战略火箭兵和航空兵情报处。改组后的军种情报处隶属总参情报总局。①

（二）总参谋部情报总局的组织结构

由于军事的特殊性，总参谋部情报总局是俄罗斯最保密的情报机构。俄罗斯独立后基本保留了苏联时期总参谋部情报总局的建制，但经费不足限制了总参谋部情报总局的运行，加之总统需要通过改革实现政治意图也要求对其进行一定程度的改革。“格鲁乌”按组织形式可以分为两个管理总局：谍报总局和情报总局。谍报总局下辖 8 个处，第一处至第四处负责对外谍报工作。第一处负责德国的谍报活动，第二处负责欧洲区域谍报活动，第三处负责远东地区谍报活动，第四处负责近东地区谍报活动，第五处负责破坏性谍报活动，第六处负责战争前线、集团军以及各军区的谍报活动，第七处负责作战谍报工作，第八处负责情报通信和无线电情报传递工作。情报总局下辖 7 个处，是对谍报总局工作的补充。② 目前，俄总参谋部情报总局共设有 12 个业务局、9 个辅助保障局和处、1 个军事院校。

① 艾红、王君、慕尧：《俄罗斯情报组织》，时事出版社 2013 年版，第 50 ~ 51 页。

② Максимов А. ［Б.］ Главная тайна ГРУ. —М.：Яуза：Эксмо，2010. —416 с. —（ГРУ）—4000 экз.

另外，它还设有军区级情报机构，隶属总参谋部情报部。[①] 参谋部情报总局的组织结构如图 7 – 3 所示。

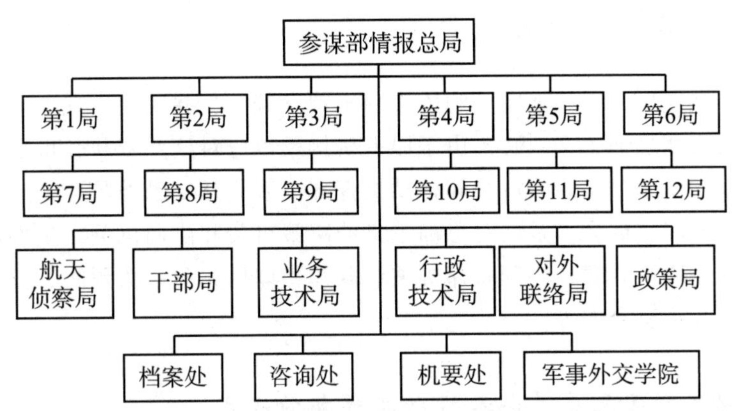

图 7 – 3　参谋部情报总局组织结构[②]

（三）总参谋部情报总局的任务和职责

军事情报总局是俄罗斯国防部军事情报工作的主要职能部门，其主要任务和职责是进行以军事为核心的情报侦察、搜集、分析整理和军事情报人员职业培训。

12 个业务局的主要工作是情报侦察和情报分析整理。第 1 局至第 4 局负责不同地区事务的军事战略侦察。第 1 局负责欧洲；第 2 局负责美洲、英国和大洋洲；第 3 局负责亚洲；第 4 局负责非洲。第 5 局负责情报部的技术侦察工作。第 6 局负责无线电技术侦察。第 7 局负责对北约的战略侦察。第 8 局负责对特定国家的情报侦察。第 9 局负责搜集军事技术情报。第 10 局负责军事经济情报。第 11 局负责军事理论和军备情报。第 12 局负责战略核力量情报。9 个辅助保障局和处负责搜集间谍卫星情报、技术设备管理、向国外选派武官和其他身份的军事谍报人员等业务。军事外交学院的职责主要是军事情报人员的培训。[③] 俄联邦武装力量太空兵有一个监视航天器的太空监控师和"一个独立导弹袭击预警师，管理着太空预警卫星系统和地面远程雷达站，负责为国家军事政治领导人提供导弹

---

① Viktor Suvorov, Soviet Military Intelligence (London: Grafton Books, 1986), P. 52.

② 艾红、王君、慕尧：《俄罗斯情报组织》，时事出版社 2013 年版，第 64 页。还可参见朱建新、王晓东：《各国国家安全机构比较研究》，时事出版社 2009 年版，第 175 页，以及高金虎：《迷雾深处的情报王国》，东方出版社 2007 年版，第 109 页。

③ 艾红、王君、慕尧：《俄罗斯情报组织》，时事出版社 2013 年版，第 64 ~ 65 页。还可参见朱建新、王晓东：《各国国家安全机构比较研究》，时事出版社 2009 年版，第 175 页。

核袭击预警情报”。①

四、俄联邦反恐委员会

俄罗斯独立后，一些加盟共和国表现出独立倾向，并因此出现严重的分离主义、极端主义和恐怖主义威胁。由于原有机构难以应对这些威胁，俄罗斯随着威胁的加重成立了联邦反恐委员会和行动指挥部。俄联邦反恐委员会是一个反对恐怖主义的跨部门委员会，是反对恐怖主义的决策机关和协调机关，主要职责是向总统提出反恐决策方案，协调联邦机关、联邦主体机关和军队预防、打击恐怖主义，开展国际反恐合作等。

（一）联邦反恐委员会和行动指挥部的成立

1996 年，叶利钦总统为了打击日益增加的恐怖主义活动，下达了《关于加强打击恐怖主义的措施》的总统令，1997 年成立部门间反恐委员会。1998 年，俄罗斯出台《与恐怖主义斗争法》，用俄联邦反恐委员会代替部门间反恐委员会。由于此时俄联邦反恐委员会没有常设机构，其反恐能力有限。尽管俄罗斯恐怖主义活动频繁，然而其政府注重的是分离主义，反恐怖主义在国家安全中的地位还不够明确，缺乏应对反恐怖主义的长期战略，反恐怖主义法也不完善，反恐怖主义没有提高到国家安全战略中的应有位置。

2006 年 2 月，普京总统颁布《关于打击恐怖主义的措施》的总统令，2006 年 3 月，俄出台《俄联邦反恐怖主义法》，俄罗斯据此成立了国家反恐协调机构——国家反恐委员会，国家反恐委员会下设联邦反恐行动指挥部，各联邦主体也相应成立了联邦主体反恐委员会和反恐行动指挥部。2007 年 6 月，普京颁布《关于落实反恐怖主义联邦法律的措施》，明确规定了俄联邦武装力量在反恐领域使用武器和战斗装备的原则。2014 年 5 月 5 日，普京总统签署阻断对恐怖主义的资金支持、打击洗钱活动的《限制匿名支付法》和规范网络空间秩序的《知名博主新规则法》，以加大打击恐怖主义和极端主义的力度。2016 年 4 月 5 日，普京为了改革内务部并进一步打击恐怖主义，签署了“成立国家近卫军联邦机构的总统令”，宣布将在内务部内卫队的基础上组建打击恐怖主义的国家近卫军。国家近卫军将拥有原由内务部管理的快速反应特种部队和机动特种部队、内务部的应急反应特殊中心和航空警卫队。普京总统指定国家近卫军总司令成为俄罗斯联邦安全会议的常务委员，将参与俄罗斯联邦安全决策。

① 朱建新、王晓东：《各国国家安全机构比较研究》，时事出版社 2009 年版，第 175 页。

（二）俄联邦反恐委员会和行动指挥部的组成

俄联邦反恐行动协调机构主要是俄联邦反恐委员会与联邦行动指挥部。俄联邦反恐委员会是一个跨部门机构，由22个联邦部门领导人构成：反恐委员会由主席、两位副主席和其他成员组成，主席由政府总理兼任，两位副主席为俄联邦安全总局局长和内务部部长。[①] 其他成员具体包括联邦安全总局副局长（兼反恐委员会办公室主任）、总统办公厅副主任、国家近卫军负责人、政府副总理兼政府办公厅主任、紧急情况部部长、外交部部长、对外情报总局局长、警卫总局局长、国防部副部长兼武装力量总参谋长、联邦安全会议副秘书、联邦委员会副主席、联邦杜马副主席、卫生与社会发展部部长、通信与大众传媒部部长、工业与贸易部部长、交通部部长、能源部部长、司法部部长、联邦麻醉品监管局局长、金融监管机构领导人。俄联邦反恐委员会在各联邦主体设有分支机构——联邦主体反恐委员会。联邦主体反恐委员会由联邦主体最高行政领导人（任主席）、联邦安全总局地方机构领导人（任副主席）及其他联邦机构设在各联邦主体的地方相关领导人组成。为了配合俄联邦反恐委员会的反恐活动，联邦安全总局专门设立了反恐委员会办公室。[②]

俄联邦反恐委员会设有联邦行动指挥部及其分支机构——联邦主体行动指挥部。联邦行动指挥部由总指挥、两名副总指挥和其他成员构成，具体包括联邦安全总局局长（兼任反恐委员会主席、总指挥）、内务部部长（副总指挥）、联邦安全总局副局长（副总指挥）、国防部长、紧急情况部部长、外交部部长、对外情报总局局长、联邦麻醉品监管局局长、国防部副部长兼武装力量总参谋长、警卫总局局长、国家近卫军、联邦安全会议副秘书。联邦主体行动指挥部由联邦安全总局地方机构领导人（总指挥）、内务部地方机构领导人（副总指挥）、紧急情况部地方机构领导人及其他联邦机构设在各联邦主体的地方相关领导人组成。联邦行动指挥部在地方行动指挥部另外专设车臣行动指挥部。车臣行动指挥部由内务部副部长任总指挥，联邦安全总局车臣局长任第一副总指挥，北高加索联合反恐司令任副总指挥，其他成员还包括车臣总统、北高加索军区司令，以及联邦安全总局、联邦警卫总局、紧急情况部等联邦机构设在北高加索和车臣的地方领导人。[③] 俄罗斯反恐机构的组成如图7-4所示。

---

① 戴艳梅：《俄罗斯反恐体系研究》，时事出版社2015年版，第52~53页。

② 艾红、王君、慕尧：《俄罗斯情报组织》，时事出版社2013年版，第68页。

③ 艾红、王君、慕尧：《俄罗斯情报组织》，时事出版社2013年版，第69~70页。

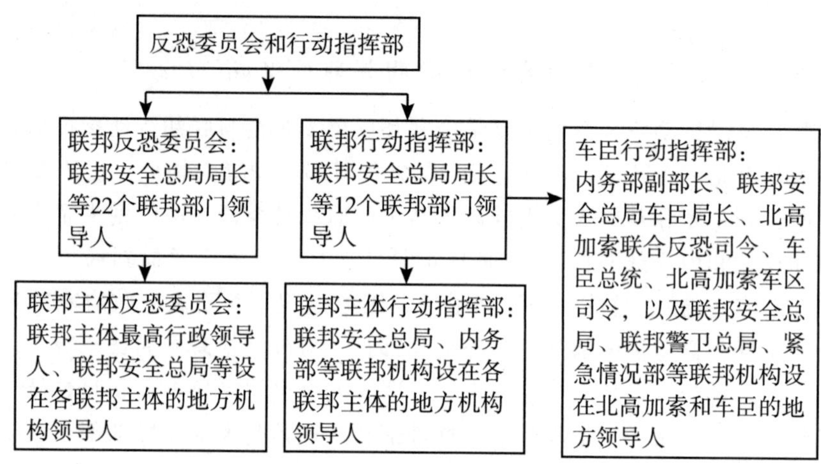

图7－4　俄罗斯反恐机构的组成

五、俄联邦警卫总局

俄联邦警卫总局属联邦权力执行机关，是俄罗斯国家安全保障的主要力量之一，主要负责总统、总理、联邦委员会主席、联邦杜马主席、克里姆林宫、联邦议会大厦的安全防卫，尤其要保护总统的安全，包括总统的人身安全及通信畅通和通信保密。

俄联邦警卫总局（简称ФСО）最初由克格勃第九局、第五局的政治侦查单位，第八局的若干单位，克里姆林宫卫队和“阿尔法”“信号旗”两个突击队，以及克格勃118伞兵团和第27摩托化步兵旅组成。[①] 1991年8月，苏联克格勃被肢解，第九局政治警卫部队和第八局的政治通信部直接由总统控制。1991年12月，苏联总统戈尔巴乔夫（Михаил Сергеевич Горбачёв）认为仅靠克里姆林宫警卫团不足以保障安全，为了加强警卫力量，在其办公室下增设警卫局。1991年6月，叶利钦（Бори́с Никола́евич Е́льцин）当选俄罗斯总统后，组建俄罗斯总统警卫局。苏联解体之后，叶利钦以原苏联总统办公室警卫局为基础，组建了联邦警卫局。

1994年1月，叶利钦总统下令，联邦警卫局为国家执行权力机关。1996年6月，叶利钦总统再次签署命令，将总统警卫局并入联邦警卫局，俄罗斯从此形成了负责总统办公厅、联邦政府、联邦议会等机构安全的统一的联邦安全警卫机

① 上海太平洋国际战略研究所：《俄罗斯国家安全决策机制》，时事出版社2007年版，第167～168页。

构。普京总统上任后一直谋求改革联邦警卫机构。2003 年 3 月，普京总统下令在联邦警卫总局组建特种通信和信息总局。2004 年 8 月，普京总统再次下达总统令调整联邦警卫总局与特种通信和信息总局之间的关系，将特种通信和信息总局规定为联邦警卫总局的一般下设机构。①

联邦警卫总局下设特种通信和信息总局、总统安全总局、克里姆林宫警卫局、总统警卫团、特种通信和信息中心、特种信息分队、新闻处、驻各联邦主体特种通信和信息局等机构。联邦警卫总局为正部级，设局长和 3 名副局长。②

第二节　俄罗斯安全情报体制的起源与发展

俄罗斯有着悠久的情报工作史。早在沙俄时代，俄国情报工作水平就首屈一指。“十月革命”后，为了保卫新生苏维埃政权，苏俄成立了“全俄肃反委员会”，即“契卡”。后来又多次更名为“国家政治保卫局”“国家安全总局”，1954 年更名为“国家安全委员会”，即举世闻名的“克格勃”。与此同时，在“克格勃”成长的过程中，俄罗斯军中情报机构——总参谋部情报总局（即“格鲁乌”）也成长起来，“克格勃”和“格鲁乌”基本是并行发展。苏联解体后，俄罗斯基本接管了苏联的情报机构，经过不断调整、改组，俄罗斯已经形成了以联邦安全总局、对外情报局和总参谋部情报总局三足鼎立的情报机构系统。

一、沙俄时代的情报体制机制

1547 年 1 月，俄国历史上的第一位沙皇——沙皇伊凡四世（Иван Ⅳ Васильевич），即伊凡大帝，开始谋求改组中央国家机关，限制贵族和教士的特权，结果双方矛盾激化。为了维护统治，打击贵族势力，1565 年伊凡四世建立了俄国历史上第一个具有情报功能的警察组织——“近卫军”（Опричнина）。近卫军是俄罗斯安全机关最早的雏形。③ 18 世纪彼得一世（Петра великого）即彼得大帝进行农奴改革后，俄国开始向资本主义过渡。然而这次资本主义改良并没有解决俄罗斯困局，俄罗斯国内矛盾仍然尖锐。激烈的矛盾冲突成为秘密警察发展的助

① 艾红、王君、慕尧：《俄罗斯情报组织》，时事出版社 2013 年版，第 47~48 页。

② 艾红、王君、慕尧：《俄罗斯情报组织》，时事出版社 2013 年版，第 74~76 页。

③ Graham Yost, The KGB: The Russian Secret Police from the Days of the Present (Facts on File Inc., NY: 1989), P. 12.

力。沙皇需要通过秘密警察获取情报、监督民众。自此，秘密警察组织成为历代沙皇维护皇权的工具。1730 年，安娜（Анна Ивановна）继承皇位，为了不使大权滑落，她成立了秘密刑侦事务衙门。1826 年，尼古拉一世（Николай Ⅰ Павлович）设立沙皇内廷第三处，即秘密警察机关。1880 年 8 月，亚历山大二世（Александр Ⅱ Николаевич）建立了俄罗斯历史上第一个常设国家安全机构——国家警察厅。警察厅的主要职能是消除颠覆沙皇政权的威胁。警察厅下属分支机构遍布全国各地，渗透到人们生活的各个角落。秘密警察具有搜集情报、抓捕行动和处决的权力。他们不仅可以监视任何人，还可以不经审批流放嫌疑人，甚至可以直接判处死刑。沙俄时代的情报机关对苏维埃政权成立初期安全体制机制的建立产生了很大影响。“契卡”在工作方法和手段上借鉴了沙俄时代秘密警察的侦察和谍报技巧。

进入近代，欧洲各国逐渐认识到军事情报工作对战争的重要性，纷纷建立了自己的军事情报机构。俄国为了战争的需要也开始发展军事情报技术。在拿破仑战争时期，俄国就已经通过特工渗透到敌国的方式获取军事情报。1863 年，由于克里米亚战争的失败，俄国认识到同西欧国家军事体制和情报体系上的差距，开始了一场军事变革。俄国陆军在这次改革中建立了一个下辖情报小组的参谋机构。[①] 日俄战争失败后，俄军再次进行改组，情报机构的地位再次提高。到第一次世界大战前，俄军已经可以通过系统的情报工作高质量地获取情报。虽然情报机构的地位在俄军中已经巩固下来，但由于情报工作人手不够、技术水平较低、装备落后，情报的可利用率不高。直到 1916 年这种情况才得到改善，战争中接连失利迫使俄军不断强化情报工作。[②] 情报体制已经成为俄国不可或缺的安全机构。

二、苏联时期的情报安全体制机制

苏联时期的情报机构主要是非军方情报机构——克格勃和军方情报机构——“格鲁乌”。尽管中间有些交织，但两类情报机构总体上是克格勃一直在谋求吞并“格鲁乌”。克格勃源自“契卡”（ВЧК）。俄“十月革命”胜利后不久，协约国就宣布对苏俄进行经济封锁，一边侵入苏俄境内，一边支持白军将领发动内战。一时间苏俄四面楚歌。在这种复杂的情形下，列宁决定成立“契卡”保卫新生苏维埃政权。“契卡”的全称是“全俄肃清反革命及取缔投机倒把非常委员会”，简称“全

① Bruce W. Menning, Bayonets before Bullets: The Russian Imperial Arny, 1861 - 1914 (Bloomington: Indiana University Press, 1992), pp. 16 - 18.

② Raymond W. Leonard, Secret Soldiers of the Revolution: Soviet Military Intelligence, 1918 - 1933 (London: Greenwood Press, 1999), P. 4.

俄肃反委员会”，由列宁任命捷尔任斯基（Фе́ликс Эдму́ндович Дзержи́нский）负责，并于1917年12月成立。该机构是保卫苏维埃政权安全的专政机构，属于专门的肃反领导机构，是后来“全球最大的秘密情报收集间谍机构”——克格勃的前身。

“契卡”的任务是负责抓捕“政治反革命、特务、阴谋分子、恐怖分子、匪徒、伪钞制造者和投机商”。“1919年10月21日的法令授予‘契卡’特别司法和执法权，使其成为一个具有军事、政治特别司法性质的机构，它可以判处并枪决人犯而无需提交司法机关。”① “契卡”下设秘密政治处、特勤处、国外事务处、监狱署、投机监察处、官吏犯罪调查处、反间谍处、外来人员监管处、军事科和反走私委员会等机构。② “契卡”成立后发展迅速。其成立之初全员不过40人，到1918年3月，3个月人数增加到120人。③ 1921年，“契卡”的组织机构进一步扩大，权力继续膨胀，作为一个安全机构，其触角伸到国家各个部门和各地，并在如此短的时间内就成为世界上最大的情报机关。

1921年12月，随着苏俄在内战中的胜利，苏维埃第九次代表大会讨论了限制“契卡”权力的必要性。根据1922年2月6日法令，“契卡”正式解散，同时设立国家政治保卫局保卫苏俄国家安全，国家政治保卫局简称“格别乌”，隶属内务人民委员部。“格别乌”没有司法权力。1923年，苏联成立后，国家政治保卫局更名为国家政治保卫总局，并脱离内务人民委员部。国家政治保卫总局的职责是镇压所谓的“反革命”，监视苏联民众的日常生活，审查新闻、电影、书刊等。国家政治保卫总局还建立了一只特别部队，并于1924年开始组建边防军。1930年4月7日颁布法令，该局“享有驱逐、强制劳改和判处死刑的权力。国家政治保卫总局恢复司法权力。1933年3月14日进一步颁布法令，其权力进一步扩大。国家政治保卫总局有权‘采取一切必要手段镇压一切破坏活动’”。④ 至此，国家政治保卫总局不仅又重新恢复了司法权力，还具有特别处置权力。1934年7月，国家政治保卫总局更名为国家安全总局，再度并入内务人民委员部。1938年12月，贝利亚（Лаврентий Павлович Берия）任内务人民委员部部长。1941年，国家政治保卫总局再次脱离内务人民委员部，并更名为国家安全人民委员部。之后两机构又再度合并、分离。1943年，苏联因战争需要又成立了除奸部，战争结束后取消。1946年，内务人民委员部改为内务部，国家安全人民委员部改为国家安全部。从1949年起，国家安全部的职能开始扩大，除负责间谍和反

① 劲锷编著：《美苏国家安全机构纵览》，金城出版社1991年版，第420页。

② ЦГА РСФСР.《Высшие органы государственной власти и органы центрального управления РСФСР (1917—1967 гг.)》: Справочник (по материалам государственных архивов).

③ Санковская, О. М. Формирование кадров всероссийской чрезвычайной комиссии, 1917—1922 гг.: На материалах центрального аппарата ВЧК: дисс. … канд. ист. наук: 07. 00. 02—Архангельск, 2004. —273 с.

④ 劲锷编著：《美苏国家安全机构纵览》，金城出版社1991年版，第421页。

间谍职责外，还从内务部接管了民警，1950 年又接管了边防部队。1947 年成立了独立的“情报委员会”，专门负责对外秘密情报工作，1951 年撤销。1952 年，由国家安全部接管“情报委员会”的情报业务。

在苏联国内情报机构发展过程中，苏联军队情报机构——总参谋部情报总局即“格鲁乌”几乎同时发展起来。“从创建红军的第一个支队时开始，小型情报组织就悄悄地，并且常常是在没有上级任何命令的情况下，在支队中建立起来了。”[①] 1918 年 6 月，苏联红军组建东方战线时成立注重身份的登记部（情报部），统辖五个集团军和区舰队的情报工作。后来又有南方战线、乌克兰战线、北方战线等，每条战线均以东方战线为模板建立有情报体系。10 月 21 日，应托洛茨基（Лев Давидович Троцкий）的要求，列宁（Влади́мир Ильи́ч Улья́нов, Ле́нин）批准成立了“共和国野战参谋部登记部”，11 月又成立了战地司令部注册局，两年后，正式组建情报局，即俄罗斯总参谋部情报总局——“格鲁乌”。“格鲁乌”组建后发展迅速。“十月革命胜利后的苏联，仅在中央各省地区就有四百多万外国人”[②]。“格鲁乌”自然而然成为苏俄军队各条战线情报机构的协调者和指挥机构。“格鲁乌”还拥有一支骚扰敌后的骑兵队，后发展成“牵制性特种部队”，这一机制一直保存至今。在“格鲁乌”成立之初，“契卡”曾试图对其进行控制，还取得过初步成功。但由于托洛茨基的要求和列宁对捷尔任斯基下令不要干涉军事情报体系，“格鲁乌”才得以存活下来。1941 年秋，从“格鲁乌”分离出“最高统帅部情报部”，直接对斯大林负责。二战后，两机构又重新合并。1947 年，斯大林曾取消国家安全部情报机构和总参谋部情报总局，成立“情报资料委员会”。后来斯大林又撤销了这个没有效率的“情报资料委员会”，重新将两者分开。1953 年 6 月，“格鲁乌”并入苏联国防部，并成立了特种情报颠覆部队。苏军包括 16 个军区、4 个集群、4 个舰队。每个军区、集群和舰队都设有情报部门。总参谋部情报总局共有 24 个情报分部其组织结构如图 7－5 所示。

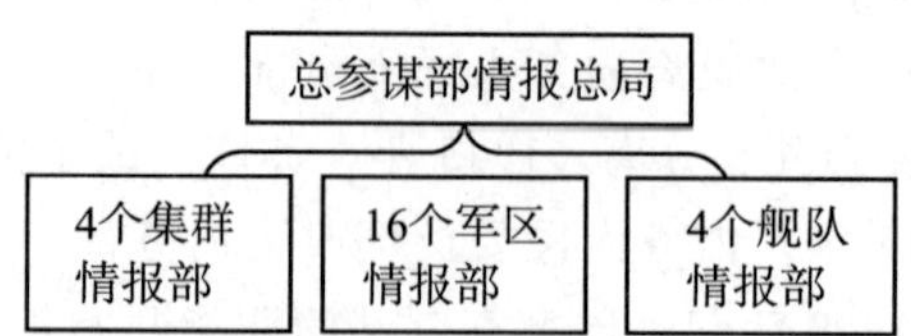

图 7－5　总参谋部情报总局的组织结构

① ［苏］维克托·苏沃洛夫著，周继、荣亚、安峰译：《苏军情报部内幕》，军事谊文出版社 1985 年版，第 1 页。

② ［苏］维克托·苏沃洛夫著，周继、荣亚、安峰译：《苏军情报部内幕》，军事谊文出版社 1985 年版，第 5 页。

斯大林去世后，赫鲁晓夫对国家安全机构进行了重新改组，于 1954 年 3 月成立国家安全委员会，即“克格勃”，并在各共和国、州和边疆区设立分支机构。苏联国家情报机构基本稳定下来。“克格勃”既搜集秘密情报，又参与国内政治斗争。在 1937～1939 年的“大清洗”中，很多人被镇压，也有很多内务人民委员被处决，苏联情报力量受到重创。在“清洗”运动中，大批红军情报人员也被清算，“格鲁乌”陷于瘫痪状态。苏俄随即对情报体制机制进行调整，高效而庞大的“格鲁乌”情报网络很快得以恢复。源源不断的情报从全世界各地不断地传送到莫斯科“格鲁乌”总部。[①] 苏联克格勃的组织结构如图 7－6 所示。

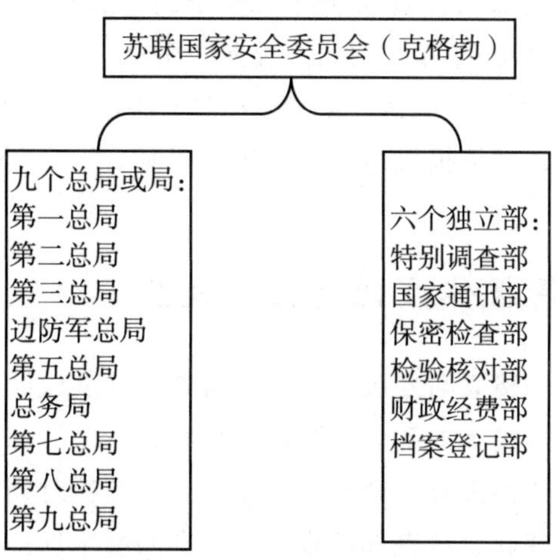

图 7－6　苏联克格勃的组织结构

九个总局或局为：对外情报总局（第一总局）、国内反间谍局（第二总局）、管理武装部队（第三总局）、边防军总局、意识形态总局（第五总局）、总务局、监视总局（第七总局）、通讯联络总局（第八总局）和警卫管理局（第九总局）。对外情报总局设有 16 个处，负责不同地方的不同情报工作。六个独立部为特别调查部、国家通讯部、保密检查部、检验核对部、财政经费部和档案登记部。

1985 年 4 月，戈尔巴乔夫上任后，开始对苏联政治体制进行改革，苏联的情报体制和安全体制得以再次调整。第一，颁布《国家安全机关法》。为了适应政治改革的形势，苏联最高苏维埃于 1990 年 12 月讨论《国家安全机关法》，1991 年 5 月 16 日获得通过。这是苏联首部情报法律。《国家安全机关法》规定了“国家安全机关的组成、职权、任务、其工作人员的法律地位和社会保障、对国家安

① ［苏］维克托·苏沃洛夫著，周继、荣亚、安峰译：《苏军情报部内幕》，军事译文出版社 1985 年版，第 8～12 页。

全活动的监督等问题”，要求国家安全机关的活动“遵守法制”“保障公民的权利和自由”等。[①] 第二，改革情报工作领导体制。1990 年 3 月，苏联国家安全委员会主席克留奇科夫（Николай Афанасьевич Крючков）被任命为总统委员会五成员之一。1990 年 7 月，克留奇科夫宣布，苏联国家安全委员会不对苏共中央负责，只对苏联总统和总统委员会负责。1990 年 12 月，总统委员会被撤销，国家安全会议成立。苏联国家安全会议负责制定和实施国家防御政策，保障国家内外安全。国家安全委员会改由国家安全会议领导。第三，调整编制体制和建立情报监督体制。1989 年 8 月，撤销主管意识形态的第五总局，成立宪法制度保卫总局，同时撤销负责党政部门及高层领导人安全的第九局。1990 年初，将第二总局的工业安全局升为独立的第六总局。戈尔巴乔夫还第一次建立了情报监督体制。1989 年 7 月，苏联最高苏维埃成立“国防与国家安全问题委员会”，负责对情报体制的监督工作，对情报机构的活动进行限制。

三、俄罗斯情报体系的建立与发展

俄罗斯情报体系的建立与发展分为两个时期：叶利钦时期和普京时期。俄罗斯独立后，其情报体系极为混乱。原苏联的情报体系随着苏联的解体已经基本解体，而俄罗斯的情报体系没有完全建立起来。在叶利钦时期，俄罗斯接管了苏联的军事情报体系——苏联总参谋部情报总局，期间基本保持原貌。叶利钦主要对非军事情报体系进行了调整。普京时期，对叶利钦已经基本建立的联邦情报体制机制进行了再次整合和完善。

（一）叶利钦时期

在任职总统前期，叶利钦频繁下令对俄罗斯情报机构进行调整、合并，试图重组俄罗斯情报体系。这一方面反映了独立初期俄罗斯安全机构散乱，另一方面也说明叶利钦的地位还不够稳固，希望通过调整安全机构加强自己的权力。1991 年 12 月，叶利钦一个星期内快速下了三道重要命令。12 月 18 日，根据叶利钦发布的第 293 号总统令，在苏联克格勃第一总局的基础上正式组建了俄罗斯联邦对外情报总局。实际上俄罗斯联邦并没有建立一个新的机构，对外情报总局和中央情报局（苏联克格勃第一总局）仅在于名称的不同。[②] 12 月 19 日，叶利钦签署

① 艾红、王君、綦尧：《俄罗斯情报组织》，时事出版社 2013 年版，第 35 页。

② Дегтярев К.，Колпакиди А. Внешняя разведка СССР. —М.：Яуза，Эксмо，2009. —С. 273—282. —736 с. —（Энциклопедия спецслужб）. —4000 экз.

关于联邦安全署和内务部合并、成立联邦安全与内务部的命令，此命令因遭到反对而流产。12 月 25 日，叶利钦成为独立后俄罗斯的首任总统后，下令成立总统警卫局。这样俄罗斯就有三个警卫局：总统警卫局、联邦警卫局和最高苏维埃警卫局。1992 年，叶利钦接着连续下令改组俄罗斯安全机构。1 月 24 日，在俄罗斯联邦安全署和苏联共和国安全总局的基础上成立联邦安全部。6 月 3 日，在苏联国家边界保卫委员会的基础上成立联邦边防军。6 月 17 日，又将联邦边防军并入联邦安全部。7 月 8 日，俄罗斯通过《俄联邦对外情报机构法》。1993 年 8 月，叶利钦从俄联邦安全部将负责通信的部门独立出来，成立联邦政府通信和信息署。12 月 21 日，叶利钦再次对俄联邦安全部进行改组，成立俄联邦反间谍局和俄联邦边防局。11 月，叶利钦解散最高苏维埃警卫局。

叶利钦任职总统中后期，主要是强化俄罗斯联邦安全局和对外情报局，并成立反恐委员会。1995 年 4 月，叶利钦总统签署《联邦安全总局机构法》，规范俄联邦情报机构，俄联邦安全总局取代俄联邦反间谍局。1996 年 1 月，俄罗斯出台新的《联邦对外安全法》，进一步规范对外情报局的活动。1996 年 6 月，叶利钦签署命令将总统警卫总局并入联邦警卫团总局。1997 年，俄罗斯成立由联邦安全局局长兼任主席的部门间反恐委员会，1998 年，《与恐怖主义斗争法》出台，规范了反恐机构的任务、职责和行为等，部门间反恐委员会被撤销，新成立俄联邦反恐委员会。由于其没有常设机构，反恐只能依靠俄联邦政府权力机关。

（二）普京时期

到普京时期，军事情报机构和非军事情报机构均列入改革的范围。此时俄罗斯情报机构改革的主要目的是合并职能相似的机构以提高效率，强化联邦安全总局和对外情报总局，尤其是联邦安全总局，以加强总统对权力的控制。2000 年 2 月，普京总统签署命令批准了《俄联邦武装力量、其他部队、军事组织和机构（军事安全机构）中的俄联邦安全总局局（处）条例》，对俄罗斯情报体制机制进行了一次重大改革，即俄罗斯联邦安全总局第三局——军事反间谍局“在俄联邦武装力量和其他部队、作战组织和机关（含军事安全机关）中分别设分支机构”，参与军队、军事机构的决策过程，“成为总统控制军队的一大利器”。[①] 2003 年 3 月，普京签署第 308 号命令撤销联邦边防总局，将其职能移交联邦安全总局。撤销联邦政府通信和信息署，将其职能分别移交联邦安全总局、对外安全总局和联邦警卫总局。联邦安全总局因此组建通信安全中心，并接管了政府通信

① 朱建新、王晓东：《各国国家安全机构比较研究》，时事出版社 2009 年版，第 169 页。还可参见艾红、王君、綦尧：《俄罗斯情报组织》，时事出版社 2013 年版，第 56 页。

和信息署的国内侦察职责。对外安全总局则接收了政府通信和信息署的无线电电子侦察局、无线电电子侦察部队和有关国外的侦察任务。联邦警卫总局下则组建特种通信和信息总局。2003 年 7 月，普京总统下令将政府通信部队并入联邦警卫总局的特种通信和信息总局。8 月 11 日，普京总统签署《俄联邦安全总局条例》，进一步规范扩大了功能的俄联邦安全总局。①

2004 年 7 月，普京总统签署第 870 号令，将联邦安全总局中央机关的下设机构"司"统一改名为"总局"，以提升这些机构在处理国家安全事务中的地位。2004 年 8 月，普京总统签署总统令，调整联邦警卫总局与其直属机构特种信息和通信总局的关系，将其从直属机构调整为下属机构，并对特种信息和通信总局驻各地下属机构也一并调整。普京上任后还对军事情报机构进行了改革。2005 年 12 月，俄改革其军事情报体制，强化以总参谋部情报总局为核心的情报体系，弱化各军种情报体系，以加强中央情报机构的统一领导和指挥。2006 年 2 月，普京签署《关于打击恐怖主义的措施》总统令，2006 年 3 月，俄罗斯通过《俄联邦反恐怖主义法》，并成立了联邦行动指挥部，以统一协调各联邦执行机关的反恐行动。

叶利钦是在和各派政治力量，尤其是和议会斗争的过程中建立和改革俄联邦安全体制机制的，其进程非常艰难。其目的是通过情报体制改革实现其政治目的，直到 1999 年辞职前，其改革的目标还没有完全达到，叶利钦"心有余而力不足"。1999 年 12 月 31 日，叶利钦因病辞职并推举普京作为接班人。普京不负其望，完成了俄罗斯情报体制机制，包括军事情报体制机制和非军事情报体制机制的改革。俄罗斯的情报体系得以稳定至今。

第三节　俄罗斯情报体制的特点与运行流程

俄联邦情报体制具有不同于其他国家的特点：情报体制高度集权、情报权力与政治权力存在严重冲突、非军事情报体制和军事情报体制并行发展。其运行基本遵循一般情报机构的运行流程。

一、俄罗斯情报体制机制的特点

俄联邦情报体制机制继承了苏联情报工作方式，同西方国家相比，无论在情

① 艾红、王君、慕尧：《俄罗斯情报组织》，时事出版社 2013 年版，第 46 页。

报政策的制定、对外情报工作布局、情报机构体制构成、情报人员的招募、情报技术的研发等方面，都具有自身鲜明的特点：高度集权、情报权力与政治权力的冲突严重、非军事情报体制和军事情报体制并行发展。

（一）俄罗斯情报体制高度集权

俄罗斯情报体制受到苏联情报体制的很大影响。苏联的情报体制源于战争时期。1917 年，苏俄“十月革命”后进行了反对外国武装干涉者和国内反对势力联合的战争。为适应战争背景，苏俄建立了克格勃和“格鲁乌”。这种体制是一种非常神秘和高度集权的体制，有利于苏俄集中所有力量对付各种反对势力。这一体制经历了“大清洗”、二战和冷战，在经过戈尔巴乔夫改革后彻底解体。俄罗斯在其独立后建立的情报体制深受苏联情报体制的影响。俄罗斯总参谋部情报总局是通过完全接管苏联总参谋部情报总局而来，其体制结构、搜集情报的手段、反间谍手段、培训体制等均受到其影响。和苏联时期的军事情报体制一样，俄罗斯总参谋部情报总局也是一个高度集权的情报体制。俄罗斯普通情报体制——俄罗斯联邦安全总局和对外安全总局同样高度集权。这也受到苏联时期克格勃的影响。普京的克格勃经历和两年俄联邦安全总局局长的职务使他特别重视情报工作，并对俄罗斯情报体系成功地进行了功能性合并、重组，实现了其在情报体制上的集权，以便于其对俄罗斯进行政治统治。普京使俄罗斯情报机构迎来了“第二次生命”，俄联邦安全总局越来越像克格勃。

（二）俄罗斯情报权力与政治权力的冲突严重

情报机构的特殊性使其不是很容易被控制。国家领导人既想利用情报体系，又担心情报体系失控。在俄罗斯历史上，就一直存在情报权力自身、政治权力自身及彼此间的冲突，其本质是政治权力冲突。苏俄在建立其情报体系初期，冲突就存在，主要表现在情报机构的地位不够稳定和情报体制领导人的更换上。1917 年 12 月成立的“契卡”——克格勃的前身，随着苏俄在内战中获胜，于 1922 年 2 月 6 日解散，没有司法权力的“格别乌”取代了“契卡”，划归内务人民委员部管辖，情报机构的权力受到限制。“格别乌”在 1933 年又重新拥有了司法和特别处置权力，1934 年被更名为国家安全总局，并再度并入内务人民委员部。之后两机构又多次合并和分离，表面是其地位不稳，本质是情报权力、政治权力各自内部及彼此之间在较量和斗争。1953 年贝利亚（Лаврентий Павлович Берия）被处决也是政治斗争的结果。叶利钦不断对俄罗斯情报机构进行合并、拆分，实际上是情报机构不能被其很好地使用。1993 年 12 月，叶利钦改组俄联邦安全部就是因为安全部在 1993 年 10 月的议会斗争中没有支持叶利钦。[1] 普京上任后多次改革俄联邦情报体系，其目的就是为了使情报体系为其所用。

俄罗斯情报体制领导人的更换更是频繁发生。领导人在感觉到情报机构不被信任时就会用更换情报机构领导人的方式实现其目的。如叶利钦 1992 年 2 月任命维克多·巴兰尼克夫（В. П. Баранников）为俄联邦安全部部长，1993 年 7 月，叶利钦又解除了巴兰尼克夫的部长职务，任命尼古拉·戈卢什科（Н. М. Голушко）担任部长职务。1993 年 12 月，叶利钦分解联邦安全部，成立联邦反间谍局和联邦边防局，任命尼古拉·戈卢什科为联邦反间谍局局长。1994 年 3 月，叶利钦任命联邦反间谍局副局长谢尔盖·斯捷帕申（С. В. Степашин）为联邦边防局局长。

在整个苏联历史上，苏联领导人似乎也没有找到情报机构和政治机构很好结合的方式。到俄罗斯独立后，情况开始发生变化，其情报体系开始逐渐变得稳定起来，究其原因是俄罗斯开始重视情报法律体系的建设，用法律规范情报体制的活动。

（三）非军事情报体制和军事情报体制并行发展

在苏联和俄罗斯历史上，其非军事情报体制——“克格勃”和军事情报体制——“格鲁乌”几乎是并行发展起来的，彼此之间基本是相互独立的，尽管“克格勃”试图吞并“格鲁乌”的情况一直存在。两者彼此之间有过短暂的合并，但总体上是分开的。在苏俄国内战争时期，1917 年 12 月，非军事情报体制——“克格勃”的前身“契卡”产生了。1918 年 6 月，“格鲁乌”的前身——苏联红军东方战线登记部也随之出现。在当时，双方还出现过彼此交恶的事件。1918 年 7 月 10 日，“当时契卡枪毙了成立仅仅 27 天的东方战线情报部的所有成员，同时还枪毙了该战线全体参谋人员和司令员 М. А. 穆拉维夫本人”。[2] 1947 年，斯大林担心情报部门失控，便将总参谋部情报部和国家安全部的政治情报部门合并，成立了情报资料委员会。军事情报体制落入后来的“克格勃”——国家安全部手中。由于国家安全部和军方的联合反对，1949 年，情报资料委员会最终解散。1953 年，斯大林去世后，流放的朱可夫（Гео́ргий Константи́нович Жу́ков）回国担任了国防部长，加强了对军事情报机构——总参谋部情报部的控制，取消了国家安全部设在军队中的特有部门。在俄罗斯独立后，叶利钦主要调整非

---

① 艾红、王君、慕尧：《俄罗斯情报组织》，时事出版社 2013 年版，第 45 ~ 46 页。

② ［苏］维克托·苏沃洛夫著，周继、荣亚、安峰译：《苏军情报部内幕》，军事谊文出版社 1985 年版，第 3 页。

军事情报机构，非军事情报体制和军事情报体制基本是“井水不犯河水”。到后叶利钦时期，虽然普京总统为了进一步控制军队开始在军队中设立隶属国家安全总局的分支机构，但总参谋部情报总局与国家安全总局的竞争状态并没有受到太大影响，彼此完全是分立的。军事情报机构和非军事情报机构的分立总体上对国家安全的维护是有利的。这不仅仅是有利于不同情报机构之间的竞争，更是有利于军队第一时间获取情报并快速做出决策，有利于提高军队效率，在战争时期尤其如此。

二、俄罗斯情报体制的运行流程

情报体制的运行离不开各个情报组织和情报人员的各项工作，从情报搜集到筛选、甄别、传递，直到决策者根据情报做出决策，以及最后情报的反馈，整个运行机制既需要领导者的领导，也需要各个部门之间的协调，以及对整个过程的控制与监督。

（一）情报信息的获取途径

获取情报是情报体制运行的主要方面。俄罗斯情报人员获取情报主要靠两种途径：公开合法途径和秘密非法途径。

公开合法途径主要是俄罗斯情报机构的情报分析专家根据外部公开的信息进行分析整理而获得的情报。在当今网络发展如此快速、信息满天飞的情况下，一些公开的信息中隐含着很多对国家安全有用的信息，经过专业人员的分析整理可以获取有用的情报。公开的信息可以在网站、报刊、广播电视、官方正常访问交往中得到。外交部、经贸部和情报部门也可以获得这些信息，最后由情报分析专家进行分析整理。

另外一种途径就是秘密非法途径，这是当前俄罗斯情报机构获取情报的主要途径。秘密非法途径很多，俄罗斯非法秘密获取情报的途径主要有金钱收买、“燕子诱惑”、电子黑客等方式。非法途径获取情报者必须经过培训，有了一定的技能才有可能成功。俄罗斯通过各种方式将情报官员渗透到国外，通过掩护身份，在不同部门搜集情报信息，然后再传回国内。搜集国外科技情报的工作人员大部分以外交官、贸易代表、高校专家、科学顾问、公司代表等合法身份为掩护，小部分以伪造身份和假证件非法潜入别国开展刺探、搜集有关军事技术和民用技术（包括核技术、太空技术、导弹技术、潜艇技术、电子工业、光学纤维、机器人等尖端科学技术）的情报的工作。

俄罗斯获取情报的手段基本沿用了苏联时期搜集情报的手段，因为苏联情报机构已经形成了一套非常有效的强大情报体系，即使苏联解体了，但其搜集情报的能力还在。通常认为，情报官员是指经过专门的系统训练，然后通过各种手段掩饰身份被派往各地从事间谍和反间谍活动的人员，这类人也可以被称为“特工”。而情报员则是情报官员在外国组织发展的下线情报人员，被称为“间谍”，且处于情报工作的最前线。大部分情报搜集工作的成败都取决于这类情报工作者的成果。① 经过普京的调整改革后俄罗斯的情报体制既保持了苏联时期搜集情报的能力，也具有当今搜集情报更加灵活的手法，注重秘密搜集情报和公开搜集情报相结合。

（二）情报工作的领导与协调机制

《俄罗斯联邦安全法》第十三条规定，俄罗斯总统是俄罗斯情报工作的最高领导。俄罗斯联邦总统根据国家安全需要在其职权范围内做出保障国家安全的决定，并规定国家安全机构情报工作的方针。俄联邦总统任命联邦安全会议秘书、联邦安全局局长、对外情报局局长等。“俄联邦安全委员会由俄罗斯联邦总统组成并领导；俄罗斯联邦总统确立俄罗斯联邦安全局的地位；为实施和履行俄罗斯联邦安全局的任务和职能，由俄罗斯联邦总统建立安全局工作机关和部门。”②

俄联邦安全会议秘书在总统领导下协助总统处理情报工作。安全会议秘书由总统领导。《俄罗斯联邦安全法》第十六条规定：“俄罗斯联邦总统决定安全委员会秘书的职权；安全委员会秘书由俄罗斯联邦总统任命和解职。”③《俄联邦安全会议条例》规定：“安全会议秘书直属俄联邦总统。安全会议秘书组织安全会议工作和领导安全会议部门。”④

俄罗斯情报工作协调的主要角色是俄联邦安全会议和俄联邦政府。《俄罗斯联邦安全法》第六条规定：“俄罗斯联邦总统和隶属于总统的俄罗斯联邦安全会议以及俄罗斯联邦政府、国家政权联邦机构、俄罗斯联邦主体国家机关、地方政府机关在职能范围内共同履行协调安全保护工作的职能。”⑤ 俄联邦安全会议承担主要的情报工作协调任务。“在情报分析的基础上”“协调联邦和地方执行总统安保决策的工作”⑥。联邦“安全会议国际安全跨部门委员会的职能之一就是分析和预测俄罗斯面临的国际安全形势，分析有关国家国际安全状况的情报，并

---

① 闻敏：《苏联谍报70年》，金城出版社2010年版，第50～51页。

②③ РОССИЙСКАЯ ФЕДЕРАЦИЯ Федеральный закон “О безопасности”, http://svr. gov. ru/svr_today/doc4. htm.

④⑤⑥ Положение об аппарате Совета Безопасности Российской Федерации, http://www. scrf. gov. ru/documents/11/3. html#.

向安全会议提出完善安全系统的建议",[1] 而安全会议国际安全跨部门委员会的工作由联邦安全会议秘书组织和协调。

俄联邦政府也有一定的协调情报工作的能力，主要是在情报领域负责执行总统情报决策。《俄罗斯联邦安全会议条例》规定，俄罗斯联邦政府"培养安全保障领域的联邦计划并确保其执行；规定联邦机构在安全保障领域中行使权的职权范围和联邦机构执行方针；为完成安全保障任务，安排保证联邦执行机构、俄罗斯联邦主体行政机关、地方当局必要的资金和资源"。"联邦行政机关、跨部门委员会代表以及安全会议部门实施安全会议跨部门委员会的信息分析和技术组织保证工作。"[2]

（三）情报工作的监督机制

俄罗斯情报工作的监督体制由联邦总统、安全会议及秘书和联邦会议负责。俄罗斯情报机构及其活动受总统直接领导和监督。俄联邦总统既领导情报体系，也监督体系的运行，一旦情报体系运行出现问题，总统可以通过警告安全会议秘书、联邦安全总局局长、对外安全总局局长等，甚至解除他们的职务来监督他们的工作。

联邦安全会议及秘书也负有对俄罗斯情报工作的监督责任。《俄罗斯联邦安全法》规定联邦安全会议的主要任务和职能包括向联邦总统提供安全方面的政策建议、"制定保证国家安全的国策并监督其实施""预测、发现、分析、评估对国家安全的威胁，评估战争危险和军事威胁，制定消除危险和威胁的措施""从战略上评估实施安保领域国家政策基本方针的进程、本国社会政治和经济形势、人权和公民权状况的执行效果"[3] 等，这其中当然包括总统的情报决策执行情况的评估和监督。

联邦安全会议秘书享有管理俄联邦安全会议日常事务的权力。他可以通过组织和协调安全会议工作，如通过管理国际安全跨部门委员会的情报建议监督情报部门的工作，也可以通过"监测安全会议决议的执行情况""协调科研工作、国家安全领域联邦专项规划的筹备和监督实施工作"等监督情报体系。

俄联邦会议通过情报问题立法、情报机构的拨款监督情报工作，也可以通过联邦会议特有的听证权、质询权对情报机构进行监督。俄联邦会议可以通过制

---

① 艾红、王君、慕尧：《俄罗斯情报组织》，时事出版社 2013 年版，第 81 页。

② Положение об аппарате Совета Безопасности Российской Федерации, http://www. scrf. gov. ru/documents/11/3. html#.

③ РОССИЙСКАЯ ФЕДЕРАЦИЯ Федеральный закон "О безопасности", http://svr. gov. ru/svr_today/doc4. htm.

定、修改《俄联邦安全法》《俄联邦安全总局机构法》《俄联邦对外情报法》等监督俄联邦情报机构的活动，也可以通过限制对联邦情报机构的拨款限制情报活动。俄国家杜马具有审议联邦预算的权力，其中包括对总参谋部情报总局、联邦安全总局、对外情报总局等情报机构的拨款。俄联邦会议还可以通过举行情报问题的听证会、对情报机构领导人提出质询等监督情报系统。[①]

① 艾红、王君、慕尧：《俄罗斯情报组织》，时事出版社2013年版，第83~85页。

第八章

俄罗斯情报与安全预警机制

情报信息是国家安全预警的基础。情报分析和研究就是对所观察的事情进行总结，从而跟踪该事情的发展轨迹，并对未来进行预测。[①] “预测和评估不可能完全准确，但如果当人的命运和国家安全处在危急关头时”，无论是个人还是国家“宁愿根据这一阶段战略情报的相关指数，如战略地位、特定薄弱环节、可能的行动方案，做出抉择”。[②] 预测预警机制对于保护国家安全异常重要。

第一节　俄罗斯的主要安全情报

2015 年 12 月 31 日，俄罗斯联邦总统签署第 683 号令——《俄罗斯国家安全战略》，认为俄罗斯国家安全威胁包括国防和由俄罗斯联邦宪法及俄联邦法律规定的所有安全类别，如国家安全、社会安全、信息安全、生态安全、经济安全、交通安全、能源安全及人身安全。[③] 国防主要是军事防务，公共安全、社会安全主要是应急安全与反恐安全，国家安全还包括俄罗斯在世界的战略地位。俄罗斯

① ［美］谢尔曼·肯特著，刘薇、肖皓元译：《战略情报：为美国世界政策服务》，金城出版社 2012 年版，第 4 页。

② ［美］谢尔曼·肯特著，刘薇、肖皓元译：《战略情报：为美国世界政策服务》，金城出版社 2012 年版，第 50 页。

③ “О Стратегии национальной безопасности Российской Федерации”，http://base.garant.ru/71296054/.

的安全情报主要包括应急情报、反恐情报、军事情报和战略情报。

一、应急情报

俄罗斯是应急安全事故多发国家。“仅 1994 年上半年，俄罗斯就发生了 747 起灾难事件，比上一年全年增加了 182 起。”① 为了应对这些事务，早在 1990 年 12 月，俄罗斯就成立了救援队。1991 年 4 月，俄罗斯成立紧急情况委员会（ECD-SC），1994 年 1 月改为紧急情况部（EMERCOM），主要负责自然灾害、技术事故和灾难突发性事件的预防与救援。应急情报对俄罗斯公民生命和安全具有特别重要的作用。2001 年俄罗斯还专门通过了宪法性法律——《俄联邦紧急状态法》，专门应对“发生事故、危险自然现象、自然灾害或者其他灾难时所引发的传染性流行病和动物流行病”，该法规定了在俄实行紧急状态时“俄罗斯联邦公民、外国公民、无国籍人的权利与自由”，对“各组织和社会团体的权利进行个别限制，同时给予它们其他附加义务”。② 可见，应急安全事务是俄罗斯重要的安全事务，应急情报会对俄罗斯社会安全产生关键性影响。

二、反恐情报

俄罗斯是发生恐怖主义威胁事件最多的国家之一。俄罗斯独立伴随的是其国内各种恐怖事件。1995 年至 2004 年 9 月，俄罗斯发生 40 多起重大恐怖活动。“2012 年，俄强力部门在全国境内挫败了 92 起恐怖袭击计划，逮捕 600 多名非法武装分子及其同伙”。③ 在 2002 年“莫斯科人质事件”后，俄罗斯针对反恐怖危机预警机制和控制机制进行了调整，“确立了先发制人的反恐方针，强调应努力将恐怖活动消灭在策划和准备阶段”。④ 为了进一步打击恐怖主义，2003 年普京对俄联邦安全机构进行了大幅改组，在内务部打击有组织犯罪总局下设“反刑事恐怖主义中心”。2004 年 8 月 23 日至 9 月 1 日，俄罗斯一周内发生四起恐怖事件。⑤ 不久普京总统在一次会议上提出建立一个新的、负责反恐事务的机构。2006 年 2 月，普京总统签署《关于打击恐怖主

---

① 洪凯主编：《应急管理体制跨国比较》，暨南大学出版社 2012 年版，第 65 页。

② РОССИЙСКАЯ ФЕДЕРАЦИЯ ФЕДЕРАЛЬНЫЙ КОНСТИТУЦИОННЫЙ ЗАКОН О ЧРЕЗВЫЧАЙНОМ ПОЛОЖЕНИИ，http://www.mchs.gov.ru/document/4312481.

③ 马建光、张明、夏鹏：《俄罗斯反恐新变化》，载《科技日报》2013 年 2 月 5 日第 12 版。

④ 李健和、马振超等：《俄罗斯反恐预警机制研究》，载《中国人民公安大学学报》（社会科学版）2004 年第 8 期，第 2 页。

⑤ 钟开斌：《中外政府应急管理比较》，国家行政学院出版社 2012 年版，第 32 页。

义措施的命令》，决定成立国家反恐委员会作为反恐协调机构，并在境内建立预防、制止和打击恐怖主义活动的三级公共预警机制。[①] 2006 年 3 月，普京签署《反恐怖主义法》，2008 年 2 月，俄罗斯通过《俄罗斯联邦反恐构想》。《反恐怖主义法》定义了恐怖主义、恐怖主义活动、恐怖主义行为、反恐怖工作和反恐行动的概念与含义，强调反恐重在预防。[②] 反恐情报是俄罗斯预防和打击日益猖獗的恐怖主义的主要依据。没有反恐情报，俄罗斯反恐工作将难以展开，也不可能做到预防和预警。

三、军事情报

军事情报就是通常所说的狭义上的战略情报，即“从狭义上讲，战略情报是客观存在的对在国家政策统领下为赢得战争和军事斗争胜利而谋划并指导未来实施的总体设计和构想有价值的信息”。[③] 军事情报有利于俄罗斯提前进行军事准备，对俄罗斯推进军事战略意义重大。因为俄罗斯自独立以来就一直纠结于军事安全问题，除车臣问题外，还包括与格鲁吉亚之间的阿布哈兹和南奥塞梯问题、与乌克兰之间的克里米亚问题等，俄罗斯在这些问题上都动用了武装力量。虽然俄罗斯在这些问题上取得了军事上的胜利，但问题并没有完全解决。因此，军事安全问题始终是俄罗斯国家安全战略思考的主要问题。2010 年版《俄罗斯联邦军事学说》指出了俄罗斯面临的一些军事威胁有所加剧，包括外部军事威胁和内部军事威胁。外部军事威胁包括北约、与俄罗斯为敌的外国军队、部署反导体系、大规模杀伤性武器的扩散、个别国家不遵守已经签署的限制和削减武器方面的条约、国际恐怖主义的威胁等。来自内部的军事威胁主要是内部分裂势力。[④] 2015 年俄罗斯发布的《俄罗斯国家安全战略》更加明确地指出了来自北约的军事压力，认为“北大西洋公约组织军力的提升、赋予自身有悖于国际法准则的全球职能、国家联盟军事活动的活跃、北大西洋公约组织的进一步扩大及向俄罗斯边界推进军事基础设施的计划对国家安全构成了威胁”。[⑤]

四、战略情报

战略情报是预测国家战略危机的最重要的预警信息，“是预防国家安全危机

① 钟开斌：《中外政府应急管理比较》，国家行政学院出版社 2012 年版，第 32 页。

② 赵秉志等编译：《国外最新反恐法选编》，中国法制出版社 2008 年版，第 321 ~ 322 页。

③ 刘强：《战略预警视野下的战略情报工作》，时事出版社 2014 年版，第 51 页。

④ 2010 年《俄罗斯联邦军事学说》，引自薛兴国：《俄罗斯国家安全理论与实践》，“附录二：俄罗斯联邦军事学说”，时事出版社 2011 年版，第 391 ~ 392 页。

⑤ “О Стратегии национальной безопасности Российской Федерации”，http://base.garant.ru/71296054/.

的最重要的预警信号”“是国家安全战略决策最重要的依据”。[①] 这里所讲的战略情报是常说的广义上的战略情报，即“从广义上讲，战略情报是客观存在的对在总体政策统领下为获得竞争优势和赢得竞争并促进发展而谋划并指导未来实践的总体设计和构想有价值的信息。”[②] 战略情报要做到高瞻远瞩，要对未来的发展有预测性。战略情报涉及一个国家的大战略，即某一个国家最关切的领域问题和国家是什么，涉及本国的战略地位、国家需求、潜在的威胁和对手的军事潜力、对手的优势、自身的劣势、道德取向、价值取向、过去的行为准则、可以使用试探性手段探测其意图和反应。俄罗斯于 2015 年《国家安全战略》报告中强调俄在战略上的关注点是未来发展的新多中心模式世界体制，确定了俄罗斯世界大国目标，要在世界多极格局中维护战略稳定和互利伙伴关系，要为俄罗斯联邦经济、政治、军事和精神等潜力的长远增长和提高俄罗斯联邦在世界多极化趋势形成中的作用建立稳定的基础。[③] 俄罗斯的战略目标是要复兴俄罗斯，使俄罗斯成为多极世界中的一极。因此，俄罗斯的战略情报主要涉及影响其世界地位的因素，尤其是关于美国、北约、欧盟、中国的情报。因此，战略情报和应急情报、反恐情报、军事情报一样，是俄罗斯国家安全战略关切的重点。

第二节　俄罗斯安全情报的传递路径

俄罗斯不同的安全情报，其传递路径也不同。应急情报、反恐情报和军事情报在各自的情报体系内由下而上传递。战略情报则通过不同的情报机构、智库等传递到俄联邦安全会议。

一、应急情报的传递路径

俄罗斯应急安全情报的传递路径主要在应急事务处理机关内部，由下至上传递。根据事件的重要程度和处理进展情况决定是否需要上报总统。俄联邦紧急情况部是俄罗斯处理应急安全事务的主要协调机构，下设有分支机构，包括联邦中央、区域中心、联邦主体、地方城市和基层村镇五级，这五级应急安全事务分别由紧急

① 刘强：《战略预警视野下的战略情报工作》，时事出版社 2014 年版，第 62 ~ 64 页。
② 刘强：《战略预警视野下的战略情报工作》，时事出版社 2014 年版，第 51 页。
③ “О Стратегии национальной безопасности Российской Федерации”, http://base.garant.ru/71296054/.

情况部、区域危机管理中心、联邦主体危机管理中心、城市应急事务委员会、基层应急事务委员会负责处理和协调。在发生安全危机紧急情况时，俄联邦应急安全机构会自主、及时、迅速做出初步反应，与此同时会将情报上报，根据危机的级别会报送到不同级别的领导人。发生紧急情况后，紧急情况部会迅速反应，无需呈报总统，直接由部门首脑下令派遣紧急救援队开展救援工作。非恐怖主义应急威胁预警一般由俄联邦紧急情况部负责。俄联邦紧急情况部下设有国际危机情况管理中心，该中心下又设有行动反应中心，在全国设有各层级的分支机构，这是一个智能型救灾指挥中心，在全国各重要区域设有大型监视系统，实行全天候监控。“在莫斯科、圣彼得堡等大城市设有 911 个信息和通报站”[①]，这些站点是收集和发送应急安全事务情报的起始站点。根据危机的不同级别，这些情报信息报送到基层应急事务委员会，然后逐级上报。根据危机的程度，在不同的地域范围内做出危机预警。俄罗斯还注重基层社区力量，在基层建立信息员制度，一旦发生突发性事件，信息员会将灾害情报及时报告给基层紧急情况部门，基层应急事务委员会根据灾害情况决定是否需要上报。设立基层信息员制度是俄罗斯应急安全体制的一个重要特点。

二、反恐情报的传递路径

2009 年 10 月获得批准的《俄罗斯联邦反恐构想》第二章规定，反恐主体主要是负责执行反恐措施的国家权力机关和地方自治机关。反恐行动由联邦反恐委员会及其行动指挥部、联邦主体反恐委员会及其行动指挥部协调反恐行动，联邦行政机关和地方自治机关具体指挥反恐。[②] 联邦反恐委员会由联邦安全总局、国防部、对外情报总局、警卫总局等部门构成，这些部门有负责搜集反恐情报的任务，俄罗斯反恐情报主要来自这些部门，反恐情报的传递也主要由这些部门完成，其传递路径是各反恐情报机关单线上报。

联邦安全总局既是俄罗斯反恐怖主义的核心部门，也是俄获取反恐情报的主要部门。俄联邦安全总局通过搜查和其他特种手段，开展反恐行动，协调联邦政府机关的反恐行动，调查有政治目的的恐怖主义倾向犯罪，向总统提交年度反恐报告，向总统和政府及时通报恐怖威胁情况等。[③] 可见，俄联邦安全总局是俄反恐情报的主要来源。俄联邦安全总局设有保宪和反恐总局，保宪和反恐总局又设有特勤中心、打击国际恐怖主义局、打击恐怖主义和政治极端主义局等，是联邦

① 洪凯主编：《应急管理体制跨国比较》，暨南大学出版社 2012 年版，第 67 页。

② 《俄罗斯联邦反恐构想》，引自戴艳梅：《俄罗斯反恐体系研究》，“附录二：俄罗斯联邦反恐构想”，时事出版社 2015 年版，第 236 页。

③ 戴艳梅：《俄罗斯反恐体系研究》，时事出版社 2015 年版，第 54 页。

安全总局的主要反恐机关。俄联邦安全总局下辖的反间谍总局、边防总局也是重要的反恐机关。俄联邦安全总局在地方各层级设有下属机构，派驻有大量的情报人员。他们在搜集到恐怖主义活动的情报后会迅速交给上级机关，直到俄联邦安全总局主管机关和总局领导，联邦安全总局可以先采取反恐行动然后再向反恐委员会主席即联邦总统上报反恐情报。

内政部是和联邦安全总局并列的反恐机构，负责预防、调查恐怖活动，尤其注重以钱财为主的恐怖主义犯罪。2003 年，内政部设立反刑事恐怖主义中心，并在地方组建分局，其主要任务是负责预先发现、查明和制止刑事恐怖活动，协调内务部系统打击刑事恐怖主义。① 搜集恐怖主义活动情报是内政部的主要任务之一，内政部全国各地的地方分支机构在发现恐怖组织和个人的行踪后会上报，然后根据内务部领导的指示采取行动。内政部是俄罗斯五大权力机关之一，可以先采取反恐行动，然后再向联邦政府总理上报反恐情报。

其他反恐机构还有对外情报总局、联邦警卫局和国防部。对外情报总局主要关注国际恐怖主义情报，联邦警卫局主要关注俄联邦领导人安全的相关情报，国防部总参谋部情报总局也会涉及反恐情报。这些机构的领导在发现相关恐怖活动的情报后会根据恐怖活动的紧急情况决定是先上报还是先采取行动。所有涉及重大安全问题的情报必须上报俄罗斯总统。

三、军事情报的传递路径

总参谋部情报总局是俄罗斯主要军事情报机构，负责搜集和分析全球军情，尤其是美国、北约等主要国家和组织的情报。总参谋部情报总局 12 个业务局的主要工作是侦察和整理分析不同地区和不同领域的情报。俄情报总局在各军种设有军中情报处，隶属总参谋部情报部。② 情报总局 9 个辅助保障局和处负责搜集间谍卫星情报、技术设备管理、向国外选派武官和其他身份的军事谍报人员等业务。③ 总参谋部情报总局驻扎在俄国内外各地情报人员将搜集到的情报逐级上报。如第一局负责欧洲地区的情报搜集，其在欧洲的情报人员搜到情报后通过不同方式传到国内总参情报总局机关，总局第八处负责情报通信和无线电情报传递工作。在传到总局机关后，由专业分析人员对情报进行分析和处理后呈报给情报总局局长，由情报局长直接将处理后的情报向总参谋长和国防部长汇报。为确保不

① 戴艳梅：《俄罗斯反恐体系研究》，时事出版社 2015 年版，第 55 页。

② Viktor Suvorov, *Soviet Military Intelligence*. London: Grafton Books, 1986, P. 52.

③ 参见艾红、王君、慕尧：《俄罗斯情报组织》，时事出版社 2013 年版，第 64 ~ 65 页。还可参见朱建新、王晓东：《各国国家安全机构比较研究》，时事出版社 2009 年版，第 175 页。

延误重要军事情报，这类汇报每天一次。然后由总参谋长和国防部长决定是否需要将有关情报报送俄联邦安全会议秘书，或者直接向俄罗斯总统汇报。俄联邦安全会议秘书在总统的领导下协助总统处理情报工作。联邦安全会议讨论并做出军事安全预警和军事政策建议，最后由联邦总统做出最后决策。俄联邦总统根据需要也可以直接召见总参谋部情报总局局长，了解有关重大军事情报情况。

除此之外，还有其他情报机构和军队监测系统。其他情报机构，包括对外情报总局、联邦安全总局等，也会搜集涉及军事安全方面的情报，这些机构也会将这些情报进行整理后上报，一些重大的军事情报问题和政策建议会在联邦安全会议上进行讨论，最后由联邦总统做出最终决策。军队监测系统包括地面雷达系统、导弹袭击预警系统和太空监视系统。俄罗斯军队建立的地面雷达系统获取的军事情报由空军无线电技术兵统一管理，并上报空军司令部，由空军司令部上报空天部队司令部，然后再上报总参谋部和国防部。导弹袭击预警系统包括导弹袭击空间预警系统和导弹袭击地面雷达预警系统。俄罗斯太空监视系统包括“天窗”光电观测系统和“树冠”雷达系统，其搜集到的信息传送到2015年组建的俄联邦空天部队司令部，然后由空天部队司令部上报总参谋部和国防部。

四、战略情报的传递路径

俄罗斯进行战略情报的搜集与分析的机构很多，涉及情报机构和智库等。俄罗斯情报机构有军事情报机构和非军事情报机构，包括总参谋部情报局、对外情报总局、联邦安全总局和反恐委员会等。其中，涉及战略情报最为核心的机构是对外情报总局和参谋部情报局。根据《俄联邦对外情报法》的规定，俄对外情报总局的任务是为俄联邦总统、联邦政府的决策提供侦察情报保障，为俄安全政策的实施提供有利条件。对外情报总局可以在政治、军事、经济、科技等领域开展情报活动。对外情报总局在政治、军事领域的情报任务是获取世界主要国家对俄罗斯政策的预警性和预告性情报，跟踪可能对俄罗斯国家安全构成威胁的地区热点，以及世界新型武器和核武器的动向等。[①] 俄对外情报总局会利用其在国内外的情报高手获取俄罗斯关切的战略情报，尤其是政治、军事和战略类情报。这些情报会在对外情报总局机关汇总，并对情报进行初步研究和分析，然后上报俄联邦安全会议秘书，或由对外情报总局局长在总统每周一的召见中向总统报告，重大的战略安全问题会在俄联邦安全会议讨论。

俄罗斯智库是俄罗斯联邦总统获取战略情报的主要来源。像俄罗斯战略研究

① 艾红、王君、綦尧：《俄罗斯情报组织》，时事出版社2013年版，第61页。

所、国际安全与战略研究所、外交与国防政策委员会、战略评估与分析研究所、政治与军事分析研究所、莫斯科大学国际政治系、俄罗斯科学院国际关系学部、俄罗斯科学院东方学研究所、俄罗斯科学院远东研究所、俄罗斯科学院欧洲研究所、俄罗斯科学院美加研究所、俄罗斯科学院国际安全研究所、俄罗斯科学院世界经济与国际关系研究所等。这些研究机构是专门研究国际安全、安全战略与军事战略等问题的机构，它们主要从公开的渠道得到信息资料，并对这些资料进行研究和分析。它们提出的关于美国、欧洲、日本、中国、国际安全、经济发展等问题的战略报告将报送其所服务对象，然后由其机构领导根据问题的重要程度决定是否提交俄联邦安全会议秘书，由秘书决定或在征得总统同意后决定在俄联邦安全会议上进行讨论。如 1992 年成立的俄罗斯战略研究所，隶属俄联邦安全会议，主要研究对外政策、国防、经济等问题，就这些问题提出建议报告，并将报告提交到联邦安全会议、总统办公厅、联邦议会和政府及其各部委。建于 1966 年的俄罗斯科学院远东研究所隶属俄罗斯科学院，设有俄中关系研究与预测中心、俄罗斯同亚太地区国家协同研究与预测中心、中国与东亚社会经济研究中心、日本研究中心等，共有 200 位专职研究员，主要研究方向为日中关系、俄罗斯在亚太的地位与安全问题等，其研究成果会通过俄罗斯科学院直接报送俄联邦安全会议。[①]

第三节　俄罗斯的安全危机预警

安全预警是保护国家安全的首要环节和关键环节，无论是应急安全治理、消除恐怖主义威胁、应对军事威胁，还是保障国家的战略安全。俄罗斯在应对不同安全危机的过程中，会进行安全危机预警和制定不同的应对预案。

一、应急安全危机预警

1994 年 1 月，紧急情况委员会更名为紧急情况部，并成为俄罗斯政府的一个实体部门。俄罗斯联邦立法机关也通过了《联邦共同体应急管理法案》，建立了俄罗斯联邦预防和消除紧急情况的统一国家体系（USEPE），[②] 此统一体系“合

① 中国现代国际关系研究院俄罗斯研究所：《俄罗斯外交思想库》，时事出版社 2005 年版，第 34～38 页。

② 迟娜娜、邓云峰：《俄罗斯国家应急救援管理政策及相关法律法规（一）》，载《中国职业安全卫生管理体系认证》2004 年第 5 期，第 8 页。

并了5 000多个的版图划分区，这里面包括89个州、1 000个城市化区域和大城市以及超过2 200个位于偏远地区的城镇和乡村。到2001年为止，这个体系已经涵盖了88个州（除了车臣共和国），成立了576个应急管理委员会”。[①] 俄罗斯危机预警能力和处理应急安全事务的能力得以大幅提升。紧急情况部不仅仅是处理危机事件的部门，还是一个安全预警预测机构。在抗灾救助机制中，紧急情况部设立了国家危机情况管理中心各地区分支机构。这些机构可以运用高科技手段对灾害事件进行监测和预警，在危机发生后协调各部门的关系，统一反应，统一救援。紧急情况部下设国家危机情况管理中心，国家危机情况管理中心又下设应急响应中心、运作与分析中心、电信中心等。国家危机情况管理中心的一个主要职能就是对突发性事件进行监测和预测，并建立健全“全国紧急情况预防与对应体系”。国家危机情况管理中心应急响应中心是一个智能型救灾指挥中心，能用现代科技手段对突发性事件进行预测预报。[②] 为了完善其预警系统，俄紧急情况部逐渐建立起应急预警信息机制，建立有联邦信息中心、跨区域信息中心、区域信息中心、城市信息中心和地方信息中心。到2010年底，该系统共建成37个数据中心，在人口密集城市设立了97个街道应急信息预警系统、3 150个等离子预警显示终端、1 200个逃生显示终端以及部署了众多专用车载移动信息预警显示终端。[③] 俄罗斯还可以根据需要成立临时应急指挥系统。

俄罗斯紧急情况部的应急安全危机处理以预防为主，因此其应急安全机制特别注重关于应对紧急危机时的教育和培训。俄紧急情况部通过书籍、电影、光盘等对公众进行宣传教育，并制成动画在学校放映，让师生观看。1994年，俄罗斯制定《联邦紧急救援服务和救援人员权利法》，对培训要求进行了详细规定。紧急情况部下设有各类培训学院和大学，如民防学院、国家消防学院等教育培训机构。[④] 通过常年培训，这些大学培养出很多危机管理专家和干部，大大减少了危机的损害。除教育和培训外，俄罗斯紧急情况部也非常重视危机的监测与预警。俄罗斯在火车站、机场、大型广场等人群集聚的地方和电视台等信息发布的关键场所建有24小时运行的大型监控系统。俄罗斯各地方也建有“紧急情况监测和灾害预测中心，以及时收集和通报灾害信息，做到早发现，早报告，早处置”。[⑤] 俄罗斯将全国分为不同级的危险区域，即一级危险区域、二级危险区域

---

① 迟娜娜、邓云峰：《俄罗斯国家应急救援管理政策及相关法律法规（二）》，载《中国职业安全卫生管理体系认证》2004年第6期，第27页。

② 钟开斌：《中外政府应急管理比较》，国家行政学院出版社2012年版，第79页。

③ “俄罗斯：高效救灾应急体制历经考验”，http://finance.people.com.cn/n/2013/0514/c70846-21469432.html.

④ 钟开斌：《中外政府应急管理比较》，国家行政学院出版社2012年版，第137页。

⑤ 钟开斌：《中外政府应急管理比较》，国家行政学院出版社2012年版，第191页。

和三级区域。俄罗斯超过一半的人口居住在危险区域。[①] 不同的危险区域有不同的应急预案。

二、恐怖主义危机预警

俄罗斯独立后始终处在恐怖主义威胁之中，俄罗斯应对恐怖主义的预警机制也因此不断发生变化。2002 年莫斯科人质事件后，俄罗斯对反恐怖危机预警机制和控制机制进行了调整，“确立了先发制人的反恐方针，强调应努力将恐怖活动消灭在策划和准备阶段”。[②] 为了进一步打击恐怖主义，2003 年普京对俄联邦安全机构进行了大幅改组，在内务部打击有组织犯罪总局下设立了“反刑事恐怖主义中心”。

恐怖主义威胁预警一般由俄联邦反恐委员会负责和发布。俄联邦反恐委员会设有预防恐怖主义协调局、打击恐怖活动协调局、情报分析局和国家反恐委员会信息中心四大常设机关。情报分析局和国家反恐委员会信息中心是恐怖主义威胁预警机构。情报分析局主要是开发情报搜集自动化系统和分析情报信息。2007 年 10 月，俄罗斯反恐委员会整合 15 个反恐机构建立了国家反恐数据库，[③] 情报分析局可以以此进行情报分析和预测。国家反恐委员会信息中心负责发布恐怖威胁信息与危机预警。俄联邦安全总局、对外情报总局、军队总参谋部情报局、侦察委员会（2010 年从检察院独立出来、隶属总统）和内务部（内务部下属侦察委员会）等也是国家反恐委员会信息中心发布恐怖威胁信息与危机预警的情报来源机构。俄联邦安全总局的网站上专门附有报警电话：+7(495)224-22-22　8(800)224-22-22。俄罗斯用蓝色、黄色和红色对恐怖威胁划分等级。蓝色为较高等级，指出现需要证实的可能性恐怖袭击情报。黄色为很高等级，指出现已经证实的可能性恐怖袭击情报。红色为最高等级，指出现恐怖袭击或恐怖袭击已经直接威胁的情报。[④] 根据蓝、黄、红三级威胁预警情报，俄罗斯会采取不同的威胁应对预案。俄罗斯反恐构想、反恐法律等其实就是反恐预案。2009 年《俄罗斯联邦反恐构想》第二章“国家反恐体系”专门论述了反恐法律文件“旨在调节反恐主体发现、预防、制止、揭露和侦查恐怖活动”，反恐的主要任务是“发现、预防和清

---

① 迟娜娜、邓云峰：《俄罗斯国家应急救援管理政策及相关法律法规（二）》，载《中国职业安全卫生管理体系认证》2004 年第 6 期，第 29 页。

② 李健和、马振超等：《俄罗斯反恐预警机制研究》，载《中国人民公安大学学报》（社会科学版）2004 年第 4 期，第 2 页。

③ 李健和、马振超等：《俄罗斯反恐预警机制研究》，载《中国人民公安大学学报》（社会科学版）2004 年第 4 期，第 4 页。

④ 戴艳梅：《俄罗斯反恐体系研究》，时事出版社 2015 年版，第 131 页。

除预谋与实施恐怖活动或其他恐怖主义性质犯罪的行为与组织”，“保持揭露、预防、消除恐怖活动，使最大限度减轻和（或）消除恐怖活动后果的力量与物资处于有效使用的常备状态”。[①]

三、军事安全危机预警

俄罗斯军事系统的预警情报主要来自军队情报系统和军队军事安全威胁预警系统。俄军情报系统即俄罗斯总参谋部情报总局，是俄罗斯主要的军事情报来源。俄情报总局分布在世界各地的情报人员获取的情报先汇报给总参谋长和国防部长后，再由总参谋长和国防部长直接向总统汇报，涉及需要采取重大军事决策的情报最后交由总统决定，因为俄罗斯总统是各类情报机构的总领导。2010 年《俄罗斯联邦安全法》第十三章和第十四章规定，联邦安全会议由俄罗斯联邦总统设计并领导，其地位由俄罗斯联邦总统批准。联邦安全会议就实行、延长和取消紧急状态向俄罗斯总统提出建议。对俄联邦总统关于预告、缓解紧急状态和消除其后果的举措，以及实行、延长和消除紧急状态的提议进行准备。[②] 俄罗斯联邦总统对国家安全保障机关实施总的领导。《俄罗斯联邦国防法》规定，如果是涉及俄罗斯联邦受到武装侵略、面临侵略的直接威胁或爆发针对俄罗斯联邦的武装冲突的相关情报，需要宣布战争总动员或局部动员，宣布俄罗斯联邦全境或部分地区进入战争时期状态，由俄罗斯总统颁布命令。[③] 可见，俄罗斯总统是俄军事预警的最后决策者。

除总参谋部情报总局、联邦安全会议、总统预警机制外，俄罗斯军事安全危机预警来自军队军事安全威胁预警系统。军队军事安全威胁预警系统主要包括地面雷达预警系统、导弹袭击预警系统和太空监视系统。俄罗斯军队建有不同的地面雷达站，有较完备的地面雷达系统。俄罗斯空军有各种不同的雷达：“早期预警雷达、远程预警雷达、目标指示雷达、警戒雷达、引导雷达、早期警戒和拦截控制雷达以及新型的三坐标预警雷达等。这些雷达探测的距离为 5～350 千米，高度为 20 千米以上。”[④] 这一雷达预警系统由空军无线电技术兵管理，隶属空天部队。

---

① 《俄罗斯联邦反恐构想》，引自戴艳梅：《俄罗斯反恐体系研究》，“附录二：俄罗斯联邦反恐构想”，时事出版社 2015 年版，第 236～237 页。

② РОССИЙСКАЯ ФЕДЕРАЦИЯ Федеральный закон “О безопасности”，http://svr.gov.ru/svr_today/doc4.htm.

③ 《俄罗斯联邦国防法》，引自王海运、马永葆审校，田小文、伍君、黄忠明等校译：《俄罗斯国防法规选编》，军事译文出版社 1998 年版，第 55 页。

④ 郭秋呈：《当代俄罗斯军队武器装备》，国防大学出版社 2013 年版，第 170 页。

导弹袭击预警系统包括导弹袭击空间预警系统和导弹袭击地面雷达预警系统。导弹袭击空间预警系统实际上是卫星监视，包括“眼睛”空间预警系统和“预测”空间预警系统。“眼睛”空间预警系统由9颗卫星组成，能覆盖全球。目前由于经费问题，俄只有3颗卫星在轨运行。“预测”空间预警系统用于洲际弹道导弹监测。只要有6个轨道，每个轨道3颗卫星，即可全天候对全球进行不间断侦察。目前只有“预测－1”和“预测－2”运行。导弹袭击地面雷达预警系统由若干独立的预警雷达站组成，用于进一步确认导弹发射和运行轨迹，被称为导弹袭击空间预警系统的“地面梯队”。1999年，俄开始建立的“伏尔加河”雷达，于2002年纳入太空兵战斗编成，能跟踪5 000千米距离的导弹和观测轨道上的太空目标,[①] 其搜集到的信息传送到俄联邦太空部队指挥部。俄导弹袭击预警系统由俄太空防空兵主管。俄联邦武装力量太空兵有一个监视航天器的太空监控师和“一个独立导弹袭击预警师，管理着太空预警卫星系统和地面远程雷达站，负责为国家军事政治领导人提供导弹核袭击预警情报”。[②] 俄罗斯太空监视系统包括“天窗”光电观测系统和“树冠”雷达系统。“天窗”光电观测系统主要用于监测太空卫星和航天器，可以观测到30 000千米和40 000千米地球同步卫星轨道上的侦察卫星，1999年投入试验战斗值班。“树冠”雷达系统可以同时跟踪上万个目标，搜索距离为3 200千米。[③] “树冠”雷达系统于1999年开始运行，2005年加装了激光光学定位器。

2015年，俄军组建新军种——空天部队，负责管理空军、空天防御部队和反导部队的值班，以及导弹攻击预警和宇宙空间监督系统，俄罗斯空天军事安全威胁预警系统也属其管辖。俄军事安全威胁预警情报上报到总参谋部总参谋长和国防部长后，涉及《俄联邦国家安全法》和《俄联邦国防法》的重大安全危机预警，由俄罗斯总统决定，其具体军事预警报告一般由俄罗斯国防部通过《俄联邦军事学说》和《俄罗斯国家安全战略》报告体现，也可以通过国防部发言人、国防部部长讲话、外交部发言人、外交部部长讲话、俄罗斯总统讲话等体现出来。

四、战略安全危机预警

“战略预警往往是一个较长时间的预警，它需要情报部门长期跟踪敌对国家的动向，对其战争能力、战争意图和战争决心进行搜集、整理和判断，一旦发现

① 郭秋呈：《当代俄罗斯军队武器装备》，国防大学出版社2013年版，第187~190页。
② 朱建新、王晓东：《各国国家安全机构比较研究》，时事出版社2009年版，第175页。
③ 郭秋呈：《当代俄罗斯军队武器装备》，国防大学出版社2013年版，第201~203页。

其有使用武力发动战争的意愿便及时发出警报。"[①] 俄战略预警报告主要由俄联邦安全会议讨论通过的《俄罗斯国家安全战略》报告体现出来,《俄联邦军事学说》、外交部发言人、外交部部长讲话、俄罗斯总统讲话等也会部分体现其国家战略安全担忧。俄罗斯总统、联邦安全会议、安全会议秘书等是主导俄国家安全战略报告的主要角色,在俄联邦战略安全预警中发挥着关键作用。

"俄罗斯联邦总统、俄罗斯联邦安全会议、俄罗斯联邦政府、国家政权联邦机构、俄罗斯联邦主体国家机关、地方政府机关在职能范围内共同履行协调安全保护工作的职能。"[②] 2010 年《俄罗斯联邦安全法》规定联邦安全会议的主要任务和职能包括向联邦总统提供安全方面的政策建议、"制定保证国家安全的国策并监督其实施""预测、发现、分析、评估对国家安全的威胁,评估战争危险和军事威胁,制定消除危险和威胁的措施""从战略上评估实施安保领域国家政策基本方针的进程、本国社会政治和经济形势、人权和公民权状况的执行效果"[③]等。联邦"安全会议国际安全跨部门委员会的职能之一就是分析和预测俄罗斯面临的国际安全形势,分析有关国家的国际安全状况的情报,并向安全会议提出完善安全系统的建议"。[④] 俄联邦安全会议秘书根据各情报机构提供的战略信息,负责组织领导《俄罗斯国家安全战略》报告的起草。俄罗斯战略安全预警机制是俄联邦安全会议秘书利用俄联邦安全会议这个平台起草《俄罗斯国家安全战略》,即战略预警报告,总统批准报告,政府总理及其各部门负责人组织实施报告,实现其国家安全战略目标。

① 刘强:《战略预警视野下的战略情报工作》,时事出版社 2014 年版,第 83 页。

② Положение об аппарате Совета Безопасности Российской Федерации, http://www.scrf.gov.ru/documents/11/3.html#.

③ РОССИЙСКАЯ ФЕДЕРАЦИЯ Федеральный закон "О безопасности" http://svr.gov.ru/svr_today/doc4.htm.

④ 艾红、王君、慕尧:《俄罗斯情报组织》,时事出版社 2013 年版,第 81 页。

第九章

俄罗斯联邦安全会议的演变

独立之初，俄罗斯满目疮痍。经济困境、社会混乱、政治动荡成为俄罗斯日常生活的常态。军事经费缺乏使其国防几乎处于瘫痪状态。在情报机构上，不同情报体制条块分割，缺乏协调情报的中心机构。在应急安全问题上，各类恐怖事件频繁发生。在这样的背景下，俄罗斯急需进行国家安全体制的改革，需要有指导解决这些问题的决策机构。俄罗斯联邦安全会议应运而生。从 1992 年成立至今，联邦安全会议逐渐成为俄罗斯国家安全决策的中枢与核心机构。

第一节　叶利钦时期俄罗斯联邦安全会议

俄罗斯联邦安全会议是叶利钦模仿西方进行国家体制改革的重要方面之一。这一机构虽然与美国国家安全委员会有很大的距离，但在俄罗斯国家安全决策中还是发挥着一定作用。尤其是经过多次改革，俄罗斯联邦安全会议的作用变得日益重要。

一、俄罗斯联邦安全会议的缘起

俄罗斯联邦安全会议承袭了原苏联的安全会议。“为了保障继续推行深刻的政治和经济转型，巩固宪法秩序，确保公民权利、自由和安全，加强苏联最高国家权力和管理机关的相互协作，1990 年 3 月 14 日，苏联人民代表大会通过了《苏维埃社会主义共和国联盟关于修改和补充苏联宪法（基本法）的法律》，决定设立苏联总统一职。"① 戈尔巴乔夫担任苏联总统，也是苏联历史上唯一一位总统。

1990 年 12 月 26 日，苏联通过的《宪法修正案》中增加了一条："'苏联总统领导苏联安全会议，苏联安全会议的职能是提供苏联国家安全领域的政策建议，保障国家经济和环境安全，消除紧急状态和自然灾害造成的后果，保障社会稳定和法律秩序。苏联安全会议成员由苏联总统任命，同时考虑联邦委员会的意见和取得苏联最高苏维埃的同意。'这是苏联安全会议成立的法律依据。"② 实际上，苏联安全会议正是模仿美国国家安全委员会而建立的安全决策与咨询机构。

1991 年 3 月 7 日，苏联最高苏维埃通过了苏联安全会议成员名单，3 月 13 日苏联总统颁布总统令，任命了 8 位苏联安全会议成员，分别是副总统、总理、外交部部长、苏联国家会议主席、中央情报局负责人、内务部部长和国防部部长。同年 8 月，苏联最高苏维埃同意将俄罗斯、乌克兰等共 9 个加盟共和国的最高领导人也纳入苏联安全会议。

苏联安全会议的主要任务是制定苏联防务战略与防务政策，并监督战略与政策的执行，预防和应对应急安全事务和恐怖主义事务，保证苏联社会的稳定和法治。苏联安全会议随着戈尔巴乔夫总统的下台而寿终正寝。

二、俄罗斯联邦安全会议的成立

（一）俄罗斯联邦安全会议成立的背景

俄罗斯联邦安全会议是在苏联解体后复杂的国际、国内背景下成立的。从国际上看，苏联解体使俄罗斯人昔日风光不再，新独立的俄罗斯成为国际上的"乞讨者"，俄罗斯从"发达国家"变成了"发展中国家"，从一个一流强国沦落为二流甚至是三流国家，与苏联形成了很大的反差。在这样的背景下，俄罗斯希望有一个强而有力的总统来领导俄罗斯走出困境，重振昔日雄风，使俄罗斯在国际上重新成为一个大国。这反映在体制上，就是要求俄罗斯总统有更大的决策权力和执行权力。俄罗斯联邦安全会议满足了增加叶利钦总统决策权力的需要，也满足了俄罗斯人的心理需求，俄罗斯需要有像美国国家安全委员会一样的联邦安全

① 张骥主编：《世界主要国家国家安全委员会》，时事出版社 2014 年版，第 74 页。
② 张骥主编：《世界主要国家国家安全委员会》，时事出版社 2014 年版，第 75 页。

会议。

从国内来看，刚刚独立后的俄罗斯政治体制很不成熟，总统与议会之间的权力斗争异常激烈。在俄罗斯政治体系还很不成熟的情况下，议会想谋求更多的权力以限制总统，总统也想获得更多的权力以尽可能摆脱议会的限制。当时总统的权力因议会而受到很大的限制。新独立的俄罗斯需要强而有力的总统推进改革，需要成立新的安全机构加强总统的决策权力。俄罗斯联邦安全议会的成立帮助俄罗斯总统在与议会之间的权力斗争中逐渐获得优势。随后，“1993 年的‘十月事件’和新宪法的通过与实施，结束了俄罗斯立法与执行权力机关之间的严重冲突，确立了以‘三权分立’为核心的政治体制”。[①] 总统从此摆脱了议会的羁绊，成为俄罗斯国家大政方针的真正的最终决策者，成为真正的国家安全决策主体。

（二）俄罗斯联邦安全会议成立的过程

苏联解体以后，作为苏联继任者的俄罗斯继承了苏联的大部分政治遗产，其中也包括已经分崩离析的国家安全体系。俄罗斯联邦安全会议也受到了苏联国家安全机构的一定影响。1990 年 6 月 12 日，俄罗斯联邦第一次人民代表大会通过了俄罗斯联邦国家主权宣言，宣告俄罗斯独立。俄罗斯独立后抓紧建立俄罗斯政治体制和与之相应的联邦安全体制机制，俄罗斯联邦安全会议就是在这一背景下成立的。

俄罗斯联邦安全会议的前身是苏联安全会议。苏联安全会议是苏联即将解体之际，在苏联体制已经发生变化、按照西方的政治模式设立总统职务以后，在参考美国国家安全委员基础上而成立的。作为苏联的加盟共和国之一，俄罗斯苏维埃联邦社会主义加盟共和国按照苏共中央的规制，“在 1991 年 4 月 24 日通过的《俄罗斯联邦总统法》中，规定设置联邦安全会议，俄罗斯联邦总统为安全会议领导人。同年 5 月 24 日，俄罗斯联邦的《宪法修改和补充法》确定了安全会议的法律地位、机构和运行规则”。[②] 1992 年 2 月 3 日，俄罗斯国家杜马依据俄罗斯宪法通过了《俄罗斯联邦安全法》，该法对俄罗斯联邦安全会议进行了具体规定，包括联邦安全会议的法律地位、基本任务、基本职能、成员构成和运作流程。1992 年 3 月 5 日，俄罗斯颁布了《俄罗斯联邦安全法》。1992 年 6 月 3 日，根据《俄罗斯联邦安全法》，俄罗斯联邦安全会议成立。[③]

---

① 徐思宁：《美俄（苏）国家安全体制比较》，中央党校出版社 2011 年版，第 127 页。

② 胡昊：《俄罗斯联邦安全会议的历史演进及对中国的启示》，载《国际安全研究》2014 年第 5 期，第 4 页。还可参见张骥主编：《世界主要国家国家安全委员会》，时事出版社 2014 年版，第 74 页。

③ 张骥：《世界主要国家国家安全委员会》，时事出版社 2014 年版，第 77 页。

三、俄罗斯联邦安全会议的改革

《俄罗斯联邦安全法》规定，联邦安全会议是一个宪法性机构。1993 年通过的俄罗斯《宪法》第 83 条专门规定，总统“有权组成并领导俄罗斯联邦安全会议，其地位由联邦法律确定”。[①] 联邦安全会议成为与联邦政府、中央银行、联邦法院、检察院、总统办公厅和武装力量司令部并列的七大机构之一。联邦安全会议在俄罗斯国家政治生活和有关战略问题决策方面发挥着关键作用，负责制定国家安全战略，研究和解决包括军事、政治、经济、外交、生态环境等所有涉及国家安全的重大安全问题。[②] 它成为保证俄罗斯国家利益的重要工具。

1994 年 1 月，叶利钦总统模仿美国设置总统国家安全事务助理职位，其职能是就有关国家安全的重大问题向总统提出建议。1994 年 3 月，又成立了军队高级职务和衔级委员会，国家安全事务助理兼任委员会主任。该委员会的任务是保障总统的干部政策在俄罗斯安全机构中得到切实履行。[③] 1996 年 3 月俄罗斯大选后，叶利钦总统利用他在担任总统时期的个人威信，已经基本确立了其在国家体制中的领导地位，而此时的总统、政府和军方在国家安全体制改革问题上已取得了基本一致的立场。叶利钦总统利用这一有利时机发表了“国家安全咨文”，决定对俄罗斯国家安全体制进行改革，而联邦安全会议的改革是其重点，其目的在于进一步加强联邦安全会议的作用。

叶利钦总统对联邦安全会议的改革主要集中在三个方面：一是颁布《联邦安全会议章程》。1996 年，在叶利钦总统的指示下，俄罗斯颁布了《联邦安全会议章程》。《联邦安全会议章程》对联邦安全会议机构的组成、参加会议的部门、各个部门职位、职位的功能等做了明确规定。联邦安全会议作为一个宪法机构负责为俄罗斯总统提供国家安全政策方面的决议。二是成立俄罗斯联邦国防会议。俄罗斯总统在颁布《联邦安全会议章程》的同时，也颁布了俄罗斯《联邦国防安全章程》。根据《联邦国防安全章程》，1996 年 7 月，叶利钦总统成立了与苏联时期的国防会议相类似的机构——国防会议。《联邦国防安全章程》规定了国防会议的领导机构和会议成员，由总统任主席，总理任副主席，其他成员包括国防会议秘书、安全会议秘书、总统办公室主任，以及国防部、外交部、内政部、

---

① 王海运、马永葆审校，田小文、伍君、黄忠明等校译：《俄罗斯国防法规选编》，军事译文出版社 1998 年版，第 22 页。

② 徐思宁：《美俄（苏）国家安全体制比较》，中央党校出版社 2011 年版，第 127 页。

③ 胡昊：《俄罗斯联邦安全会议的历史演进及对中国的启示》，载《国际安全研究》2014 年第 5 期，第 5 页。

联邦安全总局、财政部、总参谋部、边防军总司令部、对外情报总局等部门的领导人。叶利钦总统设立国防会议的目的是为了快速而科学地进行国防事务的决策。三是进一步扩大联邦安全会议的职能。1998 年 3 月，叶利钦总统撤销了国防会议和国家军事监察署，其职能转交联邦安全会议。与此同时，叶利钦总统还将军事建设委员会和军事经济与财政保障委员会转由联邦安全会议统辖。[①] 联邦安全会议的职能和规模因此进一步扩大。叶利钦进行这一改革的目的主要是国防会议自成立之日起就没有发挥什么作用，其国防方面的问题讨论也基本在联邦安全会议中进行。另外，这一改革也可以进一步发挥联邦安全会议的协调职能，让安全决策更加顺畅。

四、俄罗斯联邦安全会议的任务与功能

1992 年的《俄罗斯联邦安全法》规定，联邦安全会议的基本任务是：确定个人、社会与国家的重大利益，查明安全对象的内部与外部威胁；制定俄罗斯联邦安全保障战略的基本方针，并组织拟定其落实保障联邦方案；在个人、社会及国家安全保障方面对有关内部与外部政策向俄罗斯联邦总统提供建议；预防社会政治、经济、战争、生态或者其他的紧急情况，并组织为消除这些后果拟订有效决议的行动；向俄罗斯联邦总统建议实行、延长及消除紧急状态；就协调权力机关在落实安全保障方面决议过程中的行动提出意见，并对其效果进行评估；提出改革或建立保障个人、社会与国家安全机关的建议，完善保障安全系统。[②]

联邦安全会议功能具体体现在以下几个方面：第一，它是连接最高决策者和具体政策执行部门的中心枢纽机构。总统有关国家安全战略和对外政策方针的指示要经由联邦安全会议向具体部门传达，而外交部、国防部、联邦安全局和对外情报局等部门提供的决策建议方案又要在安全会议及其下属机构中加以讨论并呈送总统，由总统决定是否批准。第二，联邦安全会议是协调各安全政策部门意见的重要场所，是在最后决策阶段统一各方立场的重要协调机制。第三，安全会议本身也是国家安全战略和对外政策方针的决策机构，国家层面上的战略性决策基本上都是在联邦安全会议讨论并做出的。第四，安全会议还负责对联邦执行权力机关和联邦主体执行权力机关的国家安全战略及对外政策方针的执行情况进行监

① 徐思宁：《美俄（苏）国家安全体制比较》，中央党校出版社 2011 年版，第 127 ~ 130 页。

② 王海运、马永葆审校，田小文、伍君、黄忠明等校译：《俄罗斯国防法规选编》，军事译文出版社 1998 年版，第 47 页。

督和评估。[①]

五、俄罗斯联邦安全会议的组成

俄罗斯联邦安全会议由联邦安全会议主席、常委和普通委员构成。联邦安全会议主席由总统担任，总理担任副主席。常委包括联邦总统、政府总理、联邦安全会议秘书、国防部部长、外交部部长和联邦安全总局局长。普通委员包括内务部部长、联邦警卫总局局长、司法部部长、原子能部部长、财政部部长、对外情报总局局长、边防总局局长，以及紧急情况部部长。必要时可以根据需要邀请其他成员参加联邦安全会议主持的会议。

根据1996年俄罗斯《联邦安全会议章程》，1996年俄联邦安全会议改革后，其组成为联邦总统、政府总理、安全会议秘书、国防部部长、联邦安全总局局长、外交部部长、内务部部长、司法部部长、对外情报总局局长、警卫总局局长、边防总局局长、紧急情况部部长。

第二节　普京时期俄罗斯联邦安全会议

在普京被叶利钦指定为总统接班人之后，普京即着手对俄罗斯国家安全体制进行改革。改革涉及的内容广泛，其核心问题是通过改革集权，维护国内社会稳定和政治稳定，止住俄罗斯社会的日益恶化颓势，改变俄罗斯在国际上的形象。联邦安全会议改革是普京总统关注的重要方面。

一、普京改革联邦安全会议的背景

1999年是俄罗斯发展的一个重要转折点，1999年12月31日，叶利钦指定普京为其接班人，俄罗斯开始进入普京时代。2008年5月7日，梅德韦杰夫（Дмитрий Анатольевич Медведев）任俄联邦第三任总统后声称继续执行普京的政策。普京上台之初，俄罗斯面临一系列国家安全问题，为了解决这些问题，需要对俄罗斯国家安全体制进行改革。

① 胡昊：《俄罗斯联邦安全会议的历史演进及对中国的启示》，载《国际安全研究》2014年第5期，第5页。

一是国内政治局势混乱与严重的恐怖主义威胁。苏联解体以后，苏联时期的各种矛盾尤其是民族矛盾充分暴露，俄罗斯有严重的分离主义，具有代表性的是发生于1994年的车臣问题，至今仍没有完全解决。车臣问题的主要症结就是民族问题。冷战结束以后，伊斯兰民族分离主义势力乘苏联解体后俄罗斯的混乱局势而谋求独立，结果分别在1994年12月至1996年8月、1999年8月至2000年2月爆发了两次车臣战争。尽管俄罗斯中央政府最后取得胜利，然而战后车臣的恐怖活动频繁发生，如影响巨大的“黑寡妇恐怖袭击”。这对俄罗斯松散的政治体制与国家安全体制提出了巨大的挑战。

二是政治斗争的困境。冷战结束以后，叶利钦虽然在总体上是运用西方的民主原则、三权分立原则进行政治改革的，但其改革并不成功。各方势力利用在国家权力不稳定之际争夺权力。不仅各党派使用各种手段争夺权力，寡头统治者与亲近叶利钦的政治人物之间的政治斗争异常激烈，议会与总统之间的权力争夺也从来没有停止过，并出现了各种为争夺权力的暗杀现象。这种状况一直延续到普京时期。这使得普京总统时刻担心自己的安危，他需要加强国家安全体制的改革，包括联邦安全会议的改革，以确保自己的总统生涯能在安全中度过。

三是国家安全机构的松散状况。在叶利钦时期，俄罗斯国家安全机构已经进行了较全面的改革。如出台和修改了《联邦侦察行动法》《联邦对外情报机构法》《联邦国家安全法》《国防法》等一系列规范国家安全机构的法律，还有频繁调整情报机构、改革国防体制、加强联邦安全会议等举措，但这些改革并没有改变俄罗斯安全机构的松散状况。在叶利钦晚期，由于他的身体状况，大权几乎旁落。普京上台以后，决定进一步加强对俄罗斯国家安全机构的改革，包括进一步发挥联邦安全会议的作用。

四是国际上俄罗斯面临很大的安全压力。普京执政后，迅速出台了一系列重要的国家安全文件，并逐渐确立了21世纪俄罗斯国家安全战略构想。在2000年版《俄罗斯联邦国家安全构想》中，明确提出了俄罗斯面临的国际安全压力，其主要外在威胁来自美国和北约。俄罗斯认为，多极化趋势与单极化企图之间的尖锐矛盾是当今世界的基本矛盾，强调俄罗斯面临的国际威胁在不断增大，美国和北约的扩张是俄罗斯面临的首要威胁。在美国保持经济和实力优势的情况下，单极化趋势正在加强。面对异常严峻的国际安全形势，普京认为，国家自身安全的根本保障和最终目的即是重新恢复俄罗斯强国地位，并提出了以重新崛起为目标的强国战略。[①] 除加强经济和武装力量之外，还需要有强而有力的国家安全体制，

① 《俄罗斯联邦反恐构想》，引自戴艳梅：《俄罗斯反恐体系研究》，“附录二：俄罗斯联邦反恐构想”，时事出版社2015年版，第236～237页。

俄罗斯联邦安全会议作为一个决策咨询机构需要加强。

二、联邦安全会议改革的主要内容

2010 年版《俄罗斯联邦安全法》修改了联邦安全会议的任务和职能，与 1992 年版《俄罗斯联邦安全法》的内容相比，不难看出 2010 年版《俄罗斯联邦安全法》规定的联邦安全会议的任务和职能显得更加具体，并进一步强调了总统的领导地位。[①] 变化主要体现在三个层次上：

其一，关于联邦安全会议地位的变化。2010 年版第十三条和 1992 年版第十三条均规定联邦安全会议是“宪法规定的咨询机关”，为俄罗斯总统起草有关安全问题的决议。除此之外，2010 年版《俄罗斯联邦安全法》进一步强调了联邦总统对联邦安全会议的领导，具体体现在三个方面：第一，俄罗斯联邦总统决定组成联邦安全会议并担任领导。第二，俄罗斯联邦总统确立俄罗斯联邦安全会议的地位；第三，俄罗斯联邦总统确定联邦安全会议工作机关和部门。[②]

其二，关于联邦安全会议的基本任务和基本职能的变化。1992 年版《俄罗斯联邦安全法》只是确定了联邦安全会议关于保障“个人、社会与国家安全”的七项基本任务，2010 年版《俄罗斯联邦安全法》将联邦安全会议的基本任务和基本职能分开，其说明更加具体。2010 年版《俄罗斯联邦安全法》规定联邦安全会议的基本任务是：第一，为联邦总统行使国家安全保障方面的权力提供一切必要条件。第二，制定保证国家安全的国策并监督其实施。第三，预测、发现、分析、评估对国家安全的威胁，评估战争危险和军事威胁，制定消除危险和威胁的措施。第四，向联邦总统提供如下各方面的建议：一是预防和消除紧急情况及克服其后果的措施；二是为保障国家安全而运用特种经济措施；三是实施、延长和撤销紧急状态，实施或撤销军事状态。第五，协调联邦和联邦主体行政机关执行联邦总统有关保障国家安全决议的工作。第六，评估联邦执行权力机关在保障国家安全方面工作的成效，制定评估标准和指标。[③]

---

① 田小文、伍君、黄忠明等校译：《俄罗斯国防法选编》，军事译文出版社 1998 年版，第 41 ~51 页。还可参见 2010 版《俄罗斯联邦安全法》（РОССИЙСКАЯ ФЕДЕРАЦИЯ Федеральный закон “О безопасности”），http://svr. gov. ru/svr_today/doc4. htm.

② РОССИЙСКАЯ ФЕДЕРАЦИЯ Федеральный закон “О безопасности”，http://svr. gov. ru/svr_today/doc4. htm.

③ РОССИЙСКАЯ ФЕДЕРАЦИЯ Федеральный закон “О безопасности”，http://svr. gov. ru/svr_today/doc4. htm. 还可参见彭光谦主编：《世界主要国家安全机制内幕》，江苏人民出版社 2014 年版，第 101 ~102 页。

联邦安全会议的基本职能是：第一，审议国家安全保障、武装力量及其他军事机构的建设和发展、武装力量的运用、军工生产、动员准备、对外军事和军工合作等问题，审议保卫俄罗斯联邦宪法制度、主权独立与领土完整、安保领域国际合作等问题；第二，从战略上评估实施安保国家政策基本方针的进程、本国社会政治和经济形势、人权和公民权状况、法制状况、战争威胁；第三，制定和修订保障国家安全的标准和指标；第四，实施安全保障的战略计划，评估落实战略规划文件的工作效率，修订战略规划文件和国家战略优先事项，协调联邦区制定战略规划文件的工作；第五，审议安全会议职权范围内的联邦立法文件和其他文件草案；第六，为总统起草有关保证国家安全、组织国防、监督联邦行政机关安保工作的法律文件；第七，组织联邦安全保障专项纲要的制定工作，监督其实施情况；第八，组织联邦安全会议职权范围内的科研工作。①

其三，关于联邦安全会议秘书和安全会议活动组织的新规定。与 1992 年版《俄罗斯联邦安全法》的一个很大的不同是，2010 年版《俄罗斯联邦安全法》对联邦安全会议秘书有专门规定：第一，联邦安全会议秘书是确保执行安全会议承担的任务和职能的官员；第二，安全会议秘书直属总统，由总统任命和解职；第三，俄罗斯联邦总统规定安全会议秘书的职权。根据此安全法，联邦安全会议秘书有组织和协调作用。2010 年版《俄罗斯联邦安全法》规定了安全会议的组织活动程序：第一，联邦安全会议的活动通过会议和协商两种形式实现。第二，组织与举办安全会议和协商的程序由俄罗斯联邦总统决定。②

三、俄罗斯联邦安全会议的组成与运行机制

（一）俄罗斯联邦安全会议的组成

俄罗斯联邦安全会议由联邦安全会议主席、常委和普通委员构成。联邦安全会议主席由总统担任，总理担任副主席。安全会议常委包括联邦总统、政府总理、联邦安全会议秘书、国防部部长、外交部部长和联邦安全总局局长。普通委员包括国家杜马主席、联邦委员会主席、总统办公厅主任、俄罗斯武装力量总参谋长、内务部部长、联邦警卫总局局长、总统联邦通信与信息局局长、司法部部长、原子能部

① РОССИЙСКАЯ ФЕДЕРАЦИЯ Федеральный закон “О безопасности”, http://svr.gov.ru/svr_today/doc4.htm. 还可参见彭光谦主编：《世界主要国家安全机制内幕》，江苏人民出版社 2014 年版，第 102 页。盛世良：《俄罗斯联邦：安全会议机制》，载《中国投资》2014 年第 9 期，第 56～57 页。

② РОССИЙСКАЯ ФЕДЕРАЦИЯ Федеральный закон “О безопасности”, http://svr.gov.ru/svr_today/doc4.htm.

部长、财政部部长、对外情报总局局长、边防总局局长，以及紧急情况部部长。[①]

根据1996年俄罗斯《联邦安全会议章程》，1996年联邦安全会议改革后，其组成为联邦总统、政府总理、安全会议秘书、国防部部长、外交部部长、内务部部长、司法部部长、对外情报总局局长、安全总局局长、警卫总局局长、边防总局局长、紧急情况部部长。2010年版《俄罗斯联邦安全法》专门规定了联邦安全会议的组成，联邦安全会议由联邦总统任主席，成员由联邦安全会议秘书、安全会议常任委员和安全会议委员组成。联邦安全会议常任委员由安全会议秘书提议，由总统批准任命。联邦安全会议成员由俄罗斯联邦总统根据程序任命。[②]2016年4月5日，普京下令成立直属总统的联邦机构——"国家近卫军"，指定国家近卫军总司令为俄罗斯联邦安全会议的常任委员，参与俄罗斯联邦安全决策。俄罗斯联邦安全会议的成员如图9－1所示。

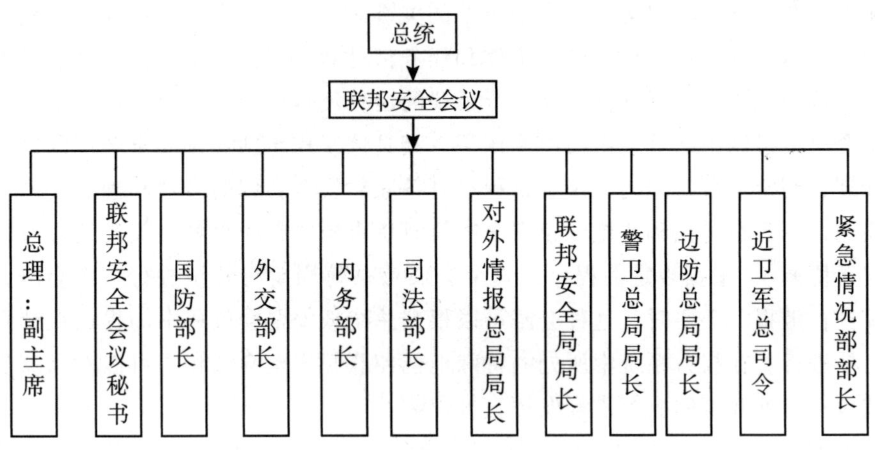

图9－1　俄罗斯联邦安全会议的成员

图9－1反映的俄罗斯国家安全体系明显有别于苏联时期的安全体系，最直观的变化就是安全执行机关权力的分散。在国家安全体制的决策机构和决策层的构成上同苏联时期安全机构差别不大，但在决策程序上有很大的区别，叶利钦总统的决策权受到议会、在野党、媒体舆论很大的限制。叶利钦政权自始至终就具有强烈的亲西方色彩，幻想用全盘西化来消除在意识形态上的对立，融入西方阵营。为了表现出"诚意"，当时俄罗斯在情报安全机构上全面收缩，在政治体制和决策体制上模仿美国。

① 上海太平洋国际战略研究所：《俄罗斯国家安全决策机制》，时事出版社2007年版，第62页。

② РОССИЙСКАЯ ФЕДЕРАЦИЯ Федеральный закон "О безопасности", http://svr.gov.ru/svr_today/doc4.htm.

外交部、国防部、对外情报总局等部门在战略性决策模式中处于重要位置，它们的主要任务是提供情报分析、准备决策方案。这些部门的第一负责人都是安全会议的常委，可以直接参与安全问题决策。他们参与决策的途径包括将自己的政策建议提交联邦安全会议秘书处，也可以提交给总统对外政策局，由总统对外政策局在研究和综合评判的基础上，并与总统沟通后形成最终决策方案；或者直接将政策建议提交总统审议。这些部门在安全决策机制中的地位与作用一方面取决于各种法律所规定的职能与权限，另一方面则取决于总统对这些机构领导人的信任与倚重程度。①

（二）俄罗斯联邦安全会议的运行机制

俄联邦安全会议秘书负责俄联邦安全会议秘书处的具体领导工作，联邦安全会议秘书处负责联邦安全会议各成员部门的协调任务。因此可以说，联邦安全会议秘书是联邦安全会议运行和安全决策的关键人物，联邦安全会议秘书处是联邦安全会议运行的关键机构，许多工作和任务都是联邦安全会议秘书及其领导的秘书处协调和完成的。根据俄联邦安全会议的运行流程可知，安全会议秘书在俄罗斯安全决策机制中起着组织与协调作用。其具体工作包括安排安全会议的每天工作计划、制定一段时间内的议事日程、筹备联邦安全会议的会议和确定安全会议的议题，而且在讨论和实施国家安全决策时负责与联邦中央各机关和地方有关机构进行协调。“根据规定的程序，安全会议秘书每周要与总统进行一次会晤，向总统进行汇报。必要时，这种会晤可以根据总统或安全会议秘书的提议在计划日程之外进行。在权力系统中所处的特殊地位使联邦安全会议秘书可以对国家安全领域包括对外政策的决策进程发挥直接影响。”②

联邦安全会议下设秘书处、国防安全局、社会安全局、经济安全局、信息安全与战略预测局等日常事务机构。俄罗斯联邦安全会议的机构如图 9－2 所示。

俄联邦安全会议根据其任务由联邦安全会议秘书提议，经联邦总统批准设有临时跨部门委员会和常设跨部门委员会。临时跨部门委员会依据联邦安全需要而设立，任务完成之后即撤销。常设跨部门委员会是联邦安全会议的主要工作机构，其主要任务是协调相关部门立场，为安全会议提供专项政策建议。联邦安全会议下设 12 个常设委员会：宪法安全跨部门委员会、国际安全跨部门委员会、独联体事务跨部门委员会、军事安全跨部门委员会、信息安全跨部门委员会、国

① 赵宇：《俄罗斯国家安全战略和决策的顶层机构——安全会议》，载《国防参考》2014 年第 1 期。

② 赵宇：《俄罗斯国家安全战略和决策的顶层机构——安全会议》，载《国防参考》2014 年第 1 期。还可参见上海太平洋国际战略研究所：《俄罗斯国家安全决策机制》，时事出版社 2007 年版，第 70 页。

防工业安全跨部门委员会、经济安全跨部门委员会、生态安全跨部门委员会、边境政策跨部门委员会、居民保健跨部门委员会、社会安全与反犯罪跨部门委员会、动员准备与动员跨部门委员会。①

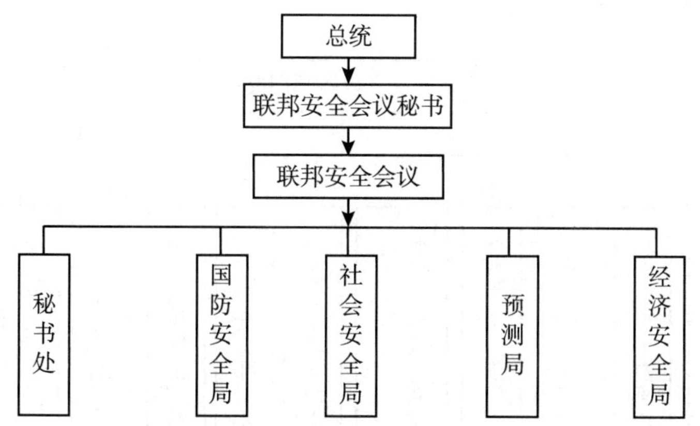

图 9－2　俄罗斯联邦安全会议机构

宪法安全跨部门委员会是处理政治危机的协调机构，主要承担宪法安全方面的任务；国际安全跨部门委员会是处理国际危机或国家间危机的协调机构，主要承担俄罗斯对外安全任务；独联体事务跨部门委员会主要负责独联体方面的事务；军事安全跨部门委员会负责为联邦安全会议提供军事政策和军队建设方面的建议；信息安全跨部门委员会主要负责提供联邦信息安全方面的评估和建议；国防工业安全跨部门委员会负责联邦国防工业方面的评估与发展建议；经济安全跨部门委员会是联邦经济安全领域的协调机构，负责起草经济形势评估和政策建议；生态安全跨部门委员会负责评估生态安全威胁并提出政策建议；边境政策跨部门委员会负责边境安全形势评估和提供边境政策建议；居民保健跨部门委员会负责评估联邦居民生命健康形势和提供政策建议；社会安全与反犯罪跨部门委员会是处理社会危机的协调机构，负责保障社会安全、反犯罪领域的事务并提供建议；动员准备与动员跨部门委员会负责实施联邦国家动员方面的政策并提供政策建议。② 俄罗斯联邦安全会议跨部门委员会的机构如图 9－3 所示。

根据《俄罗斯联邦安全法》的规定，俄罗斯联邦安全会议至少每月召开一次会议，必要时可召开临时会议。③ 俄罗斯联邦安全会议作为一个安全决策和决策咨询机构，与其他国家安全机构的具体运行流程基本一致。国家安全体制的运行

①② 上海太平洋国际战略研究所：《俄罗斯国家安全决策机制》，时事出版社 2007 年版，第 69～85 页。

③ РОССИЙСКАЯ ФЕДЕРАЦИЯ Федеральный закон "О безопасности", http://svr.gov.ru/svr_today/doc4.htm.

机制，也可称为国家安全体制的运作流程，“即国家制定安全措施的步骤与阶段，它所反映的是一项安全决策从酝酿到实施的动态过程。国家安全体制的运作流程可归纳为四个阶段，即国家安全问题的提出即预警、国家安全决策、决策方案的实施和结果评估与修正。”①

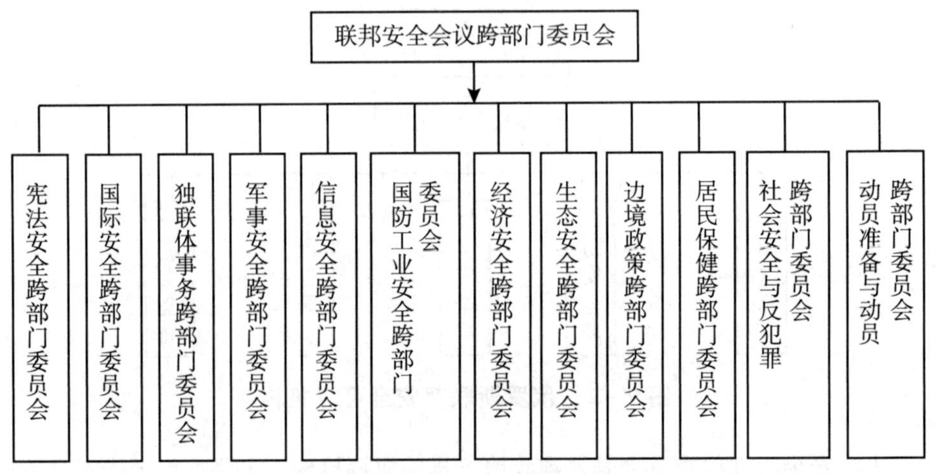

图 9-3　俄罗斯联邦安全会议跨部门委员会

第一，信息与安全议题的确定。确定俄罗斯国家的安全议题与情报部门掌握的情报信息密切相关。情报信息越真实可靠，越有可能做出对自己有利的安全决策。在众多安全问题中，只有被决策者认可的重要安全问题才被确定为安全议题。情报分析人员和联邦安全会议的成员对各类情报进行分析加工处理，由此确定需要解决的安全议题。俄罗斯联邦安全的议题可以由联邦总统提议，也可以由联邦安全会议秘书或安全会议其他成员提议，联邦总统同意。

第二，安全决策与方案的确定。安全议题被决策者确定后开始进入安全决策程序。安全议题有可能是一个，也可能是几个，有优先的应对方案，还可能有备选方案。在联邦安全会议的会议上，不同的部门会提出不同的建议方案，在进行争论后由参加会议的委员投票，简单多数即可通过，最终由总统决定安全决策的最终应对方案。由于参加会议代表的重要地位，联邦安全会议的决策方案基本就是应对安全问题的决案。

第三，执行决策的协调和监督。在俄罗斯联邦安全会议的监督和协调下，具体的执行工作由国防部、紧急情况部、反恐委员会、外交部、情报局、交通部、财政部等部门分工协作，有效配合，并迅速展开行动。

① 徐思宁：《国家安全体制理论辨析》，载《中国军事科学》2006 年第 2 期，第 89 页。

第四，监督、反馈、评估与方案的重新调整。由于掌握信息的有限性和安全决策在执行过程各类条件的限制，加之在方案具体实施过程中具体情况的动态性和不确定性，安全决策的执行会遇到各类困难和问题，这就需要有监督、反馈与评估程序，这里主要是指联邦议院、反对党、舆论和联邦安全会议的监督和执行部门自身的反馈等，这有利于联邦安全会议根据客观环境的变化对安全决策和执行方案进行适当调整。

以上四个方面就是俄罗斯联邦安全会议决策与执行的运行流程。俄罗斯联邦安全会议运行机制如图 9－4 所示。

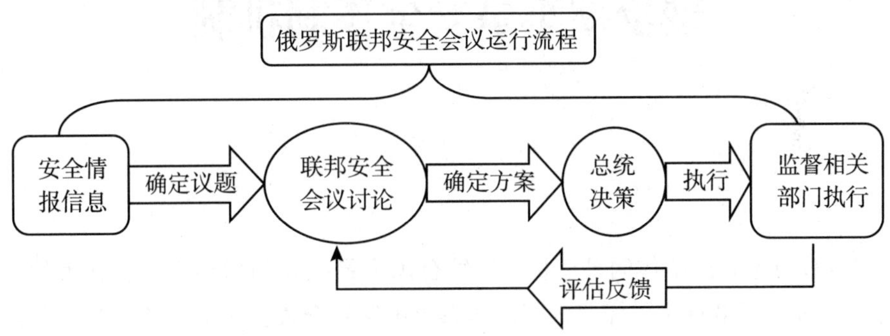

图 9－4　俄罗斯联邦安全会议运行机制

（三）俄罗斯联邦安全会议展望

叶利钦总统筹建俄罗斯联邦安全会议的初衷是在俄罗斯政治斗争中占据优势，抑制反对派。苏联刚刚解体后，俄罗斯国内各派政治势力相互倾轧，民族主义问题不断恶化，俄罗斯联邦安全会议成立后并没有达到预期的效果。直到叶利钦总统辞职，俄罗斯国内政治局势依然混乱，包括联邦安全会议在内的俄罗斯国家安全体制需要进一步改革。

普京上台后，俄罗斯国力有所提升，普京在叶利钦改革的基础上对俄罗斯国家安全机构进行了进一步的重大调整。和成立之初相比，俄罗斯联邦安全会议的职能和任务已经进一步扩大。"安全会议组成人员（常务委员和委员）及秘书处领导（秘书、副秘书和助理秘书）的任命大权均由普京总统直接掌握，凸显了联邦安全会议在俄罗斯联邦国家安全决策中的核心地位。"① 由此可以推测，联邦安全会议将成为俄罗斯总统重大国家安全决策的中枢，将在国家安全事务中扮演更加重要的角色。

① 胡昊：《俄罗斯联邦安全会议的历史演进及对中国的启示》，载《国际安全研究》2014 年第 5 期，第 12 页。

第十章

俄罗斯军事安全体制机制

军事力量和国防体制是衡量一国综合国力最主要的指标之一。强大的军事实力、先进的军事技术、完善的国防体系是国家安全最坚实的后盾。它既是保障国家利益主动出击最锋利的“剑”，也是维护领土完整、国家安全最坚固的“盾”。俄罗斯拥有世界最广袤的领土和最长的边境线，却少有领土争端，且在这种争端中从来不曾处于弱势，靠的是其强大的军事力量和国防体制。俄罗斯军事安全体制机制是世界上具有代表性的体制之一，也是俄罗斯国家安全体制的重要构成部分。

第一节　俄罗斯军事安全法律体系

保障军事安全是俄罗斯政府完善安全体制机制最主要的任务之一。为了适应现代军事安全体制、国家军事部门的发展要求，保障国家军事安全，必须不断推动军事安全法律的完善。俄罗斯军事安全法律体系构成了其维护军事安全的法律基础，是俄罗斯军事改革和完善国家安全体制机制的法律依据。

1993 年 12 月 12 日全民公决通过的《俄罗斯联邦宪法》是俄罗斯的基本大法，在俄罗斯具有最高司法效力，也是俄罗斯军事安全法律体系制定和修改的基础。现有有关军事安全事务的法律法规都是在不违背《俄罗斯联邦宪法》的前提下制定和颁布的。《俄罗斯联邦安全法》《俄罗斯联邦国防法》《俄罗斯联邦国家安全构想》《俄罗斯联邦军事学说》等也是俄罗斯军事方面的主要法律、法规，规定了俄罗斯军事思想、军事战略和军事体制机制。其他还有《俄罗斯联邦战时状态法》《俄罗斯联邦紧急状态法》《俄罗斯联邦边防总局法》《俄罗斯联邦安全总局条例》《俄罗斯联邦边防总局条例》《俄罗斯联邦国防订购法》《俄罗斯联邦兵役法》《俄罗斯联邦征召培训及征召法》《俄罗斯联邦国防部条例》《俄罗斯联邦动员准备与动员法》《俄罗斯联邦武装力量内务条令》等。下文主要分析与俄罗斯军事体制相关的《俄罗斯联邦宪法》《俄罗斯联邦安全法》《俄罗斯联邦国防法》《俄罗斯联邦战时状态法》和《俄罗斯联邦军事学说》等。

一、《俄罗斯联邦宪法》

《俄罗斯联邦宪法》在政治体制、俄罗斯总统的权力等方面的规定是俄罗斯军事安全体制机制的基础。《俄罗斯联邦宪法》第一章“宪法制度基础”规定了其政治体制，指出俄罗斯是具有共和制政体的民主的、联邦制的法治国家，接着强调国家的义务是承认、遵循和捍卫人与公民的权利和自由。《俄罗斯联邦宪法》第十一条规定：“俄罗斯联邦的国家权力由俄罗斯联邦总统、联邦会议（联邦委员会和国家杜马）、俄罗斯联邦政府、俄罗斯联邦法院行使。”① 第十三条规定：“（一）在俄罗斯联邦，承认意识形态多样性。（二）任何一种意识形态均不得确立为国家的或必须遵循的意识形态。（三）俄罗斯联邦承认政治多元化和多党制。（四）社会团体在法律面前一律平等。（五）禁止建立目的或行为旨在用暴力改变宪法制度基础，破坏俄罗斯联邦完整、危害国家的安全，组建武装部队，挑起社会、种族、民族和宗教纠纷的社会团体，并禁止其活动。”② 第四条规定：“俄罗斯联邦宪法和联邦法律在俄罗斯联邦境内居首要地位。”③ 俄罗斯的军事体制以宪法规定的政治体制和价值观为基础，俄罗斯国防法、军事法律法规、俄罗斯安全法应以《俄罗斯联邦宪法》为基础，《俄罗斯联邦宪法》是俄罗斯军事安全体制的立法依据和基础。

《俄罗斯联邦宪法》第四章“俄罗斯联邦总统”第八十条规定：“（一）俄罗斯联邦总统是国家元首。（二）俄罗斯联邦总统是俄罗斯联邦宪法、人和公民的

① 《俄罗斯联邦宪法》，引自王海运、马永葆审校，田小文、伍君、黄忠明等校译：《俄罗斯国防法规选编》，军事译文出版社 1998 年版，第 3 页。

② 《俄罗斯联邦宪法》，引自王海运、马永葆审校，田小文、伍君、黄忠明等校译：《俄罗斯国防法规选编》，军事译文出版社 1998 年版，第 4 页。

③ 《俄罗斯联邦宪法》，引自王海运、马永葆审校，田小文、伍君、黄忠明等校译：《俄罗斯国防法规选编》，军事译文出版社 1998 年版，第 2 页。

权利和自由的保障。根据俄罗斯联邦宪法规定的程序总统采取措施，捍卫俄罗斯联邦的主权、独立和国家完整，保障国家权力机关协调一致地行使职能并相互协作。”① 第八十三条规定，俄罗斯总统“组成并领导俄罗斯联邦国家安全会议，其地位由联邦法律规定”“批准俄罗斯联邦军事学说”“任免俄罗斯联邦武装力量最高统帅部人员”。② 第八十七条规定：“俄罗斯联邦总统是俄罗斯联邦武装力量的最高统帅。当俄罗斯联邦遭到侵略或受到侵略的直接威胁时，俄罗斯联邦总统可在俄罗斯联邦境内或其部分地区实行战时状态，并立即将此决定通知联邦委员会和国家杜马。”③ 第一百一十条规定，俄罗斯联邦的执行权力由俄罗斯联邦政府行使。俄罗斯联邦政府由俄罗斯联邦政府总理、俄罗斯联邦政府副总理和联邦部长组成。④ 俄罗斯联邦总统可以根据第八十三条规定，经国家杜马同意后任命俄罗斯联邦政府总理，有权主持俄罗斯联邦政府会议领导政府。⑤由此可见，俄罗斯总统在俄罗斯决策体制、执行体制和监督评估体制中处于绝对的领导地位。

二、《俄罗斯联邦安全法》与《俄罗斯联邦国防法》

《俄罗斯联邦安全法》确定了俄罗斯联邦总统在联邦安全会议中的领导地位，联邦总统任联邦安全会议主席，组织和领导俄罗斯联邦安全会议，决定联邦安全会议的组成，任命安全会议常任委员和安全会议委员。⑥ 这实际上规定了俄罗斯联邦总统在安全战略和防务战略与政策中的决策权。

俄罗斯于 1992 年 9 月通过第一部《俄罗斯联邦国防法》，1996 年 4 月 24 日由国家杜马审议通过，5 月 15 日由联邦委员会批准，5 月 31 日正式颁布新版《俄罗斯联邦国防法》⑦。1999 年 12 月 30 日第一次修订，从 2003 年起，俄罗斯

---

① 《俄罗斯联邦宪法》，引自王海运、马永葆审校，田小文、伍君、黄忠明等校译：《俄罗斯国防法规选编》，军事译文出版社 1998 年版，第 21 页。

②⑤ 《俄罗斯联邦宪法》，引自王海运、马永葆审校，田小文、伍君、黄忠明等校译：《俄罗斯国防法规选编》，军事译文出版社 1998 年版，第 22 页。

③ 《俄罗斯联邦宪法》，引自王海运、马永葆审校，田小文、伍君、黄忠明等校译：《俄罗斯国防法规选编》，军事译文出版社 1998 年版，第 30 页。

④ 《俄罗斯联邦宪法》，引自王海运、马永葆审校，田小文、伍君、黄忠明等校译：《俄罗斯国防法规选编》，军事译文出版社 1998 年版，第 24 页。

⑥ РОССИЙСКАЯ ФЕДЕРАЦИЯ Федеральный закон “О безопасности”, http://svr.gov.ru/svr_today/doc4.htm.

⑦ Федеральный закон от 31 мая 1996 г. N 61 – ФЗ “Об обороне” (с изменениями и дополнения-ми), http://base.garant.ru/135907/.

一直在对《俄罗斯联邦国防法》进行修订和补充。[①] 该法主要规定了“俄罗斯联邦国防的基本原则和组织形式以及国家政权与管理机关、地方自治机关、企事业单位、团体、各级主管人员和公民在国防方面的权利和义务，规定了俄罗斯武装力量的结构和组织”。[②] 其中涉及俄联邦国家安全体制机制的主体主要是俄联邦总统、联邦会议、联邦政府、国防部和总参谋部、联邦武装力量、联邦主体、各团体和公民。

俄联邦总统是俄联邦政策的决策者和执行者。《俄罗斯联邦国防法》第二章第四条规定，联邦总统是俄联邦武装力量的最高统帅，拥有确定俄联邦军事政策的基本方针、批准军事学说、领导各类军事力量和机关、实施军事行动命令等20 项权力。《俄罗斯联邦国防法》第四章第十三条规定，俄联邦总统领导和指挥俄联邦武装力量。[③]

俄联邦政府是俄联邦军事战略与政策的执行者和后勤保障者。《俄罗斯联邦国防法》第二章第六条规定，俄联邦政府具有对所属权力机关在国防方面的活动实施领导、在其职权范围内落实保障措施等 27 项军事战略与政策的执行权力。俄联邦会议主要通过联邦军事预算和通过联邦军事法律监督俄罗斯军事安全体制的运行。《俄罗斯联邦国防法》第二章第五条规定，俄联邦会议，包括联邦委员会和国家杜马主要负责审议和批准国防预算开支，通过联邦国防法律。俄联邦委员会批准俄联邦总统实施战时状态和紧急状态的命令及决定境外使用俄联邦武装力量的问题。《俄罗斯联邦国防法》第三章规定了在国防领域，俄联邦执行权力机关、地方自治机关和团体的职能及主管人员的义务、俄罗斯公民的权利和义务。[④]

国防部和总参谋部是俄联邦军事战略与政策的决策参与者和执行者。《俄罗斯联邦国防法》第四章第十四条、第十五条规定，国防部具有参与拟订关于俄联邦军事政策与军事学说方面的建议、制定俄联邦武装力量构想、协调联邦执行权力机关和联邦主体执行权力机关在国防事务上的活动等 16 项职能。俄联邦总参谋部具有拟定俄联邦军事学说建议，制定俄联邦武装力量建设计划，协调俄联邦武装力量、其他军队、军事单位和机关建设与发展计划的制定工作，参与制定俄联邦武装力量使用计划，组织和协调兵力的行动和兵器的使

① Федеральный закон от 31 мая 1996 г. N 61 – ФЗ “Об обороне”（с изменениями и дополнения-ми），http://base. garant. ru/135907/.

② 黄殿伟：《〈俄罗斯联邦国防法〉简介》，载《国防》1993 年第 10 期，第 36 页。

③ 《俄罗斯联邦国防法》，引自王海运、马永葆审校，田小文、伍君、黄忠明等校译：《俄罗斯国防法规选编》，军事译文出版社 1998 年版，第 52 ~ 70 页。

④ 王海运、马永葆审校，田小文、伍君、黄忠明等校译：《俄罗斯国防法规选编》，军事译文出版社 1998 年版，第 57 ~ 61 页。

用，对军事动员准备状态实施监督，开展国防情报活动等19项职能。[①] 2004年，普京总统为了化解国防部长和总参谋长之间的冲突再次修订《俄罗斯联邦国防法》，重新调整了国防部和总参谋部、国防部长与总参谋长之间的关系，把原《俄罗斯联邦国防法》规定的俄联邦武装力量的领导与指挥，由“国防部长通过俄罗斯联邦国防部和俄罗斯联邦武装力量总参谋部实施，总参谋部是对俄罗斯联邦武装力量实施作战指挥的主要机关”[②]，改为国防部长通过国防部对武装力量实施指挥，将总参谋部定位为属于国防部的军事指挥机关，总参谋部隶属国防部。同时俄罗斯也对国防部与总参谋部间军政系统与军令系统分离进行了改革，将总参谋部的大部分行政功能转交国防部。这一改革大幅减少了俄军高层间的矛盾。

三、《俄罗斯联邦军事状态法》

《俄罗斯联邦军事状态法》出台于“9·11”事件后。该法于2001年12月27日由国家杜马通过，2002年1月16日由联邦委员会批准，同年1月30日由总统普京正式签署生效。《俄罗斯联邦军事状态法》解释了什么是军事状态法，实行军事状态和执行军事状态由谁负责和执行，规定了联邦总统、联邦政府、国家权力机关、军事管理机关、联邦各主体、联邦议会和司法机关等在军事状态前和期间所拥有的职权。

联邦总统是军事状态的决策者、协调者和监督者。战时状态法的依据是《俄罗斯联邦宪法》，是当俄罗斯联邦受到侵略或者遭受直接侵略威胁时，俄罗斯联邦总统在俄罗斯联邦全境或者俄罗斯个别地区实行军事状态的特别法律制度。根据《俄罗斯联邦军事状态法》第四条和第十一条的规定，俄罗斯联邦境内或者其个别地区的军事状态由俄罗斯联邦总统命令执行。实施军事状态和在军事状态下采取措施，需按照总统的命令执行。总统领导各单位组织保障军事状态制度的实施，保证国家权力机关职能协调一致，监督军事状态保障措施的使用等。[③]

---

① 《俄罗斯联邦国防法》，引自王海运、马永葆审校，田小文、伍君、黄忠明等校译：《俄罗斯国防法规选编》，军事译文出版社1998年版，第63～66页。

② 王海运、马永葆审校，田小文、伍君、黄忠明等校译：《俄罗斯国防法规选编》，军事译文出版社1998年版，第63页。

③ Федеральный конституционный закон от 30 января 2002 г. N 1 – ФКЗ “О военном положении”(с изменениями и дополнениями), http://constitution. garant. ru/act/right/184121/.

《俄罗斯联邦军事状态法》第六条、第七条、第十四条、第十五条规定，俄罗斯联邦政府、国家权力机关、军事管理机关和俄罗斯联邦各主体是执行机关。由这些机关根据相关法律采取军事状态措施。俄罗斯联邦武装力量负责参与执行军事状态命令。联邦议会两院是审议监督机关，审议批准俄罗斯联邦总统军事状态命令。《俄罗斯联邦军事状态法》第四条、第十一条和第十六条对此进行了规定。①

四、《俄罗斯联邦军事学说》

俄罗斯已经出台了四版《俄罗斯联邦军事学说》，即 1993 年版、2000 年版、2010 年版和 2014 年版。然而在俄罗斯军事体制机制问题上，2010 年版和 2014 年版《俄罗斯联邦军事学说》的论述基本一致。2014 年版《俄罗斯联邦军事学说》更加明确了北约为其主要军事威胁，“在俄罗斯及其盟国相邻的国家境内和俄罗斯毗邻的水域部署外国军队”“旨在向俄罗斯联邦施加政治与军事压力”，首次提出了“非核遏制”、必要时在平等的基础上与其他国家建立联合反导防御系统的可能性。2010 年版《俄罗斯联邦军事学说》和 2014 年版《俄罗斯联邦军事学说》的论述均涉及俄罗斯军事政策的决策体制机制、军事组织机制和保障体制机制。俄联邦总统是俄联邦军事政策基本任务的最终决策者，军事组织是军事政策基本任务的主要执行者，俄联邦政府和地方自治机关主要提供军事后勤保障。②

2010 年《俄罗斯联邦军事学说》在第一部分“总则”就指出：“落实军事学说的办法是：集中国家的军事指挥并遵守国家法律和俄联邦总统、俄联邦政府及联邦执行权力机关的规范性法律文件。”③ 第三部分“俄联邦军事政策”认为，俄联邦总统是俄联邦军事政策基本任务的决策者，指出“俄联邦军事政策的基本任务由俄联邦总统根据联邦法律、《2020 年前俄联邦国家安全战略》和本军事学说确定”。④ 军事组织是军事政策基本任务的执行者。《俄罗斯联邦军事学说》第三部分“俄联邦军事政策”专门论述了军事体制机制，即如何“发展军事组织，

---

① Федеральный конституционный закон от 30 января 2002 г. N 1 – ФКЗ “О военном положении” (с изменениями и дополнениями), http://constitution. garant. ru/act/right/184121/.

② 《俄罗斯联邦军事学说》，引自薛兴国著：《俄罗斯国家安全理论与实践》，“附录二：俄罗斯联邦军事学说”，时事出版社 2010 年版，第 389 ~ 406 页。

③ 《俄罗斯联邦军事学说》，引自薛兴国著：《俄罗斯国家安全理论与实践》，“附录二：俄罗斯联邦军事学说”（2010 年版），时事出版社 2010 年版，第 390 页。

④ 《俄罗斯联邦军事学说》，引自薛兴国著：《俄罗斯国家安全理论与实践》，“附录二：俄罗斯联邦军事学说”（2010 年版），时事出版社 2010 年版，第 394 页。

建设和发展武装力量及其他军队”，指出俄联邦要使其军事组织各组成部分的结构、编成和数量能够完成平时、受入侵直接威胁时和战时的任务，要“提高国家领导体制和军事指挥体制的有效性和安全性”。俄发展军事组织的基本优先方向是“完善军事组织的指挥体系，并提高军事组织的运行效率”。《俄罗斯联邦军事学说》在论述军事规划时，指出其军事组织和规划的目的是：在发展军事组织、建设和发展武装力量和其他军队、有效使用武装力量和其他军队方面，落实时间上协调一致的和资源保障的措施。《俄罗斯联邦军事学说》第四部分“国防的军事—经济保障”部分专门分析了国防的军事—经济保障任务：达到足以满足军事组织运行所担负任务时所需的财政和物质—技术保障水平、优化国防开支、为完善武装力量和其他军事建设提供资源保障等，这些任务主要靠联邦政府完成。①

第二节　俄罗斯军事安全体制的构成

俄罗斯军事安全体制的运行不是单一部门的事务，而是在总统、国防部长、总参谋长和战区总指挥、兵种司令的领导下，由多个军事机关和国家安全机关相互协调完成。国防部和战区是俄罗斯军事安全体制机制的重要组成部分，也是俄罗斯军事行动的直接执行机关。此外，俄罗斯联邦内务部、俄罗斯联邦安全总局、联邦安全总局下辖的边防局及俄罗斯联邦紧急情况部的一些军事部门都是联邦军事安全体制的组成单元和运行机制的重要环节。

一、俄罗斯联邦国防部

1992 年 3 月，俄罗斯以原苏军国防部为基础组建了俄罗斯联邦国防部，并不断进行调整与改革。1992 年 9 月通过了第一部《俄罗斯联邦国防法》，1996 年 5 月，通过了新版《俄罗斯联邦国防法》，俄罗斯国防部的职能和结构得以确定下来。

俄罗斯联邦国防部（Министерство обороны Российской Федерации）是

① 《俄罗斯联邦军事学说》，引自薛兴国著：《俄罗斯国家安全理论与实践》，“附录二：俄罗斯联邦军事学说”（2010 年版），时事出版社 2010 年版，第 398 ~ 401 页。

在国防领域推行国家政策、实行国家管理和协调联邦政府各部门的机构。[①] 国防部的主要职能如下：第一，参与拟订俄罗斯国防政策与军事学说。第二，提出军事拨款与开支计划，并协调拨款。第三，保障俄联邦武装力量的动员准备。第四，关于军事条例草案。向俄联邦总统提交军事条例草案，向俄联邦政府提交高校军事教研室草案和公民征兵鉴定条例草案。第五，关于军事行动和军备。协调联邦执行权力机关、联邦主体执行权力机关在国防事务上的活动，与国外军事部门合作，协调其他部队、军事单位和机关的武器与军事技术装备订货工作。[②]

俄联邦国防部机关由联邦总局、中央局、局和编入其结构的其他部门组成。目前，俄国防部设国防部长（文职）1名，第一副部长2名（总参谋长兼第一副部长1名，主管战斗训练的第一副部长1名）。此外，俄国防部还设有6名副部长，"分别负责干部、国际军事合作、后勤、通信、财务和卫生等工作"。[③]

国防部长领导国防部，其职务由总统根据联邦政府总理的提名任免。国防部长隶属总统，向总统负责，而在法律规定属于联邦政府职权范围的问题上隶属于联邦政府总理。武装力量由国防部长领导和指挥。国防部长设有第一副职和一般副职，他们的职责由国防部长分配。第一副职可根据授权签署国防部长命令和训令。

俄联邦国防部设有部务会议，用于审议国防部活动中最重要的问题。部务会议由国防部长担任主席，成员有第一副部长、副部长、总局局长、军种总司令等人。此外，经国防部长提名和总统批准，还可吸收其他部门负责人参加部务会议。部务会议的成员人数及构成由总统根据国防部长的呈文批准。国防部部务会议定期或不定期举行会议，会议以成员多数票的形式通过决议，并形成会议纪要。必要时，可根据部务会议决议发布国防部长命令、训令。在国防部长与其他部务会议成员出现意见分歧时，国防部长可强制推行自己的决定，并将分歧报告总统。部务会议成员也有权向总统报告自己的意见。必要时，国防部部务会议还可与联邦各部和其他执行权力机关举行联席会议。联席会议所做出的决议形成会议纪要，并以国防部长和联邦各部委领导人联合命令的方式发布执行。俄罗斯国防部的组成如图10－1所示。

---

① Положение о Министерстве обороны Российской Федерации（утверждено Указом Президента Российской Федерации от 16 августа 2004 г. № 1082）.

② Федеральный закон от 31 мая 1996 г. N 61 – ФЗ "Об обороне"（с изменениями и дополнениями），http://base. garant. ru/135907/.

③ 赵小卓主编：《外国国防与军队建设教程》，军事科学出版社2013年版，第88页。

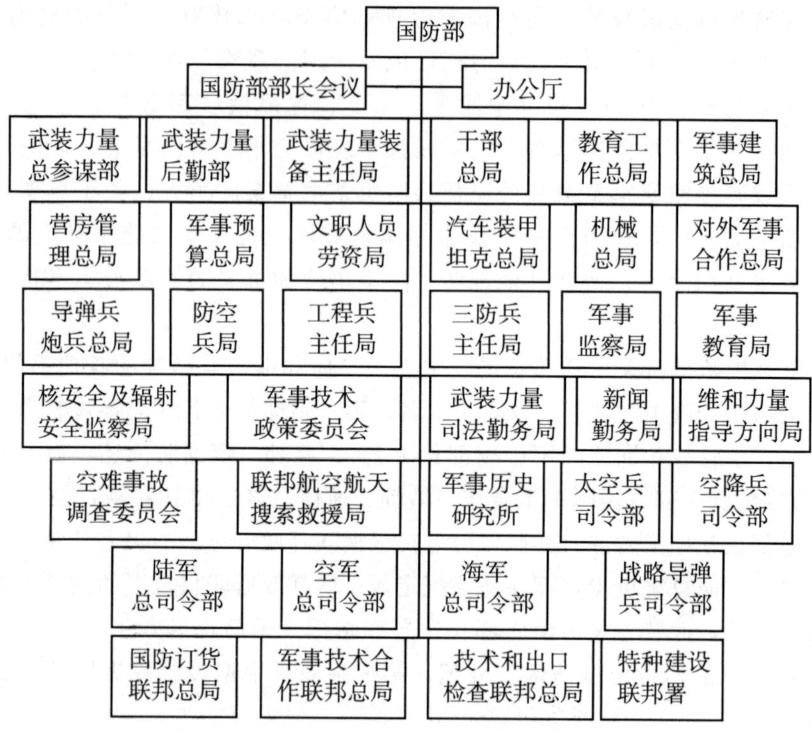

图 10－1　俄罗斯国防部的组成

资料来源：俄联邦国防部机构设置，参见 http://structure. mil. ru/structure/structuremorf. htm。

二、俄联邦武装力量总参谋部

总参谋部的主要职能是：拟定俄联邦军事学说建议；制定俄罗斯联邦武装力量建设计划，协调俄罗斯联邦武装力量、其他部队、军事单位和机关建设与发展计划的制定工作；协调拟定关于俄罗斯联邦武装力量、其他部队、军事单位和机关员额的建议；在编有或辖有其他部队、军事单位和机关的联邦执行权力机关的参与下，制定俄联邦武装力量使用计划；组织和协调兵力的行动和兵器的使用；对武装力量进行军事训练，协调其他军事组织的军事训练，并对其军事动员情况进行监督；负责对武装力量和其他军事组织实施战略部署；组织以保障国防和安全为目的的情报活动。[①]

① 王海运、马永葆审校，田小文、伍君、黄忠明等校译：《俄罗斯国防法规选编》，军事译文出版社 1998 年版，第 65 页。

总参谋部的最高首脑是总参谋长，同时兼任联邦国防部第一副部长，服从国防部长的领导。从职能来看，同为俄罗斯联邦军事安全权力执行机关的国防部和总参谋部有重叠，因此双方在某种程度上是竞争关系。从行政级别来看，联邦总参谋部是国防部的下属机构，在军事安全事务决策上受国防部辖制。这一结构是 2004 年俄罗斯对《国防法》修订后出现的。虽然这一修订大大化解了国防部与总参谋部的矛盾，但俄总参谋部依然具有很大的独立性，国防部与总参谋部之间的权力争斗依然严重。

俄联邦武装力量总参谋部的组成结构包括通信总局、作战总局、情报总局、组织动员总局、武装力量无线电电子作战部队主任局、军事测绘主任局、陆军总司令部、海军总司令部、空军总司令部、空天防御兵司令部、战略火箭兵司令部、空降兵司令部、武装力量战役训练局、秘密通信系统和军事机密保卫局的总参第 8 局、负责核武器的存储与试验的总参第 12 总局、军务和服役安全局、武装力量三防总局、武装力量工程兵总局、深海研究总局、武装力量中央指挥所、总参谋部水文气象局、无人飞行器系统建设发展局、国防部核和辐射安全监督局。总参谋部情报总局是国防部军事情报工作的主要职能部门之一。此外，在某些专业领域，它还与总参谋部军事测绘局、太空兵导弹太空防御军团及对外情报总局、联邦安全总局、政府下属的军工问题委员会保持着情报协同关系。它们在军事情报领域里的工作各有侧重，又互有交叉。俄联邦武装力量总参谋部的组成如图 10 - 2 所示。

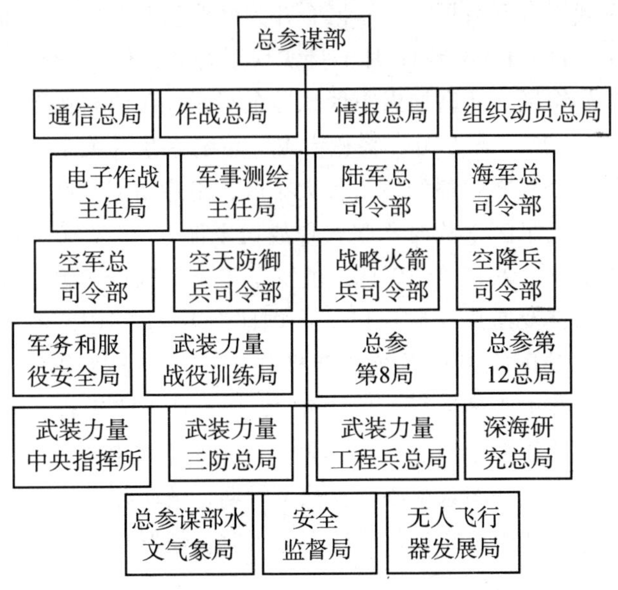

图 10 - 2　俄联邦武装力量总参谋部的组成

资料来源：俄联邦国防部机构设置，参见 http://structure. mil. ru/structure/structuremorf. htm。

三、俄罗斯四大新军区和国防指挥中心

军区是以陆军为核心的军事指挥体制。俄罗斯军区源于苏联时期，到第二次世界大战前已经发展有 16 个军区。20 世纪 60 年代，苏联依然保留列宁格勒、波罗的海沿岸、白俄罗斯、喀尔巴阡、敖德萨、外高加索、突厥斯坦、中亚、莫斯科、基辅、北高加索、伏尔加河沿岸、乌拉尔、西伯利亚、外贝加尔和远东 16 个军区。20 世纪 70 年代中后期，苏联创立西方、西北、西南、南方、远东等统辖各辖区军种、兵种的新军区指挥机构，这是新军区（战区或指挥中心）的雏形。20 世纪 80 年代，苏联又整合各军区组建远东总司令部、西方总司令部、西南总司令部和南方总司令部。由于实际指挥权仍在军兵种司令手中，苏联的军事改革并不成功，其联合作战指挥体制并没有建立起来。

苏联解体后，俄罗斯继承了苏联在俄罗斯境内的 7 个军区：莫斯科军区、列宁格勒军区、北高加索军区、远东军区、西伯利亚军区、后贝加尔军区和伏尔加—乌拉尔军区。1992 年 7 月，伏尔加—乌拉尔军区分解为两个军区：乌拉尔军区和伏尔加河沿岸军区，俄罗斯组建成 8 个军区。1998 年 7 月，叶利钦签署《俄罗斯联邦武装力量军区条例》和《重新确定军区区划的命令》，俄国防部决定在 1999 年前将伏尔加河沿岸军区和乌拉尔军区合并为伏尔加河沿岸—乌拉尔军区，将西伯利亚军区和后贝加尔军区合并为西伯利亚军区，从而使俄罗斯 8 个军区缩减为 6 个军区，1998 年 12 月 1 日实现了合并，俄罗斯 6 个军区为：莫斯科军区、列宁格勒军区、北高加索军区、远东军区、西伯利亚军区、伏尔加河沿岸—乌拉尔军区。[①] 2010 年 9 月，梅德韦杰夫总统签署《关于俄罗斯联邦的军事行政区域划分》命令宣布，撤销原有 6 大军区，组建西部军区、南部军区、中央军区和东部军区 4 大军区（战时称联合作战司令部），俄罗斯军兵种联合作战的新军区基本建立起来。2010 年 10 月，俄罗斯 4 大军区正式组建成功。2013 年 3 月，普京再次当选俄罗斯总统后提倡“大国防”计划。2013 年 5 月，俄罗斯据此计划开始创建提升国家指挥系统的新机制——国防指挥中心。2014 年 4 月 1 日，俄联邦国防指挥中心试运行，2014 年 12 月 1 日正式运行。俄联邦国防指挥中心包括战略核部队指挥中心、武装力量和其他部队指挥中心及协调指挥中心，以及多个武装部队区域和国家中心。在战争时期，俄联邦总统、国防部长、总参谋长等军政要员将进驻中心实施作战指挥。至此，俄罗斯协同和高效的新型作战指挥机制建立起来了。

① 正文、秦思：《俄罗斯军事改革启示录》，解放军出版社 2008 年版，第 127 ~ 130 页。

俄罗斯其他武装力量还有主要负责俄罗斯联邦国家边境、领海、大陆架和专属经济区领域的联邦边防局，联邦内务部内务部队，特种部队，俄罗斯联邦紧急情况部等，以及负责情报工作的安全机构。俄罗斯联邦紧急情况部是国家危机管理体系的核心，也是国家权力执行机关，其事务主要涉及自然灾害、人为灾难、政治危机、经济危机、社会危机等。虽然联邦紧急情况部的工作重心主要在民防和应对国内紧急状况方面，但依照联邦相关法律，在其职能上仍旧体现了该部门在军事安全机制中的作用。①

综合观之，在俄罗斯军事安全体制的运行中，俄联邦总统兼任俄联邦武装力量最高统帅，全面统领俄罗斯境内一切武装组织和武装力量。俄联邦总统通过联邦安全会议进行军事安全决策，领导国防部长和总参谋长及其他具体武装力量领导人，通过国防部长和总参谋长对武装力量实施作战指挥，通过其他武装力量领导人实施有关军事行动。国防部长通过国防部对联邦武装力量实施直接领导。总参谋部只是对俄罗斯联邦武装力量实施日常军事管理的主要机关，同时负责协调边防部队、联邦安全总局机关、联邦内务部内务部队、联邦铁道部队、联邦政府通信和信息局、工程建设和筑路部队、对外情报总局、联邦警卫局、联邦安全动员机关在国防、部队、军事机构建设和发展及武装力量规划领域的工作。俄联邦总统、国防部和总参谋部及边防局、联邦安全总局、对外情报总局等构成俄联邦有机完整的军事安全保障体系。

第三节　俄罗斯军事安全体制的运行机制

俄罗斯军事安全体制的运行机制包括军事情报预警、军事安全决策以及决策的执行和评估、反馈、监督机制。

一、俄罗斯军事危机预警机制

俄罗斯军事危机预警机制是俄罗斯军事安全体制机制的优先环节，是俄罗斯军事安全决策的基础和前提。军事安全预警来自军事情报。总参谋部情报总局是

① 《Положение о Министерстве Российской Федерации по делам гражданской обороны, чрезыч-айным ситуациям и ликвидации последствий стихийных бедствий》. Утверждено Указом Президента Российской Федерации от 2 августа 1999 г. И953.

俄罗斯军事情报搜集、分析和整理的主要机构，主要搜集军情情报和战略情报。第 1 局、第 2 局、第 3 局、第 4 局、第 7 局和第 8 局负责不同国家和地区的情报侦察和分析整理，第 5 局、第 6 局负责技术和无线电技术搜集和整理。第 9 局、第 10 局和第 11 局分别负责搜集军事技术情报、军事经济情报、军事理论与军备情报，第 12 局负责战略核力量情报。这些情报部门将搜集到的情报进行分析整理后分别报送分管专业情报分析的副局长，然后呈报给情报总局局长，在军事情报总局提出初步情报预警措施建议后，再呈报给总参谋长和国防部长，之后在联邦安全会议上进行讨论，并做出军事安全预警和军事政策建议，最后由联邦总统做出最后决策。

其他如对外情报总局、联邦安全总局、紧急情况部等也会搜集涉及军事安全方面的情报，这些机构也会将这些情报进行整理后上报，一些重大的军事情报问题和建议也会在联邦安全会议上进行讨论。

二、俄罗斯军事安全决策机制

俄罗斯军事安全决策过程分成三个主要步骤：决策信息与决策议题的确定、议题的讨论和军事决策的做出，其决策模式分为日常决策模式和危机决策模式。日常决策模式是指国家安全决策机构在没有战争和紧急情况的状态下按照法定的权限、职能和惯常程序进行军事决策的模式。危机决策模式是指决策者在面临突发性威胁的情况下快速采取应对措施。无论是日常决策模式还是危机决策模式，其决策的过程基本一致，即决策议题的确定、议题的讨论和决策的最后做出。

（一）决策信息与决策议题的确定

俄罗斯军事情报部门搜集到的不同情报经过分析整理后进入俄联邦安全会议讨论。俄罗斯面临的不同军事安全议题主要有两种：常规重大议题和紧急情况议题。根据议题的重要程度和紧迫性，由联邦安全会议秘书在征得总统的同意后决定是否将这些议题交给联邦安全会议讨论。一般涉及重大国家安全的议题会进入安全会议的讨论程序。俄联邦安全会议召开频率每月不少于一次，如果遇到突发状况会召开临时特别会议。

（二）议题的讨论

在不同的军事安全议题进入联邦安全会议后，安全会议常委、委员可以充分发表意见，然后会提出不同的建议方案。由于各个不同的安全部门会有不同的利益，不同的安全议题及处理议题的方案会体现出不同部门在处理事务中的不同地位，方案的执行也会涉及不同部门的利益，因此，不同部门会表现出不同的态度。在讨论中，各种不同方案的利弊会分析得很清晰。俄罗斯联邦安全会议是国家安全事务的决策和协调机构，在会议上会对不同的方案做出选择，最后由总统做出决策。

（三）军事决策的做出

俄罗斯联邦总统既是国家安全决策体制的核心，也是联邦军事安全战略和政策议案的最高决策者。根据《俄罗斯联邦国防法》，总统是联邦武装力量最高统帅，拥有确定军事政策基本方向的权力，并对联邦军事理论学说、国防计划、联邦军事规划条款拥有最高决策权。① 这是俄联邦法律赋予联邦总统在制定军事安全战略和军事安全政策方面的决策权。“当俄罗斯联邦受到武装侵略或者武装侵略的直接威胁、发生武装冲突时，总统有权在全境或者部分区域进行战争总动员，并对联邦委员会和国家杜马进行即时通告，签发展开军事武装行动的命令。”“依照联邦宪法，总统拥有命令武装力量、军事编队和军事机关执行其职责之外的军事任务的权力。”② 这是总统在联邦军事动员和军事行动上拥有的决策权。此外，联邦总统在制定军事武装建设和发展计划、武装部队实施计划、俄罗斯武装力量动员计划、反侵略行动计划、战时更改作战计划、国防作战装备计划、联邦经济计划总动员指标、国防工业体系发展和军备计划、联邦核计划和专门试验的授权、军事机构职务统一名录、任命武装部队高层领导和解除职务、部队军官最高军衔的授予、武装部队和军事机构的组成、武装部队军事人员和文职人员规模的确定等方面都拥有最高决策权。③ 由此可见，总统作为联邦最高军事统帅在军事安全决策体制中拥有最终决策权力，大到国家军事安全战略的制定，小到军事人员编制规模的确定，都必须经由总统批准生效。在不同的建议方案中，总统是最后方案的决策者。

联邦议会不直接参与到军事安全决策的环节中，但它是国家安全决策和立法建议机关，军事安全事务的决策与其密切相关，相关法律的颁布也需要经由联邦议会审议通过。军事安全决策机制中的重要环节除决策者进行决策外，还需要立法机关审议通过决策。总统虽是俄罗斯最高军事统帅，但在军事事务上尤其是颁布政令和批准法律方面仍需要经过联邦议会的授权。《俄罗斯联邦国防法》规定：

---

① Федеральный закон от 31 мая 1996 г. N 61 – ФЗ “Об обороне”（с изменениями и дополнениями），http://base. garant. ru/135907/#block_200. 还可参见王海运、马永葆审校，田小文、伍君、黄忠明等校译：《俄罗斯国防法规选编》，军事译文出版社 1998 年版，第 55 页。

②③ Федеральный закон ФЗ Об обороне，http://base. garant. ru/135907/#block_200.

"联邦总统签发国家进入战时状态和紧急状态、调动武装军队或者其他部队参与军事行动的政令需经过联邦委员会批准方能通过；联邦委员会对于俄罗斯联邦境外军事行动也有一定决策权。"[①] 而国家杜马除了拥有军费审查权外，联邦军事法律、法规全部都需经由国家杜马审议通过方能生效。因此，联邦议会在俄罗斯军事安全决策体制中占有重要地位。

从俄罗斯联邦军事安全决策的主体可以看出，俄罗斯总统拥有联邦军事安全事务的最高决策权，联邦议会在俄罗斯安全决策中也发挥着重要的作用，对俄罗斯总统权力形成很大的制约，这也是"权力制衡原则"在军事决策体制中的反映。虽然联邦政府、国防部和总参谋部在执行过程中也有一定程度的自由裁量权，但其主要职能是执行决议，涉及军事战略、国防法律方面的问题只有参与建议权，而没有决策权。

三、俄罗斯军事安全决策执行机制

军事安全决策做出之后，由立法机关审查批准，决议生效，随后是相关执行部门根据已生效的法律、政策文件执行决策。实际上正是安全预警和决策为执行决策阶段做好准备工作，执行阶段才能真正取得实质性成果。俄罗斯联邦军事安全执行机关主要有联邦政府、国防部、武装力量总参谋部及各部队和军事执行单位，其他还有情报安全机关和监督决策执行的部门。国防部及隶属国防部的武装力量总参谋部是俄联邦军事安全体制的核心执行机构。

联邦政府是俄罗斯联邦行政领导机构，军事安全事务同其政治、经济、外交等领域的相关性和不可分割性决定了联邦政府必然是配合军事安全事务和保障军事安全的重要执行机关。《俄罗斯联邦国防法》规定，联邦政府有义务在自己的职能范围内落实国防保障措施，对俄联邦武装力量、其他部队、军事单位和军事机关的状况和保障负责；领导所属联邦权力执行机关解决国防事务问题；拟定并向国家杜马提交联邦国防预算中有关国防开支的建议；根据俄联邦军事力量、其他部队、军事单位和机关的订货要求，为其筹备军事设备和提供军事技术装备；根据俄联邦武装力量、其他部队、军事单位和机关的订货要求，为其提供物资、能源和其他资源及公用设备保障；筹备制定和完成武器与国防工业综合发展的国家规划；筹备制定和完成联邦执行权力机关、俄联邦主体执行权力机关、地方自治机关和国家经济转入战争时期工作的动员计划，以及建立国家储备和动员储备的物资储备品计划；对联邦执行权力机关、联邦主体执行权力机关、地方自治机

① Федеральный закон ФЗ Об обороне, http://base. garant. ru/135907/#block_200.

关和各团体、运输部门、交通部门和国民的动员准备实施领导；对战时各团体完成国家订货的准备工作、动员能力建设及运输工具状况实施监督；确定联邦执行权力机关的动员任务；规定俄联邦武装力量、其他部队、军事单位和机关所属组织的财经活动条件。[①] 此外，俄联邦政府还对建立军事职业教育机关、军事研究中心、军事训练学院有决定权，有拟定俄联邦境内核设施布局方案和消除大规模杀伤性武器、核废料的权力等。可见，除了直接军事行动之外的绝大部分军事安全相关工作都与联邦政府相关，而有关军事教育、物资供应、后勤保障、军事科研等重要军事安全事务都需要联邦政府的授权和批准。

俄联邦国防部是国防领域和军事安全领域推行国家政策和实行国家管理的联邦国家权力执行机构，也是最重要的军事安全执行机关。国防部拥有军事政策领导权和协调权。在执行军事安全决策时会同其他国家机构和部门存在矛盾，国防部可以协调各联邦执行机关在国防方面和军事安全方面的政策和行为，尤其是同联邦政府协调好具体的执行方案，达到保障军事安全政策方针顺利实施和军事行动有效执行的目的。在军事外交领域，国防部拥有军事外交参与权和执行权，依照总统或者联邦安全会议的决策方案，参与有关国际军事问题的处理、与外国军事机构开展合作、进行军事谈判等。俄联邦国防部长受总统领导，具有国防政策的参与权，也是国防政策的主要执行者。

俄罗斯具体军事指挥和军事任务执行机构如下：俄武装力量总参谋部隶属国防部，总参谋长接受国防部长和总统的领导。俄联邦武装力量总参谋部主要对联邦武装力量进行日常行政管理，协调各个部队、军事机关、安全机关的事务和行动。其主要任务是有效执行总统或者联邦安全会议的最终决策方案，包括对武装力量和军事组织进行战略规划调整；组织军事训练，军事动员监督，同联邦政府协作组织实施武装力量和部队的战略部署等。俄武装力量总参谋部是俄联邦中央军事作战指挥机构，具体作战任务的执行和指挥作战在俄罗斯新建的四大新军区（2010 年 10 月建立）。其他武装力量包括边防部队、联邦铁道部队、工程建设和筑路部队、联邦警卫局、俄军空天部队及特种部队，根据俄联邦军事需要也执行着不同的军事任务。2013 年 5 月，俄罗斯创建战时国防指挥中心，主要用于战争时期总统、国防部长、总参谋长进行决策和作战指挥。

其他部门还有俄罗斯情报部门和外交部，它们也会在执行军事安全决策的过程中根据军事需要完成相应的任务。情报部门的主要任务是搜集情报和反间谍，外交部的主要任务是谈判，以获取对自己有利的战略形势。

---

① 王海运、马永葆审校，田小文、伍君、黄忠明等校译：《俄罗斯国防法规选编》，军事译文出版社 1998 年版，第 57～59 页。

四、俄罗斯军事安全监督、评估、反馈机制

俄联邦军事安全决策和决策的执行不可能尽善尽美。由于认识的局限性和掌握信息的有限性，决策者会出现判断失误，最后通过的决策议案会存在各种漏洞和缺陷，加上决策执行过程中的新情况，这些问题在国防部等机关执行决策时就会凸显出来，于是进行军事安全评估、反馈和监督工作就显得尤其重要。因此，仅有决策机制、执行机制对于整个安全体制机制来说是不够完善的，安全决策评估与反馈机制是最后一个环节，也是连接新环节的一个纽带。通过对决策过程、决策执行的评估可以发现决议中的缺陷，将这些信息反馈给决策机构，然后通过修正方案及时调整政策后再执行，这样往复循环才能推动安全决策有效执行。

俄联邦安全会议、国防部、联邦议会、智囊团都有一定的军事安全评估职能，甚至大众传媒也在评估俄军事安全政策中发挥着越来越重要的作用。联邦安全会议既是决策咨询机构，又是重要的监督和评估机构。联邦安全会议还具有重要的协调和监督功能。联邦安全会议是总统与各个安全机构交换意见和做出决策的场所，也通过协调各类情报机构和协调各政府各部门，监督国家安全决策的执行，包括国防安全决策。联邦安全会议在监督过程中会收集执行中的各类信息，并对这些信息进行总结和评估，在评估后再做出新的决策。

联邦议会主要通过法律、法规批准联邦预算监督俄联邦国家军事政策。俄罗斯国防预算和支出需要国家杜马和联邦委员会审查通过才会有效。《俄罗斯联邦国防法》规定，俄罗斯联邦委员会拥有“审查国家杜马通过的根据国防预算法确定的国防开支；审查国家杜马通过的在国防领域的联邦法律”。[①] 通过监督和审查国防预算和国防支出，可以在一定程度上对军事安全事务、军事安全问题做出评估，对军事安全决策和决策执行形成制约。由于在军事安全决议执行过程中，国防部、总参谋部等军事机关在执行具体政策、具体方案上有一定的自主权，需要包括联邦议会在内的各机构对其决策执行进行监督和评估。联邦议会对联邦执行权力机关的监督权可以通过监督军事后勤支援、军事研究进展、同其他国家的军事安全合作的执行情况和执行效果对军事安全决策进行评估，用以修正和完善军事安全决议。

俄罗斯联邦国防部部务委员会的主要职能是审议国防事务和国防政策、方案的执行情况，并进行评估，评估的结果会以政策建议的形式呈报联邦总统，提出

---

① Федеральный закон ФЗ Об обороне，http://base.garant.ru/135907/#block_200. 还可参见王海运、马永葆审校，田小文、伍君、黄忠明等校译：《俄罗斯国防法规选编》，军事译文出版社1998年版，第57页。

完善有关国防问题的联邦法律、总统决议和指示的建议。国防部是总统军事决策的直接执行机关，作为执行主体，能够在执行过程中发现决策中的缺陷，进行评估和经由部务委员会讨论，最终向最高决策层反馈。国防部的安全政策建议职能正是建立在对已有决策执行进行评估的基础上。因此，参与制定长期联邦国防纲要和工作计划，制定联邦武器和军工综合发展纲要，自然而然成为国防部的重要权力和职能之一。

俄罗斯军事安全体制机制还有一股不可忽视的力量——国家安全智囊库。在当前俄罗斯国家安全体制中，智库不仅是其国家安全战略思想的拥有者，而且已经成为一种国家安全保障的制度性因素。通过分析和评估现有军事安全执行情况和效果，为国家军事安全决策提供咨询和决策方案是它们的主要职能。外交与国防政策委员会是俄联邦重要的外交与军事智囊库，其主要任务就是在对权力执行机关的执行情况进行评估的基础上评价俄罗斯联邦对外政策、国防政策战略构想，提出完善和修订意见。

第十一章

俄罗斯应急安全体制机制

处理应急安全事务，由于缺乏充分的反应时间，往往可能造成决策失误，导致普通危机演变成重大危机。因此，应急安全体制机制在当今维护国家安全中扮演着越来越重要的角色。在俄罗斯，既有非常严重的恐怖袭击、自然灾害等应急安全事务，也有爆发战争等重大军事安全事务。应急安全体制机制在俄罗斯国家安全体制机制中占据重要地位。

第一节 《俄罗斯联邦紧急状态法》

俄罗斯应急安全法律体系既反映了苏联时期处理应急安全事务的经验和法规，也反映了俄罗斯独立后其应对应急安全事务的需求。

一、《俄罗斯联邦紧急状态法》[①]出台的背景

《俄罗斯联邦紧急状态法》可以追溯到苏联时期。苏联 1936 年制定的《苏维埃社会主义共和国联盟宪法》对紧急状态制度做出了比较详尽的规定。如该宪

① Федеральный конституционный закон от 30 мая 2001 г. N 3 – ФКЗ"О чрезвычайном положении"(с изменениями и дополнениями), http://base. garant. ru/12123122/.

法第 49 条规定：苏联最高苏维埃主席团“在苏联最高苏维埃休会期间，凡遇苏联遭受敌国武装侵犯时，或遇必须履行国际互防侵略条约义务时，得宣布战争状态；颁布全国总动员或局部动员令。”① 1938 年又在 1936 年宪法第 49 条中增加一项，即苏联最高苏维埃主席团有权“宣布个别地方或苏联全国戒严，以利苏联国防或保障公共秩序及国家安全”。② 苏联 1977 年《苏维埃社会主义共和国联盟宪法》第 121 条对戒严、动员和战争状态进行了规定，指出苏联最高苏维埃主席团有权“为了保卫苏联，宣布个别地区或全国戒严；宣布全国总动员或局部动员令；在苏联最高苏维埃休会期间，如果遇到苏联遭受敌国武装侵犯时或者必须履行共同防御侵略的条约义务时，宣布战争状态”。③

1989 年的“8・19”事件是苏联宪法和紧急状态法的转折点。1990 年 3 月，戈尔巴乔夫根据《苏维埃社会主义共和国联盟关于修改和补充苏联宪法（基本法）的法律》，即《宪法修改补充法》担任了苏联总统。1990 年 4 月 3 日，鉴于“8・19”事件的教训，苏联最高苏维埃通过了《紧急状态法》。该法规定了发生自然灾害和人为灾难时实施紧急状态的条件和程序。1991 年 5 月 7 日，俄罗斯根据苏联《紧急状态法》公布了《俄罗斯苏维埃联邦社会主义共和国紧急状态法》，即 1991 年版的《紧急状态法》。俄罗斯想借此部法律缓解国内日益严重的社会冲突。苏联这部《紧急状态法》的出台依然没能挽救自己，1991 年 12 月 26 日，苏联解体，俄罗斯因此独立。

俄罗斯独立后，叶利钦总统依据 1991 年版《紧急状态法》签发紧急状态的总统令。1993 年 12 月，通过了《俄罗斯联邦宪法》。该宪法规定俄罗斯实行总统制。《俄罗斯联邦宪法》第八十七条规定了总统可以采取措施实行紧急状态：“当俄罗斯联邦遭到侵略或受到侵略的直接威胁时，俄罗斯联邦总统可在俄罗斯联邦境内或其部分地区实行战时状态，并立即将此决定通知联邦委员会和国家杜马。”④ 第八十八条规定：“俄罗斯联邦总统可按联邦宪法法律规定的情况与程序在俄罗斯联邦境内或其部分地区实行紧急状态，并立即将此决定通知联邦委员会和国家杜马。”⑤ 1994 年，俄罗斯紧急情况委员会更名为紧急情况部，并成为俄罗斯政府五大权力部门之一，由此建立了俄联邦预防和消除紧急情况的统一国家体系（USEPE）。俄联邦应急安全法律也必须与俄联邦预防和消除紧急情况的统一国家体系相协调。这些法律包括《关于保护居民和领土免遭自然和人为灾害法》（1994 年）、《事故救援机构和救援人员地位法》（1995 年）、《民防法》（1998 年）

①② 戴学正等编：《中外宪法选编》，华夏出版社 1994 年版，第 266 页。

③ 戴学正等编：《中外宪法选编》，华夏出版社 1994 年版，第 305 页。

④⑤ 《俄罗斯联邦宪法》，引自王海运、马永葆审校，田小文、伍君、黄忠明等校译：《俄罗斯国防法规选编》，军事译文出版社 1998 年版，第 24 页。

和《俄罗斯联邦公共卫生流行病防疫法》（1999 年）等。普京总统上任后主导俄罗斯于 2001 年正式出台《俄罗斯联邦紧急状态法》。2003 年 6 月 30 日和 2005 年 3 月 7 日进行了修订。“到 2001 年为止，俄罗斯联邦关于应急救援已经通过了大约 40 个联邦法律和大约 100 个联邦法规，俄罗斯联邦政治实体的立法机构也通过了约 1 000 个行政区法案。”①

二、《俄罗斯联邦紧急状态法》的主要内容与法律地位

《俄罗斯联邦紧急状态法》共七章。第一章为总则共两条，即什么是紧急状态和实行紧急状态的目的。第二章共八条，描述了俄联邦实行紧急状态的情形和方式。第三章共五条，主要分析了俄联邦紧急状态下采取措施和临时限制等问题。第四章共六条，介绍了俄联邦实施紧急状态制度的力量和手段。第五章共六条，分析的是俄联邦对紧急状态地区的特别管理。第六章共九条，分析了俄联邦紧急状态下公民的权利保障及公民和公职人员的责任。第七章是最后条款。

《俄罗斯联邦紧急状态法》的主要内容包括《俄罗斯联邦紧急状态法》的法律地位、应急管理程序、应急管理的领导，以及紧急状态的法律后果、紧急状态的期限、个人权利与责任等。

《俄罗斯联邦紧急状态法》是在紧急状态启动后的特殊时期的宪法，属于宪法性法律，也即“小宪法”，拥有最高的法律效力。《俄罗斯联邦紧急状态法》为紧急状态下国家行政权力和立法权力机关行使权力的法律依据。

《俄罗斯联邦紧急状态法》第五章专门分析了俄联邦安全应急管理机制。联邦总统是俄联邦进入紧急状态和应急处理的决策者，紧急情况部是决策参与者和执行者，具体执行的机关是紧急状态地区临时专门管理机关和紧急状态地区联邦管理机关。当出现紧急状态的情况时，俄罗斯总统签发紧急状态令。俄罗斯紧急状态的启动程序必须由总统签发紧急状态令作为第一步，紧急状态令发布后立即开始实施，紧急状态消失后迅速及时恢复正常状态。俄罗斯总统签发紧急状态令后必须立即将此决定通知俄罗斯联邦会议，并需要得到俄罗斯联邦委员会批准。否则，总统的紧急状态令自公布之刻起 72 小时后自动失效。②

俄联邦总统有权任命临时专门管理机关和地区联邦管理机关领导人。《俄罗斯联邦紧急状态法》第五章规定，紧急状态地区临时专门管理机关的领导人和联

① 迟娜娜、邓云峰：《俄罗斯国家应急救援管理政策及相关法律法规（一）》，载《中国职业安全卫生管理体系认证》2004 年第 5 期，第 9 页。

② РОССИЙСКАЯ ФЕДЕРАЦИЯ ФЕДЕРАЛЬНЫЙ КОНСТИТУЦИОННЫЙ ЗАКОН О ЧРЕЗВЫЧАЙНОМ ПОЛОЖЕНИИ，http://www.mchs.gov.ru/document/4312481.

邦管理机关领导人由俄罗斯联邦总统任命。对紧急状态地区实行特别管理时，一旦中止实施现行的俄罗斯联邦主体国家权力机关和地方自治机关的职权，其职能则交由紧急状态地区的联邦管理机关行使。临时专门管理机关和联邦管理机关有权在自己的权限范围内发布保障紧急状态制度的命令和指示，必须在相应地区执行。实行紧急状态地区的组织、公职人员和公民，必须向紧急状态地区的特别管理机关提供尽可能的支持，保障紧急状态制度的命令和指示的履行。①

三、《俄罗斯联邦紧急状态法》的主要特点

《俄罗斯联邦紧急状态法》的主要特点如下：

第一，《俄罗斯联邦紧急状态法》既承袭了苏联时期的立法概念，又反映了新出现的安全状况；既注重传统安全，又注重非传统安全。2001 年通过的《俄罗斯联邦紧急状态法》承袭了 1990 年 4 月 3 日苏联颁布的《紧急状态法律制度法》和俄罗斯 1991 年版《紧急状态法》。《俄罗斯联邦紧急状态法》和俄罗斯 1991 年版《紧急状态法》基本保持了一致。《俄罗斯联邦紧急状态法》规定，紧急状态是指“根据俄罗斯联邦宪法和联邦紧急状态法，在俄罗斯全境或个别地区对国家权力机关、地方自治机关、各种组织形式和所有制形式的企业组织及其管理人员，以及社会团体的活动实行特殊法律制度，以对俄罗斯联邦公民、外国公民、无国籍人员的权利和自由以及企业组织、社会团体的权利实施个别限制，并追加额外义务”。② 苏联《紧急状态法律制度法》很大程度上是由于发生“8·19”事件而通过的法律，1991 年的《紧急状态法》带有严重的苏联《紧急状态法律制度法》的特性，而 2001 年的《俄罗斯联邦紧急状态法》进一步明确了在自然灾害、生态紧急情况、传染性流行病的状态下，可以实行紧急状态。③

第二，《俄罗斯联邦紧急状态法》对采取紧急状态措施的两种情况做出了严格限制，即只有在俄罗斯联邦公民的生活与安全、国家宪法制度因武装暴动、大规模骚乱和恐怖活动等受到严重威胁，或因自然状态造成的损害而难以排除时，俄罗斯总统才能根据《俄罗斯联邦紧急状态法》宣布实施紧急状态。④

第三，《俄罗斯联邦紧急状态法》重视各俄联邦安全机构间的协调合作。俄联邦进入紧急状态后，为了保障该状态下特殊制度依法运行，需要俄罗斯联邦国家安全机构同时协调发挥作用。联邦内务部、武装力量、其他部队、军事组织及

①②③④ РОССИЙСКАЯ ФЕДЕРАЦИЯ ФЕДЕРАЛЬНЫЙ КОНСТИТУЦИОННЫЙ ЗАКОН О ЧРЕЗВЫЧАЙНОМ ПОЛОЖЕНИИ, http://www.mchs.gov.ru/document/4312481.

机构、情报机构、刑事执行机构等都有义务提供无条件支持。这些机构部门在联邦进入紧急状态时有以下几方面的职能：一是保障俄罗斯联邦境内进入紧急状态与退出紧急状态全过程中特殊制度的施行；二是保护居民人身安全，保护生命受到威胁、健康受到损害的公民，维持交通顺畅以及保护环境；三是隔离发生冲突、武装暴乱的群体；四是参与镇压非法武装团体；五是消除居民危险和紧急状况，组建统一的国家军事体系消除混乱。①

第二节　俄罗斯应急安全体制的构成与分类

俄罗斯大部分安全执行机构都有应急安全事务处理职能。普通安全问题随时可能转变为应急安全问题。军事安全问题一旦上升到武装冲突和战争就具有了国家应急安全属性。主要负责实施俄罗斯联邦国家边防政策的边防局，如果遭遇敌对势力进行的领土分裂活动瞬间上升到国家重大危机问题层面，就演变成应急安全事务。俄罗斯应急安全体制是由多个安全部门构成的，主要包括俄罗斯紧急情况部、反恐委员会、国防部、内务部、联邦安全总局、对外情报总局等，其中俄罗斯联邦紧急情况部是专门的应急安全保障执行部门，主要针对俄罗斯联邦国内的普通应急安全事务的处理。俄罗斯已经形成了预防与消除紧急情况的国际体系（USEPE）。

一、俄罗斯应急安全体制的构成

俄罗斯联邦紧急情况部（МЧС России）全称是俄罗斯联邦民防、紧急情况和自然灾害问题处理部。该部门的名称高度概括了其职能范围是民防、紧急情况处理、消除自然灾害。紧急情况部是俄罗斯联邦五大强力部门之一。② 紧急情况部下设若干个司、局、处：民防司、国际合作司、财政经济活动司、组织动员司、干部与专业培训司、预防与消除紧急状态司、投资与基金管理司、国土监察与民防力量司、民防部队与救援部队司、航空管理局、机关事务管理局、行政事务管理局、通讯机要局、安全局、联邦国土维护局、采购装备局、医疗局、信息

① РОССИЙСКАЯ ФЕДЕРАЦИЯ ФЕДЕРАЛЬНЫЙ КОНСТИТУЦИОННЫЙ ЗАКОН О ЧРЕЗВЫЧАЙНОМ ПОЛОЖЕНИИ，http://www.mchs.gov.ru/document/4312481.

② 俄罗斯紧急情况部与俄罗斯国防部、内务部、联邦安全总局和对外情报总局并称五大强力部门。

新闻处、财务会计处、监督检查局、居民教育与民防组织领导培训处、紧急人道主义反应活动组织处、部长活动保障处。

该部下辖若干专门委员会以协调和开展专门行动，如俄联邦森林火灾灭火委员会、俄联邦水灾委员会、海上和水域突发事件海事协调委员会、俄罗斯救灾人员认证委员会等，[①] 这些委员会大都是跨机构委员会，主要是面临应急安全事务时通过协调针对性部门共同开展行动。紧急情况部处理俄罗斯主要的各类自然灾害和技术灾难，在俄罗斯处理应急安全事务中占据主导性地位。

俄紧急情况部应急系统有五个层级：联邦中央、区域、联邦主体、地方城市和基层村镇。联邦中央由国防部长担任俄紧急情况部部长，在遇到重大紧急灾害和灾难时，由紧急情况部负责协调救援工作，内务部、联邦安全总局、卫生部、交通部等协助参与救援工作。区域的协调救援工作则由俄紧急情况部分布在不同辖区的国家危机管理中心负责。紧急情况部设有六个地区危机管理指挥中心，具体包括中央区、南方地区、伏尔加地区和乌拉尔地区、西北地区、西伯利亚地区、远东地区。[②] 联邦主体政府负责处理本地区应急事务，这些区域中心依托包括直辖市在内的联邦主体设有危机管理指挥中心，负责协助各联邦主体处理应急救援工作。地方城市主要是行政区和城市，其应急救援事务由设在本地的应急事务委员会负责处理。最基层一级是基层村镇，基层应急事务委员会协助基层村镇处理应急安全事务。俄紧急情况部还设有民防与紧急指挥部以及指挥控制中心。民防与紧急指挥部主要分布在有化工厂的城镇，指挥控制中心属俄紧急情况部的分支机构，辖有若干 200 人一组的搜索小分队。[③] 俄联邦各级应急事务决策与指挥中心的组织结构如图 11 –1 所示。

俄罗斯联邦紧急情况部主要负责俄罗斯境内的应急安全事务，但偶尔也会向国外派出自己的部队。俄罗斯联邦紧急情况部有若干类型的应急安全队伍，主要包括国家危机管理中心、中央空中安全救援队、搜索和救援局、294 特殊风险救援中心、独立直升机分队和独立混合空军中队、国家消防局大火扑灭区域专门支队（包括莫斯科、哈巴罗夫斯克、叶卡捷琳堡、彼得罗巴普洛夫斯克、新西伯利亚等地区支队）。

抗灾救助机制是俄罗斯联邦紧急情况部的基本职能之一。俄罗斯根据自然灾害的特点，有针对性地完善抗灾机制，最终形成了专业化救援队伍、专业化灾害预警和专业化救援三位一体式的抗灾救助机制。紧急情况部不仅仅是国家应急安全中处理危机事件的部门，还是一个安全预警预测机构。在抗灾救助机制中，紧

① 钟开斌：《中外政府应急管理比较》，国际行政学院出版社 2012 年版，第 77 页。

② 洪凯主编：《应急管理体制跨国比较》，暨南大学出版社 2012 年版，第 66 页。

③ 钟开斌：《中外政府应急管理比较》，国际行政学院出版社 2012 年版，第 78 页。

急情况部不仅建立了“国家危机管理中心”，还在俄罗斯境内各地区设有分支机构。这些机构通过高科技手段对自然灾害和突发事件进行预测和预警，在危机发生后协调各部门关系，统一反应，统一救援。

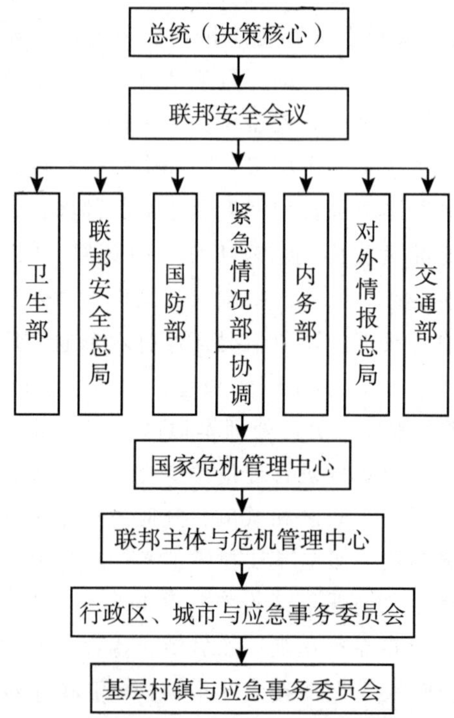

图 11－1　俄联邦应急事务决策与指挥中心

俄罗斯联邦安全总局是俄罗斯最主要的国家安全机关。随着普京执政以来不断整合国家安全事务的管理和执行机构，联邦安全总局权力不断扩大，在国家应急安全保障中占有十分重要的地位。联邦安全总局在扩容后，其管理的范围大大增加，其能力也大幅提升。同样是负责俄罗斯国内安全事务，紧急情况部的主要工作重心在民防、自然灾害的预警和处理上，而联邦安全总局的职责是保卫国家边界安全和打击恐怖主义、间谍活动等非传统安全事务。比较而言，联邦安全总局所涉及的应急安全事务倾向于应对人为原因导致的国家安全威胁。

俄罗斯联邦内务部相当于中华人民共和国公安部，是俄政府强力部门之一。其主要职能是维护国家内部的安全，保护俄罗斯公民的权利和自由，捍卫法律秩序，制止和预防威胁国家统一的武装冲突。除中央机关外，俄联邦内务部在各联邦区设有内务总局。2009 年底，俄联邦总统梅德韦杰夫签署了《关于完善俄罗斯联邦内务机关活动的若干办法》，根据该文件内容，到 2012 年 1 月 1 日为止，内务部机关人数将被削减20%，至约22万人。[①] 应急安全保障的对内属性决定了内务部必然在应急安全机制中发挥重要作用，因为内务部是俄罗斯联邦维护国家内部安全与社会稳定而专门设立的强力部门，而且拥有自己的武装力量（内卫部队和特警部队），是维护俄国家内部秩序的主要力量。

二、俄罗斯应急安全体制的分类

应急安全事务的处理基本属于国内范畴，可以将应急安全理解成俄罗斯联邦境内的安全问题。但由于国内安全事务和国际安全事务的界限日益模糊，俄罗斯应急安全体制各主要机构基本具备处理国内安全事务和国际安全事务的能力。

按性质划分，应急安全事务可以分为自然灾害等非人为因素导致的安全威胁和人为因素导致的安全威胁。俄联邦应急安全机构分为处理自然灾害为主的应急管理机构和处理非自然灾害为主的应急管理机构。按地域划分，应急安全事务可以分为内部应急安全事务和外部应急安全事务。俄联邦应急安全机构可相应分为处理内部应急事务为主的应急管理机构和处理外部应急安全事务为主的应急管理机构。按职能范围划分，应急安全事务可以分为传统应急安全事务和非传统应急安全事务，俄联邦应急安全机构可分为传统应急安全体制和非传统应急安全体制。下文将按照传统应急安全体制和非传统应急安全体制分析俄联邦应急安全机构的分类。

俄联邦传统应急安全体制主要是国防部、联邦安全总局和外交部等。这些机构处理的紧急安全事务一般包括外敌入侵、恐怖袭击、边境事务、政治危机等重大安全事务。这些最高级别的重大应急安全事务必然和军事国防紧密相关，没有军队的介入难以解决。这些紧急安全事务可能牵涉到国民、领土安全，联邦安全总局会搜集相关情报并提供处理建议。外交部也会参与谈判和有关交涉活动。

俄联邦非传统应急安全体制主要是紧急情况部、内务部和俄联邦反恐委员会及其行动指挥部等。这些机构处理的紧急安全事务一般包括水灾、火灾、地震等自然灾害、病毒扩散和恐怖主义威胁等。在这些威胁中，最主要的威胁是恐怖主义。俄罗斯自独立以来一直处在分裂主义和恐怖主义交织的威胁之中。2002年莫斯科人质事件后，俄罗斯对反恐怖危机预警机制和控制机制进行了调整，“确立了先发制人的反恐方针，强调应努力将恐怖活动消灭在策划和准备阶段”。[②]

---

① Указ Президента РФ от 24. 12. 2009 N 1468《О мерах по совершенствованию деятельности органов внутренних дел Российской Федерации》, http://graph. document. kremlin. ru/page. aspx?1042116.

② 李健和、马振超等：《俄罗斯反恐预警机制研究》，载《中国人民公安大学学报》（社会科学版）2004年第8期，第2页。

为了进一步打击恐怖主义，2003 年普京对俄联邦安全机构进行大幅改组，在内务部打击有组织犯罪总局下设立了“反刑事恐怖主义中心”。

第三节　俄罗斯应急安全体制的运行

俄罗斯应急安全体制的运行流程包括几个不同的阶段，即危机预警、应急决策、决策执行和评估、反馈等流程，相应地，俄罗斯应急安全体制机制包括危机预警机制、应急决策机制、应急执行机制和监督、评估机制。

一、应急安全危机预警与初步处理

在发生安全危机紧急情况时，俄联邦应急安全机构会自主、及时、迅速地做出初步反应，与此同时会将情报上报，根据危机的级别会报送到不同级的领导人。发生紧急情况后，紧急情况部会迅速反应，无需呈报总统，直接由部门首脑下令派遣紧急救援队开展救援工作。应急安全危机预警包括两个部分：恐怖主义威胁预警和非恐怖主义威胁预警。恐怖主义威胁预警由俄联邦反恐委员会负责，非恐怖主义威胁预警一般由俄联邦紧急情况部负责。俄联邦紧急情况部下设有国际危机情况管理中心，该中心下又设有行动反应中心，在全国设有各层级的分支机构，还在全国各重要区域设有大型监视系统，实行全天候监控。“在莫斯科、圣彼得堡等大城市设有 911 个信息和通报站”，[①] 这些站点是收集和发送应急安全事务情报的起始站点。根据危机的不同级别，这些情报信息报送到不同级别的机构，然后根据危机的程度，在不同的地域范围内做出危机预警。

恐怖主义威胁预警一般由俄联邦反恐委员会负责和发布。俄联邦反恐委员会设有预防恐怖主义协调局、打击恐怖活动协调局、情报分析局和国家反恐委员会信息中心四大常设机关。情报分析局和国家反恐委员会信息中心是恐怖主义威胁预警机构。情报分析局主要是开发情报搜集自动化系统和分析情报信息。2007 年 10 月，俄罗斯反恐委员会整合 15 个反恐机构建立了国家反恐数据库。[②] 国家反恐委员会信息中心负责发布恐怖威胁信息与危机预警。俄联邦安全总局、对外

---

① 洪凯主编：《应急管理体制跨国比较》，暨南大学出版社 2012 年版，第 67 页。

② 李健和、马振超等：《俄罗斯反恐预警机制研究》，载《中国人民公安大学学报》（社会科学版）2004 年第 8 期，第 4 页。

情报总局、军队总参情报局、侦察委员会（2010 年从检察院独立出来，隶属总统）和内务部（内务部下属侦察委员会）等也是国家反恐委员会信息中心发布恐怖威胁信息与危机预警的情报来源。俄罗斯用蓝色、黄色和红色对恐怖威胁划分等级。蓝色为较高等级，指出现需要证实的可能性恐怖袭击情报；黄色为很高等级，指出现已经证实的可能性恐怖袭击情报；红色为最高等级，指出现恐怖袭击或恐怖袭击已经直接造成威胁的情报。① 根据蓝、黄、红三级威胁预警情报，俄罗斯会采取不同的威胁应对预案。

二、应急安全决策

俄联邦应急安全决策体制是总统领导的俄联邦安全会议和俄罗斯联邦会议联邦委员会。应急安全决策体制是应急安全运行机制的核心。当遭受重大安全威胁时，联邦安全决策的效率和效果将直接决定执行方向的正确与否。当威胁达到《俄罗斯联邦紧急状态法》第三条规定实行紧急状态的情形时，由俄联邦安全会议讨论经俄联邦总统同意签署后做出实施紧急状态的决策。只有在发生对公民生命和安全或者俄罗斯联邦的宪法制度造成直接威胁，不采取这些措施不足以消除上述威胁的情况下，才能实施紧急状态。②

俄联邦议会联邦委员会对决策有批准权。《俄罗斯联邦紧急状态法》第四条和第七条规定，在俄罗斯联邦全境或者其个别地区实行紧急状态必须由俄罗斯联邦总统发布命令，并立即将此情况向俄罗斯联邦会议联邦委员会和俄罗斯联邦国家杜马通报。关于实行紧急状态的俄罗斯联邦总统命令，必须立即报送俄罗斯联邦会议联邦委员会批准。如果俄罗斯联邦总统的紧急状态命令未获得联邦委员会批准，应自公布之刻起 72 小时之后失效。③

由于应急安全事务通常包含重大威胁、意外情况及时间紧急三个方面，因此，应急安全决策需要在短时间内就应对方案做出决策，俄罗斯总统有时会简化决策程序，由总统提议或紧急情况部部长、反恐委员会主席、总统办公厅主任提议总统同意，针对当前特别紧急安全问题组建临时决策层进行决策。

三、俄罗斯应急安全决策的执行

俄罗斯所有国家安全执行机关都是潜在的应急安全执行体制的组成部分，一

① 戴艳梅：《俄罗斯反恐体系研究》，时事出版社 2015 年版，第 131 页。

②③ РОССИЙСКАЯ ФЕДЕРАЦИЯ ФЕДЕРАЛЬНЫЙ КОНСТИТУЦИОННЫЙ ЗАКОН О ЧРЕЗВЫЧАЙНОМ ПОЛОЖЕНИИ，http://www.mchs.gov.ru/document/4312481.

旦涉及某一单独领域的应急安全，相关执行机关就自动成为应急安全执行机关，配合执行总统的应急安全决策。俄联邦应急安全事务执行机制包括不同的层级：国家级、地区级、联邦主体级、地方级和组织。国家级包括紧急情况部、反恐委员会及其行动指挥部、内务部、联邦安全总局、国防部和其他武装力量、交通部、卫生部等，这些机构都是应急安全执行体制的组成部分。核心机关是紧急情况部和反恐委员会。紧急情况部是俄联邦中央处理应急安全事务的主要协调机构，协调各部参与救援，主要负责自然灾害、技术灾难等非传统安全威胁。紧急情况部是联邦执行权力机关，直辖40万救援部队，包括国家消防队、民防部队、搜救队、水下设施事故救援队等，可就相关问题直接进行处理和控制。国防部、内务部、联邦安全总局和其他武装力量、卫生部和交通部等在紧急情况部的协调下参与紧急救援。在地区级，紧急情况部设有6个地区中心，即南方地区中心、乌拉尔地区中心、西伯利亚东区中心、西北地区中心、中央地区、伏尔加河沿岸与远东地区中心，6个地区中心又设立有83个地方办事处。在俄各联邦主体，紧急情况部设有紧急情况总局，在地方对应的行政区、城市和基层城镇，分别设有城市紧急情况局和基层紧急情况分局。国防部、内务部、联邦安全总局和其他武装力量、卫生部和交通部等在各层级也大多有自己的分支机构参与救援。①

反恐委员会是反恐怖主义事务协调机构，相当于反恐事务的小型联邦安全会议，一些不需要总统决策的反恐怖任务的决策在反恐委员会进行。反恐委员会下设的行动指挥部负责具体的反恐怖主义行动的协调指挥。行动指挥部由联邦安全总局局长负责，其他还有内务部部长、联邦安全总局副局长、国防部长、紧急情况部部长、外交部部长、对外情报总局局长、联邦安全会议副秘书等。在联邦主体也设有行动指挥部，由联邦安全总局设在联邦主体的联邦安全总局局长负责，内务部、紧急情况部等地方机构领导人参与地方行动指挥部领导机构。联邦行动指挥部专设有车臣行动指挥部。国防部和其他武装力量、卫生部和交通部等设在地方的分支机构参与反恐救援。

四、俄罗斯应急安全评估、监督机制

俄罗斯应急安全监督与评估主体包括联邦安全会议、联邦议会、安全事务执行机构自身等。俄联邦安全会议具有评估、监督职能。对应急安全执行情况实施评估是联邦安全会议的基本职能之一。《俄罗斯联邦安全法》规定，联邦安全会

① 洪凯主编：《应急管理体制跨国比较》，暨南大学出版社2012年版，第75页。还可参见钟开斌：《中外政府应急管理比较》，国际行政学院出版社2012年版，第70~74页。

议“就协调执行权力机关在落实安全保障方面决议过程中的行动提出建议，并对其效果进行评估”[1]。2010年修订的《俄罗斯联邦安全法》依然坚持，由联邦安全会议“评估联邦执行权力机关在保障国家安全方面工作的成效，制定评估标准和指标”[2]。《俄罗斯联邦安全会议条例》规定，俄联邦安全会议“评估联邦行政机关在保障国家安全方面工作的成效，制定评估标准和指标”[3]。

俄罗斯联邦议会具有评估、监督功能。联邦委员会拥有审查国家杜马通过应急安全执行部门预算的权力，通过监督和审查紧急情况部、反恐委员会、内务部、联邦安全总局等执行权力机构的预算支出，能够在资金利用效率和效果上对各应急安全相关执行机构进行评估和监督。俄罗斯联邦议会还可以根据联邦宪法和联邦安全法律法规审查执行机构的执行情况。

俄联邦权力执行机构领导人既负责领导政策的执行，也对执行效果进行评估和监督。由于应急安全事务决策时间紧急，加之决策者决策能力的限制，决策难免出现失误，也由于在处理应急安全事务的过程中会遇到在安全决策时难以预见的困难，领导者在领导应急安全事务执行的过程中，会随时根据执行效果对行动进行及时评估和调整。

---

① 王海运、马永葆审校，田小文、伍君、黄忠明等校译：《俄罗斯国防法规选编》，军事译文出版社1998年版，第47页。

② РОССИЙСКАЯ ФЕДЕРАЦИЯ Федеральный закон “О безопасности”, http://svr.gov.ru/svr_today/doc4.htm.

③ Положение об аппарате Совета Безопасности Российской Федерации, http://www.scrf.gov.ru/documents/11/3.html#.

第十二章

俄罗斯安全体制的改革与启示

俄罗斯始终是通过建设和改革国家安全体制实现其国家安全目标。成立至今，俄罗斯在国家安全体制上受苏联模式的影响很大。苏联解体后，由于俄罗斯内部的政治斗争和分裂势力的影响，其国家安全体制构建存在很大隐患，这促使俄罗斯不得不根据其国家安全需要进行改革。从叶利钦到普京，他们一直在谋求按西方模式重建其国家安全体制。从情报信息体制、安全决策体制、国防体制，到应急安全体制，俄罗斯的改革一直没有停止。分析俄罗斯安全体制改革，探讨其未来的发展方向，对我国正在进行的国家安全体制改革具有重大启示意义。

第一节 俄罗斯安全体制机制的主要问题

俄罗斯独立之后，国内政治斗争日趋激烈，地方民族主义分裂严重，各类恐怖主义势力泛滥，这充分暴露了其日益严重的国家安全体制问题。概括起来，包括联邦安全会议协调机能缺乏、安全体制职能的重叠、总统权力的过度集中、决策的效率低等问题。只有解决这些问题，俄罗斯安全体制才能顺利运行。

一、俄罗斯联邦安全会议协调机能的缺乏

当前俄罗斯安全机构由俄罗斯情报安全与预警体制、联邦安全会议、军事安

全体制及应急安全体制构成。情报安全与预警体制负责收集和分析各类情报安全信息，由相关安全事务机构发出安全预警；俄罗斯联邦安全会议主要是提供决策和咨询建议；军事安全体制负责执行军事决策；应急安全体制是快速反应机制，应对突发安全事件。然而俄罗斯这些安全机构之间并不协调。俄罗斯联邦安全会议本是一个保障系统正常运行的协调机构，是最高决策者与不同的安全执行机构间的沟通机构，其主要职能是听取各种方案、协调各安全部门的政策立场、妥善处理各安全机构之间的矛盾关系等，但它并没有很好地完成协调任务。

俄罗斯联邦安全会议协调职能不足的主要原因是：第一，它作为一个安全机关并不能完全有效地参与到俄罗斯国家安全方针决策中，既没有强力部门的执行实权，也没有最后决策权。具体执行政策的权力属于国防部、内务部等强力部门，且这些部门直接对总统负责，最高决策权掌握在总统手中，因此，联邦安全会议在国家安全事务中只能扮演配角。第二，由于俄罗斯主要强力部门直接对总统负责，联邦安全会议无法介入具体安全事务中，而且从其他安全执行部门获取的情报信息也十分有限。第三，对安全决策的执行情况缺乏实质性的监督和调控，以致许多决策和总统令最终未能得到充分执行。第四，联邦安全会议过于庞大和臃肿，作为一个安全政策协调和整合机构，往往连自己内部工作都难以协调到位。第五，俄罗斯国家安全战略对国家安全含义的界定过于宽泛，俄罗斯联邦国家安全会议往往由于无法承载过多任务，无法在不同安全事务中持续发挥协调作用，而导致其效率低下。总起来看，俄罗斯联邦安全会议的效率和能力要看总统的脸色。总统重视时，其发挥的作用就大，总统不重视时，会绕开联邦安全会议进行决策。

二、总统权力过度集中

俄罗斯安全体制经历了从权力过度分散到权力过度集中的过程。俄罗斯独立之初，其国内权力分散，以总统和议会为代表的各方势力想尽办法、用尽手段争夺俄罗斯国家权力。总统在这一争夺过程中逐渐占据优势地位，在俄罗斯联邦安全决策过程中拥有至高无上的权力和地位，对俄罗斯安全保障过程的每一个阶段都发挥着决定性影响，包括搜集情报、下达决策方案、监督决策执行、在重大安全问题上的最终决策权、影响国家杜马和联邦委员会的安全议题审议等。俄罗斯国家安全体制的运行带有鲜明的总统色彩。[①]《俄罗斯联邦宪法》规定，俄罗斯总统在征得国家杜马同意后可以委任政府总理和主持政府会议。《俄罗斯联邦安

① 上海太平洋国际战略研究所：《俄罗斯安全决策机制》，时事出版社 2007 年版，第 269 ~ 270 页。

全法》规定俄罗斯总统确定国家政策在安全领域的主要方向；批准确立在安全领域中的俄罗斯联邦安全战略、其他方案和学说文件；组织和领导俄罗斯联邦安全委员会；规定联邦安全机构的职权范围和联邦安全机构的执行方针；拥有行使紧急状态的权力。①

在俄联邦安全体制中，总统扮演着特别重要的角色。他是国家主权的保卫者和国家安全的捍卫者。俄罗斯联邦总统被授予了组建、领导和监督俄罗斯国家安全系统的权力。总统是俄罗斯政治体制与安全体制的核心与领导者，是国家武装力量的最高统帅，负责组建、领导和监督国家安全机构等。根据俄联邦宪法的规定，联邦总统有义务采取任何合理措施保护领土完整、不受侵犯和国家独立。俄联邦总统是国家军事政策路线、国家安全和军事理论的制定与监督者，同时他还领导国家军事力量和国家安全相关机构组织，签署国家安全法令，批准保障国家安全的政府机构、民众活动和组建国家安全体系。当国家面临直接威胁或潜在威胁时，总统有权进行局部或全国相关人员、机构的调动，宣布进入战争状态，组建战争状态下的国家权力执行机关。②

俄罗斯联邦总统位于整个国家权力金字塔的顶端，掌握的国家权力远超西方三权分立制国家。在国家安全事务领域，尤其是在进行国家安全事务决策时，称俄罗斯总统“独断专行”并不为过。俄罗斯这种安全体制模式往往为人所诟病。权力的过分集中会对国家安全产生潜在威胁，因为在制定国家安全战略和处理安全事务时，总统个人对于国内国外局势的认识和判断毕竟是有限的，其个人偏好和性格也可能造成决策上的失误。虽然智囊团、总统办公厅会给总统提供安全决策建议，俄罗斯联邦安全会议也会向总统提交用于决策的草案，尽可能减少总统安全战略决策的误判，但仍有很大的误判风险。

俄罗斯安全体制中出现总统集权现象主要跟俄罗斯国内外安全形势有关。俄罗斯独立后一直饱受分裂主义和恐怖主义的威胁，而且分裂主义与恐怖主义交织在一起。如1994～1996年的第一次车臣战争、1999～2000年的第二次车臣战争、2002年莫斯科人质事件、2004年“别斯兰人质事件”、2010年莫斯科地铁连环爆炸事件等，而当时俄罗斯经济又不景气，社会很不稳定，强而有力的总统有利于其进行社会安全治理和应对外部挑战。权力高度集中的安全决策机制在应对突发事件、重大事件时具有无可比拟的优越性，不会出现各个决策机构、决策层成员争执不休的状况，不会将精力和时间都浪费在内耗上。总体来看，俄罗斯安全体制集权，但基本高效。这有利于俄罗斯快速制定和执行安全决策，有利于俄罗

---

① Федеральный закон “О безопасности”, http://www.scrf.gov.ru/searchhl?url=documents/1/111.html.

② “Национальная безопасность России и методы ее укрепления” 03 апреля 2011. www. Referatik. Ru.

斯政府在国内打击恐怖主义、分裂势力和对付外部安全压力。

三、官僚机构之间的利益争夺削弱了安全决策的执行力

俄罗斯的安全体制或多或少受到苏联安全体制的影响。苏联解体后，由于俄罗斯安全体制还没有完全建立起来，加之其人才缺乏，俄罗斯不得不起用苏联时期的官僚。在这种情况下，各安全机构为了获得更大权力相互倾轧，这对俄罗斯安全决策和决策执行造成了很大的损害。在叶利钦时期，俄罗斯各安全部门政治斗争非常激烈，都想主导俄罗斯对外安全决策，这导致各安全机构不以俄罗斯国家安全战略为目的，而是尽可能靠近叶利钦以争取更大的话语权，并进一步从其手中获得更多的资源，结果造成各机构在安全政策上态度不一，俄罗斯政出多门，政策缺乏一致性，国防部、外交部、联邦安全会议经常发表不同的政策主张。

为了解决这一困境，叶利钦总统颁布了一系列的总统令，以谋求完全掌控外交与安全决策权力。1995 年，叶利钦颁布《俄罗斯联邦外交部章程》总统令，宣布由外交部负责协调和监督俄罗斯联邦各机关的涉外活动。1996 年，叶利钦总统又颁布《关于总统对外政策委员会的总统令》，规定总统对外政策委员会负责外交政策建议和外交政策协调行动的建议。随后，叶利钦又颁布《关于俄罗斯联邦外交部在推行俄罗斯联邦统一对外政策路线中的作用》的总统令，再一次明确外交部在外事活动中的地位和作用。而根据《关于俄罗斯联邦安全会议》的总统令，俄罗斯联邦安全会议也可以插手俄罗斯外交政策，可以组织和监督内政、外交和军事政策的制定和执行。① 也就在 1996 年，叶利钦再次颁布《关于俄罗斯联邦总统对外政策委员会机关》的总统令，指定俄罗斯联邦总统对外政策委员会分担外交政策方面的事务。可见，“俄罗斯国家安全保障体系的实际运作在很大程度上不是取决于法律规范，而是取决于国内的政治斗争与官僚政治机构之间的力量对比”②，尤其是“总统的倾向与喜好”。“与总统关系的密切与否往往决定着一个官僚机构在国家安全决策过程中的地位和作用。”③

普京上台以后为了严控俄罗斯安全决策过程，着手进行安全体制的改革，并取得了很大成效。俄罗斯安全决策主体责任不清、安全机构之间相互推诿和恶性竞争的状态得到一定程度的控制。尽管如此，俄罗斯安全机构之间的矛盾并没有完全解决，俄罗斯联邦安全会议、国防部、外交部和情报部门之间的竞争仍然相

① Указ Президента Российской Федерации “Положение о Совете безопасности Российской Федерации”// Дипломатический вестник. 1996. No. 8.

② 上海太平洋国际战略研究所：《俄罗斯安全决策机制》，时事出版社 2007 年版，第 276 页。

③ 上海太平洋国际战略研究所：《俄罗斯安全决策机制》，时事出版社 2007 年版，第 279 页。

当激烈。2000年，普京当局出台《俄罗斯联邦安全构想》等一系列文件，进一步规范了俄罗斯安全机构的职责。2009年，梅德韦杰夫总统出台了《俄罗斯联邦2020年前国家安全战略》，进一步明确俄罗斯联邦安全会议的协调功能。[①] 2015年12月，普京总统签署的新版《俄罗斯国家安全战略》报告指出，要在俄罗斯联邦总统的领导下，完善国家管理系统，完善国家安全保障战略规划体系。[②]

第二节　俄罗斯安全体制机制的改革

国家安全体制（Система национальной безопасности）是指一切用以维护国家安全、保障生命安全、保护国家和社会免遭国际国内威胁的国家安全机关、武装力量、法律法规及各种方针政策的总和。[③] 因此，各个领域法律法规、机构设置、政策方针等的调整都属于安全体制改革的内容。综合来看，俄罗斯安全体制改革包括情报体制机制、安全决策体制、执行体制和监督评估体制等方面。

一、俄罗斯情报体制机制的改革

苏联解体前后，俄罗斯情报机构的改革主要是接管原苏联的情报机构和成立相关新机构。原苏联国内情报机构由新独立的共和国接管，俄罗斯则继承了原苏联"克格勃"驻外机构和俄罗斯境内的情报机构。1991年5月，俄罗斯成立联邦"克格勃"。1991年11月，苏联国家安全委员会解体，与此同时，叶利钦正式宣布将俄罗斯主要的反间谍与情报侦察机构——"俄罗斯联邦国家安全委员会"改为"俄罗斯联邦国家安全局"（Федеральная Служба Безопасности，ФСБ，英文 Federal Security Service，简称 FSB）。1991年12月，叶利钦颁布总统令接管苏联中央情报局，将其改组为"俄罗斯联邦对外情报局"，将苏联"总统政府通讯委

① 《俄罗斯联邦2020年前国家安全战略》，引自薛兴国：《俄罗斯国家安全理论与实践》，"附录一：俄罗斯联邦2020年前国家安全战略"，时事出版社2011年版，第386～387页。

② Указ Президента РФ от 31 декабря 2015 г. N 683 "О Стратегии национальной безопасности Российской Федерации" Система ГАРАНТ：http://base. garant. ru/71296054/.

③ 参见俄罗斯科技百科词典（Словари и энциклопедии на Академике），Система национальной безопасности：совокупность органов законодательной，исполнительной и судебной властей，государственных и иных организаций и объединений граждан，а также законодательных актов，регламентирую-щих отн-ошения в сфере безопасности личности，общества и государства，http://dic. academic. ru/dic. nsf/emergen-cy/2648/% D0% A1% D0% B8% D1% 81% D1% 82% D0% B5% D0% BC% D0% B0.

员会”改为“俄罗斯联邦政府通讯与情报局”。叶利钦还颁布命令撤销苏联和俄罗斯其他情报机构，成立统一的“俄罗斯联邦安全与内务部”。由于当时俄罗斯国内政治斗争异常激烈，叶利钦组建俄罗斯联邦安全与内务部的主张受到多方势力的反对，叶利钦不得不于1992年1月予以撤销，并分别成立俄罗斯联邦内务部和俄罗斯联邦安全部。1992年6月，叶利钦又下令将俄罗斯边防军编入俄罗斯国家安全部，同时成立反恐怖局。[①] 经过叶利钦初步的改革，俄罗斯情报安全体系基本形成。

初步建立起来的俄罗斯联邦安全部并没有成为为总统服务的情报机关，反而成为其执政障碍，安全部门有一半的官员支持叶利钦的对手——自由民主党领导人日里诺夫斯基（Влади́мир Во́льфович Жирино́вский）。叶利钦因此失去了对安全部的信任，决定再次改组安全部。1993年12月，叶利钦颁布命令撤销俄罗斯联邦安全部，成立联邦反间谍局，并将人员编制缩减至不到原来的50%，同时规定新成立的联邦反间谍局没有侦察任务，其下属机构主要有反间谍行动局、反间谍活动局、军事反间谍局、经济反间谍局和反恐怖局等。由于俄罗斯联邦反间谍局并没有改善俄罗斯的情报工作，1995年4月，叶利钦签署《俄罗斯联邦国家安全局机构法》，将反间谍局改组为俄罗斯联邦国家安全局。[②]

1999年12月，普京被叶利钦指定为俄罗斯总统后，这位曾经有“克格勃”经历，担任过俄罗斯联邦安全局局长和联邦安全会议秘书的总统，对俄罗斯安全机构进行了改革。2000年2月，普京批准《俄罗斯联邦武装力量、其他部队、军事单位机关中的联邦安全机构（军事安全机构）条例》，要求在俄罗斯边防军、联邦政府通信与情报局、内务部、铁道部队、民防部队等设置情报分支机构。同时下令成立联邦安全局第三局，即军事反间谍局。2003年和2004年，普京开始扩充和强化联邦安全局的功能。2003年，普京颁布命令撤销联邦政府通信与情报局，将联邦政府通信与情报局部分部队、联邦边防军划归到联邦安全局名下，同时成立联邦调查局，负责安全案件的调查工作。[③] 2004年7月，普京再次签署命令，将一些跨部门的安全机构纳入联邦安全局体系，联邦安全局的功能再一次扩大，越来越接近“克格勃”，其成员达30万人。[④] 至2004年11月，俄罗斯联邦安全局改组基本完成，最终确定了其组织结构和功能。俄罗斯联邦安全局既承担反侦察和防止恐怖犯罪活动的任务，又从事侦察、刑侦和边防等勤务。

---

① 艾红、王君、慕尧：《俄罗斯情报组织》，时事出版社2013年版，第163～164页。

② 艾红、王君、慕尧：《俄罗斯情报组织》，时事出版社2013年版，第163～166页。

③ 徐思宁：《美俄（苏）国家安全体制比较》，中央党校出版社2011年版，第133页。

④ 艾红、王君、慕尧：《俄罗斯情报组织》，时事出版社2013年版，第167～171页。上海太平洋国际战略研究所：《俄罗斯安全决策机制》，时事出版社2007年版，第286页。

俄罗斯情报体制的改革与普京总统集权的思路相一致。经过改革，俄罗斯联邦安全局的协调能力大大加强，其效率也大大提升。2006 年 6 月，普京签署命令，赋予联邦安全局境外搜集情报的权力，这原本属于对外情报局的工作范围。普京的这一命令模糊了对外情报局和联邦安全局工作的界限。

二、俄罗斯安全决策体制的改革

俄罗斯安全决策体制主要包括总统直属咨询机构和总统全权代表体系。总统直属咨询机构有几十个，目前主要包括联邦安全会议和联邦国务委员会。这分别是叶利钦总统和普京总统改革俄联邦安全决策体制而成立的。

俄罗斯联邦安全会议（Совета Безопасности Российской Федерации）是俄罗斯安全决策的核心机构，是保证国家不受来自内部和外部威胁的最高决策机构，其主要任务是保证总统在宪法赋予的权力范围内颁布的一切有关国家安全的决策能够得到执行。[①] 叶利钦为了提升安全决策效率，1992 年推动俄罗斯通过《俄罗斯联邦安全法》，据此成立联邦安全会议。1993 年“十月事件”后，俄罗斯新宪法确立了“三权分立”的政治体制，总统在安全决策中的权力地位得以确立，俄罗斯联邦安全会议因此进行改组，其成员发生了一些变化，其功能和地位得以提升。1996 年 7 月，叶利钦总统为了加强军事决策的控制力，签署“关于俄罗斯联邦国防会议”的总统令，成立了以总统为主席的联邦国防会议。联邦国防会议的主要职能是负责起草军事安全方面的决议、起草军事战略构想、协调和监督俄罗斯联邦武装力量、确定军事组织结构的编制等。由于联邦国防会议与联邦安全会议的职能重复，1998 年 3 月，叶利钦又撤销了联邦国防会议，并将其合并到联邦安全会议。俄罗斯联邦安全会议的职能范围扩大，其在安全决策中的地位提升。到普京时期，俄罗斯 2010 年通过新的《俄罗斯联邦安全法》，对俄罗斯联邦安全会议进行了战略性规定，联邦安全会议的决策地位进一步提高。

国务委员会是普京上任后为了调整中央与地方的关系而成立的。普京执政后，俄罗斯规定，联邦行政主体行政长官不得担任联邦上院——联邦委员会的委员。这样，俄罗斯联邦总统与联邦行政长官缺乏一个沟通的桥梁。2000 年 9 月，普京根据一些俄罗斯联邦行政主体行政长官的提议，下令组建由地方行政长官组成的国务委员会。必要时，联邦国务委员会可以召开扩大会议，除地方行政大员外，政府成员、议会领导、政党领袖及俄国内社会各界代表也可以应邀参加会

---

① 参见俄罗斯科技百科词典（Словари и энциклопедии на Академике），http://dic. academic. ru/dic. nsf/es/88769/% D0% A1% D0% 9E% D0% 92% D0% 95% D0% A.

议。国务委员会由总统任主席，并成立了处理日常事务的七人主席团。国务委员会的主要职责是协助总统调整中央与地方的关系，确保地方与中央的政策步调一致。国务委员会在成立后成为俄罗斯联邦总统的重要咨询机构，在俄罗斯内政与外交上发挥着重要作用。2014 年 3 月，普京将克里米亚总理谢尔盖·阿克肖诺夫（Сергей Валерьевич Аксёнов）纳入俄联邦国务委员会主席团。国务委员会在克里米亚问题上也起了一定的作用。

总统全权代表体系是俄罗斯特有的一种决策体制和执行体制，在总统和联邦主体之间起到协调作用，总统全权代表参与中央政策决策过程。其产生最早可以追溯到俄罗斯联邦成立之初。叶利钦于 1991 年 9 月 24 日签署总统令，首次建立起俄罗斯总统全权代表制度。2000 年，普京就任俄罗斯总统后就签发总统令，批准了《俄罗斯联邦总统驻联邦区全权代表条例》，将俄联邦设为 7 个代表区，通过赋予联邦总统全权代表更高的法律地位和权限，维护国家统一和国家安全。

俄罗斯总统驻联邦区全权代表拥有五项职能：协调本区行动，监督区内政策、政令执行情况，执行总统委托，组织社会经济发展和参加联邦主体的工作。俄罗斯联邦总统全权代表制度是俄罗斯安全体制的重要组成部分，该制度对于保障地方稳定与安全，统筹中央、地方安全管理具有十分重要的现实意义。[①]

三、俄罗斯军事安全体制机制的改革

1992 年 5 月，俄罗斯建立了自己的国防部，由 П. С. 格拉乔夫（Павел Сергеевич Грачёв）担任国防部长。格拉乔夫上任后就决定改革总参谋部并建立地区司令部，改革因 1994 年发生的车臣战争而中断，格拉乔夫本人也因战争失败而被解职。1996 年 7 月，罗季奥诺夫（Игорь Николаевич Родионов）接任国防部长后，成立了国防会议。总统任国防会议主席，总理任副主席，成员包括总统办公厅、联邦安全会议、国防部、总参谋部、内务部、外交部、财政部、经济部、安全总局、边防总局、对外情报总局、国家车臣委员会等部门负责人。国防会议是叶利钦进行政治斗争的工具。1997 年 5 月，И. Д. 谢尔盖耶夫（Игорь Дмитриевич Сергеев）接任国防部长后为了提高决策效率，减少决策重复机构，取消了国防会议。谢尔盖耶夫还对俄罗斯军种结构进行了改革，将战略火箭部队、军事航空力量和导弹太空防御部队合并为战略火箭军；防空部队合并到空军；撤销陆军总司令部，新成立陆军总局；空降兵脱离陆军成为一个独立兵种。俄罗斯军区由八个缩减为六个，即西伯利亚军区与后贝加尔军区合并，伏尔加河

① 刘向文：《谈俄罗斯联邦总统的全权代表制度》，载《东欧中亚研究》2001 年第 6 期，24～36 页。

沿岸军区与乌拉尔军区合并，合并后的军区为远东军区、西伯利亚军区、伏尔加河沿岸—乌拉尔军区、北高加索军区、莫斯科军区和列宁格勒军区。新的军区具有“战略—战役指挥部”职能。俄罗斯是在车臣战争中失败后被迫进行了军事改革，改革后俄罗斯军力有所提升，并在1999年第二次车臣战争中得到检验。由于俄罗斯的军队指挥体系没有发生根本变化，俄罗斯军种和军区存在严重的指挥权之争，1997年建立的战略—战役司令部形同虚设，加之又缺乏常规预备役部队，俄罗斯军事体制问题依然严重。俄罗斯一些军事专家认为，在对军事战略重点缺乏理解的基础上制定实施的改革措施必定存在先天不足，例如，没有充分考虑世界格局的不断变化，对国家面临外部威胁的定义也不是十分准确。①

普京上任后，于2001年3月任命伊万诺夫（Сергéй Бори́сович Иванóв）为国防部长，伊万诺夫受命对俄罗斯军事体制进行改革。伊万诺夫主要进行了三大改革：一是调整俄罗斯军兵种领导体制。重新恢复陆军总司令部，陆军的作战指挥权仍交由总参谋部行使。解散战略火箭军，将原属战略火箭军的导弹太空防御兵与航空力量合并为太空兵。俄军形成了陆、海、空三军种与空降兵、太空兵和战略火箭兵三个独立兵种体制。二是对国防部和总参谋部的职能进行了重新划分。从2002年俄罗斯车臣首府格罗兹尼政府大楼遭到自杀式袭击起，俄联邦高层誓言进行安全体制改革。2004年4月俄罗斯总统普京宣布安全机构改革令生效。同年，在总统普京和国防部长伊万诺夫的推动下，俄罗斯修订《国防法》，重新调整了国防部和总参谋部的关系，把原《国防法》规定的“国防部长通过国防部和总参谋部对武装力量实施指挥”改为“国防部长通过国防部对武装力量实施指挥”，总参谋部要接受国防部的领导，这一变革剥离了总参谋部的大部分行政职能，俄罗斯军政系统和军令系统实现了适度分离。这一改革理顺了参谋部与国防部的隶属关系，解决了国防部长和参谋部长相会推诿扯皮的矛盾。三是军区领导指挥体制改为跨军种地区性军队集团领导体制。2005年，普京开始在列宁格勒军区和第6防空集团军的基础上组建西北战略方向航空兵和防空司令部，进行联合作战体制改革试验，但进展缓慢。

2008年的俄罗斯—格鲁吉亚战争再次充分暴露了俄罗斯军队协同困难带来的指挥作战问题。2008年5月，梅德韦杰夫就任俄罗斯总统后启动俄军“新面貌”改革，以期改变以陆军为主体、以守疆卫土为根本、军区只能指挥陆军的军事体制，谋求设立新作战军区，建立现代联合作战体制。2008年12月，俄罗斯正式公布《2009～2011年俄罗斯军事改革规划》，其军事改革正式启动。2010年

---

① Иплолитов К. Х.，Лепский В. Е.“О стратегических развития России：что делать и куда идт-и”// Рефлексивные процессы и управление. Том3. N1. 2003. С. 5－27.

12 月，俄罗斯模仿美军体制宣布将原来的 6 大军区进一步缩减为 4 大军区，即西部军区、东部军区、南部军区、中部军区。此次改革改变了军区职能和战略—战役指挥关系，在俄罗斯军区司令部基础上组建联合战略司令部，由军区掌握辖区范围内陆海空常规力量和其他部队的统一指挥，军种司令部退出作战指挥链。至此，俄罗斯形成了各军种训练、各军区指挥联合作战的军事体制。俄罗斯自独立后，其以联合作战指挥体制为目标的改革基本完成。2011 年 11 月，俄军宣布太空兵整合，原空军空天防御战役战略司令部下属防空部队组建空天防御兵，俄军形成了新的陆海空三军种和空降兵、空天防御兵及战略火箭兵三兵种结构。2014 年，俄罗斯再次修订《国防法》，要求制定国土防御条例及民防规划等法律文件。本次《国防法》的修订主要增加了战争动员与民防方面的内容，谋求军民融合，确保作战时完备的勤务保障，规定其他民用力量机构在战时要配合俄联邦武装力量，以便执行国防任务。但俄罗斯军队内部改革阻力不小，甚至有军官直接指出，“俄罗斯军队内部十分固执，他们反对改革”。[①] 2015 年 8 月，俄军宣布空军和空天防御兵整合组建空天军，俄军建立了统一指挥的空天防御力量新体制。俄军也因此转变为陆海空三军种和空降兵及战略火箭兵两兵种体制。

俄罗斯在进行军队改革时还建立了军队护法机构。2006 年 1 月，普京总统提议创建军事警察。2009 年 11 月，俄罗斯国防部拟定《军事警察法》。2011 年，俄罗斯国防部成立了警察总局。2012 年 2 月 24 日，国防部长批准《军事警察章程》，其目的是严肃俄罗斯军纪。2014 年 2 月 3 日《俄罗斯联邦军事警察法》在国家杜马获得通过，并由普京总统签字正式生效。俄罗斯国防部警察总局有法可依。

四、俄罗斯应急安全体制机制的改革

在苏联解体前后，俄罗斯内部安全问题非常突出，这些问题包括自然灾害和社会安全等。为了解决这些问题，1990 年 12 月，俄罗斯政府模仿苏联政府 1989 年成立的“紧急事务国家委员会”组建了俄罗斯处理应急事务救援部队。1991 年 4 月，叶利钦颁布总统令成立了俄罗斯民防、紧急情况和消除自然灾害后果国家委员会。1991 年 5 月，俄罗斯颁布俄罗斯联邦社会主义共和国法律《紧急状态法》。1994 年 1 月，“紧急事务国家委员会”改为紧急情况部。紧急情况部主要负责自然灾害、技术性和灾难突发事件的预防与救援工作，直接对总统负责。紧急情况部是俄应对突发公共事件的中枢指挥机构，俄罗斯内务部、国防部、联

① 陈婷：《俄军：改革之路法制护航》，载《解放军报》2014 年 10 月 17 日。

邦全安总局、对情外报总局、联邦边防局等部门协助处置紧急突发事件。俄罗斯以总统为核心、以紧急情况部为主要执行机构的应急安全救援体制基本建立起来。

应急安全救援体制基本建立起来后，便一直依据处理应急事务的需要不断进行改革和调整。2001 年 4 月，俄罗斯制定了属于宪法性法律的《俄罗斯联邦紧急状态法》。《俄罗斯联邦紧急状态法》主要包括紧急状态范围、预防和应急措施等内容，该法规定，在俄罗斯全境或个别地区实行紧急状态，必须由联邦总统发布命令。2005 年 12 月，俄罗斯紧急情况部部长谢尔盖·绍伊古（Сергéй Кужугéтович Шойгý）宣布，俄罗斯已经与法国、德国和意大利建立紧急情况救援协会。为了完善其预警系统，俄紧急情况部逐渐建立起应急预警信息机制，包括联邦信息中心、跨区域信息中心、区域信息中心、城市信息中心和地方信息中心。到 2010 年底，该系统共建成 37 个数据中心，在人口密集城市设立 97 个街道应急信息预警系统、3 150 个等离子预警显示终端、1 200 个逃生显示终端以及部署了众多专用车载移动信息预警显示终端。[①] 俄罗斯还可以根据需要成立临时应急指挥系统。2013 年 2 月，俄罗斯成立了应对陨石雨的应急指挥部。

俄罗斯经过不断调整与改革，已经建立起“两分钟紧急情况通报”“八小时工作法”等应急管理机制。

第三节　俄罗斯安全体制机制改革的启示

俄罗斯独立之后不断进行安全体制改革，包括情报信息与安全预警体制、安全决策体制、军事安全体制和应急安全管理体制等方面的全面改革。从叶利钦到普京，俄罗斯情报机构不断分离与重组；从联邦安全会议建立与发展到国务委员会建立，俄联邦决策体制不断变革；从三军种三兵种体制到三军种两兵种体制，俄军事体制不断调整与改革；从紧急事务国家委员会到紧急情况部，再到以联邦信息中心为核心的应急预警体系的建立，俄应急安全体制不断完善。总起来看，俄罗斯安全体制改革取得了较大的成效，也暴露了许多问题，尤其是俄罗斯的安全体制机制改革可以说是对俄罗斯安全体系的重建，这对转型的中国改革和完善安全体制具有重要的借鉴意义和启示作用。

---

① “俄罗斯：高效救灾应急体制历经考验”，http://finance.people.com.cn/n/2013/0514/c70846-21469432.html.

一、建立安全法律体系是俄安全体制机制改革的前提和基础

国家安全体制的有效运行，必须有配套的法律体系来保障，国家安全机关的行为要有法可依。这对我们目前的安全机构建设具有很重要的启示意义。

俄罗斯安全体制机制改革总是伴随其安全法律体系的发展与完善。无论在叶利钦时期还是在普京和梅德韦杰夫时期，俄罗斯在安全体制的建设中，其安全法律体系和安全机构并行发展，要么是先有法律后有机构，要么是先有机构后有法律，并逐步对法律进行补充完善。

一是关于联邦安全会议的建立。1991 年 12 月，在苏联解体的同时，俄罗斯正式独立。在 1992 年 3 月 5 日，俄罗斯颁布《俄罗斯联邦安全法》，并分别于 1992 年 12 月和 1993 年 12 月修订。1992 年 4 月，俄罗斯对《俄罗斯苏维埃联邦社会主义共和国宪法》进行修改，形成《俄罗斯联邦宪法》。1992 年 6 月 3 日，俄罗斯联邦安全会议正是根据以上法律而成立。1992 年 7 月 8 日，俄罗斯又出台了《国家安全机关法》，对俄罗斯安全机构及时进行了补充规定。1993 年 12 月，俄罗斯颁布的《俄罗斯联邦宪法》对俄罗斯安全体制有了进一步规定。1996 年叶利钦公布《俄罗斯联邦安全会议条例》。2010 年，俄罗斯又通过新的《俄联邦安全法》，对俄罗斯联邦安全会议进行了再次修订和补充。

二是关于情报机构的设立等有关法律。关于对外情报总局的相关法律，1991 年 12 月 18 日，俄罗斯在苏联中央情报局的基础上成立俄联邦对外情报总局。1992 年 7 月 8 日，俄罗斯出台《俄联邦对外情报机关法》和《国家安全机关法》，1996 年 1 月，俄联邦又颁布《俄联邦对外情报法》，取代《俄联邦对外情报机关法》。关于联邦安全总局的相关法律，1992 年 3 月 13 日，俄罗斯出台《俄联邦境内侦查活动法》，并于 1995 年 8 月终止，同时颁布《俄联邦侦查活动法》，分别于 1997 年 7 月、1998 年 7 月和 1999 年 1 月补充和修订，对俄罗斯内部情报机关的侦查行为进行规定。1993 年底，俄罗斯安全部更名为反间谍局，1994 年 1 月，俄罗斯迅速颁布《反间谍局条例》。1995 年 4 月，反间谍局再次更名为联邦安全局，俄罗斯同时颁布《联邦安全局机关法》，以限制国家安全局的行为。1998 年 7 月又公布《联邦安全总局条例》，规定联邦安全总局和局长的职责与任务。2003 年 3 月，普京签署命令扩大联邦安全总局的职能，2003 年 8 月，普京批准新的《联邦安全总局条例》，规定了联邦安全总局的新职能。

三是关于紧急情况部的建立。1991 年 4 月，叶利钦颁布成立“俄罗斯民防、紧急情况和消除自然灾害后果国家委员会”的总统命令，1991 年 5 月，俄罗斯颁布俄罗斯联邦社会主义共和国法律《俄联邦紧急状态法》。1994 年 1 月，“紧

急事务国家委员会”改为紧急情况部。在紧急情况部不断调整的过程中，俄罗斯考虑制定《紧急状态法》。2001年4月，俄罗斯制定了属于宪法性法律的《紧急状态法》，并于2003年6月和2005年3月两次修订，其目的是对以紧急情况部为核心的参与处理应急事务机构的行为进行规定。

二、安全体制机制改革是一个艰难的工程

国家安全体制机制改革是一个涉及国内政治斗争、各方利益纷争和安全形势变化等方面的艰难工程，可以说，国家安全体制改革就是一场革命。政治体制改革难于经济体制改革，而安全体制改革是政治体制改革的核心。苏联解体后的俄罗斯面临复杂的国内外安全形势，各方为了建立有利于自己的安全体制不遗余力。

刚刚独立的俄罗斯国内有不同的政治势力，政治斗争非常激烈。独立后的俄罗斯经济上运用“休克疗法”，结果导致其经济的“休克”，经济状况一落千丈。俄罗斯国内各种政治势力围绕俄罗斯经济状况的恶化争论不休。当时俄罗斯国内主要有三种政治势力：激进改革者、中间派、俄共和民族主义联盟。各派争论的目的是为了获得国家政策的主导权。中间派是休克疗法执行初期的主要反对派，当时的俄共和民族主义联盟还是一个弱小的团体。休克疗法执行一年之后，俄共和民族主义联盟的影响日益扩大，成为俄罗斯国内越来越被认可的激进反对派，中间派开始衰落，以叶利钦和盖达尔（Егор Гайдар）为首的激进改革者受到了很大的执政挑战。斗争的核心演变成总统和议会的斗争，实际上就是争夺对俄罗斯国内政治影响力的权力斗争。政治斗争使总统的权力受到很大的限制，很多政策难以执行。叶利钦下发的试图进行安全体制改革的一些政令不得不取消。1991年12月，叶利钦签署成立俄罗斯安全与内务部的命令不到一个月就撤销了。1992年12月，叶利钦不得不撤销盖达尔的代总理职务，任命反对派支持的切尔诺梅尔金（Виктор Степанович Черномырдин）为总理，俄议会甚至撤销了叶利钦的总统职务，任命鲁茨科伊（Александр Владимирович Руцкой）为代总统。1993年4月，叶利钦被迫用全民公决来解决总统与议会之间的纷争。公民要就是否信任总统、是否愿意提前选举总统、是否愿意提前选举议会等问题进行公民投票。总统在公决中获得了胜利。1993年9月21日，叶利钦解散议会，结果酿成1993年“十月事件”。① 1993年12月，俄罗斯通过了新《俄罗斯联邦宪法》，总

① “十月事件”是1993年10月叶利钦下令军队包围议会大楼强行解散国家杜马的事件。10月3日，叶利钦总统发布命令在莫斯科实行紧急状态。随后俄政府军奉命进入莫斯科逮捕议长鲁斯兰·伊姆拉诺维奇·哈斯布拉托夫、议会任命的代总统亚历山大·弗拉基米罗维奇·鲁茨科伊等。这场冲突造成142人死亡，744人受伤。

统的权力得到进一步加强，叶利钦总统的决策权力地位得以提升。即便如此，俄罗斯国内依然存在强大的不同政治势力，在 1995 年国家杜马选举中，亲政府派只获得了 14.2% 的席位，而俄罗斯共产党获得了 41.6% 的席位，自由民主党获得了 11.3% 的席位。[①] 国家杜马被政府反对派控制。因此，叶利钦的安全体制改革仍然会受到很大的掣肘。从叶利钦成立国防会议很快又将其撤销，可以窥见俄罗斯安全体制改革的艰难。1996 年叶利钦签署《俄联邦对外情报法》、出台《国防法》、1998 年批准《俄联邦安全局条例》都是为了加强总统权力，抑制反对派势力。

三、安全体制机制改革从分权到集权

安全体制改革既要集权也要分权。俄罗斯安全体制改革经历了从分权到集权的过程。俄罗斯建国初期，叶利钦总统的安全体制改革主要以分权为主，到了中后期开始以集权为主，最终形成了一个中央威权的民主体制。到普京时期，俄罗斯总统集权的安全体制已经建立起来。

在俄罗斯独立初期，俄罗斯国内政治斗争异常激烈，叶利钦的改革受到来自反政府力量的很大阻力，其改革措施难以付诸实施，常常夭折。叶利钦主要通过两种方式集权来推进其改革：一是任命自己信任的人作为政府领导人；二是通过拆分、合并，或另外成立新机构的形式。在任命政府领导人时，叶利钦经常违背自己的意志任命反对派认可的竞争者，而自己的亲信不得不退后。如叶利钦 1992 年 12 月解除盖达尔的代总理职务并任命切尔诺梅尔金为总理就是不得已而为之。任命亲信是治标不治本，而拆分、合并，或另外成立新机构才有可能达到治本的目的。叶利钦在俄罗斯独立后的八年总统生涯中，一直在不断地在对俄罗斯国家安全体制进行拆分、合并，或成立新机构。如改组俄联邦"克格勃"为联邦安全局、合并安全局与内务部、成立安全部与内务部、将安全部更名为反间谍局、精简和改组国防部、成立联邦安全会议、成立与撤销国防会议等。叶利钦拆分、合并，或成立新机构多半是总统难以指挥的部门，其目的是要让这些机构保持效率，为保证国家政策的顺利执行服务。叶利钦任总统的整个过程其实也就是从分权再到集权的过程。

普京就任总统后，通过整合各安全部门集权依然是其主要任务。2001 年 3 月，普京任命伊万诺夫为国防部长，按照西方模式建立文职防务领导体制，后又

① ［美］大卫·科兹、弗雷德·威尔著，曹荣湘、孟鸣歧译：《来自上层的革命——苏联体制的终结》，中国人民公安大学出版社 2008 年版，第 220 页。

推动通过新《国防法》，重新划定俄联邦国防部与参谋部的职责。2004 年 6 月，在普京的同意下，国家杜马通过修正案，明确俄联邦总参谋部由国防部领导。从 2002 年开始，普京重组俄罗斯情报部门，至 2004 年新的情报体系基本建立起来。[①] 普京的安全体制改革实现了进一步的集权，俄罗斯已建立起以普京个人魅力为基础的威权体制。

无论是叶利钦还是普京的安全体制改革，均是通过集权实现的，通过集权，其政令才能得以实施，其战略与政策才能实行。

四、安全体制机制改革是一个系统工程

国家安全体制改革涉及情报信息与安全预警体制、安全决策体制、决策执行体制和监督、评估、反馈体制等方面，如何才能完成安全体制的全面改革？俄罗斯为了保证安全体制改革的顺利进行，采取了如下措施：

第一，颁布总统令。从叶利钦到普京，俄罗斯安全体制改革伴随的是一系列总统令，包括合并联邦安全局和内务部等改革情报体制的总统令，签署成立联邦安全会议、颁布《安全会议章程》等改革安全决策体制的总统令，重组国防部、总参谋部等改革和调整联邦安全决策执行体制的总统令，关于议会监督、政府监督、司法监督和社会监督等改革联邦监督、评估体制的总统令等。没有这些总统令，俄罗斯国家安全体制改革将大大推后，甚至难以真正完成。

第二，颁布和修改安全法律。俄罗斯安全体制改革是以出台一系列的安全法律、法规，并及时对不能适应国家安全形势需求的法律、法规进行修订为保障的。如关于《俄罗斯联邦宪法》的出台与修订，关于《俄罗斯联邦安全法》的出台和修订，关于俄联邦《国防法》的出台和修订，关于《俄联邦紧急状态法》的颁布与修订等。其他还有《俄联邦对外情报机关法》《俄联邦境内侦查活动法》《国家安全机关法》《联邦安全局机关法》《联邦安全总局条例》《俄联邦反间谍条例》等。出台涉及安全机构的法律、法规是俄罗斯安全体制改革得以不断推进和完成的关键步骤。

第三，出台“安全战略与安全学说”报告。1993 年 11 月，俄罗斯发布其建国后第一个《俄联邦军事学说》，明确提出在安全威胁减弱的背景下的防御战略，并据此进行裁军和安全体制的调整，谋求建立一个防御性的军事体制。1996 年 6 月，叶利钦发布《总统国家安全咨文》，明确了北约东扩等外部安全威胁，提出了国内、地区和全球三层次国家安全战略目标。1997 年 5 月，出台《俄罗斯联

① 徐思宁：《美俄（苏）国家安全体制比较》，中央党校出版社 2011 年版，第 133 页。

邦国家安全构想》，提出了大国安全战略理论，并依此进行安全体制的改革。1999 年 12 月，俄罗斯发布 2000 年版《俄罗斯联邦国家安全构想》，在进一步明确美国和北约威胁与多极化趋势的前提下，提出应付“大规模战争”威胁和“重新崛起”的战略设计，强调高度集权的“普京主义”，俄罗斯因此开始总统集权式的安全体制改革。2008 年 5 月，梅德韦杰夫就任俄罗斯总统，俄罗斯进入“梅普组合”时期。2009 年 5 月，俄罗斯发布《2020 年前俄罗斯联邦国家安全战略》报告，明确俄罗斯面临传统和非传统安全威胁相交织的新环境，提出了以“新面貌”改革为核心的安全体制调整规划。2015 年 12 月，俄罗斯出台《俄罗斯国家安全战略》，明确俄罗斯面临威胁的综合性和复杂性，提出“俄联邦国家安全状况取决于国家战略重点的实施和国家安全体制的运行效率”，① 这成为俄罗斯新一轮安全体制机制改革的基础。

安全战略与学说及安全法律、法规和总统令形成了俄罗斯一个完整的构建和改革安全体制机制的逻辑体系，并成为俄罗斯安全体制机制改革的基础和保证。这对中国目前进行的安全体制机制改革具有很大的借鉴意义。

① “О Стратегии национальной безопасности Российской Федерации”, http://base. garant. ru/71296054/.

第三篇

英国国家安全体制机制

英国曾被称为“日不落帝国”，曾经称霸世界 300 年。英国是岛国，是海洋国家，自 1588 年击败西班牙“无敌舰队”后就确立了其海上霸主地位，直至二战后其海洋霸权地位才逐渐被美国取代，但其至今在世界海权上仍处于很高的地位，具有很强的海权能力。其殖民地领土曾达到 3 000 多万平方公里。一个只有 24 万平方公里、5 000 万人的中等国家，为什么能够有如此大的神力？这和英国的国家政治体制有很大的关系。

英国是资本主义革命的先驱，1640 年率先进行资产阶级革命，1649 年建立共和国，1688 年发生的“光荣革命”确立了君主立宪制。英国领导了反拿破仑战争、第一次世界大战和第二次世界大战。二战后和平放弃霸权地位，实现了从英国治下的霸权到美国治下的霸权的和平转换。尽管在二战后沦为二流国家，但英国仍不失为世界上的一个主要国家。英国是安理会常任理事国，是核国家，在世界储备货币当中，英镑具有一席之地，在欧美关系中处于特殊地位。

英国最早建立了君主立宪制，并影响了印度、澳大利亚和加拿大等国家的政治体制，其政治体制具有代表性。英国女王具有象征意义，内阁首相及其领导的内阁具有实权地位，但首相必须获得英国下议院的支持，然后由首相组成内阁政府。英国的安全体制以其君主立宪制为基础，其安全体制的最高决策者是首相和内阁，安全政策的执行者是内阁各部。本篇将分析英国安全情报体制机制、英国情报与安全预警机制、英国安全决策体制、英国军事安全体制机制、英国应急安全体制机制和英国国家安全体制机制的改革与展望。

第十三章

英国安全情报体制机制

1962年10月，英国制作的特工片《诺博士》（*Dr. No*）开始公映，至2015年，007系列电影已制作24部之多。在电影里，一位自称詹姆斯·邦德（James Bond）的军情六局特工凭借勇敢与机智，出色地完成了艰难的任务，维护了英国的安全与利益。[①] 如果说丘吉尔（Winston Churchill）关于俄国熊—美国野牛—英国毛驴的比喻形象地表达了英国在二战后地位的相对衰落，弗莱明（Ian Fleming）笔下的邦德似乎让英国人再次拾回大英帝国如日中天时期的自豪感。然而，小说毕竟是虚构的，实际中的英国特工更多是以代号出现，明星身份更是特工的大忌。[②] 但不管怎么说，邦德的广受欢迎仍然建立在英国情报机构取得的成就的基础上，邦德供职的军情六局（MI6）也被认为是西方情报机构的鼻祖。实际上，军情六局只是英国情报机构的一个组成部分而已，为了准确地把握英国情报机构的全貌，我们还需要去挖掘隐藏在表面之下的庞大“冰体”。

第一节　英国安全情报体制的形成与发展

英国的安全情报工作有着悠久的历史，在漫长的发展过程中，英国安全情报

① 宁泉骋：《蓝犬：英国特工秘密档案》，广州出版社2000年版，第361～362页。

② ［英］基斯·杰弗里著，宗端华、廖国强等译：《军情六处：秘密情报局历史》，湖南文艺出版社2011年版，第14页、第470页等。

体制不断进行调整与变革，最终形成了现在的框架。或者说，英国安全情报体制是在历史中形成的，这一历史大致可以分为三个阶段：情报工作的早期尝试、现代情报体制的建立和冷战期间的情报体制。

一、情报工作的早期尝试

英国的情报工作由来已久。[①] 公元 9 世纪，艾尔弗雷德大帝（Alfred the Great）就亲自乔装到敌人阵营刺探情报，然后根据情报制定了切实可行的作战计划，最终击败了入侵的丹麦人。但一直到 16 世纪中叶，英国的情报工作并无太大成就，组织化程度也很低，情报工作主要通过驻外大使与使者进行。到都铎王朝时，英国的情报工作开始了组织化的尝试。1570 年，沃尔辛厄姆（Francis Walsingham）担任驻法大使。在此期间，他成功地搜集了许多情报，挫败了一系列背叛甚至企图迫使女王退位的阴谋。在女王的支持下，他建立了国家情报机构——保密局，负责搜集国内外情报，其中，密码破译与商业间谍组织具有首创意义。密码破译能够成功地破译当时使用的大多数密码，而商业间谍组织的活动从低地国家一直延伸到瑞典与俄国。然而，首创工作伴随着诸多困难，经费不足是最大的难题。与经费不足相联系的第二大难题是机构缺乏连续性。沃尔辛厄姆去世后，保密局开始衰落。一直到克伦威尔（Oliver Cromwell）时期，英国的情报工作才再度焕发活力，当时的威尼斯大使曾说："世界上没有一个政府能像英国政府那样保密保得牢，了解别人了解得这样快的。"[②] 然而，伴随着政治强人的情报活力在强人消失后再度沉寂。

在英国政府机构的现代化进程中，情报工作的组织化也在缓慢发展。1829 年，在内政大臣罗伯特·皮尔（Robert Peel）的推动下，英国通过了《大伦敦警察法》，成立了苏格兰场[③]，即伦敦警察厅总部，在某种意义上承担着英国的情报工作。19 世纪末期，英国陆军和海军建立情报搜集机构。英国情报工作的真正组织化发展发生在 20 世纪初，由于担心外交和领事官员在情报搜集过程中被捕获，建立一个专门而且可以否认其存在的情报机构的想法开始

① 关于英国情报机构的历史，最经典的著作是 Christopher Andrew, *Her Majesty's Secret Service: The Making of the British Intelligence Community*, New York: Viking, 1986. 早一点的著作是 M. G. Richings, *Espionage: The Story of the Secret Service of the English Crown*, London: Hutchinson, 1935，这部著作论述了英国早期到 1760 年间的情报活动，时间跨度约 600 多年。

② 王宏德：《"007" 在行动——英国间谍活动管窥》（上），载《世界知识》2006 年第 18 期，第 60 ~ 61 页。

③ 这个名词颇有点歧义，因为它既不位于苏格兰，也不负责苏格兰的警备工作。实际上，其得名完全来自于旧苏格兰王室宫殿的遗址，而且它现在已改迁到威斯敏斯特。

受到青睐。[①]

二、现代情报体制的建立

随着英德海军竞争的加剧，英国的政策制定者和公众舆论开始担心来自德国的直接威胁，德国间谍和地下组织准备在德国进攻时采取突然行动的传言愈演愈烈。[②] 1903 年，阿斯奎斯（Herbert Henry Asquith）首相在帝国国防委员会之下设置了一个处理在英国外国间谍问题的委员会，该委员会由陆军大臣任主席，成员包括海军大臣、内务大臣、外交部和财政部代表，还有陆军部作战处长约翰·尤尔特（John Spencer Ewart）与其海军部同仁。该委员会除了评估外国间谍可能造成的危险外，还负责考虑是否需要变动"海军部和陆军部现有的军事系统，以便从国外获取情报"。[③] 1909 年，尤尔特提出建立"一个小的特别情报局"的想法，一个分委员会随之成立来处理此事，这一分委员会由外交部常务次官查理·哈丁（Charles Hardinge）爵士任主席，成员包括尤尔特、海军情报局局长贝瑟尔（Alexander Bethell）、伦敦警察局专员爱德华·亨利（Edward Henry）爵士等。他们很快建议成立一个"同时与海军部、陆军部、内务部保持密切联系"的特别情报局。建立特别情报局的报告很快得到帝国国防委员会批准。特别情报局根据工作性质分为国家安全局与秘密情报局，前者主要负责国内部分，后者主要负责国外部分。由于两个机构隶属于陆军办公室的第五处与第六处，又得名为军情五处与军情六处（亦称军情五局与军情六局）。军情五处于 1916 年改称军事情报总局第五局，但这只是名称上的改变，其地位、活动和人员并没有因此而改变。由于军情五局的出色工作，一战结束后，其主任凯尔（Vernon Kell）被封为爵士并晋升为少将。而军情六处在卡明（Mansfield Smith-Cumming）的领导下打入德国的兵工厂等重要部门。在日德兰海战中，由于密码被军情六处破译，德国舰队没有实现夺取制海权的任务，其后的德国大洋舰队被困在港内毫无作用，正如美国新闻媒体所言："德国'大洋舰队'虽然袭击了监狱警卫，但还是给关在监狱中……"[④]

一战结束后，军事情报总局的规模开始缩小，从 1918 年的 800 余人逐步减

---

① ［英］基斯·杰弗里著，宗端华、廖国强等译：《军情六处：秘密情报局历史》，湖南文艺出版社 2011 年版，第ix ~ x页。

② 威廉·勒柯克斯出版的《1910 年入侵》与《德国皇帝的间谍》都增强了公民和政府对英国脆弱性的广泛关注。

③ ［英］基斯·杰弗里著，宗端华、廖国强等译：《军情六处：秘密情报局历史》，湖南文艺出版社 2011 年版，第 2 页。

④ 吴纯光：《20 世纪大海战》，四川人民出版社 2001 年版，第 39 ~ 40 页，第 52 页。

少到300余人，有一些人试图取消军情五局，并把它合并到其他部门，但由于凯尔的坚决抵制，军情五局存留了下来。1931年，军情五局获得对英国国家安全所有威胁进行评估的重任，并正式改名为国家安全局（许多人仍然称军情五处或军情五局）。到1937年夏天，已经有2万多涌入英国的德国人向警方登记，其中有不少德国的特工人员。凯尔要求扩大机构并增强军情五局的要求获得支持。随着军情五局的迅速扩大，办公地方日益紧张，凯尔只好把一部分机构搬迁到沃尔姆伍德的一座监狱办公。军情五局承担的任务性质也逐渐发生变化。起初，它致力于英伦三岛和英国内部的保安工作，后来则是派人与海外战场组建的许多特别行动小组一起执行任务。到战争结束时，其工作重点又转移到战略欺骗、派遣间谍和肃清残敌。在二战期间，军情五局在首相直接控制下取得了很大成就，其中的“肉馅计划”和“铜头蛇计划”① 最为著名，前者让1943年盟军在西西里岛成功登陆，后者成功地让德军统帅错误地调离防守诺曼底的主要部队，为诺曼底登陆做出了重要贡献。

军情六局在二战时也获得了很大的发展。1941年6月，英美就分享超级秘密问题达成初步意见。7月，美总统办公室名下的情报合作室成立，一年后改名为战略情报局，由军情六局第五处（R5）② 帮助其建立海外情报站。为了更好地与战略情报局合作，军情六局还成立了许多战时机构，如伦敦监督处、特别行动执行署、政治战执行处、经济战执行处、本土保卫行动处等。在战争后期，考虑到德军撤退时可能安插潜伏特务，英美成立了特别反间谍小组，由军情五局、军情六局或者美国的战略情报局、特别行动执行署各派一人参加。这些英美反间谍机构不仅挖出了绝大部分德国间谍，而且还抓获不少德国空投到该地的特务，有效打击了德国的破坏活动。③

同时，其他情报机构也取得了很大的发展。1919年，为了更加有效地处理敌方的信号与密码，英国成立了政府代码及加密学院（Government Code and Cipher School）。1940年4月德国入侵丹麦和挪威，学院取得了一份详细的军事计划。在不列颠空战中，密码分析人员准确预告了德军轰炸的时间和地点，并取得了德国空军的情报，例如飞机的损失、新飞机的补充数量和速度等。这些情报被送往军情六局的总部，再由这里转送陆军部、空军部和海军部。由于他们破译的情报极其珍贵，学院的发展也非常迅速，刚开始在此工作的只有200人左右，到

---

① “肉馅计划”是二战期间盟军采取的一项情报欺骗计划，通过把德意军队的注意力吸引到希腊与撒丁岛，盟军以轻微的代价攻下西西里岛。“铜头蛇计划”则通过战略欺骗造成希特勒判断失误，盟军成功地在诺曼底登陆，开辟了第二战场。

② 第五处是对德战争时期秘密情报局的核心部分，也是人数最多的部门，最多时有450多人。

③ 丁顺珍：《英国情报与安全机构》，载《国际资料信息》2003年第10期，第14～15页。

二战结束时，该机构已经发展到 7 000 人。[①]

"苏格兰场特勤处指伦敦警察局特别行动处。它名义上隶属伦敦警察局，实际上由内阁直接控制，是反间谍、反破坏的执行机构。其前身是 1883 年建立的伦敦警察局刑事侦查处政治科，一战时改名为伦敦警察局特别行动处。"[②] 现在该处的主要任务已经大大扩展。

与情报机构发展同时存在的是情报工作协调的尝试。在情报工作的发展过程中，军情五局逐渐归属于内政部，军情六局逐渐归属于外交部，海军部有自己的情报机构，伦敦警察厅也建立了特勤处。1936 年联合情报委员会的成立就是为了协调情报机构的活动，因为其名称的第二个选择就是情报协调委员会（Intelligence Coordination Committee），主要任务是"便利那些希望获得任何具体信息的部门之间建立紧密的联系"，其第一任主席是外交部高级官员史蒂文森（Ralph Stevenson）爵士。[③] 参加委员会的成员也逐步固定下来，军方情报部门首脑、外交部代表、军情五局局长、军情六局局长、经济战情报处代表等都参与其中，委员会的协调功能也逐渐变得明显。也是在二战期间，联合情报委员会超越各个情报机构对情报的偏好，从整体角度评估情报的重要性，逐渐演变成英国的高级情报分析机构。再到后来，情报协调委员会成为内阁办公室的组成部分，国家安全局、秘密情报局、政府通讯总部、国防情报局、情报评估室的主管都必须定期参加会议。[④]

三、冷战期间的情报体制

英国情报机构在冷战期间的主要对象是苏联。"二战结束之后，英国情报机构包括海外秘密情报站的代号都适时地进行了重要调整，其中最重要的变动是把战时的秘密情报局第五处与第九处（R9）合并为新的第五处。"[⑤] 由于第九处本是战时（1943 年）为对付苏联而成立的特别处，加强反苏情报战的目的特别明显。英国情报活动的范围也从过去的军事领域扩展到政治、经济、文化、科技等

---

① 《恩尼格玛（ENIGMA）的兴亡》，载《三思·科学》电子杂志第 2 期，2001 年 8 月 1 日，http://www.oursci.org/archive/magazine/200108/010809.htm.

② 丁顺珍：《英国情报与安全机构》，载《国际资料信息》2003 年第 10 期，第 24 页。还可参见朱建新、王晓东：《各国国家安全机构比较研究》，时事出版社 2009 年版，第 183 页。

③ G. Bennett, *Churchill's Man of Mystery: Desmond Morton and the World of Intelligence*, Abingdon and New York: Routledge, 2007, pp. 160 – 161.

④ National Intelligence Machinery, 2010, pp. 23 – 26, http://www.cabinetoffice.gov.uk/sites/default/files/nim-november2010.pdf.

⑤ 丁顺珍：《英国情报与安全机构》，载《国际资料信息》2003 年第 10 期，第 15 页。

各个领域。为了共同对抗以苏联为首的华约，英国还于 1948 年与美国、加拿大、澳大利亚、新西兰等国签署了电子间谍网络协议，由英国政府通信总部和美国国家安全局联合操作。这一系统以英美两国的国名定为优库萨（UKUSA），这个全球监听与拦截系统的触角几乎笼罩了整个天空。①

在冷战期间，军情五局的主要职责是“反谍保安”，防止别国特别是共产党国家的情报间谍活动。1970 年，军情五局通过破译苏联的无线电密码，侦破了朗斯代尔（Gordon Arnold Lonsdale）领导的一个苏联间谍网，缴获 200 多页关于英国核潜艇技术的绝密文件。但军情五局不享有警察的权力，不能进行人身搜查；如需搜查和逮捕，必须会同伦敦警察厅进行。② 撒切尔夫人执政时期，军情五局的地位大大提高，财政预算也增加了一倍。由军情五局的首脑及其他情报机构首脑等人组成的联合情报委员会每周都在内阁办公楼二层 130 会议室召开最高秘密会议，如无特殊情况，撒切尔夫人（Margaret Hilda Thatcher）都要参加。

政府代码及加密学院在冷战期间改名为政府通讯总部，随着通信技术的不断进步，政府通讯总部得到了迅速发展。从 20 世纪 60 年代开始，政府通讯总部“在美国的帮助下，通过一套特殊的卫星监听系统，监听到克里姆林宫的微波通信，有时甚至可以听到苏共政治局委员与军队司令员之间的通话”。③政府通讯总部为英国的冷战战略做出了重要的贡献。

当然，英国情报机构在冷战中也有令人尴尬的表现，“菲尔比事件”就是典型体现。哈罗德·金·菲尔比（Harold Kim Philby）本是英国人，但早期即开始信仰共产主义，1934 年在维也纳进入苏联情报机关。1940 年，他打入英国的秘密情报局，并且在该局步步高升，曾担任英国秘密情报局土耳其站站长和秘密情报局在美国的最高负责人等。他利用职务上的便利，为苏联提供了大量重要情报。1962 年，苏联情报机关的一名高级成员被捕后，菲尔比因身份暴露而出逃苏联。为了表彰其贡献，苏联政府授予他最高荣誉勋章之一的“红旗勋章”。④

①③ 王宏德：《“007”在行动——英国间谍活动管窥》（下），载《世界知识》2006 年第 19 期，第 57 页。

② 云天片羽，英国情报机构探秘（上），http://blog.sina.com.cn/s/blog_492d9e6d010137mh.html.

④ J. T. Richelson, *A Century of Spies: Intelligence in the Twentieth Century*, Oxford: Oxford University Press, 1997, pp. 225 - 230. 菲尔比事件在英国情报史研究中占据了非常重要的地位，情报史学家对此有着持久的兴趣，请参阅周桂银：《历史学家与情报研究——情报史英国学派的传统与变迁》，载《世界历史》1997 年第 5 期，第 98 ~ 99 页。

第二节 英国安全情报体制的现状与特点

冷战结束之后，英国的情报机构突然失去了对手。英国政府很快根据国际、国内形势及时调整了情报机构的体制与构成，也调整了情报机构的工作重点，使之继续成为维护国家安全的重要工具。

一、英国安全情报体制的现状

英国现在的情报体制以国家安全委员会为最高决策机构，以联合情报委员会为情报工作的协调中心，以军情五局（国家安全局）、军情六局（秘密安全局）、政府通讯总部、国防情报局为主要的情报搜集机构。

国家安全委员会（National Security Council）由首相主持，身居要职的大臣及军事与情报机构的首脑都是其固定成员，具体包括副首相、财政大臣、外交与英联邦大臣、内政大臣、国防大臣、安全部大臣、国际发展部大臣、能源与气候变化部大臣、财政部首席秘书、国家内阁大臣，主要情报执行机构首脑等高级官员也需要参加。国家安全委员会制定的国家安全战略（National Security Strategy）识别英国安全威胁的来源，确定英国情报搜集的重点。① 国家安全委员会又分为三个分部，分别是内政大臣任主席的威胁、险情恢复与紧急事态部，外交与英联邦大臣任主席的新生大国部，首相任主席的核事务部。②

联合情报委员会是内阁办公室的组成部分，其成员包括外交与联邦事务部代表、国防部副总参谋长、国家安全局局长、秘密情报局局长、国防情报局局长、政府通信总部主任、情报评估室主任（Chief of the Assessments Staff）与副主任，内政部、贸易与工业部、国际发展部、财政部和内阁办公室高级官员等其他部门的代表也在必要的时候参加。③ 该委员会负责指导、监督、协调国家各个情报机构的工作。

---

① A Strong Britain in an Age of Uncertainty：the National Security Strategy，London：the Stationary Office，2010，P. 8，13，https://www.gov.uk/government/uploads/system/uploads/attachment_data/file/61936/national-security-strategy.pdf.

② Securing Britain in an Age of Uncertainty：the Strategic Defence and Security Review，London：the Stationary Office，2010，pp. 41 – 56，70，https://www.gov.uk/government/uploads/system/uploads/attachment_data/file/62482/strategic-defence-security-review.pdf.

③ National Intelligence Machinery，2010，pp. 23 – 26，http://www.cabinetoffice.gov.uk/sites/default/files/nim-november2010.pdf.

经过历史的演变，军情五局形成了固定的职能，其现在的主要任务是重点打击国际国内的恐怖活动，包括爱尔兰共和军在英国的恐怖活动，防止英国核武器、化学武器及生物武器技术的扩散泄漏，调查国内工会及其他“抗议组织”的政治活动，防范国外针对英国所从事的各种间谍活动。①

军情六局主要根据联合情报委员会确定的重点，搜集英国在安全、防务、严重犯罪、外交与经济政策等领域的外部情报。秘密情报局搜集的情报重点有三：一是国家安全领域，特别是政府的防务与外交政策。二是英国经济安全。三是严重犯罪的预防与侦测。②

政府通讯总部主要负责两大任务：一是通过侦听信息获取情报；二是作为英国信息保障方面的技术权威向其他部门提供服务与建议。在侦听方面，政府通信总部为政府在国家安全、军事行动、法律执行方面的决策提供情报，也为反恐怖主义与防止严重犯罪等提供重要情报。在信息保障方面，确保政府的通信与信息体系安全，帮助关键性基础设施系统免于干扰与破坏，并与国家安全局、其他政府部门密切配合，确保这些体系中的敏感信息受到保护。③ 政府通讯总部对外交大臣负责，总部坐落于切尔滕纳姆（Cheltenham），2008 年上任的主任是伊恩·洛班（Iain Lobban），④ 现任主任是罗伯特·汉尼根（Robert Hannigan）。

国防情报局（Defence Intelligence Staff，DIS）不是一个独立机构，而是国防部的一个有机组成部分，是陆海空三军的联合情报机构，其首脑对国防大臣负责。国防情报局的成员集合了英国海陆空三军及国防部行政参谋机构的专家，其开支也建立在国防部总预算的基础上。⑤ 按照情报分工规定，国防情报局的主要任务是为国防部、武装部队、联合情报委员会及其他政府机构搜集和评估公开及秘密的军事情报，如外国的核武器、弹道导弹系统、军械与弹药、防空、雷达、运输系统等防务系统方面的专业情报，也附带搜集与军事直接相关的政治和经济情报。⑥

二、英国情报安全体制的特点

与其他国家相比，英国情报体制的发展呈现出一些独有的特点，主要表现在

① 桑楚：《英国军情五局》，载《国际资料信息》2000 年第 10 期，第 31 ~ 32 页。

② Intelligence Services Act 1994, http://www.legislation.gov.uk/ukpga/1994/13/contents.

③ National Intelligence Machinery, 2010, P. 8, http://www.cabinetoffice.gov.uk/sites/default/files/nim-november2010.pdf.

④ 关于政府通讯总部的情况，参阅其官网 http://www.gchq.gov.uk/Pages/homepage.aspx.

⑤ National Intelligence Machinery, 2010, p. 13, http://www.cabinetoffice.gov.uk/sites/default/files/nim-november2010.pdf.

⑥ 朱建新、王晓东：《各国国家安全机构比较研究》，时事出版社 2009 年版，第 186 页。

四个方面：

其一，与一些国家的情报机构不同，英国的对外情报机构与对内情报机构是分立的。如韩国对外与对内情报机构是合并的，直属总统的国家安全企划部享有极大的权力，国会无权干涉其任何事务，在企划部改名为国家情报院后，其权力仍然很大。其他还有一些政府规模较小的国家，例如巴基斯坦、朝鲜、巴勒斯坦等，其情报机构也是合在一起的。与这些国家不同，英国曾经是世界霸主，在帝国解体后，其在海外仍然有一些附属地区，海外利益也错综复杂，海外情报需求仍然很大。因而，英国的对外情报机构一直是自成一体的，军情六局与军情五局并列。

其二，关于国内情报机构与警察机构的关系，英国也表现出一些独有的特点。在美国、俄罗斯等国家，反间谍反颠覆的机构实际上是秘密警察机构，它们拥有比较完整的警务权，具有侦查、拘押、审讯的权力，如美国的联邦调查局、俄罗斯的国家内政部、以色列的国内安全总局等都是如此。在英国，负责国内反间谍反颠覆的机构有军情五局和苏格兰场。军情五局是反间谍反颠覆的主要情报机构，但它却只有调查权，不能进行人身搜查与逮捕，也没有审讯的权力。与此同时，英国的警察机构也代行反间谍反颠覆活动的职责。在反间谍反颠覆活动的早期，英国警察机构苏格兰场是主要的责任者。在军情五局成立后，苏格兰场也继续介入反间谍工作。因而，在反间谍反颠覆的活动中，英国的机构是分权的。

其三，在情报机构的协调方面，英国推行的是协调委员会机制。分立是情报机构的自然倾向，但带来的问题也是很突出的，情报协调因而变得难以避免。英国负责情报协调工作的主要机构包括联合情报委员会与国家安全顾问，以及某种意义上的国家安全理事会。① 在情报协调方面，以美国为代表的一些国家通过设立一个具体的情报机构来对情报工作进行协调。美国最开始的情报协调机构是中央情报局，它负有汇总情报的责任，对情报的权威性负责，与总统有最直接的联系。由于中央情报局在情报协调方面做得差强人意，美国在 2004 年又设置了国家情报局，其局长可以统管全国的其他 16 个情报机构。与美国设置专门的情报机构不同，英国推行的是情报委员会的协调机制，联合情报委员会并不直接介入各情报机构的活动，但它定期把各情报机构负责人召集在一起，达到情报的汇集与共享，并就情报工作的工作重点进行规划，尽力避免重复劳动。

---

① 王谦博士认为，英国情报体制的协调机构包括部长级情报机构委员会（Ministerial Committee on the Intelligence Services）、常务次官情报机构委员会（Permanent Secretaries Committee on the Intelligence Services）、内阁官方安全委员会（Cabinet Official Committee on Security）与联合情报委员会，其他不少文章也都提到前三个机构，但在 2000 年与 2010 年英国发布的情报机构官方文件 National Intelligence Machinery 中并没有提到这几个机构，请读者注意。实际上，协调机构的最大特征是各主要情报机构都应该参与进去，从这一角度而言，英国真正的情报协调体制实际上只有联合情报委员会。相关内容参阅王谦：《英国情报体制简介》，载《国际资料信息》2009 年第 10 期，第 20～21 页。

其四，通过信号搜集情报在英国情报搜集手段中占据特别重要的地位。在很多国家，通过无线电、电信、电话进行侦听是一种常规手段，但并不是所有国家都会设立一个与其他情报机构平行的专门机构，如德国、韩国、越南、印度、巴基斯坦、埃及、巴西等国都没有设置这样的机构。但在英国，通过信号搜集情报是最主要的方式，政府通讯总部也是英国最大的情报搜集机构，其服务人员也是最多的。

就整体而言，英国安全情报体制最明显的特征是权力的分散。对内情报机构与对外情报机构的并立，在对内的反间谍与反颠覆活动中，军情五局与苏格兰场实行分权，在协调情报机构的时候，英国也倾向于组织一个协调委员会而不是像美国那样成立一个权力更加集中的新机构，联合情报委员会的主席也更倾向于任命一个文职人员而不是专业的情报官员。在情报的搜集中，也更愿意通过政府通讯总部这样的信号搜集而不是把更多的权力交到难以受到约束的情报人员身上。

三、英国安全情报体制的改革

在不同的时期，情报搜集的重点是有很大差别的，与情报搜集内容直接联系的是，情报工作的体制也往往处于不断变动之中，旧的机构不断消失或者功能逐渐发生变化，新的机构也不断建立起来，或者说，情报体制总是处于不断的变革之中。整体而言，英国安全情报体制的改革主要集中在以下几个方面：

其一，英国情报体制因情报机构主要任务的变化而发生相应变化。冷战结束之前，英国情报机构的主要任务是监控挑战自己利益的新兴大国，像德国、日本、苏联，甚至美国都曾是英国情报机构的重要监控对象。在冷战期间，英国的情报机构更是与美国情报机构联手，全力对付苏联。伴随着冷战的结束，英国情报机构在经过短暂的彷徨后，把主要任务从传统威胁转向非传统威胁，打击恐怖主义活动变成其最主要的任务（包括爱尔兰共和军在国内进行的恐怖活动），英国的情报经费也大部分向其倾斜。实际上，还是在冷战期间，英国就曾经通过《反恐怖斗争法》，对恐怖活动加以处理。冷战结束后，英国于 2000 年通过了《反恐怖主义法案》。2001 年又通过了《反恐怖行动法》。为了通盘处理恐怖主义威胁，2003 年建立了联合反恐分析中心。新成立的国家安全理事会——威胁、险情、恢复与紧急事态委员会（National Security Council Committee for Threats, Hazards, Resilience and Contingencies）的主要职责之一就是处理与恐怖主义或其他安全威胁相联系的问题。[①] 冷战结束后的第二个威胁来源是核安全。英国政府发现，苏

① National Intelligence Machinery, 2010, P. 17, http://www.cabinetoffice.gov.uk/sites/default/files/nim-november2010.pdf.

联解体后大量核材料和生化武器的流散对英国乃至世界构成了威胁。因此，英国政府决定缩短军情六局的工作战线，扩大军情五局的职责，使其工作重点转向维护核安全。由于外籍学生和研究人员被怀疑是窃取英国核情报的主要对象，他们成为军情五局的重要目标。伦敦剑桥商学院是军情五局的布控重点，监视的重点对象是学习生物化学的外国（主要是中东地区）留学生。①

其二，英国情报机构改革的第二个特点是日益重视情报机构的协调，相应的机制也逐渐建立。在发展过程中，各情报机构分工明确。例如军情五局主要负责反间谍、危害国内安全因素的侦察；军情六局主要负责搜集英国本土之外的情报；政府通讯总部主要负责搜集信号情报；国防情报局主要搜集与国防军事相关的情报。这种分工明确的情况在一段时间内有利于英国情报工作的展开，但其不利因素也是非常明显的。各个情报机构容易夸大自己情报工作的重要性，而且，各情报机构之间缺乏必要的联系，很容易造成安全的空地。② 在反恐方面这一缺点特别明显。军情五局主要负责国内的恐怖主义活动，但英国的恐怖分子往往来自英国国境之外，军情六局对这些情报比较熟悉，但又非自己的情报搜集重点。因而，对这些互不买账的情报机构进行协调就成为英国情报体制改革的一个重要任务。实际上，对英国的安全威胁很难简单地区分为国内国外、政治经济等。因而，建立在早期安全认知上职能明确的情报体制需要进行重大调整。联合情报委员会的发展就是一个缩影，在这一框架下，各个情报机构的首脑定期进行交流，成为英国情报机构协调的一个重要成就。但联合情报委员会的工作任务还仅仅是业务层面。在决策层面上，英国情报与安全的整合也非常明显，国家安全委员会就是这样的机构。从 2008 年开始，英国决定每年发布或者更新《国家安全战略》，卡梅伦担任首相后，又开始定期发布《战略防务与安全评论》。两份文件都由首相担任主席的国家安全委员会负责，这一机构的成员还包括副首相、外交与英联邦事务大臣、财政大臣、国际发展事务大臣、内政大臣、国防大臣、能源与气候变化事务大臣、财政部秘书长、内阁国务与安全大臣（Cabinet Office Minister of State and the Security Minister）。通过把这些情报需求大户召集在一起，英国对情报搜集的重点与优先顺序进行规划。③

其三，情报机构的监督机制越来越完善。在英国情报机构组织化过程中，不受约束和监督的情报行动逐渐遭到了挑战。由于英国没有一个专门负责监督情报

① 丁顺珍：《英国情报与安全机构》，载《国际资料信息》2003 年第 10 期，第 16 页。

② G. Bennett, *Churchill's Man of Mystery: Desmond Morton and the World of Intelligence*, Abingdon and New York: Routledge, 2007, P. 160.

③ Securing Britain in an Age of Uncertainty: the Strategic Defence and Security Review, London: the Stationary Office, 2010, pp. 41 - 56, 70, https://www.gov.uk/government/uploads/system/uploads/attachment_data/file/62482/strategic-defence-security-review.pdf.

机构的部门，英国情报机构拥有极大的权力，其活动基本上不受约束，有时甚至达到肆无忌惮的程度，甚至涉足国内政治斗争。由于没有相应的监督机制，情报机构的腐败行径也根深蒂固。军情六局的一名官员就为付离婚费虚构了一个间谍，并通过这个间谍向政府不断地输送“情报”，而这些情报都是从《经济学人》上抄录的，而为这个间谍支付的巨额情报费都落入这个官员的腰包。英国的一些有识之士对情报机构的不满日甚一日，要求改革英国的情报机构。但制约这些机构的首要工作是给予它们正式身份。1989 年，英国连续通过《官方保密法》（*Official Secret Act*）与《国家安全局法》（*Security Service Act*），国家安全局第一次得到官方正式认可。1994 年，英国通过了《情报服务法》（*Intelligence Service Act*），秘密情报局与政府通讯总部也得到法律的正式认可。为了监督它们，1994 年英国决定正式成立情报与安全委员会，主要任务是审议国家安全局、秘密情报局及政府通讯总部的开支、行政情况及政策事宜。①

第三节　英国安全情报体制的构成与运行

如果说 007 影片使英国的军情六局广为人知，与之紧密相连的军情五局同样大名鼎鼎，那么政府通讯总部似乎就没有那么声名显赫，然而在此供职的人数却远远超过前两者，这似乎再次印证了真正的情报机构是忌讳广告的。这三大机构在某种程度上代表了英国情报机构。然而它们实际上只是情报工作的执行机构，在英国整个情报体制的科层结构中只不过处于一个层面，实际上，英国的情报体制是一个复杂的有机整体。②

一、英国安全情报体制的执行机构

按照情报机构的工作重点，英国情报机构可以分为对内的军情五局、对外的军情六局、主要负责信号情报的政府通讯总部，以及搜集恐怖主义情报的联合反恐分析中心等。除了这四大机构外，英国还有一些与军事相关的情报部门，如国

① Intelligence Services Act 1994，P. 7，http://www. legislation. gov. uk/ukpga/1994/13/contents.

② 关于英国的情报体制，英国官方曾发布与此相关的正式文件，2000 年发布了 National Intelligence Machinery，2001 年发布了其修订版，2010 年发布了最新的 National Intelligence Machinery，本文主要根据最新版本进行研究，当然，为了理清其脉络，本文也参考了前期的版本。中国早期的情报研究者很多参考的是 National Intelligence Machinery 的早期版本，请读者注意。

防情报局[①]与军事情报参谋部。国防情报局（Defence Intelligence Staff，DIS）与前四者不同，它不是一个独立机构，而是国防部的一个有机组成部分，集合了英国海陆空三军及国防部行政参谋机构的情报专家，其开支也建立在国防部总预算的基础上。[②] 军事情报参谋部隶属于总参谋部，统管全军的谍报、技侦、派遣和情报整理等方面的工作。关于此二者，我们将在英国军事安全体制机制中加以阐述，下面重点讨论上述四大执行机构。

首先是秘密情报局（Secret Intelligence Service，SIS），亦即著名的军情六局（MI6）[③]，主要根据联合情报委员会确定的重点，搜集英国在安全、防务、严重犯罪、外交与经济政策等领域的外部情报。长期以来，秘密情报局的地位是尴尬的，虽然赫赫有名，但从法律上讲却是不存在的，直到1994年通过《情报服务法》（Intelligence Services Act），秘密情报局的法律地位才得以确立。该法案首次规定秘密情报局归外交与英联邦大臣领导，机构职责、局长责任及对其监督事宜也都在法案中有所规定。秘密情报局总部位于伦敦中心区的沃克斯霍尔路口。[④]

其次是国家安全局（Security Service），亦即著名的军情五局（MI5）[⑤]，主要保护英国免于受到隐蔽性威胁，具体包括恐怖主义、外国间谍、大规模杀伤性武器扩散等。国家安全局也长期缺乏法律地位，1989年的《国家安全局法》（Security Services Act 1989）解决了这一问题。根据该法案，国家安全局主要功能有三：一是保护国家安全，特别是保护英国免受外国间谍、恐怖主义、阴谋破坏活动的危害，处理那些通过政治、工业或暴力方式试图推翻或削弱英国议会民主的活动。二是保卫英国经济安全，反对外国人造成的威胁。三是对预防与反对严重犯罪的警察与其他法律执行机构提供支持。在严重组织犯罪署建立后，国家安全局不再管理严重犯罪事务，把主要精力集中在打击恐怖主义方面。国家安全局对内政大臣负责，根据联合情报委员会的需求搜集情报，总部设在伦敦中心区的泰晤士宫。[⑥]

---

① 关于国防情报局，国内的译法有时并不统一，有的译为国防部情报局，本书统一译为国防情报局。

② National Intelligence Machinery，2010，P. 13，http://www. cabinetoffice. gov. uk/sites/default/files/nim-november2010. pdf.

③ 秘密情报局的译法比较统一，其俗称为军情六局，许多人也称为军情六处，本书统一译为军情六局。

④ 关于秘密情报局的情况，参阅其官网 https://www. sis. gov. uk/.

⑤ 国家安全局的译法也有多种，保安局是最常见的一种译法，也有译为秘密保安局的，本书统一译为国家安全局。另外，这一机构又被俗称为军情五局，但也有人称其为军情五处，本书也统一译为军情五局。

⑥ National Intelligence Machinery，2010，pp. 10 – 12，http://www. cabinetoffice. gov. uk/sites/default/files/nim-november2010. pdf. 关于国家安全局的情况，参阅其官网 https://www. mi5. gov. uk/.

再次是政府通讯总部（Government Communications Headquarters，GCHQ）。它主要负责两大任务：一是通过侦听信息获取情报；二是作为英国信息保障方面的技术权威向其他部门提供服务与建议。在侦听方面，政府通讯总部为政府在国家安全、军事行动、法律执行方面的决策提供情报，也为反恐怖主义与防止严重犯罪等提供重要信息。在信息保障方面，确保政府的通信与信息体系安全，帮助关键性基础设施系统免于干扰与破坏，并与国家安全局、其他政府部门密切配合，确保这些体系中的敏感信息受到保护。[①] 政府通讯总部对外交大臣负责，总部坐落于切尔滕纳姆。[②]

最后是2003年成立的联合反恐分析中心（Joint Terrorism Analysis Centre，JTAC）。这是为了处理国际恐怖主义威胁而设的机构，三大情报机构都派人参与，国防情报局与其他相关部门（如外交与英联邦部、内政部、警察机构等）也都有代表参与。从成立开始，JTAC就被当成分析国际恐怖主义活动最权威、最有效的机构。它为国家设立威胁等级，定期发布国际恐怖主义警告，也提供其趋势、体系与能力的深度报告。内阁办公室官员负责的监督委员会通过参与情报需求部门的活动监督JTAC体系的有效性，确保JTAC符合情报消费机构的需求。[③] 英国情报机构的基本层级结构如图13-1所示。

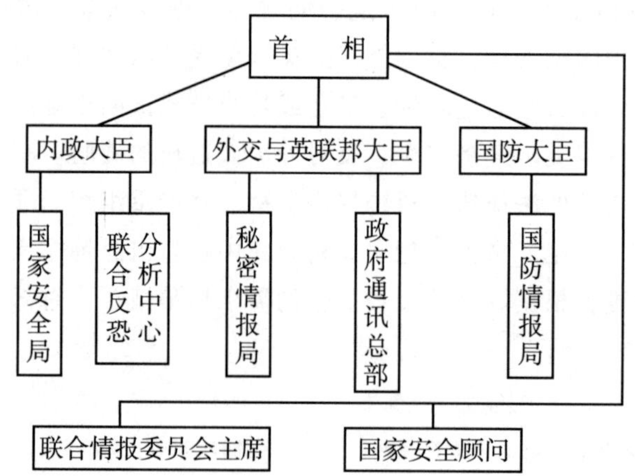

图13-1 英国情报机构的基本层级结构

① National Intelligence Machinery, 2010, P.8, http://www.cabinetoffice.gov.uk/sites/default/files/nim-november2010.pdf.

② 关于政府通讯总部的情况，参阅其官网 http://www.gchq.gov.uk/Pages/homepage.aspx.

③ National Intelligence Machinery, 2010, P.15, http://www.cabinetoffice.gov.uk/sites/default/files/nim-november2010.pdf. 联合反恐分析中心的情况可参阅 https://www.mi5.gov.uk/home/about-us/who-we-are/organisation/joint-terrorism-analysis-centre.html.

二、英国情报体制的决策与咨询机制

在英国，重大事件基本由英国内阁决定，而专业化使内阁发展出不少委员会，负责处理具体事务，其中国家安全委员会（National Security Council）就是英国处理情报事务的内阁委员会，是英国情报工作的最高决策机构。国家安全委员会由首相主持，身居要职的大臣及军事与情报机构的首脑是其固定成员，具体包括副首相、财政大臣、外交与英联邦大臣、内政大臣、国防大臣、安全部大臣、国际发展部大臣、能源与气候变化部大臣、财政部首席秘书、国家内阁大臣，主要情报执行机构首脑等高级官员也需要参加。国家安全委员会设有五个不同的事务部。

任委员会主席的首相得到国家安全顾问（National Security Advisor）的帮助，这是内阁办公室新设立的一个职位，主持国家安全委员会下面的高官委员会，就国家安全问题向首相提出建议，协调并发布政府的国际安全议程。国家安全顾问又有两位副手：其一是关于情报、安全与复苏事务的副顾问，他负责情报政策、安全政策、网络战略、国内紧急事态方面的事务。其二是外交与防务的副顾问，主要负责外交政策与防务事宜。① 以首相、国家安全正副顾问为核心的小团队对战略性情报政策与公众监督进行协调，也对情报单一账户进行管理。②

三、英国情报的分析评估与监督机制

（一）英国情报的分析评估机制

各情报机构搜集的情报有价值高下之分，有的根本就没有价值甚至会起到干扰视听的作用，这就需要对情报素材进行筛选、深度加工和评估。③ 在英国，主要情报机构的工作流程中都有情报分析一环。同时，联合情报委员会是英国情报

① National Intelligence Machinery, 2010, P. 21, http://www.cabinetoffice.gov.uk/sites/default/files/nim-november2010.pdf.

② 国内学者也有对英国情报事务最高决策机构的分析，例如王晓东博士认为是内阁情报委员会。由于没有相应的英文，笔者在研究中并没有找到这一机构。但英国的情报体制并不缺乏变化，2008 年成立的国家安全委员会才是英国当今情报事务的最高决策机构。参阅 Cm 7948, *Securing Britain in an Age of Uncertainty: the Strategic Defence and Security Review*, London: the Stationary Office, 2010, P. 70.

③ National Intelligence Machinery, 2010, P. 36, http://www.cabinetoffice.gov.uk/sites/default/files/nim-november2010.pdf.

分析的高级机构，负责对各情报机构提供的情报进行深度分析和评估，最终上报给首相、内阁大臣和高级官员。

情报分析工作基本分为两类：一是技术分析，如破译加密的信息；二是推测技巧，即借助各种数据和资料进行基础研究，如预测未来一段时间某地区军事和政治形势等。由于隶属部门不同，各情报机构分析的重点也不同，军情五局注重安全与政治情报的分析，军情六局和政府通讯总部注重外交情报的分析，国防情报局注重军事情报的分析。①

联合情报委员会是英国情报分析的高级机构。这是在内阁办公室基础上发展起来的跨部门机构，就事关国家短期与中长期的跨部门情报进行协调与评估，然后提供给各位部长与高级官员。现任联合情报委员会主席是2007年12月上任的亚历克斯·艾伦（Alex Allan），他可以直接与首相进行联系。② 他同时兼任情报分析专业首脑（Professional Head of Intelligence Analysis，PHIA），主要任务是通过加强情报分析支持政府决策。PHIA的另一项任务是确保联合情报委员会提供的报告不被成见与“有色眼镜”影响，确保情报决策机构得到客观公正的情报。③

联合情报委员会还得到其下属部门评估部（Assessment Staff）的支持。这是一个由不同部门、不同业务、不同专业分析成员组成的机构，就战略议题与当前关注议题拟定一个全方位的评估报告，对英国利益构成的可能威胁提出预警。一般而言，大部分传阅给各位部长与高级官员的评估报告需要得到联合情报委员会的同意，然而也有一些评估报告只要得到评估部首脑同意后就可以发布。④

（二）英国情报体制的监督机制

为了确保效率，情报机构必须秘密操作，然而，在西方民主社会，对其进行监督也并不是可有可无的。⑤ 在英国，正式的情报监督由议会的情报与安全委员会及司法机构的权力调查法庭展开，相关法律也可以约束情报机构滥用权力。⑥

根据1994年的《情报机构法》，英国成立了情报与安全委员会（Intelligence

① 王谦：《英国情报体制简介》，载《国际资料信息》2009年第10期，第21页。

② National Intelligence Machinery，2010，P.23，http://www.cabinetoffice.gov.uk/sites/default/files/nim-november2010.pdf.

③④ National Intelligence Machinery，2010，pp.23 – 24，http://www.cabinetoffice.gov.uk/sites/default/files/nim-november2010.pdf.

⑤ National Intelligence Machinery，2010，P.23.

⑥ 王谦认为英国情报工作的监督体制可以从行政、立法、司法、社会四个层面展开分析。这是一种宏观层面的分析，也就是说，总结的成分很大（参阅王谦：《英国情报体制简介》，载《国际资料信息》2009年第10期，第23~24页）。然而，本书主要从英国政府文件的文本阅读中论述，也就是说不是读者认为的英国情报监督体制，而是英国政府自己认为的监督体制，或者说，我们的情报监督体制是狭义的分法。

and Security Committee)，其成员有9人，分别从上院与下院中选取，这些人不能同时兼任政府官员。值得注意的是，虽然这些成员是议会成员，但他们是由首相咨询反对党的领袖后直接任命的，而且对首相负责。委员会的主要职责包括审议军情五局、军情六局及政府通讯总部的开支、行政管理及政策事宜。①

2000年，英国根据《权力调查规定法案》设立了独立的权力调查法庭（Investigating Power Tribunal），这是唯一具有调查军情五局、军情六局、政府通讯总部的司法机构。权力调查法庭接受对情报机构及其他权力机构使用侵入性手段提出的投诉。②

法律也是防止情报机构滥用权力的重要方面。例如，1985年7月25日通过的《通信监听法》，规定只有在有关国家安全、预防和侦查严重犯罪、保护联合王国经济利益，并由国务秘书签发许可证的情况下，情报机构才可以进行通信监听。1989年的《国家安全局法》既是对国家安全局（军情五局）的认可，也是对其活动的约束和监督。1994年的《情报机构法》则决定成立专门性的议会监督机构——情报与安全委员会。2000年，英国又通过《权力调查规定法案》（Regulation of Investigatory Powers Act），权力调查法庭据此设立。③

---

① Sally Almandras, *Intelligence and Security Committee*, 2009; Research and Library Services Division & Legislative Council Secretariat, Parliamentary Monitoring Mechanism on Intelligence Agencies, October 1995, pp. 2 - 3.

② Regulation of Investigatory Powers Act 2000, http://www.legislation.gov.uk/ukpga/2000/23/pdfs/ukpga_20000023_en.pdf.

③ Intelligence Services Act 1994, http://www.legislation.gov.uk/ukpga/1994/13/contents.

第十四章

英国情报与安全预警机制

进入21世纪以来，英国国家安全的概念无论在外延还是内涵上都有了大幅度的延展，朝着“大安全”的方向发展。2008年英国发布的首份《英国国家安全战略》报告认为，英国国家安全所面临的主要威胁是恐怖主义、核武器与大规模杀伤性武器扩散、跨国犯罪、失败国家、国内紧急突发事件。[①] 这些威胁的任何一项都会对国家造成重大损害，国家安全的概念已经和十年、二十年前的概念有很大的不同。处于一个变化剧烈的世界，英国政府的首要任务仍然是维护国家安全。[②] 为了应对威胁，英国政府在2010年建立了国家安全委员会，标志着英国“大国安全”管理框架基本形成。[③] 本章从英国政府2015年最新评估的安全风险出发，探讨英国如何利用不同的情报机构和智库搜集、传递英国安全情报，以应对安全威胁的发生和发展，以及如若这些安全威胁未得到有效的事前控制，上升为安全危机时，英国政府如何针对不同的安全危机进行安全预警。英国所面临的这些安全风险或者威胁，也均是中国正在面临的问题，探讨英国安全预警体制机制，对中国建立自身的安全预警机制体制有重要的启示作用和借鉴意义。

---

① The National Security Strategy of the United Kingdom: Security in an interdependent world, London: TSO, 2009, pp. 10 – 15.

② A Strong Britain in an Age of Uncertainty: The National Security Strategy, London: TSO, 2010, P. 3.

③ 游志斌：《英国政府应急管理体制改革的重点及启示》，载《行政管理改革》2010年第11期，第60页。

第一节　英国安全情报的分类

情报涉及的内容广泛，搜集的渠道多元，根据不同的标准可对情报进行不同的分类。如按应用范围分类，可分为政治情报、经济情报、军事情报、科技情报等；按功能作用分类，可分为战略性情报和战术性情报；按照获得情报的渠道分类，可以分为人力情报、信号情报等。本章关于英国安全情报的分类依据是：从英国政府评估的安全风险出发，根据安全情报在应对不同的风险时发挥的不同作用，进行安全情报分类。

2010 年，英国政府发布《不确定时代的强大英国：国家安全战略》报告，根据风险发生的可能性和影响两大要素对国内外的安全风险进行评估，识别了 15 项国家安全风险①，并划分为三个等级，层级越高代表面临的风险越紧迫。具体评估办法如图 14－1 所示。

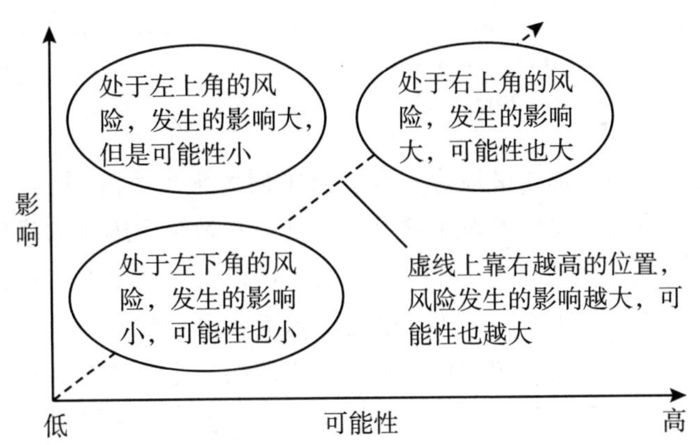

图 14－1　英国评估国内外安全风险办法示意

资料来源：A Strong Britain in an Age of Uncertainty: The National Security Strategy, London: TSO, 2010, P. 37, https://www.gov.uk/government/uploads/system/uploads/attachment_data/file/61936/national-security-strategy.pdf.

① 这 15 项风险具体如下：第一层级包括恐怖主义、网络攻击、重大事故或自然灾害、英国陷入国际军事冲突；第二层级包括生化武器与核武器攻击、海外大规模不稳定（叛乱、内战）、有组织犯罪、严重信息干扰；第三层级包括传统的军事袭击，恐怖分子、有组织罪犯、非法移民和商品试图入境英国，石油或天然气供应中断，民用核场地放射性物质的释放，北约或欧盟成员国受传统攻击英国的回应，英国海外领土受到打击，国际资源（食物和矿产）供应的中断。参见 A Strong Britain in an Age of Uncertainty: The National Security Strategy, London: TSO, 2010, P. 28.

根据同样的评估方法，英国政府在2015年对英国未来的安全风险进行了重新评估，识别出的风险数量有所增加，原来风险的所属层级有所调整。但总的来说，风险的程度加剧，戴维·卡梅伦（David Cameron）首相在2015年的报告中表示，“当今的世界相比五年前，更加危险和充满不确定性”。[①] 2015年英国政府评估的国家安全风险清单如表14-1所示。

表14-1　　2015年英国国家安全风险

风险层级	内容	时间范围
第一层级	恐怖主义、国际军事冲突、网络安全、公共健康、严重的自然灾害、海外不稳定	2015～2020年
第二层级	袭击以及盟国的压力、关键制度的失效、生化武器攻击、核武器扩散、严重的有组织的犯罪、金融危机、境外敌对行动	2015～2035年
第三层级	对英国的军事袭击、燃料供应、放射性释放或化学释放、资源安全、公共秩序失控、极端天气和其他自然灾害、环境污染事件	

资料来源：National Security Strategy and Strategic Defence and Security Review 2015：A Secure and Prosperous United Kingdom，2015，P. 87.

这些风险当中，恐怖主义风险一直被英国列为头号风险。[②] 其他风险有些是紧急突发事件，有些直接引发军事冲突，也有一些是较为远期的战略风险。为应对这些风险，情报将会发挥重要作用，尤其是可以通过情报发出预警，将其扼杀在摇篮里，使其免于发生。对于无法避免的风险，也会最大限度地降低损失。因此，将预防这些风险的情报相应地划分为反恐情报、应急情报、军事情报和战略情报。四类情报针对的风险均是未来英国所面临的主要安全风险和威胁。

一、反恐情报

恐怖主义威胁是英国目前面临的最紧迫的安全威胁，从官方到民间，这一观念已深入人心。英国2010年发布的《战略防务与安全评估》报告和最新

① National Security Strategy and Strategic Defence and Security Review 2015：A Secure and Prosperous United Kingdom，2015，P. 5.

② 在英国2008年、2010年以及2015年发布的《英国国家安全战略》报告中，恐怖主义风险始终被列为英国的头号风险。

发布的《国家安全战略和战略防务与安全评估》报告几乎一致认为，目前国际恐怖主义对英国构成严重威胁，对英国发动攻击的可能性很大。[①] 大部分英国民众被问到当前英国所受的最大威胁是什么时，都会毫不犹豫地回答是恐怖主义。[②]

英国面临的国际恐怖主义威胁不仅来自外部，也有少部分远赴恐怖组织基地参加恐怖活动的本国公民。自叙利亚冲突发生以来，将近800名英国公民前往叙利亚参加当地的冲突，其中一些加入了某些极端组织和团体。这些团体有相当一部分是英国警察和安全机构前所未闻的。前往叙利亚的英国公民大约一半已经回国，有许多还继续留在叙利亚，无论是回国的还是继续留在叙利亚的，都对英国国家安全造成威胁。[③]

就英国国内的恐怖主义威胁而言，英国政府长期以来受到北爱尔兰分离主义恐怖袭击的困扰。英国2009年发生了22起与北爱尔兰恐怖主义相关的袭击事件，2010年发生了37起。[④] 激进的持不同政见的共和派（violent dissident republicans）“渴望”袭击大不列颠，但是北爱尔兰仍然是他们当前关注的焦点。[⑤] 共和派“新招募的有经验的恐怖分子和年轻一代，将使北爱尔兰和大不列颠的威胁级别不断提升”。[⑥]2016年5月11日，英国政府发布了最新的恐怖主义威胁等级，其中国际恐怖主义的当前威胁等级为严重（severe）；与北爱尔兰相关的恐怖主义对北爱尔兰的威胁等级为严重（severe），对大不列颠（英格兰、威尔士和苏格兰）的威胁等级为中级（substantial）。[⑦]

二、应急情报

应急情报针对的是紧急突发性事件，由于发生的时间短暂，发生前的预兆不明显，不容易提前掌握情报。目前英国应急情报最关注的是一级国家风险中的公共健康安全和严重的自然灾害，这也是对英国民众威胁最大的两类民事紧急突发

① Securing Britain in an Age of Uncertainty: The Strategic Defence and Security Review, TSO, 2010, P. 42. Also see National Security Strategy and Strategic Defence and Security Review 2015: A Secure and Prosperous United Kingdom, 2015, P. 14.

② Hew Strachan: The Strategic Gap in British Defence Policy, Survival, Vol. 51, No. 4, 2009, P. 54.

③ National Security Strategy and Strategic Defence and Security Review 2015: A Secure and Prosperous United Kingdom, 2015, P. 15.

④⑥ Securing Britain in an Age of Uncertainty: The Strategic Defence and Security Review, TSO, 2010, P. 42.

⑤ National Security Strategy and Strategic Defence and Security Review 2015: A Secure and Prosperous United Kingdom, 2015, P. 16.

⑦ MI5, https://www.mi5.gov.uk/threat-levels.

事件。

威胁民众健康安全的突发性事件多种多样，但首要的是人类流行性疾病。流行性疾病具有很高的传染性，能够迅速从爆发国向其他国家蔓延，尤其是在医疗服务薄弱的国家和地区，不仅容易产生流行性疾病，而且由于其政府监管无力，反应迟钝，甚至掩盖，往往控制不住疫情，蔓延的速度更快，如非典型性肺炎（SARS）疫情和埃博拉病毒（Ebola virus）的爆发就是例子，且由于英国庞大的人口和开放的社会，其脆弱性不断上升。[①]

严重自然灾害不仅破坏国家重要的基础设施，给国家造成重大的经济损失，而且可以夺去民众的生命，给英国民众和社会带来巨大的安全威胁。英国境内发生的自然灾害主要有洪水、暴风雨、风暴潮等，英国民众最担心的自然灾害是洪灾。2007 年夏天，英国的洪灾夺去了 13 个人的生命，35 万人水供应中断，7 300 家企业受影响，中央政府付出了数十亿英镑的代价。[②] 2009 年的洪灾导致六座桥梁倒塌，使得公路网络被切断。[③] 2013 ~ 2014 年英国严重的洪灾使超过 13 000 项财产遭受损失。[④] 而且，“自然灾害所造成的影响有可能随着气候的变化而进一步加大”。[⑤]

三、军事情报

纵观英国情报发展的历史可以发现，“英国情报发展主要是跟军事威胁联系在一起的，早期情报基本等同于军事情报”。[⑥] 成立之初的军情五处（保安局）和军情六处（秘密情报局），搜集的情报范围严格限定在军事领域。[⑦] 有学者认为，常设性的军事情报机构是形成英国现代情报体制的雏形。[⑧]

英国历史是不断卷入战争的历史，包括卷入两次世界大战。“不可否认的是，

---

① National Security Strategy and Strategic Defence and Security Review 2015：A Secure and Prosperous United Kingdom，2015，P. 17，86.

② Naim Kapucu，Emergency and Crisis Management in the United Kingdom：Disasters Experienced，Lessons Learned，and Recommendations for the Future，2010，pp. 1 – 2.

③ A Strong Britain in an Age of Uncertainty：The National Security Strategy，London：TSO，2010，P. 31.

④ National Security Strategy and Strategic Defence and Security Review 2015：A Secure and Prosperous United Kingdom，2015，P. 20.

⑤ Securing Britain in an Age of Uncertainty：The Strategic Defence and Security Review，TSO，2010，P. 49.

⑥ 刘明周：《英国情报系统的协调实践》，引自刘胜湘等：《国家安全：理论、体制与战略》，中国社会科学出版社 2015 年版，第 182 页。

⑦ Michael S. Goodman，Learning to Walk：The Origins of the UK's Joint Intelligence Committee，International Journal of Intelligence and CounterIntelligence，Vol. 21，No. 1，2008，P. 40.

⑧ 王谦：《英国情报组织揭秘》，时事出版社 2016 年版，第 26 页。

军事因素在情报工作中曾经占据绝对优势，也是情报机构发展的主要动因。”[①]因此，军事情报受到英国的高度重视。英国的情报机构利用军事情报取得过一系列骄人战绩，为战争的最后胜利做出了卓越的贡献。尤其突出的是，丘吉尔首相在二战期间十分重视情报的作用，以他为首的战时内阁对情报界进行直接领导，首相对情报与安全事务负有总责，[②] 并对军事情报的搜集、统计、分析、协调和决策等采取了具体改革措施，收到良好的效果。但是随着战争的结束，军事威胁被越来越重要的政治竞争所取代，[③] 军事情报的地位也随之下降，情报活动的范围从军事领域转向政治、经济、文化、科技等领域。

冷战结束后，英国政府认为，对“本土的直接威胁已经基本解除”，“英国的安全政策由对付特定国家和集团向维护和扩大在全球的既得利益为基础的范围更广的安全政策转变”[④]。进入21世纪直到可预见的未来，英国遭受军事打击的风险非常低，因为没有哪个国家或者国家集团有意愿并且有实力对英国造成军事威胁。[⑤]但是，英国在未来五年仍然面临国际军事冲突的风险，并且这种风险正在上升。在极端的情况下，这一风险将把英国和英国的盟国拖入军事冲突，或者使得英国陷入国际军事危机。[⑥] 这时候，军事情报的重要性就会快速上升，而且军事情报的目标非常明确，就是通过情报了解和掌握敌方的作战意图和作战方式，最终取得战争的胜利。过去30年，英国共参与了4次洲际间战争，分别是1982年马岛战争、1990年海湾战争、1999年科索沃战争、2003年伊拉克战争，[⑦] 军事情报依然重要。

四、战略情报

相较于反恐情报、应急情报和军事情报而言，战略情报涵盖的范围更加广泛，其目标往往更加远大。英国的安全战略首要是保护领土和公民的安全，其次是确保英国的繁荣和在全球的影响力。可以说，英国的反恐情报、应急情报和军事情报的主要目标是维护其国家和公民安全，而战略情报的主要目标是维护英国

① 刘明周：《英国情报系统的协调实践》，引自刘胜湘等：《国家安全：理论、体制与战略》，中国社会科学出版社2015年版，第193页。

② 王谦：《英国情报组织揭秘》，时事出版社2016年版，第60页。

③ Michael S. Goodman, Learning to Walk: The Origins of the UK's Joint Intelligence Committee, International Journal of Intelligence and CounterIntelligence, Vol. 21, No. 1, 2008, P. 54.

④ 吕惠：《浅析冷战后英国安全防务政策》，载《外交学院学报》2001年第2期，第54页，第57页。

⑤ The National Security Strategy of the United Kingdom: Security in an interdependent world, London: TSO, 2009, P. 10, 15.

⑥ National Security Strategy and Strategic Defence and Security Review 2015: A Secure and Prosperous United Kingdom, 2015, P. 85, 17.

⑦ Hew Strachan: The Strategic Gap in British Defence Policy, Survival, Vol. 51, No. 4, 2009, P. 55.

的繁荣、世界地位和国际影响力。

根据对英国最新的安全威胁评估，维护海外稳定是英国政府当前十分紧迫的任务。因为海外的暴力冲突不仅影响到问题地区，而且会直接影响到英国的利益，如横跨阿富汗和巴基斯坦两个主权国家的普什图边界地区（Pashtun Belt）。[①]引起海外不稳定的因素包括社会不平等和排斥、人口结构的变化、无计划的迅速城市化、气候变化和全球经济震荡等。不稳定可能带来大规模的移民、人口贩卖、家庭贫困，以及被恐怖罪犯团体利用的薄弱政府。[②] 对于大多数的暴力冲突威胁，英国政府认为是来自失败国家或脆弱国家，因其增加了不稳定和冲突的风险，同时又缺乏处理这一问题的能力，因此，必须在失败国家或脆弱国家建立稳定的过程中，投入更多的关注和努力。

英国政府认为，国家间的竞争以及相互造成的威胁，会对一国的安全和利益产生重大影响。英国尤其关注俄罗斯对英国国际地位的挑战，认为自 2010 年在里斯本召开北约峰会以来，俄罗斯“变得更具侵略性，专制主义和民族主义加剧”，并于 2014 年非法吞并克里米亚，而且为了确保其自身利益，继续支持乌克兰东部分裂分子，破坏国际合作的标准。俄罗斯还通过一个重大投资计划，实现军队现代化，以及核力量的升级，在英国盟友的领土附近进行军事活动，并接近英国领空和领海，以试探北约的反应。[③] 此外，英国还关注国际社会新兴大国的崛起，认为中国已经是世界第二大经济体，在 21 世纪 20 年代中国经济总量有望超过美国，成为世界第一大经济体。从长远看，随着其经济的增长，印度也将跻身世界大国之列。新兴国家影响力的不断提升，将对国际秩序的走向、变革及全球问题的解决产生重大影响。[④] 这也是英国安全战略情报关心的重要问题。

除了专门的情报机构外，搜集这些情报还有一个重要的途径——智库，尤其是带有官方背景的智库，英国政府利用这些智库协助政府进行战略情报分析。具有代表性的智库主要有伦敦国际战略研究所、皇家国际事务研究所、皇家三军联合防务研究所。[⑤] 这三个智库主要研究专题、研究区域及研究成果的简要情况如表 14 - 2 所示。

---

① The National Security Strategy of the United Kingdom: Security in an interdependent world, London: TSO, 2009, P. 14.

② National Security Strategy and Strategic Defence and Security Review 2015: A Secure and Prosperous United Kingdom, 2015, pp. 16 - 17.

③ National Security Strategy and Strategic Defence and Security Review 2015: A Secure and Prosperous United Kingdom, 2015, P. 18.

④ A Strong Britain in an Age of Uncertainty: The National Security Strategy, London: TSO, 2010, P. 15; National Security Strategy and Strategic Defence and Security Review 2015: A Secure and Prosperous United Kingdom, 2015, P. 20.

⑤ 王谦:《英国情报组织揭秘》，时事出版社 2016 年版，第 145、149 页。

表 14-2　英国三大智库研究情况概览

智库名称	简介	研究专题	研究区域	出版物
伦敦国际战略研究所	成立于 1958 年，由当时英国学术界、政界、宗教界和新闻界人士发起，是专注于研究全球安全政治风险和军事冲突的世界著名研究机构	武装冲突、未来冲突和网络安全、防御和军事分析、经济安全和能源安全、地缘经济学和地缘战略、不扩散核武器和核政策、安全和发展	亚太地区、中东和海湾、俄罗斯和欧亚大陆、南亚、美国对外政策和跨大西洋事务	《军事均衡》：年刊，对国际事务进行年度研究，是解释世界战略形势发展的重要工具； 《战略概览》：年刊，对世界 170 个国家的军事能力和国防经济进行年度战略分析； 《战略点评》：每年出版十期，每期五篇文章，对国际安全、政治、军事问题进行分析； 《生存》（关于常规战略问题）：双月刊，是国际战略事务的分析和辩论平台； 书籍：对一般的战略问题进行研究； 战略档案：提供关键战略问题的详细信息； 在线军事冲突数据库
皇家国际事务研究所	成立于 1920 年，世界最著名的国际问题研究中心之一。其使命是帮助建立一个可持续安全、繁荣和公正的世界	英国的欧盟公投、难民危机、气候、能源、全球健康、国际经济、国际法与全球治理、国际安全	非洲、美洲、亚洲、欧洲、中东和北非、俄罗斯和欧亚大陆	研究报告：进行深度研究，并提供政策建议； 简报：为政策制定者或者其他需求方提供关于相关问题的简要信息； 研究论文：涵盖广泛的内容，为专业的读者提供进一步研究、评论以及详细的材料； 书籍：专著或者是文集； 期刊：《今日世界》，关于当前问题提供权威的分析和评论；《国际事务》，是国际关系领域的主要期刊，将政策相关性与学术相结合，深入分析当代世界政治事务

续表

智库名称	简介	研究专题	研究区域	出版物
皇家三军联合防务研究所	威灵顿公爵于1831年创立，是世界上最古老的研究国际防御和国际安全的独立智库，其研究因具有极高的权威性而享有良好的国际盛誉	航空航天、艺术和文化、国防政策、历史、国际机构、海上力量、有组织犯罪、恐怖主义、反叛乱、信息、地面部队、军事人员、复原力、英国国防、国防管理、全球安全问题、情报、法律和道德、国家安全、技术	非洲、美洲、中亚和南亚、欧洲、中东和北非、太平洋	期刊：皇家三军联合防务研究所期刊、信息简报、皇家三军联合防务研究所防御系统； 报告和出版物：英国政府报告、论文、简报、会议报告； 其他：白厅论文、皇家三军联合防务研究所出版的书籍、其他出版物

资料来源：参见这三家智库的官方网站：http://www.iiss.org/en，https://www.chathamhouse.org/，https://rusi.org/，以及王谦：《英国情报组织揭秘》，时事出版社2016年版，第149~151页。

由于这些智库的许多课题是受英国政府委托进行研究的，因此带有浓重的情报产品的性质，对政府的决策产生了一定影响。

21世纪以来，情报在世界政治中的作用日益重要，情报依然是治国的关键，除了继续应对过去的挑战之外，还需迎接全球力量再平衡等新的挑战。[①] 英国每一类的安全情报都有自身的特点，其中反恐情报受到举国上下的重视，覆盖英国全社会；应急情报具有很大的不稳定性和突发性，掌握难度较高；军事情报的重要性因军事威胁的下降而相对下降，但依然重要；战略情报涵盖的范围比较广，而且对国家发展影响深远。智库因其独特作用，在战略情报分析中占有重要地位。

① Huw Dylan and Martin S. Alexander: Intelligence and National Security: A Century of British Intelligence, Intelligence and National Security, Vol. 27, No. 1, 2012, pp. 2 – 3.

第二节　英国安全情报的传递路径

英国情报机构的行动在相应的法律法规约束下进行，英国法律框架规定了情报机构的角色和活动。[①] 因此，各情报机构的不同角色和职责就规定了不同类别的安全情报由不同的情报机构搜集，因而不同类别情报的传递路径也不尽相同。英国各类情报在传递过程中，并不只是按照纵向的线条进行，相互之间也进行密切的横向合作。最终的情报成品由联合情报委员会提供，对安全威胁进行监视、评估，并发出安全预警，然后向上传递给国家安全委员会讨论，最后为首相的决策提供建议方案。在特别的情况下，联合情报委员会可以跳出国家安全委员会流程，直接向首相提供早期安全预警。[②] 英国情报传递的总体流程如图 14-2 所示。

一、反恐情报的传递路径

随着冷战的结束和恐怖主义威胁的上升，军情五局已经成为英国反恐最主要的情报机构。军情五局的大量资源投向反恐领域。[③] 另外，在反恐情报方面，伦敦都市警察局（即苏格兰场）特勤处与军情五局开展了密切的情报搜集合作，尤其是“9·11”事件后，特勤处甚至充当了军情五局反恐情报的提供者和执行者，特勤处的情报网络支援军情五局反恐情报的搜集。根据特勤处 2004 年 3 月通过的工作方针，其首要任务是反恐，搜集到的所有反恐情报都要报送军情五局。[④] 军情五局与警察局已经探索出一个情报处理模式，对于情报的分析、评估更加有

---

① National Intelligence Machinery, 2010, P. 2, https://www.gov.uk/government/uploads/system/uploads/attachment_data/file/61808/nim-november2010.pdf.

② Supporting the National Security Council (NSC): The central national security and intelligence machinery, P. 1, https://www.gov.uk/government/uploads/system/uploads/attachment_data/file/61948/Recommendations_Supporting_20the_20National_20Security_20Council_The_20central_20national_20security_20and_20intelligence_20machinery.pdf.

③ 在军情五局的各工作领域资源占比方面，国际恐怖主义占 63%，北爱尔兰相关的恐怖主义占 18%，反间谍、反核扩散及安全防护占 19%。参见军情五局官方网站，https://www.mi5.gov.uk/people-and-organisation。为了更专注反恐，2006 年军情五局终止了针对严重犯罪调查的职能，参见军情五局官方网站，https://www.mi5.gov.uk/what-we-do.

④ 王谦：《英国情报组织揭秘》，时事出版社 2016 年版，第 97~98 页，第 133 页。

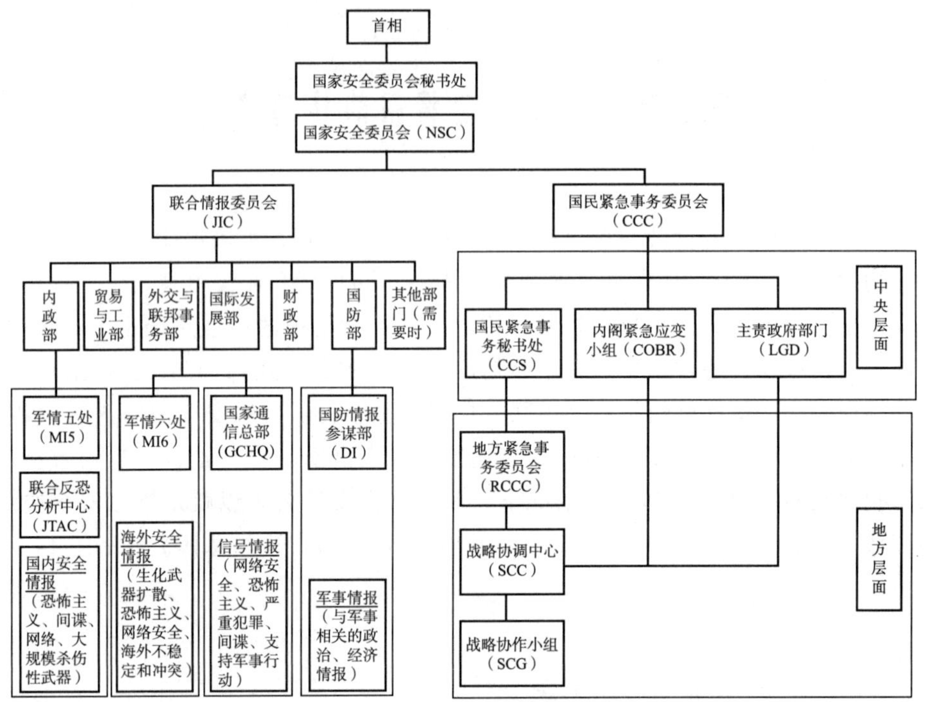

图 14－2　英国情报传递总体流程

资料来源：根据下列资料整理：根据英国情报机构介绍 National Intelligence Machinery, 2010, https://www.gov.uk/government/uploads/system/uploads/attachment_data/file/61808/nim-november2010.pdf；军情五局官方网站，https://www.mi5.gov.uk/；军情六局官方网站，https://www.sis.gov.uk/index.html；政府通讯总部官方网站，https://www.sis.gov.uk/index.html；英国国防部官方网站，https://www.gov.uk/government/organisations/ministry-of-defence；王谦：《英国情报组织揭秘》，时事出版社 2016 年版；李格琴：《英国应急安全管理体制机制评析》，载《国际安全研究》2013 年第 2 期；刘帅、刘志良：《英国国家情报评估制度初探》，载《国际研究参考》2015 年第 6 期等。

效，两者的密切合作是反恐工作取得成功的基础。[①] 此外，军情六局和政府通讯总部分布在世界各地的情报站和监听站也密切配合军情五局的工作，搜集反恐情报。

军情五局、军情六局和政府通讯总部搜集到反恐情报后，提交给联合反恐分析中心。该中心是“9·11”事件后英国为加强反恐情报工作的建设于 2003 年 6 月成立的，隶属于军情五局，其成员来自军情五局、军情六局、国防情报参谋部及其他部门，是一跨部门的机构。[②] 由于所搜集到的情报大部分都是零散的、碎

① CONTEST: The United Kingdom's Strategy for Countering Terrorism, London: TSO, 2010, P. 52.

② National Intelligence Machinery, 2010, P. 15, https://www.gov.uk/government/uploads/system/uploads/attachment_data/file/61808/nim-november2010.pdf.

片化的，联合反恐分析中心需根据获得的情报，分析和评估当前恐怖活动的水平和特性、恐怖分子的意图、能力和进攻方式、恐怖袭击的时间表等，并设定威胁的级别。同时，"联合反恐分析中心还与保安局（亦称军情五局，笔者注）的国际反恐处进行密切合作，以加强情报产品分析的深度"。[①] 之后再由军情五局上报至联合情报委员会进行进一步的分析，联合情报委员会则把反恐分析中心的报告置于更广泛的地缘政治背景下进行深层评估，然后提供给高级官员和首相，由他们进行决策。联合情报委员会提供的有关恐怖主义的报告更具战略性。[②] 英国反恐情报传递流程如图 14－3 所示。

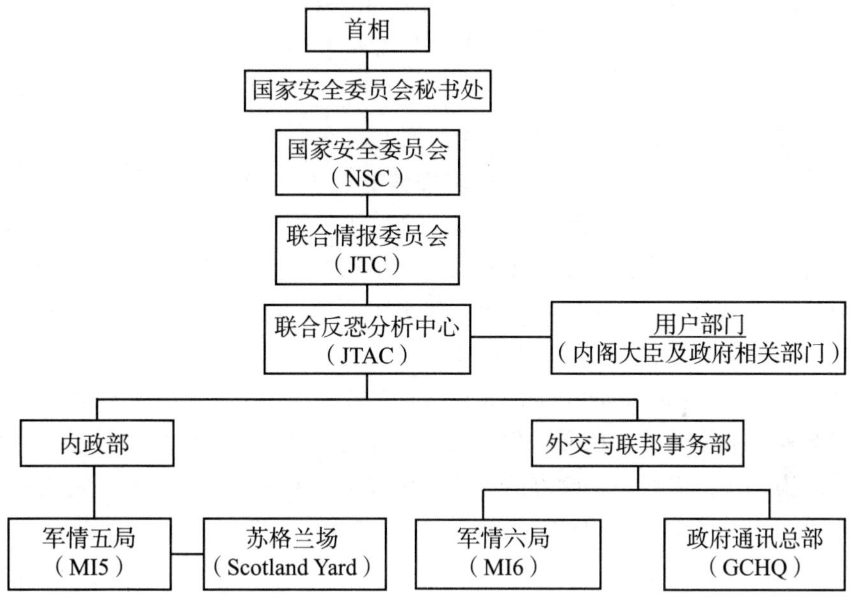

图 14－3　英国反恐情报传递流程

随着互联网使用的普及，恐怖分子开始利用网络在全球范围内宣传恐怖主义、招募恐怖分子、计划恐怖袭击、实施网络攻击等。如果没有互联网，恐怖分子实现以上目标将非常困难。因此，英国在反恐过程中，致力于将网络建设成为"对恐怖分子充满敌意的环境"，识别、调查和扰乱恐怖分子利用网络的行为，加大反恐宣传，阻碍其通过网络宣扬极端主义和招募新人，以及防范网络攻击。英国政府于 2010 年成立了隶属警察局的特别机构——反恐网络诊断小组

① 王谦：《英国情报组织揭秘》，时事出版社 2016 年版，第 136 页。

② National Intelligence Machinery，2010，P.25，https://www.gov.uk/government/uploads/system/uploads/attachment_data/file/61808/nim-november2010.pdf.

(CTIRU)，负责强制移除网上非法的恐怖主义信息。英国政府正进一步加强 CTIRU 的技术能力、调查能力和国际化能力，使其成为恐怖主义信息移除的国际最佳实践。[①]

二、应急情报的传递路径

根据《民事应急法案》的规定，“应急事件是对英国公众福利、环境和国家安全造成威胁或者严重损害的形势或者一系列事件”[②]。英国政府针对民事紧急事件采取的是以地方响应为基础的自下而上的应对模式，其结构特征是“去中心化”(decentralized)，这种“去中心化”的系统和结构，“使英国建立起持续的应急响应和支持”。[③]

当地方出现一般民事紧急事件时[④]，地方政府自行处理，各郡、县、市都设有地方紧急事务委员会（RCCC）、战略协调中心（SCC）和专门的战略协作小组（SCG）三级指挥和管理机构，并形成“金、银、铜”三级应急指挥机制。[⑤] 影响地方的区域性突发事件，地方政府处置完毕后向中央政府报告即可。中央层面的应急管理划分为三个等级，其中第三级最为严重，此类突发事件影响的范围非常广，造成的后果是灾难性的，需要中央政府立即采取行动，类似切尔诺贝利核事故的紧急情况（Chernobyl emergency situation），由内阁紧急应变小组（COBR）和国民紧急事务委员会（CCC）作为应急事件的领导机构；第二级突发事件影响较大且较为持久，需要中央政府的支持和协调，如大规模疾病暴发，由内阁责成相关中央部门作为“主责政府部门”（LGD/LGDs）进行协调，内阁办公室对 LGD/LGDs 和自然灾害进行总管理和总负责；第一级突发事件影响较小，发生的领域范围较小，如骚乱和影响较小的人为事件，由中央政府通过 LGD/LGDs 提供支持，一般不需要 COBR 的参与，最多只是国民紧急事务秘书处（CCS）提供一

---

① CONTEST: The United Kingdom's Strategy for Countering Terrorism, London: TSO, 2010, P. 73, 74, 76.

② Civil Contingencies Act 2004, P. 1, http://www.legislation.gov.uk/ukpga/2004/36/pdfs/ukpga_20040036_en.pdf.

③ Naim Kapucu, Emergency and Crisis Management in the United Kingdom: Disasters Experienced, Lessons Learned, and Recommendations for the Future, 2010, P. 7, 13.

④ 一般紧急事件是指如交通事故和影响当地但未波及全国如区域性停电等两类突发公共事件，参见国务院办公厅“公共安全管理能力培训团”:《英国应急管理考察报告》，载《中国应急管理》2007 年第 1 期，第 59 页。

⑤ 李格琴:《英国应急安全管理体制机制评析》，载《国际安全研究》2013 年第 2 期，第 128 ~ 130 页。

些建议。[①] 英国应急情报传递流程如图 14－4 所示。

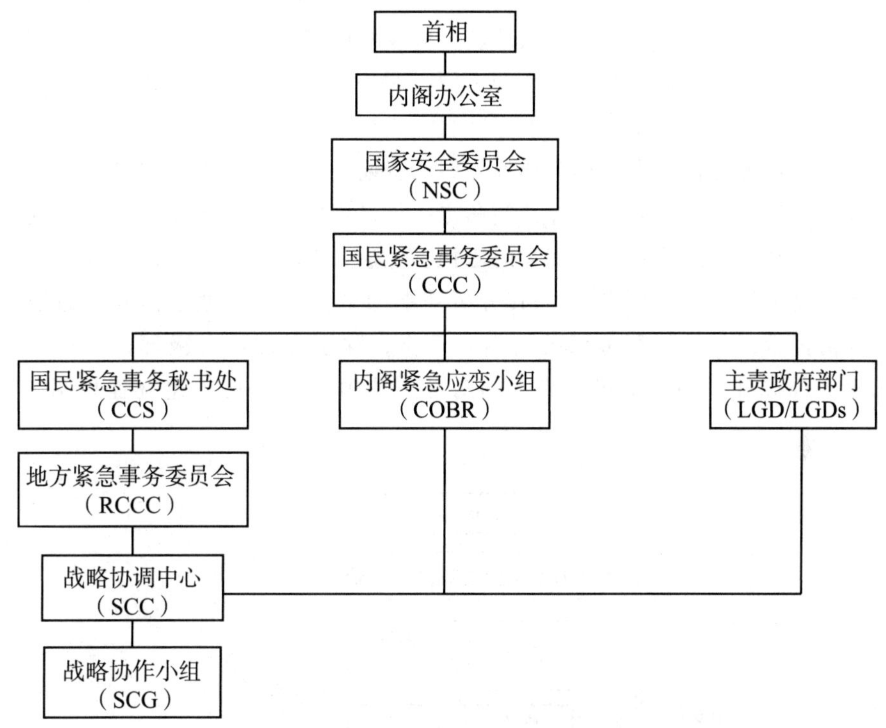

图 14－4　英国应急情报传递流程

三、军事情报的传递路径

英国军事情报搜集和生产的核心部门是国防情报局，在进行情报搜集之前，军方的总参谋长和国防常务次官及设在内阁办公室的联合情报委员会会对国防情报局进行情报指导，以确定情报要求、搜集内容，并制定计划。在情报指导落实后，国防情报局通过自身和各军种的情报搜集系统，采取秘密的或公开的手段，对相关情报进行搜集。[②]

所有搜集到的军事情报在国防情报局汇总，并由国防情报局的情报分析人员对各种情报素材进行分析评估，情报分析的产品主要包括四种类型：地区型、主题型、功能型、科学与技术型。国防情报局的“基本责任就是为内阁大臣、三军

① Naim Kapucu, Emergency and Crisis Management in the United Kingdom: Disasters Experienced, Lessons Learned, and Recommendations for the Future, 2010, pp. 11－12.

② 王谦：《英国情报组织揭秘》，时事出版社 2016 年版，第 127 页。

参谋长、高级官员和国防政策制定者就世界范围内发生的危机提供预警，这种预警对于短期和中期的计划制定是非常关键的”。① 国防情报局情报分析的成果对内服务于国防部、军事命令和军队部署，以及政府其他部门甚至英国使馆和特派使节团，同时支持联合情报委员会的工作，对外则为北约和欧盟提供情报，而且与盟国相关机构进行合作，对其他国际组织进行情报支援。②

另外，随着信息技术在军事作战领域的普遍应用，政府通讯总部也参与到军事情报的搜集中。政府通讯总部的使命之一就是帮助保护英国军事，为其提供重要情报，以确保英国政府军事能力的敏捷。③ 鉴于“政府通讯总部主要作为情报搜集者，而不是情报分析者”④，其分析功能的主要对象是通信信号，通信信号转化为情报后，若是与军事相关的信号情报，除了提供给上级部门——外交与联邦事务部以外，同时提供一份给国防部。英国军事情报传递流程如图 14 - 5 所示。

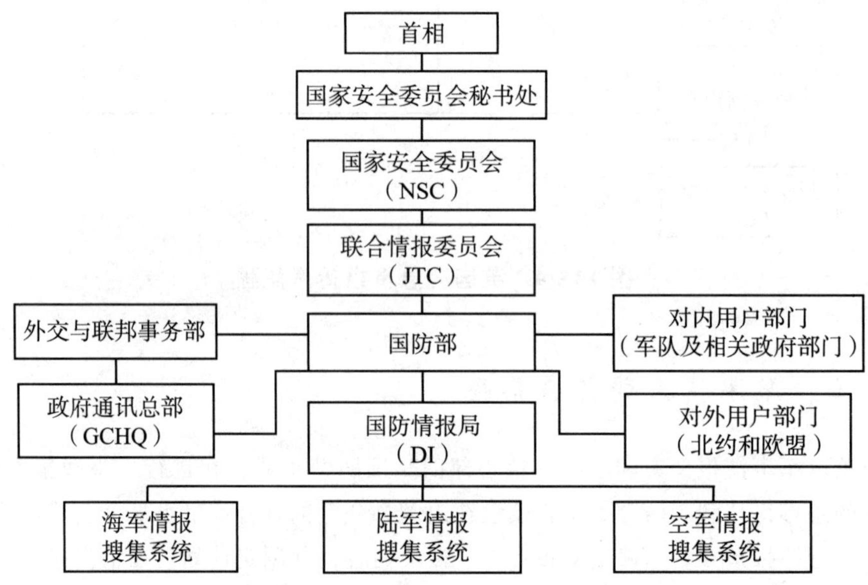

图 14 - 5　英国军事情报传递流程

① Defence Intelligence provides strategic defence intelligence to the Ministry of Defence and the Armed Forces, https://www.gov.uk/guidance/defence-intelligence#intelligence-collection.

② National Intelligence Machinery, 2010, P.13, https://www.gov.uk/government/uploads/system/uploads/attachment_data/file/61808/nim-november2010.pdf.

③ 英国政府通讯总部，https://www.gchq.gov.uk/support-military-operations.

④ 和晓强、刘瀛泽：《析英国国家情报分析机制》，载《江南社会学院学报》2013 年第 1 期，第 23 页。

四、战略情报的传递路径

战略情报覆盖面广。军情五局、军情六局、政府通讯总部、国防情报局在各自领域搜集的安全情报和智库的分析报告均可能涉及战略情报。但是英国战略情报搜集最主要的机构是军情六局，尤其是关于英国海外安全情报的搜集。军情六局所进行的情报搜集活动“必须符合联合情报委员会和内阁大臣所指示的情报需求和优先考虑项目”。[①] 军情六局通过设置在海外的约 50 个情报站开展工作。其主要工作任务是使用秘密手段搜集情报、提供秘密通信联络、开展隐蔽行动及反情报行动。在情报站的机要通讯室内，“情报官员可以通过 C★★★★★传真系统收发机密级的传真，也可以通过 S★★★★★保密通信系统与国防部、内阁办公室、军情五处、政府通讯总部以及第 22 特别空勤团等单位进行联系”。[②] 另外，军情六局可以“直接向外交与联邦事务部、国防部、贸易与工业部的特别接收终端发送重要的情报”。“近年来，英国一些大公司也可以根据需要申请收到与其事务有关的情报产品”。[③]

智库提供的战略情报，其传递方式主要有三种：一是发布专题报告、出版专著及期刊论文等，为政府政策制定做出独立和原创的贡献，并提供给政界、学界、商界、媒体等相关的需求消费者，这是智库最常见的活动；二是举办讲座、召开会议、邀请政要演讲等，在一个广泛的国际背景下，智库会议将国际社会各界人士聚集在一起，提供讨论的平台；三是针对国内外的重大战略问题，发表深度评论，梳理问题产生的背景，分析问题产生的原因，预测发展的态势，并提出对策等。英国战略情报传递流程如图 14 -6 所示。

英国的情报机构体系在相关法律的约束下按照各自的职责和分工，进行自身路径的情报搜集、传递，且情报机构相互间密切合作，搜集的情报最后汇总到联合情报委员会，进行统筹分析评估。联合情报委员会的组成人员既来自军情五局、军情六局、政府通讯总部、国防情报局等情报机构，又来自外交与联邦事务部、内政部、工业贸易部、国际发展部、财政部等非情报机构。其组成成员的多样性，以及需要征求其他政府部门的意见和建议，决定了联合情报委员会虽然是情报分析评估的核心机构，但是其本身带有一定程度的决策性质。联合情报委员会从未像现在这么重要。[④]

---

① National Intelligence Machinery, 2010, pp. 6 – 7, https://www.gov.uk/government/uploads/system/uploads/attachment_data/file/61808/nim-november2010.pdf.

②③ 王谦：《英国情报组织揭秘》，时事出版社 2016 年版，第 111 页。

④ Michael S. Goodman, Learning to Walk: The Origins of the UK's Joint Intelligence Committee, *International Journal of Intelligence and CounterIntelligence*, Vol. 21, No. 1, 2008, P. 40.

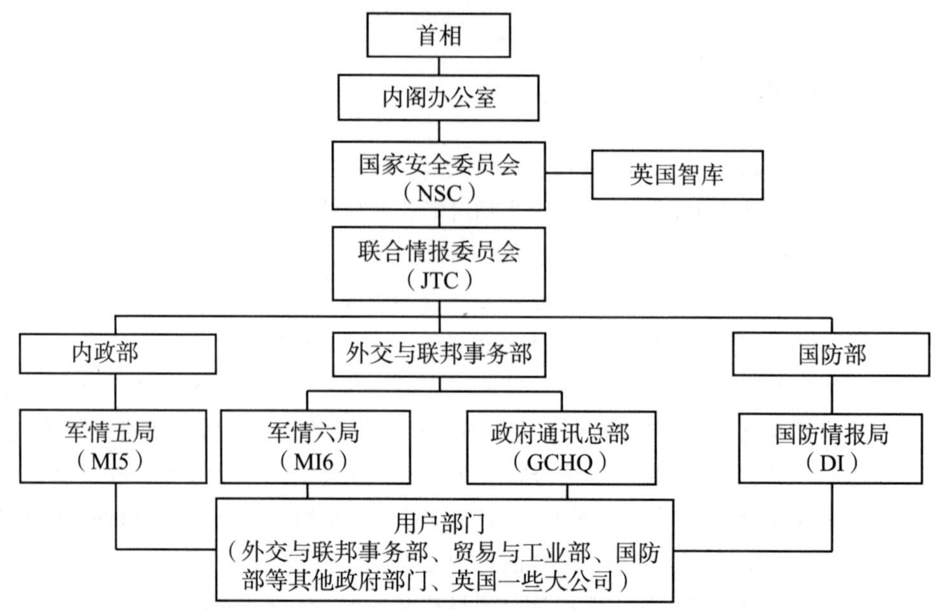

图 14 -6　英国战略情报传递流程

第三节　英国的安全危机预警

任何一类安全风险如果没有得到事先有效的控制，都将会上升为安全危机。针对每一类安全危机，除了英国的情报机构，英国政府也成立专门机构，致力于尽早发出安全预警，预防危机的发生，并对危机进行及时处置。

一、反恐安全危机预警

英国反恐危机预警经历以下四个层次：

一是数据监控。在恐怖威胁可能发生的最早阶段，通过对数据信息进行选择性的、适当的利用，监测恐怖威胁的实时动态，在危害公众之前，摧毁恐怖活动。① 数据信息不仅可以识别恐怖分子参与相关的恐怖活动，而且能够迅速有效地辨别出他们的同伴，确定其所在的位置，确保在适当的时间对恐怖分子采取适当的行动。这些所需的数据一部分（尤其是有关边界活动）由政府负责收集，一

① CONTEST：The United Kingdom's Strategy for Countering Terrorism，London：TSO，2010，P. 45.

部分（例如金融交易或通讯）由私营部门负责提供，还有一部分则来源于第三国（包括公共部门和私营部门）。①

二是预防预报。预防预报的主要目标是阻止人们变成恐怖主义分子和阻止人们进行恐怖主义活动。② 主要包括以下三个方面的工作：第一，应对恐怖主义意识形态的挑战和恐怖主义支持者们所制造的威胁；第二，给予公众适当的建议和支持，防止其陷入恐怖主义；第三，开展政府跨部门广泛、积极的合作，尤其是主管教育、信仰、健康、互联网和刑事司法的部门之间的合作。③ 针对恐怖组织和恐怖分子经常宣传极端意识形态和恐怖主义，2015 年英国颁布的《反恐怖与安全法案》要求所有的地方当局，尤其是各类院校、警察局、监狱等承担防止激进主义的法律责任，应对处于极端主义风险的人员进行干预，防止他们参与恐怖主义的相关活动。④

三是预警保护。预警保护的主要目标是针对恐怖分子对英国本土及海外利益发动恐怖袭击，加强安全防护的能力，减少安全防护的弱点，降低安全防护的脆弱性。⑤ 其重点工作是加强英国边境安全，降低全国运输网络的脆弱性，提高基础设施的复原能力，以及促进人员密集区的安全保护。⑥

英国恐怖主义威胁预警等级设定分为两个部分：国际恐怖主义威胁和北爱尔兰恐怖主义威胁。国际恐怖主义威胁等级由军情五处下属的联合反恐分析中心设定，与北爱尔兰相关的恐怖主义威胁等级（包括北爱尔兰地区和大不列颠地区的威胁等级）由军情五局设定。威胁等级划分为五个层级，并有三个应对等级，具体如表 14 -3 所示。

表 14 -3　　英国恐怖主义威胁及应对等级

威胁级别	描述	应对级别	描述
低级（low）	表示进攻不太可能	正常（normal）	根据情况实施常规的安全保卫措施
中级（moderate）	表示进攻有可能		

① CONTEST: The United Kingdom's Strategy for Countering Terrorism, London: TSO, 2010, P. 52.

② CONTEST: The United Kingdom's Strategy for Countering Terrorism, London: TSO, 2010, P. 60.

③ CONTEST: The United Kingdom's Strategy for Countering Terrorism, London: TSO, 2010, P. 62.

④ Counter-Terrorism and Security Act 2015, http://www.legislation.gov.uk/ukpga/2015/6/pdfs/ukpga_20150006_en.pdf.

⑤ CONTEST: The United Kingdom's Strategy for Countering Terrorism, London: TSO, 2010, P. 79, 82.

⑥ CONTEST: The United Kingdom's Strategy for Countering Terrorism, London: TSO, 2010, P. 82.

续表

威胁级别	描述	应对级别	描述
重大（substantial）	表示进攻比较可能	加强（heightened）	根据情况、薄弱环节、可接受的风险和威胁的特性，采取附加、恰当的安全保卫措施
严重（severe）	表示进攻非常可能		
危急（critical）	表示进攻迫在眉睫	特殊（exceptional）	为应对具体威胁、最大限度减少薄弱环节和风险，采取最大限度的安全保卫措施

资料来源：根据军情五局官方网站威胁等级部分以及王谦博士对联合恐怖主义分析中心部分整合整理，参见 https://www.mi5.gov.uk/threat-levels；王谦：《英国情报组织揭秘》，时事出版社 2016 年版，第 136～138 页。

自 2006 年起，英国政府开始发布国际恐怖主义威胁等级信息。自 2010 年起，开始发布与北爱尔兰相关的恐怖主义威胁等级信息。在军情五局和内政部的网站均可查询最新发布的消息。在内政部的官网上，英国内政大臣还就每一次最新发布的威胁等级进行评价和提醒注意事项。英国历年恐怖主义威胁等级如表 14－4 所示。

表 14－4　英国历年恐怖主义威胁等级

日期	国际恐怖主义威胁	与北爱尔兰相关的恐怖主义威胁	
		北爱尔兰地区	大不列颠地区
2016 年 5 月 11 日	严重	严重	重大
2014 年 8 月 29 日	严重	严重	中级
2012 年 10 月 24 日	重大	严重	中级
2011 年 7 月 11 日	重大	严重	重大
2010 年 9 月 24 日	严重	严重（首次公布）	重大（首次公布）
2010 年 1 月 22 日	严重		
2009 年 7 月 20 日	重大		
2007 年 7 月 4 日	严重		
2007 年 6 月 30 日	危急		
2006 年 8 月 13 日	严重		
2006 年 8 月 10 日	危急		
2006 年 8 月 1 日	严重（首次公布）		

资料来源：MI5，https://www.mi5.gov.uk/threat-levels.

四是预备/预案。预备/预案工作的主要目标是在恐怖袭击不可避免的情况下，尽快结束恐怖袭击事件，提高复原力（resilience），促进袭击过后尽快恢复，最大限度地减轻袭击造成的影响。具体来说就是拯救生命、减少伤害和帮助恢复。[①] 其主要工作包括以下四个方面：第一，继续建设通用的能力（generic capabilities）应对恐怖袭击，推进由内阁办公室领导的、跨部门的全国复原力项目（National Resilience Capabilities Programme）建设，促进事件发生后各方预案工作水平的提高；第二，加强对《英国国家风险评估》中影响最大的风险进行预案准备，减轻恐怖袭击带来的危害；第三，加强"共同工作能力"（interoperability），要求发生恐怖袭击时，加强各部门的联合工作，提高应急服务的能力；第四，加强对恐怖袭击的沟通和信息共享，在公共领域及时发布恐怖威胁的信息。[②]

二、应急安全危机预警

在中央层面，英国政府主要依靠国民紧急事务秘书处（CCS）、内阁紧急应变小组（COBR）、主责政府部门（LGD）三大机构进行应急管理，就应急安全危机进行预警和提供决策支持。

CCS 自 2001 年建立以来，在国民紧急事务委员会（CCC）的领导下运转，它并不处理所有的危机，而是对跨部门的协调与合作给予中央层面的关注和支持。当遇到影响面较广的自然灾害事件，单个部门无法提供必要的应对措施时，CCS 就立即采取行动负起责任。CCS 在运作过程中，促进决策制定，开发早期预警系统，与其他核心部门共享信息，就应急事件的战略决定向相关的内阁大臣和高级官员做报告。[③]

LGD 不是常设机构，根据应急事件的种类和具体情况，确定哪个部门或者哪些部门作为 LGD。在应急事件中，有可能出现不明确应该由哪个或哪些部门作为 LGD 的情况，CCS 的负责人必须迅速做出决定，任命一个或多个最为合适的部门作为 LGD。CCS 负责维持和更新 LGD 的名单。[④]

COBR 通过召开会议决定如何提供必要的、有效的灾难响应和采取哪些必要

① CONTEST: The United Kingdom's Strategy for Countering Terrorism, London: TSO, 2010, P. 93.

② CONTEST: The United Kingdom's Strategy for Countering Terrorism, London: TSO, 2010, pp. 98 - 102.

③ Naim Kapucu, Emergency and Crisis Management in the United Kingdom: Disasters Experienced, Lessons Learned, and Recommendations for the Future, 2010, pp. 9 - 10.

④ Naim Kapucu, Emergency and Crisis Management in the United Kingdom: Disasters Experienced, Lessons Learned, and Recommendations for the Future, 2010, P. 10.

的行动。参会代表包括关键部门官员、情报官员、防御部门和内政部门的官员、国防部的代表、其他高级部长，以及诸如伦敦市市长和警察局局长等重要官员、相关的 LGD 代表。会议通常由首相或内政大臣主持（但是根据事件的属性和规模，主持人也可以发生改变），会议的召开一直持续到紧急情况被认为是安全的才得以结束。①

具体的应急事件预警和预案过程也分为四个层次：

一是监控。英国政府部门与科学家、统计人员和技术人员合作，识别和评估重大应急风险，与负责管理全国和地方风险的所有组织，如地方复原力论坛、警察部队、救护组织等，共享监控信息。②

二是预防。在应急事件发生前，监督应急培训计划实施，进行定期演练和测试，以确保应急响应计划被正确理解，能够在紧急情况下有效开展工作；确保各级政府、紧急响应机构、私人部门、志愿者部门做好充分准备，资源安排到位；加强与欧盟、北约的应急处理合作。

三是预警提醒。英国为应对民事紧急突发事件谋求建立灾害预警机制，为公民提供完整的防灾服务。近年来，英国政府重点建设和提供“国家灾害性天气预警服务”，对公众和紧急救援人员进行预警提醒。根据极端天气发生的可能性和影响，预警信号从低到高分为绿色预警、黄色预警、橙色预警和红色预警。绿色预警表示发生极端天气的可能性极低，而且影响非常小；黄色预警表示未来几天有可能发生极端天气，并且对公众的生活造成影响；橙色预警表示有恶劣天气影响的可能性进一步增大，可能导致公路和铁路瘫痪、电力中断，公众出行延误，生命和财产安全存在潜在风险；红色预警表示出现极端天气的可能性非常大，应该采取实际行动保护自己和他人的安全。获取预警信息的方式多种多样，包括广播、电视、气象局网站、社会媒介、智能手机应用程序及邮件提醒等。公众还可以通过脸书网（Facebook）、推特（Twitter）和其他社交媒体将获得的预警信息传递给家人、朋友和访问者。③

针对洪水灾害，英国气象局发布三种类型的预警信号：洪水警报（flood alerts）、洪水警告（flood warnings）和严重的洪水警告（severe flood warnings）。公众可以从国家气象局网页上查询最新的洪水预警消息，网页每 15 分钟更新一次。④

四是预案。当紧急事件发生后，中央政府运用已经准备的预案指导处理急

---

① Naim Kapucu, Emergency and Crisis Management in the United Kingdom: Disasters Experienced, Lessons Learned, and Recommendations for the Future, 2010, P. 10.

② 英国政府官方网站，https://www.gov.uk/government/publications/2010-to-2015-government-policy-emergency-response-planning/2010-to-2015-government-policy-emergency-response-planning.

③ 英国气象局，http://www.metoffice.gov.uk/guide/weather/warnings.

④ 英国气象局，http://www.metoffice.gov.uk/guide/weather/flood-warnings.

救，并为当地的紧急救援机构和人员提供支持，为处理紧急事件产生的即时的和长期的影响提供指导。另外，各个地方的响应机构、商业部门、志愿者部门、社区等组织和个人应掌握必要的技能和知识，帮助实施人员救治，帮助灾区更好地重建和恢复。

三、军事安全危机预警

英国国防部是军事安全危机预警的核心部门，国防部下设的国防情报局作为军事安全威胁的预警主体，集中关注当今世界的焦点地区和事务，突出强调形势变化带来的影响，预测安全和稳定的发展趋势，以及评估这些趋势的变化和影响，以更好地实现预警目标。[①] 国防部下设国防委员会，是国防部最高级别的委员会，负责全面的国防事务，并确保优先防御事项和任务得到合理的资源配置，以取得国内外军事任务的成功。[②] 另外，英国政府已建立国际防御行动委员会（International Defense Engagement Board），该委员会由国防部和外交与联邦事务部的官员联合领导，其成员来自商业创新与技能部、国际发展部、内阁办公室和其他政府部门，受外交大臣、国防大臣、国家安全委员会及国家安全事务顾问的指导，并向他们提供最新的资料，其主要职责是制定安全战略方向，从地缘和专题的视角，审批通过国际防御行动的优先事项，并决定现有的资源应当如何分配，以确保优先事项按时完成。[③]

虽然英国政府认为英国本土目前面临军事打击的可能性极小，但是对于维护英国的主权和领土完整，英国军队已经准备好在需要时使用武力。[④] 英国政府设计了到 2020 年未来军队（Future Force 2020）的结构，在必要时能够快速、大规模部署作战。为更加有效地应对当今最可能出现的威胁，英国部队处于不同等级的警备状态，当出现不同程度的威胁和冲突时，英国军队可采取灵活的措施加以应对。英国军队的戒备状态等级如表 14 - 5 所示。

---

① 英国政府官方网站，https://www.gov.uk/guidance/defence-intelligence#analysis-and-production.

② 英国政府官方网站，https://www.gov.uk/government/organisations/ministry-of-defence/about/our-governance.

③ International Defense Engagement Strategy，pp. 4 - 5，https://www.gov.uk/government/uploads/system/uploads/attachment_data/file/73171/defence_engagement_strategy.pdf.

④ National Security Strategy and Strategic Defence and Security Review 2015：A Secure and Prosperous United Kingdom，2015，P. 24.

表 14-5　　英国军队戒备状态等级

戒备等级	描述
高戒备状态	保持少部分作战能力最强的部队，对危机做出快速反应，随时处于高度戒备状态，随时准备投入战斗
延展戒备状态	部分部队不能在短期内投入作战，但出于可能性很小的战略需要，为维护国家安全做出反应，重建这些部队。例如，两栖作战部队处于延展戒备状态
增援戒备状态	当正规军被全部部署完成后，预备役部队将提供补充力量。预备役部队也可提供某些专业力量的支援，这些力量可用于加强小型作战部署
低戒备状态	保持组建近期内不打算组建的部队的能力。保持技术知识、技能和训练，并与合作伙伴开展合作，进行人员交流

资料来源：Securing Britain in an Age of Uncertainty：The Strategic Defence and Security Review，TSO，2010，P. 21.

在 2020 年未来军队建设的基础上，英国将发展新的联合部队 2025（Joint Force 2025），并对海陆空三军提出了具体规划。确保在未来 10 年内，军队保持灵活与敏捷，利用最新的技术，应对更加广泛的潜在威胁。[①]

在具体的军事作战预警方面，英国非常重视对海陆空三军搜集情报、监视、目标定位和侦察（简称 ISTAR）能力的建设。在海军方面，由战舰、潜艇和飞机组成 ISTAR 队伍，建造两艘英国皇家海军有史以来最新最大的舰艇——“伊丽莎白女王级”航空母舰，并装备固定翼舰载预警机，打造舰载空中预警系统；在陆军方面，装备“守望者”无人机、便携式和车载式电子战设备及保护前沿作战基地的监视装置；在空军方面，通过 E3D“哨兵”空中预警与控制系统侦察机（E3D Sentry AWACS）担负空中指挥、控制和监视任务，使用“联合铆钉”信号情报侦察机（Rivet Joint）在全球范围内搜集独立战略情报，安装各种无人机系统，用以补充军事战略情报的搜集。[②] 英国未来将对预警机进行进一步升级改造，以更好地搜集军事情报，跟踪和探测目标。[③]

① National Security Strategy and Strategic Defence and Security Review 2015：A Secure and Prosperous United Kingdom，2015，pp. 28-32.

② Securing Britain in an Age of Uncertainty：The Strategic Defence and Security Review，TSO，2010，pp. 21-26.

③ National Security Strategy and Strategic Defence and Security Review 2015：A Secure and Prosperous United Kingdom，2015，P. 32.

此外，北约作为国际军事集团组织，其建立的初衷就是通过协作建立起集体防务体系。《北大西洋公约》第5条规定，对一个国家的武装攻击应被视为对盟国所有国家的攻击。[①] 英国在安全防务上非常重视与北约盟国的合作，并提出在国际军事危机的各个阶段开展紧密合作计划。[②] 英国与同盟国之间已经开展具体的防务预警合作，对于盟国以外国家，在其飞机和船只接近或者达到本国领土领空时，双方相互为对方提供早期预警。[③]

四、战略安全危机预警

就预防、减轻及解决海外冲突与不稳定问题，早期预警和危机快速应对仍然是英国努力的中心。[④] 在新的历史时期，英国建立了新的早期预警和早期行动系统，由来自内阁办公室、外交与联邦事务部、国防部和外部专家进行全源分析，对未来12个月各个国家的政治、经济及安全状况进行全局评估，并且在每6个月一期的新的预警报告中进行总结。同时成立海外稳定的指导小组，其成员由英国国际发展部、外交与联邦事务部、国防部、内阁办公室和其他利益相关部门的代表组成。指导小组的主要职责有两项：一是对国家安全委员会提出建议和指导，并且评估预警信号是否需要英国进行回应；二是对英国在脆弱国家的活动进行系统性审查，以确保建立稳定的总体方法是现实的、资源分配是合理的，并充分整合和最大限度地利用国际合作伙伴的支持。这些审查工作也会征求利益相关部门和机构的意见和建议，并且与它们分享预警报告和清单。另外，英国政府每半年对脆弱国家不稳定风险进行审查，并产生一个新的内部一览清单，指明英国政府所评估的脆弱国家存在哪些高风险的冲突和不安全状况，以及与英国利益的相关之处，这个清单每年审查一次。[⑤]

英国智库经常与政府部门就某一特定的战略议题讨论最新的战略政策方案。就构建海外稳定战略议题而言，伦敦国际战略研究所主持召开关于构建海外稳定主题的专题讨论会，邀请英国政府稳定工作组的代表参加，探讨如何为脆弱的国

---

① The North Atlantic Treaty (1949), http://www.nato.int/nato_static/assets/pdf/stock_publications/20120822_nato_treaty_en_light_2009.pdf.

② A Strong Britain in an Age of Uncertainty: The National Security Strategy, London: TSO, 2010, P. 30.

③ National Security Strategy and Strategic Defence and Security Review 2015: A Secure and Prosperous United Kingdom, 2015, P. 24.

④ National Security Strategy and Strategic Defence and Security Review 2015: A Secure and Prosperous United Kingdom, 2015, P. 65.

⑤ Department for International Development, the Foreign and Commonwealth Office and the Ministry of Defence: Building Stability Overseas Strategy, 2011, pp. 20-22.

家和受冲突影响的国家提供综合解决办法。① 关于英国海外不稳定的一个具体问题——英国在阿富汗驻军撤回问题，皇家国际事务研究所邀请英国陆军总参谋长发表题为《英国军队对构建安全稳定的作用》的演讲，探讨了英国军队从阿富汗撤回情况，以及未来将遇到的挑战。② 英国智库通过与政府部门进行充分沟通讨论，预测未来英国面临的战略问题并探讨最新战略政策，为政府的政策可能出现重大失误或者偏差提供预警。

针对英国国际地位出现下滑的趋势，英国采取了以下措施：一是通过与挑战国、新兴国家建立新型双边防务与安全合作关系，更加简便有效地实现双边互惠；二是积极支持和发展多边机制，参与塑造以规则为基础的国际体系，保持全球力量平衡，甚至利用盟国或者国际组织的力量制约挑战国的行为，使其承担责任。③ 对防范程度和关注程度较高的国家，英国对派驻其国家的情报站设置较高的等级，而且规模也较大，以此加强对该国的情报搜集，适时发出预警。例如英国驻俄罗斯、中国的情报站，配备的情报人员和官员较多，等级和规模都超出一般范围。④

在应对安全危机的过程中，英国不同的安全危机有不同的预警体制机制。各类安全危机预警发挥其在各自领域的作用，但共同目标是通过有效的危机预警控制危机，将危机扼杀在萌芽状态，或最大限度地减少危机发生带来的损害。

随着 2010 年国家安全委员会成立，英国将应急安全纳入国家总体安全框架之中，英国政府通过国家安全委员会调动英国政府所有的资源，利用可用的国家权力工具，打造“一体化政府”结构，提供“全谱方法”应对安全威胁。⑤ 国家安全委员会接受首相的最高领导，通盘考虑三大安全危机的应对，自其 2010 年成立以来对国家安全事务的协调能力有较大提升，⑥ 客观上也促进了安全危机预警机制联动性的增强和危机应对能力的提高。如英国 2013 年 12 月爆发的沿海洪水，海平面要高于 1953 年的水平，但是其造成的后果与之相比要轻微得多，很

---

① 伦敦国际战略研究所，http://www.iiss.org/en/events/events/archive/2014-0f13/september-1f6e/delivering-the-integrated-approach-bcf0.

② 皇家国际事务研究所，https://www.chathamhouse.org/file/event-speech-defence-engagement-british-army%E2%80%99s-role-building-security-and-stability-overseas.

③ Securing Britain in an Age of Uncertainty: The Strategic Defence and Security Review, TSO, 2010, pp. 59 - 63; National Security Strategy and Strategic Defence and Security Review 2015: A Secure and Prosperous United Kingdom, 2015, pp. 50 - 59.

④ 王谦：《英国情报组织揭秘》，时事出版社 2016 年版，第 114 页。

⑤ “National Security Strategy and Strategic Defence and Security Review 2015: A Secure and Prosperous United Kingdom”, 2015, P. 6.

⑥ Joe Devanny, “Co-ordinating UK Foreign and Security Policy”, *The RUSI Journal*, Vol. 160, No. 6, 2015, P. 24.

大原因就在于英国政府的防御投入和洪水预警。[①] 再如2015年，“伊斯兰国”在全球范围内发动了大约60次恐怖攻击，其分支机构则发起200多次攻击，2016年法国、比利时、德国、土耳其等欧洲国家都受到恐怖袭击，使得欧洲笼罩在恐怖主义威胁的阴霾之下，但是2016年英国本土范围内没有发生一起国际恐怖袭击事件，这在很大程度上要归功于英国的情报和执法机构在破坏恐怖主义袭击计划方面的成功工作。[②] 然而，英国在2017年3月至6月还是接连发生了多起恐怖袭击事件，这种与以前不同的“独狼”式袭击事件使英国安全机制面临新的挑战。

拉赫尼曼（William J. Lahneman）曾指出，未来的情报分析人员将需要更多地关注对安全威胁的预警和预防，而不是危机后的反应。[③] 英国的安全预警机制在发展过程中形成了自身特色，其核心是事前控制和预防，英国的安全风险评估机制在预防和应对危机中发挥了重要作用，其安全预警机制的改革推动了预警体制机制的较好运转。虽然还存在各种体制机制问题和非机制难题，但经过多年的摸索实践，英国已经形成了比较稳定的安全预警体制机制。然而值得警惕的是，2017年上半年英国连续发生恐怖袭击事件表明，英国安全预警机制还存在不小的缺陷，英国尤其需要针对“独狼”式恐怖袭击对安全预警机制进行改革，需要加强对嫌疑人的严密监控和相关信息的跟踪，以减少恐怖袭击事件的发生，英国民众的安全才可有能得到更好的保障。

① 1953年英国爆发了严重的沿海洪水，是英国遭受的最大的环境灾难之一，超过600平方公里的土地流失，307人死亡，200个工业设施受损。参见National Risk Register of Civil Emergencies（2015 edition），2015，pp. 14，21.

② “National Security Strategy and Strategic Defence and Security Review 2015：First Annual Report 2016”，2016，P. 5.

③ William J. Lahneman，“The Need for A New Intelligence Paradigm”，*International Journal of Intelligence and Counter Intelligence*，Vol. 23，No. 2，2010，P. 203.

第十五章

英国安全体制的演变

国家安全是国家面临的永恒课题。作为维护国家安全、实现安全任务的国家安全体制需要不断完善和发展。英国作为世界上的老牌资本主义国家，其国家安全体制的改革实践源远流长，其改革可以追溯到1904年贝尔福首相建立的帝国防务委员会。二战爆发后帝国防务委员会随即被丘吉尔领导的战时内阁所取代。二战结束后，英国的安全体制又相继出现了国防与海外政策委员会，布朗政府时期的内阁国家安全、国际关系和发展委员会以及卡梅伦政府建立的英国国家安全委员会几种形态。

第一节　从帝国防务委员会到战时内阁

英国是世界上最早进行工业革命和资产阶级革命的国家，号称“日不落帝国”。进入20世纪后英国开始逐渐衰落。1899~1902年爆发的英布战争是英国现代史上重要的转折点，这次战争暴露出英国安全体制上的缺陷。基于这一教训，时任英国首相贝尔福（Arthur James Balfour）于1904年成立了英国帝国防务委员会。帝国防务委员会是内阁的一个常设委员会，由首相亲自负责。二战爆发后，帝国防务委员会随即被丘吉尔领导的战时内阁所取代。战时内阁对于协调和指挥英国军队作战、取得反法西斯主义战争的胜利发挥了重要作用。

一、帝国防务委员会

英国帝国防务委员会是在英国国力开始衰微之际，特别是吸取了英布战争的教训之后成立的，同时与贝尔福首相对安全防务问题的重视密切相关。帝国防务委员会在其运作的35年时间里，对于英国应对安全威胁、维护英国安全发挥了一定作用。但是由于其只有建议权而无决策权，因此发挥的作用极为有限。

（一）帝国防务委员会成立的背景

在19世纪至20世纪初的100多年时间内，英国一直都是世界上最强大的国家。英国的工业实力和军事实力都是世界第一。英国在达到辉煌的顶点时，其衰落也不可避免。第二次工业革命开始后，后起的资本主义国家——德国、美国、日本等工业发展加速，开始挑战英国的经济垄断地位。经济地位的相对下降使得英国在全球范围内面临着德国、俄国和法国等国家的各种挑战。这些国家在全球与英国争夺殖民势力范围、抢占原料市场。此时英国没有总体的战略规划设计和运行机制来指导帝国的发展，相反，它被国内的利益集团幕后操纵。在机会主义的影响下，英帝国迅速扩张，但是维持这样一个庞大的帝国不可避免地造成了军事和经济上的困难。① 大英帝国“光荣孤立”、绝对安全的神话已不可延续，新的防御思想及防御战略的出炉已迫在眉睫。

在大英帝国开始衰落之际，1899～1902年爆发的英布战争给了英国沉重一击，英国军队的脆弱、安全机制的缺陷在这场战争中暴露得淋漓尽致。英布战争“是一场英国人与布尔人之间争夺南非的地区霸权和利益的帝国主义战争。它对当时的英国、南非和整个国际关系都产生了重大影响”。② 为了对付布尔人，英国在持续3年的战争中派出了40多万兵力，虽然取得了最后的胜利，但是却付出了惨痛的代价。“战争中暴露出来的外交孤立和军事受挫情况，以及国内人民的反战情绪和统治阶级内部的分裂都是空前的。”③ 英布战争最终以双方签订《韦雷尼京条约》结束，“英布战争明显暴露出英国军事系统存在的种种漏洞，如组织低效率、指挥混乱、军队调动迟缓，与此形成对比的是布尔人善于骑射、

① Peter Layton, “The 2015 National Security Strategy and Strategic Defence and Security Review choices: grand strategy, risk management or opportunism?”, *Defence Studies*, Volume 15, Issue 1, 2015, P. 34.

② 李衡：《论英布战争对20世纪初英国社会改革的影响》，载《乐山师范学院学报》2006年第7期，第77页。

③ 张谦让编著：《英布战争》，商务印书馆1986年版，第41～42页。

行动灵活”。[①] 英布战争打击了大英帝国的自信心，英国决策层开始痛定思痛。他们认识到了军事改革的必要性，为了防止惨剧重演，英国需要建立一个统一的安全体制来协调各部门在军事安全领域的相互关系。英布战争是英国帝国防务委员会建立的直接推动因素。

英国帝国防务委员会的建立还与时任首相亚瑟·贝尔福的安全观念和偏好有密切关系。贝尔福在1902年至1905年出任首相，但是他对英国防御问题的关注却从19世纪70年代就开始了。贝尔福长期关注英国的帝国防御问题，尤其是印度的安全问题。贝尔福认为英国的防御长期以来主要依靠强大的海军，而“陆军和海军各自为政，并不能从整体上协调制定防御策略。所以内阁缺乏一个全面考虑防御问题并协调各部门的机构和一套协调统一的管理体制”。[②] 贝尔福设想建立一个新的机构来安排帝国防务战略，协调各部门之间的关系，管控争议等。[③] 这些设想的核心是英国需要建立一套统一的安全领导体制，以改变各部门各自为政的现状。英布战争为贝尔福将这些设想付诸实践提供了一个契机，因此帝国防务委员会的成立也就顺理成章。如果说英布战争是英国帝国防务委员会建立的导火索，那么贝尔福首相就是点燃这个导火索的人。

（二）帝国防务委员会的建立及终止

1904年，英国成立英国帝国防务委员会。帝国防务委员会是内阁的一个常设委员会，由首相亲自负责，参加者有枢密院院长、陆军大臣、海军大臣等文职阁员，以及第一海军委员、陆军总司令和三军情报部长。[④] 其成员构成具有很大的流动性，在涉及具体安全事务时，不仅可以吸纳军事专家，而且可以召集外交、经济、财政方面的专家参与其中。帝国防务委员会设有秘书一职，用来协调内阁各部门之间的工作及处理委员会日常工作。“秘书处的成员另外还有两个助理秘书，一位是海军官员，另一位是陆军官员。秘书处的主要职责是保存帝国防御委员会的议事记录，为委员会提供关于帝国防务的信息和文件。”[⑤] 帝国防务委员会秘书不满足于信息收集者和协调员的角色，而是希望增加帝国防务委员会

---

① 李衡：《论英布战争对20世纪初英国社会改革的影响》，载《乐山师范学院学报》2006年第7期，第78页。

② 周泽丹：《简述贝尔福与帝国防御委员会的建立》，载《首都师范大学学报》（社会科学版）2007年S1期，第238页。

③ J. P. Mackintosh, “The Role of the Committee of Imperial Defence Before 1914”, *English Historical Review*, Vol. 77, Issue 304, 1962, P. 492.

④ 王振华编著：《英国》，社会科学文献出版社2003年版，第407页。

⑤ 周泽丹：《简述贝尔福与帝国防御委员会的建立》，载《首都师范大学学报》（社会科学版）2007年S1期，第240页。

的自主权和主动权，参与制定政策并监督执行工作。[①] 帝国防务委员会作为英国军事战略的最高决策协调与咨询机构，旨在“全面考察帝国的战略需要，处理总体事务中复杂的关键问题以及检讨内阁之前做出的决策，使政府官员及顾问在没有紧要事件时认真思考这些全局性的重大问题”。[②] 总体来看，截至 1911 年，帝国防务委员会并不是英国战略规划的中心部门，该委员会的主要任务是收集一些具体问题的情报并提供建议。[③] 在 1911 年后，帝国防务委员会更多的是作为一个论坛，来自各自治领的政治家们讨论帝国领土的防御问题，听取英国部长和相关主管部门对世界形势的看法。到 1914 年，帝国防务委员会在一些具体议题上已经开始发挥重要作用，它提供了一个各部门阐释自己立场的会议场所，也是一个各自治领领袖聚集在一起讨论相互的防御问题的场所。[④] 英国帝国防务委员会的组成如图 15 - 1 所示。

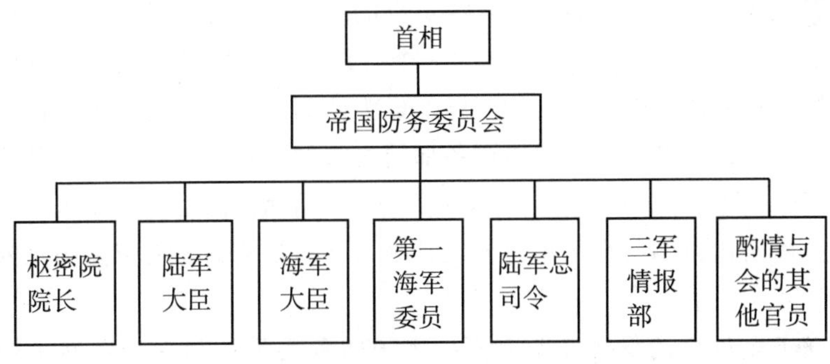

图 15 - 1 英国帝国防务委员会的组成

帝国防务委员会成立后，在大英帝国的防务、外交方面发挥着一定作用。在帝国防务委员会的协调和建议下，英国解决了一战前面临的各种安全防务问题，这对于保持英国的军事实力特别是海上霸主地位起到了重要作用。英国接受帝国防务委员会的指导，加紧改进军事技术和武器。英国“海军开始建造庞大的铁甲舰，到 1907 年时英国已拥有 7 艘无畏级的战列舰和 3 艘无畏级巡洋舰，而德国尚无一艘这样的舰只”。[⑤] 1914 年一战爆发后，帝国防务委员会在解决英国安全

① John Gooch, “Sir George Clarke's Career at the Committee of Imperial Defence, 1904 - 1907”, *Historical Journal*, Vol. 18, Issue 3, 1975, pp. 555 - 556.

② 彭光谦主编：《世界主要国家安全机制内幕》，江苏人民出版社 2014 年版，第 167 页。

③ J. P. Mackintosh, “The Role of the Committee of Imperial Defence Before 1914”, *English Historical Review*, Vol. 77, Issue 304, 1962, P. 501.

④ J. P. Mackintosh, “The Role of the Committee of Imperial Defence Before 1914”, *English Historical Review*, Vol. 77, Issue 304, 1962, P. 502.

⑤ 王振华编著：《英国》，社会科学文献出版社 2003 年版，第 389 页。

防务问题上的作用基本被破坏。一战结束后，劳合·乔治（David Lloyd George）首相试图重新恢复帝国防务委员会的作用，但是收效不大。战争使英国战后十几年内始终处于相对衰落和缓慢发展之中。一战对英国更大的消极影响还体现在社会心理方面。英国人对战争充满了恐惧，英国决策者的思维也深受影响，决策者一直将避免战争作为首要目标，这就使得负责英国安全决策的帝国防务委员会的作用进一步下降。随着1939年9月第二次世界大战的爆发，帝国防务委员会也寿终正寝。

（三）对帝国防务委员会的评价

在其运行的35年时间里，特别是早期，英国帝国防务委员作为一个咨询、协调与决策机构，在协调英国的安全政策、维护英国安全方面发挥了一定作用。首相的亲自主持更是凸显了帝国防务委员会的重要性，提升了英国安全决策的效率。“事实证明，帝国防御委员会作为一个咨询机构，填补了过去政府中没有整体的帝国防御计划的空白，在防御问题上成为内阁的一个有力助手，协助内阁全面考虑帝国的防御问题，有效地协调各部门之间的合作，确实发挥了其应有的作用。”① 此外，帝国防务委员会组成人员广泛，议事氛围自由。“帝国防务委员会所独有的这种自由氛围与全局视角无疑是维系日渐陈腐的大英帝国国家安全的重要强心剂”②。

帝国防务委员会的作用非常有限。帝国防务委员作为一个咨询机构有建议权、协调权而没有最后决策权。与其说它是英国最高安全决策机构，不如说是各内阁部门为安全防务问题进行讨价还价的平台。该委员会始终没有克服它最初的作为一个咨询机构的缺陷。③ 特别是一战结束后，由于英国民众和决策层对军备的重整、建设讳莫如深，极力限制英国军事力量的发展，特别是“十年规则”的出台，使得帝国防务委员会形同虚设，发挥的作用越来越小。二战开始后，帝国防务委员会即被丘吉尔领导的战时内阁所取代。

英国帝国防务委员会是英国安全体制的创新，为以后英国安全体制的改革奠定了基础。同时帝国防务委员会作为世界上最早的安全协调体制实践，也为其他国家进行安全体制改革树立了一个范本，二战结束后美国国家安全委员会正是受此启示而成立的。

---

① 周泽丹：《简述贝尔福与帝国防御委员会的建立》，载《首都师范大学学报》（社会科学版）2007年S1期，第241页。

② 彭光谦主编：《世界主要国家安全机制内幕》，江苏人民出版社2014年版，第167页。

③ J. P. Mackintosh, “The Role of the Committee of Imperial Defence Before 1914”, *English Historical Review*, Vol. 77, Issue 304, 1962, P. 502.

二、丘吉尔战时内阁

二战爆发后，帝国防务委员会随即被丘吉尔（Winston Leonard Spencer Churchill）（1940～1945年和1951～1955年两度出任英国首相）领导的战时内阁所取代。战时内阁由以丘吉尔为首的五位核心大臣组成，实行高度集权。战时内阁在丘吉尔的领导下，对英国取得反法西斯主义战争的胜利发挥了重要作用。

（一）丘吉尔战时内阁成立的背景

一战后和平主义在英国盛行，任何重整军备的行为都会遭到民众的反对，因此避免战争、追求和平就成为决策者的治国基策。英国的国家安全战略在20世纪30年代有两个基本要素：确保英伦三岛的安全和维护大英帝国的安全。[①] 面对德意法西斯在欧洲的扩张，英国仍然反对扩军。"如1935年意大利入侵埃塞俄比亚，英国的民意测验却表明：大多数英国人反对扩军甚至赞成全面裁军。"[②] 在这种厌战的国内气氛下，英国当局推行了"绥靖政策"，不惜牺牲小国的国家主权来换取英国所谓的和平景象，甚至在1938年9月发生了臭名昭著的慕尼黑阴谋。此外，英国还试图将德国法西斯主义的祸水东引至苏联。英国决策者过高地估计了德意法西斯的实力，自身则充满了失败感，因此梦想着以推行绥靖外交来弥补国防力量的不足。英国参谋长委员会会议1938年10月得出结论："在1938年同时对日德意作战，是我国国防部队当前的和预计中的力量都不打算面对的一种义务，纵使我们和法国与俄国结成同盟的话。"[③] 英国不断地强调自身的军备只是为了防御，牺牲弱小国家利益的绥靖政策已经难以满足希特勒的侵略野心，因此不可避免地导致了二战的爆发。1939年9月二战爆发后，张伯伦政府虽然被迫对德宣战，但是却采取了消极防御。英国民众对于张伯伦的消极防御战略怨声载道，这直接导致了张伯伦政府的下台，丘吉尔领导的战时内阁遂告成立。

丘吉尔之所以能够出任英国首相并领导战时内阁，与他所表现出来的对法西斯毫不妥协的态度密切相关。丘吉尔是英国最早提出重整军备的人之一，认为英国的军备已经落后于德国，面对希特勒法西斯主义咄咄逼人的态势，重整英国军备显得尤为迫切。丘吉尔自始至终坚决反对绥靖政策。丘吉尔认为，牺牲弱小国

---

① B. J. C. McKercher, "National Security and Imperial Defence: British Grand Strategy and Appeasement, 1930 - 1939", Diplomacy & Statecraft, Volume 19, Issue 3, September 2008, P. 391.

② 陈海宏、肖华锋：《英国1919～1945年的军事建设》，载《江西师范大学学报》（哲学社会科学版）2003年第2期，第112页。

③ 齐世荣：《三十年代英国的重整军备与绥靖外交》，载《历史研究》1984年第2期，第199页。

家利益的绥靖外交不会满足德国法西斯主义的胃口，英国这是搬起石头砸自己的脚。他认为只有对希特勒法西斯主义采取强硬的态度才会阻止战争的爆发，实现英国的永久和平。“在德国吞并奥地利和策划肢解捷克斯洛伐克的时候，丘吉尔对张伯伦政府推行的绥靖政策进行了尖锐的批评，认为这种政策只能鼓励侵略，只有联合法国、苏联和欧洲其他国家，才能制止侵略。”① 丘吉尔作为一名保守的资产阶级政治家，对于苏联这个社会主义国家充满了敌意。但是面对德意法西斯的侵略扩张，他认识到了联合苏联的必要性和重要性，这足以体现其博大的战略胸襟。“丘吉尔知道，只有维护和平的力量大大超过侵略力量时，才有可能制止战争。”② 总之，丘吉尔表现出来的对德强硬态度和毫不妥协的立场及非凡的战略远见，为他获任首相并领导战时内阁奠定了基础。

（二）丘吉尔战时内阁的成立

由于民众对张伯伦采取的对德绥靖政策日益不满，1940 年 5 月 10 日，张伯伦被迫辞职。丘吉尔临危受命，组建了战时内阁联合政府。“战时内阁是指战争期间或国家处于内忧外患时期由英国执政党的少数当权人物所组成的内阁，其组建的目的是掌握一切大权以便集中全力进行战争或应对困难局面。”③ 丘吉尔战时内阁是二战期间为了应对德国法西斯主义侵略而成立的，目的是取得反法西斯主义战争的胜利。丘吉尔战时内阁是二战期间英国最高安全决策机构，由五人组成：首相兼国防大臣丘吉尔、枢密院长张伯伦、外交大臣哈利法克斯、掌玺大臣艾德礼、不管大臣格林伍德。“他们五人决定战略、政策和重大的军事决策。海军部、陆军部和空军部大臣只是首相的副手，具体执行行政命令，而不参与战时内阁决策会议。”④ 从这里我们可以看出，五人战时内阁掌握着最高决策权，丘吉尔是重大军事决策的核心，往往独断专行，因此可以说战时内阁掌握在丘吉尔一人手中。英国战时内阁下属若干个动员机构，包括工业动员机构、交通动员机构、人力动员机构和财力动员机构，并由国防大臣代表首相统一领导和协调各部门的动员准备。⑤ 战时内阁的动员机制对英国最大限度地集中人力、物力资源来战胜德国法西斯发挥了重要作用。为了更好地配合战时内阁对德作战，丘吉尔政府还改组和建立了相应的情报机构。战时内阁政府对军情五处、联合情报委员会

---

① 王章辉：《试论丘吉尔在第二次世界大战中的作用》，载《世界历史》1980 年第 6 期，第 26 页。
② 王章辉：《试论丘吉尔在第二次世界大战中的作用》，载《世界历史》1980 年第 6 期，第 27 页。
③ 杨华、马明：《英国的“战时内阁”与“影子内阁”》，载《英语知识》2006 年第 6 期，第 10 页。
④ 翟文奇：《第二次世界大战期间英国军事建设探要》，载《齐齐哈尔大学学报》（哲学社会科学版）2005 年第 6 期，第 47 页。
⑤ 李保忠：《中外军事制度比较》，商务印书馆 2003 年版，第 309 页。

进行了改组，赋予其更多的权力，同时还新成立了特别行动处、安全情报中心和双十委员会等情报机构。这些情报机构进行的情报战，对英国战胜德国法西斯主义发挥了重要作用。丘吉尔战时内阁组织及执行机构如图 15－2 所示。

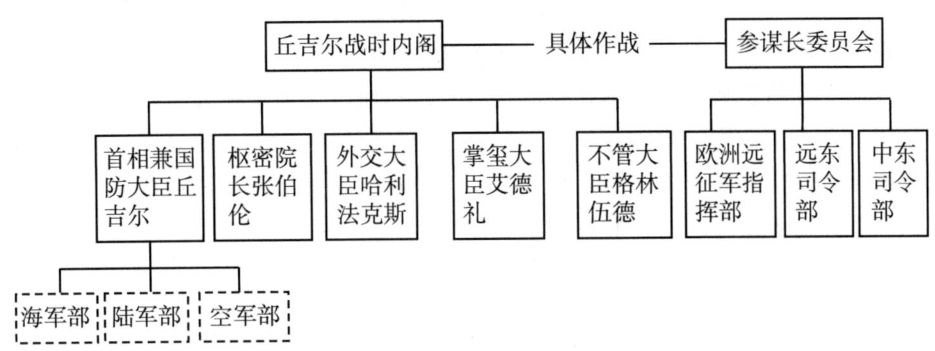

图 15－2　丘吉尔战时内阁的组织及执行机构

（三）丘吉尔战时内阁的影响

战时内阁成立后，丘吉尔带领英国迅速投入到反法西斯战争中，战时内阁对英国取得反法西斯战争的胜利发挥了重要作用。

其一，战时内阁进行了最大限度的战争总动员，英国成为欧洲反法西斯的大本营。1940 年 6 月法国投降，美国、苏联两大国尚未参战，英国此时孤军奋战，面临着生死存亡的考验。丘吉尔领导的战时内阁迅速改变作战战略，扬长避短。"英国的长处是海军和空军，发挥英军的长处，用海上封锁和空军同时在偏远的次要地区不断展开军事行动，使德国在这些地方的力量渐渐消耗掉，直到最后给德国以决定性的打击。"① 战时内阁进行了全国抗战总动员，经济上实行战时统制经济，以保证战争期间的军事开支，为战争的胜利奠定物质基础。战时内阁加紧了对国内人力的动员和英联邦成员国及广大的殖民地的动员，反法西斯阵营迅速加强。英国抵抗住了德国法西斯的侵略，使得英国本土未被侵占，英国也成为法国、荷兰等沦陷国家的大本营，这些欧洲大陆国家在英国建立了流亡政府，继续同德国法西斯进行战斗。

其二，丘吉尔领导的英国战时内阁推动了世界反法西斯统一战线的建立，为世界反法西斯战争的胜利做出了重大贡献。苏德战争和珍珠港事件爆发后，苏美也加入反法西斯阵营，战时内阁做出了联合苏美、建立世界反法西斯统一战线的决定。1942 年元旦，美英苏等 26 个国家在华盛顿签署了《联合国家宣言》，世

① 翟文奇：《第二次世界大战期间英国军事建设探要》，载《齐齐哈尔大学学报》（哲学社会科学版），2005 年第 6 期，第 46～47 页。

界反法西斯统一战线正式形成。英国还同美国建立了军事同盟，“建立了共同的指挥系统——美英联合参谋长委员会，统一指挥两国军队的行动。该委员会在协调和指挥各战区的美英军队作战方面发挥了重大作用，保证了历次重大军事行动顺利进行。”① 英美制定了“欧洲第一、亚洲第二”的军事战略，即先击败轴心国的核心德国、再击败日本的作战战略。此后，反法西斯同盟国相继取得了北非战役、斯大林格勒战役的胜利，抗战进入了转折阶段，形势明显有利于反法西斯同盟国。丘吉尔作为战时内阁的首脑和反法西斯同盟国三大首脑之一，相继参加了开罗会议、德黑兰会议、雅尔塔会议、波茨坦会议，对于反法西斯主义战争的胜利和战后世界秩序的安排发挥了重要作用。

第二节　英国国防与海外政策委员会

二战结束后，英国的实力受到极大削弱，如何在国力受损的情况下维护英国的国家安全，进而追逐英国的大国地位，成为决策者需要认真思考的问题。从二战结束一直到2007年的几十年时间里，英国主要由内阁委员会中国防与海外政策委员会负责安全事务。国防与海外政策委员会建立于二战后的艾德礼政府时期，主要经历了战后初期至1956年、20世纪60~70年代、撒切尔夫人执政时期及冷战后四个阶段的发展。在这期间，国防与海外政策委员会随着国内外环境的变化及首相安全观念的变化不断进行调整。国防与海外政策委员会自二战结束成立以来，无论是在冷战时期还是冷战结束后，在维护英国的国家安全方面都发挥了重要作用。它改善了英国的安全环境，对维护英国的大国地位、提升其国际影响力也发挥着重要的作用。但是由于其地位没有法律授权并且没有专门的执行机构，国防与海外政策委员会发挥的作用受到很大限制。

一、国防与海外政策委员会的成立与结构

二战结束后，美苏成为世界上最强大的国家，英国已经降为二等强国。此时英国认为其面临的主要安全威胁来自苏联。为了维护英国的国家安全，并追逐其大国地位，英国成立了负责安全事务的内阁委员会，即国防与海外政策委员会。

① 陈海宏、肖华锋：《英国1919~1945年的军事建设》，载《江西师范大学学报》（哲学社会科学版），2003年第2期，第115页。

（一）国防与海外政策委员会成立的背景

第一，从战争环境向冷战环境的转换必然需要安全体制的变革。第二次世界大战极大地改变了国际体系，几百年来形成的以欧洲为核心的国际体系开始瓦解，美苏实力的迅速增强与欧洲的普遍衰落成为这一时期国际结构最显著的特征。欧洲作为二战的主战场，遭受的战争创伤最为严重。二战不仅使得战败国——德国成为一片废墟，同时也使得战胜国，诸如英国、法国等遭到重创，整体实力急剧下降。当时对战争的恐惧、失业等笼罩着整个欧洲。与此相反，美国的实力大大增强，成为资本主义世界的头号强国；苏联虽然也遭受重创，但经过战争的洗礼，其军事实力得到加强，成为仅次于美国的军事大国。随着冷战的开始，欧洲开始一分为二，分别隶属于美、苏两大阵营，欧洲的国际地位一落千丈，其命运的决定权开始被美苏两个超级大国掌握。英国的形势更是不容乐观，英国虽然是战胜国，但却为战争付出了惨重的代价。国内一片废墟、民不聊生，国民经济遭到严重打击。以至于丘吉尔在波茨坦会议上无奈地感慨道，英国“是作为世界上最大的债务国走出这场战争的”。[①] 大英帝国昔日的雄风已不再，其国力迅速衰落。冷战开始后，苏联被英国认为是其最大的安全威胁。二战期间高度集权的战争体制显然已不适应冷战环境的需要，因此，为了适应冷战中对抗苏联的需要，英国通过变革其安全体制来应对苏联的威胁。

第二，通过变革安全体制提升实力，从而在国际安全事务中发挥更大的作用。二战虽然使得英国的实力大幅下降，但是作为世界三大国之一，英国参与了旨在安排战后世界秩序的德黑兰会议、雅尔塔会议和波茨坦会议，在国际舞台上还有着一定的话语权。“到战争结束时，世界仍然有将近1/4的土地被英国以各种方式控制着”。[②] 这使英国在欧洲乃至世界范围内承担着广泛的防御任务，同时使得英国人民特别是贵族精英中普遍弥漫着一种民族自豪感和自信心。为了重振大英帝国的雄风，在国际安全事务中发挥更大的作用，决策者需要认真思考如何以有限的实力去维持英国广泛的防务任务。在短期难以快速发展的背景下，英国只有通过改革其安全体制来提升实力，以维持其大国地位。

第三，战时内阁的弊端呼吁战后安全体制的转变。二战期间，出于反法西斯战争的需要，丘吉尔领导的战时内阁在英国防务上拥有巨大的权力，防务系统的权限大大超出了其法理权限。当然，这是在特殊时期的特殊需要，正是丘吉尔领

---

① 陈乐民等：《战后英国外交史》，世界知识出版社1994年版，第22页。

② 李志平：《英国在欧洲联合起步时拒绝加入之原因探析》，载《湖州师范学院学报》2004年第3期，第89页。

导的拥有巨大权限的战时内阁和防务系统才使得英国本土免遭德国法西斯的占领。二战结束后，世界又恢复到和平局面，在和平时期英国越权的防务体制势必要进行调整。在国力衰弱和进入冷战的现实环境下，英国如何更好地维护其安全和发挥大国作用是其成立国防与海外政策委员会的主要考虑。

（二）国防与海外政策委员会的成立与结构

进入20世纪后，英国内阁的权力逐渐扩大，这成为其政治体制最明显的特征。“内阁委员会原本是英国政府为了减轻内阁工作压力、为内阁做一些预备性工作而设置的，是作为内阁的一种辅助性机构，后来由于它发挥了越来越重要的作用，才为历届政府所沿用，并逐渐形成制度，成立了不同形式的各种委员会。”[①] 内阁委员会的建立分担了内阁的工作，并且在一些专业性、技术性很强的调查工作中可以吸收相关领域专家、学者的意见，提高了决策的准确性。正是基于内阁委员会的优越性，战后工党领袖艾德礼（Clement Richard Attlee）（1945～1951年出任英国首相）政府决定成立负责英国安全事务的最高领导机构，即英国国防与海外政策委员会。国防与海外政策委员会是英国最高安全决策机构，由首相任主席，国防大臣为第二号人物，外交与联邦事务大臣、内政大臣和财务大臣等是委员，国防参谋长和三军参谋长（陆军参谋长、海军参谋长、空军参谋长）在必要时可列席会议。[②] 由于国防与海外政策委员会由首相任主席，组成人员大都是一些实权部门的大臣，这就确保了该委员会在英国安全决策中的权威性和有效性。英国国防与海外政策委员会的基本职能是：对国家安全形势做出评估，确定国家安全的重大方针、原则、政策，制定国家安全战略，制定国家危机事件的应对措施并组织协调国家有关部门采取一致行动等。[③] 国防与海外政策委员会的组成如图15－3所示。

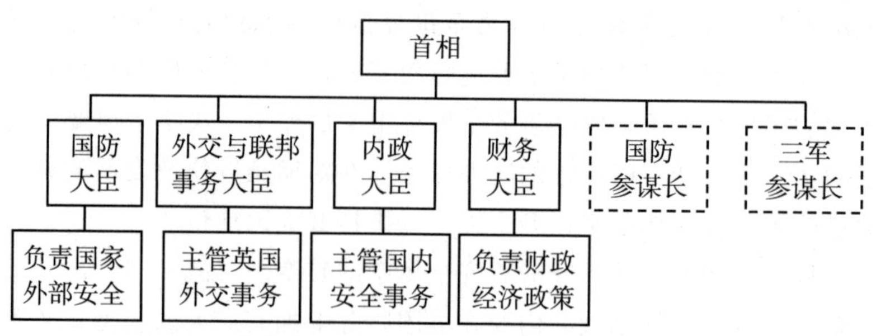

图15－3　英国国防与海外政策委员会的结构

① 胡康大：《英国的政治制度》，社会科学文献出版社1993年版，第99页。
② 孙晓文编著：《从列岛向世界出击——英国军队》，黑龙江人民出版社1999年版，第21页。
③ 王晓东：《国家安全领导体制研究》，时事出版社2009年版，第45页。

在国防与海外政策委员会下设有国防委员会。它是国防部的决策机构，由国防大臣任主席，成员包括负责武装力量的国防国务大臣、负责装备采购的国防国务大臣、负责议会事务的武装力量次官、国防采购总监、国防参谋长、国防部常务次官、陆军参谋长、海军参谋长、空军参谋长、第一国防副参谋长、国防部科学部顾问、国防部第二常务次官等人。国防委员会下设参谋长委员会和陆海空三军委员会。①

1947 年，英国成立了新的国防部。国防部既是内阁政府的一个部，同时也是国防与海外政策委员会的防务政策执行机构。国防部最高行政长官是国防大臣。国防大臣有不同的工作助手。政治事务的助手包括负责武装力量的国防国务大臣、负责装备采购的国防国务大臣、负责议会事务的武装力量次官、负责议会事务的国防采购次官。行政和军事工作的主要助手是国防部常务次官和国防参谋长。常务次官由职业文官担任，负责国防部的组织与日常事务，并通过第二常务次官控制财务系统和管理文职人员，此外还就国防政策向国防大臣提出建议。②国防部的主要职责是：贯彻执行首相、国防与海外政策委员会的指示和决议；制定有关政策；进行国防预算；负责陆海空三军的人事管理、装备采购等工作。国防部受国防大臣领导，国防大臣对国会和国家最高统帅负责，主要负责防务计划、执行国防政策及统筹安排国防事业。③

国防参谋部是英国最高军事指挥机关，主要负责军队的指挥、训练和作战，国防参谋部下设作战部、武器系统部、战略政策部，以及规划与人事部。此外，英国还在各军种设有陆军委员会、海军委员会和空军委员会分别作为陆海空三军的最高决策机构，三个委员会的主席均由国防大臣担任，这在很大程度上协调了三军之间的关系，使得国防部在做出安全决策时更有效率。

二、国防与海外政策委员会的初步发展与新变化

随着国内、国际环境的变化及首相安全观念的改变，国防与海外政策委员会不断地进行调整，主要经历了战后初期至 1956 年、20 世纪 60 ~ 70 年代、撒切尔夫人执政时期以及冷战后四个发展阶段。

（一）战后初期至 1956 年的初步改革

战后初期至 1956 年苏伊士运河危机是英国国防与海外政策委员会的初步改

① 盛红生主编：《英国政治发展与对外政策》，世界知识出版社 2008 年版，第 190 页。
② 孙晓文编著：《从列岛向世界出击——英国军队》，黑龙江人民出版社 1999 年版，第 23 页。
③ 朱建新、王晓东：《各国国家安全机构比较研究》，时事出版社 2009 年版，第 57 页。

革时期。艾德礼政府为了追逐英国的大国梦，安全观念经历了一个由独立应对苏联安全威胁到依赖大西洋联盟的转变过程，这使英国付出了沉重的防务代价。1951 年丘吉尔再度执政后，意识到大英帝国的衰落不可避免，确立了核威慑战略，减轻了英国的防务负担。1955 年艾登出任英国首相后，对安全事务表现出了极大的热忱，不断加强国防与海外政策委员会的权力并对其进行了改革，安全决策效率大大提高。

二战后虽然英国已经沦为二等强国，但是英国执政者仍然怀揣着恢复大英帝国的梦想。二战结束后，英国的政治精英们一直在努力调和大英帝国的全球大国雄心与由于经济和军事实力下降所带来的惨淡现实之间的关系。① 在建立国防与海外政策委员会和重整国防部以后，艾德礼政府开始利用新成立的安全机构在全球安全事务中追逐英国的大国梦。冷战开始后，艾德礼政府认为苏联已经取代德国成为英国的头号敌人。为了确立应对苏联威胁的安全战略，1947 年英国参谋长委员会在总体安全战略方面制定了第一个纲领性文件——《总体战略计划》，该文件确立了英国独立应对苏联威胁的防务战略。1950 年参谋长委员会又通过了第二个安全防务战略的纲领性文件——《全球战略报告》，这一文件的通过标志着英国“大西洋联盟”战略的确立。该报告就是在“大西洋联盟”框架内确定英国安全战略，核心是联美抗苏，该报告还强调了西欧防务的重点地区在德国，因此对于推动德国的重新武装意义重大。

1951 年的大选，丘吉尔再度出任首相。丘吉尔在 1948 年保守党年会上指出了英国的全球角色定位，即英国应当继续保持作为国际舞台上的关键一员。在苏联和美国主导世界格局的背景下，丘吉尔认为英国应该发挥非凡的影响力，并据此提出了“三环外交”② 的思想，把英国作为三环的核心国家。③ 正是在这一外交思想的指导下，丘吉尔政府调整了其安全防务战略。1952 年英国参谋长委员会发布二战后第三个国家安全防务战略报告——《全球战略报告》，该报告标志着英国核威慑战略的初步确立。根据核威慑战略，英国国防与海外政策委员会下设的防务委员会做出了裁军计划，不断削减其常规力量。这在很大程度上减轻了英国的防务负担。丘吉尔积极发展核武器的态度促使英国在 1952 年成功地试爆了第一颗原子弹。

1955 年，艾登（Robert Anthony Eden）接替丘吉尔出任英国首相。艾登执政

---

① Frederick Hood, “Atlantic Dreams and European Realities: British Foreign Policy After Iraq”, *Journal of European Integration*, Volume 30, Issue 1, 2008, P. 185.

② 第一环是英联邦和英帝国及其所包括的一切；第二环包括英国、美国、加拿大在内的英语世界；最后一环是联合起来的欧洲。“三环外交”思想是英国冷战时期重要的指导思想，至今仍发挥着重要作用。

③ Frederick Hood, “Atlantic Dreams and European Realities: British Foreign Policy after Iraq”, *Journal of European Integration*, Vol. 30, Issue 1, 2008, P. 185.

面临的首要问题是经济问题。20 世纪 50 年代，英国经济“染上了所谓的‘英国病’，经济增长缓慢，英镑危机频繁，通货膨胀与失业并发，导致英国经济实力下降。国内生产总值年均增长率远远低于日本、联邦德国、法国和美国等国，占世界贸易的比重逐步降低”。[①] 英国经济的衰退对艾登内阁构成了极大挑战，也在很大程度上影响了他对安全防务政策的调整。艾登决定以改革安全防务体制来改善英国的政治和经济地位。他决定加强国防与海外政策委员会的权力。一是调整军队领导体制。调整后三军参谋长在各自对自己的军种负责的同时，对国防大臣共同负有咨询责任。二是设常任主席。在三军参谋长之外，艾登决定再指派一位常任主席，这位常任主席能够代表三军参谋长向国防大臣反映他们共同的意见，以改进三军之间的合作，而又不至于严重妨碍三军参谋长对他们各自的部长负责。[②] 三是扩大国防大臣的权力。1955 年 10 月授予国防大臣新的权力，包括掌握海外防务、本土防务和涉及一个兵种以上的各种事务。[③] 国防大臣权力的扩大是基于过去国防大臣只是起到执行政策的作用，这往往是各部门相互妥协而达成的软弱无力的一致意见。国防大臣权力的扩大提高了安全决策的效率。

然而，安全体制的初步改革并未能挽回大英帝国的颓势。在 1956 年爆发的苏伊士运河危机中，英国遭到了惨败。英法出于维护在中东利益的考虑出兵埃及，这一军事行动遭到了包括美国在内的国际社会的一致谴责，英法被迫撤军。“苏伊士运河危机对于英国来说是不体面的解决，严重地损害了英国的国际地位和大国尊严，对英国在国际事务中的目标设想提出了最严重的挑战。”[④] 苏伊士运河危机也结束了艾登的首相生涯，这一危机后不久，艾登就以健康为由辞去了首相职位。英国国防与海外政策委员会需要有新的发展。

（二）英国国防与海外政策委员会的初步发展

20 世纪 60 年代至 70 年代末是英国国防与海外政策委员会的初步发展时期。这一时期，英国政治进入一个不稳定时期，首相更迭频繁，先后有麦克米伦（Maurice Harold Macmillan）、道格拉斯—霍姆（Alec Douglas-Home）、哈罗德·威尔逊（James Harold Wilson）、爱德华·希思（Sir Edward Heath）、哈罗德·威尔逊、詹姆斯·卡拉汉（Leonard James Callaghan）和撒切尔夫人（Margaret Hilda Thatcher）相继执政。虽然每一届政府都对安全体制进行了或多或少的改革，但首相的频繁更迭使得首相在英国安全体制改革方面难有大的作为，英国国防与海

① 施倞：《八十年代的英国经济》，载《西欧研究》1989 年第 11 期，第 21 页。

②③ ［英］艾登著，书报简讯社译：《艾登回忆录（全译本）》，世界知识出版社 1960 年版，第 518 页。

④ 杨冬燕：《苏伊士运河危机与英美关系》，南京大学出版社 2003 年版，第 183 页。

外政策委员会的权力有限。加之自苏伊士运河危机以来，英国国家实力、国民自信心都遭到前所未有的重创，显然无力继续苦撑在全球范围内广泛的防务义务，因此安全体制的改革还不是政府面临的首要问题。英国安全体制在这一时期的一个重要的调整是于1964年对其国防机构进行了重组。原来独立于国防部的陆军部、海军部、空军部与国防部合并。至此，陆军部、海军部、空军部正式成为国防部的下设机构，这样做的目的是使得国防部的权力更为集中，以便在进行全球防务收缩时更好地调度三军部门。

这一时期国防与海外政策委员会最主要的变化发生在撒切尔夫人时期。撒切尔夫人1979年当选英国首相，三次连选连任，执掌英国政坛长达11年，这是战后英国历史上的一段重要时期，也是英国国防与海外政策委员会的重要发展时期。撒切尔夫人从小就受到严格的家庭教育，这塑造了她不走中间道路的顽强性格。她做事坚持原则、绝不屈服，这使得她通常以铁腕的形象示人。撒切尔夫人深受保守主义思想的影响，并且形成了独具特色的“撒切尔主义”。她有着强烈的民族主义情绪，眷恋着昔日辉煌的大英帝国，对于以苏联为首的共产主义有着本能的敌视。撒切尔夫人的顽强性格以及做事风格深深地影响着她的安全观念，使得国防与海外政策委员会的权力在这一时期得到加强。

撒切尔夫人执政之初，刚好为苏联利用20世纪70年代的缓和加紧扩军备战，积极抢占世界势力范围，形成了战略上的“苏攻美守”，并且苏联在1979年底南下入侵阿富汗，冷战再度被激化。撒切尔夫人希望进一步加强国防与海外政策委员会的权力，继续追逐英国的大国梦。撒切尔夫人提高了防务支出。“至1984年，英国国防支出为国内总产值的5.3%，超过法、（联邦）德、意等国（法国为4.1%，联邦德国为3.3%，意大利为2.9%），而仅次于美国（6.9%）。国防费用的人均支出英国为406美元，而法国为367美元，联邦德国为334美元，意大利为195美元。”① 撒切尔夫人领导的国防与海外政策委员会还坚决维护英国的核威慑力量，1980年向美国订购三叉戟导弹，以代替英国拥有的北极星导弹。

国防与海外政策委员会权力的增强集中体现在英阿马岛战争中。1982年4月2日，在阿根廷军队出兵的当天，国防与海外政策委员会迅速演变为以首相为首的8人战时内阁，成员包括首相、国防大臣、外交与英联邦事务大臣、内政大臣和四名顾问，下设首相办公室等办事机构。战时内阁主要负责英国关于战争的大政方略，协调外交、经济、军事方面的一些重大问题。战时内阁在马岛战争的决策中起了十分重要的作用。② 这场战争的胜利大大振奋了英国人的民族精神，

① 冉隆勃、王振华等：《当代英国——政治、外交、社会、文化面面观》，中国社会科学出版社1990年版，第234页。

② 李保忠：《中外军事制度比较》，商务印书馆2003年版，第90页。

“这场战争的胜利给英国人带来了自信，使英国人重温了‘帝国的自豪’和英国‘伟大’的情感”。[①] 在撒切尔夫人执政时期，英国国防与海外政策委员会权力明显增强，决策高效。这是英国赢得马岛战争的重要保证。

（三）冷战后国防与海外政策委员会的新变化

冷战结束后，英国面临的国际、国内安全环境发生了重大变化，安全威胁呈现出多元化趋势，传统安全问题与非传统安全问题交织出现。1990 年 11 月梅杰出任英国首相后，国防与海外政策委员会的独立性、自主性得到增强。然而 1997 年 5 月布莱尔执政后，在安全议题上往往独断专行，绕开正式的政府机构，更多地依赖于少数阁僚和顾问，这使得国防与海外政策委员会的权力不断下降，形同虚设。

20 世纪 80 年代末 90 年代初，世界上相继爆发了东欧剧变、两德统一、苏联解体等重大事件。1991 年苏联解体宣告二战后长达 40 多年的东西方冷战的结束，国际政治开始进入一个新时期。随着两极体制的瓦解，东西方对抗消失，欧洲结束了长期的分裂局面和政治、军事对抗，欧洲地区爆发世界大战的可能性大大减小，英国的安全环境得到了很大改善。冷战的结束解除了英国安全的最大军事威胁。然而，地区紧张局势、种族冲突、宗教矛盾、民族纠纷和资源冲突仍然在世界蔓延，威胁着世界的和平与安全，新世界不可预测性增大，今天并不比冷战时期更和平。[②]

《不确定时代的强大英国》对这种变化做了清晰的表述：冷战的结束使得英国的安全环境得到了改善但也使安全威胁多样化，没有一个单一安全威胁会占据主导地位，国家安全威胁变得更加复杂。英国面临来自苏联的安全威胁是可预见的军事和核武器威胁，而新的安全威胁更加的多样化、复杂化，变得难以预见。[③] 英国面临安全威胁的主要特点是：“威胁的种类将从单一（苏联）转向多元；威胁的性质将从‘公开’走向‘隐蔽’，从‘明确’变为‘不确定’；威胁的程度将从‘危及生存’变为‘危及安全利益’；恐怖分子使用核武器的威胁将替代战略核武器的威胁。”[④] 加之华盛顿的战略重心开始从欧洲扩散到其他地区，布什总统明确表示，美国在欧洲的首选盟友将是一个统一的德国。[⑤] 英国如何调整和

---

① 黄正柏编著：《撒切尔夫人传》，长江文艺出版社 1997 年版，第 219 页。

② Menzies Campbell CBE QC MP，“British security and defence policy”，*The RUSI Journal*，Vol. 142，Issue 2，1997，P. 38.

③ A Strong Britain in an Age of Uncertainty：The National Security Strategy，P. 18.

④ 盛红生：《英国政治发展与对外政策》，世界知识出版社 2008 年版，第 186 页。

⑤ Frederick Hood，“Atlantic Dreams and European Realities：British Foreign Policy after Iraq”，*Journal of European Integration*，Volume 30，Issue 1，2008，P. 187.

完善其安全体制，以保持英国的大国地位和应对安全威胁多样化和不可预测性，考验着执政者的智慧。

梅杰政府提升了国防与海外政策委员会独立性、自主性。1990 年 11 月，梅杰（John Major）接替撒切尔夫人成为英国新一任首相。梅杰政府根据冷战后英国安全面临的新形势和英国自身实力的变化，提高了国防与海外政策委员会的独立性、自主性。由于英国面临的传统威胁和非传统威胁交织在一起，英国政府除了和国外合作来应对这些威胁外，还需要加强国防与海外政策委员会的独立性、自主性来面对安全形势的新变化。1992 年 7 月，英国发布国防白皮书《适应变化的选择》，白皮书提出了英国的三项任务：“一是保证英国及其海外领地的领土完整和安全；二是对付英国及其盟国面临的任何重大外部威胁；三是通过维持国际和平与稳定，促进英国更广泛的安全利益。”[①] 英国要完成这三项任务，需要提升国防与海外政策委员会的决策能力和决策独立性，特别是在军事战略决策上更大的权限，英国军事学说强调策略，强调灵活性和适应性、决策的速度和出其不意。[②] 这有利于英国解决新的安全问题和“在世界上发挥超过其实力的影响”。[③] 梅杰在国防与海外政策委员会的改革设想并没有使英国解决其安全问题，国防与海外政策委员会最后终结。

1997 年，年仅 44 岁的工党领袖布莱尔（Tony Blair）出任内阁首相。布莱尔执政后，意气风发，锐意改革，对英国国家安全体制也进行了相应的革新。布莱尔试图以改革英国国家安全体制和防务能力作为提升英国大国地位的手段，在上任不久发表的对外政策讲话中他就宣称：“我们在帝国后的这个时期不可能成为军事意义上的超级大国，但是我们能使世界感受到英国存在的影响”。[④] 1998 年 7 月，布莱尔政府发表《战略防务评估报告》白皮书，“强调维和行动以及灵活机动、快速部署、协同作战的能力。”[⑤] 2001 年“9·11”恐怖主义袭击事件发生后，布莱尔政府把恐怖主义升级为英国头号威胁。[⑥] 从这里我们可以看出，英国面临的安全威胁具有多元化的特征。由于国防与海外政策委员会偏重于讨论军事问题，加之其讨论和反映问题迟缓，因此不利于迅速解决像恐怖主义这类应急安全问题。布莱尔作为一名“明星式”首相，在安全问题上往往绕开国防与海外政策委员会这一决策平台，独断专行，这不可避免地使得国防与海外政策委员会的

① 李庆功等：《世界军事大调整》，军事谊文出版社 1993 年版，第 90 页。

② Hew Strachan, “The Strategic Gap in British Defence Policy”, *Survival: Global Politics and Strategy*, Vol. 51, Issue 4, 2009, P. 59.

③ 王振华：《冷战后英国外交的调整与走向》，载《外交学院学报》1996 年第 2 期，第 29 页。

④ 王振华编著：《英国》，社会科学文献出版社 2003 年版，第 439 页。

⑤ 张业亮：《英国防务和安全政策浅析》，《现代国际关系》1999 年第 4 期，第 19～20 页。

⑥ 王玉婷：《布莱尔政府时期的英国安全战略（1997～2007）》，光明日报出版社 2012 年版，第 61 页。

咨询、决策功能有所下降。布莱尔政府设有一个外交政策顾问和一个情报协调人，用以协调安全决策。在解决国家安全问题时，布莱尔抛开正式政府机构，仅由他本人和他的少数顾问们进行独断专行的决策，人们称之为“沙发政府”。[①]在布莱尔执政时期，英国参加了在伊拉克、索马里、科索沃、阿富汗等国的军事行动，这些军事行动决策都是布莱尔和他的少数顾问绕开国防与海外政策委员会这一正式机构做出的，国防与海外政策委员会在英国最高安全决策机构中的地位形同虚设。布莱尔的独断专行使得国防与海外政策委员会在国家安全决策体系中的地位不断下降，直到寿终正寝。

三、国防与海外政策委员会的特点和运行机制

在几十年的发展历程中，国防与海外政策委员会有着自身鲜明的特点，在英国安全体制中居于重要地位，运作方式具有高度的机密性，实行平时战时有机统一，但是没有法律赋权和专门的执行机构。其运行机制遵循国家安全议题的确立、国家安全决策、决策方案的实施和结果评估与修正四个阶段。

（一）国防与海外政策委员会的特点

国防与海外政策委员会无论是在冷战时期还是冷战结束后，在维护英国的国家安全方面都发挥了重要作用。它改善了英国的安全环境，对维护英国的大国地位、提升其国际影响力也发挥了重要作用。国防与海外政策委员会在几十年的发展历程中有如下特点：

一是国防与海外政策委员会的运作具有高度的机密性。英国内阁委员会具有封闭性的特点，在英国是秘密的，外界基本上对内阁委员会的机构没有一个完整的了解。作为负责安全这一敏感事务的国防与海外政策委员会更是具有高度的机密性，其开会的时间、地点、议程和决策过程都不公开。1946 年艾德礼政府决定制造原子弹、1956 年艾登政府决定侵占苏伊士运河等都是国防与海外政策委员会经过秘密讨论后做出的决定。1982 年马岛战争的决策，外界对其一无所知。小范围内的机密性有时促进了安全决策效率的提高，但是，它的机密性也引起了公众的普遍担心，认为它的机密性使得国防与海外政策委员会缺乏必要的监督和制约机制。

二是国防与海外政策委员会具有平时战时有机统一的特点。“国家安全领导体制不仅要解决和平稳定时期对国家安全事务的领导，而且要解决发生重大危机

① 彭光谦主编：《世界主要国家安全机制内幕》，江苏人民出版社 2014 年版，第 168 页。

事件特别是转入战争状态时对国家各条战线斗争的全面领导与指挥，并使二者有机地统一起来。”[①] 国防与海外政策委员会和平时期负责对英国安全事务的领导，在爆发战争时自动演化为战时内阁，以集中全部力量取得战争的胜利。在1982年4月英阿马岛战争爆发后当天，国防与海外政策委员会迅速演变为以撒切尔夫人为首的8人战时内阁，全面负责马岛战争的战争决策，对于战争的最后胜利发挥了重要的作用。

三是国防与海外政策委员会发挥的作用有限。英国法律没有赋予国防与海外政策委员会以决定权，同时国防与海外政策委员会没有专门的执行机构，执行过程还是依赖于国防部等部门，这不可避免地限制了国防与海外政策委员会的作用。此外，英国首相在英国政治生活中处于核心地位，在安全决策上拥有最终的决定权，使得国防与海外政策委员的决定更多地体现为首相个人的意志。正是这种现状使得首相在做出决策时可以抛开国防与海外政策委员会这一正式平台，自己单独进行决策。这种状况在布莱尔执政时期表现得最为明显，布莱尔往往更喜欢通过非正式、自由随意的方式做出决策，这就使得国防与海外政策委员会发挥的作用有限，有时甚至形同虚设。

（二）国防与海外政策委员会的运行机制

英国国防与海外政策委员会作为英国最高安全决策机构，遵循四个阶段的运行流程。

首先是确定安全议题。及时发现问题是有效解决问题的前提。但是，并不是所有的问题都会进入国防与海外政策委员会讨论的议程。安全决策者可以对某些问题采取任其发展的态度，也可以对某些问题迅速做出判断与反应，只有那些被安全决策者认为是危及本国国家安全利益的重大问题才会引起重视。[②] 只有重大的安全问题引起决策者的重视后，才可能纳入决策议程。

其次，英国国家安全议题确定后开始进入国家安全决策程序。决策程序主要包括决策者听取来自英国情报机构、咨询机构的信息，根据对情况的初步了解判断国家安全议题的性质、级别，然后进行方案的酝酿，在系统综合各级执行部门、情报机构、咨询机构建议的基础上，国防与海外政策委员会展开对各种方案的评估、论证，帮助首相权衡利弊、分辨优劣；国防与海外政策委员会主席即英国首相从战略全局出发最终确定应对方案，并批准予以执行。[③]

---

① 王晓东：《国家安全领导体制研究》，时事出版社2009年版，第67页。
② 王晓东：《国家安全领导体制研究》，时事出版社2009年版，第56页。
③ 王晓东：《国家安全领导体制研究》，时事出版社2009年版，第58页。

再次，在英国国防与海外政策委员会的统一协调下，国防、外交、情报等部门按照分工的不同，在各自领域迅速展开行动。例如英阿马岛战争爆发后，战时内阁迅速拿出解决方案。在应对方案得到议会下院的同意后，各执行机构依据应对方案按职责迅速行动。如财政部冻结阿根廷在英国的资产；国防部迅速动员了海军舰艇组成特遣舰队，征调民用船只供后勤补给之用，以及收集、分析有关的军事情报；贸易部则禁止进口阿根廷产品。①

最后，对决策方案进行评估与修正。英国决策者做出的安全决策受到英国议会、反对党及公众舆论的监督，国防与海外政策委员会要根据这些监督者提供的意见及客观形势的变化对安全决策进行评估与修正，从而力求安全决策执行的正确性。英国国防与海外政策委员会的运行机制如图 15－4 所示。

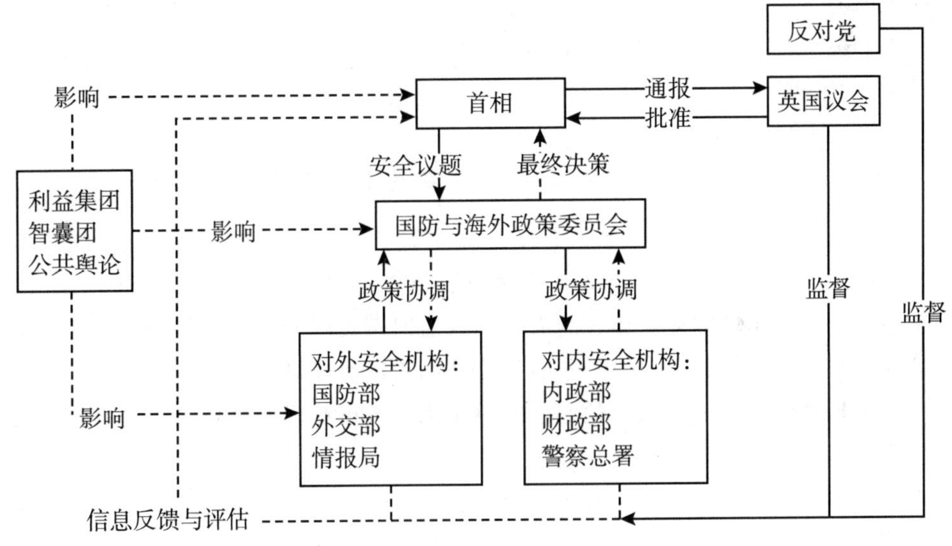

图 15－4　英国国防与海外政策委员会的运行机制

第三节　内阁国家安全、国际关系和发展委员会

布朗（James Gordon Brown）于 2007 年 6 月出任英国首相，虽然执政仅 3 年的时间，但是却对英国国家安全体制进行了重大改革。布朗执政时期，英国面临的安全威胁出现了多元化、复杂化的特点，特别是恐怖主义已经成为英国的头号

① 王晓东：《国家安全领导体制研究》，时事出版社 2009 年版，第 63 页。

安全威胁。因此布朗决心制定英国国家安全战略，重新审视英国安全威胁的重心。为了应对英国面临的安全威胁，布朗政府建立了统一的安全决策机构，即内阁国家安全、国际关系和发展委员会。建立内阁国家安全、国际关系和发展委员会及其咨询机构——国家安全论坛，是布朗在英国安全体制改革问题上取得的一个重要成就。但内阁国家安全、国际关系和发展委员会本身就是一个妥协的产物，加之布朗短暂的执政生涯，其作用大打折扣。

一、内阁国家安全、国际关系和发展委员会的成立

英国经济的不断发展为布朗政府安全体制改革奠定了物质基础，而恐怖主义威胁的日益严重是布朗政府改革安全体制的直接催生因素，布朗的改革也吸取了布莱尔在安全问题上独断专行的决策方式所带来的深刻教训。2007 年，布朗政府成立“内阁国家安全、国际关系和发展委员会”。

（一）内阁国家安全、国际关系和发展委员会成立的背景

自 1997 年布莱尔执政以来，布朗一直主管英国财政，被誉为英国历史上最成功的财政大臣，其辉煌的经济成就使他于 2007 年 6 至 2010 年 5 月担任首相。布朗作为一位杰出的财政大臣，为布莱尔政府时期英国的经济发展做出了重要贡献。布朗担任内阁财政大臣时期是英国冷战结束以后经济发展最好的时期。经济的稳步发展增强了布朗执政的信心，同时也为其改革英国安全体制，建立内阁国家安全、国际关系和发展委员会奠定了物质基础。

恐怖主义威胁是布朗政府改革安全体制的直接催生因素。冷战结束以后，英国政府本应更加注重国内安全，但英国国防部并没有把国内安全放在首要位置。① 这使得英国国内安全局势每况愈下。自“9·11”事件爆发后，恐怖主义对全球安全的威胁越来越大，英国也频繁遭到恐怖主义袭击。2005 年 7 月 6 日，在英国主持召开八国峰会期间，伦敦获得了 2012 年奥运会主办权，就在英国沉浸在欣喜之中时，次日便发生了伦敦地铁爆炸案。这次恐怖袭击事件打破了英国本土不受恐怖袭击侵扰的神话。布朗就任首相不到一周，2007 年 6 月 29 日和 30 日，英国相继发生了伦敦汽车炸弹袭击案和格拉斯哥机场汽车撞击案。这些接二连三的恐怖袭击事件为执政者敲响了警钟，英国在应对恐怖主义问题上的不力也引起了人们的不满。人们也将此归咎于布莱尔政府追随美国发动反恐战争。“2006 年 9

① Hew Strachan, “The Strategic Gap in British Defence Policy”, *Survival*: *Global Politics and Strategy*, Vol. 51, Issue 4, 2009, P. 63.

月，英国一份民意调查显示，有77%的民众认为英国政府对中东地区的政策是英国成为恐怖袭击目标的催生因素。"[①] 因此，布朗政府面临着很大的民意和舆论压力。恐怖袭击事件使新上任的布朗首相对英国国家安全问题进行了认真思考，他认为应该重新评估、确定英国所面临的安全威胁，并调用有限的国家资源去解决这些安全问题，更好地维护英国的国家安全。布朗"希望建立应对恐怖主义等威胁的国家统一决策机制，构建全面的国家安全战略，以便全方位、有重点地应对和处理英国安全的新挑战和新问题"。[②] 这一国家统一决策机制就是布朗政府建立的内阁国家安全、国际关系和发展委员会。

布朗政府安全体制改革也是基于布莱尔安全决策上的教训。布莱尔为了提高安全决策的效率，在其执政期间通常绕开国防与海外政策委员会进行安全决策。这种行事风格难免出现失误，比如布莱尔相继参与的几次战争，特别是追随布什政府发动的伊拉克战争，被认为是英国重大的安全决策失误，英国为此付出了沉重代价。由于英国追随美国发动的伊拉克战争远未达到其寻找大规模杀伤性武器的目标，严重损害了英国的国际信誉，因此招致了广泛的批评，被称为自1956年苏伊士运河危机以来英国外交的最大失败。[③] 布莱尔甚至被讥笑为布什忠实的"哈巴狗"。同时，由于英国在伊拉克战争问题上与法德等欧洲国家的分道扬镳，使得英国与欧洲国家之间的关系也受到了损害。布朗上台后对英国的安全决策体制进行了检讨和反思，在安全问题上布朗更倾向于倾听各方意见，避免独断专行。布朗由此认为应该从总体上改革英国国家安全体制，既要改变各部门对安全问题各自为政的状况，又要避免首相在安全决策上的独断专行，建立一个类似美国国家安全委员的安全决策机构来处理英国的安全问题。

（二）内阁国家安全、国际关系和发展委员会的成立

2008年3月19日，布朗就任首相后正式公布了英国首份国家安全战略报告——《英国国家安全战略》。布朗在该文件中指出英国面临以下安全威胁和挑战：恐怖主义、核武器、全球动荡、国际犯罪、民间紧急事件和间谍。[④] 这些安全威胁和挑战既包括国内的，也包括国际上的。其中，恐怖主义是英国面临的最大安全威胁。为了避免各安全部门在处理安全事务时各自为政，有效整合国家资源应对恐

① 叶建军：《调整与定位：英国对英美"特殊关系"的反思》，载《现代国际关系》2010年第8期，第32页。

② 张骥主编：《世界主要国家国家安全委员会》，时事出版社2014年版，第129页。

③ Frederick Hood, "Atlantic Dreams and European Realities: British Foreign Policy after Iraq", *Journal of European Integration*, Vol. 30, Issue 1, 2008, P. 183.

④ "英国公布首份国家安全战略称面临多种威胁"，http://www.chinadaily.com.cn/hqgj/2008-03/21/content_6553466.htm.

怖主义等威胁，同时提高首相在国家安全事务中的地位，布朗认为必须组建国家统一决策机制。2007 年，布朗政府成立了内阁国家安全、国际关系和发展委员会，该委员会成员包括国防、外交等内阁大臣、警察首脑、情报部门首脑及其他相关部门负责人，负责就国家安全方面的问题进行讨论和决策，定期召开关于阿富汗和巴基斯坦安全问题的会议，不定期召开安全热点问题的专门会议。[①] 内阁国家安全、国际关系和发展委员会下设有诸多分委员会，首相担任部分分委员会的主席。分委员会有海外和国防委员会、欧洲委员会、核安全委员会、阿富汗和巴基斯坦委员会、安全保护与应急反应委员会、极端主义应对委员会和情报委员会。其中，海外和国防委员会下设贸易委员会、非洲委员会及阿富汗和巴基斯坦委员会。阿富汗和巴基斯坦委员会既隶属于内阁国家安全、国际关系和发展委员会，同时又属于海外和国防委员会。欧洲委员会主席为外交大臣，非洲委员会主席为国际发展大臣，安全保护与应急反应委员会主席为内政大臣。极端主义应对委员会和情报委员会皆由首相担任主席。其余委员会由首相和外交大臣轮流担任主席。[②]

为了更好地推进国家安全战略，处理内阁国家安全、国际关系和发展委员会的日常事务，协调和监督政府的安全政策，2008 年 9 月布朗政府建立了国家安全秘书处。2009 年 3 月，成立国家安全论坛。这一机构由各领域的专家组成，负责为内阁国家安全、国际关系和发展委员会的工作提供建议和咨询。国家安全论坛吸收了各领域大批的优秀人才，使得内阁国家安全、国际关系和发展委员会在制定安全决策时变得更加准确和高效。内阁国家安全、国际关系和发展委员会结构如图 15 - 5 所示。[③]

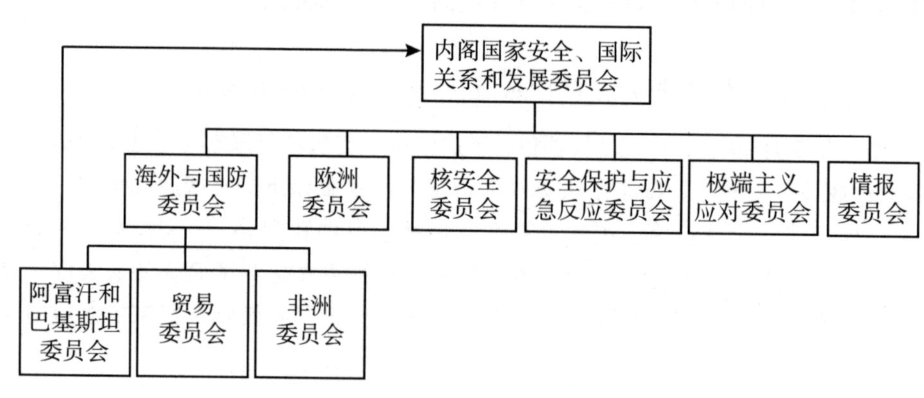

图 15 - 5　内阁国家安全、国际关系和发展委员会结构

① 游志斌：《英国政府构建“大国家安全”管理框架》，载《学习时报》，2010 年 10 月 25 日。
② 张骥主编：《世界主要国家国家安全委员会》，时事出版社 2014 年版，第 132 页。
③ 张骥主编：《世界主要国家国家安全委员会》，时事出版社 2014 年版，第 133 页。

二、内阁国家安全、国际关系和发展委员会的特点和运行机制

布朗政府建立的英国内阁国家安全、国际关系和发展委员会是当时英国最高的安全决策机构，同时设有自己专门的咨询机构——国家安全论坛。但是即便如此，其发挥的作用依然有限。内阁国家安全、国际关系和发展委员会的运行机制同样遵循国家安全议题决策的基本程序。

（一）内阁国家安全、国际关系和发展委员会的特点

内阁国家安全、国际关系和发展委员会成立于2007年，随着2010年布朗首相下台而宣告结束，共运行了三年时间。虽然时间比较短暂，但是相比于之前负责英国安全事务的国防与海外政策委员会，内阁国家安全、国际关系和发展委员会有着自己鲜明的特点。

一是内阁国家安全、国际关系和发展委员会是一个综合性的国家安全机构。它集国内安全与国际安全、传统安全与非传统安全于一身，综合了英国国防、外交、内政、情报等部门，集中了各个部门的优势资源，使其在应对英国安全问题时更具有全局性和战略性。

二是内阁国家安全、国际关系和发展委员会设有自己专门的咨询机构。为了更好地发挥内阁国家安全、国际关系和发展委员会的作用，布朗政府设立了国家安全论坛，该论坛吸纳了各领域的优秀专家，为内阁国家安全、国际关系和发展委员会提供咨询和建议，更好地协助其做出安全决策。

三是内阁国家安全、国际关系和发展委员会还不够成熟，其作用依然有限。内阁国家安全、国际关系和发展委员会及国家安全论坛的建立，使得布朗政府在安全体制改革上取得了一定成绩。但是我们不能夸大这两个机构的作用，因为它们本身就是布朗政府计划中的国家安全委员会妥协的产物。前者从一开始就遭到了诸多质疑：布朗首相不过是将原本属于数个内阁委员会的职能混合到了一起；后者则被斥为“又一个清谈俱乐部”并遭到直接解散。[①] 随着2008年金融危机的发生，这两个机构在安全问题上发挥的作用越来越有限。

① 彭光谦主编：《世界主要国家安全机制内幕》，江苏人民出版社2014年版，第169页。

（二）内阁国家安全、国际关系和发展委员会的运行机制

内阁国家安全、国际关系和发展委员会作为布朗政府时期英国最高安全决策机构，其运行机制也同样遵循国家安全议题的确立、国家安全决策、决策方案的实施和结果评估与修正四个基本程序。

首先，安全议题的确立。在英国面临的众多国内、国际安全问题中，内阁国家安全、国际关系和发展委员会筛选出比较重要、涉及英国核心国家利益的安全问题，如恐怖主义问题，阿富汗和巴基斯坦等安全热点问题。

其次，在安全议题确立后开始进入决策程序。内阁国家安全、国际关系和发展委员会听取来自其下属各个委员会、英国情报机构或国家安全论坛等关于英国安全问题的汇报，进行协商和辩论，并最终由布朗首相确定应对方案。

再次，在内阁国家安全、国际关系和发展委员会的协调和监督下，英国内阁各部门如国防部、内政部、外交部、情报部门等根据分工的不同，迅速在各自领域展开行动，并且加强沟通和配合，更好地实施安全决策方案。

最后，内阁国家安全、国际关系和发展委员会根据客观形势的变化，不断跟踪、评估已经付诸实施的安全决策方案，听取来自英国议会、反对党、国家安全论坛、执行机构甚至公众舆论等部门的反馈意见，从而不断地对安全决策方案进行修正和调整，以使得安全决策得到实施。内阁国家安全、国际关系和发展委员会的运行流程如图 15 -6 所示。

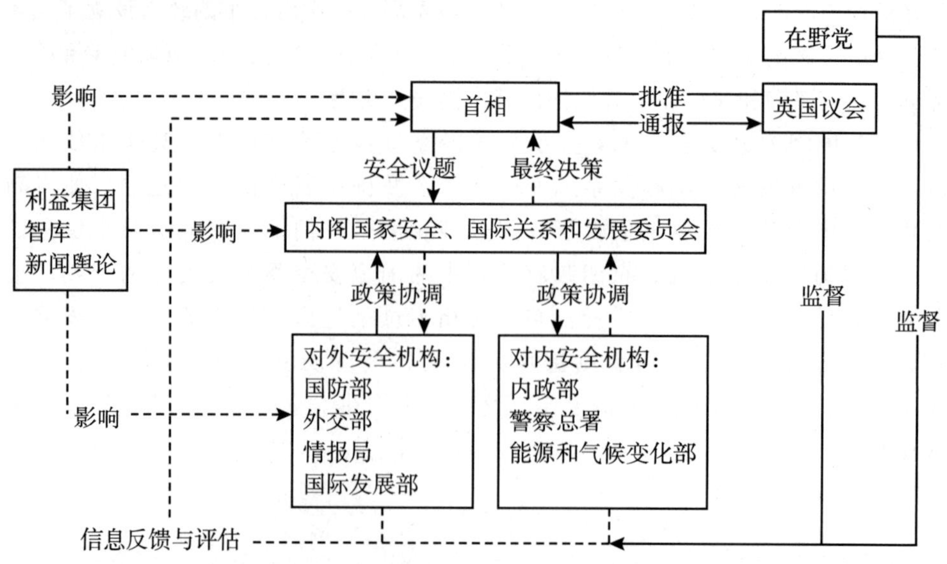

图 15 -6　英国内阁国家安全、国际关系和发展委员会的运行流程

第四节　英国国家安全委员会

2010 年 5 月卡梅伦政府执政后，全面继承了布朗政府的大国安全战略思维，并建立了英国国家安全委员会，这是二战后英国安全体制的重大调整。英国国家安全委员会由首相担任主席并全权负责，吸纳了内阁主要大臣。英国国家安全委员会作为英国最高安全决策机构和安全战略的中枢神经系统，从成立至今，在应对英国国家安全威胁、维护英国国家安全方面取得了显著成效。当然，作为一个新生机构，它又不可避免地存在自身的缺陷。当前，英国国家安全委员会正处于不断调整与完善过程中。

一、英国国家安全委员会的成立

2008 年金融危机带来的英国经济的下滑使得英国的国防开支不可避免地减少，如何利用有限的国防开支高效应对日益复杂的安全问题是卡梅伦不得不面对的现实。此外，布朗政府时期提出的大国安全战略思维为英国国家安全委员会的成立奠定了基础。2010 年 5 月卡梅伦政府执政后，即建立了英国国家安全委员会，从全局和战略的高度来应对英国的安全问题。

（一）英国国家安全委员会成立的背景

在 2010 年 5 月的英国大选中，卡梅伦（David William Donald Cameron）出任保守党和自由民主党组成的联合政府的首相。卡梅伦执政后，开始建立英国国家安全委员会，其背景主要包括三个方面：

一是英国面临的安全威胁综合化，既包括传统安全威胁与非传统安全威胁，又包括国内安全威胁与国际安全威胁，这是英国国家安全委员会建立的直接推动因素。在国内，金融危机带来的经济下滑、财政赤字使得英国的经济安全形势不容乐观。鉴于国内严峻的经济困难，卡梅伦执政之初面临着更为严峻的挑战，需要大幅削减国防预算。[①] 如何在应对安全威胁的同时更为高效地节省国家资源为经济复苏服务，成为卡梅伦考虑的一个重点问题。冷战结束特别是卡梅伦政府上

① Oliver Daddow & Pauline Schnapper, "Liberal intervention in the foreign policy thinking of Tony Blair and David Cameron", *Cambridge Review of International Affairs*, Volume 26, Issue 2, 2013, P. 332.

台后，英国面临的安全问题更具多元化和复杂化。《不确定时代的强大英国：国家安全战略》指出："今天英国面临着一系列不同的、更复杂的安全威胁，恐怖主义、网络攻击、非常规化学武器、核生化武器、自然灾害都可能严重损害我国的国家安全。"① 如英国在核威慑、阿富汗驻军等传统安全问题上承受重压。此外，在恐怖主义、网络安全、生态安全、气候安全等非传统安全问题上英国也面临着十分严峻的形势。传统安全威胁与非传统安全威胁开始呈交织之势，特别是非传统安全中的恐怖主义成为英国国家安全的首要威胁。这使得国家安全治理的复杂性、系统性空前提升。为了应对这些安全威胁，英国政府迫切需要整合安全部门、外交部门、国防部门、情报部门等在安全问题上的资源和权限，减少各部门之间的沟通不畅和决策成本。这就需要卡梅伦政府建立一个超越各部门利益的国家安全决策机构，"使之成为相关机构和部门之间的'黏合剂'，加强国家安全战略或政策的整体性和计划性，减少科层制下各部门从自身利益出发，各自为政、相互割裂的现象。"②

二是吸取了英国安全体制改革和实践的经验与教训。在过去长达100年的时间里，英国虽然建立了诸如帝国防务委员会、国防与海外政策委员会等安全决策机构，并取得了一定的成效，但是与美国等国家成熟的国家安全委员会相比仍然存在着很多不足。英国各安全机构之间普遍存在协调不善的状况，这造成了资源的浪费，使得在应对安全问题时效率不高。布朗时期提出的大国安全战略思维为英国国家安全委员会的建立奠定了基础。大国安全战略是布朗执政时期为了应对恐怖主义等安全威胁而构建的，该战略对英国面临的安全威胁进行了重新的分类和辨识，以便有针对性、有重点地去解决国家安全问题。布朗政府原本打算建立英国国家安全委员会来实施其大国安全战略，但是由于受到各方阻力，最终妥协建立了内阁国家安全、国际关系和发展委员会。因此，内阁国家安全、国际关系和发展委员会也是一个不成熟的安全机构。

三是卡梅伦追逐英国大国梦的需要。卡梅伦执政之际，金融危机进一步改变了国际格局。尤其是中国、巴西、印度等新兴国家的国际影响力与日俱增，在世界上拥有越来越多的发言权。卡梅伦不希望其他国家的崛起影响英国的世界地位，他仍然强调英国是国际社会重要的一员，声称英国在全球范围内有着广泛的联系，在诸如联合国安理会、北约、欧盟、八国集团、二十国集团等多边论坛中发挥着独特而重要的作用。英国将继续在多边国际机制中发挥重要作用，包括二

① A Strong Britain in an Age of Uncertainty: The National Security Strategy, P. 3. https://www.gov.uk/government/uploads/system/uploads/attachment_data/file/61936/national-security-strategy.pdf.

② 钟开斌：《国家安全委员会运作的国际经验、职能定位与中国策略》，载《改革》2014年第3期，第7页。

十国集团的出现和安理会的改革等。[①] 尽管在2010年《战略防务与安全评估报告》中宣布大幅削减国防预算，但是仍然声称："我们的国家一直有全球责任和全球抱负，我们有令人骄傲的历史和优秀的价值观，在未来的几十年我们将继续在全球发挥重要作用。"[②]

经济发展的低迷使得卡梅伦政府必须以更有限的财政预算来处理英国的国家安全问题。卡梅伦作为一名年轻的首相，在追逐英国大国梦的道路上表现出了雄心壮志，他多次表示："安全是我们政府的首要职责，它是我们国家自由和繁荣的基础。"[③] 他试图以改革英国国家安全体制为契机来重塑英国的大国形象。布朗三年短暂的执政生涯结束后，卡梅伦全面继承了其大国安全战略思想并将其付诸实践。2010年大选之前，保守党在绿皮书《一个富有弹性的国家》中提出要建立一个新的国家安全委员会的设想，以取代布朗政府的国家安全、国际关系与发展委员会。卡梅伦上台后即开始实施这一构想。

（二）英国国家安全委员会的建立

卡梅伦在即将上任前的一次演讲中承诺："我们将恢复外交部门在对外决策中的首要地位，并建立一个包括外交部、国防部、内政部、国际发展部等部门的内阁委员会，即国家安全委员会，并使它成为安全决策的核心机构。"[④] 2010年5月，卡梅伦就职后就宣布建立英国国家安全委员会。"这是二战后英国国家安全管理体制的重大调整，同时标志着英国政府建立国家安全管理的最高领导机构，统筹考量国际国内安全问题，整合政府各相关部门资源，促进跨政府部门的协调和协作，确认国家安全战略重点和优先性问题，增强战略决策能力和效率的'大国家安全'管理框架基本形成。"[⑤] 英国国家安全委员会的建立，集中体现了英国大国安全战略思维，即确定英国面临的安全威胁，并组织调用国家资源维护国家安全。大国安全战略思想集中体现在2010年10月18日卡梅伦政府公布的《不确定时代的强大英国》的报告中。该报告将英国面临的安全威胁确定为15个

① A Strong Britain in an Age of Uncertainty: The National Security Strategy, P. 22. https://www.gov.uk/government/uploads/system/uploads/attachment_data/file/61936/national-security-strategy.pdf.

② Oliver Daddow & Pauline Schnapper, "Liberal intervention in the foreign policy thinking of Tony Blair and David Cameron", *Cambridge Review of International Affairs*, Volume 26, Issue 2, 2013, P. 337.

③ A Strong Britain in an Age of Uncertainty: The National Security Strategy, P. 9. https://www.gov.uk/government/uploads/system/uploads/attachment_data/file/61936/national-security-strategy.pdf.

④ Oliver Daddow & Pauline Schnapper, "Liberal intervention in the foreign policy thinking of Tony Blair and David Cameron", *Cambridge Review of International Affairs*, Volume 26, Issue 2, 2013, P. 345.

⑤ 游志斌：《英国政府应急管理体制改革的重点及启示》，载《行政管理改革》2010年第11期，第60页。

通用的优先级风险类型，并将国际恐怖主义、网络攻击和大型网络犯罪、重大事故和自然灾害、涉及英国及其盟国的国家间军事危机列为英国面临的四大主要安全威胁。[①] 这份报告认为，英国需要建立一个机构及时有效地应对新的、不断变化的威胁，这个机构就是国家安全委员会。这四大领域的安全风险是英国国家安全委员会在战略防御和安全审查中的最高优先事项。这一报告规定了国家安全委员会的职责。[②] 国家安全委员会将识别英国面临的安全威胁，在国家层面上整合外交、国防、内政、能源、国际发展和其他主管武器的政府部门等各方的资源，以促进英国的国家安全。[③]

2010 年 10 月卡梅伦政府公布的《战略防务与安全评估报告》对英国武装部队未来 10 年的发展进行了重新定位，试图通过一个不同于以往的、具有更大权限的国家安全机制来实现英国的国家安全战略。[④] 这份报告体现出的英国国家安全战略，成为英国国家安全委员会的工作指针。国家安全委员会是卡梅伦政府大国安全战略思维的重要组成部分，在国家安全战略中居于核心地位。

英国国家安全委员会由首相担任主席，副首相为副主席，成员包括国家安全委员会秘书、财政大臣、外交和联邦事务大臣、内政大臣、财政部首席大臣、国际发展大臣、国防大臣、政府政策内阁大臣、能源和气候变化大臣。[⑤] 在涉及具体议题时，其他内阁成员如情报部门首脑、国防部长根据需要可被邀请参加会议。国家安全委员会是政府关于国家安全目标的主要集体讨论论坛，在首相的主持下，每周碰头一次，也可以根据国家安全事务需要举行临时性会议。[⑥]

由于英国国家安全委员会没有法律基础，因此在涉及相关法律的安全议题时，还会邀请英国总检察长或副总检察长等官员参加会议。此外，英国国家安全委员会设有常设秘书机构——国家安全秘书处，并设国家安全顾问作为秘书处负责人，国家安全顾问也是英国国家安全委员会的秘书，负责处理国家安全委员会的日常事务，为国家安全委员会会议讨论、决议和协调做准备。[⑦] 卡梅伦首相任命外交和联邦事务部副部长彼得·里基茨爵士（Sir Peter Ricketts）为他的首任国

① A Strong Britain in an Age of Uncertainty: The National Security Strategy, P. 27.

② 张骥主编：《世界主要国家国家安全委员会》，时事出版社 2014 年版，第 128 页。

③ Establishment of a National Security Council, Wednesday 12 May 2010, http://webarchive.nationalarchives.gov.uk/20130109092234/http://number10.gov.uk/news/establishment-of-a-national-security-council/.

④ Mark Phillips, "Policy-Making in Defence and Security", *The RUSI Journal*, Volume 157, Issue 1, 2012, P. 34.

⑤ 张骥主编：《世界主要国家国家安全委员会》，时事出版社 2014 年版，第 139 ~ 140 页。

⑥⑦ National Security Council, https://www.gov.uk/government/organisations/national-security/groups/national-security-council.

家安全顾问，加强首相对国家安全事务的管理。[①] 英国国家安全委员会下设负责威胁、灾害、恢复和突发事件委员会，以及核威慑与安全委员会、网络计划与政策发展委员会、反恐事务委员会、战略防务与安全评估与安全战略委员会。在一些更加具体的国家安全领域，相关部门会被邀请共同审查和讨论有关安全事务。[②] 英国国家安全委员会的组成如图 15－7 所示。

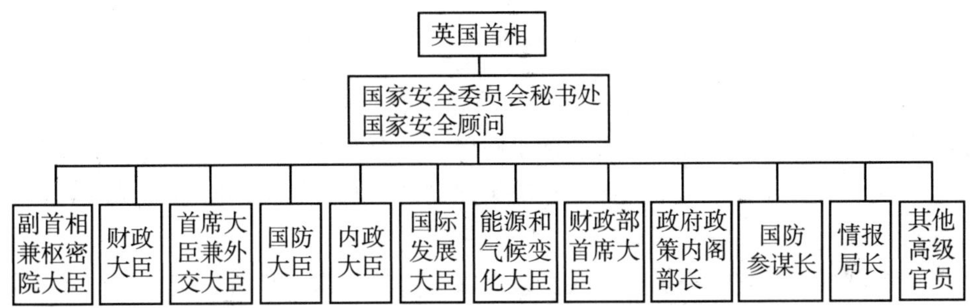

图 15－7　英国国家安全委员会的组成

英国国家安全委员会作为一个由首相负责的常设内阁委员会，“是在最高层面上整合国防、外交、情报、警务、应急管理、网络安全、能源、国际发展等相关政府部门和机构的资源的协调机构；是针对国家安全问题的战略判断，确认英国安全管理战略重点和优先性问题的咨询机构”。[③] 从人员配置上我们可以看出，英国国家安全委员会是一个高配置的安全委员会，因为出席国安会的成员大都是一些实权部门的大臣。英国国家安全委员会每周召开一次会议，讨论的议题非常广泛，只要是首相觉得应该讨论的问题都可以拿到国家安全委员会上进行讨论。这些工作根据其性质大体可概括为五点：对当前事态和安全问题进行联合评估；决定资源配置；实行监督；确定安全威胁的优先权重；应急协调。[④]

二、英国国家安全委员会的特点和运行机制

英国国家安全委员会脱胎于内阁国家安全、国际关系和发展委员会，并有着

① Establishment of a National Security Council，Wednesday 12 May 2010，http://webarchive.nationalarchives.gov.uk/20130109092234/http://number10.gov.uk/news/establishment-of-a-national-security-council/.

② National Security Council，https://www.gov.uk/government/organisations/national-security/groups/national-security-council.

③ 刘鹏、刘志鹏：《国家安全委员会体制的国际比较》，载《经济社会体制比较》2014 年第 3 期，第 90 页。

④ 彭光谦主编：《世界主要国家安全机制内幕》，江苏人民出版社 2014 年版，第 176 页。

自身的特点。英国国家安全委员会作为英国最高安全决策机构，决策权力更为集中，具有全面、战略性和跨部门合作的特点，组织结构更为完善。但是英国国家安全委员会依旧没有法律授权，这也限制了其作用的有效发挥。作为英国最高安全决策机构，其运行机制主要包括国家安全议题的确立、国家安全决策、决策方案的实施和结果的评估与修正四个方面。

（一）英国国家安全委员会的特点

为了实行英国的“大国家安全”战略，卡梅伦政府于2010年成立了英国国家安全委员会。这一安全委员会脱胎于布朗政府时期建立的内阁国家安全、国际关系和发展委员会，继承了英国安全决策体制的一些要素，同时也体现出自身鲜明的特点。

一是英国国家安全委员会是英国最高安全决策机构，是负责英国安全战略的中枢神经系统，决策权力高度集中。英国国家安全委员会由首相担任主席并全权负责，吸纳了主要部门的内阁大臣。在这里，大家可以就英国安全问题和安全战略进行充分的讨论和协商。这就保证了该委员会在英国安全决策中的最高地位和权威性，使得英国在应对安全问题时具有更高的效率，与布朗时期成立的内阁国家安全、国际关系和发展委员会完全不同。

二是英国国家安全委员会具有全面性、战略性和跨部门合作的特点。“全面性”“战略性”“跨部门合作”是英国国家安全委员会的最终目标，也是卡梅伦内阁标榜其与之前的国家安全机构的区别。[①] 英国国家安全委员会整合了原来外交、国防、情报、国际发展等机构的权限和资源，改变了各部门在安全问题上各自为政的状况，协调各个部门之间的关系，并将所有部门统一起来全面应对英国的安全问题，试图从战略高度和长远角度来思考英国国家安全战略。

三是英国国家安全委员会的组织结构更加完善。与之前的英国安全决策机构相比，英国国家安全委员会在组织结构上更加完善。国家安全委员会设有国家安全委员会秘书处和国家安全顾问。国家安全委员会下还设有不同的委员会机制，在组织结构上更趋完善，这是英国国家安全决策治理职能化、专业化的体现。

四是英国国家安全委员会发挥的作用依然有限。相比于国防与海外政策委员会以及内阁国家安全、国际关系和发展委员会，英国国家安全委员会权限更大，在安全事务中发挥的作用也更大。但是，迄今为止没有一部法律对该委员会的职能、地位、运行机制等做出规定，没有法律的赋权使得其在运行时更多地依赖于首相和各内阁大臣的意志。因此与其说我们看重的是国家安全委员会的作用，倒

① 张骥主编：《世界主要国家国家安全委员会》，时事出版社2014年版，第136页。

不如说看重的是其握有实权的首相和部门机构领导人的作用。现在英国国家安全委员会之所以发挥了重要作用，与卡梅伦首相对于安全问题的重视是分不开的。如若未来首相对安全问题不感兴趣，那么英国国家安全委员会能否继续发挥重要作用是值得怀疑的。

（二）英国国家安全委员会的运行机制

英国国家安全委员会是在布朗政府内阁国家安全、国际关系和发展委员会的基础上发展而来的，因此其运作机制与英国内阁国家安全、国际关系和发展委员会甚至国防与海外政策委员会大同小异，同样包括国家安全议题的确立、国家安全决策、决策方案的实施和结果的评估与修正四个方面，但也体现出了自己一些新的特点。

首先，国家安全议题的确立是英国国家安全委员会的准备阶段。卡梅伦政府面临的安全威胁是多样的、复杂的，既有军事安全、政治安全等传统安全问题，又有网络安全、生态安全、恐怖主义等非传统安全问题；既有诸如欧洲债务危机等国际安全问题，又有雪灾、苏格兰独立等国内安全问题。如何在众多的安全问题中选出事关英国核心利益的问题，并纳入国家安全委员会的议事日程？这里主要包括两个渠道：一是由下至上的呈报。情报部门、决策咨询部门及其他相关部门将发现的安全问题经筛选整理后，及时上报国家安全决策机构，引起重视，制定解决方案。二是由上至下的推动。作为国家安全最高决策者的首相，在听取亲信智囊、官僚机构的建议或者在院外集团、公众舆论的影响下形成某种政策构想，也可能根据自己对国际环境、国家战略目标等的判断与设想提出安全议题。[①] 国家安全委员会有一个清晰的安全议题确立过程，确保部长们收到及时、精心挑选和准确的情报信息，以利于安全决策。[②]

其次，在安全议题确立后，开始进入英国国家安全委员会的决策程序。国家安全委员会每周定期召开会议，并通过最新的情报评估和风险评估来做出决策。[③] 在国家安全委员会每次召开会议前，国家安全秘书处根据首相的指示，提前准备好一到两个安全问题，以及与该安全议题相关的材料等。在首相的主持下，在听取来自英国安全部门、咨询机构的信息汇报后，各内阁大臣及其他与会人员就准

① 王晓东：《国家安全领导体制研究》，时事出版社 2009 年版，第 56 页。

② Cabinet Office and National security and intelligence, "Supporting the National Security Council (NSC): the central national security and intelligence machinery", 10 October 2011, https://www.gov.uk/government/publications/supporting-the-national-security-council-nsc-the-central-national-security-and-intelligence-machinery.

③ A Strong Britain in an Age of Uncertainty: The National Security Strategy, P. 34. https://www.gov.uk/government/uploads/system/uploads/attachment_data/file/61936/national-security-strategy.pdf.

备好的安全议题进行充分讨论和讨价还价，并进行适当的立场协调。首相在听取与会人员的充分讨论后，根据安全议题的性质、级别，最终确定应对方案，并批准实施。从总体上来看，英国国家安全委员会的决策主要包括两种模式：一是国家安全委员会在接受来自决策环境普通压力的条件下，按照法定的权限划分、职能区分和规范程序进行决策的“常规决策模式”；二是在应对突发性重大国家安全事件时所采用的“非常规决策模式”。①

再次是英国国家安全委员会的决策方案的实施。在国家安全委员会的指导、协调和监督下，各部门根据自己的优先权重制定更精简、更协调的部门实施流程。② 在英国国家安全委员会制定最终应对方案后，各职能部门根据分工的不同迅速展开行动，并且加强协商沟通，以确保方案得到完美的实施。“由于国家安全执行机构是一个庞大的组织体系，各执行机构在应对不同领域的安全威胁时所扮演的角色是不同的。一般来讲，以应对相关安全领域的主管执行机构为主，其他执行机构按分工进行全力配合，步调一致，形成整体合力，聚集国际国内有效资源，达到危机事件的有效解决。”③

最后一个运作程序是结果评估与修正。在具体的运作过程中，由于决策方案本身的复杂性，加之客观环境的不断变化，决策方案在实施过程中必须要不断地进行调整。它主要包括执行结果的评估和安全决策方案的修正。英国国家安全委员会对决策方案实施过程不断跟踪，及时评估，国防情报和联合反恐分析中心的评估是国家安全委员会的优先考虑。④ 然后视实际情况进行修正，力求安全决策得到妥善执行。英国国家安全委员会运行机制如图 15 - 8 所示。

三、英国国家安全委员会的前景展望

英国国家安全委员会自 2010 年建立以来，在应对安全事务方面发挥了重要作用，改变了过去政府安全决策时责任不明、程序混乱的状态，大大提高了安全决策的效率。但是由于没有法律的授权，同时在进行决策时又深陷具体安全问题的泥潭，英国国家安全委员会从战略高度应对英国安全问题的设想大打折扣。

---

① 王晓东：《国家安全领导体制研究》，时事出版社 2009 年版，第 57 ~ 61 页。

② A Strong Britain in an Age of Uncertainty: The National Security Strategy, P. 34. https://www.gov.uk/government/uploads/system/uploads/attachment_data/file/61936/national-security-strategy.pdf.

③ 王晓东：《国家安全领导体制研究》，时事出版社 2009 年版，第 63 页。

④ Cabinet Office and National security and intelligence, “Supporting the National Security Council (NSC): the central national security and intelligence machinery”, 10 October 2011, https://www.gov.uk/government/publications/supporting-the-national-security-council-nsc-the-central-national-security-and-intelligence-machinery.

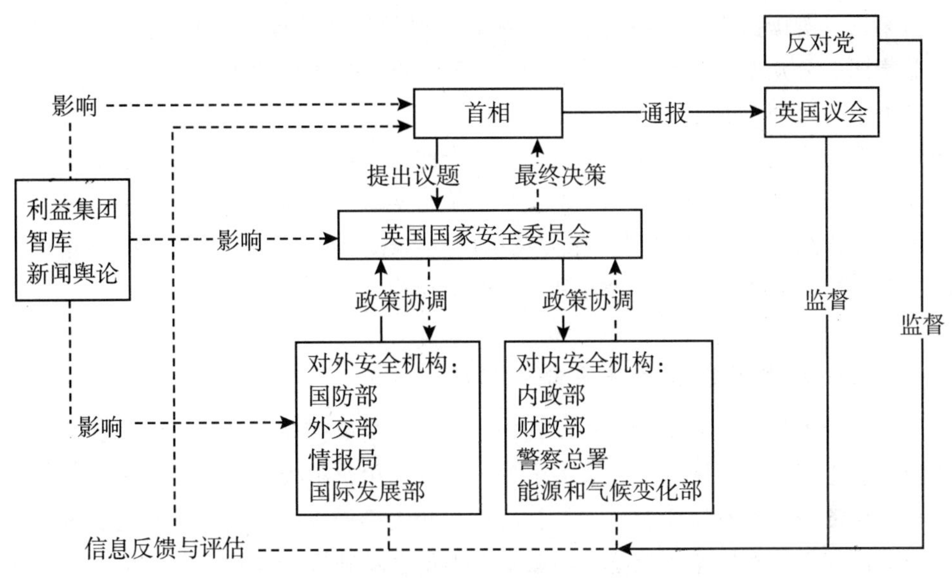

图 15-8　英国国家安全委员会的运行机制

（一）英国国家安全委员会的作用

第一，英国国家安全委员会的建立，是英国安全决策体制的重大调整，对于优化英国政府管理体制发挥了重要作用。国家安全委员会旨在通过设立一个稳定的常务机构，改变往届政府在决策时存在的程序混乱、责任不明、透明度低等问题，扭转过去职权过于分散的状况。① “它在保持了内阁政治稳定性的同时提高了政府运转的效率，在一定程度上规范了自布莱尔政府以来走向混乱的国家决策机器，在解决一些跨领域的复杂问题时节约了大量行政资源，发挥了无可替代的作用。”②

第二，英国国家安全委员会在应对具体安全威胁、做出安全决策上发挥了积极作用，包括利比亚危机等重大安全决策。2011 年利比亚危机爆发后，英国国家安全委员会迅速做出反应，认为“英国在该地区存在着广泛的安全利益，它为英国提供了一个机会，使它的安全战略利益与它反对专制主义所支撑的规范性价值观相符合”。③ 英国国家安全委员会下设专门处理利比亚危机的利比亚委员会，针对利比亚危机召开了多次会议，这些行动措施有效地协调了各部门的运转，切实彰显了新建立的英国国家安全委员会工作的有效性。

---

① 彭光谦主编：《世界主要国家安全机制内幕》，江苏人民出版社 2014 年版，第 174 页。

② 彭光谦主编：《世界主要国家安全机制内幕》，江苏人民出版社 2014 年版，第 184 页。

③ Philip Leech & Jamie Gaskarth, "British Foreign Policy and the Arab Spring", *Diplomacy & Statecraft*, Volume 26, Issue 1, 2015, P. 140.

第三，英国国家安全委员会还发挥着重要的协调功能，协调不同政府部门、利益集团、公众之间的利益诉求。“国家安全委员会的协调角色有助于改善安全政策决策者之间的信息交流，平衡政策界、学术界以及公共舆论之间的意见分歧，协调与实施政策或仅仅评估与建议安全政策，将各自独立的安全议程集中在一起。特别是国家安全顾问在协调安全政策与实践、提供安全建议方面发挥着日益重要的作用。”① 总体来说，作为英国的最高安全决策机构，英国国家安全委员会在建立的短短几年里已经起到了不小的作用。

（二）英国国家安全委员会的缺陷

第一，英国国家安全委员会没有法律地位，没有任何一部法律规定其地位和职能。它之所以能在国家安全事务中发挥重要作用，很大程度上是因为由卡梅伦首相全权负责并罕有缺席会议，首相的重视和人员构成是其发挥作用的关键。这种局限性使得首相完全可以绕过国家安全委员会单独进行决策。英国国家安全顾问与美国国家安全顾问也不能同日而语，他只是首相任命的一个高级官员，仅仅是负责国家安全委员会的日常事务和会议安排，对首相在安全问题上的影响力有限，更不用说在安全问题上代表首相了。

第二，英国国家安全委员会在具体的运作中深陷具体安全问题和短期事务的泥沼，缺乏长远战略规划的设计。由于没有一部法律规定国家安全委员会的职能及其运作机制，因此只要是首相认为应该讨论的问题都可以拿到国家安全委员会上进行讨论。自然灾害、恐怖主义、网络安全等都是国家安全委员会讨论的议题，数不清的安全问题等着首相及其大臣们进行讨论。2013 年国家安全战略联合委员会就国家安全委员会本身的工作进行了调查，并指出了其存在的问题：“国家安全委员会的工作重心过多地放在了具体行动和短期事务而非长远的战略问题上。”② 深陷具体的安全事务不可避免地会忽视一些重大安全问题，这使得英国国家安全委员会缺乏长远的战略眼光。例如在制定 2015 年《国家安全战略》及《战略防务和安全报告》时，英国决策者主要考虑的是在国际事务中英国如何取得最大利益，而不是专门应对重大国际安全事件的发生和制定英国的长远安全战略。③ 这与卡梅伦设立国家安全委员会的初衷相去甚远，其权威性也大大降低。

第三，卡梅伦首相废除了布朗政府时期建立的安全咨询机构——“国家安全论坛”，将咨询下放到参会大臣自身，虽然更加自主，但是过于松散而缺乏一种

---

① 白云真：《国家安全委员会何以必要》，载《国际关系研究》2014 年第 5 期，第 25 页。

② 彭光谦主编：《世界主要国家安全机制内幕》，江苏人民出版社 2014 年版，第 181 页。

③ Peter Layton, “The 2015 National Security Strategy and Strategic Defence and Security Review Choices: Grand Strategy, Risk Management or Opportunism?”, *Defence Studies*, Vol. 15, Issue 1, 2015, P. 28.

集思广益的正式渠道。因此，建立一种类似“国家安全论坛”的正式咨询机构显得尤为必要。

（三）英国国家安全委员会的未来

面临安全威胁和挑战的复杂化和多元化，建立国家安全委员会已经成为世界各国应对安全问题、追求大国地位的合理之举。正是基于这样的初衷和考虑，卡梅伦政府建立了安全决策与协调机构——英国国家安全委员会。为了更好地发挥国家安全委员会的作用，英国政府需要以立法的形式对其地位、职能和运行机制进行规定，一个具备法律效力的国家安全委员会无疑会发挥更大的作用，并避免其受制于首相偏好的状况。英国国家安全委员会作为卡梅伦政府大国安全战略思维的重要组成部分，对英国经济的发展也有着重要的促进作用。大战略可以将繁荣和安全的目标进行整合，从而缓解了英国促进经济增长、预算赤字和国防预算上升之间的紧张关系。①

英国安全体制的演变与英国政治体制的变革息息相关。英国政治体制的改革会促进国家安全体制的改革，同时国家安全体制的改革也会推进政治体制改革，二者是相互影响的。100 多年来，英国政治体制的改革一直在不断进行，三权分立中内阁的权力越来越大，首相在国家政治生活中的地位越来越高。这不可避免地影响到英国国家安全体制的演变，从帝国防务委员会到英国国家安全委员会，首相在英国安全事务中的发言权越来越大，英国国家安全体制有由内阁委员会向首相直属机构的转变趋势。当然，作为议会制内阁国家，英国议会可以通过行使监督权来影响英国安全体制的运行。

英国安全体制的改革与发展是为了适应不同时期的安全需要。从帝国防务委员会到战时内阁、国防与海外政策委员会，8 人战时内阁，再到内阁国家安全、国际关系和发展委员会，直至 2010 年 5 月卡梅伦政府建立的英国国家安全委员会，都是满足英国不同时期的安全需求，英国国家安全委员是基于英国面临的安全威胁趋于综合化、复杂化的考虑。

英国安全体制的演变与英国执政者追逐的大国梦是紧密相连的。在 20 世纪前的 100 多年时间里，英国是世界上第一流的军事强国，然而二战结束后英国已经演变成二流国家。这种反差使历届英国执政者仍然做着大英帝国梦。英国执政者把英国安全体制的变革作为实现英国大国梦的一个重要手段，以期通过改革国内安全体制机制来加强内聚力，从而在世界范围内承担更多的安全责任来获取更

① Peter Layton, “The 2015 National Security Strategy and Strategic Defence and Security Review choices: grand strategy, risk management or opportunism?”, *Defence Studies*, Vol. 15, Issue 1, 2015, P. 44.

大的发言权，让世界听到英国的声音，进而实现英国的大国梦想。

英国作为一个议会制内阁国家，其安全体制的运行必须处理好各权力机关之间的关系，特别是议会和国家安全委员会之间的关系。总体上看，英国重视加强议会对英国国家安全委员会的监督，防止首相的权力过大而出现安全决策失误的状况，因为英国国家安全委员会在内部决策主体上属于委员会制，且正在经历着从内阁委员会向首相直属机构的转变趋势，[①] 首相的权力有增加的动向。"增强议会权力，即通过加强议会情报与国家安全委员会的监察权和管理权，以及它与国家安全委员会之间的关系，来改变后者完全受制于唐宁街 10 号的状况。"[②] 当然，这种涉及内阁和议会之间权力分配的斗争将是旷日持久的。英国作为一个老牌资本主义国家，在国家管理体制和安全体制改革与实践方面有着丰富的经验。英国国家安全委员会将不断地得到完善与发展，从而在英国安全决策中发挥更大的作用。

① 薛澜、彭龙、陶鹏：《国家安全委员会制度的国际比较及其对我国的启示》，载《中国行政管理》2015 年第 1 期，第 148 页。

② 彭光谦主编：《世界主要国家安全机制内幕》，江苏人民出版社 2014 年版，第 185 页。

第十六章

英国军事安全体制机制

与欧洲大陆国家不同的是，英国是一个岛国，英吉利海峡与大西洋使其他国家对英国的威胁没有那么直接，英国对常备军没有迫切需求，而且，英国人骨子里头“不自由毋宁死”的价值观念也使他们天然反对常备军建设。即使在皮尔开创了英国现代警察制度之后，英国警察的主要特色也是服务而不是镇压民众，英国警察的绅士风范让每一个到过英国的人感触颇深。所以，在很长的时间内，英国是没有常备军的。海军是一个例外，因为海军主要由水手组成，不参与镇压国内民众的抗议活动，也不威胁英国民众的自由。随着民族国家的不断发展与现代战争的展开，英国加速了军事安全体制建设。本章主要从英国军事安全的法律体系建设、军事安全体制构成、军事安全执行机制等方面加以阐述。

第一节　英国军事安全的法律体系

在英国，个人的自由一直备受推崇，与此相联系的是，压制个人自由的法律与制度总是受到很多的制约。1181 年出现的《武器法令》（*Assize of Arms*）可以算是英国军事安全的最早的法律，法律规定所有自由人应自备武器装备，每年参加军事训练，在国王需要时履行保家卫国的军事义务。[①] 值得注意的是，中世纪

① 何勤华：《英国法律发达史》，法律出版社 1999 年版，第 14 页；程汉大：《英国法制史》，齐鲁书社 2001 年版，第 52 页。

的英国国王在欧洲大陆领有大量土地，英国的军事安全往往与欧洲联系在一起，也因而出现了许多问题。1199 年继承英国王位的约翰（Johan Sanz Terre）国王继续与法国进行战争，为筹措军费，约翰总是向英国民众征收大量税款，贵族很快集结起来公开反对约翰的统治。1215 年，在贵族战胜国王后，他们强迫约翰签订了《大宪章》，除非经贵族同意，政府不能向英国贵族与民众强征免服兵役税，而且免役税也被要求维持在一个合理的程度。① 1285 年，继承《武器法令》的《温切斯特法》（*Statute of Winchester*）问世，要求每个年龄在 15 ~ 60 周岁的自由民都要依其财产多少进行装备，国王征召的士兵需要国王自己支付费用。但是国王总是试图把负担转嫁到英国的贵族与民众身上，各郡被要求为士兵提供装备，甚至是国王在英国境外士兵的薪水。英国民众提出他们不应该被要求提供《温切斯特法》未予规定的装备，或者被要求到郡外服役——除非费用由国王支付。这一请愿得到了法律的认可："民众所被要求提供之军事装备不得违背先王在世时之习惯的规定；除非必要或王国突遭外敌入侵，否则民众不应被强迫外出其所在郡作战——此时要按照过去王国抵御外敌入侵时的做法行事。"② 实际上，民众的权利在后续的法律中获得进一步保证，如未得到议会的一致同意和授权，民众不应被强制提供全副武装的骑士、战马或弓箭手，除非他们因保有土地而负有这些义务。国家军事安全中保障个人自由的精神在英国走向现代民族国家的时候也得以保留。1628 年的《权利请愿书》重申《大宪章》对王权的限制，宣布未经议会同意不得强行征收任何赋税，不得在和平时期随意实施战时法，军队也不得进驻民房。③ 在长达半个世纪的斗争后，英国于 1689 年颁布了最为重要的宪法性文件《权利法案》，宣布未经议会同意，在和平时期征召或维持常备军是违法的。这样，在英国军事安全的建设中，英国考虑更多的是防范暴政。

一、陆军法

在英国完全摆脱了与欧洲的领土纠葛，以及苏格兰与英格兰合并后，英国建立常备军的必要性大为下降，英国民众对常备军则一直心存疑虑。1688 年，大部分苏格兰军队拒绝服从威廉三世要求他们在荷兰战斗的命令，认为詹姆士二世才是英国国王。为解决该问题，英国议会 1689 年颁布了第一部《兵变法》（*Mutiny Act*），规定开小差、兵变、军官与士兵的煽动行为都要受到军事法庭的审判，

① *The Magna Carta*（*The Great Charter*），http://www.constitution.org/eng/magnacar.htm.

② ［英］梅特兰著，李红海译：《英格兰宪政史》，中国政法大学出版社 2010 年版，第 178 ~ 179 页。

③ 李培锋：《英美法要论》，上海人民出版社 2013 年版，第 87 ~ 97 页。

最高可判处死刑。① 这一法案也终于确认了建立常备军的必要性，从而标志着英国近代军事法的开端。一直到 1879 年，英国议会每年都会调整《兵变法》，使它成为英国近代陆军和海军军事法庭进行军事审判的主要法律依据。② 1881 年，《陆军法》（*The Army Act*）取代了《兵变法》，新的法案沿用了《兵变法》的主要内容，议会每年通过《陆军法》修正案以适应形势的变化。1955 年，英国议会修订和扩充了《陆军法》。在涉及军事秘密方面，如果向敌人提供情报或有助敌企图者处死刑，其他情况最高刑为监禁。如果未经合法授权，以口头、书面、发信号或其他任何方式泄露或意图泄露有利于或可能有利于敌人的任何情报，最高可处两年监禁。③ 该法案有效期为 5 年。

二、海军法

如果说英国在常备陆军建设上比较滞后，那么英国在海军建设方面则是比较成功的，维护英国军事安全的责任也更多是与海军联系在一起。中世纪时，为了海上战事和运输，英国国王就通过委任令强征水手和船只。由于海军对英国民众自由的威胁较小，抗议的声音不够强烈，1378 年的一项法律明确认可了这种强征行为的合法性，《权利请愿书》与《人权法案》也没有对国王的这项特权进行反对。④ 这样，英国海军成为维护英国军事安全最主要的屏障。到 1860 年，英国议会正式颁布《海军法》。1866 年，英国议会又通过《海军法》修正案。1961 年，英国议会颁布《海军纪律法》。⑤

三、空军法

英国议会于 1917 年颁布《空军法》（*Air Force Act*）。《空军法》基本是对《陆军法》的复制，与《陆军法》格式基本保持一致。至此，英国陆、海、空三军实行独立军法制度的格局形成。1955 年，《空军法》被修订，其有效期、延长

---

① William Winthrop, *Military Law and Precedents*, London: Government Printing Office, 1920, 2nd edition, P. 19.

② D. W. Glazier, Precedents Lost: the Neglected History of the Military Commission, *Virginia Journal of International Law*, Vol. 46, No. 1, 2005, pp. 31 – 47.

③ 夏勇、徐高：《中外军事刑法比较》，法律出版社 1998 年版，第 157 页。

④ ［英］梅特兰著，李红海译：《英格兰宪政史》，中国政法大学出版社 2010 年版，第 180 页。

⑤ The Admiralty Jurisdiction (Virgin Islands) Order in Council 1961, http://www.legislation.gov.uk/uksi/1961/2033/contents/made.

法律效力的方法与《陆军法》相同，内容也基本相同。[①] 空军也成为维护英国军事安全的重要工具。

海陆空三军法律的制定存在一个问题：为了确保议会对军队的控制，海陆空三军法律都有一定的期限，而且，随着时代的发展，这些法律也会有一些需要修改的内容。为了解决这些问题，英国议会于 1961 年通过第一部《武装力量法》，其后，《武装力量法》经常根据时代的发展进行调整，2006 年又颁布了新的《武装力量法》。[②]

四、国防部法

正如上文所言，英国推行的是陆海空分别立法的惯例。现代战争则要求各军种互相配合来确保国家的军事安全，这种情况敦促英国军事安全的法律进一步发展。1947 年，在艾德礼政府的推动下，英国议会通过了《国防部法》。根据该法案，英国设立了国防部。然而，国防部的权力是有限的，它不介入三军的具体作战事务，而且陆军部、海军部和空军部继续存在，国防部只是与之并列，共同向议会负责。1964 年，议会通过《国防（职能转移）法》。陆军部、海军部和空军部被撤销，三部的权力转移到国防部，国防部成为指挥英国三军和维护英国军事安全的主要载体。[③]

五、反恐怖主义法案

还是在冷战期间，英国就认识到恐怖主义组织对英国军事安全的威胁，先后通过了《防止恐怖主义法案》《反恐怖斗争法》等。冷战结束之后，英国逐渐把恐怖活动当成国家安全的主要威胁，2008 年制定的《反恐怖主义法案》成为英国反恐怖主义的基本法案，其主要内容包括：搜集并分享信息的权力；指控恐怖主义嫌犯问题；对恐怖主义活动的起诉与惩治问题；对恐怖主义进行告示的要求；恐怖主义的金融与洗钱活动；对恐怖主义进行金融限制的程序；其他问题与补充条款等。根据这样一个法案，英国警察的权力大为扩张，那些被怀疑为恐怖主义嫌犯的人不经审判被拘押的时间可达 42 天。这也使得许多议会人士认为英

---

① Air Force Act 1955，http://www.legislation.gov.uk/ukpga/Eliz2/3-4/19/part/VI/crossheading/persons-subject-to-airforce-law.

② Armed Forces Act 2006，http://www.legislation.gov.uk/ukpga/2006/52/contents.

③ Defence（Transfer of Functions）Act 1964，http://www.legislation.gov.uk/ukpga/1964/15/contents.

国民众的自由受到了威胁，对此法案激烈反对。[①]

六、军事盟约

在广义范畴上，英国的军事安全法律还包括英国与其盟国签订的军事条约。在冷战期间，英国把苏联树立为主要的潜在对手。战后的苏联军事实力大为扩张，在苏联拥有核武器之后，英国更是觉得自己的军事安全没有保障。与他国确立军事盟约来维护英国安全成为英国政府的重要考虑，1949 年英国与欧美 11 个国家签订《北大西洋公约》。按照该条约的规定：北约成员国中任何一国的领土或者政治完整性受到威胁之时，成员国之间彼此进行协商。对任何成员的攻击就是对所有国家的攻击，成员国将采取集体行动来抵制这种攻击。[②] 英国的军事安全与其盟国的军事安全捆绑在一起。在英国日益削减军费的大背景下，英国作为欧洲地区军事大国的地位也越来越难以维持。在这样的情况下，与欧盟成员结合成防务共同体的想法越来越具有吸引力。《马斯特里赫特条约》决定实施“共同外交与安全政策”，将“共同防务”确立为发展方向。在 1999 年赫尔辛基欧盟首脑会议上，欧盟决定实现“联盟的军事化转向”，并为此建立了一支快速反应部队。2003 年 3 月，350 人的欧盟军队在马其顿接替北约执行代号“协和”的维和行动，使欧盟共同防务接受了一次“洗礼”。2003 年 6 月，欧盟向刚果（金）派出军队，执行“阿特米斯”行动，这是欧盟首次在欧盟范围以外进行的军事行动，也是欧盟不依赖北约的首次独立行动，被视为欧盟“实现联合安全保障和防卫政策”的重大一步。英国的军事安全也越来越与欧盟的军事安全结合在一起。[③]

根据发展轨迹，英国军事安全法律体现了英国独有的一些特点。第一，英国军事安全法律的发展与英国民众争取自由的斗争紧密相连。在英国征召与维持陆军的过程中，以国王为代表的政府总是试图维持常备军，而代表英国贵族与民众的议会则想尽办法来解散或削弱这支常备军，并通过财政拨款对其加以限制。在制定反恐怖主义的法案时，代表民众的议会也对法案威胁民众自由的内容激烈反对。第二，英国军事安全是一个日益整合的过程。在维护英国军事安全时，早期的法律实践基本是以单个军种分散式进行的，因此而形成了英国陆军法、海军法、空军法。在军事安全越来越表现出整体趋势时，英国开始制定新的军事法

---

① Counter-Terrorism Act 2008，http://www.legislation.gov.uk/ukpga/2008/28/contents.

② 上海国际问题研究所欧洲研究室：《两大军事集团的对峙——北约与华约》，上海人民出版社 1983 年版，第 196～199 页。

③ 何奇松：《上下求索的欧盟防务一体化》，载《现代军事》2005 年第 6 期，第 24～26 页。

律，以国防部为主对三军进行整合，从整体上对国家的军事安全进行治理。第三，英国军事安全法律的发展也体现了英国防务越来越依赖于外在力量。长期以来，英国以光荣孤立政策而自豪，这种政策虽然主要指外交，然而军事安全也同样如此。在德国挑战英国霸权的过程中，英国不得不与日本、法国等国家结成同盟，维护自己的利益。冷战时期，随着苏联军事实力的发展，英国也被迫参与到美国主导的北约组织中。冷战结束后，为了维持自己军事大国的地位，英国的法律再次进行调整，把自己的军事安全与欧盟军事安全结合在一起。然而，英国目前已经进入脱欧谈判进程，英国的军事安全又要重新定义了。

第二节　英国军事安全体制的演变与结构

英国军事安全体制机制始终是英国安全体制的核心。英国的强大是以军事发展和建立军事体制为基础的。英国曾是世界最强大的殖民国家，在欧洲与法国、德国争夺霸权，在第一次世界大战、第二次世界大战和 1982 年的马岛战争（Malvinas War）中成为胜利者，靠的是其强大的军事力量和强而有力的军事体制。

一、英国军事安全体制的演变

英国的军事体制是一个逐渐演变的过程。根据 1860 年的海军法、1881 年的陆军法、1917 年的空军法，英国海军、陆军、空军正式确立了在政治体系中的合法地位。然而，军种之间的协调非常缺乏。1878 年由米尔纳勋爵提出的殖民防务委员会（Colonial Defence Committee）与 1890 年索利兹伯里首相设立的内阁防务委员会（Naval and Military Committee of the Cabinet）就是军事协调的初步尝试。[①] 但英国在布尔战争中的拙劣表现证明这些先期尝试并没有取得成功。1902 年，在布尔战争刚刚结束之后，贝尔福首相设立了帝国防务委员会（Committee of Imperial Defence），取代了早先的内阁防务委员会（它仅仅在危机时刻才召开会议），这一机构是在军队缩减规模的情况下创设的，因而其本意是为未来的海军与陆军角色进行战略规划，为首相提供咨询。[②] 不久，帝国防务委员会设立了

① D. M. Schurman, *Imperial Defence*, 1868 – 1887, London: Frank Cass Publishers, 2000, pp. 61 – 82.

② J. P. Mackintosh, The Role of the Committee of Imperial Defence Before 1914, *English Historical Review*, Vol. 77, Issue 304, 1962, pp. 490 – 503.

一位秘书，即乔治·克拉克（George Clarke）爵士。然而，克拉克并不满足于做一名协调员，而是希望帝国防务委员会能够制定政策并监督执行工作。[①] 1906 年贝尔福政府解体，军方决定自己掌控自己的未来，克拉克爵士被迫辞职。然而，在汉基（Maurice Hankey）的领导下，这一机构逐渐获得了更大的权力。1908 年，他以海军助理秘书的身份入职帝国防务委员会，并于 1912 年担任委员会的秘书，时间长达 26 年。[②] 1914 年，委员会开始承担整个英帝国防务规划的重任，其主席也开始由首相担任，成员通常包括内阁大臣、各军种首脑及一些身居要职的文官，英联邦中自治领总理在和平时期也都是委员会的当然成员。该委员会一直延续到二战初期，是英国军事战略的最高决策机构。

在 20 世纪 20 年代到 30 年代期间，英国政治家提出英国的海陆空之间有必要进行更大的协作，1923 年，英国联合政府出于军种间协作的目的，组建了参谋长委员会。温斯顿·丘吉尔在 1940 年组建政府时，创设了国防大臣，并建立战时内阁，以行使对参谋长委员会的控制并协调国防事务，此职由首相兼任。自此，战时内阁成为英国战争时期军事指挥体制。克莱门特·艾德礼政府在 1946 年提出国防部法案，首相不再同时担任国防大臣，新的国防部由拥有内阁席位的国防大臣为首，三位现有的军种大臣——陆军国务大臣、海军第一大臣和空军国务大臣——负责督导各自军种的工作，但停止出席内阁。然而，新国防大臣职责非常有限。1947 年到 1964 年，五个部——海军部、陆军部、空军部、航空部和早期的国防部——承担着现在国防部的工作。1964 年，英国推行蒙巴顿改革，将陆海空三部并入国防部，此时的国防部既是政府的行政部门，又是国家军事工作的最高司令部，而首相则通过国防部长掌握最高作战指挥权。[③] 1974 年，航空供应部的国防职能也并入国防部。至此，英国形成了以国防部为核心组织的军事安全框架结构。

二、英国军事安全体制结构

（一）国防部组织体制

正如上文所言，国防部是为了更好地协调英国三军而出现的，现在的国防部

---

① John Gooch, Sir George Clarke's Career at the Committee of Imperial Defence, 1904 – 1907, *Historical Journal*, Vol. 18, Issue 3, 1975, pp. 555 – 569.

② J. F. Naylor, *A Man & an Institution: Sir Maurice Hankey, the Cabinet Secretariat and the Custody*, Cambridge: Cambridge University Press, 1984, pp. 16, 25, 34, etc.

③ 朱建新、王晓东：《各国国家安全机构比较研究》，时事出版社 2009 年版，第 77 ~ 78 页。

既是英国政府内阁的一个行政机构，又是国防与军队建设的最高领导机构。国防大臣是国防部的首领，对内阁和议会负责。国防大臣通过防务委员会（Defence Council）行使其对全体武装力量的权力。防务委员会的主席为国防大臣，其成员还包括国务大臣（相当于副大臣）、政务次官（相当于副大臣）、常务次官（相当于副大臣）、国防总参谋长、陆海空三军参谋长、国防科学首席顾问和武器装备采购总监。[①] 英国军事日常事务由防务委员会分别设立的海、陆、空三军种军事委员会负责。

（二）陆军组织体制

英国陆军早期的数量受到很大限制，但随着英国不断卷入欧洲事务，英国军方越来越倾向于建立一支欧洲远征军。在布尔战争结束不久，建立英国远征军的计划付诸实施，这一点深刻影响了英国陆军的组织体制。到现在为止，英国陆军成为英国军队中最主要的组成部分，其总数约为10万人（包括廓尔喀兵团3 500人），约占英国军队人数的一半。"英国陆军编有1个地面部队司令部、1个多国部队司令部、3个师司令部、7个旅司令部和1个联合直升机司令部。"[②] 快速反应部队是英国在新的军事思想指导下成立的一支特殊力量。在总结1982年马岛战争的经验教训时，英国军方认为必须组建一支能向北约以外任何地区随时派遣的"海外干涉部队"，以保护英国的特殊利益。1988年，第24空中机动旅建成，归属北约中欧盟军司令部北方方面军指挥，英国随后又把英国驻莱茵的第1军军部改建成快速反应部队司令部，并提交北约指挥。英国现在的快速反应部队约有5万余人。和平时期，第1装甲师隶属英国驻德司令部；第3师和第24空中机动旅隶属英国地面部队司令部。陆军参谋部是陆军最高指挥机构，负责陆军作战、训练和日常管理。主持陆军参谋部的陆军参谋长是陆军的最高军事首长，他通常向国防参谋长汇报工作，在特殊情况下还可以向国防大臣甚至首相汇报工作。此外，英国陆军还要受北约的调遣。[③] 英国陆军主要部署在英国和德国境内。

（三）海军组织体制

海军曾经是英国最主要的军事力量，也是维护英国世界霸权的主要工具。但随着英国霸权的丧失，英国军事理论家的观点发生了变化，英国海军开始变成一

① Defence（Transfer of Functions）Act 1964，http://www.legislation.gov.uk/ukpga/1964/15/contents.

② 军事科学院《世界军事年鉴》编辑部：《世界军事年鉴2012》，解放军出版社2013年版，第279页。

③ 孙晓文：《从列岛向世界出击——英国军队》，黑龙江人民出版社1999年版，第26~28页。

支地区性海军，其主要防务是北大西洋地区。与此相对应的是，英国海军的组织体制也发生了变化。现在的英国海军由舰艇部队、陆战队、舰队支援部队、辅助支援部队四大部分组成，设有舰队司令部、海军航空兵司令部、海军陆战队司令部等机构。国防大臣则通过海军委员会对英国海军行使指挥权。英国海军有3.47万人，重点部署在英吉利海峡沿岸一线和直布罗陀海峡。

（四）空军组织体制

英国空军发展较晚，但在后来的发展中变得越来越重要，为维护英国的安全发挥了特别重要的作用。英国的军事理论家也大力鼓吹发展空军力量，现在的英国空军有3.94万余人，超过海军成为英国军队的第二大军种，主要部署在德国境内和英格兰地区。英国空军的组织体制也从无到有，从不完善到相对完善。空军参谋部是空军最高军事指挥机构，负责英国空军的作战、训练和日常管理。空军参谋长是空军最高军事长官，空军助理参谋长、人事部长和供应组织部部长是其工作助理，其中助理参谋长负责空军作战和飞行安全，分管空中攻击处、防空处和飞行安全处等业务部门；人事部部长负责空军人事与训练工作，分管空军人员服务局、空军训练局、空军法律业务处等业务部门；供应组织部部长负责空军后勤保障与机场安全，分管空军后勤支援局、机场防务、保卫局、合同处等业务部门。全国空中交通管制局也设在空军参谋部，由国防部、空军、民航局共同派人管理，局长直接向空军参谋长和民航总局局长报告工作。①

（五）核武器组织体制

英国的核力量出现在二战之后，当英国政府的大国心态发生调整时，英国的常规部队大幅削减。英国的军事理论家也支持英国推行更加廉价的核战略，英国核力量在英国军队中的地位开始提升。但在英国缩减防务开支的大背景下，英国核力量也被迫收缩，英国的WE177型核炸弹已经从部队全部撤出。英国军事理论家提出的“最低限度威慑核力量”成为英国的基本防务政策。

三、英国与北约军事安全体系

在大部分时间内，英国的军事安全主要依赖于英国自身，特别是控制世界海权的英国皇家海军。然而，这种情况在二战之后明显改变了。由于苏联军事实

① 赵建利：《美英军情解读》，中国社会出版社2004年版，第122页、第150页。

力的壮大，英国与其他欧洲国家把苏联当成主要威胁，任何西欧国家都无力单独对抗苏联，甚至整个西欧也都不具有这种实力。在此背景下，以英国为代表的西欧国家希望把美国拉入欧洲的防务体系中来。正是在这一背景下，1949年4月4日，英国与欧美的11个国家签订《北大西洋公约》，该条约规定：对任何成员的攻击就是对所有国家的攻击，成员国将采取集体行动来抵制这种攻击。[①] 从此开始，英国的军事安全与北约紧密地结合在了一起。在新的防务体制中，英国仍然坚持以北约为核心的集体防务政策。由于一般由英国人出任北约秘书长，加之英国又是北约快速反应部队的领导人，这是英国比法国、德国更加积极强调北约在欧洲防务体系中地位的原因，因为北约更能加强英国在欧洲的领导地位。

在欧洲大国中，英国是北约最积极的参与者，将北约作为抵御重大军事威胁的支柱，把其作为英国防务的主要任务。在波黑事件与科索沃危机中，欧盟表现得无所作为，英国因而认为欧洲在解决安全和防务问题上仍然离不开美国。当法德提出西欧联盟并入欧盟，建立欧洲独立防务时，英国却认为北约是欧洲安全的基石，主张加强欧美防务联系。当欧洲大国都对美国的全球军事行动不予配合时，英国却积极站在美国的背后，为其对外军事活动提供支持。[②]

通过国防部的领导，英国在陆海空三军建设上进行着更多的协调。同时，英国还通过与北约盟友的合作，把英国的军事安全与外在因素更多地结合在了一起。

第三节　英国军事安全体制的运行

英国军事安全体制的运行流程，包括英国军事的决策机制、军事安全决策执行机制和军事安全决策执行评估机制三个方面。

一、英国军事决策机制

女王是英国武装力量名义上的最高统帅，这是君主立宪制在军事领导体制上

① 上海国际问题研究所欧洲研究室：《两大军事集团的对峙——北约与华约》，上海人民出版社1983年版，第196~199页。

② 王昉等：《北约新战略》，当代世界出版社1999年版，第195页。

的一种表面形式。实际上，从光荣革命开始，英国的决策大权就已经逐渐转移到议会手中，在军权方面同样如此。英国的法律规定，脱胎于帝国防务委员会的国防与海外政策委员会是英国最高军事决策机构，首相担任这一机构的主席，其成员包括国防大臣、外交与英联邦事务大臣、内政大臣、财政大臣等人，国防参谋长和海陆空三军参谋长在必要时需要列席会议。因而，英国首相通过国防与海外政策委员会掌握了英军的最高决策权，在爆发战争的时候，首相又会组建战时内阁，通过战时内阁来进行决策。通过设在国防部的作战指挥中心和各军种司令部的司令官，首相还可以对全国武装力量实施作战指挥。①

国防与海外政策委员会下设防务委员会，它是国防部的决策机构，由国防大臣任主席，成员包括负责武装力量的国务大臣、负责装备采购的国务大臣、政务次官、常务次官、国防采购总监、国防参谋长、陆军参谋长、海军参谋长、空军参谋长、第一国防副参谋长、第二常务次官、国防部科学首席顾问等。防务理事会下又设参谋长委员会和陆海空三个军种的委员会。

参谋长委员会。它是三军联合决策机构，主席为国防参谋长（由三军军官轮流担任），成员包括第一国防副参谋长、各军种参谋长。它平时协调三军建设，战时拟定作战计划，决定部队部署和进行作战指挥。具体而言，其职责包括：就国防政策、军事战略、国防预算、兵力部署、作战行动等重大问题向国防大臣提出建议；根据国防大臣的指示制定相应的计划并组织实施；负责诸军、兵种的作战指挥；指导军队的战略和政策研究及军事情报和军事训练等方面的保障工作。②

各军种委员会是各军种的决策机构，委员会的主席由国防大臣担任，军种参谋长主持日常工作。军种委员会由国防部及有关军种主要领导人组成，如陆军委员会成员包括负责武装力量的国防国务大臣、负责国防采购的装备国务大臣、武器装备政务次官、国防采购政务次官、国防部副常务次官（任陆军委员会秘书）、陆军参谋长、陆军副官长（即人事部长）、陆军军需部长和军械总监等。空军委员会则由国防大臣、国务大臣、政务次官、空军参谋长（上将）、空军人事部长（上将）、空军供应组织部部长（上将）、空军助理参谋长（少将）和飞机总监部长（文职）等 13 人组成。军种委员会的职责是依据国防大臣和防务理事会制定的政策和颁布的命令、规章和指示管理本军种的军政事务。

军种执行委员会是各军种的具体领导和管理机构。由军种参谋长任主席，成

① 李保忠：《中外军事制度比较》，商务印书馆 2003 年版，第 59 ~ 60 页；孙晓文：《从列岛向世界出击——英国军队》，黑龙江人民出版社 1999 年版，第 21 ~ 22 页。

② 孙晓文：《从列岛向世界出击——英国军队》，黑龙江人民出版社 1999 年版，第 22 页。

员包括国防部第二常务次官和军种各部门主管。例如，陆军执行委员会由陆军参谋长、国防部第二常务次官、陆军人事部长、军需部长、军械总监、助理参谋长等。其中，陆军参谋长为最高军事首长，第二常务次官为最高文官，两者地位相等，分别管理陆军军事和行政事务。其职责是处理那些不需要军种委员会全体会议讨论的一般性事务。

英国的军事决策及执行机制还与北约、欧盟等机构联系在一起。在 2010 年的《战略防务与安全评估》中，英国仍然认为北约是英国防务的基石，也仍然把对北约盟友的义务当成自己防务中最优先的内容。例如，在阿富汗行动中，英国在面临巨大的财政压力的背景下仍然派出 9 500 位军事人员参与北约领导的军事行动，而之后英国在阿富汗的军事花费就超过英国一年正常的国防开支的总额。[①] 就机制方面，英国主要通过北约理事会、防务计划委员会、军事委员会与北约实现互动。北约理事会（North Atlantic Council）由各成员国的外长组成，各国首脑、国防部长、财长在必要的时候也可能参会，是北约的最高决策机构，每年召开两次例会。

英国防务与欧盟的联系也不断发展。1992 年《马斯特里赫特条约》把共同防务确立为欧盟成员国发展的方向。1999 年赫尔辛基欧盟首脑会议决定建立 6 万人的快速反应部队。也是在这一次会议上，欧盟决定在欧盟理事会中设立常设政治与安全委员会，由各成员国驻欧盟代表、欧盟委员会代表和理事会秘书长的代表组成，负责为欧盟防务一体化的发展提供战略性指导；军事委员会对"欧盟的政治上层负责并提供军事方面的专业咨询，同时还要监督下属的专业性机构"，而军事参谋部（EUMS）"负责做出战略预警、战场形势分析及策划危机管理行动。欧盟还于 2004 年建立了防务局（EDA），专司欧洲防务产业与市场的建设"。[②] 2007 年《里斯本条约》设立了欧盟外交和安全政策高级代表一职，全面负责欧盟的外交和安全政策，其首任高级代表是英国人凯瑟琳·阿什顿。然而，由于欧盟在防务方面实行的是一票否决制，防务的合作困难重重。如阿什顿于 2011 年提交了一份推动欧盟防务建设的报告，提议设立欧盟军事总部，以实现欧盟军事的统一行动。然而，该方案遭到的最激烈的反对来自英国。英国军事决策体制机制的结构如图 16－1 所示。

---

① Securing Britain in an Age of Uncertainty: the Strategic Defence and Security Review, London: the Stationary Office, 2010, P. 15. https://www.gov.uk/government/uploads/system/uploads/attachment_data/file/62482/strategic-defence-security-review.pdf.

② 孔刚：《"跨过卢比孔河"：欧盟防务一体化的发展》，载《世界知识》2013 年 21 期，第 45 页。

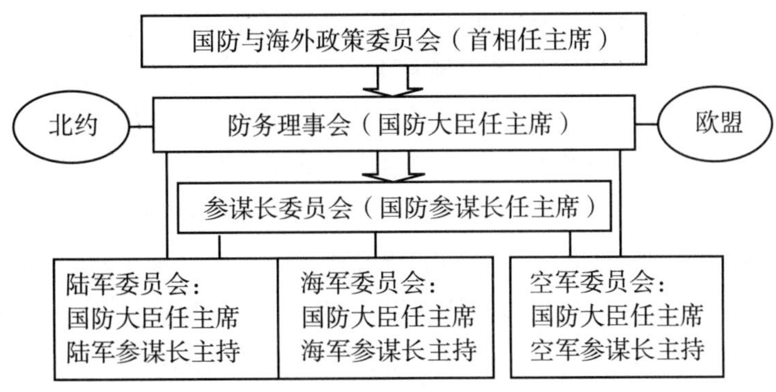

图 16-1　英国军事决策体制机制的结构

二、英国军事决策执行机制

英国最高军事决策机构的执行机构是国防部。它是政府的行政机构，也是国防执行机构，是国家军事工作的最高司令部。国防部最高行政长官是国防大臣，主要负责计划、执行国防政策及统筹安排国防事务。他有各个方面的工作助手。军事工作的主要助手是国防参谋长，他由三军武装部队中军衔最高的五星级元帅轮流担任，主要就军事战略和作战方针向国防大臣提出建议。① 其中，国防部常务次官和国防参谋长地位特别重要，国防大臣通过他们掌握军政事务和军令事务，使军政和军令在国防部实现统一。②

国防部的下级执行机构是国防参谋部。它由参谋长委员会直接领导工作，负责三军的作战指挥，日常工作由第一国防副参谋长主持。如果说国防计划制定由内阁负责，那么作战指挥则由国防参谋长通过各种程序负责，平时通过各军种参谋长行使指挥权，战时则将各军种参谋长排除在指挥权之外，由国防参谋长统一指挥三军作战。国防参谋部之下又设作战部、武器系统部、战略政策部、规划人事部等机构。③ 作战部负责军事行动，武器系统部依据三军未来的作战需要，负责武器装备计划，以及三军指挥、控制和通信系统。战略政策部负责向国防大臣提供防务战略与政策咨询，包括向北约提供兵力、与盟军的军事关系、裁军与军控、核政策、军事战略和三军作战思想等。规划人事部负责调剂国防系统的人力

---

① 也有学者按照国防部的组织系统把其分为国防参谋部、管理与预算办公厅、装备采购部及陆海空三军参谋部四大部分，此外还有国防情报局、国防科研局和公共关系署等直属机构，这也不失为一种好的分类方法，参阅李保忠：《中外军事制度比较》，商务印书馆 2003 年版，第 60 页。

② Defence (Transfer of Functions) Act 1964, http://www.legislation.gov.uk/ukpga/1964/15/contents.

③ 孙晓文：《从列岛向世界出击——英国军队》，黑龙江人民出版社 1999 年版，第 23 页；朱建新、王晓东：《各国国家安全机构比较研究》，时事出版社 2009 年版，第 58～59 页。

和装备、制定军队人事政策及军队的工资、待遇政策等。

国防部的执行机构还有管理与预算办公厅、陆海空军种参谋部和装备采购部、国防情报局、科学参谋部和公共关系署等直属机构。管理与预算办公厅由国防部第二常务次官领导，负责向财政计划和管理委员会主席提出财政建议，同时负责国防部的资源规划与分配、人事与后勤、文职人员的管理等工作。参谋部就本军种的组织和发展、装备、作战、训练及演习的实施等具体计划向参谋长提出建议，并协调与其他部门的工作。装备采购部由国防采购总监领导，主要负责英军武器装备的采购，该部下设三个军种审计署和海外销售署。①

三、英国军事决策执行评估机制

英国的军事安全评估机制可以分为业务性评估与政治性评估。业务性评估由军事专家负责，政治性评估由议会负责。

每次战争结束的时候，英国总会成立一些军事专家组成的委员会对战争进行评估，总结战争中的经验与教训。在国防部成立后，这种专门性的业务评估转为由国防部负责。在1856年克里米亚战争结束时，英国皇家委员会对此战争进行评估，委员会认为2.5万人的英国军队远远不能履行军事安全的任务，要求扩大陆军的规模。在1870年普法战争结束时，英国陆军大臣爱德华·卡德韦尔（Edward Cardwell）对英国军队进行了新的评估，认为自己的绅士军队与配备最新装备的德国专业军队存在很大的差距，英国开始给陆军部更大的权力，英国也首次创立了短期的预备役部队。在1902年布尔战争结束后，英国在陆军大臣理查德·霍尔丹（Richard Burdon Haldane）的领导下再次对军事情况进行评估，英国最终决定成立一支在海外活动的远征军，为英国可能进行的战争进行严格的准备与训练。与此同时，英国对预备役部队进行了调整与改造，确保这些海外军队可以得到有效补充。在国防部取代海陆空军三部后，国防部成为对军事进行评估的主要负责者。在福克兰群岛（阿根廷称马尔维纳斯群岛）战争结束后，在国防部的主持下，英国发布了《福克兰战役：经验与教训》，再一次对军事进行了评估，提出了整改建议，为英国军事体制建设提供了重要启示。②

英国军事安全评估机制还包括议会评估。英国军事体制的发展与议会的关系极为密切。为了确保议会对军队的控制，海陆空三军法律都有一定的期限，英国

① 孙晓文：《从列岛向世界出击——英国军队》，黑龙江人民出版社1999年版，第23~24页。

② Cmnd 8758: *Falklands Campaign: The Lessons*, Defence White Paper by Ministry of Defence, December 1982.

议会也通过财政拨款方式对英国的军事体制与决策施加影响。1979 年，议会为了加强对政府部门的监督工作成立了一些专门的部门委员会，即议会按与政府各部逐一对应的原则设立若干专事监督政府的委员会（目前议会已经有 19 个这样的专门委员会），这些委员会负责对各政府对应部门及其相关公共机构的开支、行政和政策实施进行检查。在军事防务方面，议会也根据该规则成立国防委员会（Defence Committee）。该委员会由 11 名议员组成，每届任期 1 年，可以连任。委员会的主要任务有：（1）检查并评价国防部的政策，同时，可以就委员会认为合适的内容进行进一步质询；（2）审查国防部的开支情况；（3）审查国防部的行政管理；（4）向议会提供信息以方便其讨论并制定决策。①

① Department of Chamber and Committee Services, *Guide for Select Committee Members*, 2011, http://www.parliament.uk/documents/commons-committees/guide-select-ctte-members.pdf. 关于专门委员会的情况，参阅 M. Jogerst, *Reform in the House of Commons: the Select Committee System*, Lexington, Ky: University Press of Kentucky, 1993, pp. 86 – 110.

第十七章

英国应急安全体制机制

进入21世纪后，各国应急突发事件呈现出多元化、交叉性、国际化发展态势，直接影响到国家政治、经济与社会秩序的稳定，关系到民众的安全和福祉。应急安全管理越来越多地成为各国国家安全战略中的重要指标。英国的应急管理体系建设起步较早，并在实践中不断进行修正与完善，由于受国际安全局势、国内安全状况以及国家政治、文化传统的影响，英国形成了具有自身特色的应急安全管理体制机制。

第一节　英国应急安全体系的发展与法律建制

二战结束以后，英国应急安全体系经历了三个阶段的发展：二战后至20世纪末、2001~2008年、2008年至今。经过这三个阶段的发展，英国建立了较为完备的应急法律体系。

一、二战后英国应急安全管理体系的发展

英国的应急安全管理体制机制在二战后开始启动，主要目的是防范平民受到突发事件的伤害、预防突发事件的发生并降低突发事件的负面影响。冷战时期，英国的应急安全主要针对东西方冷战过程中突发的欧洲地区冲突，包括防范可能

遭受核打击的冲突等。随着20世纪70～80年代冷战的缓和，英国开始把应急安全的主要对象转变为防范国内的突发事件，如自然灾害、地方恐怖主义等。冷战结束后，英国对主要的安全威胁进行了重新评估，对什么是应急安全也做了重新认知。21世纪以后，英国为了适应全新的国际国内安全环境，对处理应急安全事务从机构体制到法律建制进行了全面的更新，应急安全体制成为英国国家大安全战略的重要组成部分。总体来看，二战后英国应急安全体系的发展大致经历了三个阶段：

第一阶段：二战后至20世纪末。在这一时期英国应急管理体系主要以地方层面为主，以各郡区的警察、消防、医疗单位为管理主体。管理重点包括防范核打击下的平民伤亡及零星的自然灾害与北爱尔兰的恐怖袭击等。

二战后，迫于欧洲冷战局势的压力，英国政府于1948年颁布了《国民防务法案》（CDA），旨在防范平民遭受核打击的风险，减少冷战期间平民的伤亡。此法案将国民应急管理权下放给地方政府，由地方主要相关部门负责进行突发事件的应急处理。1986年，英国正式通过立法形成《和平时期国民防务法案》（CDPA），确认了中央与地方政府在应急安全管理方面的责任与义务。[①] 这一法律虽然规定了中央与地方的责任与义务，但在中央与地方如何具体分工合作的操作层面，即协调地方与中央的组织机构问题上仍缺乏有效的建制。20世纪80年代以后出现的一系列危机事件充分暴露了英国应急管理中缺乏有效协调的后果。例如，1987年，飓风袭击英国，气象部门未能及时预报，结果造成20多人死亡，居民住房大面积被破坏。一个月后，伦敦国王十字车站起火，30多人死亡、50多人受伤。1988年，北海阿尔法石油勘探设备出现故障，导致167人遇难。1987～1988年，北爱尔兰地区连续爆发了几次恐怖袭击，均有不少人员伤亡。20世纪90年代以后，英国北威尔士、英格兰北部与中部地区频繁暴发洪水灾害，特别是2000年的特大洪水，由于应急措施不力，造成巨大的财产损失。[②]

第二阶段：从2001年到2008年前后。在这一时期，英国的应急体制在中央与地方的整体建制上实现了飞跃发展。

应对一些突发事件的不足暴露了英国应急管理体制上的漏洞，这促使英国政府深刻反思。2001年7月，英国成立了内阁国民紧急事务秘书处（CCS），其宗

---

① Naim Kapucu, "Emergency and Crisis Management in the United Kingdom: Disasters Experienced, Lessons Learned, and Recommendations for the Future," 2010, P. 6, http://search. fema. gov/search? q = Emergency and Crisis Management in the United Kingdom: Disasters Experienced, Lessons Learned, and Recommendations for the Future&submit = Go! &sort = date: D: L: d1&output = xml_no_dtd&ie = UTF-8&oe = UTF-8&client = training&proxystylesheet = training&site = training.

② Naim Kapucu, "Emergency and Crisis Management in the United Kingdom: Disasters Experienced, Lessons Learned, and Recommendations for the Future," 2010.

旨是加强英国在应急事务上的准备、反应与恢复能力。它也因而成为英国负责应急管理事务的核心机构。CCS 设在中央政府内阁办公室下，主要负责组织与协调中央到地方各部门及相关利益者参与国民应急事务的处理。CCS 不仅要负责协调处理应急事件，还要做好突发事件前的研判与训练、风险评估与事后的恢复工作。①

"9·11"恐怖袭击后，英国明显提高了防范自然灾害与突发事件的力度。为了有效应对重大恐怖主义袭击，英国试图建立一套从地方到中央的整体应急管理框架与立法体系。2004 年 11 月，英国议会通过了《国民紧急状态法》（CCA），正式取代 1986 年的《和平时期国民防务法案》，成为当前英国应急安全管理规程中的最高法律文件。CCA 的主要内容分为三个部分：第一，对"紧急事件"进行了规范性定义。第二，界定了从中央到地方所有应急管理机构的角色与责任，并对这些机构进行分类，对其行动提供规范指导。第三，授予政府紧急事态权力，即政府在紧急状态时期为了有效应对突发事件可以进行临时管制。② 从冷战时期防范核打击到 21 世纪初期应对各种自然、人为的突发事件，英国逐渐深化与完善了对"突发事件"的理解。CCA 指出：威胁到民众福利与国家安全及破坏环境的因素，包括战争与恐怖主义袭击都可以被称为"突发事件"。③ 可以看出，英国对紧急事件的界定相对宽泛，只要事件突发，且有可能对国民、国家产生较大规模的破坏性后果，都可以算在其范畴内。

2005 年，英国政府还陆续出台了《应急管理准备和响应指南》《应急管理恢复指南》《中央政府对突发事件响应的安排：操作手册》等法规与文件，将《国民紧急状态法》的宗旨、原则进行细化。这些法规与文件有效规范了中央、地方政府在进行应急管理时的具体操作程序。

第三阶段：2008 年以后至今。在这一时期应急管理被纳入国家"大安全"框架，力图实现传统安全与非传统安全、国际安全与国内安全管理上的整合。

近年来，传统安全与非传统安全相互交织、国际安全与国内安全界限模糊的特征越发明显，英国的突发事件也呈现出多元化、交叉性发展趋势。如 2005 年伦敦恐怖袭击、2007 年夏季洪水灾害、2009 年甲型流感的肆虐等，英国政府在应对的过程中暴露出了应急管理部门与其他部门之间在重大安全事件上缺乏协调与信息分享，以及忽视事前风险评估与预警等问题。对此，英国政府继续思索如

① Cabinet Office: Introduction to Civil Contingencies Secretariat, http://www.cabinetoffice.gov.uk/content/civil-contingencies-secretariat.

② Civil Contingencies Act 2004 (c. 36), http://www.legislation.gov.uk/ukpga/2004/36/contents.

③ Civil Contingencies Secretariat, Civil Contingencies Act 2004: a Short Guide (revised), https://www.gov.uk/government/publications/civil-contingencies-act-a-short-guide-revised.

何改革应急安全管理体系，以更有效地应对日益复杂的安全局势。

2008 年 2 月，英国内阁办公室战略中心发布了题为《实现英国的潜力：未来对英国的战略挑战》的报告，对未来英国将面临的战略风险进行了评估，认为英国面临着全球化、经济繁荣、公民生活条件差异、老龄化、家庭与社区、社会安全、个性化的公共服务、气候变化、民主创新等方面的战略风险挑战，英国政府必须迅速增强战略风险管理能力，才能保障社会安全与繁荣。[①] 在这一报告的推动下，2010 年 5 月，英国卡梅伦内阁建立了国家安全委员会（NSC），将应急管理中枢机构——内阁国民紧急事务秘书处纳入国家安全委员会，意图构建“大国家安全”管理框架。国家安全委员会由首相担任主席，常任成员都是政府重要部门的内阁大臣。国家安全委员会领导处理全国所有方面的安全问题，在最高层面上整合国防、外交、国民应急事务、反恐、情报、警务、能源等相关部门的资源，有效地提升了英国整体的安全风险防范与应急处理能力。[②] 国家安全委员会的建立是英国自二战后国家安全管理体制的重大改革。国家安全委员会成立几个月后发布了题为《在不确定时代保卫英国安全：战略防务与安全评估》的报告，在大安全的理念下从安全责任、计划、机构改革、联盟与伙伴关系等方面确立了英国安全战略的原则。[③]

2010 年，英国强化应急管理部门风险管理职能的改革引人瞩目。中央政府将内阁国民紧急事务秘书处作为政府整体风险管理的核心，负责识别、描述、量化、评估所有可能对英国安全构成的风险。秘书处需要制定政府风险管理的相关政策，总体设计与把握政府风险管理建设评估的进程，每年与相关部门一起发布《国家风险登记册》。

总体上看，从内阁国民紧急事务秘书处到国家安全委员会，从《国民防务法》到《国民紧急状态法》，英国在实践中不断修正与完善其应急安全管理体系，关注地方与中央的分工与协作，形成了防范综合性安全风险的整体预防、处置框架。

二、英国应急安全体系的法规建制

英国应急安全体制机制建设的一个突出特征是特别注重法律规制的建设。在

① 游志斌：《英国政府应急管理体制改革的重点及启示》，载《行政管理改革》2010 年第 11 期，第 59 ~ 60 页。

② Cabinet Office, Introduction to NSC, https://www.gov.uk/government/organisations/national-security/groups/national-security-council.

③ “Securing Britain in an Age of Uncertainty: The Strategic Defence and Security Review,” https://www.gov.uk/government/publications/the-strategic-defence-and-security-review-securing-britain-in-an-age-of-uncertainty.

英国看来，应急安全的管理首先要有健全的规程，有了明确而全面的法律规范，有关如何调整组织结构、如何协调各相关部门的运作就有了章法与依据，从战略到行动就不会出现混乱。英国应急安全管理体制机制的法律建制有一个鲜明的特点，即从宏观到微观层次非常清晰，内容细致全面：

第一层次是《国民紧急状态法》，这是英国应急安全法律建制中的最高层次，其他一切规程与规范都是对它的解释与完善。《国民紧急状态法》分为三个部分：第一部分是规范地方政府与部门对公民的保护；第二部分是规范参与国民应急管理的职能部门有哪些，可以动用的资源有哪些；第三部分是对条款的一些补充说明。[①] 该法案重点界定了所谓"紧急事务"的范畴与边界，梳理与规范了哪些政府资源需要参与，以及如何参与应急事务管理的过程。法案特别强调预防灾难是应急管理的关键，要求政府把应急管理与常态管理结合起来，尽可能减少灾难发生的危险。该法也明确规定了地方和中央政府在紧急状态评估、制定应急计划、组织应急处置和恢复重建方面的不同职责。

第二层次是对《国民紧急状态法》的补充法案。英国政府先后出台了《2005年国民紧急状态法案执行规章草案》《2006年反恐法案》等，作为对最高应急安全法《国民紧急状态法》的补充。此外，英国政府还出台了《中央政府应对紧急状态安排：操作框架》，规定了英国中央政府及其他部门需要遵守的应急行为规范，明确了中央与地方政府具体的权责界面。[②]

第三层次是各种应急的行为指南与标准文件。这类规范性文件分为三种：强制性标准、非强制性标准、软标准。强制性标准是上下都必须遵守的规则。非强制性标准则是应该做到的规则。软性标准则是可以做但又不强行要求的规则。三种标准划分了应急行为标准的主次与轻重缓急。此外，英国的半官方和民间机构也出版了一些有关应急安全的推荐性标准，应急管理的操作规程、规划方法、演练指南、培训资料等也属于指南与标准类规范。英国国家标准研究所出版的《国家业务连续性标准》是这类半官方文件中影响较大的文件，被许多相关部门采纳。实际上，由于该标准的国际影响日益扩大，国家标准研究所还准备出台国际性的《国际业务连续性标准》。这些标准文件与行为指南是指导英国应急管理实践操作非常重要的规范性文件，因为应急预案、应急计划、评价标准及一些应急安全培训的课程都要依照指南与标准文件来制定。

第四层次是应急规划文件。应急规划文件是中央和地方政府制定的、具体指导系统抗灾实践的重要动态文本，包括以下一些：一是风险登记书，由各应急管

---

① Civil Contingencies Act 2004 (c. 36), http://www.legislation.gov.uk/ukpga/2004/36/contents.

② 李雪峰：《英国应急管理的特征与启示》，载《行政管理改革》2010年第3期，第54～59页。

理主责部门负责制定。目前各地每两年重新审视、修订风险登记书。二是应急计划书，或称为应急预案，由各级应对灾害主责部门负责制定。英国所有的应急预案都需要多部门共同制定，它们根据每年政府出台的应急风险评估的侧重点，跨部门进行预案制定，而不是一个部门的单独责任。三是业务持续性计划书，由各个地方政府部门和相关组织负责。它指的是政府或私营企业在业务分析基础上，对于灾害发生时如何保证关键性业务不中断、保证持续提供必要服务的一种系统安排的预案。此业务持续性计划书对减少灾害损失非常有效。四是灾后重建计划书，通常由地方政府主导的灾后恢复战略小组制定。灾后恢复战略小组也是进行跨部门协作来制定灾后重建计划，计划制定后相关部门按照计划要求予以具体实施。

第五层次是经验教训总结材料。经验教训类的总结材料是提高系统抗灾力的重要基础，这些材料可分为三种类型：一是经验类，主要是指良好实践的总结。英国政府要求对应急管理的良好实践进行总结，并用于交流经验，积累有价值的实践知识。好实践通常以“好实践报告”的形式发表，供各方借鉴学习。为推动总结好实践工作的健康发展，英国政府还出台了指南性的《好实践的期望和指标》，供有关机构在评估好实践和撰写好实践报告时运用。二是教训类，包括各种应急事件的事后评估报告及中央、地方政府组织应急演练后的评估报告。英国非常重视事件评估，评估报告要求真实、详细且务实。三是学术研究类，包括政府邀请开展有关应急安全管理的研究，以及各大专院校、学术机构的独立研究。来自学术机构的研究报告能够从更深层次总结英国应急管理实践中的经验教训，对提高国家系统抗灾力非常重要。①

通过这一系列的法规与相关文件，英国应急安全体制机制的建设有了一个坚实的法律基础。

第二节　英国应急安全体制的构成与运行机制

由于政治文化、历史传统的影响，英国的应急事务主要由地方政府应对与处置，特别重大的应急安全事件则由内阁负责。参与应急管理的相关机构从中央到地方、从核心机构到协作机构，构成了一个立体网状化的管理体制，也形成了独具英国特色的运行机制。

① 李雪峰：《英国应急管理的特征与启示》，载《行政管理改革》2010 年第 3 期，第 54 ~ 59 页。

一、英国应急安全体制的构成与职能

2004年的《国民紧急状态法》是确立英国应急安全体制的主要法律文件，当然，这一法律文件既有其产生的历史传统，也有后续文件的补充。这一系列的文件就确立了英国现在的应急安全体制。这一体制可以区分为两个层面：中央层面与地方层面。

（一）中央政府层面

在中央政府层面，我们可以从决策层面与执行层面进行分析。就决策层面而言，处理应急安全事务的最高机构是国家安全委员会（NSC），它的成员包括首相、副首相、财政大臣、外交与英联邦大臣、内政大臣、国防大臣、国际发展大臣、能源与气候变化部大臣、财政部首席秘书、国家内阁大臣，各安全机构的首脑等高级官员也需要参加。国家安全委员会制定的国家安全战略识别英国安全威胁的来源，从整体上对英国的安全事务应对进行决策。国家安全委员会又分为三个分部，其中由内政大臣任主席的威胁、险情恢复与紧急事态部就直接与英国的应急安全管理相关。[①] 就应急安全的专业事务而言，国民紧急事务委员会（CCC）是英国应急安全事务的决策机构，它由各部大臣和其他高级官员组成，可以向内阁紧急应变小组提供指导意见，并负责监督中央政府部门在紧急情况下的应对工作。

就执行层面而言，首相是应急管理的最高行政首长，而相关机构主要包括内阁紧急应变小组（COBR）与国民紧急事务秘书处（CCS），以及其他的政府部门。其中内阁紧急应变小组是政府危机处理的最高机构，许多时候由首相亲自担任小组组长。但是，内阁紧急应变小组只有在面临非常重大的危机或紧急事态时才被启动。而纵观英国的历史，英国设立这一机构的次数非常之少。其次是内阁国民紧急事务秘书处，它负责英国应急管理日常工作和在紧急情况下协调跨部门、跨机构的应急行动，为内阁紧急应变小组、国民紧急事务委员会提供支持。政府各部门负责所属范围内的应急管理工作，例如警察局、卫生部等相关部门都设有专门的应急管理机构。[②]

---

① Securing Britain in an Age of Uncertainty: the Strategic Defence and Security Review, London: the Stationary Office, 2010, P. 70.

② 翟良云：《英国的应急管理模式》，载《劳动保护》2010年第7期，第112~114页。

（二）地方政府层面

虽然中央政府在应急事务的决策与管理中权力很大，但在实际发生突发公共事件时，英国一般是由所在地的地方政府负责处理相关事务，英国实际形成的是地方政府为主的属地管理式应急安全体制。与中央政府一样，英国的地方政府层面也同样存在决策机构与执行机构。

在决策层面，各郡、县、市设有“地方紧急事务委员会”（RCCC），由各级市政厅、地方警察局、消防局、紧急救护中心、健康与安全机构、环境等部门的领导组成，为地方的应急安全事务进行总体决策。委员会下设战略协调中心（SCC），在应急状态发生时由警察部门牵头（通常为警察总长），负责指挥与协调各部门的应急处置。[①]

在执行层面，英国应急安全体制包括地方政府及其各专业部门。地方政府包括伦敦市及各个区域性管理当局，以及行政区政府、郡、县政府。地方政府设有专门的“突发事件计划官”，主要负责制定《突发事件应急计划》，联络辖区内应急系统各个相关部门，统筹协调有关事务，负责与涉及的部门签订援助、协作协议等。

各专业部门包括警察部门、消防部门、医疗救护部门等。在突发事件的应急处理中，警察负责控制和警戒事故现场，根据消防部门的建议设立警戒范围，警察在现场的工作以抢救人员为优先事项。消防部门主要负责事故现场的救援和恢复，防止事态扩大，对事故现场中陷于困境的人员实施营救，负责在现场消除生物、化学残余等，消除包括核辐射在内的各种放射性污染，参与事故调查工作。医疗救护部门主要负责突发事件中人员的急救与护理等，在事故现场专门确定两名“事故现场急救官”和“事故现场医疗官”，在现场进行急救和医疗方面的监督。健康与安全署指导相关部门采取正确的应急处置措施，监督和确认处理事故时采取正确的步骤，保证工厂安全恢复，降低公众受伤害的风险，负责事故调查，向中央政府提供建议。环保署的基本职责是保护所在地区的水、土资源和大气环境。它负责评估环境风险，识别事故存在的风险，为指挥中心提供支持，进行空气质量的监测，提出污染物的存储、销毁和运输建议。在出现污染事故的情况下，它还负责收集相关证据。食品与环境研究署为环境、食品与农业事务部和其他政府部门提供食品供应链保护和环境健康方面的分析、研究和建议。[②]

除了这些核心的应急处置部门外，公用事业、铁路与航空公司、军队、志愿

① Naim Kapucu, “Emergency and Crisis Management in the United Kingdom: Disasters Experienced, Lessons Learned, and Recommendations for the Future,” 2010, P. 9.

② 翟良云：《英国的应急管理模式》，载《劳动保护》2010 年第 7 期，第 112 ~ 114 页。

者机构等也作为应急响应的第二梯队在灾后恢复中发挥作用，但这些主要由地方政府进行统筹安排。① 英国应急安全管理体制的网状结构如图 17－1 所示。

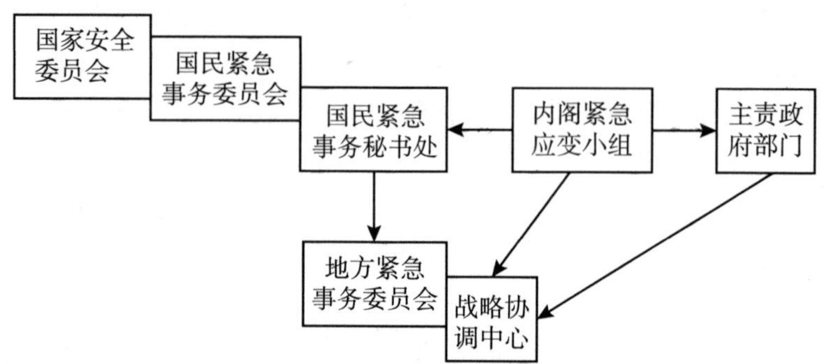

图 17－1　英国应急安全管理体制结构

二、英国应急安全治理的运行机制

应急安全治理一般涉及多层级、多部门的合作，要进行明确的分工与有效的协作并不容易。加之不像美国、俄罗斯等国，英国没有常设的中央级部门专职负责应急管理，国家层面主要由内阁国民应急事务秘书处牵头，在地方层面，警察、消防、医疗救助等部门并不直接隶属于地方政府。在这种复杂的体制下，经过多年的摸索，英国建立了中央政府三级响应，地方层面金、银、铜三级指挥的运行机制，实现了应急安全管理的多层分工、上下联动与跨部门的有效合作。

在中央层面，中央政府应对紧急情况分为三级响应：②

第一级，出现较为严重的地方突发事件，地方处理应急事件时需要中央政府出面协助与协调。由内阁责成相关中央部门组成“主责政府部门”（LGD）负责协调上下级关系，主导事件处理。LGD 不是常设机构，但政府会指定专人负责，并定期更换。

第二级，发生影响范围大、需要中央协调处理的突发公共事件时，启动内阁紧急应变小组与国民紧急事务委员会。内阁紧急应变小组是政府处理应急事件的最高机构，国民紧急事务委员会由各部大臣和相关官员组成，向紧急应变小组提供意见。应变小组从“战略层面”对突发应急事件进行总体控制，可直接调动包

① Naim Kapucu, “Emergency and Crisis Management in the United Kingdom: Disasters Experienced, Lessons Learned, and Recommendations for the Future,” 2010, P. 9.

② Cabinet Office, “Central Government Arrangements for Responding to an Emergency,” Retrieved April 10, 2005, http://www.cabinetoffice.gov.uk/media/132685/conops.pdf.

括军队、情报机构在内的安全资源。

第三级，在发生大范围蔓延的灾难性突发事件时，英国政府启动 COBR 机制，此时 COBR 直接在首相或副首相的领导下进行运转。不过到目前为止，英国尚未启动此级别的应急机制。

在地方层面，英国也形成了所谓“金、银、铜”三级应急指挥机制。[①] “金级”指挥的主要机构是战略协调中心（SCC）与战略协作小组（SCG），通常情况下，警察总局的高级警察官担任总指挥，SCC 与事发当地的一类、二类响应者一起协调各部门的应急处置。SCC 主要考虑的战略问题包括突发事件的原因，事件可能对经济、政治、社会、环境等方面产生的影响，总体上需要采取的措施与手段，与媒体的关系等。“银级”指挥是在离事件现场恰当距离的位置上多个机构的管理人员一起工作，根据“金级”下达的目标与计划，对任务进行分配，迅速向“铜级”官员下达命令，直接管控相关应急资源与人员调配。“铜级”指挥主要设在现场具体实施应急任务，决定正确的救援或处置方式，如封锁、疏散、交通管理、休息中心等，完成银级下达的任务，直接使用应急资源。

中央与地方的三级应急指挥与处理机制，做到了中央与地方、上下级部门之间的多层分工、权责明确，使得应急事件发生时各层级不缺位、不越位，同时也做到了上下联动与各部门的协调合作，基本实现了应急处置的快速与高效。

第三节　英国应急安全体制机制的特征

通过长期的发展与改革，英国形成了具有自身特色的应急安全管理体制机制，其特征主要体现在以下四个方面：

一、发挥地方政府在应急管理中的主导作用

英国应急安全管理的显著特征是“去中心化”，即应对突发事件一般都由地方政府负责处理，不过分依赖中央政府。中央政府主要负责特定级别的应急响应，其他情况下仅限于处理信息、媒体等方面的事务，从外围给地方政府提供支持。因此，英国地方、基层的应急管理体制相对来说比较健全，在整个英国应急

① Cabinet Office, "Management and Co-ordination of Local Operations," Retrieved April 10, 2009, http://www.cabinetoffice.gov.uk/media/132053/err_chap_03.pdf.

安全体系中起着中坚作用。

英国郡、县、市都设有“地区抗灾联席会议”（RRF），由警察、消防、医疗紧急救护、区市政厅、环境部门、战略卫生局等一级响应者及水、燃气、电力、铁路、航空、港务、高速公路等二级响应者的负责人组成。联席会议体制让地方政府、各应急部门及参与应急的企业、自愿组织能更好地沟通与协作，主席通常由地区行政第一负责人担任。联席会议至少一个季度召开一次会议，平时负责地区应急预警、制定应急工作计划、举行应急训练等，灾时负责协调各方力量有效应对突发事件，下设消防组、医疗组、商业组、自愿组、联系组等各种工作组完成联席会议指派的任务。①

除此以外，地方政府办公室内还设有风险指导小组、系统抗灾力小组等机构，它们都是在国民紧急状态法的指导下建立而成，旨在全面提升地方政府与应急机构在应急计划、响应、恢复及训练演练方面的系统抗灾力。

二、注重“系统抗灾力”建设

《国民紧急状态法》（CCA）是英国应急安全管理体制机制的基础，而CCA的精髓与核心就是建成英国的“系统复原力”（resilience）。系统复原力是指中央与地方、企业与社区在突发事故前、中、后各个阶段所具备的发现、防范、处置、恢复的系统能力。为了获得系统抗灾力，英国特别注重风险防范、应急计划和培训、业务持续性及灾后恢复等方面的建设。②

第一，强调以风险管理为核心的应急安全管理体制建设。预防是安全管理的核心，就应急安全管理而言，发现风险、测量风险、登记风险、预控风险是其管理的关键。英国的内阁国民紧急事务秘书处负责制定“国家风险评估”工作规程，规程规定，中央和地方都必须制定相应的风险评估文件，包括“风险登记书”和“应急计划书”，每两年修订一次，都是多部门合作完成。秘书处每五年对上报的风险进行评级，风险评级分为非常高、高、中等、低4级。高风险以上级别的风险必须在国家、区域和地方层级的应急计划与预案中获得足够重视，而非常高的风险则必须被视为政府工作的优先事项，并制定相应的对策。

第二，重视应急培训。制定风险防范计划与预案以后，就必须实施相应的应急培训。做好日常培训是提升应急处置能力的关键。英国建立了应急规划学

① Consultation Paper, “Renewing Civil Contingencies Act Arrangements for London,” Civil Contingencies Act Enhancement Programme, November 2009, pp. 14 - 16. http://www.cabinetoffice.gov.uk/resource-library/civil-contingencies-act-enhancement-programme-programme-initiation-document.

② Cabinet Office, “UK Resilience,” http://www.cabinetoffice.gov.uk/ukresilience.

院（EPC）[1]，由专业性的各类学者组成，专门从事应急管理的理论建设、工作评估及课程培训。就应急培训而言，学院会根据各类应急法案制定相应的应急培训课程，课程以提高应急处理能力为目标，每类课程都有规范的操作流程。培训课程大多采用任务导向、互动式教学，实践性很强。例如学院委托有关公司开发了名为“金级标准”的演练培训系统，该系统通过模拟现场场景，让受训者经历逼真的管理体验来达到培训目的。英国政府要求地方各类应急管理部门都要定期参加培训课程，并进行相关的应急演练。培训、演练完成后，各部门还需要撰写评估与演练总结。

第三，注重业务持续性与灾后恢复的能力建设。开展和加强政府、企业的业务持续性建设，有利于在突发事件发生时提高从混乱中尽快复原的能力，将自然或人为伤害降到最低。与事前预防一样，英国政府也要求相关地方机构负责编写“业务持续性计划书”与“灾后重建计划书”，通常由地方政府主导的灾后恢复战略小组来组织制定。国民紧急事务秘书处还与英国业务持续协会合作制定《业务持续管理：行为规范》，并开展相关领域的业务可持续性调查，以增强政府、企业应对突发事件的能力，即提升系统抗灾力。[2]

三、以规程为中心的文件体系

英国有注重法律建设的传统，在他们看来，应急管理首先要有健全的法规。有了法规，英国的应急安全事务就有了明确的依据。在这样的思维引导下，英国十分注重应急管理文件的法规体系建设，逐渐形成了以法规为中心的文件体系，这一文件体系主要分为如下五个层次：第一，《国民紧急状态法》。这一法案是英国应急安全法规的最高规范，其他一切规章和知识都是对它的解释与完善。第二，《国民紧急状态法》的补充法案。在《国民紧急状态法》之外，英国政府又先后出台了《2005 年国民紧急状态法案执行规章草案》和《2006 年反恐法案》等，作为对最高应急安全法案的补充。此外，英国政府还出台了《中央政府应对紧急状态安排：操作框架》，进一步规定英国中央政府以及其他部门需要遵守的应急行为规范，明确中央与地方政府具体的权责界面。[3] 第三，指南与标准。各种应急管理指南、标准等或者作为强制性文件，或者作为指导性文件，是英国应急管理规程体系的重要组成部分，也是整个应急管理文件体系建设中的重头戏。这类规范性文件分为三种：强制性规程、非强制性规程和软规程。此外，英国的

---

① Introduction to EPC，http://www.epcollege.com/epc/home/.

② 游志斌：《英国政府应急管理体制改革的重点及启示》，载《行政管理改革》2010 年第 3 期，第 62 页。

③ 李雪峰：《英国应急管理的特征与启示》，载《行政管理改革》2010 年第 3 期，第 54～59 页。

半官方和民间机构也出版一些有关应急安全的推荐性标准，应急管理的操作规程、规划方法、演练指南、培训资料等，也属于指南与标准类规范。第四，应急规划文件。应急规划文件是中央和地方政府制定的、具体指导系统抗灾实践的重要动态文本。主要包括风险登记书、应急计划书（或称为应急预案）、业务持续性计划书和灾后重建计划书等。第五，经验教训总结材料。这些材料主要分为三种类型：一是经验类，主要是指好实践的总结。二是教训类，各种应急事件的事后评估报告就属于这一类，中央和地方应急演练的演练后评估报告也属于此类。三是研究类，包括应政府邀请开展研究的成果，也包括独立研究成果。

英国政府十分重视英国应急安全的法规文件与有关防灾知识的通告与普及，积极利用网络信息化途径传播这些法规与知识，内阁办公室就专门建立了“英国系统抗灾力”的网站，里面有许多应急管理的规范性文件、评估材料、研究文献及各种应急防灾知识信息。①

四、越来越重视跨部门与跨机构之间的协调

部门与机构之间缺乏协调一直是英国安全体制机制建设中的一个突出问题，也一直推动着英国安全体制机制的改革。在应急安全领域，部门与机构之间的协调工作也同样是一条主线。

在中央层面，英国政府一直在推动跨部门与跨机构之间的合作。根据法律规定，一旦发生有可能产生大范围影响并需要中央协调处置的突发公共事件，英国政府就启动内阁紧急应变小组，协调军队、情报机构等相关部门进行处置。在产生大范围蔓延性、灾难性的突发公共事件时，英国政府也会启动内阁紧急应变小组机制，通过首相或副首相的领导，对全国的应急安全事务进行协调。

在地方层面，由于历史原因，英国地方政府与警察局、消防局、医疗救护部门等互不隶属，协调是一个大问题。为了解决这一问题，英国为应急安全体制机制做了一些新的安排。一旦发生应急事件，英国就会在地方层面设置战略指挥小组和策略指挥小组，它们分别由各部门金级和银级官员组成，负责有关决策和协调工作。

在推动英国应急安全体制机制的协调中，内阁办公室的国民紧急事务秘书处是一个特别重要的机构。它是内阁紧急应变小组的秘书处，以促进跨部门合作为宗旨。在首相的支持下，紧急事务秘书处协调有力，各部门也习惯了其监督管理跨部门与跨机构的应急安全工作。②

---

①② 李雪峰：《英国应急管理的特征与启示》，载《行政管理改革》2010 年第 3 期，第 54 ~ 59 页。

第十八章

21世纪英国安全体制机制的改革与展望

英国安全体制随着时代的发展不断变化和变革，那些旧的安全机构有的消失了，有的职能发生了很大变化，一些新的安全机构在新的背景下被创设起来。英国安全体制的运行也与早期的运行机制有了重大差别。进入21世纪后，英国面临的安全形势更加复杂，英国的安全体制机制注定要继续进行变革。

第一节 21世纪英国安全体制机制的争议与调整

一直到20世纪90年代，对英国安全的最大威胁一直来自于欧洲大陆——法国、德国或俄罗斯，英国的安全体制也主要因此而定。英国主要的三家情报安全机构军情五局、军情六局、政府通信总部也总是把德国、苏联等国家作为情报搜集的主要对象。然而，这种情况在冷战结束后发生了很大变化。随着苏联的解体，英国本土遭受直接军事威胁的可能性几乎不复存在，海外领地也不再面临重大的军事威胁。在此背景下，那些长期敌视英国安全机构的部分议会议员、政府官员与专家认为，既然外部威胁已经消除，英国就没有必要再维持那些既权力很大又花费高昂的安全机构，他们因而要求英国政府缩减英国安全机构的规模，减少对安全机构的支出。这种声音一度赢得不少人的支持。然而，安全方面的新威胁很快让这些人的声音变弱，这种安全情势由于“9・11”事件而变得更加明显，那些主张根据新的现实调整英国安全机构的呼声逐渐占据了上风。

一、非传统安全威胁与安全机构的调整需求

与那些对安全形势抱乐观态度的议员、政府官员与专家不同，那些与安全事务联系紧密的政府官员和专家认为，国家的安全不能仅靠军事、防务力量的强大，还包涵了其他重要的要素。实际上，虽然来自德国、苏联等传统国家的军事威胁因素减弱了，但国家及军事因素以外的一些安全威胁，如恐怖主义、能源供应、经济风险等对英国造成的安全威胁正变得越来越严重，英国面临的安全威胁仍然非常严峻。因而，与那些乐观派主张裁撤英国安全机构的主张不同，他们要求英国政府继续甚至扩大在安全方面的支出，调整英国安全机构的设置与职能，以使英国可以更好地处理越来越复杂的安全威胁。

英国国防部1998年发布的《战略防务评估》就集中体现了上述官员与专家的意见。这份报告对英国冷战后的战略地位及其在全球军事事务中的角色进行了重新评估，认为虽然英国面临的直接军事威胁不复存在，但恐怖主义、大规模杀伤性武器扩散、地区冲突、外部移民、有组织犯罪、气候变化等新的因素正在对英国造成极为严重的威胁。[①] 这种安全认知很快就得到了现实的证明。

2001年9月11日，发生在美国的恐怖主义事件向全世界展示了一种对国家安全的新威胁。国际恐怖主义久已存在，然而，以这种规模出现在世人面前还是首次。英国政府认为，包括爱尔兰共和军在内的极端组织对英国造成的威胁一样是非常巨大的。2005年英国伦敦发生的地铁与公交连环恐怖袭击案给英国人的心理造成很大冲击，恐怖主义已经成为悬在英国头上的“达摩克利斯之剑”。[②] 在此背景下，英国很快确立了以反对恐怖主义为核心，包括防止核材料和生化武器扩散的新安全方针。2003年，英国成立了联合反恐分析中心，主要的任务是处理国际恐怖主义威胁。为了确保各安全机构都重视反恐活动，英国政府要求三大安全机构都派人参与这一组织，国防情报局与其他相涉部门也都有代表参与。到目前为止，联合反恐分析中心已经成为英国分析国际恐怖主义活动最权威、最

---

① The Strategic Defence Review White Paper, 15 October 1998.

② Naim Kapucu, “Emergency and Crisis Management in the United Kingdom: Disasters Experienced, Lessons Learned, and Recommendations for the Future,” 2010, P. 5, http://search. fema. gov/search? q = Emergency and Crisis Management in the United Kingdom: Disasters Experienced, Lessons Learned, and Recommendations for the Future&submit = Go!&sort = date: D: L: d1&output = xml_no_dtd&ie = UTF-8&oe = UTF-8&client = training& proxy-stylesheet = training&site = training.

有效的机制。它确立威胁的等级，定期发布国际恐怖主义的警告等。[①]

正如《战略防务评估》所言，除了恐怖主义威胁外，英国还面临着一些新的安全威胁。2007 年，英国遭受洪水袭击，7 000 多人受灾，13 人遇难，50 万人水电短缺，仅中央政府就遭受了十几亿英镑的损失。[②] 这一事件再次展示了新的安全威胁无处不在。自然灾害、外部移民、地区冲突、有组织犯罪、能源供应等都成为英国政府在新世纪重点关注的安全威胁。

伴随着冷战的结束，来自于某个具体国家的安全威胁基本上不复存在。然而，来自恐怖主义、核武器的扩散、自然灾害等非传统安全的地位上升，英国安全机构逐渐把主要任务从应对传统威胁向应对非传统威胁方向转变，防范恐怖主义活动变成一项最主要的任务（包括爱尔兰共和军在国内进行的恐怖活动），英国的情报经费也大部分向之倾斜。[③] 非传统安全的第二个方向是核安全。英国政府发现，苏联解体后大量核材料和生化武器的流散对英国乃至世界构成了威胁，而英国现存的安全机构对此重视明显不够。除此之外，自然灾害与意外事件、海外地区的不稳定与冲突等因素都成为英国非传统安全的重要组成部分。以"9·11"事件与伦敦地铁恐怖袭击事件为契机，英国在进入 21 世纪后逐渐放弃了以国家为主要对象、以军事因素为核心的传统安全战略，确立了以反对恐怖主义为核心、以非传统安全为主要内容的新安全战略，实现了英国安全战略的重大调整，这对英国安全体制提出了新要求。

二、经费不足与安全体制的新变化

从 2007 年开始，由美国房地产次级贷款引发的金融危机开始席卷全球，英国也没有能够逃脱金融危机的影响。实际上，作为一个以金融与服务业为主的国家，英国的金融行业在国民经济中所占比重很高，因而受到的影响也更大。其中，英国很多银行的市值大幅缩水，英镑从 2008 年以来对美元的汇率下挫 27%，

---

① National Intelligence Machinery, 2010, P. 15, http://www. cabinetoffice. gov. uk/sites/default/files/nim-november2010. pdf. 联合反恐分析中心的情况可参阅 https://www. mi5. gov. uk/home/about-us/who-we-are/organisation/joint-terrorism-analysis-centre. html.

② Naim Kapucu, "Emergency and Crisis Management in the United Kingdom: Disasters Experienced, Lessons Learned, and Recommendations for the Future," 2010, P. 5, http://search. fema. gov/search? q = Emergency and Crisis Management in the United Kingdom: Disasters Experienced, Lessons Learned, and Recommendations for the Future&submit = Go!&sort = date: D: L: d1&output = xml_no_dtd&ie = UTF-8&oe = UTF-8&client = training&proxystylesheet = training&site = training.

③ National Intelligence Machinery, 2010, P. 17, http://www. cabinetoffice. gov. uk/sites/default/files/nim-november2010. pdf.

英国企业的利润降低，贸易业一片萧条。就英国安全体制机制的建设来说，金融危机带来的最直接的影响是英国政府决定缩减政府开支，安全机构的经费也没有逃脱被削减的命运。以英国的军事机构为例，英国政府在经济压力下决定大幅度削减国防预算，英国海军被裁减 5 000 人，陆军裁减 7 000 人，空军裁减 5 000 人，军人与军队中的文职人员和非前线服务人员的津贴也被削减。[①]

英国的安全机构在很长的时间内都饱受经费不足的困扰，而且日趋严重。在这样的情况下，要更好地处理各个方面的威胁，需要重视威胁的轻重缓急次序。换句话说，在不得已的情况下，那些比较次要的威胁与应对措施可以暂时不加考虑。对安全体制的整体规划成为英国政府的一项重要任务。

英国对安全体制的整体规划是从其改变对国家安全的内涵开始的。2008 年之前，英国政府一直没有正式对“国家安全”的内涵及安全威胁进行全面的重新界定，也没有出台一个从“国家安全”层面出发的整体性安全形势与安全战略的报告，这无疑对英国政府开展国家安全维护工作十分不利。在现今情况下，英国需要从整体上对国家安全进行重新评估。2008 年 3 月 19 日，英国首相布朗发布的《英国国家安全战略报告》就是这一逻辑的结果。这是英国政府发布的第一份国家安全战略报告，在报告中，英国根据现实情况重新界定了国家安全的含义，列举了英国面临的主要安全威胁，以及应对这些安全威胁的政策与措施。

报告首先对国家安全威胁的来源及性质进行界定。报告认为，在传统安全方面，英国比大多数国家更加安全，英国现在也比历史上的大部分时间更加安全。在可预见的未来，英国不太可能遭受国家或是国家联盟的军事攻击。但是，英国所面临的国际安全形势却异常复杂。英国所面临的国家安全威胁主要是恐怖主义、核武器和大规模杀伤性武器扩散、跨国犯罪、网络攻击、失败国家及国内紧急突发事件。可以看出，英国在分析国家安全威胁时，已经摆脱了把国家行为体作为主要威胁源的传统认知，认为多种不同但相互关联的非国家行为体对英国国家安全构成新的挑战。报告认为，全球化背景与冷战时期的安全威胁明显不同，主体的非国家性、威胁来源的跨国性与相互关联性给国家维护安全提出了许多新的命题。这些非传统安全威胁起源于更加复杂的深层原因，如经济全球化、国际体制的低效与滞后、气候变化、能源竞争、贫困、不良治理等。英国在安全战略报告中特别强调非国家主体造成的安全威胁，认为那些具有共同意识形态和世界观的团体在全球范围内构成一个高度复杂的、动态的行动网络，它们对当前的社

① Securing Britain in an Age of Uncertainty: the Strategic Defence and Security Review, https://www.gov.uk/government/uploads/system/uploads/attachment_data/file/62482/strategic-defence-security-review.pdf.

会结构、经济结构和政治结构构成巨大压力，进而造成社会的不稳定、国家治理失败、冲突加剧。报告指出，这些安全威胁不仅损害了英国公民的安全，而且侵犯了民众所共同分享和依赖的核心价值观。①

除了非国家行为体以外，英国政府在分析威胁来源时，也突出了所谓“失败国家”和“脆弱国家”的影响。报告指出，失败国家是指那些政府的合法性不足或是不足以有效地维持法治，保护其政权、公民及边境，或者不能提供最基本服务的国家。而所谓脆弱国家是指存在将导致国家失败的上述因素的国家。报告认为，这些国家增加了不稳定和冲突的风险，同时降低了对付这些问题的能力。“失败国家”和“脆弱国家”可能扰乱周边地区，并成为滋生恐怖主义和跨国犯罪的温床。

在安全战略报告中，英国多次将国家安全与英国的核心价值观并提，这些价值观包括人权、法治、具有合法性负责任的政府，以及个人的正义、自由、宽容和机会均等。报告认为这些价值观构筑了国家安全、幸福和繁荣的基础。国家安全不仅是国土的安全，还包括国家经济的繁荣与政治价值观的安全，也包括公民个人的人权、自由与幸福感。报告认为这套核心价值观是达成广泛协议的潜在基础，而扩大幸福、繁荣和安全的最好方式就是在那些具有共同价值观的政府和人民之间建立起不断发展的联盟。

从2001年“9·11”事件后到2008年英国出台第一份国家安全战略报告，英国政府终于完成了对“国家安全”内涵与外延的重新界定：在国家安全的内涵中更加突出“人的安全”，强调国民的人权、自由与幸福生活方式的维护；在国家安全的外延方面更加关注各种非传统安全风险的防范，如气候、能源、网络、武器扩散、恐怖主义、无赖国家等，它们形成的安全挑战都是英国需要重点防范的。② 随着经济全球化的加速及对各种国际、国内事件的反思，英国终于完整更新了国家安全认知，形成了不确定时代符合英国国情的“后现代特征”的国家安全观。

与这种新的安全认知相对应的是，英国安全体制机制也发生了重大变化。2010年，英国正式设立了国家安全委员会。英国首相任该机构的主席，那些身居要职的大臣及军事与情报机构的首脑都是其固定成员，具体包括副首相、财政大臣、外交与英联邦大臣、内政大臣、国防大臣，安全部大臣、国际发展部大臣、能源与气候变化部大臣、财政部首席秘书、国家内阁大臣以及主要安全机构

① A Strong Britain in an Age of Uncertainty: the National Security Strategy, London: the Stationary Office, 2010.

② Robert Crowcroft, “A War on ‘Risk’? British Government and the National Security Strategy”, *The Political Quarterly*, Vol. 83, No. 1, January-March, 2012, P. 173.

的首脑等高级官员也需要参加。委员会制定的国家安全战略负责识别英国安全威胁的来源，确定英国情报搜集的重点。① 也就是说，国家安全委员会通过把各位内阁要员与高级官员集中在一起，确保其认定的安全战略能够得到那些在实际中经费被削减的部门的理解与认可，国家安全委员会成为从整体视角对英国安全工作进行规划的最高决策者。②

第二节 英国安全体制机制的困境与改革

经过多年的建设与改革，英国的安全体制已经取得了很大的进展，其运行机制也相对比较完善。然而，在进入21世纪后，新的威胁因素不断出现，而那些旧有的安全机构是为了对付传统的安全威胁，这种安全体制机制在处理新的安全威胁时往往显得力不从心。英国安全体制主要存在运行与协调问题、各安全机构的分散性问题和英国官僚机构的保守倾向问题等，英国安全体制面临的这些困境推动英国进行安全体制机制调整与改革。

一、英国安全机构的分散与协调问题

在英国安全机构的发展历史中，军事安全机构占据着最主要的地位，也主导着英国安全机构的发展。英国军情五局与军情六局在刚出现的时候不过是陆军办公室的一个组成部分，其开始的工作任务也主要与敌对国家的军事威胁等因素联系在一起。英国海陆空三军也都设立有自己专门的情报机构，由于这些情报机构数量多，在英国整个安全体制中有很大的话语权。然而，这些军事方面的安全机构与英国外交部、内政部领导的安全机构之间的联系并不足够畅通，由此带来的不利影响也比较明显。一是各个安全机构之间互守秘密，由此导致情报的重复搜集，不仅浪费了大量的人力、物力，而且这些不同部门重复搜集的情报有可能是互相冲突的，从而给决策造成很大的困难。二是情报工作的划分是人为的，在现实中严格区分有很大的困难，会带来安全机构和情报人员间的很多矛

① A Strong Britain in an Age of Uncertainty: the National Security Strategy, London: the Stationary Office, 2010, pp. 8, 13.

② Securing Britain in an Age of Uncertainty: the Strategic Defence and Security Review, London: the Stationary Office, 2010, P. 70.

盾和冲突。[①] 三是虽然各个安全机构都有工作的优先次序，但全国性的安全优先顺序是缺失的。

进入21世纪后，英国政府又有针对性地建立了一些新的机构。英国政府成立了“国家打击犯罪署”来打击有组织犯罪活动，成立“边境警察指挥部”来提高应对边境威胁的能力，成立“网络安全办公室”来负责开展国家网络安全改革计划，扩大现有气候变化管理机构的权限应对气候变化，制定“国家太空安全政策”来统一管理太空活动。英国还根据特定情况成立了其他一些安全机构。[②]

随着安全问题的泛化和安全机构越来越多，机构间的协调变成了一个很大的问题。安全机构具有天生的独立性，每一个安全机构都高度重视自己的职能，对其他机构介入自己的机构心存警惕，这就使得安全机构之间的联系不够畅通。总体上说，21世纪前后的英国安全机构仍然较为分散，没有形成统筹管理、紧密协作的跨机构运作机制，具体表现为三个方面：其一，中央一级的安全机构过于分散，中央政府没有一个统辖所有涉及“国家安全”的权威领导机构，这非常不利于英国政府从战略高度统筹管理国家安全事务，新成立的国家安全委员会还是刚刚开始运行，其协调能力还有待提升。其二，网络安全、边境管理、气候变化等安全领域缺乏相应的权威管理机构。其三，21世纪英国遇到的安全威胁已呈现不同安全威胁彼此交织的复杂状态，涉及防务、情报、警察、应急、外交、网络、国际发展与援助等部门，安全工作需要彼此紧密协作，但无论从横向还是纵向角度看，英国安全体制的跨部门合作都有待进一步改进与完善。

二、英国安全机构的运行问题

英国安全机构中的运行问题比较突出。就决策层面而言，英国主要的安全机构都有自己的顶头上司。军情五局的领导机构是内政部，军情六局与政府通信总部的领导机构是外交与英联邦事务部。而内政部与外交部总是根据各自的经历与面对的状况来确定威胁因素，两者的安全认知有着极为明显的差别。如果再考虑到21世纪前后成立的新安全机构，如联合反恐分析中心、边境警察指挥部、网络安全办公室等，这些机构在安全认知方面的差别就更加明显。在联合情报委员会和国家安全委员会讨论问题时，这些机构很难协调，很多时候需要首相出面解

---

① G. Bennett, *Churchill's Man of Mystery: Desmond Morton and the World of Intelligence*, Abingdon and New York, 2007, P. 160.

② Securing Britain in an Age of Uncertainty: the Strategic Defence and Security Review, https://www.gov.uk/government/uploads/system/uploads/attachment_data/file/62482/strategic-defence-security-review.pdf, Part Six: Structural Reform and Implementation, P. 65.

决，甚至出现首相出面也难以协调的情况。因为联合情报委员会和国家安全委员会成立时间短，其运行能力有限，这些机构的权威性也很不够，像外交部、警察局、国防部等传统机构有时会坚持己见。

就执行层面而言，英国各个安全机构都认为自己的工作更加重要，彼此之间互不买账。例如，军情五局虽然负责国内的安全事务，但它本身没有逮捕的权力，因而需要警察局的配合。在追查“鼹鼠”的事件中，虽然军情五局要求警察局保守秘密，可警察局却大肆宣扬，这既体现了各安全机构之间的邀功心理，也影响了对安全事务的处理。当军情五局与军情六局要涉入英国的军事安全机构时，其遇到的阻力就更加明显。

联合情报委员会和国家安全委员会的设立就体现了英国旧安全机构之间的竞争。为了对跨军种、跨部门的安全机构实现某种程度的合并，英国成立了联合情报委员会和国家安全委员会。联合情报委员会成立后，各军的情报部门都担心联合情报委员会会使自己的情报人员边缘化，而事实上联合情报委员会很快与各军情报部门形成争夺职权的斗争。如它很快介入在传统上由空军情报部关注的导弹与机场信息业务。政治与经济情报也成为其扩张的领域，联合情报委员会接替了战时负责经济情报的经济作战部的职责。[①] 在政治情报方面，联合情报委员会也同样不甘当旁观者。

如何在决策与执行层面进行更好的规划，既发挥各安全机构的积极性，又在这些机构之间进行有效协调，成为英国安全体制建设的一个重要任务。

三、英国安全体制机制的改革

英国安全体制机制的改革与上面提到的英国安全体制机制的困境联系在一起。为了应对日益复杂的安全形势，英国有针对性地进行了一系列改革。

第一，为了应对日益增多的非传统安全因素，英国在机构设置与调整方面进行了一些改革。为了对反恐怖主义提供支撑，英国于 2001 年通过了《反恐怖行动法》。为了通盘处理恐怖主义威胁，2003 年建立了联合反恐分析中心，通过把各个安全机构的成员汇集在一起，联合反恐分析中心已经成为英国分析国际恐怖主义活动最权威、最有效的机制。新成立的国家安全委员会中专门设置的威胁、险情、恢复与紧急事态委员会主要职责之一就是处理与恐怖主义或其他安全威胁

① FO 371-77639, Letter from G. W. Harrison to Sir David Kelly, 21 November 1949.

相联系的问题。[①] 为了应对移民问题，英国设立了边境警察指挥部。

第二，为了应对英国安全机构之间的协调问题，英国也做了一系列工作。为了从整体上协调英国各安全机构，英国在联合情报委员会之上设立了“国家安全委员会”。在此之前，英国并没有统一的国家安全委员会。原联合情报委员会主要负责英国的情报安全协调工作。而今按照大国模式建立的国家安全委员会是为了处理一系列包括恐怖主义、自然灾害、气候变化、禽流感、地区骚乱、网络威胁、国际援助等不同类别的安全问题。国家安全委员会由包括首相在内的政界高层人士、军事、情报机构负责人及专家组成，内政部、外交部、国防部和国际开发事务部的高级官员也是委员会重要成员，以确保国家安全委员会全面考虑应急措施。国家安全委员会下设国家安全委员会秘书处，并设有国家安全委员会秘书（国家安全顾问）一职，负责日常安全事务的处理，确保各个不同的安全领域能迅速、统一展开工作。[②] 国家安全委员会建立的最终目标，就是能够从“大安全”层面对国家安全能力进行宏观指导，使国家安全决策和各安全机构在执行决策时充分利用现有资源实现中央政府的整体规划。

第三，通过建立各种统筹协调小组来加强英国中央、地方各部门的互动协作能力。一是建立“联合小组”。国家安全委员会各主要大臣将与相关部门进行合作并建立“联合小组”，负责联合各专家来制定和实施战略，如在反恐领域联合外交、国防、边境安全、情报和治安方面的专家来组成“安全与反恐办公室”。在处理应急事务时建立“协调小组”，负责对英国所有涉及民事紧急情况处理的机构进行协调。二是强化危机处理机构。在内阁办公室建立强有力的危机处理机构，这样可以联合使用内阁办公室的所有公务员和警方力量，并得到国防专家的长期支援。加强后的危机处理机构将极大提高政府准备、计划和对国内安全危机做出反应的能力。三是加强英国在海外各项活动的协同能力，全面联合外交、发展、经济、防务和情报方面的力量和资源。这样外交与英联邦事务部和商业、创新与技能部及英国贸易投资总署等机构就可能与国内外各政府部门一道推动工作，支援商贸活动。如商贸工作协调小组有助于加强盟国和合作伙伴的作战能力与协同能力，降低国防采购成本，提高英国企业在技术、技能和专业知识领域的竞争力，同时也要加强武器出口控制，消除对英国国防至关重要的敏感技术的扩

① National Intelligence Machinery, 2010, P. 17, http://www.cabinetoffice.gov.uk/sites/default/files/nim-november2010.pdf.

② National Security Council, https://www.gov.uk/government/organisations/national-security/groups/national-security-council.

散风险。① 英国负责安全事务统筹协调工作的大臣、官员和机构的情况如表 18 - 1 所示。②

表 18 - 1　　英国负责安全事务统筹协调工作情况

	海外事务	
协调大臣 指定官员 相关机构	外交政策 外交大臣 政治事务总干事 外交与联邦事务部	国际发展 国际发展大臣 计划总干事 国际发展部
反恐事务 内政大臣 安全与反恐总干事 内政部	网络安全 内政部安全大臣 内阁办公室网络安全主任 国家安全秘书处内阁办公室	重大有组织犯罪 内政大臣 有组织犯罪战略中心 主任
边境安全事务 内政大臣 边境管理局局长 英国边境管理局	能源安全 能源与气候变化大臣 国际事务总干事 能源与气候变化部	国家威胁与反扩散 外交大臣 国防与情报总干事 外交与联邦事务部
民事紧急情况 内政部安全大臣 内阁办公室民事紧急情况主任 内阁办公室秘书处	气候与能源竞争 外交大臣 欧洲与全球化总干事 外交与联邦事务部	战略防务与安全评估 国防大臣 国防部常务秘书与国防参谋长 国防部

在经历了几年的机构调整与改革后，英国基本建成了中央统筹管理、地方密切配合的跨部门协作的安全体制，提升了应对复杂安全威胁的能力，在现有资源有限的情况下最大限度地提高了政府安全治理的效率。

第四，为了解决英国安全体制的运行问题，英国也进行了相应改革。在决策层面，英国设立国家安全委员会，其主要职能包括：其一，进行整体资源战略评

① Securing Britain in an Age of Uncertainty: the Strategic Defence and Security Review, Part Six: Structural Reform and Implementation, P. 66, https://www.gov.uk/government/uploads/system/uploads/attachment_data/file/62482/strategic-defence-security-review.pdf.

② Securing Britain in an Age of Uncertainty: the Strategic Defence and Security Review, Part Six: Structural Reform and Implementation, P. 69, https://www.gov.uk/government/uploads/system/uploads/attachment_data/file/62482/strategic-defence-security-review.pdf.

估与国家安全风险评估，提出年度《国家风险评估》和两年一度的《国家安全风险评估》报告。其二，评估安全机构和各机构的安全工作情况，以及新年度的重点工作任务。内阁办公室国家安全秘书处战略小组评估协调工作情况，并向国家安全委员会报告。其三，发出安全预警。国家安全秘书处全面分析和评估涉及英国利益的紧急安全问题，并向国家安全委员会提出建议，包括一年两次的“关于有不稳定风险的国家的报告”。① 总之，整合资源、评估风险、扫描重点、发出预警是国家安全委员会的主要职能，而这些工作几乎都是在决策层面操作的。英国在决策层面可以通过国家安全委员会对英国各类安全事务进行全盘处理。

在执行层面，主要是建立新安全机构。英国新成立的安全机构大都具有跨部门的特性，以应对不同安全问题发展的交织趋势。如联合反恐分析中心，三大情报机构都派人参与，国防情报局与其他相涉部门也都有代表参与，英国的其他安全机构都需要根据联合反恐分析中心的要求各司其职。② 2010 年设立的国家安全委员会和国家安全秘书处也具有解决安全事务的综合协调功能。国家安全委员会是处理综合安全事务的决策机构，同时具有监督和评估安全事务决策执行的职能。国家安全秘书处下设国民紧急事务秘书处、安全和情报办公室、网络和信息安全办公室、外交政策和协调工作组，负责协调不同安全事务和不同安全部门的工作。国家安全秘书处设有三名国家安全副顾问，具体包括对外政策副顾问，国防、核安全与战略副顾问以及情报和应急反应副顾问。英国的中央情报机构由负责情报和应急反应的国家安全副顾问与国家情报联合委员会主席共同负责。③

通过在决策层面与执行层面进行多方面的改革，英国安全体制的运行问题也得到了比较好的处理。

第三节　英国安全体制机制展望

从英国安全体制机制发展演变的轨迹来看，英国未来的安全体制机制将继续

① Supporting the National Security Council (NSC): The central national security and intelligence machinery, https://www.gov.uk/government/uploads/system/uploads/attachment_data/file/61948/Recommendations_Suppporting_20the_20National_20Security_20Council_The_20central_20national_20security_20and_20intelligence_20machinery.pdf.

② National Intelligence Machinery, 2010, P.15, http://www.cabinetoffice.gov.uk/sites/default/files/nim-november2010.pdf. 联合反恐分析中心的情况可参阅 https://www.mi5.gov.uk/home/about-us/who-we-are/organisation/joint-terrorism-analysis-centre.html.

③ 军事科学院《世界军事年鉴》编辑部编：《世界军事年鉴 2012》，解放军出版社 2013 年版，第 337 页。

朝着整体安全体制机制的方向发展。就具体层面而言，英国传统安全方面将继续精简机构、缩减规模，重点发展快速反应部队，并加强与北约、欧盟之间的配合。在非传统安全方面，应急安全体制在英国整个安全体制中的地位将继续上升，作为其中的重要组成部分，网络安全将会获得更多的重视。

一、未来一体化的大安全体制机制

从2008年实施大国安全战略以来，英国一直致力于打造更全面、更具战略性与协调性的大安全体制框架，以求适应不确定的未来。英国政府认为，在大国安全战略思维指导下，英国安全的任务应该是跨领域和综合性的，主要包括以下八个方面:[①] 其一，风险评估。联合情报、警察部门运用先进的技术手段，最大限度地在网络或现实地理空间展开风险评估与监控。其二，预防冲突，消除不稳定的根源。联合外交、发展、防务等部门的资源，将发展援助办公室投入到脆弱、易发冲突的国家中，用一体化方法建立海外稳定机制，争取在冲突与战争爆发前解决危险。其三，实施影响。与欧盟、北约以及其他重要的战略盟友紧密合作，由外交与联邦事务部领头通过发展双边关系发挥与实施英国的影响力。其四，加强国际规范。通过联合国、欧盟等多边场合，由外交与联邦事务部牵头加强国际规范塑造。其五，保护国民。通过跨部门安全、情报、警察、边境、军事与网络部门的协作，保护英国国民、侨民免受国家或非国家行为体在境内、境外或网络空间的安全威胁。其六，介入与解决冲突。必要时通过军事部门介入冲突地区，稳定局势，解决冲突。民事部门给予必要协助。其七，提升国内恢复力。调动英国紧急事务处理机制，将警察、军队、交通等资源整合起来快速应对民事紧急事务，提升国内应对突发事件的恢复能力。内阁国民紧急事务委员会与秘书处将负起主要协调责任。其八，和盟友加强安全合作。通过外交途径的沟通、紧密联系，增强与北约、欧盟盟友的安全合作，以较少的资源达到共同的安全目标。

为了完成上述这些跨领域但又相互交织的复杂的安全战略任务，英国正在努力构建一个以国家安全委员会为中枢的一体化安全体制机制，这种体制可以通过图18－1加以展示。[②]

---

① Securing Britain in an Age of Uncertainty: the Strategic Defence and Security Review, Fact sheet 4: The National Security Task, https://www.gov.uk/government/uploads/system/uploads/attachment_data/file/62486/factsheet4-national-security-tasks.pdf.

② Securing Britain in an Age of Uncertainty: the Strategic Defence and Security Review, Fact sheet 21: Coordinating Our National Security Approach, https://www.gov.uk/government/uploads/system/uploads/attachment_data/file/62486/factsheet4-national-security-tasks.pdf.

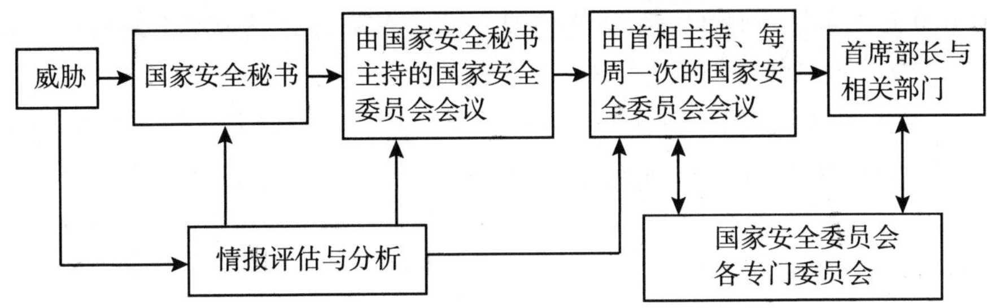

图 18-1　英国一体化安全体制机制

通过国家安全委员会的建立与实践，以前分散、混乱的国家安全治理变得集中和规范起来。在未来的改革中，国家安全委员会作为英国安全体制核心的角色将进一步加强，英国的安全事务将通过国家安全委员会得到更加一体化的考虑。这样，大到国家整体安全战略的思考、评估与制定，小到处理地区突发事件，英国通过一体化的体制设置，由上至下形成了统一、协调的联动安全体系。英国一体化的大安全体制机制建设为其在未来风云变幻的安全环境中有力处理安全事务奠定了基础。

二、未来的传统安全体制机制

由于传统安全的主要对象是国家，主要内容是军队建设，因而传统安全体制机制主要涉及的是与军队相关的内容。下面从军队在英国整个安全体制中的地位、军队体制的结构、军队的运行机制三方面进行分析。

第一，军队在英国整个安全体制中的地位。在英国国防部 1998 年发布的《战略防务评估》中，英国对自己的防务进行了冷战后的第一次全面审查，报告对英国冷战后的战略地位及其在全球军事事务中的角色进行了重新评估，认为英国面临的直接军事威胁不复存在。[①] 这样，军队建设的重要性在一定的程度上下降了，英国在军队建设方面的经费也一再被削减。根据 2005 年的防务改革计划，英国政府决定继续裁减部队，调整英国的军事配备。2010 年 10 月，英国政府发布新的《战略防务与安全评估》报告，继续削减英国军队方面的相关经费并裁减人员。[②]

第二，英国军队体制的结构。在 2010 年的《战略防务与安全评估》中，英

① The Strategic Defence Review White Paper, 15 October 1998.

② Securing Britain in an Age of Uncertainty: the Strategic Defence and Security Review, https://www.gov.uk/government/uploads/system/uploads/attachment_data/file/62482/strategic-defence-security-review.pdf, Forward, P. 3.

国为2020年的部队设计了一个战略构架。未来军队将有三个层次结构：一是由作战部队构成的“部署部队”。目前，这种部队包括部署在阿富汗的“高戒备部队”，还包括对国家安全极为重要的常备部队。如担任英国防空任务的航空部队、部署在南大西洋的海军和核威慑力量。二是对危机做出快速反应的“高戒备部队”，包括英国参与多国行动的部队。这种部队主要用于使英国能够对危机单独做出反应以捍卫国家的安全利益，如实施人质救援行动或反恐作战。这种部队由相应的陆、海、空精英力量组成，可满足“防务规划设想”的需求。三是“低戒备部队”。这种部队包括近期结束恢复重建任务后返回的部队，他们随时准备进入高戒备状态。这种部队主要用于支援持久行动并具有更多灵活性，包括英国所认为的参与多国联合行动的规模和持续时间。英国2020年的军队结构如图18－2所示。①

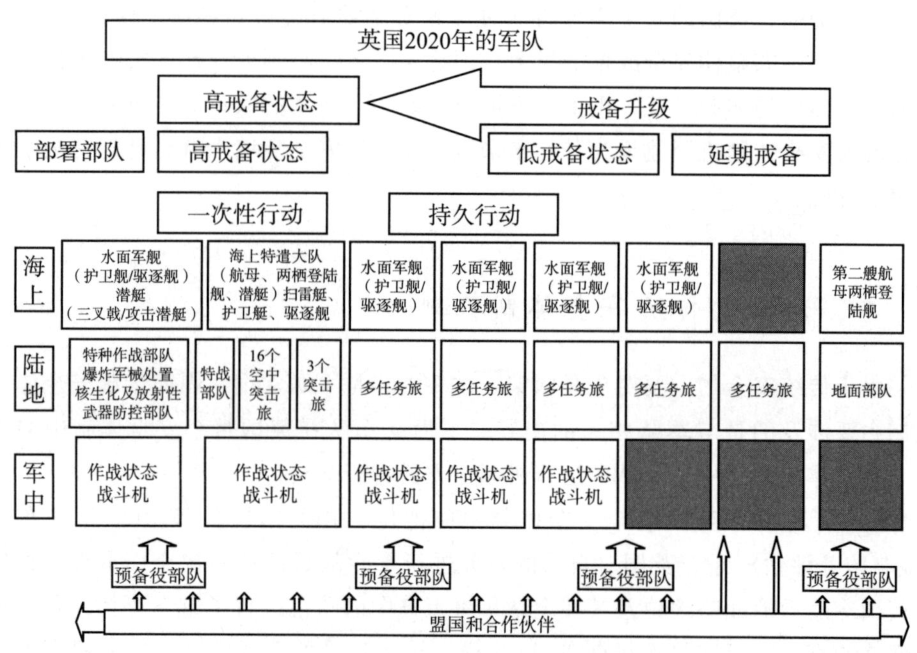

图18－2　英国2020年未来军队结构

从图18－2中我们可以看出，英国军队改革的重点是在军费削减的压力下集中发展那些最能适应安全形势的快速反应部队。这种军队结构突出了以下五个职能：一是准备。将使少部分作战能力最强的部队随时处于高度戒备状态。这样做需要投入额外成本来保障准备、训练和装备，并让必要的支援力量随时准备投入

① Securing Britain in an Age of Uncertainty: the Strategic Defence and Security Review, https://www.gov.uk/government/uploads/system/uploads/attachment_data/file/62482/strategic-defence-security-review.pdf, Part Two, P. 20.

使用。二是重建。将使部分部队处于所谓的延期戒备状态。这部分部队不能在短期内投入作战，但如果英国出于可能性很小的战略需要，需要为维护国家安全做出反应，那么就重新组建这些部队。三是增援。预备役部队将为未来军队提供支援。当正规军被全部部署后，预备役部队将提供补充力量。预备役部队也可提供某些专业力量的支援。四是新建。英国将保持组建近期内不打算组建的部队的能力。这要求英国保持技术知识、技能和训练，并与拥有这类力量的盟国和合作伙伴合作，与他们进行人员交流。五是合作。英国将与北约盟国在一些特殊能力方面相互依靠。例如，英国没有自己的战区导弹防御能力，但具备盟国高度看重的其他能力，如扫雷舰。英国政府认为这些灵活的能力可使自身更有效地应对各种威胁。

第三，英国军队的运行机制。在英国军队的发展过程中，英国形成了以女王为名义上的最高统帅、以首相为主席的国防与海外政策委员会是英国最高军事决策机构，在战时则成立战时内阁领导战争的体制。在国防与海外政策委员会下面，以国防部大臣任主席的防务委员会作为英国国防部的决策机构，在具体的军种中，陆军委员会、海军委员会、空军委员会是每个军种的决策机构。作为其中的协调机构，参谋长委员会由国防参谋长任主席，主持各军种委员会的海陆空参谋长参与的参谋长委员会。这样的决策机制在未来的改革中不会有太大的调整。真正重大的调整表现在英国军事活动的自主权慢慢变小，英国的军事运行机制越来越与英国盟友的军事行动联系在一起。

英国的军事安全虽然在与美欧的合作中得到了加强，但英国军事安全的决策与执行权力在很大程度上也向这些方向转移。

三、未来的非传统安全体制机制

从长远的视角来看，英国在传统安全方面将更多采取收缩政策，而在非传统安全战略方面将进一步扩张，非传统安全体制将在英国整个安全体制中占据日益重要的地位。英国在安全事务中的开支明显地体现了这一点。根据英国 2009 年发布的《国家安全战略》，恐怖活动（包括爱尔兰共和军）在英国政府的威胁认知中位居榜首，英国的反恐经费也以加速度的方式增长，2001 年为 10 亿英镑，2008 年增长为 25 亿英镑，2010 年调整为 35 亿英镑。[①] 在未来的一段时间内，反恐机构将成为英国安全体制建设的重点，英国的联合反恐分析中心在英国安全体制中的地位还会继续上升。

---

① The National Security Strategy of the United Kingdom—Security in an Interdependent World, London: TSO, 2009, pp. 5, 27, 58.

如果把预测的目光放得更远，网络安全体制机制建设将在未来占据更加重要的位置。正如英国政府在《英国网络安全战略》中所言：19 世纪英国要确保海上安全，20 世纪要保证空中安全，而 21 世纪需要维护网络安全。①

就运行机制而言，英国未来的安全体制机制建设将更加注重安全机构之间的协调。作为国家安全体制机制建设的最高决策机构，国家安全委员会是一个包含了多个部门的强有力的协调结构，首相、副首相、财政大臣、外交与英联邦大臣、内政大臣、国防大臣，安全部大臣、国际发展部大臣、能源与气候变化部大臣、财政部首席大臣、国家内阁大臣、主要情报机构首脑等高级官员都参与其中，从而确保英国安全决策能得到各方面的理解与支持。② 实际上，21 世纪的安全威胁往往很难用一个确定的界限把其限制在某一个专门的领域，对英国安全的威胁往往是数个领域纠缠在一起，这也就决定了英国安全体制机制的建设要高度重视这种跨部门与跨机构之间的协调。

---

① The UK Cyber Security Strategy: Protecting and promoting the UK in a digital world, https://www.gov.uk/government/uploads/system/uploads/attachment_data/file/60961/uk-cyber-security-strategy-final.pdf.

② *Securing Britain in an Age of Uncertainty: the Strategic Defence and Security Review*, London: TSO, 2010, pp. 70 – 71, https://www.gov.uk/government/uploads/system/uploads/attachment_data/file/62482/strategic-defence-security-review.pdf, Part Two, P. 20.

第四篇

法国国家安全体制机制

法国是欧洲大陆传统大国，是核国家，也是联合国安全理事会常任理事国之一，有着较强的军事能力和较为先进的国防技术实力。在不同历史时期，法国国家安全有不同的含义。冷战结束之后，法国和其他大国一样为应对新出现的各种安全挑战而调整国家安全战略，对国家安全体制进行了重大改革。1994 年，法国发布的冷战后首份《国家防务白皮书》，就是在新形势下法国安全战略调整和安全体制改革的先期铺垫。2008 年，法国发布的《国防与国家安全白皮书》（*Livre Blanc Sur La Defense et Securite National*）① 则是萨科齐时期和奥朗德时期法国安全体制改革的基础。作为法国历史上第三份国家安全性质的白皮书，它首次将国防与国家安全进行合并。2013 年，法国发布新的《国防与国家安全白皮书》，在很大程度上还是继承了萨科齐时期的国家安全战略政策。

2008 年《国防与国家安全白皮书》的发布是基于安全环境的变化，尤其是针对冷战结束和“9·11”事件对国际安全形势和法国国内安全环境的深刻影响所进行的法国防务与国家安全战略的规划与调整。该白皮书通过新制定的国防和国家安全战略，构建了以总统为核心，由国防与国家安全委员会、内阁会议、国家情报委员会等国家最高的安全决策和咨询机构组成的国家安全决策体系，同时通过拓展国防部、内政部、外交部等政府部门的职能来增强处理国家安全事务的能力，还确定了国防与国家安全力量要求具备和实现的五项功能：情报获取与预测、预防、威慑、保护与干预，并规划了涉足设备军力调整、地缘范围、国际责任、战略框架、科技远景等 15 大领域的目标。总体来看，该白皮书不仅历史性地实现了法国国防与国家安全体制的整合，还进一步确立并扩大了总统的安全责任，增加了总统在国防和国家安全上的权力，提高了国家应对重大安全威胁的反应速度和效率。

本篇主要围绕法国第五共和国成立以来特别是冷战结束以来法国国家安全体制机制进行论述，从情报体制与安全预警机制、安全决策体制、军事安全体制、应急安全体制和安全体制的改革等方面梳理法国安全体制机制，具体包括法国情报安全体制机制、法国情报与安全预警机制、法国安全决策体制、法国军事安全体制机制、法国应急安全体制机制和法国国家安全体制机制的改革。

---

① 至今，法国共发布了四份《国防与国家安全白皮书》，分别发布于 1972 年、1994 年、2008 年和 2013 年。其中 2008 年所发布的白皮书对法国国家安全体制和机制做出了较大的调整。

第十九章

法国安全情报体制机制

安全情报体制既是国家安全体制的“超级耳目”和安全决策的“智囊”，也是国家安全的重要屏障和行动枢纽，是国家安全体制的重要构成部分。情报信息是国家安全决策者认识、判断国家安全环境和进行安全预警的主要依据。历史上，由于法国热衷于争夺欧洲大陆和海外霸权地位，情报工作是其重要的辅助手段，法国的安全机构因此也非常发达。本章将主要通过法国安全情报体制机制的构成与分类、法国安全情报体制机制的演变过程、法国安全情报体制机制的现状和特点，透视法国情报机构的运行过程。

第一节　法国安全情报体制的构成

法国 1994 年发布的《国防白皮书》，依据“威慑、预防、保护、干预”的国家安全防务观念，对法国情报机构进行了一次重大调整。2008 年《国防与国家安全白皮书》为法国情报体制的新调整定下了基调。该白皮书进一步强化了以总统为核心的行政决策层对情报工作的控制，并形成了今天法国的情报机构体系：情报协调机构及情报执行机构。

一、情报决策与协调机构

国家情报委员会是法国情报最高协调组织，其通过协调军事情报局、对外安全总局、国内中央情报局等不同分工的情报部门的工作，从而形成法国情报工作的总枢纽网络。根据法国《2009～2014年军事计划法》，法国国家情报委员会取代先前的部际委员会，成为最高情报协调机构，并同时设立了国家情报协调官。

（一）国家情报委员会

国家情报委员会（Conseil National du Renseignement）根据2008年《国防和国家安全白皮书》于当年7月23日成立，它是隶属于国防与国家安全委员会的一个专门委员会。该白皮书在原有的国防和国家安全四大支柱——威慑、保护、预防和干预的基础上，增加了第五大支柱——了解与预知，即情报的获取、分析和利用。国家情报委员会的成立是对第五大支柱的直接响应，是实现法国各情报机构工作方法和协调机制现代化的需要。

国家情报委员会的主席由总统担任，其他成员包括总理、政府各部部长、各情报部门负责人、国防与国家安全委员会秘书长，以及国家情报协调员（Coordonnateur National du Renseignement）。委员会内的专家都来自相关中央政府各部，包括外交部、国防部、内政部、经济部、预算部，以及情报和反间谍部门。根据《国防法》第1122－6条款的规定，国家情报委员会是法国情报机构之间的协调组织，其职责是领导法国国内外情报工作，为法国情报机构制定整体方针，设定工作目标和首要任务，协调和督促法国各情报部门的工作，规划情报部门所需的人力和技术资源等。

国家情报委员会于2010年取代了设在原国防总秘书处（Secrétariat Général de la Défense National，SGDN）的部际情报委员会（Comité interministériel du Renseignement，CIR），后者受总理的直接控制。① 部际情报委员会根据1989年4月20日颁布的《第89－258号法案》正式成为制定各情报机构整体工作目标、重点、任务，协调各情报机构行动的协调机关。其主席是政府总理，成员包括国防部、内政部、外交部、经济部、财政部、工业部、研究部、通信部、空间部、海外领土部，以及政府其他相关部门的首脑。在国家情报委员会成立之前，它是法国最高的情报协调机关。国家情报委员会的成立反映了法国情报工作的领导权从政府总理转向了共和国总统。

① The French White Paper on defence and national security 2008, pp. 14－16.

(二) 国家情报协调官

国家情报协调官亦称“总统府情报先生”，它是2008年前法国总统萨科齐接管情报部门后，由法国总统府正式批准设立的。从任务上看，它主要负责协调和指导国防部、内政部以及经济部的情报工作，协调情报部门与总统之间的关系，传达总统指令。按照2008年《国防和国家安全白皮书》的规定，国家情报协调官受总统府秘书长的直接领导，在防务和国家安全委员会秘书长的协助下起草国家情报委员会的决议，监督具体执行情况，主持部际情报委员会和情报部门负责人会议，确定情报研究的重点，了解情报机构的需求等。可见，国家情报协调官是法国总统直接掌控国家情报的专员，是总统与各个情报机构之间的联系人。此外，它还负责监督情报工作年度预算计划的执行情况，主持情报领域技术投资的部际会议，并定期召集情报机构负责人会议，确定工作重点。在编制上，国家情报协调官为5~12人。①

二、情报执行机构

国家情报委员会是法国最高的情报战略规划和协调机构，而设在国防部、内政部、财政部的各个情报机构是情报战略的实施机构，直接负责情报的获取、收集、分析、分发，以及部门间沟通与配合工作，也可以称为情报作战机构。具体如下：

(一) 对外安全总局

对外安全总局（Direction Générale de la Sécurité Extérieure，DGSE）又称国外安全总局，隶属法国国防部，总部设于巴黎第20区图尔威尔游泳池附近的莫蒂埃旧兵营里，是法国历史最悠久的情报收集和反间谍机构。② 它起源于1940年戴高乐在伦敦时的自由法国，后依次变更为“中央信息和行动办公室”和“特别任务总局”，1944年该机构更名为“调研总局”。1945年12月28日，为适应冷战的需要，按照内阁会议的要求，该机构改组为“对外情报和反间谍局”。1982年4月2日，该机构根据《第82-306号法案》进行了重组，定名为对外安全总局，不

① “萨科齐接管法国情报部门情报协调官走马上任”，http://world.people.com.cn/GB/1029/7613217.html.

② “Direction générale de la sécurité extérieure（DGSE）”，https://lannuaire.service-public.fr/gouvernement/administration-centrale-ou-ministere_171654.

再负责搜集法国国内情报和反间谍工作，而将重点放在了国外情报收集工作上，目前已经成为法国最大的情报收集和反间谍机构。①

根据《国防法》第 D. 3126 - 2 条款的规定，对外安全总局的主要任务是与政府其他机构合作，全面搜寻和挖掘国外涉及法国安全的政治、军事、经济、科技、战略和恐怖主义活动的信息和情报，侦察和阻止法国国土之外的危害法国利益的间谍行为，向国外派遣间谍人员和机构，破译国外通讯信号等。对外安全总局虽然只是隶属于国防部的一个情报机关，但事实上是一个国家级的情报和反间谍机关，其对外情报获取的职能类似于美国的中央情报局，反间谍职能相当于美国的联邦调查局。

对外安全总局下设五个处：(1) 行政事务处，负责全局的预算和行政管理工作；(2) 行动管理处，负责策划和实施海外秘密行动和收集情报，其行动组成员根据任务需要临时从部队抽调；(3) 情报处，负责收集、挖掘与法国安全相关的情报，包括对法间谍活动的情报；(4) 战略管理处，负责规划和监督总局的战略部署，评估情报收集和应用的效果，它通常与外交部合作研究法国的政治决策，为政府各部和国内行动提供战略依据；(5) 技术处，由原电子监听小组组成，负责收集和挖掘战略层面的电子情报，提出和实施与情报相关的技术方案。②

法国重组对外安全总局是由于恐怖主义和大规模杀伤性武器扩散带来的安全威胁，也危害到法国的国家利益，这两个方面也因此成为法国对外安全总局情报任务的重点。其采取的首要手段是联合机制。对内与法国其他情报机构合作，以多样的获取情报手段，提高情报分析和威胁评估的水平；对外与欧美等其他合作国家定期进行情报交换合作和行动，消除已经确认的威胁。

(二) 军事情报局

军事情报局（Direction du Renseignement Militaire, DRM）隶属法国国防部，由三军总参谋长直接领导，是负责为法国军队和国防部收集、分析和分发作战所需军事情报的部门。军事情报局于 1992 年 6 月 16 日根据《第 92 - 523 号法案》成立。1990 ~ 1991 年的海湾战争充分暴露了法国军事情报机关的低效率和工作的分散。因此战争结束之后，由于不甘依靠美国情报来实施自己的作战任务，为集中力量，提高情报收集和分析效率，法国国防部将各军种各自原有的情报服务机构集中整合为一家机构，成立军事情报局，并通过与美国、英国、德国等西方主

① Polisar, Pati. (2003). *Inside France's Dgse: The General Directorate for External Security*. The Rosen Publishing Group, pp. 18 - 19.

② Direction de la Protection et de la Sécurité de la Défens, http://www.defense.gouv.fr/dgse.

要发达国家合作，在法国国内和国外建立了军事情报局的分支。

军事情报局分为军事和文职两大中心，军事部分位于法国首都巴黎的三军参谋部，文职部分位于离巴黎南部40公里远的克雷尔（Creil），主要负责技术层面的事务。军事情报局负责收集潜在敌人的武装力量和作战体系的军事情报。其参谋部有五个处：情报收集处、开发处、反武器扩散处、技术处，以及行政、财政和人力资源处。另有三个附属机构和一些特别部门，其中包括电磁发射培训与应用中心、三军图像培训与分析中心、三军人力情报收集与研发中心，以及1993年9月成立的情报和电子战旅——“太阳神”分队。

根据《国防法》第D.3126－10条款到第D.3126－14条款的规定，军事情报局的具体职责包括为：国防部、三军总参谋长、政府各部及各行动指挥部收集具有军事价值的情报和潜在对手的军事信息；与政府其他部门进行情报交换；为其他部门提供信息和技术支持；培训其他部门的情报人员。它在海陆空三军中设有专门的部队和设施负责情报收集与处理工作。如在陆军中有特种作战旅、情报旅，在海军中有情报收集船，在空军中有情报卫星和两个电子战飞行中队负责信号收集。①

（三）保护和国防安全局

保护和国防安全局（Direction de la Protection et de la Sécurité de la Défense，DPSD）于1981年11月20日成立，直接向国防部长汇报，负责为国防相关的敏感人员、信息、设备和设施等提供安全服务。

根据《国防法》第D.3126条款的规定，保护和国防安全局的主要职能包括开发和强化保护与安全措施，预防对国防措施的有害干扰，制止各种形式的损害国家安全的行为，包括恐怖主义、间谍、颠覆、破坏、有组织犯罪等，保护敏感人员、信息、设备和设施的安全，制定安全级别措施，参与信息处理相关的研究，阻止军事设备的走私、扩散等。此外，它还负责保护高技术国防工业的安全。

保护和国防安全局的总部位于马拉科夫（Malakoff）的旺夫堡（Vanves），42个分支遍布法国海内外。其总部下设负责设定研究方向和协调的情报分局、负责保护军工设施和监控军事贸易的保护分局、负责情报收集的研究分局、负责人员管理的人力资源分局、负责信息系统的信息系统和通信分部，以及行政和后勤分局。②

① Direction de la Protection et de la Sécurité de la Défens，http://www. defense. gouv. fr/ema/interarmees/la-direction-du-renseignement-militaire.

② Direction de la Protection et de la Sécurité de la Défens，http://www. defense. gouv. fr/dpsd.

（四）国内安全总局

国内安全总局（Direction Générale de la Sécurité Intérieure，DGSI）原名为法国国内中央情报局。法国国内中央情报局根据2008年6月27日的《第2008－609号法案》成立于2008年7月1日，号称“法国的联邦调查局”，隶属于法国内政部警察总局，由内政部领导，是通过合并负责反间谍工作的领土监护局和负责国内安全情报的普通情报局而来。这一重组旨在整合原有国内情报机构遍布全国的情报网络，充分发挥新机构强大的情报分析能力，避免资源浪费，提高工作效率。[①] 在完成合并后，国内中央情报局成为法国唯一的国内情报机构，其主要任务包括：防范伊斯兰激进组织的袭击；预防和打击来自外部的干预和威胁；防范和打击恐怖主义和试图颠覆国家主权、窃取国家国防和经济机密的行为；监视国内通信，打击网络犯罪；监视颠覆组织的活动和征兆，监视公有和私营企业，保护技术和工业机密；监视法国国内的伊斯兰激进组织；监视国内极左翼无政府组织人员。

国内中央情报局的总部设在巴黎的警察总局内部，内设行政、支援、反间谍、经济保护、反恐、情报技术、防暴、国际事务八个部门。其他各分局分布在全国各地。截至2011年12月底，国内中央情报局雇员人数约为2 900人。2014年1月，国内中央情报局被改组并更名为国内安全总局，接受内政部的直接领导，而不再是警察总局的下属机构。[②]

（五）打击非法金融活动行动和情报处理中心

为了响应1989年西方七国峰会的决议，法国根据《第90－614号法案》于1990年7月12日在财政部的海关总署下成立了打击非法金融活动行动和情报处理中心，通过与其他情报机构的信息交换对金融机构进行行政监督和调查，以打击日益严重的洗钱犯罪。2006年12月6日，该中心通过《第2006－1541号法案》被独立出来并获得级别提升，成为财政部下属的局级机构，办公地点仍在海关总局。

打击非法金融活动行动和情报处理中心的主要职责包括收集、整理、分析和交换与非法金融活动、金融恐怖主义、洗钱相关的信息，将有关证据提交司法、

---

① La réorganisation des services de renseignement，Ministere de Interieur，13 septembre 2007，http://www.interieur. gouv. fr/Archives/Archives-de-Michele-Alliot-Marie-2007-2009/Interventions/13. 09. 2007-La-reorganisation-des-services-de-renseignement.

② Direction générale de la sécurité intérieure，http://www. interieur. gouv. fr/Le-ministere/DGSI.

海关和税务机关以对相关犯罪活动实施打击。为保证相关情报活动，该中心在法律上获得了授权，能够强制要求金融机构提供指定人员或组织的文档、进入其办公场所调查、暂停财务交易等。为保证情报的准确，该中心还与法国国内情报机构及国外的类似情报机构进行情报交换。①

（六）国家海关情报调查局②

国家海关情报局（Direction Nationale du Renseignement et des Enquêtes Douanières，DNRED）隶属于财政部，由海关税务总局的副局长领导，负责海关税务总局的情报工作和反走私工作。该局约有 720 人，下设三个分支机构：负责情报收集、处理和分发的海关情报处；负责国内和国际反走私调查的海关调查局；负责反偷漏税、行动情报研究和技术应用的海关行动局。2009 年国家海关情报局成了打击网络犯罪的部门，以打击通过网络进行的走私、赌博、洗钱、销售违禁品的犯罪行为。

（七）经济情报协调署

经济情报在法国被赋予国家战略性地位。法国政府主导了经济情报体系的建立。为了向政府和企业提供经济情报，培训经济情报人员，法国于 2006 年成立了经济情报协调署（Service de coordination à l'Intelligence Economique，SCIE），隶属于经济部和预算部的总秘书处。其主要职责是协调经济部和预算部的资源，为经济领域提供建议和战略信息，培训企业领导人。2009 年 5 月，法国撤销了原国防总秘书处设立的、向总理直接提供经济情报的经济情报高级协调员。同年 9 月，法国新设立经济情报部际代表一职，隶属于经济部和预算部的总秘书处。这一变化反映出经济情报已经从军事部门转向经济部门，弱化了原有的国家和安全意味，更加注重公开性。

经济情报部际代表的职责包括为国家制定和实施经济情报战略，收集经济情报（95% 的情报通过公开途径获得），监督国内科技和经济发展，保护国家战略经济产业，保护国家和企业的财产，为经济部门和企业提供经济情报。经济情报部际代表的主要服务对象是总统和总理等领导层，为其提供经济预警信息，根据其要求收集经济信息，在某些情况下也会应企业要求为其提供信息服务。③

---

① Traitement du Renseignement et Action contre les Circuits Financiers clandestins，http://www.economie.gouv.fr/tracfin/accueil-tracfin.

② Direction Nationale du Renseignement et des Enquêtes Douanières，http://www.douane.gouv.fr/articles/a12574-la-direction-nationale-du-renseignement-et-des-enquetes-douanieres.

③ Coordonnateur ministériel à l'intelligence économique，http://www.economie.gouv.fr/scie.

第二节　法国安全情报体制机制的演变

法国情报体制机制的发展经历了几个世纪。从17世纪至今，法国情报体制机制经历了从无到有、从不成熟到逐步成熟的过程。其中经历德国统一、两次世界大战、冷战结束和“9·11”等重大事件，法国情报机构改革受到了重大影响。

一、20世纪前的法国情报机构

出于军事斗争和争夺欧洲大陆霸权的需要，法国在17世纪就诞生了第一个情报机构，经过18世纪的大发展，于19世纪奠定了法国现代情报体系的雏形。17世纪上半叶，法国国王路易十三的首相黎塞留（Armand Richelieu）成为国王御前会议的负责人，也就是事实上的首相。他担任首相后的第一件事就是建立内阁情报机构，用以对付法国内部的敌人，维护国王的统治。这被普遍认为是“法国历史上第一个近代意义上的情报机构”，而他本人也被奉为法国情报界的鼻祖和开山宗师。[①] 到了18世纪，欧洲各国之间的商业竞争日益激烈，这对情报活动提出了更高的要求。为此，法国国王路易十五1745年在凡尔赛私人官邸建立了自己的情报机构——国王的秘密机关（Secret du Roi）或者叫黑色内阁（Cabinet Noir），作为除外交渠道之外获取他国情报的一个重要来源。这个最开始只有32名人员的秘密机构甚至曾主导谋划过俄罗斯宫廷政变。

18世纪末，法国和欧洲的政治斗争催生了法国不同的情报机构。1789年7月14日，法国大革命爆发，封建贵族势力与欧洲各君主国勾结，不断发动对新生的法兰西共和国的围剿。这些斗争催生了一大批间谍和特工，也诞生了各种不同的情报组织。可以说，法国大革命时期的所有重大事件都与敌对双方的特务人员紧密相连。1793年9月17日法国国民公会（Convention）颁布《惩治嫌疑犯条例》，授权救国委员会搜捕与政府为敌的人。同年10月10日，第一共和国的国民公会确定国民公会是全国最高权力机关，下设公共安全委员会（Comité de Sûreté Générale）和治安委员会，负责监视民众和打击革命嫌疑人。

1804年拿破仑·波拿巴在法国称帝，为维护自身的统治和国家安全，他建了一个更加庞大的情报网，在法国境内外的各行各业安插了大量的间谍、特工和

① 李莉主编：《法兰西的狩猎人——法国情报机构揭秘》，国防大学出版社1998年版，第4页。

线人，用以对付国内外的敌对势力。

19 世纪下半叶，普法战争失利后，法国深感两国交战过程中情报工作的不力，这促使其情报体系开始进行大刀阔斧的改革。1871 年法国政府的战争部授权总参谋部成立了总参二局（Deuxième Bureau，1871～1940 年），负责对外军事情报工作。次年，总参二局增加了反间谍机构——统计处（Section de Statistiques），并随后以法律形式确定了其履行反间谍职能的合法性。这一时期德国是法国对外情报收集和反间谍工作的主要对象，因为普法战争后德国对法国的间谍活动十分频繁。但是，1894 年 10 月，总参二局陷入因公众偏见和对宗教异端的厌恶而发生的“德雷福斯事件”①，这一臭名昭著的政治丑闻让法国情报机构名声大挫。因此，1899 年 5 月，法国政府将反间谍的职能从军方的总参二局分离出来交给了内政部。间谍机构与反间谍机构的分离，造成了今天法国以间谍和反间谍两个独立体制为主要构架的情报体系。因此，“总参二局是今天法国军事情报机构的雏形”。②

二、二战结束前的法国情报机构

经历过两次世界大战中情报斗争的起伏，法国的情报机构发展迅猛，日渐完备，逐渐形成了具有法兰西特色的情报体制。随着国家利益的不断拓展和演变，在民族文化、社会传统、国家安全环境、政治体制和社会舆论等因素的影响下，法国情报工作经历了逐渐制度化、法规化的过程，其活动范围不断扩大，情报机构的设置和规模也在不断膨胀。

进入 20 世纪，法国的情报机构在波折中走向成熟。一战至二战期间，德国依然是法国情报机构的主要对象。到 1914 年第一次世界大战爆发时，法国拥有当时世界上最精良、最优秀、组织最完整的情报机构。1907 年 2 月，总参二局重新被赋予了部分反间谍职能，并与内政部及机动反间谍旅密切合作。1911 年 8 月，反间谍的职能又被赋予了司法警察。1913 年法国战争部获得了在国外进行反间谍行动的权力，而内政部主要负责国内安全和边境安全。1917 年 2 月，法国国民安全警察局（即后来的国民警察）负责普通情报和反间谍工作。1917 年 4 月，中央情报处被并入军方的情报处。

一战期间，总参二局组织了一个从莱茵河到俄罗斯腹地的情报网，对搜集情

① 德雷福斯事件，或称德雷福斯丑闻、德雷福斯冤案（Affaire Dreyfus），是 19 世纪末发生在法国的一起政治事件，事件起于阿尔弗雷德·德雷福斯，一名法国犹太裔军官被误判为叛国，法国社会因此爆发严重的冲突和争议。此后经过重审及政治环境的变化，事件终于 1906 年 7 月 12 日获得平反。

② ［英］特里·克罗迪：《世界间谍史》，解放军出版社 2008 年版，第 201 页。

报、打入敌人内部起到了很大作用。总参二局当时甚至成为“法国间谍”的同义词。然而此时法国情报机构的领导人也开始著书立说，好大喜功，对外侦察能力一度遭受重创。第一次世界大战结束后，总参二局因其在一战中的突出表现而被置于法国情报体系中的重要位置。总参二局及驻外武官和设在海空军的分支机构收集情报。1936 年，总参二局局长莫里斯・戈什（Maurice Gauche）对总参二局进行改组，成立了中央情报处和情报分析中心。中央情报处负责情报的收集和整理，情报分析中心负责对收集的情报进行解读、分析和评估，供高层参考。1937 年，国内监视工作被划分给警察机构，并通过法律形式严格限定下来。同时，法国成立了中央情报局，负责对外收集情报。

二战爆发前，法国总参二局的工作成绩十分突出，它破译了德国的“恩尼格玛”密码机，利用从法国驻外使领馆和武官处获得的信息预测了德国希特勒的上台，掌握了德国进攻莱茵河西岸的战略意图。但是其未能有效地预测和防止德国 1939 年 9 月 1 日对波兰进行的闪击战，结果使得法国在 9 月 3 日对德匆匆宣战。虽然法国总参谋部迅速成立了负责无线电情报和密码破译的第五局（5e Bureau），并破译了大量的德军情报，但是最终还是无法挽回 1940 年 6 月巴黎陷落的后果。法国情报战的失利反映出其情报机构信息收集渠道散乱，各机构无法统一协调，情报机构未得到决策层的重视，决策者缺乏对情报的理性认识。①

1940 年法国被德国击败，维希政权成立政府中央情报中心，之后又将总参二局改组成为反国民运动局，专门监视和打击共产主义和抵抗运动。但是总参二局的特工名义上帮助维希政权，实际上仍在继续秘密从事针对德国的情报工作。与此同时，夏尔・戴高乐将军于 1940 年 7 月 1 日在伦敦建立了流亡的自由法国政府，并建立“自由法国”自己的情报机构——总参二局。1941 年 4 月 15 日，总参二局被更名为情报局，1942 年 1 月 17 日，情报局改组为中央情报及军事行动局，1942 年 9 月 1 日，该局再次更名为中央行动情报局。到二战结束时，中央行动情报局在 1946 年再次改组为国外档案和反间谍处。除了英国首相丘吉尔支持的戴高乐外，由美国总统罗斯福支持的法军驻北非司令吉罗（Henri Giraud）也建立了阿尔及尔行动情报局，并与戴高乐建立的伦敦行动情报局形成了竞争。在英、美的调解下，二人合作创立了法兰西民族解放委员会，成为实际的法国临时政府。法兰西民族解放委员会在 1943 年 11 月 19 日将两个行动局合并，成立了特别任务总局，1945 年 12 月 28 日特别任务总局被改组为研究及调查总局。第二次世界大战期间，法国抵抗组织的情报机构为反法西斯联盟提供了大量有价值

① ［美］詹姆斯・邓尼根：《现代战争指南》，军事科学出版社 1986 年版，第 253 页。

的情报，为反法西斯战争的胜利做出了重要的贡献。[①]

三、冷战期间法国的情报机构

第二次世界大战之后，法国的情报活动也从最开始的军事领域逐渐扩展到了政治、经济、外交、科技、安全等领域。二战结束时，为应对冷战的需要，法国情报部门进行了调整，建立了一些新的情报机构，原有的一些老的情报机构被整编。法国情报机构在冷战结束前的主要任务放在了与苏联抗衡，争夺在非洲尤其是阿尔及利亚的利益，加强了与其他国家情报部门的合作，收集国际恐怖主义的情报，并对情报部门的技术和人力进行了更新。

1945 年戴高乐将战时各派谍战力量进行统编，成立了调查及研究总局（DGER），以适应战后情报需求。然而，该局人员鱼龙混杂，派系纷争矛盾重重，不利于建成一个正规化和现代化的情报机构。因此，同年 12 月 28 日，法国政府对调查及研究总局进行精简和改组，成立了国外情报及反间谍局（SDECE），负责在国外收集情报和资料，侦破外国的间谍活动和敌对行动。国外情报及反间谍局后从巴黎市内搬到了巴黎市郊的图莱尔（Tourelles）兵营。由于兵营对面有一个游泳池，所以它习惯上也被人称为“游泳池”。[②] 二战后国外情报及反间谍局积极介入了印度支那战争、阿尔及利亚战争、打击“秘密军组织”（OAS）行动、窃取苏联发动机等。可以说国外情报及反间谍局是“法国情报机构从战时体制向和平体制过渡的里程碑”。[③] 在反间谍工作方面，1944 年 11 月法国政府重新恢复了 1942 年被贝当政府解散的领土监护局（DST），它与国外情报及反间谍局一同执行维护国家安全和战后渗透东方的任务。[④]

国外情报及反间谍局主要负责搜集国外情报、反外国间谍及保障国家安全。其大部分组成人员为有过战争经验的军人，并根据全球布局设置地区科。在戴高乐辞去职务后，其曾交由内阁部长即总理领导，并在印度支那战争及阿尔及利亚战争中发挥了不可替代的作用。同时，在这一时期大量文职人员的加入也冲淡了原先机构内的军人色彩，国外情报及反间谍局的人员配置效率大大提高。法国情报机构也拉开派系斗争的序幕。1951 年国外情报及反间谍局增设了第七处，也

---

① 高振明：《法国情报组织揭秘》，时事出版社 2013 年版，第 65 页。

② Roger Faligot，Jean Guisnel，Rémi Kauffer：Histoire politique des services secrets français. De la Seconde Guerre mondiale à nos jours. La Découverte/Poche，2013，P. 738. AU FOND DE LA PISCINE，CONFILITS，23 Juillet 2014，http://www. revueconflits. com/au-fond-de-la-piscine/.

③ 李莉主编：《法兰西的狩猎人——法国情报机构揭秘》，国防大学出版社 1998 年版，第 46 页。

④ 二战后，法国接纳了大量来自东欧的移民，其大部分有着反共的政治倾向。因此，法国反间谍机构最重要的一项任务便是甄别其中的假移民，并且招募相同政见者充当间谍，向东欧国家渗透。

称“秘密行动分局”，它成为法国情报技术发展的代表。在法国谍报界大师“勒鲁瓦”的带领下，该局在冷战时期为法国获得了不少有价值的情报，并为西方谍报界所称颂。在戴高乐重新当政后，该局的管理权再次转移到总统手中，同时，戴高乐上台后奉行“独立自主”的外交政策、防务政策和军事战略，使得情报部门重新审视和调整自身的职能。法国情报部门的触角也从传统的敌对国家延伸到美国、加拿大等盟国。1962 年，国外情报及反间谍局成立“科学处”，专门搜集有关美国及有核国家的核武器计划和科研成果的情报。然而，军人当权也使得文职情报人员退居次要地位。为配合戴高乐的“法兰西共同体方案”，国外情报及反间谍局重新进行了任务定位，即“加强法国在法属非洲国家的隐蔽行动、与法兰西共同体国家联合组建情报联络站、在非洲国家建立特工培训机构及与美苏在非洲和欧洲的谍报网进行斗争”。① 随着法国在非洲传统殖民利益的逐渐丧失，加之情报机构在几内亚、喀麦隆等国的行动接连失败和 1966 年“本·巴尔卡绑架案”② 的发生，法国情报机构的发展出现一个低潮。

相比之下，在同一时期，领土监护局在维护政权稳定、反境外势力上表现相对出色。其前身是 1934 年成立的警察机构——领土监视处。1944 年 11 月 16 日由戴高乐签发命令划归内政部领导。它是法国最大的反间谍机构，隶属于内政部国家警察总局，因此也是国家警察的一部分。其性质和职能大体上相当于美国联邦调查局，主要负责国内的反间谍、反颠覆和反恐怖任务。其主要活动由总理和总统直接掌管。由于与国外情报及反间谍局的部分工作有重复，1970 年蓬皮杜总统对二者的分工进行了调整，其中领土监护局主要面对国内，突出反间谍和反恐怖的职能，而国外情报及反间谍局主要针对国外。“领土监护局的成立被认为是法国情报机构的一次小型革命，因为反间谍工作从此脱离了军队的控制”。③ 领土监护局下设“情报与安全处、反间谍处、反恐怖与阿拉伯事务处、科技情报处、情报交流处和办公室。在地方省设有 7 个地区局（里尔、雷恩、波尔多、马赛、里昂、梅斯和图尔）。”“在海外省和海外领地（安德列斯群岛——圭亚那、留尼汪岛、波利尼西亚和新喀里多尼亚）设有 4 个局。”④ 该局曾挖出了隐蔽在

---

① 李莉主编：《法兰西的狩猎人——法国情报机构揭秘》，国防大学出版社 1998 年版，第 129 页。

② 巴赫迪·本·巴尔卡为摩洛哥一位有影响力的政治家，其主张民族解放，脱离法国殖民保护。1965 年，其于巴黎第 6 区圣日耳曼大街 151 号利普餐厅门口被绑架，后音讯全无。由于法国与摩洛哥政府在当时的特殊关系，舆论猜测这起事件是法国与非洲相互勾结的典型产物，该案件成为法国情报史上不能自圆其说的插曲，也正是因此，戴高乐怒而对法国情报机构进行改革。参见 France accused 44 years on over Moroccan's vanishing, The Guardian, 29 October 2009, http://www.theguardian.com/world/2009/oct/29/france-accused-over-moroccans-vanishing.

③ 高振明：《法国情报组织揭秘》，时事出版社 2013 年版，第 82 页。

④ 江穗春：《法国情报与安全机构》，载《国际资料信息》2003 年第 8 期，第 23 页。

国防部内的一名克格勃高级间谍。

冷战期间，内政部下设的情报机构——普通情报局（DCRG）也发挥了重要的作用，它也称情报局。1941 年 4 月，法国政府以法律条文确定其名为普通情报处，1942 年定名为普通情报局。[①] 普通情报局由中央局、巴黎分局和地方分局组成：中央局直属于内政部，下设分析和评估、赌马和赌博管理、人事、搜查四个处；巴黎分局的职能和地位与中央局相当，专负责巴黎地区的监视和情报收集工作，下设一般情报、暴力和恐怖主义活动、外国社团等四个处；地方分局一般设置在防护区的首府，它既向中央局负责，又向所在地方领导人负责。

20 世纪 70 年代，乔治·蓬皮杜就任总统后对法国情报机构进行了改革，主要体现为对国外情报及反间谍局的大批裁员和更换重点部门的领导职务，并重新组建了特别行动处，它是先前由于"本·巴尔卡事件"受到严重影响的第七处的延续，主要从事打击国际恐怖主义，执行境内反恐反颠覆的任务。新任局长还对情报机构的军用设备进行了升级，体现了现代化改革趋势。同时，该局情报搜集的重点也从军事为主转向兼顾科技及工业情报活动。而在继任的吉斯卡尔·德斯坦（Giscard d'Estaing）总统时期，该改革势头得到了延续，它与前任一样重视情报工作在中东地区的开展，并加强了本国情报机构与沙特阿拉伯、埃及、摩洛哥等国的合作。1978 年，领土监护局的改革也同步进行，技术处、反间谍处和反恐处的建立也体现了法国情报工作的微调。这一浪潮使法国情报机构再度迎来发展的高潮。

20 世纪 80 年代，新总统弗朗索瓦·密特朗的上任带来法国情报机构自二战以来的再度大改革。1982 年，国外情报及反间谍局被正式改组为对外安全总局，负责本土以外情报的搜集与安全行动。该局隶属于国防部，并清晰地划分了与内政部有隶属关系的领土监护局的管辖范围。对外安全总局从事外向性情报的搜集，并承担同其他有关情报组织联系的任务，执行在其职权范围内政府委托的一切行动。[②] 这一时期的改革也为法国情报机构再度赢得了口碑。然而，1985 年的"彩虹勇士号事件"[③] 使法国情报机构蒙羞，为此密特朗开始对总局内部进行清

① La réorganisation des services de renseignement, 13, Septembre, 2007, http://www.interieur.gouv.fr/Archives/Archives-de-Michele-Alliot-Marie-2007-2009/Interventions/13.09.2007-La-reorganisation-des-services-de-renseignement.

② Décret n°82 – 306 du 2 avril 1982 CREATION D'UNE DIRECTION GENERALE DE LA SECURITE EXTERIEURE (DGSE), PLACEE SOUS L'AUTORITE D'UN DIRECTEUR GENERAL RELEVANT DIRECTEMENT DU MINISTERE DE LA DEFENSE ET NOMME PAR DECRET EN CONSEIL DES MINISTRES, http://www.legifrance.gouv.fr/affichTexte.do?cidTexte = JORFTEXT000000517072&fastPos = 1&fastReqId = 1504261643&categorieLien = id&oldAction = rechTexte.

③ "彩虹勇士号"是绿色和平组织船队的旗舰，从事环境保护运动。1985 年 7 月，"彩虹勇士号"抗议法国拟在南太平洋进行的核试验，遭到法国特工安放的炸弹袭击而沉没。法国总统密特朗向绿色和平组织正式道歉，法国政府支付了 700 万美元的赔偿金。这一事件被称为"彩虹勇士号事件"。

洗，减少军人比例，增加技术和文职官员人数，并对员工进行培训，以提升整体素质。

总体来看，冷战时期法国的情报机构虽然在不断改革，但其机构之间职能重叠、缺乏协调与统筹等顽疾由来已久，这一困境在冷战结束以后才逐渐得以改观。

四、冷战结束后的法国情报机构

冷战后国际形势发生了重大变化。法国在 1994 年 2 月发表了冷战后第一份《国防白皮书》，确认来自苏联的军事威胁已经消失，但是新的危险因素继续威胁着法国，因此其情报工作依然不能被忽视。依据《国防白皮书》“威慑、预防、保护、干预”的安全防务观念，法国情报体制经历了一场适应国际新形势的变革。法国情报机构在 1991 年的海湾战争中过度依赖美国的情报机构和情报网，充分暴露了法国情报机构的各种问题和缺陷，这促使法国政府加快了对情报机构的改革。

（一）对建立情报协调机制的探索

这一轮的改革序幕以 1989 年部际情报委员会的重启为标志，它体现出法国领导人重建情报协调体制的努力。部际情报委员会于 1959 年根据《第 59 - 147 号法令》成立，[①] 其真正运行开始于 1962 年 10 月 17 日法国政府颁布的《第 62 - 1208 号法令》。部际情报委员会由总理主持，任务是确定各情报机构的主要工作任务，协调情报机构的情报活动。部际情报委员会除总理担任主席外，其他共 6 名成员，“分别是总理办公室主任、总理情报协调员、对外安全总局局长、领土监护局局长、国防秘书处处长和国防保卫与安全局局长。总理定期（至少一年两次）召开会议，制定国家情报方针及协调各情报机构间的工作。委员会成员则每周召集一次碰头会，对各情报机构所搜集的军事情报进行汇总分析后，有目的地将情报分发给相关部门”。[②] 然而其成立以来几乎未能建立一个应有的稳定议事规则，其原因主要在于最初的法国情报协调工作主要针对外部情报，对内情报机构与对外情报机构在体制和编制上长期分离，会期不定，机构间恶性竞

① Ordonnance n°59 - 147 du 7 janvier 1959 PORTANT ORGANISATION GENERALE DE LA DEFENSE http://www.legifrance.gouv.fr/affichTexte.do?cidTexte = JORFTEXT000000705509&fastPos = 1&fastReqId = 133516867&categorieLien = id&oldAction = rechTexte.

② 江穗春：《法国情报与安全机构》，载《国际资料信息》2003 年第 8 期，第 21 页。

争，且总理在其中的作用长期缺位，导致协调机制效率低、级别低，从而造成法国情报体制的重大缺陷。[①] 部际情报委员会一度中断。1989 年 4 月 20 日法国政府颁布《89－258 号法令》，再次重启部际情报委员会，扩大其协调职能的范围，并强调总统的地位和作用，但此次重启仍然未能使情报机构焕发生机。[②] 值得注意的是，由于法国实行的“半总统制”，总统权力很大。而在两次启动部际情报委员会期间，是希拉克和若斯潘出任总理的时候，结果是以总理为核心的情报协调机制在法国没有建立起来。

（二）完善情报机构的设置与功能

冷战结束后，法国形成了一个包括对外安全总局、普通情报局、领土监护局、军事情报局、情报旅及竞争与经济安全委员会在内的情报网。这与法国完善情报机构的设置有关。根据《国防法》第 D3126 条的规定，冷战结束后对外安全总局主要服务于政府，与其他部门合作收集和研究国家安全相关情报，在国外调查和制止危害国家安全的行为。对外安全总局下情报处、行动处、反间谍处、总务处、监听总台和规划处。[③]

1993 年对外安全总局搬迁至塞纳·圣德尼省（Seine-Saint-Denis）的努瓦西勒塞克（Noisy-le-Sec），并成为法国最大的情报中心。1994 年，法国政府批准了对外安全总局在未来五年内增加 500 名情报人员的计划，并对其组成人员结构进行了大幅调整，工作人员中军人占主流的情况在发生改变，转而吸纳更多非军事、专业性强的分析人员。对外安全总局在 2008 年的情报机构调整中被保留。在本土情报安全方面，领土监护局的工作范围除了传统的国土之内的反间谍活动外，进一步扩展到了反恐怖主义、防武器扩散、保护法国经济和科技产业等。此外，领土监护局负责调查、预防和反制其他国家发动或支持的危害法国国土安全和传统利益的行为。[④] 2008 年，法国《国防与国家安全白皮书》发表之后，领土监护局被并入国内中央情报局。普通情报局（DCRG）则负责监视法国社会和政界，调查和收集国内政治、经济、社会方面的情况并上报政府，调查公民中的活

① 邬进平：《萨科齐执政时期法国情报协调体制改革问题研究》，载《江南社会学院学报》2014 年第 4 期，第 28～29 页。

② RAPPORT D'INFORMATION DéPOSé en application de l'article 145 du Règlement PAR LA COMMISSION DES LOIS CONSTITUTIONNELLES, DE LA LéGISLATION ET DE L'ADMINISTRATION GéNéRALE DE LA RéPUBLIQUE N°1022 ASSEMBLéE NATIONALE, P. 100.

③ Article D3126: Direction générale de la sécurité extérieure, Code de la defense, http://www.legifrance.gouv.fr/affichCode.do;jsessionid = D0701A39D0D331E230B0FE48DF305532.tpdila10v_3? idSectionTA = LEGISCTA000019840911&cidTexte = LEGITEXT000006071307&dateTexte = 20151023.

④ 高振明：《法国情报组织揭秘》，时事出版社 2013 年版，第 90 页。

跃分子和政府反对者。自成立以来，历届政府首脑都愿意通过普通情报局了解国内情况，获取各界人士对政府决策的反应，为政府维护秩序和国家治理提供依据。2008 年普通情报局并入新成立的国内中央情报局。①

军事情报仍然是法国情报机构的重点。1992 年 6 月，法国政府根据《第 92 - 523 号法令》成立了军事情报局，以扭转 1991 年海湾战争中反映出的法国军事情报机构过于分散、资源严重浪费的弊端。军事情报局是法国的军事情报中心，负责掌管和协调各军事情报机构的资源，将总参谋部第二局、对外安全总局、驻外使馆武官处及盟国提供的军事情报进行汇总研究，其综合性的职能被法国国防部称为能体现“三军情报”特点，要创造新的“情报文化”。2008 年法国国家安全机构调整中，该机构被保留。② 此外，还有隶属法国陆军的情报旅（BR），其前身是 1993 年成立的情报与电子战旅（BRGE），1998 年被更名为情报旅。情报旅下设 4 个团和 2 个大队，负责利用不同的现代化设备和手段收集站场信息。2010 年情报旅从洛林省梅斯市（Metz）迁到了下莱茵区的阿格诺市（Haguenau）。③ 作为经济安全情报机构的代表，竞争与经济安全委员会（CCSE）是 20 世纪 90 年代中期设立的经济情报协调机构，它由法国经济部长任主席，其宗旨是加强政府与各企业之间在经济情报领域中的协调工作，更好地利用情报维护本国经济利益。该委员会提供给企业的情报必须是通过公开和合法渠道获得，它顺应了该时期法国企业参与日渐激烈的对外竞争的需要，后来其职能逐步由经济情报协调署（SCIE）取代。

（三）法国“1 + 6”情报协调系统的形成

2008 年，萨科齐任内《国防与国家安全白皮书》的发布掀起了法国国家安全体制的整体性改革，其中情报协调机制的建立尤为突出。它正式确立了以总统为中心的情报协调框架。以国家情报委员会为中心的部际协调机构取代了先前的部际情报委员会。它由总统担任主席，成员涵盖大部分涉外事务的部长和各情报机构负责人，以及国家情报协调官和防务与国家安全秘书处总秘书长。同时，通过对先前机构的吸收、拆并和增设，形成了对外安全总局、国内中央情报局、军

---

① La réorganisation des services de renseignement, 13, Septembre, 2007, http://www.interieur.gouv.fr/Archives/Archives-de-Michele-Alliot-Marie-2007-2009/Interventions/13.09.2007-La-reorganisation-des-services-de-renseignement.

② Article D3126 - 10, Direction du renseignement militaire, Code de la défense, http://www.legifrance.gouv.fr/affichCode.do;jsessionid = D0701A39D0D331E230B0FE48DF305532.tpdila10v_3? idSectionTA = LEGISCTA000019840889&cidTexte = LEGITEXT000006071307&dateTexte = 20151023.

③ Le commandement à Strasbourg, 14 aout, 2015, http://www.dna.fr/defense/2015/08/14/le-commandement-a-strasbourg.

事情报局、国防安全与保卫局、国家海关调查情报局和反非法金融流通情报处理与行动处这六大情报支柱，它们分别在对外情报、本土情报、军事情报、经济情报、边境情报等多领域各司其职，相互配合。而衔接国家情报委员会与这六大支柱的则是国家情报协调官，它直接受总统领导，协调部际情报工作，并通过每日撰写情报信息汇总报告的方式，及时传递与反馈信息。它不仅加强了情报系统的共同利益基础，增强了集体荣誉感，还有助于形成共同的情报文化，减少机构间的职能摩擦。法国情报机构的组织关系如图 19－1 所示。

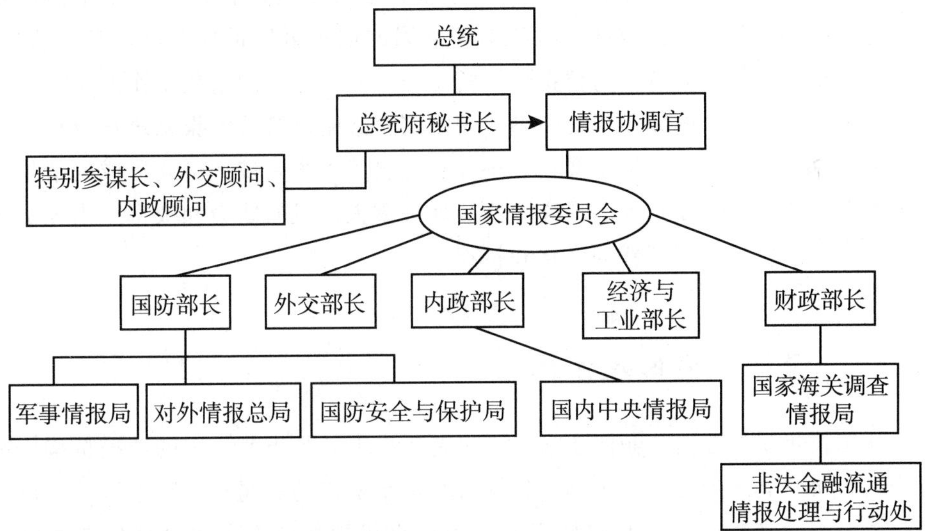

图 19－1　法国情报机构的组织关系

资料来源：高振明：《法国情报组织揭秘》，时事出版社 2013 年版，第 108 页。还可参见 The French White Paper on Defence and National Security 2008.

第三节　法国安全情报体制机制的特点

法国情报机构经过数百年发展，尤其是在 20 世纪历经两次世界大战和海外殖民地的反独立战争，形成了独特的、区别于美、俄、英的安全情报体制，具有明显的法国特点。经过冷战和“9·11”事件后，法国根据国内外安全形势的变化再次对法国安全情报体制进行了调整，法国的情报机构和情报工作更加重视非传统问题和对国内外恐怖主义的打击，法国通过调整组织机构、改革人事制度、提高技术水平、增加经费预算、加强国际合作等方式不断强化其情报机构的职责和任务，为法国安全服务。

2008 年，法国出台了《国防与国家安全白皮书》，它将恐怖主义列为法国面临的重大威胁之一，“了解与预知”作为国家安全的重点，被单独列为一项全新的战略功能。该白皮书认为，只有“了解与预知”才能保证法国做出正确的战略决策，防范来自传统领域和非传统领域的安全威胁。为此，法国针对国家安全战略的变化再次深度整合了国内情报机构，将情报工作的决策和咨询从政府层面提升到了国家层面，进一步强化了以总统为核心的行政决策层对情报工作的控制。在防务与国家安全委员会的指导下，国家情报委员会成为法国最高情报协调组织，通过协调国防部、内政部、财政部等下属的如军事情报局、对外安全总局、国内中央情报局等不同分工的情报部门的工作，形成了法国情报工作的总枢纽网络。此外，国际形势的新需求也使参与国家安全战略决策的情报系统从以往的政治和军事领域延伸到了经济、文化、科技和社会等多个领域，由此形成的情报工作内容和相应的机制变革大大提高了法国处理重大危机的能力和效率。当今法国情报安全体制发展出现了新的变化和特点。

一、情报机构的政治化

法国情报机构政治化倾向明显。不论是历史上还是当前法国的情报机构，都是当权者实现其政治目的的工具。领导人与情报机构的丑闻总是密不可分，情报部门成为当权者实现自己私权的手段，而情报机构的效率不再是首先考虑的因素，因此造成了法国情报机构长期以来条块分割严重、机构重叠、效率低下。国防部掌握着军事情报机构和对外情报机构，内政部掌握国土监控大权，而巴黎情报总局又与内政部的功能发生重叠。

法国情报机构因政治化倾向发生多次丑闻。如 1894 年的法国情报二局起诉炮兵上尉德雷福斯（Alfred Dreyfus）犯有间谍罪，军事法庭在证据不足的情况下判其有罪，情报部门在背后所做的事情极不光彩。法国直到 100 多年后的 1998 年才给德雷福斯平反，法国情报机构也因此背上了排除异己的恶名。又如两次世界大战爆发之前，法国的情报机构被当局所利用，在这些决策过程中无法发挥其应有的预警作用，而只能充当决策者的吹鼓手。当时法国情报机构已经获取了德国扩充军备的信息，而且已经摸清了德军的作战能力，但是法军的决策层出于自身地位考虑顽固地坚持既定政策，没有正确采纳这些有价值的情报，制定有针对性的应对措施，结果造成法国军队在两次战争中遭遇惨败。

新时期法国情报机构虽然进行了现代化改革，但仍然不时陷入政治纷争和情报丑闻中。2008 年，法国前普通情报局局长私人日记曝光，其中记录有萨科齐第一任妻子与其离婚后仍被窃听的证据，而舆论传言是希拉克为阻止萨科齐竞选总统而指使情报机关获取非法材料。日记中显示，希拉克曾授意情报机关对萨科齐曾卷入的“清泉案”进行调查，虽这些均未能获得最终证实，但希拉克与萨科齐之间的政治关系却因此广泛流传于公众舆论中。究竟是两者的政见不同，还是出于萨科齐曾经与希拉克女儿交往的旧事而耿耿于怀，法国情报机构的政治立场遭到公众质疑。

二、法国间谍的文人气质

与西方一些国家的情报工作相比，法国经济、科技情报活动无论在手法上还是在规模上都略高一筹。似乎受到巴黎时装和香槟酒的熏陶，法国的情报机构也更具文化韵味，与美、英等国情报机构的手法大不相同。他们较多利用文化上的优势，大量向世界各国派出商务及文化人员，将文化、商业渗透与情报工作结合起来，给人一种温文尔雅的印象，掩盖了其更深处的情报争夺战。

20 世纪 50 年代，戴高乐便下令国外情报及反间谍局搜集经济情报。60 年代法国曾成功窃取美国经济情报，在遍布世界各地的经济间谍网中，大量具有科技及经济专长的间谍被编入其中，它们通过金融、政府或国际组织等机构广泛搜集对象国情报。如对外安全总局的首任局长皮埃尔·马里昂便是国际宇航工业公司北美事务经理。而在冷战后法美最大经济间谍案中，法国之所以能在关贸总协定谈判中大获全胜，便是来自于情报机构的能力，较好地利用了法方情报人员的官方特殊身份，在“异域恋”的情感纠缠中，美方间谍全部暴露。当前，法国对国家经济情报的重视提升到前所未有的高度，隶属于法国经济部和预算部总秘书处的经济情报协调署（SCIE）及经济情报部际代表不仅将国家安全情报从军事情报中分离出来，还尽力消除企业与国家之间的距离，鼓励非政府机构等实体参与国家经济情报的猎取。现在法国已完成在行政机构上的经济情报架构，通过工商会、行业联盟和中小企业家总联盟等机构的努力，各界经济情报的意识大大增强。[①] 这支跨领域的情报团队正引领着法国在国际经济舞台上展开竞争。

三、重视情报技术的革新

冷战结束后，世界形势发生重大变化，法国情报机构根据世界形势的变化，不断对其工作重心进行调整。首先，法国加强了人力收集情报的比重，采取了改

① 蒋慧：《法国国家经济情报体系的演变》，载《图书情报工作》2012 年第 20 期，第 9 页。

善情报人员的地位和待遇、起用并招募更多有专项技能的工作人员、加强培养新人工作、扩建军事情报学校、新设一个专门培养优秀人才的情报训练中心等措施培养和积累优秀的情报人员队伍。其次，法国还不断提高情报技术水平，全力发展间谍卫星技术。1984 年，法国利用民用通信卫星搭载“锡拉库萨”侦察系统，后于 1987 年联合德国、意大利、西班牙等研制侦察间谍卫星“太阳神”。1993 年以来，法国国防经费连年削减，但太空预算却不断上升。其间谍卫星技术能够与美国及俄罗斯三分天下，跟法国提高情报技术水平、增加太空预算不无关系。1995 年，以法国为主导的欧洲第一颗军事间谍卫星“太阳神”1A 发射成功。从 2008 年起，法国发射了多枚军事侦察卫星与新型监听卫星，并创立跨军种指挥部。法国还借助现代武器系统，加强数据的搜集与开发。法国旨在改进数据采集手段的多个项目已启动。这些项目涵盖了数字地理数据，海洋水文数据和气象学数据等。此外，法国已经逐步实现了情报侦察平台的多维度拓展：以无线电、雷达技术应用和装甲侦察车为陆基工作主体；以执行反潜、反舰、侦察、预警等为海基工作任务；不断更新的各类预警机和无人侦察机，如“幻影系列”侦察机建立起了高效运作的空中侦察平台等。

第二十章

法国情报与安全预警机制

在一个充满不确定性和安全危机频发的世界中，情报是国家安全预知和预警的前提。预知和预警是国家安全的第一防线。及时可靠的情报信息有利于法国决策者做出更好的安全决策。历史上，由于法国热衷于争夺欧洲大陆和海外霸权地位，情报工作是其重要的辅助手段，法国的情报机构因此也非常发达。进入21世纪，法国面临恐怖主义、地区冲突、网络攻击、环境问题等非传统安全挑战。[①] "法国的潜在敌人由明确的、单一的转化为分散的、多样的、难以预料的，法国从未感觉如此不安全。"[②] 因此，2008年《国防与国家安全白皮书》提出国家安全战略的五大功能，首当其冲就是"预知和预测"。"预知和预测"功能涵盖了以下五大领域：情报、对行动的把握、外交、旨在预测国际体系变化的战略分析和对收集的情报信息的处理。[③] 只有正确的"预知和预警"才能确保法国做出正确的战略决策，防范来自传统领域和非传统领域的安全威胁。

---

① Ministère de l'éducation nationale, de la jeunesse et de la vie associative, "La nation, sa défense et la sécurité nationale", http://web.ac-reims.fr/editice/index.php/lettres-et-sciences-humaines/histoire-geographie-education-civique?id=1670.

② 何奇松：《冷战后的法国军事转型》，载《军事历史研究》2007年第3期，第135页。

③ Mallet Jean-Claude, Présidence de la République et Ministère de la Défense, *Défense et Sécurité nationale: le Livre blanc*, Paris: Odile Jacob/La Documentation Française, 2008, pp. 57 – 58.

第一节　法国的安全情报

“情报是根据需求搜集、分析对国家安全具有重要意义的特定类型的信息，并将分析结果提供给决策者的流程，情报是以上流程的产品。”[①] 情报的目标是使国家的最高权力机关、外交部门、军队、国内和民事安全部门预测发展、做出评估、独立自主地决策和采取行动。[②] 其主要功能包括避免遭遇战略突袭，追踪危及国家存亡的威胁、势力、事件和事态的发展，提供长期性的专业知识，为政策制定提供支持。[③] 因此，情报工作也被称为国家安全的“超级耳目”“隐形盾牌”“智囊”“保障与枢纽”。

一、法国安全情报的分类

安全情报根据不同的分类标准有不同的分法。美国《情报改革与恐怖主义预防法》就将国家情报分为对外情报、国内情报和国土安全情报。[④] 但在国内安全与对外安全的界限越来越模糊的情况下，这种分类在很大程度上阻碍了情报工作的顺利开展。这种国内和对外的二元话语划分导致的国内情报安全事务和对外情报安全事务的分离一直以来都是法国安全情报体制的痼疾。在法国面临严峻的恐怖主义威胁和财政预算不足的情况下，根据事情的轻重缓急合理分配有限资源就成了当务之急。此外，对情报工作的重新定义和分类是与安全概念的变化密切相关的。随着安全概念外延的扩展，安全情报的内涵也发生了变化，不再仅仅局限于军事情报和政治情报，反恐、经济、科技等领域也应被纳入其中。2008 年《国防与国家安全白皮书》划分了法国面临的危险等级。其中恐怖主义袭击首当其冲，紧接着是网络袭击、传染病、自然灾害、有组织犯罪和法国海外领地面临的风险。[⑤] 因此，根据紧急程度递减的顺序将安全情报分为反恐情报、社会情报、政治军事情报和战略情报有利于政府把握工作重点，合理分配资源。

---

① ［美］马克·洛文塔尔著，杜效坤译：《情报：从秘密到政策》，金城出版社 2015 年版，第 11 页。

② Mallet Jean-Claude, Présidence de la République et Ministère de la Défense, *Défense et Sécurité nationale: le Livre blanc*, Paris: Odile Jacob/La Documentation Française, 2008, P. 121.

③ ［美］马克·洛文塔尔著，杜效坤译：《情报：从秘密到政策》，金城出版社 2015 年版，第 2 ~ 6 页。

④ ［美］马克·洛文塔尔著，杜效坤译：《情报：从秘密到政策》，金城出版社 2015 年版，第 7 页。

⑤ Mallet Jean-Claude, Présidence de la République et Ministère de la Défense, *Défense et Sécurité nationale: le Livre blanc*, Paris: Odile Jacob/La Documentation Française, 2008, P. 50.

二、反恐情报

传统意义上的反恐情报主要是指某国情报人员收集的国际国内恐怖主义组织和极端分子的相关信息，尤其是对嫌疑分子的行为和有关活动的监视情况。目前法国面临的最紧迫的威胁便是恐怖主义。21 世纪法国出台的两部《国防与国家安全白皮书》都将反恐作为首要任务。长期以来，法国都十分重视反恐情报工作，在美英相继遭受“9·11”和“伦敦地铁爆炸事件”等恐怖主义袭击时，法国却以出色的情报工作被誉为“反恐精英”，其反恐情报经验在世界各地广为流传。但近两年来爆发的一系列恐怖主义袭击事件暴露出法国反恐情报工作存在的巨大漏洞，法国也一直被恐怖主义的阴云所笼罩。曾是英美榜样的法国情报机构成为国内和国际社会批评的众矢之的。

法国传统的反恐情报工作已经不适应时代的需要。近年来恐怖主义的形态发生了巨大变化，随着国际恐怖主义组织在社交网络上煽动大批青年奔赴伊斯兰国，恐怖主义日益渗入国内社会，更加防不胜防。因此，反恐情报也发生了巨大的变化，不再仅仅局限于监视国际恐怖主义分子的出入境，本国公民也成为潜在的恐怖主义分子。这是目前世界反恐面临的严峻问题，在欧洲更甚。因为法国等欧洲国家长期以来存在严重的移民问题，其国内移民成为最大的安全隐患。但法国反恐情报的主要漏洞并非在于情报信息收集，而是对这些信息的处理与分析，以及执行能力的欠缺。在 2015 年的两次巴黎恐怖主义袭击中，情报部门事先都掌握了一定情报，有些嫌疑人甚至在法国司法系统和警察系统里留有案底，但他们并未给予重视，结果酿成悲剧。

三、社会情报

所谓社会情报是指搜集关于国内社会发展方面的信息，包括经济、科技、文化、民生等。长期以来，法国对国内社会安全的关注远不及对国防的重视。进入 21 世纪，传统国防的重要性进一步下降，而国内安全面临着越来越多的挑战。长期的经济低迷导致失业率居高不下、贫富分化，治安状况恶化，犯罪率大幅上升，尤其是频频发生的社会骚乱和“独狼行动”严重影响着法国的社会安全。[①]由于犯罪案件和社会骚乱的不断增加，法国民众普遍缺乏安全感。这些国内安全

① 刘胜湘、何慧：《新世纪法国国家安全体制改革评析》，载《现代国际关系》2015 年第 12 期，第 36～37 页。

问题严重威胁着法国的国家安全与社会稳定，而良好的社会情报有利于维护社会治安。

在所有社会情报中，法国尤其重视经济和科技情报工作，法国的经济间谍甚至得到了“高卢海盗”的称号。[①] 20 世纪 80 年代法国对外安全总局就成立了专门负责收集经济和科技情报的“情报评估、预测和规划署”，法国领土监护局也充分发挥反间功能，积极打击经济科技间谍活动。为了加强经济情报工作，1995 年 4 月法国还专门成立了“经济安全委员会”。2008 年《国防与国家安全白皮书》中也强调了科技面临的风险和科技情报的重要性。[②] 法国之所以如此重视经济和科技情报，是因为其自身经济和科技实力不足，在国际市场上缺乏竞争优势，只能靠收集情报在国际经济谈判或科研方面占据更加有利的地位。

四、政治军事情报

长期以来，情报指的是关于外国的政治军事情报。它是指一国派驻他国情报人员对他国政治、军事和国防信息的收集，因此主要是国外情报。一战、二战和冷战期间，“谍海风云”四起，政治和军事情报发挥了巨大作用。法国在这方面曾经战绩辉煌，从二战爆发前破译了德国的“恩尼格玛”密码机的总参二局到二战后成立的打击“秘密军组织”行动的国外情报及反间谍局，再到 1944 年重新恢复的领土监护局，以及 1982 年重组的重点收集国外情报的最大情报收集和反间谍机构——对外安全总局，法国一直保持着较高的政治军事情报收集水平。虽然冷战结束后国防和军事的地位有所下降，但传统的军事和政治情报仍是法国情报工作的主体。虽然大国间的剑拔弩张不再，但地区冲突不断，尤其是法国传统的势力范围中东、北非地区成为动乱的温床。因此，法国仍需时刻关注地区局势。如法国对外安全总局在 1999 年科索沃战争中派出特工，还部署了电子侦察船以及先进的电子侦察设备随时侦听南联盟最高统帅部的作战指挥，为北约部队准确轰炸南联盟境内的目标提供了大量有效情报。[③] 此外，哪怕是自己的盟国——美国也是不可信任的，2015 年 6 月，维基解密指称美国国家安全局曾先后监听法国三任总统希拉克、萨科齐和奥朗德，以及其他政府官员，获取了法国政府的一些高

① 高振明：《法国情报组织揭秘》，时事出版社 2013 年版，第 96 页。

② Mallet Jean-Claude，Présidence de la République et Ministère de la Défense，*Défense et Sécurité nationale：le Livre blanc*，Paris：Odile Jacob/La Documentation Française，2008，P. 49.

③ 高振明：《法国情报组织揭秘》，时事出版社 2013 年版，第 99 页。

级机密文件。[①] 这也暴露了法国情报系统的漏洞，法国亟须加强反间工作，尤其应大力发展反窃听技术。

五、战略情报

战略情报主要是指涉及国家未来发展和战略地位的情报，包括情报机构和智库等国家安全战略报告建议，以此为决策层制定国家战略提供依据。美国著名战略情报家谢尔曼·肯特认为战略情报主要有三种形式：基本描述类、动态报告类、预测评估类。[②] 基本描述类战略情报是其他情报的基础，它主要是一些基本信息，如一国的地理、历史、气候、民族、经济、政府机构、交通、社会情况等。这些基本信息具有重大战略意义，是国家决策的重要依据。[③] 动态报告类战略情报则负责跟踪世界和地区形势变化的轨迹，而预测评估类战略情报负责预测可能发生的战略危机。因此，战略情报相对应地也就具有规划、咨询、预测三大功能。

战略情报主要是从宏观战略层面进行考量，并注重长远思考，应该涵盖军事和安全战略、地缘政治、人力科学、经济、科研等诸多领域。战略情报是主动获取的关于外国的高层次情报，是对于国家生存而言至关重要的知识。[④] 作为最高层次的情报保障工作，战略情报事关国家的长远发展。战略情报研判的正误直接关系到国家战略目标能否实现，甚至会决定国家的存亡。正如肯特所言："战略情报攸关国家的生死存亡，对现代国家和平时期的外交政策具有重要意义。"[⑤]

法国2008年《国防与国家安全白皮书》按重要程度确定了四个关键区域：从大西洋到印度洋的"危机之弧"、次撒哈拉非洲（移民、走私等）、欧洲大陆（俄罗斯）、亚洲（经济）。[⑥] 该报告认为，国家安全不仅局限于传统意义上的国防，还包括国内安全，防止一切可能的危险和潜在的威胁，国家的外交和经济政

---

① WikiLeaks-Chirac, Sarkozy et Hollande: trois présidents sur écoute, http://www.liberation.fr/monde/2015/06/23/chirac-sarkozy-et-hollande-trois-presidents-sur-ecoute_1335767.

② ［美］谢尔曼·肯特著，刘微、肖皓元译：《战略情报：为美国世界政策服务》，金城出版社2012年版，第7页。

③ ［美］谢尔曼·肯特著，刘微、肖皓元译：《战略情报：为美国世界政策服务》，金城出版社2012年版，第11～24页。

④ 高庆德、宗盟、任珊珊：《美国情报组织揭秘》，时事出版社2011年版，第191页。

⑤ 黄萍莉：《试析影响国家战略情报分析的因素》，载《图书与情报》2006年第3期，第68页。［美］谢尔曼·肯特著，刘微、肖皓元译：《战略情报：为美国世界政策服务》，金城出版社2012年版，第7页。

⑥ Mallet Jean-Claude, Présidence de la République et Ministère de la Défense, *Défense et Sécurité nationale: le Livre blanc*, Paris: Odile Jacob/La Documentation Française, 2008, pp. 19-41.

策也与国家安全密切相关。[①] 法国国家安全战略的目标是应对所有可能危害国家安全的威胁和危机，首要目标是保卫法国国民和领土，其次是维护欧洲乃至世界安全，最后是维护法国的价值观。[②] 该报告还提出国家安全战略的五大功能：预知、预防、威慑、保护、干预。[③] 国际形势的不确定性和不稳定性意味着战略危机随时可能爆发，法国经济、科技和军事资产是外部势力的目标，因此从战略高度把握这些领域的信息对于保障法国国家安全和国家利益非常重要。但法国对国防安全的相关科研的支持严重不足，大学研究机构和智库等研究机构也长期处于资金不足状态，这严重阻碍了法国战略情报工作的开展。[④]

由于国家安全在不同时期有不同的侧重点，不同时期各种情报的重要性和紧急程度也是不同的。冷战期间，在东西方阵营的紧张对峙下，以苏联为首的社会主义阵营被视为法国国家安全的首要威胁，政治和军事安全是法国国家安全的重中之重，因此情报几乎被等同于政治军事情报。冷战结束后，以恐怖主义为首的各种非传统安全问题逐渐取代传统安全的地位，因此，相关情报工作也逐渐发展起来，其中反恐情报在近几年成为其情报工作的首要任务。不同情报都具有各自的特点。反恐情报离不开国际合作，社会情报内容庞杂，军事政治情报机密性强，战略情报具有宏观性和全局性等，因此不能以同样的标准和方法来开展相关工作，而要针对它们不同的特点灵活构建情报预警机制。

第二节　法国安全情报的传递路径

对安全情报进行科学分类并确定不同种类情报的轻重缓急只是情报工作的第一步，一套完整的情报工作流程依次由以下七个步骤组成：确定情报需求（优先次序）、情报搜集、情报处理和利用、情报分析与生产、情报分发、情报使用、情报反馈。[⑤] 其中情报的搜集、生产和传递是情报工作的关键环节，也是安全预

---

① Livre blanc sur la défense et la sécurité nationale, Paris: Odile Jacob/La Documentation française, 2008, P. 59.

② Working Paper4.

③ Livre blanc sur la défense et la sécurité nationale, Paris: Odile Jacob/La Documentation française, 2008, P. 61.

④ allet Jean-Claude, Présidence de la République et Ministère de la Défense, *Défense et Sécurité nationale: le Livre blanc*, Paris: Odile Jacob/La Documentation Française, 2008, P. 134.

⑤ Lowenthal Mark M., *Intelligence: From Secrets to Policy*, Los Angeles: CQ Press, 6th edition, 2015, P. 70.

警机制的重要组成部分，它们直接关系着情报及安全预警工作的成效。快捷的情报传递路径是安全危机预警的关键。法国安全情报既有总体的传递路径，也有分类传递路径。

一、法国安全情报的总体传递流程

情报部门不仅要搜集情报信息，还要对其进行处理和分析，并在第一时间将分析结果传递给相关部门，这样它们才能有效地进行危机预警和安全决策。法国安全情报体制的流程规定，情报信息在上传至决策者之前需要经过交叉检查、合成和分析。① 经历多次重大改革，法国正式确立了以总统为核心的情报协调体制，整体上形成了三个层级的垂直情报网络②：第一层是以国家情报委员会为核心的部际协调机构，它由总统直接领导，成员涵盖大部分部长、各情报机构负责人及国家情报协调官。③ 法国各种类型的安全情报汇总至国家情报委员会，经由处理后最终传递给国防与国家安全委员会讨论，为总统决策提供依据。第二层是政府各部门下设的情报机构。情报不仅仅纵向传递，各情报负责机构还要横向交流。通过拆并和增设，法国在各政府部门下设立了对外安全总局、国内安全总局、军事情报局、国防保卫安全局、国家海关情报调查局和反非法金融流通情报处理与行动处六大情报机构，④ 它们在对外情报、本土情报、军事情报、经济情报等领域各司其职，既纵向传递，也横向交流。国家情报协调官负责协调部际情报工作，通过撰写每日报告将情报信息及时传递和反馈。⑤ 第三层是其他专业的、独立的情报机构，如高等院校研究所、智库、企业研究所等，它们也是国家安全决策的重要智囊，根据自身搜集和分析整理的情报信息和专业知识向政府提供专业情报。由于法国的安全情报分为反恐情报、军事情报、公共安全情报和战略安全情报，其传递具体也可分为四条分类路径。

二、反恐情报的传递路径

反恐是法国国家安全和情报工作的重中之重，几乎所有法国安全情报机构都

① Mallet Jean-Claude, Présidence de la République et Ministère de la Défense, *Défense et Sécurité Nationale: Le Livre Blanc*, Paris: Odile Jacob/La Documentation Française, 2008, pp. 133 – 134.

② 朱建新、王晓东：《各国国家安全机构比较研究》，时事出版社 2009 年版，第 187 页。

③④⑤ Guehenno Jean-Marie, Présidence de la République et Commission du Livre Blanc sur la Défense et la Sécurité Nationale, *Livre Blanc sur la Défense et la Sécurité Nationale*, Paris: La Documentation Française, 2013, P. 71.

涉及反恐。反恐情报主要由对外安全总局和国内安全总局负责。隶属国防部的对外安全总局是法国最大的情报搜集和反间谍机构。位于其总部的超级计算机中心负责搜集、处理、储存各种类型的情报信息并将其提供给各情报机构。[①] 在反恐方面，它主要负责搜集和整理国际恐怖主义组织和嫌疑分子的相关信息，防范他们潜入法国策划袭击，并监控本国公民与这些组织的交往。对外安全总局搜集的情报信息首先要提交给国防部，再经由国防部报送给国家情报委员会，最终上报给总理和总统，他们在国家情报协调官和相关秘书机构的协助下进行决策。

随着恐怖主义的日益本土化，国内安全总局也在反恐工作中发挥着越来越重要的作用。国内安全总局的前身是领土监护局和普通情报局。领土监护局负责向警察提供恐怖主义分子的身份信息，使其开展地毯式搜查；普通情报局负责监视本土恐怖主义分子及其相关活动。在领土监护局和普通情报局撤销后，其反恐工作移交至2008年成立的国内中央情报局，隶属内政部下辖的警察总局。国内中央情报局利用庞大的情报网络和技术手段，包括监听电话、截取短信和邮件等，监控恐怖分子的动向，堪称“法国版的FBI”。[②] 国内安全总局搜集的反恐情报要向警察总局报告，并由其向内政部汇报，再经由内政部上报至国家情报委员会，最终上报给总理和总统。2013年6月，瓦尔斯（Manuel Carlos Valls）总理宣布将其进一步发展为国内安全总局（DGSI），直接对内政部负责。而反恐合作中心（UCLAT）负责情报的横向交流和部际沟通，以及反恐情报的日常分析和综合，由内政部直接领导。[③]

可见，法国反恐情报的传递路径存在内外两条支线，它们最终都要汇总至国家情报委员会，反恐情报工作的内外分离仍是法国反恐工作最大的痼疾之一。对外安全总局和国内安全总局分别隶属不同的政府部门，这不利于反恐情报信息的沟通、交流和相关情报工作的协调。随着国际恐怖主义势力和本土恐怖主义联系的日益紧密，反恐情报传递路径的内外分离严重阻碍了反恐预警的有效进行。对外安全总局搜集的关于国际恐怖主义组织和激进分子的信息往往不能直接有效地传递至内政部，导致内政部不能及时对潜在的威胁做出预警和反应。近两年法国爆发的一系列恐怖主义袭击事件在很大程度上都是因为国内情报机构忽视了对外情报机构和欧洲其他国家的警告。因此，法国反恐亟须采取联合机制，通过对内对外情报机构的交流合作，以及与欧美等其他国家定期交换情报，消除彼此间的信息交流不畅状态，从而提升反恐情报分析、威胁评估和危机预警的能力。

---

① 详见：http://www.globalsecurity.org/intell/world/france/dgse.htm.

② 彭光谦主编：《世界主要国家安全机制内幕》，江苏人民出版社2014年版，第142页。

③ Mallet Jean-Claude, Présidence de la République et Ministère de la Défense, *Défense et Sécurité Nationale: Le Livre Blanc*, Paris: Odile Jacob/La Documentation Française, 2008, P. 139.

三、公共安全情报的传递路径

和军事情报的高度针对性不同，公共安全情报的涉及范围非常广泛，涵盖多个领域，因此，其传递路径也较为分散。一般来说，大部分公共安全情报工作都在地方层面开展，但随着危机程度升级会上升到最高层面。国内安全总局是负责公共安全情报的综合性机构，它隶属于内政部，除了本土反恐外，其职责还包括保护国家财产和经济、科技安全，打击网络和社会犯罪，监视暴力性颠覆活动等。[①] 其情报搜集网络遍布全国各地，分为7个情报区，即一个巴黎区和里尔、马赛、里昂、雷恩、梅斯、波尔多六个地方区，其他各分局分布在全国各地。[②] 国内安全总局要将收集的情报在筛选分析后及时上报至内政部，经过进一步处理后上传至国家情报委员会，为决策提供依据。

除综合性的国内安全总局外，各相关领域政府部门和机构都要收集情报信息并进行筛选分析，重要情报也要及时上传至国家情报委员会。其中，经济和科技情报在法国被赋予了国家战略性地位，正因为如此，法国专门成立了相关情报机构。其中最重要的是隶属经济和财政部的国家海关情报局（DNRED）和打击非法金融活动行动和情报处理中心（TRACFIN）。前者负责海关税务总局的情报和反走私工作；后者负责金融情报工作，通过收集、整理、分析相关信息打击非法金融活动和恐怖主义的资金来源。[③] 此外，法国还将网络安全提升至国家政策层面，[④] 2009年7月成立了信息系统安全局，其主要任务是负责保护国家的敏感网络，并与欧盟其他成员国合作。[⑤]

可见，法国公共安全情报也有两条不同的传递路径：一般性公共安全情报由国内安全总局及其分支机构搜集，经由内政部上传至国家情报委员会；专业性的情报由专门设立的机构负责，并经由专设机构直接上传至国家情报委员会。与反恐情报工作的内外分离不同，经济、科技、信息安全情报等本身具有的专业性对

---

① "La France et la lutte contre le terrorisme", http://www.diplomatie.gouv.fr/fr/politique-etrangere-de-la-france/defense-et-securite/terrorisme/; Mallet Jean-Claude, Présidence de la République et Ministère de la Défense, *Défense et Sécurité Nationale: Le Livre Blanc*, Paris: Odile Jacob/La Documentation Française, 2008, P. 229.

② 高振明：《法国情报组织揭秘》，时事出版社2013年版，第117页。

③ 详见法国经济和财政部官网对TRACFIN的介绍：https://www.economie.gouv.fr/files/tracfin_septembre2016_fr.pdf.

④ Clement Guitton, "Cyber insecurity as a national threat: overreaction from Germany, France, and the UK?", *European Security*, Vol. 22, No. 1, 2013, P. 22.

⑤ Mallet Jean-Claude, Présidence de la République et Ministère de la Défense, *Défense et Sécurité Nationale: Le Livre Blanc*, Paris: Odile Jacob/La Documentation Française, 2008, P. 182.

情报工作提出了更高要求，情报人员须具有相关方面的知识，否则情报工作将很难开展。因此，公共安全情报的分离和专业化有利于提高情报工作效率和情报处理水平，增强情报工作的科学性，但易造成资源分散，不利于统筹规划。

四、军事安全情报的传递路径

军事情报主要由国防部及其下属三个情报机构（DRM、DGSE、DPSD）和各军种情报分支机构负责。[①] 1993 年成立的军事情报局（DRM）是法国的军事情报中心，负责掌管和协调各军事情报机构的资源，其主要任务有两个：一是通过提供情报为新的战略行动提供支持；二是为总统、总理、国防部长、总参谋长和其他领导履行自己的职责提供必要的信息。[②] 为了保持情报工作的连续性，军事情报局形成了一个由四个阶段组成的动态的情报生产和传递流程：军事情报局接收到来自政治和军事当局的情报需求和命令（orienter），收集原始信息（rechercher），通过对原始信息的重组、分析和加工使其成为完善的、相关的、客观的情报（exploiter），将情报传递给决策者（diffuser）。相应地，军事情报局下设有负责情报收集、分析、传播的不同分支机构，还在海陆空三军种中设有专门的情报收集站点。

此外，对外安全总局和国防保卫安全局也是搜集和分析军事情报的重要机构。对外安全总局（DGSE）隶属于国防部，负责军事情报收集和法国领土外的反间谍工作。它通过监视人们的通信来收集信息，如电子邮件、电话账单和社交软件等。[③] 根据 2016 年 10 月 7 日法令，国防保卫安全局（DPSD）被国防情报安全局（DRSD）所取代，其宗旨是“为保护而开展情报工作”。[④] 它的主要任务是发现对军队和国防企业的威胁，负责军事反间行动和对军队的政治监控，保护国防相关人员、设施、信息等。[⑤] 它直接向国防部长汇报工作。军事反间也主要由国防情报安全局与电子情报旅负责，电子情报旅还负责监控敏感的信息网络和军事计算机信息系统。

总而言之，军事情报局、对外安全总局、国防情报安全局、各军种情报机构搜集的情报在进行处理后经由国防部长和三军总参谋长上传至国家情报委员会，

---

① 详见法国国防部网站：http://www.defense.gouv.fr/jeunes/jeuneactu/qu-est-ce-que-le-renseignement.

② 详见法国国防部网站对军事情报局的介绍：http://www.defense.gouv.fr/ema/interarmees/la-direction-du-renseignement-militaire/la-drm/missions-de-la-drm/missions-de-la-drm.

③ 详见：http://www.globalsecurity.org/intell/world/france/dgse.htm.

④⑤ 详见法国国防部网站对国防情报安全局的介绍：http://www.defense.gouv.fr/drsd/breves/dpsd-devient-drsd.

最后形成完整情报上传至国防与国家安全委员会，为总统预防军事安全危机和制定国防与军事政策提供依据。总统根据这些信息通过最高决策机构——内阁会议或通过临时性的国防委员会和限制性国防委员会进行相关决策。① 军事情报传递路径的相对集中极大地提高了军事危机预警和决策的效率，有效地维护了法国的国防和军事安全。

五、战略安全情报的传递路径

法国战略安全情报的传递路径由三个层级的垂直情报网络组成。

第一，在中央层面，决策者们既是战略情报的使用者，同时也是战略情报的生产者。国防与国家安全委员会、国家情报委员会以及国家情报协调官都是战略情报的提供者和处理者。为了加强国家层面的战略情报工作，法国成立了国防与国家安全咨询委员会，它由总统任命的独立专家组成，负责向总统与总理提供大战略思想、意见建议和政策方案。② 2007 年 8 月，时任总统萨科齐提出成立一个委员会以起草《国防与国家安全白皮书》，该委员会由总统领导，其成员来自军队、国防、安全、国民议会等各相关部门，同时还有来自各领域的专家，如政党代表、研究人员、工会代表和学者。③ 这是该委员会第一次参与白皮书的制定和国防安全政策的讨论。委员会还通过公开听证会、网站、在线论坛等方式听取来自社会各界与欧盟、北约盟国的建议。④ 他们搜集的战略情报信息和政策建议可直接上报至总理和总统，还负责对国家安全战略进行评估并提供反馈意见。

第二，在情报机构层面，各大情报机构除了搜集专业情报外，都会或多或少地涉及战略情报。如对外安全总局为国家搜集有关世界发展趋势及大国关系的情报和整理有关国家战略的报告建议等，其下设立的战略管理处负责评估情报收集和使用的效果，监督总局的战略部署，为政府各部门行动提供战略依据。⑤ 政府各部门也设立了相关机构为本部门决策提供战略情报，如根据 2008 年《国防与国家安全白皮书》，法国在内政部成立了前景与战略代表团，它通过监测和分析

---

① 李保忠：《中外军事制度比较》，商务印书馆 2014 年版，第 60～61 页。

② Mallet Jean-Claude, Présidence de la République et Ministère de la Défense, *Défense et Sécurité Nationale: Le Livre Blanc*, Paris: Odile Jacob/La Documentation Française, 2008, P. 253.

③ Mallet Jean-Claude, Présidence de la République et Ministère de la Défense, *Défense et Sécurité Nationale: Le Livre Blanc*, Paris: Odile Jacob/La Documentation Française, 2008, pp. 9 – 10.

④ Mallet Jean-Claude, Présidence de la République et Ministère de la Défense, *Défense et Sécurité Nationale: Le Livre Blanc*, Paris: Odile Jacob/La Documentation Française, 2008, P. 10.

⑤ 法国国防部关于对外安全总局职能的介绍：http://www.defense.gouv.fr/dgse.

各种潜在威胁来增强内政部的预知能力，并提供应对措施。[1] 其他政府部门也设有专门的研究机构为本部门和总统进行战略决策提供参考建议。

第三，智库、高等院校、研究所和领导人的顾问等也是战略情报的重要提供者。他们的战略报告可以经由国防与国家安全咨询委员会（CCDSN）上报至国防与国家安全委员会，或直接上报至总理和总统。法国国家科学研究中心、国际关系研究所、国际与战略关系研究所、战略研究基金会等都是非常知名的智库。这些智库主要通过出版刊物、举办会议和论坛，以及撰写政策报告向政府提供战略情报。这些成果大多数可以通过网络和媒体等渠道获得，一些机构还会通过举办会议或研讨会来建立与政府之间的正规交流渠道，并通过政府机关发布其成果。[2] 当然，智库的战略情报是经过加工的情报信息，往往具有较强的系统性和科学性，同时也可能会带有一定的立场和偏见。从总体上来看，法国的智库机构与英美相比仍存在不小的差距。

虽然不同类型的情报有着各自不同的传递路径，但它们大致都包括三个层面的传递线路：底层分支的情报搜集、中层情报机构的汇总分析、高层的情报决策，都汇总至同样的终点——国家情报委员会，直至总理、总统。国家情报委员会和国家情报协调官就是法国为了更好地跨部门整合不同类型情报部门而设立的，从近两年法国接连遭受的恐怖主义袭击来看，各部门之间的情报交流合作还亟待加强。

第三节　法国安全危机预警

在风险社会中，突发事件和危机逐渐成为常态，在国家安全领域亦是如此。它们具有非预期性、紧迫性、不确定性和巨大的危险性等特点。虽然危机的爆发具有非预期性，但总会有一些事前征兆，只要能够及时捕捉这些信号并进行分析，便能尽早发现危险，及时采取行动，避免危机的产生和恶化。因此，安全预警的重要性不言而喻。情报是预警的前提和基础，但只是预警的第一步，在获取情报后，相关部门和机构还需要采取进一步的行动。具体而言，各情报部门负责监控态势，并将情况逐级上报（紧急情况下可以越级上报），最终由决策层拟制预案。无论是反恐还是军事、公共安全和战略安全预警都遵循这一流程。经过不

① 刘胜湘、何慧：《新世纪法国国家安全体制改革评析》，载《现代国际关系》2015 年第 12 期，第 41 页。

② 黄彦敏、孙成权、吴新年：《欧美思想库比较研究》，载《情报科学》2007 年第 1 期，第 155 页。

断发展与变革，法国基本上形成了中央政府统一领导、国家情报委员会和国防与国家安全委员会综合管理、各政府部门及秘书处协同参与、分级处理事件的安全预警机制。为了更好地协调各部门的安全预警工作，法国还成立了一个部际危机处理中心（CIC），负责统一领导法国国内的危机管理工作，使得总统和总理得以管制政府行为，由指定的部长具体负责预防和管理不同类型的危机，原则上内政部长负责影响国土危机，外交部部长负责境外危机。① 为了更好地应对国际危机，2008 年 7 月，法国成立了一个外交部领导下的外部危机管理运转中心，负责早期预警、危机管理和人道主义救援。② 而国防与国家安全委员会则负责协调国内和国外安全危机预警工作。这将使得法国掌握战略主动权，更好地预防可能危害国家安全的现实或潜在威胁。

一、反恐预警

反恐预警是法国安全预警机制的重点。法国的反恐预警系统被称为“警惕海盗计划”（Vigipirate），其目标在于保障法国公民、领土和国家利益不受恐怖主义威胁；发展并维持一种警惕性文化；确保在发生恐怖主义袭击威胁的情况下能迅速做出反应，加强保护，便利干预，确保关键活动能够顺利进行。③

法国反恐预警主要包括以下步骤：首先由国家情报委员会、各政府部门和其他情报机构运用综合性的情报手段对威胁进行预测和评估，并通过监视、渗透等手段辨别和确认现实或潜在威胁；然后上报至国防与国家安全委员会，由其形成提案上传至总理；“总理有权根据实际情况和需要宣布或调整国家所处的警戒状态级别”，④ 向全社会发布警告和防范信息，并将相关决策和预案下发至各部门执行，各部门进一步下发至地方或其他单位。该机制从 2003 年起根据递增的顺序将恐怖威胁划分为 4 个级别：黄色是提高警惕，橙色是防止一般恐怖主义活动，红色是防止严重恐怖主义活动，深红色是防止大规模恐怖主义活动。⑤ 2014 年，法国将“警惕海盗计划”的警戒级别简化为两个层级：“预警”和“袭击警

---

① Guehenno Jean-Marie, Présidence de la République et Commission du Livre Blanc sur la Défense et la Sécurité Nationale, *Livre Blanc sur la Défense et la Sécurité Nationale*, Paris: La Documentation Française, 2013, P. 109.

② Mallet Jean-Claude, Présidence de la République et Ministère de la Défense, *Défense et Sécurité Nationale: Le Livre blanc*, Paris: Odile Jacob/La Documentation Française, 2008, pp. 258 - 259.

③ 法国国防与国家安全委员会秘书处网站关于“警惕海盗计划”的介绍：http://www.sgdsn.gouv.fr/site_rubrique98.html.

④⑤ 彭光谦主编：《世界主要国家安全机制内幕》，江苏人民出版社 2014 年版，第 158～159 页。

戒”。[①] 2015年初巴黎恐怖主义袭击事件发生后，总理府将警戒级别提高到“袭击警戒”级，整个法国进入最高警戒状态，政府大力加强安保工作，增加财政投入，增派警力，加大对商场和公共交通系统等公共场所的巡逻和安全检查力度，以避免再次遭受袭击。[②] 但这些举措没能有效避免之后发生的一系列恐怖主义袭击事件，不少人甚至指出恐怖主义已经成为法国乃至欧洲的新常态。在2017年4月法国第一轮大选中，玛丽娜·勒庞（Marine Le Pen）之所以能胜出，法国反恐预警机制的不力帮了大忙。

法国反恐预警机制启动条件非常严格，一旦启动就需要采取特别的安全措施，如增加大量警力巡逻，在易遭受攻击的地方加强防范，这些措施可能会影响民众的正常生活和社会秩序，因此不会轻易启动，除非确认法国面临着现实的恐怖袭击风险。[③] 而确认风险的存在需要充分、及时、有效的情报信息，因此反恐预警要求反恐情报获取手段的多样化，不应仅仅依靠政府，还需要动员一切可以动员的社会和国际力量。在现今条件下，可以通过公开宣传、威胁和警告、互联网信息、大使馆信息、外国情报和通信情报等多种手段来获取反恐预警所需要的情报信息。

二、公共危机预警

与公共安全情报工作一样，一般来说，法国大部分公共安全预警工作都在地方层面开展，但随着问题严重程度的升级可以逐步升级，直至上升到中央层面，形成了一个从中央政府、内政部及相关部门到区、省、市镇的垂直管理体系。在地方层面，法国的公共安全危机预警分为三个层级：市镇级、省级、防区级，一般意义上的突发事件和危机预警主要在市镇级开展，各级地方政府负责搜集涉及安全的情报信息并开展预警工作，视事件性质启动相应机制并随事态严重程度的增加而升级。“面临重大危机时，最高指挥权限可上升至国家层面，此时由中央政府设立的临时部际联席会议作为最高决策指挥机构。”[④] 在中央层面，公共安全危机预警主要由总理府和内政部负责。总理府下设协助其应对突发事件的国民安全办公室。内政部下设国家安全规划指挥部、国内安全总局、民防与危机管理

① 熊世英、邱健：《法国反恐机制与力量概览》，载《现代军事》2015年第4期，第48页。

② “法国提升安全防范等级”，http://world.people.com.cn/n/2015/0109/c157278-26356962.html.

③ 翟金鹏、李健和、梅建明：《法国反恐怖预警机制研究》，载《中国人民公安大学学报（社会科学版）》2009年第2期，第2~3页。

④ 曹海峰：《法国应急管理体制的特点》，载《学习时报》2015年9月7日。

总局等机构来负责公共安全危机预警，还包括其他一些专业性的负责机构。[①] 国家安全规划指挥部隶属内政部总秘书处，负责为涉及公共秩序和公民安全的紧急事件提供处理方案，为保卫国土安全提供规划。[②] 国内安全总局和其他专业性的情报机构负责搜集涉及公共安全的相关情报信息，并上报至内政部，必要情况下由内政部上报至总理府、国防与国家安全委员会和总统。民防和危机管理总局（DGSCGC）负责各类自然、工业和技术灾难的预警和应对。[③]其下设立的24小时运行的"全国应急指挥中心"（COGIC）是公共安全危机预警的关键机构，"它平时主要负责对全国范围内突发事件的情况进行监控、预警和分析，必要时可根据监控分析情况向总局提出事件介入和处置决策建议，战时则主要作为全国范围内重大突发事件和危机的处置决策指挥平台"。[④]

为了实现公共预警系统的现代化，法国大力加强情报搜集能力，以更好地防范潜在威胁。法国国内安全总局设有专门机构开发信息情报搜集新技术。法国政府谋求建立强有力的快速预警网络，并尽可能使用所有资源，包括警笛、短信、邮件、公告板、火车站、机场、马路、互联网等。此外，为了及时向公众预警，法国政府还根据2008年白皮书成立了一个国家呼叫中心（Le Centre National d'Appel），负责在危机时为民众提供信息和咨询。[⑤]

三、军事预警

虽然法国本土遭受军事打击的可能性极小，但是在全球剧变、地区冲突不断的背景下，法国2013年《国防与国家安全白皮书》仍要求准备好应对潜在危机，并在必要时使用武力。相较于其他安全危机，军事危机更具有严重性。因此，军事危机预警往往在顶层展开，直接由国防与国家安全委员会和总统负责，国防部等政府部门也根据情况参与其中。国防与国家安全委员会下设小范围的国防会议——限制性国防委员会，由总统主持，直接负责处理军事危机；其下设总秘书处，归属总理府，在内阁总理领导下工作。内阁部长会议有权发布戒严令和紧急状态令，在爆发重大危机时，总统有权宣布国家进入紧急状态，并进行国防军事总动员。[⑥]

一般性的军事预警由国防部负责，但必须及时向总统汇报。国防部及下属情

①③ 详细参见法国内政部网站：http://www.interieur.gouv.fr.

② 刘胜湘、何慧：《新世纪法国国家安全体制改革评析》，载《现代国际关系》2015年第12期，第41页。

④ 曹海峰：《法国应急管理体制的特点》，载《学习时报》2015年9月7日。

⑤ Mallet Jean-Claude, Présidence de la République et Ministère de la Défense, *Défense et Sécurité Nationale: Le Livre Blanc*, Paris: Odile Jacob/La Documentation Française, 2008, P. 190.

⑥ 彭光谦主编：《世界主要国家安全机制内幕》，江苏人民出版社2014年版，第130页、第139页。

报机构负责搜集和处理相关军事情报信息，监控全球和地区安全态势，并根据这些信息形成报告上报至国防与国家安全委员会和总统，决策层根据这些信息做出军事安全决策并下发执行机构。法国国防部官网每年都会发布国防报告和军事计划法案，以及不定期的《国防与国家安全白皮书》等，这些报告和法案不仅供决策者参考，还向公众公开。这有利于加强国防教育，提高普通公民应对军事危机的意识和能力。军事预警力量主要包括地面雷达预警系统、弹道导弹袭击预警系统、太空监视系统。通过这些高科技手段，法国得以实时监控潜在的国防军事威胁和危机。

随着欧洲一体化的推进，欧盟各国的边界日益开放，军事安全逐渐超越国界，因此，法国在安全防务上非常重视与欧盟和北约盟国的预警合作，积极参与欧盟防务一体化和北约集体防务体系，极力推进欧盟共同安全与防务政策（ESDP），并在国际军事危机中与盟国开展紧密合作。为了维护在中东地区的利益，法国积极参与了北约在利比亚和叙利亚的军事行动，但这些行动却制造了更大的混乱和仇恨，使得法国本土成为恐怖主义分子攻击的头号目标，严重危害了法国的国家安全和国家利益。

四、战略危机预警

战略安全危机是指对国家安全和国家利益具有整体性和全局性威胁的危机，如世界局势的变化、别国的崛起和发展给法国带来的潜在挑战、地区动乱、弹道导弹危机等。战略安全危机预警不仅要预防这些危机的爆发，还要对国家安全战略的制定和实施过程进行监测、管理、评估和反馈。法国战略安全危机预警主要在中央层面进行，一般由国防与国家安全委员会、国家情报委员会、国防与国家安全咨询委员会等汇总来源广泛的情报信息，整合成政策报告或议案提交给决策者，决策层根据这些信息进行判断并做出决策、拟定预案，并将之以国防与国家安全战略报告等形式向社会预警并下发执行。法国会不定期发布《国防与国家安全白皮书》，该白皮书由总统主导制定，是国家最高层面的战略安全预警，到目前为止已经发布了1972年、1994年、2008年、2013年四个版本。白皮书第一部分一般是对世界和地区安全形势的评估，以及对法国安全可能产生的影响，如2008年白皮书第一章就探讨了国际形势的不稳定性和潜在威胁，以及这一安全形势可能对法国和欧洲造成的后果，并针对这些威胁提出了新的国家安全战略。①

① Mallet Jean-Claude, Présidence de la République et Ministère de la Défense, *Défense et Sécurité Nationale: Le Livre Blanc*, Paris: Odile Jacob/La Documentation Française, 2008, pp. 19 - 59.

相较于之前的白皮书，2008年白皮书的创新在于强调国家安全的预知和预测，指出必须尽可能在危机最早的阶段做出反应。[①] 2008年白皮书旨在规划法国未来15年的安全战略。2013年《国防与国家安全白皮书》第一章也评估了法国所面临的新的战略形势，第三章评估了世界局势，包括战略转移和全球化导致的威胁变化，第四章确立了法国国家安全战略的优先次序。[②] 中央层面的国家安全战略报告往往直接指导或影响国家安全决策，使得法国能够更好地预防和应对国家战略安全危机。

在部门层面，各政府机关也会发布涉及战略情报信息的专业性报告，如国防部定期发布的《国防与国家安全白皮书》会在某种程度上发出战略预警。其他机构，如信息安全委员会会发布专业领域的报告，科研机构和智库也经常就国际局势进行战略预测，出版战略安全报告。这些机构重要的国家安全战略报告有可能提交到国防与国家安全委员会讨论，并成为法国进行战略安全预警的依据。

可见，战略安全预警主要在中央层面开展，部门层面起辅助作用。值得注意的是，不同层面的战略安全预警并不是完全割裂的。中央层面的白皮书不是由决策者单独制定，而是广泛吸收了来自社会各界的意见和建议后下发给各政府部门并指导其开展工作，还向全社会公开。而部门内部对战略安全危机的预知和预判也必须上报至中央层面进行最终决策。其他机构和组织对战略危机的预测也可以经由国防与国家安全咨询委员会等机构进入国家安全决策议程。

总而言之，和安全情报的传递路径一样，法国既有中央层面的总体预警，也有不同路径的危机预警。不同类型的安全情报对应不同的传递机制和危机预警。鉴于战略危机和军事危机的重要性，战略危机预警和军事危机预警往往在顶层开展，而恐怖主义危机和公共安全危机由于涉及范围的广泛性和即时危害性先是在基层开展，然后随着程度的严峻性逐层升级。虽然法国建立了一套较为完善的安全危机预警机制，但财政预算的削减严重影响着这些机制的有效运转。法国安全预警机制面临的最大挑战是如何配备足够的人力和资源使得机制高效运转起来。

---

① Fabio Liberti and Camille Blain, "France's National Security Strategy", *Elcano Royal Institute*, *Working Paper*, No. 3, 2011, P. 5.

② 详见 Guehenno Jean-Marie, Présidence de la République et Commission du Livre Blanc sur la Défense et la Sécurité Nationale, *Livre Blanc sur la Défense et la Sécurité Nationale*, Paris: La Documentation Française, 2013.

第二十一章

二战后法国安全决策体制的演变

随着国内外形势的变化，法国安全威胁的来源和形势在不断改变，安全问题从传统安全转向传统安全与非传统安全相交织，从外部安全威胁转向内部安全威胁与外部安全威胁相交织。为了应对新的安全问题，法国对国家安全决策体制进行了相应调整，其国家安全决策体制经历了从国防委员会到国内安全委员会，再到国防与国家安全委员会等几个阶段的发展。在一个“半总统半议会制”政体里，法国总统或总理的安全观念直接影响着法国国家安全决策体制的变化。笔者拟在本章中，通过分析法国不同阶段的国内外安全需求和领导人的安全观来探索法国国家安全决策体制结构与运行流程的历史演进。

第一节　二战结束初期法国改革的背景与措施

第二次世界大战以后，由于法国政局很不稳定，直到第五共和国成立，戴高乐上台才以宪法的形式确立国防委员会为法国国家最高军事决策机构。法国重启国防委员会，对国家安全体制进行改革，与当时法国面临的国际安全环境、国内背景以及戴高乐的安全观和大国思想密切相关。

一、法国应对安全威胁多样化的需求

二战后法国既要担心苏联的威胁，也要提防德国，还要防止过度依赖美国，另外还有殖民地问题，这四个方面的安全问题是推动法国进行安全体制改革的外部原因。

第一，苏联的威胁。法国和其他西方国家一样担心苏联及其领导的东方阵营的威胁。随着苏联的日益强大，并成为与西方对抗的东方阵营的首领，再加上与之不同的意识形态，苏联就被认定为法国的主要威胁。

第二，德国的潜在威胁。法国始终担心德国威胁到其在欧洲的地位。历史上出于战略上的考虑，对德国一直实行肢解、削弱的政策。二战结束后的初期，法国反对重新武装德国。但陷身于朝鲜战争的美国担心苏联对西欧的威胁，欲联合西欧各国巩固西方防线。杜鲁门认为，只有重新武装德国，西方的纵深防御体系才可能有效建立起来。[①] 英国也支持美国的观点。而法国当时的能力尚不足以离开美国而单独对抗苏联。在英美的坚持下，戴高乐也意识到，“随着德国人在舞台上消失，小国若要防止苏联统治欧洲的话，就必须团结在法国的周围”。[②] 出于这一考虑，法国在统一德国和重新武装德国问题上有所退让。1948 年 6 月，英、美、法三国在伦敦达成协议，声明建立一个联邦制的西德。后来由于英美的施压，法国又被迫于 1954 年签署《伦敦—巴黎协定》，同意联邦德国加入北约。

第三，对美国保护的质疑。由于欧洲和法国自身防务能力不足，法国在防务上不得不依赖美国，但法国又质疑美国的可靠性。由于法、美在欧洲防务、苏伊士运河、非殖民化政策方面的分歧扩大，法国担心美国退出欧洲而不能为其提供安全保障。与此同时，北约的建立是为了防止来自苏联的军事威胁，其基础是美国在核武器上对苏联拥有绝对优势，但随着苏联拥有了核武器，加之朝鲜战争的爆发，法国担心美国无暇顾及欧洲安全，因而质疑美国和北约的保护作用。戴高乐曾写道：“既然北约的保护令人怀疑，为什么还要把自己的命运委托给保护者呢?”[③] 戴高乐于是积极推行法国独立自主的防务建设，其中包括对国家安全体制进行改革。

第四，非殖民化的影响。二战后殖民地人民的独立意识大大增加。法国政府在殖民地上的高压政策不仅没能阻止独立斗争的发生，反而激起了更大规模的武

① 《杜鲁门回忆录》（第 1 卷），三联书店 1974 年版，第 300 ~ 301 页。

② 周琪、王国明主编：《战后西欧四大国外交》，中国人民公安大学出版社 1992 年版，第 141 页。

③ ［法］夏尔 · 戴高乐：《希望回忆录》（第一卷），世界知识出版社 1965 年版，第 211 页。

装反抗。戴高乐于是提出非殖民化政策，主张建立法兰西共同体，共同体成员的主权完全独立。但戴高乐在调整殖民政策的同时又希望独立的殖民国家能够与法国保持紧密的联系，因此，法国急需高效的防务机制来处理法国与原殖民国家之间的关系。

二、安全体制的改革是法国国内局势所致

法国国内背景是法国进行国家安全体制改革的主要动力。一方面，法国政局很不稳定。由于法国政治体制的缺陷，国内党派林立，各方为了争夺权力，导致国内政局混乱不堪。二战结束以后，法国政局没有丝毫改善的迹象，议会与总统、总理之间的权力争夺异常激烈，政府更换频繁。由于在二战中战败，1940年7月，法国在德国的控制下成立了维希政权（Régime de Vichy）。1944年6月，在抵抗运动中诞生了戴高乐领导的临时政府。1945年10月，《第四共和国宪法》获得通过，法国实行总统和总理分权的二元体制。1945年11月，法国共产党、人民共和党和社会党结成的“三党议会联盟”，组建戴高乐为总理的临时政府。后由于戴高乐和制宪会议之间出现矛盾，戴高乐被迫辞职。自那时起到1958年6月第四共和国寿终正寝，法国政坛群龙无首，甚至出现了阿尔及利亚危机和科西嘉危机，直到戴高乐重新出山收拾残局。另一方面，法国经济萧条。经过1929年至1933年的经济危机和第二次世界大战，法国经济一蹶不振，政治局势动荡使其经济雪上加霜。第二次世界大战后的法国满目疮痍、百废待兴。二战结束时，法国的工业比二战开始前减少了60%，农业减少了26%。法国经济严重低迷，经济增长乏力，燃料、原料、食品极度短缺，黑市猖獗，物价飞涨，失业率不断上升，民不聊生，国内社会局势动荡不安，人心涣散。[①] 法国的经济困境也严重影响了其自身的防务能力。

法国战时体制已经不能适应二战后法国面临的新情况，解决不了法国当时的问题，经济的困境和政局的动荡，二者交织在一起，使法国的体制问题暴露无遗。法国需要对国家体制等多方面进行改革，包括政治体制、经济体制和安全体制的改革。在安全上，法国急需一个强有力的机构来协调各组织以维护法国的安定。

三、戴高乐的安全观和大国观的推动

戴高乐的安全观和大国观推动了法国安全体制的改革。法国作为一个曾长期

---

① 吴国庆：《战后法国政治史（1945～2002）》，社会科学文献出版社2004年版，第16页。

称霸欧洲的强国，虽在二战中遭受了重创，但其大国思想已深入法国人的观念当中。戴高乐对法兰西的大国雄心更是笃信不移，其童年是在法国战败后的动荡中度过的，从小就接受爱国主义和强大法国的家庭教育，这为其日后光复伟大的法兰西的政治纲领打下了牢固的思想基础。戴高乐自 1940 年登上国际政治舞台之日起，就一直谋求重铸法国大国地位。美国前总统尼克松在评论戴高乐时指出："戴高乐的事业就是法兰西。没有一件事比法国光荣的象征更能鼓舞他，也没有一件事比法国的软弱和失败更使他伤心。"① 为此，戴高乐谋求对法国政治体制和安全体制进行改革，以恢复法国的大国雄风。

四、戴高乐的主要改革措施

为恢复大国地位，重振法国雄威，戴高乐从重新执政之日起就决定对法国的政治体制和国家安全体制进行改革。改革内容如下：

第一，修改法国宪法，完成了《第五共和国宪法》。1958 年 6 月，戴高乐重新执政后就开始准备修改《第四共和国宪法》，这也是戴高乐答应重新执政的要求之一。6 月 2 日，法国国民议会就通过了授予新政府修改宪法的权力。7 月下旬，成立由戴高乐任主席的部级委员会，专门讨论宪法的修改问题。9 月，经过公民投票，《第五共和国宪法》获得通过。

第二，进行政治体制改革，强化了总统的权力。戴高乐吸取了第四共和国政治体制中总统软弱的教训，加强了总统的权力。《第五共和国宪法》规定，"共和国总统是国家独立、领土完整和遵守共同体协定与条约的保证人"，是"保证公共权力机构正常活动和国家的持续性"的仲裁者。②《第五共和国宪法》使总统成为国家权力的中心，这为总统利用军政大权进行安全体制改革提供了依据。

第三，在防务体制上，1959 年 11 月，戴高乐在演讲时说，"法国的防务必须属于法国……当然在必要时，法国的防务同其他国家的防务相互配合。这是合乎事物的规律的。但是法国必须有自己的防务，法国必须靠自己的力量，为自己的利益并用自己的方法来保卫自己。"。③ 法国从此开始推进自身防务与欧洲防务，并推动法国慢慢退出北约军事一体化，寻求独立自主的防务建设。戴高乐早在 1959 年就将地中海舰队从北约撤出，1963 年将大西洋舰队从北约撤出，1964 年撤回在北约供职的法国军官，1966 年 2 月戴高乐宣布，"法国退出北大西洋公

① 张云祥：《戴高乐与法国》，时事出版社 1997 年版，第 56 页。

② 戴学正等编：《中外宪法选编（下册）》，华夏出版社 1994 年版，第 63 页。

③ 国际关系研究所编译：《戴高乐言论集》，世界知识出版社 1964 年版，第 105 页。

约军事一体化组织”。[①]

第四，建立法国国家安全法体系。法国于1959年1月7日出台《国防组织法》，重新组建和规范了法国国防委员会。该法详细规定了国防相关事项，如国防的领导体制、军事组织、各委员会的职责等。它明确规定，国防的目的是“在任何时候和任何情况下对付各种形式的侵略，确保领土的安全和完整，以及保障人民的生命安全”。[②] 戴高乐总统重组国防委员会一方面是为了加强同欧洲各国保持防务联系和加强自身的防务建设，另一方面是为了协调法国政府各部门机构之间的运作以提高工作效率。《国防组织法》规定总统的私人参谋部负责所有的国防事务等，而且还会根据不同的安全形势成立不同的委员会或者召开不同的专题会议。如1961年设立了有关阿尔及利亚事务会议、1962年设立了非洲与马尔加什事务会议等。[③]

第二节　法国国防委员会与国防总秘书处

重组国防委员会是戴高乐引领法国走向防务独立、对法国国家安全体制进行改革的重大成果之一。法国国防委员会最早是由贝当（Henri Philippe Pétain）于1932年组建的，当时只是在总理领导下的一个研究性机构。后由于德国入侵，法国处于一片混乱之中。在盟军的帮助下，戴高乐（Charles de Gaulle）领导的自由法国运动最终使得巴黎光复，并于1958年成立第五共和国。戴高乐出任法国总统后就开始推行独立的防务政策。为此，戴高乐推动出台新的《国防组织法》，对国防委员会进行了规范和修改，国防总秘书处也随之一同产生。

一、法国国防委员会的建立与功能

依据《国防组织法》，戴高乐总统重组了国防委员会。1958年确定、1976年修订的法兰西《第五共和国宪法》确定法国政体为“半总统半议会制”，规定了“共和国总统是军队的统帅。总统主持最高国防会议和国防委员会”。[④] “政府掌

① 张锡昌、周建卿：《战后法国外交史（1944～1992）》，世界知识出版社1993年版，第154页。

② 陈建民：《法国〈防务总组织法〉》，载《中国民兵》1997年第8期，第41页。

③ ［法］克洛德·迪隆著，史美珍译：《戴高乐的工作与生活》，新华出版社1986年版，第150～152页。

④ 吴国庆：《当代各国政治体制——法国》，兰州大学出版社1998年版，第311页。

管行政部门和武装力量”，“总理领导政府的活动。总理对国家防务负有责任”。[①] 1962 年的法令更进一步明确了总统对国防总的领导，总理负责防务政策的具体实施。[②]

《国防组织法》确立了法国的防务决策体制与领导体制。该法规定，总统是法国防务体制的总负责人。法国防务决策体制包括内阁会议、防务委员会、限制性防务委员会和最高国防会议。“内阁会议负责制定国家的防务政策；防务委员会负责具体防务问题的决策；限制性防务委员会负责军事问题的决策；最高国防会议负责研究防务问题以提供决策咨询”。[③] 不同的委员会机构由不同的成员组成，但总统、总理以及国防部、内政部、外交部、财政部等关键部门部长是必须成员，总统担任这些委员会的主席，并主持会议。内阁会议由所有内阁成员组成。防务委员会成员包括总统、总理、外交部部长、内政部部长、国防部部长和财政经济部部长，必要时，其他部门的领导人也可以参加会议。限制性防务委员会（小范围防务委员会）成员包括总统、总理和相关议题部长。最高国防会议一般由总统主持，总理、相关部长和负责咨询方面的高级职员参加。所有这些委员会由总统私人总参谋部参谋长负责协调和组织会议。总统私人参谋部由一位中将任参谋长，他的任务是向总统汇报相关情况。[④]

总统私人总参谋部总参谋长处于很重要的位置，他不仅负责情报局和军事行动总局，还可以组织主持召开各种国防会议。各部部长提交的议案先提交给总统私人总参谋长，经过其筛选，缩小范围，将其认为重要的议题提交给总统并给予总统一些建议，总统再做出决策让其下发给相应的机构和人员。

二、国防总秘书处的组建

在法国国防体制中，需要一个协调机构代表总理管理众多的职能部门执行国防决策，国防总秘书处自然而然成为各委员会间的协调机构。国防总秘书处一方面是总统的重要助理，辅助总统进行有关国防安全资料的整理，为总统减负，另一方面也起着重要的组织协调作用，通过组织各委员会召开会议协调部门之间的关系，使各项事务能够得以正常而高效运转。国防总秘书处成立于 1962 年，由 1906 年成立的具有一定协调功能的国防最高委员会演变而来，最开始是负责战时人员、经济、行政资源的调动和协调，1944 年巴黎光复后该机构的协调工作

① 吴国庆：《当代各国政治体制——法国》，兰州大学出版社 1998 年版，第 313 页。

② 张骥：《世界主要国家国家安全委员会》，时事出版社 2014 版，第 160 页。

③ 陈建民：《法国〈防务总组织法〉》，载《中国民兵》1997 年第 8 期，第 41 页。

④ ［法］克洛德·迪隆著，史美珍译：《戴高乐的工作与生活》，新华出版社 1986 年版，第 109 页。

交由国防总参谋部负责，到1950年与三军联合参谋部共同对总理负责。国防总秘书处的职能因国防与安全的需要而不断扩大。①

三、国防总秘书处的职能与结构

国防总秘书处的主要作用是协调，其职责包括“准备和安排国防委员会、小范围国防委员会、高级国防会议的例会和临时会议，了解和掌握国防政策的贯彻和具体执行情况，就重大的国防问题和国际上重大的战略行动向总统及其领导下的国防决策机构提供咨询和对策。此外，它还负责进行国防事务的磋商、收集和传达军事等方面的信息，并负责军火输出等事务”。②

国防总秘书处下设有5个部门，分别是国家防护与安全局、国际和战略事务局、敏感物质技术与转让局、通信系统安全中心局以及行政总局。国防总秘书处的组成及主要职责见表21－1。

表21－1　　国防总秘书处的构成及职能

<table>
<tr><td colspan="6">国防总秘书处</td></tr>
<tr><td colspan="6">主要职能：研究、协调和指导防务与安全；负责部际情报委员会日常工作；监督武器及战略物资出口；评定国家情报密级；提供分析报告等</td></tr>
<tr><td>机构名称</td><td>国家防护与安全局</td><td>国际和战略事务局</td><td>敏感物质技术与转让局</td><td>通信系统安全中心局</td><td>行政总局</td></tr>
<tr><td>主要工作任务</td><td>负责公共部门通信安全及保护法国本土居民安全</td><td>撰写重大事件报告；分析和评估情报信息等</td><td>保障国防科技部门的安全；协调情报收集与使用；保护本国敏感情报安全；审议国际科学与合作计划等</td><td>有关情报系统安全的传达以及发放通信系统安全书等</td><td>主管人事、财政和装备等</td></tr>
</table>

资料来源：江穗春：《法国情报与安全机构》，载《国际资料信息》2003年第8期，第20～21页。

从表21－1中可以看出，国防总秘书处实际上是国防委员会的日常事务管理部门，负责协调涉及国防各部门的工作，甚至成为法国国防事务的代言人，成为

① 高振明：《法国情报组织揭秘》，时事出版社2013年版，第112～113页。
② 张骥主编：《世界主要国家国家安全委员会》，时事出版社2014年版，第164页。

总统的国防事务总代理，在法国国家安全系统中扮演着重要角色，在法国安全机制中拥有重要的权力地位。

四、法国防务体制的运行机制

国防委员会对于国防与军事政策具有重要的统筹作用。其运作流程如下：首先，对情报和信息进行收集与整理，这个任务由总理领导的部际情报委员会负责，[①] 包括收集有关军事、政治、经济等情报信息。其次，由国防总秘书处组织召开由总统主持，总理、国防部部长、外交部部长、内政部部长等参加的部长会议，或总统缺席，总理主持的部长会议，对情报进行讨论、分析和整理。再次，由总秘书长将整理后的资料交给总统，由总统主持召开相关的国防会议，高级国防委员会提供政策上的咨询和建议。国防科学行动委员会则负责提供有关国防科技的指导和协调。最后，由内阁会议制定政策，总理负责实施和监督具体职能部门对政策的执行。

在国防委员会的运行中，总统、总理、各部部长各负其责。总统负责主持国防会议、领导和最终决策；总理参加国防会议，提出决策建议，并具体指挥和监督各部门执行决策，领导部际情报委员会各情报机构收集和处理各类情报信息；国防部长负责执行军事战略与政策，是国防事务执行体制的核心，其他各部围绕国防部的需求而运行；内政部长从国内安全与民防事务方面满足国防部的需求；经济部长从资源的生产与分配等方面服务国防部；外交部则从对外关系方面为国防事务服务。

第三节　国内安全委员会与总秘书处

20 世纪 60 ~ 90 年代，从美苏冷战对峙到东欧剧变、苏联解体，国际安全形势发生了剧烈变化。法国国家安全威胁的重点开始出现转换。法国由于对外关系的改善，其外部威胁大大减轻，而国内安全威胁逐渐显现出来。为了应对新的安全威胁，法国国家安全战略的重心也从外部安全调整到以维护国家本土安全为

① 部际情报委员会于 1959 年成立，受总理直接领导，成员包括总统办公室主任、总理的情报协调人、对外安全总局局长、领土监护局局长、国防秘书处秘书长、国防部情报局局长，主要任务是确定情报机构的主要任务，协调各情报机构的行动。参见高振明：《法国情报组织揭秘》，时事出版社 2013 年版，第 87 ~ 88 页。

主，法国国家安全体制机制相应地也随之进行调整，经历了从国防委员会到国内安全委员会的变革。

一、国内安全委员会的雏形

1986年3月成立的国内安全委员会由希拉克（Jacques René Chirac）总理倡议，并获得密特朗（François Mitterrand）总统同意。成立这一委员会主要源于四个方面的原因：

首先是法国安全威胁重心的转换，传统安全威胁降低，国内安全威胁上升。二战结束以后，法国（欧洲）安全深受美苏关系变化的影响，法国安全被绑上了美苏对抗关系的战车。美苏关系紧张时，法国（欧洲）安全受到很大威胁，美苏关系缓和时，法国（欧洲）威胁大为减轻。法国开始意识到只有法德和解，才能确保生存和发展。戴高乐会见阿登纳时说："欧洲必须站起来，由于美国的国内局势和不断增长的来自苏联的威胁，目前最后的时机也许已经到来了。欧洲必须最终团结起来。这是因为，如果欧洲四分五裂，那永远只剩下个美国了，而欧洲要仰赖于它，但它根本不能够长期有力地支持欧洲，也许有朝一日它再也不愿意支持它。相反，如果有一个统一的欧洲，自由世界将具有一种新的成分。"[①] 法、德出于各自的利益需要，于1963年签订了《法德合作条约》，两国摒弃前嫌达成和解。此条约进一步将德国纳入由法国主导的欧洲一体化中，这既降低了德国对法国的安全威胁，也有利于提升整个欧洲的安全防卫能力。在法国的推动下，1984年6月12日在巴黎召开了西欧联盟七国外长会议，为恢复防务联盟注入了"新生命"。1987年法德成立了一个新的联合防务委员会，两国彼此的安全感大大提升。

在德国威胁基本消除的同时，法苏关系也开始改善，密特朗上台后实施的"新东方政策"使来自苏联的威胁也大大降低。密特朗一方面支持里根（Ronald Wilson Reagan）总统的"战略防御计划"和美国的导弹部署来对抗苏联SS-20导弹，认为"任何使欧洲同美国分离的行动对和平和安全都是危险的"[②]，另一方面又害怕过度依赖美国，于是开始推行"社会主义"政策，加强与苏联和东欧国家的关系。法国政府还于1982年1月同苏联签订了25年的天然气供应合同等。法国通过美苏间的均衡战略，为法国的发展争取了一定的战略空间。

法国传统安全威胁因法德的关系和法苏关系的改善而减轻，也为法国当局着

① 《阿登纳回忆录（1959~1963）》，上海人民出版社1973年版，第85~86页。

② 路透社波恩1983年1月20日英文电，转自周琪、王国明主编：《战后西欧四大国外交》，中国人民公安大学出版社1992年版，第236页。

手改革国家安全体制、解决日益增多的国内安全问题提供了契机。

其次是以恐怖主义为核心的国内安全威胁增加。密特朗上台后为了解决国内问题而进行了一系列改革，其努力不但没有成效，甚至是适得其反。如薪资改革和企业国有化措施使得法国企业生产成本大大增加，竞争力削弱，失业率和国家负债更加严重。“1983～1985年，法国经济几乎停滞不前，据统计，1985年经济增长率比其他西方国家低50%左右；外贸逆差连年增加，1985年达93.9亿法郎；失业增加，到1986年2月，失业人口达236万人，失业率达10%。”① 经济问题的恶化引发了国内局势的动荡不安，法国一些极左派恐怖分子采取所谓的“直接行动”，如刺杀雷诺集团总裁乔治·贝斯，还有不少青少年进行游行示威等。与此同时，随着法国扮演的国际角色越来越重要，法国逐渐成为恐怖主义袭击的主要目标之一，如1985年1月暗杀工程师奥朗德事件、1986年7月在巴黎制造的炸弹爆炸事件、1986年秋天的恐怖暴力事件等，法国的安全威胁由传统威胁转变为以恐怖主义威胁为主的国内安全威胁。

国内恐怖主义和国际恐怖主义的交织使法国国内安全局势更加严峻。面对种种暴力事件的频发，密特朗政府因为缺乏有效打击恐怖主义的手段而无法采取行动，甚至还对此表现出某种宽容的态度，法国政府的无力使其国内民众出现恐慌。面对日益猖獗的恐怖主义和新的安全形势，法国急需建立一个新的安全机构来应对威胁，以确保法国国内安全，缓解和消除恐慌情绪。这为希拉克组建国内安全委员会提供了契机。

再次是密特朗将主要精力放在国际事务上，也给了希拉克机会。经济改革的失败和日益加重的国内安全困境，逼迫密特朗用外交和军事来为自己捞政治分以赢得民意，将棘手的国内安全问题交给总理。于是密特朗决定“增强核武器的突防能力，向微型化、隐形化发展，特别注意开发宇宙、海洋新技术，通过逐步实现核武器的现代化，使法国的核武库臻于完备”，② 以增强法国的核打击能力和实现军事现代化。密特朗还大幅度增加核军备预算。1986年4月，出台新的军事纲领法，规定1987～1991年五年内装备费用达到4 740亿法郎，尤其增加了对核装备的预算，使之占总预算的34%。在未来的五年内，法国确定了27个大型发展项目，其中太空项目有两个，战略核力量五项（研制M4式、M5式、S4式导弹研制，新一代核潜艇，以M4式导弹装备早期服役的4艘潜艇），另有三个中程核武器项目。③ 密特朗总统的政治手腕获得很大的成功，使其从繁杂的国内事务纠缠中成功脱身，他从1981年开始担任总统，一直连任至1995年。希拉克却

---

① 宫朴、韩忠福：《密特朗》，长春出版社1994年版，第168页。

②③ 马兰甫：《法国安全防务战略的发展变化》，载《现代国际关系》1987年第4期，第19页。

因此而获得了对安全体制改革的机会。

最后是希拉克总理为巩固和加强其政治地位而组建法国国家安全委员会。1981 年法国总统竞选时，希拉克作为右翼政党的党魁未能当选。左翼政党领袖密特朗打破了从戴高乐开始的右翼政党长期垄断法国政坛的局面，成为法国总统。密特朗努力试图淡化自己的党派色彩，以便争取中间派甚至一部分右翼选民的支持，而希拉克自然成为总统青睐的对象。1986 年 3 月 20 日，希拉克担任总理一职，从此法国出现了“左右共治”的局面。双方竭力克制自己，将政治斗争控制在“共处”所能允许的范围内，为下届总统选举蓄积力量。希拉克此时利用国内社会局势不稳而提出建立法国国家安全委员会。这招可以说是一箭双雕：一方面可以打击恐怖主义，另一方面也可以加强右翼政党和自己的政治影响力。事实上，法国国家安全委员会的成立提升了希拉克和右翼政党的政治影响，对希拉克后来的政治生涯有很大的帮助。

正是在以上背景下，法国国内安全委员会才得以成立。其成立后的主要任务放在国内安全事务上，尤其是打击恐怖主义。法国国内安全委员会隶属总理府，受总理办公室主任领导，成员包括内政部部长、国防部部长、外交部部长、海外领土部部长、司法部部长和金融部部长。① 反恐行动特别办公室和司法警察指挥中心的反恐处也参加国内安全委员会会议。

事实证明，国内安全委员会成立后提升了法国处理恐怖主义事务的能力，确实在保卫法国国家安全中发挥过重要作用，如 1988 年成功解救在黎巴嫩被绑架的外交官。但国内安全委员会在 1993 ~ 1997 年间由于党派间的政治斗争未能正常工作。直到 1997 年，诺斯潘任总理后颁布法令，才授予该委员会一个规范性的地位。改革后法国国内安全委员会改由总理直接领导，成员包括内政部长、国防部长、司法部长和海关部长，必要时其他相关事务部长、反恐机构的领导人也可以参加会议。② 该委员会的职责是确定国内政策的总方向，监管和协调部门间的决策执行问题。国内安全委员是法国安全决策体制演变过程中的重要一环。

国内安全高级研究所是从旧国内安全委员会到新组建的国内安全委员会的过渡机构，也是法国国内政治斗争的产物，是法国左右两翼政党竞争的结果。20 世纪 80 年代末，法国社会党开始寻求新的发展而推出“左翼联盟”战略，欲建立起一个超越党内分裂、对各种不同见解开放的、可以广泛地将左翼团结起来的社会大党。③ 1989 年 1 月 12 日，社会党和绿党联盟的共同宣言中提到，“应该反

①② 高振明：《法国情报组织揭秘》，时事出版社 2013 年版，第 109 页。

③ ［法］阿兰·贝尔古尼欧、［法］吉拉德·戈兰博格著，齐建华译：《梦想与追悔：法国社会党与政权关系 100 年（1905 ~ 2005）》，重庆出版社 2013 年版，第 292 页。

对右翼为重新掌权所做的一切努力”。[①] 而国内安全委员会则是右翼政党希拉克倡导建立的，受到左翼政党的打压和排挤，执政的社会党谋求用新的安全机构——国内安全高级研究所，取代国内安全委员会。

国内安全高级研究所的成立也与法国国内社会安全局势的进一步变化有关。20 世纪 80 年代末，美苏关系进一步缓和，法德关系大为改善，法国的外部威胁让位于国内社会安全问题。而此时的法国在 1988 年的总统选举中，由于右翼政党的分歧，希拉克败选于密特朗，密特朗获得连任，并于 6 月 23 日成立新政府，罗卡尔（Michel Rocard）任总理。当时的法国面临着严重的经济困难和社会问题。为了振兴经济，改变当前法国政治经济局面，罗卡尔采取了各项改革措施，但效果不佳。据统计，1989 年法国经济增长 3.7%，到 1991 年第一季度经济几乎零增长；1991 年 3 月法国的失业率已经高达 9.3%。[②] 失业的威胁、经济增长的倒退，加上密特朗总统治理不善，法国社会动乱此起彼伏，罢工、游行示威等频频发生。而国内安全委员会的主要任务被限制在打击恐怖主义势力上，这促使罗卡尔成立新的机构来协调和处理社会问题。罗卡尔仰仗自己毕业于国立行政学院，号称治国专家，有处理这些事务的足够信心，于是罗卡尔政府于 1989 年组建了国内安全高级研究所。罗卡尔成立这一机构的目的是为了对国内安全事务进行研究，相关部门就相关安全事务进行协商，以便尽快取得一致的解决方案。国内安全高级研究所并没有能取代国内安全委员会，实际上只相当于国内安全委员会的一个“幕僚机构”。国内安全事务的决策者是国内安全委员会。

二、新组建的国内安全委员会

20 世纪 80 年代末 90 年代初，冷战的结束、德国的统一使得欧洲格局和世界格局出现重大变化，传统外部安全威胁进一步减轻，法国安全威胁重心进一步转换，“9·11”事件进一步提升了法国对本土安全的关注，而希拉克的安全观是推动国内安全委员会成立的主要推动力。

法国安全威胁重心进一步转换。冷战结束以后，民族或宗教矛盾日益突出，恐怖主义成为国际安全和国家安全的主要威胁。1994 年巴拉迪尔（Édouard Balladur）政府出台的新《国防白皮书》认为，东西方军事对抗结束以后，法国面临的主要安全威胁不再直接来源于本国周边的军事威胁，[③] 而是来自因边境争端

---

① ［法］阿兰·贝尔古尼欧、吉拉德·戈兰博格著，齐建华译：《梦想与追悔：法国社会党与政权关系 100 年（1905～2005）》，重庆出版社 2013 年版，第 293 页。

② 吕一民：《法国通史》，上海社会科学院出版社 2012 年版，第 399 页。

③ Live Blance sur La Defense 1994, Union generale d'Editions, 1994, P. 9.

和少数民族问题而引发的武装冲突和战争、大规模杀伤性武器的扩散、以恐怖主义和非法买卖毒品活动为代表的非军事威胁。事实上，法国始终受到非军事威胁的困扰。其中具有代表性的是1995年以科西嘉分裂运动为代表的民族分离主义和以勒庞（Jean-Marie Le Pen）领导的国民阵线为代表的极右翼思潮等。与此同时，冷战结束以后，法国的经济问题、高失业率问题、青少年犯罪问题、移民问题等国内社会问题日益突出，国内政治斗争激烈，不断发生枪杀和爆炸等恐怖事件，法国民众人心惶惶。

"9·11"事件加快了希拉克重组国内安全委员会的步伐。冷战结束以后，随着国际局势的进一步发展，国内威胁和国际威胁的边界已经模糊不清，法国的国家主要安全威胁已经从外部转向本土。法国对防务安全重心进行了相应的调整，为此，法国相继出台了一系列法令来加强本国的国防力量，如《1995～2000年军事计划法》《1997～2002年军事纲领法》等。2001年发生的"9·11"事件进一步证实了国内安全问题的严重性。"9·11"事件不仅是对美国的威胁，也是对世界的威胁和法国的威胁。希拉克是打着维护国家安全的旗帜坐上总统宝座的。他在2002年2月19日竞选演说中指出，"9·11"事件显示出"恐怖活动对于民主社会的巨大威胁，国家应加强措施以确保本国领土内所有人的安全。重建安全已经成为国家的首要责任和义务。应当在全国范围内建立起一个永久性的警戒体系，这一体系要整合反恐斗争的民事和军事力量并加强国际间的合作"。①

希拉克的安全观是推动法国国内安全委员会成立的重要力量。希拉克从小崇拜戴高乐，后被称为戴高乐主义的继承人。其政治生涯尤其重视法国防务建设和恢复法国大国地位。早在1981年希拉克参加总统竞选时就曾提出"在安全中复兴"的主张，谋求通过解决安全问题提升法国的地位。1986年成为法国总理后，他开始主张成立国内安全委员会解决国内安全困境。然而德国统一后实力迅速增强，使得包括希拉克在内的一部分法国人在心理上再次陷入历史的恐惧之中。"恢复了统一和完全主权的德国，凭借其强大的经济实力和有利的地缘环境，成了法国争夺欧洲事务主导权的强有力的竞争者，致使法国在欧洲事务中的影响不断下降，在许多问题上都被德国牵着鼻子走。这种情况使法国政界和舆论界普遍感到不安。"② 希拉克希望通过加强法国的安全体制改革来进一步加强法国的抗威胁能力，措施之一是核战略的改革，调整法国核威慑力量结构。1995年5月，希拉克当选为法兰西总统后，宣布恢复核试验，向德国显示出其核打击力量和决心，随后将原来的海、陆、空三位一体的结构改为由舰载和机载核力量组成的海

① Discours de M. Jacques Chirac, *President de la Republique*, a Garges-les-Gonesse, le 19 fevrier 2002，转引自丛鹏主编：《大国安全观比较》，时事出版社2004年版，第172～173页。

② 严锴：《希拉克传》，时代文艺出版社2003版，第389～390页。

空二元结构。希拉克认为，“法国核威慑力量不仅是法国独立的保障，也是为欧洲的安全与和平所下的赌注”。[①] 1996年2月23日，希拉克正式宣布了其国防体制改革的系统计划，改革涉及国防体制的各个方面，希拉克希望通过将战略调整为核恐吓（dissuasion nucleaire）、保护（protection）、预防（prevention）及投掷（porjectione）四个方面来提升法国的战略执行能力，但面临着很大的政治阻力。1997年，希拉克提前举行议会选举，以减少改革的阻力。但选举的结果是代表左翼力量的社会党获胜，希拉克不得不命令代表左翼的若斯潘（Lionel Jospin）组阁，其安全体制改革困难依旧。

2002年5月15日，希拉克为兑现其竞选诺言，成立了新的国家安全机构——国内安全委员会，同时也成立了国内安全委员会秘书处处理其日常事务。国内安全委员会规定总统任委员会主席，成员包括政府总理、内政部长、国防部长、海外部长、经济部长、司法部长等。“该委员会的职责是负责确保国内安全政策的实施、协调和评估，而领导与协调、评估与监督是其最核心的职权。”[②]

国内安全委员会总秘书处发挥着协调功能。相比1986年成立的国内安全委员会，希拉克改由总统取代总理负责国内安全委员会，还加强了国内安全委员会的职能，以提升其解决国内安全问题的能力。一是国内安全委员会为政府出台的政策设立目标和优先级，并对这些政策措施进行有效的评估以保证资源的充分合理利用。二是加强其协调功能。国内安全委员会保持每个部际委员会在该领域拥有一致的目标和措施，并且对各个部门的目标进行相互协调，还专门成立了强化其协调功能的国内安全委员会总秘书处，协助相关部委之间的运作并监督其实施。国内安全委员会总秘书处总秘书长由总统任命，并直接对总统负责。[③] 这加强了总统对国内安全委员会的控制力，国内安全委员会的作用也有所提升。

法国国内安全委员会从成立之日起就在国内安全领域发挥了重要作用。如发生在2005年的巴黎郊区骚乱事件[④]，这是法国自“五月风暴”以来发生的最严重的一场社会骚乱。面对这一严重局势，希拉克总统在11月6日召开了一次国内安全委员会会议，会议决定采取“软硬兼施”的措施，一方面进行谈话，另一方面对那些顽固分子动用暴力，当时动用了普通警察、保安部队、防暴警察和宪兵等力量，通过各方的协调和努力，最终平息了该动乱。

---

① 严锴：《希拉克传》，时代文艺出版社2003版，第385页。

② 张骥：《世界主要国家国家安全委员会》，时事出版社2014版，第168页。

③ 高振明：《法国情报组织揭秘》，时事出版社2013年版，第110页。

④ “法国的国安会不照搬美国模式”，http://news.xinhuanet.com/world/2014-03/12/c_126245037.htm.

第四节　国防与国家安全委员会和总秘书处

进入21世纪第一个十年的中后期，世界更加多变，更加难以预测，出现了传统安全威胁和非传统安全威胁进一步相互交织的趋势。打击恐怖主义需要运用国家军事力量，一些恐怖主义谋求建立国家，影响日益增加。在这样的背景下，世界各国国家利益也深受影响，世界主要国家的安全战略和政策也在不断调整，其国家安全体制的改革进一步加快。法国作为欧洲的一个主要国家，也在加紧进行国家安全体制的改革，其最主要的变革是将国防委员会和国内安全委员会合并为国防与国家安全委员会。

一、国防与国家安全委员会的建立

2007年，萨科齐当选为法国总统后决心改革国家安全机构，建立国防与国家安全委员会，主要源于以下几个方面的原因：

一是国家间激烈的竞争要求国家决策更加现代化。随着全球化进程的不断推进，国家间的相互依赖程度更高，竞争也更加激烈，国家需要提升决策能力以赢得竞争。对此，世界主要国家都采取了相应的措施，出台了新的国家安全战略，并对国家安全体制机制进行了改革。法国合并国防委员会和国内安全委员会，建立国防与国家安全委员会，正是反映了国际竞争形势的要求。

二是法国安全形势出现了新的变化。进入21世纪，法国既面临非传统安全威胁，也面临传统安全威胁，非传统安全威胁和传统安全威胁交织加深。法国是受恐怖主义威胁的主要国家之一，从20世纪80年代开始，法国就一直受到恐怖主义的困扰，而且在进入21世纪后，法国的恐怖主义威胁和移民问题出现融合趋势，一些恐怖主义活动是由于法国的移民政策造成的。与此同时，法国的传统安全威胁并没有解除。如法国2008年《国防与国家安全白皮书》中所言："当今世界并不一定是更加危险，但却变得更加难以预测、更不稳定、矛盾更加尖锐。"[①] 新的安全形势要求法国变革当前的安全体制以摆脱其面临的安全困境。

三是国防机构与国内安全机构的分离降低了法国安全决策的效率。进入21

① Mallet Jean-Claude, Présidence de la République et Ministère de la Défense, *Défense et Sécurité nationale: le Livre blanc*, Paris: Odile Jacob/La Documentation Française, 2008, P. 14.

世纪后，法国国防机构与国内安全机构处于“两张皮”的分裂状态，虽然都在总统的领导之下，但各自独立行事，国防委员会负责国防事务，国内安全委员会负责国内安全问题，总统和一些重要部长始终忙于参加会议，决策和执行效率低下，两个机构合并有利于提升决策效率。在全球化快速发展的今天，国际安全与国内安全的边界已经变得模糊，而处于割裂状态的国家安全体系会影响国内信息和国际信息的正常传递，以至于可能会出现安全机构职责不清而相互推诿的现象，也可能在出现安全威胁时不能及时获取情报导致不得不延缓处理。因此，成立国防与国家安全委员会在一定程度上有利于法国安全决策体制和执行体制的高效运作。

四是萨科齐总统的安全观。萨科齐出生时，法国正处于第四共和国与第五共和国的交替当中，他从小就受到外祖父的熏陶和教育，戴高乐一直是萨科齐心中的英雄人物，并和戴高乐一样拥有大国情结。在内务方面，在担任希拉克时期内政部长时他就强力主张打击犯罪和非法移民。在希拉克任内当了五年内政部长的萨科齐深感国内安全事务的重要性，后来成为法国总统后，他一直重视国内社会问题的解决，并同时致力于重现法国大国地位。成立国防与国家安全委员会有利于总统集中决策，有利于法国以一个强而有力的国家的面貌出现在世界舞台上。

正是基于以上考虑，萨科齐总统决定重新改组国内安全委员会，将国防委员会和国内安全委员会合并，于 2008 年 10 月 28 日成立了国防与国家安全委员会和国防与国家安全秘书处，与此同时成立的还有国家情报委员会、国防与国家安全咨询委员会等。

二、国防与国家安全委员会的结构与功能

2007 年，萨科齐当选法国总统后曾接受建议，试图建立一个美式国家安全委员会。萨科齐设想该委员会不再负责国内安全问题，主要负责外交与国防事务，但由于受到外交部和国防部的反对而流产。[①] 但萨科齐并没有因此而放弃成立国家安全委员会的计划。在他的坚持下，2008 年法国颁布的《国防与安全白皮书》提出建立由总统任主席的国防与国家安全委员会，以代替当前的国防委员会和国内安全委员会。

根据 2008 年《国防与国家安全白皮书》和 2009 年 12 月 4 日的《国防法》的相关规定，国防与国家安全委员会“由总统任主席，参会人员包括总理、国防

① 高振明：《法国情报组织揭秘》，时事出版社 2013 年版，第 110 页。

部部长、内政部部长、经济部部长、预算部部长、外交部部长。总统还可以根据需要决定相关领域的部长参加该委员会的会议……下设总秘书处，归属总理府……还下设国家情报委员会、小范围情报委员会和国防与国家安全咨询委员会”。①

国防与国家安全委员会的主要职责是讨论国家安全决策方案、协调各部门的行动、保证安全政策的顺利实施。“国防与国家安全委员会的主要工作内容是：统筹制定国防、国安、外交、经济等与国家安全密切相关领域的大政方针；国家情报委员会则主要统一协调政府各部门的情报工作。”② “该委员会就军事纲领、核威慑、境外作战行动、重大危机应对计划、情报、经济与能源安全、反恐等方面制定了总体政策，确立了工作方向。”③

为了加强情报机构的协调和领导工作，萨科齐用国家情报委员会取代了先前的部际情报委员会，国家情报委员会专门设置国家情报协调官一职负责情报部门的具体协调工作，直接对总统负责。国家情报委员由总统直接领导，成员包括总理、内政部部长、国防部部长、外交部部长、经济部部长、财政部部长、国家情报协调官、各情报机构负责人和国防与国家安全委员会总秘书长。其主要职能是协调各情报部门的工作，制定情报工作方针，整理情报信息。这一改革有利于提升国防与国家安全委员会决策的科学性和预警能力。

国防与国家安全咨询委员会由总统任命独立专家和相关公务人员组成，就相关防务与国家安全事务向总统和总理提交独立的意见和评估。④

国防与国家安全委员会总秘书处是该委员会的日常事务机构，是在国防总秘书处和国内安全总秘书处的基础上建立起来的。其下设有总行政处，国际、战略和技术事务局，国家安全保护局等，由总理领导，协助总理处理防务与国家安全事务。其具体的职能包括：协调部际间的有关防务与安全政策，跟踪和研究可能影响到法国防务与安全事务的危机；实施国家防务与安全部际规划，监管部际行动；协调部际间的国家防务与安全措施的准备与实施，协调重大危机时的民事与军事措施；确保总统和政府有关防务与国家安全事务方面的指挥和电子通信运转正常。⑤

二战结束以后，法国从第四共和国演变到第五共和国。在短暂的第四共和国（1947 年 1 月至 1959 年 1 月）之后，法国第五共和国开启（1959 年至今）。从戴高乐到奥朗德，法国经历了戴高乐（1959 ~ 1969 年）、阿兰·波厄（1969 年 4 月至 6 月）、

---

① 《各国国家安全委员会概览》，载《保密科学技术》2014 年第 5 期，第 33 页。

② 2008 French White paper on defences and National Security, June 17, 2008, http://www.defense.gouv.fr. Retrieved.

③ 高振明：《法国情报组织揭秘》，时事出版社 2013 年版，第 110 页。

④ 张骥主编：《世界主要国家国家安全委员会》，时事出版社 2014 版，第 168 页。

⑤ 高振明：《法国情报组织揭秘》，时事出版社 2013 年版，第 113 ~ 114 页。

乔治·让·蓬皮杜（1969年6月至1974年4月）、阿兰·波厄（1974年4月至1974年5月）、吉斯卡尔·德斯坦（1974年5月至1981年5月）、弗朗索瓦·密特朗（1981年5月至1995年5月）、希拉克（1995年5月至2007年5月）、萨科齐（2007年5月至2012年5月）、奥朗德（2012年5月至2017年5月）、马克龙（2017年5月至今）等总统，国际上经历了东西方冷战、东欧剧变、苏联解体、海湾战争、科索沃战争、“9·11”事件、伊拉克战争和阿富汗战争、2008～2009年金融危机等重大国际事件，国内经历了经济改革、政治改革和社会改革。法国安全面临着从传统安全威胁为中心到非传统安全威胁为中心，再到传统安全威胁和非传统安全威胁相交织的转换和困扰，因此持续不断地进行着安全决策体制改革。从国防委员会到国内安全委员会，再到国防与国家安全委员会，法国安全决策体制和运行机制一直在不断地发生变化，并体现出以下特点：

一是国家安全体制改革，法律先行。法国的国家安全体制改革始终坚持在宪法的基础上进行，并在每一次改革时都有相应的法律法规、白皮书相伴随。如国防委员会的建立有《法兰西第五共和国宪法》《国防总组织法》作为依据，国内安全委员会是在《法兰西第五共和国宪法》和第一部反恐法——1986年9月2日的《第86－1020号法案》的基础上组建的，而国防和国家安全委员会是以2008年《国防与国家安全白皮书》为依据，由法国内阁会议于2009年12月24日通过法案取代宪法第15条规定的原国防委员会才真正得以成立的。

二是越改革总统的权力越大。法兰西第四共和国政体的失败，就是因为总统和议会以及各党派之间的权力争夺造成的。1958年6月1日，议会授权戴高乐组建新政府，戴高乐出任第四共和国末任总理是以议会通过授权给予戴高乐6个月期限的特别权力，并准许其进行宪法改革为前提的。正是戴高乐的权力集中，才制定了《法兰西第五共和国宪法》，从而结束了法国议会与总统的权力争斗，法国从以议会为主导的政体转向以总统为中心的政体，保证了总统权力的高度集中和各项事务的高效运转，使得法国政局长期稳定。因此，大规模的改革需要以领导人的权力集中为基础。

三是国家安全机构在国家体制中的地位越来越高。从国防委员会、国内安全委员会到国防与国家安全委员会，法国安全决策机构的权力和职能越来越大，地位越来越高。国防委员会总秘书处最初隶属于国防部，由国防部领导，后来改由总统直接领导，国防委员会和国防委员会总秘书处的地位随之提升。1986年国内安全委员会成立之时属于总理府，由办公厅主任负责。1997年诺斯潘总理将国内安全委员会改为由总理直接领导。希拉克当选总统后，2002年新组建国内安全委员会时改由总统直接领导。2009年成立国防与国家安全委员会时则直接由总统领导。与此同时，其安全机构的职能也在逐渐扩大。国防委员会主要负责国防与对外安全事务，1986 年组建的国内安全委员会的主要任务是反恐，2002 年新组建的国内安全委员会主要负责包括反恐在内的国内社会安全事务，而国防与国家安全委员会则将国防委员会和国内安全委员会的职能合并，既负责处理外部安全事务，也负责内部安全事务的管理。

第二十二章

法国军事安全体制机制

法国是欧洲老牌的军事强国，拥有强大的核力量，也拥有欧洲科技水平最高的常规部队和完整的军事工业。独立自主、核威慑和军事自给构成了当今法国军事安全的三大基石。第五共和国建立以来，法国开始奉行“独立自主”的外交战略，在国防体系和军事战略上有其独特的传统和风格。作为联合国安理会常任理事国和北约成员国，法国与其盟国一道承担起更大的国际安全责任。虽然昔日殖民帝国威风不再，然而法国仍然在非洲拥有永久军事基地，并以联合国及北约维和任务的名义在全球各地有不少驻军。第五共和国成立以来，法国一直坚持军事力量及军事安全体制机制上的革新。目前，法国已具备完整的军事决策和执行体系，并在较为完善的宪法和军事法制体系下形成了实力强大的国防工业，以此共同构成法国国家安全体系。本章将从法律体系、主要构成要素、执行机制等方面阐述法国军事安全的体制机制。

第一节　法国军事安全法律体系

军事法规是法国建立军事组织结构体系、法国军事体制运行和实现国防战略目标的法律依据。在两千多年的军事史中，法国建立起了一套完备的军事法律体系，包括军事组织法、军事行为法和军事司法。

一、军事组织法

军事组织法是关于国家武装力量组织的地位、职权、设置、相互关系及人员武器编配等法律规范的总称。[①] 一国的军事法律必须首先通过军事组织法对军事权力进行设定，因此，军事组织法是各国军事法制建设的起点和源头，其他的法律都围绕军事组织法展开和扩展，并逐渐形成一个完善的法律体系。可以说，军事组织法是一国法律体系的基础。法国军事组织法包括《宪法》《国防法》《国防总组织法》等。

（一）《宪法》

法国是欧洲大陆最早颁布宪法的国家之一。法国大革命拉开了法国近代建立法律体系的序幕。1798 年 8 月，法国颁布了具有宪法性质的《人权宣言》，该宣言第十二条明确指明了军队的基本性质，即“保障人和公民权利需要有武装力量；因此，这种力量是为了全体利益而不是为了它的受托人的个人利益而设立的”。[②] 第十三条指出，公共赋税是维持武装力量必不可少的条件。[③] 1791 年法国第一部成文宪法更是明确阐述了法国陆军和海军的最高首长是国王，国王有权授予海军、陆军大将和上将军衔的权力，规定了军队将领和指挥官的构成及比例等。《人权宣言》之后的 11 部宪法及 4 部修正案对法国军队的基本职能、领导权、交战权等军事事务进行了进一步的规定。[④] 现行的《法兰西第五共和国宪法》对军事的基本组织原则进行了宏观性的规定，其第十三条规定，“共和国总统任命国家的文职和军职人员”[⑤]；第十五条规定，“共和国总统是军队的统帅。总统主持最高国防会议和国防委员会会议”[⑥]；第十六条规定，“在共和国的体制、国家独立、领土完整或者国际义务的履行受到严重的、直接的威胁时，以及宪法上规定的公共权力机构的正常活动被中断时，共和国总统经正式咨询总理、议会两院议长和宪法委员会后，根据形势采取必要的措施”。[⑦] 真正更具具体指导意义的军事组织法是《国防法》和《国防总组织法》。

---

① 傅达林：《军事法体系的重构之道》，载《北方法学》2011 年第 25 期，第 89 页。

②③ 戴学正等编：《中外宪法选编（下册）》，华夏出版社 1994 年版，第 61 页。

④ Déclaration des Droits de l'Homme et du Citoyen de 1789，http://www.legifrance.gouv.fr/Droit-francais/Constitution/Declaration-des-Droits-de-l-Homme-et-du-Citoyen-de-1789.

⑤⑥ 戴学正等编：《中外宪法选编（下册）》，华夏出版社 1994 年版，第 65 页。

⑦ 戴学正等编：《中外宪法选编（下册）》，华夏出版社 1994 年版，第 65 页。See Constitution du 4 octobre 1958 http://www.legifrance.gouv.fr/affichTexte.do?cidTexte=LEGITEXT000006071194.

（二）《国防法》

《国防法》是法国军事安全法律体制的核心。法国当前的《国防法》是2004年12月20日根据《第2004－1374号法案》制定，于2005年12月12日经《第2005－1550号法案》修订并获得批准的。《国防法》是除宪法之外有关国防和军事的最基本的法律，它定义了国防的概念和内容，规定了法国国防领导体制、武装力量构成、兵役制度、公民的国防义务及行为准则、战争和紧急状态的定义与实施、军事审判等内容。法国的《国防法》一共分为五大部分，每一部分又分三至六个章节。第一部分解释了国防总则和目标，包括国防的定义、国防的目标、国防机构和领导人的设置与职责、国内外军事和非军事行动的组织与实施。第二部分阐述了法律所赋予的国防权力，包括宣布战争、实施紧急状态、进行军事动员、采取军事行动、保护军事机密、维护信息系统安全、研制武器、武器禁运等内容。第三部分专门讲述实现国防职能的各个机构设置及职能，包括中央政府、武装力量、咨询机构、公共机构、海外机构的设置和职能。第四部分是关于军事人事制度的设置，包括军人的基本权利和义务、兵役制度、预备役制度、海外人事制度。第五部分是国防的管理和财务制度，包括国防预算的制定，经费获取、使用和审计等内容。这一部分还明确指出法国的国防政策由部长委员会制定。关于国防的一般性管理决定和军事决定受到国防委员会的约束。[①]

（三）《国防总组织法》

法国现行的国防体制是在1959年1月7日制定的《国防总组织法》的基础上建立起来的，该法是法国最基本的关于军事组织运作的国防法律。现行的《国防总组织法》在1959年版本的基础上根据国际形势及国防和军队建设的发展变化进行了多次修改，并于2007年4月24日更新。该法阐述了法国国防的目标、决策和领导体制，确定了领土的防区设置以及军事指挥系统、应征和全国总动员的方法等与国防息息相关的内容。

《国防总组织法》共分五个部分。第一部分阐述了法国国防的目标，明确了国家机关要在宪法规定的范围内采取总动员、戒备及其他有效措施保障国防目标的实现。第二部分确立了国防的组织机构和军事机构及国防决策体制，包括总统、总理、国防部长、内阁会议、国防委员会、限制性国防委员会、最高国防会议等职位和机构的构成、职责、地位以及相互关系。第三部分规定了承担有国防

---

① Code de la defense，http://www.legifrance.gouv.fr/affichCode.do?cidTexte = LEGITEXT000006071307&dateTexte = 20151025.

任务的各部及部长的职责，包括国防部、内政部、经济事务部等，规定要在政府总理的领导下采取军事、民事、经济等手段实现国防目标。第四部分规定了国土防卫的防区设置，指明行政区划与军事区划保持一致，以便进行统一组织、准备、管理和协调国防工作。第五部分规定了实施全国总动员、戒严或其他紧急状态期间对人员和资源的征用措施，以及征兵措施。①

（四）其他法律

其他属于军事组织法范畴的法律还包括用于退伍军人的《军事残疾与受害抚恤金发放法》和《军民退休养老金、抚恤金发放法》、用于表彰军人的《军团荣誉与军事奖章法》等。

二、军事行为法

为保障军事行动的合法性和公正性，减少军事决策的随意性和主观性，维持武装力量的数量和战斗力，必须通过必要的法律法规对军事行为的各个环节进行规范和约束。在这一方面，法国有《总动员法》《国民兵役法》《招募法》《特别征兵法》《国防通信法》《军事交通法》《征用法》等法律和法规。这其中最重要的法律、法规是《国民兵役法》、《总动员法》和《军事规划法》等。下面主要介绍这三部法律。

（一）《国民兵役法》

法国历来就实行征兵制度，这在《法兰西第五共和国宪法》第三十四条有明确规定。1971 年 6 月 10 日法国政府公布《国民兵役法》，2013 年 12 月 25 日，《国民兵役法》进行了最近一次更新。该法以完整的法律形式对国民服兵役进行了详细规定。《国民兵役法》共分两大部分，每一部分有二至五个章节。第一部分主要涉及民事方面的兵役服务，包括国防教育、服役期限、赴国内外志愿服务等。该部分第一章为总则，首先指出法国“国民有义务保卫国家的安全和完整，服兵役就是为了完成这一使命”，然后规定了征兵的年龄范围、人口普查的范围和内容、免服兵役的条件、国防教育的实施、服兵役的人员所享有的福利等。第二章主要指出国民在服役期间需要接受培训，到军队或者出国参加志愿服务，服役结束后 5 年之内仍需作为预备役人员进行军事储备。第二部分的主要内容是军

① Ordonnance n°59-147 du 7 janvier 1959 portant organisation générale de la défense, http://www.legifrance.gouv.fr/affichTexte.do?cidTexte=JORFTEXT000000705509&dateTexte=20070423.

事方面的服役，包括征兵的选择、免兵役、预备役、国民警察、军事纪律、处罚等。其中第一章是军事兵役制的总则，主要规定征兵的年龄范围、期限等。第二章是免服兵役的具体条件、条款等。第三章叙述在军队、国民警察部队和在军事技术岗位服役的条件和权利。第四章是对国民违反兵役法的行为的认定条件及惩罚措施。①

（二）《总动员法》

法国的《总动员法》最早源于1793年8月23日国民公会颁布的《全国总动员法》，于1938年正式公布，后经多次修订，于1952年8月31日颁布实施。其内容共分5章66条，规定了法国政府进行全民动员的时机、政府在动员工作中的职责、政府征召和征用范围、议会的监督及战时经济体制和特种处置等内容。

法国《总动员法》规定，当遭受外来侵犯、国际形势紧张、国际争端无法解决而威胁国家安全时，国家采取防卫手段，并由平时体制转入战争体制，此时即应实施全民或部分人员动员。超过18周岁的法国籍男性，都应向其居住地的市政府登记个人信息，准备应召服役。而无兵役义务的人也应在其原籍或居住地的省政府登记，以便随时为国家工作，且服务年限不得少于一年。战时法国领土内的行政体制，以省为单位，由省长负责动员工作的执行和监督。

（三）《军事规划法》

法国每五年会出台一部《军事规划法》，规划下一个五年内法国的军事战略、军事装备的发展方向，以及军事预算的分配计划。最近一部《军事规划法》是2009年7月29日颁布的《2009～2014年军事规划法》。

《2009～2014年军事规划法》共七章。第一章是关于2009～2014年5年间法国国防政策所应实现的目标，以及期间每一年度的预算规划、人员缩减数目。第二章按照2008年出台的《国防与国家安全白皮书》，列举了与国防及国家安全相关的政府机构及其职能。第三章阐述了军事机构工作人员高危工作补偿措施。第四章阐述军事设施调整的步骤和方法，即改革带动的国防设施和国防工业的转变。第五章主要是关于国防工业相关的企业的资本运作。第六章是与国防相关的保密规定。第七章是其他条款。《2009～2014年军事规划法》充分体现了法国军事现代化的努力，包括调整中央和地方的军事关系、军事装备的现代化，以及由

---

① Code du service national, http://www.legifrance.gouv.fr/affichCode.do?cidTexte=LEGITEXT000006071335&dateTexte=20151025.

此带来的兵力部署调整、国内外基地的调整等。①

（四）其他法律

除上述几个主要军事法律法规外，法国还颁布了多部其他法律和法规，来保障和规范军事活动，例如用于建立民防体系和组织的《民防法》（1954 年），用于保护军事设施的《国防通信法》《军事交通法》《公共征用法》，用于建立征兵制度的《招募法》和《特别征兵法》。

三、《军事司法》

为建立统一的军事司法制度，法国议会在 1965 年颁布了《军事司法》，明确了军事犯罪案件由军事部门负责审判，法官由军人担当，军事法庭设在军队内部，根据军事刑事诉讼程序进行军事审判。正是由于这部法律建立的司法制度使得军人的犯罪行为由特殊的司法机关来处理，严重背离了法国的国家刑事司法权统一的原则，因此《军事司法》历经多次修订。最重要的一次是法国议会在 1982 年 7 月 22 日颁布了《检查和审判危害国家安全的军事犯罪法案》，作为修正案纳入了《军事司法》，并于 1983 年 1 月 1 日开始实行。《军事司法》是法国现行的军事司法制度的基础。

法国的《军事司法》规定：法国国土领域内的军事司法在平时与平民的司法制度相同，但是在战争时期，军队必须遵守专门的军事司法制度，战时军事法庭恢复行使军事司法管辖权。此外，法国国土领域之外的驻军实行的是不同于本土驻军的军事司法制度，在军事司法组织、管辖权、刑事诉讼程序等方面海外驻军平时和战时实行的都是“军民分制”。②

第二节　法国军事领导与指挥力量体制

法国军事体制的结构布局反映出法国国内外安全环境的形势和安全需求。法国军事领导与指挥力量体制涉及总统、政府、总理、国防部、国防部长、总参谋

① PROJET DE LOI DE PROGRAMMATION MILITAIRE（2014 - 2019），http://www.defense.gouv.fr.

② Code de justice militaire，http://www.legifrance.gouv.fr/affichCode.do?cidTexte = LEGITEXT000006071360&dateTexte = 20151025.

部、总参谋长等。

一、法国总统

《法兰西第五共和国宪法》规定，总统是法国的国家元首和武装部队的最高统帅。依照1962年颁布的《组织法》和《选举法》，总统由全民经过一轮或者两轮投票普选产生，任期五年（1958年宪法规定任期为七年，后经2000年9月24日全民公决将任期改为五年，自2002年希拉克总统第二任期起执行），可连选连任。《法兰西第五共和国宪法》规定："共和国总统监督对宪法的遵守。他通过自己的仲裁，保证公共权力机构的正常活动和国家的持续性。""共和国总统是国家独立、领土完整和遵守共同体协定和条约的保证人。""共和国总统是军队的统帅。总统主持最高国防会议和国防委员会。"① 2008年《国防与国家安全白皮书》公布后，将国防委员会改组为了国防与国家安全委员会，总统任国防与国家安全委员会主席。"总统通过国防部和三军参谋部对全军实施行政领导和军事指挥。"② 为保证国家政策的连续性，宪法赋予了总统"保证人"和"仲裁人"的地位，具有对重大安全决议的最终决定权。

《法兰西第五共和国宪法》规定，法国总统还具有任免总理和组织政府、主持内阁会议、解散国民议会、举行公民投票、宣布紧急状态等特殊权力。该《宪法》第八条规定总统任命总理无需经过议会批准，总理在组织政府和政府成员时需要先征求总统的意见和许可，总统可以根据形势需要免除总理及政府其他重要成员的职务。③ 这些规定使得法国总统的权力高于总理和政府，使其能够有效地控制政府，为其政策服务。总统在国家政治架构中是真正的权力中心，是国家和政府行政的"拱顶石"。④

二、法国总理

《法兰西第五共和国宪法》第三章规定："政府掌管行政部门和武装力量。""总理领导政府活动。总理对国家防务负责。"在必要时，总理代替共和国总统主

① Constitution du 4 octobre 1958，http://www.legifrance.gouv.fr/Droit-francais/Constitution/Constitution-du-4-octobre-1958. 还可参见戴学正等编：《中外宪法选编》，华夏出版社1994年版，第63~66页。

② 赵小卓：《外国国防与军队建设教程》，军事科学出版社2013年版，第221页。

③ Constitution du 4 octobre 1958. http://www.legifrance.gouv.fr/Droit-francais/Constitution/Constitution-du-4-octobre-1958. 还可参见戴学正等编：《中外宪法选编》，华夏出版社1994年版，第63页。

④ 吴国庆：《当代法国政治制度研究》，社会科学文献出版社1993年版，第4页。

持最高国防会议和国防委员会。[①] 2008 年《国防与国家安全白皮书》公布后，将国防委员会改组为国防与国家安全委员会。“在特殊的情况下，总理可以根据明示的委托，代替共和国总统就一项特定的议程主持部长会议。”[②] 在第五共和国体制下，总理及其领导的政府拥有实际权力，地位十分重要，但是由于总理由总统任命，且内阁成员经总理提名后由总统任命，因此最终权力从设计上仍掌握在总统手里。

三、国防部

国防部隶属内阁，是军队的最高行政领导机关和武装力量的最高军事领导机关，其主要职责是确保领土完整、国民安全和国家利益不受外来侵犯。在法国军事史上，法国国防部名称几经变更，从国务秘书处战争部至国防和武装力量部，直到 1974 年才形成现在的称呼——国防部。近年来，法国国防部主导了其国防事业发展的转型，而武器装备的专业化及国防事务管理的高度组织化也要求法国顺应当前地缘政治及复杂的国际安全形势。2008 年法国《国防与国家安全白皮书》中所提出的目标及任务为法国国防部的工作提出了方向。根据该白皮书，法国国防部既需要从贯彻国防总目标的任务着手与各部门进行沟通，也需要从自身各个部门和领域去实现武装力量的管理，要求各部门的有机配合。[③]

法国国防部还担负着服务公众的职责，在日常和紧急情况下为其他部门提供人力、资源和技术等方面的支持。其军队还要参与危机管理行动，如防范恐怖袭击或者重大自然、技术灾难等紧急情况，或者在严重危机时出现平民资源不足的情况下提供人力和物资支援，以保护民众、建筑、重要政府机构或者敏感设施等。国防部长在总理的领导下负责国防部的全面工作。国防部长负责实施已经制定的国防政策，“负责军队的备战、训练、组织、管理、征召、武器装备等工作”。[④] 除了负责三军的组织和管理外，国防部长还有责任运用安全防卫手段应对各种事件的能力，参与同防务相关的国际谈判。

---

① Constitution du 4 octobre 1958, http://www.legifrance.gouv.fr/Droit-francais/Constitution/Constitution-du-4-octobre-1958. 还可参见戴学正等编：《中外宪法选编》，华夏出版社 1994 年版，第 66 页。

② Constitution du 4 octobre 1958, http://www.legifrance.gouv.fr/Droit-francais/Constitution/Constitution-du-4-octobre-1958. 还可参见戴学正等编：《中外宪法选编》，华夏出版社 1994 年版，第 67 页。

③ Mallet Jean-Claude, Présidence de la République et Ministère de la Défense, *Défense et Sécurité nationale: le Livre blanc*, Paris: Odile Jacob/La Documentation Française, 2008.

④ 胡光正：《中外军事组织体制比较教程》，军事科学出版社 2013 年版，第 19 页。

四、三军参谋部和其他各部

国防部下设三军参谋部、海陆空军各种参谋部、战略事务部、武器装备部及行政总秘书处等。三军参谋部是军队的最高军事指挥机关，最高领导人为总参谋长。三军参谋部的主要职责是：制定作战预案；根据授权指挥部队；领导军事情报体制；就部队整体结构、国防预算、部队指挥官等向国防部长提出建议；在总统和政府的领导下负责整个部队的军事行动指挥。各军种参谋部负责各军种的动员、编制、教育和训练等相关工作。各军种参谋长兼任副总参谋长，协助参谋长工作。①

战略事务部是一个为国防部提供近期、中期及长期国防事务分析的专门机构，主要有几个方面的职能：关于国防利益关切区域的战略分析，如预测危机及探讨国内外军事危机的政治军事局势；关于武器装备出口控制、打击核扩散及大规模杀伤性武器扩散的分析；从地缘政治角度建议防务工作的发展方向并进行战略反思；主导防务环境及其政治展望分析项目等；为其他国家安全机构提供咨询建议。

武器装备部隶属国防部，其主要任务有：研究分析法国军事安全威胁，明确法国国家安全战略所需要的军事装备，并制定未来法国装备制造业和武器工业发展的规划，一般是30年远景规划。武器装备部布置并主导武器装备技术研发工作，包括所有序列及领域的技术成熟化，还承担管理欧洲防务与安全军事技术基地的重任。武器装备部与民间研究机构也建立了特殊联系，以共同开发军、民双用装备技术。

行政总秘书处负责国防部所有的一般性管理事务，例如预算、财务、法律、财产、住房、社会和人力资源、基础设施等。秘书处秘书长还负责进行国防部下属部门之间的内部沟通工作。按照《国防和国家安全白皮书》的要求，秘书长是国防现代化改革和公共政策事务的主要实施者，负责国防部管理的现代化，是国防部现代化改革委员会的主席，负责监督和检查改革的进展，同时负责部长层面的国防部改革的推进。

除上述机构外，还有将官办公室、武器装备总委员会、军事职能高级委员会、武装监管部等。法国国防部军事安全机构的结构如图22－1所示。

① 赵小卓：《外国国防与军队建设教程》，军事科学出版社2013年版，第222～223页。

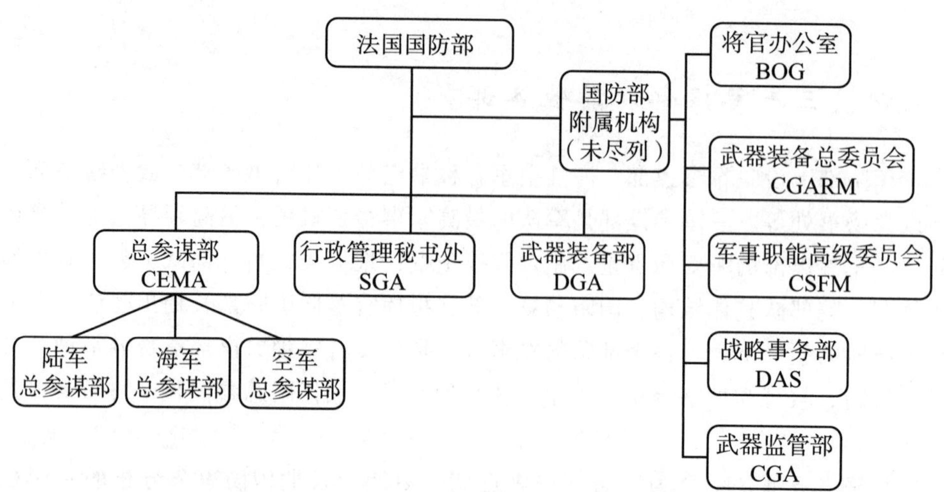

图 22-1 法国国防部军事安全机构结构

资料来源：据法国国防部提供数据编译。http://www.defense.gouv.fr/portail-defense/ministere/organisation/organisation-du-ministere-de-la-defense/organigramme-simplifie-du-ministere-de-la-defense/organigramme.

第三节 法国军事体制的运行流程

法国军事体制的运行机制包括军事情报的获取、军事安全决策、军事安全决策的实施，以及军事决策实施效果的评估、反馈与监督。

一、军事情报的获取

在现代高水平军事侦察技术的背景下，军事情报信息获取的方式和渠道日益多元化。在全球信息战背景下，法国进行的新军事变革与战略突破使法国防务装备进一步信息化，并凸显空间技术的军事应用，因而其安全情报的获取能力大大提升。从机构分布上看，军事安全情报的获取主要可以经由专业情报机构及非情报机构两类途径。法国 2008 年《国防与国家安全白皮书》明确提出，军事、民事决策者及国家各类公务人员均有义务在第一时间获得情报并将之有效地应用于军事作战行动。① 当前，法国情报机构形成了一个包括国家情报委员会、对外安

① Livre blanc sur la Defense et la Securite nationale. 2008.

全总局、军事情报局、国内安全总局、国家海关情报局等在内的一张紧密合作的情报网。此外，外交部、商务部及法国政府或企业涉外、驻外的机构通过其工作便利而获取的情报也构成重要的军事安全信息来源。从职能分配上看，国家情报委员会是法国情报的最高协调组织，它直接向国防与国家安全委员会进行汇报，是国家各类安全情报信息的蓄水池，成为情报网络的总枢纽。而其他机构则分别从国内外各地的情报驻点网络获取相关信息，进而通过专线网络将信息逐层上报。

法国各类情报机构的主要任务是把握国内外政治动向，为所涉重大国际事件争取法国利益、反军事间谍、保护法国情报人员安全、保护法国海外利益、侦察恐怖主义等危害性的活动、保护国家军事机密和敏感军事区域等。从军事安全情报获取的内容来看，其包括把握对象国政治外交情况、军事情况、战略目标情况，以及对象国战略军事基地、军事工业目标、战略打击情报等。此外还包括国防经济情报，其中有军事工业生产、军事战略储备、军事贸易等。军事地理也是军事情报的重要内容，它主要包括对象国的地貌、天气和水文情况等。

法国军事情报获取的主力是法国军事情报局、对外安全总局、国防安全和保护局等。在内部信息的交流与互动方面，法国一方面扩展部际内部安全网，另一方面借助全球空间通信系统，加强决策中心与各地安全力量间的互动。[①] 在对外方面，其情报主要通过谍报侦察、军队侦察、卫星侦察和无线电技术侦察获得，其情报侦察空间呈现出陆、海、空、天、网多维延伸态势。

二、法国军事安全决策

根据《法兰西第五共和国宪法》，法国国防权力主要分布在总统、总理及国防部长和总参谋长之间。该《宪法》明确规定，总统是国家的“保证人”和“军队的统帅”，“主持最高国防会议和国防委员会”。总统可以通过国防部和三军参谋部领导和指挥武装力量完成保证国家独立、维护国家领土完整的任务。1962 年 7 月修订的《国防总组织法》赋予了总统实际指挥军事行动的权力。而 1964 年 1 月 14 日的《战略航空兵法》则赋予了总统“交战命令”的决定权和发动核攻击的权限。《战略航空兵法》“规定战略航空兵的任务、编制和交战条件”由总统主持的国防委员会决定。[②] 2008 年《国防和国家安全白皮书》规定安全议

① Livre blanc sur la Defense et la Securite nationale. 2008, P. 147.

② 大平善悟、田上穰治主编，钟庆安、高培译：《世界各国国防制度》，解放军出版社 1987 年版，第 116 页。

题交由总统主持的国防与国家安全委员会讨论。

在军事议题上，内阁会议、国防和国家安全委员会、限制性国防委员会等决策机构扮演着重要角色。在决策权力主体上，总统负责主持内阁会议，内阁会议是法国最高决策机构，由总统担任主席，其组成包括总理和所有内阁成员。总统还主持国防与国家安全委员会、限制性国防委员会和高级国防会议。由于总统不但担任会议主席，同时也由其指定参会者发言和发言时间，总统还有权决定是否停止某个议题，并且针对议题讨论的情况提出自己的意见和建议，因此总统对内阁会议的决策具有决定性影响力。国防和国家安全委员会是在原国防委员会的基础上建立起来的，负责对具体的防务问题进行决策，其成员包括总理、国防部部长、内政部部长、外交部部长和财政部部长等人。由于国防和国家安全委员会的主席是总统，因此军事问题的最终决定权掌握在总统手里。限制性国防委员会负责国防的军事性指挥问题的决策，包括作战目标、作战计划、军队的部署、保障和补给等。高级国防会议为国防问题咨询机构。

总统并非绝对的军事安全政策决策者，他还受到多方面因素的制约。在“左右共治”时期，法国总统面临着与政府反对党在相关议题上立场的协调与斗争。例如20世纪90年代初，在法国右翼势力赢得政府和议会绝对多数的情况下，法国政府便立即通过发布1994年《防务白皮书》，并提前制定新的《军事计划法》，修改了法国以往关于“军事独立”的解释，法国军事战略开始更多地朝着与盟友合作的方面发展。①

三、法国军事安全政策执行机制

在法国国家安全体制中，军事安全任务的执行有不同的层次。从总统至每个军人及警民，均为军事安全战略和政策的执行者。

总统作为国家军事安全战略的总舵手，除了是最高决策者外，在执行中也发挥着重要作用。在国内，其通过公共演讲、政治会议、阅兵、工作走访等各种形式向国家传达军事政策、军事发展思想及军事安全精神；在对外关系中，国家防务政策的国际合作与认知度宣传也至关重要，总统、总理、国防部部长、外交部部长、高级将领等则成为军事外交的主体。法国总统、总理、外交部部长通过参加国际会议来阐述国家防务战略与政策，争取国际社会的支持，而国防部部长、高级军事将领等也可通过军事互访等交流活动实现军事安全政策的贯彻执行。在欧盟共同安全与

① Anand Menon, From Independence to Cooperation: France, NATO and European Security, *International Affairs* (Royal Institute of International Affairs 1944 –), Vol. 71, No. 1 (Jan., 1995), pp. 19 – 34.

防务政策中，法国作为积极的参与和建设主体，法国国防和国家安全（国家防务）总秘书处、法国常驻欧盟政治及安全委员会代表、法国常驻北约代表、法国欧盟—大西洋分支防务安全人员等均在执行军事安全外交任务中扮演重要角色。

法国总理是防务决策的重要参与者，同时也是贯彻执行国家防务政策的总负责人。法国《宪法》第 21 条规定“总理对国防负责”。[①] 1959 年的《国防总组织法》的第 9 条规定，总理除了“对国防负责，行使防务上的一般性指挥权和军事性指挥权”外，还负责“作战的最高指挥”。[②] 1962 年 7 月 18 日修订的《国防总组织法》赋予总理“保证政府对（国防委员会）决定的实施”的职责。这就意味着总理还需要负责具体的防务政策事务。当然在大多数情况下，总理往往会根据法国《宪法》第 21 条的规定授权国防部长来实际完成这些行政事务。国防与国家安全总秘书处是帮助总理行使防务一般性指挥权的辅助机关。

具体的军事安全政策执行是总统和总理通过众多国防安全辅助与咨询机构来完成的。国防与国家安全总秘书处是总理处理国防事务的办事机关，它“负责协助总理行使防务方面的一般性指挥权，担负着国防委员会、限制性国防委员会和高级国防会议的事务工作；协调各部门处理有关国防方面的具体事宜，并就重大国防问题和国际重大战略动态向总统及其领导下的国防决策机关提供咨询和对策”。[③]

国防部是军事安全政策的关键执行主体。在制定军事防务政策后，国防部长具体负责执行这些政策。法国实行国防部统一管理与各军种分别参与管理的运行模式，国防部是执行军事政策、指挥军事作战的核心部门。国防部三大主要部门——总参谋部、总武器装备部、行政总秘书处——主导着日常军事防务工作。其中总参谋部的总参谋长全面负责军队的战备工作。军种参谋长作为副总参谋长，辅助总参谋长实施和指挥作战任务。总装备部负责按照《军事计划法》的内容进行武器装备的研制、采购和部署。行政总秘书处则负责国防部行政、财务、司法以及行政改革与创新等事务。

四、军事决策执行的评估与监督

军事安全决策权的集中并不影响政策执行效果的监督，政府、议会、政党、

① Article 21 Constitution du 4 octobre 1958, http://www.legifrance.gouv.fr/Droit-francais/Constitution/Constitution-du-4-octobre-1958.

② Ordonnance n°59-147 du 7 janvier 1959, portant organisation générale de la défense http://www.legifrance.gouv.fr/affichTexte.do?cidTexte=JORFTEXT000000705509&dateTexte=20070423.

③ 岳玮：《法国国防战略与军事力量》，载《国际资料信息》2007 年第 8 期，第 11 页。

司法机构及社会各界均会对军事安全政策的实施及国家军事安全战略进行各自的反馈。从研究机构角度来看，军事评估对决策的影响不小。例如，与国防部关联的国防高级研究院（IHEDN）是国防军事安全问题的重要咨询智囊，它不仅为决策提供参考，还为各种政策的执行效果进行评估与分析，它与安全情报机构一起，在军事安全决策与政策运行中扮演着重要角色。

此外，军事安全政策的出台还与法国议会息息相关，议会把握着审议年度武器装备建议报告、军事进展年度报告，以及国防部年度计划授权、年度预算等重要议题的权力，而政府制定国防方面的防务组织、兵源征集、军事规划等法令也需要通过议会部分授权。另外，根据宪法第35条，对外军事干预行动需要履行相应的信息程序，行动超过四个月期限，则必须得到议会的支持。它成为军事安全决策各种利益平衡的一个侧面。更为重要的是，2007年，法国议会终于在萨科齐的支持下通过立法成立了议会情报代表处，其同属于国民议会和上议院，可以听取行政机构有关情报机构经费、活动等情况的报告，还可就相关事宜约见部长级负责人、情报机构负责人及国防总秘书长。对此，该代表处需定期向总统、总理及上述机构主席递交报告。[①] 2013年法国颁布的《军事计划法》“扩大了议会情报代表处对情报机构进行监督的权限”。[②] 议会由此获得了对情报工作更广泛的知情权和听证权。

① Loi n°2007-1443 du 9 octobre 2007 portant création d'une délégation parlementaire au renseignement, http://www.assemblee-nationale.fr/14/rap-off/i2482.asp.

② 邬进平：《法国议会情报监督机制的形成及其作用评析》，载《法国研究》2014年第4期，第4页。

第二十三章

法国应急安全体制机制

法国应急安全体制机制是应对和处理紧急事务而出现的安全机制。紧急事务包括传统安全事务和非传统安全事务、国外安全事务和国内安全事务。一般情况下，国外安全事务属传统安全事务，国内安全事务属非传统安全事务。随着公共安全事态的复杂性和不可控性增加，应急安全内涵与外延不断拓展与完善，从先前的紧急事态和灾难管理延伸至国土安全，并逐渐形成综合性紧急事态管理体系。[①] 应急安全事务包括军事入侵、恐怖主义威胁和自然灾害威胁等。这些事务的特征是突发性和不可预测性，需要专门的应对机制。法国存在严重的应急安全事务的威胁。2008 年法国《国防与国家安全白皮书》明确指出，法国国家安全战略的目标既包括抵御军事威胁的国防事务，也包括国内安全和民事安全事务。法国国家安全的范畴从传统的军事、外交等方面扩展到了经济、社会等非传统领域，如自然灾害、能源危机、大规模传染性疾病和不断增加的网络攻击。[②]

本章将分析法国应急安全体制机制的法律体系、法国应急安全体制的结构、法国应急安全体制的运行机制。

---

① Emergency Management Institute: Independent Study Is1, Emergency Manager: An Orientation to The Position, October 2002, P. 1.

② The French White Paper on Defence and National Security 2008.

第一节　法国应急安全法律体系的历史演进

二战结束以后，随着现代政府公共治理能力的提升和工业化、城市化进程的飞速发展，国家公共安全危机管理需求首先以自然灾害和非预见性的紧急事件等形式展现，如森林火灾、雪崩、气象异常、工业污染、危险物品物流运输、洪灾、核泄漏等，而更为复杂、扩散性更广的公共安全威胁，还有来自由于宗教极端主义、种族仇恨、厌世主义等因素造成的公共区域的自杀性爆炸事件、跨国有组织犯罪等，再加上传统安全威胁，各国需国家从法律、法令、规章等法制手段上实现管理路径的合法化及公正化。法国是一个法律体系健全的国家，其应急安全法律相对比较完善，可以说是应急管理，法律先行。从宪法到《紧急状态法》，再到《国民安全组织法》和《国民安全现代化法》，以及反恐怖主义专门法，法国应急安全问题的处理形成了系统的法律框架。第二次世界大战结束之后，法国为了防范和应对国外和国内发生的公共危机事件，维护法国国家安全利益，保障国民人身和财产安全及国内重要民用设施的正常运行，法国以应急管理法制建设为先导，不断建立、完善和调整政府职能。以《紧急状态法》《国民安全组织法》和《国民安全现代化法》为基准，法国应急安全法律体系的发展出现了三个基本发展阶段。

一、应急安全专门法的出台

1952 年，法国为了保护国民安全专门制定了《国民安全法》，这是法国应急安全专门立法的雏形。1955 年，法国制定了《紧急状态法》，① 政府可以依法采取强制措施应对非传统安全威胁。这是法国首部应急安全法律，标志着法国紧急状态制度的建立。该部法律第一条规定内阁会议可以以法令的形式，宣布在“公共秩序遭到严重损害的十分危急的情况下，或当发生其性质和严重性都具有社会灾难性质的事件时，在本土、阿尔及利亚或海外省的全部或部分地区宣布紧急状态”。② 内阁会议宣布紧急状态的法令将确定一个或者多个实施紧急状态的区域

① Loi n°55-385 du 3 avril 1955 relatif à l'état d'urgence http://www. legifrance. gouv. fr/affichTexte. do? cidTexte = JORFTEXT000000695350&fastPos = 15&fastReqId = 1165067904&categorieLien = cid&navigator = navigatornaturetexte&modifier = LOI&fastPos = 15&fastReqId = 1165067904&oldAction = rechTexte.

② 李苹译：《法国 1955 年 4 月 3 日紧急状态法》，载《环球法律评论》1989 年第 6 期，第 75 页。

及区域内的具体地区，且紧急状态的时间不能超过 12 天。实施紧急状态省的省长有权禁止“个人和车辆在紧急状态命令规定的地点和时间内通行”；有权设立“保护和安全地区供人们逗留”；“有权禁止任何试图以任何方式阻碍政府当局之行为的人在省的全部或部门地区逗留”；有权软禁危及被宣布紧急状态地区的安全和公共秩序的人；有权关闭紧急状态区域内的“剧场、酒馆以及各种性质的集会场所”；有权“禁止可能引起或保持骚乱的集会”。[①] 军事法庭可在获得司法部长和国防部长授权的情况下对处于紧急状态省的重罪和轻罪案件进行审判。法国的紧急状态适用范围比戒严要宽，它不只限于武装冲突的情况，更侧重于针对公共秩序遭到严重破坏及水灾、地震、爆炸等重大自然灾害、公共灾难性事件。[②] 由于 20 世纪 50 年代法国的社会动荡，这部《紧急状态法》的诞生对保持法国社会稳定、维护公共秩序、保护公民安全和权利起到了重要作用。

1958 年的《法兰西第五共和国宪法》承袭了《法兰西第四共和国宪法》中有关国家紧急状态下的戒严制度。法国在宪法中确认了处理应急安全问题的重要性，并以国家根本大法的形式确定下来。《法兰西第五共和国宪法》第 5 条和第 15 条规定总统是国家和军队权力的核心，因此总统有权力处置可能危及国家安全和利益的紧急事件。《法兰西第五共和国宪法》第 16 条专门规定：“当共和国的体制、国家独立、领土完整或者国际义务的履行受到严重的、直接的威胁时，以及宪法上规定的公共权力机构的正常活动被中断时，共和国总统在正式咨询总理、议会两院议长和宪法委员会后，根据形势采取必要的措施。”该《宪法》第 5 章第 36 条规定：“戒严令由部长会议宣布，只有得到议会授权，才能把戒严延长到 12 天以上。”[③] 新宪法的颁布显示出戴高乐总统对应对重大紧急事件的重视。颁布之初，这一宪法曾受到一些人士的反对，担心新宪法会强化总统的权力。事实表明，《法兰西第五共和国宪法》对维护法国国内社会的安全和稳定发挥了重要重用。

二、应急安全专门法律体系的逐步完善

进入 20 世纪 80 年代，法国各类非传统安全威胁不断增加，对政府的应急管理能力和综合治理能力不断提出新要求。1986 年，面对公众质疑，法国政府极力解释法国边境并未受到切尔诺贝利核辐射的影响。1999 年，由于疏忽导致病患者使用了遭 HIV 病毒感染的血液制品，多名政府官员上至总理均受到处罚。此

① 李苹译：《法国 1955 年 4 月 3 日紧急状态法》，载《环球法律评论》1989 年第 6 期，第 75～76 页。

② 翟金鹏、李健和、梅建明：《法国反恐怖预警机制研究》，载《中国人民公安大学学报（社会科学版）》2009 年第 2 期。

③ 戴学正等编：《中外宪法选编》，华夏出版社 1994 年版，第 66 页，第 70 页。

外，还有众多法国农场主因疯牛病的肆虐而遭受巨额损失，石棉丑闻导致逾 10 万生命暴露于威胁当中。2003 年，法国 1 500 人因极端高温天气而死亡，政府因未能及时提供预警和救治而饱受公众责难。还有如加德河洪水泛滥、图卢兹 AZF 化工厂爆炸事故等。在现实压力下，法国的灾害及重大公共事件立法不断完善。1982 年，法国出台《自然灾害受害者赔偿法》[①]。1986 年，巴黎消防队于 1978 年起草的区域性应急安全应对计划扩展至全国。1987 年，《国民安全组织法》出台，[②] 它将人为的及自然灾害、环境问题所造成的公共危害情况全部囊括在内，以各级的地区应急计划为执行蓝本，明确了在"既有救援力量民用功能的基础上，着重对强化救援队伍建设做出安排，并规定了突发事件救援组织程序"。[③] 因此，《国民安全组织法》的颁布，健全了法国民事安全救援体系。1995 年，法国出台《加强环境保护法》，由此制定了"预防自然灾害计划"。2003 年，出台《关于来自自然环境、科技风险的防范及修复措施》和《预防科技险情计划》等，法国应急安全专门法律体系逐步完善。[④]

三、应急安全专门法律体系的形成

处理应急安全危机需要技术、法律、组织和社会的整合式建构。[⑤]

一方面，法国出台了一系列安全法规，安全治理模式呈现出综合化和地方化。2004 年，法国出台《国民安全现代化法》，形成了法国现代灾害应急管理系统。[⑥] 该法调整了法国应急管理机制的救援体系，加大了风险评估、监测预警、

---

① Loi n°82-600 du 13 juillet 1982 relative à l'indemnisation des victimes de catastrophes naturelles http://www. legifrance. gouv. fr/affichTexte. do? cidTexte = JORFTEXT000000691989&fastPos = 1&fastReqId = 1247406427&categorieLien = cid&oldAction = rechTexte Pottier, N., Penning-Rowsell, E., Tunstall, S. and Hubert, G.: "Land Use and Flood Protection: Contrasting Approaches and Outcomes in France and in England and Wales", Applied Geography, Volume 25, (2005), pp. 1 -27.

② Loi n°87-565 du 22 juillet 1987 RELATIVE A L'ORGANISATION DE LA SECURITE CIVILE, A LA PROTECTION DE LA FORET CONTRE L'INCENDIE ET A LA PREVENTION DES RISQUES MAJEURS http://www. legifrance. gouv. fr/affichTexte. do? cidTexte = JORFTEXT000000508820&fastPos = 10&fastReqId = 1260765077& categorieLien = id&navigator = navigatornaturetexte&modifier = LOI&fastPos = 10&fastReqId = 1260765077&oldAction = rechTexte.

③ 国务院办公厅应急管理能力建设赴法考察培训团：《法国应急管理能力建设培训考察报告》，载《中国应急管理》2009 年第 12 期，第 47 页。

④ 法国应急安全法律、法规及组织计划简介：http://www. plan-orsec. org/faq.

⑤ Paul Rasse et Gabrièle Rasse: Approche anthropologique et juridique de la politique de prévention des risques, Communication et organization, 2014 Vol. 45, P. 153.

⑥ Loi n°2004-811 du 13 août 2004 de modernisation de la sécurité civile (1). http://www. legifrance. gouv. fr/affichTexte. do? cidTexte = JORFTEXT000000804612&fastPos = 5&fastReqId = 1260765077&categorieLien = cid&navigator = navigatornaturetexte&modifier = LOI&fastPos = 5&fastReqId = 1260765077&oldAction = rechTexte.

制定预案的力度。[①]《国民安全现代化法》的颁布和实施使法国由强调“救援组织”转向“全面应急管理”，标志着法国现代应急管理体系的形成。此外，法国还通过完善《环境法典》《森林法典》《保险法典》等，从各个角度来应对公共治理危机。2005 年法国开启了紧急事态安全立法的地方化进程，法国各防卫区均需根据中央政府之方针，为本地区制定相应的应急安全危机应对计划，如《公共安全保障计划》。2007 年法国出台《预防重大灾害计划》、红色计划和白色计划。前者主要应用于在限定区域内相当数量的伤亡事件的救援，后者则是针对突发事件的医疗应对与协调资源的计划。法国各级政府及公共组织不断完善政策制定和优化管理模式。

另一方面，反恐立法也是法国应急安全法律体系中的重要组成部分。20 世纪 50 年代以来，法国始终面临着海内外的各种恐怖威胁。其主要威胁来自欧洲内部的激进分子和科西嘉、巴斯克的民族分裂势力，以及中东的移民问题及伊斯兰极端主义。2015 年 1 月在巴黎发生的多起恐怖袭击事件使暴乱的阴霾长期不散。法国的反恐立法实行刑法典和专门立法相结合的方式，法国《刑法典》第四卷中规定了恐怖活动罪，并分别确立了不同的犯罪形态和刑罚规则。1986 年，法国在中东遭遇恐怖袭击后不久通过了第一部反恐怖主义法案——《第 86 - 1020 号法案》,[②] 该法在 2012 年 12 月 23 日修订。这部法律没有定义什么是恐怖主义，但是将某些国家针对法国进行的一些犯罪行为定义为恐怖主义行为和活动并纳入打击范围，规定了法国执法部门可以采取的应对措施等。根据国际形势和反恐斗争的变化，法国又陆续颁布了三部法律以打击恐怖主义活动，这三部法律分别是 1996 年 7 月 22 日的《第 96 - 647 号法案》[③]、2001 年 11 月 15 日的《第 2001 - 1062 号法案》[④] 和 2006 年 1 月 23 日的《第 2006 - 64 号法案》。[⑤] 值得注

---

① 国务院办公厅应急管理能力建设赴法考察培训团：《法国应急管理能力建设培训考察报告》，载《中国应急管理》2009 年第 12 期，第 48 页。

② Loi n°86-1020 du 9 septembre 1986 relative à la lutte contre le terrorisme, http://www.legifrance.gouv.fr/affichTexte.do?cidTexte = JORFTEXT000000693912&fastPos = 2&fastReqId = 41305319&categorieLien = cid&oldAction = rechTexte.

③ Loi n°96-647 du 22 juillet 1996 tendant à renforcer la répression du terrorisme et des atteintes aux personnes dépositaires de l'autorité publique ou chargées d'une mission de service public et comportant des dispositions relatives à la police judiciaire, http://www.legifrance.gouv.fr/affichTexte.do?cidTexte = JORFTEXT000000367689&fastPos = 2&fastReqId = 1333545748&categorieLien = cid&oldAction = rechTexte.

④ Loi n°2001-1062 du 15 novembre 2001 relative à la sécurité quotidienne, http://www.legifrance.gouv.fr/affichTexte.do?cidTexte = JORFTEXT000000222052&fastPos = 1&fastReqId = 816257652&categorieLien = cid&oldAction = rechTexte.

⑤ Loi n°2006-64 du 23 janvier 2006 relative à la lutte contre le terrorisme et portant dispositions diverses relatives à la sécurité et aux contrôles frontaliers, http://www.legifrance.gouv.fr/affichTexte.do;jsessionid = F22E57E9E60FC46CF426A9FDEE57DE36.tpdila15v_1&dateTexte = ?cidTexte = JORFTEXT000000454124&categorieLien = cid.

意的是，法国反恐怖法对恐怖主义的定义是“旨在通过威吓或恐怖手段，严重干扰公共秩序的个人或集体的行为”，它有意避开了政治，有利于引渡恐怖分子。[①]另外，它规定“存在犯罪意图即构成犯罪”。据此，“预审法官可以在恐怖袭击实施之前开启侦察程序，拘留或逮捕有实施恐怖行为意图的可疑分子”。[②] 2015年5月5日，法国议会通过了新的反恐情报法案。新法案允许政府在未获法庭许可的情况下对涉及恐怖威胁调查的任何人展开数码和手机通信监控；情报单位有权在私人寓所暗置摄像头和窃听录音设备，采用各种方式以监控对方的网络行为；当局有权把采集到的相关记录保留一个月，元数据则能保留至五年。[③] 虽然新法案引发了公众对政府侵犯个人自由与隐私的质疑，但法国反恐立法从严的趋势已不可逆转。

第二节　法国应急安全体制的构成

经过几十年的发展，法国应急安全机制不断完善，出现了预警机制、处理机构的专门化和应急安全的法制化，还包括应急安全事务处理文化的建设。法国已经形成了现代应急安全治理体系。这一体系以法国中央政府为决策核心，在内政部和各专业部门的总指挥和协调下，与各防卫区、省级安全专员与派出机构以及相应的行政长官责任人共同形成安全指挥与执行的网络枢纽，构成一个单线垂直的管理体系。

一、内阁会议

根据《法兰西第五共和国宪法》及其他相关法律的规定，总统有权处理涉及国家安全的重大紧急事件，并且在必要的时候召集相关人员召开内阁会议，以便对事件做出迅速有效的反应。

内阁会议是政府各部首脑商讨研究决定国家重大方针的会议，通常于每周三上午在总统府召开，由总统主持，成员包括总理、各部部长、总统府秘书长、总

---

① 丛卓义：《外国反恐立法的借鉴及对我国的启示》，载《四川警察学院学报》2008年第4期，第48页。

② 刘莹：《制度“痼疾”不解决　法国反恐成效难显》，载《法制日报》2015年5月5日。

③ 汪闽燕：《法国高票通过反恐情报法案　巴黎律师公会主席：反恐监听监控应受限制》，载《法制日报》2015年5月12日。

理府秘书长等。每次内阁会议的主要内容包括决定先前已经讨论过的各项法律草案和行政命令、决定重要人事任免、讨论各部未来将要提出的法案或措施。在戴高乐时期，内阁会议用于讨论的时间较多，而在密特朗时期，内阁会议则被限制参加人数，并减少了讨论时间，将重点放在了决策问题上，以提高内阁会议的决策效率。

除了每周三定期召开内阁会议外，总统也可以针对某个特别的议题召开小型内阁会议，以迅速做出重大决策。这种小型内阁会议在德斯坦（Valery Giscard d'Estaing）任总统时期经常召开，因为他认为这种小型会议更有弹性且效率更高，在处理有关国家安全和外交的紧急事件时十分有效。因此，他通常直接召集国防部部长、参谋长、外交部部长等极少数内阁成员进行讨论并做出决定。

二、中央日常事务机关

在法国的应急安全体制中，中央政府是最高领导机关，在国家内部安全事务中，前国家防务总秘书处是协助总理指挥和应对突发事件的常设机构。根据2008年发布的《防务与国家安全白皮书》相关机构改革的内容和2009～2014年《军事计划法》，新成立的国防和国家安全总秘书处吸纳了国家防务总秘书处与国内安全秘书处的机构和职能，从而开始全面负责国内外安全事务，包括经济和能源安全、反恐及各类危机应对工作。按职能划分，国防和国家安全委员会下属的国家安全保护处主要负责分析和监测危机及安全的威胁，为政府处理国内外危机事件做好预防和应对工作。此外，国家安全信息系统办公室作为信息安全管理部门，也参与国家应急安全相关事务的决策与执行工作。法国还建有应急风险预警机制，在风险达到最高级别或者发生重大安全突发事件需要在国家层面组织应对时，总理将成立临时部际委员会。根据2012年1月2日重大危机管理政府组织的第5567/SG号通报，法国确立了国家应急组织。总理可就相应的政策与战略方案与总统随时保持沟通与联络。总理还可以根据危机的性质、事态的发展程度等将工作委托给一名部长，该名部长以总理的名义领导部际应急指挥中心。[①]

三、内政部和政府相关各部

法国内政部是应急安全管理的主要负责部门，部长负责应急处置工作的决策

① 闫淑敏：《法国公布重大核或放射性事故国家应急计划》，载《国外核新闻》2014年第3期，第19～20页。

和协调任务，内政部下属的警察总局负责维持社会秩序，民防总局负责应对其他自然灾害或者人为灾难。后者的职能主要包括三类：一是救援组织职能。民防总局设有专门的国家行动中心，并拥有自己的救援力量，在必要的时候，它可以应地方或者其他国家的要求派出救援力量。二是应急风险管理。民防总局负责分析和掌握各类风险隐患和应急资源状况，向民众普及安全知识，并建立预警制度。三是指导协调救援力量。民防总局需要负责指导政府和民间各类救援力量的建设，拟定和执行民事安全预算。在临时部际委员会的应急处理中心成立后，民防总局还负责承担具体的办事职能。总体来看，由于应急管理职能的不断强化，法国内政部在处理各类应急事件中的作用越来越重要。①

2008 年白皮书发布以来，法国内政部在国家安全中的角色得到了前所未有的提升。2008 年 7 月，国内情报中央指导处及展望与战略小组相继成立。国内情报中央指导处整合了前国家情报总局及国土监护局的职能，它的主要功能是整合国家资源进行反恐、反侦察活动、反经济情报侦察、反国家公共暴力及有组织犯罪活动等。展望与战略小组则是为内政部预防和评估国内安全威胁的中长期议题未雨绸缪，组织应对机动方案。

除了内政部负责应急安全的综合管理和处置外，与紧急事件相关的其他各部如国防部、卫生部、交通部等也参与危机管理工作。

四、国家专员

除中央政府设立的各部参与应急安全管理外，法国还向全国的 26 个大区（其中本土 22 个）、100 个省（本土有 96 个）派出国家专员，代表中央政府监督大区和省两级的地方行政和财政事务。在应急安全管理上，法国在全国的 10 个防卫区（其中 7 个在本土，3 个在海外）为民事安全管理的区域性实体。国家向防卫区和省派出专员，专门负责区域内的国民安全工作，在突发事件发生时担负指挥和协调处置工作的职能。国家专员对危机来临时集中区域资源、应对跨省的大区域突发事件发挥了重要作用。② 在跨区域方面，防卫区还建立了协调跨区域联动的指挥执行中心，该中心在更广泛的区域资源配合上更具优势。③

---

① 国务院办公厅应急管理能力建设赴法考察培训团：《法国应急管理能力建设培训考察报告》，载《中国应急管理》2009 年第 12 期，第 48 页。

② 国务院办公厅应急管理能力建设赴法考察培训团：《法国应急管理能力建设培训考察报告》，载《中国应急管理》2009 年第 12 期，第 48 页。

③ Patrick Lagadec, Crisis Management in France: Trends, Shifts and Perspectives, *Journal of Contigences and Crisis Management*, December 2002, No. 4 Volume 10 pp. 159 – 161.

五、地方政府

法国各地方的应急管理事务由市长和省长等地方负责人组织处理。市长和省长在各自权限范围内调用各种资源参与应急处理工作。省长负责制定和实施省级的应急预案，预案会涉及所有可能的风险、造成的后果、响应的应对措施。各省办公厅主任作为省长的助手参与救援管理工作。防区内跨省的预案由防区的省合作制定和实施。法国《国民安全现代化法》规定："所有的救援方案必须在五年内进行全面修订或重新起草，省长每年必须组织一次应对各种突发事件的演习，以测试政府部门的紧急救援和协调能力，同时提高专业人员和公众的应对水平。"[①] 全国跨部行动指挥中心和地方民事安全应急指挥中心负责协调和处理日常事务，并提出应急安全政策建议。行政长官还负责起草地区性应急计划——民事安全应急反应计划（ORSEC PLAN），它作为一种地区救援性的应急机制预案，是应对区域性紧急危机的关键举措，也是考核官员的重要指标。[②]

法国除政府承担安全监管和处理职责外，核电设施的运营者——法国电力公司和各地的核电站也负有安全保障和事故处理职责。作为几乎全部核电站业主的法国电力公司设有辐射防护研究和检测机构、应急指挥中心。各个核电站也设有应急机构，负责安全预警、场内救援等职责，核电站站长有权下令对核事故进行内部干预。

第三节　法国应急安全体制的运行流程

法国应急安全机制包括预警机制、决策机制、执行机制和评估机制。法国应急处理机构的专门化和应急安全的法制化，以及应急安全文化建设，使法国形成了现代应急安全治理体系。

一、危机预警

在法国，应急安全管理是一种严格的层级式管理。法国实行的是预警常态化、逐

① 刘文俭、井敏：《法国应急管理的特点与启示》，载《行政论坛》2011 年第 5 期，第 93 页。

② Patrick Lagadec, Crisis Management In France: Trends, Shifts and Perspectives, *Crisis Management In France*, Vol. 10, No. 4, Dec, 2002, P. 160.

级通报和逐级干预的双向运行机制。法国作为世界上第一个针对自然灾害和技术灾害建立保险体制的国家，十分注重日常行政工作中的危机管理思维。法国有较为完备的应对公共危机的法律和行政法规设置。如作为最重要的民事安全预警机制，“民事安全应急反应计划”（ORSEC）是法国从下至上的每个层次行政官员必须严格定期制定的应急安全预警与应对计划，包括中央政府、大区、省等各级行政主体。[①] ORSEC 计划并非是一个任务清单，而是一个关于突发事件应对的总体框架。它明确了应急管理的任务，即谁指挥，可能将面临哪些危机；提出可应对的方式，包括人员安排、设备的使用及传输流程；指出方案的执行办法，如动员方式等。在结构上，它会预设一个危机管理总部，其分别下设在危机现场和远程的指挥中心。前者负责现场的运行，后者在物流、后援的安排上灵活调度。其主要包括六大领域的应对措施：秩序维护，包括灾情所在地秩序的恢复、法治保障、伤亡统计及社会损失确认；搜索救援，由消防力量、跨区域医疗力量及志愿者服务组成；医疗卫生救助，负责现场抢救及善后治理工作，广泛接纳社会援助力量；交通运转，包括修复灾难造成的公共设施损坏、恢复公共交通、确保外地资源的运达与输送；通信保障，确保灾难现场与外界的信息通畅；公共传播，包括与媒体和社会公共沟通，保障社会的知情权与信息的透明度，并进行政府公共危机传播。法国应急安全响应模式如图 23－1 所示。

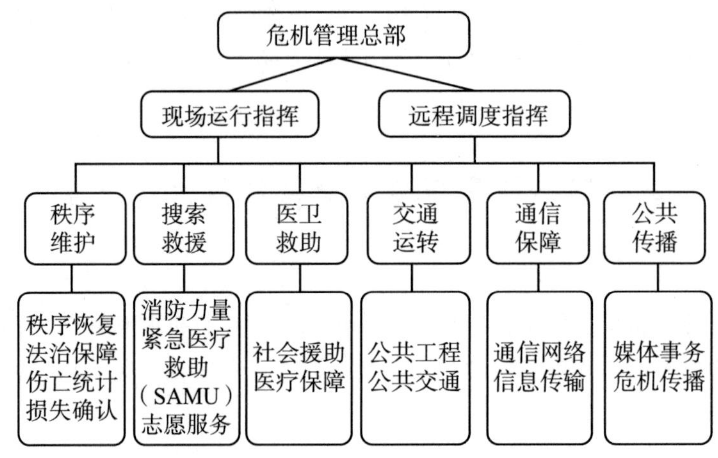

图 23－1　法国应急安全响应模式

资料来源：根据法国应急安全响应模式特点制图。

自然灾害是法国公共安全的主要威胁来源之一，法国 16 000 多个市镇均有遭受洪水、地震、雪崩、森林火灾、龙卷风、火山爆发等灾害波及的危险。对

① “法国应急计划网站”，http://www. plan-orsec. org/.

此，法国生态、能源、可持续发展及国土资源部制定了专门应急计划——可预测性自然灾害防治计划。该计划包含三大主要内容：一是针对法国自然地理、社会人文情况的调研报告，包括特点、现状及影响；二是预警危机的可能性来源、原因及未来的发展趋向；三是不同区域可能性灾害和危机的解决及预防办法等。此外，法国还有针对其他可能造成大量社会危害的主要风险的预警和安排，如核安全、工业污染、危险物品运输等。如在 2015 年 1 月巴黎连续发生恐怖袭击时，总理府宣布将首都所在的巴黎大区反恐方案——“警惕海盗计划”（Vigipirate）[①]安全警戒提至最高，加强对新闻机构、大型商场和宗教场所等的保护。同时，在法国全境增加执行安全任务的军人，进行危机预警和预防。

二、危机应对的中央决策

在应急安全事务方面，根据危机的可预测性、突发性和事件的影响程度，政府有着不同的管理与干预流程。法国已经形成了危机应急管理体制机制。总理府的国民安全办公室（SGDN）是总理指挥突发事件工作的常设机构。危机发生后，它将根据已有的专项预案、应急规划和所掌握的各方情报信息协调指挥各部门及地区进行危机事件应对。然后，再视风险程度及现实需要设置临时的部际委员会或应急处理中心，统一领导应对工作，由内政部负责协调、指挥、执行。一般来说，作为紧急事件的对应性机构安排，部际委员会扮演着实质性的总体指挥与决策角色。在特别重大的应急事件中，总理会担任部际委员会主任，成员还有来自军方和有关部门的要员。如果危机还难以控制，法国总统会亲自参与危机处理程序。在危机事件管理中，法国内政部则承担着关键的执行与枢纽任务，任务主要由其所辖的民防总局（DDSC）和警备系统来完成。

可见，内政部在危机管理中扮演着多元角色，作为维护公共治安和民事安全的关键机构，内政部在应急事务处理中统领着其他相关部门的协调与指挥工作。其下属的民事防务与公共安全局还将在具体事件中与国防部、警察总局、宪兵总部和气象、铁路、公路运输等所有的政府部门，以及所涉社会不同团体和组织保持协调与合作关系。该局可视危机情况调度分布于全国多个救援中心的职业消防队员及救援物资资源进行紧急救援。该局下设有全国民事安全部际行动指挥中

① Vigipirate 计划，即通常所说的“警惕海盗计划”，属于法国安全警戒系统。该计划于 1978 年由当时的法国总统瓦莱里·吉斯卡尔·德斯坦创制。该计划分“简单”和“加强”两个阶段。后一个阶段计划要动用正常时期不承担法国本土个人和财产安全管理任务的军队。自该计划创立以来，先后于 1995 年、2000 年、2004 年、2005 年以及 2007 年被激活。该计划一旦被激活就需要采取特别的安全措施，包括增加大量的警察、军警混合巡逻队伍在地铁、火车站及其他易受攻击的地方加强防范。

心，与地方应急指挥中心组成层级式应急管理体系。

三、地方参与危机管理

法国应急安全管理是一种从下到上逐级干预的运行机制，共有市镇政府、省政府、防卫区、中央政府四个层级体系。民众在面临或者遭遇安全事件威胁时向警察或消防员报警，事件发生地的市长负责指挥市一级的应急机构进行应急处理工作。如果灾情扩大，再上报至省一级应急反应中心，并由省长调动资源进行干预并担任总指挥。如果事态仍然无法控制，并有蔓延至全国的趋势，本土7大防卫区应急管理中心和内政部将介入危机管理。

（一）市镇

在遇到突发的应急安全事件时，民众首先会向当地（市镇级）的警察局或者消防队报警。法国共有36 000多个市镇，但是由于市镇规模一般都比较小，因此其力量、资源和处置能力往往无法有效地处理一般性应急安全事件。在这种情况下，省成为法国应急管理体系中最主要的危机应对主体。

（二）省

法国的应急管理体制中，省级是应对安全危机最主要的力量。当市镇发生的应急安全事件超出其应对能力时，市镇应急管理机构直接向省长通报和请求救援，省长暂不直接参与救援行动的指挥工作，首先协调资源和救援力量帮助市镇继续进行救援，只有事态发展到了较大规模，市镇及增援力量仍无法有效控制事态时，才由省应急管理中心接管处理。省级应急管理中心会选择已经准备好的不同预案进行应急处理，根据实际情况，也会制定新的救援方案。

（三）防卫区

当省级应急管理中心难以对付紧急危机事件时，防卫区将开始介入事件的应对。中央政府和内政部会下派国家专员领导处理防卫区和省级危机事务。由于省在应急安全体系中占有最重要的地位，因此法国明确规定，虽然省长在行政上隶属于大区区长，各项事务要接受大区区长的领导，但是这其中不包括应急安全管理的指挥权。所以，在跨省或者跨大区的应急安全事件中，具有决定权的仍然是各省的省长。对于超出省长和省级应急机构应对能力的危机事件，防卫区区长将应请求或者主动进行干预，启动防卫区应急计划，防卫区区长接替省长直接指挥应急事务的处理工作。

四、应急安全管理的评估与监督

法国应急安全管理体制的发展是与现代公共危机爆发的性质和形式的多元化相伴随的。政府安全治理的工作不仅要受到政府本身激励机制的评估与监督，还因其所代表的广泛公众利益而承受舆论考验，正是这种内外压力不断地推动政府安全治理的革新。[①] 应急安全管理的评估与监督工作贯穿危机发生的全过程，可以分为具体工作成效的监督和政府治理方式上的监督。

从应急安全工作的执行来看，法国集中化、垂直双向式的应急治理模式有利于上级领导及指挥机构命令的贯彻和执行。因此，在危机执行主体做出应急响应时，对险情的判断与评估工作需提前开展，它来自于响应单位执行者、专业人士及所涉危机的经历者共同的反馈，这一反馈会随着危机事件的发展与信息的扩散卷入更多的监督者，决策者及上级机构在此时会根据事件的具体情势做出更合适、更明确的应对指示。应当注意的是，随着危机事件卷入者的个体角色意识增强和信息获取手段的多样化，应急安全工作的透明度需不断提升，因此，一些关键角色的话语权给予了政府治理工作前所未有的压力。安全监督所涉部门主体成倍增长，责任的增强使其应急工作预警能力主动性提高，如健康、环境、农业等部门在应对复杂情况时均会建立其各自的应急服务计划，而这些部门的前置性程序在危机管理中更是不可忽视。如法国药品安全局、法国食品安全局、法国国家公共健康监督局等一些关系民生安全部门的评估、建议和监督关乎安全大局。此外，安全技术知识不再是政府机构的专属，许多拥有特殊技能的人员会在危机中加入到相关领域的救援与监督工作中，而危机中的受害者和有舆论引导力量的公民个体也会对政府的安全工作展开评估与监督。还有司法监督，它包括政府受到立法、司法机构的质询，也包括受害者和利益相关者对有关部门和责任者的司法声索。因此，安监工作的全过程不再为政府所垄断。

如上分析，法国的应急安全治理工作有着众多监督阀门，然而从本质上来看，应急安全的治理过程是一种集体安全行为，它会造成一定程度上的公权对私权的侵犯，譬如隐私的被动公开、团体利益乃至个体利益的妥协等。因此，法国政府的公共安全治理行为也一直遭到社会伦理与道德的质疑，主要体现在几个方面：一是政府以“公共秩序”的名义实施政策行为或导致国家监督行为的不透明，且一些危险性的工业行为可能会以导致公众恐慌为由而采取隐匿措施。[②] 这

① Borraz O, Gilbert C: Quand l'Etat prend des risques. In: Borraz O, Guiraudon V (eds), Politiques Publiques 1. La France dans la gouvernance européenne, Presses de Sciences Po, Paris. 2008, pp. 337 – 357.

② Bonnaud L: Au nom de la loi et de la technique: L'évolution de la figure de l'inspecteur des installations classées depuis les années 1970. *Politix* 2005 1/69, 131 – 161.

一质疑在法国制定有关情报与反恐相关法案时表现明显，它体现为对公众隐私的合法性获取，且是无事先通知与认可的。① 二是政府在危机治理中强调“平等权利”，这是一个已为宪法和行政法所认可的原则，它要求不能在公民之间有所区分，而是应该平等对待。如2009年在经历H1N1流感病毒肆虐时，法国公共健康部决定给每个公民注射疫苗，而不是向其中1/3的实际受损者提供畜牧免疫帮助。② 当然，政府的公共权力行为本身就处于广大公众的聚光灯下，政策的制定过程也是社会各种利益的博弈与平衡，应急安全的最终目的是维护国家边界的安全与国内社会的稳定。在媒体时代，政府和公众对秩序和声誉的期待显然更高，在此压力下，政府的过分谨慎和预先防治措施虽有越界之嫌，但毕竟这与现代政府的治理逻辑并不相悖。法国核或放射性应急机构组织如图23－2所示。

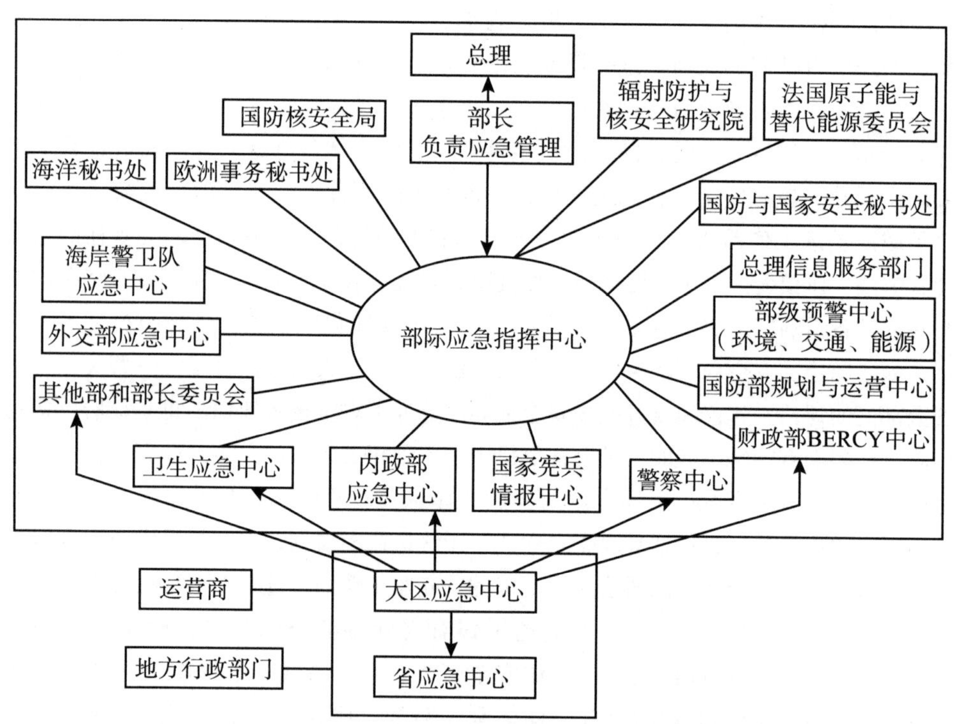

图23－2　法国核或放射性应急机构组织

资料来源：闫淑敏：《法国公布重大核或放射性事故国家应急计划》，载《国外核新闻》2014年第3期，第21页。

① 汪闽燕：《法国高票通过反恐情报法案　巴黎律师公会主席：反恐监听监控应受限制》，载《法制日报》2015年5月12日。

② Assemblée Nationale：Rapport fait au nom de la Commission d'Enquête sur la manière dont a été programmée, expliquée et gérée la campagne de vaccination contre la grippe A（H1N1）n°2698.

第二十四章

21 世纪法国国家安全体制的改革

"9·11"事件给人们敲响了警钟，预示着 21 世纪充满了不确定性和新的威胁与挑战。正如法国 2008 年《国防与国家安全白皮书》中所言："当今世界并不一定是更加危险，但却变得更加难以预测、更不稳定、充满更多矛盾。"[①] 面对新的安全形势，世界各国纷纷着手调整国家安全战略，改革国家安全体制。在欧洲，法国的改革具有代表性。如何调整现行国家安全体制结构和运行机制成为法国改善国家安全状况的首要课题。目前学界对新世纪法国国家安全体制结构和运行机制的改革鲜有涉及。本章拟对新世纪以来法国国家安全体制的困境、国家安全体制改革的内容及改革的前景等方面进行梳理与分析。

第一节　法国国家安全体制的困境

进入 21 世纪，世界各国面临着多样化的威胁与挑战。恐怖主义、地区冲突、核扩散、大规模杀伤性武器、网络攻击、经济危机、健康问题、环境问题、有组

① Mallet Jean-Claude, Présidence de la République et Ministère de la Défense, *Défense et Sécurité nationale: le Livre blanc*, Paris: Odile Jacob/La Documentation Française, 2008, P. 14.

织犯罪等都是世界各国包括法国不得不应对的安全挑战。[①] “法国的潜在敌人由明确的、单一的转化为分散的、多样的、难以预料的，法国从未感觉如此不安全。”[②] 法国国内也不安宁，经济状况不佳导致社会问题丛生，居高不下的犯罪率对社会治安构成严重威胁。20 世纪 80 年代的反恐催生的法国国家安全体制已出现不少漏洞，尤其是面对全球化背景下新出现的威胁与挑战显得力不从心。

一、对国内安全问题的忽视

长期以来，法国过于注重外来安全威胁与对外防务，而忽视了国内安全问题。虽然 20 世纪 80 年代发生的一系列恐怖主义袭击事件使得法国对国内安全问题有所重视，时任总理希拉克（Jacques Chirac）还组建了一个协调情报、外交、警察、司法等各部门职能的权威机构——“国内安全委员会”来处理涉及国家安全的特别事件，并由他亲自主持，[③] 但法国对国内安全的关注远不及对国防的重视，还没有将国内安全真正上升到国家安全的最高层面。进入新世纪，法国传统国防的重要性进一步下降，而国内安全面临着越来越多的挑战。长期的经济低迷导致失业率居高不下、贫富分化，治安状况恶化，犯罪率大幅上升；2000 年的犯罪率与 1999 年相比上升了 5.7%，2001 年发生的犯罪案件达 400 万多件，比 2000 年增加了 7.7%。[④] 尤其是频频发生的社会骚乱和本土恐怖主义严重影响着法国的社会安全，如 2005 年的巴黎郊区骚乱和“独狼行动”。

由于犯罪案件和社会骚乱不断增加，法国民众普遍缺乏安全感。法国《星期日西南报》2013 年 9 月公布的伊佛普（Ifop）民调显示，2007 年大约有 43% 的法国人缺乏安全感，这一比例在 2010 年萨科齐任内上升至 59%，而在 2012 年奥朗德赢得总统大选后飙升至 72%。[⑤] 这些国内安全问题威胁着法国的国家安全与社会稳定。

日益严峻的国内安全问题引起了法国领导人的高度重视，并成为他们的政治资本。希拉克打着解决社会治安问题的旗号于 2002 年连任总统，而萨科齐曾分别于 2002 年和 2005 年先后两次出任内政部长，提出的《国内治安法》草案大大

① Ministère de l'éducation nationale, de la jeunesse et de la vie associative, “La nation, sa défense et la sécurité nationale”, http://web.ac-reims.fr/editice/index.php/lettres-et-sciences-humaines/histoire-geographie-education-civique?id=1670.

② 何奇松：《冷战后的法国军事转型》，载《军事历史研究》2007 年第 3 期，第 135 页。

③ 彭光谦主编：《世界主要国家安全机制内幕》，江苏人民出版社 2014 年版，第 132 页。

④ 吴国庆：《法国政治史：1958～2012》，社会科学文献出版社 2014 年版，第 311～312 页。

⑤ “调查称法国人民缺乏安全感普遍认为犯罪率上升”，http://news.china.com.cn/world/2013-09/23/content_30102540.htm.

地改善了法国国内治安状况。他在 2005 年巴黎郊区动乱中镇压动乱分子的强硬做法为他竞选总统赢得了法国主流群体的投票支持，因此在 2007 年出任总统后，他便将主要精力集中在国内安全问题上，并将其上升到国家安全的最高层面。[①] 2015 年法国本土遭遇一系列恐怖主义袭击后，奥朗德总统更是加大了对国内安全的重视程度和投入力度。

二、安全事务的模糊与安全体制的分离

安全威胁的新变化使得国内安全与对外安全的界限日益模糊。

第一，恐怖主义活动猖獗，其网络日益全球化，恐怖主义威胁的来源更难确定并逐渐本土化。法国长期以来深受恐怖主义困扰，震惊世界的“9·11”恐怖主义袭击事件不仅仅是美国的噩梦，也使法国再一次陷入对恐怖主义的极度恐慌之中，法国也一直被恐怖主义的阴云所笼罩。从 2014 年开始，欧美国家的一些年轻人前往叙利亚等国参加“伊斯兰国”圣战，其中许多人又回到本国，并企图策划恐怖主义活动，对国家安全构成严重威胁，法国是主要的受害国之一。2015 年 1 月 7 日，法国《沙尔利周刊》位于巴黎的总部遭恐怖分子袭击，8 日和 9 日，武装分子在巴黎针对犹太人进行了恐怖袭击，这一系列恐怖袭击事件共造成 17 人遇难，成为法国本土近半个世纪以来遭遇的最为严重的一起恐怖袭击事件。虽然罪犯是法国公民，但他们与国外恐怖主义组织有着密切联系，位于也门境内的“基地”组织分支宣称制造了这一事件。[②] 除了对法国本土的袭击，法国在外公民的人身安全也受到恐怖主义的严重威胁。尤其是中东和北非地区已经成为滋生恐怖主义的温床，绑架法国人质的事件频频发生。2012 年 3 月，马里爆发军事政变，数十名法国人被掳为人质，最终迫使法国出兵马里。恐怖主义模糊了国内安全与对外安全的界限。

第二，移民潮侵蚀着国家的边界，外来移民对法国国内安全构成了严峻挑战。法国是全世界接受移民最多的国家之一。移民及其后裔往往缺乏平等的机会，处于社会底层，很难融入法国主流社会。由于法国强制外来移民接受法国原有主流社会的价值观念，这就加剧了法国主流社会与外来移民之间的矛盾，移民聚集区经常发生社会骚乱。

第三，法国还面临着其他诸多和全球化相关的非传统安全威胁，其流动性强，难以防范。网络黑客在虚拟空间从事着犯罪活动，自然灾害与传染病不分国

① 易小明、胡俊：《法国新总统萨科齐外交政策初探》，载《现代国际关系》2007 年第 8 期，第 18 ~ 19 页。

② “‘基地’认领巴黎恐袭，威胁发动‘更多袭击’”，http://www.banyuetan.org/chcontent/sz/hqkd/2015115/122874.html.

界，使得安全威胁的来源具有不确定性。如 2014 年西非爆发了大规模的埃博拉病毒疫情，并迅速蔓延到世界各地。[①] 西非曾经是法国的殖民地，直到现在还与法国保持着密切联系，当地生活着许多法国侨民，也是法国移民的主要来源。因此，埃博拉疫情的爆发不仅对生活在当地的法国人构成威胁，彼此之间人员、货物的流动也威胁着法国国内社会安全。可见，他国的威胁有可能演变为对本国的威胁，甚至直接威胁本国国内安全。相较于前一份白皮书强调全球化对法国国家安全造成的影响，2013 年白皮书则指出威胁不仅仅来自强国，同样也来自弱国，尤其是中东北非地区，因为弱国的国内危机很可能外溢到其他国家和国际体系，且其威胁更加难以确定。[②]

然而在法国，长期以来，国防意味着自我防御，保护领土和人民免受外来侵略，而安全被等同于国内安全，局限于民事和警察活动，[③] 国防事务与国内安全事务处于分离状态。这种分离主要表现在三个方面：一是情报机构的分散。负责对外情报工作的主要是国防部领导下的对外安全总局（la Direction générale de la sécurité extérieure，DGSE），而负责国内情报工作的主要是内政部领导下的国内情报总局（la Direction centrale du renseignement intérieur，DCRI），两者分属不同部门领导；法国情报部门还包括军事情报局（DRM）、国防保卫安全局（DPSD）、海关情报调查局（DNRED）、反非法金融流通情报处理与行动处（TRACFIN）等。[④] 这些分属不同部门的机构之间缺乏沟通和协调，工作效率大大降低。二是决策机构的分离。总统领导的负责国防事务的国防委员会和总理领导的负责国内安全事务的国内安全委员会各行其是，这往往造成总统和总理之间的矛盾。最高级别的统一指挥决策机构的缺乏使得中央在制定、协调国家安全政策方面困难重重，不利于应对突发性危机。三是执行机构的割裂。对外安全的主要执行力量是军队和特种部队，而本土安全主要由警察和宪兵维护，两者分属国防部与内政部领导，彼此缺乏必要的合作协调与沟通。

萨科齐和奥朗德均强调一体化管理法国的内部安全与外部安全。萨科齐认为，“国内安全与对外安全的传统界限已经模糊”，[⑤] 奥朗德在 2013 年《国防与

---

① Philippe Leymarie.，“Ebola，une affaire de sécurité nationale”，http://blog.mondediplo.net/2014-10-10-Ebola-une-affaire-de-securite-nationale.

② Guehenno Jean-Marie，Présidence de la République et Commission du livre blanc sur la défense et la sécurité nationale，*Livre blanc sur la défense et la sécurité nationale*，Paris：La Documentation Française，2013，pp. 27，39 – 41.

③ Frédéric Coste，“L'adoption du concept de sécurité nationale：une révolution conceptuelle qui peine à s'exprimer”，*RECHERCHES & DOCUMENTS*，No. 3，2011，pp. 19 – 20.

④ Mallet Jean-Claude，Présidence de la République et Ministère de la Défense，*Défense et Sécurité nationale：le Livre blanc*，Paris：Odile Jacob/La Documentation Française，2008，P. 139.

⑤ Mallet Jean-Claude，Présidence de la République et Ministère de la Défense，*Défense et Sécurité nationale：le Livre blanc*，Paris：Odile Jacob/La Documentation Française，2008，P. 10.

国家安全白皮书》中强调通过双边和多边合作交流信息和强化内部安全与外部安全更好地一体化管理①，当今法国的外部安全威胁和内部安全威胁已经融合成为一个互联的网络。因此，法国急需一个囊括国防与安全的综合性的国家安全观念和安全战略，以及与之相适应的安全体制，改革旧体制中对外安全与对内安全治理分离的状况，以更好地协调相关部门的工作，加强彼此之间的联系，最终实现其安全治理的目标。

三、落后的国防和军事体制

1991 年的海湾战争改变了传统的作战模式，突出了高科技战争的威力，作战空间扩展到太空、网络等领域，武器装备走向高精尖，军事体制信息化、高效化。这场战争暴露了法国国防体制和军事力量体制的弊端。虽然新世纪各种非传统安全威胁看似攻占了国家安全议程，但军事威胁并未消失，近年来法国也卷入了不少军事行动，如在阿富汗、利比亚和马里的军事行动。② 这都对国防和军事体制提出了更高的要求。

在国防决策机制方面，法国《宪法》第 15 条规定“总统是武装力量的最高统帅”，其下设最高决策机构——内阁会议，他还负责主持国防委员会、高级国防委员会和限制性国防委员会。③ 这些委员会的功能主要是针对具体的重大国防问题做出决策，具有临时性的特点。

在执行体制方面，法国《宪法》第 21 条规定总理负责国防政策的执行。1959 年政令规定，“总理行使防务上的一般性指挥权和军事指挥权，贯彻实施防务政策，还负责作战的最高领导；在其下设立了国防总秘书厅和国防部”。④ 总统和总理的职权范围存在一定重合，有时会造成两者争权或无人负责的情况。且由于国际国内安全形势的变化，当今的国家安全已不仅仅局限于传统意义上的国防，需要实现对国防与国内安全的统一领导和统筹兼顾。因此法国急需将国防安全与国家内部安全上升到最高层面，由总统直接进行领导。

---

① Guehenno Jean-Marie, Présidence de la République et Commission du livre blanc sur la défense et la sécurité nationale, *Livre blanc sur la défense et la sécurité nationale*, Paris: La Documentation Française, 2013, P. 104.

② Guehenno Jean-Marie, Présidence de la République et Commission du livre blanc sur la défense et la sécurité nationale, *Livre blanc sur la défense et la sécurité nationale*, Paris: La Documentation Française, 2013, P. 10.

③ 李保忠：《中外军事制度比较》，商务印书馆 2014 年版，第 60～61 页。

④ 大平善梧、田上穰治主编，钟庆安、高培译：《世界各国国防制度》，解放军出版社 1987 年版，第 117 页。

法国在军事力量体制方面问题较为突出。第一，法国实行了近一个世纪的义务兵役制已难以适应现代战争的需要，因为“法国义务兵不经议会批准无法在海外执行行动”。[①] 这一限制性规定约束了法军对海外危机的反应及对其海外利益的保护。为了摆脱这一困境，1996 年时任总统希拉克提出了武装力量改革计划，目标是在 2015 年前建立一支职业化的军队。[②] 第二，传统的海陆空三栖作战已适应不了时代的发展，网络与太空成为新的战略制高点，国内安全问题也越来越突出，法国需要改革其武装力量体制。加之冷战结束后，非传统安全问题成为法国的主要安全威胁，应对传统安全威胁的庞杂的军力体制结构无法满足法国新的安全需求。前总统萨科齐认为，法国的传统防务体制是过时的，新世纪的法国应该选择需要的战略，以应对其面临的安全挑战。第三，尽管法国拥有独立的核武器和相当规模的常规力量，但渐渐落后于当今信息技术与军事技术突飞猛进的发展，法国急需进行军事信息化，武器装备需要更新换代。萨科齐尤其重视发展核力量，以弥补法国常规力量的不足。2008 年 3 月，他在“可畏号”核潜艇下水仪式上发表演讲称核威慑为法国的“人寿保险”，将对所有侵犯法国重要利益的行为进行核打击。[③] 奥朗德也视核威慑为主权与国家安全的最终保障。[④]

在欧洲防务体制上，以“戴高乐主义”为基础的不参与以北约为主的多边防务结构和多边军事行动的观念已经过时。对于法国而言，欧洲对其国家安全具有重大意义，法国一直是欧洲一体化的主要推动者，欧盟共同安全与防务政策是推动法国国家安全体制改革的一大动因。长期以来欧盟军事上依赖于美国和北约，缺乏强大的一体化防务力量。但美国逐渐将战略重点转向亚太，对欧洲的投入不断下降，更多地要求欧洲自己承担起维护安全的责任。[⑤] 为了摆脱对美国的防务依赖，增强自身国际影响力，在法国的推动下，欧盟决定大力推动防务一体化建设。法德是欧洲一体化的两根支柱，但由于历史原因，德国的军事发展受到限制。其他国家或是因为没有能力，或因为缺乏意愿而无法扛起欧洲共同安全的重任，因此，欧盟防务体制的发展受到很大的掣肘。而事实上，北约一直在欧洲安全上承担着主要责任。鉴于此，萨科齐开始思考法国的亲美路线。一方面通过增

---

① 何奇松：《冷战后的法国军事转型》，载《军事历史研究》2007 年第 3 期，第 138 页。

② 余勇、唐兴诚：《聚焦法国军事力量转型》，载《国防科技》2006 年第 7 期，第 45 页。

③ 滕建群：《核威慑新论》，载《国际问题研究》2009 年第 6 期，第 15 页；还可参见 “Speech by Nicolas Sarkozy, Presentation of ‘LE TERRIBLE’ Submarine in Cherbourg”, http://www.francetnp.gouv.fr/.

④ Guehenno Jean-Marie, Présidence de la République et Commission du livre blanc sur la défense et la sécurité nationale, *Livre blanc sur la défense et la sécurité nationale*, Paris: La Documentation Française, 2013, P. 20.

⑤ Guehenno Jean-Marie, Présidence de la République et Commission du livre blanc sur la défense et la sécurité nationale, *Livre blanc sur la défense et la sécurité nationale*, Paris: La Documentation Française, 2013, P. 29.

强自身军事实力和完善国家防务体制来进一步推动欧洲共同安全和防务的发展，另一方面又与美国主导的北约体制协调，全面重返北约。他认为欧盟与北约不是竞争的关系，而是相辅相成的。基于此，2009 年 3 月前总统萨科齐在法兰西军事学院发表演讲称："全面重返北约既符合法国利益，也是欧洲利益之所在。"① 但同时他也强调法国重返北约的三原则：法国有决定是否参与北约行动的完全自由；核力量的完全独立与自由；和平时期法国不向北约提供常驻兵。② 奥朗德上台后虽然没有继承萨科齐的亲美路线，但他同样注重加强地区和国际安全合作，强调法国的国家安全只有在欧盟和北约框架内才能实现。③

总之，旧的法国国家安全体制已不适应时代的发展，改革对于实现法国的安全与雄心至关重要。萨科齐在 2007 年 5 月 6 日当选总统后发表演讲称，法国需要变革。④ 奥朗德上台后，在新的国内外安全形势下推动改革进一步深入，"改革的目标包括保卫法国国土和国民安全、确保法国的主要军事与外交大国地位、确保行动自由和独立自主、维护欧洲和世界的和平与稳定"。⑤

第二节　法国国家安全体制改革的内容

21 世纪法国国家安全体制改革的主要推动者是萨科齐。他的前任希拉克虽然与他同属右翼政党，但他是一位相对保守的政治家，未进行大的变革。而左翼的奥朗德由于外交和国防方面的经验相对不足，更加谨慎、务实和保守，缺乏变革精神。⑥ 虽然他努力将自己与萨科齐区别开来，还颁布了 2013 年《国防与国家安全白皮书》，但他在很大程度上还是继承了萨科齐的政策。萨科齐号召"与

① 吴国庆：《法国政治史：1958～2012》，社会科学文献出版社 2014 年版，第 432 页。

② Frédéric Pesme：France's "return" to NATO：implications for its defence policy，*European Security*，Vol. 19，No. 1，2010，P. 51.

③ Guehenno Jean-Marie，Présidence de la République et Commission du livre blanc sur la défense et la sécurité nationale，*Livre blanc sur la défense et la sécurité nationale*，Paris：La Documentation Française，2013，P. 61.

④ "Le discours de Nicolas Sarkozy"，http://www.liberation.fr/politiques/2007/05/06/le-discours-de-nicolas-sarkozy_9889.

⑤ Guehenno Jean-Marie，Présidence de la République et Commission du livre blanc sur la défense et la sécurité nationale，*Livre blanc sur la défense et la sécurité nationale*，Paris：La Documentation Française，2013，P. 46.

⑥ Bruno Tertrais，"Leading on the Cheap? French Security Policy in Austerity"，*The Washington Quarterly*，Vol. 36，No. 3，2013，P. 48.

过去决裂"，通过主持颁布2008年《国防与国家安全白皮书》等一系列法律法令文件，对法国的国家安全体制进行了大刀阔斧的改革。他首次提出"国家安全"的概念："国家安全不仅仅局限于对外防务，还包括国内安全；不仅指军事安全，还有民事安全。法国需要通过军事、经济和外交等各种手段防止一切可能的危险和潜在威胁。"[①] 他还指出，新世纪法国国家安全体制的改革必须满足五大战略功能：预知、预防、威慑、保护、干预[②]。2013年《国防与国家安全白皮书》指出，新的国际和安全环境要求法国进一步聚合五大战略功能，预知和预防是第一道防线，保护是国防与国家安全政策的首要目标，而这又离不开威慑与干预能力。[③] 奥朗德在欧洲主权债务危机不断加深的背景下上台，欧洲各国纷纷大幅削减公共开支。他意识到经济因素在国家安全中的作用越来越重要，经济不仅是国家安全的保障，经济安全更是安全的重要组成部分，如何在资源更少的情况下应对越来越多、越来越复杂的安全挑战成为法国面临的重大问题。[④] 他提出的竞选口号就是要进行经济改革，带领法国人民走出困境。此外，由于恐怖主义日益活跃，反恐正逐渐占领奥朗德的执政议程。基于此，新世纪法国亟须整合国防体制和国内安全体制，统一领导与协调各安全部门的工作，加强部际协调，并促进它们之间的交流合作。因此，法国对国家安全体制结构进行了改革，新设立了一系列国家安全指挥与协调机构，对国家安全体制的运作流程也做出了调整。新近出现的恐怖主义威胁便是对其国家安全体制改革成效的检验。

一、国家安全体制结构的改革

国家安全体制结构不仅仅指专门负责情报、军事和机密任务的传统国家安全部门，而是一个由决策中枢、执行机构和咨询机构等组成的复杂系统。[⑤] 21世纪法国的改革以形成一个顶层统筹、下层协调合作的科学、高效、灵活的安全体制结构为目标。法国的最高国家安全机构经历了从国内安全委员会到国防与国家安

---

① Mallet Jean-Claude, Présidence de la République et Ministère de la Défense, *Défense et Sécurité nationale: le Livre blanc*, Paris: Odile Jacob/La Documentation Française, 2008, P. 62.

② Mallet Jean-Claude, Présidence de la République et Ministère de la Défense, *Défense et Sécurité nationale: le Livre blanc*, Paris: Odile Jacob/La Documentation Française, 2008, P. 65.

③ Guehenno Jean-Marie, Présidence de la République et Commission du livre blanc sur la défense et la sécurité nationale, *Livre blanc sur la défense et la sécurité nationale*, Paris: La Documentation Française, 2013, P. 69.

④ Guehenno Jean-Marie, Présidence de la République et Commission du livre blanc sur la défense et la sécurité nationale, *Livre blanc sur la défense et la sécurité nationale*, Paris: La Documentation Française, 2013, P. 9.

⑤ 徐思宁：《国家安全体制理论辨析》，载《中国军事科学》2006年第2期，第87页。

全委员会的变化。

"9·11"恐怖袭击事件及其暴露出来的国内安全威胁促使法国考虑成立新的安全机构。在2002年法国总统大选中，希拉克抓住民众最为关心的安全问题，提出重新组建"国内安全委员会"的竞选主张，并最终赢得大选；他连任总统后立即成立了由总理、国防部长、内政部长、财政部长、司法部长、预算部长等组成的新的国内安全委员会，由总统亲自主持，成为维护国家安全的最高机构。[①]

2007年，萨科齐当选新一届法国总统，他是一位具有"拿破仑情怀"的总统。2007年1月，他发表讲话称要推进"墨守成规、停滞不前的法兰西"进行改革，并雄心勃勃地提出了1 181项改革措施，涉及政治、经济、国防、教育、司法、社会等各个方面。[②] 其执政理念被称为"萨科齐主义"（Sarkozysme），目的在于追求独立自主和大国地位。在国家安全方面，针对安全事务和安全体制分离的状况，萨科齐在国家安全的最高层面整合对外防务与国内安全，设立国防与国家安全委员会（le Conseil de défense et de sécurité nationale，CDSN），这是新世纪法国安全体制改革的一大创举。当然，这一机构并非凭空产生，其前身是国内安全委员会与国防委员会，其职责包括军事规划、威慑政策、国内安全规划、反恐，以及重大危机的预防和应对等。[③] 为了进一步完善国家安全体制结构，法国在成立国防与国家安全委员会的同时还在其下设立了国家情报委员会、国家情报协调官、国防与国家安全总秘书处、国防与国家安全咨询委员会等附属机构。除了综合性的国家安全机构外，法国还针对具体安全领域设立了专门负责机构。如为了更好地维护核安全，2006年法国成立了原子能安全委员会（l'Autorité de sûreté nucléaire，ASN）；为了更好地维护网络安全，2009年7月成立了国家信息系统安全局（l'Agence de la sécurité des systèmes d'information，ASSI）。[④] 随着国家安全体制结构的改革，国家安全领域的组织人事也经历了相应变革。

二、安全情报与预警机制的改革

预知是防卫的第一条战线，及时可靠的信息对维护法国领土与战略自主必不可少，因此必须加强安全情报与预警机制建设。预警的目的是为了发现危机，避

---

① 张骥主编：《世界主要国家国家安全委员会》，时事出版社2014年版，第168页。

② 吴国庆：《法国政治史：1958～2012》，社会科学文献出版社2014年版，第395页。

③ Mallet Jean-Claude，Présidence de la République et Ministère de la Défense，*Défense et Sécurité nationale：le Livre blanc*，Paris：Odile Jacob/La Documentation Française，2008，P. 252.

④ "France and cyber security"，http://www.diplomatie.gouv.fr/en/french-foreign-policy/defence-security/cyber-security/.

免国家安全威胁的产生与恶化，有效的预警系统需要来自外交、经济、军事、法律等方面在国际、欧洲和国家层面的协调。法国的目标是建立一个“情报共同体”[①] 和一个永久性的早期预警系统，前者主要由六大情报部门组成，旨在促进彼此之间的信任和信息共享，后者包括外交与欧洲事务部、国防部、司法部、内政部、财政部、发展署（l'Agence française du développement，AFD）和独立专家，他们共享信息、监控情况并向政府部门发出早期预警。[②] 这将使法国掌握战略主动权，提高独立决策能力和尽快做出决策。

预警机制的关键在于情报收集与传递，情报机构收集并处理过的信息要在第一时间传递给总统、总理和其他部门，他们做出的决策也要及时传递给各执行机构。但先前法国的情报机构彼此分离、职能重叠，形成恶性竞争。因此，萨科齐对情报系统进行了重大改革，旨在建立以总统为核心的情报协调体制，提高情报工作质量。首先，根据2008年《国防与国家安全白皮书》成立了隶属于国防与国家安全委员会的国家情报委员会（le Conseil national du renseignement，CNR），其前身是总理领导的部际情报委员会。[③] 这个由总统直接领导的最高国家情报机构将能够避免预算紧缩背景下人力资源的分散，避免情报工作的无效重复，更有效地指挥协调隶属不同政府部门、职能各异、独立运作的情报部门的工作。其职责包括确定情报工作的主要方向（大战略与优先级）、制定情报工作的目标、统筹人力与技术资源、为情报工作提供指导以及依据情报活动的法律框架进行仲裁；委员会由总统任主席，总理、内政部、国防部、外交部、经济部和预算部等各部部长、国家情报协调官和国防与国家安全委员会总秘书出席全体会议，其他部长在涉及相关议题时亦可出席，总统还可以要求召开限制性情报委员会会议。[④] 未来它还将负责制定国家情报战略并公开其主要内容，以增强情报活动的合法性。[⑤] 同时还设立了国家情报协调官（le Coordonnateur national du renseignement），受总统府秘书长的直接领导，负责起草国家情报委员会的决议并监督其执行；通过年度投资计划监督情报目标和手段的规划与实施；主持关于情报的部际技术投

---

① Guehenno Jean-Marie, Présidence de la République et Commission du livre blanc sur la défense et la sécurité nationale, *Livre blanc sur la défense et la sécurité nationale*, Paris: La Documentation Française, 2013, P. 69.

② Mallet Jean-Claude, Présidence de la République et Ministère de la Défense, *Défense et Sécurité nationale: le Livre blanc*, Paris: Odile Jacob/La Documentation Française, 2008, P. 151.

③ 彭光谦主编：《世界主要国家安全机制内幕》，江苏人民出版社2014年版，第141页。

④ Mallet Jean-Claude, Présidence de la République et Ministère de la Défense, *Défense et Sécurité nationale: le Livre blanc*, Paris: Odile Jacob/La Documentation Française, 2008, pp. 137 – 140.

⑤ Guehenno Jean-Marie, Présidence de la République et Commission du livre blanc sur la défense et la sécurité nationale, *Livre blanc sur la défense et la sécurité nationale*, Paris: La Documentation Française, 2013, P. 71.

资控制委员会等。他还将主持情报机构负责人之间的定期会议并确定情报研究重点与情报机构的需求，总理办公室也将参与这些会议。[①] 奥朗德上台后，鉴于财政紧缩导致对情报领域的投入减少，他强调国家情报协调官的作用必须强化，尤其是要合理整合资源和分配预算。[②] 国家最高层面情报机构的成立极大地提高了情报传递和处理的效率，有利于提升安全决策的科学性以及危机预警与反应能力。

情报工作的质量与情报人员的素质直接相关。因此，法国根据 2008 年《国防与国家安全白皮书》对情报人员的招募与管理进行了改革，扩大了招收渠道，不再局限于专业化、技术化的公务员渠道，也向高等院校（Grandes Ecoles）开放；同时更加重视情报人员的语言和技术能力，促进不同部门之间人员的调任与流动性[③]。2010 年还成立了“情报学院”，它负责设计和组织情报人员的培训项目，有利于加强情报机构之间的联系并形成共有文化。[④]此外，完善的情报和预警机制需要先进技术的保障，法国大力发展情报技术，将其扩展到太空、网络领域。大力发展太空情报，电子情报（ELINT）、图像情报（IMINT）、信号情报（SIGINT）、多国天基成像系统（MUSIS）和红外预警卫星演示系统等都是其重要基础。[⑤] 但是 2015 年 6 月，维基解密指称美国国家安全局曾先后监听法国三任总统希拉克、萨科齐和奥朗德，以及其他政府官员，获取了法国政府的一些高级机密文件。[⑥] 这暴露了法国情报系统的漏洞，法国亟须加强反间工作，尤其应大力发展反窃听技术。

反恐预警是法国预警机制的重点。法国的反恐预警系统被称为“警惕海盗计划”（Vigipirate），是其国家安全警戒系统，由总理负责计划的制定与实施。从 2003 年起，该计划根据递增的顺序将恐怖威胁划分为 4 个级别，黄色是提高警惕级别，橙色是防止单个恐怖活动级别，红色是防止严重恐怖行动级别，深红色是防止大规模恐怖行动级别。[⑦] 反恐预警需要大量及时有效的情报信息，为了改善

---

① Mallet Jean-Claude, Présidence de la République et Ministère de la Défense, *Défense et Sécurité nationale: le Livre blanc*, Paris: Odile Jacob/La Documentation Française, 2008, P. 140. 还可参见高振明：《法国情报组织揭秘》，时事出版社 2013 年，第 111 ~ 112 页。

②④ Guehenno Jean-Marie, Présidence de la République et Commission du livre blanc sur la défense et la sécurité nationale, *Livre blanc sur la défense et la sécurité nationale*, Paris: La Documentation Française, 2013, P. 71.

③ Mallet Jean-Claude, Présidence de la République et Ministère de la Défense, *Défense et Sécurité nationale: le Livre blanc*, Paris: Odile Jacob/La Documentation Française, 2008, P. 134.

⑤ Guehenno Jean-Marie, Présidence de la République et Commission du livre blanc sur la défense et la sécurité nationale, *Livre blanc sur la défense et la sécurité nationale*, Paris: La Documentation Française, 2013, P. 72.

⑥ WikiLeaks-Chirac, Sarkozy et Hollande: trois présidents sur écoute, http://www.liberation.fr/monde/2015/06/23/chirac-sarkozy-et-hollande-trois-presidents-sur-ecoute_1335767.

⑦ 彭光谦主编：《世界主要国家安全机制内幕》，江苏人民出版社 2014 年版，第 158 ~ 159 页。

先前较为滞后的国内情报工作，法国整合了原来的普通情报局（RG）和领土监视局（DST），成立了国内情报总局（la Direction centrale du renseignement intérieur，DCRI），由内政部领导，其职责包括反间谍和外来干涉、反恐、保护国家财产和经济安全、监视暴力性颠覆活动。[①] 2013 年 6 月，瓦尔斯（Manuel Valls）总理宣布将其进一步发展为内部安全总局（DGSI），增加员工和技术人员，以加强国土安全建设。[②] 法国情报机构的组织架构如图 24 -1 所示。

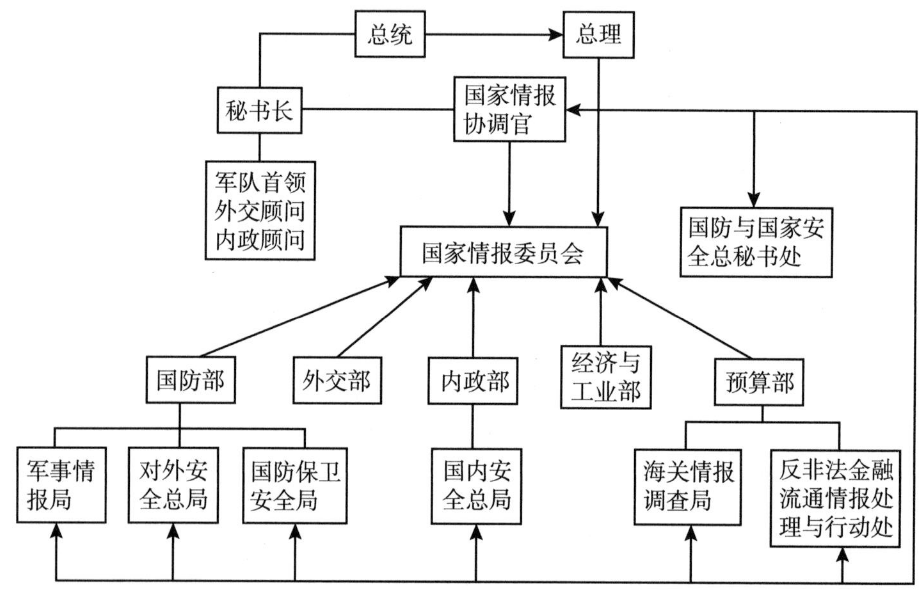

图 24 -1　法国的情报机构

资料来源：Mallet Jean-Claude，Présidence de la République et Ministère de la Défense，*Défense et Sécurité nationale*：*le Livre blanc*，Paris：Odile Jacob/La Documentation Française，2008，P. 141.

三、安全决策体制的改革

由于安全形势的新变化，法国要保障国家安全，就必须超越各部门机构的分离状态，对国家安全机构进行统一领导与协调。2008 年，法国国防与国家

① La France et la lutte contre le terrorisme，http://www.diplomatie.gouv.fr/fr/politique-etrangere-de-la-france/defense-et-securite/terrorisme/；Mallet Jean-Claude，Présidence de la République et Ministère de la Défense，*Défense et Sécurité nationale*：*le Livre blanc*，Paris：Odile Jacob/La Documentation Française，2008，P. 229.

② Le Figaro. fr avec AFP，"Valls réorganise le renseignement"，http://www.lefigaro.fr/flash-actu/2013/06/17/97001-20130617FILWWW00772-valls-reorganise-la-filiere-du-renseignement.php.

安全的最高决策机构——国防与国家安全委员会的成立恰好反映了这一需求。该委员会由总统领导，“成员除总统、总理外，还包括外交部部长、内政部部长、国防部部长、经济部部长和预算部部长，必要时其他部长也可参加，如司法部长出席涉及反恐议题的会议、卫生部长出席涉及预防卫生危机议题的会议”①。委员会根据议题的不同会有不同的运作形式，决策根据安全议题的紧迫性可分为“日常决策模式”和“危机决策模式”。② 最高决策者和最高决策层在前者中发挥着核心作用，涉及日常安全的议题将由总统或总理主持的特别讨论会解决，尤其是在讨论关于海外行动和核威慑的议题时可能形成限制性委员会，这使其运作方式更加灵活。③ 至于危机决策模式，“在国防与国家安全委员会下设立了一个限制性国防会议作为部际协调机构，由总统主持，直接负责处理军事危机”④。这一新的决策体制实现了日常决策与危机决策的有机统一，总统掌握了日常决策和危机决策的大权。虽然法国的政治传统是“总统制定大政方针，总理负责日常事务”，但总统不愿分散自己的权力，不愿放弃在日常决策中发挥作用的机会，追求最大限度的政治控制。⑤ 萨科齐凡事都亲力亲为，干预日常事务，多次表示要“总统管理国家”，成为实际上的“政府首脑”，总理菲永唯他马首是瞻。⑥

安全决策不是一挥而就的。为了提高决策的科学性，总统和总理需要听取来自不同渠道的意见与建议，并进行反复修订。因此，法国在成立国防与国家安全委员会的同时成立了国防与国家安全咨询委员会（le Conseil consultatif sur la défense et la sécurité nationale，CCDSN）。它由总统任命的独立专家组成，负责向总统与总理提供大战略思想、意见建议和政策方案。⑦ 法国安全决策体制如图 24－2 所示。

---

① Mallet Jean-Claude，Présidence de la République et Ministère de la Défense，*Défense et Sécurité nationale：le Livre blanc*，Paris：Odile Jacob/La Documentation Française，2008，P. 242.

② 徐思宁：《国家安全体制理论辨析》，《中国军事科学》2006 年第 2 期，第 90 页。

③ Mallet Jean-Claude，Présidence de la République et Ministère de la Défense，*Défense et Sécurité nationale：le Livre blanc*，Paris：Odile Jacob/La Documentation Française，2008，pp. 252－253.

④ 彭光谦主编：《世界主要国家安全机制内幕》，江苏人民出版社 2014 年版，第 141 页。

⑤ Philippe BEZES，“Understanding Organizational Reforms in the Modern State：Specialization and Integration in Norway and France”，*Governance：An International Journal of Policy，Administration，and Institutions*，Vol. 26，No. 1，2013，pp. 165－166.

⑥ Alistair Cole，“The Fast Presidency? Nicolas Sarkozy and the political institutions of the Fifth Republic”，*Contemporary French and Francophone Studies*，Vol. 16，No. 3，2012，pp. 311－319. 还可参见肖云上：《论萨科齐的政治改革》，载《国际观察》2007 年第 6 期，第 17 页。

⑦ Mallet Jean-Claude，Présidence de la République et Ministère de la Défense，*Défense et Sécurité nationale：le Livre blanc*，Paris：Odile Jacob/La Documentation Française，2008，P. 253.

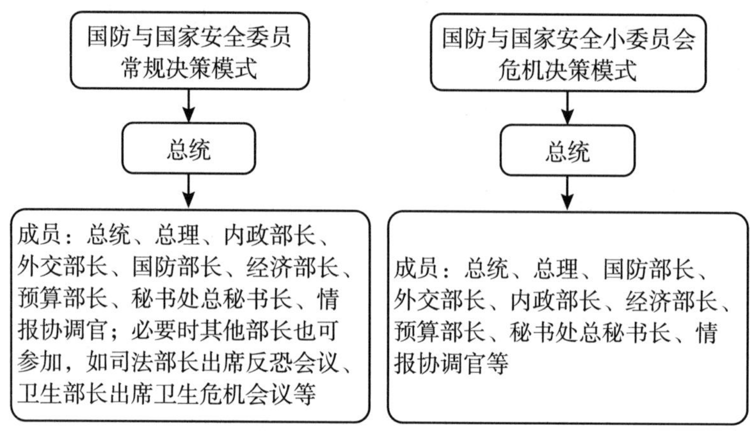

图 24－2　法国安全决策体制

如在马里反恐战争中，国防与国家安全委员会就发挥了指挥和决策的关键作用。2012 年，马里恐怖活动猖獗，法国准备在马里采取军事行动。在实施行动前，奥朗德总统几乎每天主持召开国防与国家安全委员会会议，根据情报部门提供的信息及时研究对策。2013 年 1 月 11 日上午，在马里首都巴马科危在旦夕之际，奥朗德紧急召开国防与国家安全委员会会议，做出了出兵马里的决策。他当晚发表讲话称："由于马里局势不断恶化，法国在马里总统的要求下决定在马里开展军事行动，以保护该国国民和 6 000 余名法国侨民的安全，维护地区和平与稳定。"① 国防与国家安全委员会的及时决策对稳定马里局势起了关键作用。2015 年 6 月 23 日维基解密爆出美国国家安全局对法国总统的窃听活动后，6 月 24 日奥朗德就此事召开国防会议，总理瓦尔斯、外交部部长、国防部部长、内政部部长、国家情报协调官、国防与国家安全总秘书处和各情报机构的大部分负责人都参与了会议，讨论应对措施；总统府发表声明称，"美国对法国官员的监听行为是不可接受的"，"法国绝不会容忍任何危害其国家安全的行为"。②

四、安全执行体制的改革

国家安全决策做出后，只有得到及时有效的执行，才能实现威慑、保护和干

① "Déclaration du Président de la République sur la situation au Mali", Elysee, January 11, 2013, http://www.elysee.fr/declarations/article/declaration-/du-/president-/de-/la-/republique-/sur-/la-/situation-/au-/mali-/4/.

② Espionnage des présidents français:《Les Etats-Unis doivent tout faire pour réparer》les dégats, http://www.lesechos.fr/24/06/2015/lesechos.fr/021159795188_espionnage-des-presidents-francais-les-etats-unis-doivent-tout-faire-pour-reparer-les-degats.htm.

预的功能，才能有效地维护国家安全。因此，执行机制是国家安全体制的重要一环。国家安全决策的执行涉及包括国防与国家安全总秘书处、外交部、国防部、内政部、情报局和预算部等在内的众多机构。安全行动往往涉及面广，需要部门间和国际层面的合作。

法国安全事务主要由总理领导各相关部门处理，为了更好地协调相关部门之间的工作以及应对新的安全环境，根据萨科齐主持颁布的2008年《国防与国家安全白皮书》，2009年12月23日内阁会议通过法令在国防与国家安全委员会下设立了国防与国家安全总秘书处（le Secrétariat général de la défense et de la sécurité nationale，SGDSN），它由原来的国防总秘书处发展而来，受内阁总理领导，与总统保持密切联系；其主要职责是起草和执行国防与国家安全委员会的决定，为部际间的对话与合作提供平台，并向总统和总理提出不同的意见。① 总秘书处共有五大部门，分别是国防与国家安全委员会秘书处，国家安全与保卫局，综合管理服务局，国际、战略、技术事务局和国家信息系统安全局。② 法国十分重视网络安全，其中国家信息系统安全局的主要任务就是负责保护国家的敏感网络，应对网络攻击、网络恐怖主义和网络战，向私人企业提供建议，并与欧盟其他成员国合作。

对外防务安全最主要的执行部门是国防部。新世纪法国的国防和军事体制经历了较大变革，以建立一个“高效的、经济的、现代化的”防务体制为目标。

第一，改革武装力量体制。2013年《国防与国家安全白皮书》指出，在防务预算紧缩的情况下，法国亟须建立一支训练有素、装备良好、反应迅速、高度信息化的自主军事力量。③ 还提出了“2025年武装力量模式”的目标④，情报、太空和网络是重点发展领域。该模式有四条指导原则：维持战略自主、武装力量模式与可预测的干预事态之间的一致性、力量的多样化、共享资源。⑤ 此外，法国军队经历了大规模裁员，行政岗位也大大缩减，但情报等部门的专业技术人员

---

① Mallet Jean-Claude, Présidence de la République et Ministère de la Défense, *Défense et Sécurité nationale: le Livre blanc*, Paris: Odile Jacob/La Documentation Française, 2008, P. 243.

② 张骥主编：《世界主要国家国家安全委员会》，时事出版社2014年版，第181～184页。

③ Guehenno Jean-Marie, Présidence de la République et Commission du livre blanc sur la défense et la sécurité nationale, *Livre blanc sur la défense et la sécurité nationale*, Paris: La Documentation Française, 2013, P. 8.

④ Guehenno Jean-Marie, Présidence de la République et Commission du livre blanc sur la défense et la sécurité nationale, *Livre blanc sur la défense et la sécurité nationale*, Paris: La Documentation Française, 2013, P. 97.

⑤ Guehenno Jean-Marie, Présidence de la République et Commission du livre blanc sur la défense et la sécurité nationale, *Livre blanc sur la défense et la sécurité nationale*, Paris: La Documentation Française, 2013, P. 88 -90.

数量不降反增。① 改革后的武装力量将有能力执行国家层面或小范围多边框架内的特殊行动、国家层面中等范围的行动、双边或多边框架内的重要行动、由联盟执行的主要行动。② 这一改革适应了新世纪法国传统安全威胁减弱而非传统安全威胁上升的趋势，也大大提升了法国应对危机安全威胁的灵活性。第二，建立一个战略级和战术级的全面指挥体系，实现联合作战指挥并加强对国防开支的管理。一方面，在国防部下成立了联合力量太空司令部，由总参谋长领导，负责空间作战、指导思想和计划；另一方面，成立了部际投资委员会和国防部财政委员会，前者由国防部长领导，负责评估军事计划的开支情况，如武器采购和武器出口等，后者由总统府总秘书长或财政部长主持，它将促进国防部与预算部之间的互动，预算部将加强对国防部军事计划法案的跟踪监督。③ 第三，进一步发展核威慑力量。法国一直将独立的核威慑力量视为其国家安全的核心和最终保障。为了更好地制定、执行核政策，根据 2008 年 4 月 21 日法令成立了核政策委员会，总统任主席。④ 第四，重视海外干预，根据 2008 年《国防与国家安全白皮书》成立了在外交部领导下的海外行动委员会，专门负责涉及海外行动的部门之间的协调。⑤ 以 2011 年法国出兵干预利比亚为起点，萨科齐和奥朗德都出于维护国家利益或转移国内政治矛盾的考虑在某种程度上充当了海外军事干预的急先锋，但相较于萨科齐雷厉风行的风格，奥朗德在海外干预问题上更加谨慎。虽然他们都强调联合国框架内的维和与人道主义救援活动，避免单干，加强地区和国际合作，为干预提供合法性，但也认为直接军事干预不可或缺，该进行军事打击时法国绝不会迟缓。⑥ 奥朗德对马里和叙利亚的军事打击很好地说明了这一点。在出兵马里前，他得到了非盟的支持和联合国的间接授权，在国内也获得了大部分民众的支持。在叙利亚问题上，他虽然一直希望对叙进行“快速猛烈”的军事打

---

① Patrick Vignal and Alexandria Sage, “France to cut military staff by 12 percent in six-year budget”, http://www.reuters.com/article/2013/08/02/us-france-defence-idUSBRE97104L20130802.

② Mallet Jean-Claude, Présidence de la République et Ministère de la Défense, *Défense et Sécurité nationale: le Livre blanc*, Paris: Odile Jacob/La Documentation Française, 2008, P. 200.

③ Fabio Liberti and Camille Blain, “France's National Security Strategy”, *Elcano Royal Institute, Working Paper*, No. 3, 2011, P. 14; Mallet Jean-Claude, Présidence de la République et Ministère de la Défense, *Défense et Sécurité nationale: le Livre blanc*, Paris: Odile Jacob/La Documentation Française, 2008, P. 257.

④ Mallet Jean-Claude, Présidence de la République et Ministère de la Défense, *Défense et Sécurité nationale: le Livre blanc*, Paris: Odile Jacob/La Documentation Française, 2008, P. 252.

⑤ Alix Boucher, “French Foreign, Defense, and National Security Policy: New Initiatives?”, http://www.stimson.org/spotlight/french-foreign-defense-and-national-security-policy-new-initiatives/.

⑥ Guehenno Jean-Marie, Présidence de la République et Commission du livre blanc sur la défense et la sécurité nationale, *Livre blanc sur la défense et la sécurité nationale*, Paris: La Documentation Française, 2013, pp. 82 – 83; Bruno Tertrais, “Leading on the Cheap? French Security Policy in Austerity”, *The Washington Quarterly*, Vol. 36, No. 3, 2013, P. 49.

击，但却由于缺乏合法性和盟友支持而举步维艰。第五，加紧实现武器装备现代化，尤其重视信息能力、海空运输能力、军力投送能力和后勤保障能力等方面的建设。

国内安全主要由内政部负责，维护国内安全主要的执行力量是警察和宪兵。曾分别出任总理和内政部长的希拉克和萨科齐都十分重视国内安全问题，为了更好地维护国内安全，内政部的权力得以扩展。2002 年拉法兰（Jean-Pierre Raffarin）被希拉克任命为总理后，优先狠抓了国内治安问题，通过《社会治安法》建立了新的安全模式，国家宪兵改归内政部领导，与警察归属同一部门，两者加强合作，建立了伙伴关系。[①] 萨科齐上台后也严厉整顿社会治安，展开“打击犯罪和非法移民的大规模行动”[②]。内政部的运行机制也因此相应发生了变化。根据 2008 年《国防与国家安全白皮书》，成立了前景与战略代表团和国家安全规划指挥部。前者直接隶属内政部长，负责通过分析各种形式的威胁增强内政部的预知能力，并提供应对措施；后者隶属内政部总秘书处，负责协调内政部在反恐计划中的作用，并为保卫领土和人民提供规划，还负责规划涉及公共秩序和公民安全的紧急事件的处理方案。[③] 此外，为了加强部门之间的合作，在内政部之下还成立了经济与科学安全委员会，它由主要的研究机构、安全执行机构、国防工业和国防部等的代表组成，将为与国内安全有关的各部门提供一个对话的平台。[④] 内政部的这些调整有利于法国在处理国内安全问题时更加协调一致。

2015 年 1 月 7 日发生的巴黎恐怖袭击事件就反映出这种协调性。事件发生后，瓦尔斯总理决定将安全警戒级别提高到深红色最高级，奥朗德总统紧急召开国防与国家安全委员会会议，并亲自到现场查看。法国内政部当即派出 3 000 名警察进行围捕，紧接着又进一步增派警力，出动了 5 万多名警察和 3 万多名宪兵，机动部队和特种部队也派出了大量兵力。法国国家宪兵特勤队（GIGN）和特别行动队（RAID）还展开了联合搜查行动。在强大的压力下，一名恐怖分子自首，另外两名在事发后第三天被击毙。可见，安全体制改革后法国内政部的执行能力得到加强。

此外，法国还致力于提高危机预防与管理能力。危机管理涉及国家、地区和国际等不同层面，还应充分发挥地方政府和公民等不同行为体的作用，加强军民

---

① 吴国庆：《法国政治史：1958～2012》，社会科学文献出版社 2014 年版，第 312 页。

② 周弘：《欧洲发展报告（2010～2011）》，社会科学文献出版社 2011 年版，第 161 页。

③ Fabio Liberti and Camille Blain, “France’s National Security Strategy”, Elcano Royal Institute, Working Paper, No. 3, 2011, P. 19.

④ Mallet Jean-Claude, Présidence de la République et Ministère de la Défense, *Défense et Sécurité nationale: le Livre blanc*, Paris: Odile Jacob/La Documentation Française, 2008, P. 270.

之间的紧密合作。[①] 为了更好地应对国际危机，2008 年 7 月，法国成立了一个外交部领导下的外部危机管理运转中心，负责早期预警、危机管理和人道主义救援；为了更好地处理发生在国土上的危机，成立了一个内政部领导下的部际危机管理中心，它能在重大危机出现时调动警察、宪兵和民防力量，将各相关部门聚集到一起。[②] 两者都强调部际合作并对外部专家开放。此外，法国还根据 2008 年《国防与国家安全白皮书》成立了一个国家呼叫中心（un Centre National d'Appel），负责在危机时为人民提供信息和咨询。[③] 为了确保对危机的自主反应能力，法国将部署一支由 5 000 人组成的国家应急部队保持戒备状态，确保能从中组建一支 2 300 人组成的、能在 7 日内投送部署到 3 000 公里以外法国领土或国外军事基地的联合快速反应部队（FIRI）。[④] 此外，在欧盟层面，2008 年《国防与国家安全白皮书》提出的目标是成立一支至少能在海外部署一年的装备精良的 60 000 人的干预部队，并有能力同时开展两至三个维和行动。[⑤] 法国还大力支持欧洲公民保护运转中心和欧洲民事安全学院的成立，加强与欧盟国家的合作。

五、监督反馈机制的改革

监督与反馈是整个安全机制运行的重要环节，它们可以促使决策者根据来自各方的反馈信息修正决策，也有利于执行者根据客观形势的变化适时调整行动。来自议会、政府、司法机关、政党和社会等层面的监督等是法国国家安全监督的主要形式。[⑥] 反馈机制包括国家安全体制内部自下而上的信息反馈和国家安全体制外的民意反馈。后者主要通过媒体形成公共舆论，民众对安全决策及其执行情况的支持与否会对政府形成舆论压力，从而促使其调整政策与行动。

---

① Guehenno Jean-Marie, Présidence de la République et Commission du livre blanc sur la défense et la sécurité nationale, *Livre blanc sur la défense et la sécurité nationale*, Paris: La Documentation Française, 2013, P. 78.

② Mallet Jean-Claude, Présidence de la République et Ministère de la Défense, *Défense et Sécurité nationale: le Livre blanc*, Paris: Odile Jacob/La Documentation Française, 2008, pp. 258 - 259.

③ Mallet Jean-Claude, Présidence de la République et Ministère de la Défense, *Défense et Sécurité nationale: le Livre blanc*, Paris: Odile Jacob/La Documentation Française, 2008, pp. 190.

④ Guehenno Jean-Marie, Présidence de la République et Commission du livre blanc sur la défense et la sécurité nationale, *Livre blanc sur la défense et la sécurité nationale*, Paris: La Documentation Française, 2013, P. 91.

⑤ Mallet Jean-Claude, Présidence de la République et Ministère de la Défense, *Défense et Sécurité nationale: le Livre blanc*, Paris: Odile Jacob/La Documentation Française, 2008, P. 89.

⑥ 胡文秀、刘振霞：《中美军事安全体制比较及启示》，载《国际安全研究》2013 年第 2 期，第 108 页。

萨科齐曾多次提及总统权力过于集中，立志当选后重新调整行政权与立法权的关系，扩大议会权力和公民权利。① 新世纪法国安全体制的改革首先将扩大议会的监督权限。其一，为议会提供充足的情报信息，根据2007年10月9号法令成立了议会情报代表团（la Délégation parlementaire au renseignement，DPR），负责为其提供情报信息并监督情报部门的工作。它由四名众议员和四名参议员组成，国民议会和参议员的常务委员会的主席分别负责国内安全和国防事务，并任命其他成员，议会情报代表团的主席将由众议员和参议员轮流担任，任期一年。② 其二，加强议会在国家安全领域的立法权，军事规划法案和国内安全规划法案的实施情况要向议会汇报，与他国签订的双边防务协定也需议会批准。其三，扩大议会的知情权和监督权，涉及国家安全的重要政策要向议会报告，海外干预行动必须在三日内通知议会并执行宪法规定的授权程序，将行动延长到4个月以上必须经由议会投票通过，制定与更新《国防与国家安全白皮书》也需咨询议会。③ 这些举措有利于议会及时把握国家安全形势，保障国家安全在正确的轨道上运行。

改革后，法国政府也将发挥更大的监督作用。总理将负责监督国防与国家安全委员会决策的实施，最终对议会负责，预算部将严格监督控制安全支出。独立的行政机构的监督权得到加强，如情报工作除受到议会情报代表团的保障外，还将受到国家安全窃听管控委员会（la Commission nationale de contrôle des interceptions de sécurité，CNCIS）、特殊基金管控委员会（la Commission de vérification des fonds spéciaux）、国防秘密咨询委员会（la Commission consultative du secret de la défense nationale，CCSDN）等独立行政机构的监督与控制。④ 法国安全体制运作流程如图24-3所示。

反馈的重点在于保持信息渠道畅通和提高反馈的质量。因此，专家是反馈意见的重要来源。法国的智库和科研机构与英美相比存在一定差距，且较为分散，主要是大学和国防部等政府部门的研究所，缺乏国家层面的统一协调。因此，2010年6月，法国国家级安全战略研究机构——法国战略研究和培训高等委员会

---

① ［法］尼古拉·萨科齐著，曹松豪译：《见证：萨科齐自述》，上海辞书出版社2007年版，第111~119页。

② Guehenno Jean-Marie, Présidence de la République et Commission du livre blanc sur la défense et la sécurité nationale, *Livre blanc sur la défense et la sécurité nationale*, Paris: La Documentation Française, 2013, P. 71.

③ Mallet Jean-Claude, Présidence de la République et Ministère de la Défense, *Défense et Sécurité nationale: le Livre blanc*, Paris: Odile Jacob/La Documentation Française, 2008, pp. 254-255.

④ Jean-Jacques Urvoas and Floran Vadillo, "Réformer les services de renseignement français - Efficacité et impératifs Démocratiques", *la Fondation Jean-Jaurès*, No. 4, 2011, P. 33.

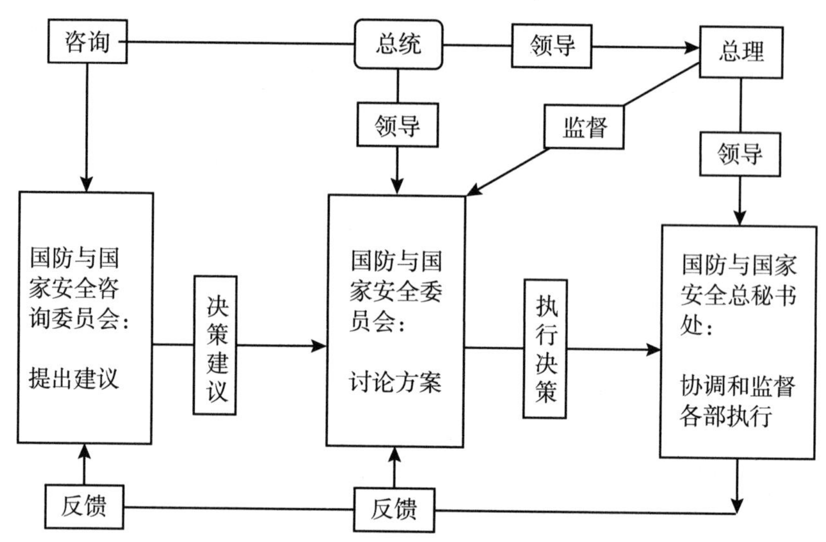

图 24-3　法国安全体制的运作流程

资料来源：Fabio Liberti and Camille Blain，"France's National Security Strategy"，*Elcano Royal Institute*，*Working Paper*，No. 3，2011，P. 12.

得以成立。它负责在国防和安全领域进行相关研究，如恐怖主义、国内安全、国防战略、危机应急等，并就法国的国际战略提出建议，同时还负责支持和协调有关国家安全的研究和培训。[①] 法国还大力发展在国家科学研究中心支持下的科研项目，整合国防与安全教育。国防方面整合了国防高等研究所和军备高等研究所，国家安全方面整合了企业安全研究所和国家安全高等研究所，形成了一个连接国防与安全研究的科学研究网络。[②]

为了提高社会反馈路径的反馈水平，法国大力加强对民众的国防与安全教育，启动了"公民启蒙"项目，包括针对 15～17 岁学生的"国防课"、正式注册、"一日兵"和参军的可能性。[③] 只有当民众对国防与安全事务有一定了解后，才能做出理性判断，避免被媒体或政客操纵利用。

除了上述四种机制，后勤保障也是国家安全体制的重要组成部分，而国防工业便是其中重要一环，是维护法国战略自主的关键之一。它不仅为维护国家安全提供武器装备，更是能为作为武器出口大国的法国创造巨大的经济效益。但近年

① "法国智库要重新发力，誓言再铸法兰西世界影响力"，http://www.chinanews.com/gj/2010/09-21/2547901.shtml.

② Mallet Jean-Claude，Présidence de la République et Ministère de la Défense，*Défense et Sécurité nationale*：*le Livre blanc*，Paris：Odile Jacob/La Documentation Française，2008，P. 308.

③ Mallet Jean-Claude，Présidence de la République et Ministère de la Défense，*Défense et Sécurité nationale*：*le Livre blanc*，Paris：Odile Jacob/La Documentation Française，2008，P. 300.

来法国和欧洲其他国家防务预算缩减，武器需求减少，这就阻碍了法国国防工业的发展。为了应对这一问题，法国将努力保留关键技术和科研能力，实施积极的武器出口政策，通过欧洲防务局（AED）和军备合作联合组织（OCCAR）等加强欧洲国防工业领域的合作。[①] 此外，奥朗德还特别强调安全不应仅仅局限于国家层面，要充分调动地方的积极性，他们的技能、资源和对当地的了解在危机时很可能有利于保护人民、团结民众，为安全政策在国内赢得合法性。[②]

总之，新世纪法国总统尤其是萨科齐的改革，使得法国新的国家安全体制克服了旧安全体制的缺陷，实现了对外防务与国内安全的有机统一，实现了对国家安全的统一指挥领导，实现了各部门之间的协调合作，实现了国防与军事体制的信息化。新体制能够更好地维护法国的国家安全和国家利益，近年来法国在中东、北非地区的活跃印证了其效力。

第三节　成效评估与前景展望

由于深受以往观念和经验的影响，安全体制存在很大程度的路径依赖，且很难改变，新世纪法国国家安全体制的改革处在历史的关键节点，[③] 其国家安全体制改革是一项艰巨的任务。法国是一个具有雄心的国家，在自身相对实力不断衰落的情况下试图凭借二等机票挤进头等舱，从某种程度上来说它的确做到了。凭借自身良好的基础与国际影响力，法国近年来在非洲接连出击，充分显示了其国家能力。但欧债危机与国内政治社会问题将法国拉回现实，法国安全体制改革的成效如何？改革又将何去何从？

一、成效评估

法国的安全部门曾长期被视为欧洲最有力的安全机构之一，在 1995 年巴黎

① Guehenno Jean-Marie, Présidence de la République et Commission du livre blanc sur la défense et la sécurité nationale, *Livre blanc sur la défense et la sécurité nationale*, Paris: La Documentation Française, 2013, P. 128.

② Guehenno Jean-Marie, Présidence de la République et Commission du livre blanc sur la défense et la sécurité nationale, *Livre blanc sur la défense et la sécurité nationale*, Paris: La Documentation Française, 2013, P. 23.

③ Philippe Bourbeau, "Moving Forward Together: Logics of the Securitisation Process", *Millennium: Journal of International Studies*, Vol. 43, No. 1, 2014, pp. 194 – 195.

地铁袭击事件后建立起了欧洲最强有力的反恐体系，但 2015 年 1 月 7 日和 11 月 13 日巴黎两次遭受大规模恐怖主义袭击，许多人惊呼法国不再安全。法国现在正处于内外安全交困的境地，对内面临着极端的法国年轻公民的威胁，对外面临着伊斯兰激进组织的威胁。[①] 法国的国家安全体制改革似乎并未达到预期的效果。不可否认，改革在很大程度上提高了法国国家安全体制的运作效率，加速了其现代化，但也存在一些缺陷。

第一，情报工作的缺失。虽然法国政府和反恐部门、特种部队对恐怖袭击做出了迅速反应，但再迅速的应急反应也不及有效的预防。巴黎恐怖事件证明，情报是反恐的前提和关键。虽然法国整合了情报机构，提高了工作效率，但他们需要监控的人数量庞大，难以应付，总是出现漏网之鱼。法国安全机构持有的对安全有潜在威胁的个人的名单上人数众多，但并非所有人都被监控，也缺乏足够的关于情报资源的分析和评估。[②] 制造 11 月巴黎恐怖袭击的恐怖分子中，至少两名袭击者曾出现在反恐雷达上，法国安全机构却没有及时发出反恐警报，这也使其成为众矢之的。[③] 加之法国信息化建设滞后，导致国家安全存在漏洞。极端组织能够应用新一代信息技术手段躲避监控。法国政府还将大量的安全数据分析工作外包给外国公司，这导致其在进行反恐大数据分析时难以掌握数据主权，留下了安全隐患。[④]

第二，安全执行机构工作松懈，对人员流动的管控乏力。虽然法国建立了一个使政府得以监控每一个潜在嫌疑人的体系，但却没有足够的警力来监管他们。边界管控成为法国反恐的最大障碍。大批难民涌入，恐怖分子混迹其中难以甄别，这是法国出现恐怖袭击的主要问题所在。边界管控体系的改革将成为下一步法国安全体制改革的重点。

第三，法国的国家安全体制改革主要是中央层面的改革，缺乏地方层面的配套措施。分权的“央地关系”加大了城市安全管理协调的难度。现在，一种新形式的恐怖主义——“城市恐怖主义”进入了人们的视野，对城市安全构成严峻挑战。虽然萨科齐和奥朗德在白皮书中曾经提到要发挥地方在维护国家安全中的作用，加强中央与地方的协调，但并未给予充分重视。

---

① Caught between internal and external terror threats, France struggles to cope, https://www.washingtonpost.com/world/national-security/caught-between-internal-and-external-terror-threats-france-struggles-to-cope/2015/11/14/c5e9fab0-8b00-11e5-9a07-453018f9a0ec_story.html.

② Paris attacks: security and surveillance cast a dark shadow over France's love of “liberté” and “fraternité”, http://www.theguardian.com/world/2015/nov/22/paris-attacks-security-liberte-fraternite.

③ “遭遇恐袭后，法国‘怒’了”，http://news.xinhuanet.com/world/2015-11/21/c_128452470.htm? isMowSite.

④ 徐悦：“巴黎恐袭暴露法国信息化漏洞”，http://opinion.huanqiu.com/1152/2015-12/8085207.html.

第四，出于保护隐私和预算成本的考量，地方的公共交通安检、公共场所监控体系裹足不前。这都给了恐怖主义分子可乘之机。法国是一个信仰自由的国度。奥朗德有些担心对民众过度监控会影响政府的信誉从而影响其执政。预算成本的增加也是奥朗德考虑的另一个重要原因。近几年法国经济不景气，财政出现很大的困难，这影响了政府改革的“勇气”。

第五，欧盟层面安全领域合作的缺乏。虽然萨科齐和奥朗德都在白皮书中呼吁加强欧盟层面的安全合作，但安全一体化一直以来都是欧洲一体化的软肋，成员国在这个问题上疑虑最多，各国出于主权和本国国家利益考虑不愿分享情报信息。但随着《申根协定》的推进，欧盟国家彼此之间的边界逐渐开放，单独一个国家已无力应对防范恐怖主义的问题，加强欧洲内部的反恐协调已成为当务之急。

总而言之，法国安全体制改革的效果并不理想，并未完全有效地防止恐怖主义袭击，还有很长的路要走。2015 年 11 月 13 日巴黎恐怖袭击事件发生后，奥朗德政府提出了一系列加强安全的举措，包括将国家紧急状态延长至三个月、封锁边境、实行宵禁等。恐怖主义袭击为改革的进一步推进提供了契机，根据 Ifop 和《费加罗报》的调查，84% 的法国公民为了保障安全愿意接受对自由的限制。[①] 即便如此，法国也没有能很好地控制恐怖主义的威胁。

二、改革的体制难题

新世纪法国国家安全体制的改革是对 20 世纪 80 年代和 90 年代形成的国家安全体制的修正。虽然法国国家安全体制的改革取得了不少成就，但也面临着难以解决的问题。

其一，法国安全体制改革最大的难题是反恐体制问题。反恐既是法国国家安全体制形成的直接原因，也是推进其改革的最大动力。2012 年 10 月 17 日和 11 月 28 日在参议院和国民议会几乎一致通过了一项反恐法案，并于 12 月 9 日在参议院最终通过。该法案的有效期延长至 2015 年 12 月 31 日，并扩展了具体的实施领域。2013 年法国还根据这个法案出兵马里。2014 年在“伊斯兰国”的威胁下，法国通过了新的《反恐怖主义法》，实施出境和入境限制，强化对公民涉恐行为的约束，防止年轻人前往叙利亚等国参加“圣战”；严防可能从事恐怖主义活动、犯罪行为以及其他任何危害公共安全的行为的人归国实施恐怖主义行动；

① Paris attacks：security and surveillance cast a dark shadow over France's love of “liberté” and “fraternité”，http：//www. theguardian. com/world/2015/nov/22/paris-attacks-security-liberte-fraternite.

该法案设立了一个新的“个人恐怖主义罪”，经授权还可以要求网络运营商封锁鼓吹恐怖主义和“圣战”的网站。[①]

然而，尽管法国致力于反恐三十余年，在这方面也取得了一些成就，但终究还是未能免于恐怖主义袭击。2015 年 1 月的巴黎恐怖袭击事件和 6 月法国东部伊泽尔省的工厂恐怖袭击事件都暴露了法国反恐体制存在的漏洞。财政紧缩导致法国安全部门因大规模裁员而缺乏人手，进而导致监控能力不足。与此同时，私有科技公司如苹果、谷歌大力发展复杂的加密技术以保证其用户的隐私不受侵犯，这使得政府监控潜在恐怖分子的能力大为下降，[②] 也暴露出法国安全体制的诸多漏洞。实际上，本土恐怖主义在很大程度上源于政治和社会体系存在的弊端，少数群体被排除在政治过程之外，缺乏正规的利益表达渠道，有些人便寻求极端手段以表达观点或发泄情绪。[③] 此外，法国的司法制度使得对恐怖主义嫌疑分子的定罪与审判十分困难，情报信息不得视为定罪的证据，如若没有充足的证据定罪，他们将会被释放。[④] 因此，仅凭不断完善的国家安全体制只能被动地应对恐怖主义，要从根本上杜绝恐怖主义，必须对政治和社会体制进行实质性变革，而这是一项浩大艰难的工程。法国又该如何解决这一难题？

其二，移民问题是改革面临的一大顽疾。移民本属于社会问题，但近年来逐渐被安全化。[⑤] 由于自身原因和国内政治压力，萨科齐对移民问题采取强硬态度，提高移民准入门槛并实施配额制度、严厉打击非法移民、大幅削减移民福利、强制遣返罗姆人，国内还因此爆发了示威游行。[⑥] 2007 年，他领导成立了“法兰西第五共和国首个以移民命名、专门管理移民事务的国家部委”——“移民、整合、国家认同和共同发展部”（简称“移民与国家认同部”），对移民问题进行改革，但成效甚微，2010 年即被取消。[⑦] 法国虽然陆续对移民政策进行了一些调整，但却没有根本性变革，其移民政策存在很大的路径依赖性，这根植于法国“同化”的悠久历史传统。[⑧] 移民问题依然困扰着法国社会安全。

---

① “Action contre le terrorisme”, http://www.luipresident.fr/engagement/action-contre-terrorisme-114.

② Pamela Brown and Evan Perez, “FBI tells Apple, Google their privacy efforts could hamstring investigations”, *CNN*, October 12, 2014. http://www.cnn.com/2014/09/25/politics/fbi-apple-google-privacy/.

③ Matt Haunstrup Qvortrup, “Terrorism and Political Science”, *British Journal of Politics and International Relations*, No. 14, 2012, P. 503.

④ Brian Michael Jenkins and Jean-Francois Clair, “Different Countries, Different Ways of Countering Terrorism”, http://www.rand.org/blog/2015/03/different-countries-different-ways-of-countering-terrorism.html.

⑤ Philippe Bourbeau, “Moving Forward Together: Logics of the Securitisation Process”, *Millennium: Journal of International Studies*, Vol. 43, No. 1, 2014, P. 196.

⑥ 吴国庆：《法国政治史：1958 ~ 2012》，社会科学文献出版社 2014 年版，第 407 ~ 408 页。

⑦ 陈玉瑶：《法国移民问题探析》，载《法国研究》2014 年第 3 期，第 7 页。

⑧ 刘力达：《2005 年法国骚乱后的法国移民政策研究》，载《法国研究》2012 年第 2 期，第 82 页。

其三，在改革过程中如何平衡各方权力与利益成为改革的又一大难题。在权力分配方面，法国双头制的政治体制重视总统和总理的分权，总统主要负责国防和外交事务，总理主内政。虽然萨科齐声称要限制总统的权力，让法国政治体制更加民主化、现代化，但要雄心勃勃地推进改革，他不可避免地要集中权力，以实现自己的政治抱负。[①] 对国家安全体制的美国式改革使得他不仅在国防领域大权独揽，还掌握了民事安全和警察力量。国防与国家安全委员会的成立加快了权力集中的趋势，增强了总统的职权，在紧急情况下他可以轻松绕过议会和社会监督，通过国防与国家安全委员会进行决策。萨科齐总统的“无处不在”引发了国内诸多批评声，有人质疑《国防与国家安全白皮书》起草过程的透明度，他们怀疑这一切都是爱丽舍宫在背后操控。在利益分配方面，改革触动了既得利益者的利益，军方是此次改革最大的利益受损者。由于军事预算减少，军方不得不紧缩开支，进行裁员。一些相关选区抗议关闭军事基地给它们带来的经济和社会后果；一些左派和戴高乐主义者认为重返北约会威胁法国的独立自主；一些军方高级官员也对改革提出了批评。[②] 在2008年《国防与国家安全白皮书》发布的第二天，就有军方官员匿名在《费加罗报》上发表文章称改革是“不专业的”“不连贯的”，认为改革会造成法国军事力量的衰落和国际地位的下降，这加剧了总统和军方的紧张关系。[③] 2014年5月，四名法国军方高官威胁如果政府继续削减军事预算，他们将集体辞职；国防部长让—伊夫·勒德里昂（Jean-Yves Le Drian）也向总理写信警告，如果继续裁减军事预算，法国将面临严重的军事后果和安全问题。[④] 总之，来自各方的反对和批评成为改革的障碍。

三、有利条件

对法国而言，新世纪国家安全体制改革也有着较为良好的政治、体制、科技基础与国际环境，再加上领导人的极力推动与民众的支持，在某种程度上得到了较好的推行。

第一，法国具有良好的政治、体制和技术基础。总理瓦尔斯称：“世界变化

① 吴国庆：《法国政治史：1958～2012》，社会科学文献出版社2014年版，第396～399页。

② Claudia Major, “The French White Paper on Defense and National Security”, *CSS Analyses in Security Policy*, Vol. 3, No. 46, 2008, P. 3.

③ “The ‘Surcouf’ group, ‘Livre blanc sur la défense: une espérance déçue’”, *Le Figaro*, 19 June, 2008.

④ Henry Samuel, “French military heads threaten to resign over ‘grave’ defence cuts”, http://www.telegraph.co.uk/news/worldnews/europe/france/10852165/French-military-heads-threaten-to-resign-over-grave-defence-cuts.html.

非常之快，唯一的繁荣之道就是跟上改革的步伐，正在进行的变革事关重大，但值得庆幸的是许多因素都有利于改革，包括良好的政治体制、充满活力的科技部门、高质量的人力资本等，法国仍是世界第五大经济体。”[①] 民主的活力与生命力在于其不断进行自我革新，对于法国而言，较为完善的民主政治体制及法国大革命的传统使得其国家安全体制改革面临的政治压力大大降低。法国的政治体制在外交和国防事务上赋予总统较大权限，分权制衡相对较少，有利于总统进一步推进国家安全领域的改革。[②]

较为良好的体制基础有利于改革。法国国家安全体制经历几十年的发展已相对健全，此次变革并非推翻过去的一切建立一个全新的安全体制，而是在原有体制的基础上进行变革，很多新成立的机构都是对原有相关机构的重组。这为改革提供了良好的体制基础。

领先的科技水平对改革也是有利的。法国的军事技术和科技水平仍处于世界前列，这为其实现军队及武器的现代化、完善情报系统、发展太空力量、进行网络攻防战等目标提供了技术保障。总之，良好的制度和技术基础为法国的国家安全体制改革提供了便利。

第二，总统具有改革的魄力，改革也符合各方期望。新世纪法国国家安全体制改革主要是在总统的主导下进行的，尤其是萨科齐上台后，顶住了各方面的压力，十分坚定地将改革推行到底，表现出“强势、硬朗与干练”。[③] 2012 年奥朗德上台后，虽然在经济、就业等领域的改革步履维艰，但他抓住近年来国际恐怖主义与本土恐怖主义猖獗的契机，继续推进国家安全领域的改革，为自己赢得了名声与民众支持。2013 年 1 月他批准法国出兵马里，这为他赢得了国内和美国等盟友的支持，也有力回击了批评他软弱的人，并促使其支持率短暂提升，因为“决定力有利于树立威望”。[④]

改革也得到了总理、智库和社会的协助与支持。安全体制改革与总理的职权范围直接相关，且主要是由他来领导政府部门执行，因此必须得到他的协作。菲永（François Fillon）在萨科齐任期内担任总理，以勇于改革闻名，在 2008 年《国防与国家安全白皮书》出台一个多月后，他突破重重阻力公布了法国国防现代化的改革计划，并积极回应各方质疑。他认为，“解决方案有很多，但执行这

---

① Manuel Valls, “How France Will Reform”, http://www.project-syndicate.org/commentary/how-france-will-reform-by-manuel-valls-2015-01.

② Bruno Tertrais, “Leading on the Cheap? French Security Policy in Austerity”, *The Washington Quarterly*, Vol. 36, No. 3, 2013, pp. 58 – 59.

③ 吴国庆：《法国政治史：1958 ~ 2012》，社会科学文献出版社 2014 年版，第 395 ~ 396 页。

④ 陈新丽、冯传禄：《奥朗德的困境——试析当前的法国政治生活》，载《法国研究》2013 年第 4 期，第 15 页。

些方案需要勇气和毅力”。[①] 智库也在其中发挥了重要作用，特别是起草《国防与国家安全白皮书》的委员会，成为改革的智力来源。当然，民众的支持也是改革得以顺利推行不可或缺的因素，是其合法性与有效性的来源。法国民众患上了“衰落恐惧症”[②]，渴望变革。自一系列改革措施颁布以来，虽然存在不同的声音，但大部分民众表达了相当程度上的赞许与支持，为改革措施的推行清除了障碍。

第三，国际合作推动改革。在全球化的背景下，法国国家安全体制不应仅局限于本国，而应被放在更广泛的地区层面进行思考。新世纪法国国家安全体制改革的一大重点就是加强与欧盟和北约的防务安全合作。在欧盟，法国极力推进欧盟共同安全与防务政策。2007 年签订的《里斯本条约》设立了外交和安全政策高级代表，还要求相应设立欧盟对外行动署（EEAS），由欧盟外交与安全政策高级代表领导，2010 年 12 月 1 日正式开始运作。[③] 法国在欧洲安全合作中的地位不降反升，这对法国来说无疑是一剂强心剂。与此同时，法国重返北约军事一体化组织也较为顺利。法国将军斯特凡·阿布里亚尔（Stephane Abrial）被任命为盟军改革司令部的最高指挥官，提升了法国在北约的地位；2011 年，法国还挑头参与了北约对利比亚的军事行动；在马里的军事行动中，欧盟和北约盟国也为法国提供了政治与军事支持，在一定程度上有助于平息国内对改革的批评声。[④] 通过与欧盟和北约的合作，法国改善了自身的安全环境，有利于推进国家安全体制的改革。

四、不利因素

虽然自一系列改革措施颁布后，改革稳步推进，但仍然存在不少不利因素，包括经济危机带来的更加突出的预算问题、自由民主与安全秩序之间的矛盾和近年来法国国内政治局势不稳定引发的民众对国内社会治安的担忧等。

第一，预算问题使得法国的改革步履维艰。国家安全体制改革是一项浩大

---

① 吴国庆：《法国政治史：1958～2012》，社会科学文献出版社 2014 年版，第 376 页。

② 崔建树、李金祥：《法国政治发展与对外政策》，世界知识出版社 2009 年版，第 412 页。

③ Guehenno Jean-Marie, Présidence de la République et Commission du livre blanc sur la défense et la sécurité nationale, *Livre blanc sur la défense et la sécurité nationale*, Paris: La Documentation Française, 2013, P. 100.

④ Guillaume Lasconjariasa, "'Rentrée dans le rang?' France, NATO and the EU, from the Védrine report to the 2013 French White Paper on national security and defence", *Journal of Transatlantic Studies*, Vol. 12, No. 4, 2014, pp. 420－425.

的工程，需要极大的财力支持，但近几年来爆发的国际金融危机和欧债危机对法国造成严重打击，其经济增长几乎停滞，政府不得不缩减公共开支。奥朗德在经济危机的背景下上台，其竞选主张也是要带领法国走出经济困境，但成效甚微。尽管他努力维持军费水平，在 2013 年《国防与国家安全白皮书》中提出“2014～2025 年间国防预算约为 3 640 亿欧元，其中 2014～2019 年预算约为 1 790 亿欧元”。① 2013 年和 2014 年军费支出也较 2012 年稍有回升，但仍存在很大缺口，军费支出占 GDP 的比重继续下降，这在国内招致诸多批评。2015 年 1 月巴黎遭遇恐怖袭击后，军方和民众要求政府加大安全投入的呼声越来越高，奥朗德宣布法国的国防预算在 2016～2019 年间将增加近 38 亿欧元，②甚至不惜以牺牲社会福利支出为代价。但在法国连达到 2013 年《国防与国家安全白皮书》中的预算指标都存在困难的情况下，再度增加国防预算很难实现，减少福利支出必然招致国内民众的反对，改革的国内环境将继续恶化。如果没有财力的支持，法国国家安全体制的改革将寸步难行。法国的经济增长率和军费支出及其占 GDP 的比重分别如图 24－4、图 24－5、图 24－6 所示。

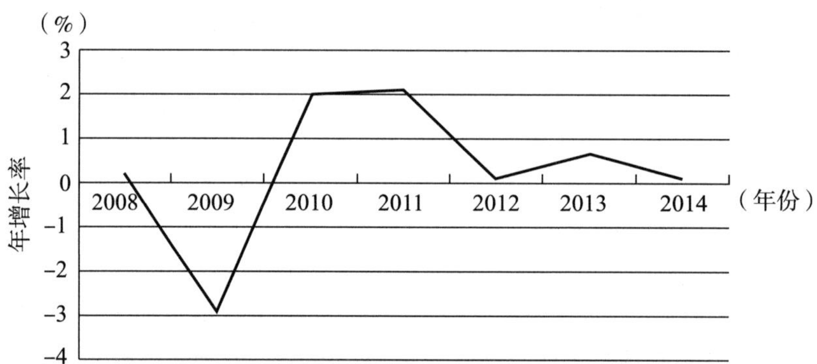

图 24－4　法国经济增长率

资料来源：由笔者根据世界银行数据制作，http://data.worldbank.org/indicator/NY.GDP.MKTP.KD.ZG.

① Guehenno Jean-Marie, Présidence de la République et Commission du livre blanc sur la défense et la sécurité nationale, *Livre blanc sur la défense et la sécurité nationale*, Paris: La Documentation Française, 2013, P. 138.

② Hollande débloque 3, 8 milliards de plus pour la Défense, http://www.lefigaro.fr/flash-eco/2015/04/29/97002-20150429FILWWW00082-francois-hollande-annonce-38-milliards-de-credits-supplementaires-pour-l-armee.php.

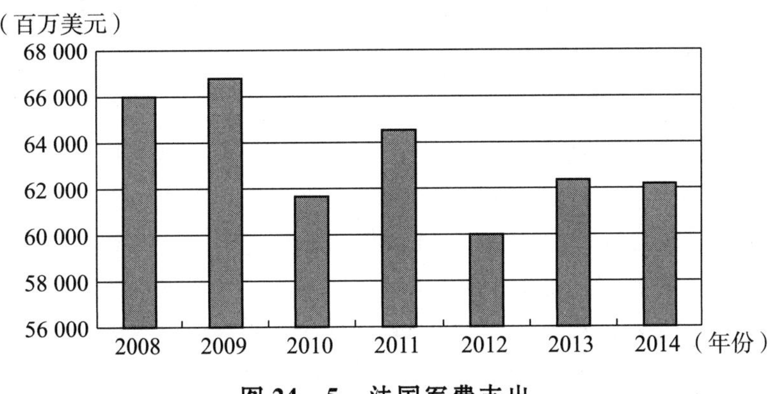

图 24-5　法国军费支出

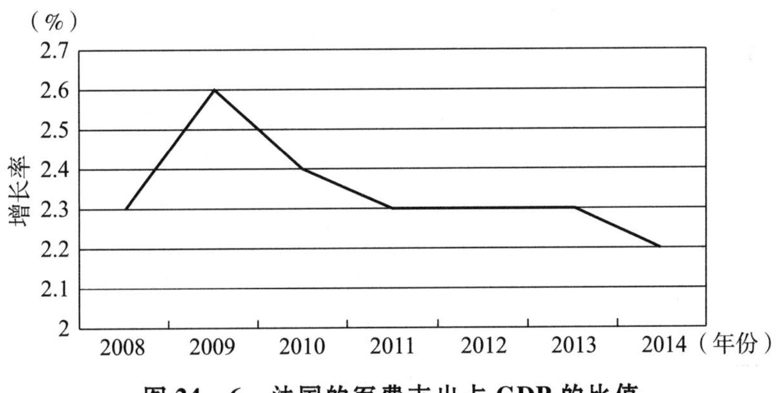

图 24-6　法国的军费支出占 GDP 的比值

资料来源：由笔者根据 SIPRI Military Expenditure Database 数据制作，http://www.sipri.org/research/armaments/milex/milex_database.

第二，自由与安全秩序的矛盾也阻碍着改革的推进。新世纪法国国家安全体制的改革突出了情报在国家安全防务中的地位，重组了情报部门的人力资源，大力发展情报技术特别是太空和网络情报等，并对情报机构进行了整合，加强对法国境内的监督，其主要目的是反恐。然而这一监督侵犯了个人隐私，引发了自由民主与安全秩序之间的对立。一个自由民主的社会意味着公民的个人信息安全要得到保障，但为了维护社会的安全秩序，情报收集又必不可少，这就侵犯了公民的隐私权，有悖于自由民主制度设计的初衷。特别是“斯诺登事件”后，人们对国家情报部门侵犯公民隐私更加不满。[①] 如何既不侵犯隐私，又能保护社会安全，这是后斯诺登时代法国在体制改革中必须面对的难题。此外，近年来包括法国在

① Dan Schiller, “Géopolitique de l'espionnage”, http://www.monde-diplomatique.fr/2014/11/SCHILLER/50926.

内的许多西方国家青年奔赴叙利亚等国参加“伊斯兰国”，但法国要阻止公民出国需要通过非常烦琐的法律程序。① 他们中的一些人经恐怖主义组织培训后返回本国，对国内安全构成严重威胁。2014 年针对这一问题的《反恐怖主义法》通过后，在国内引发诸多批评，《世界报》于 9 月 15 日发表社论称法案中的一些紧急措施和对公共权利的侵犯破坏了一般意义上的刑法；还有一些人称之为“民主与自由的倒退”。② 2015 年初的巴黎恐怖袭击事件发生后，法国更是大大加强了国内情报工作，增加对情报工作的财政投入，增派大量情报人员和警察，对民众的监视达到前所未有的程度。总理瓦尔斯宣布了一系列特殊举措，对被确定为恐怖主义的个人和组织进行监控；3 月 18 日总统奥朗德宣布了新的情报法案，强调加强网络反恐、加强对社会的监控，5 月份该法案在议会获得多数票通过。虽然与此同时成立了“情报技术管控委员会”（la Commission de contrôle des techniques de renseignement，CNCTR）来监督情报部门的工作，但该法案还是在国内引发了广泛争议。③ 批评者们认为这将使公民社会面临大规模监控的危险，有些人甚至认为法国正在变为一个“警察国家”。④ 如何调和自由民主与安全秩序之间的矛盾是法国国家安全体制改革的重大课题。

第三，法国极右势力的抬头阻碍着改革。在 2012 年的总统大选中，玛丽娜·勒庞（Marine Le Pen）领导的极右政党——国民阵线在总统大选中获得近 18% ~ 20% 的选票，震惊了法国政坛；其父让—玛丽·勒庞（Jean-Marie Le Pen）曾在 2002 年法国总统大选中获得近 17% 的选票并与希拉克一同闯入第二轮，震惊了世界。⑤ 2017 年 5 月，玛丽娜·勒庞成为唯一和马克龙竞争总统的人。虽然他们均未成功当选，但这反映了新世纪法国政局一个值得警惕的现象，那就是极右翼势力的增长。他们往往具有浓厚的极端民族主义思想，主张限制移民，奉行“法国人优先”的理念，以确保纯净的法国身份。⑥ 这对移民大国——法国的国家安全有着重大影响。在极右翼势力的压力下，近年来，法国不断收紧移民政策，这必然导致移民问题的恶化，危害社会治安，不利于改革的推行。

2015 年 1 月 7 日的恐怖主义袭击促使法国极右势力急速膨胀，引发国内民众

---

① Somini Sengupta，“Nations Trying to Stop Their Citizens from Going to Middle East to Fight for ISIS”，*New York Times*，Sept. 12，2014.

②③ “Action contre le terrorisme”，http://www. luipresident. fr/engagement/action-contre-terrorisme-114.

④ “France to Bolster Security Forces After Paris Attacks”，http://www. wsj. com/articles/france-to-bolster-security-forces-after-paris-attacks-1421838185.

⑤ “Marine Le Pen scores stunning result in French presidential election”，http://www. theguardian. com/world/2012/apr/22/marine-le-pen-french-election.

⑥ 宋全成：《论法国移民社会问题的政治化——一种政治社会学的视角》，载《山东大学学报》（哲学社会科学版）2010 年第 1 期，第 112 页。

的反移民情绪。国民阵线主席玛丽娜·勒庞在《纽约时报》上发表文章猛烈抨击“伊斯兰宗教激进主义”，主张加强边境检查、限制移民潮。① 虽然奥朗德抓住了1月巴黎恐怖主义袭击事件的机会将国民团结在言论自由的大旗下，并使得他在民意调查中支持率大升，还大大增加了对国内安全和情报工作的资金和人力投入，但却没能避免后来的恐怖主义袭击事件。这使得他处于舆论的风口浪尖，严重威胁到其民众支持率以及2017年的总统大选，也使他面临着来自右翼政党就国家安全政绩对他展开的攻击。② 法国和许多其他国家似乎陷入了一个恶性循环，暴力造成恐惧，恐惧引发歧视，歧视又带来怨恨，怨恨又引起更多暴力。③ 法国改革的国内环境正在不断恶化，似乎正陷入“危机促使改革—改革引发危机—危机反过来又制约改革”的泥潭。④

改革不可能一蹴而就，从希拉克到萨科齐再到奥朗德，改革有成就，也有挫折；国内对改革有喝彩，也有批评；改革的推进有有利条件，也有不利因素。虽然目前法国的国家安全体制改革遇到了瓶颈，但反对声并没有影响法国政府改革的决心，改革是符合法国的国家利益和发展方向的。

总而言之，21世纪法国的国际国内安全环境发生了巨大变化，旧的国家安全体制已不适应时代发展的需要，不能满足法国的安全需求。为了更好地应对多样化、不确定的威胁，法国对国家安全体制进行了大刀阔斧的改革。通过颁布以2008年《国防与国家安全白皮书》和2013年《国防与国家安全白皮书》为主的一系列法律法令和文件为改革提供了依据，对国家安全体制结构和国家安全运作机制进行了调整，形成了上行下效、统一协调的现代化的国家安全体制。虽然仍存在一些障碍，但改革是其国家安全体制发展的必然趋势与动力。2015年1月震惊世界的“巴黎恐怖主义袭击事件”既是对法国国家安全体制的打击，同时也是其进一步推进改革的契机与动力。2017年5月，自创“前进运动”党、代表左右平衡的马克龙成功击败勒庞当选新一任总统，入主爱丽舍宫，然而其安全体制的改革并不会一帆风顺。

---

① Marine Le Pen, “To Call This Threat by Its Name”, *The New York Times*, 2015 - 01 - 18.

② Nicolas Vinocur, “French attack raises doubts about Hollande”, http://www.politico.eu/article/isere-grenobles-attack-is-isil-france-lepen-terrorism/.

③ David Von Drehle, “The European Front”, *TIME*, Vol. 185, No. 2, 2015, P. 26.

④ 陈新丽、冯传禄：《奥朗德的困境——试析当前的法国政治生活》，载《法国研究》2013年第4期，第11页。

第五篇

德国国家安全体制机制

德国在欧洲是一个特殊的国家。地缘上德国处于西欧的中部，西南部是法国，东北部是英国，南部是意大利，东部是波兰，其战略位置非常重要。历史上，德国曾挑起过两次世界大战，并两次战败。二战结束以后德国被分割占领，1949 年分别成立联邦德国和民主德国，并实行两种不同的政治制度。1990 年，两德重新统一。德国由于其战败国地位一直很受压抑，尽管在 1955 年德国加入北约，然而其军事并没有完全解禁，是一个非正常国家。德国一直在为谋求成为正常国家而努力，其主要手段是发展经济、提升国际地位、推进欧洲一体化和进行安全体制改革等。在经济发展上，德国是欧洲经济的火车头；在一体化上，德国和法国一起成为推动欧洲一体化的两大支柱；在提升国际地位上，德国谋求成为安理会常任理事国和不断提升海外派兵范围。2012 年 8 月，德国宪法法院最终裁决德国可以在反恐等紧急状况下进行军事作战，德国离正常国家越来越近。对于其安全体制，德国已经进行了很大的调整，完成了从联邦国防委员会到联邦安全委员会的转变。其联邦安全委员会与英、法、美、俄等国家的安全委员会有很大的不同。对这一委员会的改革将成为今后德国安全体制改革的重点。

本篇将分析德国安全情报体制机制、情报与安全预警机制、德国联邦安全委员会的演变和运行机制、德国军事安全体制机制、德国应急安全体制机制和德国安全体制的改革等。

第二十五章

德国安全情报体制机制

德国情报体制是德国国家安全体制的重要组成部分。自19世纪中叶形成以来，它为保卫德国国家安全战略及其实施发挥了重要作用，堪称整个德国国家安全体制中的“千里眼”和“顺风耳”。

第一节 德国安全情报体制机制的构成

作为一个西方法治国家，联邦德国建立后依据联邦德国《基本法》(Grundgesetz) 和其他法律、法规逐步形成了较为完善的国家情报体制。该体制由对内、对外、军事和监督这四大彼此相对独立、各司其职又互相制约、互相支持的子系统构成。

一、对内情报体制机制

联邦德国《基本法》第七十三条第十款规定：“联邦与各邦应在以下事项中进行合作：(1) 刑事警察；(2) 保护自由民主的基本秩序、联邦或一邦之持续与安全；(3) 防止在联邦境内使用暴力或准备使用暴力而危及德意志联邦共和国之行为，以及联邦刑事警察机关的设置及扑灭国防犯罪。”① 而第八十七条第一

① Bundesministerium für Justiz (Hrsg.), “Grundgesetz für die Bundesrepublik Deutschland”, in: *BGBl*, *Teil III*, *Gliederungsnummer* 100－1, S. 19, http://www.gesetze-im-internet.de/bundesrecht/gg/gesamt.pdf.

款则明确要求："为维护宪法并防止在联邦领域内使用暴力伤害德意志联邦共和国的行为或为此而准备的外部攻击行为，依联邦法律设置联邦边境防卫局、警务问讯情报中心、刑事警察局及证据搜集中心"① 为了完成《基本法》所要求的维护国内安全的职责，联邦德国陆续颁布了一系列专门法律、法规，如《联邦及州宪法事务合作法》《反恐怖主义法》《第十条款法》《安全审查法》《护照法》《身份证、电子身份证及其他相关规定变更法》《移民法》《避难程序法》《居留条例》《准飞条例》等，建立了较为完善的对内安全情报体制机制。

1950 年 9 月颁布的《联邦及州宪法事务合作法》及依据该法而建立的联邦宪法保卫局是这套体制的核心组成部分。《联邦及州宪法事务合作法》规定，联邦与州在宪法保护方面负有合作义务。为了便于联邦与各州的合作，联邦政府设立宪法保卫局，该局将接受联邦内政部的领导。宪法保卫局的具体职责有：搜集和评价有关废除、篡改或损害联邦及州宪法的信息、情报和紧急情况，或者基于以上目的排除对联邦及各州国家机关执行公务的非法妨碍。但与此同时，宪法保卫局又没有警察权和管制权，其机构也不得设于警察局附近。法律还要求联邦与各州应就宪法保护事务进行全面的沟通与合作，联邦政府及内政部在宪法保护事务上有权命令各州当局和其他相关机构给予合作。②

自 1950 年成立至今，总部设在科隆市郊埃伦费尔德的宪法保卫局在搜集和分析涉及国家安全的情报，侦破国内间谍、特务、颠覆、破坏、暗杀等活动，参与制定各项保密制度和措施及对身居要职的政府工作人员的政审工作等方面均做出了突出贡献，堪称德国对内情报安全体制的栋梁。当然，由于对内情报安全工作极其复杂，《基本法》所要求的宪法保护之责是不可能单靠宪法保卫局一己之力来实现的。实际上，除该局之外，德国联邦及各州许多部门都在这一体系中发挥着重要影响。

联邦议院通过立法赋予宪法保卫局执掌相关情报工作的大权。而联邦内政部则是宪法保卫局的上级行政主管，负责对宪法保卫局的日常工作给予指导和监督。此二者都是德国对内安全情报体制中的决策和领导机关。而联邦情报局、军事反间谍局、联邦刑事局等其他负有保卫国家安全职责的部门则是宪法保卫局的兄弟单位，它们在对内安全情报事务中积极配合宪法保卫局，共同完成保护宪法的重大责任。一些民间团体，尤其是各种移民宗教团体，如德国穆斯林联盟等，

---

① Bundesministerium für Justiz（Hrsg.），"Grundgesetz für die Bundesrepublik Deutschland"，in：*BGBl*，*Teil III*，*Gliederungsnummer* 100 - 1，S. 24，http://www. gesetze-im-internet. de/bundesrecht/gg/gesamt. pdf.

② Bundesministerium für Justiz（Hrsg.），"Gesetz über die Zusammenarbeit des Bundes und der Länder in Angelegenheiten des Verfassungsschutzes"，in：*BGBl*，*Teil I*，*Jahrgang* 1950，Berlin，Bundesanzeiger Verlag，1950，S 682.

也是宪法保卫局的重点合作对象。由于这些组织与社会边缘群体联系密切，它们在德国对内情报安全体系中同样也占据着重要地位。宪法保卫局局长海因茨·弗洛姆（Heinz Fromm）在2010年建局60周年庆典上为这些部门长期以来对保卫局工作的大力支持给予了高度赞扬和感谢。[①]

此外，德国还建立了较为完善的对内安全侦查制度。德国是大陆法系的代表国家之一，其侦查制度有着悠久的历史。1871年，德国实现了国家统一，为制定资产阶级性质的法典创造了政治基础。二战后，联邦德国重新确立了“法治国家”原则，并将公民基本权利保护置于《基本法》的重要地位。德国是世界上较早、较详细地将安全侦查纳入法制化轨道的国家。作为主管国内安全的最高联邦机关，联邦内政部的安全侦查主要有邮件检查与卧底侦查等形式，同时注重对经济犯罪的惩处，形成独立的经济刑法体系。安全侦查程序的法定原则也得到基本确定，建立了针对安全侦查行为的司法审查机制，犯罪嫌疑人在安全侦查过程中的权利保护机制也得到了很大程度的完善。德国还积极履行国际义务，加强对国际性犯罪的惩治。一方面，德国加入国际条约，参与国际合作打击恐怖主义活动；另一方面，2002年颁布《反恐怖主义法》加大了对恐怖主义的打击力度。

总之，德国对内情报体系是一个依据各种法律建立的，以宪法保卫局为核心的，将各级立法、行政、情报、公安机关及民间社会团体有机结合在一起的复杂体制。该体制对当今德国反击各种极端主义、防范恐怖袭击起到了重要作用。

二、对外情报体制机制

联邦德国的对外安全情报体制机制是以联邦情报局为基础来构建和运行的。与对内安全情报体制机制不同的是，联邦德国的对外安全情报体制机制一开始并没有建立在明确的法律基础之上。这主要是因为，在冷战对抗的背景之下，对外情报工作属于只有少数高层官员才能了解的最高机密，甚至国会议员和法官们对此都不知情。直到1983年联邦宪法法院做出了有关情报自决权的判定之后，联邦德国的对外情报活动才有了真正的法律依据。两德统一之后，又颁布了《联邦情报法》（*BND-Gesetz*），终于使早在1956年就开始运转的联邦情报局披上了合法的外衣。

---

① Bundesamt für Verfassungsschutz（Hrsg.），60 Jahre im Dienst der Demokratie: Bundesamt für Verfassungsschutz Reden anlässlich des Festaktes 60 Jahre Bundesamt für Verfassungsschutz am 6. Dezember 2010，Köln，PrintCenter，2010，S. 7 – 11.

作为德国唯一一个以获取对外情报为主要任务的情报部门，联邦情报局被禁止从事对内侦查活动，虽然这并不意味着它就完全与国内事务相隔绝。[①]《联邦情报法》规定，联邦情报局直属联邦总理府领导，独立于警察系统，其主要任务是搜集和分析对联邦德国制定外交、安全政策有重大意义的外国情报。[②] 联邦情报局在法律许可的范围内有权调取、加工和使用包括个人隐私数据在内的情报，但不得行使警察职权。法律还授权联邦情报局在严格的程序下从德国公权法人处获取情报并可向国内公共部门传递情报。[③] 联邦情报局搜取外国情报的渠道主要为：（1）来自驻外情报机构或人员的情报；（2）来自技术局监听、窃取的电子侦察情报；（3）从外国政府公告、媒体等公开材料中获得的情报，"这类情报数量最大，约占总数的80%"。[④]

自战后初创以来，联邦情报局不断地将搜集来的情报经过分析研究后提供给联邦政府，从而为德国制定安全战略和对外政策做出了重要贡献。因此，联邦情报局又被称为德国"政府的预警系统"。

三、军事情报体制机制

除对内、对外情报系统外，德国还存在着一个独立的军事情报体制，其核心是国防部下辖的军事反间谍局（武装力量指挥参谋部第二局）。该局是德国情报安全部门中规模最小的一个。

与对外情报体制类似，军事情报机构的情报活动一直都没有一个明确的法律基础，军事反间谍局只是依照国防部颁布的相关行政命令开展工作。直到1990年12月，重新实现统一的德国才颁布了《军事反间谍局法》，规定该机构的主要任务是：搜集和分析针对联邦国防部各机构及其成员的情报，尤其是那些危害民主秩序的企图和来自敌对势力的危害安全的秘密行动；对国防部各机构和分支，以及德国在其中负担有义务的联合武装力量和国际军事指挥部的安全形势和可能受到的威胁做出评价分析；参与对国防部工作人员的安全审查和机密信息的技术保护；同时，军事反间谍局不得隶属于警察系统，必须接受《基本法》相关条款

---

① Hans-Jürgen Lange (Hrsg.), *Wörterbuch zur Inneren Sicherheit*, Wiesbaden, VS Verlag für Sozialwissenschaften, 2006, S. 31.

② Bundesministerium für Justiz (Hrsg.), "Gesetz über den Bundesnachrichtendienst", in: *BGBl*, *Teil I*, *Jahrgang* 1990, Berlin, Bundesanzeiger Verlag, 1990, S. 2.

③ Bundesministerium für Justiz (Hrsg.), "Gesetz über den Bundesnachrichtendienst", in: *BGBl*, *Teil I*, *Jahrgang* 1990, Berlin, Bundesanzeiger Verlag, 1990, S. 2 – 4.

④ 孙春玲：《德国的安全情报机构》，载《国际资料信息》2012年第12期，第10页。

（第一条）的监督[①]。除针对国防部的军事人员外，军事反间谍局还可以对军属，如国防部工作人员的配偶、情人和未婚配偶行使职权。军事反间谍局也可以在特殊情况下，如自身受到威胁的情况下，与宪法保卫局展开合作，行使职权（第二条）。[②] 为了实现其职能，法律授权军事反间谍局搜集和使用包括个人隐私在内的各种信息，但对这些信息的获取、储藏、变更、应用、消除、冻结，以及军事反间谍局从德国公权法人处获取情报和向国内公共部门传递情报的程序都做出了严格规定。法律要求军事反间谍局只有在与联邦宪法保卫局合作时才能处理相关对内民事情报事务，而在海外情报工作中，它则被允许在不违反相关规定的前提下与联邦情报局共享情报，展开充分合作（第十四条）。[③]

军事反间谍局的情报来源主要有以下几种：公开渠道，如媒体；公开调查和询问；各部队的报告及其他情报机构传送的信息；采取秘密手段搜集的情报。

四、情报监督体制机制

为了限制情报部门滥用自己的权力，联邦德国建立了以联邦议院监督小组为核心的安全情报监督机制。

1992 年颁布的《议会对联邦情报机构活动控制法》规定，联邦政府下辖的 3 个安全情报机构——联邦宪法保卫局、联邦情报局和军事反间谍局的活动将被置于议会监督小组的直接监督之下（第一条）。[④] 监督小组成员由联邦议院在每个选举期之初选举产生，其成员数量和工作方式也由联邦议院决定（第二条）。[⑤] 监督小组最少每 3 个月开一次会（第三条）。[⑥] 它有在 3 个情报机构查阅档案和其他资料的权力，并可以向 3 个机构的工作人员了解情况（第五条）。[⑦] 除特殊情况外，联邦政府 3 个情报机构有义务配合监督小组的调查（第六条）。[⑧] 经成员 2/3 多数通过，监督小组可以聘请专业人员协助调查，并可向联邦议院递交书面调查报告（第七条）。[⑨] 3 个机构的工作人员也可不通过其领导，直接向监督委

---

① Bundesministerium für Justiz（Hrsg.），“Gesetz über den militärischen Abschirmdienst”，in：*BGBl*，*Teil I*，*Jahrgang* 1990，Berlin，Bundesanzeiger Verlag，1990，S. 1.

② Bundesministerium für Justiz（Hrsg.），“Gesetz über den militärischen Abschirmdienst”，in：*BGBl*，*Teil I*，*Jahrgang* 1990，Berlin，Bundesanzeiger Verlag，1990，S. 2.

③ Bundesministerium für Justiz（Hrsg.），“Gesetz über den militärischen Abschirmdienst”，in：*BGBl*，*Teil I*，*Jahrgang* 1990，Berlin，Bundesanzeiger Verlag，1990，S. 5.

④⑤⑥ Bundesministerium für Justiz（Hrsg.），“Gesetz über die parlamentarische Kontrolle nachrichtendienstlicher Tätigkeit des Bundes”，in：*BGBl*，*Teil I*，*Jahrgang* 2009，Berlin，Bundesanzeiger Verlag，2009，S. 1.

⑦⑧⑨ Bundesministerium für Justiz（Hrsg.），“Gesetz über die parlamentarische Kontrolle nachrichtendienstlicher Tätigkeit des Bundes”，in：*BGBl*，*Teil I*，*Jahrgang* 2009，Berlin，Bundesanzeiger Verlag，2009，S. 2.

员会反映情况，监督委员会有义务为其保密（第八条）。[①] 法律规定了在什么情况下可以破例根据有关截收信函、邮件和窃听通信的法律条文对议员们进行检查。由于联邦议员拥有豁免权，因此只有在对某议员提出具体的怀疑，并得到主管的议会委员会同意后才有可能采取这种措施。经 2/3 委员同意，监督委员会可对秘密事件进行公开评价（第十条）[②]；监督委员会有权监督和审查 3 个机构的预算和经费开支（第十二条）。[③]

联邦议院除专设的监督小组外，联邦国防委员会（Verteidigungsausschuss）和第十条款法委员会（G-10-Kommission）也可以监督情报部门的工作。这些联邦议院的专门委员会，连同各个情报机构的上级主管部门及新闻媒体等，共同构成了联邦德国安全情报监督体系。

第二节　德国情报体制机制的形成与发展

早在 19 世纪前期，普鲁士军队中就已经出现了情报部门的雏形。在日后漫长的岁月中，德国逐渐在军队和政府中形成了较为完善的安全情报系统，各情报组织间也有了较为明确的分工。德国安全情报机构在第二次世界大战期间曾取得了辉煌的战绩。但是，由于其纳粹帮凶的身份，它们的这些成就终究难以为世人所称道。第二次世界大战后，联邦德国和民主德国长期在欧洲冷战对抗的最前线充当美苏情报战的得力助手。直到冷战结束和重新统一后，德国安全情报机构才开始重新审视自己的目标和任务。

一、德国情报安全体制机制的建立

联邦德国情报机关的创始人是莱因哈德·盖伦（Reinhard Gehlen）。二战期间，他曾任德国陆军总参谋部东线外军处处长，专门负责对苏情报搜集工作。在他卓有成效的领导下，东线外军处为德军对苏作战提供了大量极具价值的情报。如早在 1942 年时他就对苏军在斯大林格勒可能发动的反攻进行了多次汇报。当时，东线外军处不仅对苏联的各种军事情况，包括部队编制、动向以及将领的性

① Bundesministerium für Justiz（Hrsg.），“Gesetz über die parlamentarische Kontrolle nachrichtendienstlicher Tätigkeit des Bundes”，in：*BGBl*，*Teil I*，*Jahrgang* 2009，Berlin，Bundesanzeiger Verlag，2009，S. 2 – 3.

②③ Bundesministerium für Justiz（Hrsg.），“Gesetz über die parlamentarische Kontrolle nachrichtendienstlicher Tätigkeit des Bundes”，in：*BGBl*，*Teil I*，*Jahrgang* 2009，Berlin，Bundesanzeiger Verlag，2009，S. 3.

格、背景、才能等了如指掌，还洞察苏联的经济和战备状况，因此而深得顶头上司的信任。

但陆军首脑的欣赏并不能帮助盖伦取悦元首。因为在希特勒眼中，情报并不是一项纯粹的搜集、分析工作，更是一项政治任务。他需要让情报来证明自己的正确，对一切与自己想象不一致的情报都视而不见。因此，在德国步步走向灭亡的时候，盖伦越是报告真实的军事情报，就越引起希特勒的厌烦和恼怒。1945年4月，早已对希特勒心怀不满的盖伦被撤职。

盖伦清楚自己手中所掌握的苏联情报的价值。他希望利用这些情报帮助分崩离析的德意志国家和民族重新站立起来，同时也为他自己在战后德国东山再起做准备。因此，盖伦在被撤职后，冒险藏匿了大量东线外军处的绝密档案。他还与自己的副手兼接班人格哈德·威赛尔（Gerhard Wessel）等约定了投靠美国、重建对苏情报系统的计划。

二战之后，经过盖伦等人的努力，五角大楼和驻德美军开始秘密重建美占区对苏情报网。1946年，盖伦以该情报网依附于美国为代价，换取了美国人的支持，正式建立了德国的对外情报系统——盖伦组织。盖伦组织招募了大量纳粹军事情报人员，逐渐形成了一个严密的系统。在中央设立一个所谓的“董事会”，他自己任“董事长”，下设“总支机构”“地区机构”等。在总部内则设立了局、处、科、组四级机构。一局负责搜集和分析外国情报；二局负责制定对付苏联和东方其他国家的心理战的预防措施；三局负责搜集和研究国内情报，并对付其他情报机构对德国的间谍活动。

1949年联邦德国成立。首任联邦总理康拉德·阿登纳（Konrad Adenauer）十分重视对苏联和民主德国的情报搜集工作，他希望盖伦成为其内阁的核心成员之一。但反对者却认为盖伦组织只是美国中情局的附属，并不能代表德国的国家利益。就在盖伦组织艰难的正名过程中，联邦政府又建立了一个在反间谍和国内情报工作方面与其展开竞争的对手——联邦宪法保卫局。

早在联邦德国建立之前，西方盟国于1949年4月14日就向联邦德国议会委员会提出了建立特种警察机构维持国内宪法秩序的建议。1950年11月7日，联邦与各州颁布《宪法保护法》，在内政部之下建立了联邦德国政府自己的反间谍机构——宪法保卫局，并明确将宪法保护与警察治安事务区别对待。这表明联邦德国决心要让新成立的对内情报安全机构与臭名昭著的党卫队保安局划清界限。[①]不过，由于联邦宪法保卫局在反间谍方面的能力不强，阿登纳还是非常倚重盖

① Hans-Jürgen Lange（Hrsg.），*Wörterbuch zur Inneren Sicherheit*，Wiesbaden，VS Verlag für Sozialwissenschaften S. 23.

伦，并最终给了盖伦组织一个正式的名分。1956 年 4 月，联邦政府以盖伦组织为基础，仿照美国中央情报局的模式，在联邦总理府内建立了联邦情报局，盖伦任首任局长。

与此同时，盖伦昔日在东线外军处的副手、盖伦组织的得力干将威赛尔将军又一手创建了联邦国防军内的情报组织——军事反间谍局，主要负责军事情报的分析和搜集工作。由于威赛尔一直很尊敬老上级，军事反间谍局建立后和联邦情报局并没有发生较大冲突。

二、德国情报体制机制的发展与演变

盖伦任联邦情报局局长期间，联邦德国在冷战情报工作方面曾取得过一定的成绩。但随着一系列丑闻被揭发，尤其是 20 世纪 60 年代初一名联邦情报局高官被查出是克格勃间谍后，盖伦情报大王的地位开始动摇。1968 年，他被迫宣布退休，并根据上司的命令将职权交给了自己的老部下威赛尔将军。与盖伦不同的是，威赛尔十分注意树立联邦情报局在政界和公众心目中的形象，而不是仅仅一味地隐藏本局的行踪。随着改革的深入，许多盖伦时代的陈规陋习都被去除，联邦情报局逐渐恢复了元气。①

威赛尔不像盖伦一样利用情报维持自己的权势和威望，他很少因为情报工作而与政界或内阁发生冲突，这也使得他所领导的联邦情报局更容易为政府所控制。在这种情况下，以对内安全情报和宪法保护为主要职责的宪法保卫局逐渐在反间谍活动中崭露头角。1972 年 8 月以后，监视外国秘密情报机关和外国激进团体在联邦德国的行动也被纳入该局的职责范围。恐怖活动和新纳粹活动的威胁增加后，该局又增加了这方面的国外防卫任务。冷战期间宪法保卫局最突出的一个成就，是冒着极大的风险挖出了潜藏在联邦德国达 18 年之久的克格勃间谍、官至联邦总理维利·勃兰特（Willy Brandt）机要秘书和政治秘书的君特·纪尧姆（Günter Guillaume）及其妻子。这一案件在当时联邦德国舆论中掀起了轩然大波，并成为促使勃兰特下台的主要原因之一。

与此同时，随着 20 世纪六七十年代左翼民主运动的高涨，越来越多的民众和官员感到有必要加强对国家情报工作这个特权体制的管理。1976 年联邦德国成立由 8 人组成的议会监督委员会，专门负责对联邦情报局、联邦宪法保卫局和军事反间谍局的工作进行监督。

冷战时期，联邦德国情报系统虽经历过一系列严重的危机，但也取得了重大

① 周桂银等编著：《黑夜战争——德国情报机构揭秘》，四川人民出版社 1997 年版，第 222 ~ 224 页。

成绩。它成功地在民主德国核心政治部门发展出多名间谍，包括一对渗透至民主德国最高领导人埃里希·昂纳克（Erich Honecker）身边的间谍夫妇。冷战结束后，联邦德国情报系统在大规模清算民主德国情报人员的同时，还全面接收并消化了民主德国情报组织的遗产，以充实自己的力量。联邦德国情报安全体制的结构如图25－1所示。

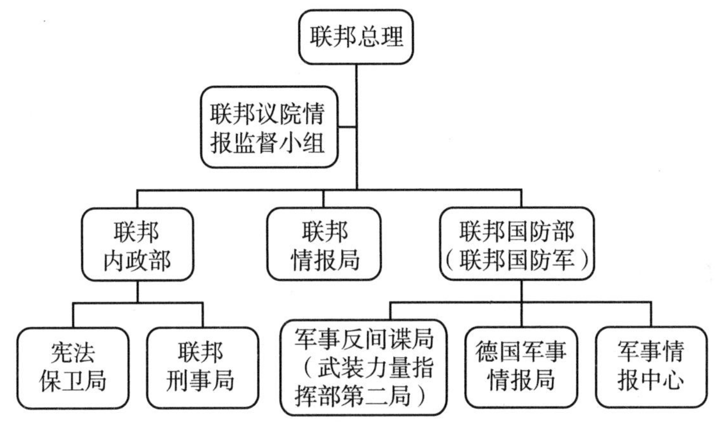

图25－1　联邦德国的情报安全体制

第三节　德国安全情报体制的现状与特点

现代德国的安全情报机构主要包括宪法保卫局、联邦情报局和军事反间谍局等。随着冷战对手的消失和“9·11”事件的发生，这些情报机构开始逐步对自身组织和工作重心做出调整，并呈现出以反恐为中心、重视技术升级、各部门密切配合且受到公众严密监督等特点。

一、德国的情报机构与现状

联邦宪法保卫局、联邦情报局、军事反间谍局等情报机构在联邦德国现存主要情报机构中占据重要地位，在推进德国安全战略中发挥着重要作用。

（一）联邦宪法保卫局

1990年12月20日，联邦德国在原先《联邦及州宪法事务合作法》的基础上制定了《联邦及州宪法事务合作与联邦宪法保卫局法》，对宪法保卫局所负责的国内情报安全工作和宪法保卫工作做出了调整。

德国统一后，联邦宪法保卫局（BfV）的反间谍工作针对苏联各国和东欧国家的情报工作虽然依旧占有很大比重，但与此同时，对付来自中近东国家情报机构的威胁，特别是防止窃取核技术等已明显成为新的重点。苏联解体后，曾经猖獗一时的极左恐怖主义活动有所减少，而新纳粹等右翼极端分子则成为主要危险，相应的还有贩毒等大规模有组织犯罪活动的日益增加。

为更好地加强反间谍活动，打击右翼极端恐怖主义和有组织犯罪活动，联邦宪法保卫局局长埃克哈特·韦特巴赫（Eckart Werthebach）宣布，该局三处（反左翼激进分子处）和七处（反恐怖主义处）合并，四处（反间谍处）与五处（秘密保卫处）合并。[①] 此后，宪法保卫局又经过数次改组。目前该局设有局长和副局长各1人，下设1个中心服务处、1个信息技术处和6个业务处。在业务处中，一处主要负责总部事务、提交分析报告、数据保护等基础工作；二处主要负责反极右主义和右翼恐怖主义活动；三处主要负责专业支持；四处主要负责反间谍、保密和反破坏活动；五处主要负责侦察和监视外国人危害德国国家安全活动及左翼极端主义活动；六处主要负责防范伊斯兰激进组织的活动。[②]

（二）联邦情报局

德国联邦情报局（BND）总部设在巴伐利亚州慕尼黑市南郊普拉赫的海尔曼大街30号，号称是西方国家中仅次于美国中央情报局的第二大情报机关。冷战结束后，联邦情报局面临巨大的挑战。1996年5月15日，汉斯耶尔格·盖格尔（Hansjörg Geiger）成为德国联邦情报局第八任局长，开始着手进行减员增效的改革，以期消除联邦情报局在社会上臃肿懒散的坏名声。1998年7月，联邦情报局原反间谍处被取消，联邦情报局的工作一度陷入低谷。后来在第12任局长格哈德·辛德勒（Gerhard Schindler）的领导下，联邦情报局的改革才获得进一步深入和发展。

虽然机构和人员精简，但联邦情报局的情报活动能力却进一步提高。一方面，其搜集情报的地域范围比以前有所扩大，将工作的重点地区从联邦德国转向俄罗斯和原苏联国家，以及近东和北非地区国家；另一方面，它还加强了对恐怖主义、国际有组织犯罪、武器贩运、非法移民、洗钱等活动的打击。“9·11”事

① 周桂银等编著：《黑夜战争——德国情报机构揭秘》，四川人民出版社1997年版，第319页。

② Die Organisation des Amtes ist kein Geheimnis，http://www.verfassungsschutz.de/de/das-bfv/aufgaben/die-organisation-des-amtes-ist-kein-geheimnis.

件后，联邦情报局组建了专门负责国际恐怖主义和有组织犯罪情报搜集工作的部门。在对外交流方面，联邦情报局不仅进一步加强与盟国情报机构的情报沟通与合作，还大力介入欧盟共同外交与安全政策发展进程。在侦察手段上，为弥补高级情报人员的短缺和获取更有价值的情报，联邦情报局更多地采用了电子技术侦察手段，而且更加重视从大量公开材料中搜集情报，以了解外国政府决策层的意图。同时，联邦情报局也不断吸收和培养新的具有特别素质的人员。[①]

联邦情报局现有工作人员 7 000 多人，设有 100 多个分局，派往国外的情报人员则以小组的形式进行活动。目前联邦情报局有 1 名主管全面事务的局长、1 名可直接代表局长的副局长、1 名主管军事事务的副局长和 1 名负责全局中心任务及改革的副局长，下设领导及信息中心、专业支持处、行动区域及对外关系处、技术应用处、A 地区处（Länder Region A）、B 地区处（Länder Region B）、恐怖主义处、生化核武器扩散处、自卫处、信息技术处、中心处、内勤处和迁移处等 13 个处。[②]

（三）联邦军事反间谍局

军事反间谍局（MAD）总部在 1984 年迁往联邦国防军安全局第五处驻地科隆。该局在国内 6 个军区内设有分局，总部内设 7 个处，下设 14 个地区分部：基尔、汉诺威、威廉姆斯、杜塞尔多夫、明斯特、美因兹、科布伦茨、斯图加特、卡尔斯鲁厄、慕尼黑、阿姆贝格、莱比锡、格尔托夫和罗斯托克分部。此外，该局还在陆海空三军设有分部，[③] 其成员由军人和文职人员组成。2000 年有工作人员约 1 300 名，经费为 6 200 万欧元。[④] 军事反间谍局内设有一所国防军情报学校，专门用于该局特工的岗前培训和进修。

军事反间谍局主要汇集和处理以军事为主的情报。在国内非军事领域的宪法保护及反恐方面，它也扮演着重要角色。在有合法手续并告知联邦议院监督小组的情况下，军事反间谍局可以使用联邦宪法保卫局的机密情报。2002 年《反恐怖主义法》第二条将军事反间谍局获取情报的范围扩大至国防军及其成员参与破坏民族和解与共存的计划及活动。2004 年，《军事反间谍局法》的修改又使该局获得了在国防军境外执行任务期间对外情报活动的权力。[⑤]

---

① 綦甲福等：《德国情报组织揭秘》，时事出版社 2013 年版，第 67 ~ 69 页。

② 联邦情报局，参见 http://www.bnd.bund.de/DE/Organisation/Arbeitsbereiche/Arbeitsbereiche_node.html.

③ 孙春玲：《德国的安全情报机构》，载《国际资料信息》2002 年第 12 期，第 11 页。

④ Hans-Jürgen Lange（Hrsg.），*Wörterbuch zur Inneren Sicherheit*，Wiesbaden，VS Verlag für Sozialwissenschaften S. 203.

⑤ Hans-Jürgen Lange（Hrsg.），*Wörterbuch zur Inneren Sicherheit*，Wiesbaden，VS Verlag für Sozialwissenschaften S. 204，S. 206.

（四）其他安全情报机构

除了上述三个情报部门外，德国还有一些从事情报工作的重要部门，如军队系统中的德国军事情报局（MND）、战略侦察司令部（KSA）、德军情报中心（ZNBw），以及警察系统中的联邦刑事局等。军队的情报机构主要是在联邦国防部的领导下从事国外军事情报的搜集整理工作，而联邦刑事局则是一个在联邦内政部领导下负责刑事侦查和反恐的重要部门。在近年来已成为德国情报工作重中之重的反恐活动中，情报侦察往往与刑事责任追究密不可分。因此，在当今德国的反恐侦查中，联邦刑事局也常常扮演着十分重要的角色。

二、德国情报体制机制的特点

以反恐为中心，重视技术升级和各部门之间的密切配合，在立法机关和公众的严密监督下展开工作，这是当代德国情报体制机制的重要特点。

（一）以反恐为首要任务

德国情报机构和警察机构始终重视反对恐怖主义活动，“9·11”事件后尤其如此。德国专门成立了反恐应急中心，研究制定相应的反恐策略。

1992 年 4 月 13 日，左翼极端组织“赤军旅”宣布停止进行恐怖活动。这是该组织对苏联解体和东欧剧变这一系列事件的策略性回应。但德国的情报和警察系统的反恐专家们却不相信其声明。联邦刑事局认为，“赤军旅”反对统一欧洲的大联合，因此欧洲一体化过程可能会遭到该组织的攻击。联邦宪法保卫局则强调必须减少法律对情报部门的束缚，以便展开对“赤军旅”的大规模搜捕。宪法保卫局还进一步完善左翼极端分子的档案，严密监视其活动。一些与“赤军旅”类似的激进组织，如“青年世界”都被纳入宪法保卫局的视线。[①]

不过，冷战后德国的恐怖主义活动更多地是由右翼极端组织发动的。早在两德边界开放之初，联邦德国、西柏林和民主德国的一批新纳粹分子就勾结在一起，在一些城市街头张贴“希特勒永在人间”“外国人滚出去”“犹太人滚出去”等标语。1993 年，一名土耳其妇女和她的四个孩子被杀害在德国家中，震惊德国。根据联邦宪法保卫局的文件，截至 2011 年底，德国共有极右分子 22 400 人，

① Bundesamt für Verfassungsschutz（Hrsg.），Gedenken an Rosa Luxemburg und Karl Liebknecht-ein Traditionselement des deutschen Linksextremismus Köln，Presse-und Öffentlichkeitsarbeit，2008，S. 9 – 10.

极右组织225个。[①] 为了镇压极右分子，维护国家形象和社会稳定，德国情报部门在其他国家机关和社会各界的大力支持下，采取了一系列得力措施，如宪法保卫局在法律上明确极右组织的定义，将具有极右倾向的组织重点登记在册，通过情报人员的渗透了解各重点组织的成员机构、内部组织和活动规律，严密监视这些组织可能采取的恐怖主义活动。[②]

"9·11"事件发生之后，伊斯兰激进分子对德国本土的威胁也在迅速上升。据查，在这次事件中丧生的19名劫机分子中，有3人曾在德国留学，被怀疑起了骨干作用。而且劫机分子的部分经费也是从德国汇出的。[③] 为了防止伊斯兰激进组织发动恐怖袭击，德国情报安全部门一方面加大对境内外伊斯兰激进组织的监视，弄清其思想倾向和危险程度，一方面又根据2002年《反恐怖主义法》的要求，扩大对可疑物品及信息的搜查、分析范围。

（二）各种机构密切配合

近年来，德国放宽对各机构间的资料交流限制，使之联网，以实现资料共享。德国联邦刑事局拥有一个庞大的警务信息系统，它将诸多警用数据库如PIOS（Personen-Institutionen-Objekt-Sachen）、Lfeb（Landfriedensbruch）等综合在一起使用。目前，这一数据库已包含有大多数极左、极右分子的数据，并计划进一步将伊斯兰激进分子的数据扩充进来。[④] 联邦宪法保卫局情报信息系统内也存有150万人的资料。该局计划逐步将内部数据库与警察部门的数据库联网对接，扩大资料积累范围，进一步建立起更加完善的、能为更多部门提供服务的情报资料数据库。

除数据库合作外，各情报部门在错综复杂的实际反恐工作中也展开了密切的合作。德国2002年《反国际恐怖主义法》统一对各情报部门的权力进行了扩展，以便能够充分发挥各自优势，取长补短，共同承担起反恐大任。《反国际恐怖主义法》第一条对《联邦宪法保卫法》进行了修改，第二条修改了《军事反间谍局法》，第三条则修改了《联邦情报局法》，使得联邦宪法保卫局、军事反间谍局和联邦情报局搜集情报的权力扩大。联邦宪法保卫局可以监视企图反对民族谅解与和睦相处的活动，可以跟踪和监控移动电话，有询问航空企业、邮政、通信

---

① Bundesamt für Verfassungsschutz (Hrsg.), *Kurzzusammenfassung Verfassungsschutzbericht* 2011, Köln, Bundesamt für Verfassungsschutz, 2011, S. 2.

② Bundesamt für Verfassungsschutz (Hrsg.), *Symbole und Zeichen der Rechtsextremisten*, Köln, Bundesamt für Verfassungsschutz, 2012, S. 9－57.

③ 孙春玲：《德国的安全情报机构》，载《国际资料信息》2002年第12期，第11页。

④ Hans-Jürgen Lange (Hrsg.), *Wörterbuch zur Inneren Sicherheit*, Wiesbaden, VS Verlag für Sozialwissenschaften S. 330.

和电信部门的权力；联邦情报局有询问信贷、金融服务机构和金融企业、航空公司嫌疑人的权力，可对国际电话和电子邮件进行监听和监控；军事反间谍局也有对通信和电信服务机构的询问权。[①] 通过加强各部门之间的分工协作，德国安全情报部门的战斗力明显提高。

同时，德国也加强了与欧盟、美国等国家情报机构的交流与合作。1993 年《马斯特里赫特条约》就要求加强欧盟成员国在司法和内政方面的合作。"9·11"后，欧盟各国普遍感觉到加强情报部门合作的必要性，欧盟委员会也通过了欧盟的反恐法律。

（三）重视情报技术的升级

德国拥有先进的技术侦察手段。德国情报技术设备在西方国家中仅次于美国，其采用的情报侦察方法主要有以下几种：（1）电话监听。自动装置能够根据密码转录功能，将世界各地的公开和专线电话的内容录制下来。这种 24 小时不间断的电话监听为情报部门积累了大量一手材料。（2）无线电窃听。德国情报部门在边界地区架设了很多窃听塔，德国高速计算机会采用先进破译技术对加密的信息进行处理。（3）卫星侦察。早在 1984 年，联邦德国就斥巨资与美合作研制并使用间谍卫星，以加强对苏联、东欧国家的太空侦察。互联网普及后，德国又于 1999 年开始对网络通信设备尤其是电子邮件进行监控。[②]

（四）情报机构的活动受国家和公众的严格监督

冷战结束后，由于收入的下降，联邦德国的情报部门闹出了不少丑闻。1991 年秋天，联邦情报局为民主德国官员签发假护照、假驾照及向以色列提供武器的事情败露。反对党趁此对执政的赫尔穆特·科尔（Helmut Kohl）政府大加攻击。为了进一步加强联邦议院对德国安全情报部门的监督力度，联盟党、社民党、自民党一致敦促联邦议院通过了《议会对联邦情报机构活动控制法》，建立了议会监督小组。该小组对情报机构的监督除受信息来源保护的约束外，几乎不受其他任何限制。此外，如果情报机构的活动涉及公民通信自由领域，即有可能触犯《基本法》第十章，则须经议会监督小组任命的第十条款委员会的批准并受其监督。情报机构经费的使用也必须受到议会监督小组信任委员会的批准，并接受联

---

① Bundesministerium für Justiz (Hrsg.), "Gesetz zur Bekämpfung internationalen Terrorismus", in: *BGBl*, *Teil I*, *Jahrgang* 2002, Berlin, Bundesanzeiger Verlag, S. 361 – 395. 还可参见《德国 2002 年反国际恐怖主义法》，引自赵秉志等编译：《国外最新反恐法选编》，中国法制出版社 2008 年，第 253 ~ 260 页。

② 孙春玲：《德国的安全情报机构》，载《国际资料信息》2002 年第 12 期，第 11 ~ 12 页。

邦审计署的审计监督。

除国家外，公众也可以在一定程度上监督德国的情报部门。在德国，无论是新闻媒体、社会团体，还是集合各种专家的独立调查组织，甚至是普通公民，都有权根据法律规定申请查询情报材料，并提出质疑。今天，由于信息社会的高度发达，许多大众媒体的爆料会对原本神秘的情报部门带来严重冲击。在 2013 年"棱镜（PRISM）门"事件中，德国《明镜周刊》（*Spiegel*）就对美国监听德国总理通信的行为进行了曝光，并将美德两国情报部门抛向了政治舆论的风口浪尖。[①] 严格的监督在防止德国安全部门滥用职权方面取得了一定的作用。冷战结束以来，德国一直没有出现像美国那样的国家情报部门监听、窃取和修改个人隐私数据的丑闻。

① "Überwachungsskandal: NSA speicherte mehr als 300 Berichte über Merkel", in: *Spiegel Online*, 29.03.2014, http://www.spiegel.de/politik/deutschland/ueberwachung-nsa-speicherte-mehr-als-300-berichte-ueber-merkel-a-961414.html.

第二十六章

德国情报与安全预警机制

德国在1990年统一后，其安全环境发生了戏剧性变化。难民问题、边界问题、宗教矛盾、民族纠纷等新的安全问题已取代传统安全问题成为德国面临的主要安全威胁，[①] 这也使德国的国内安全与欧盟安全以及国际安全连成一体，德国的安全环境复杂化。然而德国保护安全的能力并没有因为安全环境的变化而削弱，这主要得益于德国的情报和安全预警体制机制。德国根据环境的改变迅速将安全政策的重点转向情报搜集及预防威胁，通过加强应急情报、反恐情报、军事情报和战略情报的搜集与传递来提高预防能力。德国安全情报包括应急情报、反恐情报、军事情报和战略情报，不同的情报具有不同的传递路径，其安全预警方式也不同，这构成德国安全预警机制的基本方面。

第一节 德国安全情报的分类

情报是指“情报间谍人员通过各种途径或手段所获取的有关情况的消息、报告、资料等，以及对它们进行分析、研究、综合或提炼的成果”。[②] 它不仅包括传统的人力情报，还包括通过各种先进的情报侦察装备获取的技术

① 刘胜湘、许超：《德国联邦安全委员会的演变探析》，载《德国研究》2015年第2期，第25页。

② 张殿清：《情报与反情报》，世界知识出版社1997年版，第2页。

情报。[①] 情报体制也是国家安全体制的重要组成部分，对一个国家的生存与发展起着不可忽视的作用。德国作为一个发达的资本主义国家，情报内容包罗万象，涉及经济、政治、文化、科技、军事、战略等各个方面。从安全的角度看，德国情报主要包括应急情报、反恐情报、军事情报和战略情报。

一、应急情报

应急情报是指德国情报工作人员通过各种途径或手段所获取和提炼的有关突发性的自然灾害和人为危机的信息。进入21世纪以来，德国面临着越来越多的应急安全危机，既包括台风、山洪、雪灾、地震等突发性自然灾害，也包括诸如火灾、航空事故、社会冲突、绑架等人为危机。通过分析我们可以看到，这些安全危机具有突发性、紧迫性和破坏性三个特征。突发性是应急安全危机的首要特征。应急安全危机在爆发前，其征兆不够明显或难以预测，因此爆发都具有突发性。紧迫性是应急安全危机的次要特征。由于安全危机事发突然，决策者要在相对有限的时间内做出决策，统一部署应对，因此具有时间紧迫性。破坏性是应急安全危机的第三个特征。由于安全危机的突发性和应对的滞后性，它必然会给社会带来破坏性，给人们的生命财产安全带来很大的负面影响。正是由于危机的突发性、紧迫性和破坏性特征，因此要求预防和应对安全危机的情报必须具有前瞻性和主动性。应急情报的任务就是在安全危机爆发前发现危机的征兆，获取相关的资料、信息，以便将危机遏制在萌芽状态或者采取相应的举措将危机爆发后的损失降至最低。德国深受应急安全威胁，其主要灾害包括雪灾、洪灾、地震等自然灾害和火灾、空难、列车事故等人为灾害。根据统计，德国内政部联邦技术救援署（THW）参加国内救援的次数1994年为7 268次，2003年则增加到16 042次，[②] 发生的灾害总体上呈上升趋势。像1998年水灾、2000年的列车事故、2002年的易北河洪灾等，都是全局性灾害。根据国际移民组织的调查，在2015年1~10月，有超过75万阿拉伯人进入欧洲，几乎比上年增加了3倍，已经有超过70万人申请庇护，最受欢迎的目的地是德国。[③] 根据2016年《德国安全政策与联邦国防军未来白皮书》（以下简称2016白皮书），近些年来，国际冲突导

---

① Loch K. Johnson & Annette Freyberg, "Ambivalent bedfellows: German-American intelligence relations, 1969 - 1991", *International Journal of Intelligence and CounterIntelligence*, Volume 10, Issue 2, 1997, P. 166.

② 贾群林、郑荔：《德国应急救援志愿者队伍：社会减灾的生力军》，载《城市与减灾》2006年第5期，第25页。

③ Laura DIACONU (MAXIM), "THE REFUGEES AND THE ECONOMIC GROWTH IN THE EU STATES: CHALLENGES AND OPPORTUNITIES", CES Working Papers, 2015, Volume VII, Issue 4, pp. 881 - 890, here P. 881.

致的难民大量涌入德国，难民与德国主流社会之间的矛盾频现，由此带来的暴力冲突在德国蔓延，成为德国社会稳定的破坏性因素。①

无论是自然灾害危机还是人为危机，都要求德国决策者和相关部门在有限的时间内做出决策。正是由于应急安全危机的突发性、紧迫性和破坏性，要求应急情报的及时性和前瞻性，应急安全机构才可能具有处理危机的预见性。因此，应急情报在解决德国应急安全问题和降低应急损害方面具有重要作用，是德国安全预警机制发挥作用的关键。

二、反恐情报

反恐情报是指德国情报工作人员通过各种途径或手段所获取和提炼的有关恐怖主义组织及其活动的情报。恐怖主义作为一种普遍的社会历史现象，在相当长时间内并没有引起德国执政者的关注。直到冷战结束、德国重新统一后，原来被冷战时期意识形态压制的民族矛盾、宗教矛盾、难民危机等问题开始集中爆发，恐怖主义有了滋生的土壤。特别是 2001 年“9·11”事件后，恐怖主义在全球范围内呈现泛滥之势，这引起了德国执政当局的重视。施罗德总理针对“9·11”事件很快表示这不仅是对美国的攻击，同时也是对民主国家的挑战。他因此认为德国有必要参与国际反恐行动，并表达了对美国开展国际反恐军事行动的支持。②反恐遂成为德国情报和安全部门的重要任务。这对德国情报部门带来了巨大的冲击，“因为被怀疑驾驶飞机撞击纽约世贸中心北楼的阿塔伊曾是一个伊斯兰组织在德国的创始人；19 名劫机恐怖分子中有 3 人曾在德国留学，他们可能还发挥了骨干作用；劫机分子的部分经费也是由德国汇出的。”③ 德国总理默克尔（Angela Merkel）自 2005 年当选德国总理以后多次在公开场合发表讲话，声称德国存在恐怖主义的真实威胁。2016 年 7 月 22 日，德国慕尼黑一购物中心发生造成 10 人死亡、35 人受伤的枪击事件。德国一周内两次发生“独狼式”袭击事件。恐怖主义严重威胁着德国的安全，反恐成为德国情报部门的重要任务。反恐情报在德国应对恐怖主义的过程中起着先导和关键性作用，通过搜集有关恐怖主义组织及活动的动向、信息，能够及时发现威胁德国安全的恐怖事件，从而采取先发制人的打击策略。

---

① Federal Ministry of Defence of Germany, *The White Paper* 2016 *on German Security Policy and the Future of the Bundeswehr*, Berlin, 13 July 2016, P. 42, https://www.bmvg.de/portal/.

② Akan Malici, “Germans as Venutians: The Culture of German Foreign Policy Behavior”, *Foreign Policy Analysis*, Volume 2, Issue 1, January 2006, P. 52.

③ 孙春玲：《德国的安全情报机构》，载《国际资料信息》2002 年第 12 期，第 11 页。

三、军事情报

军事情报是指德国情报工作人员通过各种途径或手段获取和提炼的有关德国国家安全、国防和军事方面的情报。“举凡与军事、战争直接相关的情报，如敌方的兵员总额、武器性能、作战计划、战区的地形，都是军事情报的主要对象。”[①] 通过军事情报了解军事对手的战略能力和意图，这是实现军事威慑并取得战争胜利的保障。[②] 军事情报对制定作战计划、部署战役行动、决定战争胜负都起着关键性作用。军事情报也是保卫德国领土和人民安全的最后堡垒。[③] 军事情报是德国各种安全情报中出现最早、发展最为成熟的情报，它经历了从军事战术情报、军事战役情报到军事战略情报的发展历程。它最早出现在18世纪普鲁士王国时期，随后在德意志帝国的统一中发挥了重要作用。德国作为两次世界大战的策源地和发动者，其军事情报体系也得到了进一步的发展与完善。冷战开始后，德国作为东西方冷战对抗的前沿阵地，军事情报也大显身手，成为这一没有硝烟的战场上的主要角色，上演了一幕幕经典情报大戏。

冷战结束后，随着全球化的纵深发展，经济、科技情报的重要性开始上升，军事情报的作用相对下降，但军事情报依然重要。2001年“9·11”事件后，德国的军事部署已经远远超出了欧洲地区，延伸到阿富汗、刚果、黎巴嫩。军事力量已经成为德国政策制定者促进和维护地区与全球秩序的重要手段，这大大增强了德国在国际事务中的政治影响力。[④]

为了营造良好的外部安全环境和维护自己在盟友中的声誉，德国相继参与了1999年科索沃战争、2001年阿富汗战争。[⑤] 德国还不断地参与联合国维和行动，联邦国防军被赋予了更多的国际任务，2006年时已有超过20万军事人员在全世界范围内活动。[⑥] 德国军事情报在军事行动和人道主义救援中再次大显身手，使得军事行动成效显著。2016白皮书认为，联邦国防军应在以下方面发挥重要作

---

① 高金虎：《美国战略情报与决策体制研究》，陕西师范大学出版社2004年版，第16页。

② Eyal Pecht & Asher Tishler, "The value of military intelligence", *Defence and Peace Economics*, Volume 26, Issue 2, 2015, P. 204.

③ Wolfgang Krieger, "German Intelligence History: A Field in Search of Scholars", Intelligence and National Security, Volume 19, Issue 2, 2004, P. 195.

④ Timo Noetzel and Benjamin Schreer, "All the way? The evolution of German military power", *International Affairs*, Volume 84, Issue 2, March 2008, P. 213.

⑤ Barbara Kunz, "Germany's Unnecessary Hegemony: Berlin's Seeking of 'Tranquility, Profit and Power' in the Absence of Systemic Constraints", *Politics*, Article first published online: 22 SEP 2014.

⑥ Federal Ministry of Defence of Germany, *The White Paper* 2006 *on German Security Policy and the Future of the Bundeswehr*, Berlin, 2006, P. 10.

用：在北约和欧盟框架下的集体防御；国际危机管理；德国国土安全及海外危机管理；加强与北约及欧盟盟友间的合作；国际人道主义救援；确保网络安全等。[①] 该白皮书认为，联邦国防军不仅要在国际安全事务中承担责任，而且还要发挥实质性甚至主导作用。[②] 联邦国防军任务的调整对德国军事情报提出了更高的要求，因此对有志于谋求世界大国地位的德国来说，军事情报不仅对提升德国的军事力量和政治地位非常重要，而且在维护国家安全、为其经济社会发展创造良好的国内外环境方面也发挥着不可取代的作用。情报部门通过搜集和获取与军事、国防、安全有关的情报信息，有利于及时制定军事应对预案。

四、战略情报

战略情报是指德国情报人员通过各种途径或手段获取和提炼的供决策者实施全局筹划并在最高层次上指导国家未来发展、为制定国家战略提供支持的情报信息。由于其广泛的涉及面和重要性，故有德国“国家情报”之称。它具有全局性、稳定性和前瞻性三个特征。[③] 战略情报是涉及德国经济、政治、文化、科技、军事等各领域并超越具体领域而抽象出的对国家发展进行总体筹划和指导的信息，因此要着眼全局。战略情报不同于一般情报的一个显著特征就是它具有稳定性和持续性，不同于短时间内影响国家发展的情报信息。由于战略情报事关国家未来发展大势，因此必须具有前瞻性和预见性。情报人员在全面了解德国战略环境的基础上，对获取的海量情报信息进行深入分析。“它要求情报工作人员超出情报整理、真伪甄别、文件编写这种情报分析的初级阶段，上升到根据基本事实，对事物的发展趋向做出可能性判断这个高度。”[④] 例如，在冷战末期，联邦情报局获取了苏联戈尔巴乔夫欲改善与资本主义阵营的关系、不干涉东欧国家的情报，科尔政府迅速加大对民主德国的经济和政治渗透，没有苏联和联邦德国财政支持的民主德国最终走向了崩溃，实现了德国的统一。[⑤] 全局性、稳定性和前瞻性这三个特征使战略情报成为德国各种情报类别中对情报人员要求最高、难度最大的一类情报。一旦掌握可靠的战略情报并被决策者采纳付诸实践，必将影响

① Federal Ministry of Defence of Germany, *The White Paper* 2016 *on German Security Policy and the Future of the Bundeswehr*, pp. 92 – 93.

② Federal Ministry of Defence of Germany, *The White Paper* 2016 *on German Security Policy and the Future of the Bundeswehr*, P. 139.

③ 高金虎：《美国战略情报与决策体制研究》，陕西师范大学出版社 2004 年版，第 25 ~ 29 页。

④ 高金虎：《美国战略情报与决策体制研究》，陕西师范大学出版社 2004 年版，第 29 页。

⑤ Hans-Georg Wieck, “The GDR—As Seen by the Federal German Foreign Intelligence Agency (BND) 1985 – 1990”, *Journal of Intelligence History*, Volume 6, Issue 1, 2006, P. 103.

德国的未来发展趋势。德国战略情报主要基于其对国际安全环境的认知及自身定位。

冷战结束后，德国最大的战略威胁——苏联已不复存在，在可预见的时期内爆发战争的可能性已很小，但德国战略安全问题并没有消失，甚至因为德国谋求从欧洲大国走向世界大国而变得更加重要。统一后的德国俨然成为欧洲和欧盟发展的主导力量。德国不断地调整外交战略，既重视德法关系，又重视加强德美关系，以领导者的身份弥合欧洲分歧，继续推进欧洲一体化进程，不断改善与俄罗斯的关系，重视对华关系，以及发展与第三世界国家之间的关系。德国还充当了世界各种政治力量之间的“掮客”，“对于德国来说，这种在美国与欧盟、美国与俄罗斯、英国与欧洲大陆、西欧与中东欧、新成员与老成员国等多种力量、多层关系之间搞平衡、充当沟通中介的对外政策，无疑有利于提高自身在欧洲政治乃至世界政治中的地位和影响力”。[①] 德国还在联合国、欧盟、北约、欧洲安全与合作组织、国际货币基金组织、世界银行及八国集团等国际组织和超国家组织中发挥影响力。[②] 2016 白皮书对德国的全球角色进行了定位：鉴于经济、政治、军事方面的实力，德国有必要作为欧盟的重要一员继续引领欧洲的发展，并有责任积极参与全球秩序的塑造。[③] 德国的战略目标就是维持德国的大国地位和国际影响力，因此其战略情报主要涉及影响其大国地位的因素，德国情报部门不断加强与欧盟成员及北约国家之间的情报交流与合作，重点收集俄罗斯、中国、印度等国的情报。[④]

应急情报、反恐情报、军事情报、战略情报作为德国最重要的四类安全情报，尽管关注的侧重点各异，并各有特性，不同情报对情报人员的要求也不尽相同，但它们都是涉及安全的重大信息，有时甚至相互交叉。这四类情报在不同的安全领域发挥着不同的作用，是德国形成不同安全预警机制的基础。

第二节　德国安全情报的传递路径

德国的情报活动多种多样，千变万化，但其情报活动的基本环节大同小异。

① 徐弃郁：《“身份定位”与德国对外政策走向》，载《现代国际关系》2006 年第 5 期，第 16 页。

② Federal Ministry of Defence of Germany, *The White Paper* 2006 *on German Security Policy and the Future of the Bundeswehr*, P. 22.

③ Federal Ministry of Defence of Germany, *The White Paper* 2016 *on German Security Policy and the Future of the Bundeswehr*, P. 22.

④ Federal Ministry of Defence of Germany, *The White Paper* 2016 *on German Security Policy and the Future of the Bundeswehr*, P. 30.

“情报活动一般是通过情报的搜集、情报的传递、情报的鉴定、情报的评估和情报的利用等几个环节来完成的。准确、清晰和迅速被称为情报活动的三要素。”[①] 决策者力求根据情报进行客观、准确的评估和预测。[②] 安全情报也不例外。但在具体的运作过程中，由于各级别安全情报的性质、服务对象和目标不同，其具体的传递路径也不尽一致。

一、应急情报的传递路径

在应对各种突发事件的过程中，德国建立了由联邦内政部危机管理与公民保护司（KM）下属的联邦民事保护与灾难救助局（BBK）、联邦技术救援署统筹协调，以州为主、属地管理的应急管理体制。[③] 德国各层级政府在应急响应时的分级体系如图 26 - 1 所示。联邦内政部是应急管理工作的最高领导和协调机构，也是应急情报的主要负责机构，德国应急情报的传递路径详述如下。

（一）情报搜集

情报搜集主要由内政部机构和应急管理信息系统完成。德国州内政部主要负责本州范围内的应急安全情报搜集工作，联邦内政部主要负责跨州或全国范围内的应急情报搜集工作，他们主要通过对电视、广播、报刊、通讯社等公开情报来源进行对比分析和综合判断，从而完成应急情报的搜集工作。联邦民事保护与灾难救助局可以收集和使用对民事保护和灾难保护具有重要意义的信息，即关于个人数据、经济救援能力、目标物体、基础设施等方面的信息。[④] 德国的应急管理信息系统非常发达，主要由德国紧急预防信息系统（deNIS）和升级版的德国紧急预防信息系统（deNISII）构成。前者集中了互联网上所有能找到的紧急预防措施信息，所提供的信息包括可能发生的各种威胁和相关部门所提供的防范对策。后者主要是建立在民事保护和灾难防护领域的内部信息网络。[⑤] 应急管理信息系统是应急情报搜集的重要来源。此外，为了加强联邦和州之间在情报搜集上的协作，2002 年 10 月，在联邦民事保护与灾难救助局下属的危机管理中心建立了联邦与各州之间的情况通报联合中心（GMLZ），以实现突发事件信息的及时

① 张殿清：《情报与反情报》，世界知识出版社 1997 年版，第 94 页。

② Michael Herman, “Diplomacy and intelligence”, *Diplomacy & Statecraft*, Vol. 9, Issue 2, 1998, P. 10.

③ 钟开斌：《中外政府应急管理比较》，国家行政学院出版社 2012 年版，第 80 页。

④ 张磊：《德国应急管理体系研究》，国家行政学院出版社 2013 年版，第 70 页。

⑤ 钟开斌：《中外政府应急管理比较》，国家行政学院出版社 2012 年版，第 248 页。

报告和通报。①

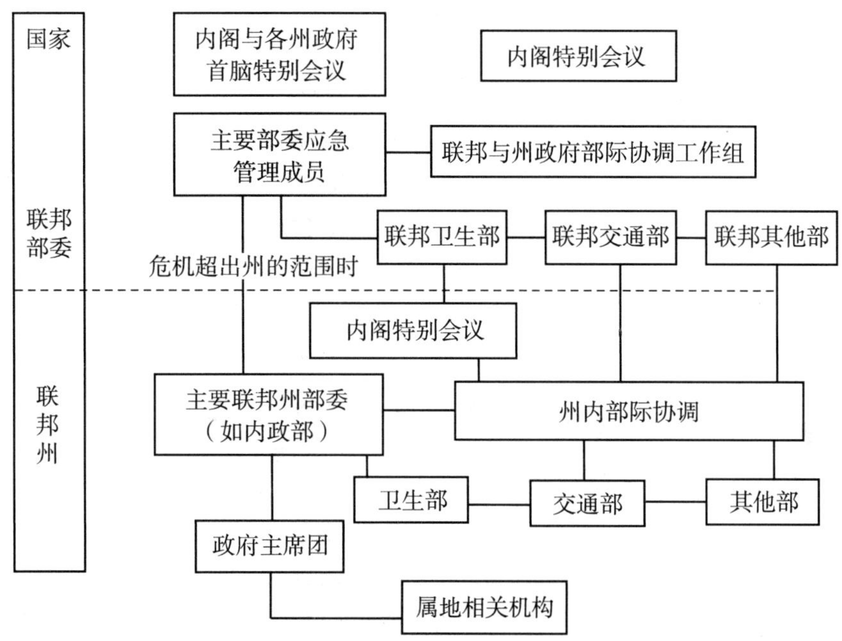

图 26-1　德国政府应急管理分级响应体系

资料来源：German Federal Ministry of the Interior, The Crisis Management System in Germany, Berlin, January 2010, P. 17. 转引自张磊：《德国应急管理体系研究》，国家行政学院出版社 2013 年版，第 58 页。

（二）情报鉴定

州内政部或联邦内政部获取第一手应急安全情报后，将其汇总进入情报的鉴定环节。由于第一手的情报信息纷繁多样，并且鱼龙混杂，因此情报的鉴定极为必要。“情报的鉴定是情报活动最重要的环节，是对原始情报的加工和再生产的过程，它在一定程度上决定着情报质量的优劣。”② 联邦民事保护与灾难救助局开发了一套风险分析方法，这套风险分析方法要求对应急事件进行足够详细的描述，在此基础上对发生的可能性及预期的损害规模做出精准评估，按照发生的可能性大小采用几乎不可能、不太可能、偶尔可能、可能、很可能的五级制分类方法，在估算损害规模后进行结果展示。③ 这套风险分析方法有助于从种类繁多的情报中筛选出最有价值的信息。

① 钟开斌：《中外政府应急管理比较》，国家行政学院出版社 2012 年版，第 247 页。
② 张殿清：《情报与反情报》，世界知识出版社 1997 年版，第 146 页。
③ 张磊：《德国应急管理体系研究》，国家行政学院出版社 2013 年版，第 34 页。

（三）情报分发

经过对汇总情报的鉴定，去伪存真，并对应急情报进行评估，按照重要性和紧急性进行分类。然后将情报成品分发到负责应急危机决策的州内政部长或联邦内政部长手中。在州内政部或联邦内政负责救援的机构组织接收到情报后迅速决策，并采取应对措施，其他相关部门密切配合和支持。需要指出的是，对于一般的应急安全事件，应急情报的传递终点一般是州内政部，对于跨州或者全国范围内的应急安全事件，应急情报的传递终点一般是联邦内政部、联邦总理。德国应急情报的传递路径如图 26－2 所示。

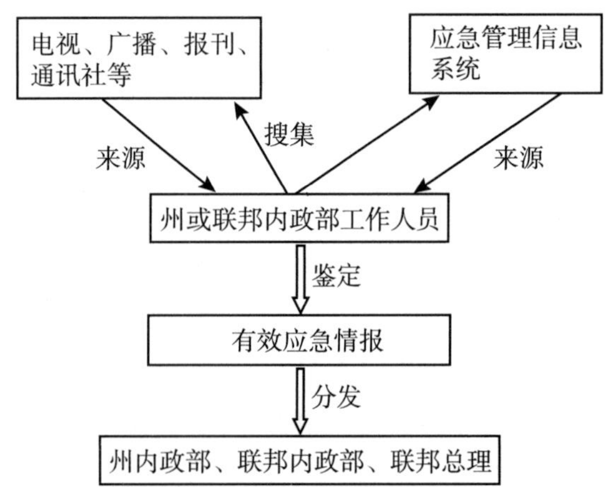

图 26－2　德国应急情报传递路径

二、反恐情报的传递路径

德国的反恐情报工作主要由隶属联邦内政部的联邦宪法保卫局负责。联邦宪法保卫局要完成以下几个方面的情报搜集和评估："极端分子、恐怖分子破坏宪法的行为；外国情报机构的活动，主要是反间谍；与巴勒斯坦、伊朗、土耳其、库尔德等恐怖分子活动有关的安全情况。"① 联邦宪法保卫局工作人员主要通过互联网、报纸、电视、电话监听、信件截收等各种渠道搜集德国国内有关恐怖主义及活动的信息。此外，联邦宪法保卫局还注重反恐资料的积累。"联邦宪法保卫局情报信息系统内存储有 150 万个人物的资料。计划进一步扩大资料积累范

① 高金虎：《迷雾深处的情报王国：二十世纪世界情报机构揭秘》，东方出版社 2007 年版，第 188 页。

围，逐步与警察部门的数据库联网，建立起更加完善的、能为更多部门提供服务的情报数据库。"① 联邦宪法保卫局在获取反恐情报时拥有巨大的权限："权力机关和其他联邦机关有义务向其提供所有与保护国家安全和宪法有关的材料；该局有权向任何部门要求提供有关具体人和事情的情况，并可查看各部门资料库而无需说明理由；有权使用现有人力情报。"② 之所以赋予联邦宪法保卫局如此大的反恐情报权限，主要是由于恐怖主义对德国安全已经构成了重大威胁。情报人员在搜集到恐怖主义情报后，迅速传递到联邦宪法保卫局反恐应急中心，该中心对这些信息进行鉴定和评估，筛选出有价值的情报信息供决策者使用。"9·11"事件爆发后，反恐被置于德国情报工作更加突出的位置，因此反恐情报不再仅限于联邦宪法保卫局一家负责。联邦情报局、联邦刑事警察局、军事情报局等情报机构也都成立了反恐应急中心，各情报机构的领导亲自担任中心主任，其主要职能是研究和制定防范恐怖主义的具体措施，及时发现可能针对德国的恐怖主义活动，做出预警判断。③ 在具体的反恐实践中，各情报机构之间不断加强沟通与协调，保证了反恐行动的效率和效果。④ 德国反恐情报的传递路径如图 26-3 所示。

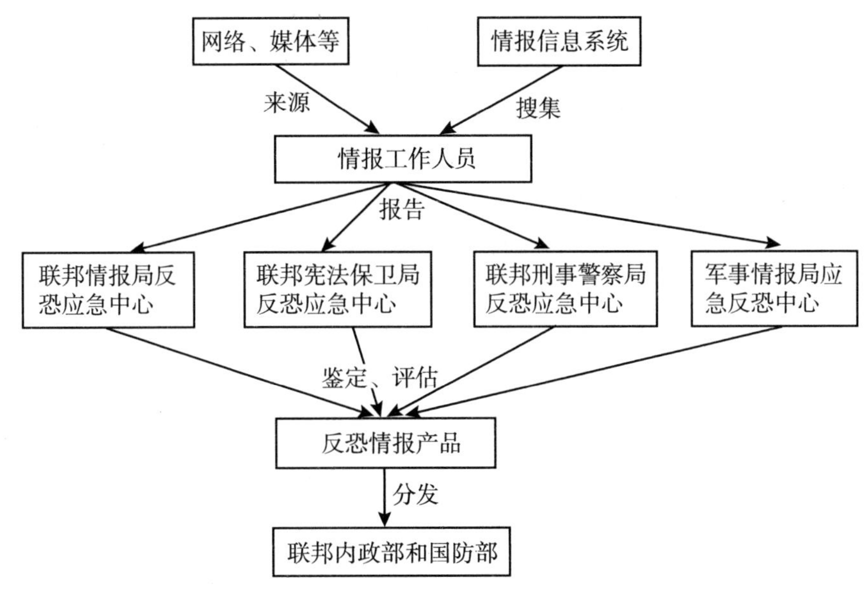

图 26-3 德国反恐情报的传递路径

---

① 朱建新、王晓东：《各国国家安全机构比较研究》，时事出版社 2009 年版，第 197~198 页。

② 朱建新、王晓东：《各国国家安全机构比较研究》，时事出版社 2009 年版，第 197 页。

③ 綦甲福、赵彦、朱宇博、邵明：《德国情报组织揭秘》，时事出版社 2013 年版，第 315 页。

④ Daniel Byman, "The Intelligence War on Terrorism", *Intelligence and National Security*, Volume 29, Issue 6, 2014, P. 856.

三、军事情报的传递路径

德国军事情报工作主要由国防部管辖的军事情报局负责，又称武装力量指挥参谋部第二局，在编制上隶属总参谋部，属国防部领导。它是联邦德国最高军事情报机关，对国防部各情报部门进行业务指导和协调。军事情报局的主要任务是："保卫联邦国防军的安全，防范外国情报机构对德国国防军的渗透，防范威胁联邦国防军安全的政治势力，并向政治和军事领导人报告形势；负责汇总各种渠道获得的情报，加以分析、研究和做出评价；对德国驻外武官进行指导等。"①

德国获取军事情报的手段有两种：人力情报和技术情报。人力情报是运用传统的人力手段搜集情报的方法和获取的情报产品，技术情报是运用先进技术手段获取情报的方法和获取的情报产品。技术情报是当前德国获取军事情报的主要手段，而先进的情报侦察装备无疑是德国情报部门获取情报的重要保障。德国情报部门主要通过空间侦察装备、高空侦察装备、陆地侦察装备和便携式侦察装备四种方式获取情报。其中，德国独立研制的"合成孔径雷达—放大镜"卫星是目前世界上重量最小的雷达成像侦察卫星，可在任何照明和气象条件下对地表设施进行观测和拍照，标志着德国具备了对全球展开独立侦察的能力。德国通过以容克 Ju290、埃格雷特侦察机为主的侦察机和以"欧洲鹰"无人侦察机、KZO 无人侦察机、"台风"无人攻击机、"阿拉丁"无人机、Fan Copter 无人机、CL—289 无人机、月神 LUNA 无人机为代表的无人机通过目视、成像和电子侦察的方式获取军用情报。德国情报部门通过以"山猫"装甲侦察车、"大耳狐"装甲侦察车和"短弹毛"轮式侦察车为主的陆地侦察装备搜集有关敌人的位置、兵力、行动和行动范围等方面的情报。此外，德国还通过便携式照相设备、便携式监听设备、谍用无线电台和便携式隐藏设备等便携式侦察装备来获取秘密情报。②

德国军事情报系统通过以上渠道获取军事情报信息后，由军事情报局进行汇总、研究与分析，对各类军事情报进行鉴定分类后上报给联邦国防部、政府和联邦议会的领导人。由于军事情报在德国的发展最为成熟也极其重要，因此除联邦宪法保卫局之外的所有情报部门都涉及军事情报工作，包括联邦情报局、军事反间谍局、德军情报中心、战略侦察司令部、驻外武官处、军事地理信息局。这些部门关注的军事情报侧重点有所不同。联邦情报局主要关注国际武器交易和非法

① 边和平、潘盘甫：《国家安全法通论》，中国海洋大学出版社 2004 年版，第 105 页。

② 綦甲福、赵彦、朱宇博、邵明：《德国情报组织揭秘》，时事出版社 2013 年版，第 278～308 页。

技术转让、核扩散；军事反间谍局主要关注国防军的作战状态和军事安全、极端分子和恐怖分子的间谍破坏活动；战略侦察司令部主要关注军兵种的全天候侦察；德军情报中心主要关注德军海外任务区所在国家和地区的形势；驻外武官处主要关注驻在国的军事政策和军事现状；军事地理信息局主要负责气象、导航方面的任务。这些情报机构所获情报主要通过自身系统层层上报。德国军事情报的传递路径如图 26－4 所示。

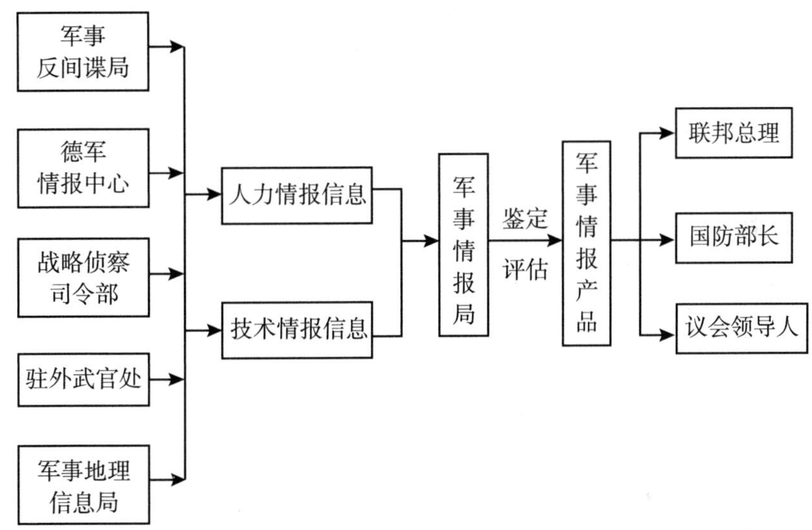

图 26－4　德国军事情报的传递路径

四、战略情报的传递路径

战略情报工作主要由德国联邦情报局负责。由于战略情报的全局性、稳定性和前瞻性特征，使得这一最重要的安全情报必须由一个强有力的部门来负责。联邦情报局在德国情报系统设计中居于最高地位。“联邦情报局直属联邦总理府领导，被称为德国‘政府的预警系统’，是德国情报机构的主力与核心，也是德国法律规定的唯一允许以谍报手段在境外搜集情报，并有权与国外情报部门进行合作的情报机构。”① 联邦情报局的崇高地位保证了战略情报的质量和价值。联邦情报局本部下设第一分局——人力侦察局负责战略情报的搜集工作，通过派驻谍报人员和驻外代表获取情报。驻外代表通过正常的外交活动获取公开情报，谍报

① 綦甲福、赵彦、朱宇博、邵明：《德国情报组织揭秘》，时事出版社 2013 年版，第 77 页。

人员在外交的掩护下获取更多的秘密情报。[①] 人力侦察局主要包括中心任务处、跨地区重点侦察处、地区重点侦察一处、地区重点侦察二处四个下属机构，情报搜集对象涉及军事贸易、大规模杀伤性武器扩散、洗钱和毒品交易等方面，搜集范围遍布全球各地。人力侦察局将获取的战略情报传递到第二分局技术侦察局下属的第七处——情报整编处，由情报整编处进行鉴定和评估。该处的工作流程大体为：第一，对人力侦察局及本单位侦收站搜集的情报素材进行审阅；第二，对这些材料进行整编，核实材料的可信度，进行筛选、分析、汇总；第三，将整编好的情报报告提交给有关部门或分发给情报合作伙伴。[②] 联邦情报局第三分局为情报整编局，在这里形成最终的情报产品，然后发送到总理办公厅、国防部、外交部等决策部门。对于一些特别重要的战略情报信息，由联邦情报局局长单独向总理汇报。战略情报是德国以总理为核心的决策圈进行安全决策的重要依据。德国战略情报的传递路径如图 26－5 所示。

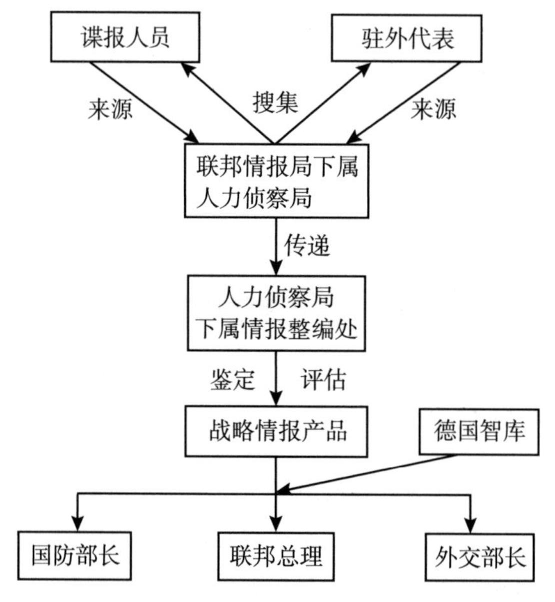

图 26－5　德国战略情报的传递路径

通过以上对应急情报、反恐情报、军事情报和战略情报传递路径的分析可以看出，负责这些情报工作的主要是联邦情报局、军事情报局和联邦宪法保卫局等情报机构。在不同安全情报的具体传递路径上，各个情报机构之间是分工协作

① Michael Herman, "Diplomacy and intelligence", *Diplomacy & Statecraft*, Volume 9, Issue 2, 1998, P. 15.

② 綦甲福、赵彦、朱宇博、邵明：《德国情报组织揭秘》，时事出版社 2013 年版，第 83 页。

的，这保证了安全情报传递的顺畅和高效，从而使得安全情报成为决策者进行决策的重要依据。

第三节　德国安全危机预警

"所谓'危机预警'，就是预测危机形势的紧张程度和发展方向，适时地向卷入危机的行为主体发出警告信号，并提出可能的应对措施。"① 国家安全利益的极端重要性要求情报部门为政府及其决策者提供安全预警信号。② 安全危机预警旨在通过各种手段侦测危机发生前的征兆，它是预防或减缓安全危机发生的第一步，也是至关重要的一个步骤。德国安全危机预警主要包括态势监控、情势报警、拟制预案三个步骤。③ 德国的安全危机预警与预案如图 26－6 所示。

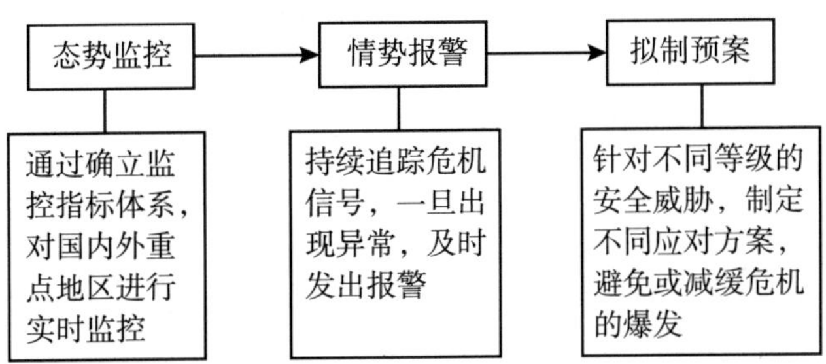

图 26－6　德国的安全危机预警与预案

一、应急安全危机预警

德国的应急安全危机主要包括突发性的自然灾害和人为危机两大类。重大自然灾害在爆发前往往是有征兆、有规律可循的，如台风、山洪、雪灾的爆发与气候的异常变化相关，这些可以通过气象部门进行监测。地震灾害与地质、水文状况的异常变化相关，国家地震预防部门可以通过监测进行预警。相比之下，人为危机由于人为因素的不可控性，因此监测更加复杂和困难。"预警信号散落于全

① 丁邦泉主编：《国际危机管理》，国防大学出版社 2004 年版，第 320 页。

② Sigurd Hess, "German Intelligence Organizations and the Media", *Journal of Intelligence History*, Volume 9, Issue 1－2, 2009, P. 87.

③ 赵子聿主编：《国家安全危机管理析论》，国防大学出版社 2014 年版，第 189 页。

国各地，只有当这些信号被收集、整理并汇总起来放到情报工作人员的办公桌上时，它才能发挥出应有的作用。”①

德国应急安全危机预警分为三个阶段：

第一，监测阶段。德国应急部门通过确立监控指标体系对全国各地实行全天候监测，并对自然灾害多发区及人口密度大、重要的地段进行重点监测，以便搜集和掌握出现异常现象的资料和信息。应急安全危机虽然是突发的，但它也是由量变积累到一定程度发生的质变。在所监测的监控指标出现异常时，德国安全与情报部门就要发出报警信号，以便引起民众的注意。德国监测系统主要是民防、自然灾害以及核与辐射等方面的监测与报警。德国各州和地方设有信息监测中心，对发生在各地的灾情进行全天候监测。德国民防通过防空系统来检测飞机和火箭，通过间隔 12 ~15 公里的地面观测站观测生化武器。报警局在北约和德国军队设有警报联络站，可以迅速获得防空情报。各站点将所获情报通过电话等方式上报各州报警局，由报警局通报警情。德国有较完备自然灾害预警系统。德国地理信息中心通过分布在全球的监测点及时监测地震、洪水、风暴等自然灾害。德国联邦和各州设有雪灾防治中心，负责监测和报告雪灾情况。德国还设有2 000多个监测站点监测放射性物质的浓度。德国的气象服务中心也对空气质量进行放射性监测。德国报警的方式包括设在全国各地的报警器系统、广播电视系统和卫星遥感系统。②

第二，报警阶段。应急安全危机虽然是突发的，但也是一个演变过程。所监测的监控指标出现异常时，德国安全与情报部门就会发出报警信号，以便引起民众的注意。德国在 16 个州各设有一个报警局。“2001 年 10 月，德国建立了卫星预警系统进行灾害警示。通过卫星，政府发出的预警信息可以在几秒钟内通过公立和私人的电台传遍全国，也可以通过互联网、移动电话等方式向民众发出预警报告。”③ 报警的发布要特别注意安全危机的等级分类，针对不同危险程度、紧迫程度的安全危机发出不同的报警信号。“根据分类分级的结果，可以对国家安全或国际安全所面临的风险进行识别和预测，针对不同类别和级别的危机事件发出相应的预警信号，启动相关的防范措施。”④ 危机前注重信号提醒，危机后注重实时动态和求助信息。

第三，拟制预案阶段。预警必须和行动结合起来才能发挥应有的作用，因此

① Thomas H. Hammond, “Intelligence Organizations and the Organization of Intelligence”, *International Journal of Intelligence and CounterIntelligence*, Volume 23, Issue 4, 2010, P. 690.

② 钟开斌：《中外政府应急管理比较》，国家行政学院出版社 2012 年版，第 193 ~197 页。

③ 钟开斌：《应急管理：跟德国学什么》，载《决策》2009 年第 9 期，第 57 页。

④ 许曼舒：《国际危机预警》，时事出版社 2008 年版，第 125 页。

在报警信号发出后就进入拟制预案这一环节。针对不同分类等级的应急安全威胁，德国内政部要制定不同的应对方案，以避免危机或降低危机的程度。由于应急安全危机的突发性、不可控性，因此要做出等级不同的应对方案，即在有效估计安全形势的同时也要做出最坏的打算，避免由于应对方案制定不完善而带来不必要的恐慌。德国2002年通过的《民事保护新战略》是德国治理应急安全危机的总体预案。德国有控制铁路险情预案、雪灾预案、大型公共场所治安预案等。[①]此外，德国还编写了各类危机预警与预测手册，2002年，联邦内政部编写了《德国危害预测》手册。2005年，联邦民事保护与灾难救助局制作并完成了《全德风险统计册》，2009年9月修订完成《德国公民保护和灾难救助法》，2010年9月发布《公民保护中的风险分析方法》。[②] 这些手册能够为地方、各州和联邦的应急安全危机提供预测和指导。从2010年起，联邦内政部每年都将向德国联邦议院汇报风险分析工作的结果，并且向联邦议院提交公民保护委员会编写的危险报告。[③]

二、恐怖主义危机预警

进入21世纪，特别是“9·11”事件后，德国安全利益开始受到一系列复杂的传统和非传统安全威胁的挑战，其中最突出的是国际恐怖主义威胁。[④] 反恐成为德国安全和情报部门的重要任务。德国反恐预警有三个阶段：

第一，监控与掌控情报阶段。联邦宪法保卫局及其他情报机构是对恐怖主义活动进行监控的主要机构。在国际上，德国安全和情报部门重点监控恐怖主义组织活动较为活跃的中东、北非和中亚地区，通过监控掌握有关恐怖主义的组织体系、人员流动、与外界往来等情况。在国内，德国安全与情报部门重点对机场、火车站、学校等人口密集地区进行监控，对可疑人员进行重点监视，以排查恐怖主义分子正在组织和准备实施的恐怖活动，将其扼杀在萌芽阶段。2006年《德国的安全政策与联邦的未来白皮书》指出，恐怖分子的最大目的就是通过极端活动恐吓民众，从而动摇国家的政治基础。为了实现这些目标，恐怖组织不断更新现代化技术和通信工具。[⑤] 2016白皮书进一步指出，失败国

---

① 钟开斌：《中外政府应急管理比较》，国家行政学院出版社2012年版，第392~397页。

② 钟开斌：《中外政府应急管理比较》，国家行政学院出版社2012年版，第153页。

③ 张磊：《德国应急管理体系研究》，国家行政学院出版社，2013年版，第67页。

④ Timo Noetzel and Benjamin Schreer, "All the way? The evolution of German military power", *International Affairs*, Volume 84, Issue 2, March 2008, P. 213.

⑤ Federal Ministry of Defence of Germany, *The White Paper* 2006 *on German Security Policy and the Future of the Bundeswehr*, P. 18.

家为恐怖主义提供了安全避风港，他们以社交媒体和数字通信为媒介，积极宣传，吸引支持者，蓄谋发动袭击。他们也具备了网络攻击、使用生化武器和放射性武器的能力。① 为了提高反恐效率，联邦政府专门拨款用于加强情报机构的技术设备更新，吸纳了外语、金融等方面的高层次人才，增强了反恐预警能力。为了更好地掌握可疑人员及其活动信息，德国对《身份证法》和《护照法》进行了修改，规定除相片和签名外，身份证和护照还必须包括证件持有人的手指、手部或脸部的其他特征。为了保证证件的真实性，将照片、签名和其他生物特征编成密码储存进证件。② "9·11 事件"后，德国议会通过了一系列反恐法案，包括 2002 年的《德国反国际恐怖主义法》、2004 年的《空中安全法》、2006 年的《共同反恐数据法》、2007 年的《德国反恐怖主义补充法》，这些法案为情报部门搜集反恐情报与监测恐怖活动提供了法律保障，使情报部门的监测更加便利。

第二，报警阶段。联邦宪法保卫局等情报机构在分析关于可能实施的恐怖主义活动情报后，进入报警阶段。在掌握可能发生的恐怖主义活动的规模、实施方式、时间和地点等基础上，按照对德国社会和人民生命财产的危害程度对这些恐怖主义活动进行分类。根据不同的等级分类，发出不同的反恐预警信号。对可能发生恐怖主义行动的地区，及时地疏散群众，加强警卫力量。除此之外，德国情报部门还注意加强与欧盟各国以及跨大西洋合作组织成员国的合作，共同打击国际恐怖主义。

第三，在发出反恐报警后，进入拟制预案阶段。德国 2002 年 1 月通过的《反国际恐怖主义法》是德国遏制恐怖主义的总体预案。该法针对恐怖主义新变化对《联邦宪法保卫法》《军事反间谍局法》《联邦情报局法》《联邦审查法》《联邦边防法》和《护照法》等一系列法律进行了修改，以利于在新的形势下打击恐怖主义。③ 针对不同的恐怖主义活动，德国联邦内政部根据分类等级要制定不同的应对方案。对少数人组织和策划、实施地点相对集中、规模较小的恐怖主义活动，德国安全部门会在不影响人民群众基本生活的前提下尽可能将其一网打尽。对那些精心策划、境内外恐怖势力相勾结、实施作案地点较为分散、规模较大的恐怖活动，德国会启动较高的反恐预案，整合联邦及各州的优势力量，密切

① Federal Ministry of Defence of Germany, *The White Paper* 2016 *on German Security Policy and the Future of the Bundeswehr*, P. 34.

② 中国现代国际关系研究所反恐怖研究中心编：《各国及联合国反恐怖主义法规选编》，时事出版社 2002 年版，第 53 页。

③ 《德国 2002 年反国际恐怖主义法》，引自赵秉志编译《外国最新反恐法选编》，中国法制出版社 2008 年版，第 253 ~ 292 页。

分工配合，在德国内政部统一协调下，将这些恐怖主义活动予以扼杀。由于恐怖主义组织受到某些国家和地区的资金支持，并将犯罪和绑架人质作为募集资金的手段，因此在拟制预案阶段，跟踪并破坏恐怖组织的资金链也是德国情报部门的重要任务。[①]

三、军事安全危机预警

在冷战结束前，由于德国地处东西方两大阵营直接对抗的最前沿，因此军事安全一直是德国国家安全最重要的组成部分。冷战结束后，两极格局解体，爆发世界大战的可能性很小，但由于冷战结束带来的民族、领土、宗教问题却日益严重，世界仍不太平，冲突、危机乃至小规模战争成为常态。德国安全情报部门进行军事安全危机预警的任务依然艰巨。军事安全危机预警是军事危机管理的早期阶段，主要包括德国国内和国际两个层面，它对预防或减缓国际危机或冲突发挥着重要作用，并有助于危机出现后的解决。[②]

第一，德国国防和情报部门对世界范围内军事安全状态进行密切监控。“在侦察任务和方向上，联邦情报局侧重军事战略侦察和国际、国家整体安全形势分析，侦察方向主要是国外侦察”。[③] “国防部系统的情报机构（包括军事反间谍局）则侧重搜集国防军行动区域或危机地区的战役战术情报并做出形势评估，以保卫德国联邦国防军整体和人员安全，同时防范德军内部被渗透或者被策反。”[④]通过对世界范围内军事状况的监控，德国掌握了大量有关其他国家的军事情报。在这些国家中，联邦国防军的侦察重点是俄罗斯和中国的军事情况，主要关注的焦点是俄罗斯和中国的武装力量、作战能力、军事装备、部队战术变革计划及结果。[⑤] 失败国家造成的军事冲突，诸如内战、地区不稳定、人道主义危机及其滋生的国际恐怖主义和有组织犯罪等也是德国军事情报部门的重点监控领域。[⑥]

第二，军事报警。事报警系统主要是警报局设在北约和德国军队的警报联络站。每站有 5 名专职人员负责接收第一手空中情报。为了严密防御原子、生物和

---

① Federal Ministry of Defence of Germany, *The White Paper 2016 on German Security Policy and the Future of the Bundeswehr*, P. 34.

② Federal Ministry of Defence of Germany, *The White Paper 2016 on German Security Policy and the Future of the Bundeswehr*, P. 103.

③④ 綦甲福、赵彦、朱宇博、邵明：《德国情报组织揭秘》，时事出版社 2013 年版，第 141 页。

⑤ 綦甲福、赵彦、朱宇博、邵明：《德国情报组织揭秘》，时事出版社 2013 年版，第 120 页。

⑥ German Ministry of Defence, *Defence Policy Guidelines Safeguarding: National Interests-Assuming International Responsibility-Shaping Security Together*, P. 2.

化学武器的袭击，德国境内每隔 12 ~ 15 公里设有原子、生物和化学武器地面观测站，每 25 个地面观测站设一个地面观测指挥所。每个警报局一般下辖 3 ~ 5 个地面观测指挥所，各站将获得的情报通过电话直接报警报局。① 进入警报局后，联邦国防部的领导层及联邦国防军的军事情报主官对大量军事情报进行汇总和筛选，按照对德国国家安全构成直接和间接、长期和短期威胁以及威胁的严重性等指标对这些军事威胁进行分类，筛选出对德国国家安全构成直接、严重威胁的国家或地区。对各个级别的军事安全威胁启动相应的安全危机预警程序，在必要情况下，要做好战争的准备。一旦发生大规模军事威胁和战争，则通过广播电台、电话局、报警器向全国发出警报。

第三，德国联邦国防部拟制预案。军事安全危机预警要确保德国联邦国防军的整体安全，同时防止德军内部被策反。“危机预警不仅仅是一个寻找冲突原因及其监控指标的问题，也不仅仅是一个信息收集、数据分析和向决策者发警告的过程，它还应该强调如何把这些对危机局势的预测分析转化成干预危机的行动策略和政策选择。”② 针对不同的军事安全威胁，决策者要制定相应的预案。预案的制定决定着军事安全危机的发展态势，合适的预案可以将威胁较小的危机控制在可控范围内，避免事态的扩大，防止走向军事冲突，也可以使德国在重大军事危机前抓住先机，做好战争的前期准备，比如军事动员、军需物资调配、军事战略部署等，以避免陷入被动状态，赢得主动。2016 白皮书指出了军事安全危机预警要实现的几个目标：确保在外事领域的有效行动；实现欧洲和全球的稳定；维护国家安全与国防；为盟友提供有效军事援助；促进国际合作。③ 2016 白皮书进一步指出：维护德国的主权领土完整，保护公民利益；有效抵御外部威胁；确保德国在外交和安全政策上有采取有效行动的能力；和盟国一道采取行动抵御对自由和安全的世界构成威胁的行为；确保盟国及其公民的安全；促进世界的安全和稳定，推进欧洲一体化和跨大西洋伙伴关系以及国际合作。④

四、战略安全危机预警

战略安全危机是指那些对德国国家发展和世界地位具有整体性和全局性影

---

① 钟开斌：《中外政府应急管理比较》，国家行政学院出版社 2012 年版，第 194 页。

② 丁邦泉主编：《国际危机管理》，国防大学出版社 2004 年版，第 338 页。

③ Federal Ministry of Defence of Germany, *The White Paper* 2006 *on German Security Policy and the Future of the Bundeswehr*, P. 53.

④ Federal Ministry of Defence of Germany, *The White Paper* 2016 *on German Security Policy and the Future of the Bundeswehr*, P. 90.

响的安全危机，它涉及国家整体实力的变化，如一国的崛起和发展给德国带来的潜在安全影响。战略安全危机预警是对一切有可能危及德国国家利益、国家安全、国际地位的态势发出的预先警告。德国关于战略安全危机的预警有三个阶段。

一是战略危机监控。战略安全危机的预警必须具有方向性，德国情报部门对影响和威胁德国国家总体发展的国家和地区进行监控，主要通过人力情报、图像情报、信号情报和公开情报等方式进行。联邦情报局下属的地区评估与人力侦察A分局和地区评估与人力侦察B分局监控的重点是："从长远角度，评估和监视那些对联邦德国国内外安全政策具有影响的冲突和危机地区；从危机预警的角度，评估和监视那些暂时看上去还显得稳定的地区"。[①] 通过对这些地区的监控，可以及时发现对德国长远发展构成的威胁，以便尽早上报主管部门。为了提高获取情报的能力，联邦情报部门还不断加强与欧洲、美国、以色列等国家和地区的情报合作，开展联合情报行动。[②] 由于战略安全危机历时较长，不易被察觉，因此需要长期的监控与跟踪。

二是战略危机报警。德国战略危机预警的目标就是要变意料之外为预料之中。[③] 德国安全部门按照威胁程度对所收集的战略情报信息进行汇总分类，运用定量分析和定性分析相结合的方法，判断战略危机发生的强度、爆发或升级的可能性、危险性，以便向决策者和德国民众发出相应警报。一般情况下，由德国联邦安全委员会根据各种情报信息制定国家安全战略报告，对未来几年甚至更长的时间对德国可能遇到的战略挑战和战略危机进行预测分析。2016白皮书对德国未来的战略安全目标进行了归纳，主要包括以下几个：保护德国公民和国家主权与领土完整；保护其盟国的领土完整和主权及公民利益；维持基于国际法的国际秩序的稳定；通过强大的德国经济，以及自由、畅通的全球贸易保证公民的经济利益；推进世界各地有限商品和稀缺资源的合理利用；深入推进欧洲一体化；巩固跨大西洋伙伴关系。[④]

三是德国决策部门拟定预案。"在这个层次，需要有专门的智囊人员对敌我双方的情况进行综合研究，以供最高决策者参考。"[⑤] 2016白皮书是第一份基于大众参与制定的防务白皮书，国内外安全专家和对防务政策感兴趣的德国公民都

① 綦甲福、赵彦、朱宇博、邵明：《德国情报组织揭秘》，时事出版社2013年版，第89页。

② S. Shpiro, "Intelligence Services and Foreign Policy: German-Israeli Intelligence and Military Co-operation", *German Politics*, Volume 11, Issue 1, 2002, pp. 23 - 42, here P. 25.

③ 赵子聿主编：《国家安全危机管理析论》，国防大学出版社2014年版，第189页。

④ Federal Ministry of Defence of Germany, *The White Paper* 2016 *on German Security Policy and the Future of the Bundeswehr*, pp. 24 - 25.

⑤ 高金虎：《美国战略情报与决策体制研究》，陕西师范大学出版社2004年版，第31页。

不同程度地参与到德国未来安全政策的讨论中。[①] 德国联邦安全委员会需要全面了解潜在战略对手的国家实力、军事实力、自然和社会状况、民族凝聚力、战略意图等，并与德国本国的实力和意图进行对比，以便取得战略先机，挫败他国或政治实体的对德侵略计划，包括威胁德国国家整体利益的恐怖主义活动。[②] 考虑到失败国家对德国安全的影响，2016 白皮书认为，德国必须加强对动乱地区和可能发展为失败和脆弱国家的地区进行跟踪和监测，并采取及时有效的措施减少这些地区和国家的动乱对德国安全的影响。[③] 由于战略安全危机的长期性特点，预案的制定一定要着眼长远，着眼德国战略全局。

德国安全危机的预警对其应对安全危机具有重要意义。通过对危机的监控、跟踪，捕捉到危机发生前的征兆，从而发出相应的报警信号，民众可以在收到报警信号后躲避危险，决策者可根据情报和危机的等级分类制定相应预案，尽可能控制危机。

① Federal Ministry of Defence of Germany, *The White Paper* 2016 *on German Security Policy and the Future of the Bundeswehr*, P. 17.

② Ben Lombardi, "Balkan Intrigue: German Intelligence and Kosovo", P. 470.

③ Federal Ministry of Defence of Germany, *The White Paper* 2016 *on German Security Policy and the Future of the Bundeswehr*, P. 40.

第二十七章

德国联邦安全委员会的演变

联邦德国自1949年成立到1990年实现重新统一至今，已经历经了从阿登纳到默克尔等8位总理，德国联邦安全委员会已在德国国家安全决策中发挥着不可或缺的作用。笔者在本章中拟通过内政和外交的互动视角考察二战后德国联邦安全委员会的演变过程，以期进一步探讨其结构和运行机制。

第一节　联邦国防委员会的成立、发展与运行

联邦德国在二战结束后初期实行非军事化政策，放弃了国防和军队，没有独立的国家安全体制。但冷战开始后，阿登纳总理利用东西方对抗谋求通过重新武装重建国家安全体制。阿登纳（Konrad Adenauer）认为，德国“受到来自东方的共产主义无神论独裁统治的威胁”，“左的独裁统治至少是和右的独裁统治具有同样的危险”。[①] 为应对“苏联威胁”，阿登纳努力重新武装联邦德国。重新武装后的联邦德国在西方集团中的地位提升，其自身的安全环境也得到了很大的改善，这为后来德国联邦国防委员会的成立奠定了基础。

① 《阿登纳回忆录（1945～1953）》（一），上海人民出版社1976年版，第45页。

一、德国联邦国防委员会的成立

联邦德国重新武装后，阿登纳及其阁僚出于更好地提高内阁各部委之间运作效率的考虑，开始思考建立一种类似于美国国家安全委员会的安全决策和咨询机构，来处理德国的国防和安全问题。它作为一种协调性机构，有助于处理跨部门事务，从而避免部门之间的推诿和扯皮，同时也可以减轻被繁杂事务缠身的内阁委员会的负担，联邦国防委员会的成立就是出于这样一种考虑。在德国议会制内阁体系中，总理居于核心地位，但联邦总理无权干预国家的外部安全事务。当时在德国政府的职权划分中规定由国防部和外交部共同负责外部安全，以防止希特勒式独裁政权的再次出现。然而总理无权干预安全问题使得内阁的运转效率低下，同时国防部和外交部在一些问题上出现职能不清和相互扯皮的现象。阿登纳总理认为，军事行动政策需对议会负责，由总理执行的事务需要国防部长批准，这严重影响了政府的工作效率。于是，阿登纳在 1955 年 10 月 6 日的联邦内阁会议中提出建立联邦国防委员会，他的提议最终获得通过。本次内阁会议同时规定，联邦国防委员会没有决定权，联邦内阁的决定权只能根据具体情况委托给联邦国防委员会，并且规定了联邦国防委员会由总理、副总理、外交部部长、国防部部长、内政部部长、经济和财政部部长组成，根据不同的情况可以吸纳相关部长与会。联邦德国联邦国防委员会是一种部际协调的内阁委员会①，统筹外交、内政、安全、国防、情报、经济等国家安全主体部门，协调各部门在安全领域的利益和行动。其成立后即成为德国安全决策的主要平台。“在联邦国防委员会刚成立的前几年，其职能主要集中于发展国防观念、建设联邦国防军以及完善国防部的军事防卫。”“联邦国防委员会的主要活动领域是：军事防御、民防、经济问题和财政问题。”② 可见，联邦国防委员会成立之初，其职能主要在国家防务方面，尤其重视国家安全与防务决策，国防委员会讨论的其他政策也以防务政策为中心。

联邦国防委员会的成立有利于阿登纳总理在决策时统一各类观点。联邦国防委员会体现总理领导的原则，总理在联邦国防委员会中权力巨大。有学者曾这样评价阿登纳：“联邦德国首任总理——康拉德·阿登纳，很少在使用权力时受到制约。”③

---

① 在德国建立了形形色色的内阁委员会，比如经济委员会、新联邦州委员会、欧洲政策委员会、未来科技委员会、农业和粮食问题委员会、环境和健康委员会、社会和健康委员会、城市和地区规划委员会等，在不同的时期联邦内阁委员会有不同的设置数目和名称。

② 张骥主编：《世界主要国家国家安全委员会》，时事出版社 2014 年版，第 192 页。

③ Christine Margerum Harlen, “The Leadership Styles of the German Chancellors from Schmidt to Schröder”, *Politics & Policy*, Vol. 30, Issue 2, June 2002, P. 347.

在建立联邦国防委员会的同时，为了使安全决策体制更加完善，联邦德国政府还建立了相关的安全情报组织，其中主要包括以获取军事情报为主的联邦军事情报局和搜集综合情报的联邦情报局。联邦国防委员会的结构与职能如图 27 - 1 所示。联邦总理府主任负责协调各部和联邦安全委员会的日常工作。

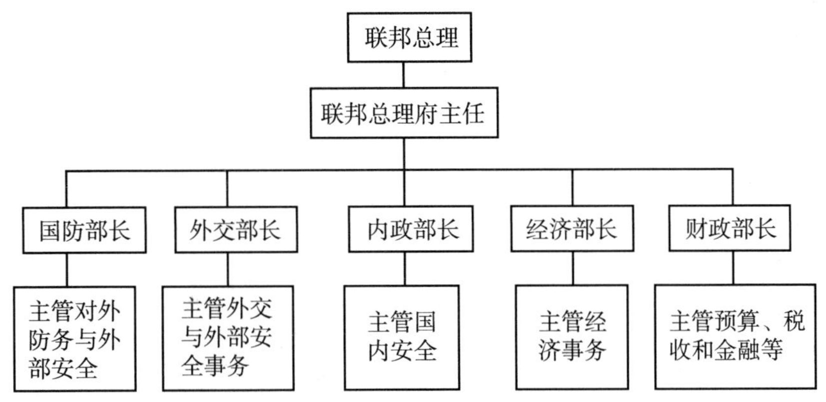

图 27 - 1　德国联邦国防委员会的结构与职能

注：在德国，通常是由德国内阁中的一位部长来兼任副总理，联邦总理府主任担任国防委员会秘书职务，负责国防委员会的日常事务。

二、联邦国防委员会的发展

路德维希·艾哈德（Ludwig Wilhelm Erhard）从 1963 年到 1966 年任联邦德国总理，这位继阿登纳之后的过渡性总理因 1966 年德国发生的一场经济危机而被迫辞职。艾哈德总理的主要政绩在社会和经济方面，在安全决策体制上也做出了一些成绩。艾哈德上任之际，美苏两个超级大国之间的紧张关系有所缓和，然而联邦德国外交战略及安全状态并没有发生根本改变。艾哈德政府坚持了阿登纳政府时期的“哈尔斯坦主义”[①]，即“意在坚持‘一个德国的立场，并以联邦德国政府作为整个德国人民的合法代表’”[②]，联邦德国旨在孤立民主德国的政策使得其与苏联、东欧国家间的关系更趋紧张，增加了其来自东方阵营的军事压力。为此，艾哈德政府试图加强国防委员会，使其成为一个实体机构，以便更加灵活

① 1955 年 9 月由外交部部长、外交部国务秘书瓦尔特·哈尔斯坦建议制定、联邦德国首任总理康拉德·阿登纳所推行的针对民主德国及东方阵营的外交政策。“哈尔斯坦主义”声称德意志联邦共和国政府单独代表整个德国，不承认德意志民主共和国。“哈尔斯坦主义”后被“新东方政策”所取代。

② 严少华、王黎：《“哈尔斯坦主义”与西德外交（1955～1970 年）》，载《德国研究》2012 年第 3 期，第 80 页。

地应对东方的安全压力。在联邦国防委员会成立之初，其职能并不完善，发挥作用有限。因此，艾哈德政府谋求扩大联邦国防委员会的职权。1965 年 10 月 26 日，根据艾哈德总理的提议建立了联邦国防委员会事务部作为联邦国防委员会的日常机构，并将情报机构交给联邦国防委员会掌控，联邦国防委员会的职权也因此有所扩大。联邦国防委员会从此开始负责协调情报搜集机构、民防或军事防卫机构与通信往来审查局等部门的工作。联邦国防委员会事务部成立后，安全与情报等日常事务主要由该事务部处理和协调，联邦国防委员会几乎没有召集会议，联邦国防委员会也由此一度失去了内阁委员会的身份。这次改革使联邦国防委员会的功能增加，但其决策的地位却降低了。

1966 年库尔特·格奥尔格·基辛格（Kurt Georg Kiesinger）总理上台执政，组成了由联盟党和社民党联合执政的大联合政府。基辛格上台后，德国在外交上开始抛弃“哈尔斯坦主义”，试图改善与民主德国、东方阵营之间的关系。“1967 年 4 月，基辛格总理在政府声明中向民主德国提出一系列有关削减人员旅行往来和支付方面存在的障碍以及双方在经济、运输和文化方面进行合作的建议。”[①] 这为后来勃兰特政府的“新东方政策”奠定了基础。与此同时，基辛格谋求新的东方政策也需要新政府加强联邦国防委员会的决策职能。因此，基辛格对艾哈德成立联邦国防委员会事务部的改革很不满意，联邦国防委员会由于陷于日常事务几乎失去了决策功能，这与最初的设想有很大的差距。虽然联邦国防委员会事务部讨论的议题涵盖国防与外交政策，但在没有总理和主要部长参加的情况下，事务部的讨论徒有虚名，事务部无决定权，最终要由联邦内阁委员会讨论决定，联邦国防委员会事务部显得无存在的必要。正是在这种背景下，基辛格总理感到需要恢复联邦国防委员会内阁委员会的身份，使其能更好地为联邦德国安全服务。因此，1967 年 1 月 6 日，基辛格总理签署法令，“由联邦总理接手负责联邦国防委员会事务部的事务，联邦国防委员会事务部随即解散”，[②] 联邦国防委员会重新获得内阁委员会的身份，其在国家安全决策中的地位得以恢复。

三、德国联邦国防委员会的运行机制

国家安全体制的运行机制，也可称为国家安全运作流程，“即国家制定安全措施的步骤与阶段，它所反映的是一项安全决策从酝酿到实施的动态过程。国家

① 连玉如：《新世界政治与德国外交政策——“新德国问题”探索》，北京大学出版社 2003 年版，第 256 页。

② 张骥主编：《世界主要国家国家安全委员会》，时事出版社 2014 年版，第 192 页。

安全体制的运作流程可归纳为四个阶段，即国家安全议题的确立、国家安全决策、决策方案的实施和结果评估与修正”。[①] 德国联邦国防委员会的运行机制也遵循这四个阶段。

首先，确定德国国家的安全议题，这与掌握信息的部门，尤其是情报部门的工作密切相关。安全问题是多种多样的，但只有被决策者认为将损害国家核心利益的安全问题才能被确定为安全议题。

其次，安全议题被德国决策者确定后开始进入安全决策程序。决策程序主要包括听取来自情报部门关于德国安全问题的汇报，由联邦国防委员会对不同的方案进行讨论，并最终由联邦总理决定安全决策的应对方案。[②]

再次，在联邦国防委员会的领导下，具体的执行工作由国防、情报、外交、财政等部门分工协作，有效配合，并迅速展开行动。

最后，由于安全决策的动态性和不确定性，使得安全决策不可能尽善尽美，需要有监督、反馈与评估程序，这里主要是指联邦议院及反对党对其的监督，以便联邦国防委员会根据客观环境的变化对安全决策和执行进行适当调整。以上四个方面就是联邦国防委员会完整的运行机制（如图 27－2 所示）。

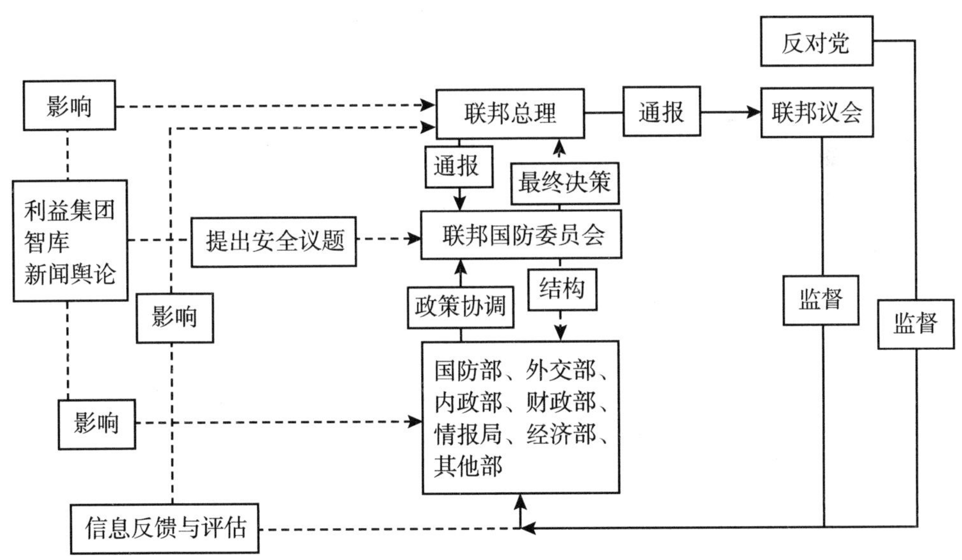

图 27－2　联邦国防委员会的运行机制

联邦国防委员会从 1955 年 10 月正式成立到 1969 年 11 月更名为联邦安全委

① 徐思宁：《国家安全体制理论辨析》，载《中国军事科学》2006 年第 2 期，第 89 页。

② 阿登纳成立联邦国防委员会的目的之一是要加强总理在安全决策中的地位，削弱国防部长的决策权力，改变联邦内阁安全事务总理决策需要由部长批准的怪相。

员会，一共存在和运作了14年。作为一个内阁委员会，它的主要职能是协调不同部门之间涉及安全、国防方面的意见，避免各部门之间职能重叠和相互推诿行为，在一定程度上提高了联邦德国安全决策的运作效率。由于联邦国防委员会由总理和国防部部长、外交部部长、内政部部长、财政部部长等核心部长组成，因此，其决议建议也就基本成为内阁会议的最终决定，内阁会议的讨论也只是走过场。可见，联邦国防委员会在联邦德国政府的安全决策中起着核心作用。

尽管如此，联邦国防委员会协调的功能并没有完全发挥出来，其在具体的运行中发挥的作用有限。一方面是因为联邦国防委员会不具有决定权，联邦国防委员会成立时，内阁会议上明确规定联邦内阁的最终决定权属于内阁委员会。联邦国防委员会主要就安全与防务问题提出建议，最后由联邦内阁以此建议为基础而做出最终决策。另一方面是因为联邦国防委员会在实际运作中具有不确定性，其作用的发挥还要看联邦总理的脸色。其工作的范围主要是提供国家防务政策和监督武器出口的咨询建议等问题。由于德国的战败国地位，其防务主权受到美、英、法等战胜国的限制和约束，因此，联邦国防委员会在成立后很少召开会议，在实际运作中没有突出表现，由联邦安全委员会取代联邦国防委员会也就势在必行。

第二节　从联邦国防委员会到联邦安全委员会

联邦国防委员会在联邦德国安全、国防问题的决策和协调上发挥了一定作用，但是它的弊端也制约了其发挥作用的空间和效率，这些弊端使其不能很好地满足联邦德国国家安全的需求。因此，联邦安全委员会的成立就被提上了议事日程。

一、德国联邦安全委员会的成立

1969年10月，社民党主席维利·勃兰特（Willy Brandt）出任新一届总理，联邦德国历史从此进入一个新的时代。勃兰特上台后对外推行“新东方政策”，对内改革德国联邦国防委员会。1969年11月28日，勃兰特政府正式将联邦国防委员会更名为联邦安全委员会，以更好地适应当时国际社会和欧洲形势的发展变化。

勃兰特极力推进联邦德国安全体制改革，很大程度上是勃兰特本人对安全与外交问题的偏好。勃兰特目睹了二战期间纳粹政权的恐怖以及二战后的柏林墙危机等重大民族悲剧，因此，对于安全和外交问题极为重视。对此有人评价道："一些总理，如勃兰特，几乎完全侧重于外交事务。总理通过强调对外政策的作用，来增强自己的权力，他们通常会在事关德国对外关系的根本问题上建立自己的一套指导原则。"① 勃兰特极力推进联邦德国安全体制改革有利于其协调和平衡各方力量，合力推进联邦德国外交政策的调整。勃兰特政府将"联邦国防委员会"更名为"联邦安全委员会"还有其他方面的考虑：一是将"国防"二字改为"安全"可以借此强调其缓和的外交政策，因为"国防"是传统的以军事问题为主的观念，而安全的意义要宽泛得多。二是为了和国际社会保持一致，因为大部分国家的安全机构都叫安全委员会，尤其是美国国家安全委员会的高效运转，使得勃兰特政府试图学习美国来改革本国的安全决策体制。

新的德国联邦安全委员会成为联邦德国最重要的内阁委员会之一，成为联邦德国安全政策的最高决策咨询和协调机构。联邦安全委员会的构成和联邦国防委员会基本相同，主要包括联邦政府总理、国防部部长、外交部部长、内政部部长、财政部部长、经济及能源部部长和联邦总理府主任等，总理担任委员会主席。在涉及具体问题时，可以吸纳其他相关部长与会。②

德国联邦安全委员会主要包括以下四个方面的职能：一是研究联邦德国的安全防务政策，并提出政策建议；二是确保联邦德国的安全政策与北约的防务政策协调一致；三是围绕联邦德国防务与安全政策在各相关政府部门之间开展咨询和协调工作，担任总理和政府的安全智囊；四是对联邦德国的军售情况进行严格监督和审核。③ 联邦安全委员会作为安全决策体制的主要载体，在协调、监督联邦德国的国防和军事政策上发挥着重要作用。

联邦安全委员会的决策职能使其在联邦德国安全政策制定中处于核心地位。根据议会制内阁三权分立的原则，联邦安全委员会作为行政领域的工作机构，虽然受议会监督，但议会不能无故干涉。联邦安全委员会的职能包括："负责研究德国情报机构提交的报告，处理关系国家安全的重大问题，一般性问题通常先由委员会讨论，形成统一意见后再提交到内阁会议上讨论并形成决议。"④ 需要特别指出的是，联邦安全委员会直接对内阁负责，不隶属于任何政府部门。宪法虽然规定军事国防政策的最终决定权属于联邦总理，没有赋予联邦安全委员会以决

---

① Christine Margerum Harlen, "The Leadership Styles of the German Chancellors from Schmidt to Schröder", *Politics & Policy*, Volume 30, Issue 2, June 2002, P. 350.

② 綦甲福、赵彦、朱宇博、邵明：《德国情报组织揭秘》，时事出版社 2013 年版，第 75～76 页。还可参见张骥主编：《世界主要国家国家安全委员会》，时事出版社 2014 年版，第 196～197 页。

③ 彭光谦主编：《世界主要国家安全机制内幕》，江苏人民出版社 2014 年版，第 191 页。

④ 綦甲福、赵彦、朱宇博、邵明：《德国情报组织揭秘》，时事出版社 2013 年版，第 76 页。

定权，但是在实际运作的过程中，考虑到参会人员都是一些重要部门的部长，因此安全委员会提出的建议基本上是最终的决定。因此，联邦安全委员会在实际运作过程中发挥着特殊作用。

二、联邦安全委员会的发展

1974 年 5 月，联邦德国爆发了举世震惊的纪尧姆间谍案，勃兰特被迫辞职，由施密特（Eric Emerson Schmidt）继任。“1971 年布雷顿森林体系的崩溃和 1973 年的石油危机使得德国经济通胀和停滞。经济问题的重要性和施密特的声誉使他成为勃兰特政府最强大的部长，这使得他的政党选择他作为总理。”[①] 施密特执掌德国政坛八年，直到 1982 年在一场政府危机中下台。在其执政的这段时间，联邦安全委员会主要发挥了协调各部的作用，其咨询、决策的功能下降。出现这种变化的原因如下：一是在推行“新东方政策”的大政方针已确定的情况下，联邦安全委员会在咨询、决策方面的余地不大。此时联邦德国的主要目标是通过缓和政策实现德国统一，改革安全体制不是政府的当务之急。二是继续推进“新东方政策”大大改善了联邦德国的安全环境，使得政府的工作重点不在改革联邦安全委员会上。“新东方政策”的推行，需要克服来自朝野各派的压力，需要联邦总理的强有力领导和权力高度集中，这样，总理经常与内阁少数值得信任的部长和总理府主任讨论安全政策，这必然使得联邦安全委员会的决策、咨询功能有所下降。因此，20 世纪 70 年代，联邦安全委员会主要是针对安全和国防政策提出建议，并协调、监督各领域之间的安全工作，但其决策的功能有所下降，其协调、监督功能得到一定程度的提升。联邦安全委员会协调联邦内阁各部门之间的政策，大大提高了施密特总理推行其缓和战略的效率，这使得联邦德国既加强了与包括美国在内的西方国家的关系，又加强了与苏联、东欧国家的交往，充当了东西方交流与对话的桥梁。联邦德国的安全环境得到很大改善，外交空间不断增大，国际地位不断提高，开始以一种崭新的姿态走向国际舞台。

1982 年 10 月 1 日，科尔（Helmut Kohl）通过不信任投票的手段战胜施密特成为总理，此后多次连选连任，一直执政到 1998 年 10 月。在冷战结束前，德国联邦安全委员会的作用处于下降趋势，这与当时联邦德国安全环境的改善、大国地位不断提升紧密相关。科尔政府上台后，谋求更为灵活、更为现实的安全决策体制，而联邦安全委员会反而成了科尔决策的绊脚石。“科尔总理没有试图协调

---

① Christine Margerum Harlen, “The Leadership Styles of the German Chancellors from Schmidt to Schröder”, *Politics & Policy*, Volume 30, Issue 2, June 2002, P. 352.

整体决策的意向，宁愿把重点放在一些重大政治问题上，对这类问题他往往独断专行，绕开他的部长和顾问。科尔的个人强制控制决策往往使得他通过非正式的方式做出决策。”① 此时联邦德国的安全环境是自冷战以来最好的时期，这导致了以关注安全与防务问题为主的联邦安全委员会的作用下降，其主要职能是管理诸如裁军、军备出口和军备控制问题。

德国联邦安全委员会是一个保密性极强、决策过程不透明的机构，这使其较少受到外部的监督和制约，也使其有可能成为了一个集权性极高的内阁委员会。为了使联邦安全委员会决策合法并对其进行监督，1985 年 3 月，科尔政府决定任命司法部长为联邦安全委员会常任成员。“对联邦各部所有的法律草案和法规法令草案进行审查，看其是否符合法律形式以及法律用语是否前后一致，与联邦内务部一道共同负责监督违反宪法的行为。”② 司法部长的加入加大了对联邦安全委员会这一运作过程极不透明的内阁委员会的内部监督力度。

第三节 冷战结束后德国联邦安全委员会的新变化

东欧剧变、苏联解体及德国的重新统一，使德国面临的安全环境发生了很大改变。德国不再处于战争的前沿阵地，与周边国家的关系大为改善。在这样的背景下，其安全决策体制也要相应地做出调整，以适应德国安全发展的需要。

一、统一后的德国联邦安全委员会

德国统一后，其面临的传统安全问题地位相对下降，而诸如边界问题、宗教矛盾、民族纠纷、难民问题等新的安全问题地位上升，同时也带来了社会稳定、经济发展问题。德国的统一也使得地处欧洲中心的德国有了再次称霸欧洲的潜力。这些都成为影响德国国家安全体制的因素。组建联邦安全政策学院是这一时期德国联邦安全委员会的主要改革举措。

德国统一之后，科尔总理认识到，此时的德国联邦安全委员会的弱势地位使其既不能适应冷战后世界和欧洲安全形势的发展，也不能显示德国力量的变化。

① Christine Margerum Harlen, “The Leadership Styles of the German Chancellors from Schmidt to Schröder”, *Politics & Policy*, Volume 30, Issue 2, June 2002, P. 358.

② 陈志斌：《德国政体教程》，华东师范大学出版社 2007 年版，第 406 页。

为适应这一变化，迫切需要一个强而有力的安全体制来整合两个德国，以保证经济的发展和社会的持续稳定，这些变化使得科尔政府必须改革国家安全体制。然而各种压力使得联邦安全委员会的改革步履艰难。因此，组建相对容易运行的国家安全智库，是科尔谋求进一步推进联邦安全委员会改革的主要措施。此时世界上很多大国都建立了自己的国家安全智库，如美国的兰德公司、布鲁金斯学会、国际战略研究中心，英国的英国皇家国际事务研究所、伦敦国际战略研究所，法国的国际关系研究所等。这些智库“涉及多学科，从外交、军事、经济等方面为政府决策提供最佳参考。它们通过研究形成政策主张，再通过出版书刊、举办交流活动、媒体宣传等方式，让公众了解或支持其主张，让决策者采纳其主张。智库是名副其实的政府‘外脑’”。① 为了提高政府的决策效率，科尔政府也高度重视智库在安全事务和对外决策中的作用。1992 年，德国建立了隶属于联邦安全委员会的联邦安全政策学院，它作为德国战略的思想智库，为德国培育了大量安全和战略方面的专家。“这一学院集结了德国在安全政治领域的专家，为联邦政府高级官员在安全政治问题专业知识方面提供进修，并且向这些官员提供跨部门的、全面的、战略性的安全观。”② 同时学院通过举办各种学术活动和报告会，为学界和政府、官方和民间的交流搭建了一个桥梁，并且弥补了联邦安全委员会不能定期召开带来的弊端，这大大提高了安全决策的准确性、有效性，在安全事务和对外政策上发挥了重要的参谋作用。

在这一时期，联邦安全委员会的职能主要是监管武器出口。统一后的德国不论是在人口、领土面积还是综合国力方面，实力都大为增强。德国的强大使世界各国特别是欧洲国家面临新的问题：德国统一后会不会走希特勒的老路？为了减少其他国家的忧虑，在统一之初，联邦安全委员会的活动范围基本上集中在军备出口上。联邦安全委员会在军备出口问题上的审查也极为谨慎，德国的武器装备主要输往那些联邦安全委员会认为不会引发地区战争和实行民主政权的国家。为此，联邦安全委员会每年还以“武器装备出口报告”的方式公布德国武器出口的状况。

二、德国联邦安全委员会的新变化

世纪之交的科索沃战争和“9·11”事件是德国联邦安全委员会改革的直接推动因素。德国社民党主席施罗德（Gerhard Schroeder）深受两大事件的影响，

---

① 杨鸿玺：《决策机制与大国智库》，载《学习月刊》2007 年第 21 期，第 33 页。

② 张骥主编：《世界主要国家国家安全委员会》，时事出版社 2014 年版，第 202 页。

出任联邦总理后，对联邦安全委员会进行了重大改革。

1998 年 9 月 27 日，施罗德击败连续执政 16 年之久的科尔总理，成为德国新总理，执政时间一直持续到 2005 年。与勃兰特不同，施罗德属于战后一代，认为德国没有必要一味地为二战谢罪道歉，而应该以一种更加积极的姿态在世界舞台上发挥作用。施罗德总理及其幕僚们渴望摆脱纳粹阴影，成为正常国家，在世界舞台上发挥更大的作用。为了谋求安全决策的独立性和自主性，联邦安全委员会的改革在所难免。

1999 年的科索沃战争充分暴露了联邦安全委员会徒有虚名，在领导和协调情报机构的事务方面也是心有余而力不足，这使得施罗德政府下定决心要对安全决策体制进行改革。1998 年大选胜利后，施罗德就提出要重新恢复联邦安全委员会协调德国安全政策的功能，主张“吸纳经济合作及发展部长为联邦安全委员会的正式成员，联邦国防军总监察长（相当于总参谋长）列席该委员会会议，还可以根据议题需要吸收其他部长参加。会议的日常工作由联邦国防部长主持，负责协调政府各部门的意见，做出决策，或者为联邦总理和联邦政府的‘政治决定’进行准备。不属于基本法规定的事宜或者按联邦法规定不由联邦政府决定的事宜，均由该委员会做出最后决定”。① 施罗德的改革使联邦安全委员会的权力变得更大，因此成为最重要的联邦内阁委员会。联邦安全委员会的组成如图 27－3 所示。

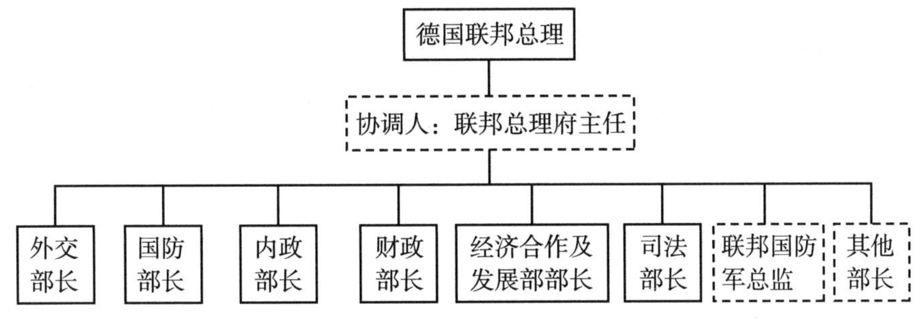

图 27－3　德国联邦安全委员会的组成

注：图中虚线方框中的联邦总理府主任、国防军总监和其他参与的部长均无表决权，总理通过联邦总理府主任协调各部委。从阿登纳政府时起，总理府就一直致力于政府内阁的协调与控制。参见（德）沃尔夫冈·努茨欧，熊炜等译：《德国政府与政治》（第 7 版），北京大学出版社 2010 年版，第 207 页。还可参见綦甲福等著《德国情报组织揭秘》，时事出版社 2013 年版，第 75～76 页。

资料来源：张骥主编：《世界主要国家国家安全委员会》，时事出版社 2014 年版，第 200 页。

为了加强德国安全政策的执行力度、提高执行效率，施罗德甚至还谋求改革联

① 朱建新、王晓东：《各国国家安全机构比较研究》，时事出版社 2009 年版，第 17 页。

邦国防军的结构、规模、装备。他认为，联邦防务体制远远落后于盟国，难以完成与盟国军队协同作战和兑现维护世界和平的承诺。他把国防军改革与德国的重新武装相提并论："正如20世纪50年代德国不得不具备防务能力一样，我们现在不得不创立新事物：未来的国防军不能再像过去40年我们所看到的那个样子。"①

"9·11"事件使反恐成为很多国家的头号安全任务，也进一步促使施罗德加强了联邦安全委员会决策的独立性和自主性。"9·11"事件证明，西方国家面临着恐怖主义等非传统安全威胁的挑战。② 施罗德由此认为，德国联邦安全委员会需要适应这一变化，需要加强和改变其职能，需要提升其在德国安全决策中的地位和协调功能。施罗德政府"首先是在联邦安全委员会中对此加以分析和评估"，③ 评估的结论是德国只有"安全输出"才能应对这一变化。2003年联邦国防部政策文件明确指出了安全输出对德国的必要性，认为德国需要参与海外军事行动。④ 自"9·11"事件后，联邦德国的军事部署已经超出了欧洲地区，如派军队进入阿富汗、刚果、黎巴嫩等国家。军事力量已经成为德国政策制定者促进和维护地区和全球秩序的重要手段，这大大增强了德国在国际事务中的政治影响力。⑤有学者对此评价道："德国迟到2001年，才发展成为一个与其他国家一样的正常的民族国家。"⑥ 总体看来，德国在这一时期形成了以"输出安全"为标志的新安全政策，参与了更多的国际行动。这与施罗德政府加强联邦安全委员的决策权力密切相关。

三、德国联邦安全委员会的特点

联邦安全委员会自1969年11月成立以来，在安全方面发挥的作用相比于联邦国防委员会有了很大提升，并体现出鲜明的特点：

一是联邦安全委员会在德国安全政策的制定中居于中心地位、效率更高。联邦安全委员会吸纳的内阁成员越来越多，它由德国联邦总理领导，且由内阁中独当一面、具有重要影响的部长们组成，因此，联邦安全委员会通过积极协商制定

---

① Franz-Josef Meiers, "The reform of the Bundeswehr: Adaptation or fundamental renewal?", *European Security*, Volume 10, Issue 2, 2001, P.1

②⑤ Timo Noetzel and Benjamin Schreer, "All the Way? The Evolution of German Military Power", *International Affairs*, Volume 84, Issue 2, March 2008, P.213.

③ 綦甲福、赵彦、朱宇博、邵明：《德国情报组织揭秘》，时事出版社2013年版，第76页。

④ 李乐曾：《德国的新安全政策与联邦国防军部署阿富汗》，载《德国研究》2010年第4期，第9页。

⑥ 连玉如：《"迟到的民族国家"与"超前的民族国家"——"新德国问题"前景探索》，载《德国研究》2003年第1期，第13页。

的安全政策几乎成为最后决策。这种人员的配备也使得各部门之间的沟通、讨价还价的余地增多，协调性增强，提高了联邦安全委员会的运作效率。

二是联邦安全委员会的运作具有高度的机密性。德国联邦安全委员会的运作不同于一般的内阁会议和其他内阁委员会会议，其会议具有不确定性，很多时候是在急需的情况下召开的。出于安全方面的考虑，其召开的会议有时不便于公开。因此，德国联邦安全委员会的会议时间、地点、议程和决策过程具有机密性。正是这种议程保密、不透明的决策使其饱受诟病，认为缺乏必要的监督制约机制。①

三是联邦安全委员会没有专门机构。它通常通过召开会议的形式进行协调、咨询和决策，仅有少量的秘书人员，主要借助于总理的办公机构负责秘书事务和执行工作，其安全决策由不同的内阁部门负责执行。因此，联邦安全委员会是典型的会议模式委员会。

四是联邦安全委员会发挥的作用有限。相比于联邦国防委员会，联邦安全委员会的作用有所提高，但这一作用依然有限。和联邦国防委员会一样，法律并没有赋予联邦安全委员会以决定权，同时由于联邦安全委员会没有专门的执行机构和下属机构，主要由总理府主任负责协调和日常事务，执行还是需要依靠内阁各部，这大大限制了其在政治生活中的作用。

四、德国联邦安全委员会的运行机制

德国联邦安全委员会是在联邦国防委员会的基础上发展而来的，因此，联邦安全委员会的运行机制同联邦国防委员会的运行机制大同小异，主要也是包括国家安全议题的确立、国家安全决策、决策方案的实施和结果的反馈与评估四个方面，但也体现出了自己一些新的特点。

首先，国家安全议题的确立是联邦安全委员会首要的任务，尤其是随着经济的发展和国家实力的增强，德国面临的安全问题越来越多，如何在众多的安全问题中发现与界定出关系国家核心利益的安全议题至关重要。当被发现与界定的安全问题纳入国家安全决策议程时，联邦安全委员会的安全决策过程才正式开始。

其次，联邦安全委员会的决策程序。安全决策是联邦安全委员会的核心，它的主要职能是做出应对德国安全威胁的决定。涉及安全问题的决策首先由联邦安全委员会听取来自情报部门的安全汇报，然后酝酿讨论不同的方案，再由联邦内阁会议讨论，在总理同意后最终确定安全决策的应对方案，并批准予以执行。随着总理权力的日趋扩大，作为联邦安全委员会主席的总理发挥着越来越大的作

① 朱建新、王晓东：《各国国家安全机构比较研究》，时事出版社 2009 年版，第 16 ~ 17 页。

用。总理在国家安全方面被赋予的法律责任以及他本人所拥有的政治地位，决定了他对联邦安全委员会起着强有力的领导作用。[①]

再次，联邦安全委员会的执行程序。在联邦安全委员会做出最终决定后，其政策执行依靠各内阁部门之间的协调运作。在所有内阁部门中负责执行的最重要的是国防部、外交部和情报局，当然需要其他部门的密切配合协作，确保决策得到有效的执行。

最后一个运作程序是反馈、评估与监督。对联邦安全委员会的决策与执行进行反馈和评估，既是为了在执行决策的过程中根据客观形势不断调整，也是为了使得决策的执行得到最好的落实。评估包括执行结果的评估和安全决策的修正两个方面。[②] 对联邦安全委员会安全决策过程和执行过程的监督主要靠联邦议院和反对党，以及各部之间的相互监督来完成。

我们这里可以以德国对外军备出口问题为例看一下联邦安全委员会运行的具体过程。根据德国法律，军备出口问题首先要获得联邦安全委员会的授权。例如康采恩要获得一批军备订单的授权，一般先由联邦安全委员会审批，然后联邦安全委员会要召开会议进行讨论、决策和表决，表决通过后由军火商负责具体的出口事项，在具体的执行过程中主要依赖于联邦安全委员会内部各成员之间的相互监督、制衡，同时还要受到反对党、联邦议院的监督，以此确保军备出口这一敏感性极强的商品贸易的合法运行。联邦安全委员会的运行机制如图 27 – 4 所示。

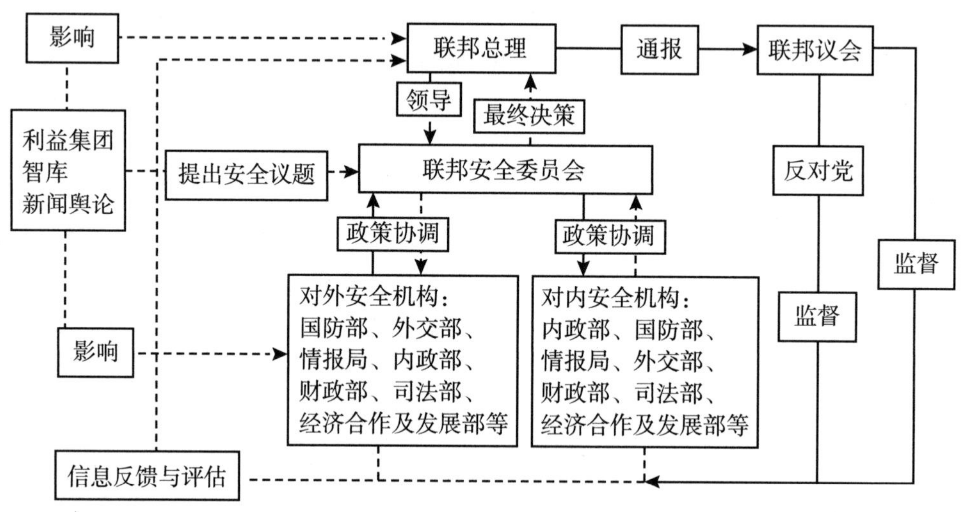

图 27 – 4　德国联邦安全委员会的运行机制

① 朱建新、王晓东：《各国国家安全机构比较研究》，时事出版社 2009 年版，第 17 页。

② 徐思宁：《国家安全体制理论辨析》，载《中国军事科学》2006 年第 2 期，第 91 页。

第四节　默克尔政府改革联邦安全委员会的尝试

2005 年 11 月，默克尔当选为德国新一届联邦总理，目前已经进入第四个任期。这位与撒切尔夫人一样拥有“铁娘子”之称的德国总理在第一任的后期就谋求用国家安全委员会取代联邦安全委员会。

一、默克尔政府改革联邦安全委员会的背景

默克尔上台后，多种因素要求其改革联邦安全委员会。其一，欧洲和德国面临新的安全隐患：恐怖主义、大规模杀伤性武器扩散及非法移民等。为了适应这一变化，欧洲主要的安全机制不断深化和变革，如北约和欧盟安全和防务战略及原则的变化，这些对于默克尔政府改革安全决策体制提出了要求，即德国的安全体制需要适应北约防务体制和欧盟安全体制。其二，德国统一后经过十几年的发展，其经济和影响力已经处于欧洲核心地位，此时的德国开始谋求积极走向世界，开始强调更多地承担诸如联合国维和任务等国际责任。因此，德国安全决策体制必须满足这一需要，即需要有大国的安全决策体制。其三，德国国内的安全环境并不乐观。“9·11”事件后，不仅欧洲爆发了各类恐怖主义事件，德国也多次遭受恐怖主义袭击，再加上移民浪潮造成的威胁，德国已成为非传统安全威胁的重点地区。这种安全威胁的主要特点是跨国性和发生的不确定性，新的安全体制需要能随时应对这些威胁。成立国家安全委员会有利于提升德国对新安全问题的反应能力和行动能力。

不仅如此，默克尔还谋求进一步提高德国的独立性和安全决策的自主性，以恢复德国的大国地位。默克尔政府在 2006 年发布《德国安全政策和联邦国防军的未来白皮书》，这是德国 21 世纪第一份国防白皮书，距上一次国防白皮书的发表已有 12 年。在这段时间里，国际环境发生了剧烈的改变，全球化为德国提供了新的机遇，与此同时安全环境的巨变也给德国带来了新的风险和威胁。[①] 该文件分析了德国所面临的安全环境和全球化带来的发展机遇，“对德国的国家安全政策和军队建设规划进行了重新阐述。其核心在于积极推进军事转型，适应北约

① “White Paper 2006 on German Security Policy and the Future of the Bundeswehr”, P. 5.

和欧盟军事防务变化的需要”。[①] 在德国的安全决策体制上，默克尔决心以改革联邦安全委员会为突破口，以适应各方面的需求。

二、德国联邦安全委员会的有限作用

德国联邦安全委员会在这一时期也继续发挥着一些作用，如可以对危机地区的武器贸易这一棘手问题做出决策，重点是管制武器出口。关于武器贸易问题，联邦安全委员会一般需要做出两次表决：先是就某项武器交易计划达成原则性一致并提出建议，然后还需最终确认谈判双方达成的具体交易协议。[②]

联邦安全委员会管制武器的有限作用显然难以适应德国的安全需求，也满足不了默克尔的“胃口”。相比较而言，联邦安全委员会在地位和效能上，“都与美国的国家安全委员会有着很大的差距，难以满足新时期德国国防军事的发展和维护国家安全的现实需要”。[③] 联邦安全委员会在掌控和影响有关国家安全和防务事务以及安全决策上发挥的作用十分有限。

三、默克尔建立国家安全委员会的尝试及失败

在这一时期，德国对于其联邦安全委员会发挥作用的有限性表示了怀疑和担忧，面对各国国家安全委员会的建立，默克尔政府也试图改革联邦安全委员会，建立德国国家安全委员会。2008 年，默克尔所在的德国基督教民主联盟（简称基民盟）拟了一份文件在议会提出建立国家安全委员会的建议。该文件建议政府派遣部队参与应对危机的多国行动，不必得到议会的批准，还建议国家安全委员会直接对总理负责。[④]

根据基民盟的改革建议，改革后的德国国家安全委员会将至少会发生两点变化：一是它将不再是联邦政府内阁委员会，而是被纳入到联邦总理府，总理在安全决策上的权力将扩大。考虑到总理在德国行政上的权力，国家安全委员会的权力也将大大提升。这符合“默克尔骨子里渴望拥有权力”的愿望。[⑤] 二是它的活动范围由主要关注传统安全扩大到非传统安全领域，这将大大增强国家安全委员会的职权范围。因此，改革后的国家安全委员会的活动范围会扩展到德国以外。

---

① 侯勤等：《德国全面推进军事转型》，载《国防》2007 年第 4 期，第 67 页。
② 綦甲福、赵彦、朱宇博、邵明：《德国情报组织揭秘》，时事出版社 2013 年版，第 76 页。
③ 胡欣：《德国为何呼唤国安会》，载《中国投资》2014 年第 5 期，第 60 页。
④ 彭光谦主编：《世界主要国家安全机制内幕》，江苏人民出版社 2014 年版，第 201 页。
⑤ 陈玲：《德国总理默克尔传》，时事出版社 2014 年版，第 252 页。

但是这个提议遭到了强烈反对，在各方的反对声中流产，默克尔谋求建立国家安全委员会的设想也不了了之。默克尔改革的失败与其在组建联合政府上的软弱无力不无关系。2005 年默克尔为了获取总理职位，她代表的联盟党只获得政府的六个席位，而联合执政的社民党则获得八个席位，这就如同默克尔推行政见的八堵高墙。①

之所以遭受如此激烈的反对，主要是各方担心改革会使总理集权，三权分立会失去平衡。德国实行的是三权分立的政治制度，联邦安全委员会属于行政权的范畴。随着当今世界政治的发展，行政权在三权分立中的地位越来越重要，议会对政府部门的监督权力相对下降。在德国，宪法赋予总理组阁权、确立政策方针权和领导政府权。② 因此，默克尔谋求用国家安全委员会取代联邦安全委员会的想法必然会削弱立法机关和司法机关的权力。基民盟提出的海外行动不必得到议会批准的改革建议加剧了这一担忧。德国在二战后已形成“克制文化”。在过去的半个世纪里，德国在极力把自己塑造为爱好和平的国家和可信赖的欧洲伙伴，基于领土防御和集体防御的和平主义已成为二战后德国所追求的国家安全政策的理念。③ 整个冷战时期，德国没有把武装力量作为其推行外交政策的工具，这是基于对纳粹德国反思后形成的广泛群众基础所致，是德国民众本能地反对使用武力的和平主义的表现。④ 和平主义、民主和尊重人权成为影响德国外交政策和安全体制的核心价值观念。⑤ 有学者指出：“德国没有走上强权政治的道路，相反在后冷战时代，德国的外交政策仍然受到克制文化的深刻影响。它表现为高度的节制、克制和谨慎，重视多边主义，强调按照国际秩序和国际法深化合作。”⑥

联邦安全委员会未来将走向何方？国家安全委员会是当代世界大国进行国家安全决策和安全治理的主要制度平台，是各国国家安全机构中的核心组成部分。德国联邦安全委员会的建立和发展是德国在面临安全威胁和安全议题时所建立的，并且每一次调整都有着深刻的国际、国内背景，同时也是不断完善其安全体制的需要，联邦总理的安全观念和偏好在其建立、发展和完善的过程中自始至终发挥着核心作用。

---

① 陈玲：《德国总理默克尔传》，时事出版社 2014 年版，第 220 页。

② ［德］康拉德·黑塞著，李辉译：《联邦德国宪法纲要》，商务印书馆 2007 年版，第 488 页。

③ Rob de Wijk, “European Military Reform for a Global Partnership”, *The Washington Quarterly*, Vol. 27, Number 1, Winter 2003 – 04, P. 200.

④ H. Maull, “Germany and the use of force: still a ‘civilian power’?”, *Survival*, Vol. 42, Issue 2, Summer 2000, pp. 58 – 80.

⑤ H. Maull, “Germany and the use of force: still a ‘civilian power’?”, *Survival*, Vol. 42, Issue 2, Summer 2000, P. 66.

⑥ Akan Malici, “Germans as Venutians: The Culture of German Foreign Policy Behavior”, Foreign Policy Analysis, Vol. 2, Issue 1, 2006, P. 38.

虽然默克尔政府建立国家安全委员会的努力最终以失败告终，但我们可以预想，在世界各国纷纷建立国家安全委员会的潮流中，德国终将建立一个显示大国标配的国家安全委员会。它有利于德国更好地适应复杂的国际、国内安全环境，包括应对传统安全和非传统安全威胁。因此，“对于有志于领导欧洲、影响世界的德国来说，建立国家安全委员会将有助于提高德国在国际事务中的作用和影响，改变外界对其政策守旧、行动滞后的印象，从而真正提升德国在世界政治格局中的地位”。①

当然，我们也应该看到德国建立国家安全委员会的难度。基于对二战历史教训的反思，人们对建立集权于总理一身的国家安全委员会存在普遍担忧。如何处理德国政治制度中的分权与集权，如何平衡德国各权力部门之间的权力分配关系，尤其是如何应对德国行政权特别是总理权力的日益扩大，是对德国建立国家安全委员会的挑战。“德国联邦政府的法律结构建立在三个有时候相互处于紧张关系的原则之上：总理原则、内阁原则和职能原则”，② 如何平衡这三个原则之间的关系涉及政府内部的权力分配问题，也对德国国家安全委员会的建立提出了现实挑战。

① 胡欣：《德国为何呼唤国安会》，载《中国投资》2014年第5期，第60页。

② ［德］沃尔夫冈·鲁茨欧著，熊炜等译：《德国政府与政治（第7版）》，北京大学出版社2010年版，第204页。

第二十八章

德国军事安全体制机制

军事安全又称国防安全，是与政治安全、经济安全、社会安全、情报安全等并列的国家安全的主要组成之一，是指一个国家或区域集团免受军事威胁。德国在历史上以军事称雄。在浓厚的军国主义氛围中，普鲁士和德国不仅建立了一支令欧洲生畏的强大军队，还形成了较为完善的军事指挥和国防安全体制。然而，穷兵黩武的德意志民族在二战中惨败，不得不接受盟国的安排，彻底改造自己的军事安全体制机制。20 世纪 50 年代中期，联邦德国和民主德国先后完成了重新武装，并分别加入了以美国为首的北约和以苏联为首的华约。自此，联邦德国便在北约的框架下逐步建立了以联邦国防部（Bundesministerium der Verteidigung）和联邦国防军（Bundeswehr）为核心的军事安全体制，并延续至今。20 世纪八九十年代，东欧剧变、苏联解体，德国也重新实现了统一。雄心勃勃的联邦国防军一边加紧现代化军事改革，一边积极走出国门，在捍卫德国利益的同时，为世界和平做出贡献。

第一节　德国军事安全法律体系

德国很早就形成了以兵役法（Wehrgesetz）和军事法（Miltärgesetz）为核心的军事安全法律体系。不过，由于历史上军事与兵役联系紧密，德国的兵役法有时也被译为军事法，这是造成汉语语境下德国军事安全法律体系偶尔会出现混乱的原因之一。联邦德国在1945年之后重新制定了若干专门的军事安全单项法，其名称改为《军人法》（*Soldatengesetz*）、《兵役义务法》（*Wehrpflichtgesetz*）等。除了《军人法》等军事安全单项法之外，现代德国的军事安全法律体系还包括军事宪法——《基本法》（*Grundgesetz*）、《军事刑法典》（*Wehrstrafgesetz*），以及数量众多的军事条例及军备方案。

一、德国军事安全法律简史

19世纪初，德意志诸邦在拿破仑战争中吃尽了苦头，并因此而下决心仿效法国实行军事改革。1814年9月3日，普鲁士颁布《兵役法》，规定所有成年男性公民都有为祖国服兵役的义务。其中普通公民须在常备军中服现役3年，而受过教育或社会地位较高者则只需服役1年。该法律进一步完善了法国开创的全民义务兵役制。[①]

1871年，普鲁士凭借武力统一德国，以军队为代表的德国军国主义势力甚嚣尘上。根据帝国宪法第六十条的规定，德国军队平时实有人数在1871年12月31日以前定为1867年人口总数的1%，并且在联邦各邦之间按比例加以分配。今后军队平时实有人数都通过帝国立法程序加以确定。1874年3月，皇帝和容克贵族在保守派的支持下，不顾左翼民族自由党和进步党人的反对，强行通过了《帝国军事法》（*Das Reichs-Militärgesetz*），规定陆军部队士官和士兵平时实有人数在没有颁布其他法令以前定为40.1659万人。弗里德里希·冯·恩格斯（Friedrich von Engels）在一篇文章中对该法律在帝国议会通过前的情况进行了精辟的论述："民族自由党人是愚蠢的……这位沉默大师在帝国国会里讲了整整一个小时……只有两点他坦率地表示了自己的意见：第一，不幸的第一条是完全必要的；第二……我们花了半年时间用武器夺得的东西，应该手执武器保卫它半个世纪，使别人不能再从我们手里把它夺走。我们自从打了几次胜仗以后到处都受到了重视，但是哪里也没有受到爱戴。"[②] 由于《帝国军事法》此后每七年才由帝国议会修改一次，故该法律经批准后又被称为"七年期限法"。1893年7月15日，新的军事法为帝国议会所通过，它使政府能够增加军事拨款并且使政府只要隔五年就可以增加军事预算，因此又改称"五年期限法"。它使整个德国都采用

---

① Linda Braun, Die Durchsetzung der Allgemeinen Wehrpflicht in Preußen (1792 - 1859), Dissertationsprojekt, 2009, S. 149 - 150. 还可参见程广中：《论19世纪初普鲁士军事改革》，载《史学月刊》1988年第2期，第94页。

② 《马克思恩格斯全集》（第十八卷），人民出版社1964年版。此文是1874年恩格斯由于帝国国会正讨论关于增加平时军队人数的法律而专门为《人民国家报》撰写的。

普鲁士的军事制度。这个法律反映了德国军国主义的壮大和德国统治集团的侵略意图。

第一次世界大战结束后的魏玛共和国时期废除了原有的军法体系。但随着纳粹党的上台，旧军法体系再一次被恢复，甚至被强化，成为臭名昭著的法西斯统治的重要组成部分。1935年3月16日，纳粹通过《重建武装力量法》，宣布全面取消《凡尔赛条约》（Treaty of Versailles）对德国军事力量的限制，积极扩军备战。同年5月21日通过《兵役法》，详细地规定了德国人服兵役、参军打仗的义务。二战后，该法律被1945年11月的盟国管制委员会第8号法令取消。不过，1954年《巴黎协定》（Paris Agreement）签署以后，当时的联邦德国在北约框架下重建武装，新的军法体系随之发展起来。德国目前实行的军法制度被称为“特殊军法”。

二、联邦德国的军事安全宪法——《基本法》

《基本法》是军事法的主要宪法依据。第一章第十二条规定，成年男子须在武装部队、联邦边防军或在某一民防组织中服役。战争期间未服兵役者及女性在一定条件下需服勤役，但不得强征女性入伍（第三、四款）。第十七a条、第十章第一百三十七条第一款又要求限制服兵役及勤役者的相关民主权利，如言论自由、被选举权等。第二十六条认定发动战争为犯罪行为，一切与军事有关的活动必须受到官方的严格控制。第四十五a条授权联邦议院设立国防委员会，第四十五b条规定在军队设立监察专员制度。第九十六条第二款规定联邦在战时设立联邦司法部领导的军事法庭对军人行使刑事管辖权。第六十五a条规定和平时期武装部队指挥权由联邦国防部长行使。第十a章第一百一十五b条规定，当宣布进入防御战争状态时，武装部队的指挥权移交联邦总理。第八十七a条规定联邦为国防目的建立武装部队，其人力和一般组织结构除已有预算或为国防目的以外之武装部队须受到严格的限制。第八十七b条规定联邦武装部队的管理属联邦。第七十三条第十条款授予联邦与各州在武装反恐、武器管理、战争损害、遗属照顾和军人墓地等问题上共同行使职权。第十a章则详细规定了防御战争状态的特殊应对措施，包括战争状态的认定，武装部队指挥权的移交，联邦立法、司法、行政权的扩大，和平条约的缔结等。[①]

① Bundesministerium für Justiz（Hrsg.），“Grundgesetz für die Bundesrepublik Deutschland”，http://www.gesetze-im-internet.de/gg/.

三、《军事刑法典》

《军事刑法典》规定了与服役有关的军事犯罪及对军事犯罪的处罚，适用于联邦国防军所属的所有军人，这些军人在遵守《军事刑法典》的同时，还必须受到德国普通《刑法典》的约束。如果犯罪军人是外国人或尚未成年，则须按照相应的标准进行刑事处罚（第一条、第一 a 条、第三条）。《军事刑法典》规定的军事犯罪包括以下四类（1）与服役相关的犯罪：擅离职守罪、逃离部队罪、（为逃避兵役的）自残罪、通过欺骗逃避兵役罪等。（2）与下级义务相关的犯罪：（针对行为后果的）拒不服从命令罪，（针对行为本身的）抗拒命令罪，（针对行为后果的）草率不遵守命令罪。如果拒不服从或草率不服从命令被甄别为错误的，则不承担刑事责任。另外还有恐吓上级罪、胁迫上级罪、暴力攻击上级罪、叛乱罪、协商叛乱罪。针对比自己军衔高的军官的犯罪行为按以上针对上级的行为论处。（3）与上级义务相关的犯罪：虐待罪、侮辱人格罪、滥用职权罪、教唆罪、教唆未遂罪、压制申诉罪、干涉司法救助罪、僭越职权罪、滥用军纪罪、妨碍刑事诉讼罪、监督失察罪。（4）其他：伪造服役记录罪、搁置记录罪、执勤失职罪、特殊任务失职罪、违法使用武器罪等。①

四、军事安全单项法

联邦德国有许多涉及军事安全的单项法，其中最重要的是规定了军人权利、义务、服役规则和司法保护原则的《军人地位法》。该法以《基本法》为依据，以军人为“穿着军服的公民”为基本指导思想，是 1945 年之前德国《兵役法》的替代法。

《军人地位法》第一章《总则》主要对德国军人的权利和义务做出了一般性规定；第二章是《不同阶段职业军人和军人的法定地位》，是关于军人入伍和退役的条件、程序、权利及义务的规定；第三章和第四章是兵役制度，主要是对公民服现役、预备役、民防组织的条件和义务进行一般性规定；第五章和第六章是关于服役组织和军人司法保护的内容。②

---

① Bundesministerium für Justiz (Hrsg.), “Wehrstrafgesetz”, in: *BGBl*, *Teil I*, *Jahrgang* 1974, Berlin, Bundesanzeiger Verlag, 1974, S. 1214 – 1220.

② Bundesministerium für Justiz (Hrsg.), Gesetz über die Rechtsstellung der Soldaten, in: *BGBl*, *Teil I*, *Jahrgang* 1956, Berlin, Bundesanzeiger Verlag, 1956, S. 1.

《军人地位法》规定的军人权利主要包括：(1) 军人的公民权。认为军人和一般公民没有两样，凡是一般公民享有的权利，军人都应该享有，不可以差别待遇（第一章第六条）。(2) 军衔保障权和晋升请求权。无法律依据时不能以内部措施或行政方法剥夺军阶，亦不许军人自愿放弃军阶。第二十七条则规定了军人的晋升条件及程序，如士官（低级军官）需要普通中学或相应学历、一年兵龄和通过士官考试，中高级军官需要高校或相应学历、三年兵龄和通过军官考试等。(3) 休假权。《军人地位法》第二十八条第一、二、三款规定，军人每年都有支领全额薪俸与津贴的休假请求权。只有在特殊情况下，才能拒绝军人的休假请求。(4) 薪金福利权。根据《军人地位法》第三十条第一款，军人享有薪水、津贴、医疗照顾、福利、旅行及搬家费用补助的权利。第三十一条则规定军人及其家属在服役期间和之后可享受一定的救扶和帮助。①

《军人地位法》也对德国军人所负担的义务做出了规定。如第七条规定，联邦德国军人的基本义务是忠诚于联邦并保卫德国人民的权利和自由；鉴于德军反民主的历史教训，第八条专门规定，联邦德国的军人必须认同《基本法》所建立的自由民主秩序。第九条则明确将忠诚于联邦德国并保卫德国人民的权利和自由作为所有不同出身、不同信仰的士兵的入伍誓言。此外，该法还规定了军人的其他一些基本职责，如自觉无条件服从命令、以同志式的态度服役、真实报告军情、维护军事机密等。②

除《军人地位法》外，德国还有一些有关军事安全的单项法，如保证德国军人在军队服役组织和救扶福利事务方面享有共决权的《军人参与法》，对兵役制度做出规定的《兵役义务法》等。这些法律通过完善与军事安全相关的各项国防制度，保证了德国军事安全机制的正常运行。

五、军事条例与军事方案

除法律之外，德国还有许多军事行政法规、军事条例和军备方案也涉及军事安全，如《军人述愿条例》(Wehrbeschwerdeordnung)、《军纪条例》、《德国联邦国防军预备役方案》等。军事条例大多是用来解释和执行某项法律规定的细则性文件，如《军人述愿条例》是根据《基本法》《军人地位法》等法律中关于军人司法保护的规定而制定的，它实质上相当于军队的行政诉讼法，规定了军人投诉

① Bundesministerium für Justiz (Hrsg.), Gesetz über die Rechtsstellung der Soldaten, in: *BGBl*, *Teil I*, *Jahrgang* 1956, Berlin, Bundesanzeiger Verlag, 1956, S. 13 – 18.

② Bundesministerium für Justiz (Hrsg.), Gesetz über die Rechtsstellung der Soldaten, in: *BGBl*, *Teil I*, *Jahrgang* 1956, Berlin, Bundesanzeiger Verlag, 1956, S. 7.

的条件及程序。[1] 一般情况下，军人只能对上级的命令和处置提出抗诉；但军人的抗诉并不能免除其立即执行该项命令的义务。而《军纪条例》则是根据《军事刑法典》、《军人地位法》等法律制定的，其目的是端正军纪，提高军队的组织性、纪律性，增强军队的战斗力。该条例规定，对轻微的违纪行为，指挥官可选择从警告至禁闭3天至3周的处分。对较重的违纪行为，指挥官则可向军队法庭提出控告，由法庭对相关责任人给予扣发军饷、降低级衔、开除军籍等处分（《军纪条例》第五十八条至第六十四条）。在审判过程中，原告指挥官或其代理军队律师向军队法庭提起控告，而法庭则会对控辩双方进行质证调查（《军纪条例》第一百〇四条至一百〇八条）。对军队法庭的决定，原告和被告都有权向联邦行政法院的军事庭上诉，由其做出终审判决。[2] 法庭的程序完全不受国防部和指挥官的影响。

除军事条例外，军备方案也是德国军事安全法律体系的重要组成部分。如1992年颁布的《德国联邦国防军预备役方案》是《兵役义务法》在预备役领域的重要扩展和补充。它不仅将《兵役义务法》所规定的三类预备役人员进行了分类和编组，还进一步严格规范了常规预备役人员的登记和管理。该方案对预备役制度的完善使其在整个德国国防动员法律体制中占据重要地位。

第二节　德国军事体制的构成与分类

在普鲁士王国和德意志帝国时期，军队统帅权归国王和皇帝所有。君主之下，设有与文官内阁平行的军事内阁和总参谋部，负责军队的管理及指挥。尽管首相和议会可以对国家军事政策施加一定的影响，但总的来说，普鲁士和德意志帝国的军队几乎不受文官集团的控制。魏玛时期，政局动荡，帝国国防军几度干政，成为不受政府控制的“国中之国”。纳粹上台后，德国军队更是拜倒在希特勒脚下，成为希特勒发动对外侵略战争的工具。二战结束以后，为了彻底改变军队不受文官控制的军事安全体制，联邦德国决定在重建武装力量——联邦国防军的同时，设立文官领导下的联邦国防部，全权负责联邦国防军的指挥管理。而由管理部门、武装力量、司法援助人员和随军牧师等组成的联邦国防军则成为秉承

① Bundesministerium für Justiz（Hrsg.），“Wehrbeschwerdeordnung”，in：*BGBl*，*Teil I*，*Jahrgang* 2009，Berlin，Bundesanzeiger Verlag，2009，S. 81 - 87.

② Bundesministerium für Justiz（Hrsg.），“Wehrdisziplinarordnung”，in：*BGBl*，*Teil I*，*Jahrgang* 2001，Berlin，Bundesanzeiger Verlag，2001，S. 2093 - 2123.

国防部命令采取行动并负担日常军政管理之责的军事安全部门。

一、军事领导决策机构

联邦总理是德国国家安全政策的制定者和最高决策者。在联邦总理的领导下，位于波恩和柏林的联邦国防部担负着德国军事安全的领导决策之责。德国《基本法》第八十七b条要求联邦设立行政部门负责联邦国防军行政管理事务。但在1949年德意志联邦共和国成立之时，德国仍在盟军控制之下，无法建立军队。后来，在联邦总理康拉德·阿登纳（Konrad Adenauer）的指示下，特奥多尔·布兰克（Theodor Blank）与他的办公室在1950年开始准备军队的再武装。1955年6月7日，办公室改为联邦国防部。统一之后，德国数次对国防部的机构和职责做出调整。在2012年3月21日发布的《德累斯顿公告》中，国防部确定了最新的领导关系和管理结构。① 现今该部的核心决策层由国防部部长、两名国防部国会国务秘书、两名国防部行政国务秘书和联邦国防军总监共六人构成。在他们的领导下，国防部下设政治司，财务预算司，法制司，规划司，军队领导司，战略及军事行动司，人事司，装备、应用及信息技术司，基建、环保及勤务司等业务部门。②

根据《基本法》的规定，国防部长是和平时期德国军队的最高领导人，联邦国防军总司令在内阁中占有极其重要的地位。传统上，国防部长由在议会中占多数和产生联邦总理的党委派。这一做法能保证文官内阁对武装力量进行全面领导和顺利实施执政集团的国防方针。国防部长的主要职能为：国防部政治活动领域的战略发展和协调；实现政治目标，实施计划，部署主要力量；德国在安全与国防领域的国际合作，包括在国际安全制度框架内参加维和行动；在自己的职权范围内发挥监督职能。国防部管理局和新闻信息局及发言人由国防部长直接领导。

国防部长领导下的联邦国防军总监是德国级别最高的军人。他主要负责军事政策的制定与实施、武装力量的指挥，同时又是联邦政府的最高军事顾问和联邦国防军的总参谋长。③ 国防部中与军事直接相关的三个司——规划司、军队领导司和战略及军事行动司被置于总监的监管之下。但是，总监并不干预战役和战术

① Bundesministerium der Verteidigung（Hrsg.），*Das Bundesministerium der Verteidigung stellt sich vor*, Bonn，Köllen Druck + Verlag GmbH，S. 5.

② Bundesministerium der Verteidigung（Hrsg.），*Das Bundesministerium der Verteidigung stellt sich vor*, Bonn，Köllen Druck + Verlag GmbH，S. 8.

③ Bundesministerium der Verteidigung（Hrsg.），Die Neuausrichtung der Bundeswehr，Nationale Interessen wahren-Internationale Verantwortung übernehmen-Sicherheit gemeinsam gestalten，Paderborn，Bonifatius GmbH，S. 29.

性问题。他和他所领导的部门主要负责制定联邦国防军的未来发展计划、联邦国防军的能力管理、预先识别危机、评估风险和威胁、军事政策制定，以及在亚洲和大洋洲、欧洲和欧亚、马格里布和中东、非洲和美洲的行动等。自 2012 年 4 月 1 日起，联邦国防军武装力量总司令部（Einsatzführungskommando der Bundeswehr）也被置于总监的直接领导之下。[①] 德国军事安全体制的构成如图 28 - 1 所示。

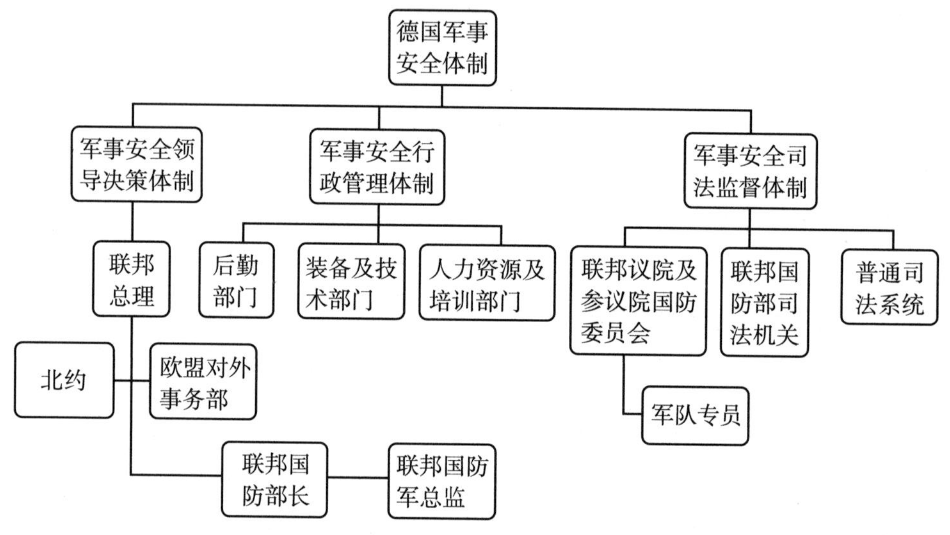

图 28 - 1　德国军事安全体制的构成

德国国防部设有国务秘书。这些国务秘书均为文官，带有浓厚的政治性。其中两名国会国务秘书主要负责代表国防部长与联邦议院、联邦议院国防委员会、联邦参议院联邦国防军事务全权代表、党团和议员个人进行交流与合作。各党派和议院的质询则通过他们传达至国防部。另外两名行政国务秘书则负责协助国防部长处理国防和军队事务，相当于副部长或部长助理。政治司，财务预算司，法制司，人事司，装备、信息技术及后勤司，基建、环保及勤务司被分别置于他们的监管之下。

总的来说，现行德国国防部的政治性有了明显的增强。除了增设国防部政治主任及其领导的政治司外，各部门的政治协调性均有所增加。通过在其框架内整合军事骨干和文职专家，国防部试图将任务布置、国防策划和组织能力集中在一

① Bundesministerium der Verteidigung（Hrsg.）, Die Neuausrichtung der Bundeswehr, Nationale Interessen wahren-Internationale Verantwortung übernehmen-Sicherheit gemeinsam gestalten, Paderborn, Bonifatius GmbH, S. 31.

只手中。德国联邦国防部的组织结构如图 28 - 2 所示。

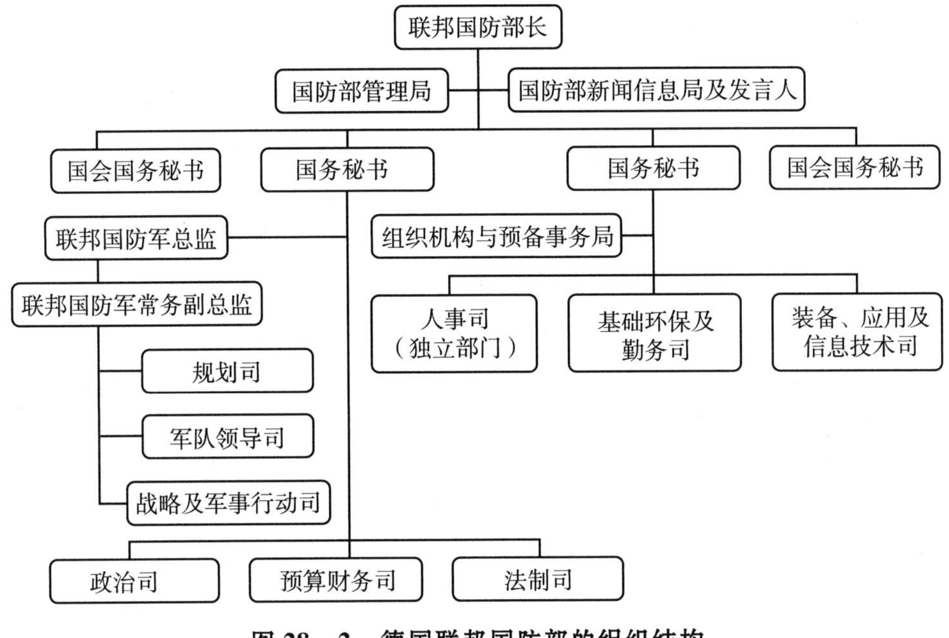

图 28 - 2　德国联邦国防部的组织结构

二、军事行政管理系统

德国军事安全事务的行政管理系统主要由后勤、装备及人力等系统构成。德国军事安全后勤管理系统（IUD）的领导机构是由基建、司法保护及勤务三个处共同组成的国防部基建、环保及勤务司，具体办事机构为联邦国防军基建、环保及勤务局，该局内设人力、财务、基建、勤务四个处，并负责指导联邦国防军勤务中心、消防中心、饮食局、海外局四个部门的工作。① 基建、环保及勤务司共设 41 个地方“军队服务中心”，为各兵种、各军区提供全面的日常保障服务。

德国武器装备管理系统（AIN）的领导机构是由装备及信息化技术与应用核心处、科研及外国专家处、现代化及合作参与处、信息技术处、装备执行处等共同组成的装备及信息化技术与应用司，具体办事机构为联邦国防军装备及信息化技术与应用局，该局内设装备管理、作战、海空及地面支援、信息技术、信息支

① “Infrastruktur, Umweltschutz und Dienstleistungen in der Bundeswehr”, http://www.bundeswehr.de/portal/a/bwde/!ut/p/c4/04_SB8K8xLLM9MSSzPy8xBz9CP3I5EyrpHK9pPKUVL2y1KLyxJySOrx0vcy8tKLE-NLc8tSckviUzNS84hL9gmxHRQDmgqsp/.

援、人事、特种部队、采购、质检等部门，并负责领导军事技术署、军事科学署、联邦国防军信息技术中心、海军军械库、德国—美国/加拿大后勤联络署。[①]武器装备管理系统共设有9 500个基层工作站，它们为联邦国防军各种装备的研发及保养做出了重要贡献。特别需要指出的是，德国在军事安全武器支援系统中格外重视信息化，甚至还专门设立了电子战应急反应部队，大大加强了其电子信息安全保卫能力。

除管理机构外，德国后勤及武器装备系统还包括许多公司。在后勤及技术支持领域，联邦国防军主要通过三种模式来提高效率和实现现代化，即自身优化、公私合作和私有化。德国军队设立的经营性公司主要有以下一些：科隆发展、制造及生产有限公司，联邦国防军制衣公司及子公司军服公司，联邦国防军车辆有限公司及与西门子、德国IBM合作建立的联邦国防军信息技术有限公司。在国防军事领域，联邦国防军在坚持发展独立于盟国的军工系统的同时，将主要军工生产及科研基本交给了私营企业。德国历史上就有像克虏伯这样的私人军火巨头。二战之后，国防部防御技术采购司（即后来的装备及信息化技术与应用司）将几乎全部的武器生产任务都以合同制和承包制的方式交给各种私营公司负责。这些公司除少数为纯军工企业外，大都同时可以生产军工和民用产品。例如，德国有大概100多家装甲车辆生产企业，上千家车辆零部件供应商，但总装厂只有2家。为了保证生产的安全，德国改变了以前军工企业集中于鲁尔等主要工业区的状况，转而采用分散发展模式。现在，德国各地都可看见兵工厂的身影，其中比较著名的有MTU、MBB、克虏伯·马克、克劳斯·玛菲—魏格曼等。[②]

德国国防部人事司下设指导、人力市场、教育及评价处，人力发展处和社会职员处，它是制定德国军事安全人力资源政策和国防教育政策，并指导全军人力部门和军队院校工作的管理机构。在人事司之下，德国设有专门负责军队人事工作的联邦国防军人力管理局、负责军队对外语言交流的联邦语言局（Bundessprachenamt）、专门为军队培养三军分队指挥官（尉官级别）的慕尼黑联邦国防大学和汉堡联邦国防大学，以及2013年成立的专门负责培训军队文职人员的联邦国防军教育中心。

---

① “Bundesamt für Ausrüstung, Informationstechnik und Nutzung der Bundeswehr”, http://www.bundeswehr.de/portal/a/bwde/!ut/p/c4/04_SB8K8xLLM9MSSzPy8xBz9CP3I5EyrpHK9pPKUVL2y1KLyxJyS0rx0vcTS4qLS1GIQOz4zLy0_Pq-0pArI0S_IdlQEAMiERbI!/.

② 施征等：《德国装甲车辆军事工业》，载《国外坦克》2012年第12期，第52～53页。

三、司法监督系统

德国军事安全的法律监督系统由立法、司法和行政部门的相关机构共同组成。在立法部门内，联邦议院和联邦参议院均设有国防委员会。联邦议院的国防委员会主要负责各州及联邦的安全、全球反恐形势下德国及联邦国防军改革、民主制度在军队中的贯彻，以及军费预算和军需工作等。[①] 联邦参议院的国防委员会则主要负责与国防相关的立法工作。[②] 另外，为保证自身的基本权利和对军队的控制，联邦议院还根据《基本法》第四十五 b 条及 1957 年《军队专员法》的相关规定，设立了一名由各议会党团和国防委员会共同选举产生的、专职的军队专员（Wehrbeauftragte）。其具体职责包括：（1）知情权。军队专员可就某项事件向国防部长及其下属的文职及军队成员展开质询和调查，当收到联邦议院、国防委员会及军人的调查请求后，军队专员可采用听证会的形式对当事人进行取证。（2）监督权。军队专员有权将调查确实的案件移交行政或司法主管部门，如主管部门认定案件中确有违法之处，则必须给予相应处理并反馈给军队专员。（3）接受申诉权。任何军人均可依法直接向军队专员提出申诉，而通过种种手段阻挠申诉者，则将受到相应的处罚或刑罚。[③]

军事法庭是德国军事司法领域的主要机构。德国军事法庭近代就已出现。1871 年，德意志帝国组建了帝国军事法庭。纳粹上台后，又建立了功能与帝国军事法庭基本相同的战争法庭。但是，作为德国军事机器重要组成部分之一，军事法庭在二战后难逃被盟国解散和禁止的命运。今天的德国没有专门的军事法庭，而是由平民法庭处理大多数军事案件，但以下三种法庭属于例外：（1）（战时）军事刑法院。《基本法》第九十六条第二款规定，战时德国可设立联邦司法部管辖的军事刑法院，对军人进行刑事审判。（2）军队法院。属于联邦国防部司法系统，主要职责是对违反军纪的士兵做出处分和受理军人对判决的申诉和上诉（《军纪条例》第六十八条）。法院最初共设北、中、南三座法庭。1992 年中部科布伦茨军队法院撤销后，改为南（慕尼黑）、北（明斯特）两座法庭，分别受理不同区域的案件。在南北二庭之下，各师级司令部再设若干分院。军队法院审判庭的司法人员主要由 1 名审判长和 2 名审判员组成。其中既有职业法官，也有来

---

① Verteidigungsausschuss，http://www.bundestag.de/bundestag/ausschuesse17/a12/.

② Bundesrat，http://www.bundesrat.de/nn_11460/DE/organe-mitglieder/ausschuesse/v/v-node.html?_nnn=true.

③ Bundesministerium für Justiz（Hrsg.），“Gesetz über den Wehrbeauftragten des Deutschen Bundestages”，in：*BGBl*，*Teil I*，*Jahrgang* 1982，Berlin，Bundesanzeiger Verlag，1982，S. 677 – 680.

自军队的名誉法官（《军纪条例》第七十一条）。(3) 联邦行政法院军事庭。隶属联邦司法部，主要是受理针对军队法院判决的上诉案件，以及对军队法院的司法审判程序进行审查等（《军纪条例》第八十一条）。[①] 此外，联邦行政法院还在军队内任命隶属于国防部的专职军纪检查官，负责对军人违纪行为提出诉讼。

除议会和法院的相关人员外，德国军队的法律监督系统还包括军队法律顾问（Rechtsberater）和军法教师（Rechtslehre）。到目前为止，联邦国防军的军法官、军纪检查官、法律顾问和军法教师共有大概 200 名左右，[②] 他们对规范整个德国军事安全体系、提高德军军纪和战斗力起到了极其重要的作用。

四、联邦国防军的武装力量系统

作为联邦国防军的主体，德国武装力量主要由德国陆军、德国海军、德国空军、武装力量基础部队及中央后勤医疗部队等组成。国防部文职人员，包括国防部长和国务秘书都不列入武装力量的编成。

历史上的德国武装力量曾是德国军国主义和战争机器的核心。从普鲁士到第三帝国，这支强大的军队不止一次给邻国和世界带来了深重的灾难。二战结束后，盟国为了防止法西斯东山再起，曾一度禁止德国拥有军队。但是，当冷战兴起之后，民主德国、联邦德国却分别在苏联和美国的控制下完成了重新武装。1950 年，联邦德国第一任总理康拉德·阿登纳召集第三帝国武装力量高级将领商讨创建全新联邦德国军队的事宜。哈索·冯·曼陀菲尔（Hasso von Manteuffel）在会后提议把新建的军队命名为“联邦国防军”，并获得联邦议院的认可。1955 年 11 月 12 日，即普鲁士著名军事改革家格哈德·冯·沙恩霍斯特（Gerhard von Scharnhorst）诞辰 200 周年之时，联邦国防军正式建立。1990 年两德统一后，美英法苏四国与德国政府签署《最终解决德国问题条约》，联邦国防军削减至 37 万人，民主德国的国家人民军解散，人民陆军、海军、空军分别并入联邦国防军陆海空三军。

进入 21 世纪以后，联邦国防军展开军事改革，一方面对军队总规模进行压缩，另一方面又对军队结构和编成进行优化。自 2000 年起，德军军费开支呈稳中有降趋势，其中尤以支出大项行政管理经费的压缩最为明显。[③] 德国军队人数也在不断下降。2005 年时，联邦国防军现役部队已裁减至 25 万，其中陆军 11.2 万，空军 4.6 万，海军 1.9 万。而且随着近年来军事改革的深入，德军总兵力的

---

① 丛文胜：《德国军事行政司法制度简介》，载《军法纵横》1996 年第 4 期，第 39 页。

② http://www. bundeswehr. de/portal/a/bwde/! ut/p/c4/04_SB8K8xLLM9MSSzPy8xBz9CP3I5EyrpHK9pPKUVL2y1KLyxJyS0rx0vaLU5IyS-OLU1Jzi_KL0VP2CbEdFAHqjsf8! /.

③ 顾伟等：《德国军费规模、结构及发展趋势》，载《外国军事经济研究》2012 年第 3 期，第 75 ~76 页。

精简还在进一步持续。与此同时，联邦国防军又对现有军种和部队编成进行了大规模改革，不仅增加了武装力量基础司令部及中央医疗部队，还在传统的陆海空三军内部展开了部队编成的优化重组。如从 2004 年起，德国逐步将整个陆军现役及预备役部队裁减重组为三类部队，即 3.5 万人的快速反应部队、7 万人的基础部队和 10.6 万人的后备部队。除现役部队外，联邦国防军还依法设有约 40 万的预备役、边防和民防部队。①

联邦国防军武装力量是德国军事安全日常训练和作战指挥系统的主体。作为冷战期间北约中欧盟军的主力，它主要负责和参与对苏联、东欧国家的防御任务。德国统一后，联邦政府开始调整外交及国防战略，要求在世界上承担更多的军事义务。1994 年，联邦宪法法院判定，《基本法》所定的“防卫”不只限于德国境内。据此，联邦国防军在联邦政府和国防部的布置下，参与了一系列北约的军事行动和联合国国际维和任务及人道救援任务。德国联邦国防军的组织机构如图 28 -3 所示。

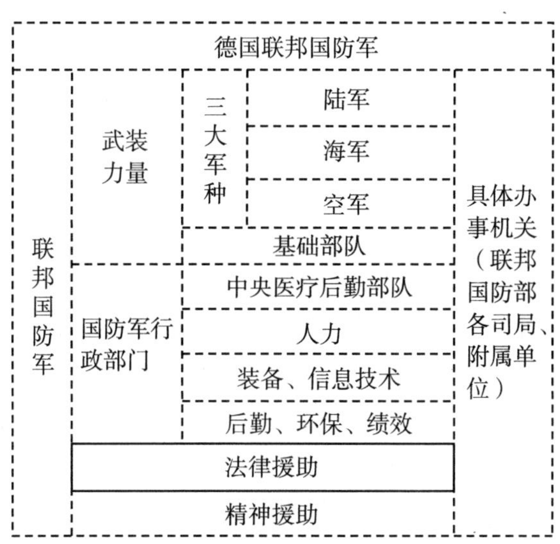

图 28 -3　德国联邦国防军的组织机构

第三节　德国军事安全体制的运行机制

二战之后，联邦德国建立了由军事安全决策机制、武装力量指挥机制、兵役

① 顾俊礼编：《列国志——德国》，社会科学文献出版社 2007 年版，第 278 ~283 页。

及动员机制和军人权利保障机制等构成的较为完善的军事安全体制的运行机制。在这一运行机制中，联邦议院、联邦法院和联邦政府等文职国家机关的权力可渗入其中的各个环节，联邦国防部和国防军也不再是一个封闭的军事特权部门。

一、联邦德国军事决策机制

根据《基本法》，德国军事安全决策采取的是集中指挥与多方参与相结合的模式，即在坚持以“联邦总理（联邦安全委员会）—联邦国防部长—联邦国防军总监—军种总监和部门总监”为核心决策链的同时，保证国内外多个部门和组织可有效地参与、监督决策过程。德国这一军事安全决策模式所遵循的原则主要有以下几点：

第一，军政分离，文官指挥军队。德国在历史上是一个侵略成性的军国主义国家，军队在国家生活中占有举足轻重的地位。无论是德意志帝国时期的帝国国防军（Reichsmacht），还是纳粹时期的国家武装力量（Wehrmacht），都被最高领导人置于自己的直接掌控之下。文官系统无法控制军队是德国具有浓厚军事扩张性的重要原因之一。有鉴于此，联邦德国在盟国的监督下重新武装时，便确立了文官高于武官、文官指挥军队的原则。《基本法》规定，在和平时期，联邦国防军由联邦国防部长统帅；而在战争时期，联邦国防军则归联邦总理直接掌控。联邦国防部长和总理对军队的指挥权体现了德国文官高于武将、军队听命于政府的原则。联邦政府在德国军事安全决策中主要扮演政治领导、全局把握和协调指挥的角色。联邦总理和国防部长一般都不直接参与具体的军事指挥，而只是负责与国防和军事相关的政治事务，为德国制定总体国防政策和军事战略，并协调联邦国防军与国内外各部门、各组织之间的关系。

当然，联邦国防军的高级将领在德国军事安全决策中也扮演着重要的角色。德国早在19世纪中期就形成了比较完善而高效的总参谋部制。在这一制度下，德军总参谋长既是国家领导人的总军事顾问，又是军队总战略的制定者。正是由于总参谋部在德国军事机器中拥有不可替代的重要作用，它在一战和二战后两次为战胜国所解散。联邦德国重新武装后，总参谋部在联邦国防部和国防军内得以重建。只是其首脑不再是最高军事统帅的顾问——总参谋长，而改为“第一军人”——军事总监。这一德国全军最高军衔拥有者的权力进入21世纪后被一再扩大，他不仅可以以总军事顾问的身份参与联邦政府国防政策的制定，还可以通过国防军武装力量参谋部制定国防方案、建军规划，监督全军并指挥海外军事行动。在军事总监的领导下，最新调整的国防部三大军事部门规划司、军队领导司和战略及军事行动司及武装部队总司令部开始行使德军总参谋部职能；而联邦国防军陆、海、空及卫勤等部门的总监则可作为军事总监的顾问共同参与军事安全决策，并在本军种、本部门内行使最高指挥权，直接对国防部长负责。

第二，军事权力的制约。德国的权力制约机制在军队中得到实际运用，其军事指挥权备受监督。虽然“联邦总理（联邦安全委员会）—联邦国防部长—联邦国防军军事总监—军种总监和部门总监”构成的军事指挥权力链是德国军事安全决策机制的核心，但在实际运行过程中，这一权力链却要受到其他国家机关的严格监督，绝不能自我封闭和为所欲为。根据《基本法》有关规定，德国军队各级将领的任命权归联邦总统（第六十条），防卫状态确定权即宣战权归国会。联邦领域遭受武装力量攻击或此种攻击迫切威胁，此种防卫状况之确定，由联邦议院经联邦参议院之同意决定之。此种确定系基于联邦政府之请求，并应有 2/3 之投票数，其中并至少应包括联邦议院议员过半数。如情势急迫须采取立即行动，而联邦议院因不可克服之困难而无法适时集会或未达法定人数时，则由联席委员会以 2/3 之投票数决定之，其中至少应包括该委员会成员过半数（第一百十五 a 条）。在防卫情况存续下，联邦议院不得解散（第一百十五条之八）。结束战争状态的权力也归国会。联邦议院经联邦参议院之同意得随时以由联邦总统公布之决议宣告防卫情况结束。联邦参议院亦得要求联邦议院做此决议。防卫情况如其确定之前提条件已不存在，应即宣告其结束（第一百十五条之十一）。[①] 根据《基本法》的规定，联邦总统、联邦议院、联邦参议院都可以对德国军事决策产生直接、间接的影响。此外，作为与联邦政府、联邦总统、联邦议院等机构具有同等宪法地位的联邦宪法法院，也可以通过政治性司法判决参与德国军事安全决策。两德统一后，联邦国防军海外军事行动的合法性，就是时任联邦总理的赫尔穆特·科尔绕过联邦议院、通过联邦宪法法院的判决获得的。

第三，与盟国密切合作，决策受欧盟及北约制约。1955 年，联邦德国通过先加入西欧军事组织“西欧联盟”（WEU），再加入北大西洋公约组织（NATO）的方式，将联邦国防军置于以美国为首的盟国的控制和监督之下。北约对联邦德国的军事安全决策有着重要的影响：首先，在军事战略与防卫政策方面，北约影响巨大。冷战时期，根据北约“前沿防御”战略的要求，联邦德国在两德边境布下重兵，以遏制和反抗苏联及华约可能发动的进攻。[②] 冷战结束和德国统一后，北约战略发生改变。1991 年 11 月，北约在罗马会议上将其安全防卫的范围扩展至中东和亚洲地区，而德国则相应地建立了“多方位防御”战略，将防卫重心由

① Bundesministerium für Justiz（Hrsg.），“Grundgesetz für die Bundesrepublik Deutschland”，in：*BGBl*, *Teil III*，*Gliederungsnummer* 100 – 1，S. 37 – 39，http://www.gesetze-im-internet.de/bundesrecht/gg/gesamt.pdf.

② 刘芝萍：《冷战时期联邦德国在北约发展中的地位和作用》，华东师范大学博士学位论文，2005 年，第 89 ~ 105 页。

中欧扩展至东南欧和中东地区，并在北约和联合国的框架下参与维和行动。[①] 在核安全决策方面，联邦德国更是被严格地置于盟国的统一指挥之下。在加入北约时，联邦德国承诺不在自己领土上生产ABC武器（即核武器和生化武器）。因此，联邦德国一直将北约核力量当成自己对抗苏联的保护伞。尽管联邦德国对北约在制定和实施核战略时侵害自己国家利益的行为颇有微词，并且在"大规模报复战略""灵活反应战略"和多边核力量计划下也成功地捍卫了自己的一些利益，但总的来说，由于其核地位的微弱，联邦德国直到今天也无法摆脱北约单独制定自己的核安全战略。此外，在战术指挥方面，联邦国防军的相当一部分武装力量也一直被置于北约的直接领导之下。1999年，德军就是在北约欧洲盟军司令部的统一指挥下参与对南联盟的战争的。

除北约之外，欧洲安全机制也对德国军事安全决策有一定的影响。为了抵消北约中英美盎格鲁—撒克逊集团的优势地位，联邦德国希望与欧陆国家尤其是法国联手构建欧洲安全机制。不过，与法国不同的是，德国同意建立北约之下的"欧洲支柱"，如组建欧洲快速反应部队，也同意设立欧盟负责安全事务的代表等，却反对欧洲防务完全摆脱北约的控制。因此，欧盟统一安全政策对德国安全政策的影响还是比较有限的。

二、德国军事安全执行机制

当代德国以联邦国防军为核心的武装力量编成受到大幅度削减，其军事安全执行机制也较以前大为简化。目前，德国的军事安全执行机制主要由武装力量指挥管理机制、兵役及动员机制和相应的保障机制组成。

（一）武装力量指挥管理体制

进入21世纪，联邦国防军对武装力量指挥管理体制进行了一系列改革，以便能在新的形势下更加有效地执行德国的军事安全政策。改革后的德国武装力量包括快速反应部队、基础部队和支援部队。2004年，联邦国防部公布了打破军种界限、重塑武装力量的宏伟计划，希望用"快速反应部队、基础部队和支援部队"组成的一体化新三军取代原来的陆海空旧三军。快速反应部队将主要执行突发性军事任务，强调灵活机动，迅速战胜敌人。基础部队主要执行中低强度军事任务，强调用多种手段击败军事化程度不高的敌人。支援部队则主要由文职和义

① 李德义：《20世纪以来中外军事著作要览》，军事科学出版社2005年版，第146~148页；汤晶阳：《世界主要国家军事战略》，国防工业出版社2005年版，第185~186页。

务兵组成，负责医疗救护、后勤保障和警戒支援等。根据这一计划，德军不仅建立了负责协调指挥、联合后勤、技术支持、生化核武器防护和军队发展与管理的武装力量基础司令部和负责医疗保健的中央医疗部队，还对三军编成进行改革：德国陆军撤销原军级编成，将原八个师级编成缩减为三个，即一个快速反应师、两个机械化坦克师及法德混成旅。德国海军则将原有的五个分舰队合并为两个大型舰队，海军航空兵师改组为独立的海军航空兵司令部，并另设海军支援部队司令部。德国空军也取消了空战师编成，将原空中部队和地面部队统一归入空军联合作战司令部指挥，并将原空战师下辖的航空联队由十个精简为五个，运输机联队由三个精简为一个，同时设立空军联合支援司令部。①

（二）兵役及动员制度

系统完善的兵役制度和动员制度是实现德国军事安全政策的重要保证。这一制度有助于储备、训练大量的后备兵员，以满足战时快速动员的需要。

德国实行义务兵役制与志愿兵役制相结合的募兵制。根据《基本法》的规定，男性自年满十八岁起，有在军队、联邦边境防卫队或民防组织服事勤务之义务。“任何人基于良心理由而拒绝兵务之战争勤务者，得服代替勤务。其期限不得逾兵役期限，其细则以法律定之，该法律不得有碍良心判断之自由，并应规定与军队及联邦边境防卫队无关之代替勤务之机会。”②（第十二 a 条）而根据《兵役义务法》及其他相关法律、方案的规定，自 2002 年起，现役基本服役期限从 10 个月被缩短为 9 个月，期满后可根据本人意愿再申请延长数月。目前德国精锐部队尤其是快速反应部队一般都由职业化志愿兵组成，义务兵主要在支援及后勤部队中服役。军人退出现役后，如年龄在 32 岁以下，将编入预备役。其中编入常规预备役的主要参加野战部队训练，编入紧急应征预备役的主要在本土防卫部队和民防部队中训练，而编入候补预备役的则将根据国家战时需要参加各种支援性军事行动。联邦国防军从 1975 年起开始招收女性服役，但一般都是被分配在医疗部队进行后勤工作。后来由于女兵及女权组织的抗议，德国决定自 2001 年起放宽女性选择服役岗位的权利，允许她们参与军事行动。

在兵役制度的基础上，德国还建立了一套行之有效的动员制度。根据《兵役义务法》，德国在国防部军队领导司（武装力量总参谋部主要组成部分之一）第

---

① Bundesministerium der Verteidigung（Hrsg.），Die Neuausrichtung der Bundeswehr，Nationale Interessen wahren-Internationale Verantwortung übernehmen-Sicherheit gemeinsam gestalten，Paderborn，Bonifatius GmbH，S. 35 – 79.

② Bundesministerium für Justiz（Hrsg.），“Grundgesetz für die Bundesrepublik Deutschland”，in：*BGBl*，*Teil III*，*Gliederungsnummer* 100 – 1，S. 4，http://www.gesetze-im-internet.de/bundesrecht/gg/gesamt.pdf.

二局第二处、[①] 各兵种参谋部、各县兵役局设立三级预备役管理机构。[②] 国防部按照联邦政府的要求下达动员令后，军队和地方政府将同时开始战备动员，其中军队主要根据总司令部和军种参谋部的要求派人前往动员基地检查、征收兵员，而地方兵役局则主要负责通知和运输预备役人员到达动员基地。

为保证动员的速度和质量，德军还特别采取了以下措施：(1) 建立登记注册机制。根据《联邦国防军预备役方案》的要求，常规预备役人员在退伍后1周内必须到指定兵役局报到并分类登记，预备役人员的住址如有变更，也必须在1周内通知兵役局，如离开住地8周以上，须提前递交书面申请，以便兵役局联系。(2) 建立国民经济战时动员机制。完备的战时经济动员机制是19世纪中期以来保证德国战争机器正常运转的法宝之一。二战以后，联邦德国通过立法重建了高效的战时经济动员机制，在全国各地建立完善的动员基地网，将预备役人员和物资分开储备，并分别按照应急、部分应急和准应急部队进行编组。[③] (3) 建立交通运输战时动员机制。以1968年《交通保障法》等一系列法律法规为基础，联邦德国构建了一套较为完善的交通运输战时动员机制。德军和平时期在联邦交通部门中设立军职的铁路部门主任和海运局长，划定铁路运输专线，插手船舶制造。联邦国防军还制定有战时交通动员计划，一旦动员令下达，可迅速对铁路等实行军管，以最快速度完成动员支持。德国还经常组织交通动员演习，建设自动化交通动员系统，成果显著。[④]

（三）军人的经济社会保障机制

军人的经济社会保障机制通过保护普通官兵的利益来稳定军心。德国因此通过了保障军人权利的基本文件：《基本法》《军人地位法》和《军人参与法》等。

20世纪80年代以来，军人维持费一直是军费中的最大支出项之一。德国统一后，在军队裁员的背景下，军人维持费大大增加，其目的是改善所有军人的待遇，完善服役条件，吸引优秀兵源入伍。具体措施有：提高军人工资及各种补贴；完善军人的保险制度，包括军人交纳保险费享受优惠和减免，预备役和退役军官领取退休金，志愿兵转入预备役享受过渡补助金，军人有权在武装力量医疗机构得到免费医疗；军人入伍前的工作岗位予以保留；退役军人可以得到就业方面的帮助；改善军人的住房条件。《军人述愿条例》还保证军人在相关机构中享有共决权。

---

① Bundesministerium der Verteidigung, *Das Bundesministerium der Verteidigung stellt sich vor*, Bonn, Köllen Druck + Verlag GmbH, S. 36.

② 逯忠华等，《德国的预备役军事法规》，载《中国民兵》1997年第8期，第41页。

③ 赵占平：《世界主要国家军事交通运输研究》，国防大学出版社2007年版，第255页。

④ 赵占平：《世界主要国家军事交通运输研究》，国防大学出版社2007年版，第258～261页。

第二十九章

德国应急安全体制机制

随着全球化的不断深入，非传统安全领域突发事件越来越引起各国的关注。在此背景下，德国应急安全政策的重心也从狭义的国家安全领域逐步扩展至广义的安全领域，尤其是非传统安全领域。如 2009 年，德国将《平民保护法》修改为《平民保护与灾难管理法》。该法一开始主要针对战争状态下通过非军事手段保护居民及其住所和工作场所、重要的生活或国防民事值勤点、企业、机构和设施，以及文化资产不受战争的影响，并消除或减轻战争带来的后果，但冷战结束后，该法的侧重点转向民众的自我保护。法案第一条就指出，“官方的措施是补充平民的自我保护”。①

第一节　德国应急安全法律体系

广义上的“国家应急安全法”是为了防范和应对各类突发公共事件而制定的法律规范的总和，包括宪法、刑法、民法、诉讼法中的相关部分，以及国防法、保守国家秘密法、环境保护法、突发事件应对法等法律法规中有关国家应急安全事项的法律规范。德国并没有一部专门的应急安全法。不过德国其他法律中有应

① Bundesministerium für Justiz（Hrsg.），“Zivilschutz-und Katastrophenhilfegesetz”，in：*BGBl*，*Teil I*，*Jahrgang* 2001，Berlin，Bundesanzeiger Verlag，2001，S. 2350.

急安全的相关规定。这些法律按照立法主体可以划分为联邦法（联邦议院所制定）和地方法（州议会所制定），按照法律类别则可划分为基本法、综合专门法、单项法和行政规范。

一、德国的应急安全法

有悠久法治传统的德国在长期实践中制定了一系列与应急安全有关的法律法规。这些法律法规是德国应急安全体制机制的核心，它们为德国应对突发情况、维护国家安全提供了重要的法律依据。

（一）《基本法》

德国《基本法》规定，应急状态按程度分为4种：（1）防御应急状态，即战争状态；（2）应急状态，即防御状态前的临战状态；（3）内部应急状态，即内部叛乱、动乱等；（4）民事应急状态，包括自然灾难和特别重大的不幸事故等。[①] 联邦政府主要负责战争状态下的民事保护，而和平时期各种灾难救助都属于州政府的职责。

（二）综合专门法

此类法律主要是指由联邦议院制定的涉及国家应急安全的各种综合性专门法律，如《平民保护法》《刑法典》《民法典》《兵役法》《联邦边防法》《联邦宪法保护法》和《联邦信息保护法》等。

（三）重大事故与自然灾害类单项法

德国联邦议院为应对重大事故尤其是环境事故和交通事故制定了一套相对完善的法律。如《水资源管理法》《联邦污染保护法》《饮用水法》《洗涤—清洁产品法》《废物处理法》《化学品法》《核放射法》《环境责任法》《环境刑事制裁法》《联邦建筑法》《包装法》《产品责任法》《道路交通法》《航空安全法》《空难事故调查法》和《联邦矿山法》等。

具体负责实施救助的德国各州也制定了许多应对突发灾难的法律。如柏林州《道路清扫法》就对柏林市区及周边乡镇突遇降雪后的紧急处置措施，包括

① Bundesministerium für Justiz（Hrsg.），“Grundgesetz für die Bundesrepublik Deutschland”，http：//www. gesetze-im-internet. de/gg/.

责任划分与转移、道路清扫时间与顺序等都做出了详细的规定。为了提高救援效率，德国很多州都为重大安全事故和自然灾害的紧急救助制定了统一单项法，如《黑森州救护法》《北威州救护法》《黑森州消防法》《巴伐利亚州灾难防护法》等。

（四）公共卫生类单项法

公共卫生类单项法有《食品和日用品法》《传染病防治法》等。《食品和日用品法》是关于严格检查和监督国产和进口食品的法律，目的是为了保证食品和日用品的安全，预防和控制传染病通过食物途径传播。共计 16 章、77 条的《传染病防治法》则对传染病的认定与登记、预防与处理、中小学及其他特殊组织的传染病防治、水资源与食品保护、致病源样本的保存、传染病防治的领导与执行机构、成本分担、特殊事件及特殊领域的处理、罚款与惩罚等内容提出了详细的要求。①

（五）社会安全类单项法

预防和应对危害社会安全突发事件的法律主要由联邦议院制定，主要包括《反恐怖主义法》《军事反间谍法》《联邦情报法》《第十条款法》《安全审查法》《护照法》《身份证、电子身份证及其他相关规定变更法》《移民法》《居留法》《避难程序法》等。除联邦法律外，部分联邦州也制定了应对本州突发性社会公共安全事件的单项法，如《黑森州公共秩序和安全法》等。

（六）德国的应急安全行政规范

联邦德国的应急安全行政规范有预防和应对国内外恐怖袭击及犯罪的《居留条例》《准飞条例》等，以及根据《食品预防法》实施的安全管理规范，如《食品卫生管理条例》《危险分析关键控制点（HACCP）方案》等。

此外，德国应急安全事务还必须受相关欧盟法律的制约。例如，在食品安全的应急管理方面，欧盟的《有机农业和有机农产品、有机食品标签法》就对德国有机农产品的生产、监控、进口、流通等，以及肥料、饲料、农药、兽医等细节问题进行了详细的规定。②

---

① Bundesministerium für Justiz（Hrsg.），“Gesetz zur Verhütung und Bekämpfung von Infektionskrankheiten beim Menschen”，in：*BGBl*，*Teil I*，*Jahrgang* 2000，Berlin，Bundesanzeiger Verlag，2001，S. 1045 – 1071.

② 刘波等：《德国食品安全法律体系与研究》，厦门大学出版社 2004 年版，第 217 ~ 290 页。

二、德国的应急安全预案

2002 年 12 月 6 日的《民事保护新战略》要求“联邦政府与州政府在面临全国性极端威胁的情况时能进行更有效的协调”，既要进一步挖掘现有联邦及州的援助合作资源，又要为及时应对危机寻求新的合作途径。①

德国各州针对不同紧急情况制定了自己的应急预案。如柏林州将突发事件划分为普通险情、特殊险情和重大灾害三个等级，依据等级不同而采取相应的救援措施，投入不同的救援力量。普通险情包括小规模的火灾、水灾、旱灾等一般性公共安全突发事件，主要由柏林市政消防部门和警方负责解决。特殊异常险情包括飞机失事、有毒或放射性物质扩散、重大疫情等，此类险情往往需要消防、警察和非政府志愿者组织共同参与处理。重大灾害一般为柏林市无法单独解决的、有可能造成重大人员和财产损失的紧急事件。柏林州当局须调动全州所有应急救援机构，协同外部救援力量，包括联邦内政部应急部门、联邦国防军等进行紧急救助。②

此外，各企业和社会组织，如大型群众集会场所（音乐厅、电影院等）也都结合自身特点对突发性事件编制了预防和应对措施。这些从联邦到各州、再到各个社会单元的多级应急预案体系是德国国家应急安全法律体系的重要延伸和补充。在制定和修改各级应急预案的过程中，德国政府始终扮演着重要角色。所有预案都必须经政府批准实施并接受政府严格的监督。政府会在演习和实战中对预案的实践性进行评估，并要求预案制定方事后进行必要的修改。

第二节　德国应急安全体制机制的构成

德国应急安全体制机制主要由社会志愿组织和国家机关两大部分构成，而在国家机关中，联邦国防部是军事应急安全体制的核心，联邦和各州的内政部则分别是联邦一级和州一级民事应急安全机构的核心。

---

① Bundesamt für Bevölkerungsschutz und Katastrophenhilfe（BBK）（Hrsg.），*Schutz und Hilfe für die Bevölkerung*，Rheinbach，Druckpartner Moser，2011，S. 3 – 4.

② http：//www. berlin. de/imperia/md/content/seninn/abteilungiii/katastrophenschutz/katsdvo _ ver _ ffentlichung. pdf? start&ts = 1325852399&file = katsdvo_ver__ffentlichung. pdf.

一、联邦及各州内政部所辖的应急管理机构

德国政府有不同类型的应急管理机构，各州也有相应的应急管理机构，以与中央政府的应急管理机构相适应。

（一）联邦公民保护与灾难救援署

根据《民事保护新战略》，联邦内政部在2004年5月设立联邦公民保护与灾难救援署（BBK），其主要职能是在联邦一级搜集、整理、反馈各种危机信息，对民众进行危机意识教育和训练，协调联邦政府各部门，以及与各州政府之间在应急安全管理方面的合作。① 救援署设有危机管理处，危机准备、重大基础设施保护和国际事务处，专业委员会，技术研究和公众医疗处，以及培训、危机管理研究和公民保护应急计划处等。联邦公民保护与灾难救援署的关键作用就在于把各部门结合成一个统一、高效的民事保护体系。该局人员编制为300人，2004年经费为9 600万欧元。② 德国很多州的内政部门也都设有相应的公民保护和应急救援主管机构。

（二）联邦技术救援署

联邦技术救援署（THW）建立于1950年，也是联邦内政部的下属机构之一。其主要职责是在国内外出现“灾难、公共紧急状态和大范围事故时”提供技术援助。③ 从功能上讲，公民保护与灾难救援署侧重应急管理的行政方面，包括决策、管理和信息协调，而技术救援署则侧重危机的现场技术救援，即前者负责应急民事救援的战略规划，后者负责战术执行。该机构总部位于波恩，下设志愿者局、应急处、中央服务处、联邦培训学校和8个联邦州地方分局，④ 共有800多名公职人员。

---

① Bundesamt für Bevölkerungsschutz und Katastrophenhilfe（BBK）（Hrsg.），*Schutz und Hilfe für die Bevölkerung*，Rheinbach Druckpartner Moser，2011，S. 9 – 10.

② 国务院办公厅应急管理赴德国培训团：《德国应急管理纵览》，载《中国行政管理》2005年第9期，第74页。

③ “Aufgabe Bundesanstalt Technisches Hilfswerk”，http：//www. bmi. bund. de/SharedDocs/Behoerden/DE/thw_einzel. html? nn = 109678.

④ “Organisamgramm”，http：//www. thw. de/SharedDocs/Downloads/DE/Hintergrund/Organigramm _ THW. pdf? __blob = publicationFile.

（三）警察系统

德国警察系统分为联邦警察和州警察。联邦警察由联邦内政部管辖，主要包括边防警察、铁路警察、联邦水道警察、联邦刑事警察等；州警察由各州内政部主管，主要包括州刑事警察、水上警察、治安警察和交通警察等，以及相应级别的巡视员、监察员等。和其他国家一样，德国警察在应对恐怖主义、刑事犯罪、交通事故等突发性公共安全事件方面负有不可替代的重要责任。2002 年通过《反恐怖主义法》之后，联邦刑事警察预防和应对紧急事件的功能有了进一步加强。[①]

二、其他应急安全机构

其他应急安全机构还有公共卫生应急管理机构、矿业安全监督与救援机构、职业消防队和联邦国防军。

（一）公共卫生应急管理机构

德国国家公共卫生应急管理机构主要有：（1）负责对一般性传染病进行预防、治疗和健康教育的门诊医生。（2）负责对罹患传染病的住院病人进行治疗的公立医院。（3）负责全国传染病疫情监测和报告、重大传染病应急事件预警和处理、生化武器防治的柏林罗伯特·科赫研究所[②]。（4）负责从总体上管理和防治传染病的联邦卫生部、各州卫生局和各市县卫生所。联邦卫生部是应对公共卫生紧急状态的最高专业管理部门，它不仅负责卫生法律法规及卫生政策的制定，还对医院和州卫生局、市（县）卫生所实行领导和监管；各级政府卫生主管机构还必须对影响疾病传播的外围事务，如环境保护与监测、医疗专业报告出具、垃圾分类处理、饮用水卫生、游泳池水质、患者及灾民心理疏导等进行干预。（5）2001年起从联邦卫生部接管食品安全管理职能的消费者保护、农业、环保等部门及相关机构，如联邦食品与农业部，环境、自然保护、建筑与核安全部，联邦消费者保护与食品安全局，尤里乌斯·屈恩研究所，联邦风险评估研究所等，以及各地的食品管理所、肉类产品管理所，市场及餐饮业食品卫生监督管理秩序局等。德国应急安全体制的结构如图 29－1 所示。

---

① Bundesministerium für Justiz（Hrsg.），“Gesetz zur Bekämpfung des internationalen Terrorismus”，in：*BGBl*，*Teil I*，*Jahrgang* 2002，Berlin，Bundesanzeiger Verlag，2002，S. 372.

② Bundesministerium für Justiz（Hrsg.），“Gesetz zur Verhütung und Bekämpfung von Infektionskrankheiten beim Menschen”，in：*BGBl*，*Teil I*，*Jahrgang* 2000，Berlin，Bundesanzeiger Verlag，2001，S. 4－5.

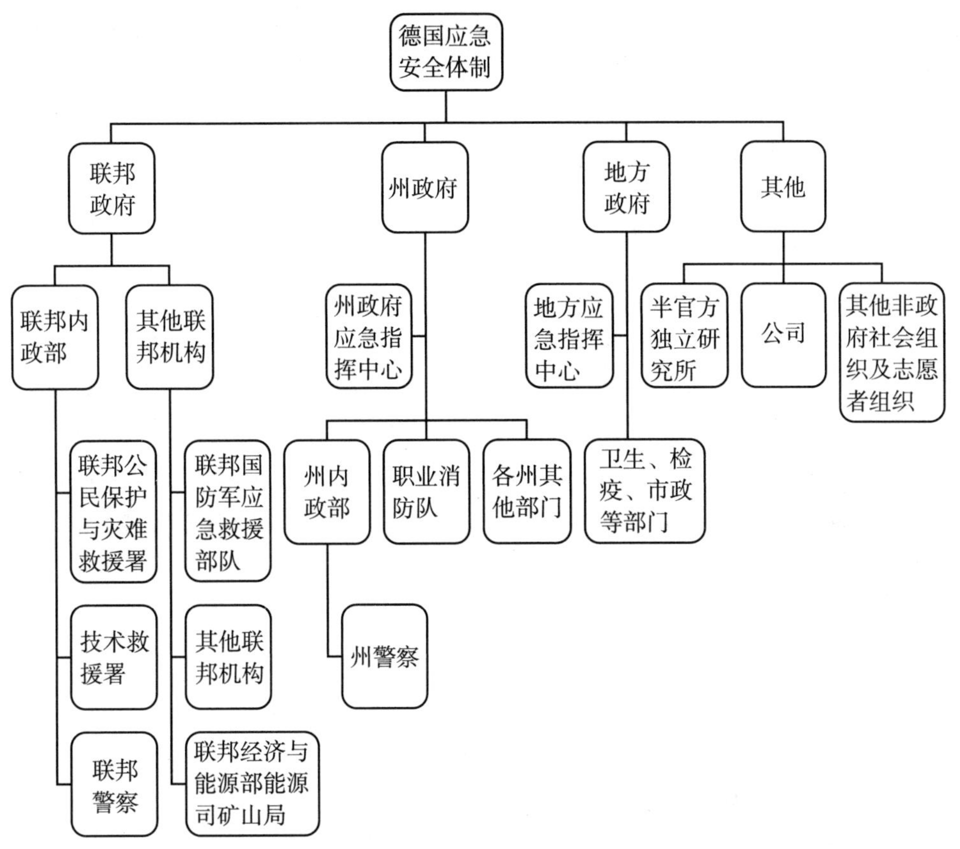

图 29-1　德国应急安全体制的结构

（二）矿业安全监督与救援机构

德国矿业应急安全事务由联邦及州两级机构分权管理。联邦主管矿山监督管理和应急救援的部门是经济与能源部。该部的能源司主要负责全国矿山安全与职业危害监督管理的立法工作。而矿业应急救援的具体工作则由地方矿山局负责。德国并不是每个州都设有专门的矿山局。在 16 个联邦州中，共设有 8 个矿山局和 24 个矿山分局。以能源大州北威州为例。该州矿业管理最高部门是州经济能源部，矿山局及下设的 5 个矿山分局则负责矿难与地质灾害的预防、救助、善后工作。

（三）职业消防队

消防队是应急救援队伍的主要组成部分。德国没有设立统一的消防管理机构，也没有统一的消防法律、法规。职业消防队由各州政府直接领导，并接受非政府组织德国消防联合会（DFV）的监督。职业消防队不仅负有防火、救火和其他紧急救援之责，还是救灾现场的领导核心，但它不受军队或警察的调遣，也没有义务参与平息政治骚乱与罢工运动。[①] 一般情况下，人口在10万以上的城镇必须建立一支职业消防队。目前全德国共拥有2.7万职业消防队，主要由公务员和政府雇员组成。[②]

（四）联邦国防军

德国联邦国防军时刻准备着应对国内外突然爆发的各种自然灾害、重大事故和武装冲突。1995年6月，联邦国防部决定对军队的编制、管理和部署进行改革，在联邦国防军中创立了应急反应部队。该部队创建时总兵力为5.36万人，其中陆军3.7万人，空军1.23万人，海军4 300人。在联邦国防部和北约的要求下，德国应急反应部队将作为欧洲盟军司令部快速反应军团、欧洲军团多国中心师和欧洲盟军司令部地面机动部队的组成部分，随时准备在边界和海外快速集结、投放及部署，应对紧急事件。[③]

除上述机构和组织外，参与危机预防及救援的国家机构还有航空管理局等。

三、社会自助机构

德国还有各类社会自助机构，包括公司、志愿者等。

（一）公司

在德国，相当大一部分应急安全责任由公司来承担。这是由于有效预防可使事故责任人规避法律制裁的规定吸引着公司负责人积极主动承担相应的应急安全责任。企业主必须根据本企业的规模和特征编制应急安全预案、实施救援工作。采矿、化工等大规模高危险企业必须有自己的医疗队、消防队、矿井营救队、毒气预防队和综合保障队。公司应急救援部门必须接受政府和企业间组织的约束和指导，如化学品运输必须符合交通事故安全信息与救助系统的要求。[④] 以涉足化工、房地产和煤矿几大领域、拥有10万职工、年营业额超过200亿欧元的鲁尔

---

① 北京市市政市容委赴德国城市运行管理与保障培训团：《德国城市运行管理经验》，载《城市管理与科技》2010年第3期，第76页。

② 国务院办公厅应急管理赴德国培训团：《德国应急管理纵览》，载《中国行政管理》2005年第8期，第75页。

③ 戴泳：《德国应急反应部队》，载《现代兵器》1997年第9期，第41页。

④ 国家安全生产应急救援指挥中心、国家安全生产监督管理总局国际交流合作中心编：《第一届中国国际安全生产应急管理和应急救援论坛论文集》，煤炭工业出版社2007年版，第215页。

集团为例，该企业的安全生产工作实行集团、分公司和厂（矿）三级负责制。集团设有专门负责安全生产工作的劳动与环境保护中心，并制定了较为完善的劳保和环保管理制度及工作程序。在鲁尔集团公司的努力下，2005 年百万工时事故率比 2001 年下降了 56%。[①]

另外，德国还有专门以应急安保为业的公司，如世界顶尖的汉堡保安集团，它在 108 个国家设有分公司，承担着宝马、法航、英航等大企业的安保工作。[②]

（二）社会志愿者

德国有数量庞大、种类繁多的志愿者。他们平时从事自己的本职工作，凡遇紧急情况，可迅速集中投入救援。志愿者之所以能成为德国应急救援队伍的主要组成部分之一，一方面是由于德国历史上就有着悠久的志愿者传统，另一方面也是由于德国法律规定，青年人如果成为志愿者达一定年限，便可以免除兵役。[③] 在德国，参与应急救援的志愿者组织主要有志愿消防队和青年志愿消防队。他们无偿为城镇消防救援工作贡献自己的力量。德国志愿消防队规模远远超过政府的职业消防队，是德国消防救援工作的主力。

第一，为技术保障署提供服务的应急救灾志愿组织。技术保障署内设志愿者局，以及 8 个联邦州分署、66 个市（县）级分署、668 个基层社区志愿者组织站，[④] 共管理着约 8 万名志愿者。[⑤] 该志愿者组织主要由 6 支快速搜救队“希巴”（SEEBA）和 33 支快速水处理分队“希瓦”（SEEWA）组成。“希巴”是城市快速搜寻、救援特种部队，主要负责国外救灾行动。“希瓦”配备有先进的水处理设备，主要负责水污染紧急防治和生活用水保障。这些志愿队在早期墨西哥地震、土耳其及中国台湾地震时进行过积极的救援活动。[⑥] 巴基斯坦洪水灾害时，“希瓦”还为中国国际救援队提供过生活用水。

第二，提供各种应急救援义工的大型志愿者组织。这些组织包括德国红十字会、德国工人救援协会、约翰尼特事故救助组织、马耳他急救中心和德国救生协会等。除公司和社会志愿者组织外，还有许多社会团体，如德意志工会联合会（DGB）等也都

---

① 《对俄罗斯和德国安全生产应急救援体系的考察（二）》，载《现代职业安全》2008 年第 2 期，第 47 页。

② 国务院办公厅应急管理赴德国培训团：《德国应急管理纵览》，载《中国行政管理》2005 年第 9 期，第 76 页。

③ 北京市市政市容委赴德国城市运行管理与保障培训团：《德国城市运行管理经验》，载《城市管理与科技》2010 年第 3 期，第 77 页。

④ http://www.thw.de/DE/THW/Bundesanstalt/Dienststellen/dienststellen_node.html.

⑤ http://www.thw.de/DE/THW/Bundesanstalt/Ehrenamt/ehrenamt_node.html.

⑥ 崔秋文、苗崇刚：《国际地震应急与救援概览》，气象出版社 2004 年版，第 162 页。

参与预防和应对突发事件。所有这些组织和团体在以联邦内政部为核心的政府部门的协调下，发挥各自特长和优势，为德国应急安全机制的正常运行做出了应有的贡献。德国志愿者组织在国家应急安全体制中的运行结构与作用，如图 29 - 2 所示。

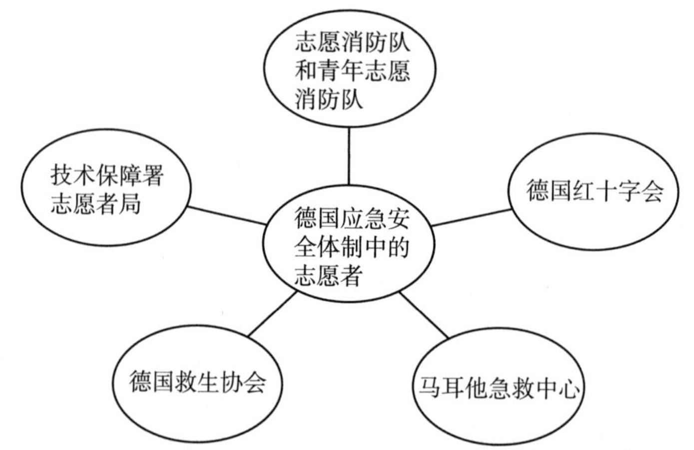

图 29 - 2　德国志愿者在国家应急安全体制中的运行结构与作用

第三节　德国应急安全体制的运行流程

德国投入了大量人力、物力建设各种应急救援机构，制定应急安全法律，完善应急安全体制机制。在国家的支持下，德国已经建立起较为完善的应急安全指挥协调机制。德国应急安全运行机制分为联邦和州等多个层级。联邦一级一般只负责信息收集、战略规划和协调指挥，大量的具体事务主要由 16 个联邦州根据属地原则进行处理。

一、德国应急安全体制的总体运行流程

经过多年的发展，德国联邦、各州、各市区县国家机关、企事业单位和社会团体依据法律法规所规定的义务及所面临的具体情况形成了一整套由预案准备、预警监测、人员培训、应急处置、善后反馈等组成的较为完善的应急安全运行机制。

（一）预案和预备机制

德国拥有多层次、多种类的应急预案体系。根据这些预案的要求和布置，德

国的警察、消防、红十字会等一线应急救援部门均处于待命状态，随时可以开赴事故现场处理紧急事务。与此同时，政府也保证为预案的实行提供必要的物质和资金保障。例如，德国北威州仅在防治冬季冰雪方面，每年冬天都需要有700多辆扫雪车整装待命，同时还要在210个仓库中储备12万吨融雪剂。在资金方面，北威州每年有近千万欧元的预算专门用于冬季冰雪治理。[①]

（二）监测和预警机制

德国设有多个集中搜集和处理安全信息的现代化平台，其中最著名的是德国危机预防信息系统，这是一个兼具宣传、监测和预警功能的信息平台。它由公民保护与灾难救援署危机管理处维护，汇集了互联网上2 200多条危机预防措施信息链接，免费向公众开放。德国居民可以通过互联网、通信工具、媒体、宣传手册等从该系统获得自我保护知识和危机信息。除此之外，联邦和州内政部以及各地的警察局、消防局、应急指挥中心等都有自己的危机信息处理平台。如黑森州应急指挥中心先后在2007年6月和2008年10月开通了互联网和热线电话中心，以便更好地向公众搜集和发布相关危机信息。当然，德国应急安全部门还有更先进的内部信息系统，只负责为决策者传递信息，不对公众开放。

（三）培训机制

德国重视向公众普及应急安全知识、加强公众防灾意识，并在中小学和专门培训机构中开展防治灾害教育。公民保护与灾难救援署下辖的危机管理、应急计划及民事保护学院和技术救援署下辖的联邦学院是联邦一级的官方培训机构。其中前者主要是为政府公务人员开设的，其目的是加强各救灾指挥者、管理人员和专业技术人员的能力，促进各应急救援部门之间的合作，开展对外交流。后者则培训为技术救援署服务的志愿者，偏重于技术方面。

其他非政府志愿者组织也都根据自身的特点和需要积极开展培训工作。这些培训不仅具有很强的针对性和实用性，还兼顾技术和道德培养。如德国红十字会就提供了急救医生、急救卫生员、急救助理等多种岗位培训，每种培训都包含大量的实践内容。

德国许多中小学也都开设专门的课程教育孩子如何应对各种突发灾害。政府部门还与志愿者组织合作，对公众开展危机自我保护知识培训，发放《突发事件预防手册》，形成政府、非政府组织、企业、个人全面应对突发事件的格局。通过培养公民自身的防灾、抗灾能力，让普通民众知道遇到紧急情况时该如何进行

① 郑言:《德国：灾后重建经验之鉴》，载《现在职业安全》2009年第12期，第66页。

自我保护和相互救助，可以大大减少德国在各种灾害中所遭受的人员和财产损失，同时也可以减小政府的压力。①

（四）应对处理机制

当事故灾难发生时，德国应急安全部门会立即采取一套行之有效的办法加以应对。

一是决策与现场指挥分离机制。危机发生后，消防队接警中心（112）和警察局接警中心（110）会首先得到报告并及时赶赴现场，而其他应急救援部门则会依据灾害的种类和规模有选择地参与救援。如现场有多种救援队伍，则一般会成立由消防队指挥官担任总指挥的现场战术救援指挥中心。该中心与政府的应急救援领导机构保持信息畅通，并根据后者的指导自主处理危机。

二是应急中心指挥机制。如危机范围和规模较大，则政府内部必须成立相应的应急指挥中心或启动已有的应急指挥中心预案。应急指挥中心一般由联邦或州的内政部长甚至是政府首脑担任总指挥，相关各部和各种专家参与决策。如黑森州内政与体育部在 2005 年 12 月耗资 230 万欧元建立了应急指挥中心。当危机发生时，指挥部将成为危机信息搜集和整理的中枢，作为总指挥的内政部长将召集来自州政府各部门危机指挥部成员和各种专家，听取建议并做出最终决策。该决策将通过指挥中心向外发布执行。在柏林州，内政部的应急救援指挥中心甚至可以协调联邦国防军参加救援工作。

三是分级参与决策机制。根据危机发生的范围和（潜在）危害程度，联邦和州会有选择地参与应急安全决策。但从实践情况来看，在应急救援工作中担负主要责任的是各州，联邦主要担负统筹协调之责。联邦公民保护与灾难救援署的主要职责之一就是协调各部门、联邦与州之间的应急救援工作。2002 年 10 月 1 日，救援署建立了联邦和各州之间的情况通报联合中心（GM - LZ），进一步加强联邦和州之间、各联邦职能部门之间、社会救援组织之间及德国和其他国家之间在通报重大损失情况和危险情况方面的协调与合作。

（五）善后机制

德国的灾后重建机制也较为完善，其主要特点如下：

一是强调政府为主导的部门协调。灾难过后，德国各类担负救援任务的组织和机构都会根据自身特点和能力积极参与灾后重建。在联邦及州的公民保护与灾

① 国务院办公厅应急管理赴德国培训团：《德国应急管理纵览》，载《中国行政管理》2005 年第 9 期，第 76 页。

害救援署的协调指挥下，这些组织和机构会按照应急预案的规定，分别担负水电煤油运输和食品、饮水供应之责。

二是公民自救和政府援助相结合。由于长期深入的公民应急安全教育，德国人具有很强的灾后自救能力。他们会根据政府提供的信息，自行判断危险程度，冷静安排生活和工作。当然，当大灾来临时，单靠公民自身的能力是很难恢复正常生活的。2002 年大洪水发生后，政府就为灾民提供了 500～2 000 欧元不等的现金补贴。[①]

三是注重灾后长效治理。德国在 2002 年大洪水发生后，下大力气对河道、土壤和建筑进行了治理，有效地防止了日后再发生类似灾难。此外，联邦德国还建立了对海外事故或恐怖袭击进行危机心理救护的机制。[②] 德国应急安全运行机制如图 29－3 所示。

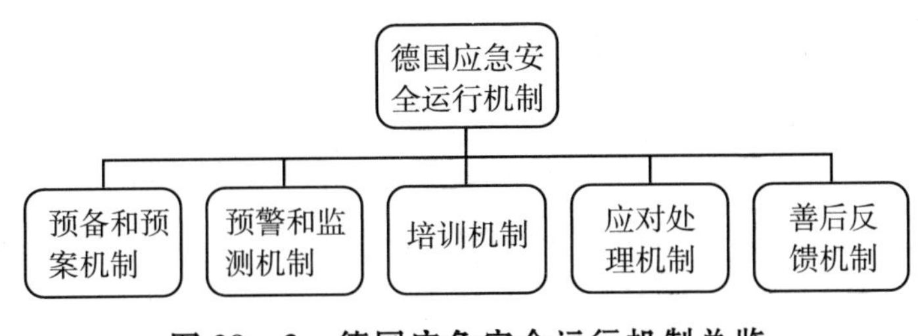

图 29－3　德国应急安全运行机制总览

二、德国应急安全的分类运行流程

21 世纪的德国已成为著名社会学家乌布里希·贝克（Ulrich Beck）所说的“风险社会”，各种类型的突发事件使国家治理能力及体系在诸多领域都面临着严峻的考验。在这种情况下，以反恐及公共卫生、自然灾害、重大事故应对为代表的各类德国处理应急安全事务的运行机制都有了长足的发展。

（一）德国反恐体制机制

反恐怖主义是国家应急安全的重要内容。德国与世界上许多国家一样面临着恐怖主义威胁。自 20 世纪 60 年代起，就先后有“赤军旅”等政治极端组织对其国家公共安全构成过严重的威胁。而来自“汉堡组织”的两名伊斯兰激进分子也

① 郑言：《德国：灾后重建经验之鉴》，载《现在职业安全》2009 年第 12 期，第 66 页。

② 国务院办公厅应急管理赴德国培训团：《德国应急管理纵览》，载《中国行政管理》2005 年第 9 期，第 74 页。

直接参与了“9·11”恐怖袭击。因此，德国一直将反恐作为保障公民自由与安全、实现国家安定与团结的主要任务之一。

20世纪70年代，联邦德国两次修改《刑法典》，增加了与恐怖活动相关的新罪名，加大了对恐怖犯罪的防范与打击。[①] 2002年8月22日，德国又在《刑法典》中增设了第一百二十九b条，扩大了成立恐怖组织的刑事犯罪范围，包括成立、参加和资助恐怖组织和利用电脑、生化手段进行犯罪等，以便处理国际恐怖主义带来的新型威胁。2002年1月9日，德国依据欧盟和国内要求，制定了《反恐怖主义法》，对《联邦宪法保卫法》《联邦情报局法》《联邦刑事局法》《联邦边防法》和《护照法》等现行法律中涉及反恐怖主义的内容进行了明确、修改和汇总。[②]《刑法典》第一百二十九条和《反恐怖主义法》进一步为德国反恐奠定了坚实的法律基础。

德国的反恐任务由联邦宪法保卫局、联邦刑事局、联邦警察局、联邦边防局、联邦国防军、州警察局等共同承担，但反恐特种行动队则主要设在警察系统之内，包括联邦一级的边防警察第九大队、机动特种大队和16个州警察局的反恐特别行动部队，以及各市县警察局的小型反恐部队，如科隆球迷特警队、德累斯顿反纳粹特警队等。这些特种部队装备精良、训练有素，是德国反恐作战的精锐力量。德国反恐应急安全机制如图29－4所示。

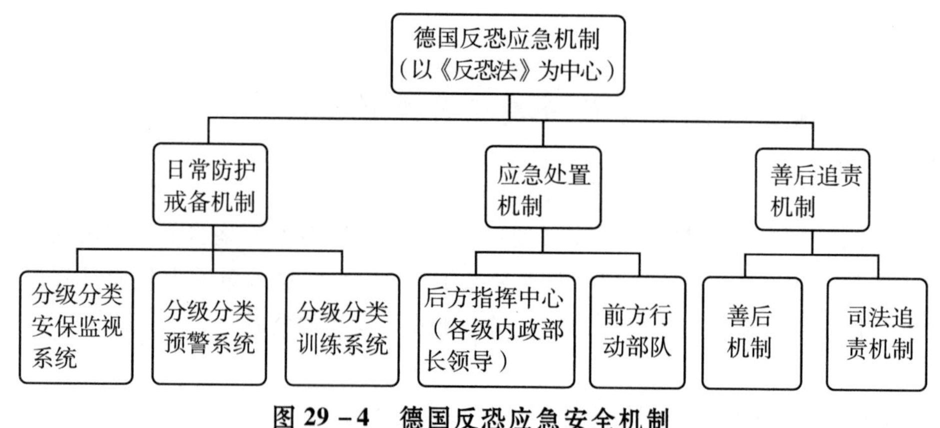

图29－4　德国反恐应急安全机制

（二）公共卫生应急运行体制机制

在应对公共卫生紧急事件时，德国坚持“防重于治”“防治结合”的处理

① 杜邈：《反恐刑法立法研究》，法律出版社2009年版，第87页。

② Bundesministerium für Justiz (Hrsg.), “Gesetz zur Bekämpfung des internationalen Terrorismus”, in: *BGBl*, *Teil I*, *Jahrgang* 2002, Berlin, Bundesanzeiger Verlag, 2002, S. 361－395.

原则。

第一，尽可能防止国外传染病的传入。德国政府通过多种途径收集各个国家或地区暴发传染病的信息，如专家认为必要，则政府部门、媒体和旅行社会向民众发布旅行警告。政府则要求公民在旅行前采取必要的防范措施，保险机构也规定，如果政府发布了旅行警告后仍去该地旅行的，后果自负。德国还依据本国及欧盟标准对进口食品进行严格检疫，如果发现问题，可以就地销毁。一旦确定某个国家为疫区，政府会马上禁止从该国进口危险食品。

第二，采取严格措施防范非输入型传染病的发生。《传染病防治法》规定德国各级卫生主管部门有义务向公众说明注射疫苗的重要性，并有权强制特定人群接种相关疫苗。德国在罗伯特·科赫研究所内专设疫苗委员会，负责开发各类公用疫苗。[①] 为预防肠道传染病，德国对食品生产加工业和餐饮业制定了多项检查检疫规定，如食物生产加工标准、产品标签销售标准等。餐饮业在开业前也必须主动接受关于食品安全问题的法律咨询。各种官方和非官方机构每年会对多种食品、饲料样本进行有害残留物检验。若餐饮业、咖啡馆等公共场所单位在抽检中发现问题，轻则责令限期整改，重则停产停业整顿，并被列入不良记录档案。[②]

第三，德国在应对公共卫生紧急件方面也积累了较为丰富的经验。政府在各基层医疗、监管机构之间建立了高效的传染病信息网。一旦某个基层医疗部门确认有食物中毒、霍乱等恶性传染病病例，就必须在一定期限内把传染病症状、传染能力、应对措施等资料通报给州卫生局和罗伯特·科赫研究所，然后再上报联邦卫生部、欧盟公共卫生部门和世界卫生组织。[③] 如果传染病与食品有关，则信息将会迅速由联邦消费者保护和食品安全局传递给欧盟食品和饲料快速预警系统。行政部门有权对病人及接触者进行强制隔离，并对有可能遭到污染的区域进行消毒。如涉及人为责任，则由秩序局向地方法院提起诉讼。快速的信息传递和高效的应急反应不仅使得政府能够及时遏制疫情，而且也使得德国民众能够及时了解情况，避免了恐慌情绪的产生和蔓延。德国公共卫生应急安全运行机制如图29－5所示。

① Bundesministerium für Justiz (Hrsg.), "Gesetz zur Verhütung und Bekämpfung von Infektionskrankheiten beim Menschen", in: *BGBl*, *Teil I*, *Jahrgang* 2000, Berlin, Bundesanzeiger Verlag, 2001, S. 15－18.

② 李延平：《德国、英国卫生监督管理考察与思考》，载《中国卫生监督杂志》2005年第3期，第205～206页。

③ Bundesministerium für Justiz (Hrsg.), "Gesetz zur Verhütung und Bekämpfung von Infektionskrankheiten beim Menschen", in: *BGBl*, *Teil I*, *Jahrgang* 2000, Berlin, Bundesanzeiger Verlag, 2001, S. 6－12.

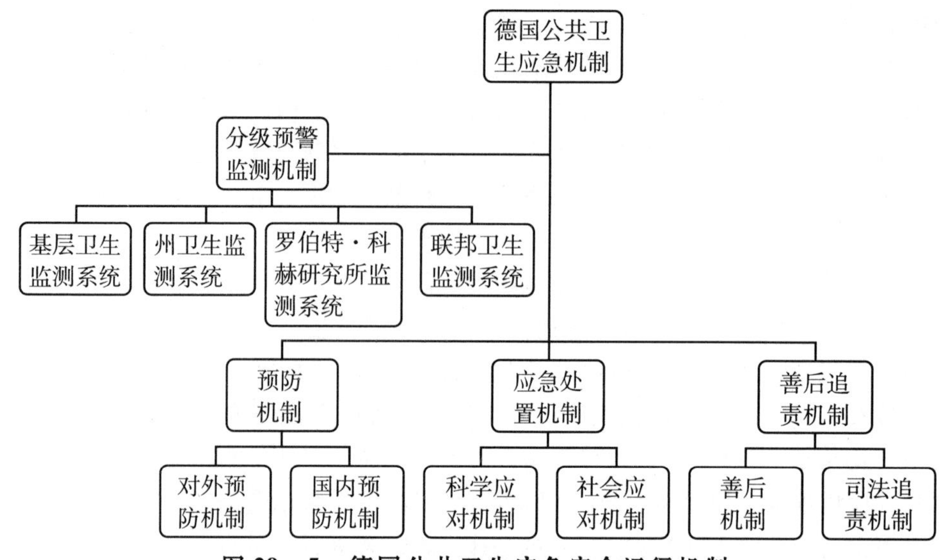

图 29-5　德国公共卫生应急安全运行机制

（三）应对灾难事故体制机制

德国的突发事故及自然灾害应对机制是其应急安全整体运行机制的一部分。从预防和预警到处理和善后，德国有一套较为定型和完整的应急措施。我们以防治洪水、雪灾和处理交通事故为例进行具体说明。

德国没有联邦一级单独的“防洪法”和“雪灾防治法”，但对防灾工程规划、预警、抢险救灾和救济等各个环节均有详细规定，并指定有关部门负责。德国在各州设立雪灾防治中心和洪水预报中心，由气象、电力、交通等部门组成，各州将灾害预警分级并进行严密监控。依照灾害的严重程度，商户和居民、国有控股的垃圾处理公司、消防队员、警察等会有选择地参与抢险。如灾害涉及多个部门，则一般由州内政部长统一指挥。要是其地域范围超出一州，还需由几个州的内政部长共同协调解决。各州力量不足时，可请求联邦政府提供帮助。救灾所需的经费，主要由个人、保险公司、红十字会、教会和慈善机构承担，政府只承担很少的一部分。

德国在应对突发交通事故方面也做得比较到位。不仅要求每个驾照持有人必须参加 8 小时急救培训，还逐步建成了有一套由直升机、沿路摄像头和雷达构成的路况监视和指挥系统。《道路交通法》等法律法规也明确了交通事故当事人的权利和义务，以及事故应急处理部门的相关责任。[①] 事故发生地附近的警方控制

① Bundesministerium für Justiz（Hrsg.），“Straßenverkehrsgesetz”，in：*BGBl*，*Teil I*，*Jahrgang* 2003，Berlin，Bundesanzeiger Verlag，2003，S. 310.

中心或消防中心接到报告后，值班员要将事故详情通报给交警、消防和救护三个部门。警察和急救人员会根据事故报告尽快到达现场实施救援。控制中心再根据先遣人员的要求，陆续派出增援，并组成现场指挥小组，协调各部门分工合作。德国灾难事故应急安全运行机制如图 29－6 所示。

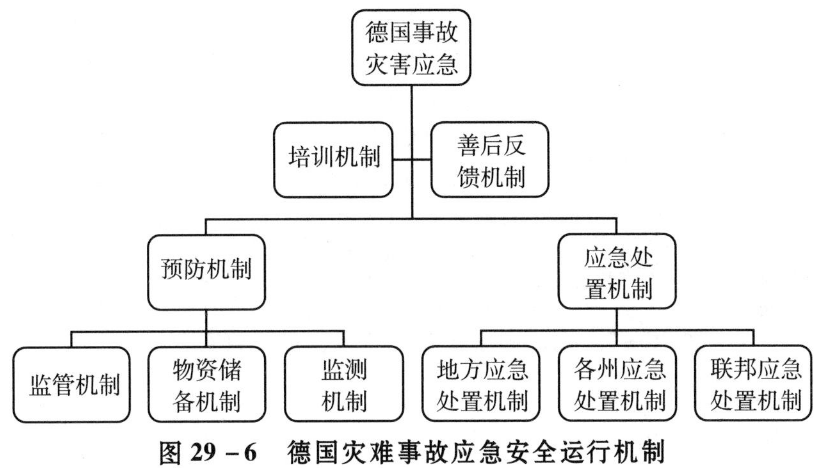

图 29－6　德国灾难事故应急安全运行机制

（四）国家安全与社会稳定应急运行机制

德国通过制定相关法律，赋予行政机关维持国家与社会安全的权力，建立了一套相对完备的国家安全及社会稳定应急安全运行机制，具体包括：（1）逐步完善的情报搜集能力。《反国际恐怖主义法》等赋予了德国情报、司法、执法、航空等部门广泛的情报搜集权力，要求三大情报机构——宪法保卫局、联邦情报局和军事反间谍局之间加强情报交流，[①] 大大提高了情报部门对危害公共安全和社会稳定的群体性事件的预警能力。（2）全方位的安全审查。如在身份证件上加入指纹等生物特征信息，以提高旅行审查的安全性；加强对敏感部门工作人员的审查等。[②]（3）对具有潜在威胁的社会团体进行严格管理。如发现外国人团体威胁国家安全和主流价值观，则可将其取缔，[③] 减少本国地方和宗教团体的暴力游行倾向等。（4）积极、灵活地应对突发性公共安全事件。如为了减少极端分子的暴力游行危害，柏林警察不仅采取了封闭停车场、加固门窗、清除道路石块等预防

① Bundesministerium für Justiz（Hrsg.），“Gesetz zur Bekämpfung des internationalen Terrorismus”，in：*BGBl*，*Teil I*，*Jahrgang* 2002，Berlin，Bundesanzeiger Verlag，2002，S. 361－364.

② Bundesministerium für Justiz（Hrsg.），“Gesetz zur Bekämpfung des internationalen Terrorismus”，in：*BGBl*，*Teil I*，*Jahrgang* 2002，Berlin，Bundesanzeiger Verlag，2002，S. 365.

③ Bundesministerium für Justiz（Hrsg.），“Gesetz zur Bekämpfung des internationalen Terrorismus”，in：*BGBl*，*Teil I*，*Jahrgang* 2002，Berlin，Bundesanzeiger Verlag，2002，S. 367.

暴力行为的措施，还在游行发生时采取了分割游行队伍、举办足球赛吸引狂躁青年人等非常规手段。[①] 德国国家安全与社会稳定应急安全机制如图 29 - 7 所示。

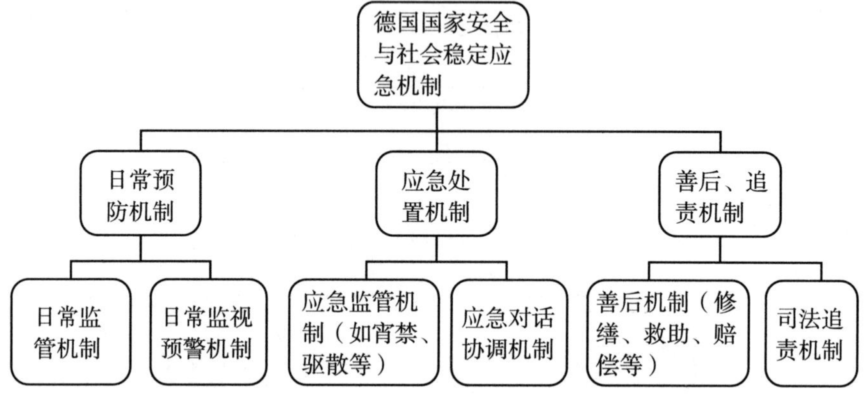

图 29 - 7　德国国家安全与社会稳定应急安全机制

① 马晓荣："德国警方解决群体性事件的策略"，http：//arm. cpst. net. cn/gfjy/2010_09/285737532. html.

第三十章

德国国家安全体制的改革

冷战结束后，德国面临的传统安全形势大为改观，两德统一也让德国更加自信地在欧洲舞台上发挥作用，但被东西方阵营对峙所压抑的民族矛盾、恐怖主义威胁等非传统安全威胁开始日渐成为德国面临的新威胁与挑战。“9·11”事件以后，恐怖主义袭击成为德国面临的重大现实威胁。为了更好地应对复杂的安全形势，也为了能在国际社会事务中扮演更加积极的角色，德国需要改革自身的国家安全体制来强化政府应对现实威胁的能力，提高政府在国家安全问题层面上的决策与执行能力，并进一步提升德国的威望和地位。

第一节　德国安全情报体制改革

冷战结束以后，德国在情报体制上面临三个问题：一是德国情报机构的关注重心问题。原来联邦德国情报机构的重点区域是苏联和民主德国，苏联解体了，民主德国已经合并到联邦德国，联邦德国情报机构一下失去了获取情报的地域重心。二是民主德国的情报体系与情报人员问题。两德合并之后，民主德国的情报体制解散，情报人员的去向成为难题。三是德国的情报重点问题。冷战时期联邦德国的情报机构主要是获取军事和政治方面的情报信息。冷战结束以后由于传统安全威胁降低，恐怖主义、毒品、核扩散、非法移民等成为新威胁，“9·11”事件加大了恐怖主义的威胁。面对这些问题，德国情报机构需要调整。在新的环境下，德国对其情报机构进行了改革，改革涉及联邦情报局、联邦宪法保卫局和军事反间谍局等。

一、德国的反恐法与情报体制的调整

“9·11”恐怖袭击事件对德国的情报组织机构产生了深远影响。据事后调查，“9·11”恐怖袭击事件从经费到人员都跟德国国内恐怖组织有所牵扯。在这样的现实背景下，应对恐怖主义威胁、保证德国本土免遭恐怖主义袭击成为德国情报机构工作的重要内容。“9·11”事件后，德国通过不断制定或修订反对恐怖主义法律来加强反恐危机预警机制与情报体制的改革。2001 年 9 月 28 日，联合国安理会通过决议，要求安理会所有成员国采取得力措施打击恐怖主义。2002 年 1 月 9 日，德国议会通过了《德国反国际恐怖主义法》，该法共有 21 条，涉及对 21 部原德国法律制度的修改，这 21 部法律分别是《联邦宪法保卫法》《军事反间谍法》《联邦情报局法》《第十条款法》《安全审查法》《联邦边防法》《护照法》《身份证法》《团体法》《联邦刑事局法》《外国人管理法》《避难程序法》《外国人登记中心法》《外国人管理法实施规定》《外国人资料档案法》《外国人登记中心法实施规定》《联邦中央登记法》《第 10 部社会法典》《航空交通法》《航空交通可靠性审查规定》《1975 年的能源安全法》。①

通过对这些法律的修改，德国议会赋予了情报部门更多的权力，加强了情报部门之间以及与司法部门之间的合作，加强了对本国公民和外国人的信息管理，以及对敏感区域如机场等的保护。2007 年，德国联邦议会又通过了《德国反恐怖主义补充法》，这部新法扩大了情报机构信息数据搜集的范围，并且降低了情报部门搜集情报的门槛。② 在此之前，德国还先后通过了《空中安全法》（2004 年）、《共同反恐数据法》（2006 年）等法律法规，构成了德国的反恐立法体系。在此体系中，出于预防和打击恐怖主义组织的需要，涉及德国情报安全体制的相关法律法规得到了改革。

二、德国情报体制结构的改革

冷战结束以后，德国为了适应新的形势对联邦情报局进行了合并、增设、增加功能等改革。1991 年，德国进行了两德统一后的一次大调整。一是在停止了

① 赵秉志主编：《外国最新反恐法选编》，中国法制出版社 2008 年版，第 253～292 页。
② 刘仁文主编：《刑事法治视野下的社会稳定与反恐》，社会科学文献出版社 2013 年版，第 422 页。

针对苏联、民主德国设置的情报机关和机构，在原民主德国地区的五个州设立了下属机构。二是新的联邦情报局的机关设置包括六个分局，包括情报侦察分局，技术侦察分局，情报分析分局，行政、法律和中央服务局，人力情报分局和技术保障分局。三是新的联邦情报局的关注重心为独联体、东欧国家、近东与北非国家、第三世界国家和贩毒集团。

“9·11”事件后，德国针对新的安全需求再次对联邦情报局的结构进行了调整。调整后的联邦情报局包括8个分局和质量管理办公室。8个分局为人力侦察局、技术侦察局、情报整编局、行政管理局、国际恐怖主义与有组织犯罪情报侦察与分析局、技术保障局、军事院校局、安全保密与反间谍局。2008年底，德国政府又一次调整联邦情报局的结构，联邦情报局被整编为12个分局，并重新划分了各分局的职能。这次改革保留了第1分局、第2分局、第4分局、第5分局和第8分局，即海外任务区与对外关系分局、技术侦察局、综合服务分局、国际恐怖主义与有组织犯罪情报分局、内部安全分局。军事院校分局被撤销。扩编了两个分局编制，即原情报分析分局扩编为地区评估与人力侦察A分局和B分局，原技术支援分局扩编为技术保障分局和技术研发分局。新增三个分局，即综合分局，业务支援分局，大规模杀伤性武器扩散、核生化武器、军事技术情报分局。目前联邦情报局的结构设置为综合分局，业务支援分局，海外任务区与对外关系分局，技术侦察局，地区评估与人力侦察A分局，地区评估与人力侦察B分局，国际恐怖主义与有组织犯罪情报分局，大规模武器扩散、核生化武器、军事技术情报分局，内部安全分局，技术保障分局，技术研发分局和综合服务分局。①

联邦宪法保卫局与军事反间谍局也进行了改革。苏联解体后，联邦宪法保卫局将工作重心从对付苏联、东欧转向对付恐怖主义、有组织犯罪等。为了适应新的安全形势，德国对联邦宪法保卫局的组织机构进行了改革：一是将反左翼激进分子处和反恐怖主义处合并，将反间谍处和秘密保卫处合并；二是在新加入的原民主德国地区设立州宪法保卫局，这样，联邦宪法保卫局在德国的十六个州全部设有分支机构；三是针对伊斯兰激进主义的威胁，成立了针对性机构。改革后的联邦宪法保卫局共八个处：一处负责基础性事务；二处负责应对德国极右、极左势力及恐怖主义事务；三处负责总的专业支援和保障；四处负责反间谍和破坏活动；五处负责来自外国的极端主义活动；六处负责伊斯兰激进主义的威胁；另外两个处是负责行政事务的综合服务处和负责信息与情报处理的信息和情报技术保障处。军事反间谍局的机构也进行了调整和精简。1994年，军事反间谍局将原来的局、组和站三级改为局和站两级，撤销了组的结构设置，并将外站数量从

① 綦甲福主编：《德国情报组织揭秘》，时事出版社2013年版，第85～88页。

28 个削减为 14 个。根据 2004 年生效的《军事反间谍局法》（修改版），军事反间谍局在 2008 年再次压缩，对原有的 6 个处进行了重组，合并为 5 个处，即基础业务处、反极端主义与恐怖主义处、反间谍及部队行动掩护处、军人与物资保密处和特种设备研制处，并将 14 个站点再次削减为 12 个站点。2012 年，德国进一步将 12 个外站点缩减为 7 个，并单独设立军事行动反间谍处负责军队在执行任务时的安全保护。①

三、情报协调机构的调整

德国情报机构的运行是独立的，各情报部门在其法律职权范围内行使自身的权力，相互之间不存在权责上的交叉。其情报力量分散于联邦情报局、联邦宪法保卫局、联邦刑事警察局、联邦犯罪调查局等情报部门，缺乏统一的中枢机构来管理全国的情报事务。为了避免纳粹德国独裁专制的历史教训，各情报机构之间的协调任务主要由联邦总理府承担。“9·11”事件后，德国各情报机构经常一起协商解决彼此的矛盾和分歧。联邦情报局可以将收集到的针对德国的国外恐怖主义活动情报转交给联邦宪法保卫局，由后者对其进行评估并采取相应措施，更是可以与另外两个情报部门合作共同对德国国内或军内的极端分子进行监测，三个情报部门之间每年都会通过工作会议的形式确定和协调侦察重点和业务计划。②

2008 年，为了加强情报事务的一体化管理，提高情报工作的效率，德国原内政部长朔伊布勒宣布德国情报组织机构计划效仿美国国家安全局和英国通信总部的模式建立了一个中枢性的情报监控机构，协调各情报部门之间的信息交流与合作。③

第二节　德国应急安全体制改革

由于欧洲及其周边地区地缘政治冲突日渐加重，大量政治难民涌入德国，加剧了德国社会的不安定因素，国家内部冲突不断加剧，国家安全形势更加严峻，因此德国应急安全体制改革的重点放在国家防卫应急安全体制上，改革的主要对

① 綦甲福主编：《德国情报组织揭秘》，时事出版社 2013 年版，第 108～123 页。

② 綦甲福主编：《德国情报组织揭秘》，时事出版社 2013 年版，第 141 页。

③ 佚名：《“国家安全局”德国版》，载《保密工作》2008 年第 6 期，第 56 页。

象是负责国家内部安全事务的警察机构等国家安全部门。

一、结构调整

联邦内政部是德国处理应急安全事务的主要职能部门。内政部下设9司1厅，即：(1) 公共安全司；(2) 联邦警察事务司；(3) 危机管理与公民保护司；(4) 移民、融合、难民与欧洲协调司；(5) 基本政策、欧洲与国际发展事务司；(6) 公共服务司；(7) 行政现代化；行政组织司；(8) 体育司；(9) 公法、宪法与行政法事务司；(10) 办公厅。负责处理应急安全事务的主要部门是公共安全司，联邦警察事务司，危机管理与公民保护司，移民、融合、难民与欧洲协调司。冷战结束以后，德国为了提升应急事务的处理能力，对联邦内政部机构进行了改组。1994年，内政部的联邦技术救援署（THW）也进行了重组。联邦技术救援署主要职责是负责国内救火、国际人道主义救援、突发事件等。重组后的联邦技术救援署还加强了城市快速反应救援队，德国城市应急救援的效率得以提高。1995年，德国再次对联邦技术救援署机构进行调整，将原来的16个州协会合并为8个州分局。在州协会下，设有66个县市级分支机构。另外德国还有668个乡镇基层单位。目前德国应急管理机构已经形成了联邦总部、州分局、市县分局和基层机构四个层级的模块式管理体系。①

“9·11”事件后，德国于2002年建立海外供水和卫生快速反应队，现已有33支。2004年，德国内政部组建联邦民事保护与灾难救援局（BBK），内设七个职能中心和四大部门。七个职能中心包括危机管理与救援中心、危机准备与国际事务规划中心、重大基础设施保护中心、灾难医疗预防中心、民事保护研究中心、培训中心、技术与设备中心。四大部门为应急管理部门、灾害预防与重要基础设施保护部门、应急管理技术研究与公共卫生防护部门，以及危机管理、应急规划与民事保护培训学院。联邦民事保护与灾难救援局还设有局长办公室和应急处理专业小组。②

二、组织合作层面的改革

德国国家安全部门之间的职责权限原本有着明确、严格的限制：原则上，情报部门负责监视，而警察部门则负责具体行动，从严格意义上讲，只有犯罪违法

①② 钟开斌：《中外政府应急管理比较》，国家行政学院出版社2012年版，第81～92页。还可参见张磊：《德国应急管理体系研究》，国家行政学院出版社2013年版，第95～119页。

活动开始了，警察部门才能介入。但在“9·11”事件后，德国情报部门与警察部门之间的关系发生了改变，两者的界限不再那么明显，而现实情况也要求安全部门之间必须进行合作。国家安全部门之间的合作主要集中于2004年成立的联合反恐中心，该中心是一个跨部门打击国际恐怖主义的机构，收纳了来自全国各地的180位反恐专家及工作人员。“该机构由联邦刑事局和联邦宪法保卫局领导，联邦情报局、各州刑事局及宪法保卫局、联邦警察局、海关刑事局、军事反间谍局、联邦移民难民事务局及联邦总检察署协同运作，以联邦刑事局和联邦宪法保卫局为主。”① 这些部门的工作人员会定期就反恐局势和具体案件进行交流。除此之外，联邦国家安全部门会派代表组成一个专门针对网络侦测的部门——联合网络中心，各州安全部门代表也可进行旁听。由于恐怖主义信息多是使用较少受关注、较为隐蔽的网络进行传播，并且传播内容多使用外语，需要专业人士对互联网进行监视，因此联合网络中心应运而生。除了和情报部门加强合作外，应急安全体制组织内部也加强了合作。为了应对日渐加剧的恐怖袭击威胁，德国积极推动联邦刑事调查局和联邦警察局之间的合作，同时将归属财政部的海关机构也划归内政部管辖，配合联邦警察局的工作，联邦信息技术安全部也将加强和联邦刑事局的合作。② 可以说，德国国家安全部门组织合作上的相关改革措施显示出，“对来自镇压性刑事司法机构、预防性警察工作以及各种军事与非军事情报机构的信息进行的秘密搜集与交换是反恐活动的重要里程碑”。③

三、职能权限层面的改革

为了加强社会安全，预防恐怖犯罪，联邦刑事警察局的职责权限也得到了相应增加：“联邦刑事局可进行与嫌疑无关的调查；要求核电站等敏感机构工作人员必须接受安全检查；将部分边防工作人员培训为飞行安全保护员等。”④ 针对难民潮所引发的对移民不信任及相关冲突，德国情报部门和警察部门都被授予获取公民和外国人大量个人生物信息以及其他信息的权力，这样的权力在德国被称为“网格调查”。这种调查试图从大量的个人信息中缩小嫌疑人的范围，使得“安全部门能够调查公民的谈话、电话、电脑数据、所处位置以及银行账户，并

① 綦甲福主编：《德国情报组织揭秘》，时事出版社2013年版，第313页。

② 梁小乐：《德国拟成立FBI式的“超级警察”安全机构》，载《现代世界警察》2011年第2期，第79页。

③ ［德］乌尔里希·齐白著，周遵友、江溯等译：《全球风险社会与信息社会中的刑法：二十一世纪刑法模式的转换》，中国法制出版社2012年版，第170页。

④ 吴志成：《全球反恐运动中的德国——“9·11”后德国反恐的表现、特点及其国际影响》，载《欧洲研究》2003年第2期，第29页。

且收集大量被保存下来的个人数据",[①] "网络调查方法的运用，将改变德国以往的刑事信息收集程序，法律允许情报或警察部门可以在不确定某个特定人是否与违法行为具有联系的前提下拘留或逮捕该特定人"。[②] 由此我们可以看出，警察部门所享有的预防性权力显然具有了某些强制性介入的色彩，而有关组织犯罪和恐怖主义领域所进行的信息收集不再局限于已经发生或正在发生的案情上，而是集中于抽象的安全风险上。

四、信息共享

2005 年，德国内政部出台了"反恐资料库草案"，旨在将警察及情报部门获得的反恐信息进行汇总，实现情报共享。[③] 2006 年 12 月 22 日联邦议院通过了《关于建立联邦和各州警察和情报机关之联合数据库的法律》，授权联邦宪法保卫局、联邦情报局和联邦刑侦局相互合作建立共同的反恐数据库。在此法律指导下，德国情报、警察、检察院、海关移民等相关部门的代表加强了数据信息的联合，于 2007 年 3 月 30 日建立了一个统一联合性质的反恐数据库，"该数据库由联邦刑侦局管理并由联邦和各州 38 家安全机构共享，这些安全机构包括联邦层级的联邦刑侦局、联邦警察局、联邦宪法保卫局、军事反间谍局、联邦情报局和海关侦查局，以及 16 个州各自所属的刑侦局和宪法保卫局。"[④] 由此我们可以看出，德国警察机构尤其是中央级别的警察机构的职权得到了大幅增强，德国警察和情报部门之间更多的合作以及信息共享改变了以往德国各州警察自治的情况，打破了情报与警察部门相分离的状况，很显然这是对分权制衡观念的一种侵蚀。[⑤]

第三节　德国军事安全体制改革

德国重新统一之后，尤其是进入新世纪以来，德国在欧洲的大国地位日益显

① 倪春乐：《恐怖主义犯罪特别诉讼程序比较研究》，群众出版社 2013 年版，第 72 页。

② 戚建刚：《后"9·11"时代德国反恐法律制度之改革》，载《欧洲研究》2007 年第 4 期，第 145～146 页。

③ 中国现代国际关系研究院反恐怖研究中心编著：《国际恐怖主义与反恐怖斗争年鉴 2007》，时事出版社 2008 年版，第 147 页。

④ 刘仁文主编：《刑事法治视野下的社会稳定与反恐》，社会科学文献出版社 2013 年版，第 421 页。

⑤ ［德］乌尔里希·齐白著，周遵友、江溯等译：《全球风险社会与信息社会中的刑法：二十一世纪刑法模式的转换》，中国法制出版社 2012 年版，第 181 页。

现出来，其安全威胁日益复杂化。然而，德国的军事体制和军事发展受到很大的限制，难以应对这些威胁。只有对其军事安全体制进行改革，德国的安全局势才有可能改观。德国军事安全体制的改革包括体制的职能目标、组织结构和体制、编制、装备等层面。

一、安全体制目标、职能层面的改革

在德国看来，目前国际形势并不稳定，恐怖主义威胁日益严重，欧洲及其边缘地区局部冲突呈上升趋势，东欧地区的动乱仍然存在，而欧盟安全一体化进程因经济危机的影响而推进缓慢，甚至英国公决脱欧，退出欧洲一体化进程。因此，德国要适应安全形势的这一变化，需要对其军事安全体制的目标与职能进行调整，不能再仅仅谋求国家生存与稳定，要更多地承担未来欧洲及世界和平与安全的责任，谋求跻身世界政治大国行列。① 德国国防军的目标和国防体制的职能需要转向针对应对突发危急状况、参与对外维和行动、打击恐怖主义，以及应对移民潮、激进势力和网络攻击等。一是为了应对各种突发危急状况，积极参与对外维和行动，德国国防军逐渐突破了以往“基于领土防御和集体防御的和平主义”限制，② 建立起了能够承担“安全输出”和“远程防卫”任务的快速机动反应部队。③ 德国以现代化的要求建设快速反应部队，按照部队的职能混合组成快速反应部队、维和稳定部队和支援部队“新三军”。其快速反应部队可以执行高强度的联合军事行动。④ 二是加强德国各安全体制的合作，尤其是加强德国情报部门、警察部门和德国国防军之间的合作。⑤ 三是提出网络安全战略。2009 年，德国国防军战略侦察司令部设立了网络信息与行动部。2009 年 2 月，德国发布网络安全战略报告。2009 年 4 月，联邦信息办公室国家网络反应中心投入运行。⑥ 德国军事安全体制在职能目标上的改革有利于减少在安全方面对美国所主导的北约框架的依赖，同时还提高了军队的危机应对能

---

① 唐寅初：《中德建交 40 年以来的军事、安全关系》，引自顾俊礼主编：《中德建交 40 周年回顾与展望》，社会科学文献出版社 2012 年版，第 332 页。

② Bob de Wijk, “European Military Reform for a Global Partnership”, *Washington Quarterly*, Volume 27, Issue 1, Winter 2003 - 2004, P. 200.

③ 李乐曾：《德国的新安全政策与联邦国防军部署阿富汗》，载《德国研究》2010 年第 4 期，第 8 页。

④ 军事科学院《世界军事年鉴》编辑部编：《世界军事年鉴 2012》，解放军出版社 2012 年版，第 574 页。

⑤ 李乐曾：《欧盟和北约框架下的德国防务政策调查》，引自郑春荣、李乐曾主编：《德国发展报告 2013》，社会科学文献出版社 2013 年版，第 222 页。

⑥ 军事科学院《世界军事年鉴》编辑部编：《世界军事年鉴 2013》，解放军出版社 2014 年版，第 190 页。

力，而参加海外维和锻炼了部队的实战能力，改换了新的军事装备，改革后的联邦国防军在海外维和中不断发挥着自身的影响力，极大地提高了德国的国际地位。[①] 与此同时，改革后的国防军所带来的实力提升也是对欧盟防务一体化建设的有力支持，在另一层面进一步挤压了俄罗斯的战略空间，对其起到了有效的遏制作用。[②]

二、军事体制结构改革

1990 年德国统一后，民主德国军队解散，少量士兵并入合并后德国的国防军，新的德国实行原联邦德国的军事领导体制。在 1991 年海湾战争后，德国需要对外派出军队以适应新的安全形势的需要，再次对军事体制进行了改革。1996 年，德国发布《德国军队 97 建军规划》，该规划公布了德国的军事体制改革计划：第一，德国国防部缩减编制，原来的 5 个部 16 个局减为 4 个部和 13 个局。改革后的 4 个部为行政管理部、人事与社会事务部、法律部和财务部。武装力量指挥参谋部的原 7 个局保留原第 1～6 局，第 7 局改为作战计划与指挥中心。装备系统部装备总局 11 个局减少为 8 个局。进入新世纪后，德国又一次改革其军事体制。2001 年初，德国对军事领导体制进行了重组：一是成立联合作战指挥部。2003 年，德国进一步将海外军事行动指挥部的指挥权集中于武装力量指挥参谋部。二是扩大总监察长的职权统一管理执行军队任务。三是成立国防部武装力量基础部。四是统一全军后勤保障体制，成立武装力量支援司令部和后勤指挥司令部。[③]

德国联邦国防部每隔 10～15 年都会重新修订《防务政策方针》，该方针确定了德国军事安全体制的基本原则与框架，是德国防务体制改革和执行防务政策的重要依据。[④] 2011 年，德国公布《防务政策指南》和《联邦国防军革新的框架文件》，进一步改变了德国武装力量领导指挥体制。一是改革军事领导体制。德国原实行的是国防部长通过各军种监察长对部队实施指挥的领导指挥体制，联邦国防局总监察长作为国防部长的军事顾问，通过武装力量指挥参谋部对全军实施业务领导，总监察长与各军种监察长之间没有指挥与被指挥的关系。改革之后，联

---

① 陈晓和：《外国国防经济安全研究》，中央编译出版社 2012 年版，第 118 页。

② 倪海宁：《变革与困境：德国军队的海外维和》，载《当代世界》2007 年第 1 期，第 55 页。

③ 胡光正：《当代军事体制变革研究》，军事科学出版社 2007 年，第 76～78 页。还可参见李保忠：《中外军事制度比较》，商务印书馆 2014 年版，第 62～63 页。

④ 李乐曾：《欧盟与北约框架下的德国防务政策调整》，引自郑春荣、李乐曾编：《德国蓝皮书：德国发展报告（2013）》，社会科学文献出版社 2013 年版，第 220 页。

邦国防军的指挥机构由国防部长、部长国务秘书和国防军总监组成，国防部长通过总监察长再到军种监察长，并在海外作战行动中担负全部指挥权，总监察长指挥权力得到了极大提升，各军种监察长的权力削弱。[①] 二是精简机构，裁减人员。德国国防部进一步精简机构，国防部原7个职能部门调整为3个，即规划部、领导能力部及战略和作战部。而直属司一级的部门由17个削减到9个，人员减少到2 000人。国防军将在未来几年内关闭31个国内驻防基地，执勤岗位不足的驻地不再称基地，基地总数减少至264个。[②] 2012年10月，德国的军事体制改革与重组开始实行，其目的是为了使其军队具有灵活性和独立性，以适应当前军事威胁的多元化。改革后的德国国防部下设5个司令部和3个文职办公室。改革对行政职能进行了切割，部队的参谋长们不再同时主管作战和后勤，联邦国防军总监察长是军队的行政领导，作为军事顾问，总监察长受国防部长领导。[③] 三是成立军种司令部。德国以军种参谋部、军种局、军种部队司令部组建军种司令部。军种司令部作为军种部队的最高领导指挥机构，由军种监察长领导和指挥。军种司令部包括陆军司令部、海军司令部、空军司令部，再加上新成立的卫生勤务司令部和联合支援勤务司令部，这五个司令部分别由陆军监察长、海军监察长、空军监察长、卫生勤务监察长和联合支援勤务监察长指挥，他们是国防部长和总监察长的军事顾问。[④]

三、德国编制装备体制层面的改革

2000年，德军为了成立涵盖不同军种的新型部队，调整其武装力量的编制体制，将陆、海、空、卫勤、联合支援等五种部队混编为快速反应部队、稳定部队和支援部队。三类部队都由各军兵种按不同比例编成。快速反应部队用于执行联合的高强度维和行动，稳定部队用于执行长时间低烈度的多国联合军事行动，支援部队负责提供全面高效的支援。[⑤] 2011年11月，德国国防部公布了缩减军

---

① 军事科学院《世界军事年鉴》编辑部编：《世界军事年鉴（2012）》，解放军出版社2013年版，第597页。

② Die Truppenstärke sinkt, die Wehrpflicht wird abgeschafft. Doch was ändert sich sonst bei der deutschen Bundeswehr? Alle Zahlen, Daten und Fakten im überblick, http://www.focus.de/politik/deutschland/bundeswehrreform-zahlen-daten-fakten_aid_628762.html.

③ 军事科学院《世界军事年鉴》编辑部编：《世界军事年鉴（2013）》，解放军出版社2013年版，第542页。

④ 军事科学院《世界军事年鉴》编辑部编：《世界军事年鉴（2012）》，解放军出版社2013年版，第597～598页。

⑤ 戴旭：《盛世狼烟：一个空军上校的国防沉思录》，新华出版社2009年版，第186页，还可参见侯勤等：《德国全面推进军事转型》，载《国防》2007年第4期，第68～69页。

事规模和编制装备体制改革计划。至 2013 年，德国军队进一步缩减至 20 万以下，只有 19.5 万人。德国对军队编制装备进行了改革，德国海陆空等军种的编制和装备也发生了很大变化。德国将其陆军下辖的 5 个师合并为 2 个，陆军的 11 个旅减少至 8 个，6 个多用途旅组成 2 个师，并将特种司令部和空降师司令部合并为作战司令部。[①] 至 2013 年，德国陆军编有陆军指挥部、2 个装甲师、1 个机械化师、1 个特种作战师、1 个空中机动师和 2 个法德旅，包括反应部队和卫戍部队。[②] 德军谋求 C4ISR 系统，即指挥、控制、通信、计算机、情报与监视与侦察系统的全面整合。德国陆军保持"豹 2""豹 1"主战坦克群和重组后的"黄鼠狼"步兵战车集群，德军 UH－1D 多用途直升机与 NH－90 最新型轻型运输直升机提高了部队的战术机动能力，"虎"式攻击直升机及加装了"毒刺"便携式防空系统的"鼬鼠"装甲车能够为德军提供较好的防护与交战能力，PzH2000 自行火炮、"坦佩拉"120 毫米自行迫击炮及 MLRS 多管火箭炮能够为德军提供有力的火力支援。

海军编有舰队指挥部、海军办公室、2 个分舰队、2 个海军航空兵联队、1 个海军医学部。空军编有空军指挥部、运输指挥部和训练指挥部。[③] 德国海军发展的重点集中四个方面：一是加强新型护卫舰建设，提高舰队防空、反导和反潜能力；二是发展常规动力攻击潜艇，提升水下作战能力；三是发展 P－3C"猎户座"反潜机、"猎豹"级导弹艇、"超级山猫"舰载直升机和 DO－228 巡逻机等，建立强大的反潜网；四是保持和提升"供应级"战斗支援船的能力，为航母编队作战提供后勤和医疗保障。[④]

德国空军指挥部下辖 2 个战斗机联队、2 个战斗/敌对攻击联队、1 个防控大队。运输指挥部下辖 1 个加油/运输机联队和 4 个运输机联队。训练指挥部下辖喷气式飞机、直升机和防空训练 3 个训练分队。德国空军设有战役司令部和中央管理局。战役司令部编有 3 个航空师。[⑤] 其发展重点如下：一是联合研制"台风"战斗轰炸机和"爱国者"导弹系统，提高地对空与空对空作战能力。二是发展 A400M 军用运输机、C－160 运输机、A－310 空中加油机和 NH－90 直升机，提高战略运输能力和空中加油能力。2010 年，德国 NH－90 直升机加装医疗后送舱，升级"狐"式装甲后勤保障车，以提升德国应对军事紧急事务的后勤能力。三是加强"欧洲鹰"无人侦察机，提供全天候监视和情报能力。四是加入北约联

---

① 军事科学院《世界军事年鉴》编辑部编：《世界军事年鉴（2012）》，解放军出版社 2013 年版，第 598 页。

②③⑤ 军事科学院《世界军事年鉴》编辑部编：《世界军事年鉴（2013）》，解放军出版社 2013 年版，第 189～190 页。

④ 侯勤等：《德国全面推进军事转型》，载《国防》2007 年第 4 期，第 68～69 页。

合地面监视计划，发展机载广域侦察和监视系统。[①]

德国军事安全体制改革不可能一蹴而就，其改革将面临很多困难。第一，分权制衡与现实安全挑战间的冲突。位于国家顶层的国家安全决策机构能够有效地整合各部门力量和提高决策效率。但是德国的联邦安全委员会无论从组织地位上还是从机制效能上都没有达到上述标准。德国政治过程中分权制衡原则对德国联邦安全委员会决策能力形成很大的牵制。第二，经济增长呈现颓势，财政预算不足。欧债危机后，欧洲面临很大的经济压力，各国把希望放在德国身上，德国似乎成为欧洲的救星，其财政和预算赤字变得紧张和严重。德国联邦政府为了实现预算赤字不超过国内生产总值 0.5% 的目标，制定了 2012 年至 2015 年的联邦财政计划，预计到 2016 年德国的国家预算才能达到完全平衡。[②] 财政紧张又忙于救市，德国的体制改革也变得困难。第三，国际社会对德国过往历史的疑虑。进入 21 世纪，德国越来越希望自身扮演负责任大国的角色，这需要德国改革军事体制以适应其大国角色定位。然而，作为两次世界大战主要策源地的德国，其残暴的战争罪行难以轻易获得国际社会的谅解，难以忘怀的过往历史成为德国前行路上的沉重包袱。[③] 国际社会对德国依然保持着警惕，存在“究竟是欧洲的德国还是德国的欧洲”的忧虑。在解决欧债危机问题上，“德国以近乎不容谈判的态度，强迫欧盟其他成员接受了德国式的解决方案”，[④] 进一步加剧了欧洲国家的忧虑。德国国家军事体制改革陷入了困境。

---

① 侯勤等：《德国全面推进军事转型》，载《国防》2007 年第 4 期，第 68 ~ 69 页。

② 参见“德国联邦财政计划表”，引自郑春荣、李乐曾主编：《德国发展报告 2013》，社会科学文献出版社 2013 年版，第 94 页。

③ Steve Marsh, “The Danger of Germany History: Lessons from a Decade of Post-Cold War German Foreign and Security Policy”, *Perspectives on European Politics and Society*, Vol. 3, Issue 3, 2002, P. 390.

④ 郑春荣：《从欧债危机看德国欧洲政策的新变化》，载《欧洲研究》2012 年第 5 期，第 2 页。

第六篇

日本国家安保体制机制

日本在经济和政治地位上像德国，在地缘政治和政治体制上像英国。在经济上，日本曾长时期是仅次于美国的经济大国，甚至曾经要超越美国，是亚洲经济的火车头，类似德国是欧洲经济的火车头一样。尽管今天其第二经济大国的地位已被中国取代，但依然稳居世界第三，经济实力不可小视。

在政治地位上，日本和德国一样是战败国，其战败国地位影响了日本在世界上的政治地位。日本是一个经济和科技强国，但不是安理会常任理事国，其军事发展和军事行动也受到很大的限制，不可能像美国那样肆无忌惮。由于其领导人在战争问题上的态度暧昧，这又进一步加大了日本政治地位改善的难度。

在地缘上，日本和英国一样是岛国，是美国称霸世界的一个支柱。二战后美国称霸是通过一个“钳形网络”，即通过英国控制欧洲，通过日本控制东亚，通过日英两国对欧亚大陆形成钳形之势。在海洋与大陆的竞争中，美国、英国、日本等海洋国家处于优势，中国、俄罗斯等大陆国家处于劣势。

在政治体制上，日本实行的是君主立宪制。日本天皇只具有象征意义，具有实际权力的是内阁总理及其领导的内阁。由于二战后美国占领日本，日本的政治体制设计受制于美国。战后日本的君主立宪制是美国与当局妥协的结果，日本天皇得以保留，其军事侵略行径没有得到彻底清算。

由于美日同盟关系，其安保体制既受制于政治体制，又受制于美日同盟。日本的防务决策不具有独立性，一直处于美国的阴影下。本篇将分析日本安全情报体制机制、日本情报与安全预警机制、日本安保体制机制的演变、日本军事安全体制机制、日本应急安全体制机制和日本国家安保体制的改革。

第三十一章

日本安全情报体制机制

日本具有源远流长的情报发展史和情报传统，有以“情报立国”之说。在日语情报术语中，“information”和“intelligence”均可译为“情报”，但日本更强调对数据和信息进行分析和评估后形成的可供使用的情报，即信息的“intelligence”化。[①] 可见日本的情报安全意识与众不同。本章以战后日本情报安全系统的重建及其冷战后情报安全体制机制的改革和发展为重点，着重分析当前日本安全情报体制机制的构成、现状及特点。

第一节　日本安全情报体制的构成

情报体制“即情报体系及组织制度，是指情报系统机构的设立及其相互关系、任务区分、领导和指挥关系，以及各级组织的职能的统称”。[②] 二战中充当日本军国主义“军刀”的情报机构随着军队的解散而土崩瓦解。冷战时期，经过恢复和重建，日本逐步建立起系统庞大、分支烦琐的情报系统。冷战结束后，日本情报系统迅速恢复扩张，通过改革安全情报体制机制，积极发展对外情报合

① ［日］武田康裕、神谷万丈主编，刘华译：《日本安全保障学概论》，世界知识出版社 2012 年版，第 88 页。

② 肖传国：《冷战后日本情报体制改革探析》，载《日本学刊》2012 年第 4 期，第 95 页。

作，基本形成了完善高效、交叉融合的情报系统，成为日本谋求政治军事大国的“探路石”。从情报体制机制的构成来看，日本的情报安全体制主要包括三部分，即政府（内阁和省厅）、自卫队和民间。三套系统既相互独立又紧密联系，共同构成了日本当今的安全情报网。日本情报体系如图 31－1 所示。

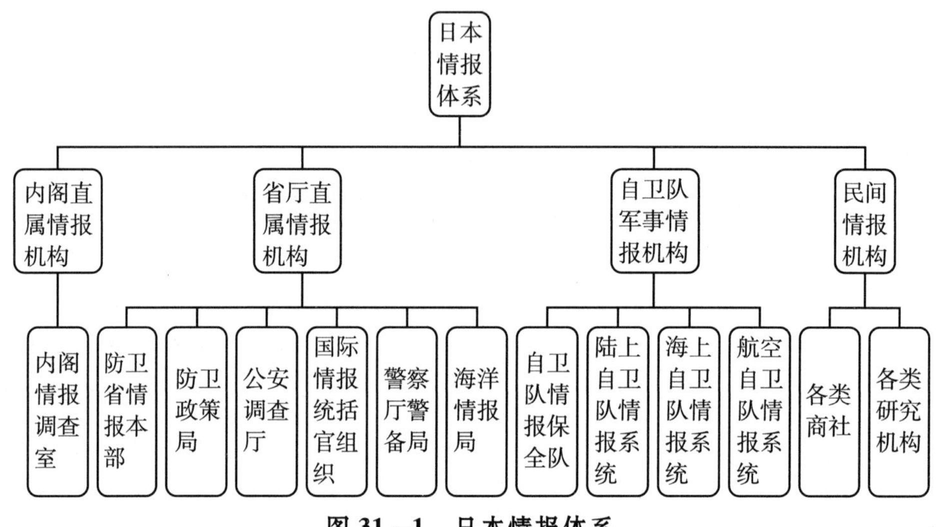

图 31－1 日本情报体系

一、日本政府的情报系统

日本政府的情报系统主要包括内阁直属情报机构和省厅直属情报机构。内阁直属的情报机构主要指内阁情报调查室。内阁情报调查室是日本内阁官房长官直接指挥和监督的情报机构，有“日本中央情报局”之称。调查室下设六个部和两个中心。六个部包括总务部、国内部、经济部、国际部、国内资料部和国际资料部。两个情报中心即内阁情报汇集中心和内阁卫星情报中心，是日本的最高情报机关，负责搜集、评估和上报其他情报机关提供的情报，同时联系和协调其他安全情报机构。

日本内阁—联合情报会议体制是因应冷战后日本情报机构松散状况而生的。如前文所述，日本安全情报机构重建于冷战时期，与自卫队的发展几乎是同时进行的。[①] 战后美国因冷战的需要，急需了解苏联和中国的情报，便扶持日本战前旧情报官员筹组“历史课”，作为与盟军情报部门的对口单位。“历史课”于1947 年成立，此即内阁情报调查室的前身。1952 年 4 月内阁总理大臣官房长官

① ［英］理查德·迪肯著，群益译：《日本情报机构秘史》，群众出版社 1985 年版，第 224 页。

调查室正式成立，后几经改组、扩充，1968 年 7 月正式定名为内阁情报调查室。20 世纪 50 年代，日本军队、警察、公安等系统的情报机构相继建立。1952 年，负责反间谍和监控激进群体的公安调查厅诞生；1954 年，国家公安委员会下设的警察系统治安反间谍情报机构——警察厅警备局、东京警视厅公安部、警备部相继成立。这样，加上军队的情报机构，日本政府和军方各建立了自己的情报机构。尽管如此，由于日本在国际安全与军事战略领域的情报长期过分依赖美国，新组建的各类情报机构条块分割，缺少统一协调和管理，且效率低下，导致日本在情报的搜集、评估、上报、保密等环节问题频发。冷战后，随着日本争当世界政治军事大国的欲望增强，加强对情报机构的统一管理，对情报机构和情报体制进行战略性改组，成为日本政府重建“情报大国”优先考虑的问题。20 世纪 90 年代，经过一系列的改革和重组，日本内阁对情报机构的一元化领导体制——内阁—联合情报会议体制最终确立，其组织运作的核心是内阁情报调查室。

作为日本国内各情报部门的协调机关，日本的内阁情报调查室参照美国中央情报局的组织体系设立，直属于内阁官房，受官房长官直接指挥。内阁情报调查室每周召开一次联合情报会议，作为日本最高情报联络会议，内阁情报会议对外务省、防卫省、警察厅等政府部门搜集的情报进行分析、综合和评估，最后直接上报给首相。除搜集汇总各部门情报以外，内阁情报调查室还通过“委托调查”的方式，通过商社、研究机构和新闻记者等搜集情报。然而，由于日本情报系统过于庞杂，原本负有情报协调职能的内阁情报调查室因其人员由各情报机构职员兼任，无法形成向心力，也难以遏制各情报机构的竞争，导致其难以发挥日本情报机构的“神经中枢”作用。①

日本省厅所属的情报机构主要由外务、法务、公安、警察等多个政府部门的情报机构组成，每个部门的情报机构各司其职，主要有国际情报统括官组织、公安调查厅、警察厅警备局和海洋情报局。国际情报统括官组织由外务省国际情报局演变而来，以日本驻各国大使馆、领事馆和国际机构的政府代表为依托，通过在大使馆设立对外情报课，并由外务省派遣“情报担当官”，通过各种合法手段搜集国外政治、经济、军事和外交情报，为日本政府制定外交政策提供重要参考。公安调查厅是日本法务省下属的反间谍侦察组织。公安调查厅下设三部一所，即总务部、调查一部、调查二部、训练暨研究所。公安调查厅对内监视、控制激进团体和人士，也包括自民党内部的派系斗争情报；对外负责监视外侨，并与美韩等国情报部门合作，进行情报与反情报、间谍与反间谍工作，被称为日本的“联邦调查局”。“警备局是警察厅内部局之一，主要负责掌握国际恐怖主义

① 梁陶：《日本情报组织揭秘》，时事出版社 2012 年版，第 175 ~ 186 页。

组织等外国谍报机关、极右翼团体、极左翼团体等的动向",[1] 其主要任务是"保障人权和维护公共安全",但也负有反间谍职责。除了对政党和政治要人的警卫和重大活动的警备外,它也对本国政治团体进行情报和侦防工作,同时监视和侦破旅日外国人的违法行为。海洋情报局是隶属于国土交通省的情报机构,是海上保安厅的内部组织之一,掌管着日本综合性海洋情报数据库,主要任务是提供安全航海资料和天文情报,下设企划、国际科技、海洋调查、海洋情报等科室。此外,日本防卫省的防卫政策局也具有情报职能,下属调查科负责与防卫事务相关的情报收集和整理,并"承担保护与防卫、警备相关的机密信息任务"。[2]

日本外交系统的情报工作主要由外务省负责,是日本搜集国外政治、军事、经济和外交情报的主要机构,其体制机制变革经历了外务省情报调查队—国际情报调查局—国际情报统括官组织三个阶段。早在 1984 年,日本以外务大臣官房下属的调查企划部为基础,成立情报调查局,以加强对来自使领馆方面情报的分析。冷战结束以后,针对外务省情报系统体制混乱、工作薄弱的状况,日本政府于 1993 年将原外务省情报调查局改组为国际情报调查局,以强化外务省的情报职能。作为专职情报机构,外务省国际情报局专司国外情报搜集与分析,下设国际情报课、情报分析一课和情报分析二课。国际情报课负责驻外使领馆搜集的情报;情报分析一课主要负责欧、美、俄以及世界政治、经济和安全形势的情报;情报分析二课主要负责亚太、中东和非洲形势的情报。国际情报局除了依托派驻世界的 170 多个使领馆的外交官、驻国际机构的政府代表通过合法手段搜集情报外,还与其他省厅派遣国外的专家和驻外人员、日本各大商社和公司的驻外机构保持联系,以收集更大范围的情报,确保日本外务省情报搜集的触角能延伸到世界各地,为日本掌握世界各地政治、经济和军事局势动向、迅速决定应变措施奠定了基础。

"9·11"事件以后,为了应对日渐复杂的国际局势,建立一个统一高效的对外情报战略体系,日本政府在外务省国际情报调查局的基础上,设立国际情报统括官组织,下设四个国际情报室,每一个情报室负责不同领域和地域的情报。"第一国际情报室负责企划、分析情报卫星应用;第二国际情报室负责调查国际恐怖主义和大规模杀伤性武器;第三国际情报室负责调查东亚、东南亚、大洋洲、亚洲西南地域情报;第四国际情报室负责欧洲、中亚、美洲、中东和非洲地域情报。"[3]另外,在驻外使馆设立专门的情报机构——对外情报课,并向海外选

①③ 卢坦、耿贵宁:《日本情报体系研究》,载《保密技术科学》2013 年第 10 期,第 21 页。
② 卢坦、耿贵宁:《日本情报体系研究》,载《保密技术科学》2013 年第 10 期,第 20~21 页。

派“情报担当官”。为提高效率，“情报担当官”不归大使馆管辖，而直属外务省国际情报统括官组织。“情报担当官”与防卫省派驻各国大使馆搜集军事情报的防卫驻在官、日本驻外新闻记者、学者和民间人士共同组建情报搜集网，为日本外务省了解驻在国政经形势和军事动向提供情报服务。总之，目前日本外务省的情报体制是以“国际情报统括官组织”为轴心，以各国大使馆为中心，由接受过专门教育与训练的“情报担当官”负责广泛的国际情报的搜集、分析和调查。

公安调查厅是法务省下属的反间谍情报机构，1952 年依据《防止破坏活动法》设立，其主要职责是对内监视和控制激进团体和人士，如日本共产党和工会团体；对外搜集反间谍情报、监视旅日外侨活动，如在日朝鲜人总联合会（“朝总联”）等。公安调查厅也搜集中、俄、朝的情报，各国共产党的情报及自民党内部派系的情报。公安调查厅下设三部一所，即总务部、调查一部、调查二部和训练暨研究所。同时，在全国设立 8 个地级公安调查局，各道、府、县设立 14 个县级公安调查事务所。公安调查厅还与美国联邦调查局、韩国国家情报院等 30 多个情报机构保持密切联系。公安调查厅每年就国际安全形势和国内安全动向提出报告。但其权限仅限于任意调查权，即情报和资料的搜集，无搜查、逮捕的司法权。自成立以来，公安调查厅在日本“赤军”、奥姆真理教等恐怖主义组织的侦破中发挥了积极作用。

日本警察厅警备局隶属于日本警察厅，受国家公安委员会辖制。依据日本《警察法》，警察除维护公共安全和保障人权外，也负有反间谍工作职责。警察系统的反间谍机构主要是警察厅警备局、东京警视厅公安部和东京警视厅警备部。警察厅警备局下设三课一部，即警备企划课、公安课、警备课及外事情报部，主要负责对政府、政党要人的警卫和重大集会的警备工作，对国内政治团体的情报和侦防工作，搜集国内外反间谍和保安情报，以及监视、侦破旅日外国人的违法行为等。[①] 东京都警视厅负责东京都治安，公安部和警备部是其下设的重要情治部门，前者主要任务是对共产党、极左派、极右派、工会组织、文化团体及旅日外国人进行侦察和监视；[②] 后者负责反恐、皇室成员保护和重要人员警卫任务。日本警察系统三个反间谍情报组织主要通过窃听、监视等手段搜集情报。日本警察系统在维护国内治安和反间谍方面的成效显著。此外，作为法务省的移民厅也负有对入境外国人严密监视的职责，搜集侦察与反侦察情报。

---

① 赵瑛瑛：《日本情报与安全机构》，载《国际资料信息》2010 年第 3 期，第 13 页。

② 梁陶：《日本情报组织揭秘》，时事出版社 2012 年版，第 199 页。

二、日本自卫队的情报系统

现今的日本军事情报体制由战后日本军事情报组织发展演化而来。日本防卫厅（省）情报委员会是最高军事情报领导机构，由防卫厅事务次官、防卫厅防卫局长、统合幕僚会议议长、陆海空幕僚长组成，负责提出军事情报工作的大政方针。为改善长期以来自卫队情报系统多头分散的状态，1997 年 1 月，被称为“日本国防情报局”的防卫省情报本部正式成立，归属于统合幕僚会议，接受防卫省情报委员会领导。情报本部是对自卫队军事情报工作进行统一管理的情报安全机构，目前规模为 2 400 人，是日本最大的情报机构。它由原统合幕僚会议事务局第二幕僚室、防卫厅防卫局调查一课、二课，以及陆海空自卫队幕僚监部所属的部分情报机构合编而成。其主要任务是搜集、分析“军事、政治、社会、经济、科技等战略性情报；研究各国安全保卫及国防政策；分析周边国家动态，了解世界其他国家情况和进行通信电波拦截”。①

在日本防卫省情报本部成立之前，日本军队情报系统主要由防卫厅防卫局、统合幕僚会议事务局的第二幕僚室和自卫队的情报机构构成。防卫局是自卫队情报系统的领导机构，主要是协调和指导陆海空自卫队的情报工作，综合上报军队系统的情报，并与内阁以及其他省厅的情报系统进行业务联系与协调。第二幕僚室主要是向统合幕僚会议提供国内外军事情报，并协调陆海空自卫队的情报工作，后随着情报本部的成立而撤销。

自卫队的情报机构是日本军事情报的主要力量，分属日本陆海空自卫队，即陆上幕僚监部调查部、海上幕僚监部调查部、航空幕僚监部调查部，陆海空自卫队各幕僚监部调查部各自设有资料队和调查队。其中，陆上幕僚监部调查部是日本军事情报的主力，下设对内情报课（一课）、对外情报课（二课）、业务课（三课）、特别室（四课），以及翻译课、地形课等机构，特别是负责截收通信、密码破译和对外监听的通信情报部队（特别室），每年提供大量的秘密情报。陆上幕僚监部调查部不仅为陆上自卫队提供作战情报，还为内阁及自卫队提供军事、政治、经济情报。海上幕僚监部调查部主要负责对日本海及周边邻国海军舰船、潜艇的侦察和监视任务。自 20 世纪 70 年代开始，日本运用其掌握的远程被动声呐技术，对周边海域及宗谷、津轻和对马海峡入口的海底进行检测，技术一直领先于其他国家。② 航空自卫队负责对日本周边邻国空军的作战部署、飞机配

① 刘助仁：《透视日本的情报系统》，载《当代世界》2004 年第 2 期，第 36 页。

② 胡平：《情报日本》，东方出版中心 2008 年版，第 319 页。

备和战术运用进行侦察和监视，其在日本各地设立的雷达站运用高性能的雷达搜集情报，并与航空作战部队建立紧急联络机制，能迅速通告警情，引导飞机进行拦截。在实际运作过程中，由于防卫厅防卫局没能起到协调和指导陆海空自卫队的情报工作，造成日本自卫队三支情报力量各行其是，影响了日本军事情报工作的效率。这也是日本后来成立情报本部的初衷。

为了改变日本不同军事情报部门相互封锁的局面，1997 年 1 月，日本在统合幕僚会议下成立情报本部，以加强日本军事情报界的协调与情报共享。情报本部的主要职责是对国际新军事形势下日本防卫所需的情报进行搜集、整理和综合分析，并提供给有关机构。[①] 情报本部的成立使日本军队有了明确的领导体制，使情报搜集、传递和共享更加畅通。日本情报本部的职能及运作机制如图 31 – 2 所示。

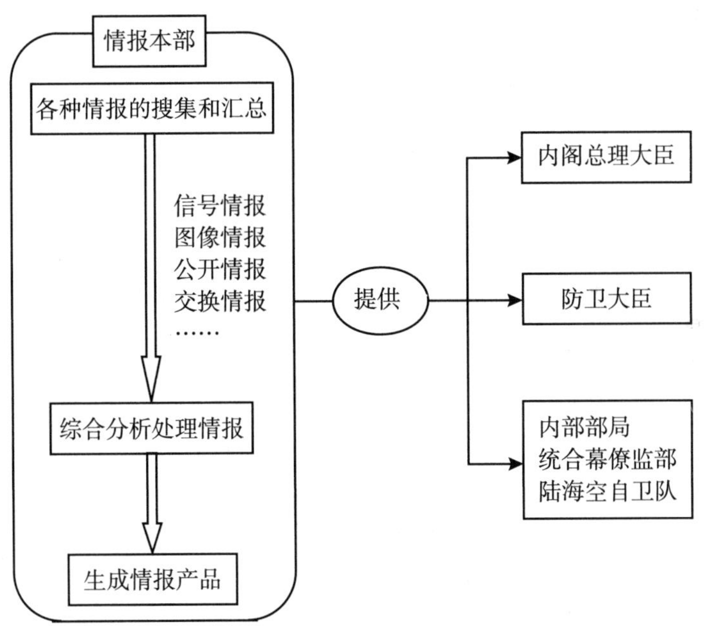

图 31 – 2　日本情报本部职能及运作机制

资料来源：梁陶：《日本情报组织揭秘》，时事出版社 2012 年版，第 218 页。

此外，日本还向驻外大使馆派遣防卫驻在官，以公开或秘密手段搜集驻在国的军事情报。

① 军事科学院世界军事研究部：《日本军事基本情况》，军事科学出版社 2006 年版，第 114 页。

三、日本民间的情报系统

除了政府和军队系统的情报机构外，日本还活跃着被称为“第二部队”的民间情报组织。它们利用各种“公开合法的”手段搜集各国的经济政治情报，成为日本获取重要情报的一股不可忽视的力量，也是日本“官民结合”情报体制的重要体现。日本民间情报机构主要有两类：一类是日本的各种商社；另一类是日本的各类研究机构，包括政府、财团及民间成立的其他各种研究机构。

综合商社是指日本从事生产和贸易的大型工商联合体，如三菱商事、三井物产、伊藤忠商事、住友商事、日棉实业等。这些商社通过其在海外众多的分支机构，广泛搜集世界各地的经济、科技、政治、军事和外交情报，不仅以其出色的经济、科技情报工作为日本战后经济腾飞立下了汗马功劳，而且为外务省国际情报局搜集世界各国的军政情报工作拓展了情报来源。此外，日本还有被称为“智库”的各种研究机构从事各种情报的搜集、分析工作。这些研究机构大致分三种类型：一是政府部门设立的各种研究所，如外务省的日本国际问题研究所、防卫省的防卫研究所、内阁府的经济社会综合研究所等，这些官办的研究机构发布年度报告，是日本内外政策的主要策划者，研究成果多为政府决策服务。二是日本大财团建立的研究机构，如三井住友财团的日本综合研究所，以及三菱综合研究所、野村综合研究所等。三是除政府和财团以外的其他民间研究机构，如 PHP 综合研究所、“日本国际论坛”、“东京财团”① 等。日本各类研究所通过公开出版物、学术交流和调查统计等渠道广泛搜集和评估情报，找出问题并提出应对措施。鉴于日本发动过侵略战争和其战败国地位，政府机构对军事政治情报的搜集有所顾忌。日本各类研究机构往往接受政府部门委托的有关军事、政治和外交课题，研究成果也成为日本政府收集相关情报的重要来源，受到政府的高度重视。

进入 21 世纪以来，在政府有关省、厅等部门的主导下，日本民间情报机构正逐步联合。如有 300 多家大企业、银行和经济团体组成的“世界经济情报服务中心”，搜集 50 多个国家的经济情报，包括这些国家的国民经济、投资环境、产业和市场、金融、流通和产品更新等。② 2004 年成立的“研究开发战略中心”通过与其密切联系的情报网，广泛搜集各国正在实施的科研项目和最新成果情报，每周向日本文部省和综合科学技术会议提交研究报告，为日本制定国家科技战略

---

① 有关民间智囊机构“东京财团”的性质和任务，参见：http：//www.tokyofoundation.org/cn/TF_Profile_C_201304.pdf.

② 梁陶：《日本情报组织揭秘》，时事出版社 2012 年版，第 300 页。

提供数据。[①]

第二节 日本情报体制机制的形成与发展

日本现今的安全情报体制机制是二战后美国因对苏冷战需要、扶持日本配合美军搜集包括中国在内的东亚地区政治、军事情报而建立起来的。随着日本经济大国地位的确立，为适应冷战结束后地区与国际局势的变化，日本对安全情报体制机制进行了较大规模的改革和重组，以适应其争当世界政治、军事大国的战略需要。冷战后随着日本情报系统的改组，日本情报体制的改革初步完成，基本建立了相对完善的情报政策法规，其情报机构设置改变了过去“不循环、不上达、泄密严重”的状况，[②] 进入 21 世纪，日本加大对情报装备技术的投入，加快国际情报交流合作的步伐，其安全情报体制机制日渐完善，效率不断提升。

一、冷战时期日本情报安全系统的恢复与重建

明治维新后，日本迅速走上了对外侵略扩张的道路，通过甲午战争和日俄战争，日本跨入了世界强国行列。在二战期间的东亚战场，情报作为日本军国主义的“军刀”，为日本帝国的血腥扩张立下汗马功劳。

为了侵华战争的需要，日本先后在中国设立了各种特务机关，并以铁路经营为幌子，成立了“南满铁路株式会社”，设立了各种各样的所谓研究机构，广泛搜集中国的军事、政治、经济、社会等情报，为日本侵华服务。随着对美发动战争国策的确立，为实现称霸太平洋和建立所谓“大东亚共荣圈”的美梦，日本建立了庞大的情报组织系统。太平洋战争期间，日本对美军事情报机构主要包括军事情报机构和政府情报机构。海陆军情报机构包括海陆军中央情报机构、海军省和陆军省情报机构、海陆军部队情报机构等。政府情报机构包括内阁中央情报机构、内务省情报机构和外务省情报机构等，广泛搜集美军各方面的情报。随着日本宣布无条件投降，1945 年 10 月 4 日，盟国占领军总部颁发命令，日本原有的情报机构、宪兵部队和所有秘密警察被取缔，秘密社团组织被解散，曾经不可一世、风光无限的日本情报系统彻底瓦解。随着“和平宪法”的生效，日本放弃了

---

① 胡平：《情报日本》，东方出版中心 2008 年版，第 343 页。

② 船橋洋一：「日本世界：回らない、上がらない、漏れる」，『朝日新闻』2001 年 10 月 4 日。

作为国家主权的战争权力，奉行“专守防卫”政策，放弃集体自卫权等。在这种国际背景下，情报作为日本军事安全的重要砝码失去了用武之地。

然而，随着二战后两大阵营逐步形成，国际冷战态势显现。为拉拢日本，美国对日政策由打压转为扶持。在军事安全领域，美国开始重组日本的军警系统，麦克阿瑟（Douglas MacArthur）下令建立一支75 000人的警察部队。1952年10月建立保安厅，1954年改为防卫厅，同年7月陆海空自卫队宣告成立。同时，为获取中苏情报，在美国的推动下，日本情报机构逐渐复活。早在1947年3月，美国调集日本战前旧情报官员，如河边虎四郎、有末精三等筹组情报机构“历史课”，作为日本与盟军情报部门G2的对应单位。“历史课”由美军发饷，赋予其特权，主要职责是对中苏遣返的日本战俘进行审讯，以获取中、苏两国情报。“历史课”是战后日本情报机构复活的前兆。1952年4月，在美国中央情报局的扶持下，在“历史课”的基础上组建了“内阁总理大臣官房调查室”，由警视厅官员担任室长并形成惯例，起初由于编制小、预算少，内阁调查室规模较小。后美国提供2亿日元“M资金”予以支持，[①] 使内阁调查室得以扩充而步入正轨。1986年7月，为应对国际化和社会的高度复杂化趋势，日本政府调整其职能，改称为“内阁情报调查室”并沿用至今，内阁情报调查室的主要任务是搜集和分析国内外政治、军事和治安情报，供内阁制定国策时参考，同时配合美军搜集包括中国在内的东亚地区各国情报。

在军事情报领域，1954年，随着日本组建防卫厅和自卫队，防卫厅下设的情报机构——第一、第二情报研究处正式挂牌成立。同时，陆海空三军自卫队参谋部均设立了各自独立的情报机构，其中陆上自卫队的参谋部调查部是自卫队情报系统的中坚，下设中央调查队、中央资料队和调查部别室，各有分工、各司其职。参谋部调查部是日本官方情报机构中规模最大、能力最强的情报机构。防卫厅和自卫队各情报机构的恢复和成立，标志着日本军事情报机构正式重建。

随着日本军政系统情报机构的恢复重建，日本国家安全系统的情报机构也得以恢复。鉴于战前日本警视厅“特别高级警察课”（“特高课”）的恶名，1945年9月日本秘密警察组织被解散，并在内务省成立调查部。1947年12月，内务省解散后“调查部”改称法务厅特别审查局。1949年日本进行机构改革，法务厅改为法务府，1952年8月法务府又改称法务省，几经更名，“特审局”的职能也随着盟军“团规令”的颁布，由原先针对战犯、极端爱国团体转向对共产主义人士的“赤狩”活动。1952年7月，随着日本《破坏活动防止法》的公布实施，日本公安调查厅依该法正式成立，隶属法务省，负责“调查应受到限制的某些群

① 所谓“M资金”，是战后美国设立的用以推动日本民主主义建设与经济重建的秘密资金。

体”，进行反间谍侦察等。成立于1954年的警视厅警备局是日本警视厅下专门从事情报工作的机构，与公安调查厅一道承担着反间侦察、维护国内安全的任务。1984年7月，外务省调查部宣布成立（也称外务省国际情报局），该机构同时兼有情报搜集、制定外交政策和统管安全保障三大职能。这样，日本各系统的情报机构陆续恢复重建。

从战后日本情报系统恢复重建和履职情况来看，日本情报体制机制存在不少问题。第一，日本情报系统缺少“神经中枢”。虽然内阁、自卫队、外交、法务和警察系统的情报机构相继建立，但彼此协调不够，缺少统一指挥和领导。第二，日本情报力量分散，条块分割，情报搜集和评估体制僵化，派阀盛行，情报交流不畅。如日本陆海空自卫队各有自己的情报系统，情报交流不畅甚至相互封锁，导致共同行动混乱，情报泄密现象时有发生。① 第三，基于“经济立国”战略和“专守防卫”的国防政策，战后日本确立了以经济情报为中心的情报指导思想，经济情报工作成果显著，然而“重经济、轻政治军事”的情报战略，随着日本谋求政治军事大国的意愿增强而日显不足。第四，日本的国际政治、军事等战略情报完全依赖美国，情报搜集能力不强，且情报装备技术相对落后。

冷战时期，由于缺少统一的情报指挥机构，加之与盟国的情报交流与合作不畅，受“经济立国”战略的影响，尽管日本在美国的扶持下各部门建立了各自的安全情报机构，但多注重经济情报收集，战略情报对美依赖性强。冷战后国际安全环境发生急剧变动，日本认为实现政治大国抱负的时机来临，国家安全战略随之进行相应调整。在这种背景下，日本情报体制机制的改革被提上了议事日程。

二、冷战后日本情报体制机制的改革

冷战后为提高情报搜集、处理、传输和共享能力与效率，理顺情报机构之间的组织体系和指挥关系，日本对其情报体制机制进行了一系列的调整，以期建立一个高度集中的、进攻性的、高效率的情报系统。日本在冷战后首个《防卫计划大纲》（1995）中明确提出要提升情报能力，也是日本保守主义势力欲突破“专守防卫”方针和“和平宪法”限制风险较小、阻碍较少的重要策略手段。因此，冷战后日本高度重视情报工作，对情报体制机制的改革不遗余力。

（一）调整和整编情报机构，统一国家情报职能

如上文所述，冷战期间日本政府各部门陆续恢复和重建了各自的情报机构，

① 肖传国：《冷战后日本情报体制改革探析》，载《日本学刊》2012年第4期，第95页。

然而，从总体上看，日本情报系统条块分割，情报机构各自为政，缺乏相应机制对情报进行综合分析和整理，特别是缺乏最高情报决策机关等成为日本加强军事实力、谋求情报大国的瓶颈。针对情报体制和机制上的问题，冷战后日本分别对外务省国际情报局、内阁调查室、防卫省及内阁会议等进行体制机制调整和重组，以强化对情报的搜集、分析和利用，提高情报利用效率和政府对突发事件的应变能力。调整主要体现在四个方面：

一是为解决各情报机构之间协调不畅的问题，1995 年在内阁情报调查室设立“内阁情报集约中心”，该中心与日本政府其他部门的情报系统建立 24 小时直通热线，随时向首相汇报国内外紧急事态和重大事件信息。

二是强化外务省情报机构。1993 年，日本外务省将情报调查局改编为国际情报局，并将其定位为专门的情报搜集和分析机构，剔除了其原有制定外交政策和统管安全保障的职能。2004 年外务省进行机构改革，鉴于“日本对外情报部门的工作范围和深度难以适应日本大国外交的使命”，国际情报局又被改组为“国际情报统括官组织”。为适应机构改革后新的任务要求，2005 年 9 月，外务省在驻外使领馆设立“对外情报科”，并向海外大量派遣“对外情报官”。

三是调整内阁情报机构。1998 年 10 月，日本内阁设立以内阁官房长官为组长的内阁情报会议，同时设立以内阁官房副长官为组长的联合情报会议。2001 年在内阁情报调查室下设立内阁卫星情报中心，负责卫星声像情报的搜集和分析任务。

四是改革军队情报体制。军队情报体制变革主要体现在情报本部的设立。1997 年 1 月，日本战后最大的军事情报机构——情报本部成立，隶属参谋长联席会议，综合协调防卫厅各情报机构，负责对自卫队进行情报一元化管理。这是日本为理顺军队情报体制机制而采取的重大战略举措。为配合自卫队联合作战和进行情报支援，日本撤销“紧急动态部”，成立“联合情报部”。自卫队撤销了陆海空各参谋总部的调查部，在陆上和航空参谋总部设立“作战支援情报部情报科”，在海上参谋总部设立“指挥通讯情报部情报科”。2007 年 3 月，为迅速准确地搜集情报，日本将“中央地理队”和“中央资料队”并入陆上自卫队，专门设立中央情报队。① 日本 2010 年 12 月通过的《防卫计划大纲》提出要加强情报本部的情报收集、分析、评估和共享能力。②

① 肖传国：《冷战后日本情报体制改革探析》，载《日本学刊》2012 年第 4 期，第 99 页。

② 平成 23 年度以降に係る防衛計画の大綱について，http：//www. mod. go. jp/j/approach/agenda/guideline/2011/taikou. html.

（二）完善情报保密体制，加强对外情报合作

长期以来，日本同盟国情报共享与合作基础薄弱。一是日本海外情报搜集能力有限，无法向盟国提供用得上的信息；二是日本议会下属委员会泄密现象严重，外国情报机构不愿与日本分享情报。2000 年“鲍卡腾科夫事件”① 和系列泄密事件的发生，说明日本安全情报“不安全”。为了保证安全情报的安全，日本对情报保密体制进行了改革。2002～2009 年，日本对军事情报保密体制进行了大刀阔斧的改革和重组，自卫队和防卫局先后成立各种保密机构，颁布反间谍法规，进一步加强内部情报保密工作。2014 年 10 月 14 日，日本内阁通过了一项引发日本社会广泛争议的《特定秘密保护法》政令。由于特定秘密范围界定的不确定性，不少民众担心该法可能侵犯公众知情权和新闻自由。

在加强内部情报保密体制机制的基础上，2007 年 5 月，日美缔结《军事情报保密协定》，其中规定：双方在作战、训练技术研发等方面负有相同的保密义务，并联合培训情报保护人才。为提高日美情报共享与合作的时效性，2006 年 12 月，日美签署了《地理空间情报合作官方文件》，文件规定：两国交换各自掌握的世界各国地理信息资料，交换中朝等国军事情报以及图像信号情报，实现日美情报合作的公开化和制度化。同时，日美在联合情报搜集和情报装备及设施援助等方面还进行了密切合作，为日本迅速掌握军事战略情报、提高情报搜集能力创造了条件。

此外，2005 年 4 月，日本与泰国、新加坡和柬埔寨签署《在亚洲对付海岛及持械抢劫船只案区域合作协定》，协定规定在新加坡设立情报交换中心，以便四国交换反恐情报，监视马六甲海峡。这为日本维护“海上生命线”安全提供了强大的情报支援。日本还相继与北约、法国、澳大利亚等国签署了情报合作共享协定，开展情报交流与合作。

（三）提高情报装备科技水平，构建一体化情报通信系统

为提高自卫队的情报搜集和联合作战能力，冷战后日本积极研发和购进最先进的侦察技术装备，建立高效的情报通信系统。在空间侦察方面，从 2003 年两颗全球情报处理系统卫星——“光学 1 号”和“雷达 1 号”发射升空，到 2013 年 1 月日本成功发射情报收集卫星“雷达 4 号”和一颗光学实验卫星，10 年期间，日本先后多次发射情报侦察卫星，加速建立全球监测网，完善全球情报搜集

---

① “鲍卡腾科夫事件”发生于 2000 年 9 月，是日本海上自卫队少校萩崎繁博向俄罗斯驻日使馆武官鲍卡滕科夫提供日本军事情报的事件。

系统，以实现对目标的全天候侦察。在航空侦察上，日本投资17亿美元为航空自卫队引进四架E－767预警机，从事日本周边的警戒和情报搜集。[①] 2001年，日本斥资数千万美元为海上保安厅采购2架远程侦察机；2002年，航空自卫队还采购了JFPS－4型雷达，以加强对日本海上空的监视。在海上侦察方面，日本海上自卫队还拥有四艘装备了“宙斯盾”的驱逐舰，舰上装备有AN/SPY－1D多功能相控阵雷达系统，具有很强的探测能力。此外，日本海上自卫队配备了104架性能先进的P－3C反潜巡逻机。为加强对中俄朝的海上监视，日本引进EP－3电子数据搜集飞机和OP－3P多用途飞机，负责监听军事电波和雷达电波。在地面侦察上，日本对7处雷达系统进行升级改造。日本还在鹿尔岛建立有巨型球状天线电波探测群，在津轻海峡、对马海峡等重要海上通道部署有沿岸、水下和水上的监视部队和监视船。[②] 目前，日本构筑的一体化情报侦察网络系统初步形成，具备了对周边地区空间、空中、水面和水下目标的全方位、全时段、立体化的侦察和情报搜集能力。

为配合日本情报本部的设立，建立防卫厅与自卫队间的情报传递与共享，通信一体化系统至关重要。2003年，自卫队建设完成中央指挥系统，建立了防卫信息通信网络平台系统（DII）和通用操作环境系统（COE）。随着防卫省情报系统资源的并入，自卫队的情报能力大幅度提升，联合参谋部与各自卫队间建立起快速、高效的情报共享系统，进一步提高了自卫队的一体化联合作战指挥能力。

第三节　日本安全情报体制机制的特点

从冷战后日本情报体制机制改革的初步结果来看，日本情报系统完成了从“以美国为依托”逐步迈向独立自主，从单一的经济情报小国向政治、军事等全方位情报大国转变，形成了包括政府、军队和民间三位一体的情报体制机制。

一、交叉融合的国内情报协调体制

冷战结束后，针对日本情报机构缺乏协调导致情报失误的弊端，日本政府采

① 肖传国：《冷战后日本情报体制改革探析》，载《日本学刊》2012年第4期，第104页。

② 伟江：“解密日本侦察预警网络和不间断监视的发展趋势”，http//news. xinhuanet. com/mil/2004-09/28/connet_2033192. htm.

取了相应的改革调整措施，加强彼此协调和情报共享，日本的情报搜集、分析能力和效率进一步提高。

第一，政府、军队情报系统的内部协调机制初步建立。冷战后日本通过设置内阁情报官、成立情报本部、打造日本版的国家安全委员会（NSC）等措施，建立起了“官邸主导型”的情报体制，情报协调和统合能力显著增强。[①] 例如，在外务省新设立专司情报搜集与分析的国际情报局，并设立“加强情报搜集职能及形势研判委员会”，由事务次官和各业务局局长参加，以建立彼此间的紧密联系与协调机制；在政府情报系统中，内阁情报调查室担负统筹政府各情报机构的职责，明确各情报机构的职责和权限，初步建立了统一管理情报、使用情报的机制；随着情报本部的建立，日本军队情报系统的组织机制逐步完善，统一、明确的领导体制基本形成，日本军事情报搜集和传递渠道更加通畅。

第二，建立政府与军队情报系统之间的协调机制。在日本情报系统中，情报本部的信号情报、内阁卫星情报中心的声像情报和外务省的公开情报是日本三种重要的情报来源。然而，长期以来，由于交流不畅导致各部门情报无法共享。随着内阁情报调查室下“内阁情报分析汇集中心”的正式运作，这种状况得以改变。紧急情况下政府和军队情报机构所搜集的情报能快速汇集，并迅速传达给内阁首相，使各情报部门的协调能力大大增强。此外，政府和军队情报系统的人员互换机制也为各情报系统的协调与合作创造了条件。

第三，打通政府、军队与民间情报系统之间的连接通道。日本被称为全民情报的国家，民间情报组织的情报活动无论在形式、规模，还是在搜集的数量上，都是其他情报机构所无法比拟的。[②] 一方面，政府和军队通过“委托调查”的方式，由政府和军队机构出资，委托各民间研究组织和机构开展情报搜集和分析工作，通过它们递交的分析报告，弥补日本官方情报力量的不足；另一方面，通过与综合商社、智库等民间情报组织加强沟通与协调以获取情报，利用综合商社与国外广泛而密切的联系，搜集大量的高质量情报，并及时报送政府情报机构。

二、全方位的对外情报合作体制

冷战时期，日本与美、韩等国建立了情报合作机制，但由于战后日本确立了“经济立国”战略，在政治、军事领域的情报力量投入不足，自身获取情报的能力欠缺，导致情报合作的空间和深度有限。冷战结束以后，随着日本情报独立化

① 肖传国：《冷战后日本情报体制改革探析》，载《日本学刊》2012 年第 4 期，第 106 页。

② ［英］理查德·迪肯著，群益译：《日本情报机构秘史》，群众出版社 1985 年版，第 256 页。

倾向的增强，利用对外情报交流合作，提升自身战略情报的获取能力，掌握周边地区政治军事动态，成为日本安全情报领域的新动向。

日美情报合作是日本对外情报合作的重心。一方面，日本意识到，冷战后周边国家的战略军事情报对日本维持稳定的安全环境意义重大，但日本在战略情报获取方面经验和意识不足，技术手段有限，在战略军事情报获取方面不得不仰仗美国。另一方面，随着美国战略重心东移，日本优越的地理位置使设在日本各地的电波截收站能在较大范围内掌握中国东海、俄罗斯远东和朝鲜半岛军事动向。冷战后美国军方利用美日同盟关系在日本各地设立了一些电子侦察基地，与日本开展联合监听工作，对美国也有重要的战略意义，双方互有所需。[①] 为提高与美国情报交流合作的实效性，2005 年 3 月，日本制定的《今后的情报通信政策》规定，自卫队可向美军司令部及驻日美军司令部派遣数十名情报军官，进行军事情报交流，加强与美军在情报搜集方面的合作。2006 年日美缔结《地理空间情报合作协定》，表明两国制度化的情报合作体制正式开启。[②] 根据这这一协定，日美将共享世界各国地理数据和军事卫星侦察情报，两国还将交换关于中国和朝鲜的情报。除了情报交流外，日美还联合开发导弹预警系统，在横田基地组建“联合作战指挥中心”，构建联合预警和指挥机制及导弹预警情报网。情报共享和联合预警指挥机制建立后，日美可同时掌握预警卫星、“宙斯盾”驱逐舰和巡洋舰、X 波段雷达、FPS - XX 雷达获取的导弹预警情报。[③]

此外，日本还与美国的西方盟国签署情报安全合作协定，并对彼此交换的情报实施保护措施，防止共享的敏感信息泄露。据 2013 年 6 月的报道，日英两国准备签署《秘密情报保护协定》，实现军事情报交换。[④] 日本希望获取中东及非洲的相关情报，英国则要掌握中国及朝鲜半岛的相关情报，双方在军事情报上互有所需，为双方的情报交流合作提供了条件。据此，英国将成为继北大西洋公约组织和法国后有望同日本缔结《秘密情报保护协定》的欧洲国家。[⑤] 除欧洲国家外，日本还与加拿大、澳大利亚等国家和地区签订了制度化的情报合作协定。为了保护西南石油运输通道的安全，同时为了强化与马六甲海峡周边国家的反海盗合作，2004 年 11 月，日本与相关国家在东京缔结《亚洲地区反海盗及武装劫船

① 董卫、吴继宇：《日军信息战中的情报保障》，载《外军信息战》2005 年第 2 期，第 44 页。

② 肖传国：《冷战后日本情报体制改革探析》，载《日本学刊》2012 年第 4 期，第 108 页。

③ ［日］松存昌广：《军事情报战略与日美同盟》，东京芦书房 2004 年版，第 62 页。转引自梁陶：《日本情报组织揭秘》，时事出版社 2012 年版，第 247 页。

④ “日媒：日英首脑将同意签署《情报保护协定》”，http：//news. xinhuanet. com/world/2013-06/11/c_116117518. htm.

⑤ 参见覃博雅：“日本拟与英国共同研制武器开展军事情报合作”，http：//military. china. com/news2/569/20130107/17618913. html.

合作协定》。2006年11月，日本又拨款4 000万日元在新加坡建立了亚洲“反海盗信息共享中心”，以方便各国及时交换马六甲海峡及周边海域的反恐情报，监视马六甲海峡的动向。

三、高效的情报安全保障体制

情报搜集是对原始资料的搜集、分析，以找出其中的相互联系，从而形成情报判断和评估的基础。[①] 无论是人力情报搜集、技术手段搜集还是公开资料的搜集，高素质的情报人才队伍、高质量的技术保障能力是关键。冷战结束后，日本在经费投入、科技水平、人才培养、装备建设等方面向情报机构倾斜，情报综合保障能力明显提高，为提高情报工作整体水平奠定了坚实的基础。

一方面，利用强大的资金支持情报侦察技术开发，引导民间企业研发情报侦察装备。为了获取高质量的政治、军事情报，日本政府不断增大对情报领域的资金投入。以1997年为例，日本各情报机构年度经费预算分别为：内阁情报调查室：20亿日元；外务省：50亿日元；公安调查厅：166亿日元；情报本部：115亿日元。[②] 在日本2012财年国防项目预算申请中，将地区性的情报/监视/侦察、海岸巡逻、空中防御、对弹道导弹袭击的快速反应、运输、指挥/控制/通信等领域当成国防经费投放优先方向予以特别重视。[③] 日本对情报工作的巨额投入还体现在对情报侦察技术的研发上，2000年，日本政府决定用于发展情报侦察卫星的预算高达700多亿日元（约合6亿美元）。[④] 另外，日本政府利用在电子通信技术领域的世界领先地位，引导日本大企业集团发展情报侦察技术，突破技术难题。目前，日本的电讯监听、密码破译和卫星侦察能力处于世界前列，为日本广泛获取“周边地区”的图像情报、信号情报、遥测情报、电子情报等技术情报提供了有力的支撑。

另一方面，建立人才培养体系，着力培养新型情报人才。日本贸易振兴会海外调查部部长森木村认为，情报工作在科学技术发达的今天，当然离不开日新月异的技术设备和四通八达的情报网络，但这些都不是第一位的，最重要的是人，

① ［美］艾布拉姆·N. 舒尔斯基等著，罗明安、肖皓元译：《无声的战争：认识情报世界》，金城出版社2011年版，第20页。

② 国际隐蔽斗争情报研究室：《国际隐蔽斗争情报年鉴（1992～2011）》，时事出版社2002年版，第641页。

③ 史文强：“日本发布2012财年《日本防务项目和预算》”，http://military.people.com.cn/GB/172467/16673125.html.

④ 梁陶：《日本情报组织揭秘》，时事出版社2012年版，第253页。

是具有分析能力、判断能力、熟悉情报业务并能独立工作的人。[①] 日本非常重视对情报人才的培养。首先，日本设立了专门的情报培训机构培养专业情报人才，如自卫队调查学校、海上自卫队所属第二术科学校等。此外，在军事院校还设置有关情报教育的课程，以培养情报特工。其次，依托地方大学培养和训练情报人员。为适应海外情报人员培养的需要，日本情报机构以委托培养的方式，委托地方大学开设专门课程进行情报人才培养。

四、完善的情报安全保密体制

情报保密就是保证情报内容、情报来源、情报方法和情报活动不为公众所知，或仅限于政府内部尽可能少的官员知悉的状态。为此，建立相应的体制机制、加强对情报活动的管理和控制至关重要。受 2000 年“鲍卡滕科夫情报泄密事件”影响，日本开始加强情报保密体制建设。一是设立专门的保密机构，加强军队和政府机构的保密防谍工作。2002 年日本各自卫队参谋总部设立情报保密室，情报本部成立情报保护科；2003 年自卫队成立情报保护队，直属联合参谋长；2008 年内阁情报调查室成立“反间谍中心”，负责重要情报的保护；2009 年政府成立“反谍委员会”，由防卫事务次官和各参谋长参加，并在联合参谋部设立“反情报室”。值得一提的是，2009 年 7 月，日本自卫队成立“情报保全队”，设“情报保全队本部”和六个情报保护队。本部由防卫大臣直接管辖，统合幕僚长和陆海空自卫队幕僚长共同监督指导。以上相应情报保密防谍机构和机制的建立，为日本情报保密工作提供了良好的制度保障。二是制定统一的保密制度，统一各省厅机密情报的管理。2006 年 7 月，日本制定了“情报保密指导方针”，防卫厅据此制定了相应的保密政策，建立系统的保密机制。2007 年 8 月，日本“反情报推进会议”制定了《关于强化反间谍机能的基本方针》，该方针涉及防谍对象、接触秘密资格审查、特别管理秘密的设定、保密研修制度的引入等，完善了管理外交、军事等有关国家绝密情报的机制，统一了各省厅间机密情报管理，从而进一步防止了泄密事件的发生。[②]

---

① 张宏宇：《世界情报大战》，东方出版社 1992 年版，第 983 页。

② 肖传国：《冷战后日本情报体制改革探析》，载《日本学刊》2012 年第 4 期，第 99 ~ 101 页。

第三十二章

日本情报与安全预警机制

“预警是一个信息收集和分析的过程，以便在暴力冲突爆发之前提出预防措施，进行战略选择。”① 建立强大的安全预警机制成为很多国家的安全战略选择。2013 年 12 月，日本出台的《防卫计划大纲》和《国家安全保障战略》强调，为了防卫海域和空域，日本要建立更强大的情报、预警和监视网络，谋求建立强大的安全预警机制。

第一节　日本的安全情报

日本以“情报立国”，情报在很大程度上决定其战略的成败。随着再次组阁，安倍大力推进情报体制机制的改革，加强情报在日本战略中的作用。日本的安全情报主要包括应急情报、反恐情报、军事情报和战略情报。

一、应急情报

应急事件是指“突然发生，造成或者可能造成严重社会危害，需要采取应急

① 许曼舒：《国际危机预警》，时事出版社 2008 年版，第 25 页。

处置措施予以应对的自然灾害、事故灾难、公共卫生事件和社会安全事件”,[①] 具有“突然性、危害性、关联性、复杂性和不确定性”，通常情况下难以防范，因而需要决策者在时间压力和不确定性极高的情况下，采取紧急应对措施。[②] 日本是应急安全灾害多发的国家，其应急安全灾害分为大规模自然灾害、重大事故、武力攻击和其他危机。[③] 自然灾害是日本的主要灾害。

日本地处环太平洋地震和火山变动带，虽然其国土面积仅占世界的0.25%，但地震发生的次数和火山喷发的比例却是极高。根据日本2015年版的《灾害白皮书》统计，2004~2013年，日本共发生地震302次，占世界地震发生次数的18.5%；火山喷发次数仅2014~2015年就发生110次，占世界火山喷发总次数的7.1%。[④] 此外，加上日本的地理、地形和气候条件，地震、海啸、台风、暴雨以及暴雪等自然灾害频发。据统计，1994~2013年，日本因自然灾害而死亡或者失踪的人数达27 368人，其中因地震和海啸而死亡或者失踪的人数达25 078人，占总数的91.6%；排第二的是台风和暴雨，共计死亡或失踪1 192人，占总数的4.4%。[⑤] 因此，搜集应急情报对提升日本人的安全感尤为重要。早在2006年日本政府就发布了《日本自然灾害早期预警系统与国际合作行动》，气象局在其应急情报系统中扮演着重要角色。气象局根据不同类型的灾害设置了不同的监测体系和设备。如关于地震、海啸，日本政府在全国各地都安装了地震检波器、地震测量仪、海啸检测设备等；关于火山喷发，日本气象局已经在全国30多个频发火山安装了火山活动检测设备等；关于气温、降雨和降雪，日本气象局根据温度、降水量以及降雪等信息发布不同的预警信息。[⑥] 《灾害对策基本法》和2016年的《灾害应对白皮书》指出，日本应急情报的范围包括灾前“对气候变化的监测，如温度的变化、降水量的多少以及台风强度等信息的收集；居民防灾意识和企业的防灾金融保险的建设状况以及情报通信设施的建设状况等”,[⑦] 而

---

① 王德迅：《日本危机管理体制研究》，中国社会科学出版社2013年版，第4页。

② 范炜、胡康林：《面向突发事件应急决策的情报支撑作用研究》，载《图书情报工作》2014年第23期，第19页。

③ 内閣官房における安全に資する科学技術の推進について，平成17年3月4日。

④ 内閣府．“防災に関してとった措置の概況平成28年度の防災に関する計画”，第1頁，http：//www. bousai. go. jp/kaigirep/hakusho/pdf/H28_honbun. pdf.

⑤ 内閣府．“防災に関してとった措置の概況平成28年度の防災に関する計画”，第2頁，http：//www. bousai. go. jp/kaigirep/hakusho/pdf/H28_honbun. pdf.

⑥ Early Warning Sub-Committee of the Inter-Ministerial Committee on International Cooperation for Disaster Reduction “*Japan's National Disaster Early Warning System and International Co-operative Effects*”, March 2006, http://www. bousai. go. jp/kokusai/kyoryoku/pdf/soukikeikai. pdf#search = ‘Japan% E2% 80% 99s + National + Disaster + Early + Warning + System + and + International + Cooperative + Effects’.

⑦ 内閣府．防災に関してとった措置の概况平成28年度の防災に関する計画［EB/OL］，http：//www. bousai. go. jp/kaigirep/hakusho/pdf/H28_honbun. pdf.

在灾害发生之后，有关受害地区灾情严重程度、受灾害的民众以及治理情况等都属于应急情报。

二、反恐情报

冷战结束以后，在国际恐怖主义日益猖獗的同时，日本也是深受恐怖主义的困扰。1995 年 3 月，奥姆真理教在东京地铁制造的沙林毒气事件，造成 12 人死亡，5 000 多人受伤。2013 年 1 月，发生 10 名日本人遇难的阿尔及利亚人质事件。2014 年 1 月“伊斯兰国”绑架日本人质汤川遥菜造成人质死亡事件等。2015 年自巴黎恐怖袭击事件发生后，日本内阁 6 月在国民中展开“关于反恐舆论调查”，结果显示，有 79.2% 的民众认为日本未来有可能受到恐怖主义的袭击。[①] 2016 年 7 月 3 日发生在孟加拉国的恐怖主义事件中，又有 7 名日本人受害。沙林毒气事件后，日本对国内的奥姆真理教，尤其是其对病原性微生物、生物化学武器的使用等活动进行严密监测。[②]“9・11”事件后，日本开始收集基地组织的活动信息。2001 年 10 月 16 日，日本国会通过了《反恐特别措施法》，规定“强化美军在日设施以及本国重要的警备设施；为了收集情报可派遣自卫队潜艇；强化情报交换等国际合作；提供支援活动、搜救活动等；加强出入境的管理，对于那些境内的可疑分子强制驱逐出境，未入境的则严加限制其自由活动，并冻结其资产；强化应对大规模破坏性武器跨境的威胁力量等”。[③] 此后，日本于 2014 年对该法进行了重新修订并延长了其期限。日本对恐怖主义的定义也重新进行了界定，如《自卫队法》中第 81 条第 2 项中规定，恐怖主义是指“基于政治上的其他主张，要挟国家或者他人，或者是为给社会带来不安定的恐怖主义目的而杀害多数人，或者破坏重要的设施以及其他东西”。[④]《警察厅组织令》第 39 条规定：“广义的恐怖主义又可以称之为不安，为了达成某些目的而基于政治上他者主义的主张行使的暴力主义破坏活动。”[⑤] 此外，日本政府于 2015 年还组建了国际反恐情报搜集组作为首相官邸的直属部队来搜集反恐情报，密切关注国际恐怖分子的相关活动。

---

① “内閣府政府広報室”，2015 年 6 月，http://survey.gov-online.go.jp/tokubetu/tindex-all.html.

② 生命倫理“安全対策室.テロ防止の防止行動計画について”，平成 17 年 3 月 14 日。

③ 衆議院.テロ対策特別措置法［EB/OL］. 平成 13 年 10 月 16 日，http://www.shugiin.go.jp/internet/itdb_annai.nsf/html/statics/ugoki/h13ugoki/153/153tero.htm.

④ “自衛隊法”. 平成二八年五月二〇日法律第四四号，http://law.e-gov.go.jp/htmldata/S29/S29HO165.html.

⑤ “警察庁組織令”平成二八年四月六日政令第一九一号，http://law.e-gov.go.jp/htmldata/S29/S29SE180.html#1000000000005000000000000000000000000000000000000000000000000000000000000000000.

三、军事情报

军事情报是“为满足国家安全决策需求、保障军事活动顺利进行而搜集、处理与分析并提供给决策者的有关国家安全环境、作战指挥和军队建设方面的情况”。[①] 日本特别关注周边军事状态，尤其是中国、朝鲜和俄罗斯的动向，视中国、朝鲜和俄罗斯为其威胁。

2015年版《日本白皮书》认为，中国正在广泛且迅速地扩大军事力量，在东海、南海等海空域的活动也更为频繁且扩展迅速。由于中国此类军事动向以及与军事和安全保障相关的事务缺乏透明度，日本因此深感忧虑，今后仍需高度关注。[②] 最新版的日本《防卫计划大纲》也表示将强烈关注中国的军事动向。[③] 安倍甚至指责“中国无视国际法，强行在南海和东海进行军事霸权”。[④] 2015年版白皮书明确指出，“朝鲜配备搭载核弹头的导弹，并把我国放入射程之内的风险将会增大，因此我国有必要关注其相关动向”。“朝鲜进行的大规模杀伤性武器和导弹的开发及针对我国进行的导弹攻击的挑衅言行，成为我国安全的既重大又迫切的威胁”。[⑤] 一些日本学者也呼应日本当局的看法。山下辉南认为，朝鲜的原子能开发计划对日本安全造成直接威胁，朝鲜的核武器、生化武器和特种部队是日本安全的潜在威胁。[⑥] 矢野義昭也认为，中国快速发展的经济实力及军事实力，很明显是日本的直接威胁。[⑦]

中国、朝鲜、俄罗斯也成为日本军事情报的重点关注对象，包括其军事设备的现代化进程，核武器、战斗机、航母的发展动态，卫星和导弹发射，国防预算，军事演习等。日本政府因此通过发展军事间谍卫星来强化日本的情报搜集和分析能力。[⑧] 日本从2003年开始发射了多颗光学号侦察卫星，还于2009年发射“雷达2号”、2011年发射“雷达3号”侦察卫星、2012年发射“雷达4号”侦

---

① 高金虎：《论情报的定义》，《情报杂志》2014年第3期，第1页。

② 防衛省．自衛隊．防衛白書［EB/OL］．2015年出版，http://www. mod. go. jp/j/publication/wp/.

③ 防衛省自衛隊．“新たな防衛計画の大綱・中期防衛力整備計画”，http://www. kantei. go. jp/jp/singi/kaiyou/ritou_yuusiki/dai10/siryou. pdf#search =‘% E9% 98% B2% E8% A1% 9B% E8% A8% 88% E7% 94% BB% E5% A4% A7% E7% B6% B1’（上网时间：2016年7月29日）.

④ 産経ニュース“安倍首相、中国に‘最終警告’サミット首脳宣言に「法の支配3原則」を明記”，http://www. zakzak. co. jp/society/politics/news/20160525/plt1605251700003-n1. htm.

⑤ 防衛省．自衛隊．防衛白書［EB/OL］．2015年版．http://www. mod. go. jp/j/publication/wp/.

⑥ 山下輝男“我が国のテロ対策の現状と課題”，http://www. jpsn. org/lecture/yama_vol4/5547/.

⑦ 矢野義昭：《中国の軍事的脅威とその対応》，国家生存戦略研究会2013年出版。

⑧ 张光新：《日本军事大国目标与情报搜集“太空化”》，载《南昌航空大学学报》2011年第1期，第47页。

察卫星，以构建“全球情报搜集网”。此外，日本不断解禁集体自卫权，扩大海上自卫队的活动范围以便更好地搜集军事情报。

四、战略情报

战略情报是为决策者制定指导国家进行长远战略的信息来源，涉及政治、经济、文化、科技、能源等各领域，因而其具有广泛性、复杂性和综合性的特点。战略情报关乎国家生存，包括对敌方实力和意图的长期预测及采取行动的评估等问题，需要大量人力进行公开的和秘密的调查活动和情报分析，战略情报对人民的福祉和国家安全不可或缺。[①] 日本的战略情报是指内阁情报调查室为了配合决策者制定日本安全战略和实现其安全战略目标，协调运用各种国家情报资源进行全局性工作指导和筹划的情报，主要涉及日本的世界地位和东亚地位。日本一直谋求成为政治大国、正常国家，成为世界大国和东亚大国，并将战略情报的重点放在中国、美国和东盟上。其一是中国。日本将中国视为其成为大国的主要障碍，认为中国因为在总体经济实力上超过日本和中国的持续发展与崛起使日本难以看到称霸东亚的希望，因此其战略情报的重点是中国，特别关注中国的政治、经济、外交和军事等方面的动态，关注中国的“一带一路”倡议，并针对中国的“一带一路”倡议提出“新的海上丝绸之路”。其二是美国。日本也密切关注美国，特别重视与美国的关系，不断强化日美同盟关系，因为日本将美国视为其达到战略目标的主要依靠。其三是东盟。日本将东盟视为其东亚战略的依托，并谋求与美国一起抢占东盟。

第二节　日本安全情报的传递路径

情报的传递是最低层次的情报机构将其所收集的信息向高层次的情报机构进行传递，最后经过中央情报机构汇总分析并得出结论，从而传达给用户或者决策者。日本不同类型的安全情报的传递路径有别。

① ［美］谢尔曼·肯特著，刘薇、肖皓元译：《战略情报为美国世界政策服务》，金城出版社 2011 年版，第 187～188 页。

一、应急情报的传递路径

2001年，日本将原设置在国土厅的“中央防灾会议”转移到内阁府，2013年在内阁府新增了防灾担当，形成了以内阁府为中枢，从中央内阁到都道府县再到市町村级的三层体制。针对不同程度的灾害，日本召开不同级别的防灾会议，以便能够快速做出应对决策，从而有效地预防或者降低灾害风险。日本具体防灾体制如图32－1所示。

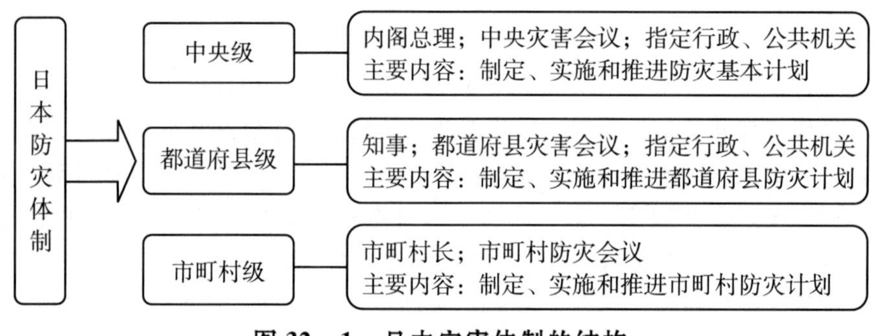

图32－1　日本灾害体制的结构

资料来源：笔者根据日本内阁2015年《日本灾害对策》第8页制作。

日本的应急情报体制以内阁情报中心为汇集点，实行24小时全天候运作的4人常驻和5个小组轮流值班的机制。具体情报搜集主要由相关省厅的情报搜集部门负责，如气象厅、消防厅、国土交通厅、防卫厅、海上保安厅、外务省、警察厅等情报搜集部门。相关省厅根据其监测和收集到的情报，如气象部门监测到有关台风、海啸、地震等信号，对相关情报进行识别和筛选，然后根据情报的等级，报送地方防灾委员会或内阁府中央防灾委员会等相应的应急处理机关。日本广播公司（NHK）、日本电信电话株式会社（NTT）等也有责任搜集应急情报，它们根据相关程序将应急情报信息报告内阁府（中央防灾委员会）和相关省厅。居民个人也有义务将获得的相关应急情报信息通知基层应急部门——市町村（防灾委员会），然后逐级上报到都道府县（防灾委员会）和内阁府（中央防灾委员会）。所有的相关情报上报到内阁情报汇集中心进行专门研究和分析，以得出有价值和科学的情报，并迅速上报给内阁总理大臣、内阁危机管理总监、防灾担当等，根据灾害程度的大小召开部长级别的会议，研究对策。随后，通过官邸对策室、官邸联络室将该应对策略下达给相关执行部门，如自卫队、消防队、气象厅等。[①] 如果灾害超过6级，将逐级上报直至召开中央防灾会议。

二、反恐情报的传递路径

日本的反恐情报包括国际恐怖主义情报和国内恐怖主义情报两个方面。针对国际恐怖主义，驻外使馆“国际反恐情报收集担当”将收集的相关地区反恐情报信息报送外务省“国际反恐情报搜集单位”负责人，然后由“国际反恐情报搜集单位”负责人向“国际反恐情报收集组”负责人汇报，所有反恐情报汇集至内阁官房设立的“国际反恐情报汇总室”，并在隶属国际恐怖主义对策推进总部的“国际反恐情报收集集约干事会”的会议上讨论。由于“国际反恐情报收集组”隶属首相官邸，“国际反恐情报收集组”负责人会直接向内阁首相汇报，同时也向内阁危机管理中心负责人通报，最后由首相决定是否在内阁会议或国家安全保障会议上讨论。

针对国内恐怖主义，各相关省厅、民间公共机构、居民个人和国内外通讯社等得知应急安全事务情报信息后，立即向警察厅基层单位报告，经过警察厅层层上报后，由警察厅负责人上报内阁反恐情报集约中心。然后经过内阁情报调查室反恐情报集约中心的分析、评估和判断，将重要的情报再上传给总理大臣、官房长官，同时传递给内阁危机管理中心，经过总理大臣、官房长官与内阁危机管理总监的商议后，立即召集相关大臣参加的内阁会议或安全保障会议，商议制定应对措施。

日本在发生恐怖主义事件后，会设置具有临时性质的应对紧急事态对策本部推进应对措施的实施，由总理大臣和相关国务大臣组成，对策本部部长总括所有事务，并指挥监督本部的职员，[②] 如“9·11”事件后成立了“恐怖主义活动对策本部”，日本人质事件发生时设置了“政府对策本部”等。最后通过官邸危机管理中心传达到各机关进行实施和执行，如有必要时还将出动自卫队，或由国家安全保障会议讨论。

---

① 災害対応体制の確立等［EB/OL］，http://www.fdma.go.jp/disaster/syodokatudo_arikata_kento/02/shiryo_03.pdf#search='%E7%81%BD%E5%AE%B3%E5%AF%BE%E7%AD%96%E4%BD%93%E5%88%B6'.

② 内閣官房“武力攻撃事態等における我が国の平和と独立並びに国及び国民の安全の確保に関する法律”，平成16年6月18日法律第113号，http://www.cas.go.jp/jp/hourei/houritu/jitai_h.html.

三、军事情报的传递路径

日本防卫省情报委员会是最高军事情报领导机构，由防卫厅事务次官、防卫厅防卫局长、统合幕僚会议议长、陆海空幕僚长组成，负责提出军事情报工作的大政方针。1997 年 1 月，日本防卫省成立情报本部，归属统合幕僚会议，接受防卫省情报委员会领导。情报本部是对自卫队军事情报工作进行统一管理的情报机构，由原统合幕僚会议事务局第二幕僚室，防卫厅防卫局调查一课、二课，以及陆海空自卫队幕僚监部所属的部分情报机构合编而成。其主要任务是搜集、分析有关军事、政治、社会、经济、科技等情报，研究各国安全保卫及国防政策，分析周边国家动态，了解世界其他国家情况和进行通信电波拦截。[①] 情报本部统合情报部、图像·地理部和信号部，以及六个通信所搜集到的情报，交由情报本部大脑——分析部进行整理分析，生成情报产品，然后提供给内阁首相、防卫大臣和其他部门。

除情报本部外，日本陆海空三军自卫队都有自己的情报工作机构，依靠部署在全国的监听站、调查船、侦察机等搜集情报。在情报本部成立之前，日本自卫队情报收集各自为政，在情报本部成立后，日本自卫队陆海空三军搜集的情报全部交由情报本部。情报传递主要有两条路径：一是卫星情报传递。日本通过 4 颗侦察卫星、8 颗间谍卫星来收集有关图像情报、声音情报等，这些侦察卫星几乎覆盖全球，全天候运转，并且能够将拍摄的信息资料传递给情报本部。二是海陆空自卫队参谋总部的情报传递。海陆空情报部将获取的情报报送给情报本部，然后由情报本部分析部汇总分析产生情报产品，最后交给情报产品的消费者：内阁首相、防卫大臣和其他部门。

四、战略情报的传递路径

作为指导国家全局的最高层次的情报，战略情报的基本传递路径包括情报收集、情报研究与分析以及情报协调与使用。日本安全战略制定需要统筹各种资源，需要综合所有情报信息，并启动国家安全保障会议进行讨论和决策。由于战略情报涉及所有情报机构、内阁各部门和智库，其传递路径也有所不同。外务省负责国内外公开情报的收集；公安调查厅对内监视及控制激进人士和团体，对外

① “*Defence Intelligence Office DIO*”，http://www.globalsecurity.org/intell/world/japan/dio.htm.

负责搜集反间谍情报、监视外侨，特别是中、朝侨民；[①] 防卫省负责军事情报的收集，包括收集电子和电信系统情报；警察厅主要负责国内的反间谍和颠覆性情报的收集；日本内阁情报调查室下的内阁卫星情报中心主要负责收集公开情报和地理空间情报等。号称“中央情报局”的日本内阁情报调查室每周召开一次联合会议，对来自外务省、防卫省、警察厅、公安调查厅和扩大情报界等部门搜集的情报进行汇总分析，最后直接上报给首相。首相根据情报内容决定是否启动国家安全保障会议，通常情况下只启动国家安全保障会议的核心——四大臣会议（司令塔），即由首相、官房长官、外相和防卫相构成的司令塔会议，讨论和决定日本重大战略问题，并最后制定国家安全保障战略。国家安全保障局作为国家安全保障会议的事务局，专门负责情报的综合整理，并对有关国家安全保障的外交、防卫政策的基本方针和重大事项的策划进行综合调整，根据国家安全保障会议上所提供的情报，就有关国防和外交政策向总理和官房长官等提出建议。[②]

第三节　日本的安全危机预警

日本安全危机预警体制机制是以内阁首相为最高指挥官，由内阁官房负责总体协调，通过安全保障会议、阁僚会议、内阁会议、中央防灾会议等决策机构制定危机对策，由警察厅、防卫厅、海上保安厅、消防厅等各省厅相关部门根据具体情况予以配合的组织体系。[③] 在日本安全危机预警体制机制中，不同的危机由不同的部门监测、预警和制定预案。

一、应急安全危机预警

经历过众多灾害后，日本国内建立了一套完整的突发事态应对机制，包括突发灾害预警机制。一是监测。日本政府和相关省厅根据日本的地理位置形态、气候、过往灾害发生的经验和数据库进行综合分析，假想哪些是灾害频发区，然后针对确定的目标进行动态跟踪和探测，如通过利用卫星、固定摄像、远距离小微图像传送仪和飞船等高新技术可以确保对可能暴发的突发性灾害情报的收集，如

① 赵瑛瑛：《日本情报与安全机构》，载《国际资料信息》2010 年第 3 期，第 13 页。

② 国家安全保障会議設置準備室．国家安全保障会議の創設に関する有識者会議，第六回。

③ 徐学群、胡继平：“日本的危机管理：决策和协调体制”，http://www.people.com.cn/GB/shehui/20030221/927850.html.

气象厅对于降雨量、台风的监测，对地质板块的运动等信息的收集。据统计，2015 年 1～12 月，日本设置大规模地震监测点 4 377 处，包括气象厅 671 处、自治体 2 927 处和防灾科学技术研究所 779 处。[①] 二是设立预警指标进行预测分析。根据预警指标对所收集的情报进行预警分析，评定风险级别，并对事态趋势进行预测，然后制定预案。如气象厅根据积雪模拟模型评估出某一地区的雪灾风险状况，根据地震和海啸预警指标预测某一地区的地震和海啸风险。三是预警。一旦预示灾害将要发生，灾害预警系统就会迅速启动。一方面，政府通过防灾委员会召开防灾会议讨论应对方案；另一方面，政府通过不同渠道向社会发布灾害预警警报。如在 2013 年日本发生的大地震中，很多居民通过地震预警系统提前 10 秒钟获得了预警信息而秩序井然地逃离。[②] 四是预案。一旦根据所收集的情报发现有发生突发事件的前兆，立即启用应急预案，或制定应对策略防止或者降低灾害的影响，也就是安全预警中的拟制计划。日本应急预案包括在四种类型的防灾计划之中。四种防灾计划包括中央防灾委员会的防灾基本计划、决策执行机关的防灾业务计划、都道府县和市町村的地方防灾计划和跨地区的地区间防灾计划，这些防灾计划涵盖了灾害预防和预警。

二、恐怖主义危机预警

日本恐怖主义危机预警不如灾害危机预警完备，但已有一套自身的反恐预警体系，其反恐预警包括疑似恐怖活动监视、反恐情报分析和反恐预防预警。日本对恐怖活动的监视主要由警察厅负责，已经形成了以警察厅为首，联合外务省、法务省公安调查厅、经济产业省、国土交通省、总务省、厚生劳动省、金融厅、消防厅、海上保安厅和防卫厅等相关省厅共同应对恐怖主义的体系。[③] 受“9·11”事件的影响，日本于 2002 年成立了警视厅公安部外事三科，专门负责国际恐怖活动情报的收集，其搜集情报的主要方式是通过联系疑似与恐怖分子有联系的线人进行采访，然后对疑似恐怖活动和人员进行监视。2010 年 10 月，由于日本警视厅公安部有关恐怖活动调查情况泄密，日本决定改革反恐情报搜集体制。2015 年 2 月，日本成立了“国际恐怖主义对策推进总部”。2015 年 12 月 8 日，日本成立了隶属首相官邸的“国际反恐情报收集组”，并派专业情报人员赴国外专门负责搜集恐怖活动情报。为了配合“国际反恐情报收集组”，日本外务

① 内閣府．“防災に関してとった措置の概況平成 28 年度の防災に関する計画”，第 1 頁，http://www. bousai. go. jp/kaigirep/hakusho/pdf/H28_honbun. pdf.

② 钟开斌：《中外政府应急管理比较》，国家行政学院出版社 2012 年版，第 189 页。

③ “新しい脅威と日本の安全保障”，http://www. jfir. or. jp/j/activities/pr/pdf/26. pdf.

省新设立了“国际反恐情报搜集单位”，主要负责国际恐怖主义活动相关情报的统一处理，情报收集组按地区分成中东、北非、东南亚、南亚四个小组，负责收集相关地区的反恐情报。[①] 该单位负责人隶属警察厅，直接与驻外各地的情报机关的干部交流，构筑有关恐怖主义的国际情报网，[②] 且还增配精通当地语言的“国际反恐情报收集担当”。

“国际反恐情报收集组”收集到的情报经情报专业分析师分析研究后，由“国际反恐情报收集干事会”讨论，并提出应对建议，一些重要情报会得到优先讨论。“国际反恐情报收集组”由内阁情报室、内阁官房、警察厅、公安调查厅、外务省和防卫省等相关负责人组成，外加国家安全保障局和危机管理监，必要的时候还会要求海上保安厅和外务省地方局等相关省厅参加。同时内阁官房设立“国际反恐情报集约室”作为“国际反恐情报收集集约干事会”的事务局，由内阁官房副长官负责有关国际反恐情报收集调查的联络和调整。

“9·11”事件后，日本2001年通过的《反恐政策特别措施法》和2004年通过的《预防恐怖袭击行动计划》本质上是反恐怖主义预案。《反恐政策特别措施法》第4条和第6条专门规定了反恐活动中包括可以动用日本自卫队的协助支援活动计划、搜救救助活动和难民救援计划等基本计划。[③] 《预防恐怖袭击行动计划》包括“‘出入境管理、爆炸物管理、对机场与核设施管理、强化恐怖活动信息收集能力以及对外国人住宿登记管理’等16个方面的应对措施”。[④] 2015年6月，日本警察厅制定了《国际反恐对策强化纲要》，进一步推进信息收集和出入境管理对策。2015年8月，日本国土交通省宣布，为了防止飞机恐怖袭击，将在机场试用可以透视衣服的电磁波“全身扫描仪”安检。2016年4月，警察厅成立了“开源情报中心”，专门分析网络恐怖活动情报。2016年7月，日本警察厅发布了新版《警察白皮书》，进一步加强了反恐预防措施。日本还通过反恐演练加强预防恐怖活动。如日本海上保安厅专门在各特管区组建海上特警队进行反恐演练，其反恐演练对付的对手是持枪的恐怖分子。[⑤]

日本还会根据恐怖活动危害程度发布不同的预警警示，这一任务一般由警察

① 内閣官房、外務省，“国際テロ情報収集・集約体制の強化”，平成27年12月，http://www.kantei.go.jp/jp/singi/hanzai/dai23/siryou2.pdf#search=‘%E5%9B%BD%E9%9A%9B%E3%83%86%E3%83%AD%E6%83%85%E5%A0%B1%E6%83%85%E5%A0%B1%E5%8F%8E%E9%9B%86%E5%8F%96%E3%82%8A%E3%81%BE%E3%81%A8%E3%82%81%E5%B9%B9%E4%BA%8B%E4%BC%9A’.

② 每日新聞“テロ対策官邸に司令塔，8日、外務省に情報収集組織発足”，http://mainichi.jp/articles/20151204/ddm/005/010/033000c.

③ 赵秉志等编译：《国外反恐法选编》，中国法制出版社2008年版，第407~411页。

④ 王德迅：《日本危机管理体制的演进及其特点》，载《国际经济评论》2007年第2期，第47页。

⑤ 天乐编译：《日本第3管区海上特警队的反恐演练》，载《轻兵器》2006年第7期，第41页。

部门负责。如果损害程度是一般性的，由都道府县和市町村自身解决和发布警报。如果是损害程度较为严重的，需要警察厅参与才能解决的，由警察厅负责处理和报警。如果是非常严重的，需要派出部队才能解除危机，由日本中央内阁副首相或首相直接出面组建恐怖主义危机对策本部处理危机，由中央“国际反恐情报收集集约干事会”讨论，由“国际反恐情报集约室”协同恐怖主义危机对策本部发布警报，其方式可以是电视、网络和手机短信。

三、军事安全危机预警

日本军事安全危机预警主要通过其军事情报机构和自卫队预警探测系统进行。日本军事情报机构包括防卫省情报本部和陆海空自卫队内的情报机构。日本情报本部由六大部和六个通信所组成。六大部包括总务部、计划部、分析部、统合情报部、图像·地理部和信号部。六个通信所包括东千岁信号所、小舟度信号所、大井信号所、美保信号所、太刀洗信号所和洗界岛信号所。统合情报部负责搜集国外军事动态情报，图像·地理部主要负责卫星图像、地图和空间情报，信号部有10个课，负责信号情报的搜集和分析。六个通信所主要负责截获各类电子信号。

陆海空自卫队内的情报机构收集战术情报。陆上自卫队参谋部调查部负责国内的反间谍情报和国外的公开情报收集，主要是监听和破译东亚地区的无线电通信。海上自卫队参谋部调查部主要负责朝鲜、中国、俄罗斯、东南亚等周边国家的海军实力侦察工作和对日本领海实施监视。航空自卫队参谋部调查部主要负责对日本周边国家的空军力量的调查和监视。① 日本获取军事情报的技术手段主要是卫星侦察预警系统、雷达系统和监听站。2003年，日本发射情报搜集卫星。至2007年，日本基本建成卫星侦察系统。2011年，日本发射雷达3号，2013年，日本又发射雷达4号，雷达3号和雷达4号组成了四位一体的卫星侦察系统。日本防卫省还设有多个地面监测站全天候监测朝鲜、中国、俄罗斯、东南亚和印度洋地区的通信情报。②

日本所有军事情报在防卫省情报本部汇总，情报本部经过分析部对情报进行分析后所获得情报产品由防卫政策局长代表情报本部在参加内阁联合会议情报会议时汇报，然后再传达给内阁首相和防卫大臣。根据情报的重要程度，最后由内阁首相决定是否在内阁会议上讨论，以及是否需要在某一地区或全国发布警报进

① 肖鹏：《撩开日本军事情报机构的神秘面纱》，载《国防科技》200年第3期，第58页。

② 吴国辉、伊红平编著：《当代日本自卫队武器装备》，国防大学出版社2013年版，第188～199页。

行预警。由紧急事态应对会议、四大臣会议、内阁会议，或国家安全保障会议商讨得出的预案需送国会审批。

四、战略安全危机预警

日本战略安全预警主要通过日本国家安全保障会议、内阁会议等就国家战略安全重大问题进行预警。这些会议由内阁首相主持，参加者包括内阁官房、防卫厅、外务省、警察厅、海上保卫厅等省厅负责人。内阁官房在其中起着关键作用。内阁官房负责辅佐首相，其下设的内阁情报调查室专门汇集各类情报信息，包括来自各省厅情报部门和军事情报部门的信息、媒体信息、智库的安全战略报告和大学专家学者的建议报告等，并对这些情报信息进行综合分析和研究，将重要的情报信息传递给内阁首相和相关省厅，然后召开内阁会议或国家安全保障会议等进行讨论，并提出建议方案和战略报告。

日本战略安全预警通过日本《国家安全保障战略》报告、《防卫计划大纲》、《中期防卫力量计划书》、日本《防卫白皮书》，以及在日本内阁首相、外相、防相等领导人的讲话中具体体现出来。日本将战略预警关键点放在恢复日本大国地位、加强自身防卫力量、加强日美同盟关系、防范中国崛起上。安倍（Shinzo Abe）多次强调要对世界和平与稳定做出超出以往的巨大贡献，要通过积极和平主义恢复强大的日本，到2020年将全面恢复日本的地位。[①] 2013年12月，日本出台的《国家安全保障战略》认为，日本周边的安全保障环境更加严峻，强调要坚持积极和平主义，通过加强自身防卫力量，积极建造和平与稳定。其真实目的是谋求打破二战后的国际秩序，重建日本右翼势力梦寐以求的“正常国家”，并对其国家体制和军事力量进行彻底改造。[②] 2013年12月出台的《防卫计划大纲》认为，日益强大的中国军事不透明，日本应谋求在东亚和东海建立更加强大的安全情报、安全预警和安全监视体系，并通过提升自身军事和加强日美同盟关系实现其“正常国家”的目标。2016年的日本《防卫白皮书》再次将重点放在中国身上，尤其渲染中国在南海、东海的活动，日本的目的是为了进一步提升军力，并加强西南方向军力部署，为逐步实现其军事大国和政治大国的目标做准备。

① 安倍内閣総理大臣平成26年年頭所感，日本首相官邸网，http://www.kantei.go.jp/jp/96_abe/statement/2014/0101nentou.html.

② 李秀石：《日本国家安全保障战略研究》，时事出版社2015年版，第283页。

第三十三章

日本安保体制机制的演变

二战结束前，日本天皇为最高军事统帅，实行的是军国主义体制。二战结束以后，日本旧的安全体制瓦解，逐渐形成以首相为核心的新安全体制。

第一节　旧安全体制的瓦解与新安全体制的讨论

二战结束后，作为战败国的日本只能接受以美国为首的同盟国军队占领。天皇的“去神格化”及军部势力的覆灭使以侵略扩张为主要特征的日本传统军国主义国家安全体制土崩瓦解。对于如何在战后纷繁复杂的国际形势中建立新的安全体制，日本各种势力各执己见。各方就战后国家安全体制的基本框架、军事力量存废、结束占领后美军的去留等问题存在显著分歧，关于国家安全体制走向的大讨论成为当时一股重要的社会风潮。

一、日本旧安全体制的瓦解

1945 年 9 月，以美国太平洋战区司令麦克阿瑟为首的“最高统帅司令部”（简称“GHQ”）在东京成立，美军参谋长联席会议发文指示，“天皇和日本政府统治国家的权力从属于”麦克阿瑟，标志着美国对日全面占领期的开始。[①] 虽然日本投降后在英美苏三国政府提议下成立了包括中、苏、英等十国在内的“远东咨询委员会”对作为盟军最高统帅的麦克阿瑟提供咨询意见，但实际上日本战后的政治、经济、外交、安全等国家政策均需通过美国控制的 GHQ 进行制定与执行。

为了使日本“不再成为美国的威胁”，GHQ 采取了瓦解日本旧安全体制机制的措施。

其一，通过天皇的“人间宣言”及解散日本陆海空军和参谋本部等军事机关的方式，彻底改变了军部在日本国家安全体制中的绝对核心地位，沉重打击了始于明治维新的日本军国主义势力。根据 1945 年 10 月 4 日 GHQ 发布的“民权自由指令”[②]，在日本国内自内务大臣以下原隶属于内务省警察机构的所有秘密警察被撤并，瓦解了日本军国主义国家安全体制的基础。至 11 月 30 日，陆海军省被全部解散，仅保留担当遣返复员任务的第一复员省（陆军）和第二复员省（海军），日本陆海军及其管理机构有组织地被完全废除。[③]

其二，“非军事化”被写入《日本国宪法》。早在 1945 年 11 月，为了起草《日本国宪法》，外务省就决定成立由外务省次官与各部局长官、主要负责人构成的“和平条约问题研究干事会”（以下称“干事会”）。由于“干事会”的主要成员多为经历过“凡尔赛体系”的日本驻各国外交官，因此他们当中大多数人认为即使是战败，日本作为主权国家也理应像一战后的德国一样保有一定的军事力量，至少是保持自卫所必需的“防御性和平军备”。因此第一份有关宪法修正的研究报告并未对日本战后的“非军事化”进行详细界定。由于此时日本保留“防御性和平军备”的设想与 GHQ 意见相悖，1946 年 3 月 6 日经 GHQ 修订后发表的《宪法改正草案纲要》删除了“干事会”提出的军事条款，并明确提出日本“永远放弃以国权发动的战争，以及武力威胁或武力行使作为解决国际争端的手段；不保持陆海空军及其他战争力量，不承认国家的交战权”条款。[④] 此条款的出台不仅使得日本保有“防御性和平军备”的愿望成为泡影，同时随着“非军事化”被写入宪法，从法律上明确否定了日本未来拥有进攻性军队的可能性，对日本由战前安全体制向战后安全体制的过渡产生了重大影响。

战后初期，GHQ 对于日本国家安全体制机制的改革直击法西斯势力要害，

---

① “日本投降签字纪实”，http://politics.people.com.cn/GB/8198/46867/46875/3394993.html.

② 1945 年 10 月 4 日由 GHQ 发出的，由“罢免（日本内阁）内务大臣、废除阻碍思想言论自由的法规以及特别高等警察机构、释放政治犯”等条款组成的初期对日政策指导性文件。

③ 田中明彦：『安全保障－戦後 50 年の模索－』，東京：読売新聞社 1997 年出版，第 49～50 頁。

④ 楠綾子：「占領下日本の安全保障構想—外務省における吉田ドクトリンの形成過程：1945－1949」，載『六甲台論集』（法学政治学篇），第 45 巻第 3 号，1999 年，第 10 頁。

使日本右翼势力自二战前建立起的以对外扩张为目标的强大战争机器瞬间崩塌。随着原本作为国家安全体制基础的各军事部门的撤销及《日本国宪法》中“非军事化”条款的出台，战后的日本宛然成为“东方瑞士”，这些变化使得战后保守派组阁的新政府不得不重新评估国际国内形势以建立战后新的国家安全体制与机制。

二、日本国内关于安全体制的讨论

从1945年二战结束至1951年《旧金山对日媾和条约》签订前的战后初期，是日本国家安全体制由战前军部核心体制向战后体制模式过渡的关键时期。在经过对二战战犯的审判及对战前国内法西斯体制的“整肃”后，日本国内的极端军国主义势力受到遏制。驻日美军颁布的“自由民权指令”使得长期被束缚的“政治民主”思想在一定程度上得以解放，新兴政党纷纷成立。战后日本一度出现了革新派左翼、保守派右翼、极端右翼及自由民众为主的四股势力并存的政治局面。四股势力在国家安全体制的战后重构问题上意见不一，分歧主要集中在战后国家安全体制的基本框架、国家防御性军事力量的保有水平、占领期结束后以美国为首的盟军的去留等问题上。围绕这些问题，战后初期出现了军国主义复辟安全体制、非军事化集体安全体制及折中主义安全体制等不同安保体制建设方案。

第一，复辟军国主义体制方案。复辟军国主义体制方案主要由日本落网战犯及战时“非武装法西斯”势力所倡导。在经历占领军政府整肃的短暂蛰伏期后，他们以极右翼政党或社会团体的姿态重新参与到国内政治生活中，有些人甚至很快在新政府中担任要职，对战后初期的日本政治走向起到了重要作用。他们中的绝大多数人将二战中日本的失利简单归结为军事指挥上的失当或“维持国体”的需要，不承认日本对外军事侵略和军国主义安全体制本身存在的问题，提出应以修正主义的方式对曾经使日本屹立于强国之林的传统军事安全体制进行局部改进与更新。在军事力量建设方面，他们指出应在最短时间内恢复日本作战力量，这不仅是对外应对复杂动荡国际局势的需要，更是防止国内随时可能出现的共产主义革命的需要。[①] 他们虽然承认在战后经济困难的情况下保持战前水平军事力量将给国家造成严重负担，但仍主张战后国家军事力量的配置应不低于当时的中等发达国家水平。对于结束占领后的盟军驻留问题，极右翼势力认为在国家安全机制上过分依靠外部力量是非常危险的，若想在战后纷繁复杂的国际局势下保障自

① 田中明彦：『安全保障戦後50年の模索』，東京：読売新聞社1997年出版，第102頁。

身的安全，应尽早结束外国军队的占领，且在独立后应完全依靠本国军事力量保证国家安全与稳定。

第二，非军事化的颠覆与重构方案。如果复辟军国主义安全体制是右翼势力对传统日本安全体制的继承与修正，那么战后新兴政党所提出的非军事化集体安全体制则是对其颠覆与重构。在“自由民权指令”的作用下，新兴政党如雨后春笋般出现，并很快在新政府中占有了一席之地。在众多新党中尤以中左翼的日本社会党最为活跃，其在1947年的大选中胜出，与日本民主党、国民协同党共同成立了日本近代历史上第一个中左翼联合政府。大选获胜后的社会党高调宣称，“大选的胜出是革新势力借‘时代之力’取代旧势力（保守派）的开端”，而“保守势力的政策则早已失去国民信任”。[①] 社会党政府建立后最迫切要解决的问题仍是日本国家安全体制的道路选择，他们指出，战后的日本应该彻底摒弃军国主义理念，集中一切力量发展经济，推进“民主化”改革进程，使日本尽早摆脱战败国地位。在国家安全体制建设方面，他们提出应当摒弃长期的军事扩张思维，借战后过渡期走全面“非军事化”道路，希望保持国家的中立地位，并运用集体安全模式维护国家的和平与独立。虽然在国家安全体制的基本框架问题上达成了基本共识，但社会党内左、右两派势力就非军事化安全体制的具体运作模式则分别提出了各自的主张。社会党左派认为战后的日本没有能力建立军队，因此应尽快加入联合国，以联合国给予会员国的集体安全权利来保障国家安全；社会党右派则认为联合国成立以来在诸多国家安全问题上所发挥的作用并不稳定，加之美苏均势初现端倪，因此在占领期结束后将美国军事力量留在日本将是最现实可行的方案。

第三，折中主义的“中间道路”方案。右翼保守派提出的折中主义安全体制可视为介于上述两种安全体制建设方案之间的一条“中间道路”。早在二战末期，亲英美的保守右翼代表人物吉田茂便借时任首相近卫文麿之手向天皇提交了建议对英美“早期终战”的“近卫奏折”，指出日本“战败必至”，而战后对日本安全威胁最大的并非英美等资本主义国家，而是迅速崛起的共产主义势力，对英美“早期终战”不仅不会影响日本皇国国体的维护，反而有可能使日本在战争结束后赢得政治外交上的主动。[②] 在战后出任日本首相后，吉田茂迅速提出了以“轻武装”及“日美安保”为核心的国家安全体制建设方案。具体来说，在国家安全体制框架建设上，吉田认为，“战后（日本）连一艘军舰也造不了的薄弱国力

① 原杉久：『戦後史のなかの日本社会党—その理想主義は何であったのか』，東京：中公新書2000年出版，第30頁。

② 肖伟：《战后日本国家安全战略的历史原点》，新华出版社2009年版，第18~20页。

是不能建立军队的，没有军队则更无从谈及国家安全保障问题上的‘自主性’”①，因此必须选择集体安全体制作为日本安全体制的核心。他进一步指出，联合国在欧洲、朝鲜问题上的疲软表现使其无法兑现在集体安全问题上的承诺，因此要保证日本安全必须通过与美国间的安全合作实现。这一时期，美国为了稳定亚太局势，集中全力与苏联争夺欧洲的控制权，也希望将日本作为其在亚太地区最大的前沿基地，因此吉田茂的“日美安保”设想在提出后不久便获得了美国政府的积极回应。在军事力量的建设方面，由于1950年朝鲜战争的爆发使美国担心陷入亚欧两线作战的囧境，因此从1951年开始逐渐将限制日本军事力量发展的政策向支持其建立自主防卫力量方向转变。面对这一变化，吉田茂政府并未给予正面回复，而是以战后经济恢复为主、军事恢复次之为由拒绝美方对日本大规模再军备的要求。至1951年《旧金山对日媾和条约》签订前，作为国家治安力量存在的警察预备队的规模一直维持在12万人左右（保安队约11万人，警备队约7 600人）。吉田茂领导的右翼保守政府所确立的以“轻武装”“经济中心”与“日美安保”为核心的战后复兴线路契合了日本战后的需要，亦在一定程度上缓和了左、右两派势力在战后国家安全体制选择问题上的激烈矛盾，逐渐被确定为战后初期日本安全问题的主导思想。

二战结束后的第一个五年是日本国家安全体制由战前阶段向战后阶段过渡的重要时期。通过日本社会左、右翼力量的激烈论战，最终确立了以“日美安保”和渐进式“再军备”作为未来国家安全体制的基本框架，这一体制的建立使日本在战后早期赢得了良好的国际、国内安全环境。但由于战后对法西斯势力的整肃并不彻底，而以丧失国家主权为代价换取的集体安全环境亦受到国内民众的强烈反对，因此看似完美的日本战后安全体制实际上危机四伏。

第二节　“日美安保”体制与日本安全体制的孕育

“富尔顿演说”“杜鲁门主义”和“马歇尔计划”拉开了“冷战”的序幕。而在中国及朝鲜的失利使美国意识到，要想取得在亚洲地区对苏联的优势地位就必须利用日本，改变二战后削弱日本的政策，全方位加强与这个“东方盟友”的安全合作。面对美国对日政策的转向，日本社会各界对结束占领后初见雏形的“日美安保”体制褒贬不一，战后初期左、中、右三股势力的政治博弈从20世纪

① 大嶽秀夫：『戦後日本防衛問題資料集』（第二卷），東京：三一書房1992年出版，第391頁。

50年代中期开始逐渐向右翼在朝、左翼在野的局面转化，左翼政党及民众要求改革以"日美安保"为核心的日本安全体制的呼声从未停止。且由于"日美安保"核心体制下"美主日从"的现实状况与右翼势力在国家安全问题上所追求的"大国道路"夙愿间存在根本性矛盾，因此在经济恢复后寻求逐渐摆脱"日美安保"体制束缚，建立独立国家安全体制成为这一时期日本各界在国家安全体制发展问题上的共识。①

一、"日美安保"体制的建立及其发展

经过战后初期国家安全问题的大讨论，日本最终确定了以保守右翼政党提出的"日美安保"为核心的国家安全体制建设方案。在就《旧金山对日媾和条约》谈判的同时，吉田内阁在GHQ的监督下开始着手草拟《日美安全保障条约》（以下简称"《安保条约》"），条约的签署不仅标志着战后过渡期日本安全体制的结束，同时也是"日美安保"体制作为二战后日本安全体制核心内容的开始。在这一过程中，经外务省、日本首相吉田茂及其智囊团讨论后共提出了A、B、C、D四个方案，方案涉及日美两国安全关系、日本的再军备进程、美国的驻军方式等问题。② 经过多方考量，最终采用了由外务省提出并经过吉田私人政治、经济、军事智囊团审议的D方案作为最终方案提交美方进行审议。其主要内容为日本在《旧金山对日媾和条约》生效的同时与美国签订《安保条约》，美国根据条约以其军事实力保障包括日本在内的远东地区安全。为实现这一目的，美国将保有在日本本土及周边地区驻军的权利。当日本遭受来自第三国武装侵略或其国内发生武装动乱，且明确向美国政府提出安全保护请求时，美国有义务协助其维持国家和平与稳定，日本则需向美国提供包括基地、资金、设备、情报等在内的全方位支持，并在有条件的情况下推进渐进性再军备进程，以此分担美军在日本周边地区的防务压力。

《安保条约》的签订使日本得以在战后相当长的时间内将本国的防务问题置于"日美安保"体制所提供的集体安全保护伞下，节约下的大量防务预算被投入到国家重建与经济恢复中。但是，美国援引"范登堡决议案"③ 的"相互原则"在《安保条约》中并未明文规定美国有单独确保日本一国安全之义务，而"日

---

① 武田康裕・神谷万丈：『安全保障学入門』，東京：亜紀書房2009年第四版，第331頁。

② 楠綾子：「戦後日本の安全保障政策、一九四九～一九五一年—吉田茂、外務省、ブレーン・グループによる形成」，载『神戸法学雜誌』，第50卷第1号，2000年，第104～109頁。

③ 1948年6月，美国众议院通过决议规定在持续与有效的"自助与互援"的基础上，以及在涉及"美国国家安全"的情况下，美国可以通过宪法程序，参加区域性或集体协定，史称"范登堡决议案"。

美安保”体制的建立又不可避免地将日本的国家安全与美国全球范围内的军事行动紧密联系在一起。该条约一、二条及随后签订的《日美行政协定》使美国获得了在日本本土及冲绳地区的专属基地使用权，随之而来的美军与驻地居民的矛盾也成为长期困扰日本政府的不稳定因素。

二、“日美安保”体制的首次变革

20 世纪 50 年代后期，美国开始在全球推行“大规模报复战略”，其主要特征是减少美国在各地区的常规作战力量，取而代之的是增加核武器比重，以核威慑代替常规军事力量来减少军事开支所带来的财政赤字。这一战略的推出一方面要求美国在世界各主要战略区域储备核武器，以形成对苏联的核威慑，减少不必要的实际军事力量及人员投入，另一方面也要求其在全球的“盟友”必须进一步增强自身防卫力量，以配合美国的全球战略。在亚洲，美国希望日本进一步增强本国的防卫能力，逐步完成在周边区域与美军的换防，并在远东地区防务问题上进一步发挥协助美军的作用。对于日本而言，经过战后十年的发展，国家经济已经远超战前水平，为提高日本的政治地位，改变“日美安保”体制中与美国的主从关系，要求修改《安保条约》的呼声日益高涨。

1958 年 9 月，日本外相藤山爱一郎访美并正式与美方就《安保条约》的修订问题展开谈判。1960 年 1 月，日本首相岸信介与美国国务卿赫脱（Christian Herter）正式签订了《日本国与美利坚合众国间相互合作与安全保障条约》（以下称“《1960 年安保条约》”）。日方提出的修改主要包含三个方面的问题：第一，“日美安保”体制中的双边关系定位问题。由于 1951 年签订的《安保条约》并未明文规定美国具有履行保卫日本安全的责任，因此日本急于通过《国防基本方针》将渐进“再军备”合法化后，与美国在国家安全问题上建立“平等”“互助”的关系，且由于修改后的条约规定两国在“日美安保”体制下的“互助”需以不违反各自国内法为前提，而日本宪法规定日本仅拥有“自卫权”而否认“交战权”，因此使“互助”变成了美国单方面对日本的责任。这一点可以说是日方在条约修订过程中最大的成功。第二，修改侵犯日本国家主权之条款。既然美日之间在安全保障问题上是平等关系，那么自然《安保条约》及《日美行政协定》中所涉及的美军在日特权也应随平等关系的建立一并取消。对于这一点，双方虽然在建立军事行动上的“事前协商”机制及取消日本对第三国提供军事基地的限制等方面达成了一致，但对于归还冲绳及《日美行政协定》的修订等核心敏感话题，美方要么明确表示反对，要么以日后另行协商为借口推诿，美军的在日特权问题依然未能得到彻底解决。第三，《安保条约》与《联合国宪章》的关系问题。在《安保条约》签订之后，“日美安保”体制的性质问题便一直遭到日本国内各界的质疑。在野的革新派政党及民众均认为“日美安保”体制过分偏重军事同盟性质，容易将日本卷入美国主导的地区紧张局势中，因此要求废除《安保条约》，主张以联合国集体安全的方式保证日本安全。虽然在美苏两极对立的背景下日本不可能选择以“非武装中立”的形式依靠联合国实现国家安全，但面对国内长久以来的反美呼声，保守派政府也不得不对“日美安保”体制做出局部调整，以将“日美安保”体制形式上置于联合国集体安全框架下的方式来安抚国内民众。

《1960年安保条约》是日本开始调整战后初期形成的“日美安保”体制、建立更加独立的国家安全体制机制的首次尝试。通过对条约的修订，日本不仅从形式上摆脱了与美国在安全保障问题上的主从关系，并且通过一系列外交谈判废除了美军在日的部分特权。但是随着日美在国家安全问题上“平等”及“互助”关系的建立以及日本防卫范围的扩大，日本由受到美国的军事庇护摇身一变成了其在远东地区最重要的防卫合作伙伴。身份的变化使日本不得不分担更多的地区防务，也使其卷入由美国引发的局部战争的可能性增大。另外，在冲绳等敏感问题上的无能表现也进一步引发了日本国内民众的反美安保斗争。

三、日本安保体制的孕育

战后初期直至1951年《旧金山对日媾和条约》签订前，由于日本并未赢得国家主权上的完全独立，其国家安全主要通过以美国为首的占领军政府实现。美国在20世纪50年代初开始对日本加速“再军备”及日本本身的经济发展，使得在《和平宪法》框架下建立平行于“日美安保”体制的独立国家安全体制成为可能。赢得独立后初期的日本在国家安全体制的预警、决策、执行及评估等多方面进行了一系列初步探索，逐渐形成了战后日本安保体制的雏形，如图33－1所示。

在安全预警体制方面，随着《和平宪法》所带来的“非军事化”，日本的防御性军事力量活动范围被严格限制在日本本土范围内，且就其功能而言更加偏重于治安管理，因此早期的防御性军事力量也被称为“警察预备队”。1952年在首相吉田茂的建议下，日本在首相府设立了主管国内外情报收集工作并直接向首相负责的“内阁总理大臣官房调查室”，该机构的主要职能为“整合各部门情报资源”，为首相制定防卫政策提供参考。由于民众及社会舆论均担心其过度集权的组织体制可能造成日本军事情报机构的复活，而战后初期日本“官僚政治体制”下各省厅间的平行运作模式也使情报资源的整合在实际运行中面临巨大困难，因

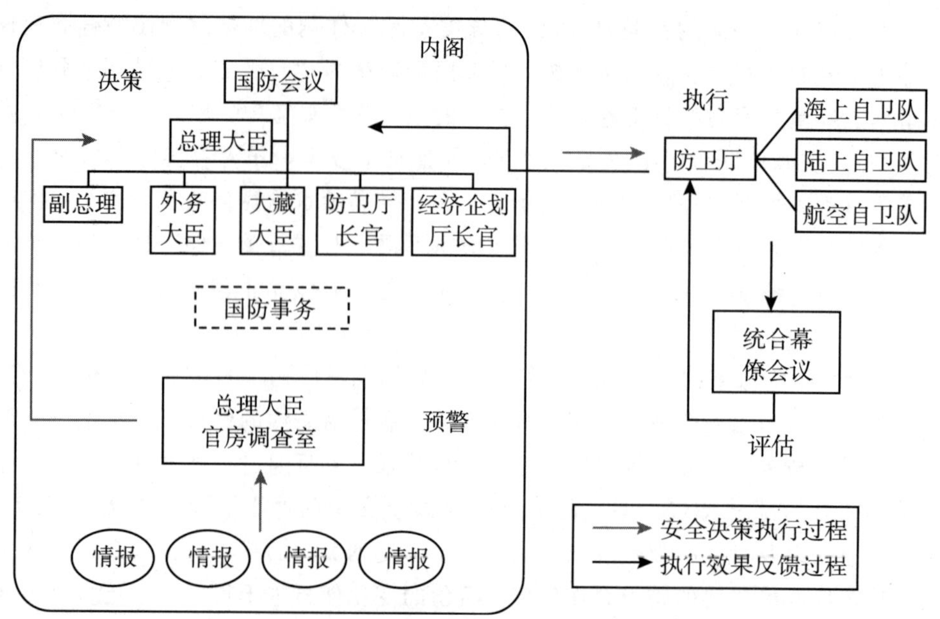

图 33－1 孕育期日本安保运行机制

此这一机构在建立后的运行效果并不理想，随着 1957 年《内阁法修订》及《首相府本府组织令》的颁布，这一机构也随之撤销。①

在安全决策体制方面，随着国家主权的回归，日本开始建立自上而下国家安全决策体制的尝试，其中最重要的内容便是国防会议的设立。为了加速国家安全体制调整速度，增强对国防重要事项的中央集权制管理，1954 年日本通过的《防卫厅设置法》决定在内阁建立专司“审议国防重要事项”的国防会议，在该法第三章中将国防会议的主要职能定位为协助首相审议“国防基本方针”、制定“防卫计划大纲”、调整相关“产业结构”与判断“自卫队出动与否”等。其主要成员除内阁首相外，还包括与国家安全密切相关部门的最高长官，如外务大臣、财务大臣、防卫厅长官等，就功能定位与人员配置而言，国防会议均可谓日本在二战后建立的首个国家最高安全决策机构。高配置的国防会议在其实际运作中并未达到建立之初的设想，根据日本内阁官方数据统计，国防会议自建立至被安全保障会议取代的 30 年间年平均会议率仅为 2.3 次，为后来安全保障会议的 1/3，其主要原因在于国防会议的审议内容及其本身功能的局限性。②《防卫厅设

① 松田康博：『NSC 国家安全保障会議—危機管理・安保政策統合メカニズムの比較研究』，東京：彩流社 2009 年出版，第 286 頁。

② 松田康博：『NSC 国家安全保障会議—危機管理・安保政策統合メカニズムの比較研究』，東京：彩流社 2009 年出版，第 288 頁。

置法》规定，国防会议所审议的内容主要为日本国家安全的大政方针及自卫队等安全执行机关的中长期建设规划等，这些内容均需要经过执政党内部、国会、内阁的多重审议方可最终提交国防会议进行讨论，此过程往往需要几个月甚至数年时间。而对于一些偶发的重大安全事件，如朝鲜战争的爆发等，国防会议则无法做出迅速反应。另外，虽然国防会议拥有高配置，但就其功能而言主要是首相的安全咨询机关，因此其并不具有安全问题的提案权，这使得首相在应对重大安全问题时仍需等待相关省厅的提案，从而会耽搁应对危机的黄金时间。

在安全执行体制方面，日本在战后初期依次经历了警察预备队、保安队时代，虽然在人员配置上有一定增加，但在国家正式获得独立前，这些准军事力量的基本职能均被定位为国内治安管理。1954 年《防卫厅设置法》颁布的同时，日本出台了被称为“防卫双法”之一的《自卫队法》，将保安队、海上警备队分别改编制为陆上、海上自卫队，并新建航空自卫队以执行防卫职能，其总编制为 16.4 万余人。新建立的自卫队的主要职责是“应对直接或间接侵略，保障国家和平与安全”。[①] 内阁总理大臣为自卫队最高指挥官，防卫厅长官在总理大臣监督下直接管理自卫队日常事务。关于自卫队的出动，《自卫队法》明确规定，自卫队仅在国家安全受到直接或间接威胁时方可出动，因此其不具备主动出击的功能。对于国家安全威胁的判断，则需首相根据具体情况并在国防会议讨论的基础上予以判断。在国防会议判定某事项需要出动自卫队予以解决后，首相需将该决议报国会审议，审议通过后方可出动自卫队执行防卫活动。当国会否决首相判断时，则必须立刻撤回自卫队。这一机制的设定实际是将首相在国家安全问题上的最高决策权置于国会之下，从而降低安全问题决策权过分集中带来的决策失误风险。

在安全评估体制方面，这一时期虽然建立了统一的国家安全决策机构——国防会议，但各省厅间的平行政治体制及情报沟通能力的欠缺，仍使得不同安全问题的主管机关存在较大差异，而对安全政策执行后的效果评估则主要由相关省厅负责。如在评估自卫队建设及训练情况时主要由防卫厅负责，而在评估“日美安保”体制中与美国的安全关系时则由外务省负责。各省厅中均设有相应的安全问题评估机构，如《防卫厅设置法》第二十六条中提到在防卫厅设立“统筹幕僚会议”，其主要工作除制定具体防卫、训练计划外，还将在搜集防卫相关情报的同时对防卫厅的安保行动进行调查与评估。

日本政治体制在获得独立后出现了保守派右翼与极端右翼势力“合流”的趋

① 東京大学『世界と日本』日本政治・国際関係データベース：《自卫队法》。http://www.ioc.u-tokyo.ac.jp/~worldjpn/documents/texts/JPSC/19540609.O3J.html.

势，这直接导致日本自1955年开始的“1955年体制”的形成。美国国际上的伙伴需求及日本国内政治局势的发展，直接导致“日美安保”体制中美日关系由“主从”向“盟友”过渡，而右翼势力也顺势夸大安全形势影响，为建立独立的日本安全体制造势。

日本在20世纪50年代所建立起的国家安全体制，最初是以摆脱“日美安保”体制束缚为前提的独立国家安全系统，但由于在组织、运行机制中缺乏统一协调与配合，因此在应对重大紧急安全事件时呈现出反应速度慢、决策贯彻不到位等弊端，这是促使20世纪80年代日本安全体制改革的主要诱因。

第三节　日美同盟与日本综合安保体制

20世纪70年代，日本安全体制中的结构性矛盾开始显现。一方面，在面对除防卫问题之外的重大紧急安全事件时，国防会议无法发挥核心指挥机构的作用，各安全部门各自为政造成信息的上传下达机制受阻；另一方面，20世纪70年代出现的日美经济摩擦严重影响了日美同盟关系的可信度，日本开始寻求在多方面提升“自助能力”在其安全体制建设中的地位。

一、国际国内安全环境的新变化

20世纪70~90年代是全球“冷战”形势发生巨大变动的时期。从20世纪70年代开始，苏联在“冷战”中完成了对美国的由守转攻，这一时期苏联一方面缓和与美国之间的矛盾，以和平的方式换取美国对美苏均势局面的承认，另一方面则着力在欧洲建立超越意识形态的“集体安全”体系，以此挑拨美国与西欧诸国间的关系。除此之外，苏联还一改冷战前期以欧洲为中心与美国争夺世界霸权的政策，以扶植代理人或直接实施武装侵略的方式加紧对所谓“中间地带”的渗透与控制。

这一时期美国经历了“冷战”开始以来国际形势的若干重大危机与变化。一是石油危机的发生使能源严重依赖进口的美国、西欧及日本经济受到严重打击，使正处于衰退期的资本主义世界经济雪上加霜。二是越南战争使美国长期陷入战争泥潭无法自拔，严重影响到中美苏关系的走向。越南战争的惨痛教训使美国开始重新考虑其全球安全战略布局，总统尼克松在1970年2月的国情咨文中明确指出，美国虽然“仍将参与友邦的防卫与发展”，但“不能也不会为世界上所有自由国家……承担全部防务责任”。[①] 三是中国恢复了在联合国的合法席位，中国世界地位的提升使国际政治结构开始发生重大变化。四是日本为了缓和民众对“日美安保”体制的不满情绪，将社会舆论的核心由政治转向经济，日本于20世纪60年代末制定了促进经济快速发展的“国民收入倍增计划”。70年代，日本经济实现年平均11.7%的增速，一跃超过联邦德国成为仅次于美国的世界第二大经济体。经济的腾飞使吉田茂在50年代所提出的“再军备缺乏经济基础”的论断失去了其存在的前提条件。借助海湾战争中西方国家对日本“出钱不出人”的批评，日本政府内部要求进一步改变日本“专守防卫”的安全体制，建立自主国防，增强“国际贡献”的呼声愈加强烈，一场有关国家安全体制机制的重大变革正在酝酿。

二、日本安全观念的转变

20世纪70年代中东石油危机所引发的日本国内经济危机使日本认识到，包括石油在内日本的各种资源以及粮食等物资均需依靠海外进口，如果这些通道被切断，日本将面临与军事危机同等的严重威胁。因此即使是非直接军事性质的威胁，对于“资源小国”日本而言也足以构成国家安全上的重要问题。正如1977年日本首相福田赳夫在其施政方针演说中所述：“从国民经济、国民生活考虑，最重要的事便是确保资源、能源的供给……这些问题对于资源小国的我国（日本）而言，是关乎国家生存发展的大事，也是具有安全保障方面重要性的重要问题。”[②] 对经济及资源安全的关注促使日本政府开始改变仅重视军事问题的传统安全理念，着手研究建立更加全面、自主的国家安全体制与战略。1979年时任首相的大平正芳组织了由200多名各方面专家学者组成的智囊团分九个小组对日本的“综合安全保障战略”（以下称“综合安保”）进行研讨，1980年他们向代首相伊东正义提交了一份包括传统军事安全、外交安全以及经济及资源安全、粮食安全等内容在内的研究报告书，具体详细地阐述了“综合安全保障观”的基本理念。

报告书指出，所谓的安全保障是指“防止国民生活受到各种威胁”，为此日本的国家安全体制应当由一直以来仅注重军事安全的狭义安全观扩展到对包括经济安全在内的各领域安全问题的广泛关注。为了实现这一目标，报告书将实现“综合安保”的具体措施分为三个层次，即自助努力、建立满意的国际环境的努

① 方连庆等：《国际关系史（战后卷）》（上册），北京大学出版社2006年版，第420页。

② 田中明彦：『安全保障戦後50年の模索』，東京：読売新聞社，2003年出版，第273頁。

力，以及联合与自身理念与利益相同的国家以保卫日本安全的努力。[①] 比如在传统军事领域，报告中指出在建立满意的国际环境的努力方面应当加强国际安全合作，与可能成为敌人的国家建立军备管理等方面的双边信赖机制；在自助努力层次上，应加强国家对外来侵略的“抗拒力”[②]，即依据日本的国情继续发展足以抵抗外来进攻的部队，以日本自身的力量保障国家安全。与以往的国家安全观相比，“综合安保观”的提出第一次明确将国家安全方面的政策上升到国家战略高度，这标志着日本战后国家安全领域独立国家意识的正式形成。

报告书对日本在新时期的军事、经济安全问题进行了阐述，并提出了相应对策，其中应当注意的主要有三个方面：一是提出了日本经济、能源、粮食安全的概念，认为日本要保证自身的经济安全就必须一方面加强与能源、原料产地国的联系，另一方面主动保障海外“能源通道”的安全。这实际上是为20世纪90年代日本实现自卫队的海外行动寻找借口。二是在日美关系方面，再次明确日美同盟在日本安全体系中的核心地位，但同时指出日本应加强在美国支持下的国家安全问题的自主判断与解决能力，加强日本的自主安全体制，在更多方面、更广范围给予美国更加强有力的支持，这些政策实际上是借“日美安保”体制影响范围的扩大使日本增强在全球范围内的军事存在。三是更加强调拥有“抗拒力”的国家防卫力量建设，在自卫队的建设方面，提出将每年防卫费用中用于自卫队更新装备的费用由20%增加至30%，而军费总开支则应突破三木内阁时期《防卫计划大纲》所规定的占GNP 1%的限额。[③]

“综合安保观”的提出是日本在美苏“冷战”进入相持阶段后根据国际安全局势新变化所做出的全新战略选择，是日本国家安全体制由被动安全向主动安全，由传统军事安全向全方位、多角度、广范围方向发展的标志，也是这一时期日本国家安全体制变革的指导思想。根据“综合安保观”的思想，日本对国家安全体制进行了新一轮改革。

三、日本安全体制的变革

20世纪50年代，日本通过颁布一系列政令法规的形式建立起了战后首个相对独立的国家安全体制，该体制以首相领导下的国防会议为最高决策机关，通过防卫厅及自卫队执行各种具体安全行动。通过近20年的实际运作，其体制弊端

① 田中明彦：『安全保障戦後50年の模索』，東京：読売新聞社，2003年出版，第280頁。

② 日语原文为“拒否力”，意为“否决力”或“抗拒力”。

③ 内閣官房内閣安全保障室編集：『大平総理の政策研究会報告書—5総合安全保障戦略』，東京：大蔵印刷局，1980年出版。

逐渐显现，这些弊端主要体现在情报整合能力薄弱、重大紧急事件应对能力差、缺乏总体性评估机制等方面。

其一，情报预报功能不足。虽然战后初期的国家安全体制中已建立起安全情报收集与预警机构，但由于这一时期日本的国家安全仍主要通过“日美安保”体制得以实现，因此日本将安全情报收集工作的重点放在与驻日美军的情报沟通上，而新建立的“内阁总理大臣官房调查室”虽名为整合各省厅安全情报，但在实际运作中却受到日本政府机构平行组织结构的影响难以发挥预报功能，因此仅成立不到五年即遭撤并。

其二，难以应对偶发性重大紧急安全事件。在国防会议成立之初，其主要功能即被设定为有关“国防重要事项”的审议，对于偶发性重大紧急安全事件的处理能力则显得捉襟见肘。随着“冷战”中国际形势的剧烈变动，局部武装冲突发生的可能性增大，加强对重大安全事件的反应能力成为安全体制改革的重点。

其三，缺乏跨部门综合安保评估机构。分散在各行政部门中的国家安全政策评价机构一般仅能对本领域安全问题进行有效评价，面对安全问题的复杂化、综合化趋势，日本急需建立一个纵观全局的跨部门综合安保评价体系。

面对以上问题，日本于 20 世纪 80 年代开始着手从国家安全体制的组织结构、基本功能及人员配置等多方面进行综合改革，如图 33－2 所示。

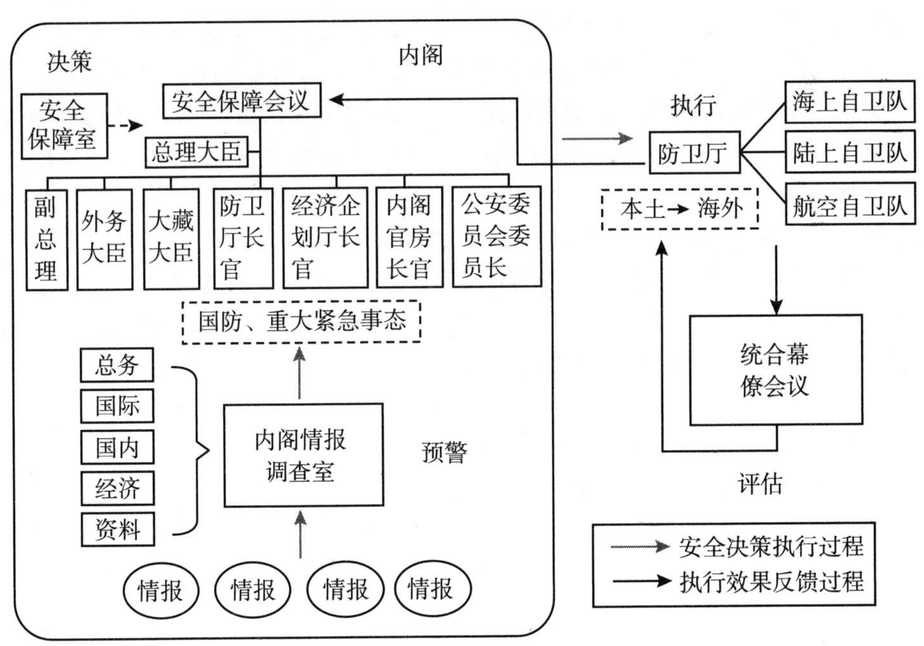

图 33－2　变革期日本安全运行机制

在安全预警体制上，随着冷战中国际安全局势变化使日本的安全威胁感增加，特别是石油危机的发生使日本开始关注与海上交通线安全相关的情报收集工作，这一时期日本安全预警体制的发展主要表现为其安全情报部门的独立建制与基本结构确立。根据1957年《内阁法》，日本将原设于总理大臣之下的“内阁总理大臣官房调查室”转移至内阁体制下。随后1977年1月的《内阁调查室组织规则》决定根据不同的安全目的将内阁调查室分为“总务、国内、国际、经济、资料”五个分室，最终确立了“内阁调查室”作为独立部门的建制。除设立独立建制外，这一时期“内阁调查室”还完成了从“长官报告制”向“总理报告制”的升格。[①] 1982年之前，“内阁调查室”的主要职能是对收集到的情报进行汇总分析后报送内阁官房长官，再由长官报送国防会议审议。中曾根内阁时期将原由内阁官房长官报送的情报改为直接向内阁总理大臣汇报，实际上是加强了总理大臣在安全事务上的掌控力。“内阁调查室”作为独立部门的出现是日本战后建立独立安全预警体制的标志，其功能的细化有利于提升日本在未来应对不同安全问题时的快速反应能力。需要指出的是，由于这一时期日本的平行政治体制仍未得到显著改善，因此实际分布在各部门的情报收集机构仍无法统筹运作，这使得“内阁调查室”在建立之初只是一种形式的存在。

在安全决策体制上，这一时期的主要发展是安全保障会议的设置及其组织、功能的扩大化。为扩大日本安全决策体制的适用范围，进一步促进自卫队等准军事力量的运用，日本于1986年通过了《安全保障会议设置法》，将原国防会议改组为安全保障会议。这一变革主要伴随着国家安全决策体制的三大新变化。首先，从国家最高安全决策机关的审议内容看，与国防会议相比安全保障会议除保留“国防重大事项”作为议题外，还首次将“重大紧急事态”纳入讨论范围，此变化加强了日本在应对偶发安全事件时的快速反应能力。其次，从安全保障会议的组织结构来看，在内阁官房[②]新设“内阁安全保障室”作为其专门事务局，负责处理日常安全事务及协调安全保障会议与各省厅安全机构间的关系。最后，从安全保障会议的人员构成和议题来看，为配合其审议内容的新变化，新增内阁官房长官及主管国家警察力量的国家公安委员会委员长为正式议员，将对内、对外安全事务统一划归安全保障会议直接审议。

综合上述内容可以发现，日本安全决策体制在20世纪80年代的新变化实际上是其安全体制专门化、集权化的具体表现，通过审议内容、组成人员的扩大，安全保障会议在国家安全问题上的决策权进一步加强，而由于作为议长的内阁总

---

① 大森義夫：『日本のインテリジェンス機関』，東京：文芸春秋社2005年出版，第47頁。

② 相当于国务院办公厅。

理大臣在“重大紧急事态”的性质认定上具有裁决权①，因此改革的最终结果是使首相在自卫队出动等问题上具有了提议权。

在安全执行体制上，自卫队等国家准军事力量的主要职能及活动范围得到了扩大。20世纪80年代之前，自卫队的基本职责仅被设定为“保卫本国和平与安全”，而其主要活动范围也限制在日本本土。随着20世纪60～70年代日本国内形势和国际形势的变化，日本开始推进自卫队由“专守防卫”向“海外进出”转变。1987年颁布的《国际紧急援助队派遣法》规定，当海外某地区国家正在或将要发生重大灾害，且该国政府或国际机关向日本发出正式援助请求时，日本可以派出包括警察部队及海上保安厅在内的国际紧急救援队对该国进行国际救援。② 这部法律的颁布是日本战后首次允许日本安全力量赴海外执行任务，其与此后颁布的《联合国维和行动协助法》（简称“PKO法”）一起成为战后日本突破“专守防卫”政策的开始。

在安全评估体制上，从这一时期开始，日本将安全问题分为国际与国内、国防事态与紧急事态等多层次进行分层评估，各相关部门的职责也发生了相应变化。比如有关国际与国内安全问题分别由直属内阁的外政审议室及内政审议室负责评估。另外，为得到社会舆论的广泛支持，促进综合安全保障观的推广，这时日本还在内阁中设立了专门负责对外宣传、解释重要政策方案及调整的“内阁广告室”。

在完成20世纪60～70年代的经济飞跃后，日本逐渐将国家战略的核心转向争取政治大国地位上。在国家安全体制改革方面，日本以综合安全保障观为指导，除继续坚持日美同盟的主体地位之外，还不断加强自主体制和安全能力建设。通过《安全保障会议设置法》将“重大紧急事态”纳入“安全保障会议”的管辖范围内，从而使其完成了对国家安全事务的统筹监管。两部关于国际合作行动法案的出台，名义上是对国际社会要求日本加大“国际贡献”的回应，实际上则是为其冲破战后体制限制、实现“正常国家”的目标提供法律依据。

第四节　冷战后日本安全体制的新变化

整个冷战时期，日本在安全问题上的核心任务便是在“和平宪法”框架内巩

① 東京大学『世界と日本』日本政治・国際関係データベース：『自卫队法』，http://www.ioc.u-tokyo.ac.jp/~worldjpn/documents/texts/JPSC/19860527.O1J.html.

② データベース『世界と日本』，『国際緊急援助隊の派遣に関する法律』，1987年，http://www.ioc.u-tokyo.ac.jp/~worldjpn/documents/texts/JPSC/19870916.O1J.html.

固日美同盟的核心地位，并在此基础上逐渐推动日本自主防卫体制和力量的建设。随着冷战的终结和美苏对立格局的瓦解，以及国际安全威胁的多层次化和复杂化，日本自民党内“鹰派”势力迅速崛起，军事主义安全观又重新影响到日本安全体制，日本以日美安全同盟再定义与防卫范围扩大为特征的新一轮安全体制变革蓄势待发。

一、冷战结束后的日本安全体制

（一）冷战结束后的新背景

在国际上，冷战的终结使二战结束以来以美、苏为首的两大阵营的对峙为“一超多极”格局所取代，国际安全局势出现了许多新的特征。美苏代表的东西两大阵营间的对抗不复存在，国际安全局势整体上趋于缓和，但冷战期间居于次要地位的地区安全威胁升级为主要威胁，如1991年爆发的海湾战争和朝鲜半岛持续的紧张对立局势。此时日美同盟关系也出现了较大波动。早在20世纪60～70年代，日美间就曾因纺织品及钢铁行业的竞争产生激烈矛盾，至90年代矛盾不断向其他经济领域延伸。这一现象引起了美国国内商界人士高度重视，他们纷纷要求政府以政治手段向日本施压以保证本国产品不受日本商品冲击。[①] 虽然危机最终在日本政府的让步下暂时得到缓解，但一度紧张的美日关系仍使日本民众再次开始质疑日美同盟关系的紧密度。

与此同时，日本国内右翼势力的影响上升。“1955年体制”在安全政策上贯彻“渐进性再军备”及“专守防卫”的基本方针，使日本自卫队的规模、活动范围及自卫权行使始终保持在“必要最小限度”内。1993年细川护熙上台组阁，标志着自民党长达38年的政治统治终结，然而昙花一现的政策变动不仅未能扭转日本国家政治的“右倾”顽疾，反而使重新上台后的自民党政府迅速出现“鹰派”势力当权的局势。

（二）冷战结束后日本安全观念的变化

冷战结束后，日本的安全观念也由被动安全转向主动安全。冷战结束前日本坚持的以“日美安保”体制为中心的“专守防卫”的基本方针被打破，取而代之的是安保防卫范围的扩大及日美同盟关系的重新定义。

① 方连庆等：《国际关系史（战后卷）》（下册），北京大学出版社2006年版，第811页。

为综合研讨日本安全体制的未来走向，1993 年细川护熙首相指派其防卫问题智囊团就冷战后国家安全若干重大问题进行了深入研究，最终的研究报告于次年交付村山富市新内阁。这份名为《日本安全保障与防卫力的走向——面向 21 世纪的展望》的报告书明确指出，冷战后的国际安全形势已经发生了质的变化，为顺应时代发展潮流，未来日本的安全体制应集中向以下四个方向发展：第一，在冷战后国际安全问题失去“焦点”的情况下，其未来发展将呈现多元化特征，仅凭一国力量难以维持国家及地区稳定。日本应改变被动的“专守防卫”安全体制，努力成为地区安全秩序的缔造者。第二，建立与完善国际多边安全合作体制，以各种集体安全框架应对多元化安全威胁。第三，继续坚持并充实日美安全合作关系，加强与美国在亚太地区的安全伙伴关系建设。第四，为实现日本的主动防卫力建设目标，需进一步强化自身的安全预警、危机处理能力。①

该报告的提出标志着日本安全体制建设的主体思想由“专守防卫”向更为主动的“安全缔造”转变。在这一安全思想变化的影响下，日本再次考虑对其安全体制进行变革。

（三）冷战结束后日本安全体制的变革

冷战后的日本安全体制改革主要是围绕如何在“和平宪法”框架下进一步扩大自卫队等安保执行机构的活动范围，并在此基础上实现日本由“本土防卫”向“周边防卫”的过渡而展开。因此，这一时期日本安全体制的改革重点主要放在自卫队等执行体制的改革方面。此外，由于国内数次重大紧急事态处理中所表现出的迟滞现象，日本亦开始着手加强其危机应对能力建设。冷战结束初期日本安全运行机制如图 33－3 所示。

在安全预警方面，鉴于这一时期安全保障会议在数次重大紧急安全事件中的应对迟缓，1996 年，桥本内阁在原有内阁情报调查室的基础上增设了“内阁情报集约中心”，以保证对紧急安全事件相关情报进行 24 小时持续处理并直接向首相汇报。其主要功能是将来自各省厅机关、媒体、民间研究机构的重大安全情报进行即时汇总分析，并通过与总理大臣、内阁官房长官及内阁危机管理监等主管安全事务的领导上传下达，对国家防卫问题、大规模灾害、紧急重大事件、恐怖主义活动等国家安全事件进行实时应对。

在安全决策方面，为解决上传下达不畅的问题，日本 1997 年的行政改革会议提出在内阁设立“危机管理室”，负责专门联系、协调各省厅安全机构，负责

① 内閣官房内閣安全保障室編集，『日本の安全保障と防衛力のあり方：21 世紀へ向けての展望』，東京：大蔵省印刷局，1994 年版。

安全问题上传下达及协助首相召集安全问题智库进行安全问题研究，为使其真正发挥作用，该机构的最高长官被升格为副官房长官级。① 该机构在平时的主要工作是构建国家安全问题智库网络，分方向研讨国家安全相关事项并向政府提出咨询建议，而在突发事件发生时，则负责协助首相及内阁分析来自“内阁情报集约中心”的各部门相关资料，第一时间制定应对之策。这一机构建立后在一定程度上加强了内阁对安全问题的实际掌控力。如在 1999 年发生的东海村 JCO 核泄漏事故及 2000 年的有珠山火山爆发等非防卫性安全问题上，内阁真正开始起到“司令塔”的作用。

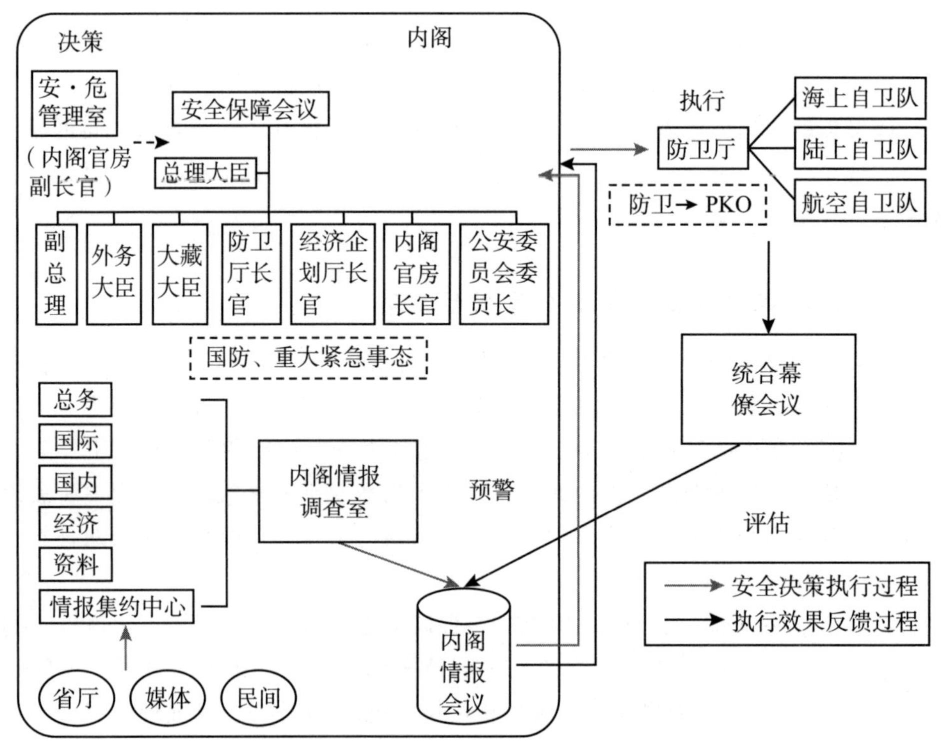

图 33 - 3　冷战结束初期日本安全运行机制

在决策执行方面，日本的主要改革集中在自卫队功能及活动范围的扩大上。由于“和平宪法”的限制，1954 年成立的自卫队在功能上一直局限于本土安全防卫。冷战结束后，随着日本国内“鹰派”势力的发展及海湾战争中西方舆论对日本的批评加大，日本政府开始酝酿对自卫队的功能进行改革。1992 年日本通

① 日本首相官邸网站：「内閣の危機管理機能の強化に関する意見集約」，http://www.kantei.go.jp/jp/gyokaku/975naka17.html.

过了旨在使自卫队参加海外维和行动合法化的《"PKO"法》，该法首次明确指出日本是肩负国际责任的国家，在不使用武力的前提下派遣自卫队参加联合国维和行动、国际人道主义救援活动及其他国际合作活动应被视为合法。[①]《"PKO"法》的颁布实际上是以联合国的名义使日本迈出"合法"海外派兵的第一步，也是日本挑战战后国际秩序的重要表现。根据日本外务省的统计，《"PKO"法》颁布后，日本先后曾向亚、非、中东等地区派驻过自卫队，截至2014年，仍有271名自卫队员常驻苏丹执行维和任务。[②]

除功能的扩大外，自卫队的活动范围在这一时期也由"本土防卫"向"周边防卫"扩展。1997年，日美对双边安全合作框架的纲领性文件——《日美防卫指针》进行了大幅修改，提出将冷战时期的单一防卫合作关系向多层次拓展，建立包括平时、"日本有事"及"周边有事"在内的多层次动态合作机制。该防卫指针指出，冷战后日本不应再局限于"本土防卫"的范围，而应与传统盟友——美国加强在"周边"地区的合作，以便在更大范围内确保日本安全。这里的"周边"并非地理概念，而主要是指具体事态对日本安全的影响程度。在文件的第五项中专门列举了属于"周边有事"的情况，其中既包括日美两国政府的互相支援，也包括日本单方面对美国军队提供基地、后方补给等支援行动。[③]通过这一文件，日本的防卫范围得到了实质性的扩大。1999年，日本又颁布《周边事态法》，为《日美防卫指针》的实施进一步确立了国内法依据。冷战结束后，日本自卫队功能的改革及活动范围的扩大，进一步凸显了其突破二战后国际政治秩序、要求恢复政治大国地位的野心，也是其在"9·11"事件后倡导更加独立的积极安全政策的尝试。

在安全决策与决策执行的评价方面，这一时期日本安全决策评估体制出现了与预警体制整合的倾向。1998年桥本内阁时期，为整合各安全部门情报资源，完成对国家安全预警与评估两大系统的统筹管理，日本在内阁新设"内阁情报会议"，负责人为内阁官房长官，主要参加委员为各部门次官级领导。该会议每年召开两次，主要功能除实现各部门间安全情报的共享外，更重要的是对已制定的安全政策进行综合评估，并将结果报送内阁总理大臣，以便作为日本未来安全决策、决策执行和体制机制建设方面的参考。

---

① 日本外务省网站：「国際平和協力法」，http://www.mofa.go.jp/mofaj/gaiko/pko/pdfs/horitsu.pdf.

② 日本外务省网站：「国連PKO・政治ミッションへの派遣：中国・韓国・ドイツとの比較」，http://www.mofa.go.jp/mofaj/files/000019811.pdf.

③ 東京大学『世界と日本』日本政治・国際関係データベース：「日米防衛協力のための指針」，http://www.ioc.u-tokyo.ac.jp/~worldjpn/index.html.

二、“9·11”后的日本安全体制

（一）“9·11”后国际国内环境变化

“9·11”事件后，日本国内通过推行行政体制改革，实现了以首相为首的内阁在国家政治体制中的决策核心地位。小泉纯一郎当选日本首相后，对松散的平行政治体制进行了改组与重构，排除了人事任用制度上的派阀间均衡原则，赋予首相在国家重要政策上的提议权，弱化了因执政党内部意见不统一而造成的政策难产现象。经过改革，对于首相认为重要且紧急的法案，内阁官房可以独立完成法案草拟并直接提交国会审议，不再需要执政党内部对其内容进行审查。内阁主导政治体制的形成虽然在很大程度上增强了国家应对紧急事态的能力，提高了政府的决策效率，但过度集权化的政治体制也增加了决策失误风险出现的可能性。

（二）“9·11”后日本安全体制的新观念

这一时期的日本已不再满足于作为美国在世界范围内军事活动的配角，而是希望未来能够在“日美安保”体制之外建立以自身为主导的地区安全合作框架，以此配合日本“政治大国”道路的需要。为实现这一目标，2004年以原防卫大学校长五百旗头真为首的小泉内阁安全政策智囊团向政府提交了一份名为《面向未来的安全保障——防卫力构想》的研究报告书（樋口报告），这一报告书正式提出了“综合安全保障观”①（以下简称“综合安保观”）的概念。所谓“综合安保观”是指在不同层次使用各种方式整合可利用资源为实现日本防卫及改善国际安全环境服务。这是日本首次将国际安全环境的改善作为日本国家安全战略发展的目标，也是日本大国意识形成的具体表现。

为实现以上两大目标，“综合安保观”提出应着重在“自助努力”“同盟国合作”及“国际合作”三个方面推进国家安全和安全体制建设。在自助努力方面，日本提出必须将长期坚持的“专守防卫”理念向威胁预防的早期化、外部化方向发展。具体来说，“综合安保观”将日本国家安全保障的目标分为两个方面：一是加强防范威胁国家利益的直接攻击的能力，或在已受到危害时将其影响程度

---

① 日语原文为“統合安全保障戦略”，“統合”的意思是“整合”“综合成一体”。其与20世纪80年代提出的“総合安全保障戦略”意义相类似，但更注重各种安保手段的目标统一，在肖伟所著《战后日本国家安全战略》中将其翻译为“总和”，本文将其译为“综合安全保障战略”。

降至最低。二是降低世界范围内构成威胁事件发生的可能性及影响。[①] 为了实现以上目的，研究报告书提出应不遗余力地加强军事力量发展，以提高安全决策的执行能力。2004 年 12 月，日本对《防卫计划大纲》进行了大幅修改，提出在“基础防卫力”建设的成果基础上，应着重加强“快速、机动、灵活”的“多机能弹性防卫力”建设，在国内建立弹道导弹防御系统，并加强自卫队远洋作战能力与岛屿作战能力的训练。自卫队的实战能力在对《防卫计划大纲》修改后得到了实质性的提高，这为日本更加频繁地参加国际军事活动，冲破《和平宪法》限制，使自卫队向实战军队转变奠定了基础。

在同盟国合作方面，日本在这一时期重新确立了“日美安保”体制在其国家安全问题中的核心地位，并在此基础上将日美同盟向纵深推进。2006 年日美首脑在华盛顿共同发表了《新世纪的日美同盟》宣言，宣称在新世纪有必要将单一的安全合作向纵深发展，促进日美在政治、经济、安全领域的全面伙伴关系形成。这份宣言还特别提出，日美两国在巩固亚太地区合作关系的基础上，将在未来建立更为广泛的世界范围的日美同盟关系。《新世纪日美同盟》宣言的发表，既是对“9·11”事件后日美同盟关系“蜜月期”的总结，亦是日本在美国默许下突破二战“专守防卫”安全体系、继续扩大海外军事活动范围的具体表现。

在国际合作方面，“综合安保观”提出要建立“多机能弹性防卫力”的设想，其中一项重要内容便是通过建立各种双边或多边安全关系主动捍卫日本及周边地区的安全。在报告提出后不久，日本便开始以保护海上交通线安全为由拉拢东盟各国加入其主导的地区安全联盟。2004 年 11 月，日本倡导建立的包括东盟国家及中、韩、印度等地区大国在内的《亚洲反海盗协定》正式签署。该协定的最终目的却是“通过建立亚洲第一个非传统安全合作的多边机制，实现了在马六甲海峡确立日本存在”[②]。日本将安全触角扩展至东盟地区，不仅可以确保其海上贸易交通线的安全，还将增强其自卫队在海外军事活动中的主动性。

（三）“9·11”后日本安全体制的新变化

随着小泉内阁对日本政治体制的改组与重构，日本自二战结束后长期存在的“官僚主宰”政治体制被“政党主宰”体制所取代，自下而上由省厅制定内阁调整的政策提案机制被自上而下的内阁统筹决策机制取代，首相领导的内阁在国家政治生活中的决策能力空前膨胀。与政治体制改革类似，其安全体制中也出现了

① 荒木浩等：『「安全保障と防衛力に関する懇談会」報告書 - 未来への安全保障・防衛力ビジョン - 』，東京：大蔵印刷局 2004 年出版，第 5 頁。

② 李秀石：《试论日本对东盟的安全合作政策》，载《日本学刊》2014 年第 2 期，第 48 ~64 页。

内阁高度集权的新特征。后“9·11”时期日本国家安全体制运行方式如图33-4所示。

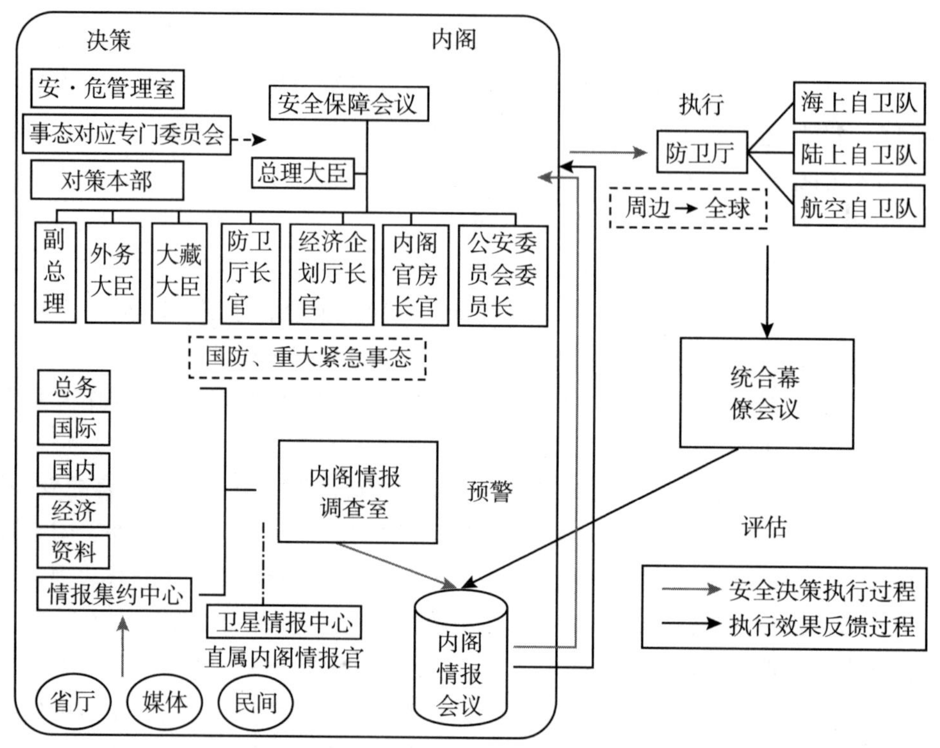

图33-4　后“9·11”时期国家安全体制运行

在安全预警方面，以应对朝鲜核武危机、加强日本安保反应能力、扩大其情报收集范围为借口，日本于1998年开始研发专门用于安全情报收集工作的卫星，2003年日本成功发射了用于国家安全及重大灾害预警的情报卫星“光学1号”和“雷达1号”，标志着日本安全预警正式进入“卫星时代”。为更好地整合与分析卫星情报资源，日本于2001年开始广泛招募技术、政策、情报专门人员，设立“内阁卫星情报中心”，并在东京、茨城、北海道、鹿儿岛建立了四个分中心，对有关安全情报进行全天候搜集。① “内阁卫星情报中心”的建立是日本安全体制突破“专守防卫”限制、将触角伸向世界范围的重要标志，其建立不仅将为日本本土及周边安全行动提供重要情报支援，还将为未来自卫队在世界范围内的军事行动提供情报服务。

① 日本内阁官房网站：「内閣衛星情報センターの概要」，http://www.cas.go.jp/jp/gaiyou/jimu/pdf/csice1.pdf. 查阅日期，2015年9月1日。

在安全决策方面，小泉内阁对日本安全决策体制进行了改革，主要是安全保障会议审议内容的变更及首相领导的内阁在安全决策体制中的地位上升。在安全保障会议的审议内容上，小泉内阁时期一改往届内阁以国防相关事宜审议为主的倾向，大幅增加有关自卫队实际运用问题的讨论。根据日本内阁官房统计，2001～2005 年，安全保障会议的召开频度远高于往届内阁，特别是有关自卫队出动的讨论更是超过年平均 15 次，自卫队的运用成为安全保障会议研讨的核心问题。[①] 为配合审议内容的变化，日本内阁还在安全保障会议的组织体制上进行了改革，新设"事态对应专门委员会"，在平时负责安保必要事项调查分析及提案，在紧急事态发生时则协调外务省、自卫队、警察部队等安全部门主管负责人召开"特别安全保障会议"。根据 2003 年颁布的《武力攻击事态对应法》，当日本面临武力威胁时，首相有权根据自身判断在内阁设立临时"对策本部"以对各部门间的安全行动进行综合协调。由于这一机构在设置前不需要国会的许可，因此实际上是增加了首相个人在处理突发安全问题中的作用。[②]

在安全决策执行方面，随着一系列有关放宽自卫队海外行动限制法案的出台，自卫队的活动频度及范围均得到了进一步增加。根据《反恐特别措施法》和《伊拉克人道复兴支援特别措施法》，自卫队可以参与为反恐战争中的美军及其他联合国军队提供包括后方支援、医疗救护等非武力行动，而其具体活动范围并未明确予以限制，这实际上是使自卫队的海外活动范围由与日本国家安全直接相关的"周边"区域扩大到美军反恐战争可及的世界任何区域。[③]

在安全决策与执行的评估方面，冷战结束后初期建立的"内阁情报会议"在评估事项范围上得到扩大。"综合安保观"指出日本在新世纪的安全保障绝不仅仅包括军事安全方面，而应是包括经济等非军事安全在内的综合安全。因此这一时期参加"内阁情报会议"的成员除传统安全部门长官外，还新增了财务、经济产业、金融等省厅长官作为会议正式成员，以此实现对日本安全政策与执行进行综合评价。

---

① 松田康博：『NSC 国家安全保障会議—危機管理・安保政策統合メカニズムの比較研究』，東京：彩流社 2009 年出版，第 288 頁。

② 松田康博，2009 年，NSC 国家安全保障会議—危機管理・安保政策統合メカニズムの比較研究，彩流社，第 297 頁。

③ データベース『世界と日本』，『平成十三年九月十一日のアメリカ合衆国において発生したテロリストによる攻撃等に対応して行われる国際連合憲章の目的達成のための諸外国の活動に対して我が国が実施する措置及び関連する国際連合決議等に基づく人道的措置に関する特別措置法』，2001 年，http://www.ioc.u-tokyo.ac.jp/~worldjpn/documents/texts/JPSC/20011102.O1J.html。查询日期，2016 年 8 月 14 日；データベース『世界と日本』，『イラクにおける人道復興支援活動及び安全確保支援活動の実施に関する特別措置法』，2003 年，http://www.ioc.u-tokyo.ac.jp/~worldjpn/documents/texts/JPSC/20030801.O1J.html.

冷战后的日本国家安全体制向着更加主动、集权、外向的方向发展。"樋口报告"提出后，日本从被动安全维持者向主动安全缔造者转变，通过"PKO"法等相关法律的出台大幅扩大日本自卫队的活动范围及领域，使自卫队实现了海外活动合法化。在安全体制建设上突出危机处理能力建设，安全保障会议实现了在国防、重大灾害、紧急事态方面的情报收集与评估的统筹管理。"9·11"事件后，日本重新评估安全环境，将对国际安全环境的改善纳入其安全体制建设目标。实现自卫队运用的常态化、规模化既是日本追求政治大国道路的具体体现，也是其对战后国际安全格局的试探性挑战。

总而言之，二战后日本安全体制的发展经历了从无到有、从弱到强、从简单到完备、从内敛到外向的变化过程，这一过程既是其战后经济恢复发展、迈向"正常国家"战略的体现，同时也是战后未被完全肃清的军国主义右翼势力死灰复燃，并逐渐对其安全决策体系产生重要影响的过程。在这一过程中，日本安全体制的变革呈现出右倾化、集权化及渐进军事化等特征。

战后日本安全体制的变革过程实际上是左、右翼势力就国家安全政策走向的角力。右翼势力从战后初期被压抑，到20世纪50年代中期重整旗鼓，再到80年代将左翼势力的作用彻底边缘化，其主要原因除日本政治力量对比的变化外，还与各个时期美国在世界范围内安全政策的变动直接相关。由于美国视日本为其亚太战略桥头堡，因此无论是对日本的占领压制抑或是鼓励其再军备，无不体现出美国在各个历史阶段实现自身国家利益的需要。二战后初期的保守派右翼和80年代开始成长起来的极端右翼势力所主张的安全政策与安全体制的改革均与美国势力的支持显著相关。

需要注意的是，二战后的日本安全决策体制建设呈现显著的集权化演化倾向。二战结束后早期，日本内阁的安全决策功能受制于各省厅间的平行政治体制，首相虽然是"同辈中的首席"[①]，但其既不具有安全政策的最终决策权，也不具有提案权，国防会议仅作为各省厅间利益协调的场所。随着一系列安全体制改革及法律法规的推行，日本首相在20世纪80年代的安全保障会议中获得了安保政策的提案权，至21世纪初甚至可以凭借自身的判断绕开国会，通过"对策本部"直接派遣自卫队执行"重大紧急"任务，日本安全体制的决策权不断向以首相为核心的内阁集中。

---

① 松田康博：『NSC国家安全保障会議—危機管理・安保政策統合メカニズムの比較研究』，東京：彩流社2009年出版，第280頁。

第三十四章

日本防卫体制机制

日本防卫体制是日本安全体制的重要构成部分。由于日美同盟关系和日本的战败国地位，日本防卫体制必然受到日美同盟体制的决定性影响。从总体上看，日本防卫体制的独立性和自主性增强，其防卫法律体系不断完善，决策体制因形势的变化出现大的调整，防卫力量提升、范围扩大。尤其是海上自卫队和航空自卫队的实力不断增强。日本防卫体制正经历二战以后最重大的转折。

第一节　日本的防卫法律体系

2007 年 1 月 9 日，日本防卫省正式完成了挂牌仪式。自二战后经过半个多世纪，日本的最高防卫机构实现了由“厅”向“省”的变化，其意义绝非仅一字之差所能代表。2010 年 9 月 7 日，中日在钓鱼岛海域发生了撞船事件。以此事件为节点，两国围绕钓鱼岛的争端愈演愈烈。面对世界和地区形势的发展，日本已明确了沿袭日美同盟为基轴的传统，并借助美国战略重心东移，在亚太施展多元外交。[①] 特别是 2012 年底安倍晋三再度执政以来，日本针对中国不断加强军事部署，解禁集体自卫权，并重新修订了日本武器出口的原则。这一系列具有挑衅性

① 李薇：《东日本大地震：日本国运的节点、考验和机会》，引自《日本蓝皮书——日本发展报告(2012)》，社会科学文献出版社 2012 年版，第 2 ~ 14 页。

的行为引起了国际社会的担忧。未来日本将在何种情况下使用武力？其法理依据如何？本节将对上述问题进行探讨。

一、《日美安全保障条约》

《日美安全保障条约》首次缔结于1951年9月8日，其标志性意义在于正式确立了日美同盟关系及日本安全体制的基轴。随同条约签署的，还有《日美行政协定》、《日美相互防卫援助协议的秘密保护法》（以下简称"《MDA法》"）、《基于日美相互合作及安全保障条约第六条美军在相关设施、地区及日本国内地位的协定》（以下简称"《地位协定》"）。上述协定及法律共同构成日本防卫法律体系的基础。1951年版《日美安全保障条约》的内容赋予美国在日本极大的权力，这一时期的日本，为了尽快恢复自主权，只能选择接受不平等的安排。

1960年1月19日，日美签署了新的安全条约及相关协定。在日本学者看来，两者的区别已足够明显。即旧条约只是规定了美国保护日本的义务，而新条约则对双方共同承担防卫义务做了规定。[①] 此外，新条约有效期为10年，到期后任何一方提出废除，条约则于1年后失效。客观地说，新条约的确部分反映了日本的诉求，较以前显得更为平等。但在核心防卫事务上，日美间的不平等结构并未改变。众所周知，日本在"和平宪法"约束下，是无权发动战争的。因此，新条约没有赋予日本承担保卫美国本土的义务，实质上限定了其行动的范围。于是，就出现了日本给美国提供军事基地，而美国给日本提供安全保障的非对称现象。[②]

尽管这种非对称结构的外交功能大于实战功能，但日本却一直在努力强化其军事意义，试图将《日美保障安全条约》放到战争中进行验证。如果说美国的军力是矛，那么《日美安全保障条约》就是保护日本的盾。如果日本国内右翼势力长期执政，上述矛和盾的交锋或将不可避免。

二、日本的《自卫队法》

日本《自卫队法》是对自卫队综合运用和管理的最高法律，对自卫队在"和平宪法"框架下的行为有严格规定。然而进入21世纪后，日本在突破使用武器条例等方面动作频频，使得自卫队官兵叩响扳机的门槛越来越低。2001年，日本众议院通过《自卫队法修正案》，在原95条保护武器条款上，又新增"保

① 渡辺洋三、岡倉古志郎：『日米安保条約—その解説と資料』，労働旬報社，1967年，第78~79頁。

② ［日］五百旗头真著，周永生译：《日美关系史》，世界知识出版社2012年版，第200页。

护自卫队设施”一条，当自卫队官兵执行任务保护自卫队设施，如武器、弹药、火药、船舶、飞机、车辆、有线通信设备、无线设备或是用于保存液体燃料的设施设备、营地或港湾或机场相关设备时，出于保护自己或他人的必要及相关正当理由，可以使用武器。

2005 年 7 月 22 日，日本国会参议院就以执政党议员的多数票通过了《自卫队法修正案》，增加了第 82 条的“弹道导弹的破坏措施”内容。此后再经修改，尺度大为放开，具体内容变为“当防卫大臣认为弹道导弹（含其他有可能导致人身及财产安全重大损失的航空器材或其他物体）有可能飞临日本，为防止其下落给日本国内造成人身及财产损失，经内阁总理大臣认可，可命自卫队在日本领海及公海（包括专属经济区）采取破坏措施”。[①]

由此一来，上述两条法案等于为自卫队使用武器打开了一扇门，因为无论是保卫自卫队设施也好，还是破坏弹道导弹设施也罢，其含义是极其宽泛的，动用武器的临界点也是极低的。最令人担心的是，关于武器的使用，将几乎完全取决于个人的判断。

2013 年 1 月 28 日，安倍任首相后出席首次国会时，全体议员为在阿尔及利亚遇难的 10 名日本技术人员默哀一分钟。以此事件为由，自民党与公明党联合组成一个《自卫队法》修改委员会，并于 4 月 19 日确定了一份修改法案。根据这一法案，今后日本国民在海外遭遇危险时，自卫队可以使用“车辆”，将受保护的日本国民从日本大使馆等地护送到机场码头撤离。[②] 而现行《自卫队法》规定，在紧急情况下执行运送海外日本人任务时只能利用飞机和船舶。

综上可知，《自卫队法》对日本使用武器的限制正越来越低，且这种趋势在安倍内阁内无停止迹象。不仅如此，日本政府政策的延续性也值得密切关注。

三、《关于在防空识别圈飞行程序的指令》

1969 年 8 月 29 日发布的日本防卫厅第 36 号发文《关于在防空识别圈飞行程序的指令》是日本擅自设定所谓“航空识别圈”（或识别区）唯一可供参考的文件。该文一直延续执行至今。最近一次更新是在 2010 年 6 月 25 日。其第 1 条规定，在防空识别圈自卫队的飞行程序，参照《自卫队法》所规定的领空标准执行。此外，第 4 条还规定，统合幕僚长（总参谋长）基于事态必要可扩大防空识

① 『自衛隊法』第八十二条の三。

② “日本内阁决定自卫队法修改案”，http://www.chinanews.com/mil/2013/04-19/4745210.shtml.

别圈范围。[①] 也正是在同一天，日本宣布将目前止于最西端冲绳县与那国岛上空的"防空识别圈"扩大至该岛西侧领空及该岛以西（中国台湾一侧）两海里海域之上。

如图 34－1 和表 34－1 所示，2008～2013 年，自卫队紧急升空次数呈不断上升趋势，且针对中国大陆的比例急剧增加。从 2012 年起，日本针对中国大陆紧急升空的次数开始超过针对俄罗斯的次数。2013 年航空自卫队全年针对"可能侵犯领空"的外国战机紧急出动 810 次，为近 23 年最高值。其中针对中国大陆的次数为 415 次，占比超过 50%。[②] 而紧急升空的绝大部分原因，便是外国飞机进入了日本的"防空识别圈"。《自卫队法》第 84 条规定，在有不明国籍的飞机进入领空时，防卫大臣可授权自卫队紧急起飞，采取措施令对方撤退，或强行迫降。但是，日本媒体甚至防卫省经常挂在嘴边的是由于他国飞机进入其"防空识别圈"，因此紧急出动战机。

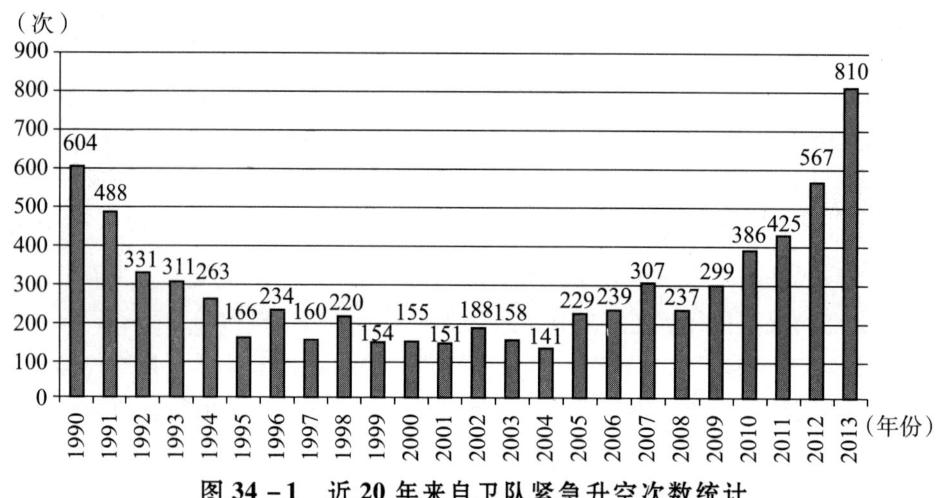

图 34－1　近 20 年来自卫队紧急升空次数统计

资料来源：根据日本防卫省联合参谋部 2014 年 4 月发布数据整理得出。

表 34－1　　2008～2013 年自卫队紧急升空时对象统计　　单位：次

年份	俄罗斯	中国大陆	中国台湾地区	朝鲜	其他	合计
2008	193	31	7	0	6	237

① 防衛庁訓令第 36 号『防空識別圏における飛行要領に関する訓令』，1969 年 8 月 29 日。

② 「平成 25 年度の緊急発進実施状況について」、防衛省統合幕僚監部、2014 年 4 月、第 1、3 頁。http://www.mod.go.jp/js/Press/press2014/press_pdf/p20140409.pdf.

续表

年份	俄罗斯	中国大陆	中国台湾地区	朝鲜	其他	合计
2009	197	38	25	8	31	299
2010	264	96	7	0	19	386
2011	247	156	5	0	17	425
2012	248	306	1	0	12	567
2013	359	415	1	9	26	810

资料来源：根据日本防卫省联合参谋部2014年4月发布数据整理得出。

防空识别圈（防空识别区）指的是一国基于空防需要所划定的空域，目的在于对领土、领海入侵进行早期发现和早期预警。最早设立防空识别圈的美国、加拿大等国是以20世纪50年代飞机一小时的飞行距离（约200～300海里）为界限的。[①] 现行的国际法对“防空识别区”没有做出任何强制性规定，迄今为止，全世界诸多沿海国家中，只有美国、日本、加拿大等十余个国家建立了“防空识别区”。从法理角度来看，防空识别区有一部分基于国际法领空主权，但不等于领空。在实践中，一些国家又将其赋予国际习惯法地位。[②] 那么，日本单方面设置的防空识别区是否有国内的法律依据呢？笔者在日本众议院的法律条文总库中输入“防空识别圈”字样，检测结果为零。也就是说，无论是宪法还是自卫队法，或是一般法令，都没有为日本防空识别圈的设定提供法理依据。

实际上，防空识别区的法理基础是薄弱的。事实上，对进入防空识别区的行为如何判定也存在争议。有些学者认为，只要外国飞机进入其防空识别区，就视其为入侵。[③] 但是，在防空识别区的公空范围内并不是某一国的领空，在领空外的范围内，任何国家都不能对他国飞行器行使主权。据此，有些学者甚至认为若一国在和平时期为了占领公海或公空，并在这些地方保持排他性控制所采取的任何图谋都是对其他国家的侵略行为。[④]

---

① ［加］伊万·L. 海德著，金朝武译：《防空识别区、国际法与邻接空间》，载《中国法学》2001年第6期，第153页。伊万是中加建交时加拿大外交部副部长——作者注。

② 薛桂芳、熊须远：《设立空防识别区的法理分析》，载《中国海洋大学学报》2007年第6期。

③ 西修，「集団的自衛権行使は政策判断で」，http://www.iza.ne.jp/news/newsarticle/column/opinion/623659/。

④ John C. Cooper，“Airspace Rights Over the Arctic”，*Air Affairs*，Vol. 03，1950，P. 517。转引自［加］伊万·L. 海德著，金朝武译：《防空识别区、国际法与邻接空间》，载《中国法学》2001年第6期，第147页。

事实上，只要不入侵他国领空、不危及他国安全，一国完全有权力在领空外的防空识别区进行无害通过。即便外国飞行器不进行事先通报，设立防空识别区的国家也无权禁止上述国家的飞行行为。而从另一角度来看，一国也可以通过提高空天飞行器及武器性能来削弱防空识别圈的意义。

因此，日本任何根据所谓防空识别区而进行的空中活动和执法行为，都是站不住脚的。不仅如此，日本还借国外飞行器进入其防空识别圈，制造其领空“有可能受到入侵”的紧张局面，令战机紧急升空，从而突破自卫队法中关于当领空受侵犯时才令飞机紧急起飞的规定。原本就非名正言顺的“防空识别圈”，经过刻意的曲解和膨胀后，变得更加危险了。

通过对防卫法律体系的考察，可以发现日本以和平主义为基调的防卫政策基石已出现裂缝，甚至出现动摇的迹象。在这些变化影响下，以 2013 年版《防卫计划大纲》为标志，日本开始从根本上重新审视二战后的防卫政策，日本的防卫体制和机制也将随之面临深刻变化。

第二节　日本防卫体制的构成与能力

日本自战后至今共发布了 5 次《防卫计划大纲》。每一份新大纲出台，就意味着上一份大纲自动废止，同时也说明与之配套的《中期防卫力量整备计划》已实施完毕。自 1976 年第一个大纲发布起，新大纲推出的时间间隔在不断缩短，这说明日本防卫体制调整的步伐和频度呈加速趋势。进入 21 世纪后，上述趋势尤为明显。本节将对日本防卫体制的构成和能力逐一进行剖析。

一、日本防卫体制的构成

防卫体制指实现和维护防卫的内部组成和架构。日本防卫体制的核心是自卫队。根据自卫队法第二条的表述，自卫队包括防卫省内部司局、陆海空自卫队、统合幕僚监部、情报等诸多机构，共同构成日本防卫体制。本节重点介绍防卫省的内部司局以及大臣领导的五个特别机构，如图 34－2 所示。

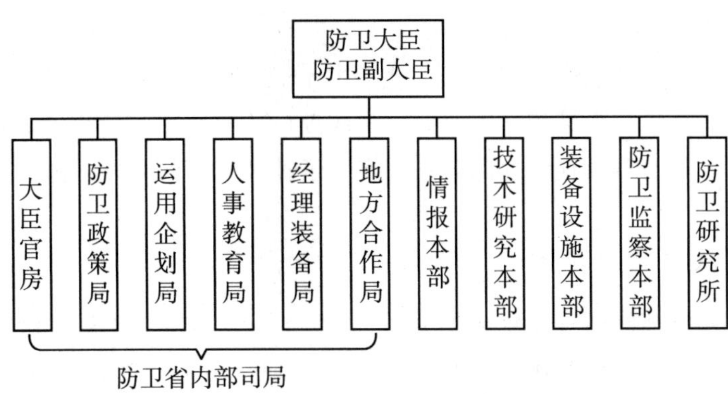

图 34－2　日本防卫体制构成

（一）防卫省内部司局

防卫省内部司局作为行政部门，其领导者有官房长官和各部门局长，共同辅佐防卫大臣。大臣官房相当于办公厅，负责防卫省机关的文件起草、政策评估、宣传以及文官的人事安排。内设卫生总监、技术总监、报道官和审议官等职位，共有7人。其中，卫生总监负责后勤医护工作，技术总监负责防卫技术方面的事项，报道官负责新闻宣传事宜，审议官负责重要事项的规划起草。

防卫政策局负责防卫政策的调研、文件起草、防卫交流，特别是日美防卫合作、自卫队的部队编制及装备、情报收集和分析工作；运用企划局负责自卫队的行动，具体包括维和行动、部队训练、情报通信等事务；人事教育局负责自卫官的人事、职员招聘、福利、薪水、教育和保健卫生等事务；经理装备局负责预算结算、监察、装备品的研发及调配，自卫队设施的管理调配等事务；地方合作局主要负责同地方的共同团体保持联络与合作，在军事基地的周边事务处理、为驻日美军提供设施及相关补偿及劳务管理事宜。在这些机关中，防卫政策局是最核心的部门。

（二）情报本部

在日本防卫系统的众多情报机构中，陆海空自卫队内的情报机构定位于战术情报收集，防卫省情报本部是最核心的战略情报部门，也是日本最大的情报机构。截至2014年，共有2 528名工作人员，其中1 919名为自卫队军人，609人为负责事务、情报分析、调查的文官。根据《情报本部组织规则》，情报本部的部长由陆海空自卫队的中将担任，下设副部长1名。此外，还配有以下人员：情报官4名，除1名文职官员外，其余3人由陆海空自卫队各占一席；情报保全官1名，负责保密工作；情报评价官1名，负责对情报收集行动的效果等进行评估。[①]

但是，出席内阁联合情报会议的代表并非情报本部长，而是防卫政策局长。在这种情况下，情报本部依然需要向防卫政策局传递情报，后者凭借获得的情报出入于内阁、保持和其他省厅的联系，实现了某种程度的微妙平衡。

（三）技术研究本部

技术研究本部的前身是建立于1952年8月1日的保安厅技术研究所，创立初期只有100人，预算6 200万日元。[②] 到2014年，作为对陆海空自卫队全部武器装备统一研发的部门，日本技术研究本部共有1 084名职员，其中研究岗位有517人，接近总人数的50%。2014年度总预算为1 606亿日元，其中研发经费为1 504亿日元，占比超过90%。[③]

在组织结构方面，除总务部、技术企划部和事业监理部三个部门负责行政事务外，其余部门均为研发单位。其中有4名技术开发官，分别负责陆上、船舶、航空、制导武器四个领域的武器研发。此外，技术研究本部直属有4个研究所和1个中心，分别是航空装备研究所、陆上装备研究所、舰艇装备研究所、电子装备研究所和先进技术推进中心。2014年3月，设在土浦的实验基地被废弃，现有实验场地分别设于札幌、川崎和下北三地。

（四）装备设施本部

装备设施本部的前身名为调达实施本部，是成立于1954年7月的防卫厅附属机构之一。截至2013年末，该本部共有612名工作人员，其中行政岗位526人，自卫官86人。与负责研发的技术部门不同，装备设施本部主要是负责自卫队一切设施装备的总调度分配，下设有19个科室。由于科室众多，分管的副部长也达到7人。

总务课负责保密、文书、人事、薪水、福利、情报公开、个人情报保护和综合协调等事务；会计课负责经费、预算和结算、行政财产及物品的管理等；监察课负责对业务及会计的监督、对装备品及工作部署调度的监督审查；调达企划课负责装备品调度的统一规划、调整、合同管理、业务管理、相关投诉、调度情报管理及调度业务的标准化事务等；原价管理课负责装备品总体调度经费方面的统一规划，以及对装备调度的原始价格计算、管理、标准制定及监督等事项；企业

---

① 「情報本部組織規則」，『防衛省令第十二号』，2009年7月29日。

② 『防衛庁技術研究本部五十年史』，防衛庁，2002年，第2頁。

③ 数据根据防卫省技术研究本部公开资料整理得出。

调查课负责对与装备调度有关企业的调查，包括企业生产、人员管理等各方面；设施计划课负责相关防卫设施的总体管理以及建筑工程等业务；调查研究室负责对装备调度业务的调查、研究及改善相关事项；技术调查官负责对工程的技术标准、计算基准等相关技术的调查和研究。

除上述行政业务部门外，其他科室则分管具体的装备，其明细如表 34 – 2 所示。

表 34 – 2　　装备设施本部分管装备的科室名称及品目

科室名称	分管装备品目	科室名称	分管装备品目
机械车辆课	机械类、车辆等	电子音响课	电波器材、磁气器材、计算机、音响等
舰船课	船舶及船舶用器材等	通信电气课	通信及电气器材等
航空器第 1 课	航空器零部件、装备用或训练用器材等	制导武器课	制导武器、鱼雷等
航空器第 2 课	航空器、引擎等	需品课	食物、纤维制品、燃料及相关物资、卫生器材等；上述物品的运输
进口调度课	从海外进口装备及相关业务	武器课	火器、化学器材、装甲车辆等

资料来源：表格根据日本装备设施本部官方发布资料制作。

（五）防卫监察本部

防卫监察本部的历史比较短，成立于 2007 年 9 月。该机构的主要任务是对防卫省和自卫队内部的不正当、非法、违规行为进行监察，其中防卫装备的订单和泄密是其重点关注对象。监察本部的一把手为防卫监察总监，有 1 名副监察总监任副职，总务课负责人事及财务的管理实务，企划室负责监察项目的规划起草。[①] 除此之外的部门均负责具体监察业务。根据防卫省组织令的规定，由 1 名统括监察官和分别针对陆海空自卫队系统的 3 名监察官及其下属的 7 个监察班共同执行任务。[②]

事实上，由于防卫监察本部直属防卫大臣，因而其对每一个军事机构都可以

① 『防衛監察本部関係法令』、2007 年 9 月 1 日。http://www.mod.go.jp/igo/outline/regulations/pdf/kankeihourei.pdf.

② 「防衛省訓令第 56 号」、2007 年 8 月 25 日。http://www.mod.go.jp/igo/outline/regulations/pdf/mod_k0056190825.pdf.

进行监察，并直接向大臣汇报工作。监察方式主要有3种，分别为定期监察、特别监察和点检监察。定期监察指每年度按计划实施的监察行动，特别监察则根据防卫大臣的命令指示进行，点检监察是对相关改善措施的情况进行的监察。

（六）防卫研究所

防卫研究所是防卫省的政策研究中枢，成立于1952年8月，主要对安全保障和战史进行研究，同时兼有培养自卫队高级将领战略素养的职能，并拥有日本最大的战史研究中心。截至2014年，防卫研究所共有135名职员，其中研究人员86名，占比64%。下设部门当中，企划部负责总务、人事、财务及调查研修事务的综合规划及统筹协调；政策研究部主要对日本及外国的国防政策、战略理论、安全事务进行调查研究；理论研究部主要对日本及外国的政治、法制、社会，以及国防经济学、战乱后的复兴等进行调查研究；地区研究部负责对国际关系及国际、国别形势进行调查研究；教育部负责对自卫队高级将领及其他领导进行安全保障方面的教育培训；战史研究中心负责对战史相关的调查研究、资料编纂及史料管理等。此外，内部还设有图书馆，供本研究所和自卫队各学校及统合幕僚学校使用。

随着国家安全保障会议体制的建立，为贯彻《国家安全保障会议设置法》中关于促进国民对安全保障和危机管理的理解的规定，防卫研究所进一步强化了同政府其他研究机构和国内外大学、智库的交流合作，其在安全保障政策研究领域的核心地位也得到巩固。

二、日本防卫体制的能力

自卫队经过战后几十年的发展，除了未被冠以军队之名外，已成为世界上最精锐的战斗力量之一。2013年版《防卫计划大纲》对自卫队未来5~10年的装备、力量、部署等进行了规划。自卫队军力结构如表34-3所示。

表34-3　　自卫队军力结构一览

项目		2013年末	将来
陆上自卫队	编制	15.9万人	15.5万人
	在岗在编人员	15.1万人	15.1万人
	后备人员	8 000人	8 000人

续表

<table>
<tr><th colspan="3">项目</th><th>2013 年末</th><th>将来</th></tr>
<tr><td rowspan="12">陆上自卫队</td><td rowspan="10">主力部队</td><td rowspan="6">机动作战部队</td><td rowspan="6">中央快速反应部队
1 个装甲师</td><td>3 个机动师</td></tr>
<tr><td>4 个机动旅</td></tr>
<tr><td>1 个装甲师</td></tr>
<tr><td>1 个空降团</td></tr>
<tr><td>1 个两栖机动团</td></tr>
<tr><td>1 个直升机团</td></tr>
<tr><td rowspan="2">地区驻防部队</td><td>8 个师</td><td>5 个师</td></tr>
<tr><td>6 个旅</td><td>2 个旅</td></tr>
<tr><td>岸舰导弹部队</td><td>5 个岸舰导弹部队</td><td>5 个岸舰导弹部队</td></tr>
<tr><td>地对空导弹部队</td><td>8 个导弹群/团</td><td>7 个导弹群/团</td></tr>
<tr><td rowspan="2">主要装备</td><td>坦克</td><td>约 700 辆</td><td>约 300 辆</td></tr>
<tr><td>火炮</td><td>约 600 架/辆</td><td>约 300 架/辆</td></tr>
<tr><td rowspan="8">海上自卫队</td><td rowspan="5">主力部队</td><td rowspan="2">护卫舰部队</td><td>4 个护卫队群
（8 个护卫队）</td><td>4 个护卫队群
（8 个护卫队）</td></tr>
<tr><td>5 个护卫队</td><td>6 个护卫队</td></tr>
<tr><td>潜艇部队</td><td>5 个潜艇队</td><td>6 个潜艇队</td></tr>
<tr><td>扫雷部队</td><td>1 个扫雷部队</td><td>1 个扫雷部队</td></tr>
<tr><td>预警机部队</td><td>9 个航空部队</td><td>9 个航空部队</td></tr>
<tr><td rowspan="3">主要装备</td><td>护卫舰（宙斯盾护卫舰）</td><td>47 艘（6 艘）</td><td>54 艘（8 艘）</td></tr>
<tr><td>潜水艇</td><td>16 艘</td><td>22 艘</td></tr>
<tr><td>作战飞机</td><td>约 170 架</td><td>约 170 架</td></tr>
<tr><td rowspan="10">航空自卫队</td><td rowspan="8">主力部队</td><td rowspan="3">航空警戒管制部队</td><td>8 个警戒群</td><td rowspan="2">28 个警戒队</td></tr>
<tr><td>20 个警戒队</td></tr>
<tr><td>1 个警戒航空队
（2 个飞行队）</td><td>1 个警戒航空队
（3 个飞行队）</td></tr>
<tr><td>战斗机部队</td><td>12 个飞行队</td><td>13 个飞行队</td></tr>
<tr><td>航空侦察部队</td><td>1 个飞行队</td><td>—</td></tr>
<tr><td>空中加油运输部队</td><td>1 个飞行队</td><td>2 个飞行队</td></tr>
<tr><td>航空运输部队</td><td>3 个飞行队</td><td>3 个飞行队</td></tr>
<tr><td>地空导弹部队</td><td>6 个导弹群</td><td>6 个导弹群</td></tr>
<tr><td rowspan="2">主要装备</td><td>作战用飞机</td><td>约 340 架</td><td>约 360 架</td></tr>
<tr><td>其中：战斗机</td><td>约 260 架</td><td>约 280 架</td></tr>
</table>

资料来源：2013 年版日本《防卫计划大纲》。

如表34-3可以看到，截至2013年末的日本军力情况和其10年后的调整目标。在人员方面，日本的总兵力基本不会发生太大变化，但是会对陆海空三军进行编制调整。装备方面，陆上自卫队数量削减趋势明显，海空自卫队则将扩充相应装备。具体而言，2014~2018年的五年间，陆海空自卫队军力结构调整方向主要体现在以下几方面：

一是陆上自卫队。在综合运用的原则下，对作战部队及其他军种的指挥、管理进行优化，将部分地方驻扎部队编入总队，废止中央快速反应部队，将原有兵力编入总队。为应对岛屿攻击等事态，将原有的2个师和2个旅改编为具有高度机动能力和警戒能力的机动师团和机动旅团。通过新编的沿岸监视部队和警备部队，强化对日本西南地区岛屿的防守。为防止对岛屿的攻击，将新编一个两栖机动团，具备登陆、夺岛、守岛的能力。此外，为防止大规模的针对本土的侵略事态，以及出于提高效率及灵活运用的原则，将陆续换上新的移动式战车，并逐步淘汰除北海道和九州以外的旧式战车。至于部署在九州地区的战车，将编入新成立的西部方面部队的战车部队。①

二是海上自卫队。海上自卫队的主要任务和目标是保持常态化情报搜集、警戒监视及侦察活动、反潜作战、防卫周边海域、确保海上交通安全、实施国际维和行动等。为此，将保持4个护卫队群，每个护卫队群以1艘搭载直升机的护卫舰（DDH）、2艘搭载宙斯盾系统的护卫舰为核心。加上其他护卫舰，共同组成5个护卫队。此外，还将考虑增配潜水艇。②

三是航空自卫队。为强化补充西南地区的防空力量，拟对那霸基地的战斗机部队补充一个飞行队。此外，对该基地的警戒航空部队也新增一个飞行队。为避免日本防空能力下降，确保空中优势，提高技战术能力，还将对具有训练、支援能力的部队进行整合。③

第三节 日本的防卫决策体制与运行机制

鉴于日美同盟的地位，考察日本的防卫决策体制与机制时，要同时关注日美同盟和日本国内两方面的情况。对日美同盟运行进行落实和规划的，是《日美防卫合作指针》。日本国内体制的运行，则依然可以从预警—决策—执行—反馈的模式进行分析。

① 『平成26年度以降に係る防衛計画の大綱』，防衛省，2013年，第19頁。
② 『平成26年度以降に係る防衛計画の大綱』，防衛省，2013年，第20頁。
③ 『平成26年度以降に係る防衛計画の大綱』，防衛省，2013年，第21頁。

一、《日美防卫合作指针》

《日美防卫合作指针》（以下简称《指针》）于1978年首次公布，1997年曾一度修改并沿用至今。《指针》对日本防卫体制机制的影响主要表现在以下几个方面：第一，它决定了日本防卫决策体制的针对目标。1978年首次制定《指针》时，苏联是主要的防范对象。1997年的新《指针》将目标转向了中国。[①] 第二，《指针》决定了日本防卫决策体制的性质。1978年版的《指针》强调美国对日本的单边保护，基于这一原则的日本防卫决策体制主要是防御性的。1997年版《指针》强调日美联合军事行动，这意味着日本防卫决策体制开始具备攻击性。第三，《指针》决定了日本防卫机制运行的范围。1978年版的《指针》规定日美军事合作主要在防止侵略、日本遭受武力攻击和远东地区发生对日本重要的事态等三种情况，而1997年公布的新《指针》则修改为平时合作、处理针对日本的武力攻击及周边事态三类。特别是将"远东"一词修改为"周边"，意味着日本的防卫机制不再限于东亚，而是扩大到亚太地区。

正是日美两国围绕《指针》建立起一套综合防卫机制，使得我们在考察日本的防卫体制机制时，需要将战略和战术层次区分开来。

2012年底，安倍内阁执政后，开始推动修订《指针》。根据日美"2+2会议"2013年10月发布的报告，新《指针》的核心目的在于提高对中国和朝鲜的遏制力，进一步巩固日美同盟关系，并将日美防卫合作的范围扩大至全球。[②] 如此一来，日本为满足将防卫力量投射到全球的需要，其防卫运行机制也将面临相应调整。2014年10月3日，日本国家安全保障会议通过了新合作指针中期报告。2014年10月8日，美日两国联合发布《美日防卫合作指针》修订中期报告。[③] 2015年4月27日，日美安保磋商委员会正式发布2015年版《日美防卫合作指针》。该合作指针用"全球支援美军"取代"周边事态"，日美安全保障体制合作将从地区范围扩展到全球范围，强调从平时到突发事件的"无缝"对接，实现日美维和、救援、监控、侦察、情报共享、预警、导弹拦截、舰船护卫等全方位的合作，日本自卫队甚至可以针对"威胁"做出武力反应。日本安全保障体制将出现重大转变。

---

① 在1996年双方就修改新指针磋商时，时任美助理国防部长阿米蒂奇曾告诉日本，中国和朝鲜是需要重点关注的两大因素。见（日）田村重信：『日米安保と極東有事』，南窓社，1999年10月，第11頁。

② 「より力強い同盟とより大きな責任の共有に向けて」、日米安全保障協議委員会共同発表、2013年10月3日、第1頁。http://www.mofa.go.jp/mofaj/files/000016026.pdf.

③ "日美公布新防卫合作指针中间报告"，http://news.xinhuanet.com/world/2014-10/08/c_1112740118.htm.

二、日本的防卫预警体制

防卫预警体制分为战术和战略两个层面。

在战术层面，自卫队先进的雷达、情报系统可以为其防卫预警体制提供强有力的支撑。在该体制中，防卫省情报本部是预警情报的核心中枢，也是日本最大的情报机构。截至2014年，情报本部共有2 528名工作人员，其中1 919名为自卫队军人，609名为负责事务、情报分析、调查的文官。根据《情报本部组织规则》，情报本部的部长由陆海空自卫队的中将担任，下设副部长1名。此外，还配有下列人员：情报官4名，除1名文职官员外，其余3人由陆海空自卫队各占一席；情报保全官1名，负责保密工作；情报评价官1名，负责对情报收集行动的效果等进行评估。①

在战略层面，日本无法靠自己的能力提前获知潜在对手发射战略导弹，只能依靠美国的情报来进行应对。可以说，日美联合预警体制对日本至关重要。日美防卫合作协调体制机制如图34－3所示。

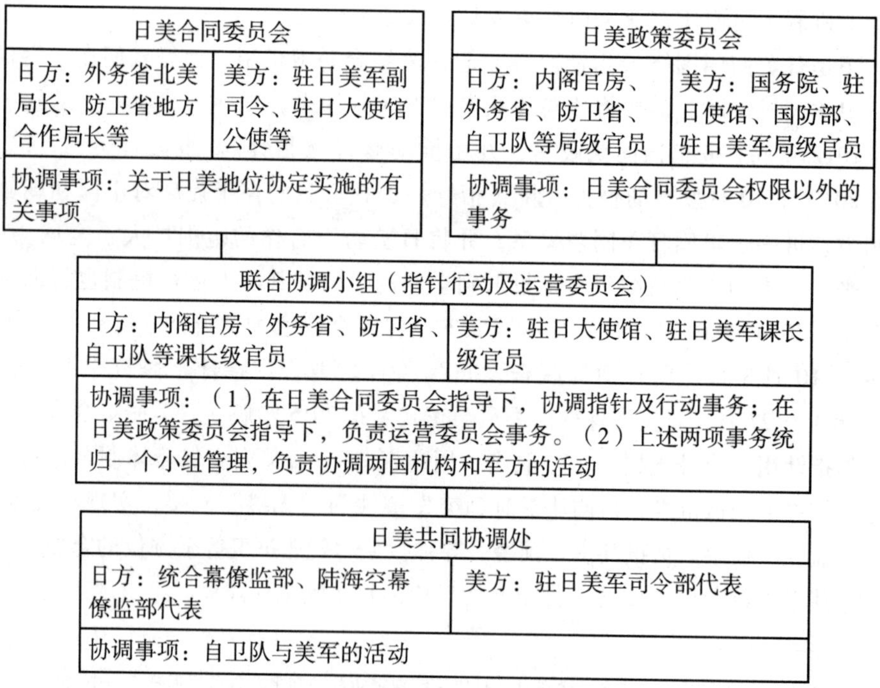

日美合同委员会	
日方：外务省北美局长、防卫省地方合作局长等	美方：驻日美军副司令、驻日大使馆公使等
协调事项：关于日美地位协定实施的有关事项	

日美政策委员会	
日方：内阁官房、外务省、防卫省、自卫队等局级官员	美方：国务院、驻日使馆、国防部、驻日美军局级官员
协调事项：日美合同委员会权限以外的事务	

联合协调小组（指针行动及运营委员会）	
日方：内阁官房、外务省、防卫省、自卫队等课长级官员	美方：驻日大使馆、驻日美军课长级官员
协调事项：（1）在日美合同委员会指导下，协调指针及行动事务；在日美政策委员会指导下，负责运营委员会事务。（2）上述两项事务统归一个小组管理，负责协调两国机构和军方的活动	

日美共同协调处	
日方：统合幕僚监部、陆海空幕僚监部代表	美方：驻日美军司令部代表
协调事项：自卫队与美军的活动	

图34－3　日美防卫合作协调体制机制

资料来源：根据历年日本《防卫白皮书》制作。

① 「情報本部組織規則」,『防衛省令第十二号』, 2009年7月29日。

从图 34－3 中可以看出，日美联合预警体制的功能在于应对武力攻击和周边事态，其定位也侧重实战。[①] 该体制在日美合同委员会和日美政策委员双重体制领导下，由两国安全机构的司局级官员构成。其中日美合同委员会负责协调日美地位协定的有关事项，其本质是为美军利用日本各类军事基地和设施服务；日美政策委员会则负责其他各类事宜，侧重于日常事务和政策协调。

联合协调小组同时负担上述两个委员会的各类事务，由日美两国安全机构的课长级官员构成，是日美联合军事行动协调的中枢。在该小组下设有日美共同协调处，由双方军方人士组成，协调自卫队和美军的具体行动，如联合作战、应对导弹发射等。

三、日本的防卫决策机制

日本的防卫决策机制有两条线：一条是日美联合决策机制；另一条则是以国家安全保障会议为核心的决策机制。

如图 34－4 所示，在两国元首领导下，以“2＋2 会议”为核心，由下设的防卫合作小委员会和共同计划商讨委员会组成了战略层次的日本防卫决策机制。“2＋2 会议”的成员是日本外相和防卫大臣，以及美国国务卿和国防部部长。在该会议机制下，设有日美间的防卫合作小委员会，成员由两国外交和防卫部门的司局级官员构成。作为“2＋2 会议”的附属，小委员会负责全面磋商日美安全事务的各项细节。

除此之外，两国就联合军事行动还设有专门的共同计划商讨委员会，在机制框架下就日美联合作战计划、相互合作计划及共同基准、实施纲要进行磋商。该委员会成员主要是两国军方人士，同小委员会密切协调共同服务于“2＋2 会议”机制。

此外，以国家安全保障会议为核心的决策机制是当前日本防卫决策机制的变化焦点。日本国家安全保障会议在统筹各种情报、利益的基础上，开始对全局进行权衡。其核心任务主要有两点：第一，对事态性质的判断。第二，确立应对方针。对防卫安全问题的处理，无论决策结果是战争还是妥协，都应当是经过迅速而又周全的考虑。迅速是因为事态的紧急性，周全则是因为事态涉及层面的广泛和深刻。就目前的安倍内阁来看，其决策的速度有余，而周全欠缺。虽然自上任以来短时间内出台了多项安全法规政策，但安倍的支持率亦节节下跌。日本共同社的一份调查显示，超过半数的受访民众反对解禁集体自卫权，公明党的支持者

① 防衛省：『防衛白書』，2014 年，第 231 頁。

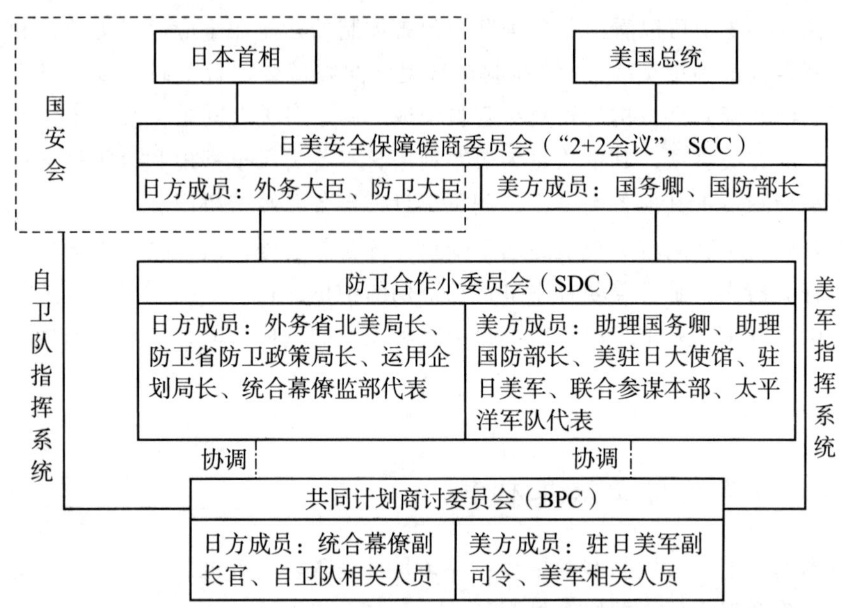

图 34－4 日本防卫决策机制

资料来源：根据历年日本《防卫白皮书》制作。

中则有 70% 的人表示反对。[①] 不仅如此，安倍内阁的行为还受到学界的谴责，认为其不经国会审议就擅自以政府的判断解禁集体自卫权，属于暴行。确定应对方针后，国家安全保障会议一方面通过内阁将决议报送国会，以获得批准或谅解，[②] 另一方面则在首相及防卫大臣的政治领导下，将指令下达给统合幕僚长，指挥自卫队进行落实和执行。

四、日本的防卫执行机制

自卫队作为日本防卫执行机制的主体，统合幕僚监部位于该机制的核心。由于日本对军队的管理遵行“文官统治”原则，防卫大臣通常是政治家出身，未必具备足够的军事知识。统合幕僚长一方面借助自身专业的军事知识辅佐防卫大臣，另一方面又负责所有部队的实际运行。

统合幕僚监部效仿美国联合参谋本部成立于 2006 年 3 月 27 日，取代了过去的统合幕僚会议（参谋长联席会议）。这标志着日本正式将以往各自为政的陆海

① 共同社 2014 年 6 月 23 日，7 月 3 日电，http://tchina.kyodonews.jp/news/2014/07/78160.html.

② 岡留康文、今井和昌共著：『自衛隊はどんな任務を持ち、どんな行動をするのか』，朝陽会，2013 年，第 58～59 頁。

空自卫队指挥权整合统一。表面上看，日本此举是为了适应日美联合军事行动、参与国际安全事务及应对多样化威胁，实质是为了打造战时决策体制，以应对未来战争形式。日本统合幕僚监部组织结构如图 34 –5 所示。

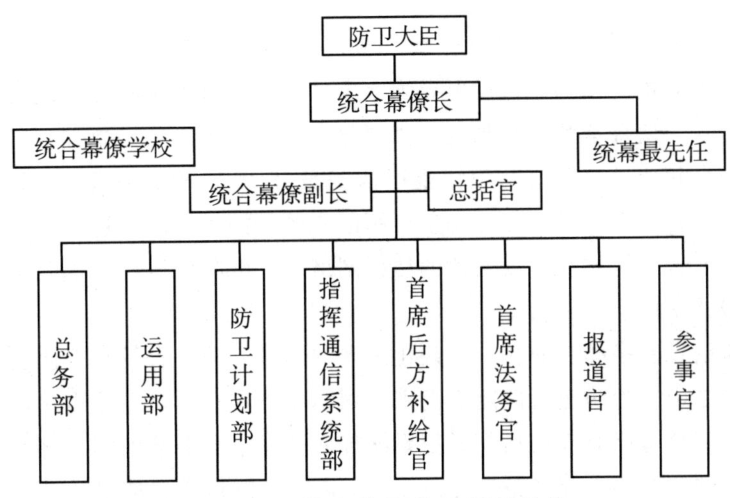

图 34 –5　统合幕僚监部组织结构

资料来源：根据统合幕僚监部官方发布资料制作。

如图 34 –5 所示，统合幕僚监部的最高责任人为统合幕僚长，下设两名副职为统合幕僚副长和总括官。其中，统合幕僚副长主要辅佐统合幕僚长，负责内部机关事务和监督；总括官负责包括国会答辩在内的对外发声及其他省厅的联络沟通。

内部机构及职位设置基本围绕自卫队的行动或作战而展开，分别由 4 个行政部门和 4 个岗位组成。首席后方补给官负责陆海空自卫队后方补给的总体部署安排，以及对相关行动的后方补给总体规划；首席法务官负责对自卫队的行动提供法律支持和服务；报道官负责自卫队行动的相关新闻宣传工作；参事官负责包括国会答辩在内的对外发声及其他省厅的联络沟通。

除上述 4 个职位外，还有 4 个负责具体业务的行政部门。总务部负责财务、人事、教育培训及统筹协调工作；运用部负责调动部队的一切事务以及综合训练；防卫计划部负责防卫力量整备事宜，基于整体部署提供政策咨询；指挥通信系统部负责部队行动的整体通信和情报沟通及相关计划的制定。

在管理下级军官方面，专设有统幕最先任一职，直属统合幕僚长管理。该职位一般由准曹士（士官）级别的自卫队军官担任，主要目的在于对下级士官做思想工作，负责维持军纪、保持部队团结、提高士气等方面的管理工作。同时，还负责同国外军队的下士官兵的交流工作。

在对高级军官的培养方面，则设有统合幕僚学校，学员主要是2佐（中校）、1佐（大校或上校）级别的自卫队军官。开设课程除防卫学、安全保障战略学外，其余均围绕联合作战展开，重点培养高级后备军官对自卫队的综合整体运用。

从长远趋势来说，统一联合作战是应对未来战争的主要指挥方式。在实践中，特别是福岛核危机和朝鲜发射导弹等事件令日本自卫队感受到现实和演习之间的巨大差距，使日本政府感到进一步优化防卫执行体制的必要性。其中的关键之一在于信息化建设。通过防卫情报通信基盘（DII）及中央指挥系统（CCS），防卫大臣和统合幕僚长可以在陆海空三军已有的指挥系统之上进行更为全面的控制。如果是通过卫星建立高度发达的情报网络，自卫队可以构筑起范围大、机动性强的情报共享体系。

在情报信息网络朝专业化、复杂化发展的同时，防卫省及自卫队也将暴露在更多的风险之中，为防范可能随之而来的网络攻击，日本自卫队也采取了相应的防护措施。统合幕僚监部的指挥通信系统部和陆海空自卫队的网络部队，加上一支相对独立的“自卫队指挥通信系统队”，共同承担起防卫情报通信基盘及中央指挥系统的运营及保卫工作。防卫情报通信基盘系统分为内网和外网，外网可以接入国际互联网，内网则为内部人士使用，两者有一定程度的互通。①

五、日本的防卫反馈机制

日本在推进一项政策的过程当中，非常重视国内外的反应，并会快速根据周边反应进行调整。一项防卫政策被决定并得到执行后，各大安全机构会立刻跟进，充分收集国际社会特别是盟国——美国的反应，内容主要包括政府立场、舆论风向、民众意见等。任何政策的修改都要建立在法律的基础上，即便不涉及修改法律，也要保证政策符合原有法律框架。因此，反馈机制的运转是以法制化为最终目标的。这一点，从日本解禁集体自卫权及放开武器出口等政府方针可得到证明。

需要说明的是，反馈并不意味着被动等待。特别是一些重大决策不可能像实验那样可控，为稳妥起见，日本政府会尽可能排除不可预测因素。因此，这种反馈机制需要建立在强有力的对外宣传能力上。事实上，国家安全保障会议成立后，作为跟进政策，日本政府开始探讨建立危机时防卫省和自卫队统一的对外宣

① 『防衛白書』、2014年、防衛省、第130~131頁。

传中心，以最大限度地发挥防卫省大臣官房新闻官与统合幕僚监部新闻官的能力。[①] 这既是日本防卫省体制改革的内容，也是其对防卫反馈机制加强掌控的尝试。

通过“中日两国飞机近距离接触”事件，可进一步理解为何日本急于加强其对防卫反馈机制的控制。以 2014 年 6 月的事件为例，11 日 10 时 17 分至 28 分，中国图—154 飞机在近海空域正常巡逻时，遭到日方两架 F－15 战斗机携弹抵近跟踪，严重影响了中方飞行安全。中方将相关视频公开后，日方一方面辩称其行为符合国际法，并且是安全的，另一方面则气急败坏地要求中国删除该视频。可见，日本的防卫反馈机制以服务少数人利益为目的。为了达到其目的，这些人甚至可以制造事端，引导反馈机制朝自己期望的方向运转。

尽管日本政治家一再宣称其将继续走和平发展道路，但其防卫体制机制的变化客观上反映了其真实意图。当前，日本的防卫体制机制已突破了战后诸多禁区，既可用于平时反恐救灾和打击海盗，也可迅速适用于战争需要。日本多次强调要借鉴美军的联合作战思想，更让人担忧为何一个宣称走和平发展道路的国家对“调兵遣将”如此热衷。未来日本的防卫体制机制对周边邻国的威胁性和进攻性将更为明显，这是需要警惕的。

① 「防衛省改革の方向性」、防衛省、2013 年 8 月 30 日、第 6 ~7 頁。

第三十五章

日本应急安全体制机制

进入21世纪，各类应急安全威胁越来越多。据统计，2007~2011年世界范围内发生的自然灾害的年平均数是1972~1976年的6.2倍。[①] 日本是个自然灾害多发的国家。纵观日本防灾救灾的历史，日本应急安全管理经历了从单灾种到多灾种进而到全面危机管理的过程，其应急安全法律体系随着应急安全环境的变化不断进行修改和完善，其应急安全体制也因之不断调整。由于实行地方自治，日本形成了中央和地方多级应急管理组织体制，从中央政府辐射到地方政府进行管理。[②] 这一体制以每一级政府的行政长官为最高指挥官。在中央政府层面，危机管理体系由内阁首相大臣、中央防灾会议、国家安全保障会议和内阁官房组成。地方也有对应的应急管理中心。这种体制有利于迅速高效地处理突发事件。

第一节　日本应急安全法律体系

日本应急安全法律是其应急管理工作的主要法律依据和重要法制保障。为有序防范和应对各级各类突发灾害事件，日本制定了许多安全应急方面的法律法

① 《東日本大震災を踏まえた災害対策》，2012年版（自然豊かな我が国が抱える自然災害の脅威）http://www.bousai.go.jp/kaigirep/hakusho/h24/bousai2012/html/honbun/index.htm.

② 《東日本大震災から3年　復興の状況と最近の取組》，平成26年3月版。

规，既有综合性的防灾应急基本法，又有具体的专门性的法律法规与之配套，逐步形成了一套较为完备的应急安全法律体系。1959 年发生的伊势湾台风灾害促使日本颁布实施了《灾害对策基本法》，可以说日本的应急安全体制机制是在应对自然灾害的基础上建立起来的。

一、日本宪法与应急管理

由于日本军国主义发动的侵略战争残酷屠杀了无数亚洲人民并给亚洲各国带来了深重灾难，日本战败投降后，在美国的监管下，废除了明治宪法——《大日本帝国宪法》，1947 年 5 月 3 日颁布实施了新的《日本国宪法》（又称“和平宪法”）。[①] 新宪法第 3 章“国民的权利和义务”中规定，全体国民享有基本人权，主权在民。第 3 章第 13 条赋予全体国民享有生命、自由和追求幸福的权利。因此，突发危机事件中保护国民的生命及财产安全是《日本国宪法》规定的日本政府的职责，相应地，应急安全管理成为日本政府的重要职能之一。新宪法第 25 条“生存权乃国家社会性使命”中规定：全体国民都享有最低限度的健康且有文化的生活权利；国家在民生方面必须努力提升并改善社会福利、社会保障以及公共卫生条件。1947 年制定的《灾害救助法》便是宪法第 25 条的具体应用，即灾害发生时保障全体国民的生存权在制度上的具体转化。[②]

二、自然灾害应急法律体系

日本自古以来自然灾害多发，其所处的地理位置、地形特征、地质结构、气候变化等自然条件，导致地震、海啸、火山喷发、暴风雪、洪水、泥石流等自然灾害频频发生。世界上约 2 成 6 级以上的地震发生在日本。就目前所知，日本境内大约存在着 2 000 个活断层带，世界上 7% 的活火山（约 110 座）分布在日本。[③] 因此，日本政府高度重视防灾减灾工作。日本最早记录地震的史料是《日本书纪》，其中有公元 416 年发生的地震记录。早期的日本在自然灾害面前只是

① 樋口陽一・佐藤幸治・中村睦男・浦部法穂『注釈日本国憲法上巻』（1984 年）青林書院、第 177 頁。

② “災害救助法の概要”，http://www.bousai.go.jp/taisaku/kyuujo/pdf/siryo1-1.pdf.

③ 『東日本大震災を踏まえた災害対策』，http://www.bousai.go.jp/kaigirep/hakusho/h24/bousai2012/html/honbun/index.htm.

被动应对，甚至束手无策。1880 年日本制定了《备荒储蓄法》[①]，规定日本国民必须在家中常备食品、水、蜡烛等应急物资，要求国民采取主动防灾减灾措施。该法被普遍认为是日本最早的防灾减灾方面的法规，也是日本在应对自然灾害方面的第一次制度尝试，不过该制度于 1899 年被废止，《备荒储蓄法》亦改为《罹灾救助基金法》。[②] 1880～1959 年，日本陆续制定了诸如《河川法》（1896 年）、《砂防法》（1897 年）、《水灾预防组合法》（1908 年）、《森林国营保险法》（1937 年）、《灾害救助法》（1947 年）、《消防法》（1948 年）、《森林法》（1950 年）、《国土综合开发法》（1950 年）、《建筑基准法》（1950 年）、《海岸法》（1956 年）、《滑坡等防止法》（1958 年）等一系列以单灾种管理为主的法律法规。

1959 年伊势湾台风灾害的发生，是日本由单灾种管理转向多灾种综合管理的转折点。日本以单灾种为主的管理体制的弊端在此次台风灾害中暴露出来。在充分吸取教训和总结经验的基础上，1961 年日本政府制定了《灾害对策基本法》。《灾害对策基本法》总则第一条明确了该法制定的目的："保护国土及国民生命、身体和财产免受灾害威胁，确定防灾基本理念，确立国家、地方公共团体及其他公共机关通用的防灾体制，明确责任，同时编制防灾计划，制定灾害预防、灾害紧急对策、灾害恢复、相关灾害财政金融措施及其他必要灾害措施的标准，力图综合性、计划性地整备防灾行政并推进防灾事业，维持社会秩序，确保公共福祉。"[③]《灾害对策基本法》的制定和实施，标志着日本应急安全管理工作进入规范化和法制化的轨道。虽然《灾害对策基本法》是在应对自然灾害的基础上制定的，但在吸取历次防灾救灾的经验和教训后不断进行修改和完善，已经成为日本具有普遍指导意义的应急基本大法。此后在《灾害对策基本法》的框架下，日本又出台了许多法律法规，日本专家野口贵公美、幸田雅治按照防灾、救灾、恢复重建等不同阶段将众多有关灾害的法律细分为基本法体系、灾害预防法体系、灾害应急对策法体系、灾后恢复振兴法体系、组织法体系。[④]

一是基本法体系。《灾害对策基本法》共 10 章 117 条，其中第 10 条"与其他法律的关系"奠定了其基本大法的地位，第 10 条规定，"有关防灾处理事项，除其他法律特别规定外，皆按本法规定执行"。此外，还有《防止海洋污染及海上灾害相关法》（1970 年）、《石油企业集团等灾害防止法》（1975 年）、《大规模地震对策特别措施法》（1978 年）、《原子能灾害对策特别措施法》（1999 年）、

---

① 下山憲治："災害・リスク対策法制の歴史的展開と今日的課題"《法律時報》81 卷 9 号，第 8 頁。

② 『罹災救助制度の成立』，http://ilove. manabi-ehime. jp/system/regional/index. asp? P_MOD.

③ 《災害対策基本法》，http://law. e-gov. go. jp/htmldata/S36/S36HO223. html.

④ 『災害対策』→『災害対策関係法令集』災害法令研究会/編 1979 年版，第 45 頁。

《推进有关东南海、南海地震防灾对策特别措施法》（2002 年）。

二是灾害预防法体系。灾害预防法体系有《建筑基准法》（1950 年）、《防止特殊土壤地带灾害及整治临时法》（1952 年）、《台风常袭地带灾害预防特别措施法》（1958 年）、《滑坡等防止法》（1958 年）、《防止陡坡塌方灾害法》（1969 年）、《活火山对策特别措施法》（1973 年）、《促进建筑物耐震固修法》（1995 年）、《在人口密集市街建设防灾街区相关法》（1997 年）、《推进土砂灾害警戒区域内土砂灾害防止对策相关法》（2000 年）等。

三是灾害应急对策法体系。灾害应急对策法体系有《灾害救助法》（1947 年）、《消防法》（1948 年）、《水防法》（1949 年）等。

四是灾后恢复振兴法体系。灾后恢复振兴法体系包括《农林水产业设施灾害复原事业费国库补助暂定措施法》（1950 年）、《公共土木设施灾害复原事业费国库负担法》（1951 年）、《公营住宅法》（1951 年）、《公立学校设施灾害复原事业费国库负担法》（1953 年）、《重大灾害特别财政援助法》（1962 年）等。

五是组织法体系。组织法体系有《消防组织法》（1947 年）、《海上保安厅法》（1948 年）、《日本红十字会法》（1952 年）、《警察法》（1954 年）、《自卫队法》（1954 年）等。

二战前和二战后日本制定的众多防灾减灾法律构建了日本在自然灾害方面完善的应急安全法律体系。

三、日本反恐法律体系

2001 年 11 月，日本制定了《反恐对策特别措施法》[①]，并于 2004 年 8 月将原来的“国际组织犯罪等对策推进本部”改为“国际组织犯罪等·国际恐怖活动对策推进本部”，加强了防恐反恐力度。2004 年 12 月，日本出台了《预防恐怖活动行动计划》，加强出入境管理，将恐怖分子阻止于国门之外。该计划规定机长、船长有提前向相关部门提供乘客名单的义务；旅馆从业者要对外国住宿客加强身份核实；强化对生化物资的管理；加强恐怖活动资金的管理；强化机场、港口等重要设施的管理，提高安全警戒。[②] 通过以上措施防止恐怖分子的潜入，预防恐怖活动的发生。日本的安全保障观在“9·11”恐怖袭击、大规模杀伤性武器的威胁和挑战中逐渐升级。

此外，日本还不断加强对用于恐怖活动资金的管理，2002 年颁布《提供犯

① 『危機管理実務必携』，危機管理実務必携編集委員会编。

② 『主なテロの未然防止対策の現状』，内閣官房，2014 年 6 月。

罪资金处罚法》，2003 年颁布《有关金融机关对顾客本人进行身份确认的法律》，2004 年更名为《有关金融机关对顾客本人进行身份确认及防止账户非法利用的法律》，加入了对冒充他人开设账户或将自己的账户转让他人的行为予以处罚的条款，2007 年增加汇款超过 10 万日元必须本人签字确认的条款。2007 年日本国会通过《犯罪收益转移防止法》，将资金情报机关（FIU）从金融厅划归国家公安委员会管辖。

四、战时应急法律体系

在国家安全应急方面，日本除了继续通过《日美安全保障条约》《日美防卫合作指针》及与其相配套的相关法案加强和巩固日美安全同盟外，还不顾大多数国民的反对，于 2003 年 6 月 6 日通过了《自卫队法修正案》《武力攻击事态对策法》和《安全保障会议设置法》，并且作为上述法律的补充，日本众参两院又在 2004 年 5 月 20 日和 6 月 14 日通过了《武力攻击事态下国民保护措施法》（《国民保护法》）、《武力攻击事态下外国军用品等海上运输规制法》（《海上运输规制法》）、《自卫队修改法》、《武力攻击事态下支援美军行动措施法》（《美军行动相关措施法》）、《武力攻击事态下特定公共设施等的利用法》（《特定公共设施利用法》）、《国际人道法重大违反行为处罚法》（《国际人道法违反处罚法》）、《武力攻击事态下俘虏等处理法》（《俘虏待遇法》）7 个有事相关法案。这些法案的通过标志着日本战时应急法律体系的确立。

日本通过制定一系列有关自然灾害、事故灾难、恐怖事件、国家安全保障等各个方面的法律法规，确立了突发危机事件应急管理的基本原则和具体规定，其中一些法规进一步细化了各级政府的职责范围，明确规定了国家机关、公共机关、地方政府和国民参与应急管理的途径、方式及应采取的具体措施，为突发事件的应对提供了法制保障。

第二节　日本应急安全体制的构成

日本的应急安全体制包括中央和地方两级管理体制、中央防灾会议、反恐会议、战时国家安全保障会议。

一、多级应急管理体制

日本的应急安全体制建立在法律法规的基础上，实行中央政府和都道府县、市町村多级应急管理体制。[①] 在中央层面，根据灾害及突发危机事件的类别，由相应的省厅负责主管，如总务省消防厅主管火灾、化学品等工业事故应急救援工作，文部科学省负责核事故应急救援工作，经济产业省主管生产事故应急救援工作，海上保安厅和环保署主管防治海洋污染及海上灾害工作等。但是，日本政府为了整合庞大而复杂的应急管理组织体系，建立了常设的、权威的综合协调部门。如在内阁设立了中央防灾会议、国家安全保障会议、原子能防灾会议等。这些会议机构都具有独立地位而且凌驾于各职能部门和机构之上，有利于保证各应急主管部门在危机状态下协调、高效地进行危机处理。具体而言，中央防灾会议是防灾救灾的最高领导机构，国家安全保障会议是国家安全方面的最高决策机构，原子能防灾会议是2012年设立的，是应对原子能事故的最高决策机构。为了加强首相的应急指挥权和内阁官房的综合协调权并高效指挥应急管理工作，1998年内阁总理大臣根据《内阁法》在内阁官房特设一名内阁危机管理总监，协助内阁官房长官及副长官，受命统领内阁危机管理方面的事务，专职负责除国防外的各级各类突发危机事件的管理。当发生紧急事态时，内阁危机管理总监须立即召集“紧急集合小组”的成员赶赴首相官邸召开会议，商讨初期应对措施，并指挥内阁官房各部和相关各省厅采取应对举措。2006年，日本政府在首相官邸设立了“官邸危机管理中心”[②]。该中心直接听从内阁总理大臣的指示，由内阁危机管理总监具体领导，以负责安全保障与危机管理的内阁官房副长官、内阁情报官和内阁广报官为主要成员。

不仅如此，为了强化内阁情报调查室对安全保障、危机管理所需情报的收集和分析能力，日本政府于1996年5月组建了“内阁情报集约中心”[③]，2001年4月又设立了“内阁卫星情报中心”，这两个情报中心都直属内阁情报调查室。内阁情报集约中心24小时收集大规模恐怖袭击、大规模灾害信息及日本国内外重要、紧急情报，直接向内阁首相汇报，以便首相准确做出应急对策。该中心除了有与各省厅和内外通讯社联系的专用通信线路外，灾害发生时，还有能接收来自防卫省、警察厅等部门的直升机拍摄的实时图像的多功能卫星接收系统。发生紧

① 「日本社会に適した危機管理システム基盤構築」，林春男，京都大学防災研究所。

② “新官邸危機管理センターの運用開始について”，http://www.bousai.go.jp/kaigirep/chousakai/kihonkeikaku/pdf/c06_shiryo_01.pdf#search.

③ 日本の情報機関，http://www.weblio.jp/content/内閣情報集約センター。

急情况时，该中心成为日本政府情报收集、情报汇总的据点。而内阁卫星情报中心则负责情报收集卫星的开发、运用，并收集外交、防卫等安全保障及大规模灾害等方面的信息。

另外，根据《灾害对策基本法》，日本政府可以视情况设立非常灾害对策本部和紧急灾害对策本部这两个临时应急机构。当突发危机事件发生时，日本政府会根据具体情况设立政府对策本部，以便统一指挥，综合调度，提高灾害应急处理效果。当发生重大灾害时，内阁首相在内阁府成立以内阁官房长官为本部长的“非常灾害对策本部”，当发生特别重大灾害时，日本内阁成立以首相为本部长的“紧急灾害对策本部”。例如2011年东日本大地震发生时，日本菅直人首相根据《灾害对策基本法》设立了“2011年东北地方太平洋沿岸地震紧急灾害对策本部”①，这是日本历史上首次设立紧急灾害对策本部。当发生核泄漏事故时，根据《原子能灾害对策特别措施法》设立原子能灾害对策本部，如2011年福岛第一核电站事故发生，日本政府设立了“原子能灾害对策本部”，这也是日本历史上第一次设立该临时机构。若发生恐怖袭击事件，则根据《恐怖活动对策特别措施法》设立“恐怖事件对策本部”等，同时还在事发现场设立“现场对策本部”。

在地方，日本实行中央政府和都道府县、市町村两级应急管理组织体制，从中央政府辐射到地方政府进行管理。除国家层面外，都道府县、市町村及指定公共机构也以各自行政长官为首设置不同级别的应急管理部门和灾害对策本部，建立各自相应的应急安全体制，负责本地区的危机处理。如《灾害对策基本法》规定都道府县、市町村须根据中央防灾会议设置各自相应的地方防灾会议，并根据中央防灾会议制定的《防灾基本计划》编制地方防灾计划。如2011年东日本大地震发生时，首相宣布成立“紧急灾害对策本部”，国土交通省、受灾的福岛县、宫城县等成立了相应的“紧急灾害对策本部”。

日本还设立了一批专门从事危机研究的机构，如日本应急管理中心、日本应急管理协会、日本应急管理咨询公司、日本危机管理协会、日本灾害救护推进协会等，这充分体现出日本政府应急安全体制高度的完整性。

二、中央防灾会议

日本政府根据《灾害对策基本法》，2001年在内阁府常设中央防灾会议，②

---

① 「東日本大震災における政府の組織編成」，内閣委員会調査室，三瀬佳也，http://www.sangiin.go.jp/japanese/annai/chousa/rippou_chousa/backnumber/2011pdf.

② 中央防災会議，https://ja.wikipedia.org/wiki/.

该会议是内阁府所辖国家重要政策的4个会议机构之一，负责日本全国防灾救灾和应急管理的总体协调与规划，是日本防灾应急管理最高决策机构，由内阁总理大臣任会议长，成员包括防灾担当大臣、全体内阁成员、指定公共机构的代表（日本银行总裁、日本红十字会社长、日本放送协会会长、日本电信电话株式会社社长）及学识经验丰富的专家（东京大学名誉教授、全国知事会危机管理·防灾特别委员会会长、东京国际大学教授、日本消防协会理事）共27名。[①]

在都道府县，设立以知事为议长的地域防灾会议，在市町村，设立以市町村长为议长的地域防灾会议。另外，在都道府县和市町村之间还设有地域防灾会议，协调跨区域灾害应急管理。

中央防灾会议的主要职责如下：第一，负责编制全国《防灾基本计划》，并指导指定行政机关、指定公共机关制定相应的防灾业务计划和指导都道府县、市町村制定地方防灾计划。第二，当发生非常灾害时制定应急对策并推进实施。第三，应内阁首相和防灾担当大臣的要求，审议包括防灾基本方针、防灾政策的综合调整、灾害紧急事态的公告等在内的防灾救灾方面的重要事项。第四，就有关防灾的重要事宜向内阁首相和防灾担当大臣提供资政建议。[②]

中央防灾会议下设负责各类专项调查的调查委员会和干事会。干事会设会长、顾问和干事若干人，内阁府大臣政务官任会长，内阁危机管理总监任顾问，干事由各省厅相关局长担任。

三、反恐会议

日本负责反恐的机构是国际组织犯罪等·国际恐怖活动对策推进本部，内阁官房长官任本部长，国家公安委员长任副本部长，相关省厅副大臣为本部成员。2004年12月，国际组织犯罪等·国际恐怖活动对策推进本部制定了《预防恐怖活动行动计划》[③]，加强出入境管理，强化对生化物资的管理，规定航空公司、船舶公司有提前提供乘客名单的义务等，通过以上措施阻止恐怖分子的潜入，预防恐怖活动的发生。

为了强化机场、港口危机管理，2003年日本政府在内阁官房设立“机场·港口入境危机管理小组”，由相关省厅负责反恐的课长组成。同时还在海上保安

---

① 2013年3月26日内阁府网站公布的名单。

② 日本中央防災会議，https://ja.wikipedia.org/wiki/.

③ 『テロの未然防止に関する行動計画』，国際組織犯罪等·国際テロ対策推進本部，平成16年12月10日。

厅第三管区设置“国际组织犯罪对策基地”[1]，加强情报收集和分析体制建设。日本的安全保障观在“9·11”恐怖袭击、大规模杀伤性武器的威胁和挑战中逐渐升级。

四、国家安全保障会议

根据《安全保障会议设置法》，1986年日本政府在内阁官房设立安全保障会议，负责审议有关国防的重要事项及应对重大紧急事态的方案并向总理大臣提供资政建议。内阁首相任会议长，统领其他成员，会议长因故缺席，由《内阁法》第九条指定的国务大臣担任。其成员包括总务大臣、外务大臣、财务大臣、经济产业大臣、国土交通大臣、防卫大臣、内阁官房长官、国家公安委员长，此外，议长还可根据具体议题需要指定其他国务大臣临时参加会议。另设干事10名，由内阁从相关行政机构选拔任命。会议长根据需要可派统合幕僚长或其他相关人员代为出席会议、发表意见。安全保障会议主要讨论和拟定如下事项：国防基本方针；防卫计划大纲；有关国防工业的计划调整大纲；是否出动防卫部队；首相认为必要的有关国防的其他重要事项。

在2001年日本中央省厅整编以前，安全保障会议的日常事务由内阁安全保障·危机管理室处理，整编后由内阁官房负责，内阁官房副长官助理具体主管。[2] 2003年，安全保障会议下设“事态应对专门委员会”，委员长由内阁官房长官担任，委员由内阁首相从内阁官房及相关省厅局长级干部中任命。

日本国家安全保障会议被外界称为日本版“国安会”（NSC）。[3] 2013年11月7日，日本众议院通过了《国家安全保障会议设置法》。2013年12月4日，日本国家安全保障会议正式启动。国家安全保障会议由首相任主席，常设由首相、内阁官房长官、外务大臣、防卫大臣组成的“四大臣会议”，需要时，“四大臣会议”可以扩大为“九大臣会议”。日本国家安全保障会议负责分析并策划起草外交、防务和反恐等方面的情报方案，制定日本中长期安全战略，并及时处理危机管理工作。

---

① “テロ資金対策の推進について”，平成24年6月11日国際組織犯罪等・国際テロ対策推進本部決定，http://www.mlit.go.jp/common/000235250.pdf.

② 富井幸雄，「Ⅲ第6章安全保障会議」，西修〔ほか〕，『日本の安全保障法制』，内外出版，2001年，第117頁。

③ 『国家安全保障会議設置法』，平成二六年四月一八日法律第二二号。

第三节　日本应急安全体制的运行流程

日本是自然灾害多发的国家，在灾害应急管理方面积累了丰富的经验，建立了一套从中央到地方集中应对的一元化应急安全管理体制，形成了居民、地方公共团体和国家相互协调的整体联动的应急安全机制。这种机制迅速高效，在突发事件应对中具有强有力的应急保障能力。日本应急安全机制的运行流程包括突发危机事件发生前的预防、事件发生中的决策和应对、突发危机事件后的恢复重建及经验总结，贯穿于突发危机事件的整个过程，这种覆盖“预防—决策—应对—恢复”[①] 全过程的应急安全管理运行机制，有利于执行机构对每个环节进行有效指导和控制，可以尽量避免出现重大疏漏。因此，日本应急安全机制可根据应急过程的不同阶段分为预防准备、应急决策、应急救援和恢复重建。

一、预防准备

“凡事预则立，不预则废”。日本的应急安全管理中非常注重灾前的准备和预防，以尽可能减少突发事件造成的损失。日本《灾害对策基本法》第二条“基本理念”中明确提出，“基于我国自然地理特征，人口、产业及其他社会经济形势的变化，时刻要有备灾意识”[②]。日本在伊势湾台风的痛苦经验之上建立了举国防灾体制。1995 年阪神淡路大地震后日本政府将风险分析与评估作为整个应急准备工作的前提。具体而言，日本预防准备包括如下措施：

第一，建立全覆盖的信息网络系统。应急管理信息系统能为决策者提供及时、准确的情报信息，以便决策者快速采取应急举措。日本在首相官邸专门设立“官邸危机管理中心”[③]，在内阁官房设立情报调查室，下设内阁情报集约中心和卫星情报中心，全天候、全方位收集国际国内情报。为了广泛动员国民参与防灾并有效应对灾害，日本政府在 2011 年前建立了全民危机警报系统，直接向国民报告灾害预警。就地震预警监测而言，目前日本气象厅所构建的综合监视系统

---

① 『東日本大震災から3年　復興の状況と最近の取組』，平成 26 年 3 月版。

② 『災害対策基本法』，http://law. e-gov. go. jp/htmldata/S36/S36HO223. html.

③ “新官邸危機管理センターの運用開始につい，て”，http://www. bousai. go. jp/kaigirep/chousakai/kihonkeikaku/pdf/c06_shiryo_01. pdf#search.

(EPOS),[①] 全天候收集来自安装在全国约660处的地震强度仪和280处地震震级仪的数据，能及时准确发布地震情报或紧急地震速报；消防厅构建的震度情报网络系统，全天候收集来自全国2 900处地震强度仪的数据，为实施广域救援提供了准确的资料。另外，在海啸监测方面，气象厅在日本全国海岸修筑了80处海啸观测设施，布设了约170个观测点，构建了覆盖日本全国的"潮位与海啸监测系统"。此外，日本还建立起覆盖全国、功能完善、技术先进的应急专业无线通信网，包括中央防灾无线网、消防防灾无线网、都道府县防灾行政无线网、市町村防灾行政无线网。先进的应急通信网络的构建，能将事发现场的信息快速准确地传送到决策与协调机构，有利于实施有效救援并提高应急处理效率。

第二，提供经费和物资保障，开辟避难场地。根据2013年《防灾白皮书》，日本在防灾方面，政府民间协同研究开发投资总额占总GDP的4%以上，仅政府投入的研发资金就占GDP的1%左右。[②] 第4期基本计划期（2011～2015年），日本政府投入的研发资金总额约为25兆日元。[③] 日本的应急物资储备采取分散准备方式。根据2013年《防灾白皮书》的统计，已进行大米、干面包等粮食储备的市町村占79.4%。[④]日本还广泛设置公共应急避难场所，利用机场、广场、公园等建设广域防灾据点，建立了完善的应急避难系统。

第三，制定应急预案。日本政府在风险分析与详细评估的基础上制定出的各项应急预案，具有很强的针对性和实用性。如防灾救灾的最高领导机构——中央防灾会议制定的《防灾基本计划》。经过科学而系统的研究和评估，日本政府《防灾基本计划》制定了防灾业务计划。《防灾基本计划》中列出了未来可能发生的大规模地震，如首都直下型地震、南海海沟巨大地震、东海地震、东南海地震等，并制定了具体的应急预案。

第四，加固补强基础设施和建筑物。日本政府还特别强调对现有建筑物进行加固，提高耐震强度。根据2013年《防灾白皮书》，目前住宅及特定建筑物的耐震化率如下：住宅为79%，利用率高的特定建筑物约为80%，到2015年两者的目标为90%。耐震化的提高在保护居民和利用者生命的同时，也为灾难发生时的救援活动减少了障碍。2013年，公立中小学的耐震化率为84.4%，医院耐震化率为98.2%，社会福利设施等的耐震化率达到81.3%。[⑤]

第五，开展应急教育和防灾演练。日本十分重视应急科普宣教工作，将学校

① 『平成26年版防災白書』，内閣府 http://www.bousai.go.jp/kaigirep/hakusho/h26/honbun/.

②④⑤ 『平成25年版防災白書』，内閣府 http://www.bousai.go.jp/kaigirep/hakusho/pdf/H25_gaiyou.pdf.

③ "第4期科学技術基本計画の概要"，http://www.mext.go.jp/component/a_menu/science/detail/__icsFiles/afieldfile/2011/08/22/1293746_01_1.pdf#search.

的应急教育与日常生活中的应急演练有机结合。日本各地每年会开展形式多样的防灾宣传和演练活动，特别在每年“防灾日”——9月1日，进行“防灾训练周”活动（8月30日到9月5日）。2012年防灾训练的实施情况如下：都道府县共进行了291次，市町村共计进行了6 268次，平均每县6.2次，市町村平均3.6次。在常态化的防灾减灾宣传中，日本国民防灾意识发生了很大变化，如为应对大地震，平时备好便携收音机、手电筒的居民占56.7%，选好避难场所的占34.2%，备好粮食和饮用水的居民较多，约占6成。[①]

二、应急决策

日本应急决策流程自下而上进行。灾害发生时，灾害所在地的市町村首先设立市町村灾害对策本部，同时将灾害发生情况上报上级都道府县，都道府县设立灾害对策本部。当发生大规模灾害时，设立中央非常灾害对策本部。紧急灾害对策本部的设立须通过内阁会议决定。同时为了提高应急处理效率，会在灾害发生地设立现场灾害对策本部。不过，在灾害应急管理历史上，日本设立非常灾害对策本部只有三次：1964年新潟地震、1995年阪神淡路大地震和2000年有珠山火山喷发。而设立紧急灾害对策本部只有2011年东日本大地震一次。

日本灾害、灾难状况的报告流程如下：从市町村到都道府县，再到内阁总理大臣；从指定公共/行政机关到内阁总理大臣。[②] 内阁总理大臣将所接收到的报告内容向中央防灾会议通报。由于地方自治，日本在灾害应急管理中，基层市町村的作用非常大。这种地方分权体制，自主防灾意识强，反应和应对较为迅速，但在有效性方面存在问题。后来日本在危机管理上开始采用集权体制。集权体制能集中人员、物资和财力来应对危机，有效性显著提高，但存在初期行动滞后的缺点。1995年1月阪神大地震时，由于日本政府初期行动迟缓，遭到朝野批评。日本政府后于1998年在内阁专门设立危机管理总监一职，以加强内阁对安全保障和危机管理室的协调与统一领导。日本政府正在谋求地方自治与中央领导的协调统一体制。

三、应急救援

突发危机事件发生时，防止灾害扩大、及时控制和结束事态发展的前提是快

① 『平成25年版防災白書』，内閣府 http://www.bousai.go.jp/kaigirep/hakusho/pdf/H25_gaiyou.pdf.
② 林春男：『命を守る地震防災学』，岩波書店，2003年出版，第44頁。

速了解紧急事态的状况，迅速获取灾情信息，建立联络机制。日本《灾害对策基本法》规定灾害或突发事件发生时，灾区所在地的市町村应立刻设立灾害对策本部，展开第一线救援工作。风水灾害、海啸、火山喷发等可以预测的灾害，市町村行政首长应提前进行避难劝告、避难指示。像地震这种突发灾害，应立即展开生命救援，并尽量准确掌握受灾情况，设立避难所，提供水、食物等基本生活保障。[①] 该基本法还规定初期救援活动不能单靠地方公共团体独自救援，国家、其他地方公共团体、公共机构等要相互密切携手共救。内阁情报集约中心建立了24小时情报收集传达机制，随时与相关省厅保持信息共享。发生大规模灾害或社会影响重大的灾害时，紧急召集小组立即集结到首相官邸危机管理中心，迅速制定政府初期应对方案。内阁府根据对灾害规模的掌握情况，必须在10分钟内启动“地震防灾情报系统”（DIS）。[②] 为尽快掌握灾区情况，除各省厅收集来自灾区的信息外，警察厅、消防厅、国土交通省、海上保安厅、防卫省要借助飞机、船舶及其他各种通信手段进行情报收集。根据灾害的规模，相关省厅间要召开灾害对策联络会，以便信息共享，及时调整应急对策。

发生大规模灾害时，会迅速成立以内阁府防灾担当大臣为本部长的非常灾害对策本部，如果发生重特大灾害，会立即成立以内阁总理大臣为本部长的紧急灾害对策本部，内阁总理大臣会向国民发布进入紧急事态的公告。为了掌握灾区的详细情况、制定准确的灾害应急对策，根据情况需要，日本政府会往灾区派遣以内阁府防灾担当大臣或内阁府副大臣为团长的政府调查团，并迅速及时开展救援，在第一时间派出医疗队、消防队、自卫队等。东日本大地震中，警察厅组建了约1万人的警察灾害派遣队，消防厅派出了紧急消防援助队，海上保安厅派出了紧急救援队，防卫省应都道府县的请求，派出自卫队赶赴灾区进行抢险救援。超10万名自卫队员参加了抗震救灾活动。据统计，2012年，自卫队出动520次，共12 000人次。[③]

《灾害对策基本法》规定，当发生超出灾区所在地的市町村应对能力的大灾害时，可以请求上级政府或临近其他市町村援助。为便于有序、有效地进行紧急援助，日本建立了广域救援机制，各都道府县警察局设有一支广域紧急救援队。[④] 各地方自治体或公共机构本着自愿原则签订相互援助协定。这种共助机制在应急救援中发挥了巨大的作用。另外，在应急救援中，除了消防队、警察队、自卫队

---

① 『災害対策基本法』，http://law. e-gov. go. jp/htmldata/S36/S36HO223. html.

② “地震防災情報システム（DIS）の概要図”，http://www. cao. go. jp/others/kichou/it/gis/dis-s1. html.

③ “自衛隊の災害派遣について知ること”，http://www. geocities. co. jp/WallStreet-Stock/5761/.

④ 広域緊急援助隊，https://ja. wikipedia. org/wiki/.

等主力救援力量外，日本还活跃着许多民间公益团体（NPO）[①]，到2013年6月，日本共有336个NPO法人团体，10岁以上的志愿者共431.7万人。在应急救援活动中，民间公益团体的志愿者与政府救援队携手共助，发挥的作用不容小觑，尤其在对灾民进行心理维护方面成为不可替代的主体力量。

四、恢复重建机制

日本在灾后恢复重建时也是立法先行。虽然《灾害对策基本法》第六章至第八章对灾后重建的行政主管部门、重建资金的来源及分担情况等做了规定，但是日本政府还根据灾害种类制定了具体重建法律法规，并在此基础上设置国家和地方政府重建主管机构，然后根据专业调查团的评估结果制定详细的重建计划。2011年6月24日，日本政府制定了《东日本大地震复兴基本法》[②]，根据该基本法，在内阁设立了东日本大地震复兴对策本部，在福岛、岩手、宫城等受灾县及下一级的市町村设立了相应的复兴对策本部，以便系统而整体地推进恢复重建工作。

日本政府特别重视灾后经验总结。“3·11”大地震后，日本政府在中央防灾会议下设“防灾对策推进研讨会议”[③]，并设立了一些专门调查小组。2012年7月，调查小组公布了最终调查报告。最终报告总结了以下7点经验：(1) 一个灾害会诱发其他灾害，进而演变成大规模灾害，因此在灾害预防、应急救援、恢复重建过程中的每个阶段都要意识到灾害演变的可能性，从而制定相应对策。(2) 为了将灾害的损失降到最低，要运用最先进的科技，将可能发生的灾害和可能造成的损失全部设想到，并尽最大努力做好应对之策。(3) 在将可能发生的灾害和可能造成的损失全部考虑到的基础上，各行政机关应该重新审视现有的防灾理念，并对已有的防灾措施进行调整和充实。(4) 应对自然灾害需要都市规划、土地利用政策、警戒避难对策、防灾教育及演练等软件措施的配合。(5) 在灾害应急中，政府行政机关的应对是有限的，还需要居民、企业、志愿者等民间团体携手共助，因此有必要大力促进当地民众互相帮助、民间组织和团体成为各地积极而主要的守护力量的社会风气的形成。(6) 灾害常常导致生产活动停止、物资流通中断，影响广大地区的经济活动，因此各企业和组织有必要制定业务持续计划，通过建立保险制度和相互支援等措施，保障主要业务在灾害中仍能继续、供

① “NPO・ボランティア团体との協働の手引き”，広島県県民生活部文化・県民協働室平成20年3月。

② 『東日本大震災復興基本法』，平成二十三年六月二十四日法律第七十六号。

③ “防災対策推進検討会議について”，http://www.bousai.go.jp/kaigirep/chuobou/suishinkaigi/.

给网络不受影响。(7) 制定防灾措施时要避免盲目乐观，应从最严重的情况入手，尽一切可能做好大灾大难的预防准备。①

日本政府对不适合应对灾害的法律法规进行修改。2012 年 9 月 19 日，根据"防灾对策推进研讨会议"的最终报告，以《原子能规制委员会设置法》为依据在环境省设立原子能规制委员会，对《原子能基本法》《原子能灾害对策特别措施法》等进行了修订，构建了原子能灾害对策新架构。9 月 26 日，对《防灾基本计划》中的"原子能灾害对策篇"进行了修改。2013 年 6 月 21 日，公布了《灾害对策基本法》修订后的内容：(1) 提高大范围、大规模灾害发生时的迅速反应能力。(2) 确保居民顺利且安全地进行避难。(3) 完善对灾民的保护措施。(4) 进一步加强平时的防灾举措。②

① "東日本大震災の課題と教訓の総括", http://www.bousai.go.jp/kaigirep/chuobou/suishinkaigi/12/index.html.

② 《2013 年防灾白皮书》, http://www.bousai.go.jp/kaigirep/hakusho/pdf/H25_honbun_1-4bu.pdf.

第三十六章

日本安全体制机制的改革与展望

二战结束以后，日本始终将“专守防卫”及“和平主义”等关键词与日本国家安全体制机制建设联系在一起，但由于日本右翼势力一直视战后颁布的“和平宪法”为保留“天皇制”与盟国进行的不平等交换，因此从未放弃冲破战后秩序的企图。自20世纪50年代开始，日本致力于打造一个平行于日美安保体制的独立国家安全体制，现已在国内建立起了一套包括预警、决策、执行、评估在内的完整的安全体制机制。限于“和平宪法”与日美同盟体制，日本的安全体制机制没有出现根本变化。近年来，日本试图洗刷战争罪责，谋求渴望已久的政治大国地位，尝试突破“和平宪法”和战后秩序安排，开始越来越多地干预国际、地区安全事务。为了适应这一变化，日本开始对其安全体制机制进行调整和改革。

第一节　日本安全体制机制的主要问题

经过二战结束后几十年的努力，日本在21世纪初建立起了一套自上而下、高度组织化的国家安全体制，包括精密的情报信息与安全预警系统、逐渐集权的决策体制、高度武装化的防卫体制和反应较为迅速的应急安全体制。然而日本安全体制机制有其固有的缺陷，涉及国家安全法、日美安保体制、国家安全体制稳定性等问题。

一、日本国家安全法的基础缺陷

日本战后宪法中的和平主义理念与国家安全法律体系发展过程中的军事现实主义倾向间的矛盾是日本国家安全体制机制最根本的缺陷。宪法是一国政治、经济、外交、安全等诸多方面体制与政策的准绳，任何国家的体制设计和政策制定均不能凌驾于宪法之上。日本在二战后初期曾一度严格遵循“和平宪法”的规定，将《日本国宪法》第九条中有关不以武力解决国际争端及放弃战争权的条款作为国家安全体制建设中不可逾越的红线。日本历届政府所提出的“专守防卫”“武器出口三原则”“防卫经费1%框架”等限制武力过度发展的安全政策均基于这一基本共识。《日本国宪法》中的和平主义理念使日本在二战后直至20世纪70年代在纷争四起的“冷战”初期获得了理想的国际安全空间，受损的日本经济也在这一时期获得飞跃式发展，一举超过战前水平。

与宪法中的和平主义理念不同，日本国家安全体制的构建呈现出日益显著的军事现实主义倾向。以自卫队相关法律的发展过程为例，1954年为配合“日美安保”体制下美军的军事行动，日本颁布了关于建立自主防卫力量的《防卫厅设置法》及《自卫队法》，“防卫二法”的颁布既是日本自主防卫力量建制的标志，也是国家安全问题上右翼保守派与极端右翼势力在国家准军事力量建设上思想“合流”的开始。虽然上述法律规定，日本自卫队的性质不同于军队，其主要功能也被限定为“守护国家的和平与独立，保障国家的安全”[①]，不具有主动发动军事攻击的能力，但就其总体规模及武器装备水平而言均已远超战后初期水平。此后的近30年间，在“经济先行”的国策下，日本的自卫队规模始终保持在18万人的水平，其军费开支则维持在国内生产总值的1%框架内。20世纪80年代“综合安全保障战略”提出后，日本自卫队建设的基本理念及功能定位发生了巨大变化。在防卫投入方面，1987年，日本为加速完成“综合安保”体制中自卫力强化的目标，将自1970年起维持了十余年的军费占GNP 1%的框架打破，大大加快了新式装备的更新速度，以提高军队的作战能力。[②] 1992年《“PKO”法》的颁布使自卫队的基本功能由单一“本土防卫”向“海外出动”转化，自卫队参加联合国海外维和行动全面合法化。为配合这一变化，1995年日本政府将提升自卫队的实战能力与周边安全威胁抑制力写入新修订的《防卫计划大纲》，将

① 東京大学『世界と日本』日本政治・国際関係データベース：「自卫队法」第三条，http://www.ioc.u-tokyo.ac.jp/~worldjpn/documents/texts/JPSC/19540609.O3J.html.

② 日本防卫省网站：1987年『防衛白書』資料34「防衛関係費（当初予算）の推移」，http://www.clearing.mod.go.jp/hakusho_data/1987/w1987_9134.html.

自卫队的建设方针由重视数量向重视质量方向推进。2001年“9·11”事件发生后，日本借国际安全形势全面转向反恐战争时代的契机，再一次密集修改自卫队运用方面的法律体系，新颁布《反恐特别措施法》《伊拉克人道复兴支援特别措施法》两部新法律，修订了包括《自卫队法》在内的五部现有法律，[①] 再次扩大了自卫队的活动范围及功能，使自卫队在美军反恐战争最前线频繁亮相。

自卫队作为日本国家安全体制的主要执行机关，其发展历程是日本国家安全体制建设的一个缩影。从上述分析可以发现，在历经1954年建立之初至今的发展后，其职能已远远超出建立初期设定的“保卫本国安全”的范围，“必要最小限度”内使用自卫权的限制被扩张军事力量、主动承担“国际贡献”的军事现实主义观念所取代。实际上日本历次国家安全体制变革中均伴随着国内各派势力对新版国家安全体制是否违反和平宪法的大讨论。面对这一问题，日本历届政府的主要应对策略均为在适当范围内为宪法添加新解释，以此调和国家安全体制建设的理念冲突。随着日本右翼势力的不断膨胀，他们在21世纪初便明确指出不满足于仅仅通过修改宪法解释的方式来扩大国家防卫力量的功能与规模，要求直接修改宪法，使日本从法律上获得“正常国家”地位的观念已威胁到以战后和平宪法为基础建立起的国际安全秩序，日本国家安全体制将面临新的转折。

二、对日美安保体制的过度依赖性

《日美安全保障条约》和日美安保体制是日本国家安全体制机制发展的基石。这一体制一方面为日本国家安全打了一剂“强心针”，另一方面也为其节约了大量的军事开支用于经济的恢复和发展。虽然一举两得的日美安保体制在二战结束后初期的确曾经给日本带来了相对安定的国际国内环境，但由于美军在日本的驻留本身是以破坏日本国家主权独立与领土完整为代价的产物，且貌合神离的日美安保体制本身就是建立在二战后日本对美国的依附关系及美国全球安全利益链条基础之上，因此每当日美经济摩擦出现或美国全球战略调整时，日美安保体制的阵痛便会来临。可以说日美安保体制在成为战后日本国家安全体制重要支柱的同时，也是影响其安全体制与政策独立性的一把“双刃剑”。

纵观二战结束以来的美日安全关系可以发现，日本在国家安全问题上对美国的依赖性主要体现在以下两个方面：

其一，日本历次国家安全政策与体制改革均与美国全球战略调整同步。二战

① 包括《自卫队法》《海上保安厅法》《防卫厅设置法》《安全保障会议设置法》《国际紧急救援队派遣法》。

结束后初期的美国对日本实行军事占领，日本的军事力量建设被全面禁止，仅被允许保留维持国家治安所需最低限度警察力量。1950年朝鲜战争的爆发使美国深感亚太军力匮乏，后防空虚，由此开始调整亚太地区安全政策，最主要的政策之一便是将原对日削弱政策改为适度扶植，敦促其建立适量准军事力量以协助美军保障后方补给线的安全。为满足美国的需要，日本在20世纪50年代初建立起了以自卫队为首的国家安全体制基础，并将此视为对日美安保体制的补充。至20世纪70~80年代，美国再次陷入越战泥潭，并接连经历了两次石油危机，在冷战中由对苏的战略攻势转向全面收缩，在安全政策上开始要求其在各地的盟友共同担负起本地区的安全保障职责。石油危机中的日本虽然在经济上对美国为首的西方阵营进行了支持，但仍被批评为“只出钱不出人”。因此在20世纪80年代的“综合安保观”中，日本特别强调了确保海上交通线安全的重要性，并在美国要求下于20世纪90年代开始逐渐参与到由美国主导的海外行动中。2001年“9·11”事件后，美国在世界各地吹响反恐战争号角，日本在第一时间表示将扩大自卫队的海外活动范围以配合美军在各地的行动。此后，日本连续修改颁布多部有关国家安全的法律法规，直至对其国家安全体制进行重大修改，以适应美国全球安全战略的变化。由此可见，美国全球战略变化对日本国家安全体制变革的影响深入骨髓，以至于每当日美经济摩擦期到来之际，日本总会短暂地陷入国家安全体制改革的迷茫期。

其二，每当美日间出现经济摩擦时，安保问题总会使日本在双边关系中处于被动。20世纪70~90年代，日本经济的迅速发展使日美两国的经济实力对比逐渐发生变化，两国间在经济领域的矛盾随之凸显。[①] 20世纪70年代初日美间因化纤产品出口问题产生了自二战结束以来的首次贸易摩擦，此时正值日美间就冲绳的归属问题进行谈判之际。美国以归还冲绳谈判中的主要焦点问题为条件迫使日本在纺织品谈判中做出让步。这一举动使得日本政府和民众开始对日美安保体制存在的基础提出质疑，越来越多的人开始意识到日美安保体制实际上是建立在日本出卖国家核心利益基础上的。如果说以“丝”换“绳”是20世纪70年代日美间安全领域信任危机的起点，那么90年代经济摩擦的全面深化则使其进一步趋于明显。1993年克林顿就任美国总统后，美国一改冷战期间以安全问题为中心的对日政策，将扭转对日贸易逆差作为对日政策的首要问题，向日本政府提出扩大进口美国产品的具体目标。日本在这一时期一改20世纪60年代对美国的迁就态度，在经济问题上态度强硬，逐渐使美日之间的经济摩擦走向白热化。虽然两国间的经济摩擦最终以日本的让步告一段落，但随着日美经济竞争的加剧与

① 方连庆等:《国际关系史（战后卷）》（上册），北京大学出版社2006年版，第334~344页。

常态化，日本以经济问题上的让步换取美国安全保护的做法仍将周期性出现。

综上所述，20 世纪 50 年代以来建立的日美安保体制虽然看似坚不可摧，但究其实质只不过是两国间国家利益博弈的产物。日美两国在安保体制中各取所需，美国将其视为控制日本、亚太和世界的工具，而日本则希望利用美国的军事实力及在全球的影响力实现其成为政治大国的夙愿。从日美安保体制的历史发展看，当两国的国家利益趋同时，其自然可以发挥协调两国间的行动、保障日本在亚太地区安全的作用。而当国际形势发生变化，特别是当这种变化影响到美国自身的国家利益时，日美间的同盟关系则显得脆弱不堪甚至矛盾重重。事实证明，这种同盟关系根本无法持久保障日本的国家安全，也是日本国家安全体制发展中的一个重大缺陷。

三、日本国家安全体制的不稳定性

自 20 世纪 50 年代日本国家安全体制初创以来，其组织结构先后经历了三次重大变革，至 21 世纪初一套较为完整的国家安全体制运作模式虽已成型，但其仍存在机构职能、决策方式、管辖范围等方面的不稳定，这些不稳定性成为阻碍日本国家安全体制运行的重要因素。在机构职能上，国家安全体制的部分组织机构在建立之初便存在职能职权划分不清晰及重叠的现象，经多次体制调整后不仅未能消除机构职能混乱现象，反而使其出现重大问题决策主体重叠化、非重大问题责任真空化等现象，严重影响其安全体制的正常运行。如国防相关事务的审议在国家安全体制中一向占有举足轻重的地位，也是最能彰显某部门在国家安全体制中地位的问题。这一领域问题自日本国家安全体制初创期起便成为各部门争夺话语权的核心，防卫厅、外务省、经济保障厅等部门均声明自身对国防相关问题的重要作用，一项政策的制定往往要经过相关部门的长期博弈才能得以提交国防会议审议，严重影响了国家安全政策出台的效率。

在决策方式上，日本自国家独立后确定国防会议作为国家最高安全决策机构开始，国防会议及其继承机构安全保障会议的议事规程就经常发生变动，特别是在决策方式上显现出极大的不稳定性。20 世纪 50 年代，日本在内阁建立了专司国家安全问题决策的国防会议，其主要成员限于包括作为会议长的内阁首相在内的四名国务大臣及两名相关省厅长官。由于建立之初的主要功能被限定于国防基本方针的制定，因此其召开频度非常有限。1986 年，随着国防会议取代安全保障会议，一些重大紧急事态被列入研讨范围，最高安全决策机构的组成人员也发生了较大变动，负责国内警察事务的公安委员会委员长及统筹联络各省厅的内阁官房长官被纳入正式议员范围，其议事频率相对国防会议时期也显著增加。2003

年，为加强国家在紧急事态应对上的机动性，安全保障会议在原有成员基础上规定，首相可根据具体事态提议其他参加安保会议的人员。[①] 从对日本国家安全决策体制变化的分析中可以发现，其主要变革中显现出决策主体扩大及决策方式多元化的特征，对于特定安全问题的决策必须首先根据其性质决定参会人员及议事方式，这在客观上增加了决策难度。

在管辖范围上，日本历次国家安全体制变革中对国家安全问题的具体范畴存在较大认知差异。在安全体制初创期，《防卫厅设置法》规定国家安全问题仅指与国家防卫直接相关的事项，具体包括国防基本方针、防卫计划大纲制定，相关产业调整及防卫行动等。其后，为了加强政府对重大紧急事件的反应能力，《安全保障会议设置法》将对重大紧急事态的处理纳入国家安全范畴，其国家安全的概念扩大。至21世纪初，为加强在反恐时代的危机应对能力，日本国家安全的范围再次扩大，偶发危机事态被列入安全保障会议的讨论范畴。由单一国防相关问题到重大紧急事态，再发展至偶发性危机事态，日本国家安全体制的管辖范围一直呈扩大趋势，国家安全范畴的不稳定性使其安全决策机关无法对特定安全威胁制定较为固定的应对政策。

日本安全体制机制在二战后维持稳定发展的同时也表现出一些固有顽疾，这些结构性问题及矛盾在安全局势持续多元化的21世纪严重制约着日本安全体制机制的运行。面对非传统安全威胁的长期化与扩大化等新趋势和新特点，日本逐渐从国家安全体制的结构、组织体制、法律基础等方面着手酝酿新一轮改革措施，以适应新的需求。

第二节　日本安全体制机制的改革措施

2008年，日本安全政策研究机构“东京财团”针对21世纪初日本所处的国际及地区安全环境，提交了一份名为《新日本安全保障战略——多层协调安全保障战略》的报告书。这份报告是二战后继“综合安保”报告和“统筹安保”报告后的第三份官方安全智囊报告，在对日本面临的全新安全环境进行综合分析后，报告书分别从日本独立防卫力发展方向与安全体制改革、日美同盟关系的可信赖性与实效性强化、日本主导的地区安保合作框架建设，以及国际安保合作模

① 松田康博：『NSC 国家安全保障会議—危機管理・安保政策統合メカニズムの比較研究』，東京：彩流社2009年版，第278~296頁。

式探索等四个方面对日本安全体制机制提出了改革建议。报告指出，在冷战结束即将迎来20周年之际，世界的安全局势已经进入另一个新的发展阶段。一是冷战结束后20多年主要国家间关系发生了很大变化。美国长期深陷阿富汗、伊拉克反恐战争泥潭，而由次贷危机引发的金融危机更是让其雪上加霜。与此相对，中国及印度等国家经济的迅猛发展使其在国际及地区问题上的影响力不断增强，国际政治格局正在发生转变。但即便如此，美国就其军事、经济实力而言在短期内仍将在国际事务中发挥其他国家无法比拟的作用。随着美国战略重心的东移，日本提出应借"美国的东风"一举完成从经济大国向政治大国迈进的夙愿。为此日本应进一步保持并强化二战以来形成的日美同盟关系，并将其作为未来国家安全体制机制建设的核心内容之一。二是随着国际恐怖主义势力的扩散及日本在冷战后政治大国化道路诉求的凸显，除继续维持并加强日美安全同盟关系建设外，在这一时期日本还将以价值观为基础发展与其他国家间的安全合作，建立自身主导的地区安全网状结构。对此，日本内阁开始研讨在国家安全法律体制、安保组织体制及运行机制方面进行全面变革。①

一、国家安全法律体制基础的重构

在日美安保体制进一步强化及区域安全网状结构建设的基础上，日本自卫队获得了更大的活动范围，日本在冷战后所追求的"主动安全"构想得以在一定范围内实施。但要使自卫队的海外军事行动做到"师出有名"，日本必须想方设法摆脱战后"和平宪法"对其海外军事行动的种种限制。日本战后"和平宪法"第九条规定，日本"永远放弃以国权发动的战争、武力威胁或武力行使作为解决国际争端的手段……不承认国家的交战权"。② 换句话说，日本放弃了拥有及使用军队的权利，自卫队仅能在本国受到武装攻击时行使驱逐侵略势力的"个别自卫权"，不具有联合国赋予"普通"成员国在他国受武装威胁时予以军事援助的"集体自卫权"。自二战结束开始，日本历届政府均宣布继承并尊重宪法中有关禁止行使"集体自卫权"的解释，使其成为日本在二战后维持"和平国家"地位的重要保障。但随着日本政治大国化追求的日益凸显和右翼势力的不断煽动，"和平宪法"成为右翼势力实现"修宪建军"大国化夙愿的最后一道屏障，要求解禁"集体自卫权"的"呼声"也逐渐浮出水面。

---

① 東京財団政策研究部：『新しい日本の安全保障戦略―多層協調的安全保障戦略―』，東京：東京財団2008年，第3頁。

② 《日本国宪法》，载戴学正等编：《中外宪法选编》，华夏出版社1994年版，第270页。

虽然二战结束后日本以宪法的形式规定彻底放弃国家交战权，但由于对法西斯势力清除的不彻底，使得日本的残存右翼势力得到喘息，并不断伺机复辟。二战结束后，日本政府对“自卫权”的发动曾有过明确界定，日本政府虽然“并不否定自卫权，但根据宪法第九条第二项，不承认一切军备及国家交战权，因此放弃一切以发动自卫权为借口的战争及交战权”。[①] 随着经济的发展和国内右翼势力的抬头，政治大国化的诉求促使日本不断尝试各种方式以打破战后秩序的束缚，其中重新研讨宪法中有关“集体自卫权”的解释成为其在国家安全法律体制改革上的重点。对“集体自卫权”的讨论最早始于20世纪60年代，逃脱远东军事法庭审判的甲级战犯岸信介上台组阁后，在国家安全问题上不断散播右翼言论，指出“当与日本保有密切联系的国家受到武装攻击时，至彼国保护该国安全的集体自卫权虽然是被宪法所禁止的”，但“集体自卫权的形式并非仅限于上述一种，说日本在和平宪法下完全放弃集体自卫权是言之有过”。[②] 这一论调最终被日本历届政府所沿用，“保有但不行使”的解释为未来彻底解禁“集体自卫权”埋下了伏笔。从20世纪80年代开始，相关问题的争议逐渐由日本是否具有“集体自卫权”转向是否行使“集体自卫权”及其行使范围问题上。伴随着自卫队海外派遣进程的推进，自卫队海外活动是否违宪成为20世纪80年代末日本国家安全问题争论的焦点。右翼势力大力推进自卫队海外行动的合法化，指出关于自卫队是否可以参加联合国维和行动“不应一概而论，而应根据其具体目的及任务确定……涉及使用武力或武力威胁的应视为违宪……而其他行动应具体分析研究”。[③] 在此之后，一系列相关法案的颁布使自卫队打破了长期以来“专守防卫”的限制，成为解禁“集体自卫权”道路上的重要一步。

21世纪初，日本国家安全体制改革的右倾化趋势进一步加强，右翼分子公开要求修改宪法以解禁“集体自卫权”，从而使日本成为得以拥有军队的所谓“正常国家”。2007年5月，时任内阁首相安倍晋三召集安全智囊团研讨“重构日本安全保障的法律基础”问题。在主旨演讲中他指出，日本所处的国际及地区安全环境正在急剧恶化，要保障国家安全必须妥善处理好两个方面的关系，并建议研讨在四种情况下行使集体自卫权的可行性。一方面，日本要巩固与传统盟友美国间的信赖关系，当公海上美国舰只受到攻击时或美国遭受弹道导弹袭击时，

① 1946年日本前首相吉田茂在众议院会议上的发言，转引自日本首相官邸网站：「安全保障の法的基盤の再構築に関する懇談会」報告書，http://www.kantei.go.jp/jp/singi/anzenhosyou2/index.html.

② 1960年3月参议院预算委员会答辩，转引自日本首相官邸网站：「安全保障の法的基盤の再構築に関する懇談会」報告書，http://www.kantei.go.jp/jp/singi/anzenhosyou2/index.html.

③ 1988年5月参议院安全保障委员会内阁法制局第一部长答辩，转引自日本首相官邸网站：「安全保障の法的基盤の再構築に関する懇談会」報告書，http://www.kantei.go.jp/jp/singi/anzenhosyou2/index.html.

作为盟国的日本应行使“集体自卫权”对其进行保护；另一方面，作为负有“国际责任”的大国，日本应在联合国维和行动中发挥更大的作用，在联合国维和行动中使用武器以及使用武器援助他国维和部队应被视为合法。[①] 这是自二战结束以来日本政府首次公开表明希望修改宪法以解禁“集体自卫权”的意愿。经过多轮讨论后提交的报告书中虽然基本同意安倍提出的四种行使“集体自卫权”的情况，但同时指出所有情况必须被限定在“与自身密切相关”的范围内，且宪法的修改必须征得国民的“普遍理解”。由于报告提交时安倍内阁已由于在国家安全问题上的过度右倾的政策而下台，因此这份报告实际上并没有被继任首相所采纳。

2013 年 2 月，再次上任不久的安倍首相重开“安保法制恳谈会”，将解禁“集体自卫权”由计划阶段向具体实施阶段推进。这次“安保法制恳谈会”在继承前期会议精神基础上明确提出了解禁“集体自卫权”的具体条件，其中包括以下六项基本原则：与日本有密切关系的国家遭到攻击时；该事态对日本国家安全可能产生重大影响时；该国提出明确的请求或同意时；在首相主导的内阁会议上通过；在通过第三国领域时获得该国许可；事先或事后得到国会许可。[②] 由于这些原则的制定较为模糊，攻击事态的判断并没有明确的标准，加之日本国家安全保障会议使决策权力过度集中于以首相为首的“四大臣”，安倍谋求解禁“集体自卫权”的图谋昭然若揭。由于修改宪法解释以解禁“集体自卫权”将彻底改变日本自二战以来作为“和平国家”的法制根基，因此遭到了来自包括在野党、联合执政党及民众在内的社会各方力量的一致反对，安倍政府的支持率也连创新低。[③] 在一片反对之声中，安倍政府利用自民党在国会参众两院的议席优势于 2013 年 7 月 1 日的临时国会上强行通过了有关解禁“集体自卫权”的内阁决议。2015 年 9 月执政的自民党再次无视民众及在野党的反对，利用国会多数议席强行通过了《国际和平援助法案》和相关修改法案，使“集体自卫权”获得了国内法依据。至此，日本在二战后所形成的“和平宪法”环境被彻底改变。

二、谋求日美安保体制中的平等地位

虽然在 20 世纪 70 ~ 90 年代由于经济摩擦致使“日美安保”体制发生过两次

① 日本首相官邸网站：「安全保障の法的基盤の再構築に関する懇談会（第 1 回）議事次第（案）資料 3」，http://www.kantei.go.jp/jp/singi/anzenhosyou/dai1/siryou3.pdf.

② 日本首相官邸网站：「安全保障の法的基盤の再構築に関する懇談会」報告書，http://www.kantei.go.jp/jp/singi/anzenhosyou2/index.html.

③ 日本时事新闻网站：「内閣支持 44%、発足後最低 = 集団自衛権、反対 5 割 - 時事世論調査」，http://www.jiji.com/jc/zc?k=201407/2014071800633&g=pol.

较大规模的波动，但从二战后的历史发展看，该结构的存在无疑是日本发展最重要的保障。冷战结束后，“日美安保”体制的强化不仅有利于日本在经济强国基础上建设政治强国的国家战略规划，同时也是美国亚太战略最重要的棋子，两国国家利益的趋同成为“日美安保”体制强化的催化剂。乔治·布什政府上台后迅速调整对日战略，重新将安保合作作为发展美日关系的核心。而日本同样认识到，全方位的合作关系仍将是未来很长一段时间内日美关系发展的主流方向。2001 年 6 月在日本的《外交蓝皮书》中，小泉首相与小布什总统再次确认将巩固及强化以“日美安保”为核心的同盟关系作为两国对外关系发展最重要的内容，并为双方建立包括政治、经济在内的全方位合作关系订立了基调。①

为协调两国行动，强化双方在“日美安保”体制方面的磋商机制，日美之间早在 1957 年就建立了“安全保障问题日美委员会”（以下称为“2 +2 会议”）。②在冷战期间，该会议所探讨的议题主要集中于“日美安保”体制的内部组织问题，日方参会人员为外务大臣与防卫厅长官，而美方则多限于驻日大使及太平洋地区美军司令，与会人员的级别恰恰印证了冷战期间日美双方在安保体制中的不平等地位。冷战结束后，美方将“2 +2 会议”的参会人员升格为国务卿及国防部长，这实际上是承认“日美安保”体制中两国关系的平等化。2005 年的“2 +2 会议”所发表的声明再次强调“日美安保”体制的重要性，并指出双方在未来将继续扩大在各方面的合作。声明夸大了“日美安保”体制在保障日本国家及地区安全方面的作用，此时的安保体制已经完全颠覆了其建立时的初衷，由最初的防卫性质的组织变为协调日美两国在地区及国际安全问题方面行动的工具。这次会议还将诸如要求中国军事透明化、朝鲜半岛问题甚至台湾问题等纳入讨论的范畴，由此可见“日美安保”体制在未来亦将可能成为两国以安全问题为由干涉他国内政的重要平台。2006 年 6 月，小布什总统在白宫会见了来访的日本首相小泉，双方在会见后的共同声明《新世纪的日美同盟》中不仅再次高调肯定了日美同盟关系，且在此基础上提出将在现有同盟关系基础上建立面向 21 世纪的全球范围内的全新日美关系，即“世界范围的日美同盟”关系。

《新世纪的日美同盟》在评价“世界范围的日美同盟”关系时指出，双方长久以来的同盟关系并非仅仅基于双方所面临的共同威胁，而更多的是来自于双方所共同拥有的自由、人权、民主主义等共同价值观。这为“日美安保”体制的未来发展贴上了共同意识形态的标签。该声明将日美同盟存在的意义定义为“为了维护世界的和平与稳定”，实际上是承认了日本在“统一安保”中提出的将预防

① 外務省：『外交青書』，東京：大蔵印刷局，2001 年出版，第 35 頁。

② 当时称为“有关安全保障的日美委员会”（安全保障に関する日米委員会），2005 年改为“日美安全保障协议委员会”（日米安全保障協議委員会）。

国际威胁作为日本国家安全体制发展目标之一的合理性，美国对日本妄图打破战后体制束缚的默认，大大助长了日本国内右翼势力的嚣张气焰，一定程度上对日本安全体制改革中的右倾化倾向起到了推波助澜的作用。随着日美国家利益的趋同，“日美安保”体制在未来将可能得到进一步强化，日本可能会逐渐获得日美安保体制中的平等地位。

三、日本版NSC的提出

日本政府在2004年的“整合安保”报告书中指出，日本安全体制的调整绝不仅仅是对各部门职能的简单再分配，而是要在努力适应变幻莫测的新安全形势的基础上，从根本上排除各省厅间“纵向型组织”[①] 体系的弊端，实现其安全组织体制的有机统一，建立更加迅速、有效的安全决策体制机制，而其中最重要的一点便是安全保障会议功能的根本性强化。[②]

2006年曾任小泉内阁官房长官及“安保会议”核心成员的安倍晋三当选日本首相，在日本安全体制改革问题上，安倍承袭了小泉内阁建设一元化、集权化安全决策机制的目标，提出将推进首相在安全决策中的核心地位。与往次“安保会议”改革相比，本次改革的重点主要集中在进一步简化决策程序及促进安保决策权集中上。2007年日本政府向国会提交了《安全保障会议设置法修正案》草案，草案涉及多处重大修改。其中最引人注目的是改革作为安全会议根基的“九大臣”[③] 议事制。草案提出应根据安全问题的性质及重要性建立分层决策机制(见图36－1)，新建关于日常的安全事务处理及中长期国家安全战略制定的“四大臣”[④] 审议制，国防基本方针、防卫计划大纲制定等常规安全问题沿用“九大臣”议事制，而对于要求快速反应的“重大紧急事件”、安全危机等，则由首相、官房长官及相关国务大臣合议制决定。其中最重要的改革是“四大臣”议事制的出现。“四大臣”议事制一方面实现了内阁对安全问题决策的日常化，另一方面也使日本安全体制的决策效率明显提高。但由于集权化的“四大臣”审议制在国家安全战略制定、自卫权发动及自卫队的海外派遣等敏感问题方面具有对国

① 此处所谓“纵向组织”型安保组织体系是指以往日本安保相关机构都拥有自身独立的情报搜集、危机应对相关的部门，在危机出现时往往采取机构内部的纵向应对机制，而缺乏各机构之间的横向信息沟通，无法有效整合各机构的力量。

② 荒木浩等:『「安全保障と防衛力に関する懇談会」報告書－未来への安全保障・防衛力ビジョン－』，東京：大蔵印刷局2004年出版，第16頁。

③ 1986年《安全保障会议设置法》出台之初为“八大臣”，2003年同法修正案出台后改为“九大臣”。

④ “四大臣”包括首相、外务大臣、防卫大臣、内阁官房长官。

会“先斩后奏”的决策权，因此使得日本背离“和平国家”的可能性增加。该草案一经提出便受到了来自包括执政党内部、在野党及民众的一致反对，随着第一次安倍内阁的倒台其也被暂时搁置。2013 年，东山再起的安倍内阁利用执政党在国会的多数议席强行通过了《国家安全保障会议设置法》，决定仿效美国国家安全委员会（NSC）将原“安保会议”升级为国家安全保障会议（即“日本版 NSC”）。

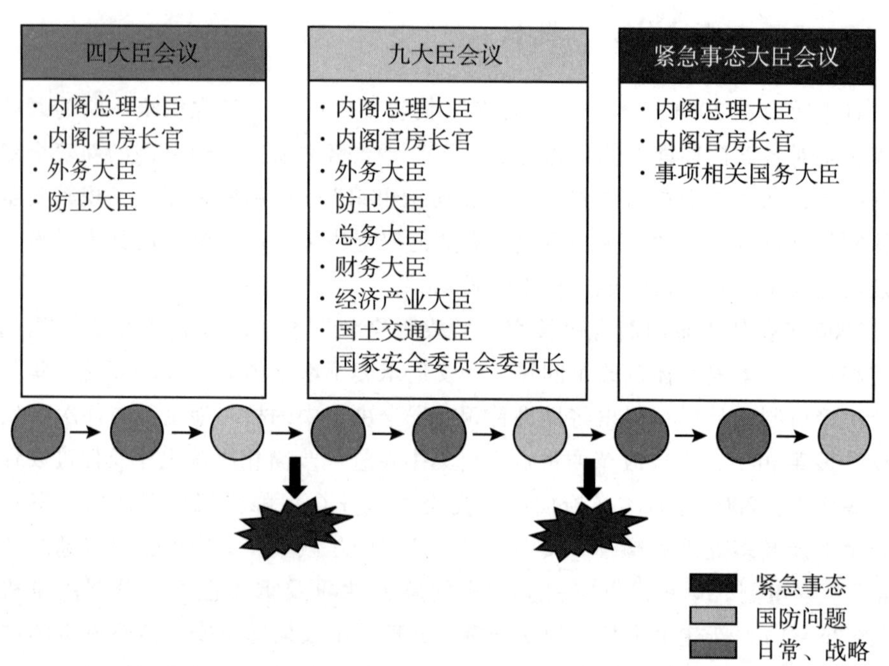

图 36－1　日本版 NSC 国家安全问题分层处理流程

除了决策机制上的变化外，日本版 NSC 与其前身安全保障会议的最大区别便是建立了日常事务机构——“国家安全保障局”。国家安全保障局规模为 60 人，由首相身边的辅佐官担任保障局负责人。国家安全保障会议每两周召开一次，主要围绕国家安全问题进行讨论。国家安全保障会议划分为负责美国、中国和朝鲜等地区局势的 6 个小组，以外务省、防卫省和警察厅为中心，同时招募自卫队人员和民间人才参加。该机构的主要功能包括三个方面：一是处理日本版 NSC 的日常事务，对日本的外交、防卫政策进行规划立案和综合调整。二是在紧急事态发生时，从外交、防卫的观点给日本国家安全保障会议谏言。三是整合各部门安全情报资源，并进行汇总分析。从上述功能定位可以看出，“国家安全保障局”实际上是将情报收集、对策制定及效果评估功能融为一体的综合性安保事务处理机构。这一机构的建立将原本需要经过多个步骤、跨越若干省厅进行的安保决策机制集于一身，国家安全保障会议只需要对保障局提交的提案进行审议及小幅调整便可迅速制定应对各种安全问题的方案。国家安全保障局的建立保证了日本版 NSC 决策制定的高效化。

日本国家安全保障会议为闭门会议，具体内容一般不向媒体公开。这引发日本在野党的普遍忧虑，担忧缺乏第三方机构对该会议的监督，提高了首相在外交和安保方面的决策权。2014 年日本国会通过《特定秘密保护法案》。[①] 国家安全保障会议和《特定秘密保护法》将使日本易于变为“警察统治的国家”。

面对国家安全体制机制中存在的固有缺陷，日本分别对安保法律体制、日美同盟关系及决策体制机制进行了改革。改革的结果虽然在表面上改变了日本国家安全体制机制中结构性矛盾影响决策产出效率的问题，但由于国家政治的持续右倾化，集权化的国家安全决策体制在未来被当成发动战争工具的可能性显著增加。随着“集体自卫权”的解禁及安保法案的通过，日本长期被禁锢的“战争权”实际上已被松绑，战后的“和平国家”正在向“战争国家”转变。

第三节　日本安全体制机制展望

日本通过对国家安全相关的法律制度、组织体系、运行方式等方面的改革，加强了以首相为核心的内阁在国家安全问题上的一元化、集权化管理。至 21 世纪初，日本国家安全体制机制的战后转型已基本完成，“积极和平主义”已取代“专守防卫”成为未来国家安全的指导方针，日本安全体系建设的军事色彩日益浓厚。未来日本安全体制机制走向何方是一个有待深入研究的问题。

一、难以突破战后安全体制的安排

日本二战以后的国家安全体制机制发展轨迹实际上可以看成是对战后建立的国际安全秩序的试探性突破过程。战后初期，日本建立起了以“和平宪法”为基础的安全秩序，这一秩序的特征是以完全放弃“战争权”的形式消除日本对周边国家的安全威胁，并以“日美安保”体制代替独立安保体制保卫自身国家安全。近些年来，日本右翼势力一直试图修改“和平宪法”以打破战后安全秩序对日本的限制，其多次以修改宪法解释的方式扩大日本自卫队的活动范围，改变其“专

① 『特定秘密の保護に関する法律』，平成二十五年十二月十三日法律第百八号。

守防卫”的基本职能。尽管支持修宪的右翼势力已在国会中占有明显优势地位，但就日本修宪的程序环节而言，维持战后安全体制的“和平宪法”在短期内仍无法被撼动。

从修改宪法的技术层面上看，右翼政党不可能仅利用国会中的多数议席直接通过宪法修正案。1947 年颁布的《日本国宪法》第 96 条指出，宪法不同于一般性法律，若需对其中条款进行修改必须首先征得国会 2/3 以上议员支持，待国会审议通过后，新宪法还需在全民公投中获得半数以上民众的支持方可生效。[①] 根据 2015 年 9 月的统计，执政的自民党在参众两院的议席数分别为 289 席与 113 席，占两院总议席数的 56%，加上联合执政的公明党的 35 席和 20 席也未超过宪法修正所需的 2/3 议席。[②] 另外，即使修宪提案能在国会被通过，该法案仍然需要经过全民公投后方可生效，日本数家新闻媒体的舆论调查显示，目前支持修改宪法的民众不足 30%，说明修改宪法缺乏民意基础，因此很难在程序上得以实现。[③]

虽然目前日本政府想通过修改宪法的方式突破战后体制安排的可能性比较小，但这并不能改变日本未来继续以突破战后体制为主的国家安全体制机制发展方向。由于直接修改宪法第 9 条有关放弃“交战权”的条款存在困难，因此右翼势力在近期逐渐将目标转向相对较简单的宪法第 96 条。他们希望首先在技术环节上提高修宪可能性，降低修宪所需的形式要件要求，采用迂回战略最终达到修改宪法第 9 条的目的。自民党在 2012 年发布的修宪草案中明确提出，由于目前的国际国内环境与战后初期相比已经发生了质的变化，因此沿用近 70 年的“和平宪法”也应有所改变，草案提出应将修改宪法的最低支持议员数由 2/3 降为 1/2，以使一些新的条款在宪法中得以通过。[④]

二、难以摆脱对美国的安全依赖

二战结束以来，日本国家安全体制建设上一直坚持以稳固日美安保同盟为主

---

① 東京大学『世界と日本』日本政治・国際関係データベース：「日本国憲法」，http://www.ioc.u-tokyo.ac.jp/~worldjpn/documents/texts/docs/19461103.O1J.htm.

② 日本众议院网站：「会派名及び会派別所属議員数」，http://www.shugiin.go.jp/Internet/itdb_annai.nsf/html/statics/shiryo/kaiha_m.htm；日本参议院网站：「会派別所属議員数一覧」，http://www.sangiin.go.jp/japanese/joho1/kousei/giin/189/giinsu.htm.

③ 日本朝日新闻 2015 年、日本舆论调查会 2013 年和 2014 年、日本广播协会（NHK）2014 年关于宪法第 9 条修订的民意调查结果，转引自西修：『いちばんわかる—憲法第 9 条』，東京：海竜社 2015 年出版，第 121~126 頁。

④ 山内敏弘：『「安全保障」法制と改憲を問う』，京都：法律文化社 2015 年出版，第 37 頁。

体，推动包括自卫队在内的自主军事力量发展为核心的方针。日美间的安全同盟关系一直是日本安全体制建设中坚持的核心内容之一，然而20世纪70年代开始出现的日美经济摩擦使日本意识到日美安保同盟不可能凌驾于美国的国家利益之上，在两国出现国家利益冲突时这一同盟的实际效果将大打折扣。自20世纪80年代末开始，以扩大自卫队活动范围及保卫海上交通线安全为由，日本开始尝试在日美安全同盟之外推动与周边“共同意识”国家在双边、多边安全同盟及反恐框架内的合作。经过近30多年的发展，一个西起印度洋波斯湾、南达大洋洲、东接太平洋的安保同盟网络已基本建成。日本在多次国家安全体制改革报告中均指出希望这一框架可以发挥与日美同盟类似的作用，以使自助努力、日美同盟、安保网络成为未来保障日本国家安全的三叉戟。然而从日本安全体制的历史发展看，不论自助努力还是安保网络，其建立及发展的基础均是20世纪50年代建立起的日美同盟，脱离了日美同盟，日本的国家安全体制将失去存在的基础。一方面，美国在亚太建立的安保同盟是日本安保网络的基础。从20世纪80年代开始，日本仿照美国建设了安全同盟网络，虽然在形式上其建立的安保“网状结构”并不逊色于美国的安保“扇面结构”，但实质上这些国家与日本建立的“日+X”安全同盟均以“美+X同盟”为基础，甚至有些同盟关系在其建立之初便明确指出与日本的安全同盟必须建立在与美国的三国同盟基础之上。因此可以说，日美安全关系的疏密决定着日本安保“网状结构”的实际效力。一旦未来日美同盟出现大规模变动，日本建立的安保“网状结构”必然随之动摇。因此可以推断日本在未来国家安全体制机制建设中仍无法摆脱对美国的依赖。另一方面，日本的军力扩张与日美同盟深化相冲突。发展自主军事力量以配合日美安保体制是贯穿战后日本国家安全体制建设的基本思想，但从历史发展上看二者的关系并非相辅相成，而是此消彼长。近年来，日本不断提升自主军事力量发展在国家安全体制建设中的地位。日本2013年公布的《防卫计划大纲》中已将其置于日美安保体制之前，作为未来日本安全体制发展的首要任务。21世纪的日本军事力量发展已经摆脱了“专守防卫”范畴，借助军力扩张加强自身在本地区的影响力，并以此为手段达到争夺地区霸权的目的已成为日本未来国家安全战略发展的主要目标。日本的军事扩张不仅强烈刺激着亚洲邻国的神经，也逐渐开始引发其安保盟国的担忧，年年上涨的军费投入及不断释放出的右翼言论已使美国开始担心日本在未来将成为自身亚太战略中的隐患之一。在日本企图解禁“集体自卫权”的过程中，美国虽然给予了口头支持，但也同时多次警告日本反省历史，不要妄图挑战二战后的国际安全秩序。因此，日本的军力扩张恐难以突破日美安保同盟的限制。

三、右翼势力的影响将长期存在

就日本国家安全体制的未来走向问题，日本国内曾出现过多次左右翼势力间的大讨论。“1955年体制”在政治上确立了代表右翼保守势力的自民党的执政地位后，日本左翼势力在国家政治生活中已被边缘化，国家安全问题上的右倾化发展道路也就此定型。2012年底，被称为小泉接班人的安倍晋三上台伊始便在各领域贯彻小泉未竟之“事业”，在自卫队建设上一改二战后的“自我抑制”型发展方向，着力加速其实战能力建设，以此保证“集体自卫权”解禁后发挥更大的国际影响。除此之外，为加速突破“战后体制”限制，安倍还在国际国内大肆夸大日本周边安全威胁，制造“中国威胁论”，以此作为修改宪法解释以解禁“集体自卫权”的借口。经过一系列的右倾化改革，至2015年以安保法案通过国会审议为标志，日本在二战后曾长期坚守的“和平主义”国家安全观被右倾化的军事主义安全观所取代。

在全新的国际及地区环境下，合作才能促进发展，对立只能增加威胁，面对国际恐怖主义势力的不断扩散，保障国家安全已远超出一国的能力范围。在这种大环境下，日本国家安全体制改革中过分强调军力扩张的思想将不断引发周边国家的警惕，甚至可能造成地区国家间新的军事对立的出现，因此能否有效抑制其国家安全体制机制发展中的右倾化倾向，对日本国家安全体制在未来能否向良性发展趋势过渡有着至关重要的作用。

四、“和平创造”型国家目标

面对新时期的安全挑战，2010年2月起日本政府开始召集国家安全智囊团就未来日本安全体制机制走向问题进行研讨。8月“新时期安全保障与防卫力恳谈会”向政府提交了名为《新时期日本安全保障与防卫力的未来构想——以“和平创造”型国家为目标》的研究报告（以下称《新安保防卫报告》），通过对日本所处安全形势的分析，报告书对未来10年日本安全体制机制的发展方向提出了建议，明确指出日本在21世纪国家安全领域的最终目标是推动日本由被动的“和平”型国家向更加主动的“和平创造”型国家转变。具体而言就是要使日本完成由经济大国向政治大国的跨越，确保与日本相关的本土、周边、航路安全，并注重承担维持国际安全秩序的责任。

《新安保防卫报告》认为，日本在21世纪初所处的安全环境与冷战后相比已发生了质的变化，在世界范围内美国的绝对优势地位已经逐渐消失，而与此同时作为地区大国的中国、印度等国迅速崛起，其均希望在本地区建立起安全问题主导权以打破旧的美国主导的力量平衡。而除此之外，介于武力攻击与非武力攻击之间的“灰色地带”（如岛屿争端问题等）的增加使跨国安保合作及公海上自卫权的行使等问题成为未来日本国家安全体制建设着力突破的主要目标。日本所谓的“和平创造”型国家，可以从两个方面来理解：一方面，在防卫力建设和使用方面，军事科技的突飞猛进使得从危机预测至危机发生的预警期（warning time）大大缩短，这就要求日本改变以往单一关注部队数量建设的事态应对型“基础防御力”建设方针，加强包括情报搜集、危机预警能力在内的危机预防型“动态防御力”建设。另一方面，随着自中东地区经东南亚至日本本土的海上交通线安全局势的日益紧张，日本自卫队的海外活动范围及权限需要进一步扩展。这不仅牵扯到日本与沿岸及周边国家关系问题，还需要跨越日本“和平宪法”对于海外使用武力的限制。

2014 年日本国会通过了有关解禁“集体自卫权”的决议，并于 2015 年 9 月对包括《自卫队法》《PKO 法》等在内的数十部法律进行了重新修订。从日本安全体制机制的未来发展看，《新安保防卫报告》中所提出的建立“和平创造”型国家的实质是在不断夸大周边安全紧张局势的基础上，为日本的军力扩张寻找借口。其所谓“创造”和平实质上是希望以合法的形式美化自卫队的海外武力行动，并使其得到更广泛的承认，以此为手段，增加其在国际社会中的政治影响力，从而为自身的政治大国梦开辟道路。可见，日本在保持和推动“日美安保”体制的影响力向广度和深度发展的同时，将国家安全体制建设与政治大国化道路联系在一起，因此，在未来一段时间内通过反复修改宪法解释不断冲击二战后确立的国际安全秩序将成为日本国家安全体制发展中的常态。因此，维护以联合国为基础的国际秩序将成为世界各国尤其是大国的基本国际责任。

第七篇

印度国家安全体制机制

印度是一个奇特的国家。印度的标签有“文明古国”“人口众多”“两极分化”“社会混乱”“新兴国家”“软件大国”“外交独立性”等。

印度是四大文明古国之一，具有 3 000 年历史的印度河流域文明享誉全球。印度在历史上经历了不同势力的入侵，1600 年，东印度公司成立，1757 年彻底沦为英国的殖民地，至今仍是英联邦成员。

印度的人口总数世界第二，仅次于中国。从现在的出生率来看，印度人口超过中国是迟早的事。人口多既是资源也是包袱。印度文化普及率较低，其人口的识字率为 74%，意味着印度有 3 亿左右的文盲，人口素质总体不高，因此，人口多对印度来说并不是特别的利好。

印度是一个等级森严的国家，至今仍存在着严重的社会歧视，其根源是普遍存在于印度的种姓制度。这种以职业为基础划分的内婚制群体制度已经深入印度的文化、宗教与社会关系，成为印度最主要的社会制度与规范。正是这种等级造成了印度两极分化极其严重。印度有四个等级：婆罗门、刹帝利、吠舍和首陀罗。在四个等级之下，还有很多“贱民”。3% 左右的婆罗门占据着全国 60% 的岗位，25% 的“贱民”却只占据不到 1% 的岗位。一个极度奢侈，一个极度贫困。近年来，印度经常出现各种不同的社会性事件，尤其严重的是强奸案件。贫苦与等级是印度社会混乱的主要原因。

印度是一个新兴大国，是金砖国家之一，有“印度虎”之称。自 20 世纪 90 年代以来，印度经济发展较快，大有超越中国之势。在印度经济中，其软件和信息技术占有很重要的地位，已成为印度的品牌产业。

印度曾经是不结盟运动的领袖，其外交基本恪守中立，实行的是一种务实的平衡政策。印度的崛起已经开始改变南亚和世界的地缘政治版图，其在世界上的地位不断上升。印度洋有可能成为未来的中心舞台之一。

印度是联邦制国家，实行英、德式的议会民主制。总统是名义上的国家元首和军队统帅，实权由总理领导下的部长会议掌握，总理由人民院多数党领袖担任。印度安全体制建立在这一政治体制的基础上。本篇将分析印度情报安全体制机制、印度情报与安全预警机制、印度安全决策体制、印度军事安全体制机制、印度应急安全体制机制和印度安全体制机制的改革。

第三十七章

印度安全情报体制机制

情报工作指的是情报机构及其情报人员对信息和情报的搜集、分析、加工、处理，这些工作主要包括三方面的内容：（1）甄别，即去伪存真、去粗存精；（2）归类，将原始的杂乱无章的资料，按照决策的需要，进行分筛或合并处理；（3）储存，把经过加工、整理的信息和情报，按照一定的分类编序，以便检索使用。[①] 情报信息对于国家安全的维护与保障极为重要。在信息爆炸的当代社会，如何有效地收集、分析及利用信息变得更加困难，这对各国情报安全工作也构成了新的挑战。在英国殖民统治期间，英印殖民政府开始在警察机构和军队中设立情报机构，经过独立后70多年的调整与改革，印度已经建立了比较系统的情报体系。

第一节　印度安全情报体制机制的构成

从印度的情报体系来看，印度情报机构体制可以分为情报协调指挥机构和情报执行机构。印度负责情报搜集、整理、分析及传播等具体工作的执行机构比较多，广泛分布于内阁、内政部、国防部、财政部及外交部等部门，最为重要的是内阁的调查分析局、内政部的中央调查局和情报局、国防部的国防情报局、陆军

① 杨毅主编：《国家安全战略理论》，时事出版社2008年版，第166页。

情报局、海军情报局和空军情报局及财政部的一些经济情报部门。此外，还有一些警察机构和边防保安部队在执行任务时也进行情报搜集和分析工作。

一、情报协调机构

印度最为重要的中央情报协调机构是国家安全委员会。国家安全委员会在情报方面“负责审核国家各情报工作责任机构上报的情报材料及相应的研判分析结果，并确定国家的威胁所在，修订国家的总体战略”。[①] 国家安全委员会工作范围广泛，其工作任务之一是协调各情报机构的工作，具体由其下属的联合情报委员会、国家安全委员会秘书处及情报协调小组负责统一的情报协调工作。联合情报委员会是印度的最高情报协调和分析机构，由国防部、内政部、外务部、调查分析局、情报局、海陆空陆军情报局、海军情报局、空军情报局等机构的高级代表组成，一位专职秘书负责每月一次会议的召集工作。该委员会的主要工作是：对来自情报局、调查分析局、国防情报局等部门的安全情报进行整理、分析，并上报；自主或者按照有关要求准备报告；准备有助于内政部、外务部及国防部政策制定的特别报告。情报协调小组的主要工作是召集情报工作会议、分配情报资源、向各情报部门下达年度情报收集任务并进行工作监督和年度评价、审批各情报部门的拨款等。国家安全委员会秘书处处理国家安全委员会的日常工作，在情报问题上与联合情报委员会既有重叠也有分工。

印度具有情报协调功能的机构还包括国防事务委员会、政治事务委员会和经济事务委员会。印度政府内阁中涉及安全事务的有国防事务委员会、政治事务委员会及经济事务委员会，这些委员会的主席均为内阁总理，成员包括国防、外交、内政及财政等核心部门的部长，并设有一个由秘书、参谋长委员会主席、调查分析局局长、情报局局长及联合情报委员会主席等组成的高级别委员会协助有关安全决策工作。

二、调查分析局

调查分析局属内阁秘书处下设的对外情报机构。该局工作及经费使用不受印度议会监督，直接向印度总理负责并向印度内阁提交最新的研究分析结果。内阁秘书处也只对调查分析局进行行政和财政管理，很少直接干预具体的情报工作和

① 李刚、朱大冶：《南亚大陆的“猛虎利爪”——印度情报机构》，载《当代世界》2001 年第 11 期，第 30 页。

政策事务。成立之初，调查分析局的一个主要任务是搜集巴基斯坦和中国的情报，后来工作范围扩大到监测直接关系到印度国家安全和外交政策制定的邻国政治、经济和军事的发展，以及努力控制和限制大多来自欧洲国家、美国和中国对巴基斯坦的武器供应，同时具有策反、颠覆和一定的反间谍任务。调查分析局是印度实力最强、规模最大的对外情报机构，在搜集各领域情报时经常涉及很多内部事务，甚至涉及印度核计划安全，冷战后被要求将大部分与国内安全有关的间谍活动、间谍网交给内政部情报局，并要求情报工作要与外交部加强协调，其他情报机构授权进行对外特别活动时也要与调查分析局加强协调。通过军事情报咨询小组和局长的军事顾问，调查分析局也与军方保持联络和协调。

调查分析局局长由内阁秘书处的指定秘书担任，他还是印度总理办公室成员，该局直接领导一个特别行动办公室，其主要工作是在国外进行暗杀、爆炸和颠覆活动等。调查分析局设有国家安全顾问，具体负责日常业务工作。该局还设一个副局长和一个安全总监，副局长负责管理谍报、监听及安全保密等工作，其下设有五个联合秘书，四个联合秘书分管巴基斯坦、中国和东南亚、中东和非洲以及其他国家的情报工作，各区在海外设有情报站并有专职官员负责新德里总部与驻外情报站的联络工作，另外一位联合秘书管理电子技术科、行政管理及内部安全。电子技术科是搜集电子情报的侦察部门，主要工作是监听邻国发出的可能影响印度国家安全的无线电信号。调查分析局直属单位还有特别边境部队、秘密经费处、协调处、电子技术处、训练处等。① 印度在全球大约有70多个驻外情报站，由站长、专案员、首席情报员和基层情报员等组成。站长负责情报站的行政管理和情报搜集及上报等工作，通常以外交官身份作为掩护。专案员负责专项特殊任务，及时向上汇报和保管行动档案，并直接或间接进行招募基层情报员工作。驻外情报站搜集到各种情报信息后，由一位分片科长或专案员进行最初审查处理，然后上报给联合秘书，联合秘书将筛选后的重要情报上报给副局长，最后将情报分发到有关情报使用部门。安全总监领导安全总局，其下设有航空研究中心和特别勤务局两个部门，前者是运用各类侦察飞机和电子侦察监控设备对周边国家进行空中侦察和拍摄，后者负责在边境地区进行针对邻国的情报侦察、边境渗透与反渗透、边境检查、边境地区重要人物和设施的警卫工作等。特别勤务局下辖四个营，还在拉贾斯坦、旁遮普、克什米尔和北方邦等地设立了40个特别训练基地。特别勤务局被称为准军事力量，有一部分人是流亡印度的藏人，冷战后被合并到内政部的印藏边境警察部队。此外，调查分析局还在古尔冈设有培训学校，在孟买也有一个经济情报的多学科学校，负责训练特工进行经济犯罪

---

① 李凯航：《揭开印度调查分析局的面纱》，载《当代世界》2002年第10期，第43页。

调查。

调查分析局的工作人员被称为研究官，1968 年成立时主要来自情报局对外部门，后来从军队、学术机构、警察机构、行政机构及其他部门选调了不少优秀人才，最后直接招募大学毕业生，建立和拥有了自己的干部队伍。调查分析局一直行事秘密、低调，具体人员、经费及机构外界不太清楚。据估计人员大概有 8 000 ~ 10 000 人，年经费大约是 1.45 亿美元。①

三、内政部情报机构

内政部的情报机构包括情报局、中央调查局、国家毒品控制局、边境保安部队及中印边境警察部队等一系列机构和部门。情报局是印度最重要的国内情报安全机构，主要领导有局长、副局长、助理局长及各科室主管，情报局局长在情报工作方面根据需要直接向内政部长或内阁总理报告情况。情报局在全印设有多达 3 500 个包括情报分局和情报站在内的联络站点，工作人员的主要工作是搜集国内安全情报、保护领导人安全、反恐、反间谍及维护网络信息安全。情报局还对印度各大党派、军队、政府机构、反政府势力、外侨、外国外交使团人员等进行秘密监控，印度外交官出国履职前也要由情报局进行忠诚度调查。情报局对印度社会控制比较严密，国内业余无线电台拥有者必须到该局备案。《印度电报法》和《印度邮政法》规定，情报局可以在紧急情况下或者以公共安全与稳定利益为由进行通信监控，包括监听电话通话、拦截个人信件等，甚至可在未授权的情况下安装窃听器。② 情报局还有专人或外聘人员给报纸期刊撰写文章，以影响媒体报道。在授权的情况下，情报局还可以在国外进行情报工作，主要是在巴基斯坦执行间谍渗透活动。

中央调查局是中央政府调查腐败和经济犯罪等案件的法定专门机构，部门负责人包括一名局长和三名副局长，主要工作是调查中央政府机构公务员、军队官员、中央政府所属公共事业机构和中央金融机构的公务员及地方邦政府委托调查的地方政府公务员及重大的部门不良行为。随着印度国内形势的发展和变化，中央调查局工作范围还扩大到经济犯罪和特殊犯罪，前者主要是银行和金融诈骗、洗钱、走私等犯罪行为，后者指恐怖活动和有组织犯罪等案件。印度中央调查局下设反腐败司、特殊犯罪司、经济犯罪司、公诉司、政策与国际警察合作司、行

① Jayshree Bajoria，RAW：India's External Intelligence Agency，November 7，2008，http://www.cfr.org/india/raw-indias-external-intelligence-agency/p17707.

② Intelligence Bureau（IB），http://www.globalsecurity.org/intell/world/india/ib.htm.

政司、中央法医科学实验室和法医技术与协调司等职能部门。在情报来源上，正式的官方信息渠道包括政府部门、中央监察委员会、中央国家机关内设的监察机构、最高法院提供的信息。此外，中央调查局通过各种途径广泛搜集各种腐败信息和经济犯罪信息，首要途径是公民检举，其次是各种新闻传播媒体的报道、议员发言的揭露以及街头巷尾的议论。[1] 由于中央调查局在进行调查时存在渎职和滥用职权行为，引起政府官员和公众的不满，印度前总理曼莫汉·辛格（Manmohan Singh）将其工作范围限定在经济安全领域。中央调查局借此经常限制国外企业在印度的投资和经营活动，并禁止将印度的战略资源出口到一些敌对国家。

印度国家毒品控制局是内政部下属打击非法毒品活动的机构。印度是世界上鸦片药用合法的唯一国家，[2] 中央麻醉品局与国家毒品控制局分别负责合法毒品和非法毒品的控制工作。长期以来，印度是阿富汗毒品走向欧洲、美国及亚洲的输出中转站，现在印度也成为南亚的最大毒品消费国。为了打击非法毒品走私贩卖活动，印度毒品控制局也通过各种渠道搜集情报信息，准军事部队和警察也设立检查站打击毒品走私活动。但是，印度缉毒官员队伍小，只有上百名正式员工，而全国人口高达 12 亿之多，印度毒品控制任重道远。

印度内政部还管辖一些边境保安部队和边境警察部队，这些准军事部队除了负责边境地区的治安和防务外，还通过边境巡逻、特务派遣和技术情报侦察等手段来搜集中国、巴基斯坦、孟加拉国等周边国家的军事、政治与经济情报。

四、国防部情报机构

国防情报局是军事部门的最高情报协调机构，2002 年正式成立，主要工作是收集、分析和传递与防务有关的电子情报、人力情报与通信情报，保障军队网络与国家情报局网络的安全链接，指导和协调军事情报工作，实现情报共享。[3] 国防情报局局长向国防参谋长报告工作。在得到总理秘密授权后，国防情报局可以在印度本土以外开展活动，包括在巴基斯坦全境进行战术情报收集，允许独立执行情报人员所说的“港口到港口”和“机场到机场”的跨边界行动，也是唯一可以跨过印度边界或实控线 5 公里进行情报收集的机构。此外，国防情报局还控制了国防部门拥有最先进技术情报设备的通令情报理事会及国防图像处理和分析中心，前者负责拦截和破译敌方通信，后者控制印度的卫星图像采集功能。

① 童之伟：《印度中央调查局的体制和廉政职能》，载《国际展望》1988 年第 22 期，第 13～14 页。

② Indian Agencies Fighting Economic Crime，http://www.ceib.nic.in/frameset.htm.

③ Defence Intelligence Agency（DIA），http://www.globalsecurity.org/intell/world/india/dia.htm.

印度陆海空三大军种都设有各自的情报部门。陆军的情报机构主要有军事情报局、综合密码局和国防安全团。军事情报局的主要工作是监管军队，如在军队中反间谍，调查滥用军事设施设备和贪污腐败等行为，对外是与友好国家合作共享情报。根据形势的需要其工作范围还扩大到在印度东北部和北部打击恐怖势力和收集邻国的战略战术情报。① 印度陆军军事情报局十分关注中国，通过各种渠道搜集中国的战略与军事情报，研究中国的兵力部署、武器装备、后勤建设和作战意图。在 1999 年印度设立国家技术研究小组和国防情报局后，陆军军事情报局的一部分信息控制和对外军事情报工作被剥离。综合密码局负责收集密码和信号情报工作，管理涉及公众和个人事务的密码产品，并协调和指导有相似任务的军事情报机构。国防安全团负责如核工厂、国防研究和生产机构等国防设施的安全保卫工作，在执行任务时也进行情报收集工作。空军情报局一般是通过侦察飞机收集地面图像情报。海军情报局则是通过通信设备拦截和分析信号。此外，印度海军海岸警卫队负责印度海洋边境防卫工作，在应对走私和外国船非法捕鱼时也广泛搜集相关的印度国内外情报。

印度安全情报体制机制情况显示，印度已经建立了比较系统、完备的安全情报运行体系，这一体制机制的建立是在不断调整与完善中得以实现的。

第二节　印度安全情报体制机制的演变

印度从开始建立情报体制至今，其情报体制机制经历了初建、初步改造、重新调整与再次改革等四个时期的发展和变化，现已经形成了较为完善的情报安全系统。

一、英国殖民时期印度情报体制机制的初步建立

殖民统治时期，立足于统治需要，英国殖民统治者开始在警察机构和军队中设立情报机构，主要工作是搜集印度内外情报和进行反间谍、反贪污等工作。1885 年，英国陆军少将查尔斯·麦格雷戈（Charles MacGregor）在印度创立了军事情报机构，麦格雷戈自任主管。麦格雷戈建立军事情报机构的原因是英国的印度殖民地安全遭受到俄国军事南下的威胁。19 世纪末，俄国在侵占中亚地区后

① Defence Intelligence Agency（DIA），http://www.globalsecurity.org/intell/world/india/dia.htm.

进一步向阿富汗进军，英国的印度殖民地安全遭受威胁，英印当局下属的印度测量局开始担负情报工作，评估俄国军队战斗序列、军队设置和组成，但这一机构的主要工作还是搜集地图信息并制作地图。麦格雷戈建立的专门的军事情报机构任务是收集印度边境地区情报，监视沙俄南下的军事情况。1921 年，英印当局建立印度政治情报处，其主要目的是为了控制印度秩序。第一次世界大战以后，印度内部出现了强烈的反对英国殖民、争取独立的民族解放运动，英印当局在印度的统治受到了很大的挑战，当局因此考虑建立警察情报机构，印度政治情报处因此而得以成立。印度政治情报处由印度事务局和印度政府联合管理，向印度事务局、司法部以及情报局局长报告工作，主要负责印度内部情报和治安工作，这是后来印度情报局的前身。二战期间，英印当局还设立了特别警察局，负责调查战时印度后勤部门出现的贪污腐败情况，1942 年，特别警察局调查工作的范围扩大到铁路部门，1943 年其工作范围进一步扩大到中央政府部门。二战期间，英印当局还成立了隶属于国防部门的德里特警处，在英国战时内阁的特别授权下负责对军需品生产和供应领域内贪污受贿等腐化行为进行调查。1942 年，调查工作范围扩大到执行军需品运输任务的铁路部门，1946 年将工作范围进一步扩大到所有政府部门。[①] 同年，英印当局制定了《德里特别警察机构法》，规定特别警察局隶属于内政部情报局，工作范围扩大到监控和调查全国的政府公务员。英国设立的特别警察局是印度中央调查局的前身。

二、印度对情报体制机制的初步改造

1947 年独立后，印度政府对英印政府建立的情报机构进行了印度化改造，并根据现实需要不断调整和完善有关情报机构，印度的情报安全体制获得了初步发展。印度政府改造情报机构一方面是其建立独立自主国家的需要，另一方面也是迫不得已。印度独立前几乎所有从事情报工作的官员都是英国人，他们在离开印度时要么是销毁要么是带走了绝大部分的记录，只留给印度人很少的资料，所以 1947 年印度不得不重建军事情报局。[②]

随着国家发展的需要，印度扩大了情报机构的规模和职能范围。如 1949 年，印度政治情报处开始设立一个规模较小的对外情报工作小组，负责搜集世界各国特别是大国和周边国家的政治、经济和军事情报。1950 年，印度政府将政治情

① 童之伟：《印度中央调查局的体制和廉政职能》，载《国际展望》1988 年第 22 期，第 13 页。

② A Comparative Analysis of the Structures and Functions of Intelligence Community in Israel and India，http://defencejournal. com/sept99/analysis. htm.

报处改名为印度情报局，该局除了负责内部安全外，还将原来由军队负责的边境情报工作揽入怀中，并于1951年专门成立喜马拉雅委员会掌管印中、印尼（泊尔）边境地区的情报工作。为了对所有政府公务员进行监控或调查，特别警察局的规模也开始扩大，工作范围在1953年扩大到调查违背进出口法的非法行为。

然而，印度政治体制和情报体制都是英国统治时期奠定基础的，深受英国模式的影响。尽管印度对独立后的情报体制进行了印度化改造，但基本体制还是延续了英国式的一部制，也就是内政部统管警察事务、对内对外情报、反恐、保安工作及紧急事务。

三、印度情报体制机制的重新调整

20世纪60年代初，由于印度情报机构在1962年中印战争和1965年印巴战争中出现一系列重大失误，印度政府对情报系统进行了较大规模的改造。

首先，提升情报机构的地位和加强各机构之间的协调统一。印度政府将参谋长委员会之下的联合情报委员会划到内阁秘书处，主管官员由外交部联合秘书改为级别更高的助理秘书级别官员担任，成员除了原来的三军情报局局长和国防部、内政部等部门代表外，还增加了外交部、内政部情报局和边境保安部队等机构的代表。

其次，将对外情报机构独立为直属于内阁的部门。独立之初，印度对外情报机部门只是隶属于情报局的一个小科室。由于工作的需要，情报局曾向对外使团派出过几位情报人员，在锡金、中国西藏、缅甸、巴基斯坦和阿富汗等邻国设立了驻外情报站。然而，这远远不能满足印度政府其他部门特别是国防部对安全情报的需要。1968年，印度政府将印度情报局中的对外情报部门独立出来，成立了直接向总理报告工作的调查分析局。调查分析局成立初期规模较小，工作对象和活动范围是针对所有的邻国、国际共产主义运动的发展、中苏两国之间的矛盾、巴基斯坦的武器来源和生活在国外的印度侨民，重点搜集外国情报，特别是搜集和分析敌国情报。调查分析局经过初期的发展后开始不断扩大和加强自身的力量，20世纪70年代设立了航空研究中心、广播研究中心和特别行动办公室，利用先进技术搜集邻国秘密情报，并实施渗透、颠覆等秘密情报行动和准军事行动。20世纪80年代，印度调查分析局又设立了反间谍X小组和J小组，主要针对对象是巴基斯坦和锡克独立运动力量。20世纪90年代，调查分析局又增设了电子科技处、特别行动部队等机构。

最后，扩充组建了中央调查局以加大对经济犯罪的打击力度。为了打击国内日益严重的经济犯罪现象，印度政府于1963年在特别警察局的基础上成立了中央调查局，1964 年增设经济犯罪司，将该机构的工作职权从打击刑事犯罪扩大到打击经济犯罪。在 1969 年印度实行银行国有化后，中央调查局又负责调查金融部门的洗钱、诈骗等犯罪行为。此后，中央调查局业务范围不断扩大，开始设立新的部门，如 1987 年增设反腐败司和特别行动司两大部门，1992 年又设立了特别调查小组。

四、印度情报体制机制的再次变革

冷战结束以来，印度国内外安全形势发生了较大变化，一方面印巴对抗发展到核对峙的新阶段，另一方面国内外恐怖势力制造的流血事件有增无减。此外，印度将来自巴基斯坦的威胁看成是最现实的和第一位的，但随着印度经济快速发展后印巴差距加大，印度更为担心的是所谓“来自中国的威胁”，印度情报工作的重点也开始由“现实威胁”向“潜在威胁”偏移。① 然而，印度情报机构在应对安全挑战方面明显能力不足，并存在滥用职权、监督机制缺失、情报工作效率低、机构重叠内耗等积弊，这导致了印度政府对情报系统的新一轮变革。

这次变革是在 1999 年卡尔吉尔危机后开启的。在这次危机中，调查分析局没能及时发现并阻止印巴冲突发生，冲突发生后印方一度处于被动地位，还差点酿成印巴全面战争。冲突结束后，印度政府成立了一个调查委员会，该委员会的报告指出印度情报体制机制存在军政分离、交叉重叠的混乱局面，建议成立负责军政情报分析和处理的统一机构。② 由此，印度政府对情报体制机制进行了一系列改革，以提升情报机构的协调、整合与行动能力。如在国家安全委员会之下设立联合情报委员会、秘书处与情报协调小组联合负责全国的情报协调工作，联合情报委员会由国家安全顾问牵头，其成员包括调查分析局局长、情报局局长、军队情报首脑以及一位来自中央警察局的代表。③ 在国防部门设立国防情报局作为军队最高情报协调机构。2002 年 3 月，印度正式成立联合国防情报局，统一指挥情报局、研究与分析局以及国防系统的情报机构，该局可通过卫星及航空侦察等多种手段搜集邻国战术情报，为印军提供及时准确的作战情报信息。④ 此外，印度增设特别行动队和国家技术研究组织等机构，加强信息技术情报搜集能力及执

① 徐胜：《印度情报工作发展的新动向》，载《情报杂志》2003 年第 1 期，第 95 页。

② Gurmeet Kanwal, Defense Reforms in India: Slow but Steady Progress, P. 2, November 2012, http://csis. org/files/publication/121120_WadhwaniChair_IssuePerspective. pdf.

③ 任海英：《印度大力提高情报能力》，载《国家安全通讯》2001 年第 12 期，第 28 页。

④ 丁斌、房振敏：《调整视听的南亚耳目：透视印度国防情报机构改革》，载《国际展望》2003 年第 4 期，第 30 页。

行能力。以国际技术研究组织为例，该机构是一个统一的、以技术手段进行情报搜集的中心，在该组织中，来自包括国防力量在内的多重来源的技术信息将被整合在一起。[①] 印度政府还进一步理顺情报机构的权利和责任，要求调查分析局将大部分与国内安全有关的间谍活动、间谍网交给内政部情报局，并要求调查分析局与外交部彼此加强协调。

然而，在新的安全形势下，印度内外情报机构在预防和打击恐怖势力方面仍然存在很多问题，印度国内再次出现改革情报机构的呼声，印度政府不得不继续推进情报安全体制改革，目前新一轮情报安全体制改革正在进行之中。充分认识印度情报安全体制改革，就需要了解当前该体制的主要问题。

第三节　印度安全情报体制机制的特点、问题与改革

印度曾是英国殖民地，人口众多，经济落后，社会等级森严。其政治体制模仿英国的内阁制，这些因素致使印度情报体制机制有自身的特点，问题严重，正面临新一轮改革。

一、印度安全情报体制机制的特点

从印度情报体制的现状来看，印度情报系统具有四大特点。

（一）机构庞大、分散并彼此分立

印度是南亚大国，内外安全环境一直比较复杂，为此印度建立了比较完整和庞大的情报机构，既有对内情报机构，又有对外情报机构；既有政治、军事情报机构，又有社会、经济情报机构；既有情报生产和分析机构，又有情报协调和领导机构。印度既是议会内阁制国家，也是联邦制国家。正是在这些情况下，印度各情报机构也是彼此独立，相互制衡，分散于政府各个部门。有关专家指出，这种分立的制度设计来自三个方面的政治考虑：一是政府机构的专业分工中情报工作和反情报工作可以分开；二是司法方面，情报机构没有逮捕、审问和起诉权，但反情报机构需要这些权利；三是通过相互制衡，防止任何一方的权力过大而对

① 《印度建立网络情报系统》，载《解放军报》2009 年 11 月 23 日。

社会造成伤害。[①] 然而，分立体制也使印度情报系统存在机构间协调不畅等问题，影响了印度情报机构的效率。近年来印度政府大力发展情报协调机制以对情报机构进行统一和协调，如通过国家安全委员会官员和下属机构对全国情报机构进行统一和协调，在国防军事部门设立国防情报局负责情报的统一和协调工作。但是，长期以来的分立局面难以在短期内改变，分立仍然是印度情报机构的主要特点。

（二）印度情报系统的工作范围广泛

印度情报机构广泛存在于政府各个部门，其主要工作为：搜集外国政治、经济和军事情报；对外策反、颠覆与间谍渗透；对内反间谍、反颠覆、反恐和保护国家领导人；指挥对内安全作战；维护网络信息安全；监控政党、军队、政府机构、反政府势力、外侨和外国外交使团人员；监控和调查议会、法院与社会组织的违法犯罪行为；监控和调查政府公务员和中央机构工作人员的违法犯罪行为；调查经济犯罪和有组织犯罪；监控军队；对外情报合作与交流；搜集战略情报和战术情报；陆地和海洋边界防务等。从上述内容可见，印度情报机构负责范围遍及政治、经济、社会、军事等领域，工作范围十分广泛，印度情报机构触角伸到了社会的各个角落，几乎人人都是印度情报机构的对象。

（三）印度情报机构具有较大的特殊权力

在印度的政治体制中，情报安全机构级别不高，并没有专门的部级情报部门，而且“政治领导人和文官机构比较蔑视情报收集工作”。[②] 然而，因工作性质特殊，印度情报机构具有一些别的部门无法比拟的特殊权力。如调查分析局直接向总理报告工作，不向议会负责，其预算和开支议会也不得过问，实际上内阁秘书处对其工作也很少直接过问。调查分析局还可以采用非法手段在境外搜集秘密情报、进行间谍渗透甚至是颠覆活动。内政部情报机构是秘密警察机构，具有侦察、拘押、审讯等比较完整的警务权，经常以从事秘密侦查为由窃听电话、安装窃听器、拆阅信件、搜查住宅和办公室，中央调查局甚至可以对包括政府部长在内的公职人员实施秘密监控。

---

① 朱建新、王晓东主编：《各国国家安全机构比较研究》，时事出版社2009年版，第243页。

② Vikram Sood, Intelligence Reform, Indian Defence Review, 17 Dec, 2011, http://www.indiandefencereview.com/interviews/intelligence-reform/3/.

（四）印度情报机构具有一定的世界影响力和地位

从情报工作业绩和能力看，印度情报机构具有一定的世界影响力和地位。印度是情报大国，也是情报能力较强的国家。印度情报机构一直注重提升工作能力，通过提升工作人员学历和进行情报工作培训和训练，印度情报工作人员素质不断提高。通过更新设备和采用新技术手段，也提高了印度情报机构的能力和效率。值得一提的是，21 世纪以来通过加强空天侦察力量和网络侦察手段建设，印度情报能力迅速提升。[①] 经过多年努力，印度已初步建立起由航天侦察、航空侦察、地面侦察和海上侦察等多种情报侦察手段组成的立体情报侦察系统，具备了较强的侦察预警和情报传递能力，能够有效地为印度防务提供情报支持。[②] 较强的工作能力使印度情报机构在历史上多次建功立业，如调查分析局成功保证了印度发展核武器的安全、促成孟加拉国从巴基斯坦分离及推动促进锡金并入印度。这些成就使印度情报机构在国内赢得了声名。

二、印度安全情报体制存在的问题

独立以来，印度政府根据国内外形势不断对情报体制机制进行调整与变革。然而，印度的调整并没有带来高效率。近年来印度情报安全机构在应对国内外安全挑战特别是恐怖袭击方面饱受批评，暴露出不少问题，甚至有人指出印度建国以来情报系统的调整和改革都是应急式的，现在需要进行通盘和全面的改革。综合起来看，印度情报机构存在的问题主要表现在以下几个方面：

（一）情报机构之间协调不力

印度情报体制存在机构之间协调不足、交叉重叠和内耗严重等问题。进入 21 世纪，印度注重加强情报机构之间的协调与合作，但各情报机构长期分立，对内情报机构与对外情报机构、军方情报机构与非军方情报机构、中央情报机构与地方情报机构、情报机构与警察机构、情报机构与反恐行动机构之间仍旧存在需要填补的巨大鸿沟。[③]

目前，印度有限的情报协调工作也不顺利，多数协调机构只是咨询建议机

---

① 任海英：《印度情报机构悄然崛起》，载《环球军事》2002 年第 8 期，第 27 页。

② 王恒科：《印度情报侦察装备的现状与未来发展》，载《电视技术》2009 年第 7 期，第 93 页。

③ Sandy Gordon, *India's Unfinished Security Revolution*, 2010, Institute for Defence Studies and Analyses, P. 38.

构，不是直接的上级情报领导机构，情报协调机构对情报职能机构缺乏有效控制，协调作用没有保障，情报职能机构倾向于越过协调机构直接向最高层提供重要情报。在调整理顺情报机构的过程中，印度政府不仅没有很好地解决机构重叠问题，还出现了增设机构与原有机构交叉的情况，如两大情报机构调查分析局和情报局至今存在任务交叉问题，2004 年设立的国家技术研究组织与航空研究中心工作性质接近，联合情报委员会与国家安全委员会秘书处工作任务相似。

印度情报安全机构重叠并各自分立，导致各大系统的情报机构之间存在竞争和矛盾，情报机构之间互不通气甚至是争权夺利、相互对立。如 20 世纪 80 年代，印度调查分析局支持斯里兰卡泰米尔猛虎组织，但印度政府则是派遣军队支持斯里兰卡政府打击猛虎组织，最后印度军队从斯里兰卡狼狈撤出，拉吉夫·甘地还被猛虎组织派人刺杀。在 2008 年孟买恐怖惨案发生前，印度军事情报部门和对外情报部门已经提前掌握部分情报，但各个情报机构之间、情报机构与其他安全机构之间都不愿深入地共享情报，最终恐怖袭击未能避免。

（二）在管理上缺乏监督和法制化

印度情报体制机制存在工作透明度低、缺乏法制化管理及有效监管机制的问题。议会概算委员会是印度唯一有权审查与情报相关部门的机构。该委员会有权对情报局、中央调查局、研究分析局、执行署等部门的工作进行调查，情报部门由于其工作的特殊性连内阁政府都不太清楚其内情，因此议会应根据宪法规定对其进行深入了解，概算委员会就是这样的一个机构。[①] 但是，因为工作性质特殊，印度情报安全机构工作对外界保密，不接受议会的质询，不需要议会批准预算，也不用向议会汇报其资金去向，如调查分析局的确切结构、级别制度及官员的工资福利等，均对议会保密。[②] 除了中央调查局等少数机构外，大多数情报机构的工作没有纳入法制化轨道，存在滥用职权却不受法律制裁的问题，“国家赋予情报机构以行动的权力，对提高情报机构的效率、充分利用情报价值是有利的，但也会使情报机构权力膨胀越界，构成对社会的威胁。”[③] 一方面，印度国内外安全问题复杂，需要强大、高效的情报机构；另一方面，情报机构过多、权力过大也可能危及国家的民主生活秩序，从而招致公众的质疑和反对。印度情报机构特别是对内情报机构日益引起国内公众与媒体的不满，人们不断呼吁加强对情报机构的议会监管和法制化管理。

---

① 卫安主编：《外国情报史》，时事出版社 1993 年版，第 522 页。

② A Comparative Analysis of the Structures and Functions of Intelligence Community in Israel and India，http://defencejournal. com/sept99/analysis. htm.

③ 朱建新、王晓东主编：《各国国家安全机构比较研究》，时事出版社 2009 年版，第 247 页。

（三）情报工作执行力欠缺

印度情报机构存在能力与效率问题，长期分立于多个部门，彼此壁垒分明、互不通气，在情报工作中容易出现搜集对象、手段重复和浪费的情况，获得的情报信息混杂、重复甚至是彼此矛盾，更为糟糕的是有时还会出现情报搜集的漏洞。在具体情报搜集工作中，尽管印度情报部门注重提高工作人员的素质和技术手段，但在应对全球化、信息化时代日益复杂的安全局势特别是非传统安全挑战方面，印度情报机构的工作能力和效率严重滞后。目前，印度情报机构在情报分析、评估和预测、高质量情报搜集、人力情报及危机预防等方面存在能力欠缺问题，经济部门的情报能力尤为不足。

首先，印度情报机构工作能力欠缺与印度复杂的安全形势有关。印度是多民族、多宗教、多文化和多种族国家，国内社会呈现碎片化特征，又与主要邻国存在严重的主权争端，其独立以来一直存在严重的内外安全压力，21 世纪以来又遭遇了全新的非传统安全挑战，印度情报机构在应对新安全挑战时明显存在反应落后、应对乏力的问题。

其次，印度情报机构能力欠缺与情报工作人员素质良莠不齐有关。情报工作高度专业化，对人员素质水平要求比较高，但长期以来印度政府和官员并不重视情报工作，情报部门的薪酬不高，晋升缓慢，招聘和提拔多在系统内部进行，培训工作开展不足，这些导致情报工作人员专业知识和技能不足。如调查分析局工作人员多为文职人员，缺乏军事专业知识和外交技能，很多派往驻外使馆的情报人员并不适合外交工作，在 1999 年印巴冲突前夕曾出现该局获得了巴基斯坦军事行动情报却不能进行正确分析和判断的问题。

再次，情报机构工作能力不足与印度的情报安全体制有关。情报部门各自为政影响了情报的利用和分析效率，也导致情报评估能力低下，而且，情报部门的地位不高、影响力有限，有关的情报也往往得不到军队和政府部门的重视和利用。

最后，印度情报机构能力欠缺与情报部门人力不足有关。在全球化和信息化时代，情报部门的工作难题不是缺乏信息和技术手段，而是信息过多难以进行有效搜集和分析。印度负责内部安全的内政部一直存在人力不足的问题。在警民比例上，印度是 100 000∶130，而国际平均水平是 100 000∶270。内政部的情报局情况更为糟糕，其地方机构不到 5 000 个，工作人员也只有 2.5 万人，但其工作对象却是高达 12 亿左右的印度人口。[①]

---

① P. Chidambaram，intelligence bureau centenary endowment lecture.

（四）政治斗争和情报工作腐败

情报工作的性质比较特殊，研究者和观察家一般难以充分了解其组织机构以及工作过程，但通过一些媒体报道和分析，我们还是可以知晓情报部门的一些工作情况及其问题。印度情报机构经常因卷入国内政治斗争和腐败问题等遭受公共舆论的批评与指责。在国大党一党专制结束后，印度内部政治斗争十分激烈，情报机构经常为政党斗争所左右。如调查分析局主要是负责对外情报工作，但因向总理负责，很多时候被总理用于收集国内政治对手的情报。2008 年 12 月，印度中央信息委员会宣布对调查分析局最高首长阿绍卡（AShok Chaturvedi）的贪污和骚扰指控进行调查。[①] 2013 年 1 月，印度媒体还爆出军方领导人利用情报机构技术服务处阻止竞争对手晋升的丑闻。[②] 印度情报机构本来应该是维护国家利益的部门，但事实上其与领导人、执政党及政府的关系超过了与国家的关系，成为政治斗争的工具和牺牲品。

三、印度安全情报体制的改革

2008 年发生的孟买恐怖袭击惨案引发了各方对情报机构的指责，也导致了印度情报体制的新一轮改革。印度军事情报机构和对外情报机构事前均获得了孟买恐怖袭击的情报信息，并都向公众、议会及上级情报协调和分析部门提交过有关信息，而最高情报协调部门也向国家安全委员会、国家安全顾问、联合情报委员会等发出过恐怖袭击警告。[③] 然而，恐怖袭击事件最终还是发生了，印度包括情报部门在内的安全部门遭到各界的质疑和批评。对情报机构的主要指责是：一是印度海岸警卫队没有很好地保卫印度海上防线，在情报工作方面体现为负责印度海岸安全的海岸警卫队没有足以执行任务的舰只和飞机，更缺少无人侦察机和可以执行远程任务的侦察机，海上侦察能力严重不足。二是印度情报机构缺乏合作且反应迟滞。在恐怖袭击发生前，印度一些情报部门已经提前掌握了部分情报，但这些情报机构之间、情报机构与其他安全机构之间没有深入地共享情报，更没有充分及时地联合研究各种恐怖袭击的可能性及应对办法。这实际上反映了印度情报安全系统长期存在的各自为政、缺乏合作的体制性问题，最终因情报系统内部的合作与信任问题贻误了情报，酿成了惨剧。此外，还有人士指出，印度

① 唐璐：《印度对外情报机构的秘密战争》，载《世界报》2009 年 2 月 18 日。

② 《印度军情机构“肮脏勾当”曝光》，载《参考消息》2013 年 1 月 18 日。

③ 彭光谦主编：《世界主要国家安全机制内幕》，江苏人民出版社 2014 年版，第 258 页。

情报机构陈旧、僵化，无法有效适应反恐战争的需要。三是印度内政部及其国家安全卫队没有认真对待有关情报，也没有采取严密有效的应对措施，在恐怖袭击发生后印度反恐部队反应慢、装备差、战斗力欠缺，这一切最终带来了灾难性后果。

吸取孟买惨案教训，印度政府逐渐加强了海岸警卫队的装备与人力，如部署了一批快速巡逻车、拦截船、海岸监控飞机和水路两栖巡逻车等，海岸警卫队增加了 3 000 人。印度海军、海岸警卫队之间提高了协同行动能力，成立了联合行动中心。印度国家安全卫队在全国设立了四个主要的反恐中心，孟买市还成立了专门的反恐快速反应部队，机场、车站、大型超市乃至公园等一切公共场所都设立了安全检查设施。

然而，印度社会和学界并不满意政府的补救措施，进一步提出应该根据新形势改革印度情报安全体制，如成立印度国家反恐中心，统一管辖国家调查中心、国家技术研究中心、联合情报委员会和国家安全卫队等情报机构和安全机构，印度调查分析局、航空研究中心和中央调查局等机构也可以纳入其中。有的学者认为，印度应该设立国家情报委员会，并成立一个专门的中央机构统一指导、协调和控制全国的情报机构，该机构应该对国会负责，行政首脑也由国会任命，同时向议会、内阁等权力部门提供情报咨询。还有人建议印度仿效英国对内政部进行重组，将内政部的民政工作分离出去，让内政部长把全部精力放在维护国家安全问题上。总之，印度专家主张印度政府应该加强情报工作，实施管理体制的集中化和安全工作的专门化，以有效应对恐怖袭击。然而，因为各方面因素的限制，印度政府恐怕不愿也难以在短期内做出如此大的体制变革。

通过不断调整与改革，印度建立了比较系统的情报安全体制。然而，在新的安全形势下，印度内外情报机构在预防和打击恐怖势力方面仍然存在很多问题。“在孟买大屠杀之后甚至是在此之前，整个 2008 年在每次主要恐怖袭击行动后都会出现对情报失败的质疑。”① 面对情报安全体制暴露出的制度缺陷、管理问题、工作能力与效率不足以及工作环境欠佳等问题，印度国内再次出现强烈改革情报机构的呼声，印度政府不得不继续推进情报安全体制改革。改革主要的着力方向是：第一，建立新情报机构以更好地应对新安全挑战；第二，对原情报机构的改革是扩大规模、提升能力及加强协调统一；第三，规范各情报机构的工作。如增设情报机构，在调查分析局之下设立国家技术研究组织，在内政部情报局之下设立多机构中心，还应设立国家反恐中心、海军情报和海岸安全中心、核导弹情报

① Vikram Sood, Intelligence Reform, Indian Defence Review, 17 Dec, 2011, http://www.indiandefencereview.com/interviews/intelligence-reform/3/.

中心等机构。

然而，印度公众及学界对政府的情报体制并不满意，不断呼吁对印度情报安全机制进行彻底革新。如有专家主张，为了解决情报机构的制度性失败，印度需要对警察制度、文官制度乃至政治制度进行全面改革。[①] 实际上，安全情报体制是政治制度的一个组成部分，印度情报体制机构分立、管理分散的特点或问题是其议会内阁制、联邦制等政治制度决定的，难以进行根本性改造。在不进行重大制度性变革的情况下，印度未来的安全情报体制改革只能是继续加强协调、管理和提升能力。今后，印度安全情报体制改革将在以下三个方面取得进展：

其一，印度将进一步理顺情报机构设置，特别是加强对庞大、分立的情报机构的领导和协调工作。尽管在短时间内不可能完全打破印度情报部门长期分立的局面，但可通过增强中央情报协调和领导机构的地位及影响力来改善情报机构各自为政的问题。如印度可能成立内阁部级的国家情报部或国家情报委员会，作为专门的中央机构统一指导、协调和控制全国的情报机构，由各情报机构的主要领导人组成，要实行定期开会和集体办公，以建立长期有效的情报共享机制。

其二，印度可能会进一步加强对情报机构的监管力度，如通过制定法律和实行议会、媒体的多层次监管，将情报机构的设置、工作程序等纳入法制化轨道，从而限制情报机构的权力膨胀，加大问责力度，适度增加工作透明度，这也有利于增强情报机构的独立性和改善其公众形象。

其三，印度政府可能进一步提升情报工作的能力与效率，具体途径包括增加工作人员、招募各行各业的优秀人才特别是年轻大学生、加大培训力度、改革晋升制度和改善工作待遇、允许情报机构工作人员自由流动、采用先进技术以及加强数据库和网络建设等。

印度情报机构的很多问题积重难返，解决起来并不容易，其安全情报机构的新一轮改革还在不断进行当中。

---

① Vikram Sood, Intelligence Reform, Indian Defence Review, 17 Dec, 2011, http://www.indiandefencereview.com/interviews/intelligence-reform/3/.

第三十八章

印度情报与安全预警机制

国家安全预警是指一国在尚处于安全状态下对影响到国家安全的具体要素进行监测和评估，同时就安全事件可能导致的各种危害做出早期预报，用以指导安全危机到来时的组织与应对工作，从而达到维护国家安全的目的。[①] 国家安全预警机制是印度应对国家安全危机的重要工具，发挥着维护其国家安全秩序与稳定的作用，但印度安全预警机制在实际运行中却存在着不少问题，在应对具体安全危害时也表现不佳。本章将介绍和分析印度安全情报分类、不同情报的传递路径和安全危机预警。

第一节　印度安全情报的分类

根据印度国防部 2015 ~ 2016 年度国防战略报告，目前印度国家安全面临着地区层面和全球层面的综合挑战：首先，应对“周边的邻居”和“扩展的邻居”的影响仍然是印度国家安全的第一要务；其次，印度周边国家的恐怖主义、动乱和教派冲突问题严重威胁着印度的国家安全，而印度国内目前面临的最大安全挑战也来自于恐怖主义活动；再次，印度洋地区因其地缘位置以及战略和经济价值对于印度的国家安全来说至关重要，海运贸易以及印度洋地区邻近国家的安全和

① 杨先明：《超越预警：中国西部欠发达地区的发展与稳定》，人民出版社 2013 年版，第 266 页。

发展影响到印度的安全与发展；最后，亚太地区的实力结构变动对各国安全形势产生了新的影响，亚太地区的安全和稳定影响到印度的战略与经贸利益。[①] 从印度最新的年度国防安全报告中可以看出，印度目前主要面临着来自恐怖主义、军事安全危机和战略领域的安全问题，除此之外，应急安全问题仍然是印度国家安全面临的基本挑战。因此，下面将从“应急、反恐、军事、战略”四个领域对印度国家安全情报进行具体分析。

一、应急情报

印度饱受各种自然灾害的困扰，陆地国土的 58.6% 易受地震危害的侵袭，4 000万公顷领土易受洪涝灾害的影响，7 516 公里海岸线中有 5 700 公里的海岸地区易受海啸和飓风的影响，65% 的可耕种土地易受山体滑坡和泥石流的威胁，因此自然灾害对印度的影响是非常严重的。与此同时，印度国内还存在着化工污染和生物危害，以及放射性物质污染等人为灾害问题，而且急速增长的人口、不断加快的城市化和工业化进程带来了大面积的环境污染和气候变化。[②] 由于自然灾害比人为灾害造成的人员和财产损失更大也更明显，因此印度更多地集中于自然灾害情报的搜集和应对。印度通过其先进的技术设备和严密的监控体系、细致的人员安排来保证应急情报的有效搜集从而保证对应急安全问题的有效处理，以将这些安全问题对印度民众人身与财产安全的危害程度降至最低点。

二、反恐情报

印度的恐怖主义活动与欧美等国相比有所不同。印度的恐怖主义分子主要来自印度本土，而欧美等国则具有外来渗透的特征，因此印度的反恐情报搜集主要针对印度国内的恐怖主义活动。印度深受恐怖主义之害，1994 ~ 2016 年，印度因恐怖主义袭击致死人数高达 65 097 人，其中安全部队人员 9 775 人，平民 24 739 人，恐怖分子 30 583 人。[③] 印度政府特别指出恐怖主义仍是印度国内安全的首要威胁，印度的反恐能力有待提高。[④] 有关恐怖主义活动情报的搜集是印度反恐战略的首要基础，搜集水平的高低直接影响到印度政府的反恐能力。目前印度国内

---

① Annual Report Year 2015 – 2016, http://mod. nic. in/forms/List. aspx? Id = 57&displayListId = 57.

② National Policy on Disaster Management, http://ndmindia. nic. in/NPDM-101209. pdf.

③ “India Date Sheets”, http://www. satp. org/satporgtp/countries/india/database/indiafatalities. htm.

④ 吕昭义：《印度国情报告：2012 ~ 2013》，社会科学文献出版社 2014 年版，第 219 页。

主要存在三股恐怖主义势力：西北部地区恐怖主义势力、东北部地区恐怖主义势力和纳赛尔派极端恐怖主义势力。当前印度反恐情报搜集主要集中在西北部的查谟—克什米尔地区和东北部的阿萨姆、那加兰德、曼尼普尔和特里普拉邦等地区，以及左翼极端势力活动的农村地区。[①] 由于印度的恐怖主义活动同地区分离主义、宗教极端主义、民族冲突等国家内部安全因素紧密联系在一起，如果不能妥善进行处置，必然会引发更大程度的恐怖主义威胁和更深层次的社会安全问题与国家安全问题，甚至可能会引发印度的分裂。因此，反恐成为印度情报部门重点关注的焦点领域，反恐情报对于恐怖主义安全危机的预警起着至关重要的作用，印度一直致力于加强自身在反恐上的情报搜集能力，并通过加强对外合作强化其情报能力。[②]

三、军事情报

印度国防部发布的2016年的国防战略报告中仍然将应对“周边的邻居”和“扩展的邻居”的影响视为其国家安全的第一要务。印度认为，在军事领域虽然爆发大规模、全面性战争的可能性较小，但国家之间乃至地区层面的小规模冲突仍然存在，不断升温的民族主义、不断增加的军费开支和由于代理人战争而引发的难民潮等被视为军事领域现存的主要问题，印度尤其需要注重印度洋地区的安全和稳定。在印度看来，印度强大的国防能力对于维护本地区的安全和稳定是必不可少的，而军事情报的搜集则是建设国防的基础工作，因此随着印度的军事战略目光变得更加长远，印度的对外军事情报搜集工作也相应地发生了一定的改变：更加注重对海洋及海军尤其是印度洋和西太平洋地区相关情报的搜集；更加注重对尖端军事力量尤其是先进战略武器相关情报的搜集；更加注重对非传统军事安全领域尤其是网络、信息领域相关情报的搜集。[③] 在国内领域，印度的军事情报搜集更加重视非战争性军事情报。随着经济的发展，印度国内贫富差距进一步拉大，政治不平等现象严重，固有的宗教、种族矛盾使得国内冲突不断，为了应对国内安全危机，印度的军事情报搜集除了传统范围外，还增加了搜集内部维稳情报的力度，改变了过去忽视国内军事情报的状况，同时还加强了反情报和军事情报保护方面的工作。[④]

---

① 时宏远：《印度的反恐形势及反恐政策》，载《国际论坛》2013年第5期，第66~67页。

② 邵育群：《美国与印度的反恐合作：内容、问题与前景》，载《南亚研究》2009年第1期，第17~19页。

③ 卫灵：《冷战后中印关系研究》，中国政法大学出版社2008年版，第156~158页。

④ 高庆德等：《非战争军事行动情报支援》，国防工业出版社2014年版，第41页。

四、战略情报

印度的战略情报是关于印度保持南亚大国和谋求成为世界大国的情报信息。印度想成为一个世界大国，就需要在涉及印度利益的关键地区发挥大国的作用，而不能仅仅限制在印度洋地区。在印度看来，发生在亚太地区的全球性权力结构变动正在引发新一轮的军事和外交行动风潮，很明显地表现在海洋争端上，大国之间的军事对立态势日益明显，这无疑会进一步恶化该地区的安全形势。印度认为自身在亚太地区存在巨大的战略和经贸利益，因此该地区的和平与稳定对于印度来说意义重大。印度认为，目前该地区的安全形势需要国家之间相互合作和谅解，因此印度有必要采取行动帮助该地区达成合作共识。中亚地区对印度来说具有重要的战略经济意义，印度的陆路能源主要依赖于此地区国家的供给，但中亚地区国家正在成为恐怖主义的行动目标。而在西亚地区，"阿拉伯之春"引发的国家行为体的瓦解产生了大量的暴力性非国家行为体，尤其是恐怖组织。印度在此地区拥有大量的移民社群、贸易能源利益和安全利益。印度视该地区为其"扩展的邻居"的一部分，密切关注此地的安全局势，并且支持联合国的行动决议。非洲地区饱受动乱和恐怖主义行动的困扰，印度希望通过加强双边谈判和合作以增进同该地区国家之间的经济和政治合作。因此，印度的战略情报搜集大致分布在以上几个地区，用以支持其自身战略目标。

从"应急、反恐、军事、战略"四个层面对印度安全情报工作进行分类反映出当前印度国家安全面对的主要问题，并且其对印度国家安全的重要程度层层递进。这四类安全情报的搜集和分析工作是印度安全预警体制机制的重要基础。

第二节 印度安全情报的传递路径

准确迅速的安全情报传递是印度安全预警体制机制的一个关键环节，安全情报自搜集后经由传递路径呈送至决策层。只有高效运行的传递路径才能够真正实现高效决策，从而达到维护国家安全的目的。印度四种安全情报的传播路径有很大区别。

一、应急情报的传递路径

由于应急安全危害具有时间紧迫性的特点，即使能够在第一时间搜集到足够的应急情报信息，也很难消弭应急安全危害，只能尽可能将危害的程度降至最低。不同程度的危机，其传递路径的终点不同，总体上看，是从基层逐级往上传递。印度的应急管理体制是中央、邦、县和村四级。印度最低层级即地方级的应急情报传递节点是地方灾难管理部门，主要是潘查雅特（Panchayat）机构，也是就村一级的地方自治机构、自治市的政府当局、地方兵站、城镇规划机构等负责管理印度基层的机构部门，这些机构和部门通过官员和雇员负责赈灾救援、灾后重建安置，并协调布置中央、州、县下达的灾难处理计划。在基层发现有应急灾害情报后，迅速上报到县级管理机构。

县级应急情报传递节点是灾难管理部（DDMA），由县级官员（县税务官、副官、地方治安官）共同负责，联合领导县级的灾难管理，县级灾难管理部门将在州级和中央级的指导路线下进行灾难管理工作，并根据地方上的实际情况做出调整，并保证县级政府所有部门协助完成救灾工作。在县级灾难管理部获得应急灾害情报后，应将情报迅速上报邦级灾害管理机构。

在邦一级的层次上，印度应急情报管理机构是邦灾难管理部（SDMA），这是印度应急情报传递的一个关键节点。该部门指定的相应计划需要与国家灾难管理部指定的计划相协调，通过协调邦级政府各部门保证应急工作的完成。邦一级还设有邦执行委员会（SEC），由邦政府的首席秘书长担任领导，协调和保证国家应急政策、国家应急计划和邦级应急计划的落实和完成，同时邦级执行委员会在获得重大灾情情报后需要向国家灾难管理部提供相应的灾难信息。

印度重大应急情报的传递路径终点是国家灾难管理部（NDMA），该政府机构直接由印度总理担任部门首长，接受全国灾难信息，负责制定具有针对性的政策计划，并强制执行以保证及时有效地应对灾害。中央各部以及各州政府必须协助国家灾难管理局有效完成其计划，在灾害爆发时期，国家灾难管理部有权调动一切它认为有必要的资源来完成营救和赈灾行动。国家灾难管理部下辖国家灾难应对部队（NDRF）和负责日常政策执行的国家灾难管理局（NIDM）。印度应急情报在中央级别的另外一个传递终点是国家危机管理委员会（NCMC），该部门主要负责应对需要直接调动安全部队进行处理的应急危机，类似恐怖主义，空难，化学、生物、放射性物质以及核武器系统事件（CBRN）、矿难、港口救急、森林火灾、石油泄漏等人为事故灾难。国家灾难管理部和国家危机管理委员会分别负责自然灾害和人为灾害的应对，但总体工作仍是前者做统筹性安排，并且还要负责培训后者所需的工作人员和预备资源。印度应急情报的中央级别的次级传递节点是国家执行委员会（NEC），其成员包括国防部、能源部、财政部、饮水供应和环境卫生部、环境和森林部、食品安全类部门、电力部、铁路运输和公路部、城市发展部、水利部、科学技术部、空间部等诸多部门领导人，外交部、地球科学部、煤矿部、铁路运输和公路部以及国家灾难管理部的秘书会列席国家执行委员会的会议。国家执行委员会是国家灾难管理部的执行部门，主要是确保灾难管理按照中央政府的规划进行。

印度应急情报管理和搜集工作主要由国家灾难管理部领导，具体事务由国家灾难管理局负责。印度正在谋求建立一个有助于有效决策的情报信息共享系统。在中央层级，科学与技术部和地球科技部以及其他有权力能够进行地面目标识别行动的中央部门会与国家灾难管理部保持信息沟通，在搜集到有关信息后会迅速报告给国家灾难管理部。印度为此还设立了印度灾害资源网络（IDRN）和印度灾难信息网络（IDKN），前者还有待进一步升级以包含各领域部门的资源并进行网络化信息公开，后者则已经建成并投入使用，负责搜集政府各部门、民间科研组织等提供的应急情报信息。[①] 应急情报的传递路径如图 38－1 所示。

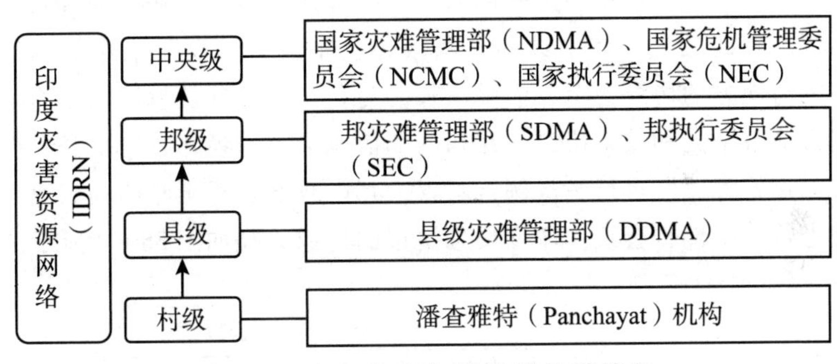

图 38－1　印度应急情报的传递路径

二、反恐情报的传递路径

印度的恐怖主义活动存在两大类型：一种是内生型恐怖主义活动，主要分布在印度周边地区，受教派冲突、民族矛盾和分离主义的影响；另一种是外来型恐怖主义活动，一般规模较小，次数较少。针对两类不同类别的恐怖主义活动，印度反恐情报的传递路径也有所不同。针对内生型的恐怖主义活动，一般由内政部情报局和军方的国防情报局负责相关情报搜集。情报局是印度国内最重要的情报机构，隶属于内政部，其主要工作是搜集国内安全情报，其中也包括反恐情报，

① Disaster Management in India，http://www.ndmindia.nic.in/.

情报局在邦一级和中央级执行自身职能。① 而国防情报局则负责军方层面针对印度周边地区战术性反恐情报的搜集，有专门的部门负责搜集恐怖组织的情报资料并对恐怖威胁做出反应。针对外来型恐怖主义活动，一般由调查分析局、反恐中心以及国家调查局负责情报搜集，调查分析局主要针对境外恐怖主义活动可能对印度造成的影响进行情报搜集。2012 年 3 月，印度成立国家反恐中心，挂靠在国家情报局下，负责全国反恐事务的协调工作和动员反恐所需的资源。反恐中心是中央政府在全国层面推行反恐政策的机构。② 而国家调查局的成立更多的是印度政治运作的产物，在后来的反恐工作中并没有发挥太大的实际效用。

印度地方上的反恐工作一般交由各州县的警察部门负责。因为在印度，恐怖主义活动破坏法律和社会秩序属内部行为，除非在特别条件下，一般不出动军队进行反恐。印度基层警察部门获得恐怖活动情报后会逐渐上报县和邦，直至国家安全委员会联合情报委员会。

印度反恐情报的传递终点是内阁，由国家安全委员会联合情报委员会将各情报部门的情报信息汇总分析研究后，交由印度国家安全委员会进行最后决策，以内政部长为首领导的，包括中央其他部部长、各邦首席部长在内的部长授权小组是执行机构。除此之外，在中央和邦两级还会举行有关反恐工作的例行协调会议。在中央与地方的协调会上，内政部长会与各邦首席部长就国内安全和社会治安问题进行情报交流和政策协调；在邦内部协调会上，各邦首席部长每年会与邦首席秘书、邦警察总监进行一次例行会议，邦内政部长每半年会与首席秘书、邦警察总监进行一次例行会议。印度反恐情报的传递路径如图 38 -2 所示。

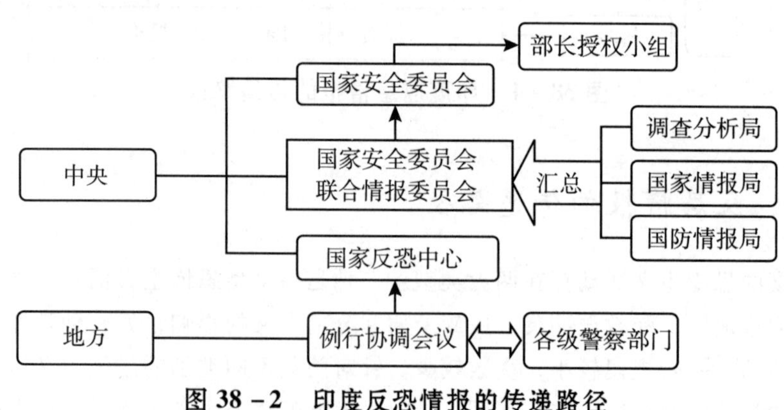

图 38 -2　印度反恐情报的传递路径

① Intelligence Bureau, Indian Administration, http://www.indianetzone.com/37/intelligence_bureau.htm.

② PR Chari, "National Counter Terrorism Centre for India-Understanding the Debate", *IPCS Issue Brief*, No. 181, March 2012, P. 2.

三、军事情报的传递路径

印度军事情报的搜集工作由印度四大军事预警侦察系统构成：一是航天预警侦察系统，主要包括隶属于印度国防部的“国家预警与反应系统”，以及隶属印度空间部的印度遥感卫星。二是航空预警侦察系统，主要由印度空军和印度航空中心的侦察机和无人侦察机、直升机等空基平台所搭载的探测系统组成。[①] 三是地面预警侦察系统，主要是以各型雷达为主构成的雷达探测系统和对空情报探测系统。四是海上预警侦察系统，主要由各类舰艇的舰载雷达探测系统、海军装备的海上侦测飞机、反潜用舰载反潜直升机和各种舰载声呐设备组成。[②] 印度的预警探测系统并不仅仅服务于军事情报的搜集，也负责其他情报的搜集，还担负着为印度提供全球战略情报的任务。预警侦察系统搜集到的情报会经由海、陆、空三军情报局传达至三军联合的技术情报局进行统计分析，[③] 然后再交付国防情报局，再传递到国防部长与参谋长联席委员会主席的手中，并最终交由内阁安全委员会做出决定。内阁安全委员会是印度最高军事决策机构，由印度总理任主席，成员包括国防部长、外交部长、财政部长及其他重要的内阁部长、国防秘书和三军参谋长。由于军事情报事关国家安全大局，因此内阁、国会和国家安全委员会都会从国防情报局那里获得相关的情报信息，只是这三方获得情报的先后顺序以及根据情报制定决策的权力大小存在差异。另外值得注意的是，印度还在国家周边各邦建立了针对他国情报探测的反情报机构，在中央主要由调查分析局和情报局负责反情报工作，在地区层面则是各情报站负责反情报工作。[④] 印度军事情报的传递路径如图 38－3 所示。

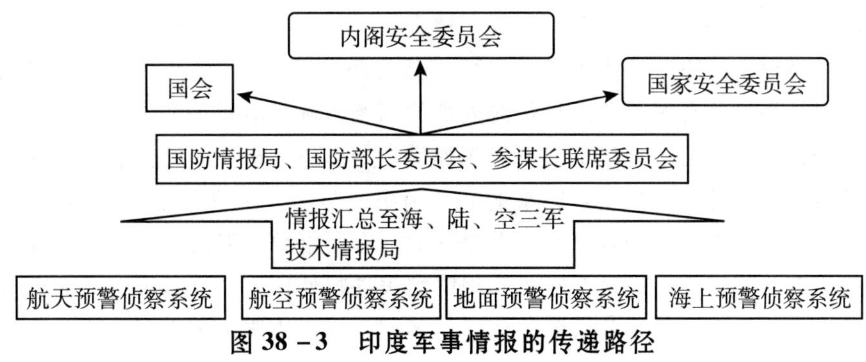

图 38－3　印度军事情报的传递路径

① 赵超：《印度的“三位一体”侦察预警系统》，载《现代军事》2004 年第 9 期，第 44～45 页。

② 潘峰等：《印度预警探测网络建设》，载《国防科技》2010 年第 6 期，第 86～88 页。

③ 丁斌、房振敏：《调整视听的南亚耳目——透视印度国防情报机构改革》，载《国际展望》2003 年第 4 期，第 30～31 页。

④ 任海英：《印度大力提高情报能力》，载《国家安全通讯》2001 年第 12 期，第 28 页。

四、战略情报的传递路径

由于战略情报所具有的全局性、前瞻性和长期性特点，战略情报的搜集和分析工作相对来说具有更大的难度。情报机构和智库均是战略情报的提供者。在针对其他国家的战略情报搜集上，印度调查分析局发挥着重要作用。调查分析局是印度最重要的对外情报机构，主要以邻国和其他重要国家为目标，以技侦、谍报手段搜集和整理相关政治、经济、军事等情报，并向政府内阁提交相关研究分析报告。[①] 印度智库也是战略情报的重要提供者，主要有四类：官办型、民间型、高校型、商办型。官办型智库如印度数据统计研究所、印度国家应用经济研究委员会、国防研究和分析研究所等，为国家决策层提供数据和信息情报支撑，印度政府各部门下属机构还设有相关的智库机构，主要侧重于本部门的专业研究。另外发挥重要作用的还有高校型智库，如尼赫鲁大学的印度国际关系学院、社会科学学院社会体系研究中心等机构，主要侧重于政治、经济、文化等研究，为决策层提供战略情报参考。民间型智库如印度政策研究中心、印度公民社会中心等独立性机构，其研究奉行中立客观原则，能够为决策层提供战略分析报告。商办型智库则多为企业自办，主要为企业盈利服务，间接地为国家提供了相应的情报支撑。[②]

战略情报的传递终点是国家安全委员会，但最终决策者是内阁安全委员会。印度国家安全委员会下设三个机构：一是战略政策小组，由内阁秘书处负责，主要为国家安全委员会建言献策，人员构成包括内阁秘书、外交秘书、内政秘书、国防秘书、财政秘书、储备银行行长、情报局局长、研究分析局局长、参谋长联席会议主席等，战略政策小组负责撰写《战略防务评估》，主要涉及长期的安全威胁应对计划，并且对需要进行优先处理的问题领域提出相关的参考对策。二是国家安全顾问委员会，主要负责向内阁提供长期形势分析和研判报告。三是国家安全委员会秘书处，实际上是原来的联合情报委员会，负责日常工作事务。[③] 国家安全委员会同内阁安全委员会在情报获取上有所重叠，但最终的决策者是内阁安全委员会，国家安全委员会在收到战略情报进行处理后，汇总成分析报告递交给内阁安全委员会，并在其后的工作中对各部门进行协调，为内阁安全委员会的决策服务，其重要体现就是国家安全顾问会作为特邀代表参加内阁安全委员会的

---

① 李刚、朱大治：《南亚大陆的“猛虎利爪”——印度情报机构》，载《当代世界》2001 年第 11 期，第 30 页。

② 李国强：《印度智库发展状况概略》，载《党政视野》2015 年第 1 期，第 41 页。

③ 彭光谦主编：《世界主要国家安全机制内幕》，人民出版社 2014 年版，第 242 ~ 243 页。

审议会议。战略情报的传递路径如图 38－4 所示。

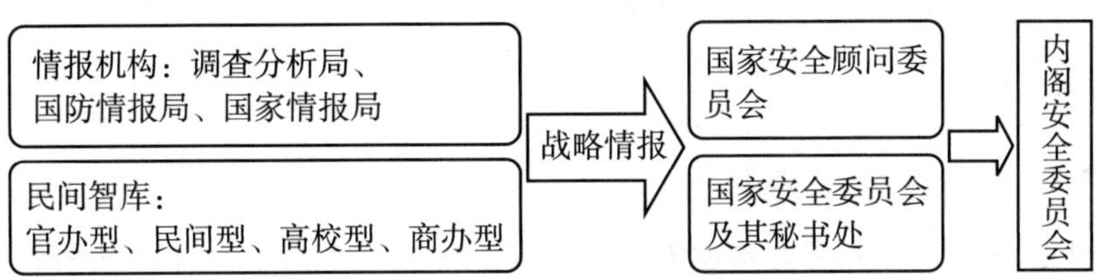

图 38－4　战略情报的传递路径

通过以上对印度安全情报传递路径的分析，我们可以看出，不同类别的安全情报的传递路径存在差异：在情报搜集环节，由于各类情报自身所具备的独特性，情报搜集工作的涉及范围、工作方式存在不同，各类安全情报的传递路径存在很大差异，其传递终点因其重要程度不同，涉及的决策者也相应存在一定区别。

第三节　印度安全危机预警

建设国家安全预警体制机制的目的在于有效防范和应对安全危机。安全危机虽然具有突发性，但一般都有规律可循。通过对相关情报信息的掌握与分析，可以针对危机准备预案，在安全危机爆发前制定应对措施，以预防或减弱安全危机所造成的恶劣影响，从而到达有效维护安全和减少损失的目的。安全危机的预警流程一般包括监控、预报、预案和报警。监控是危机预警的日常基础，预报是危机预警是否有效的重要环节，而预案和报警则是分别针对将要发生的事件和已经发生的事件的预警处理方式，是危机预警的关键。

一、应急安全危机的预警

（一）应急安全危机监控

2004 年 12 月 24 日印度洋爆发海啸，造成沿岸地区巨大的人员伤亡和财产损失，此次事故使得印度认识到安全危机预警体系的重要性。[①] 于是印度积极投入开发建设了一套基于信息技术、视频传输、地球空间技术和遥感技术的专家判断

① 姚国章：《灾害预警新论》，中国社会出版社 2014 年版，第 6 页。

支持系统，用于对应急安全危害的早期预警。这一预警系统主要包括一系列实时监测网络、数据库和评判系统，以及全天候工作的预警中心，可利用最先进的通信手段向有关政府部门提供及时的建议并向受危害地区发出警报。①

（二）应急安全危机预报

应急安全危机可分为自然灾害危机和人为灾害危机两类，印度政府在预报不同类别的安全危机时采取的措施也有所不同。针对自然灾害类危机，印度更加重视对相关情报信息的搜集，做好信息监测和报告，并通过灾害信息共享系统及时有效地做好协调工作。针对人为的应急安全危机，印度更加注重新闻信息和公众舆论的控制，防止此类事件成为攻击政府的工具。印度政府明确防范责任，将责任落实到各层级政府身上，并制定了相关法律法规，对此类应急安全危机预防措施做出了具体的规定。②

（三）应急安全危机预案

印度制定的《全国危机管理框架》是印度危机管理的指导方针，“涵盖制度机制、灾难预防战略、早期预警系统、灾难减除、灾难准备、反应和人力资源开发等方面。这一框架明确规定了预期投入、干预领域以及与危机管理有关的国家、邦和县级机构。印度各邦和中央直辖区政府共享这一指导方针。印度政府各部、各邦政府和中央直辖区政府被要求按照这一框架的精神制定各自的危机管理计划”。③ 印度制定的《全国危机管理框架》是印度所有应急安全危机的原则性大预案。印度各层级政府根据不同的类别和等级的突发性事件也制定有相应的预案。

二、恐怖威胁预警

（一）恐怖威胁的监控与预报

印度政府在针对不同类别恐怖主义活动的监控上也有所不同。针对内生型恐怖主义活动，由内政部及其下属的情报局负责针对社会治安问题的监控，而国防部及其下属的国防情报局则负责针对产生恐怖主义的边疆地区和农村地区的武装

① “印度建立早期海啸预警系统”，http://www.most.gov.cn/gnwkjdt/201107/t20110714_88286.htm.

② 姜平：《突发事件应急管理》，国家行政学院出版社 2011 年版，第 15 页。

③ 牟卫民：《印度危机管理机制与政策调整》，载《学习时报》2006 年 10 月 9 日。还可参见“印度危机管理机制与政策调整”，http://www.china.com.cn/xxsb/txt/2006-10/10/content_7228142.htm.

活动进行监控。针对外来型恐怖主义活动，部分由调查分析局负责监控。国内武装力量则负责针对这些恐怖主义活动的迹象进行排查，例如海岸警卫队会对往来舰船进行检查，国家反恐中心则负责所有地区反恐工作的协调和信息的往来交流，并对恐怖主义安全危机进行预报。

（二）恐怖威胁的预案与报警

两类不同类型的恐怖主义安全危机的应对之策也有所不同。内生型恐怖主义安全危机产生的根本原因还在于印度内部存在的族群、宗教、贫富矛盾，因此更多地可以看成是社会、经济类问题，在预案环节上注重防止此类危机造成较大的破坏，在预案工作上则更加注重以解决民生问题为化解危机的主要手段。而外来型的恐怖主义安全危机则由于其即时性和随机性较强，在预案环节上更多地偏重防止此类危机的发生，在预案工作上注重对外来人员的排查以及可疑对象的监控。针对已经发生的恐怖主义安全危机，印度除了基本的警察队伍以外还特别设立了反恐武装力量，随时待命以应对此类危机。

三、军事安全危机预警

（一）军事安全危机的监控与预报

印度军事安全危机的监控由印度四大军事预警侦察系统和印度情报机构负责，四大军事预警侦察系统包括航天预警侦察系统、航空预警侦察系统、地面预警侦察系统和海上预警侦察系统。印度不同的情报机构负责重点不同的军事情报收集。印度的对外情报组织——调查分析局负责在全球范围内搜集相关情报信息，印度军队各军种设置的军种情报局则分别负责其领域内的情报搜集工作，而于2001年成立的国防情报局则负责指导和协调三军情报部门的情报工作。国防情报局有权获得各军种情报组织的情报。监控环节收集到的情报最终都会汇总到印度国家安全委员与内阁安全委员会，供总理领导的内阁安全委员会决策时参考。

印度的监控对象主要是巴基斯坦，其次是中印边境地区。自印巴分治以来，印巴两国围绕克什米尔地区问题前后发生过多次激烈冲突，在印度看来，巴基斯坦一直是印度最迫切的军事安全危机，因此印度情报局在印巴边境布置了多处情报站点，用以搜集有关巴基斯坦军队情况的情报。

（二）军事安全危机预案

自2003年印巴两国签署边境停火协议以后，印度针对军事领域的情报搜集工作开始更多地转向战略层面，军事安全危机的威胁更多地不是来自邻国，而是来自像恐怖组织这样的非国家行为体。在预警工作的预案环节上，印度安全部门的工作重点也有所转向，加大了对维护国内稳定和内部保卫工作的情报支持力度。印度政府非常重视军事安全危机预警和预案。根据印度 2015～2016 年国防年度报告，印度将通过加强陆海空军事力量和印度海岸警卫队作为其军事安全危机预防的基础，通过武装力量和民事力量间的合作提升其预防危机的能力，通过与国外的军事合作与交流来应对和预防军事危机。印度除了注重加强与孟加拉国、阿富汗、尼泊尔、中国等周边国家的军事交流与合作外，还将俄罗斯作为其特别的战略支柱，拓宽和深化与美国、日本的双边军事关系。①

四、战略安全危机预警

战略安全危机监控。战略安全危机预警的任务主要由印度智库机构、印度国家安全委员会、印度内阁安全委员会和政治事务委员会承担。随着国际形势的变化，印度在战略视野上有所提高，战略范围有所扩大，不再仅仅局限于印度洋周边地区，开始在全球范围内思考其自身面对的战略问题，谋求在亚太地区进一步提升其大国地位，并将东南亚地区作为战略突破口，以改善印度的战略安全环境。印度认为，中国是影响其战略地位的主要国家。一是中国在印度洋地区频繁活动可能对印度在印度洋的地位构成挑战；二是中国是印度在南亚地区的对手——巴基斯坦的特殊伙伴关系国家；三是中国的崛起使东亚和太平洋地区的力量结构和安全结构正在发生变化；四是中国对印度谋求联合国安全会常任理事国席位的态度不明确。因此，中国是印度战略情报的主要对象。针对中国，印度战略政策小组设立了“中国小组”跟踪中国的战略走向，对中国战略构想进行深度剖析，预测可能对印度造成的影响，并撰写相关报告。其他凡是会对印度的南亚地位和世界地位有影响的国家和地区也是印度搜集战略情报的重点地区，如巴基斯坦、俄罗斯、美国、日本和东南亚等。印度智库机构提出的关于印度战略情报重点关注的地区与国别报告、印度情报机构提供的情报和分析报告均由印度国家安全委员会联合情报委员会汇集分析，并提出战略报告建议，内容包括印度的战略威胁、战略需求，以及改善其战略地位、应对战略威胁的方法。战略报告建议经过印度内阁安全委员会和政治事务委员会讨论，最后由印度总理签署。

① Annual Report 2015 - 16, http://mod.nic.in/forms/List.aspx?Id=57&displayListId=57.

第三十九章

印度安全决策体制的演变

印度安全决策体制的演变通常由危机催生，不同历史阶段的危机推动着印度安全决策体制的发展。正如印度学者普拉丹（S. D. Pradhan）所说：“印度国家安全体系的发展是由事件驱动的，并且经历了若干个阶段。”①

第一节　从三级安全体制到内阁紧急情况委员会

从1947年印度独立至1962年中印边界冲突爆发前的这段时间，是印度安全决策体制的初始阶段，印度总理享有“垄断式”的安全决策权。二战结束后，一些逐渐摆脱殖民统治的国家模仿和学习原殖民宗主国建立行政和官僚制度，比如说菲律宾模仿美国，印度学习英国。但是这些来自于新独立国家的仿制品与英美原件之间还是存在一定差别，甚至有学者认为只是“肤浅的模仿”②。

① S. D. Pradhan, National Security System—Evolution, in Satish Kumar, *India's National Security: Annual Review* 2010, Routledge, 2010, P. 435.

② Verghese Koithara, *Managing India's Nuclear Forces*, Brookings Institution Press, 2012, P. 180.

一、印度三级国家安全决策体制

印度独立后建立了内阁国防委员会、国防部长会议和参谋长联席会议三级国家安全决策体制。印度独立之初，哈斯廷斯·伊斯梅（Hastings Ismay）[①] 被邀请向印度的国家安全治理体系提出建议。伊斯梅提出，应该建立政治和军事两种类型的一系列委员会。[②] 印度安全体制建设在参考英国安全体制的基础上，也体现了伊斯梅的一些设想。其安全体制机制的主要特征是文官治军、三级决策和三军分立。这一体制由自上而下的三个层级组成。最高层为总理领导的内阁国防委员会，成员包括国防部长、外交部长、财政部长、其他重要的内阁部长和三军参谋长；第二层为国防部长会议，成员包括三军首长和文职官员；第三层为参谋长联席会议。印度独立后废除了三军总司令，参谋长联席会议的主要职能是协调三军合作。[③] 此外，印度安全体制机制还包括一些专门机构，如联合情报委员会、国防科学咨询委员会、联合计划委员会等。印度内阁国防委员会在 20 世纪 50 年代并没有定期举行会议，反而是国防部长会议比较活跃。这是由于梅农（Krishna Menon）担任印度国防部长时期，主要依靠梅农、总理尼赫鲁（Javāharlāl Nehrū）和情报局长穆立克组成的被称为“决策三棱镜”的三人决策小组进行国防决策，尤其是梅农与尼赫鲁之间畅通的私人沟通渠道，推动国防部长会议出台和实施了各项政策。内阁国防委员会实际上被绕过，没有发挥应有的作用。[④]

二、内阁国防委员会更名为内阁紧急情况委员会

20 世纪 60 年代初，中印边界争端日趋激烈，尼赫鲁政府想利用中国在困难时期侵占中国领土，结果在战争中失败。尼赫鲁政府的错误决策促使印度初次思考改革其安全决策体制，用内阁紧急情况委员会替代内阁国防委员会。1962 年，尼赫鲁将内阁国防委员会更名为内阁紧急情况委员会。内阁紧急情况委员会也被称为“核心内阁”，由 6 位成员组成，包括总理、内务部长、外交部长、国防部长和财政部长，而第 6 位成员是非固定的，由总理基于某位部长的建议和角色的

① 哈斯廷斯·伊斯梅为二战时期丘吉尔政府的参谋长和第一任北约秘书长。

② Ayesha Ray, From Continuity to Change: Critical Issues in India's Institutional Structure of Civil-Military Relations, Annual Meeting of the Northeastern Political Science Association, Boston, 2008.

③ D. Shyam Babu, India's National Security Council: Stuck in the Cradle?, *Security Dialogue*, June 2003, Vol. 34 No. 2, P. 218.

④ Raju G. C. Thomas, *Indian Security Policy*, Princeton University Press, 2014, P. 120.

关键性来决定。[①] 原先作为内阁国防委员会成员的三军参谋长不再是内阁紧急情况委员会的成员，军方的地位进一步降低，国家安全决策机构继续由文官主导和控制。原先隶属于参谋长联席会议的联合情报委员会也由于在中印边界冲突中的误判而受到指责，使得该机构在1965年被调整为内阁秘书处的下属机构。联合情报委员会的功能也不再仅仅限于评估国外军事方面的情报，其功能扩大至包括收集分析政治、社会、经济、科技和内部安全方面的情报。[②] 但是由于其被划归到内阁秘书处，内阁紧急情况委员会的情报功能被弱化。在应对边界问题方面，尼赫鲁政府在具体操作中，实际上绕过了三层级的安全决策咨询体系。基于边界问题的紧迫性，很多时候总理和内阁紧急情况委员会并没有充分吸取国防部长会议和参谋长联席会议的合理建议，而是通过各种非正式渠道获得与安全决策相关的信息。

内阁紧急情况委员会的建立是为了提升印度安全战略决策的科学性和有效性，但实际上内阁紧急情况委员会的集体协商功能相对于内阁国防委员会并没有得到增强，而是更加强化了总理对于国家安全决策的管控。有观点认为，内阁紧急情况委员会的功能类似于总理的“核心内阁”，实际上内阁中的大多数部长们并没有机会参与重大问题的决策，总理依旧“大权独揽”。“因此，内阁常常不能参与政策决策，沦为常规政府事务的结算中心。”[③] 1964年5月27日尼赫鲁逝世，当天早上，内阁紧急情况委员会在总理官邸召开会议，讨论过渡政府的整体安排，并确定内阁中排名仅次于尼赫鲁的内政部长南达（Gulzarilal Nanda）为代总理。[④] 尼赫鲁逝世两周后，印度议会两院于6月9日一致推选夏斯特里（Lal Bahadur Shastri）任第二任总理。夏斯特里时期，印度政府更关注国内事务，内阁紧急情况委员会的重要性有所下降。[⑤]

第二节　从内阁政治事务委员会到国家安全委员会

1970～1990年的20年间，印度安全决策体制机制的变革主要是重建内阁政

① Sudershan Chawla, *The foreign relations of India*, Dickenson Pub. Co., 1976, P. 62.

② S. D. Pradhan, National Security System—Evolution, in Satish Kumar, *India's National Security: Annual Review* 2010, P. 435.

③ Cabinet System at Centre No Longer Exists? Morale of Ministers, Officials Affected, *The Times of India*, Oct 28 1963, P. 1.

④ Nanda Takes Over As New Premier: Cabinet Decides On Interim Step, *The Times of India*, May 28, 1964, P. 1.

⑤ Manisha, *Profiles of Indian Prime Ministers*, Mittal Publications, 2010, P. 35.

治事务委员会（Political Affairs Committee）和尝试建立国家安全委员会。

一、内阁政治事务委员会的重建与结构

1966年1月，夏斯特里突然逝世，英迪拉·甘地（Indira Gandhi）成为印度的第三任总理。曾有学者预测，“在尼赫鲁身后的全国性危机中，各个派系可能接受她（英迪拉·甘地）充当作为妥协结果的总理，但是印度人很少预计她能长期支持下去”。① 上台伊始，英迪拉·甘地面临着诸多挑战，在各种政治力量的牵制之下，她无法自由地施展她的政治抱负。1966～1969年，作为执政党的国大党内派系斗争激烈，英迪拉·甘地与辛迪加派之间的矛盾不断激化。直到1971年提前举行大选并最终获胜，英迪拉·甘地真正走上权力顶峰。1970年，英迪拉·甘地为了提升内阁的安全决策能力和决策效率，废除国防委员会、外交事务委员会、内部事务委员会和内阁紧急情况委员会，建立了政治事务委员会。② 1970年8月1日，政治事务委员会被正式命名。但由于国内政治斗争异常激烈，英迪拉·甘地的调整并不成功。英迪拉·甘地再次当选后终于迎来了加强政治事务委员会决策权力的机会。这一新的强有力的内阁委员会也被称为“小内阁”，主要处理内务、外交、国防等事务。政治事务委员会由英迪拉·甘地任主席，成员还包括四位高级阁僚，分别是外交部长斯瓦兰·辛格（Swaran Singh）、农业部长法克鲁丁·阿里·艾哈默德（Fakhruddin Ali Ahmed）、财政部长恰范（Y. B. Chavan）和国防部长贾格吉凡·拉姆（Jagjivan Ram）。③ 英迪拉·甘地改革印度安全决策体制、重建内阁政治事务委员会主要出于三个原因：一是通过限制核心成员规模达到削弱反对派影响的目的；二是通过选择与自己关系紧密的内阁伙伴，进一步巩固和推进安全与外交决策；三是部分内阁成员的能力欠缺及他们对纷繁复杂的外交、安全事务兴趣不足，也使得这些阁员不太适合进入内阁政治事务委员会。

英迪拉时期的政治事务委员会比尼赫鲁时期具有更大的影响力，仍然是总理大权独揽。“有消息来源指出，英迪拉·甘地能够否决政治事务委员会其他成员的一致建议，政治事务委员会的其他成员的角色不像是共同决策者，而像是顾问。”④ 1974年3月，英迪拉·甘地将政治事务委员会改名为内阁政治事务委员

① 威尔斯·汉根：《谁是尼赫鲁的继承人?》，世界知识出版社1964年版，第182页。

② Narottam Gaan, *Indira Gandhi and foreign policy making: the Bangladesh crisis*, Patriot Publishers, 1992, P. 36.

③ P. M. sets up powerful “mini-Cabinet”, *The Times of India*, Aug 4, 1970, P. 1.

④ Charles Mohr, Mrs. Gandhi Wields Power Firmly, *New York Times*, Dec 14, 1971, P. 16.

会（Cabinet Committee on Political Affairs）。内阁政治事务委员会是层级最高的国家安全决策机构。它负责统筹、协调和处理印度的内外安全事务，其成员包括外交、国防、内务、财政等主要内阁部长，由总理担任主席。诸如外交政策的制定、武器系统的采购、国防生产计划的形成、边界冲突的治理是这一阶段内阁政治事务委员会的主要关注对象。

在内阁政治事务委员会之下位于第二层级的是国防计划委员会（1978 年），成员包括内阁秘书、总理特别秘书和外交、计划、国防、国防生产、国防研究与发展等中央部门或委员会的秘书，以及三军参谋长。① “文官与军事人员以 7∶3 的比例进行分配，使服从政治的武装部队进而从属文官。”② 位于第三层的是参谋长委员会。该委员会由三军参谋长组成，其中资历最深的军种参谋长任主席。参谋长委员会一直是内阁军事领域的最高专业顾问，为内阁提供军事领域的专业性建议。在紧急状态下，参谋长委员会不仅负责协调政府机构与各个地区军事力量之间的关系，还负责协调三军关系、促进三军合作。

二、内阁政治事务委员会的作用、职责与挑战

内阁政治事务委员会在所有最大安全问题上都发挥着至关重要的作用。20 世纪 70 年代，内阁政治事务委员会多次组织会议讨论印度东北部那加兰邦、米佐拉姆邦等地的安全情势。1984 年 3 月 28 日，内阁政治事务委员会召开会议讨论了非法的全印锡克学生联合会所制造的恐怖主义活动。③ 在印度派遣维和部队介入斯里兰卡内战期间，1987 年 10 月 15 日，内阁政治事务委员会召开会议。人力资源开发部长纳拉辛哈·拉奥主持会议。总理拉吉夫·甘地通过会议进一步了解事态发展，同时内阁政治事务委员会评估了当时的状况。④ 海湾战争伊始，1990 年 8 月 11 日，内阁政治事务委员会组织会议讨论科威特事态的发展。⑤

内阁政治事务委员会关注的职责并不仅仅限于安全议题，也包括外交、内务、经济等议题。有学者认为，“鉴于内阁政治事务委员会广泛的决策权力，它既可以充当国防、经济、内务和外交政策的协调者，也可以作为长期战略规划的

---

① Stephen P. Cohen, Sunil Dasgupta, *Arming Without Aiming: India's Military Modernization*, Brookings Institution Press, 2010, P. 5.

② 刘善国、傅彤编译：《印专家谈“印、巴国家安全体制”》，载《南亚研究季刊》1995 年第 1 期，第 52 页。

③ Cabinet Meeting on Latest Violence, *The Times of India*, Mar 29 1984, P. 9.

④ Final Assault on Jaffna, *The Times of India*, Oct 16 1987, P. 1.

⑤ Cabinet Committee Discusses Kuwait, *The Times of India*, Aug 12 1990, P. 9.

促进者”。[①] 据《印度时报》1982 年 12 月 23 日报道，内阁政治事务委员会估算了 1983～1984 年度原油和石油产品的进口总量，决定停止进口来自于委内瑞拉、墨西哥和阿尔及利亚的石油。因为从海湾国家进口石油运费和价格更便宜。[②]

这一时期，印度安全决策体制面临两次严峻挑战：第三次印巴战争和印度派遣维和部队介入斯里兰卡内战。印度学者一般认为前者取得了成功，而后者则暴露了印度安全决策体制中的某些问题。萨洛伊·比斯霍伊（Saroj Bishoyi）指出，尽管一般来说，协调良好的安全计划只能由制度健全的国家安全机构来制定，但是 1971 年印度的胜利则只是一个例外。比斯霍伊强调：“1971 年的印度军事行动的成功是由于一些特殊的情况。印度有一位强有力的总理来制定可实现的目标。三军司令协调工作并阐明实现目标的方法……在国防部长、外交部长、内务部长和财政部长的参与下，政策协调在总理办公室中完成。”[③] 但是这一机制在派遣维和部队介入斯里兰卡内战的过程中暴露出一些问题。“外交部、国防部和调查分析局缺乏针对此问题的严肃对话和认真分析。决策是由总理办公室基于诸多相关因素的不充分分析而制定的……决策的执行也暴露出决策缺乏进一步的明确目标和政策协调。”[④]

三、首次建立国家安全委员会

早在 1985 年，拉吉夫·甘地就曾建立“国家安全政策计划委员会”（Policy Planning Committee on National Security）。某些印度学者认为这一机构在某种程度上就是国家安全委员会的前身。[⑤] 1985 年 4 月 24 日，在印度人民院的辩论中，泰卢固之乡党（Telugu Desam Party）的议员阿亚法·雷迪（Ayyapha Reddy）和印度共产党的议员阿迈勒·达塔（Amal Datta）也要求建设一个常设机构来评估国家安全环境。雷迪认为这一机构应该被称为国家安全委员会，负责评估可能对印度造成安全威胁的那些国家的意图和实力。[⑥] 尽管印度国内存在建立国家安全委

---

① Brahma Chellaney, Challenges to India's National Security in the New Millennium, in Brahma Chellaney, *Securing India's Future in the New Millennium*, Orient Blackswan, 1999, P. 585.

② Pandey, G K, Oil import bill to come down, *The Times of India*, Dec 24, 1982.

③ Saroj Bishoyi, US-India security relations, 1995 – 2006, Doctor Dissertation of Jawaharlal Nehru University, 2008, P. 21.

④ Saroj Bishoyi, US-India security relations, 1995 – 2006, Doctor Dissertation of Jawaharlal Nehru University, 2008, pp. 21 – 22.

⑤ Balachandran, V, A Defunct Defence: Toothless NSC Will Not Do, *The Times of India*, Apr 1, 1998, P. 12.

⑥ The Times of India News Service, Defence debate ritual, say MPs, *The Times of India*, Apr 25, 1985, P. 9.

员会的呼声，但是直到1989年大选中国大党失利、全国阵线领袖辛格（V. P. Singh）组成新一届政府后，国家安全委员会的建立才成为正式讨论的议题。

为了兑现竞选宣言中的承诺，辛格积极推进国家安全委员会的建立，并在国会中提出将于1990年4月建成这一新机构。但是关于建设一个什么样的国家安全委员会，印度国内展开了激烈的辩论。辩论的焦点主要集中在：印度版的国家安全委员会是否需要模仿美国版的国家安全委员会？国家安全委员会秘书处的构成与功能为何？国家安全委员会是否会成为一个“超内阁委员会”的机构？国家安全委员会如何与国会进行互动？尽管印度国内对于建立国家安全委员会不乏支持的声音，但是同时也存在一些不同意见。《印度时报》就有题为《没有必要成立国家安全委员会》的文章，文章提到“强化内阁政治事务委员会比建立国家安全委员会更有意义”。[①] 甚至有国会议员认为，国家安全委员会的建立是对“中央政府部长制和议会民主的粗暴攻击”。[②] 印度人民党议员马图尔（J. P. Mathur）也认为：“尽管建立国家安全委员会的行为没有违宪，但是其中一些可能被误用的成分会破坏内阁体系。”[③] 尽管辛格多次强调快速变化的内外环境使得印度迫切需要建立国家安全委员会，也一再澄清国家安全委员会既不高于内阁，也不与内阁平行，[④] 但是围绕国家安全委员会的激烈辩论使得这一机构并没有如期在1990年4月建成。直到1990年8月24日，辛格才对国会宣布印度政府建立国家安全委员会的决定。新建国家安全委员会负责有关国家安全重大问题的决策。

辛格时期的国家安全委员会由总理、国防部长、财政部长、内务部长和外交部长组成，其中总理任主席。其他内阁部长、各邦首席部长及相关专家可被邀请参加会议。在国家安全委员会之下，设立战略核心小组（Strategic Core Group）和国家安全咨询委员会（National Security Advisory Board）[⑤]。战略核心小组主席由内阁秘书兼任，其成员包括相关政府部门的代表，以及三军参谋长。国家安全

---

① There's no need for a National Security Council: Policy/ D. S. Kamtekar, *The Times of India*, Mar 7, 1990, P. 15.

②③ National Security Council set up, The Times of India News Service, *The Times of India*, Aug 26, 1990, P. 10.

④ NSC will not be above cabinet: PM, The Times of India News Service, Mar 2, 1990, *The Times of India*, P. 26.

⑤ 国内学者关于辛格时期国家安全委员会下设机构的划分和命名存在一定争议。张骥主编的《世界主要国家国家安全委员会》沿用了印度学者巴布（D. Shyam Babu）的分类和命名，认为辛格时期的国家安全委员会由三个部门构成，分别是战略核心小组（Strategic Core Group）、秘书处和国家安全咨询委员会；彭光谦主编的《世界主要国家安全机制内幕》沿用的是印度学者普拉丹（S. D. Pradhan）的分类和命名，认为辛格时期的国家安全委员会有两个次级机构，分别是战略政策小组（Strategic Policy Group）和顾问委员会。笔者梳理了1990年的《印度时报》，认为战略核心小组和国家安全咨询委员会是更为普遍的分类和命名方式。

咨询委员会则包括42位来自不同领域的专家。

有观点认为："1990年建立的印度国家安全委员会其实并未经历更多缜密的论证，负责其运转的官员基本来自印度联合情报委员会。""印度1.0版国家安全委员会基本就是联合情报委员会日常工作服务的延伸。辛格总理做出建立国家安全委员会的决定并非真正出自其对安全问题具有高屋建瓴的认识，更多地还是为了实现其竞选时对选民的一种承诺。"① 辛格也曾向国会解释国家安全委员会并非永久性的法定机构，但是会与国民阵线政府同期存在。② 辛格的解释也从某种程度上表明，国家安全委员会的初步设计只是当届政府的制度安排。

由于联合情报委员会只有情报评估功能，因此辛格时期的国家安全委员会的功能在联合情报委员会的基础上有了一些提升和扩展。1947年建立的联合情报委员会主要是为了应对克什米尔争端的爆发，其核心功能是"向最高军事战略规划人员提供可靠的综合情报评估，以供他们在采取军事行动时做出恰当的决策"。③ 但是这一机构在辛格时期的国家安全委员会制度建设中发挥着关键作用，联合情报委员会主席纳拉亚南（M. K. Narayanan）被任命为国家安全委员会秘书。这使得联合情报委员会不仅是一个综合情报评估机构，更成为一个维系和负责国家安全委员会基本运转的关键部门。

四、印度国家安全委员会的"消失"

1990年底，印度政坛风云突变，印度教徒与伊斯兰教徒在阿约迪亚寺庙发生的流血事件迫使执政只有11个月的辛格辞职。④ 这使得辛格建立的国家安全委员会只在1990年10月召开过一次会议，国家安全咨询委员会甚至从未召集过成员。⑤ 辛格下台后，联合情报委员会主席也不再担任国家安全委员会秘书，国家安全委员会也没有再次召开会议，这意味着国家安全委员会实际上已经"消失"。英国那种处理不同层次的国家安全问题的各类内阁委员会模式更适合印度，1990年版国家委员会更适合总统制的国家而不是印度这种议会民主制国家。⑥

---

① 彭光谦主编：《世界主要国家安全机制内幕》，江苏人民出版社2014年版，第246页。

② India: National Security Imperatives, *The Hindu*, Aug 6, 1996.

③ S. D. Pradhan, National Security System—Evolution, in Satish Kumar, *India's National Security: Annual Review* 2010, Routledge, 2010, P. 435.

④ 王士录：《穆斯林与当代印度政治》，载《世界经济与政治》1991年第12期，第39页。

⑤ D. Shyam Babu, India's National Security Council: Stuck in the Cradle? *Security Dialogue*, Vol. 34, No. 2, 2003, P. 215.

⑥ D. Shyam Babu, India's National Security Council: Stuck in the Cradle? *Security Dialogue*, Vol. 34, No. 2, 2003, P. 222.

1991 年 6 月，纳拉辛哈·拉奥（P. V. Narasimha Rao）成为印度总理。拉奥对国家安全委员会的“恢复”或“再次建立”持较为消极的态度。据相关资料记载，拉奥至少三次向国会解释为什么 1990 年成立的国家安全委员会是不可行的。[①] 1993 年 4 月 28 日，拉奥向国会下院表示国家安全委员会可能无法快速决策，且存在保密性和灵活性的问题。[②]

1994 年 5 月 3 日，拉奥对国会上院强调，拥有一个和内阁政治事务委员会没有本质差别的国家安全委员会是毫无意义的。[③] 1995 年 5 月 16 日，拉奥总理在国会下院发表长篇演讲阐述他对国家安全委员会的认识。拉奥认为，印度 1990 年建立的国家安全委员会是不可行的，因为印度已经拥有内阁秘书处领导的战略政策小组，它由三军参谋长、国防、内务、外交、财政诸多相关部门秘书和其他一些机构首脑所组成。而国家安全委员会也包括这些成员，最多就是内阁政治事务委员会再加上其他一两个部长。成立的结果是机构重叠，而不是功能的增加，而建立的包括专家、学者、科学家、记者、前政府官员、各邦首席部长和议员在内的庞大的咨询委员会，显得有些笨重，委员过多使得讨论会的焦点不集中，从而造成整个工作模糊不清。[④] 1995 年 5 月，拉奥承诺推出改进版的国家安全委员会，但是直到拉奥下台也没有得到实施。

拉奥本人的倾向和选择成为国家安全委员会再次发挥作用的主要障碍。“拉奥的这篇讲话后来成为印度人讨论国家安全委员会作用的主要参考。”[⑤] 实际上在这一阶段，内阁政治事务委员会在国家安全问题的决策中发挥着最为关键的作用。但是重建国家安全委员会的呼声一直存在，比如有学者就指出：“内阁政治事务委员会对所有的国家决策负责，它是一个多重性质、负担过重的机构，并非或者很少以防务问题为导向。”“从国家安全的全盘着眼需要建立一个国家安全委员会。”[⑥] 不过印度政局的动荡，也导致国家安全委员会的重建并没有被放在优先位置加以考虑。

---

① D. Shyam Babu, India's National Security Council: Stuck in the Cradle?, *Security Dialogue*, June 2003, Vol. 34 No. 2, P. 222.

② Lok Sabha Debates, 1993. Sixth Session, Tenth Lok Sabha. New Delhi: Lok Sabha Secretariat, 28 April 1993, in D. Shyam Babu, India's National Security Council: Stuck in the Cradle?, *Security Dialogue*, June 2003, Vol. 34 No. 2, P. 222.

③ Rajya Sabha Debates, 1994. New Delhi: Rajya Sabha Secretariat, 3 May 1994, in D. Shyam Babu, India's National Security Council: Stuck in the Cradle?, *Security Dialogue*, June 2003, Vol. 34 No. 2, P. 222.

④ Annexure-1, The Prime Minister on the National Security Council-As Stated in Parliament on 16 May 1995, Jaswant Singh, *National Security: An Outline of Our Concerns*, Lancer Publishers, 1996, P. 90.

⑤ 彭光谦主编：《世界主要国家安全机制内幕》，江苏人民出版社 2014 年版，第 248 页。

⑥ Maroof Raza, View Point: Apex Security Body, *The Times of India*, Apr 30, 1996, P. 12.

第三节　印度国家安全委员会的重建

1998 年是印度安全体制新变化的一个重要时期的开始。此时印度与巴基斯坦的关系非常紧张。印巴分别进行了多次核试验。印度政府认为需要建立加快决策和决策科学化的安全机构，设立国家安全委员会和国家安全顾问、重新启用内阁安全委员会可以满足印度的这一需求，其核心是国家安全委员会的重建。

一、内阁安全委员会的重启

1998 年，印度政府为了摆脱安全决策受到过于庞杂事务的干扰，提升决策效率，重新启用了成立于 1984 年的内阁安全委员会（Cabinet Committee on Security），谋求使得内阁安全委员会取代内阁政治事务委员会成为安全和防务的最高决策机构。① 内阁安全委员会由总理、国防部长、财政部长、内务部长和外交部长组成，成员构成规模不如内阁政治事务委员会那么广泛，但是权力更加集中。内阁安全委员会是内阁政治事务委员会的“精简版”，专门针对狭义的国家安全问题。所以在体制机制方面，内阁安全委员会仍然沿袭过去内阁政治事务委员会的机制和运行模式，创新特征并不明显。在这一阶段，印度安全体制机制的重要变化是国家安全委员会的“复兴”。

1998 年 3 月，印度人民党联合其他 12 个小党以微弱多数获得大选胜利，阿塔尔·比哈里·瓦杰帕伊（Atal Behari Vajpayee）再次就任总理。随后，人民党政府发布《国家治理议程》。其中，在国家安全方面，人民党政府强调：“我们将建立一个国家安全委员会来分析印度面临的军事、经济和政治威胁，并不断向政府提出建议。国家安全委员会将负责起草印度首份战略防卫评估。我们将采取一切必要措施，行使所有可用的选项，确保印度的安全、领土完整和统一。为了达到此目的，我们将重新评估核政策，并实施核武器化的选项。”②

1998 年 4 月 10 日，印度总理办公室新闻发言人宣布，一个旨在建立国家安全委员会的三人工作小组已经成立。这个专门工作组将负责研究国家安全委员会

① Rajpal Budania, Domestic constraints in India's defence policy-making, *Strategic Analysis*, Vol. 26, No. 3, Jul-Sep 2002, pp. 381－382.

② National Agenda For Governance, http://pib. nic. in/focus/fomore/nafgp3. html.

的构成、角色和功能。前国防部长潘特（K. C. Pant）负责主持该小组的工作，成员还包括印度国防研究与分析所所长贾斯吉特·辛格（Jasjit Singh）和计划委员会副主席贾斯万特·辛格（Jaswant Singh），其中贾斯吉特·辛格为召集人。

当时的印度国防部长乔治·费尔南德斯（George Fernandez）指出，在巴基斯坦试验1 500公里射程的地对地导弹后，建立国家安全委员会、完成战略评估变得愈加势在必行。[①] 但实际上国家安全委员会的再次建立与巴基斯坦试验地对地导弹并无直接联系。印度安全体制机制的演变通常由危机催生，瓦杰帕伊加速建立国家安全委员会也主要基于这个原因，那就是印度人民党执政后加快印度核试验的进程导致印度安全机制的顶层设计需要适应安全环境的急剧变化。为了巩固执政基础，同时为了满足一些极端民族主义政党的要求，瓦杰帕伊政府上台不到两个月便匆匆进行了五次核试验。核试验之后，瓦杰帕伊政府遭到国际社会众口同声的强烈谴责。瓦杰帕伊政府迫切需要一个制度化的安全决策、协调、咨询机构来有效应对核试验之后印度面临的国内外压力，并尽快拿出明确的印度核战略以化解各种矛盾。

1998年6月，潘特主持的专门工作组向瓦杰帕伊递交了有关建立国家安全委员会的报告。专门工作组研究了美国、英国、澳大利亚、法国、中国、俄罗斯、泰国和巴基斯坦等国的安全体制机制，向很多印度专家进行了咨询。基于各种讨论和对不同国家安全体制机制的评估，专门工作组给出了适合印度的政策建议。专门工作组报告建议建立一个大型的秘书处来协助国家安全委员会和其下属机构的工作，这一秘书处既可以作为国家安全委员会日常事务机构，也可以作为政府在安全问题上的智库。专门工作组提议，国家安全委员会应该着眼于未来5~25年的安全需要来制定战略。这些规划被认为对于确定印度的军事学说（military doctrines）、开发科技和武器系统的获得计划、标准化印度的核原则、影响目标国家，以及采取合适的步骤强化综合国力有着必要性。为了实现这个目标，专门工作组建议设立内阁部长级别的国家安全顾问。此外，还应该设立3个首席秘书级别的副国家安全顾问分别负责情报、协调和计划。[②]

二、国家安全委员会的重建

1998年11月19日，印度再次设立国家安全委员会。[③] 印度国家安全委员会

① PM sets up task force to work out role of NSC, *The Times of India*, Apr 11, 1998, P. 1.

② S. D. Pradhan, National Security System—Evolution, in Satish Kumar, *India's National Security: Annual Review* 2010, Routledge, 2010, P. 438.

③ 实际上1998年11月19日是印度国家安全咨询委员会成立的时间，印度国家安全委员会的其他机构在1999年4月才创建。

由内阁总理任主席，成员包括国防部长、外交部长、财政部长和内务部长，其他内阁部长和相关专家也可被邀请参加会议。其成员构成与内阁安全委员会高度重合。1998 年版的国家安全委员会由 4 个部分组成：秘书处、战略政策小组、国家安全咨询委员会和国家安全顾问。秘书处不仅是一个处理国家安全委员会日常事务的行政部门，由于秘书处主要由联合情报委员会组成，因而仍然保留了原先所具备的情报分析、评估功能。战略政策小组是原先战略核心小组的“加强版”①，旨在强化部门间合作，整合各方面的资源和信息，为国家安全政策的形成提供各种支持。国家安全咨询委员会由 22 位成员组成，分别来自外交事务、安全、防务、战略分析、经济、科技等领域，包括 8 名前政府文职官员、5 名前军方官员，还有 4 名学者、3 名科学家和 2 位记者。国家安全咨询委员会的召集人萨布拉曼亚（K. Subrahmanyam）一贯主张印度应该拥核，国家安全咨询委员会 22 位成员中有 19 位被认为是核武器的热衷者。② 这样的成员构成有利于形成瓦杰帕伊政府满意的《核原则草案》。此外，不同于 1990 年版的国家安全咨询委员会，新版国家安全咨询委员会每月召开一次会议，其成员从 2004 年开始具有 2 年任期，且允许连任。

三、国家安全顾问的设立

国家安全顾问（National Security Advisor）是 1998 年版国家安全委员会新设置的岗位。他既是印度总理的国内外安全问题和外交事务的最高顾问，也是国家安全委员会的行政长官。国家安全顾问主要有三项基本任务：协调外交、负责长期安全规划和评估，以及掌管核指挥机构。

自 1998 年印度国家安全委员会建立以来，已经有过 5 位国家安全顾问。他们分别是布拉杰什·米什拉（Brajesh Mishra）、迪克西特（J. N. Dixit）、纳拉亚南（M. K. Narayanan）、希夫尚卡尔·梅农（Shivshankar Menon）和阿吉特·多瓦尔（Ajit Doval）。其中米什拉、迪克西特和梅农是外交部门出身，而纳拉亚南和多瓦尔则来自情报部门。

在这五位印度国家安全顾问中，米什拉或许是最具权势和政策影响力的国家安全顾问。有人认为，米什拉是印度当代的考底利耶。③ 也有人认为，米什拉是

---

① Mahendra Ved, Strategic Policy Group will be strengthened, *The Times of India*, Nov 20, 1998, P. 9.

② P. R. Chari, India's nuclear doctrine: Confused ambitions, *The Nonproliferation Review*, Vol. 7, No. 3, Fall-Winter 2000, P. 125.

③ C. Uday Bhaskar, Brajesh Mishra steered national security in tempestuous times, September 2012, http://www.indiastrategic.in/topstories1758_Brajesh_Mishra_steered_national_security.htm.

印度总理瓦杰帕伊在国内外事务上的眼睛和耳朵。[①] 正如《印度斯坦时报》的评价："在全国民主联盟执政时期，在塑造外交政策方面，米什拉是一位举足轻重的人物，他同时也是总理瓦杰帕伊的纷争解决者。"[②] 身兼总理首席秘书和国家安全顾问双重职务的米什拉，不仅在印度秘密核试验中扮演着关键角色，在推动印美关系、保持印俄关系，以及修复印中关系、缓和印巴关系中，也起到非要重要的作用。但是米什拉身兼两职也引起很多争议，萨布拉曼亚认为，米什拉在印度对外关系方面是基辛格式的人物，但是米什拉"缺乏对国家安全规划这个本职工作的关注"。[③]

2004 年 5 月，印度国大党领导的团结进步联盟获得大选胜利，迪克西特成为印度第二任国家安全顾问。由于前任米什拉身兼两职引起争议，团结进步联盟执政后，将两个职务严格区分。尽管有观点认为，"这种分开可能削弱而不是增强国家安全顾问的影响力"，[④] 但是曼莫汉·辛格（Manmohan Singh）仍然坚持设立专职的国家安全顾问。过去米什拉的功能在曼莫汉·辛格政府由三个人分担，分别是总理首席秘书奈尔（T. K. Nair）、内部安全方面的特别顾问纳拉亚南，以及国家安全顾问迪克西特。也有观点认为，实际上纳拉亚南是负责内部安全的国家安全顾问，而迪克西特是负责外部安全的国家安全顾问。迪克西特是非常有经验的职业外交官，他的外交资历在当时的印度国内几乎无人可及。迪克西特曾担任过印度的外交秘书和印度驻孟加拉国的第一任大使，也曾是印度驻巴基斯坦、斯里兰卡、阿富汗的大使。[⑤] 迪克西特在担任国家安全顾问后负责与巴基斯坦的秘密外交，也接替米什拉担任中印边界对话的印度特别代表。但是迪克西特在任时间非常短暂，2005 年 1 月 3 日，他由于心脏病突发而去世。

"或许是米什拉和迪克西特赋予了印度国家安全顾问太多个性化的作用，迪克西特病逝后人们不仅关注谁将是其继任者，同时在印度还引发了一场关于国家安全顾问作用的争论。"[⑥] 由于迪克西特和外长纳瓦·辛格（Natwar Singh）之间的工作关系并不和谐，所以印度国内有观点指出，迪克西特的继任者应该在外交政策方面具有兼容的哲学视野。[⑦] 但是最终接任国家安全顾问的并不是外交方面

---

① Jyoti, Malhotra, Brajesh Mishra combined guile with generosity as India's first NSA, *Business Standard*, 29 September 2012.

② Brajesh Mishra: India's first NSA, Vajpayee's troubleshooter, *Hindustan Times*, 29 September 2012.

③ K. Subrahmanyam, One Man, Two Tasks: Brilliant Diplomacy vs Neglected Security, *The Times of India*, Jun 9, 2004, P. 12.

④ India's new government, *Strategic Comments*, Vol. 10, No. 4, May 2004, pp. 1 – 2.

⑤ J. N. Dixit, 68, India's Negotiator In Pakistan and China Disputes, *New York Times*, 10 Jan 2005: B7.

⑥ 彭光谦主编：《世界主要国家安全机制内幕》，江苏人民出版社 2014 年版，第 257 ~ 258 页。

⑦ Harish Khare, Looking for a National Security Adviser, *The Hindu*, 8 Jan 2005.

的官员，而是来自情报系统的纳拉亚南。在这一阶段，作为国家安全顾问，纳拉亚南所涉及的领域包括国防、国内安全、核能及外交政策。纳拉亚南“把国家安全顾问的领地逐渐扩大至自己所擅长的国内安全，包括印控克什米尔、东北部分离主义以及纳萨尔运动、情报协调和反恐。”① 但是由于纳拉亚南在国内安全方面“大权在握”，反而使得在关键的国内安全问题上缺乏与纳拉亚南沟通和协商的同层级官员。“2008 年孟买遭遇惨烈的恐怖袭击，在恐怖事件发生之前印度的情报部门实际上早已截获有关信息，并且据说是把消息分别传递给国家安全委员会、国家安全顾问、联合情报委员会，但是消息是否送到却并无人告知。这种缺乏协调的安全预警机制最终酿成悲剧。”② 孟买恐怖袭击事件导致内政部长帕特尔（Shivraj Patil）辞职，更为强势的奇丹巴拉姆（P. Chidambaram）上台。纳拉亚南也曾因此提出辞职，但是印度总理辛格没有在第一时间给予批准。孟买恐怖袭击事件后，国家安全顾问被内政部长“部分分权”，印度筹划成立的国家反恐中心，直接向内政部长汇报情报，这被认为打破了国家安全顾问的“情报垄断”。米什拉也认为：“现在内部安全属于内政部负责是理所当然的，国家安全顾问的角色仅限于两件事——外部安全和核指挥机关。”③

2010 年 1 月 23 日，前外交秘书希夫尚卡尔·梅农接任印度国家安全顾问，国家安全顾问这一职务再次回归外交部。梅农时期国家安全顾问的功能与纳拉亚南时期大体一致。但有观点认为，情报方面的职权可能更多地归属于内政部长奇丹巴拉姆，而不是梅农。④ 2014 年 5 月 30 日，阿吉特·多瓦尔成为国家安全顾问，这意味着这一职务再次回到印度情报部门。多瓦尔是印度著名的鹰派强硬谈判专家，他曾在巴基斯坦担任过 6 年的印度高级专员，也多次在应对恐怖主义问题上发挥过核心作用。莫迪（Narendra Modi）总理上任不到一个月，46 名印度女护士在伊拉克北部城市提克里特被“伊斯兰国”武装分子强行掳走。多瓦尔负责统筹营救计划，并最终顺利将遭劫持护士从伊拉克救回印度。2015 年 6 月，印军曾越境缅甸打击印度反政府武装分子，导致印缅关系出现一定程度的紧张。事发后，多瓦尔紧急访问缅甸内比都，与缅甸军方领导人就越境打击进行沟通。有观点认为，莫迪总理选择多瓦尔作为国家安全顾问是希望向国内外展示印度在安全保障方面不会轻易妥协的强烈决心。

观察上述 5 位国家安全顾问的经历，印度国家安全顾问的功能和作用在一定

①② 彭光谦主编：《世界主要国家安全机制内幕》，江苏人民出版社 2014 年版，第 258 页。

③ NSA's role will be redefined as Narayanan exits, *The Hindustan Times*, 22 Jan 2010.

④ Shivshankar Menon yielded to Chidambaram on intelligence issues: WikiLeaks, DNA, 5 September, 2011, http://www.dnaindia.com/india/report-shivshankar-menon-yielded-to-chidambaram-on-intelligence-issues-wikileaks-1583319; Narayanan's fall is Chidambaram's rise, *The Hindu*, March 18, 2011, http://www.thehindu.com/opinion/op-ed/narayanans-fall-is-chidambarams-rise/article1547606.ece.

程度上被打上了“个性化”的标签。来自于总理的信任度越高，国家安全顾问越容易取得工作上的突破，任期也会相对较长。印度国家安全顾问的咨询功能和协调功能，使得国家安全顾问往往作为总理的特使和“私人代表”从事保密程度较高的对外交往工作。印度总理、国家安全顾问、外交部长、内政部长等组成决策小集团，导致权力更加集中，决策更加迅速，但也使得内阁安全委员会、国家安全委员会等机制出现边缘化的现象。

现阶段，印度已经形成以总理为决策核心，以内阁安全委员会为主要决策机构，以国家安全委员会为咨询、协调机构的安全体制机制。尽管印度国家安全委员会受到广泛关注，但是其法律地位并不清晰。印度国家安全顾问的功能取决于其个人工作能力的高低，以及与总理的亲疏程度，印度至今仍然没有形成成熟的安全决策机制，印度安全体制机制依然有着较大的改革空间。

第四十章

印度军事安全体制机制

毋庸置疑，自 1947 年独立以来，印度就是南亚地区大国，对该地区的安全、稳定与繁荣发挥着举足轻重的作用。[①] 而随着印度经济的不断发展，印度军事力量也随之迅速增长，在 1998 年 5 月核试验之后，印度更是进一步正式宣布成为拥有核武器的国家。[②] 一方面，印度认为自己在亚洲与世界都应当扮演重要的角色，这不仅因为印度曾有过伟大的古老文明传统，而且更因为它已拥有与此地位相应的经济与军事力量。[③] 另一方面，印度在国际舞台上的重要性也为学者们所公认，甚至进一步认为印度是足以彻底改变国际力量平衡的重要因素。[④] 在这一背景环境下，对印度军事安全体制进行考察与分析也是具有重要意义的，这也正是本章的目的所在。本章将从印度军事安全的法律体系、印度军事安全的情报体制、印度军事安全体制的构成与相关运行机制这三个大的方面进行介绍与分析。

---

① Ashutosh Misra，India-Pakistan：Coming to Terms，P. 197.

② Karsten Frey，*India's Nuclear Bomb and National Security*，London：Routledge，2006，P. 1.

③ Ashok Kapur，*India and the South Asian Strategic Triangle*，London：Routledge，2011，P. 9.

④ Stephen P. Cohen and Sunil Dasgupta，Arming without aiming：India's military modernization，Washington，D. C.：Brookings Institution Press，2010，P. ix；Harsh V. Pant，Contemporary Debates in Indian Foreign and Security Policy：India Negotiates Its Rise in the International System，New York：Palgrave Macmillan，2008，P. 79；Bharat Karnad，India's Nuclear Policy，London：Praeger Security International，2008，P. 37.

第一节 印度军事安全法律体系

英国在印度长达两百年的殖民统治对印度军事安全的法律体系造成了很大影响，英国的法律传统非常明显地影响了印度军事安全法律体系的构建。[①] 由于长期受英国殖民统治的原因，印度的军事法直接由殖民时期英国在印度颁布实行的一系列军事法规范传承而来，独立后印度三军法律内容在很大程度上依然是对殖民时期军事法律的临摹，在军队组织结构、日常管理、纪律秩序等方面依循旧的规章，以保持军队的法律规范和组织制度的稳定性。[②] 英国军事立法的特点就是三军分立，不像美国那样有统一的武装力量立法，印度直接参照了英国的范例。印度军事安全法律体系包括《印度共和国宪法》、三军种法和其他法律。

一、《印度宪法》和三军种法

印度独立后于1950年制定了《印度宪法》，是印度军事安全法律体系的最高指导原则，规定了印度武装力量最高统帅，规定了总统、政府和总理、国防部和国防部长在印度军事体制中的地位。《印度宪法》第五部分“联邦”第52条规定，“印度设立总统”。第52条“联邦行政权力”规定：“联邦行政权属于总统，并由总统直接行使或根据本宪法由总统的下属官员行使。”“联邦国防军的最高统帅权属于总统，此项权力在不与上述条款发生冲突的情况下由法律做出规定。”[③] 第75条规定：“总理由总统任命，部长由总统根据总理的提名建议任命。”[④] 但在印度的实际政治生活中，总理掌握事权，军事权力掌握在总理手中。

印度根据《印度宪法》的规定，并以英国的军事法为模板，制定了印度管理军事的特别法，即三军种法：陆军法、海军法和空军法。“1950年的印度空军

---

① 当然这一立场绝不应当引出如下结论，即印度文化与法律传统在英国殖民统治时期没有任何影响，或者这些文化与法律传统在印度独立之后的当代印度法律体系中没有得到任何体现。关于前者，参见Chandra Mallampalli, *Race, Religion, and Law in Colonial India: Trials of an Interracial Family*, Cambridge: Cambridge University Press, 2011, pp. 186 - 187, 238 - 239. 关于后者，参见James Jaffe, *Ironies of Colonial Governance: Law, Custom and Justice in Colonial India*, Cambridge: Cambridge University Press, 2015, pp. 289 - 291; Hermann Kulke and Dietmar Rothermund, *A History of India*, *Third Edition*, London: Routledge, 1998, P. 297.

② 田友芳：《英国军事审判制度的历史沿革》，载《西安政治学院学报》2001年第6期，第52页。

③④ The Constitution of India, http://lawmin. nic. in/coi/coiason29july08. pdf.

法、1954 年的印度陆军法及 1957 年的印度海军法，使印度建立了自己的军事法律制度，主要内容包括军事组织、兵役、军事刑法和军事司法等法律制度。总体上来看，印度现代军事法的体系由宪法军事条款、军事法律、军事法规以及军事规章和军事命令组成。”[①] 三部军种军事法律分别对海陆空三军的基本军事制度进行了规范。由于印度军队没有一部统一的军事法律，因此印度陆军法、空军法以及海军法构成了规制印度海陆空三军的最基本的法律框架，这三部法律对于规范印度军队的基本事务起着重要作用。[②]

二、其他军事法规

印度其他重要的军事安全法案包括《1950 年军队法案》（Army Act 1950）、《1954 年军队规章》（Army Rules 1954）、《1958 年武装力量（特殊权力）法案》（Armed Forces Act 1958）、《1987 年军队条例》（Regulations for the Army 1987）、《2007 年军事法庭法案》（Armed Forces Tribunal Act 2007），以及《印度军事与空军法案说明》（Notes to Indian Military and Air Force Law）。[③]

军事法规是由印度中央政府为贯彻执行军事法律而制定的实施细则，其与军事法律具有同等效力。例如，陆军法第 191 条授权中央政府为实施陆军法而制定实施细则，根据这一授权，印度中央政府于 1954 年制定颁行了 1954 年陆军条例。陆军条例实质上是对陆军法所做的程序性规范，对陆军法中的某些原则性规定做出了进一步的细化规定，因此，可以说陆军条例本质上属于程序法。[④] 军事规章也是规范印度军队的一种法律渊源。以 1954 年陆军法为例，陆军法第 192 条授权中央政府除第 191 条制定军事法规之外，也有权制定军事规章，据此制定的军事规章具有法律效力，同时陆军法第 193 条规定，所有根据授权制定的军事规章都必须在官方公报上公布，并获得如同陆军法条文一样的法律效力。另外，印度中央政府还可发布军事指令，规范部队的组织、纪律、管理、财政以及团一

---

① G. K. Sharma, *Study and Practice of Military Law*, New Delhi: Deep & Deep publications, 1991, P. 23. 还可参考谭正义：《印度军事法的历史演进》，载《当代法学》2008 年第 2 期，第 154 页。

② 谭正义：《印度军事法的历史演进》，载《当代法学》2008 年第 2 期，第 154 页。

③ 需要指出的是，这里所列出的法案与下面所介绍的反恐法律有一定的重合。例如，《1958 年武装力量（特殊权力）法案》赋予军队军官在动乱地区特殊权力，不受印度法律追究。这种规定与后来的专门反恐法律内容是相似的。Ujjwal Kumar Singh, *The State, Democracy and Anti-Terror Laws in India*, London: Sage Publications, 2007, P. 97, n. 180.

④ 谭正义：《印度军事法的历史演进》，载《当代法学》2008 年第 2 期，第 154 ~ 155 页。

级部队的日常事务等事项，军事指令在本质上也属于行政命令。[①]

印度的军事安全体制是依据印度宪法、三军种法和其他军事规章、军事法案、军事条例等建立的。

第二节　印度军事安全体制的历史演变

印度曾被英国长期统治，因此印度的军事安全体制深受英国殖民时期安全体系的影响。印度军事安全体制的演变分为三个时期：英印时期、独立后的军事安全体制“印度化”改造时期和 21 世纪军事安全体制建设新时期。

一、英印时期的军事安全体制

英国统治印度时期，军事安全决策一般由英国内阁政府与印度总督一起做出，同时军方享有在军队指挥上较大的自由权。因此，军队首脑跟驻印总督之间容易发生一些指挥权限方面的冲突。

早在殖民开始之初，英国驻印总督与英王派遣的英军军官之间就经常为指挥权限发生争执，并且引发军官集团力图摆脱文官控制的对抗。到 19 世纪初，英王规定总督与军队总司令之间不可兼任，总督空缺时总司令不得代之执行权力。同时在英印总督行政参事会设置了一个专门的军事参事，作为总督的军事法定顾问。总司令提出的建议和计划必须通过军事参事，此举确立了“军权必须服从于政权”[②] 的原则，从此军事战略的决策权和军队的统率权掌握在总督手中，并作为一个传统为独立后的印度政府所承袭、延续，对独立后印度的军事体制建设产生了重大影响。

二、独立后军事安全体制的“印度化”改造

1947 年，独立以后的印度为巩固政权的稳定，加强对军队的控制，使其成为推行国家战略的工具，从 1948 年开始推行了一场旨在使英印殖民军“印度化”

---

① G. K. Sharma, *Study and Practice of Military Law*, New Delhi: Deep & Deep publications, 1991, P. 25.

② 雷启淮主编：《当代印度》，四川人民出版社 2007 年版，第 348 页。

的改造。[①] 印度在肯定和沿用英印时期“文官治军”传统的基础上，于 1948 年废除了军队总司令制，并且三分军队，设立三军种制度，将军种设置为陆军、海军和空军。三军总司令向国防部长负责，成为政府的职业军事顾问。这次改革实际上使海陆空在保持相互之间的平衡下直接归国防部统辖，降低了三军种军事首脑的地位，减少了军队在军事战略决策的作用，消除了军人可能对文官政府构成的威胁。1955 年，三军种总司令改为三军种总参谋长，即陆军总参谋长、海军总参谋长和空军总参谋长。1962 年，印度成立负责军备生产的防务生产部，1965 年，为了解决国防进口装备替代方案，又成立国防供应部，后来这两个部门合并为国防生产与供应部。除此之外，印度内阁政府还通过设立委员会（如内阁政治事务委员会、内阁安全委员会）的方式掌控了军队的军事决策权及军队建设规划，并通过国防财政部牢牢控制住了军队的财政命脉。印度国防部也通过设立国防事务委员会来解决跨部门问题，如国防部委员会、国防动员扩充委员会、国防部生产与供应委员会、国防研究与发展委员会、国防计划协调执行委员会和国防部抚恤金上诉受理委员会等。这是印度受到英国军事体制的影响所致。

三、21 世纪新时期的军事安全体制建设

进入 21 世纪，得益于拉奥政府的经济改革，印度的经济获得突飞猛进的发展，进入了持续快速发展的轨道，这是新时期印度军事安全体制建设的基础。针对信息化时代的新战争形式，以及以非正规军事力量面目出现的敌人，印度方面树立了有限战争的军事安全理论思想，并且针对自身的核力量政策做出了改变，提出了“先发制人”的核威慑条件下的军事战略，[②] 通过一系列宣言降低了自身使用核武器门槛。印度在此思想的指导下，进行了三大军事改革。一是建立军事统一指挥系统。针对长期以来印度三军种分立的体制所导致的缺乏统一高效的指挥领导体制，印度做出了相应调整，以提高印度的整体作战能力。2001 年底印度成立了综合国防参谋部，负责指挥协调海陆空三军作战组织计划。二是成立了第一个联合司令部——安达曼和尼科巴司令部，改组了军事情报体制，成立了直属国防参谋部的国防情报局。三是建立核力量指挥系统。2003 年 1 月，印度成立核力量指挥部（Nuclear Command Authority）[③]，并确立了由内阁政治事务委员会决策、印度核力量指挥部执行委员会下达命令、由战略核部队司令部负责核武器

① 杨永平：《尼赫鲁建国思想研究》，云南人民出版社 2011 年版，第 82 页。

② 万伟：《新世纪的印度军事转型》，载《外国军事学术》2004 年第 5 期，第 32 页。

③ Stephen P. Cohen and Sunil Dasgupta, Arming without Aiming: India's Military Modernization, Brookings Institution Press, 2010, P. 115.

部署的管理和作战的核力量指挥系统。战略核部队司令部负责控制所有的核弹头与核武器投放设备，包括一系列中短程导弹、战机及军舰。这些原本由陆军、空军及海军指挥的设备与人员将全部移交给该司令部。[①] 为了适应新的军事需求，印度还对国防部的组成进行了改革，2004 年，将国防生产与供应部更名为防务生产部。同年成立退伍军人福利部。这样印度国防部就拥有了四个二级部：防务部、防务生产部、国防研究与开发部、退伍军人福利部。

印度军事安全体制的演变经历了从“分权制衡”到“逐步统一”的过程，并且这一过程现在仍在进行当中，这一方面是由于印度安全环境的改变及印度对外界安全威胁的认知不断变化，另一方面是由于在新世纪，国家安全不再仅仅取决于单纯军事力量的多寡，而更多的是国家综合实力的高低，军事安全体制也必须相应地做出调整。

第三节　印度军事体制的结构

总理是印度军事体制的核心，总统是虚职。印度内阁政治事务委员会、内阁安全委员会等内阁委员会是印度决策的中枢。国防部是印度行政和军事领导机构，印度三军是印度军事体制的基础。

一、总理与内阁委员会

从印度国防事务的历史来看，总理掌握国家军政大权。尽管《印度宪法》规定，总统为武装力量最高统帅，总统通过内阁总理对全国武装部队实施领导，但实际上，国防权责在总理领导的内阁。总理是国防与安全决策的关键人物。其他参与决策者，要看其与总理的关系如何，经总理认可才可以进入决策小圈子。印度总统犹如英国的国王和德国的总统，形同虚设，没有实质的决策权力。内阁经由国防部提供政策架构及必要措施以履行其防卫国家的责任。印度政府内阁有很多涉及安全事务的委员会，像内阁政治事务委员会、内阁安全委员会、国家安全委员会、国防计划委员会等。现行最高国防决策机构为内阁政治事务委员会，由

① Harsh V. Pant, Contemporary Debates in Indian Foreign and Security Policy: India Negotiates Its Rise in the International System, P. 78; “Army's Strategic Forces Command can fire Agni-I on its own,” The Times of India News Network, Jul 15, 2012, http://articles.timesofindia.indiatimes.com/2012-07-15/hyderabad/32684733_1_agni-1-integrated-test-range-avinash-chander.

总理任主席，核心成员有国防、外交、内政和财政等主要内阁部长，[1] 其他部长也可以参加政治事务委员会。必要时根据需要还可邀请相关部门领导人参加会议。政治事务委员会成立于1970年，由英迪拉·甘地设立，1974年3月更名为内阁政治事务委员会。印度内阁政治事务委员会是整合国防委员会、外交事务委员会和国内事务委员会而来，因此其涉及的职权范围广泛，包括国防事务、外交事务、国内安全事务，甚至经济事务等，制定国家长远目标和国家安全战略。只要总理觉得问题重大，就可以召开印度内阁政治事务委员会会议。目前来看，内阁政治事务委员会是印度最高的政治、安全和国防事务决策机构，在印度政府内阁中的地位仅次于内阁经济事务委员会。

国家安全委员会成立于1998年。内阁总理任国家安全委员会主席，成员包括国防部长、外交部长、内政部长、财政部长和计划委员会副主席，其他成员也可以应邀参加会议。印度国家安全委员会有三项功能：政策评估、威胁界定和统筹协调。[2] 该委员会模仿美国国家安全委员会新设一名国家安全顾问，通过国家安全顾问对战略政策小组、国家安全委员会秘书处、联合情报委员会和国家安全咨询委员会进行统筹协调。咨询委员会的成员主要是退休官员和学者，国家安全顾问一般由总理首席秘书担任。秘书处成员主要来自联合情报委员会，秘书处除继续其情报收集、分析工作外，还负责国家安全委员会日常事务。战略决策小组的成员主要有“内阁秘书、三军总参谋长、外秘、内政秘书、国防秘书、国防生产秘书、财政秘书、国家税收秘书、印度储备银行行长、印度情报局局长、研究分析处主任、原子能委员会秘书、空间开发委员会秘书以及联合情报委员会主席，其主要任务是评议印度的国防战略”。[3] 国家安全委员会的主要任务是为政府制定军事战略和国家安全战略及处理有关国家安全事务提供咨询。可见，印度国家安全委员会实际上并没有安全决策权力，只是一个干预安全问题的咨询机构。

内阁安全委员会是为了单独讨论印度安全问题而设。其于1984年成立后，也召开了4~5次会议，但由于和内阁政治事务员会的成员与职能基本重叠，受到一些人的诟病，几乎没有发生什么作用。[4] 1998年，由于和巴基斯坦的核军备竞赛异常激烈，安全问题和核问题几乎是瓦杰帕伊政府每天讨论的问题，印度进行核试验面临更大的外部压力。而在内阁政治事务委员会讨论中，瓦杰帕伊政府也面临着内部强大的反对声音，决策难以做出。瓦杰帕伊政府为了避开一些部门

---

① 吴东林：《印度武装力量与大国之路》，载《台湾国际研究季刊》2006年第4期，第114页。

② 军事科学院《世界军事年鉴》编辑部：《世界军事年鉴（2012）》，解放军出版社2013年版，第158页。还可参见张骥主编：《世界主要国家国家安全委员会》，时事出版社2014年版，第292页。

③ 宋海啸：《印度对外政策决策模式研究》，载《南亚研究》2011年第2期，第11页。

④ 刘善国、傅彤编译：《印专家谈“印、巴国家安全体制”》，载《南亚研究季刊》1995年第1期，第52页。

领导人和提高政府决策效率，再次启用（或重新设立）内阁安全委员会，并发挥了一定作用。“内阁安全委员会是有关国家安全问题的决策机构，由总理任主席，成员有国防、外交、内政、财政等主要内阁部长，列席会议的有国防秘书和陆海空三军参谋长。”[①] 内阁安全委员会在处理“卡吉尔冲突”中起了重要作用。在讨论1999年的“卡吉尔冲突”中，除内阁安全委员会的原有成员外，还吸收了来自总理办公室、内阁秘书处、国防部、调查分析局、国家情报局的官员和其他官员。内阁安全委员会的正确决策被认为是能够有效解决危机的关键。[②]

防务计划委员会成立于1978年，直属内阁，由内阁秘书任主席，直接向总理负责。防务计划委员会的文官和军官的比例是7∶3，其目的是执行武装力量从属文官统治的思想。其“成员有总理秘书处秘书、国防秘书、外交秘书、财政秘书、国家计委秘书、国防生产秘书以及三军参谋长”。[③] 防务计划委员会的职责包括审核、修订和制定国防计划，并检查、监督国防计划的实施，定期讨论和评估国家安全形势，并向内阁政治事务委员会提出建议。[④] 防务计划委员会定期讨论和评估影响国家安全的因素，并就安全环境、国防政策、防务需求和平衡经济发展与国防需求的矛盾等问题向内阁政治事务委员会提出咨询意见。[⑤]

二、国防部长、国防部与国防部属委员会

国防部（Ministry of Defence）的首脑是国防部长。国防部长为文职官员，直接对总理和内阁负责，负责执行政府制定的国防政策，领导各军种司令部，监督和指导陆海空三军并协调它们之间的关系。国防部为最高军事行政领导机构，内阁的政策与决定通过国防部下达三军司令部并贯彻执行，国防费用和军队所需的武器、装备及物资也通过国防部进行分配和调拨。[⑥] 国防部作为执行军事安全决策的首要部门，担负着重要的军事安全执行任务，具有全面的国防执行权。国防部负责印度国防、战备及其一切有关事项，通过三军司令部和下属各部对防御准

① 军事科学院《世界军事年鉴》编辑部：《世界军事年鉴（2012）》，解放军出版社2013年版，第158页。

② 宋海啸：《印度对外政策决策模式研究》，载《南亚研究》2011年第2期，第11页。

③ 刘建国：《印度的高级国防决策体制》，载《南亚研究季刊》1988年第4期，第26页。还可参见刘善国、傅彤编译：《印专家谈“印、巴国家安全体制”》，载《南亚研究季刊》1995年第1期，第52～53页。

④ 刘建国：《印度的高级国防决策体制》，载《南亚研究季刊》1988年第4期，第26～27页。

⑤ 陈晓和等：《外国国防经济安全研究》，中央编译出版社2012年版，第152页。

⑥ 胡光正主编：《当代军事体制变革研究》，军事科学出版社2007年版，第80页。还可参见刘剑编著：《当代印度军队武器装备》，国防大学出版社2013年版，第2页。

备、作战指挥、行政管理、装备发展、军工生产和国防科研实行协调统一的领导，保证三军协调发展，统管海陆空及各军种间组织和后备力量，包括海岸卫队、地方军等组织的行政事务，负责加强国防能力，建设武装力量，提高战斗准备程度。① 国防部的主要机构设置有防务部（Department of Defence）、防务生产部、防务研究与发展部、退休军人福利部和国防财政司，设有两名秘书协助部长工作。防务部的负责人是防务秘书（Defence Secretary），直接对国防部长负责。防务生产与供应部的负责人是防务生产与供应秘书。防务生产与供应秘书主要负责军方武器和设备装备等的购买、生产计划问题。防务研究与发展部设有科学顾问负责军事武器系统等科学技术性问题。② 退休军人福利部专门负责退休军人的福利问题。

印度国防部设有很多涉及国防事务的委员会，由国防部长担任主席。这些委员会包括国防部委员会、国防动员扩充委员会、防务部生产与供应委员会、国防研究与发展委员会、国防计划协调执行委员会、国防部抚恤金上诉受理委员会和晨会制度。国防部委员会负责处理军种间的重大事务。国防科研发展委员会主要负责国防科研政策。国防计划协调执行委员会主要负责国防计划的进度和执行进展。

在 1962 年中印边境武装冲突后，国防部长查范（Y. B. Chavan）提议并设立了国防部晨会制度。晨会是非正式会议，没有会议记录，没有设定议程。参加晨会的成员包括国防部四个局级机构的负责人和三军种参谋长。和国防部委员会相比，晨会更具活力。在国防部委员会逐渐失去作用后，“晨会”制度却保留下来。③

三、国防秘书与海陆空三军

印度没有像美国那样设立参谋长联席会议主席，但设有国防秘书作为国防部长（文官）与三军参谋长（军官）的联系人，发挥着参谋长联席会议主席的作用。国防秘书为印度国防部的下设机构——防务部的负责人。国防秘书类似于美国参谋长联席会议主席，“拥有实际的行政权和军令权，与政府有关的重要决定的公报、指示、命令均由国防秘书签发”。④

印度国防部设有三军种参谋长组成的三军参谋长委员会，由其中任职时间最长的军种参谋长任主席。参谋长委员会下设三军联合参谋部委员会。三军参谋长委员会主要担任内阁政府的军事顾问，“负责处理有关三军联合作战、计划训练、通信、情报、

---

① 唐笑虹主编：《2012 年世界重要安全文件汇编》，时事出版社 2013 年版，第 181 ~ 185 页。

② 侯光明等编：《国防科技工业军民融合发展研究》，科学出版社 2009 年版，第 165 页。

③ 刘善国、傅彤编译：《印专家谈“印、巴国家安全体制”》，载《南亚研究季刊》1995 年第 1 期，第 52 页。

④ 刘建国：《印度的高级国防决策体制》，载《南亚研究季刊》1988 年第 4 期，第 28 页。

电子战、装备政策和国防计划等方面的统一与协调事务”。[①] 三军参谋长委员会就有关军事问题向国防部委员会提出建议，向国防部委员会提交战略评估和军事计划。参谋长委员会对下并无作战指挥的权力，三军军种之间没有地位上的差距。[②]

印度的武装力量由正规军和准军事部队组成。正规军分陆海空三个军种。三军平时无统一的作战指挥机构。不过，印度在2001年成立了唯一一个综合防务参谋部，接受三军参谋长委员会的领导，主要负责高级别防务管理事宜。综合防务参谋部一直致力于印度三军的联合与协调。印度政府还于2001年成立了安达曼和尼科巴司令部（Andaman and Nicobar Command）。安达曼和尼科巴司令部由总司令指挥、管制当地三军部队及海岸警卫队并向参谋长委员会主席负责。[③] 三军统一作战指挥权直属内阁总理，通过内阁秘书处协同国防部行使，战时通常授权三军种参谋长实施统一指挥。军种总部为各军种最高作战指挥与行政管理机构，最高领导人为军种参谋长，并配有三名副参谋长协助工作，其中两名分别负责第一和第二参谋局的作战指挥及兵种业务领导，另一名负责军兵种作战协同等工作。军种参谋长通过所属军区司令部对部队实施作战指挥与控制。[④] 战时，在同一战区内成立联合作战司令部和联合作战中心。联合作战指挥机构的任务不是全权指挥作战部队，而是组织各军种的协同作战。各军种的作战行动仍由各军种的建制指挥体制实施。[⑤] 陆军司令部负责陆军政策的拟制、作战指挥、训练和行政事务，下设军事秘书局、第一参谋局、第二参谋局、军务局、工程局、陆军航空兵处等。印度陆军的总司令部设在新德里，下辖东、南、西、北、中、西南六个军区，除了六大军区司令部以外还组建了一个训练司令部，主要管理陆军官兵作战技能的训练。

海军司令部内设第一参谋局、第二参谋局、人事局、物资局、后勤局。海军的指挥层次分四级，即海军司令部、地区海军司令部、舰队、舰队中队。印度海军军区分行政、后勤与物资、训练、舰队、海军航空、潜舰等六种类型的部队，下辖三个地区指挥部：东区指挥部、西区指挥区、南区指挥区。印度海军的南部海军司令部履行海军训练司令部的职能，负责全部海军水面和水下舰艇训练的指挥与控制，并主管海军人员的基础训练与专业训练工作。

印度空军司令部内设第一参谋局、第二参谋局、行政局、保养局、人事局。

---

① 胡光正主编：《当代军事体制变革研究》，军事科学出版社2007年版，第80页。

② 李庆山主编：《中外军事博览·军衔军服卷之十·外国军服》，中共党史出版社2006年版，第151页。

③ Stephen P. Cohen and Sunil Dasgupta, Arming without aiming: India's military modernization, Brookings Institution Press, 2010, P. 53.

④ 军事科学院《世界军事年鉴》编辑部：《世界军事年鉴（2012）》，解放军出版社2013年版，第158页。

⑤ 黄玉章主编：《军队建设大辞典》，华夏出版社1994年版，第159页。

其空军的作战指挥层次分四级：平时为空军司令部、地区空军司令部、联队、中队；战时为空军司令部、地区陆空联合作战司令部的空军指挥部、连队、中队。① 印度空军分飞行作战、保养与后勤、行政、训练四种类型的部队。印度空军下辖五个地区作战指挥司令部和两个职能司令部。五个地区指挥司令部分别为东区指挥司令部、西区指挥司令部、南区指挥司令部、西南指挥司令部、中央指挥司令部。两个职能司令部包括训练司令部和保养司令部。指挥司令部主要负责职责区域内使用飞机等空军武器进行军事行动，而职能司令部则负责空军战备状态的有效维持。

印度的准军事部队隶属不同的部门，包括隶属国防部的海岸警卫队和安全警卫队，隶属内阁秘书处的国家安全警卫队、特种边境部队和中央工业保安部队，隶属内政部的中央后备警察部队，负责要员安全的特别保安部队等。印度的准军事部队机动快速，装备轻便，具有一定的快速突击和独立机动作战能力。印度军事安全体制结构如图 40 - 1 所示。

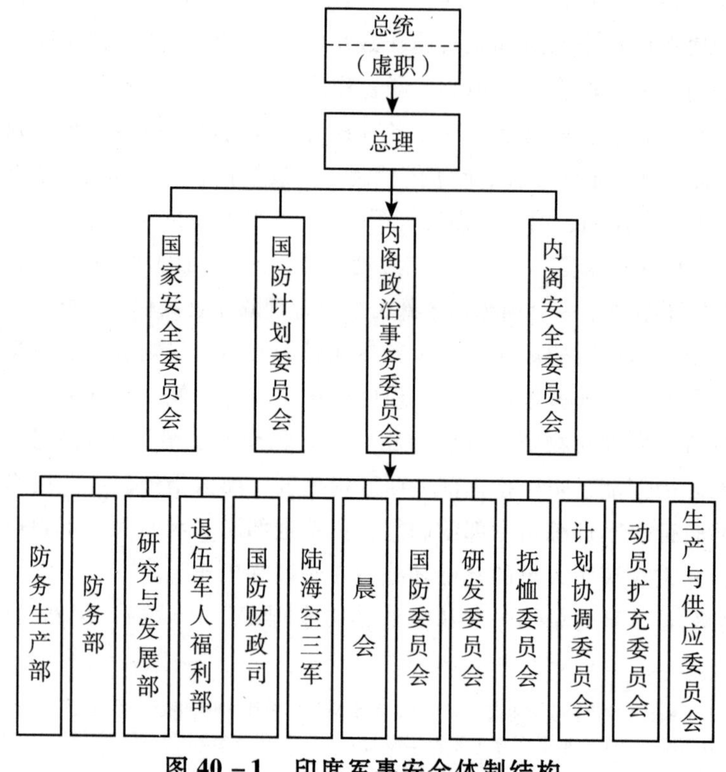

图 40 - 1　印度军事安全体制结构

资料来源：刘剑编著：《当代印度军队武器装备》，国防大学出版社 2013 年版，第 2 页。

① 李浩等编：《迈好军营第一步》，长征出版社 2001 年版，第 290 页。

第四节 印度军事体制的运行流程

印度军事部门已经形成了军事安全预警机制、最高军事决策机制、军事决策执行机制和军事监督四级运行机制。印度在应对重大军事安全事务时，通常是由情报机构向上汇报情报信息和意见，然后由国家安全委员拟出初步方案，上报到内阁国家安全委员会或政治事务委员会进行最终决策，然后再由国防部下达指令，由三军负责执行，最后由有关部门进行评估和监督。

一、军事安全预警

军事安全预警是指对突发军事威胁危机的快速反应和预告，涉及国家军事危机的监测、识别、诊断并发出警报。经过对所收集军事安全信息的分析，当出现可能危害国家安全的关键因素时，军事安全预警机构就会预先发出警告，提醒有关部门和社会民众提前准备，同时还寻找军事威胁的根源并制定应对措施。印度军事安全危机预警是在军事基层情报系统搜集到有关重大军事安全危机情报后，上报到上一级情报组织，层层上报，然后由相关部门发出警报。印度设有国防情报局，各军种也设有情报体系：陆军情报局、海军情报局、空军情报局。这些不同类型的情报一般由不同军种情报机构获得。陆军情报局搜集陆军方面的情报，海军情报局搜集海军方面的情报，空军情报局搜集空军方面的情报，这些情报上报到国防情报局，经国防情报局分析评估后交由国家安全委员会秘书处，由于国家安全委员会秘书处的主要成员来自联合情报委员会，因此秘书处具有情报分析和协调功能。报送到秘书处的情报，由秘书处的情报工作人员分析评估后，交由国家安全委员会战略政策小组讨论，国家安全委员会讨论后，根据不同的级别做出不同级别的预警。一般各军种参谋长在接到情报后，一方面上报，另一方面会先在各军种中报警。在根据军事情报的重要程度决定预警级别后，各军种参谋长会征得国防部长和总理的同意，在自己的军种中做出初步预警，然后根据国家安全委员会讨论结果做出调整。除了军事情报机构这一路径之外，还有其他情报机构也可能获得军事类情报。但不同情报机构的上报通道是在本情报机构内层层上报，直至中央内阁政府才能在国家安全委员会进行讨论，然后反馈到军队。

二、军事安全决策

印度总统是印度全体武装力量名义上的最高统帅，军事安全决策最终决定权在总理所领导的内阁。军事安全的最高决策在总理领导的内阁政治事务委员会或内阁安全委员会完成。这取决于情况是由哪一个委员会最后制定决策。一是事情的紧急程度。如果军事安全危机事件特别紧急，为了抓紧时间制定应对方案，需要讨论的人少而集中，这样能提高决策的效率，参加会议的人越多，讨论越难以得到结果。这种情况会在内阁安全委员会中讨论并进行决策。二是总理的偏好与考虑。如果总理对某一部门领导有成见，想排除其参加会议，那么他可以决定是在内阁政治事务委员会还是内阁安全委员会讨论。

军事安全决策的流程包括议题的确定、方案的讨论和决策的做出。首先是议题的确定。确定军事安全议题由国防部长、国防秘书等提出建议，由总理确定。总理会根据军事安全危机的轻重缓急决定议题讨论的优先性。在议题确定后，再交由内阁政治事务委员会或内阁安全委员会讨论。讨论的预案一般来自国家安全委员会战略政策小组，亦可以来自国防部、国家安全委员会秘书处。各参会人员会会对不同方案进行讨论并提出意见，最后由总理确定采用哪一套方案。这套方案可能是先行预案中的一套，也可能是对预案修改后的新方案。

然而，“缺乏一个整体和长期的国家安全安排是印度独立半个世纪以来的一大失败。由于缺乏这样一种安排，国家安全决策大体上只能用临时的决定去应付新发生的威胁和事件”。[①] 印度军事安全决策体制是文官决策体制，始终将军方排除于重大决策之外。文官治军主要指以总理为首的内阁政府从权力结构、决策程序和军事预算等各方面对军队实施控制，要保证不能让军方的政治观点影响他们履行职责。[②]

三、军事安全决策的执行

在军事决策方案确定后，由不同的部门负责执行。国防部是作战决策的最高执行机构，负责下达作战命令和监督三军种执行作战任务。在国防系统，作战行动由军队执行和完成。印度武装力量由现役部队、准军事部队和后备力量组成，

① 引自 B. 启兰尼：《印度安全的未来》，载《印度斯坦报》1996 年 10 月 26 日。

② Steven I. Wikinson, *Army and Nation: the Military and Indian Democracy Since Independence*, Harvard: Harvard University Press, 2015, P. 4.

现役部队分陆、海、空三个军种，三军互不统属，各成体系，自行执行各自的任务。在各军种内部有不同的单位配合军种执行作战任务。战时在同一战区设立联合作战司令部和联合作战中心，负责各参战军种之间的协调工作，但不实行统一作战指挥。印度准军事部队多而杂，机动性强，适合承担小规模的特殊军事任务。根据不同军情，这些军队承担不同的军事责任。印度准军事的装备以轻武器为主，也有少量重武器，和平时期负责边界防务或维护国内安全，战时配合正规部队作战，守卫军事要地、重要交通设施等。其他部门配合国防部和准军事部门执行作战任务，如情报部门继续执行情报方面的决策、外交部门执行涉及军事方面的外交决策、财政部负责筹集战争经费、交通部负责运输路线的畅通等。

印度军事执行体制面临三大问题：一是完全将军事将领排除在军事安全决策之外可能会影响印度军事安全目标的完成。因为文官政府与军事将领缺乏沟通导致军队对其所面临的任务缺乏准备与相关的训练，进而导致印度军队的执行能力不足。解决文官政府与军事将领沟通问题是印度军事体制改革的一大任务。二是印度国防秘书和军种参谋长只有建议权而没有表决权，会大大影响军队的执行力。三是各军种各自为政，使得各自独立的军区系统难以有效协同完成战时任务。

四、监督和评估

印度军事体制的监督和评估主要分为军内监督和评估与议会监督和评估。印度军事安全体制中最为重要的监督部门是设在国防部的国防计划协调委员会。该机构是国防部最高监督机构，主要职能有：审查有关国防计划的重要文件和提议，定期检查和监督国防计划的实施和执行情况。国防部的下设机构——国防财政部负责处理和审查有关国防的财政事务，提出国防预算，制定、执行和监督国防费用的使用计划，协助制定和执行国防计划，负责国防拨款、消费和审计。

印度议会也是监督印度军事部门的重要机构。印度实行的是三权分立制度，实行政府、议会、司法三权相互制约。议会可以通过制定法律、审查军队的违法情况及拨款等对印度军事体制的运行进行监督、制约和评估。

第四十一章

印度灾害管理体制机制

印度的法律、政策和机构名称一般是使用灾害（disaster）。印度的《2005年灾难管理法》将灾害界定为："在任何地方出现的由于自然原因或人为因素、意外或疏忽大意等导致的大量人员伤亡、财产损失毁灭、环境损害恶化并具有超过受影响地区团体处理能力的特征和规模重大的灾难、事故、灾害以及重大事件。"[①] 在印度灾害管理局网站上，灾害被分为自然灾害和人为灾害，前者包括地震、洪水、滑坡、飓风、海啸、城市水灾、热浪，后者指的是核灾难、化学灾难以及生物灾难。[②] 印度也有用危机（crisis）代替灾害的情况，如有报告将灾害管理称为危机管理，认为"……人为灾害是可以防止的，因而应该称为'危机'而不是灾害。灾害都是危机，但危机不一定导致灾害。应该关注危机以阻止危机恶化为灾害"。[③] 然而，鉴于印度官方使用的是灾害管理（disaster management），为了避免不必要的混淆，笔者在探讨印度应急管理体制时也沿用"灾害"或"灾害管理"等术语。

印度是一个灾害比较频繁的国家，印度官方文件称，印度58.6%的陆地容易遭受中度到高强度的地震，超过4 000万公顷（12%的土地）容易发生洪水和河流侵蚀，7 516千米的海岸线中有5 700公里容易遭受飓风和海啸袭击，68%的可耕地属于干旱和丘陵地区，存在山体滑坡和雪崩的风险，化学物品、生物制品、

① The Disaster Management Act，2005，P.3，http://atingl.nic.in/Downloads/THE%20DISASTER%20MANAGEMENT%20ACT%202005.pdf.

② National Disaster Management，http://www.ndma.gov.in/en/.

③ Crisis Management：From Despair to Hope，P.37，http://arc.gov.in/3rdreport.pdf.

放射性物质和核（CBRN）原料导致的灾害或紧急情况也有可能，人口增长、城市化、工业化、高风险区发展、环境恶化及气候变化等，也会加大灾害风险。①频繁爆发的各种天灾人祸给印度造成了巨大的人员伤亡和财产损失，据统计，1980～2010 年的 30 年间，印度遭受了 431 次大规模自然灾害，导致 143 039 人死亡，15 亿人受到影响，财产和其他设施损失超过 480 亿美元。② 为了预防和应对众多的自然灾害和人为事故，印度很早就建立了灾害管理机构并制定了各种法律、条例及规章制度。

第一节　印度灾害管理的法律体系

在英国殖民统治时期，为了应对各种灾害问题，殖民政府就确立了众多的法律和管理条例，如 1880 年出台了《饥荒救济法》，成立了饥荒委员会，1939 年通过了《马达拉斯公共卫生法》。独立后，印度政府制定了更多的法律规范来防范和应对灾害问题。有关灾害管理的法律，从法律性质来看，可以分为根本大法、直接法、间接法及政府规章制度；从法律级别看，可以分为国家法律和地区法律；从法律内容来看，可以分为紧急状态法和灾害管理法。

一、关于紧急状态的法律

独立后，印度制宪会议制定了《印度宪法》并于 1950 年生效，该法涉及灾害管理的法律规定。根据《印度宪法》第十八部分“紧急状态”第三百五十二条第一款“紧急状态公告”规定，“如果总统认为存在严重的紧急状态，或因战争、外敌入侵、武装叛乱等威胁到印度全部或部分领土的安全，可以宣布全国或在公告中指明的国家的某一部分进入紧急状态。”③ 紧急状态公告经过批准后的有效期是 6 个月，除非该公告被提前撤销。但是，如果议会两院已经通过该紧急状态继续生效的决议，则该紧急状态公告将从本应停止生效之日算起再生效 6 个

① http://www.ndma.gov.in/images/guidelines/national-dm-policy2009.pdf.

② Disaster Management in India, P.8, http://sdmassam.nic.in/pdf/publication/undp/disaster_management_in_india.pdf.

③ The Constitution of India, http://lawmin.nic.in/coi/coiason29july08.pdf.

月，除非该公告被提前撤销。[1]

为了动员国内民众应对国内外紧急事件特别是战争状态，印度建立了家乡卫队和民防部队，并出台了相关的法律规章制度。1947 年，印度颁行了《阿萨姆家乡卫队法》，对家乡卫队的涵义、机构的设立与职责、成员招募的条件与程序、官员任免与级别以及具体的训练与管理等，都予以了详细规定。1962 年印度还制定了《印度国防法》，对国内民防工作进行了专门规定。1968 年，印度颁布了专门的《民防法》《民防规章》和《民防条例》，主要内容包括民防的定义、机构的设置、构成与职责、人员的任免与管理和政府制定民防法规、条例的权力等。《民防规章》和《民防条例》是对《民防法》的补充和解释，制定有具体的条例和操作措施。

二、灾害管理法

长期以来，印度没有专门、系统的应急管理法律，只有一些涉及灾害救济和管理事务的法律法规，如《印度森林法》（1927）、《工厂法》（1948）、《水（污染防治）法》（1974）、《森林（保护）法》（1980）、《大气（污染防治）法》（1981）、《环境（保护）法》（1986）、《工厂修正法》（1987）、《公共责任保险法》（1991）、《生物多样性法》（2002）等。[2] 2001 年古吉拉特地震和 2004 年的印度洋海啸不仅造成了巨大的伤亡，也暴露出印度在灾害管理方面存在诸多制度和法律问题。为了有效应对灾害，2005 年印度颁布《灾害管理法》，这是印度级别最高也是最为重要的应急管理法。《灾害管理法》分为十一章：第一章是灾害、影响地区、国家机构等重要概念的涵义；第二章是国家灾害管理局的人员组成和职责、国家执行委员会的建立与职能、国家计划和指南；第三章是邦灾害管理局的人员组成和职责、邦执行委员会的建立与职能、邦灾害计划；第四章是地区灾害管理机构的组成与职责；第五章是政府应急灾害措施，包括中央政府和邦政府各自的措施、各分支机构的职责和工作；第六章是地区政府部门的职责；第七章是关于国家灾害管理所的规定，包括机构组成和职责；第八章是关于灾害反应部队的规定；第九章是关于灾害管理的资金规定；第十章是灾害管理的奖励和惩

---

① 1950 年颁行的《印度宪法》多次修订，本文关于《印度宪法》的论述依据的是印度法律司法部公布的《印度宪法》2007 年修订版，See The Constitution of India，http://lawmin. nic. in/coi/coiason29july08. pdf.

② Report of the task force：A review of the Disaster Management Act，2005. P. 14，http://ndmindia. nic. in/Rpt_TaskForce_300913. pdf.

罚；第十一章是关于救灾资金和物质的滥用问题。[①]《灾害管理法》的出台，为印度调整改革灾害管理体制和预防应对灾害提供了法律规范。

在中央政府颁布《灾害管理法》之前，印度少数地方政府颁行了自己的相关法规，最早的是2003年古吉拉特邦制定的《突发事件管理法》，主要内容是建立以首席部长为首的危机管理局，负责计划、协调和指挥救灾工作。为了帮助和加快地方政府制定灾害管理法，印度国家灾害管理研究所起草了《灾害应急管理法规》，印度高级权力委员会也提出了国家灾害管理草案和邦灾害管理草案。此后，印度各邦纷纷出台各自的灾害管理法，如2004年比哈尔邦颁布了《突发事件管理法》、北安查尔邦颁布了《突发事件减轻、管理和防止法》，2005年北方邦颁布了本邦的《突发事件管理法》。

根据中央和地方的灾害管理法，各种管理条例和规章制度也纷纷出台，如《水（污染防治）条例》是根据《水污染防治法》的授权条款，由中央政府制定和颁布的条例，其中涉及对中央水污染控制局的组建、官员的职权范围、部门预算、年度报告等的具体规定。[②]其他的规章和条例主要有：《灾害管理全国执行委员会规章（2006）》、国家灾害管理研究所《灾害管理条例（2006）》、《国家灾害管理所规章（2006）》、国家灾害管理局《灾害管理年度报告（2006）》、《查谟·克什米尔邦灾害管理条例（2007）》、《国家灾害反应部队条例通知（2008）》、《国家灾害管理局C团招募规章（2009）》等。

除了各级政府的灾害管理法及其规章和条例外，印度各级部门也根据各自需要颁行了各自应对各种自然灾害和人为事故的法律。印度的主要自然灾害是洪水、干旱、地震、山体滑坡、热浪等，为了应对各种自然灾害和保护水资源，印度各级政府陆续制定了自己的法律，如早在1961年奥里萨邦就颁行了《水电项目和洪水控制工作（测量）法（1961）》，1986年印度中央政府颁布了《环境保护法》和土地、水、空气保护条例，2001年又通过了《印度能源保护法规（2001）》。2007年古吉拉特邦颁布了《古吉拉特紧急医疗服务法》《古吉拉特专业建筑工程师法》。

印度各级政府就人为灾害制定了相关法律法规，如防范和应对核灾害的《原子能法和条例》，应对公共卫生事故的2013年《国家食品安全法》和各邦公共卫生法，应对化学事故的有1989年《生产、储存盒运输危险化学品条例》和1996年《化学事故（紧急计划、防备和应对）条例》等。鉴于劣质建筑大大增加了地震中的人员伤亡，印度还出台了《国家建筑法》及有关条例规章，对城乡

① The Disaster Management Act, 2005, http://atingl. nic. in/Downloads/THE%20DISASTER%20MANAGEMENT%20ACT%202005. pdf.

② 常青：《印度的环境与资源的有关立法》，载《国际科技交流》1991年第2期，第29页。

建筑的设计、材料、质量、设计师或工程师资格认证等都予以明确规定。1987年的《企业法》对职工的卫生保健体现了极大的关注，并对化学药品和毒物的暴露问题进行了规定，要求定期检测工作环境，确保有害物质不超标。同时还要求工厂指定专门的医生进行跟踪调查，定期对工人进行体检并记录在案。①

尽管独立后印度制定了众多涉及自然灾害和人为事故的法律法规，但印度专家认为印度应急安全法律体系仍存在很多问题，如作为根本大法的宪法没有直接提及灾害管理，现存的法律法规没有得到严格执行，各种标准和指南也是非强制性的。② 因而，印度需要进一步完善应急安全法律体系。

第二节　印度应急安全体制的构成

长期以来，印度没有统一的灾害管理机构和法律，灾害管理是以各邦属地管理为主，中央的作用是进行协调和援助，而且延续各部委按照职权范围实行分类管理和适当协调的机制，其中内政部和农业合作部是最主要的协调机构。在2001年古吉拉特地震后，分散的灾害管理体制暴露出众多问题，印度开始加强集中化管理并制定了相应法规。按照2005年的《灾害管理法》，印度灾害管理体制的主要变化是在中央、邦和地区设立灾害管理局，使之成为各级行政区域内救灾政策、计划和行动指南的制定者，同时也是各部门救灾工作的协调者和援助者。然而，在加强管理建立新机构的同时，印度原有的救灾管理机构并没有取消，因而，印度的灾害管理机构设置是新旧两种体制并存，存在各种相关的管理机构，并总体上形成了中央、邦、县及基层四级管理结构。③

一、联邦灾害管理机构

（一）内阁自然灾害委员会和安全委员会

印度灾害管理最高决策机构是内阁及其专门委员会，主要是内阁自然灾害委

① （印度）K. C. 古普塔：《最新安全卫生立法及90年代的工作重点》，载《中国安全科学学报》1991年第4期，第47页。

② Vinod K. Sharma, Disaster Management-Approach and Emerging Strategies in India, *Business Prespective*, January-June, 2003, P. 139.

③ Disaster Management in India, P. 56, http://sdmassam. nic. in/pdf/publication/undp/disaster_management_in_india. pdf.

员会（CCMNC）和内阁安全委员会。自然灾害委员会负责评估处理要求，协调联邦和各邦的防灾救灾工作和从负责人处获得信息。内阁安全委员会（SCS）负责处理核、生物、化学等方面的紧急事件。

（二）国家灾害管理局

印度应急管理最高权力机关是国家灾害管理局。依据 2005 年《灾害管理法》，印度中央政府建立了由印度总理担任主席的国家灾害管理局，这是印度灾害管理的最高权力机关。国家灾害管理局由内阁秘书主持常务，成员组成是内政部、国防部、卫生部、能源部、城市就业与减贫部、石油与天然气部、航运部、公路和高速公路部、信息服务部、乡村发展部、农业与合作部、饮用水供应部、食品和公共分配部、水资源部等部秘书、铁路董事会主席以及一名作为召集人的内阁秘书处联合秘书。

国家灾害管理局的主要工作任务是：制定灾害管理政策、批准国家计划和指南以确保及时有效地应对灾害；批准印度各部委根据国家灾害计划制定的部门计划，制定邦危机管理局制定计划时依据的指南；制定印度中央各部委防止和减轻灾害对其发展计划和项目的影响所依据的指南；协调灾害管理政策计划的实施和执行；推荐减缓灾害资金的来源；在中央政府决定下向遭受重大灾害影响的其他国家提供支持；在必要情况下，采取其他措施防止、缓解和防范灾害以及加强应对威胁性灾害形势或灾害的能力建设；为国家灾害管理所制定广泛的政策和指导方针。[①]

（三）国际危机管理委员会

在国家灾害管理局成立以前，印度曾设立了国家危机管理委员会（NCMC）作为灾害管理最高机关，主席也是由内阁秘书担任，其他成员为危机管理各主管部和辅助部的秘书及各主管部负责危机管理的官员，内阁的一名官员担任会议召集人。国家危机管理委员会的工作是评估、指示危机管理小组及任何机关。从机构组成和工作职能看，国家灾害管理局和国家危机管理委员会十分相似，但印度政府在国家灾害管理局成立后并没有宣布取消国家危机管理委员会。

（四）中央各部委灾害管理协调机构

尽管印度依照 2005 年《灾害管理法》设立了国家灾害管理局，但由于灾害

① Functions and Responsibilities, http://www.ndma.gov.in/en/about-ndma/roles-responsibilities.html.

存在多来源、多学科等特点，印度还是保留了分类管理体制，也就是中央各部委负责本部门业务范围内的灾害应对和协调工作。如内政部负责大多数的自然灾害和人为灾害，农业部负责旱灾，民航部管理空难事件，铁道部处理铁路事故，环境部应对化学事故，卫生部处理生物事故，原子能部应对核事故。①

一般而言，负责灾害管理的中央各部都有专门的灾害管理机构和指挥中心，也有负责对外协调的专职官员。指挥中心由一名高级官员主持，一旦得到危机报告即进入启动状态，则由内政部负责，由一位秘书负责协调所有辅助部门的行动。内政部还设有指挥中心，主要工作是收集和传递自然灾害和救灾信息，协调中央各部委及中央和地方的救灾活动。在危机期间，指挥中心的工作人员 24 小时工作，与各危机相关机构保持联系。

（五）灾害管理研究所

国家灾害管理所源于 1995 年建立的危机管理中心，2002 年划归内政部管理，2003 年 10 月改用现名。该所主要是负责危机管理的研究和培训工作，在 2005 年《灾害管理法》出台后，成为法定机构，工作内容包括组织训练项目、设计和开展学习课程、召开会议、讲座和讨论等。灾害管理研究所设立 1 名主席、1 名副主席和多名秘书，基层职能机构主要有地理威胁科、大气威胁科、政策计划与综合事务科、反应科、管理与财务科、内务室、网络室、训练室、紧急行动中心以及图书与出版部门等。

（六）救灾资金管理机构

自然灾害和人为灾害的应对工作，无论是早期的预防、中期的救助还是最后的安置重建，保持充足的财政支持资金是最为关键、最为基本的工作。财政委员会确定的灾害救济金只负责救灾开支，不包括减轻和重建工作。如果灾害救济基金不足以满足救灾要求，印度还设立了一个以农业合作部部长为主席的高级部长委员会（HLCCR），负责审批国家灾害意外开支资金（NCCF）。在受灾邦向中央提出灾害应急基金求助后，先由内政部国家灾害应急管理中心（NCCM）负责评估灾害的严重程度，并向高级部长委员会提出具体建议，高级部长委员会将对有关条件进行审查和确认。国家灾害应急基金主要来自印度中央政府的财政划拨。

（七）咨询建议机构

在联邦级别，印度还有众多协助救灾工作的咨询建议机构，如高级权力委员

① Crisis Management: From Despair to Hope, P. 28, http://arc.gov.in/3rdreport.pdf.

会（HPC）等。高级权力委员会1999年成立，主要工作是评价现存的包括工业、核、生物和化学灾害在内的自然和人为灾害的准备和缓解安排，提出加强组织机构的措施建议，对联邦、邦及地区的长远灾害管理提出一个广泛的计划模式。[①]

按照不同抗灾防灾需要，印度设立了不同的专家委员会，如为了应对阿拉克兰达地区的洪灾，印度设立了阿拉克兰达委员会（Alaknanda Committee），评估阿拉克兰达上游盆地洪水并就减轻洪水危害提出适当措施。在印度，还存在许多与灾害预防和救济工作相关的团体和组织，如学术研究机构、科研机构、技术部门、专业机构、合作部门和非政府组织等。

（八）灾害管理临时机构

在危机爆发期间，印度联邦还会在常设应急管理机构之外设立一些临时机构负责灾害管理工作，如国家危机管理小组、部长权力小组和各主管部危机管理小组。危机爆发后，相应的中央主管部会很快设立和启动危机管理小组（CMG）。危机管理小组的主要工作是负责处理自然灾害和协调联邦及邦的救灾工作，邦级机构在危机应对过程中的一切进展都要向危机管理小组汇报，必要时寻求其指挥和指导。如在内政部，危机期间内政部危机管理小组由内政部中央救灾专员担任主席，其他成员是来自各相关部的主管官员。危机管理小组的职能是检查各个部门制定的应急管理规划、评估应对灾害的预防措施、协调中央各部和邦政府的灾害管理小组准备工作和灾害救助活动，从各部主管官员处获取相关信息，评估灾害救助行动以及向受灾邦提供援助。

如果危机规模大、涉及范围广，印度中央政府还会设立国家危机管理小组（NCMG），乃至成员级别更高的部长权力小组。部长权力小组由内阁秘书领衔，成员是与灾害相关的各部负责人，主要工作是审议危机管理小组报告并做出指示，决定对灾害受害者提供紧急救援的所有必要行动和考虑采取必要措施救助和安置受害者等。

二、地方灾害管理机构

印度灾害救济实行属地具体负责原则，也就是各邦政府对本行政区域内突发事件的应对工作负责，一般会成立邦危机管理小组。印度各邦灾害管理的最高决策机构是首席部长领导的内阁会议，但是，由于内阁事务较多，具体的灾害管理

---

① NGO Disaster preparation and Response Committe, http://www.ndmindia.nic.in/committee/Committee.htm.

决策工作一般是由邦政府首席秘书领导的灾害救济委员会负责，具体的执行机构是邦赈灾和安置部或财税部，一般是由邦赈灾专员（或财税局赈灾秘书）通过财税局长或者赈灾副专员负责指挥和控制赈灾工作。

按照 2005 年《灾害管理法》的规定，邦和地区也应该建立灾害管理局，但目前只有古吉拉特邦在 2001 年地震后建立了灾害管理局，其他邦还是沿用以前的机构和管理办法。2001 年 1 月 26 日地震后，古吉拉特邦灾害管理局（GSD-MA）成立并依法注册为“社团”，负责实施地震受影响区域的安置和重建计划，同时作为一个调节机构实施灾害计划，以及灾前防范和缓解计划。2003 年古吉拉特邦灾害管理法案颁布后，灾害管理局从社团组织变成政府机构。古吉拉特邦的灾害管理局由 1 名主席和不超过 14 名其他成员组成，其中邦首席部长（Chief Minster）是主席，其他成员主要包括首席部长和邦部长委员会提名的两位部长、首席邦秘书、邦税务局秘书、灾害管理局的首席主管、邦救灾专员、邦警察局局长、由邦政府或政府部门提名的其他官员。为了保证救灾工作高效稳妥地开展，在危机期间，中央政府还可以任命三个人代替首席部长和其他两位部长作为该机构的主席和成员。古吉拉特邦灾害管理局的主要工作是进行恢复社会经济活动和安置灾民，包括新住房、基础设施、经济恢复、社会重建和其他相关项目；着眼于长期灾害防备、准备减轻损失的项目和计划；进行有关自然灾害损失原因和提出减少损失的补救措施建议的研究和学习；获得用于安置的资金并确保资金的最佳利用；管理古吉拉特邦地震恢复和重建基金；作为一个协调各种问题的机构；提供和安排对社会对象的财政援助；通过各种渠道获得资金；为了应对各种灾害而寻求方法、政策指南、行动计划和其他有关措施；作为一个协调机构来协调执行分配有关福利的措施。为了实施救灾减灾工作，古吉拉特邦还成立了各级指挥中心，主要有邦应急指挥中心（SEOC）、区应急指挥中心（DEOCs）、塔鲁卡（Taluka）应急指挥中心（TEOCs）、地区应急反应中心（ERCs）、设备/车辆提供市政公司。

县级由县政府领导人组织主要部门进行灾害处理。最基层的农村村社和城市居民区的灾害救济工作由最近的警察局和税务部门负责，财税局长是主要负责人。村委会主要是村民自治组织，但抗击灾患也是其基本工作内容，主要负责救灾物资的发放、为灾民提供避难场所和简单医疗救护等。

按照 2005 年《灾害管理法》，印度各邦需要进一步建立完善的灾害管理机构，主要包括在邦一级建立以首席部长为首的灾害管理局；各区建立以区长为首的灾害管理局、合并救济和安置部；建立专门的救灾部队；通过各级紧急行动中心建立无障碍的灾害通信网；危机管理所负责训练、能力建设、研究、资料；在学校进行防灾抗灾教育。①

三、印度灾害反应部队

长期以来，警察局、消防机构、民防部队和家乡卫队是负责印度基层救灾工作的主要力量，如果发生规模较大的灾害，以陆军为主的军队力量和中央准军事力量也会参与救灾工作。

在1999年奥利萨飓风和2001年古吉拉特邦地震后，印度政府意识到需要专门的救灾人员、力量和体制，以及时有效地对灾害做出反应。2005年，印度联邦政府颁布了《灾害管理法》，并建立了灾害管理局来制定灾害管理政策、计划和指南。根据《灾害管理法》，2006年，印度在中央和地方陆续成立了应对自然灾害或人为灾害的灾害反应部队。联邦灾害反应部队最初只有8个营，每个营有18个独立的专业搜救队，每队45人，包括工程师、技术员、电工、护卫犬和医疗护理人员，每营的总人数是1 149人。为了满足救灾需要，每个营都积极准备装备和进行训练，还有4个营针对化学、生物、放射性和核等方面的紧急事件开展训练。

联邦灾害反应部队的主要职责是：在灾害期间做出具体反应；面对迫在眉睫的灾害积极部署；获得并不断提高自己的技能；联络、侦察、排练和模拟演习；在各邦反应部队（警察、民防和家乡卫队）开展基本的操作训练；参与社区能力建设项目；提高公众灾患意识；分发海报、小册子和资料并举办展览；建设拥有多学科、多技能、高技术、独立行动的唯一的综合反应能力机构；有经验的准军事人员的救灾专门训练和装备；关于灾害救济、预防、减缓的能力和能力建设。联邦灾害反应部队的未来目标是通过高技能救援行动、定期和高强度训练、模拟演练和联合演习，打造一支多学科、多技能、拥有高科技和能够处理所有类型的自然或人为灾害的独立力量。②

印度政府还将民防组织作为应对国内各种灾害的救灾组织。二战时期，英印殖民政府建立过一个民防机构，最初目的是保护民众的生命和财产，也保持在战争危机期间国家经济和生产活动的继续开展，战后该机构解散。20世纪60年代，民防概念在印度再次出现并获得快速发展。印度政府认为，现代战争已不仅仅是战场上武装部队间的较量，而且是对一个国家综合实力的考验。战争中，敌方为

---

① Crisis Management: From Despair to Hope, P. 31, http://arc. gov. in/3rdreport. pdf.

② Disaster Management in India, pp. 62 - 64, http://sdmassam. nic. in/pdf/publication/undp/disaster_management_in_india. pdf.

实现其战争目的，将利用空袭等方式对对方的城市、乡村、政府机构、重要的民用设施和居民住宅进行轰炸和攻击，并以造谣和新闻宣传等来削弱对方民众的斗志，制造战争混乱。因此，印度政府认为，国家不仅要增强武装部队的作战能力，还要通过提高普通公民的民防意识、成立各种民防机构，并加强民防宣传等，使国家后方能够保持或尽快恢复正常秩序，将战争破坏减小到最低限度。在1962年宣布国家处于紧急状态前，印度的民防政策限于让国民和边防部队意识到需要采取国内保护措施，并要求在紧急救助组织框架下为主要城镇准备国内保护计划。在宣布国家处于紧急状态后，印度于1962年11月重设民防组织，主要作用是在敌对攻击发生后挽救生命、减少财产损失和保持工业生产的开展。1968年，印度议会还颁行了《民防法》。冷战结束后，国际形势发生了巨大变化，在新的情况下，2009年印度修改了《民防法》，在保留民防组织维护安全的主要作用的同时，民防部队也开始负责灾害救济工作。①

联邦内政部是印度负责民防工作的最高机构，内政部主管民防工作的部门是民防和家乡卫队署，主要工作是制定全国民防政策，协调联邦和各邦之间的民防工作，审查并批准地方政府的民防计划，组织专家就民防工作提出各项建议等。在印度各邦，主管民防工作的是民防事务局和协调委员会。民防事务局负责制定本级政府的民防计划，协调本邦内部各部门之间与民防事务有关的工作。为了协调民防工作，印度邦政府还设立了专门的协调委员会，成员来自邦内各相关部门、工业组织及民间机构，主要工作是就本区域内的民防工作提出意见和建议。在城镇，印度也设有民防事务官，一般由该地区行政长官兼任，主要工作是联络与民防工作有关的机构和部门，并实施组织各项民防工作。②

除了政府设立的民防机构，在印度的城市和乡村基层还存在各种民兵组织，如国民者步枪队、国民学兵团、民防自愿队、家乡卫队、乡村自卫队、妇女自愿兵团、自愿服务兵团、自愿运输兵团等，主要工作是执行治安和民防工作。其中，最为主要的是家乡卫队。1946年12月，为了帮助警察控制国内动乱和教派动乱，家乡卫队在印度成立。1962年中印战争后，印度中央政府建议联邦和邦边境部队将现存的志愿组织合并为一个统一的民兵组织——家乡卫队。该组织是一个志愿者组织，主要工作是协助警察维护国内安全，在空袭、火灾、飓风等各种紧急事件中帮助民众，协助保护重要设施，维护社会和谐，帮助政府维持治安较差地区秩序，参与社会经济和福利活动，履行民防职责等。

---

① Disaster Management in India, pp. 64 – 65, http://sdmassam.nic.in/pdf/publication/undp/disaster_management_in_india.pdf.

② The Civil Defence Act, 1968, http://www.mha.nic.in/sites/upload_files/mha/files/pdf/CDAct1968.pdf.

第三节 印度灾害管理体制的运行流程

印度"灾害管理"是一个包括计划、组织、协调与实施措施在内的持续和统一的过程，其灾害管理体制的具体流程包括灾前准备与预防、灾中救助和灾后重建、评估等。

一、危机前的准备与预防

灾前准备与预防包括消除突发事件出现的机会或降低危害程度而进行的各种准备工作，主要内容是灾害管理计划、预警系统、物资设备储备和人员培训等。一般而言，灾害管理计划包括潜在危机、常设机构、社会协作网、公众危机防范意识和行动方案等内容。1993 年 12 月，印度颁行了《中央部门自然灾害管理计划》(NDMP)，加强灾害的预防、灾害知识的宣传、应对灾害的培训。印度颁行了许多针对不同范围或问题的灾害管理计划，在制定过程中，一般是由国家灾害管理局牵头，中央各部委和有关部门、邦政府、学术科研机构、企业部门、非政府组织和知名专家等参与讨论和辩论。[①] 除了统一计划，印度有关部门都制定了针对本部门的救灾工作计划，如印度矿业部就滑坡问题制定了《国家灾害管理指南——管理滑坡和雪崩》，这一计划主要涉及危机的界定、减灾方法、准备措施、公众意识的培养、规章制度和执法等内容。

印度政府早先的滑坡减灾政策着重于灾后救助，而现在的灾害计划则注重预防。针对自然灾害，印度政府已经建成了一个较先进的预测预警系统。一是地震观测系统。印度地震观测局在全国设立了 36 个地震观测站，进行长期的地震数据收集并绘制了里氏 5 级以上（5～9 级）地震的主要信息图。地震观测局对各种观察数据进行集中处理，在第一时间发布地震预警。二是干旱预警系统。1989 年，印度空间部和农业部联合开发完成了"国家农业旱情评估和管理系统"(NADAMS)，该系统基于卫星观测的植物生长状况的高分辨率数据对比，由一个跨部门的国家农业气象监测小组专门向农业部、邦农业部门、邦减灾委员会、印度气象局和遥感应用中心等提供干旱信息，主要是邦及县的农作物状况的影像和

① 张庆阳：《印度：把气象防灾减灾作为可持续发展战略基本组成部分》，载《防灾博览》2015 年第 2 期，第 77 页。

地图、与干旱相关的参数（如降水量与受影响区域）、农业干旱评估地图等。三是洪灾预报系统。印度设有水情监控、预报站和雨情气象区，由印度气象局常规性发布洪灾预警。印度还利用国家遥感技术机构的卫星观察数据，对洪灾破坏情况进行评估和预警。四是飓风警报系统。印度农业部设有飓风灾害控制中心，在印度沿海岸线地带安置观测雷达进行监测，同时利用气象卫星提供的卫星图像，观测热带风暴的发展和移动趋势，并将警报信息及时送达港口、渔业和航空部门等。

为了防止自然灾害，印度政府还十分注重防灾教育。为了提高公民的防灾意识，印度中央政府有关部门不定期印制各种防灾书籍和宣传手册，并将这些资料翻译成当地语言，以在不同的邦进行宣传和教育。此外，印度政府还利用报纸、期刊、广播、电视等各种媒体向公民介绍各种自然灾害及其应对措施。印度政府还在中学中广泛开设了灾害应急课程，向学生介绍各种灾害的类型、救灾措施以及个人自救办法等。各种社会组织也实施灾害教育，如全国少年团、国民服务计划和童子军等机构也向公民介绍灾害及求生方法。

印度政府注重提高应急工作人员及辅助人员的救灾工作能力。以民防工作为例，在联邦、地方各邦及中央直辖区，印度都设立了不同级别的专门的民防训练机构，主要是培养民防工作人员特别是管理人员，同时也训练民防自愿队和家乡卫队骨干成员。各级民防机构还不定期地举行民防训练和演练，主要内容为基础军事训练、民防救助知识和战时模拟训练等。通过不断的教育和培训，印度逐步提高了社区应急队伍和志愿者队伍应对灾害的能力。

为了降低灾害造成的生命和财产损失，印度政府大力加强防止灾害的物资设备建设。为了防备洪灾，印度大力修建河堤和水坝，如在达莫达尔河谷修建了希拉库德水坝，在苏特里杰河修建了巴克拉水坝，大大提高了河流的蓄水能力。为了应对旱灾，印度不断发展灌溉系统，如加大投资建设蓄水池塘和开发地下水资源，提高耕地的抗旱能力。为了应对旱灾，1977 年以来印度施行了沙漠发展计划，以控制土地沙漠化趋势。为了减轻飓风造成的财产和生命损失，印度政府修建了避风所，并在沿海地区植树造林。

二、危机期间的紧急救援

在自然灾害或人为灾害出现后，紧急救援行动马上开展，主要目标是拯救生命和提供救济。印度紧急救灾部门众多，中央级别的主要部门是内阁专业委员会、国家危机管理委员会、危机管理小组和国家危机管理执行委员会。内阁专门委员会主要是评估灾害情况、制定救灾措施、检查救灾项目实施情况、提出具体措施或者给予建议等。国家危机管理委员会是由内阁及各部高官组成，主要是向危机管理小组、中央政府部委和邦政府发出指令，危机管理小组则是评估各部委计划和措施，以及协调各部委或者中央和地方的救灾工作。在邦和邦之下的县和地区，灾害管理部门包括各级政府、各级救灾委员会和应对危机的危机管理小组。

为了快速处理危机，从中央到地方都设立了应急指挥中心，如中央有内政部下设的国家危机反应中心，邦和地区相应机构被称为危机控制办公室。应急指挥中心成员为政府官员和专家学者，一般由专门官员分别负责整体指挥、应对和联络媒体等，内部机构主要有行动部门、计划部门和后勤部门，该机构的主要作用是实施快速反应、组织动员救灾工作和进行救灾协调。为了统筹不同级别或部门的防灾救灾工作，印度各级灾害管理部门一般都设有专门的官员，除了负责指挥本级别部门的救灾工作外，还担负着与其他机构进行交流和协调的工作。

灾害发生后，实施救济的执行机构是各级救灾部队，在中央是国家灾害行动部队，各邦也有自己的灾害救援部队，地方则是警察、消防部门、民防部队和家乡卫队等。如果灾害规模大、危害严重，印度军队也会快速参加救援工作。

面对突发事件，应急机构会快速进行信息收集与评估，也就是对突发事件进行实地调研分析和评估，以查明突发事件的种类、发生时间和地点、发生原因、现状、后果和影响等情况。在完成信息评估后，印度应急指挥部门会选择并启动应急预案或应对方案，这些方案要与国家或邦的计划一致，主要行动包括搜救、医疗援助、伤亡管理、居民疏散、重要设施恢复、灾区通信，以及食品、水、衣服等生活必需品的提供等。根据有关方案，有关救灾机构会做出快速反应，紧急调动资源和人员，通过各种渠道快速进入灾区实施救济。在救灾过程中，印度政府还会根据救灾需要调动媒体、社会组织、群众等各界力量，一方面实施紧急救援，另一方面进行人员疏散和缓解公众情绪等。以洪灾救济为例，印度有关部门的救济工作范围包括就业救济、水资源管理、食品安全、税收减免、牲畜营地与饲料、健康与卫生、政府反应与作用、财政救济、信息管理和媒体协调等。

三、危机善后工作

危机缓解后，需要开展安置、重建、评估与能力建设工作。处理突发危机事件时，快速实施救援只是危机处理的一个阶段，危机处理最终完成还需要恢复重建灾区生活并提高有关部门的救灾意识与能力。灾后恢复重建工作短期内是清理灾区、建设临时庇护所和恢复灾区人民生活，甚至是建立长期的安全居所。对此印度政府制定了相关的计划或政策，对灾区民众进行损失赔偿，帮助灾区恢复和发展生产。如印度政府在容易遭受旱灾的地区实施抗旱计划和水土保持计划，并在灾区出台了给农村贫困人员补贴工资的《就业保障计划》。在地震灾区，印度注重加快灾区的物资运输与调配，以尽快将生活必需品分发给受灾公民，阻止和打击哄抬物价或抢夺物资的行为，维持社会秩序稳定。在恢复生产生活秩序时，对于死伤人数较多的灾区有时还需要提供社会和心理援助。

灾后的另一项艰巨任务是恢复重建工作，如恢复受损严重的基础设施。印度灾后恢复指导原则的主要内容包括：在恢复和发展过程中注重降低灾害风险；增进协调；增加参与途径、恢复计划和项目的分散化；提高安全标准和重视重建及风险降低工作；提高受灾地区居民的生活条件；加强当地和各邦的能力建设——促进复原力、风险管理和保持发展；利用正在执行的措施；展现救灾效果；监管灾害、分析灾害和学习灾害管理。① 灾后重建重点是建设基础设施。为了帮助灾区重建，印度政府还大力提供资源支持和技术援助，帮助灾区恢复生产和生活秩序，推进全体社会成员的共同利益。

对于灾害爆发及其救灾工作，印度政府在灾后还会做出必要的评估，也就是调查危机发生的原因，调查与评价政府预防和处理危机的工作，对突发事件及其救助工作总结经验和教训。有关评估工作往往成为恢复重建工作的前奏，因为在对损害和需求做出评估后，恢复战略就基本成形。印度灾后恢复重建工作参与角色广泛，既包括政府机构、地方团体，也包括志愿者组织等。

为了预防灾害重演，印度政府注重加强有关救灾机构的能力建设，主要包括以下三点：一是发展人力资源，即通过理解、获得信息、知识和训练让有关人员提高工作效率；二是加强组织，在机构内部和不同机构、部门之间详细阐述管理结构、过程及程序；三是制度和法律框架发展，调整法律和管理以使各级各类机构提高能力。② 也就是说，印度政府试图在灾后通过培训、教育、研究等提高灾害管理机构及其工作人员乃至一般公民的防灾救灾能力，既增进救灾技能，也传播防灾救灾知识。

①② Disaster Management in India, P. 143, http://sdmassam.nic.in/pdf/publication/undp/disaster_management_in_india.pdf.

第四十二章

印度安全体制机制的改革与展望

印度安全体制机制长期存在的缺陷和弊端一直制约着印度安全问题的妥善解决。1947 年获得独立之后，印度并未将安全体制机制的建设置于核心的位置，“国家安全治理的制度机制要么设计得不充分，要么被政治领导人所忽视。”① 印度知名学者布拉马·切拉尼（Brahma Chellaney）指出，“缺乏一个综合和长期的国家安全设计是印度独立后半个世纪国家建构的最大失败。由于缺乏这样一种安全设计，国家安全政策的制定大部分时间只能用临时的决策去应付新的威胁和现实。”② 印度安全体制机制的发展与印度真实的安全需求存在较大差距。即使 21 世纪前后印度对安全体制机制实施了一系列的改革和调整，印度仍然被认为在内政外交等重大问题上缺乏统筹安排，在安全部门改革上缺乏长远规划。③ 印度普遍存在着改革其安全体制机制的迫切愿望。

第一节　印度安全体制机制的主要缺陷

如果说“美国国家安全体制是世界上最为复杂、效率很高的安全体制”④，

① D. Shyam Babu, India's National Security Council: Stuck in the Cradle?, *Security Dialogue*, June 2003, Vol. 34 No. 2, P. 215.

② Brahma Chellaney, "Securing India's Future", *The Hindustan Times*, October 26, 1996.

③ A. Mallika Joseph, Leading Ahead, Yet Far Behind: Governance of the Security Sector in India, *South Asian Survey*, July/December 2009, Vol. 16, No. 2, pp. 231 - 251.

④ 刘胜湘、李明月：《美国国家安全体制研究述评》，载《湖北文理学院学报》2013 年第 1 期，第 51 页。

那么印度国家安全体制恐怕是世界大国中安全体制结构较为复杂，但综合能力相对较弱的安全体制。印度政府“在处理已有的和新出现的内部安全挑战时，存在措施不连贯、结构软弱、能力缺失的特征”。① 总体来看，关于印度安全体制机制或者印度国家安全决策整体评价的文献相对较少②，但是通过对印度安全决策机制、防务机制、情报机制、应急安全机制、反恐机制的分析和研究，可以发现印度安全体制机制的缺陷主要是因重内政轻外交及安全事务问题、体制内各互动单元协调不畅、官僚机构的腐败、财政资源的有限及政治领导人的偏好、选举政治和裙带政治的弊端所致。

一、印度重内政轻外交及安全事务的问题

首先，这种机制能力的缺失直接来源于外交、安全事务在印度选举政治中的边缘化地位。有印度学者指出：“外交政策在印度的选举政治中扮演着极其有限的角色。”③ “大量证据表明，印度民众对外交政策领域缺乏了解”。④ “对于印度内陆地区，特别是农村地区，甚至不存在关于外交政策的辩论……约 90% 的问题是关于印度国内方面的。”⑤ 即使印度军队 1971 年战胜了驻守东巴基斯坦的守军，1974 年印度进行了第一次核试爆，但作为执政党的国大党仍然在 1974 年北方邦的选举中受到挫折。在 1977 年的大选中，国大党失败，人民党获得大胜，安全事务上的成绩并没能挽救国大党的选举，也没有在选举过程发挥关键作用。印度选民最关心的是“面包和黄油”“法律和秩序”等问题，⑥ 因此“印度政党关注那些能引起选民共鸣的议题”⑦，选民对安全、外交等议题敏感度较低，政党和政治家在选举过程中有意进行了回避，他们通过向选民“施惠”来赢得选民

---

① C. Raja Mohan and Ajai Sahni, India's Security Challenges at Home and Abroad, National Bureau of Asian Research, Special Report 39, May 2012, P. 2.

② 比布·普拉萨德·若特雷（Bibhu Prasad Routray）认为关于印度国家安全决策研究的文献资料很少。Bibhu Prasad Routray, National Security Decision-Making in India, Rajaratnam School of International Studies (RSIS) Monographs No. 27, 2013, P. 4.

③ Partha S. Ghosh, Foreign Policy and Electoral Politics in India: Inconsequential Connection, *Asian Survey*, Vol. 34, No. 9, September 1994, P. 814.

④ Devesh Kapur, Public Opinion and Indian Foreign Policy, *India Review*, Vol. 8, No. 3, 2009, P. 303.

⑤ Jason Miks, Foreign Policy to Play a Marginal Role in Indian Elections, *World Politics Review*, April 20, 2009, http://www.worldpoliticsreview.com/articles/3631/foreign-policy-to-play-a-marginal-role-in-indian-elections.

⑥ S. D. Muni, Indian Elections 2009: Foreign Policy Will Hardly Matter, ISAS Insights No. 54, March 2009, P. 1.

⑦ Arijit Mazumdar, India's Search for a Post-Cold War Foreign Policy: Domestic Constraints and Obstacles, *India Quarterly: A Journal of International Affairs*, Vol. 67, No. 2, 2011, P. 173.

的支持。由于政治家在选举中缺乏对此类问题的承诺，也导致后续的资源分配和政策行为对此类问题关注不够。以尼赫鲁执政时期为例，1952～1962 年，在国会通过的 309 个议案中，只有 6 个与对外政策有关。[①]

二、印度安全体制机制的协调问题

印度安全体制内各互动单元协调不畅、效率低下，是导致其安全体制机制存在缺陷的又一主要原因。印度安全体制机制的协调不够表现在横向各部门间协调不顺及纵向的上级部门与下级部门、中央政府与各邦间配合不足。由于各安全部门之间缺乏协调、各自为政，甚至发生权力争斗，导致印度安全体制机制难以充分发挥作用。无论是外交和安全战略的制定，还是反恐政策的推进，抑或是边界问题的处理，印度各安全机构的协同合作困境一直存在。

1962 年中印战争前后，印度的国家安全事务由总理领导的内阁防务委员会统筹决策，但内阁防务委员会并未能很好地促进印度咨询机构、情报机构和国防机构之间的有效配合，以至于在应对国内外重大事件时，印度安全机构不能及时提供有效情报，做出合理判断，拿出最优的问题解决方案。有观点认为："尼赫鲁之所以敢于在中印边界问题上悍然动武，除了有美苏在背后撑腰、国内右翼势力支持等因素外，还与他对中国的错误估计有关。"[②] 而这种错误的估计正是由于情报部门的错误判断，以及情报部门与国防部门的协调配合不足造成的。印度当时的情报局长马立克（B. N. Malik）就曾错误地认为："印度越过中国的主张线设立哨所，对方除了提出外交抗议之外，不会有其他的反应——肯定不会采用武力。""印度外交部的官员也同意这种看法。"[③] 此外，协调问题也制约着有效决策的产生。"情报部门的情况汇报常常不与国防部协商就提交内阁防务委员会，从而导致误判。"[④]"国防部长会议和参谋长联席会议也无法及时地把自己的情报和判断评估上报内阁防务委员会做出抉择。"[⑤] 印度在 1962 年中印边界武装冲突中失败后，也一直反思和检讨各部门间的协调问题。

印度外交部、国防部、情报部门间的协调是学术界关注的重点。美国著名印度问题专家斯蒂芬·科亨（Stephin P. Cohen）就曾经指出其协调方面的几个问题：

---

① Verinder Grover, International Relations and Foreign Policy of India, Deep & Deep Publication, Vol. 1, 1992, P. 475，转引自刘思伟：《印度外交政策制定：以印美民用核合作协议谈判为例》，载《东南亚南亚研究》2010 年第 2 期，第 16 页。

② 赵晓春、刘跃进：《尼赫鲁家族》，社会科学文献出版社 1996 年版，第 197 页。

③ 内维尔·马克斯韦尔：（澳大利亚）：《印度对华战争》，香港南粤出版社 1976 年版，第 255 页。

④ 张骥主编：《世界主要国家国家安全委员会》，时事出版社 2014 年版，第 284 页。

⑤ 吴永年、赵干城、马嫚：《21 世纪印度外交新论》，上海译文出版社 2004 年版，第 81 页。

一是印度外交部的编制由内政部来决定，这使得外交部的决策受到很大的掣肘。二是印度行政官员和外交官员几乎没有交流，外交部难以影响政府安全决策。三是行政官员和外交官员存在竞争，它们彼此之间互不信任，甚至相互拆台。[①]

还有学者指出了印度各邦与中央政府的矛盾，如在成立“全国反恐中心”的问题上，一些邦政府与中央政府大唱反调。他们认为：“成立全国反恐中心最大的阻碍来自于一些邦的反对，它们不愿意中央政府侵蚀各邦的权力。”[②] 在边界安全问题上，普西彼塔·达斯（Pushpita Das）曾指出：“诸如各邦警察力量、税收情报局和边防部队这些不同的安全机构缺乏协调，使得边境管理变得困难。”[③] 1987 年印度派遣维和部队进驻斯里兰卡。拉吉夫·甘地政府的这项决策最终使得印度维和部队在斯里兰卡进退维谷。这也暴露了印度情报部门与武装部队之间缺乏协调的问题。[④] 如在应对纳萨尔派武装崛起的问题上，印度各邦之间、中央与邦政府之间不能协同合作加以应对。前印度总理曼莫汉·辛格曾将纳萨尔派武装称为印度独立以来最大的国内安全威胁。[⑤] 但是，“国家、各邦和地方安全部门之间缺乏协调阻碍了对纳萨尔派武装和其他宗教极端主义威胁的遏制”。[⑥]

印度安全体制机制的协调不畅导致安全部门间互动产生的效果不佳，也使得一些安全部门的功能相互抵消、弱化。安全问题的解决并非仅仅依赖于安全机制的建立，还取决于机制建立后能否发挥应有的功能，而功能的缺失往往是由于各单位间的协调不畅造成的。解决协调不畅既需要突破长期以来“路径依赖式的”部门惯性，也需要消除印度政党间、部门间的利益分歧。

三、腐败问题制约着印度安全体制机制的效力

印度是世界上腐败问题比较严重的国家之一。独立以来，印度先后发生了“博福斯”军火腐败案、孟买股票丑闻、“哈瓦拉”外汇交易案、印度电信腐败案等重大贪腐案件。1995 年《印度时报》的调查数据显示，在印度 98% 的政治

① 斯蒂芬·科亨著，刘满贵等译：《大象和孔雀：解读印度大战略》，新华出版社 2002 年版，第 70 ~ 75 页。

② Sarah J. Watson & C. Christine Fair, India's Stalled Internal Security Reforms, *India Review*, Vol. 12, No. 4, 2013, P. 288.

③ Pushpita Das, Towards a Regulated Indo-Nepal Border, *Strategic Analysis*, Vol. 32, No. 5, September 2008, P. 887.

④ Shrikant Paranjpe, India's Security Policy: An Evaluation after Fifty Years, *International Studies*, Vol. 35, No. 2, 1998, P. 139.

⑤ Manmohan Singh, "PM's Speech at the Chief Minister's Meet on Naxalism," April 13, 2006.

⑥ Chietigj Bajpaee, Primary Threat to India Remains Home-Grown Left-and Right-Wing Terrorism, *Terrorism Monitor*, Volume: 7, Issue: 3, February 9, 2009.

家、97%的警察、88%的公务员、80%的律师、76%的商人、69%的银行职员、66%的法官、55%的新闻记者、43%的教师，以及38%的普通老百姓被认为存在腐败行为。[①] 2006年《印度时报》的另一份调查数据则表明，98%的印度民众认为政治家和部长是腐败的，而且85%的印度民众认为腐败还在继续呈上升趋势。[②] 2008年《经济学人》杂志也指出，当年印度的522名国会议员中，120名面临犯罪指控，其中大部分指控与腐败有关。[③] 在透明国际发布的2013年清廉指数报告中，印度在177个国家中仅列94位。[④] 所以，甚至有印度官员表示："在某些国家，腐败扭曲体制。在印度，腐败就是体制。"[⑤] 也有学者指出："印度的腐败无孔不入；生活的每一部分都存在腐败。"[⑥]

印度的腐败问题严重制约着印度安全体制机制的发展，也导致印度国防建设迟缓，军队、警队能力不足。20世纪80年代，印度官员涉嫌在从瑞典博福斯公司进口155毫米榴弹炮的合同中受贿，使得拉吉夫·甘地政府面临反对党的极大压力。"博福斯"军火腐败案不仅导致拉吉夫·甘地的印度国大党政府倒台，也对印度炮兵现代化造成消极影响。[⑦] 此外，印度国防部向俄罗斯采购苏-30战斗机、从法国订购"鲉鱼"级潜艇时也都曾爆出腐败丑闻。2013年，由于腐败问题，印度国防部被迫宣布，取消向意大利阿古斯塔—韦斯特兰公司购买12架AW101直升机，原因是意大利检方怀疑该公司的母公司——机械工业投资公司涉嫌非法贿赂印度国防部官员。印度中央调查局前局长阿什瓦尼·库马尔（Ashwani Kumar）曾提到，军队内部腐败和招标舞弊事件影响到印度军队现代化进程，印度"花在国防领域的资源让所有国家羡慕，取得的成果却在许多时候沦为别人的笑柄"。[⑧] 不仅在国防领域，印度孟买"11·26"恐怖袭击事件中，马哈拉施特拉邦警察的装备缺陷也与印度警察系统的腐败问题存在一定关联。腐败问题已经严重制约和阻碍了印度安全体制机制的能力。

---

① MODE poll, Corruption All-Pervasive: Survey, Times of India, January 14, 1995, P. 1.

② Times of India, 2006, in John Malcolm Dowling, Future Perspectives on the Economic Development of Asia, *World Scientific*, 2008, P. 310.

③ The democracy tax is rising, The Economist, http://www.economist.com/node/12749771.

④ Global corruption perception index: India ranks 94th among 177 nations, http://www.dnaindia.com/india/report-global-corruption-perception-index-india-ranks-94th-among-177-nations-1929286.

⑤ ［英］爱德华·卢斯，张一峰译：《印度的腐败》，载《国外社会科学文摘》2002年第12期，第52页。

⑥ Ravikanth B. Lamani, G. S. Venumadhava, Police Corruption in India, *International Journal of Criminology and Sociological Theory*, Vol. 6, No. 4, December 2013, P. 228.

⑦ Deba R Mohanty, India's Defense Sector Still Plagued by Corruption, ISN, www.isn.ethz.ch/Digital-Library/Articles/Detail/?lng=en&id=176507.

⑧ 张洋：《印度军购深陷腐败泥潭》，载《中国国防报》，2013年4月9日。

四、印度的财力不足

印度的财力不足也制约着其安全体制的运行。以印度的反恐机制为例，制约印度反恐效果的原因之一是其财力的严重不足，进而影响了其警力。按照印度宪法的规定，印度打击恐怖主义主要依靠各邦警察，中央准军事部队只作为地方警察力量的一种补充。印度警察是印度反恐最直接的力量，而印度警察占印度人口的比例却一直被分析家批评。国内外的学者最常使用的数字是，“印度平均每10万人口中仅有125个警察，低于每10万人口222个警察的联合国标准，也远低于西方国家每10万人口250~500个警察的标准。”① 在2008年孟买恐怖袭击事件后，印度于2009年决定征召15万人加入警察队伍，以应对警力严重不足的现状。随着警察数量的逐渐增加，2013年印度国家犯罪统计局（National Crime Records Bureau）公布的最新数据显示，印度平均每10万人口中的警察数增加到138名，② 但这个数字仍然远落后于大多数国家。

普拉汉委员会（Pradhan Committee）的报告中提到：“很多警车装备的仅仅是竹条警棍、气枪和0.303口径步枪，这种配备无法应对装备有AK-47突击步枪、手枪、手雷、8公斤高能炸药包、精密移动电话和突击队服装的恐怖分子。”③ 印度学者马诺哈兰（N. Manoharan）指出，印度警务人员缺乏武器、工具、保护装备和通信设备等合适的装备。④ 浦那警察局的上级单位马哈拉施特拉邦警察局总部直到2007年才购买了第一套防爆衣。2010年2月13日，印度马哈拉施特拉邦浦那市的一家面包房遭到炸弹袭击，造成17死64伤。但是两年之后，浦那市发生4起小规模连环爆炸时，警察穿的仍然不是防爆衣而是防弹衣。因为整个浦那警察局只有唯一一件防爆衣。⑤

印度许多邦的警察不仅警力不足，装备紧张，而且多数警察缺乏足够的培训。这主要由两个原因造成：一是警察数量不足导致警察没有多余的训练时间；

---

① C. Christine Fair, Prospects for effective internal security reforms in India, *Commonwealth & Comparative Politics*, Vol. 50, No. 2, P. 155；时宏远：《印度的反恐形势及反恐政策》，载《国际论坛》2013年第3期，第68~69页。

② National Crime Records Bureau (NCRB), Crime in India 2012, New Delhi: NCRB, 2013.

③ Pradhan Committee, Report of the High Level Enquiry Committee (HLEC) on 26/11, 2009, http://www.scribd.com/doc/23474630/Pradhan-Committee-Reportabout-26-11.

④ N. Manoharan, India's Internal Security Situation: Threats and Responses, *India Quarterly: A Journal of International Affairs*, Vol. 69, No. 4, 2013, P. 374.

⑤ Bibhu Prasad Routray, "Of Terror, Callous Cops and DefiantMinds," *The New Indian Express*, August 12, 2012; One bomb suit sufficient for BDDS: police chief, *The Times of India*, September 17, 2012.

二是大部分邦缺乏训练的基础设施。[①] 印度中央政府在短期内无法建起大批警察学校培训新的警察，各邦也没有足够的财力支撑大规模警察训练设施的建设。印度内政部长指出，印度每个警察平均15年才有一次培训。[②] 印度警力不足只是印度国家安全体制机制中某些功能单元存在能力缺陷的一种体现。客观地说，印度国防部、外交部、印度部分军种也存在类似的问题，只不过印度警察部门所体现的问题程度更严重。

要提升印度安全体制机制本身的能力，只有打破印度安全体制机制的固有束缚，对其安全体制进行改革。

第二节　印度安全体制机制的改革措施

印度安全体制机制的改革一直是“事件驱动型”或“危机催生型”改革模式。1962年中印边界冲突暴露了印度国家安全体制机制的混乱和无序，为了改变这种局面，印度内阁防务委员会调整为内阁紧急情况委员会，并开始制定为期5年的国防建设计划。联合情报委员会也由参谋长委员会的下属机构划归到内阁秘书处。1970年第三次印巴战争前，印度成立了政治事务委员会。1990年，东欧剧变、苏联解体前，印度首次设立了国家安全委员会。1998年，印度核试验之后，为了有效应对国际社会的强大压力，印度再次设立国家安全委员会。2008年，孟买恐怖袭击事件后，印度改革了国内的反恐机制。近十多年来，印度安全体制机制改革两项较大的举措，当属国家安全委员会的再次建立和孟买恐怖袭击事件之后的反恐机制改革。

一、印度国家安全委员会的重新设立

印度1947年独立后继承和延续了英国殖民统治时期国家安全治理的三级体系，也先后建立了内阁紧急情况委员会、内阁政治事务委员会、内阁安全委员会等机构，但是印度国家安全体制机制仍然被批评缺乏长远的规划，且制度化不足。兰德公司的印度问题专家乔治·坦纳姆（George K. Tanham）在1992年的一

①② Finance Commission of India, Report of the Thirteenth Finance Commission (2010 - 2015), Para 12.90, P.222.

份研究报告中提到，印度没有战略文化，并且缺乏一个长期的国家安全战略。[①] 印度杰出的战略分析家拉加万（V. R. Raghavan）也指出："印度需要这样一个国家安全机构，它能够获得各个领域专家的智慧，也能够成为各种有价值方案的协调者。这样一个机构应该关注安全问题，但是并不具有行政部门的功能直接管理安全问题。"[②]

印度的安全体制机制不是基于构建综合性和长期性的国家安全战略而设立的，而是由事件驱动和危机催生的。印度 1990 年设立了国家安全委员会，1998 年再次设立了国家安全委员会。1996 年 5 月，印度人民党在大选中获胜，瓦杰帕伊出任总理。他在宣誓就职当天就授权进行核试验，但由于被美国情报机构获悉，克林顿政府及时施加压力让印度止步。[③] 由于后来未能通过议会的信任投票被迫辞职，瓦杰帕伊成为印度历史上任期最短的总理。

1998 年 3 月，印度人民党再次在大选中获胜，瓦杰帕伊第二度出任总理。为了巩固执政基础，同时为了满足一些极端民族主义政党的要求，瓦杰帕伊政府上台不到 2 个月便匆匆进行了 5 次核试验。核试验之后，瓦杰帕伊政府遭到国际社会众口一词的强烈谴责。尤其是瓦杰帕伊总理关于印度已经是"拥有核武器国家"的公开声明更是标志着印度彻底抛弃了尼赫鲁主义的无核政策传统，国际社会一时无法接受。美国、日本、德国、荷兰、丹麦等国先后对印度实施制裁。克林顿政府对印度实施了范围较广的经济制裁，几乎停止了对印度的一切援助。德国取消了同印度的援助谈判，冻结了新的发展援助，荷兰、丹麦冻结了对印度的援助，瑞典取消了同印度达成的援助协议，新西兰召回了驻印度的高级专员。此外，核试验之后，印度国内反对党也对人民党发起冲击，人民党联合政府内也出现了不同的声音。这时印度在国内外的压力下，各种矛盾暴露，政府各机构也表现出不同的态度，政府难以统一对外发声。瓦杰帕伊政府缺乏一个制度化的安全决策、协调、咨询机构来有效应对核试验之后印度面临的国内外压力。1998 年 11 月 19 日，印度再次设立国家安全委员会正是基于这一背景。

新版的国家安全委员会由 4 个部分组成：战略政策小组、国家安全委员会秘书处、国家安全咨询委员会和国家安全顾问。与 1990 年版国家安全委员会相比，战略核心小组演变为战略政策小组，新设国家安全顾问由总理首席秘书兼任。在职能目标上，新版国家安全委员会比之旧版也有一些微调。其中，国家安全咨询

---

① George K. Tanham, Indian Strategic Thought: An Interpretative Essay, RAND Corporation, 1992.

② V. R. Raghavan, *India's Need for Strategic Balance*: *Security in the Post-Cold War World*, New Delhi: Delhi Policy Group, 1996, pp. 46 – 47.

③ George Perkovich, *India's Nuclear Bomb*: *The Impact on Global Proliferation*, Berkeley: University of California Press, 1999, P. 374，转引自张力：《印度走向核军备化：战略动因的再认识》，载《南亚研究季刊》2006 年第 4 期，第 37 页。

委员会成立不到半年便向总理提交了一份《核原则草案》。尽管这份草案在当时并没有被正式采纳而赋予官方政策的地位，但是草案中强调的“不首先使用核武器”“可信的、最低限度的威慑”等主要内容，最后在2003年印度政府官方发表的核理论文件中得到重申，也充分体现了印度国家安全咨询委员会的贡献。对于国家安全委员会的再次设立，甚至有学者认为：“印度有关国家安全的重大问题与事件的决策完全摆脱了个人意志和行为的影响，走上了科学调研、探讨、决策和全面整体长期规划的道路。”① 这种看法也许过于乐观，尽管印度国家安全委员会的再次设立使印度国家安全决策和国家安全治理模式走上了制度化和科学化之路，但是危机下催生的国家安全委员会仍然存在一些制约其发挥更大功效的障碍。

二、印度反恐机制的改革

2008年11月26日孟买恐怖袭击事件共造成平民及安全部队人员164人（包括26名外国人）死亡，308人受伤。② “11·26”事件也被称为印度的“9·11”。恐怖袭击事件爆发后，印度媒体和民众把矛头指向政府以及国会议员。《印度时报》在头版发表《无辜者死亡于我们的政治家无所事事》的评论，评论质问：“当一具具尸体躺在太平间……是时候问问我们的政治家们：你还会利用我们的生命来玩政治吗?”③ 甚至有观点指出，是“无牙的领导人把坚韧民族变成了软蛋国家”④。正如印度内政部长奇丹巴拉姆（P. Chidambaram）所说：“十亿多的印度民众认为他们被一小撮恐怖分子所羞辱，而国家也屈从于这些恐怖分子。国家的安全机构混乱无序，存在太多的问题。”⑤ 在这种背景之下，印度反恐体制急需改革来有效应对猖獗的反恐活动，同时也迫切需要尽快拿出措施提升反恐能力来迅速缓解民众对政府施加的压力。孟买恐怖袭击事件爆发后，在较短时间内，印度完善了反恐法规，建立了新的反恐机构。

---

① 宋海啸：《印度对外政策决策——过程与模式》，世界知识出版社2011年版，第200页。

② HM announces measures to enhance security, Ministry of Home Affairs, 11 December 2008, http://pib. nic. in/newsite/erelease. aspx? relid =45446.

③ Times View: How much more can we take? *Times of India*, 30 November 2008; Raju Gopalakrishnan, India directs anger at politicians after Mumbai attacks, http://in. reuters. com/article/2008/11/30/idINIndia-36786620081130.

④ M J Akbar, Toothless leaders turn tough nation into soft state, *Times of India*, 30 November 2008.

⑤ P. Chidambaram, A New Architecture for India's Security, Intelligence Bureau Centenary Endowment Lecture, New Delhi, 23 December 2009, http://static. indianexpress. com/frontend/iep/docs/Chidambaram-speech. pdf.

2001 年 12 月印度议会大厦遭遇恐怖袭击之后，2002 年 3 月印度议会上院和下院举行联席会议，通过了《预防恐怖主义法》。该法赋予了印度政府更多的预防和打击恐怖分子的权力。由于印度各党派间的纷争，以及中央与地方的不协调关系，导致一些邦拒绝执行《预防恐怖主义法》。在层层阻力之下，2004 年 5 月国大党领导的团结进步联盟刚刚执政就废除了《预防恐怖主义法》。在废除《预防恐怖主义法》的同时，印度对 1967 年通过的《预防非法活动法》进行了修订，《预防恐怖主义法》中的部分内容，被收入到随后修订的《预防非法活动法》（2004 年）中。这使得主要针对国家领土完整和主权独立的《预防非法活动法》包含了预防和打击恐怖主义的内容。孟买恐怖袭击事件之后，印度进一步完善反恐法规，2008 年 12 月，印度再次修订了《预防非法活动法》（2008 年）。新的《预防非法活动法》赋予安全部门更大的司法权限，允许设立特别法庭审理恐怖嫌疑人，对恐怖嫌疑人的最长羁押讯问时间也从原来的 90 天延长至 180 天。《印度时报》评论说："《预防非法活动法》保留了《预防恐怖主义法》大部分的严格规定""《预防恐怖主义法》几乎回来了。"[①]

2008 年 12 月 18 日与《预防恐怖主义法》修正案一起通过的，还有关于成立"国家调查局"的议案。印度国家调查局的功能类似于美国联邦调查局，主要负责收集和分析情报，以及调查恐怖主义活动。2011 年 6 月，辛格总理领导的内阁安全委员会批准建设国家情报网项目，2013 年年初印度国家情报网开始运行。印度国家情报网采用大数据等技术研究和分析来自各情报机构和执法部门的庞大数据，用来追踪嫌犯，预防恐怖袭击事件的发生。印度国家情报网也是孟买恐怖袭击事件之后采取的措施之一。参与孟买恐怖袭击的美国恐怖分子大卫·赫德利（David Headley）2006～2009 年间多次造访印度，但是由于印度缺乏实时数据分析的设备和方法，未能及时发现嫌疑人行踪。[②] 印度国家情报网将现存的 21 个数据库进行整合。这些数据库包括中央与地方政府机关，以及银行、保险公司、证券交易所、航空、铁路、电信运营商、化工供应商等单位，通过这些数据库收集和整理的信息涵盖了银行交易、保险、税收及财产记录、驾驶执照、枪支记录和互联网及电话记录等各个方面。同时，军事情报局、研究分析署、国家情报局、国家安全委员会等 11 个与安全有关的中央机构都可以使用国家情报网的分析数据，以搜寻可疑案例，提高预防恐怖行动的潜能。2012 年 3 月，印度成立国家反恐中心。该中心隶属于国家情报局，类似于美国的国家反恐中心和英国的联合反

---

① UAPA Retains Most of POTA's Stringent Provisions, *Times of India*, December 17, 2008.

② NATGRID to use Big Data & analytics to track suspects, *The Hindu Businessline*, December 29, 2013, http://www.thehindubusinessline.com/industry-and-economy/info-tech/natgrid-to-use-big-data-analytics-to-track-suspects/article5515264.ece.

恐分析中心。印度的国家反恐中心兼具协调和执行的功能，一方面统一领导反恐情报的搜集和分析，另一方面直接参与或协调反恐行动的具体实施。

《预防非法活动法》的再次修订以及印度国家调查局、国家情报网和国家反恐中心的建立都是基于孟买恐怖袭击事件所造成的改革压力所致。“利用突发性事件来强化反恐立法已经成为印度的一种习惯性行为模式，但这种模式存在着许多弊端已经成为共识”，[①] 这些弊端很可能弱化印度反恐机制的能力。《预防恐怖主义法》的修订被反对派认为是新瓶装旧酒，只是为了缓解政治压力。修订后的相关条款也存在是否违宪的争议，一些国际组织也指责印度政府推行的新法案侵犯了人权。国家调查局是一个“免受中央地方政治活动困扰的中央调查机构”[②]。但是由于国家调查局和各邦警察部门之间存在资源竞争关系，且会影响到各邦警察部门的影响力和执法力，所以国家调查局的调查工作也受到一定的制约。有统计显示，2009～2012 年印度发生的 12 起大型恐怖袭击事件中，国家调查局获得委托参与调查的只有 2 起。由于印度国家调查局发展相对缓慢，工作人员也存在不足，仅有 450 名工作人员和非常有限的高素质调查人员。[③]

此外，印度国家情报网的建设和发展相对滞后，原本应该进入第四个阶段，但是至今仍在艰难地完成第一阶段的任务。[④] 关于银行账号资料和信用卡账户数据的数据库的连接也还未完成。[⑤] 印度国家反恐中心则被学者认为是“后孟买时期最大的失败”。[⑥] 孟买恐怖袭击事件推动了印度反恐机制的改革，但是这场改革还处于未完成状态。印度不仅缺乏一部专门的、综合性的反恐法规，也缺乏有效的措施协调整合各种反恐力量。

第三节　印度安全体制机制展望

印度出现传统安全问题和非传统安全问题的频度和烈度显著高于其他新兴国家。这迫使印度需要有一套运行顺畅的安全体制机制来应对各种类型的安全问

① 陈宗海、余忠剑：《印度反恐怖主义法浅析》，载《东南亚纵横》2009 年第 10 期，第 88 页。

② The NIA Gives us a Fighting Change, *The Hindustan Times*, 02 Jan 2009.

③ Aman Sharma, Do We Need the National Investigation Agency? *The Economic Times*, 03 Mar 2013.

④ Manan Kumar, Wanted: CEO for India's most ambitious intelligence grid: Modi govt keen on inducting fresh blood to put Natgrid back on track, *DNA*: *Daily News & Analysis*, 14 July 2014.

⑤ NATGRID to take off soon on home ministry data, *The Economic Times*, 18 Jan 2014.

⑥ Sarah J. Watson & C. Christine Fair, India's Stalled Internal Security Reforms, *India Review*, Vol. 12, No. 4, 2013, P. 288.

题。印度政府不断调整和改进其国家安全体制机制来应对复杂的安全挑战，但是印度分析家们对印度安全体制机制的发展却一直持负面或批评态度。在印度分析家们的视角中，印度的国家安全政策常常是“不连贯的”“软弱的”和“断裂的”。这种现象的产生，一方面源于印度学术界和智库的批判传统，另一方面也是客观地反映了印度安全体制机制的缺陷和困境。印度大多数时候都是被动地采取措施应对突发安全问题，而安全形势一旦稍有好转，原先采取的措施就会存在贯彻不力的问题。这使得在下一次危机产生之前，印度安全体制机制改革的推动力不足，更倾向于有限地“修补”现有机制的缺陷，以维持现有机制的相对稳定。

一、国家安全委员会的可能改革

尽管有些对印度国家安全委员会的发展持积极观点的学者认为，印度国家安全委员会如果能够进一步落实法律地位，它可能超越内阁政治事务委员会成为印度安全体制机制中最重要的决策机构，但是印度国家安全委员会自建立之后，印度人对这一机构的评价就远低于美国人对美国国家安全委员会的评价。印度国家安全委员似乎处于一种尴尬的状态，而且存在边缘化的可能。印度国家安全委员会除了法律地位问题外，还包括军方在决策机制中的存在感较弱、国家安全顾问双重职位、秘书处由联合情报委员会兼任和国家安全咨询委员会专家构成不合理等问题。不过从目前的趋势来看，印度国家安全委员会在莫迪政府时期可能会继续强化功能，而不是逐渐被边缘化。尤其国家安全顾问的作用可能会进一步增强。“外交部长、内务部长和国家安全顾问的权力平衡或许会产生倾向于国家安全顾问的变化。”① 印度总理莫迪上台后任命了前情报官员阿吉特·多瓦尔（Ajit Doval）担任其国家安全顾问。在瓦杰帕伊时期，多瓦尔曾经创立过旨在促进信息实时共享的跨机构中心和针对反恐的情报工作联合特遣队。多瓦尔还是《预防恐怖主义法》的坚定支持者。② 有印度国内情报官员认为，多瓦尔不会墨守成规，估计他会实施改革。多瓦尔可能会推进边境基础设施的迅速扩张，并精简情报机构以提高效率。③ 此外，多瓦尔也有可能推动恢复《预防恐怖主义法》。但

---

① Modification hopes-India reviews its national security policies, *Jane's Intelligence Review*, 26.7, Jul 1 2014.

② Saikat Datta, Ajit Doval, Giant among Spies, is the New National Security Adviser, *Hindustan Times*, May 28, 2014.

③ Sanjeev Miglani, Eyeing Pakistan and China, India's Modi bolsters security team, http://www.reuters.com/article/2014/06/01/us-india-modi-security-idUSKBN0EC0YW20140601.

是在现阶段，印度国家安全委员会获得法律地位、调整现有结构也许存在一定困难，印度文官治军的基本理念也不太会发生变化。不过，军方有可能增加其在安全决策中的作用。有印度退休军官建议在国家安全的决策层增加军方的声音，来有效防止国家安全决策的“断裂”。[①] 也有印度学者建议，重设参谋长联席会议主席或者三军总参谋长，并将其纳入国家安全委员会，以此制度化政治领导层和军方之间的联系。[②] 另外，改革国家安全咨询委员会的专家构成阻力相对较小，较容易实现，最有可能在莫迪执政时期实现。印度前外交秘书西克利曾批评：“自从公布了《核原则草案》之后，再也没有证据表明国家安全咨询委员会专家向政府提供了具有意义的政策支持或者政策建议。”西克利还指出：“国家安全咨询委员会的重要性似乎正在下降，因为它正在成为政府向更多退休官员、资深记者所提供的一个‘美差’，而不是真正要利用这些有能力的专家及学者制定外交政策。”[③] 现阶段印度国家安全咨询委员会的专家大多数是退休官员，莫迪政府可能会进一步改革国家安全咨询委员会的人员构成，使其发挥更有益的咨询功能。印度国家安全委员会存在改革的可能性。不过这种改革可能是有限度的，国家安全委员会的基本结构和功能不会改变。

二、反恐机制的修补

近两年，印度国内恐怖主义事件发生的频率在降低，与巴基斯坦的关系也趋于缓和，但是国际社会和印度国内仍然认为恐怖主义会长期影响印度的国家安全。有印度官员指出：“在印度的地缘政治背景下，我们要学会与恐怖主义长期做斗争，因为恐怖主义不可能在不久的将来彻底消失。”[④] 实际上，“印度民众仍然不清楚如果未来再次发生孟买恐怖袭击类型的事件，印度政府将会如何应对”。[⑤] 尽管印度再次修订了《预防非法活动法》，建立了国家调查局、国家情报网和国家反恐中心等机构，但是横向部门之间“争夺地盘”，以及纵向层面中央政府和邦政府之间的影响力和控制力的较量，严重制约了印度打击恐怖主义的能

① V. P. Malik, India Has Fractured Policy-making on National Security, *The Times of India*, 25 Nov 2013.

② Subash Kapila, India's National Security Council-a Critical Review http://www.southasiaanalysis.org/paper123.

③ 唐璐：“印度国家安全委员会在有形与无形之间”，http://news.xinhuanet.com/world/2014-03/15/c_126245125_2.htm.

④ India Will Have to Live with Terrorism, *The New Indian Express*, 26 Nov., 2013.

⑤ Arvind Gupta, Ashok Behuria, P. V. Ramana and Pushpita Das, India's Experience in Dealing with Terrorism, in Anand Kumar, *The Terror Challenge in South Asia and Prospect of Regional Cooperation*, Pentagon Press, 2012, P. 55.

力。此外，有效的反恐机制需要考虑应对政治、军事、法律、社会、经济等方面威胁的协调配合，偏重某一个方面也不利于彻底解决问题。鉴于此，印度的反恐机制确实存在一定的缺陷，而且这种缺陷由于印度政治中的“顽疾”和印度国内的社会矛盾暂时很难解决。孟买恐怖袭击事件之后，印度反恐机制的改革获得了强大的推动力，但是目前这种推动力也已经逐渐转弱。尽管印度人民党在竞选宣言中强调应该恢复2004年团结进步联盟执政时废除的反恐体制，但是这也许仅仅是竞选语言。建立人民党版本反恐机制的可能性要小于国家安全委员会的改革。所以从目前的趋势看，印度会采取一些渐进的、折中的办法来增强印度反恐机制的能力，一方面继续加强横向和纵向部门之间的协调，另一方面鼓励各邦之间展开合作。在可预见的未来，如果不出现类似孟买恐怖袭击的重大事件，印度的反恐机制不太可能产生大的变革，印度只会对现有机制进行修修补补，增强各部门间的合作与协调。

三、印度灾害管理体制的改革方向

尽管印度逐渐建立了比较完善的灾害管理体制并采取了一系列防灾减灾措施，但灾害仍然不断造成巨大的损失，特别是随着人口的不断攀升、环境污染日益加剧以及无计划的城市化，印度的一些灾害有着继续增长的趋势。然而，印度救灾能力与力量严重不足，印度人口超过11亿，但只有大约20万名消防员，马哈拉施特拉邦消防部门主管M. V. 德希穆克就指出，消防部门亟须补充资源、设备和人力。在应对众多的自然或人为灾害时，印度灾害管理工作还暴露出诸多问题，如印度应急安全法律不完善且执行不力；灾害与贫穷、环境以及发展之间的联系经常被忽视；抗灾技术及其应用需要加强；缺乏对灾民心理健康的关注；应对人口爆炸和快速城市化情况的抗灾准备不足；需要更多地关注灾害防止与减除；需要发展灾害社会保险。[①] 至于具体的应急管制体制，印度的主要问题是：缺乏一个全面覆盖各种社会突发事件的危机应急系统；各邦应急协调机构事实上是临时组成的；各邦没有比较完备的、统筹全局的应急预案；对于灾害救济的经济投入不足；灾害救济机构存在人员和设备不足的问题；灾害救济过程中存在社会参与不足、法律规范欠缺等问题。

为了解决这些问题，印度对灾害管理体制进行了改革和调整，如致力于在全国范围内建立一个统一指挥、高效机动、协同联动的应急信息系统，积极开发有

① Vinod K. Sharma, Disaster Management-Approach and Emerging Strategies in India, *Business Prespective*, January-June, 2003, pp. 139 - 140.

效的通信系统和使用最先进的信息技术。当然建立更为先进的信息系统还有很多工作要做，如印度需要发展全国统一的高度发达的通信网、广电网及互联网，要发展地理信息系统、视频会议系统，GPS定位系统、视频监控系统等。为了解决经费不足的问题，印度把减灾纳入发展规划并实施灾害保险计划。印度还努力提高公众的减灾意识并开展宣传教育运动，动员私营部门积极参与减灾，并加强立法以对灾害救济和管理进行法律支持。

在印度的灾害管理体制调整改革中，存在着一个选择集中体制还是分散管理的问题。长期以来，印度是农业部主导中央危机管理工作。在中央和地方灾害管理机构的关系方面，印度传统体制的特点是中央综合协调、分类管理、分级负责、属地管理为主，也就是灾害救济以各邦管理为主，中央机构发挥的是协调支持作用，主要是在与专家委员会、财政委员会和邦协商后制定政策和指导方针，给予物资和资金援助，早期预警，救灾协调。一旦遇到自然灾害，营救和赈灾工作由邦政府负责，组织实施及总体管理以邦为主，内容包括灾害准备、反应和减除措施。灾害发生后，受灾的邦将邀请中央政府的救灾小组到现场进行灾情评估并提出援助建议，交通运输、灾情警报或粮食跨境调运等也由中央政府进行协调和支持。然而，2001年古吉拉特地震暴露出印度以地方为主的灾害管理体制难以应对重大突发事件，印度政府很快实施改革。为了加强救灾执行力度，以内政部取代农业部管理中央危机管理工作，并建立了以总理为首的全国灾害应急管理委员会（NCDM）作为最高监管机构。2005年《灾害应急管理法》颁行后，印度进一步致力于在全国建立专门的危机管理机构和统一的指挥行动中心。然而，也有人反对印度的这种集中管理趋势，指责2005年法律将制定计划和指南的权力从邦危机管理机构转移到联邦机构，也不应该在中央设立单独的危机管理局和国家执行委员会。[①] 反对者认为，各级管理机构权责分明，既加强了集中的领导和管理，也保持了原有的分类管理、分级负责、属地管理为主的管理体制，同时还十分注重进行有效的协调。“危机（灾害）管理有多部门特征，从防备到安置的众多讨论和评估也有着广泛的影响，要求从各级政府获得资源，这意味着完全的集中或分散机制都将是低效的。最好的情况是，如果有的灾害管理机构是集中的，其他的机构就保持最低限度的非集中。”[②]

还有专家认为，印度应该加强防灾而不是救灾工作，因为防灾胜过救灾。近年来，印度政府在危机管理的方略方面进行了范式转变。新的危机管理方略基于这样一种理念：只有将灾害减除因素考虑在内，发展才会产生可持续性；灾害减

---

① Crisis Management: From Despair to Hope, pp. 43 – 44, http://arc. gov. in/3rdreport. pdf.

② Crisis Management: From Despair to Hope, P. 37, http://arc. gov. in/3rdreport. pdf.

除必须是一个多学科的过程，它贯穿所有部门；灾害减除支出比灾害救助和灾后复原支出具有更好的成本效益。新的政策方法要对灾害减除、灾害预防和灾害准备等危机管理的所有方面都给予优先考虑。①

印度面临着复杂的传统和非传统安全威胁。除了悬而未决的边界问题以及与巴基斯坦等邻国错综复杂的利害冲突，印度还不得不应对恐怖组织、民族分裂势力、宗教矛盾、印度洋海盗等严峻的挑战。印度需要健全的国家安全体制机制来管控各种危机，也需要依靠安全体制机制发展综合性的国家安全战略。现阶段印度安全体制机制似乎只是“权宜之计”，摆脱这一困境要克服印度民主政治的种种弊端，也要化解印度国内的种种社会矛盾。印度安全体制机制要超越“事件驱动型”或“危机催生型”的方式发展还有待时日。

① 牟卫民：《印度危机管理机制与政策调整》，载《学习时报》，2006 年 10 月 9 日。

参考文献

中文部分

[1] [美] 艾布拉姆·N. 舒尔斯基等著，罗明安、肖皓元译：《无声的战争：认识情报世界》，金城出版社 2011 年版。

[2] 艾红、王君、慕尧：《俄罗斯情报组织》，时事出版社 2013 年版。

[3] [英] 巴里·布赞著，闫健、李剑译：《人、国家与恐惧：后冷战时代的国际安全研究议程》，中央编译出版社 2009 年版。

[4] 边和平、潘盘甫：《国家安全法通论》，中国海洋大学出版社 2004 年版。北京太平洋国际战略研究所：《应对危机：美国国家安全决策机制》，时事出版社 2001 年版。

[5] [印] 比·克·阿卢瓦里亚、夏希·阿卢瓦里亚著，肖耀先译：《拉吉夫·甘地——一个英勇的形象》，上海人民出版社 1986 年版。

[6] [法] 克洛德·迪隆著，史美珍译：《戴高乐的工作与生活》，新华出版社 1986 年版。

[7] 丛鹏主编：《大国安全观比较》，时事出版社 2004 年版。

[8] 陈乐民等：《战后英国外交史》，世界知识出版社 1994 年版。

[9] 陈玲：《德国总理默克尔传》，时事出版社 2014 年版。

[10] 陈晓和等：《外国国防经济安全研究》，中央编译出版社 2012 年版。

[11] 崔秋文、苗崇刚：《国际地震应急与救援概览》，气象出版社 2004 年版。

[12] [日] 大平善悟、田上穰治主编，钟安庆、高培译：《世界各国国防制度》，解放军出版社 1987 年版。

[13] [美] 大卫·科兹、弗雷德·威尔著，曹荣湘、孟鸣歧译：《来自上层的革命——苏联体制的终结》，中国人民大学出版社 2002 年版。

[14] 杜邈：《反恐刑法立法研究》，法律出版社 2009 年版。

[15] 戴艳梅：《俄罗斯反恐体系研究》，时事出版社 2015 年版。

[16] 戴学正等编：《中外宪法选编》，华夏出版社 1994 年版。

[17] 丁邦泉主编：《国际危机管理》，国防大学出版社 2004 年版。

[18] 方连庆等：《国际关系史（战后卷）》（上册），北京大学出版社 2006 年版。

[19] 方连庆等：《国际关系史（战后卷）》（下册），北京大学出版社 2006 年版。

[20] 冯绍雷：《制度变迁与对外关系——1992 年以来的俄罗斯》，上海人民出版社 1997 年版。

[21] 冯绍雷：《20 世纪的俄罗斯》，生活·读书·新知三联书店 2007 年版。

[22] 国际隐蔽斗争情报研究室：《国际隐蔽斗争情报年鉴（1992～2011）》，时事出版社 2002 年版。

[23] 国际关系研究所编译：《戴高乐言论集》，世界知识出版社 1964 年版。

[24] 顾俊礼主编：《中德建交 40 周年回顾与展望》，社会科学文献出版社 2012 年版。

[25] 顾俊礼编：《列国志——德国》，社会科学文献出版社 2007 年版。

[26] 高金虎：《美国战略情报与决策体制研究》，陕西师范大学出版社 2004 年版。

[27] 高金虎：《迷雾深处的情报王国：二十世纪世界情报机构揭秘》，东方出版社 2007 年版。

[28] 高庆德等：《非战争军事行动情报支援》，国防工业出版社 2014 年版。

[29] 高振明：《法国情报组织揭秘》，时事出版社 2013 年版。

[30] 官朴、韩忠福：《密特朗》，长春出版社 1994 年版。

[31] 郭秋呈：《当代俄罗斯军队武器装备》，国防大学出版社 2013 年版。

[32] 洪凯主编：《应急管理体制跨国比较》，暨南大学出版社 2012 年版。

[33]《杜鲁门回忆录》第 1 卷，三联书店 1974 年版。

[34] 侯光明等编：《国防科技工业军民融合发展研究》，科学出版社 2009 年版。

[35] 黄玉章主编：《军队建设大辞典》，华夏出版社 1994 年版。

[36] 胡光正主编：《当代军事体制变革研究》，军事科学出版社 2007 年版。

[37] 胡光正：《外国国防与军队建设教程》，军事科学出版社 2013 年版。

[38] 胡康大：《英国的政治制度》，社会科学文献出版社 1993 年版。

[39] 胡平：《情报日本》，东方出版中心 2008 年版。

[40]［英］基斯·杰弗里著，宗端华、廖国强等译：《军情六处：秘密情报

局历史》，湖南文艺出版社2011年版。

[41] 姜平：《突发事件应急管理》，国家行政学院出版社2011年版。

[42] 军事科学院《世界军事年鉴》编辑部编：《世界军事年鉴2012》，解放军出版社2013年版。

[43] 军事科学院《世界军事年鉴》编辑部编：《世界军事年鉴2013》，解放军出版社2013年版。

[44] 军事科学院世界军事研究部：《日本军事基本情况》，军事科学出版社2006年版。

[45]《阿登纳回忆录：1945～1953》（一），上海人民出版社1976年版。

[46]《阿登纳回忆录：1959～1963》（四），上海人民出版社1973年版。

[47] [德] 康拉德·黑塞著，李辉译：《联邦德国宪法纲要》，商务印书馆2007年版。

[48] 劳动人事编制局编：《机构 编制 体制文件选编（上）》，劳动人事出版社1986年版。

[49] 雷启淮主编：《当代印度》，四川人民出版社2007年版。

[50] [英] 理查德·迪肯著，群益译：《日本情报机构秘史》，群众出版社1985年版。

[51] 梁陶：《日本情报组织揭秘》，时事出版社2012年版。

[52] 李德义：《20世纪以来中外军事著作要览》，军事科学出版社2005年版。

[53] 李保忠著：《中外军事制度比较》，商务印书馆2003年版。

[54] 李竹：《国家安全立法研究》，北京大学出版社2006年版。

[55] 李庆功等：《世界军事大调整》，军事谊文出版社1993年版。

[56] 李莉：《法兰西的狩猎人——法国情报机构揭秘》，国防大学出版社1998年版。

[57] 李庆余：《美国外交史——从独立战争至2004年》，山东画报出版社2008年版。

[58] 李庆山主编：《中外军事博览·军衔军服卷（第10册）》，中共党史出版社2006年版。

[59] 李浩等编：《迈好军营第一步》，长征出版社2001年版。

[60] 李保忠：《中外军事制度比较》，商务印书馆2014年版。

[61] 连玉如：《新世界政治与德国外交政策——“新德国问题”探索》，北京大学出版社2003年版。

[62] 刘波等：《德国食品安全法律体系与研究》，厦门大学出版社2004

年版。

[63] 刘剑编著：《当代印度军队武器装备》，国防大学出版社 2013 年版。

[64] 刘仁文主编：《刑事法治视野下的社会稳定与反恐》，社会科学文献出版社 2013 年版。

[65] 刘强：《战略预警视野下的战略情报工作》，时事出版社 2014 年版。

[66] 吕一民：《法国通史》，上海社会科学院出版社 2012 年版。

[67] 吕昭义：《印度国情报告：2012～2013》，社会科学文献出版社 2014 年版。

[68] [美] 马克·洛文塔尔著，杜效坤译：《情报：从秘密到政策》，金城出版社 2015 年版。

[69]《艾登回忆录（全译本）》，世界知识出版社 1960 年版。

[70] 美国"9·11"独立调查委员会著，史禺等译：《9/11 委员会报告》，世界知识出版社 2005 年版。

[71] 宁泉骋：《蓝犬：英国特工秘密档案》，广州出版社 2000 年版。

[72] [澳] 内维尔·马克斯韦尔：《印度对华战争》，香港南粤出版社 1976 年版。

[73]《见证：萨科齐自述》，上海辞书出版社 2007 年版。

[74] 倪春乐：《恐怖主义犯罪特别诉讼程序比较研究》，群众出版社 2013 年版。

[75] 彭光谦主编：《世界主要国家安全机制内幕》，江苏人民出版社 2014 年版。

[76] 情报与国家安全课题组：《情报与国家安全》，时事出版社 2002 年版。

[77] 綦甲福、赵彦、朱宇博、邵明：《德国情报组织揭秘》，时事出版社 2013 年版。

[78] 冉隆勃、王振华等：《当代英国——政治、外交、社会、文化面面观》，中国社会科学出版社 1990 年版。

[79] 上海太平洋国际战略研究所：《俄罗斯国家安全决策机制》，时事出版社 2007 年版。

[80] 盛红生主编：《英国政治发展与对外政策》，世界知识出版社 2008 年版。

[81] [美] 斯蒂芬·科亨著，刘满贵等译：《大象和孔雀：解读印度大战略》，新华出版社 2002 年版。

[82] 宋海啸：《印度对外政策决策——过程与模式》，世界知识出版社 2011 年版。

[83] 孙士海、葛维钧编著：《印度》，社会科学文献出版社，2003 年版。

[84] 孙晓文编著:《从列岛向世界出击——英国军队》,黑龙江人民出版社1999年版。

[85] 唐笑虹主编:《2012年世界重要安全文件汇编》,时事出版社2013年版。

[86] 王海运、马永葆审校,田小文、伍君、黄忠明等校译:《俄罗斯国防法规选编》,军事译文出版社1998年版。

[87] [德] 沃尔夫冈·努茨欧著,熊炜等译:《德国政府与政治》(第7版),北京大学出版社2010年版。

[88] 吴永年、赵干城、马缨:《21世纪印度外交新论》,上海译文出版社2004年版。

[89] 王德迅:《日本危机管理体制研究》,中国社会科学出版社2013年版。

[90] 王振华编著:《英国》,社会科学文献出版社2003年版。

[91] 王昉等:《北约新战略》,当代世界出版社1999年版。

[92] 王谦:《英国情报组织揭秘》,时事出版社2016年版。

[93] 王晓东:《国家安全领导体制研究》,时事出版社2009年版。

[94] 卫安主编:《外国情报史》,时事出版社1993年版。

[95] 卫灵:《冷战后中印关系研究》,中国政法大学出版社2008年版。

[96] [德] 乌尔里希·齐白著,周遵友、江溯等译:《全球风险社会与信息社会中的刑法:二十一世纪刑法模式的转换》,中国法制出版社2012年版。

[97] 吴纯光:《20世纪大海战》,四川人民出版社2001年版。

[98] 吴国庆:《当代法国政治制度研究》,社会科学文献出版社1993年版。

[99] 吴国庆:《战后法国政治史(第二版)(1945~2002)》,社会科学文献出版社2004年版。

[100] 吴国庆:《当代各国政治体制——法国》,兰州大学出版社1998年版。

[101] 吴国庆:《法国政治史:1958~2012》,社会科学文献出版社2014年版。

[102] [法] 夏尔·戴高乐:《希望回忆录》第一卷,世界知识出版社1965年版。

[103] 谢尔曼·肯特著,刘微、肖皓元译:《战略情报:为美国世界政策服务》,金城出版社2012年版。

[104] 许曼舒:《国际危机预警》,时事出版社2008年版。

[105] 徐思宁:《美俄(苏)国家安全体制比较》,中共党史出版社2011年版。

[106] 薛兴国:《俄罗斯国家安全理论与实践》,时事出版社2011年版。

[107] 徐争游等:《中央政府组织的职能和组织结构》,华夏出版社1994年版。

[108] [美] 威尔斯·汉根:《谁是尼赫鲁的继承人?》,世界知识出版社1964年版。

［109］［日］武田康裕、神谷万丈主编，刘华译：《日本安全保障学概论》，世界知识出版社 2012 年版。

［110］杨永平：《尼赫鲁建国思想研究》，云南人民出版社 2011 年版。

［111］杨先明：《超越预警：中国西部欠发达地区的发展与稳定》，人民出版社 2013 年版。

［112］严锴：《希拉克传》，时代文艺出版社 2003 年版。

［113］杨冬燕：《苏伊士运河危机与英美关系》，南京大学出版社 2003 年版。

［114］姚国章：《灾害预警新论》，中国社会出版社 2014 年版。

［115］张晓军：《军事情报学》，军事科学出版社 2001 年版。

［116］张晓军等：《美国军事情报理论研究》，军事科学出版社 2007 年版。

［117］杨毅主编：《国家安全战略理论》，时事出版社 2008 年版。

［118］朱成虎、孟凡礼主编：《当代美国军事》，社会科学文献出版社 2012 年版。

［119］朱建新、王晓东：《各国国家安全机构比较研究》，时事出版社 2009 年版。

［120］赵秉志等编译：《国外最新反恐法选编》，中国法制出版社 2008 年版。

［121］赵建利：《美英军情解读》，中国社会出版社 2004 年版。

［122］张殿清：《情报与反情报》，世界知识出版社 1997 年版。

［123］张骥主编：《世界主要国家国家安全委员会》，时事出版社 2014 年版。

［124］张云祥：《戴高乐与法国》，时事出版社 1997 年版。

［125］张锡昌、周建卿：《战后法国外交史（1944～1992）》，世界知识出版社 1993 年版。

［126］张磊：《德国应急管理体系研究》，国家行政学院出版社 2013 年版。

［127］张谦让编著：《英布战争》，商务印书馆 1986 年版。

［128］赵冰峰：《情报论》，兵器工业出版社 2011 年版。

［129］赵小卓：《外国国防与军队建设教程》，军事科学出版社 2013 年版。

［130］赵占平：《世界主要国家军事交通运输研究》，国防大学出版社 2007 年版。

［131］赵子聿主编：《国家安全危机管理析论》，国防大学出版社 2014 年版。

［132］赵秉志编译：《国外最新反恐法选编》，中国法制出版社 2008 年版。

［133］赵晓春、刘跃进：《尼赫鲁家族》，社会科学文献出版社 1996 年版。

［134］郑春荣、李乐曾主编：《德国发展报告 2013》，社会科学文献出版社 2013 年版。

[135] 张宏宇:《世界情报大战》，东方出版社 1992 年版。

[136] 钟开斌:《中外政府应急管理比较》，国家行政学院出版社 2012 年版。

[137] 正文、秦思:《俄罗斯军事改革启示录》，解放军出版社 2008 年版。

[138] 周琪、王国明主编:《战后西欧四大国外交》，中国人民公安大学出版社 1992 年版。

[139] 詹姆斯·邓尼根:《现代战争指南》，军事科学出版社 1986 年版。

[140] 中国现代国际关系研究所反恐怖研究中心编:《各国及联合国反恐怖主义法规选编》，时事出版社 2002 年版。

[141] 周桂银等编著:《黑夜战争——德国情报机构揭秘》，四川人民出版社 1997 年版。

[142] 周弘:《欧洲发展报告（2010～2011)》，社会科学文献出版社 2011 年版。

[143] 爱董卫、吴继宇:《日军信息战中的情报保障》，载《外军信息战》2005 年第 2 期。

[144] 白云真:《国家安全委员会何以必要》，载《国际关系研究》2014 年第 5 期。

[145] 北京市市政市容委赴德国城市运行管理与保障培训团:《德国城市运行管理经验》，载《城市管理与科技》2010 年第 3 期。

[146] 陈宗海、余忠剑:《印度反恐怖主义法浅析》，载《东南亚纵横》2009 年第 10 期。

[147] 陈海宏、肖华锋:《英国 1919～1945 年的军事建设》，载《江西师范大学学报》(哲学社会科学版) 2003 年第 2 期。

[148] 陈玉瑶:《法国移民问题探析》，载《法国研究》2014 年第 3 期。

[149] 陈新丽、冯传禄:《奥朗德的困境——试析当前的法国政治生活》，载《法国研究》2013 年第 4 期。

[150] 迟娜娜、邓云峰:《俄罗斯国家应急救援管理政策及相关法律法规(1)》，载《中国职业安全卫生管理体系认证》2004 年第 5 期。

[151] 迟娜娜、邓云峰:《俄罗斯国家应急救援管理政策及相关法律法规(2)》，载《中国职业安全卫生管理体系认证》2004 年第 6 期。

[152] 丛卓义:《外国反恐立法的借鉴及对我国的启示》，载《四川警察学院学报》2008 年第 4 期。

[153] 丛文胜:《德国军事行政司法制度简介》，载《军法纵横》1996 年第 4 期。

[154] 崔建树、李金祥:《法国政治发展与对外政策》，世界知识出版社

2009 年版。

[155] [英] 爱德华·卢斯著，张一峰译：《印度的腐败》，载《国外社会科学文摘》2002 年第 12 期。

[156] 戴泳：《德国应急反应部队》，载《现代兵器》1997 年第 9 期。

[157] 丁顺珍：《英国情报与安全机构》，载《国际资料信息》2003 年第 10 期。

[158] 邓仕仑：《美国应急管理体系及其启示》，载《国家行政学院学报》2008 年第 3 期。

[159] 傅达林：《军事法体系的重构之道》，载《北方法学》2011 年第 25 期。

[160] 顾伟等：《德国军费规模、结构及发展趋势》，载《外国军事经济研究》2012 年第 3 期。

[161] 国务院办公厅应急管理赴德国培训团：《德国应急管理纵览》，载《中国行政管理》2005 年第 9 期。

[162] 国务院办公厅应急管理能力建设赴法考察培训团：《法国应急管理能力建设培训考察报告》，载《中国应急管理》2009 年 12 期。

[163] 高金虎：《论情报的定义》，载《情报杂志》2014 年第 3 期。

[164] 高平：《美军开发新型情报分发系统》，载《外军信息战》2004 年第 5 期。

[165] 国务院办公厅公共安全管理能力培训团：《英国应急管理考察报告》，载《中国应急管理》2007 年第 1 期。

[166] 戴艳梅：《美国反恐情报工作改革及其启示》，载《武警学院学报》2006 年第 6 期。

[167] 董泽宇：《美国反恐预警体系建设的经验与教训》，载《情报杂志》2016 年第 3 期。

[168] 范炜、胡康林：《面向突发事件应急决策的情报支撑作用研究》，载《图书情报工作》2014 年第 23 期。

[169] 韩骏：《美国战略预警系统现状与发展动向》，载《外国军事学术》2005 年第 12 期。

[170] 何奇松：《上下求索的欧盟防务一体化》，载《现代军事》2005 年第 6 期。

[171] 何奇松：《冷战后的法国军事转型》，载《军事历史研究》2007 年第 3 期。

[172] 侯勤等：《德国全面推进军事转型》，载《国防》2007 年第 4 期。

[173] 胡文秀、刘振霞：《中美军事安全体制比较及启示》，载《国际安全研究》2013 年第 2 期。

［174］胡昊：《俄罗斯联邦安全会议的历史演进及对中国的启示》，载《国际安全研究》2014 年第 5 期。

［175］贾群林、郑荔：《德国应急救援志愿者队伍：社会减灾的主力军》，载《城市与减灾》2006 年第 5 期。

［176］江穗春：《法国情报与安全机构》，载《国际资料信息》2003 年第 8 期。

［177］吕惠：《浅析冷战后英国安全防务政策》，载《外交学院学报》2001 年第 2 期。

［178］李健和、马振超等：《俄罗斯反恐预警机制研究》，载《中国人民公安大学学报》（社会科学版）2004 年第 8 期。

［179］李衡：《论英布战争对 20 世纪初英国社会改革的影响》，载《乐山师范学院学报》2006 年第 7 期。

［180］李志平：《英国在欧洲联合起步时拒绝加入之原因探析》，载《湖州师范学院学报》2004 年第 3 期。

［181］李雪峰：《英国应急管理的特征与启示》，载《行政管理改革》2010 年第 3 期。

［182］李健和、马振超等：《俄罗斯反恐预警机制研究》，载《中国人民公安大学学报》（社会科学版）2004 年第 8 期。

［183］李乐曾：《德国的新安全政策与联邦国防军部署阿富汗》，载《德国研究》2010 年第 4 期。

［184］李国强：《印度智库发展状况概略》，载《党政视野》2015 年第1 期。

［185］李秀石：《试论日本对东盟的安全合作政策》，载《日本学刊》2014 年第 2 期。

［186］李因才：《国家安全委员会的国际比较：地位、职能与运作》，载《当代世界与社会主义》2014 年第 6 期。

［187］李延平：《德国、英国卫生监督管理考察与思考》，载《中国卫生监督杂志》2005 年第 3 期。

［188］李凯航：《揭开印度调查分析局的面纱》，载《当代世界》2002 年第 10 期。

［189］李丹阳：《大数据背景下的中国应急管理体制改革初探》，载《江海学刊》2014 年第 2 期。

［190］刘善国、傅彤编译：《印专家谈“印、巴国家安全体制”》，载《南亚研究季刊》1995 年第 1 期。

［191］连玉如：《“迟到的民族国家”与“超前的民族国家”——“新德国

问题”前景探索》，载《德国研究》2003 年第 1 期。

[192] 刘思伟：《印度外交政策制定：以印美民用核合作协议谈判为例》，载《东南亚南亚研究》2010 年第 2 期。

[193] 刘鹏、刘志鹏：《国家安全委员会体制的国际比较》，载《经济社会体制比较》2014 年第 3 期。

[194] 刘文俭、井敏：《法国应急管理的特点与启示》，载《行政论坛》2011 年第 5 期。

[195] 刘力达：《2005 年法国骚乱后的法国移民政策研究》，载《法国研究》2012 年第 2 期。

[196] 刘建国：《印度的高级国防决策体制》，载《南亚研究季刊》1988 年第 4 期。

[197] 刘助仁：《透视日本的情报系统》，载《当代世界》2004 年第 2 期。

[198] 刘铁民、王永明：《飓风“桑迪”应对的经验教训与启示》，载《中国应急管理》2010 年第 12 期。

[199] 刘向文：《谈俄罗斯联邦总统的全权代表制度》，载《东欧中亚研究》2001 年第 6 期。

[200] 卢坦、耿贵宁：《日本情报体系研究》，载《保密技术科学》2013 年第 10 期。

[201] 马兰甫：《法国安全防务战略的发展变化》，载《现代国际关系》1987 年第 4 期。

[202] 马振超：《美俄反恐预警的启示》，载《国际关系学院学报》2009 年第 6 期。

[203] 马荣久、牛军：《尼赫鲁政府的对华边界政策：分析框架》，载《南亚研究》2010 年第 2 期。

[204] 倪海宁：《变革与困境：德国军队的海外维和》，载《当代世界》2007 年第 1 期。

[205] 潘峰等：《印度预警探测网络建设》，载《国防科技》2010 年第6 期。

[206] 戚建刚：《后“9·11”时代德国反恐法律制度之改革》，载《欧洲研究》2007 年第 4 期。

[207] 邱美荣：《后“9·11”时期美国的危机管理研究》，载《外交评论》2007 年第 12 期。

[208] 齐世荣：《三十年代英国的重整军备与绥靖外交》，载《历史研究》1984 年第 2 期。

[209] 任远喆：《国家安全领导体制的变革与东北亚地区安全》，载《国际

安全研究》2014 年第 5 期。

[210] 任海英：《印度大力提高情报能力》，载《国家安全通讯》2001 年第 12 期。

[211] 任海英：《印度情报机构悄然崛起》，载《环球军事》2002 年第 8 期。

[212] 任娜：《中国非传统安全问题的层次性与应对》，载《当代亚太》2010 年第 5 期。

[213] 孙春玲：《德国的安全情报机构》，载《国际资料信息》2002 年第 12 期。

[214] 桑楚：《英国军情五局》，载《国际资料信息》2000 年第 10 期。

[215] 宋丹、高峰：《美国自然灾害应急管理情报服务案例分析及其启示》，载《图书情报工作》2012 年第 20 期。

[216] 时宏远：《印度的反恐形势及反恐政策》，载《国际论坛》2013 年第 5 期。

[217] 施征等：《德国装甲车辆军事工业》，载《国外坦克》2012 年第 12 期。

[218] 宋海啸：《印度对外政策决策模式研究》，载《南亚研究》2011 年第 2 期。

[219] 宋全成：《论法国移民社会问题的政治化——一种政治社会学的视角》，载《山东大学学报》（哲学社会科学版）2010 年第 1 期。

[220] 邵育群：《美国与印度的反恐合作：内容、问题与前景》，载《南亚研究》2009 年第 1 期。

[221] 田友芳：《英国军事审判制度的历史沿革》，载《西安政治学院学报》2001 年第 6 期。

[222] 谭正义：《印度军事法的历史演进》，载《当代法学》2008 年第 2 期。

[223] 滕建群：《核威慑新论》，载《国际问题研究》2009 年第 6 期。

[224] 万伟：《新世纪的印度军事转型》，载《外国军事学术》2004 年第 5 期。

[225] 王宏伟：《美国应急管理的发展与演变》，载《国外社会科学》2007 年第 2 期。

[226] 王章辉：《试论丘吉尔在第二次世界大战中的作用》，载《世界历史》1980 年第 6 期。

[227] 王谦、梁陶：《美国情报体系及其存在的问题》，载《国际资料信息》2008 年第 3 期。

[228] 王振华：《冷战后英国外交的调整与走向》，载《外交学院学报》1996 年第 2 期。

[229] 王德迅：《日本危机管理体制的演进及其特点》，载《国际经济评论》

2007 年第 2 期。

［230］王士录：《穆斯林与当代印度政治》，载《世界经济与政治》1991 年 12 期。

［231］汪志红、王斌会、陈思玲：《国外突发事件应急管理体制的借鉴与思考》，载《科技管理研究》2012 年第 16 期。

［232］邬进平：《萨科齐执政时期法国情报协调体制改革问题研究》，载《江南社会学院学报》2014 年第 4 期。

［233］吴东林：《印度武装力量与大国之路》，载《台湾国际研究季刊》2006 年第 4 期。

［234］吴志成：《全球反恐运动中的德国——“9·11”后德国反恐的表现、特点及其国际影响》，载《欧洲研究》2003 年第 2 期。

［235］肖传国：《冷战后日本情报体制改革探析》，载《日本学刊》2012 年第 4 期。

［236］肖鹏：《撩开日本军事情报机构的神秘面纱》，载《国防科技》2003 年第 3 期。

［237］肖云上：《论萨科齐的政治改革》，载《国际观察》2007 年第 6 期。

［238］徐胜：《印度情报工作发展的新动向》，载《情报杂志》2003 年第 1 期。

［239］徐思宁：《国家安全体制理论辨析》，载《中国军事科学》2006 年第 2 期。

［240］徐炳杰：《世界当代战略预警体系建设发展述论》，载《军事历史研究》2010 年第 3 期。

［241］徐弃郁：《“身份定位”与德国对外政策走向》，载《现代国际关系》2006 年第 5 期。

［242］薛澜、彭龙、陶鹏：《国家安全委员会制度的国际比较及其对我国的启示》，载《中国行政管理》2015 年第 1 期。

［243］熊世英、邱健：《法国反恐机制与力量概览》，载《现代军事》2015 年第 4 期。

［244］叶建军：《调整与定位：英国对英美“特殊关系”的反思》，载《现代国际关系》2010 年第 8 期。

［245］熊贵彬：《美国灾害救助体制探析》，载《湖北社会科学》2010 年第 1 期。

［246］严少华、王黎：《“哈尔斯坦主义”与西德外交（1955～1970 年）》，载《德国研究》2012 年第 3 期。

［247］游志斌、魏晓欣：《美国应急管理体系的特点及启示》，载《中国应

急管理》2011 年第 12 期。

[248] 岳玮：《法国国防战略与军事力量》，载《国际资料信息》2007 年第 8 期。

[249] 易小明、胡俊：《法国新总统萨科齐外交政策初探》，载《现代国际关系》2007 年第 8 期。

[250] 余勇、唐兴诚：《聚焦法国军事力量转型》，载《国防科技》2006 年第 7 期。

[251] 翟金鹏、李健和、梅建明：《法国反恐怖预警机制研究》，载《中国人民公安大学学报》（社会科学版），2009 年第 2 期。

[252] 杨华、马明：《英国的“战时内阁”与“影子内阁”》，载《英语知识》2006 年第 6 期。

[253] 袁国栋：《政府公共危机管理比较研究——以卡特里娜和桑迪飓风为例》，载《北京航空航天大学学报》（社会科学版）2013 年第 2 期。

[254] 曾志云：《构建中国党政领导体制的新模式》，载《内蒙古农业大学学报》（社会科学版）2011 年第 6 期。

[255] 钟开斌：《应急管理：跟德国学什么》，载《决策》2009 年第 9 期。

[256] 张家年、马费成：《我国国家安全情报体系构建及运作》，载《情报理论与实践》2015 年第 8 期。

[257] 张力：《印度走向核军备化：战略动因的再认识》，载《南亚研究季刊》2006 年第 4 期。

[258] 郑春荣：《从欧债危机看德国欧洲政策的新变化》，载《欧洲研究》2012 年第 5 期。

[259] 张清敏：《中国解决陆地边界经验对解决海洋边界的启示》，载《外交评论》2013 年第 4 期。

[260] 张三保：《中日东海争端与出路》，载《国际研究参考》2007 年第 10 期。

[261] 张政：《美国重构应急体系后加强突发事件信息工作的主要做法及特点》，载《中国应急管理》2016 年第 1 期。

[262] 张业亮：《英国防务和安全政策浅析》，载《现代国际关系》1999 年第 4 期。

[263] 张福财：《美国情报机构体制历史沿革及其启示》，载《盐城师范学院学报》2010 年第 3 期。

[264] 翟文奇：《第二次世界大战期间英国军事建设探要》，载《齐齐哈尔大学学报》（哲学社会科学版）2005 年第 6 期。

[265] 赵冰峰：《论国家情报与国家安全及国家发展的互动关系》，载《情报杂志》2015年第1期。

[266] 左昊：《"9·11"事件后美国反恐情报信息体系的重建》，载《江苏警官学院学报》2006年第2期。

[267] 赵小卓：《美军领导指挥体制及其运行机制》，载《国外军事学术》第2期。

[268] 赵宇：《俄罗斯国家安全战略和决策的顶层机构——安全会议》，载《国防参考》2014年第1期。

[269] 赵瑛瑛：《日本情报与安全机构》，载《国际资料信息》2010年第3期。

[270] 赵超：《印度的"三位一体"侦察预警系统》，载《现代军事》2004年第9期。

[271] 周桂银：《历史学家与情报研究——情报史英国学派的传统与变迁》，载《世界历史》1997年第5期。

[272] 周泽丹：《简述贝尔福与帝国防御委员会的建立》，载《首都师范大学学报》（社会科学版）2007年S1期。

[273] 翟金鹏、李健和、梅建明：《法国反恐怖预警机制研究》，载《中国人民公安大学学报》（社会科学版）2009年第2期。

[274] 张庆阳：《印度：把气象防灾减灾作为可持续发展战略基本组成部分》，载《防灾博览》2015年第2期。

[275] "习近平：加强对国家安全工作集中统一领导是当务之急"，http://politics.people.com.cn/n/2013/1115/c1001-23559690.html.

[276]《习近平谈治国理政》，外文出版社2014年版。

[277] 习近平：《关于〈中共中央关于全面深化改革若干重大问题的决定〉的说明》，载《人民日报》2013年11月16日。

[278]《中共中央关于全面推进依法治国若干重大问题的决定》，载《人民日报》2014年10月29日。

[279]《中共中央关于全面深化改革若干重大问题的决定》，载《人民日报》2013年11月16日。

[280] 胡锦涛：《坚定不移沿着中国特色社会主义道路前进为全面建成小康社会而奋斗》，载《人民日报》2012年11月18日。

[281]《邓小平文选》（第2卷），人民出版社1994年版。

[282]《邓小平文选》（第3卷），人民出版社1993年版。

[283] "中国的军事战略"，http://www.mod.gov.cn/affair/2015-05/26/con-

tent_4588132. htm.

[284]《中华人民共和国安全法》，中国法制出版社 2016 年版。

英文部分

[285] Akan Malici, "Germans as Venutians: The Culture of German Foreign Policy Behavior", *Foreign Policy Analysis*, Volume 2, Issue 1, January 2006.

[286] Aman Sharma, Do We Need the National Investigation Agency? *The Economic Times*, 03 Mar 2013.

[287] Arijit Mazumdar, India's Search for a Post-Cold War Foreign Policy: Domestic Constraints and Obstacles, *India Quarterly: A Journal of International Affairs*, Vol. 67, No. 2, 2011.

[288] Ashok Kapur, *India and the South Asian Strategic Triangle*, London: Routledge, 2011.

[289] Annexure-1, The Prime Minister on the National Security Council-As Stated in Parliament on 16 May 1995.

[290] Annual Report Year 2015 – 2016, http://mod. nic. in/forms/List. aspx? Id = 57&displayListId = 57.

[291] Ayesha Ray, From Continuity to Change: Critical Issues in India's Institutional Structure of Civil-Military.

[292] A. Mallika Joseph, Leading Ahead, Yet Far Behind: Governance of the Security Sector in India, *South Asian Survey*, July/December 2009, Vol. 16, No. 2.

[293] Arnold Kanter, quoted in Ivo Daalder and I. M. Destler, *The Bush Administration: Oral History Roundtables*, 19 April 1999.

[294] Anna Matveeva, "Early Warning and Early Response: Conceptual and Empirical Dilemmas", European Centre for Conflict Prevention, September 2006.

[295] Abram N. Shulsky and Gray J. Schmitt, *Silent Warfare: Understanding the World of Intellgence*, Washington, D. C: Brasseys, Inc., 2002.

[296] A Strong Britain in an Age of Uncertainty: the National Security Strategy, London: the Stationary Office, 2010, https://www. gov. uk/government/uploads/system/uploads/attachment_data/file/61936/national-security-strategy. pdf.

[297] https://www. gov. uk/government/uploads/system/uploads/attachment _ data/file/62482/strategic-defence-security-review. pdf.

[298] Barbara Kunz, "Germany's Unnecessary Hegemony: Berlin's Seeking of 'Tranquility, Profit and Power' in the Absence of Systemic Constraints", *Politics*,

Article first published online: 22 SEP 2014.

[299] Burke, John P, "The Obama National Security System and Process: At the Six Month Mark," White House Transition Project Report, 2009.

[300] Brahma Chellaney, "Securing India's Future", *The Hindustan Times*, October 26, 1996.

[301] Bibhu Prasad Routray, National Security Decision-Making in India, Rajaratnam School of International Studies (RSIS) Monographs No. 27, 2013.

[302] Brahma Chellaney, Challenges to India's National Security in the New Millennium, in Brahma Chellaney, *Securing India's Future in the New Millennium*, Orient Blackswan, 1999.

[303] Balachandran, V, A Defunct Defence: Toothless NSC Will Not Do, *The Times of India*, Apr 1, 1998.

[304] Brajesh Mishra: India's first NSA, Vajpayee's troubleshooter, *Hindustan Times*, 29 September 2012.

[305] Bharat Karnad, India's Nuclear Policy, London: Praeger Security International, 2008.

[306] C. Raja Mohan, The Re-making of Indian Foreign Policy: Ending the Marginalization of International Relations Community, *International Studies*, 46, 1&2, 2009.

[307] Charles Mohr, Mrs. Gandhi Wields Power Firmly, New York Times, Dec 14. K. P. Misra, Foreign Policy Planning D. Cabinet System at Centre No Longer Exists? Morale of Ministers, Officials Affected, *The Times of India*, Oct 28.

[308] Counter-Terrorism and Security Act 2015, http://www.legislation.gov.uk/ukpga/2015/6/pdfs/ukpga_20150006_en.pdf.

[309] Cabinet Committee Discusses Kuwait, *The Times of India*, Aug 12 1990.

[310] Chandra Mallampalli, *Race, Religion, and Law in Colonial India: Trials of an Interracial Family*, Cambridge: Cambridge University Press, 2011.

[311] C. Uday Bhaskar, Brajesh Mishra steered national security in tempestuous times, September 2012, http://www.indiastrategic.in/topstories1758_Brajesh_Mishra_steered_national_security.htm.

[312] Crisis Management: From Despair to Hope, http://arc.gov.in/3rdreport.pdf.

[313] C. Raja Mohan and Ajai Sahni, India's Security Challenges at Home and Abroad, National Bureau of Asian Research, Special Report 39, May 2012.

[314] Daniel Byman, "The Intelligence War on Terrorism", *Intelligence and National Security*, Volume 29, Issue 6, 2014, Loch K. Johnson & Annette Freyberg, "Ambivalent bedfellows: German-American intelligence relations, 1969 – 1991", *International Journal of Intelligence and CounterIntelligence*, Volume 10, Issue 2, 1997.

[315] Douglas T. Stuart, *Creating the National Security State: A History of the Law that Transformed America*, Princeton: Princeton University Press, 2008.

[316] Derek S. Reveron, "Counterterrorism and Intelligence Cooperation". *Journal of Global Change and Governance*, Vol. I, NO. 3, Summer 2008.

[317] D. Shyam Babu, India's National Security Council: Stuck in the Cradle? *Security Dialogue*, Vol. 34, No. 2, 2003.

[318] Disaster Management in India, http://www.ndmindia.nic.in/.

[319] Eyal Pecht & Asher Tishler, "The value of military intelligence", *Defence and Peace Economics*, Volume 26, Issue 2, 2015.

[320] Establishment of a National Security Council, Wednesday 12 May 2010, http://webarchive.nationalarchives.gov.uk/20130109092234/http: //number10.gov.uk/news/establishment-of-a-national-security-council/G. Bennett, Churchill's Man of Mystery: Desmond Morton and the World of Intelligence, Abingdon and New York: Routledge, 2007.

[321] George D. Haddow, Jane A. Bullock and Damon P. Coppola, *Introduction to Emergency Management (Fourth Edition)*, Oxford: Butterworth-Heinemann, 2011.

[322] Gordon Adams, *Buying National Security: How America Plans and Pays for Its Global Role and Safety at Home*, New York: Routledge Press, *September* 2008.

[323] Harish Khare, Looking for a National Security Adviser, *The Hindu*, 8 Jan 2005.

[324] Hermann Kulke and Dietmar Rothermund, *A History of India*, *Third Edition*, London: Routledge, 1998.

[325] The Constitution of India, http://lawmin.nic.in/coi/coiason29july08.pdf.

[326] Homeland Security Act of 2002 (SEC. 507), http://www.gpo.gov/fdsys/pkg/PLAW-107publ296/pdf/PLAW-107publ296.pdf.

[327] Integrated Public Alert & Warning System, FEMA. http://www.fema.gov/integrated-public-alert-warning-system.

[328] Intelligence Services Act 1994, http://www.legislation.gov.uk/ukpga/1994/13/contents.

[329] National Intelligence Machinery, 2010, http://www.cabinetoffice.gov.uk/

sites/default/files/nim-november2010. pdf.

[330] Intelligence and Communications Technologies, December 2013.

[331] Joint Intelligence, Joint Publication 2-0, 22 October 2013, http://fas.org/irp/doddir/dod/jp2_0. pdf.

[332] Intelligence Bureau, Indian Administration, http://www. indianetzone.com/37/intelligence_bureau. htm.

[333] India: National Security Imperatives, *The Hindu*, Aug 6, 1996.

[334] India's new government, *Strategic Comments*, Vol. 10, No. 4, May 2004.

[335] India Will Have to Live with Terrorism, *The New Indian Express*, 26 Nov., 2013.

[336] Jyoti, Malhotra, Brajesh Mishra combined guile with generosity as India's first NSA, Business Standard, 29 September 2012.

[337] Joseph R. Cerami, Jeffrey A. Engel, Editors, Rethinking Leadership and "Whole of Government" National Security Reform: Problems, Progress, and Prospects, May 2010, http://www. StrategicStudiesInstitute. army. mil/.

[338] John Warner, Letter to White House Chief of Staff Andrew Card, 15 March 2006.

[339] James. P. Heffner, "Decision-making in the Obama White House", *Presidential Studies Quarterly* 41 (2), June 2011.

[340] Jason Miks, Foreign Policy to Play a Marginal Role in Indian Elections, *World Politics Review*, April 20, 2009, http://www. worldpoliticsreview. com/articles/3631/foreign-policy-to-play-a-marginal-role-in-indian-elections.

[341] James Jaffe, *Ironies of Colonial Governance: Law, Custom and Justice in Colonial India*, Cambridge: Cambridge University Press, 2015.

[342] Jaswant Singh, National Security: An Outline of Our Concerns, Lancer Publishers, 1996.

[343] Michael Brecher, *Nehru: A Political Biography*, Oxford University Press, 1959.

[344] Karl F. Inderfurth and Loch K. Johnson, *Fateful Decisions: Inside the National Security Council*, New York: Oxford University Press, 2004.

[345] Karsten Frey, *India's Nuclear Bomb and National Security*, London: Routledge, 2006.

[346] K. Subrahmanyam, One Man, Two Tasks: Brilliant Diplomacy vs Neglected Security, *The Times of India*, Jun 9, 2004.

[347] Manisha, Profiles of Indian Prime Ministers, Mittal Publications, 2010.

[348] Mahendra Ved, Strategic Policy Group will be strengthened, *The Times of India*, Nov 20, 1998.

[349] Manmohan Singh, "PM's Speech at the Chief Minister's Meet on Naxalism," April 13, 2006.

[350] Maurice Matloff, ed. American Military History, Volume 2: 1902 – 1996, Conshohocken, Pennsylvania: Combined Books, 1996.

[351] Michael Gordon Jackson, "A Dramatically Different NSC? President Obama's Use of the National Security Council", Paper prepared for presentation at the Annual Meeting of the Western Political Science Association, Portland, Oregon, March 22 – 24, 2012, P. 14, http://wpsa. research. pdx. edu/meet/2012/jackson-michael. pdf.

[352] Mark Phillips, "Policy-Making in Defence and Security", *The RUSI Journal*, Volume 157, Issue 1, 2012.

[353] Manan Kumar, Wanted: CEO for India's most ambitious intelligence grid: Modi govt keen on inducting fresh blood to put Natgrid back on track, *DNA*: *Daily News & Analysis*, 14 July 2014.

[354] Modification hopes-India reviews its national security policies, *Jane's Intelligence Review*, 26. 7, Jul 1 2014.

[355] National Counterintelligence Strategy of the United States of America, 2007, http://www. ncsc. gov/publications/strategy/docs/CIStrategy. pdf.

[356] National Response Plan of 2004, DHS, http://fas. org/irp/agency/dhs/nrp. pdf.

[357] National Security Council, https://www. gov. uk/government/organisations/national-security/groups/national-security-council.

[358] National Security Strategy, May 2010, https://www. whitehouse. gov/sites/default/files/rss_viewer/national_security_strategy. pdf.

[359] National Security Council, http://www. whitehouse. gov/administration/eop/nsc.

[360] National Intelligence Machinery, 2010, http://www. cabinetoffice. gov. uk/sites/default/files/nim-november2010. pdf.

[361] National Security Strategy and Strategic Defence and Security Review 2015: A Secure and Prosperous United Kingdom, 2015.

[362] National Security Strategy and Strategic Defence and Security Review

2015: First Annual Report 2016, 2016.

[363] National Security Strategy2015, https://www.whitehouse.gov/sites/default/files/docs/2015_national_security_strategy_2.pdf.

[364] Narottam Gaan, Indira Gandhi and foreign policy making: the Bangladesh crisis, Patriot Publishers, 1992.

[365] National Policy on Disaster Management, http://ndmindia.nic.in/NPDM-101209.pdf.

[366] National Agenda For Governance, http://pib.nic.in/focus/fomore/nafgp3.html.

[367] National Security Council set up, The Times of India News Service, *The Times of India*, Aug 26, 1990, *The Times of India*.

[368] N. Manoharan, India's Internal Security Situation: Threats and Responses, *India Quarterly: A Journal of International Affairs*, Vol. 69, No. 4, 2013.

[369] NGO Disaster preparation and Response Committee, http://www.ndmindia.nic.in/committee/Committee.htm.

[370] NSA's role will be redefined as Narayanan exits, *The Hindustan Times*, 22 Jan 2010.

[371] Oliver Daddow & Pauline Schnapper, "Liberal intervention in the foreign policy thinking of Tony Blair and David Cameron", *Cambridge Review of International Affairs*, Volume 26, Issue 2, 2013.

[372] Project on National Security Reform, *Forging a New Shield*, Arlington: PNSR, 2008.

[373] Prevent Terrorism and Enhance Security, Homeland Security, http://www.dhs.gov/prevent-terrorism-and-enhance-security.

[374] Quadrennial Defense Review (QDR) 2010, Department of Defense, http://www.defense.gov/Portals/1/features/defenseReviews/QDR/QDR_as_of_29JAN10_1600.pdf.

[375] Richard A. Best Jr., "The National Security Council: An Organizational Assessment", *CRS Report*, December 28, 2011, P. 8, http://www.crs.gov/.pdf.

[376] Sandy Recovery Improvement Act of 2013, http://www.fema.gov/sandy-recovery-improvement-act-2013.

[377] P. Chidambaram, A New Architecture for India's Security, Intelligence Bureau Centenary Endowment Lecture, New Delhi, 23 December 2009, http://static.indianexpress.com/frontend/iep/docs/Chidambaram-speech.pdf.

[378] Partha S. Ghosh, Foreign Policy and Electoral Politics in India: Inconsequential Connection, *Asian Survey* Vol. 34, No. 9, September 1994.

[379] P. R. Chari, India's nuclear doctrine: Confused ambitions, *The Nonproliferation Review*, Vol. 7, No. 3, Fall-Winter 2000.

[380] Relations, Annual Meeting of the Northeastern Political Science Association, Boston, 2008.

[381] Richard A. Best Jr., "The National Security Council: An Organizational Assessment", *CRS Report for Congress*, December 28, 2011.

[382] Raju G. C. Thomas, *Indian Security Policy*, Princeton University Press, 2014.

[383] Rajpal Budania, Domestic constraints in India's defence policy-making, *Strategic Analysis*, Vol. 26, No. 3, Jul-Sep 2002.

[384] Reform and Implementation, https://www.gov.uk/government/uploads/system/uploads/attachment_data/file/62482/strategic-defence-security-review.pdf.

[385] Ravikanth B. Lamani, G. S. Venumadhava, Police Corruption in India, *International Journal of Criminology and Sociological Theory*, Vol. 6, No. 4, December 2013.

[386] Stephen P. Cohen, Sunil Dasgupta, *Arming Without Aiming: India's Military Modernization*, Brookings Institution Press, 2010.

[387] Shyam Babu, India's National Security Council: Stuck in the Cradle?, *Security Dialogue*, June 2003, Vol. 34 No. 2.

[388] Sudershan Chawla, *The foreign relations of India*, Dickenson Pub. Co., 1976.

[389] S. D. Pradhan, National Security System — Evolution, in Satish Kumar, India's National Security: Annual Review 2010.

[390] Stephen P. Cohen and Sunil Dasgupta, *Arming without aiming: India's military modernization*, Washington, D. C.: Brookings Institution Press, 2010.

[391] Steven I. Wikinson, *Army and Nation: the Military and Indian Democracy Since Independence*, Harvard: Harvard University Press, 2015.

[392] Saroj Bishoyi, US-India security relations, 1995 – 2006, Doctor Dissertation of Jawaharlal Nehru University, 2008.

[393] Sarah J. Watson & C. Christine Fair, India's Stalled Internal Security Reforms, *India Review*, Vol. 12, No. 4, 2013.

[394] Shrikant Paranjpe, India's Security Policy: An Evaluation after Fifty

Years, *International Studies*, Vol. 35, No. 2, 1998.

[395] S. D. Muni, Indian Elections 2009: Foreign Policy Will Hardly Matter, ISAS Insights No. 54, March 2009.

[396] Securing Britain in an Age of Uncertainty: the Strategic Defence and Security Review, London: the Stationary Office, 2010, https://www.gov.uk/government/uploads/system/uploads/attachment_data/file/62482/strategic-defence-security-review.pdf.

[397] The National Security Strategy of the United Kingdom: Security in an interdependent world, London: TSO, 2009.

[398] The UK Cyber Security Strategy: Protecting and promoting the UK in a digital world, https://www.gov.uk/government/uploads/system/uploads/attachment_data/file/60961/uk-cyber-security-strategy-final.pdf.

[399] The democracy tax is rising, The Economist, http://www.economist.com/node/12749771.

[400] The Disaster Management Act, 2005, http://atingl.nic.in/Downloads/THE%20DISASTER%20MANAGEMENT%20ACT%202005.pdf.

[401] The Constitution of India, http://lawmin.nic.in/coi/coiason29july08.pdf.

[402] The French White Paper on defence and national security 2008.

[403] The National Intelligence Strategy of the United States of America, 18 September 2014, https://www.dni.gov/files/documents/2014_NIS_Publication.pdf.

[404] The National Security Council: An Organizational Assessment, *CRS Report*, December 28, 2011.

[405] The Post-Katrina Emergency Management Reform Act of 2006 (PKEMRA), http://www.gpo.gov/fdsys/pkg/PLAW-109publ295/pdf/PLAW-109publ295.pdf.

[406] Thomas A. Birkland, "Disaster, Catastrophes, and Policy Failure in the Homeland Security Era", *Review of Policy Research*, Vol. 26, No. 4, 2009.

俄文部分

[407] Густерин П. У истоков советской разведки на Востоке // Азия и Африка сегодня. — 2012. — № 3 (656).

[408] Максимов А. [Б.] Главная тайна ГРУ. — М.: Яуза: Эксмо, 2010. — 416 с. — (ГРУ) — 4000 экз.

[409] ЦГА РСФСР. «Высшие органы государственной власти и органы центрального управления РСФСР (1917—1967 гг.)»: Справочник (по материалам

государственных архивов).

[410] Санковская, О. М. Формирование кадров всероссийской чрезвычайной комиссии, 1917—1922 гг.: На материалах центрального аппарата ВЧК: дисс. … канд. ист. наук: 07. 00. 02—Архангельск, 2004. —273 с.

[411] ФЕДЕРАЛЬНЫЙ ЗАКОН О ФЕДЕРАЛЬНОЙ СЛУЖБЕ БЕЗОПАСНОСТИ, https://ceur. ru/library/docs/federal_laws/item100611/.

[412] Дегтярев К., Колпакиди А. Внешняя разведка СССР. — М.: Яуза, Эксмо, 2009. — С. 273—282. —736 с. — (Энциклопедия спецслужб). — 4000 экз.

[413] Положение об аппарате Совета Безопасности Российской Федерации, http://www. scrf. gov. ru/documents/11/3. html#.

[414] РОССИЙСКАЯ ФЕДЕРАЦИЯ Федеральный закон "О безопасности", http://svr. gov. ru/svr_today/doc4. htm.

[415] "О Стратегии национальной безопасности Российской Федерации", http://base. garant. ru/71296054/.

[416] РОССИЙСКАЯ ФЕДЕРАЦИЯ Федеральный закон "О безопасности", http://svr. gov. ru/svr_today/doc4. htm.

[417] Положение об аппарате Совета Безопасности Российской Федерации.

[418] http://www. scrf. gov. ru/documents/11/3. html#.

[419] Федеральный закон от 31 мая 1996 г. N 61 – ФЗ "Об обороне" (с изменениями и дополнения – ми), http://base. garant. ru/135907/.

[420] Федеральный конституционный закон от 30 января 2002 г. N 1 – ФКЗ "О военном положении" (с изменениями и дополнениями), http://constitution. garant. ru/act/right/184121/.

[421] Положение о Министерстве обороны Российской Федерации (утверждено Указом Президента Российской Федерации от 16 августа 2004 г. № 1082).

[422] Федеральный закон от 31 мая 1996 г. N 61 – ФЗ "Об обороне" (с изменениями и дополнения – ми), http://base. garant. ru/135907/.

[423] «Положение о Министерстве Российской Федерации по делам гражданской обороны, чрезыч – айным ситуациям и ликвидации последствий стихийных бедствий». Утверждено Указом Президента Российской Федерации от 2 августа 1999 г. И953.

[424] Федеральный конституционный закон от 30 мая 2001 г. N 3 – ФКЗ "О

чрезвычайном положении"（с изменениями и дополнениями）, http://base. garant. ru/12123122/.

［425］ Указ Президента РФ от 24. 12. 2009 N 1468 « О мерах по совершенствованию деятельности органов внутренних дел Российской Федерации », http://graph. document. kremlin. ru/page. aspx? 1042116.

［426］ Федеральный закон " О безопасности ", http://www. scrf. gov. ru/searchhl? url = documents/1/111. html.

［427］ "Национальная безопасность России и методы ее укрепления" 03 апреля 2011. www. Referatik. Ru.

［428］ Указ Президента Российской Федерации " Положение о Совете безопасности Российской Федерации" //Дипломатический вестник. 1996. No. 8.

［429］ Указ Президента РФ от 31 декабря 2015 г. N 683 "О Стратегии национальной безопасности Российской Федерации" Система ГАРАНТ: http://base. garant. ru/71296054/.

［430］ Иплолитов К. Х. , Лепский В. Е. "О стратегических развития России: что делать и куда идт－и" //Рефлексивные процессы и управление. Том3. N1. 2003. С. 5－27.

［431］ "О Стратегии национальной безопасности Российской Федерации", http://base. garant. ru/71296054/.

法文部分

［432］ Direction de la Protection et de la Sécurité de la Défens, http://www. defense. gouv. fr/ema/interarmees/la-direction-du-renseignement-militaire.

［433］ Direction générale de la sécurité intérieure: http://www. interieur. gouv. fr/Le-ministere/DGSI.

［434］ Roger Faligot, Jean Guisnel, Rémi Kauffer: Histoire politique des services secrets français. De la Seconde Guerre mondiale à nos jours. La Découverte/Poche, 2013, P. 738. AU FOND DE LA PISCINE, CONFILITS, 23 Juillet 2014, http://www. revueconflits. com/au-fond-de-la-piscine/.

［435］ Le commandement à Strasbourg, 14 aout, 2015, http://www. dna. fr/defense/2015/08/14/le-commandement-a-strasbourg.

［436］ Live Blance sur La Defense 1994, Union generale d'Editions, 1994.

［437］ Mallet Jean-Claude, Présidence de la République et Ministère de la Défense, *Défense et Sécurité nationale*: *le Livre blanc*, Paris: Odile Jacob/La Documentation Française, 2008.

[438] Constitution du 4 octobre 1958, http://www. legifrance. gouv. fr/Droit-francais/Constitution/Constitution-du-4-octobre-1958.

[439] Livre blanc sur la Defense et la Securite nationale. 2008.

[440] Anand Menon, From Independence to Cooperation: France, NATO and European Security, *International Affairs* (Royal Institute of International Affairs 1944 -), Vol. 71, No. 1 (Jan. , 1995).

[441] Ordonnance n°59 - 147 du 7 janvier 1959 portant organisation générale de la défense, http://www. legifrance. gouv. fr/affichTexte. do? cidTexte = JORFTEXT000000705509&dateTexte = 20070423.

[442] Emergency Management Institute: Independent Study Is1, Emergency Manager: An Orientation to The Position, October 2002.

[443] Paul Rasse et Gabrièle Rasse: Approche anthropologique et juridique de la politique de prévention des risques, Communication et organization Vol. 45, 2014.

[444] Loi n° 2001 - 1062 du 15 novembre 2001 relative à la sécurité quotidienne, http://www. legifrance. gouv. fr/affichTexte. do? cidTexte = JORFTEXT000000222052&fastPos = 1&fastReqId = 816257652&categorieLien = cid&oldAction = rechTexte.

[445] Loi n° 2006 - 64 du 23 janvier 2006 relative à la lutte contre le terrorisme et portant dispositions diverses relatives à la sécurité et aux contrôles frontaliers, http://www. legifrance. gouv. fr/affichTexte. do; jsessionid = F22E57E9E60FC46CF426A9FDEE57DE36. tpdila15v_1&dateTexte = ? cidTexte = JORFTEXT000000454124&categorieLien = cid.

[446] Patrick Lagadec: Crisis Management In France: Trends, Shifts and Perspectives, Crisis Management In France, Vol10, NO. 4, Dec, 2002.

[447] Ministère de l'éducation nationale, de la jeunesse et de la vie associative, "La nation, sa défense et la sécurité nationale", http://web. ac-reims. fr/editice/index. php/lettres-et-sciences-humaines/histoire-geographie-education-civique? id = 1670.

[448] Frédéric Coste, "L'adoption du concept de sécurité nationale: une révolution conceptuelle qui peine à s'exprimer", *RECHERCHES & DOCUMENTS*, No. 3, 2011.

[449] "Speech by Nicolas Sarkozy, Presentation of 'LE TERRIBLE' Submarine in Cherbourg", http://www. francetnp. gouv. fr/.

[450] Frédéric Pesme, France's "return" to NATO: implications for its defence policy, *European Security*, Vol. 19, No. 1, 2010.

[451] La France et la lutte contre le terrorisme, http://www. diplomatie. gouv. fr/

fr/politique-etrangere-de-la-france/defense-et-securite/terrorisme/.

[452] Philippe Bezes, "Understanding Organizational Reforms in the Modern State: Specialization and Integration in Norway and France", *Governance: An International Journal of Policy, Administration, and Institutions*, Vol. 26, No. 1, 2013.

[453] "Déclaration du Président de la République sur la situation au Mali", Elysee, January 11, 2013, http://www.elysee.fr/declarations/article/declaration-/du-/president-/de-/la-/republique-/sur-/la-/situation-/au-/mali-/4/.

[454] Fabio Liberti and Camille Blain, "France's National Security Strategy", Elcano Royal Institute, Working Paper, No. 3, 2011.

[455] Guehenno Jean-Marie, Présidence de la République et Commission du livre blanc sur la défense et la sécurité nationale, *Livre blanc sur la défense et la sécurité nationale*, Paris: La Documentation Française, 2013.

[456] Mallet Jean-Claude, Présidence de la République et Ministère de la Défense, *Défense et Sécurité nationale: le Livre blanc*, Paris: Odile Jacob/La Documentation Française, 2008.

[457] Jean-Jacques Urvoas and Floran Vadillo, "Réformer les services de renseignement français-Efficacité et impératifs Démocratiques", *la Fondation Jean-Jaurès*, No. 4, 2011.

[458] Fabio Liberti and Camille Blain, "France's National Security Strategy", Elcano Royal Institute, Working Paper, No. 3, 2011.

[459] Mallet Jean-Claude, Présidence de la République et Ministère de la Défense, *Défense et Sécurité nationale: le Livre blanc*, Paris: Odile Jacob/La Documentation Française, 2008.

[460] Guehenno Jean-Marie, Présidence de la République et Commission du livre blanc sur la défense et la sécurité nationale, *Livre blanc sur la défense et la sécurité nationale*, Paris: La Documentation Française, 2013.

[461] Paris attacks: security and surveillance cast a dark shadow over France's love of "liberté" and "fraternité", http://www.theguardian.com/world/2015/nov/22/paris-attacks-security-liberte-fraternite.

[462] Matt Haunstrup Qvortrup, "Terrorism and Political Science", *British Journal of Politics and International Relations*, No. 14, 2012.

[463] Philippe Bourbeau, "Moving Forward Together: Logics of the Securitisation Process", *Millennium: Journal of International Studies*, Vol. 43, No. 1, 2014.

[464] Henry Samuel, "French military heads threaten to resign over 'grave' de-

fence cuts", http://www.telegraph.co.uk/news/worldnews/europe/france/10852165/French-military-heads-threaten-to-resign-over-grave-defence-cuts.html.

[465] Bruno Tertrais, "Leading on the Cheap? French Security Policy in Austerity", *the Washington Quarterly*, Vol. 36, No. 3, 2013.

[466] Guehenno Jean-Marie, Présidence de la République et Commission du livre blanc sur la défense et la sécurité nationale, *Livre blanc sur la défense et la sécurité nationale*, Paris: La Documentation Française, 2013.

[467] Guillaume Lasconjariasa, " 'Rentrée dans le rang?' France, NATO and the EU, from the Védrine report to the 2013 French White Paper on national security and defence", *Journal of Transatlantic Studies*, Vol. 12, No. 4, 2014.

[468] Guehenno Jean-Marie, Présidence de la République et Commission du livre blanc sur la défense et la sécurité nationale, *Livre blanc sur la défense et la sécurité nationale*, Paris: La Documentation Française, 2013.

[469] Somini Sengupta, "Nations Trying to Stop Their Citizens From Going to Middle East to Fight for ISIS", *the New York Times*, Sept. 12, 2014.

[470] "Action contre le terrorisme", http://www.luipresident.fr/engagement/action-contre-terrorisme-114.

[471] "Action contre le terrorisme", http://www.luipresident.fr/engagement/action-contre-terrorisme-114.

[472] "Marine Le Pen scores stunning result in French presidential election", http://www.theguardian.com/world/2012/apr/22/marine-le-pen-french-election.

德文部分

[473] Bundesministerium für Justiz (Hrsg.), "Grundgesetz für die Bundesrepublik Deutschland", in: *BGBl*, *Teil III*, *Gliederungsnummer*, http://www.gesetze-im-internet.de/bundesrecht/gg/gesamt.pdf.

[474] Hans-Jürgen Lange (Hrsg.), *Wörterbuch zur Inneren Sicherheit*, Wiesbaden, VS Verlag für Sozialwissenschaften, 2006.

[475] Bundesministerium für Justiz (Hrsg.), "Gesetz über den Bundesnachrichtendienst", *in*: *BGBl*, *Teil I*, *Jahrgang* 1990, Berlin, Bundesanzeiger Verlag, 1990.

[476] Die Organisation des Amtes ist kein Geheimnis, http://www.verfassungsschutz.de/de/das-bfv/aufgaben/die-organisation-des-amtes-ist-kein-geheimnis.

[477] Bundesministerium für Justiz (Hrsg.), "Grundgesetz für die Bundesre-

publik Deutschland", http://www. gesetze-im-internet. de/gg/.

[478] Bundesamt für Verfassungsschutz (Hrsg.), *Kurzzusammenfassung Verfassungsschutzbericht* 2011, Köln, Bundesamt für Verfassungsschutz, 2011.

[479] Bundesamt für Verfassungsschutz (Hrsg.), *Symbole und Zeichen der Rechtsextremisten*, Köln, Bundesamt für Verfassungsschutz, 2012.

[480] überwachungsskandal: NSA speicherte mehr als 300 Berichte über Merkel in: *Spiegel Online*, 29. 03. 2014, http://www. spiegel. de/politik/deutschland/ueberwachung-nsa-speicherte-mehr-als-300-berichte-ueber-merkel-a-961414. html.

[481] Bundesministerium für Justiz (Hrsg.), "Wehrbeschwerdeordnung", in: *BGBl*, *Teil I*, *Jahrgang* 2009, Berlin, Bundesanzeiger Verlag, 2009.

[482] Bundesministerium für Justiz (Hrsg.), "Wehrdisziplinarordnung", in: *BGBl*, *Teil I*, *Jahrgang* 2001, Berlin, Bundesanzeiger Verlag, 2001.

[483] Bundesministerium der Verteidigung (Hrsg.), *Das Bundesministerium der Verteidigung stellt sich vor*, Bonn, Köllen Druck + Verlag GmbH.

[484] Bundesministerium für Justiz (Hrsg.), "Grundgesetz für die Bundesrepublik Deutschland", in: *BGBl*, *Teil III*, *Gliederungsnummer* 100 - 1, http://www. gesetze-im-internet. de/bundesrecht/gg/gesamt. pdf.

[485] Bundesministerium für Justiz (Hrsg.), "Zivilschutz-und Katastrophenhilfegesetz", in: *BGBl*, *Teil I*, *Jahrgang* 2001, Berlin, Bundesanzeiger Verlag, 2001.

[486] Bundesamt für Bevölkerungsschutz und Katastrophenhilfe (BBK) (Hrsg.), *Schutz und Hilfe für die Bevölkerung*, Rheinbach, Druckpartner Moser, 2011.

[487] Bundesministerium für Justiz (Hrsg.), "Gesetz zur Verhütung und Bekämpfung von Infektionskrankheiten beim Menschen", in: *BGBl*, *Teil I*, *Jahrgang* 2000, Berlin, Bundesanzeiger Verlag, 2001.

[488] Bundesministerium für Justiz (Hrsg.), "Straβenverkehrsgesetz", in: *BGBl*, *Teil I*, *Jahrgang* 2003, Berlin, Bundesanzeiger Verlag, 2003.

日文部分

[489] 内閣官房における安全に資する科学技術の推進について，平成 17 年 3 月 4 日。

[490] 内閣府．"防災に関してとった措置の概況 平成 28 年度の防災に関する計画", http://www. bousai. go. jp/kaigirep/hakusho/pdf/H28_honbun. pdf.

[491] "内閣府政府広報室", 2015 年 6 月, http://survey. gov-online. go. jp/tokubetu/tindex-all. html.

[492] 生命倫理“安全対策室.テロ防止の防止行動計画について”，平成17年3月14日。

[493] 衆議院.テロ対策特別措置法 [EB/OL]. 平成13年10月16日，http://www. shugiin. go. jp/internet/itdb _ annai. nsf/html/statics/ugoki/h13ugoki/153/153tero. htm.

[494] “自衛隊法”. 平成二八年五月二〇日法律第四四号，http://law. e-gov. go. jp/htmldata/S29/S29HO165. html.

[495] 防衛省. 自衛隊. 防衛白書 [EB/OL]. 2015年出版，http://www. mod. go. jp/j/publication/wp/.

[496] 産経ニュース“安倍首相、中国に“最終警告”サミット首脳宣言に「法の支配3原則」を明記”，http://www. zakzak. co. jp/society/politics/news/20160525/plt1605251700003-n1. htm.

[497] 防衛省. 自衛隊. 防衛白書 [EB/OL]. 2015年版. http://www. mod. go. jp/j/publication/wp/.

[498] 山下 輝男“我が国のテロ対策の現状と課題”，http://www. jpsn. org/lecture/yama_vol4/5547/.

[499] 矢野義昭:《中国の軍事的脅威とその対応》，国家生存戦略研究会2013年版。

[500] 内閣官房“武力攻撃事態等における我が国の平和と独立並びに国及び国民の安全の確保に関する法律”，平成16年6月18日法律第113号，http://www. cas. go. jp/jp/hourei/houritu/jitai_h. html.

[501] “*Defence Intelligence Office DIO*”，http://www. globalsecurity. org/intell/world/japan/dio. htm.

[502] 国家安全保障会議設置準備室. 国家安全保障会議の創設に関する有識者会議，第六回。

[503] 内閣府. “防災に関してとった措置の概況 平成28年度の防災に関する計画”，http://www. bousai. go. jp/kaigirep/hakusho/pdf/H28_honbun. pdf.

[504] “新しい脅威と日本の安全保障”，http://www. jfir. or. jp/j/activities/pr/pdf/26. pdf.

[505] 楠綾子:「占領下日本の安全保障構想—外務省における吉田ドクトリンの形成過程: 1945~1949—」，载『六甲台論集』(法学政治学篇)，第45卷第3号，1999年。

[506] 原杉久:『戦後史のなかの日本社会党—その理想主義は何であったのか』，東京: 中公新書2000年版。

[507] 大嶽秀夫:『戦後日本防衛問題資料集』(第二巻), 東京: 三一書房 1992 年出版。

[508] 武田康裕・神谷万丈:『安全保障学入門』, 東京: 亜紀書房 2009 年第四版。

[509] 楠綾子:「戦後日本の安全保障政策、一九四九～一九五一年—吉田茂、外務省、ブレーン・グループによる形成」, 载『神戸法学雑誌』, 第 50 巻第 1 号, 2000 年。

[510] 松田康博:『NSC 国家安全保障会議—危機管理・安保政策統合メカニズムの比較研究』, 東京: 彩流社 2009 年版。

[511] 東京大学『世界と日本』日本政治・国際関係データベース:《自卫队法》。http://www.ioc.u-tokyo.ac.jp/~worldjpn/documents/texts/JPSC/19540609.O3J.html.

[512] 田中明彦:『安全保障戦後 50 年の模索』, 東京: 読売新聞社, 2003 年版。

[513] 日语原文为“拒否力”, 意为“否决力”或“抗拒力”。

[514] 大森義夫: 『日本のインテリジェンス機関』, 東京: 文芸春秋社 2005 年版。

[515] データベース『世界と日本』,『国際緊急援助隊の派遣に関する法律』, 1987 年, http://www.ioc.u-tokyo.ac.jp/~worldjpn/documents/texts/JPSC/19870916.O1J.html.

[516] 内閣官房内閣安全保障室編集, 1994 年,『日本の安全保障と防衛力のあり方: 21 世紀へ向けての展望』, 東京: 大蔵省印刷局。

[517] 荒木浩等:『「安全保障と防衛力に関する懇談会」報告書 - 未来への安全保障・防衛力ビジョン - 』, 東京: 大蔵印刷局 2004 年出版。

[518] 日本内阁官房网站:「内閣衛星情報センターの概要」, http://www.cas.go.jp/jp/gaiyou/jimu/pdf/csice1.pdf.

[519] 松田康博:『NSC 国家安全保障会議—危機管理・安保政策統合メカニズムの比較研究』, 東京: 彩流社 2009 年出版。

[520]「平成 25 年度の緊急発進実施状況について」、防衛省統合幕僚監部、2014 年 4 月, http://www.mod.go.jp/js/Press/press2014/press_pdf/p20140409.pdf.

[521] (日)「情報本部組織規則」、『防衛省令第十二号』、2009 年 7 月 29 日。

[522] (日)『防衛庁技術研究本部五十年史』、防衛庁、2002 年。

[523]『防衛監察本部関係法令』、2007 年 9 月 1 日, http://www.mod.go.jp/igo/outline/regulations/pdf/kankeihourei.pdf.

[524]（日）『平成26年度以降に係る防衛計画の大綱』、防衛省、2013年。

[525]（日）岡留康文、今井和昌共著、『自衛隊はどんな任務を持ち、どんな行動をするのか』、朝陽会、2013年。

[526]（日）『防衛白書』、2014年、防衛省。

[527]（日）「防衛省改革の方向性」、防衛省、2013年8月30日。

[528]《東日本大震災を踏まえた災害対策》，2012年版（自然豊かな我が国が抱える自然災害の脅威），http://www.bousai.go.jp/kaigirep/hakusho/h24/bousai2012/html/honbun/index.htm.

[529]《東日本大震災から3年 復興の状況と最近の取組》，平成26年3月版。

[530] 樋口陽一・佐藤幸治・中村睦男・浦部法穂『注釈日本国憲法上巻』(1984年) 青林書院、第177頁。

[531] "災害救助法の概要"，http://www.bousai.go.jp/taisaku/kyuujo/pdf/siryo1-1.pdf。

[532]『東日本大震災を踏まえた災害対策』，http://www.bousai.go.jp/kaigirep/hakusho/h24/bousai2012/html/honbun/index.htm.

[533] 下山憲治："災害・リスク対策法制の歴史的展開と今日的課題"《法律時報》81巻9号.

[534]『主なテロの未然防止対策の現状』，内閣官房，2014年6月。

[535]『テロの未然防止に関する行動計画』，国際組織犯罪等・国際テロ対策推進本部，平成16年12月10日。

[536] "テロ資金対策の推進について"，平成24年6月11日国際組織犯罪等・国際テロ対策推進本部決定，http://www.mlit.go.jp/common/000235250.pdf。

[537] 富井幸雄：Ⅲ 第6章 安全保障会議」西修〔ほか〕『日本の安全保障法制』内外出版，2001年版。

[538]『国家安全保障会議設置法』，平成二六年四月一八日法律第二二号。

[539] 平成26年版『防災白書』，内閣府，http://www.bousai.go.jp/kaigirep/hakusho/h26/honbun/.

[540] 平成25年版『防災白書』，内閣府，http://www.bousai.go.jp/kaigirep/hakusho/pdf/H25_gaiyou.pdf.

[541] 林春男：『命を守る地震防災学』，岩波書店，2003年出版。

[542]『災害対策基本法』，http://law.e-gov.go.jp/htmldata/S36/S36HO223.html.

[543] 広域緊急援助隊，https://ja.wikipedia.org/wiki/広域緊急援助隊.

[544] “NPO・ボランティア団体との協働の手引き”，広島県県民生活部文化県民協働室平成 20 年 3 月。

[545]『東日本大震災復興基本法』，平成二十三年六月二十四日法律第七十六号。

[546] “防災対策推進検討会議について”，http://www. bousai. go. jp/kaigirep/chuobou/suishinkaigi/.

[547] “東日本大震災の課題と教訓の総括”，http://www. bousai. go. jp/kaigirep/chuobou/suishinkaigi/12/index. html.

[548] 東京大学『世界と日本』日本政治・国際関係データベース:「自卫队法」第三条，http://www. ioc. u-tokyo. ac. jp/ ~ worldjpn/documents/texts/JPSC/19540609. O3J. html.

[549] 東京財団政策研究部:『新しい日本の安全保障戦略—多層協調的安全保障戦略—』，東京: 東京財団 2008 年。

[550] 日本首相官邸网站:「安全保障の法的基盤の再構築に関する懇談会(第 1 回) 議事次第 (案) 资料 3」，http://www. kantei. go. jp/jp/singi/anzenhosyou/dai1/siryou3. pdf.

后 记

课题终于结稿。总体上，对课题研究的进展和质量还是满意的，但研究的过程有很多令人纠结之处，尤其是在研究协调上存在很高的难度。由于本课题研究参加者包括子课题负责人、课题参与人共30余人，有些中间退出、补上，每位参加者都有不同的研究背景、研究能力、研究兴趣等，有些子课题负责人和参与者还有其他研究课题，还要完成学校规定的科研发表任务，致使他们难以把所有精力全部放在本课题的研究上，加之在研究的观点和想法上的差异性，因此难以做到在研究的初始时期将研究进展、研究风格、语言风格以及研究的深浅程度和研究的清晰度完全统一起来。尽管开过数次协调会议，并保持研究期间的持续沟通，但仍难以达到研究目标。直至研究的中后期，这个任务才基本完成。

由于是第一次接受这样的大课题，经验不足，加之在费用处理等问题上遇到一些麻烦，消耗了太多精力，导致研究的进展缓慢，用了四年多的时间才最终完成。尽管我们在研究的过程中有很多困惑、疑虑，也有过再缓一缓的想法，不过最后还是咬牙坚持下来。因为坚持，笔者也付出了不少代价，研究过程中基本没有假期、周末，可以说是夜以继日地工作，真正做到了“废寝忘食”，并尽可能推掉一切外部活动，每天除了上课、开会就是看书和研究，一连几天不下楼，结果导致眼睛、颈椎、胸背、腰椎、脾胃、睡眠、头发等出现了一系列问题。由于熬夜过多，还出现过两次晕厥。当然，也只有这样工作，尽可能保质保量地完成研究任务，才不至于辜负课题评审组专家的希望和信任，否则会愧疚终身。这也是做人做事应有的态度。这次研究为我们提供了很多经验教训，是以后需要汲取的。

本课题是集体攻关的成果。不少专家和学者提出了很多珍贵的建议。他们包括课题组评审专家组成员：上海外国语大学朱威烈教授、上海市科学院黄仁伟教授、华东师范大学冯绍雷教授、清华大学刘江永教授、国际关系学院林利民教授，以及课题组开题专家组成员：武汉大学胡德坤教授和罗志刚教授、华中师范大学程又中教授、湖北警官学院刘茂林教授。

另外，复旦大学倪世雄教授，上海交通大学俞正樑教授，中国政法大学蔡拓教授，武汉大学王兆星教授、戴德铮教授、严双伍教授、张星久教授、孙康教授、余敏友教授、申建林教授、叶娟丽教授、阮建平教授，中南财经政法大学吴汉东教授、杨灿明教授、刘仁山教授、邓烈教授、简基松教授、江河教授，广东外语外贸大学陈小君教授，华中师范大学韦红教授、胡宗山教授、赵长峰副教授，欧洲学院门镜教授，湖北文理学院饶银华教授，国防科技大学信息通信学院柯幸福副教授、朱柏清副教授，太原理工大学胡文秀副教授，他们为本课题研究的顺利完成做出了贡献。

感谢《现代国际关系》《国际安全研究》《欧洲研究》《美国研究》《德国研究》《法国研究》等刊物为本课题的前期成果提供发表平台。

课题组成员来自不同的高校和科研单位，包括上海外国语大学（汪波、姚全、许超、辛田）、中南财经政法大学（刘建华、邓红英、李格琴、张鹏、李万全、李明月、高露）、武汉大学（刘再起、桂凌、钟燕慧、魏玮）、华中师范大学（邢来顺、岳伟、刘明周、陈菲）、复旦大学（王佳妮、何慧）、湖北大学（刘文祥）、中南民族大学（李学保）、上海对外经贸大学（樊冰）、美国匹兹堡大学（University of Pittsburgh，邓凯帆）、中国社会科学院（陈哲）、武汉市社科院（李故静）、江南社会学院（郇超）等，具体分工如下：

刘胜湘（首席专家）：拟写大纲，参与各部分写作和修改，最终修改定稿

刘建华：主持第一篇（美国国家安全体制机制）并统稿，写作第三章和第六章

刘文祥：写作第一章

郇　超：写作第二章

樊　冰、汪　波：写作第四章

王佳妮、汪　波：写作第五章

刘再起：主持第二篇（俄罗斯国家安全体制机制）并统稿

李明月：第二篇统稿，并参与该篇主要篇章的写作

魏　玮：共同参与第二篇主要篇章的写作

邓凯帆：写作第八章

刘明周：主持第三篇（英国国家安全体制机制）并统稿，写作第十三章和第十六章

李格琴：写作第十七章和第十八章

姚　全：写作第十四章

许　超：写作第十五章

何　慧：第四篇（法国国家安全体制机制）统稿，写作第二十章和第二十四章

桂　凌、钟燕慧：写作第十九章、第二十二章和第二十三章

高　露：写作第二十一章

岳　伟、邢来顺：主持第五篇（德国国家安全体制机制），写作第二十五章、第二十八章和第二十九章

许　超：写作第二十六章和第二十七章

辛　田：写作第三十章

张　鹏：主持第六篇（日本国家安保体制机制），写作第三十三章和第三十六章

陈　哲：主持第六篇，写作第三十四章

李学保：写作第三十一章

高　露：写作第三十二章

李故静：写作第三十五章

邓红英：主持第七篇（印度国家安全体制机制），写作第三十七章和第四十一章

陈　菲：主持第七篇（印度国家安全体制机制），写作第三十九章和第四十二章

辛　田：写作第三十八章

李万全：写作第四十章初稿

全书资料由陈菲、李明月、邓凯帆、刘藤升等负责整理。

2018年5月1日

于上海外国语大学

教育部哲学社會科学研究重大課題攻關項目

成果出版列表

序号	书　名	首席专家
1	《马克思主义基础理论若干重大问题研究》	陈先达
2	《马克思主义理论学科体系建构与建设研究》	张雷声
3	《马克思主义整体性研究》	逄锦聚
4	《改革开放以来马克思主义在中国的发展》	顾钰民
5	《新时期　新探索　新征程 ——当代资本主义国家共产党的理论与实践研究》	聂运麟
6	《坚持马克思主义在意识形态领域指导地位研究》	陈先达
7	《当代资本主义新变化的批判性解读》	唐正东
8	《当代中国人精神生活研究》	童世骏
9	《弘扬与培育民族精神研究》	杨叔子
10	《当代科学哲学的发展趋势》	郭贵春
11	《服务型政府建设规律研究》	朱光磊
12	《地方政府改革与深化行政管理体制改革研究》	沈荣华
13	《面向知识表示与推理的自然语言逻辑》	鞠实儿
14	《当代宗教冲突与对话研究》	张志刚
15	《马克思主义文艺理论中国化研究》	朱立元
16	《历史题材文学创作重大问题研究》	童庆炳
17	《现代中西高校公共艺术教育比较研究》	曾繁仁
18	《西方文论中国化与中国文论建设》	王一川
19	《中华民族音乐文化的国际传播与推广》	王耀华
20	《楚地出土戰國簡册［十四種］》	陈　伟
21	《近代中国的知识与制度转型》	桑　兵
22	《中国抗战在世界反法西斯战争中的历史地位》	胡德坤
23	《近代以来日本对华认识及其行动选择研究》	杨栋梁
24	《京津冀都市圈的崛起与中国经济发展》	周立群
25	《金融市场全球化下的中国监管体系研究》	曹凤岐
26	《中国市场经济发展研究》	刘　伟
27	《全球经济调整中的中国经济增长与宏观调控体系研究》	黄　达
28	《中国特大都市圈与世界制造业中心研究》	李廉水

序号	书　名	首席专家
29	《中国产业竞争力研究》	赵彦云
30	《东北老工业基地资源型城市发展可持续产业问题研究》	宋冬林
31	《转型时期消费需求升级与产业发展研究》	臧旭恒
32	《中国金融国际化中的风险防范与金融安全研究》	刘锡良
33	《全球新型金融危机与中国的外汇储备战略》	陈雨露
34	《全球金融危机与新常态下的中国产业发展》	段文斌
35	《中国民营经济制度创新与发展》	李维安
36	《中国现代服务经济理论与发展战略研究》	陈　宪
37	《中国转型期的社会风险及公共危机管理研究》	丁烈云
38	《人文社会科学研究成果评价体系研究》	刘大椿
39	《中国工业化、城镇化进程中的农村土地问题研究》	曲福田
40	《中国农村社区建设研究》	项继权
41	《东北老工业基地改造与振兴研究》	程　伟
42	《全面建设小康社会进程中的我国就业发展战略研究》	曾湘泉
43	《自主创新战略与国际竞争力研究》	吴贵生
44	《转轨经济中的反行政性垄断与促进竞争政策研究》	于良春
45	《面向公共服务的电子政务管理体系研究》	孙宝文
46	《产权理论比较与中国产权制度变革》	黄少安
47	《中国企业集团成长与重组研究》	蓝海林
48	《我国资源、环境、人口与经济承载能力研究》	邱　东
49	《“病有所医”——目标、路径与战略选择》	高建民
50	《税收对国民收入分配调控作用研究》	郭庆旺
51	《多党合作与中国共产党执政能力建设研究》	周淑真
52	《规范收入分配秩序研究》	杨灿明
53	《中国社会转型中的政府治理模式研究》	娄成武
54	《中国加入区域经济一体化研究》	黄卫平
55	《金融体制改革和货币问题研究》	王广谦
56	《人民币均衡汇率问题研究》	姜波克
57	《我国土地制度与社会经济协调发展研究》	黄祖辉
58	《南水北调工程与中部地区经济社会可持续发展研究》	杨云彦
59	《产业集聚与区域经济协调发展研究》	王　珺

序号	书　名	首席专家
60	《我国货币政策体系与传导机制研究》	刘　伟
61	《我国民法典体系问题研究》	王利明
62	《中国司法制度的基础理论问题研究》	陈光中
63	《多元化纠纷解决机制与和谐社会的构建》	范　愉
64	《中国和平发展的重大前沿国际法律问题研究》	曾令良
65	《中国法制现代化的理论与实践》	徐显明
66	《农村土地问题立法研究》	陈小君
67	《知识产权制度变革与发展研究》	吴汉东
68	《中国能源安全若干法律与政策问题研究》	黄　进
69	《城乡统筹视角下我国城乡双向商贸流通体系研究》	任保平
70	《产权强度、土地流转与农民权益保护》	罗必良
71	《我国建设用地总量控制与差别化管理政策研究》	欧名豪
72	《矿产资源有偿使用制度与生态补偿机制》	李国平
73	《巨灾风险管理制度创新研究》	卓　志
74	《国有资产法律保护机制研究》	李曙光
75	《中国与全球油气资源重点区域合作研究》	王　震
76	《可持续发展的中国新型农村社会养老保险制度研究》	邓大松
77	《农民工权益保护理论与实践研究》	刘林平
78	《大学生就业创业教育研究》	杨晓慧
79	《新能源与可再生能源法律与政策研究》	李艳芳
80	《中国海外投资的风险防范与管控体系研究》	陈菲琼
81	《生活质量的指标构建与现状评价》	周长城
82	《中国公民人文素质研究》	石亚军
83	《城市化进程中的重大社会问题及其对策研究》	李　强
84	《中国农村与农民问题前沿研究》	徐　勇
85	《西部开发中的人口流动与族际交往研究》	马　戎
86	《现代农业发展战略研究》	周应恒
87	《综合交通运输体系研究——认知与建构》	荣朝和
88	《中国独生子女问题研究》	风笑天
89	《我国粮食安全保障体系研究》	胡小平
90	《我国食品安全风险防控研究》	王　硕

序号	书 名	首席专家
91	《城市新移民问题及其对策研究》	周大鸣
92	《新农村建设与城镇化推进中农村教育布局调整研究》	史宁中
93	《农村公共产品供给与农村和谐社会建设》	王国华
94	《中国大城市户籍制度改革研究》	彭希哲
95	《国家惠农政策的成效评价与完善研究》	邓大才
96	《以民主促进和谐——和谐社会构建中的基层民主政治建设研究》	徐　勇
97	《城市文化与国家治理——当代中国城市建设理论内涵与发展模式建构》	皇甫晓涛
98	《中国边疆治理研究》	周　平
99	《边疆多民族地区构建社会主义和谐社会研究》	张先亮
100	《新疆民族文化、民族心理与社会长治久安》	高静文
101	《中国大众媒介的传播效果与公信力研究》	喻国明
102	《媒介素养：理念、认知、参与》	陆　晔
103	《创新型国家的知识信息服务体系研究》	胡昌平
104	《数字信息资源规划、管理与利用研究》	马费成
105	《新闻传媒发展与建构和谐社会关系研究》	罗以澄
106	《数字传播技术与媒体产业发展研究》	黄升民
107	《互联网等新媒体对社会舆论影响与利用研究》	谢新洲
108	《网络舆论监测与安全研究》	黄永林
109	《中国文化产业发展战略论》	胡惠林
110	《20世纪中国古代文化经典在域外的传播与影响研究》	张西平
111	《国际传播的理论、现状和发展趋势研究》	吴　飞
112	《教育投入、资源配置与人力资本收益》	闵维方
113	《创新人才与教育创新研究》	林崇德
114	《中国农村教育发展指标体系研究》	袁桂林
115	《高校思想政治理论课程建设研究》	顾海良
116	《网络思想政治教育研究》	张再兴
117	《高校招生考试制度改革研究》	刘海峰
118	《基础教育改革与中国教育学理论重建研究》	叶　澜
119	《我国研究生教育结构调整问题研究》	袁本涛 王传毅
120	《公共财政框架下公共教育财政制度研究》	王善迈

序号	书　名	首席专家
121	《农民工子女问题研究》	袁振国
122	《当代大学生诚信制度建设及加强大学生思想政治工作研究》	黄蓉生
123	《从失衡走向平衡：素质教育课程评价体系研究》	钟启泉 崔允漷
124	《构建城乡一体化的教育体制机制研究》	李　玲
125	《高校思想政治理论课教育教学质量监测体系研究》	张耀灿
126	《处境不利儿童的心理发展现状与教育对策研究》	申继亮
127	《学习过程与机制研究》	莫　雷
128	《青少年心理健康素质调查研究》	沈德立
129	《灾后中小学生心理疏导研究》	林崇德
130	《民族地区教育优先发展研究》	张诗亚
131	《WTO 主要成员贸易政策体系与对策研究》	张汉林
132	《中国和平发展的国际环境分析》	叶自成
133	《冷战时期美国重大外交政策案例研究》	沈志华
134	《新时期中非合作关系研究》	刘鸿武
135	《我国的地缘政治及其战略研究》	倪世雄
136	《中国海洋发展战略研究》	徐祥民
137	《深化医药卫生体制改革研究》	孟庆跃
138	《华侨华人在中国软实力建设中的作用研究》	黄　平
139	《我国地方法制建设理论与实践研究》	葛洪义
140	《城市化理论重构与城市化战略研究》	张鸿雁
141	《境外宗教渗透论》	段德智
142	《中部崛起过程中的新型工业化研究》	陈晓红
143	《农村社会保障制度研究》	赵　曼
144	《中国艺术学学科体系建设研究》	黄会林
145	《人工耳蜗术后儿童康复教育的原理与方法》	黄昭鸣
146	《我国少数民族音乐资源的保护与开发研究》	樊祖荫
147	《中国道德文化的传统理念与现代践行研究》	李建华
148	《低碳经济转型下的中国排放权交易体系》	齐绍洲
149	《中国东北亚战略与政策研究》	刘清才
150	《促进经济发展方式转变的地方财税体制改革研究》	钟晓敏
151	《中国—东盟区域经济一体化》	范祚军

序号	书　名	首席专家
152	《非传统安全合作与中俄关系》	冯绍雷
153	《外资并购与我国产业安全研究》	李善民
154	《近代汉字术语的生成演变与中西日文化互动研究》	冯天瑜
155	《新时期加强社会组织建设研究》	李友梅
156	《民办学校分类管理政策研究》	周海涛
157	《我国城市住房制度改革研究》	高　波
158	《新媒体环境下的危机传播及舆论引导研究》	喻国明
159	《法治国家建设中的司法判例制度研究》	何家弘
160	《中国女性高层次人才发展规律及发展对策研究》	佟　新
161	《国际金融中心法制环境研究》	周仲飞
162	《居民收入占国民收入比重统计指标体系研究》	刘　扬
163	《中国历代边疆治理研究》	程妮娜
164	《性别视角下的中国文学与文化》	乔以钢
165	《我国公共财政风险评估及其防范对策研究》	吴俊培
166	《中国历代民歌史论》	陈书录
167	《大学生村官成长成才机制研究》	马抗美
168	《完善学校突发事件应急管理机制研究》	马怀德
169	《秦简牍整理与研究》	陈　伟
170	《出土简帛与古史再建》	李学勤
171	《民间借贷与非法集资风险防范的法律机制研究》	岳彩申
172	《新时期社会治安防控体系建设研究》	宫志刚
173	《加快发展我国生产服务业研究》	李江帆
174	《基本公共服务均等化研究》	张贤明
175	《职业教育质量评价体系研究》	周志刚
176	《中国大学校长管理专业化研究》	宣　勇
177	《“两型社会”建设标准及指标体系研究》	陈晓红
178	《中国与中亚地区国家关系研究》	潘志平
179	《保障我国海上通道安全研究》	吕　靖
180	《世界主要国家安全体制机制研究》	刘胜湘
	……